Die gesammten Materialien

zu dem

Ausführungsgesetze

zum Bürgerlichen Gesetzbuche

vom 9. Juni 1899.

Band 3.

Materialien zu dem Entwurf eines Ausführungsgesetzes zum Bürgerlichen Gesetzbuch (Abth. IV, V Bd. 1) und dem Entwurf eines Gesetzes, die durch die Einführung des Bürgerlichen Gesetzbuchs veranlaßten Aenderungen der seit 1818 erlassenen Gesetze betreffend (Abth. IV, V Bd. 2), von der Vereinigung beider Entwürfe ab.

Mit Sachregister zu Abth. IV, V Band 1 bis 3.

Herausgegeben

von

Heinrich Becher.

München, 1900.

J. Schweitzer Verlag

(Arthur Sellier.)

Inhaltsverzeichniß zu Abth. IV, V Bd. 3.

K. B. Hof- & Universitäts-Buchdruckerei Fr. Junge (Junge & Sohn) Erlangen.

Abtheilungen IV, V.

Ausführungsgesetz zum Bürgerlichen Gesetzbuche.

(Vereinigte Entwürfe eines Ausführungsgesetzes zum Bürgerlichen Gesetzbuch und eines Gesetzes, die Aenderungen der seit 1818 erlassenen Gesetze betreffend.)

1.

Antrag des Ausschusses der Kammer der Abgeordneten:

(Beilage O z. d. Verhandl. d. K. d. Abg. 1899.)

Die Kammer wolle beschließen,

den sub I und II*) genannten in Einem Gesetzentwurfe vereinigten Gesetzentwürfen in der aus der Anlage Spalte 2 ersichtlichen Fassung die Zustimmung zu ertheilen.

München, den 12. April 1899. Der Präsident: Dr. **von Clemm.**

Gegenüberstellung

der

vereinigten Entwürfe eines Ausführungsgesetzes zum Bürgerlichen Gesetzbuch und eines Gesetzes, die Aenderungen der seit 1818 erlassenen Gesetze betreffend,

in der Fassung

der Regierungsvorlagen und der Beschlüsse des Ausschusses der Kammer der Abgeordneten.)**

(Anlage zur Beilage O.)

Vorlage der k. Staatsregierung.	Beschlüsse des Ausschusses d. K. d. Abg.

Entwurf eines Ausführungsgesetzes zum Bürgerlichen Gesetzbuche.

Im Namen Seiner Majestät des Königs.

Seine Königliche Hoheit Prinz Luitpold, des Königreichs Bayern Verweser, haben nach Vernehmung des Staatsraths mit Beirath und Zustimmung der Kammer der

---

*) D. i. in der Ueberschrift.

**) Die amtliche Gegenüberstellung bringt halbseitig den ganzen Text der Regierungsvorlage und der endgiltigen Beschlüsse des Ausschusses unter Hervorhebung der Aenderungen rechts und links mit fetter Schrift. Der Raumersparniß halber ist hier ein anderes Verfahren eingeschlagen. Diejenigen Artikel, welche seit der Gegenüberstellung in Abth. IV S. 676 ff. (Beilage E) und Abth. V S. 390 ff. (Beilage G) keine Aenderungen mehr erlitten haben, sind nur der Ueberschrift und Zahl nach mit dem Vermerke „wie in Beilage E, G" eingesetzt, so daß der betreffende Artikel in der Gestalt der Regierungsvorlage wie in derjenigen des Ausschußbeschlusses einfach hierher zu übernehmen ist, wobei die letztere Gestaltung zugleich die des endgiltigen Ausschußbeschlusses ist. Soweit dann der Text hier wiedergegeben ist, handelt es sich um Aenderungen gegenüber den früheren Ausschußbeschlüssen. Dabei bilden die gewöhnliche deutsche und die lateinische Schrift den Text der Regierungsvorlage, die gewöhnliche und die fette deutsche Schrift den Text der Ausschußbeschlüsse. Die fetten Ueberschriften sind, soferne nicht lateinischer Druck gegenübersteht, zugleich die Ueberschriften der Regierungsvorlage.

Vorlage der k. Staatsregierung.	Beschlüsse des Ausschusses d. K. d. Abg.

Reichsräthe und der Kammer der Abgeordneten und in Ansehung der Artikel $\frac{1,\ 5,\ 6,}{122^{1},\ 122^{5},\ 122^{6},}$ **des Artikel 122**[32] **Ziff. VIII,** des Artikel $\frac{38}{122^{37}}$ Ziff. V, **XI** und des Artikel $\frac{41}{122^{40}}$ unter Beobachtung der in Tit. X § 7 der Verfassungsurkunde vorgeschriebenen Formen beschlossen und verordnen, was folgt:

Entwurf eines Gesetzes,

die durch die Einführung des Bürgerlichen Gesetzbuchs veranlassten Aenderungen der seit 1818 erlasssenen Gesetze betreffend.

Aufrechterhaltung älterer Vorschriften.

Artikel 1. (A*) | Artikel 1.

$\frac{\text{Mit dem Inkrafttreten des Bürgerlichen Gesetzbuchs verlieren}}{\textbf{Neben dem Bürgerlichen Gesetzbuche bleiben}}$ die Vorschriften des bürgerlichen Rechtes, welche aus der Zeit vor der Erlassung der Verfassungsurkunde vom 26. Mai 1818 stammen, $\frac{\text{ihre Geltung, soweit sie nicht}}{\textbf{nur insoweit in Geltung, als sie}}$ in den Artikeln 56 bis 59, 69, 74 bis 76, 78, 80, 86 bis $\frac{90}{89}$, 109, 111, 132, 133 des Einführungsgesetzes zum Bürgerlichen Gesetzbuch und im § 16 Nr. 1 des Einführungsgesetzes zur Civilprozeßordnung vorbehalten sind.

Soweit in den in Kraft bleibenden Gesetzen **und in diesem Gesetz** auf örtliche Verordnungen oder auf das Herkommen verwiesen ist, behalten die bestehenden Verordnungen und das Herkommen ihre Geltung.

Volljährigkeitserklärung.

Artikel 2. (A) | Artikel 2.

Für die Volljährigkeitserklärung ist das Staatsministerium der Justiz zuständig.

Namensänderungen.

Artikel 1a. (D) | Artikel 2a.

Der Familiennamen kann, soweit nicht ein Anderes vorgeschrieben ist, nur mit Bewilligung des Königs geändert werden.

Zu einer Aenderung des Vornamens ist die Bewilligung der zuständigen Behörde erforderlich.

Die Ausführungsbestimmungen werden von den zuständigen Staatsministerien erlassen.

Vereine.

Artikel 3. (A) (Wie in Beilage E.) Artikel 3.

Stiftungen.

Artikel 4. (A) (Wie in Beilage E.) Artikel 4.

Artikel 4a.

Für den Vollzug von Stiftungsbestimmungen und für die Aufsicht über die Stiftungen sind, unbeschadet der Zuständigkeit des Verwaltungsgerichtshofs, die Verwaltungsbehörden zuständig, sofern nicht die Stiftung ausschließlich privaten Zwecken dient.

Zahlungen aus öffentlichen Kassen.

Artikel 5. (A) | Artikel 5.

Zahlungen aus öffentlichen Kassen sind, soweit nicht ein Anderes bestimmt ist, an der Kasse in Empfang zu nehmen, welche die Zahlung zu leisten hat.

*) A bezeichnet den Entwurf eines Ausführungsgesetzes zum Bürgerlichen Gesetzbuche, B den Entwurf eines Gesetzes, betreffend die Aenderungen der seit 1818 erlassenen Gesetze, D den Antrag der k. Staatsregierung zu diesen Entwürfen (Beilagen A, B, D).

Vorlage der k. Staatsregierung.	Beschlüsse des Ausschusses d. K. d. Abg.

Aufrechnung gegen Gehälter und Pensionen. Uebertragung von Wittwen- und Waisenbezügen.

Artikel 6. (A) (Wie in Beilage E.) Artikel 6.

Bierlieferungsvertrag.

Artikel 7. (A) | Artikel 7.

Wird zwischen einem Brauer und einem Wirthe ein Vertrag über die Lieferung von Bier ohne Bestimmung der Menge des zu liefernden Bieres geschlossen, so gilt, soweit nicht ein Anderes vereinbart wird, als Gegenstand des Vertrags der gesammte Bedarf an Bier, der sich in dem Gewerbebetriebe des Wirthes während der Dauer des Vertragsverhältnisses ergibt. Der Wirth ist verpflichtet, den Bedarf ausschließlich von dem Brauer zu beziehen, der Brauer hat dem Wirthe die jeweils verlangten Mengen zu liefern. Ist die Dauer des Vertragsverhältnisses nicht bestimmt, so kann dieses von jedem Theile für den Schluß des Monats September jedes Jahres gekündigt werden.

Geht das Geschäft des einen oder des anderen Theiles durch Rechtsgeschäft unter Lebenden auf einen Dritten über, so hat der bisherige Inhaber dafür einzustehen, daß der neue Inhaber in den Vertrag eintritt.

Artikel 8. (A) (Wie in Beilage E.) Artikel 8.

Gesinderecht.

Artikel 9. (A) (Wie in Beilage E.) Artikel 9.

Artikel 10. (A) | Artikel 10.

Personen, die nicht im Besitze der bürgerlichen Ehrenrechte sind oder unter Polizeiaufsicht oder unter der im *§ 361 Nr. 6* des Strafgesetzbuchs bezeichneten Aufsicht stehen, kann die Polizeibehörde das Halten von Dienstboten unter achtzehn Jahren untersagen.

Personen, die nach § 361 Nr. 6 des Strafgesetzbuchs polizeilicher Aufsicht unterstellt sind, dürfen Dienstboten unter einundzwanzig Jahren nicht halten.

Die Entlassung von Dienstboten, welche dem Verbote / **diesen Vorschriften** zuwider gehalten werden, kann von der Polizeibehörde erzwungen werden.

Artikel 11. (A) (Wie in Beilage E.) Artikel 11.

Artikel 12. (A) (Wie in Beilage E.) Artikel 12.

Artikel 13. (A) | Artikel 13.

Der Dienstbote ist **der Dienstherrschaft zur Treue verpflichtet; er hat** den Anordnungen der Dienstherrschaft **oder ihres Vertreters** in Ansehung der ihm nach dem Vertrag und der Sitte obliegenden Verrichtungen und der häuslichen Einrichtungen Folge zu leisten, der Dienstherrschaft **und ihrem Vertreter** Achtung zu erweisen und sich anständig zu führen. In Fällen der Noth hat er vorübergehend auch solche seinen Kräften und seiner Stellung entsprechende Dienste zu leisten, die nicht zu seinen im Vertrage bestimmten Obliegenheiten gehören.

Artikel 14. (A) | Artikel 14.

Ist der dem Dienstboten zu gewährende Lohn nach längeren Zeitabschnitten als Vierteljahren bemessen, so kann der Dienstbote nach dem Ablaufe von je drei Monaten der Dienstzeit die Zahlung der Hälfte des auf diesen Zeitraum treffenden Betrags verlangen. Eine im Voraus getroffene Vereinbarung, nach der die Zahlung später erfolgen soll, ist nichtig.

Artikel 14a. (Wie in Beilage E.)

Artikel 15. (A) (Wie in Beilage E.) Artikel 15.

Artikel 16. (A) (Wie in Beilage E.) Artikel 16.

Artikel 17. (A) | Artikel 17.

Das Dienstverhältniß kann von jedem Theile ohne Einhaltung einer Kündigungsfrist gekündigt werden, wenn ein wichtiger Grund vorliegt. **Die Kündigung ist auch schon vor dem Antritte des Dienstes zulässig.**

Vorlage der k. Staatsregierung.	Beschlüsse des Ausschusses d. K. d. Abg.

Artikel 18. (A) | Artikel 18.

Als ein wichtiger Grund, der die Dienstherrschaft zur Kündigung ohne Einhaltung einer Kündigungsfrist berechtigt, ist es, sofern nicht besondere Umstände eine andere Beurtheilung rechtfertigen, namentlich anzusehen:

(Nr. 1 bis 6 wie in Beilage E.)

7. wenn der Dienstbote sich einer vorsätzlichen rechtswidrigen Sachbeschädigung zum Nachtheile der Dienstherrschaft, **ihres Vertreters,** ihrer Familienangehörigen oder des Nebengesindes schuldig macht;

(Nr. 8 und 9 wie in Beilage E.)

10. wenn der Dienstbote zu den ihm obliegenden Dienstleistungen unfähig ist oder an der Verrichtung der Dienste durch anhaltende Krankheit oder eine längere / **mehr als eine Woche dauernde** Freiheitsstrafe oder eine die Zeit von vier Wochen übersteigende militärische Dienstleistung verhindert wird;

(Nr. 11 wie in Beilage E.)

11a. **wenn ein weiblicher Dienstbote sich verheirathet;**

12. wenn ein **unverheiratheter** weiblicher Dienstbote sich im Zustande der Schwangerschaft befindet.

In den unter Nr. / **Ziff.** 1, 3 bis / **bis** 9, **11a** genannten Fällen ist die Kündigung wegen Thatsachen, die der Dienstherrschaft länger als eine Woche bekannt sind, nicht mehr zulässig.

Artikel 19. (A) | Artikel 19.

(Abs. 1 wie in Beilage E.)

In den unter Nr. / **Ziff.** 3 genannten Fällen ist die Kündigung wegen Thatsachen, die dem Dienstboten länger als eine Woche bekannt sind, nicht mehr zulässig.

Artikel 20. (A) | Artikel 20.

(Abs. 1 bis 3 wie in Beilage E.)

Diese Vorschriften finden auch in den Fällen des Artikel 10 Abs. 2, / **3,** des Artikel 11 und des Artikel 19 Abs. 1 Nr. / **Ziff.** 6 Anwendung.

Artikel 21. (A) | Artikel 21.

Würde der Dienstbote durch **den Antritt des Dienstes oder** die Fortsetzung des Dienstverhältnisses verhindert, von der ihm gebotenen Gelegenheit zur Verheirathung oder zur Begründung eines eigenen Hausstandes Gebrauch zu machen, so kann er das Dienstverhältniss kündigen. / **so ist er zur Kündigung berechtigt.** Die Kündigung ist **nach dem Antritte des Dienstes** nur für den Schluß eines Kalendermonats zulässig; sie hat spätestens am fünfzehnten des Monats zu erfolgen.

Artikel 22. (A)	(Wie in Beilage E.)	Artikel 22.
Artikel 23. (A)	(Wie in Beilage E.)	Artikel 23.
Artikel 24. (A)	(Wie in Beilage E.)	Artikel 24.

Leibgedingsvertrag.

Artikel 25. (A)	(Wie in Beilage E.)	Artikel 25.
Artikel 26. (A)	(Wie in Beilage E.)	Artikel 26.
Artikel 27. (A)	(Wie in Beilage E.)	Artikel 27.
Artikel 28. (A)	(Wie in Beilage E.)	Artikel 28.
Artikel 29. (A)	(Wie in Beilage E.)	Artikel 29.
Artikel 30. (A)	(Wie in Beilage E.)	Artikel 30.
Artikel 31. (A)	(Wie in Beilage E.)	Artikel 31.
Artikel 32. (A)	(Wie in Beilage E.)	Artikel 32.
Artikel 33. (A)	(Wie in Beilage E.)	Artikel 33.

Vorlage der k. Staatsregierung.		Beschlüsse des Ausschusses d. K. d. Abg.
Artikel 34. (A)	(Wie in Beilage E.)	Artikel 34.
Artikel 35. (A)	(Wie in Beilage E.)	Artikel 35.
Artikel 36. (A)	(Wie in Beilage E.)	Artikel 36.
Artikel 37. (A)	(Wie in Beilage E.)	Artikel 37.
Artikel 38. (A)	(Wie in Beilage E.)	Artikel 38.
Artikel 39. (A)	(Wie in Beilage E.)	Artikel 39.
Artikel 40. (A)	(Wie in Beilage E.)	Artikel 40.
Artikel 41. (A)	(Wie in Beilage E.)	Artikel 41.

Schuldverschreibungen des Staates und der übrigen juristischen Personen des öffentlichen Rechtes.

Artikel 42. (A)	(Wie in Beilage E.)	Artikel 42.
Artikel 43. (A)	(Wie in Beilage E.)	Artikel 43.
Artikel 44. (A)	(Wie in Beilage E.)	Artikel 44.
Artikel 45. (A)	(Wie in Beilage E.)	Artikel 45.
Artikel 46. (A)	(Wie in Beilage E.)	Artikel 46.
Artikel 47. (A)	(Wie in Beilage E.)	Artikel 47.
Artikel 48. (A)	(Wie in Beilage E.)	Artikel 48.
Artikel 49. (A)	(Wie in Beilage E.)	Artikel 49.
Artikel 50. (A)	(Wie in Beilage E.)	Artikel 50.

Haftpflicht bei Benutzung öffentlicher Grundstücke oder Gewässer zu Anlagen oder Betrieben.

Artikel 51. (A)	(Wie in Beilage E.)	Artikel 51.
Artikel 52. (A)	(Wie in Beilage E.)	Artikel 52.

Haftung des Staates und der Kommunalverbände für Beamte.

Vorlage	Beschlüsse
Artikel 53. (A)	Artikel 53.

Für den Schaden, den / **Verletzt** ein Beamter des Staates, einer Gemeinde oder eines anderen Kommunalverbandes in Ausübung der ihm anvertrauten öffentlichen Gewalt

Vorlage:

einem Dritten zufügt, haftet der Staat oder der Verband, in dessen Dienste der Beamte steht, in gleicher Weise wie der Beamte, soweit der Ersatz von diesem nicht zu erlangen ist. Die Vorschriften des *§ 772* und des *§ 773 Abs. 1 Nr. 2 bis 4, Abs. 2* des Bürgerlichen Gesetzbuchs finden entsprechende Anwendung. In dem Verhältnisse des Staates oder des Verbandes, in dessen Dienste der Beamte steht, und des Beamten zu einander ist dieser allein verpflichtet.

Die für einzelne Klassen von Beamten bestehenden besonderen Vorschriften bleiben unberührt.

Ausländern kann die Entschädigung verweigert werden, wenn nicht nachgewiesen ist, dass in dem Heimathstaate des Beschädigten eine der Vorschrift des Abs. 1 entsprechende Haftung Deutschen gegenüber anerkannt wird.

Beschlüsse:

vorsätzlich oder fahrlässig die ihm einem Dritten gegenüber obliegende Amtspflicht, so trifft dem Dritten gegenüber die im § 839 des Bürgerlichen Gesetzbuchs bestimmte Verantwortlichkeit an Stelle des Beamten den Staat oder den Verband, in dessen Dienste der Beamte steht. Bei den Amtsgeschäften der Gerichtsvollzieher gilt dies auch für die Verletzung der Pflichten gegenüber dem Auftraggeber.

Ausländern kann die Entschädigung, vorbehaltlich der Haftung des Beamten, verweigert werden, wenn nicht nachgewiesen ist, daß in dem Heimathstaate des Beschädigten eine der Vorschrift des Abs. 1 Satz 1 entsprechende Haftung Deutschen gegenüber wenigstens insoweit anerkannt wird, als der Ersatz des Schadens von dem Beamten nicht zu erlangen ist.

Die für einzelne Klassen von Beamten bestehenden besonderen Vorschriften bleiben unberührt.

Vorlage der k. Staatsregierung.	Beschlüsse des Ausschusses d. K. d. Abg.

Der Beamte hat dem Staate oder dem Verband, in dessen Dienste er steht, den Schaden zu ersetzen, der dem Staate oder dem Verband aus der Verletzung der Amtspflicht entsteht. Die Vorschriften des § 852 des Bürgerlichen Gesetzbuchs finden mit der Maßgabe Anwendung, daß die dreijährige Verjährungsfrist mit dem Zeitpunkte beginnt, in dem die Ersatzpflicht des Staates oder des Verbandes dem Beschädigten gegenüber anerkannt oder rechtskräftig festgestellt ist.

Artikel 53a.

Ist ein Beamter des Staates, einer Gemeinde oder eines anderen Kommunalverbandes für einen Schaden der im Artikel 53 Abs. 1 bezeichneten Art deswegen nicht verantwortlich, weil er sich im Zustande der Bewußtlosigkeit oder in einem die freie Willensbestimmung ausschließenden Zustande krankhafter Störung der Geistesthätigkeit befunden hat, so kann der Beschädigte von dem Staate oder dem Verbande Schadensersatz verlangen.

Für den Schaden, der daraus entsteht, daß der Beamte bei einem Urtheil in einer Rechtssache die Amtspflicht verletzt, ist der Staat oder der Verband in dem Falle des Abs. 1 nicht verantwortlich.

Die Vorschriften des § 839 Abs. 1 Satz 2, Abs. 2 Satz 2, Abs. 3 des Bürgerlichen Gesetzbuchs und des Artikel 53 Abs. 1 Satz 2, Abs. 2, 3 finden entsprechende Anwendung.

Nachbarrecht.

Artikel 54. (A)	(Wie in Beilage E.)	Artikel 54.
Artikel 55. (A)	(Wie in Beilage E.)	Artikel 55.
Artikel 56. (A)	(Wie in Beilage E.)	Artikel 56.
Artikel 57. (A)	(Wie in Beilage E.)	Artikel 57.
Artikel 58. (A)	(Wie in Beilage E.)	Artikel 58.
Artikel 59. (A)	(Wie in Beilage E.)	Artikel 59.
Artikel 60. (A)		Artikel 60.

(Abs. 1 wie in Beilage E.)

Der Eigenthümer des Grundstücks, von dem aus die Erhöhung erfolgt ist, kann dem Eigenthümer des anderen Grundstücks die Benutzung des Aufbaus verbieten, bis ihm für die Hälfte oder, wenn nur ein Theil des Aufbaus benutzt werden soll, für den entsprechenden Theil der Baukosten Ersatz geleistet wird. Ist der Bauwerth geringer als ~~die~~ **der Betrag der** Baukosten so bestimmt sich der zu ersetzende Betrag nach dem Bauwerthe. Die Ersatzleistung kann auch durch Hinterlegung oder durch Aufrechnung erfolgen. Solange das Verbietungsrecht besteht, hat der Berechtigte den Mehraufwand zu tragen, den die Unterhaltung der Mauer in Folge der Erhöhung verursacht.

(Abs. 3 wie in Beilage E.)

Artikel 61. (A)	(Wie in Beilage E.)	Artikel 61.
Artikel 62. (A)	(Wie in Beilage E.)	Artikel 62.
Artikel 63. (A)	(Wie in Beilage E.)	Artikel 63.
Artikel 64.*) (A)	(Wie in Beilage E.)	Artikel 64.
Artikel 65. (A)	(Wie in Beilage E.)	Artikel 65.
Artikel 66. (A)	(Wie in Beilage E.)	Artikel 66.
Artikel 67. (A)		Artikel 67.

(Abs. 1 wie in Beilage E.)

Bei einem Grundstücke, das zur Zeit des Inkrafttretens des Bürgerlichen Gesetzbuchs mit Wald bestanden ist, gilt bis zur nächsten Verjüngung des Waldes das Gleiche auch für neue Bäume und Sträucher. Im Falle der Verjüngung kann die Einhaltung eines mehr als 2 m betragenden Abstandes nicht verlangt werden. **Die Verjüngung gilt im Falle des Plenterbetriebs am 1. Januar 1950 als eingetreten.**

Artikel 68. (A)	(Wie in Beilage E.)	Artikel 68.

---

*) Wegen des Abs. 3 siehe die nunmehrige Fassung des Art. 66.

Vorlage der k. Staatsregierung.	Beschlüsse des Ausschusses d. K. d. Abg.

Artikel 69. (A) | Artikel 69.

Die im Artikel 60 Abs. 2, im Artikel 61, im Artikel 62 Abs. 2 und im Artikel 68 bezeichneten nachbarrechtlichen Befugnisse erlöschen durch Verzicht des Berechtigten. Der Verzicht erfolgt durch Erklärung gegenüber dem Eigenthümer des Nachbargrundstücks. **Die Erklärung muß im Falle des Artikel 68 in öffentlich beglaubigter Form abgegeben werden.**

Ist das Grundstück des Berechtigten mit dem Rechte eines Dritten belastet, so finden die Vorschriften des § 876 des Bürgerlichen Gesetzbuchs entsprechende Anwendung. Im Falle der Belastung mit einer Reallast, einer Hypothek, einer Grundschuld oder einer Rentenschuld ist der Verzicht auf das im Artikel 60 Abs. 2, im Artikel 61 und im Artikel 62 Abs. 2 bezeichnete Verbietungsrecht dem Dritten gegenüber wirksam, wenn er erfolgt, bevor das Grundstück zu Gunsten des Dritten in Beschlag genommen worden ist.

Artikel 70. (A) (Wie in Beilage E.) Artikel 70.

Artikel 71. (A) (Wie in Beilage E.) Artikel 71.

Artikel 72. (A) (Wie in Beilage E.) Artikel 72.

Form der Auflassung.

Artikel 73. (A) (Wie in Beilage E.) Artikel 73.

Artikel 74. (A) (Wie in Beilage E.) Artikel 74.

Uebertragung des Eigenthums, Begründung und Aufhebung von Dienstbarkeiten an buchungsfreien Grundstücken.

Artikel 75. (A) (Wie in Beilage E.) Artikel 75.

Artikel 76. (A, D) | Artikel 76.

Zur Begründung einer Dienstbarkeit an einem Grundstücke, das im Grundbuche nicht eingetragen ist und nach den Vorschriften der Grundbuchordnung nicht eingetragen zu werden braucht, ist die Einigung des Bestellers und des Erwerbers darüber, daß das Grundstück mit der Dienstbarkeit belastet werden soll, und die öffentliche Beurkundung der Erklärung des Bestellers erforderlich. **Die Erklärung des Bestellers muß in öffentlich beglaubigter Form abgegeben werden.**

Zur Aufhebung einer Dienstbarkeit an einem Grundstücke der im Abs. 1 bezeichneten Art ist die Erklärung des Berechtigten gegenüber dem Eigenthümer erforderlich, daß er die Dienstbarkeit aufgebe; die Erklärung muß öffentlich beurkundet sein. / **in öffentlich beglaubigter Form abgegeben werden.**

Die Vorschriften des § 876 des Bürgerlichen Gesetzbuchs finden entsprechende Anwendung.

(Abs. 3 wie in Beilage E.)

Ausschließung von Dienstbarkeiten und Reallasten.

Artikel 77. (A, D) (Wie in Beilage E.) Artikel 77.

Artikel 77a. (D) (Wie in Beilage E.) Artikel 77a.

Amtliche Ermittelung des Werthes von Grundstücken.

Artikel 78. (A) (Wie in Beilage E.) Artikel 78.

Artikel 79. (A) (Wie in Beilage E.) Artikel 79.

Recht der Gemeinden und Stiftungen auf Sicherungshypothek gegenüber ihren Verwaltern.

Artikel 80. (A) (Wie in Beilage E.) Artikel 80.

Bekanntmachung des Verlustes von Inhaberpapieren.

Artikel 80a. (D) (Wie in Beilage E.) Artikel 80a.

Lösungsanspruch der öffentlichen Pfandleihanstalten.

Artikel 81. (A) (Wie in Beilage E.) Artikel 81.

Vorlage der k. Staatsregierung.		Beschlüsse des Ausschusses d. K. d. Abg.

Anlegung von Mündelgeld in Hypothekenforderungen.

Artikel 82. (A)	(Wie in Beilage E.)	Artikel 82.

Gemeindewaisenrath.

Artikel 83. (A)	(Wie in Beilage E.)	Artikel 83.
Artikel 84. (A)	(Wie in Beilage E.)	Artikel 84.
Artikel 85. (A)	(Wie in Beilage E.)	Artikel 85.
Artikel 86.*) (A)	(Wie in Beilage E.)	Artikel 86.
Artikel 87. (A)	(Wie in Beilage E.)	Artikel 87.
Artikel 88. (A)	(Wie in Beilage E.)	Artikel 88.
Artikel 89. (A)	(Wie in Beilage E.)	Artikel 89.

Anstaltsvormund.

Artikel 90. (A)	(Wie in Beilage E.)	Artikel 90.

Rechte der öffentlichen Wohlthätigkeitsanstalten in Ansehung des Nachlasses unterstützter oder verpflegter Personen.

Artikel 92.**) (A)	(Wie in Beilage E.)	Artikel 90a.
Artikel 93. (A)	(Wie in Beilage E.)	Artikel 90b.

Festsetzung des Ertragswerths.

Artikel 91. (A)	(Wie in Beilage E.)	Artikel 91.

Vermittelung der Auseinandersetzung eines Nachlasses oder eines Gesammtguts.		**Vermittelung der Auseinandersetzung in Ansehung eines Nachlasses oder eines Gesammtguts.**
Artikel 94. (A, D)	(Wie in Beilage E.)	Artikel 94.

Mitwirkung der Gemeindebehörden bei der Sicherung eines Nachlasses.

Artikel 94a. (D)	(Wie in Beilage E.)	Artikel 94a.

Sicherungsmaßregeln bei dem Tode eines Beamten.

Artikel 95. (A)	(Wie in Beilage E.)	Artikel 95.

Vollziehung einer Auflage von öffentlichem Interesse.

Artikel 96. (A)	(Wie in Beilage E.)	Artikel 96.

Eröffnung von Testamenten und Erbverträgen.

Artikel 96a.

Befindet sich ein Testament oder ein Erbvertrag seit mehr als vierundfünfzig Jahren in amtlicher Verwahrung, so ist die Eröffnung vorzunehmen, sofern nicht bekannt ist, daß der Erblasser noch lebt. Die Vorschriften des § 2259 Abs. 2 und der §§ 2260 bis 2262 des Bürgerlichen Gesetzbuchs finden entsprechende Anwendung.

Oeffentliche Sparkassen.

Artikel 97. (A)	(Wie in Beilage E.)	Artikel 97.
Artikel 98. (A)	(Wie in Beilage E.)	Artikel 98.
Artikel 99. (A)	(Wie in Beilage E.)	Artikel 99.
Artikel 100. (A)	(Wie in Beilage E.)	Artikel 100.
Artikel 101. (A)	(Wie in Beilage E.)	Artikel 101.
Artikel 102. (A)	(Wie in Beilage E.)	Artikel 102.
Artikel 103. (A)	(Wie in Beilage E.)	Artikel 103.

*) Der Artikel 86 Abs. 2 Satz 2 der Regierungsvorlage ist als Artikel 125a eingestellt.
**) Der Artikel 91 ist hinter den Artikel 93 eingestellt.

Vorlage der k. Staatsregierung.		Beschlüsse des Ausschusses d. K. d. Abg.
Artikel 104. (A)	(Wie in Beilage E.)	Artikel 104.
Artikel 105. (A)	(Wie in Beilage E.)	Artikel 105.
Artikel 106. (A)	(Wie in Beilage E.)	Artikel 106.
Artikel 107. (A)	(Wie in Beilage E.)	Artikel 107.
Artikel 108. (A)	(Wie in Beilage E.)	Artikel 108.
Artikel 109. (A)	(Wie in Beilage E.)	Artikel 109.

Ansprüche aus Rechtsverhältnissen des öffentlichen Rechtes und Grundgefällen.

Artikel 110. (A)	(Wie in Beilage E.)	Artikel 110.
Artikel 111. (A)	(Wie in Beilage E.)	Artikel 111.
Artikel 112. (A)	(Wie in Beilage E.)	Artikel 112.
Artikel 113. (A)	(Wie in Beilage E.)	Artikel 113.
Artikel 113a.*) (D)	(Wie in Beilage E.)	Artikel 113a.
Artikel 113b. (D)	(Wie in Beilage E.)	Artikel 113b.
Artikel 114. (A, D)	(Wie in Beilage E.)	Artikel 114.

Angelegenheiten der freiwilligen Gerichtsbarkeit.

Artikel 115. (A)	(Wie in Beilage E.)	Artikel 115.
Artikel 115a. (D)	(Wie in Beilage E.)	Artikel 115a.
Artikel 115b. (D)	(Wie in Beilage E.)	Artikel 115b.
Artikel 115c. (D)	(Wie in Beilage E.)	Artikel 115c.
Artikel 115d. (D)	(Wie in Beilage E.)	Artikel 115d.

Notarielle Urkunden.

Artikel 116 bis 121 gestrichen.

(Wie in Beilage E.)

Einsicht des Grundsteuerkatasters, der bezirksbergamtlichen Bücher und der Fideikommissmatrikel.		Einsicht des Grundsteuerkatasters, des Bergwerksverleihungsbuchs und der Fideikommißmatrikel.
Artikel 122. (A)	(Wie in Beilage E.)	Artikel 122.
		Aenderungen der seit 1818 erlassenen Gesetze.
Artikel 1. (B)	(Wie in Beilage G.)	Artikel 122[1].
Artikel 2. (B)		Artikel 122[2].

Das Gesetz vom 15. August 1828, die allgemeine Grundsteuer betreffend, in der Fassung der Bekanntmachung vom 10. Juni 1881 wird dahin geändert:

I. Als § 71a werden folgende Vorschriften eingestellt:

Die Umschreibung eines Grundstücks auf einen neuen Besitzer setzt den Nachweis voraus, daß der neue Besitzer Eigenthümer des Grundstücks ist.

Die Umschreibung auf den neuen Besitzer erfolgt, wenn zu dem Erwerbe des Eigenthums die Eintragung in das Grundbuch erforderlich ist, auf Grund der Eintragung im Grundbuche. In den übrigen Fällen muß das Eigenthum des neuen Besitzers in der für die Eintragung in das Grundbuch vorgeschriebenen Weise nachgewiesen werden.

Zur Eintragung einer Aenderung in dem Bestand eines Grundstücks, abgesehen von der Vereinigung ganzer Grundstücke, insbesondere zur Eintragung einer Theilung, ist die Vorlage eines von der Messungsbehörde angefertigten Planes, in welchem die Aenderung ersichtlich gemacht ist, und eines Auszugs **aus dem Messungsverzeichniß** erforderlich.

(Ziff. II bis V wie in Beilage G.)

Artikel 3. (B)	(Wie in Beilage G.)	Artikel 122[3].

*) Wegen des Art. 113a Abs. 1 Satz 3 vergl. die nunmehrige Fassung des Art. 112 Abs. 2.

Vorlage der k. Staatsregierung.	Beschlüsse des Ausschusses d. K. d. Abg.
Artikel 4. (B)	Artikel 122[4].

Das Forststrafgesetz für die Pfalz vom 28. Dezember 1831 in der Fassung der Bekanntmachung vom 2. Oktober 1879 **und des Gesetzes vom 17. Juni 1896** wird dahin geändert:

I. **Im Artikel 8 wird der Satz 2 durch folgenden Abs. 2 ersetzt:**

Diese Verfügung ist jedoch in Betreff der Strafe auf Personen einer und derselben Familie (Art. 13 Abs. 1 Ziff. 1 bis 5) nicht anwendbar, welche gemeinschaftlich einen Forstfrevel nach Art. 19, 22 oder 23 begehen; diese werden solidarisch in die Strafe verurtheilt. In dem Urtheil oder den Strafbefehlen ist auszusprechen, gegen welchen oder welche Frevler die Umwandlung der Geldstrafe in Haftstrafe einzutreten hat, wenn erstere nicht beigetrieben werden kann. Geschieht die Umwandlung gleichzeitig gegen mehrere dieser Frevler, so darf dennoch die von den Einzelnen zu erstehende Haft zusammengerechnet die nach Art. 5 der Geldstrafe entsprechende Dauer nicht überschreiten.

(Ziff. Ia bis VI wie in Beilage G.)

Artikel 5. (B)	Artikel 122[5].

Das Gesetz vom 17. November 1837, die Zwangsabtretung von Grund-Eigenthum für öffentliche Zwecke betreffend, wird dahin geändert:

I. Im Artikel XV werden

(Ziff 1 bis 3 wie in Beilage G.)

4. folgende Vorschriften als Abs. 2, 3 eingestellt:

Die schriftliche Mittheilung an die Betheiligten und die Antragsteller oder deren Vertreter ist durch die Gemeindebehörde oder durch die Post gegen Nachweis zuzustellen. Die Zustellung unterbleibt, wenn der Wohnort der zu ladenden Person nicht bekannt ist.

Vorlage der k. Staatsregierung	Beschlüsse des Ausschusses
Die Rechtswirksamkeit der Ladung ist von der Zustellung der schriftlichen Mittheilung nur insoweit abhängig, als es sich um den Eintritt der im Artikel XII bestimmten Beschränkung des Eigenthümers in der thatsächlichen Verfügung handelt. Die im Artikel XI bezeichneten Betheiligten, die nicht im Grundbuch eingetragen sind, werden nur berücksichtigt, wenn sie Erben eines eingetragenen Berechtigten sind oder wenn ihre Rechte angemeldet und auf Verlangen der Distriktspolizeibehörde glaubhaft gemacht sind.	**Soweit die im Artikel XI bezeichneten Betheiligten nicht im Grundbuch eingetragen sind, werden sie nur berücksichtigt, wenn sie Erben eines eingetragenen Berechtigten sind oder wenn ihre Rechte angemeldet und auf Verlangen der Distriktspolizeibehörde glaubhaft gemacht sind. Die Rechtswirksamkeit der Ladung ist bei den im Artikel XI bezeichneten Betheiligten von der Zustellung der schriftlichen Mittheilung nur abhängig, wenn der Betheiligte sich zur Theilnahme an dem Verfahren gemeldet und erforderlichen Falles sein Recht glaubhaft gemacht hat.**

(Ziff. II und III wie in Beilage G.)

Artikel 6. (B)	(Wie in Beilage G.)	Artikel 122[6].
Artikel 7. (B)	(Wie in Beilage G.)	Artikel 122[7].
Artikel 8. (B)	(Wie in Beilage G.)	Artikel 122[8].
Artikel 9. (B)	(Wie in Beilage G.)	Artikel 122[9].

Artikel 10. (B)	Artikel 122[10].

Das Gesetz vom 15. Juni 1850, den Ersatz des Wildschadens betreffend, wird dahin geändert:

(Ziff. I bis IV wie in Beilage G.)

V. Als Artikel 8a wird folgende Vorschrift aufgenommen / **eingestellt**:

Der Beschädigte hat den Anspruch auf Ersatz des Wildschadens bei Verlust des Anspruchs binnen drei / **sechs** Tagen, nachdem er von der Beschädigung Kenntniß erlangt

Vorlage der k. Staatsregierung.	Beschlüsse des Ausschusses d. K. d. Abg.

hat, bei der Ortspolizeibehörde anzumelden, in deren Bezirke der Schaden entstanden ist. Zur Wahrung der Frist genügt die Absendung der Anmeldung. **Die Ortspolizeibehörde soll die Anmeldung sofort dem Ersatzpflichtigen mittheilen.**

(Ziff. VI wie in Beilage G.)

Artikel 11. (B)	(Wie in Beilage G.)	Gestrichen.*)
Artikel 12. (B	(Wie in Beilage G.)	Artikel 122^{11}.
Artikel 13. (B)	(Wie in Beilage G.)	Artikel 122^{12}.
Artikel 14. B	(Wie in Beilage G.)	Artikel 122^{13}.
Artikel 15. (B)	(Wie in Beilage G.)	Artikel 122^{14}.
Artikel 16. (B)	(Wie in Beilage G.)	Artikel 122^{15}.
Artikel 17. (B)	(Wie in Beilage G.)	Artikel 122^{16}.
Artikel 18. (B)	(Wie in Beilage G.)	Artikel 122^{17}.
Artikel 19. (B)	(Wie in Beilage G.)	Artikel 122^{18}.
Artikel 20. (B)	(Wie in Beilage G.)	Artikel 122^{19}.
Artikel 21. (B)		Artikel 122^{20}.

Das Gesetz vom 16. April 1868 über Heimat, Verehelichung und Aufenthalt wird dahin geändert:

(Ziff. I bis XII wie in Beilage G.)

XIII. Im Artikel 40 werden / **erhält**

Vorlage	Beschlüsse
1. im Abs. 1 die Worte: »vorbehaltlich dessen, was in dem Gesetze über den obersten Verwaltungsgerichtshof bestimmt werden wird« ersetzt durch die Worte: »unbeschadet dessen, was das Gesetz vom 8. August 1878, betreffend die Errichtung eines Verwaltungsgerichtshofes und das Verfahren in Verwaltungsrechtssachen, bestimmt«.	1. **der Abs. 1 folgende Fassung: Hinsichtlich der Beschwerden gegen Beschlüsse der Distriktsverwaltungsbehörde, durch welche das nach Art. 33 auszustellende Verehelichungszeugniß verweigert oder gegen einen auf Grund des Art. 36 erhobenen Einspruch ertheilt wird, bestimmt sich die Zuständigkeit und das Verfahren nach dem Gesetze vom 8. August 1878, betreffend die Errichtung eines Verwaltungsgerichtshofes und das Verfahren in Verwaltungsrechtssachen. Im Uebrigen können die Betheiligten gegen die Beschlüsse der Distriktsverwaltungsbehörde innerhalb einer Nothfrist von 14 Tagen Beschwerde an die vorgesetzte Kreisregierung, Kammer des Innern, ergreifen, welche nach kollegialer Berathung in zweiter und letzter Instanz zu entscheiden hat.**

2. Der Abs. 2 Ziff. 3 wird aufgehoben.

(Ziff. XIV bis XXI wie in Beilage G.)

(Abs. 2 wie in Beilage G.)

Für das der Eheschließung vorangehende Aufgebot verbleibt es bei den bisherigen Vorschriften, wenn die Bekanntmachung vor dem Inkrafttreten des Bürgerlichen Gesetzbuchs angeheftet worden ist.

Ein auf Grund civilrechtlicher Bestimmungen nach den bisherigen Vorschriften bei der Gemeindeverwaltung oder der Distriktsverwaltungsbehörde erhobener Einspruch gegen die Eheschließung ist dem Standesbeamten mitzutheilen.

Artikel 22. (B)	(Wie in Beilage G.)	Artikel 121^{21}.
Artikel 23. (B)	(Wie in Beilage G.)	Artikel 122^{22}.
Artikel 24. (B, D)	(Wie in Beilage G.)	Artikel 122^{23}.

*) Auch der Art. 43a (Beilage G), welcher dem Art. 11 (Beilage B) entspricht, ist gestrichen.

Vorlage der k. Staatsregierung.		Beschlüsse des Ausschusses d. K. d. Abg.
Artikel 25. (B, D)	(Wie in Beilage G.)	Artikel 122^{24}.
Artikel 26. (B)	(Wie in Beilage G.)	Artikel 122^{25}.
Artikel 27. (B)	(Wie in Beilage G.)	Artikel 122^{26}.
Artikel 28. (B)	(Wie in Beilage G.)	Artikel 122^{27}.
Artikel 29. (B)	(Wie in Beilage G.)	Artikel 122^{28}.
Artikel 30. (B)	(Wie in Beilage G.)	Artikel 122^{29}.
Artikel 31. (B)	(Wie in Beilage G.)	Artikel 122^{30}.

Artikel 32. (B) | Artikel 122^{31}.

In den Artikel 10 des Gesetzes / **Das Gesetz** vom 8. August 1878, betreffend die Errichtung eines Verwaltungsgerichtshofes und das Verfahren in Verwaltungssachen, wird folgende Vorschrift als Ziff. 3a eingestellt: / **wird dahin geändert**:

I. An die Stelle des Artikel 7 Abs. 2 treten folgende Vorschriften:

Der Verwaltungsgerichtshof ist berufen, in den Fällen, in welchen der Staat, eine Gemeinde oder ein anderer Kommunalverband wegen des Schadens in Anspruch genommen werden soll, den ein Beamter in Ausübung der ihm anvertrauten öffentlichen Gewalt vorsätzlich oder fahrlässig einem Dritten zugefügt hat, die Vorentscheidung darüber zu treffen, ob der Beamte sich einer Ueberschreitung seiner Amtsbefugnisse oder der Unterlassung einer ihm obliegenden Amtshandlung schuldig gemacht hat. Das Gleiche gilt, wenn ein Beamter wegen des Schadens in Anspruch genommen werden soll, den er durch eine in Ausübung oder in Veranlassung der Ausübung der ihm anvertrauten öffentlichen Gewalt vorgenommene Handlung einem Dritten zugefügt hat. Soweit der Staat oder der Verband, in dessen Dienste der Beamte steht, einen Schaden zu ersetzen hat, für den der Beamte selbst nicht verantwortlich ist, hat der Verwaltungsgerichtshof die Vorentscheidung darüber zu treffen, ob der Beamte seine Amtsbefugnisse überschritten oder eine ihm obliegende Amtshandlung unterlassen hat. Bei Handlungen eines Beamten der streitigen oder der freiwilligen Gerichtsbarkeit ist die Vorentscheidung nicht erforderlich.

Die Vorentscheidung ist für das Gericht bindend.

Soll der Anspruch gegen den Staat oder den Verband wegen schuldhafter Verletzung der Amtspflicht erhoben werden, so wirkt die Vorentscheidung auch für das Verhältniß zwischen dem Staate oder dem Verband und dem Beamten. Vor der Erlassung der Vorentscheidung ist der Beamte zu hören.

(Ziff. II wie in Beilage G.)

Artikel 33. (B, D) | Artikel 122^{32}.

Das Gesetz vom 23. Februar 1879 zur Ausführung der Reichs-Civilprozeßordnung und Konkursordnung wird dahin geändert:

I. **Im Artikel 3 werden die Worte: „unbeschadet der Vorschriften in den §§ 394 und 397 der Civilprozeßordnung“ ersetzt durch die Worte:**

„unbeschadet der Vorschriften der §§ 810, 811 des Bürgerlichen Gesetzbuchs.“

Ia. Als Artikel 9a wird folgende Vorschrift eingestellt:

Ueber das Vermögen einer der im Art. 9 Abs. 2 bezeichneten juristischen Personen des öffentlichen Rechtes findet ein Konkurs nicht statt.

(Ziff. II bis Schluß wie in Beilage G.).

Artikel 34. (B, D) | Artikel 122^{33}.

Das Ausführungsgesetz vom 23. Februar 1879 zum Reichs-Gerichtsverfassungsgesetze wird dahin abgeändert:

I. Der Artikel 15 erhält folgende Fassung:

Die Amtsgerichte sind, soweit nicht andere Bestimmungen getroffen sind, für die Angelegenheiten zuständig, welche zur Zuständigkeit der Stadt- und Landgerichte gehört haben.

Vorlage der k. Staatsregierung.	Beschlüsse des Ausschusses d. K. d. Abg.

Die Amtsgerichte sind **neben den Notaren** zuständig für die Beurkundung von Vereinbarungen zwischen dem Vater eines unehelichen Kindes und diesem über den Unterhalt für die Zukunft oder über eine an Stelle des Unterhalts zu gewährende Abfindung **sowie für die Beurkundung einer Vereinbarung zwischen dem Vater eines unehelichen Kindes und der Mutter über die der Mutter aus der Beiwohnung und der Entbindung entstandenen Ansprüche, sofern diese Vereinbarung mit der Vereinbarung über den Unterhalt des Kindes in derselben Urkunde verbunden wird.** Die Amtsgerichte sind nicht zuständig für die Beurkundungen, die nach den Vorschriften der Reichsgesetze durch ein Gericht oder einen Notar zu bewirken sind, sowie für die öffentliche Beglaubigung einer Unterschrift oder eines Handzeichens.

Die Amtsgerichte sind als Nachlaßgerichte nicht zuständig zur Aufnahme des Inventars.

(Ziff. II bis XIX wie in Beilage E.)

XIXa. Als Artikel 74a wird folgende Vorschrift eingestellt:

Die Aufsicht über die Amtsführung der Standesbeamten in der Pfalz gehört zu den Gegenständen der Justizverwaltung. Die erforderlichen Ausführungsbestimmungen erläßt das Staatsministerium der Justiz.

(Ziff. XX bis XXIV wie in Beilage G.)

Artikel 35. (B) (Wie in Beilage G.)	Artikel 122[34].
Artikel 36. (B)	Artikel 122[35].

Das Gesetz vom 18. August 1879 über die Erbschaftssteuer wird dahin geändert:

I. Im Artikel 1 Abs. 1 erhält

1. die lit. a folgende Fassung:

a) von Erbschaften, Vermächtnissen und Schenkungen auf den Todesfall, von / **aus** Auflagen auf Zuwendungen dieser Art, die dem Empfänger der Leistung einen Vermögensvortheil zu verschaffen bezwecken, sowie von / **aus** Pflichttheilsansprüchen / **rechten**;

2. die lit. b fällt weg.

(Ziff. II bis Schluß wie in Beilage E.)

Artikel 37. (B) (Wie in Beilage G.)	Artikel 122[36].
Artikel 38. (B)	Artikel 122[37].

Das Gesetz vom 29. Mai 1886, die Flurbereinigung betreffend, wird dahin geändert:

(Ziff. I bis IV wie in Beilage G.)

V. Der Artikel 18 Abs. 4 erhält folgenden Zusatz:

Bei Familienfideikommissen

Vorlage	Beschlüsse
kann die Flurbereinigungs-Kommission auch in solchen Fällen das im Art. 9 bezeichnete Zeugniss ertheilen.	**finden auch in solchen Fällen die Vorschriften des Art. 9 Anwendung.**

(Ziff. VI wie in Beilage G.)

VII. Im Artikel 21 erhält

1. der Eingang folgende Fassung:

Bei der von der Distriktsverwaltungsbehörde abzuhaltenden Tagsfahrt ist zunächst die beabsichtigte Unternehmung unter Bekanntgabe des un- / **zu** gefähren / **erwartenden** Betrags der **voraussichtlich erwachsenden** Kosten darzulegen sowie auf den im Art. 20 Abs. 1 Ziff. 1 erwähnten Rechtsnachtheil hinzuweisen und sodann Beschluß zu fassen.

2. Der Abs. 5 wird aufgehoben.

(Ziff. VIII bis Schluß wie in Beilage G.)

Vorlage der k. Staatsregierung.		Beschlüsse des Ausschusses d. K. d. Abg.
Artikel 39. (B)	(Wie in Beilage G.)	Artikel 122^{38}.
Artikel 40. (B)	(Wie in Beilage G.)	Artikel 122^{39}.
Artikel 41. (B)	(Wie in Beilage G.)	Artikel 122^{40}.

Schlußbestimmungen.

Artikel 42. (B)	(Wie in Beilage G.)	Artikel 122^{41}.

Aufhebung von Vorschriften des Beamtenrechts.

Artikel 124.*) (A) (Gestrichen wie in Beilage G.)

Schlußbestimmung.

Artikel 125. (A)	(Wie in Beilage G.)	Artikel 122^{42}.

Artikel 43.*) (B)
Artikel 44.*) (B) } (Gestrichen wie in Beilage G.)

Einstweilige Aufrechterhaltung von Vorschriften des Liegenschaftsrechts.

Artikel 123. (A)	(Wie in Beilage E.)	Artikel 123.
	Artikel 125a.**) (Wie in Beilage E.)	
Artikel 45. (B)	(Wie in Art. 45 der Beilage G.)	Artikel 125b.

Gegeben . . . . . .

2.

Abänderungsanträge.

Abänderungsanträge

zum Entwurfe eines Ausführungsgesetzes zum Bürgerlichen Gesetzbuche.

(Beilage N z. d. Verhandl. d. K. d. Abg. 1899.***)

Die Kammer wolle beschließen:

I. Es seien in **Artikel 1** Abs. 1 die Artikel 86, 87 des Einführungsgesetzes zum Bürgerlichen Gesetzbuche zu streichen;

II. es sei den **Artikeln 83, 84** folgende Fassung zu geben:

Artikel 83.

Für jede Gemeinde wird ein Gemeindewaisenrath bestellt.

Derselbe soll bestehen:

1. in Gemeinden mit städtischer Verfassung sowie in Gemeinden mit mehr als 5000 Einwohnern
   a) aus dem Bürgermeister, wo deren mehrere sind, aus dem ersten, welcher den Vorsitz führt und sich durch ein Mitglied des Magistrats oder der Gemeindeverwaltung vertreten lassen kann,
   b) aus den sämmtlichen Pfarrvorständen der Gemeinde und aus dem Vorstande der israelitischen Kultusverwaltung, wenn eine solche in der Gemeinde besteht,
   c) aus einer Anzahl gewählter Waisenräthe;

---

*) Art. 124 der Beilage A (soweit er nicht im Art. 122^{41} Abs. 2 enthalten ist) und Art. 43, 44 B fallen weg. Art. 43a der Beilage G fällt weg.

**) Der Art. 125a ist der Beilage E entnommen und entspricht dem Art. 86 Abs. 2 Satz 2 der Beilage A.

***) In der amtlichen Ausgabe anfangs irrthümlich als Beilage Nr. 1238 bezeichnet.

2. in den übrigen Gemeinden
   a) aus den sämmtlichen Pfarrvorständen der Gemeinde und eventuell aus dem Vorstande der israelitischen Kultusverwaltung,
   b) aus einem oder mehreren gewählten Waisenräthen; in letzterem Falle ist jedem ein örtlich abgegrenzter Bezirk zuzuweisen.

Artikel 84.

In Städten mit mehr als 100,000 Einwohnern können mehrere Gemeindewaisenräthe, jeder für einen abgegrenzten Theil des Stadtbezirkes, gebildet werden.

München, den 24. März 1899.

Lerno.

Aichbichler. Aigner. Aumüller. Bäurle. Georg Bauer. Baumann. Johan Nep. Baur. Bittner. Burger. Daiser. Dr. Daller. Deuringer. Dirmeier. Echinger. Ecker. Joseph Erhard. Fasel. Faulstich. Flurschütz. Dr. Frank. Freinecker. Fuchs. Joseph Geiger. Gerstenberger. Gimpl. Grünzinger. Harder. Dr. Heim. Hierlmaier. Hoffstätter. Holzapfel. Joseph Huber. Michael Huber. Dr. Jäger. Dr. Franz Keller. Keßler. Kohl. Lautenschlager. Lehemeir. Lerzer. Liebl. Mauderer. Michael Mayer. Bernhard Mayr. Modschiedler. Moritz. Neckermann. Neudecker. Dr. Orterer. Pauli. Dr. Pichler. Prosinger. Ruedorffer. Dr. Schädler. Scheubeck. Franz Xaver Schmidt. Schöpf. Schramm. Schulz. Seeberger. Steindl. Steininger. Stigler. von Walter. Weber. Weinhart. Weiß. Wildegger. Witzlsperger. Wörle. Zimlich. Zott.

Eventualantrag

zu Ziff. I der Abänderungsanträge (Beilage N) zum Entwurfe eines Ausführungsgesetzes zum Bürgerlichen Gesetzbuche.
(Anlage zu Beilage N d. Verhandl. d. K. d. Abg. 1899.)

Die Kammer wolle beschließen:

Es sei in **Artikel 1** des Einführungsgesetzes zum Bürgerlichen Gesetzbuche zwischen Abs. 1 und Abs. 2 folgender neuer Absatz einzustellen:

Die Amortisationsgesetze werden hinsichtlich des Erwerbs von Grundstücken sowie diesen gleichstehenden Rechten, dann hinsichtlich des unentgeltlichen Erwerbs von beweglichen Gegenständen, soweit deren Werth den Betrag von 12,000 M. nicht übersteigt, außer Wirksamkeit gesetzt.

München, den 11. April 1899.

Lerno.

Fuchs. Joseph Geiger. Seeberger. von Walter.

Abänderungsantrag

zum Entwurfe eines Ausführungsgesetzes zum Bürgerlichen Gesetzbuche.
(Beilage N[1] z. d. Verhandl. d. K. d. Abg. 1899.)

Die Kammer wolle beschließen,

dem **Artikel 13** folgenden Zusatz zu geben:

Dienstboten, welche zu Verrichtungen außerhalb des Dienstverhältnisses in nicht versicherungspflichtigen Betrieben Verwendung finden, haben bei Betriebsunfällen Anspruch auf Schadenersatz nach Maßgabe des Unfallversicherungsgesetzes vom 6. Juli 1884; ersatzpflichtig ist die Dienstherrschaft.

München, den 15. April 1899.

Segitz.

Franz Joseph Ehrhart, Löwenstein, Scherm, von Vollmar.

Abänderungsanträge

zum Entwurfe eines Ausführungsgesetzes zum Bürgerlichen Gesetzbuche.
(Beilage N[2] z. d. Verhandl. d. K. d. Abg. 1899.)

Die Kammer wolle beschließen:

1. Dem **Artikel 14** folgenden Zusatz beizufügen:
„Eine im Voraus getroffene Vereinbarung, nach der die Zahlung später erfolgen soll, ist nichtig.“
2. Im **Artikel 15** die Worte: „oder grober Fahrlässigkeit“, im **Artikel 18** Ziff. 2 die Worte: „mehrmaliger Entwendung“ zu streichen.
3. Dem **Artikel 122**[28] als Ziff. III beizufügen:
III. „Die Artikel 106 und 155 sind aufgehoben.“

München, den 15. April 1899.

Segitz.

Franz Joseph Ehrhart. Löwenstein. Scherm. von Vollmar.

Resolution.

(Art. 122[23].)

(Beilage N[3] z. d. Verhandl. d. K. d. Abg. 1899.)

Die Kammer wolle beschließen,

die k. Staatsregierung zu ersuchen, einer Revision des Berggesetzes vom 20. März 1869 näher zu treten, in der Richtung, daß

I. die Vorschriften der Reichs-Gewerbeordnung vom 21. Juni 1869, betreffend die Arbeitszeugnisse und das Vertragsverhältniß der gewerblichen Arbeiter: Art. 113, 122, 123 und 124 der Reichs-Gewerbeordnung, sinngemäße Anwendung auf die Bergarbeiter finden;

II. die Bestimmungen über die Bergpolizei: Art. 197—214 des Berggesetzes, einer Durchsicht unterzogen, die Grubenkontrole verschärft und zur Unterstützung der Bergwerksinspektion erfahrene Bergarbeiter herangezogen werden.

München, den 15. April 1899.

Segitz.

Franz Joseph Ehrhart. Löwenstein. Scherm. von Vollmar.

Abänderungsantrag

zum Entwurfe eines Ausführungsgesetzes zum Bürgerlichen Gesetzbuche.
(Beilage N[4] z. d. Verhandl. d. K. d. Abg. 1899.)

Die Kammer wolle beschließen,

als **Art. 24a** folgende Vorschrift einzustellen:

Wer einem Dienstboten, welcher sich einer schweren Veruntreuung schuldig gemacht hat, das Gegentheil wider besseres Wissen bezeugt, haftet der nachfolgenden Dienstherrschaft für den Schaden, der derselben in Folge der Wahrheitswidrigkeit des Zeugnisses erwachsen ist. Die Haftung erlischt nach Ablauf von drei Jahren seit der Ausstellung des Zeugnisses.

München, den 19. April 1899.

Dr. **Casselmann.**

Bolzano, Diehl, Eusebius Hofmann, Ludwig von Keller, Kilian Keller, Mahla, Michel, Ott, Karl Schmidt, Kleophas Schmitt, Widmann.

Antrag der k. Staatsregierung

zum Entwurfe eines Ausführungsgesetzes zum Bürgerlichen Gesetzbuche.

(Beilage N5 z. d. Verhandl. d. K. d. Abg. 1899.)

Artikel 22a.

Ertheilt die Dienstherrschaft einem Dienstboten, der gegen sie eine schwere Veruntreuung begangen hat, in Kenntniß dieser Thatsache das Zeugniß treuen Verhaltens, so ist sie für den Schaden verantwortlich, welcher der nachfolgenden Dienstherrschaft aus dem Vertrauen auf die Richtigkeit des Zeugnisses entsteht. Die Verantwortlichkeit erlischt mit dem Ablaufe von drei Jahren seit der Ertheilung des Zeugnisses, soweit sie nicht vorher gerichtlich geltend gemacht wird.

München, den 19. April 1899.

Abänderungsantrag

zum Entwurfe eines Gesetzes, die durch die Einführung des Bürgerlichen Gesetzbuchs veranlaßten Aenderungen der seit 1818 erlassenen Gesetze betreffend.

(Beilage N6 z. d. Verhandl. d. K. d. Abg. 1899.)

Die Kammer wolle beschließen:

Im **Artikel 122**[24] sei als neue Ziffer einzusetzen:

VII. Im Artikel 170 Abs. 1 wird nach den Worten:

„Wahlstimmberechtigt sind alle Gemeindebürger"

eingeschaltet:

„sowie Alle, welche die selbständige Heimat besitzen".

München, den 20. April 1899.

Gezeichnet.

Franz Joseph Ehrhart. Löwenstein. Scherm. von Vollmar.

Eventualantrag

zum Entwurfe eines Ausführungsgesetzes zum Bürgerlichen Gesetzbuche.

(Beilage N7 z. d. Verhandl. d. K. d. Abg. 1899.)

— Für den Fall der Ablehnung des Antrags vom 24. März d. J. (Beil. N Ziff. II). —

Die Kammer wolle beschließen:

An die Stelle der **Artikel 83 bis 89** und des **Artikel 125a** haben folgende Bestimmungen zu treten:

Artikel 83.

Für jede Gemeinde ist der Lokalarmenpflegschaftsrath der Gemeindewaisenrath.

Artikel 84.

Der Gemeindewaisenrath ist befugt, Frauen, welche hiezu bereit sind, als Waisenpflegerinnen in widerruflicher Weise aufzustellen.

Die Waisenpflegerinnen haben unter Leitung des Gemeindewaisenrathes bei der Beaufsichtigung der im Kindesalter stehenden Mündel und bei der Ueberwachung weiblicher Mündel mitzuwirken.

Artikel 85.

Die Geschäftsführung des Gemeindewaisenrathes, insbesondere der Verkehr mit den Vormundschaftsgerichten wird durch die Staatsministerien der Justiz und des Innern geregelt.

München, den 20. April 1899.

Lerno.

Fuchs. Joseph Geiger. von Walter.

Abänderungsantrag

zum Entwurfe eines Gesetzes, die durch die Einführung des Bürgerlichen Gesetzbuchs veranlaßten Aenderungen der seit 1818 erlassenen Gesetze betreffend.

(Beilage N[8] z. d. Verhandl. d. K. d. Abg. 1899.)

Die Kammer wolle beschließen,

es sei in Ziff. I des **Artikel 122[31]** (nach der Fassung des Ausschußbeschlusses) dem Abs. 2 folgende Fassung zu geben:

„Die Vorentscheidung ist nur für die Frage der Zulässigkeit des Rechtsweges bindend."

München, den 21. April 1899.

Lerno.

Joseph Geiger. Dr. Orterer.

Abänderungsantrag

zu **Artikel 122[31]** des Entwurfes eines Gesetzes, die durch die Einführung des Bürgerlichen Gesetzbuchs veranlaßten Aenderungen der seit 1818 erlassenen Gesetze betreffend.

(Beilage N[9] z. d. Verhandl. d. K. d. Abg. 1899.)

Die Kammer wolle beschließen:

primär:

Die Ziff. I erhält folgende Fassung:

„I. Artikel 7 Abs. 2 wird gestrichen".

eventuell:

In Ziff. I sei dem Abs. 1 folgender vierte Satz vor den Worten: „Bei Handlungen eines Beamten 2c. 2c." einzufügen:

„Das Verfahren in Verwaltungsrechtsachen findet Anwendung."

München, den 22. April 1899.

Wagner.

Zusatzantrag zu Beilage N[8].

(Beilage N[10] z. d. Verhandl. d. K. d. Abg. 1899.)

Die Kammer wolle beschließen:

Es sei in Ziff. I des **Artikel 122[31]** der erste Satz des Abs. 3 zu streichen.

München, den 22. April 1899.

Lerno. Joseph **Geiger.**

3.

Stenographischer Bericht

über die

Verhandlungen der bayerischen Kammer der Abgeordneten.

Vierhundertfünfundachtzigste öffentliche Sitzung vom 17. April 1899.

(Stenogr. Berichte d. K. d. Abg. 1899. Bd. XIII Nr. 485 Seite 609 bis 634.)

Die Sitzung wird um 9 Uhr 45 Minuten durch den Präsidenten S. 609.
Dr. von Clemm eröffnet.

Präsident: Meine Herren! Ich eröffne die Sitzung . . . . . .

Wir treten in die Tagesordnung ein. Erster Gegenstand derselben ist: S. 610.

Mündlicher Bericht des besonderen (XVIII.) Ausschusses der Kammer der Abgeordneten zur Berathung der durch die Einführung des Bürgerlichen Gesetzbuchs veranlaßten Gesetzentwürfe über

I. den Entwurf eines Ausführungsgesetzes zum Bürgerlichen Gesetzbuche (Beilage A und D),

II. den Entwurf eines Gesetzes, die durch die Einführung des Bürgerlichen Gesetzbuchs veranlaßten Aenderungen der seit 1818 erlassenen Gesetze betreffend (Beilagen B und D).

Die Grundlage unserer Berathung bildet die Beilage O, welche den Beschlüssen des Ausschusses gemäß die beiden Gesetzentwürfe in Einen Gesetzentwurf zusammengefaßt hat.

Ich eröffne die Generaldiskussion und ertheile das Wort dem Herrn Referenten, Abgeordneten Wagner.

Wagner (Berichterstatter): Meine Herren! Für den ersten Januar des nächsten Jahres ist dem deutschen Volke ein hohes Gut gesichert, welches es bisher noch niemals besessen hat, welches andere Nationen schon seit einer geraumen Zahl von Jahren besitzen und das im Zeitalter des Verkehrs ganz besonders nothwendig ist, da weit von einander entfernt lebende Menschen häufig mit einander in geschäftliche Beziehungen treten — es ist das Gut der Rechtseinheit. Allerdings ist diese Rechtseinheit noch keine vollkommene, denn einerseits lassen sich Rechtsverhältnisse, welche aus dem bisherigen Rechte herausgewachsen sind, vielfach nicht ohne Schädigung legitimer Interessen unvermittelt unter das neue Recht stellen. Es muß vielmehr durch Uebergangsbestimmungen eine Brücke zwischen dem alten und neuen Rechte hergestellt werden, deren Pfeiler zum Theil wenigstens auf dem bisherigen Rechte ruhen. Zu diesen Uebergangsbestimmungen ist die Landesgesetzgebung durch einen Theil der Art. 153 bis 218 des Einführungsgesetzes zum Bürgerl. Gesetzbuch ermächtigt. Anderseits sind aus verschiedenen Gründen, z. B. wegen der verschiedenartigen Entwicklung des öffentlichen Rechtes, wegen der Verschiedenheit der wirthschaftlichen Bedürfnisse, wegen der verschiedenen Stammesentwicklung in den einzelnen deutschen Bundesstaaten auch auf dem Gebiete des bürgerlichen Rechtes Rechtsinstitute entstanden, welche ohne schwere Schädigung berechtigter Interessen weder beseitigt noch einheitlich für das ganze Reich geregelt werden können. Deßhalb sind im Einführungsgesetz zum Bürgerl. Gesetzbuch und zwar in den Art. 55 bis 152, dann im Einführungsgesetz zum Handelsgesetzbuch, in der Grundbuchordnung, in dem Gesetz, betreffend die Angelegenheiten der freiwilligen Gerichtsbarkeit, sowie ‖ in den S. 611.
Einführungsgesetzen zum Zwangsversteigerungsgesetz und zum Gesetz, betreffend die Abänderung der Civilprozeßordnung und Konkursordnung, zu Gunsten

S. 611. der Landesgesetzgebung eine Reihe von Vorbehalten aufgestellt worden, welche die Aufrechterhaltung dieser Rechtsbesonderheiten der einzelnen Staaten bezielen und der Landesgesetzgebung die Möglichkeit gewähren, dieselben fortzuentwickeln, umzugestalten oder neu zu regeln.

Die Uebergangsbestimmungen, auf welche ich hingewiesen habe, werden in Bayern im Allgemeinen in einem besonderen Gesetze, das zum Theil im Ausschusse vorberathen ist, getroffen werden. Einzelne Uebergangsbestimmungen enthält auch der Gesetzentwurf, welcher heute zur Berathung steht. Die Hauptaufgabe dieses Gesetzentwurfes liegt aber in der Regelung der bayerischen Rechtsbesonderheiten, soweit deren Regelung der Landesgesetzgebung vorbehalten ist.

Diese Aufgabe der Regelung der bayerischen Rechtsbesonderheiten hat die k. Staatsregierung zunächst durch zwei Gesetzentwürfe zu lösen gesucht, von welchen der eine theils die Aufrechterhaltung, theils die Beseitigung gesetzlicher Vorschriften betrifft, welche aus der Zeit vor Erlaß der Verfassungsurkunde herrühren, theils eine Reihe von Rechtsinstituten neu regelt, während der andere Entwurf bestrebt ist, die einschlägigen Vorschriften der Verfassungsurkunde und jener Gesetze, welche nach dem Jahre 1818 erlassen worden sind, mit den neuen Vorschriften des Bürgerl. Gesetzbuchs in Einklang zu bringen. Der erstere Entwurf ist in der Beilage A, der zweite in der Beilage B enthalten. Hiezu ist später eine Beilage D gekommen, welche sowohl auf Beilage A als B einschlägt. Die Vereinigung der beiden Entwürfe erfolgte zunächst im Ausschusse der Reichsrathskammer für die Justizgesetze und fand unsere Zustimmung.

Auf Grund besonderen Gesetzes, welches von uns im vorigen Jahre beschlossen wurde, ist nämlich sowohl in der Kammer der Abgeordneten, wie in der Kammer der Reichsräthe, wie schon erwähnt, ein Ausschuß niedergesetzt worden, welcher sich mit der Berathung dieser Gesetzentwürfe beschäftigte. Es hat zunächst der Ausschuß der Kammer der Abgeordneten, also unser Ausschuß, zweimal über diese Gesetzentwürfe Berathung gepflogen. Dieselben wurden dann dem Ausschusse der Kammer der Reichsräthe mitgetheilt; der Ausschuß der Reichsrathskammer hat hierüber ebenfalls eine zweimalige Berathung gepflogen und dann seine Beschlüsse mitgetheilt, und wir sind daraufhin noch einmal in eine dritte Berathung der Beschlüsse der Reichsrathskammer und beziehungsweise der Entwürfe eingetreten. Das Schlußergebniß dieser Berathungen ersehen die verehrten Herren aus der Beilage O.

Meine Aufgabe als Referent zu Beilage A ist also nur die, jenen Theil des nunmehr vereinigten Gesetzentwurfes zu vertreten, welcher, wie erwähnt, in Beilage A und in dem einschlägigen Theil der Beilage D enthalten ist. Die Beilage A enthielt anfänglich 125 Artikel; aus dieser sind in Wegfall gekommen die Art. 116 bis 121, welche von der k. Staatsregierung zurückgezogen wurden und dem Notariatsgesetze vorbehalten sind, dann Art. 124, welcher zum Theil in den Art. 122 Ziff. 41 Abs. 2 übergegangen ist, zum Theil aber, nämlich soweit er die Aufhebung der Verordnung vom 2. September 1811 betrifft, durch eine anderweitige Bestimmung ersetzt wurde, so daß es nicht mehr nothwendig schien, ausdrücklich hervorzuheben, daß diese Verordnung aufgehoben wurde. Der Art. 125 wurde in Art. 122 Ziff. 42 umnummerirt, Art. 92 und 93 tragen in der Beilage O die Bezeichnung Art. 90a und 90b.

Meine Aufgabe bezieht sich also auf Art. 1 bis 122, Art. 122 Ziff. 41 Abs. 2, Art. 122 Ziff. 42, Art. 123, 125a und Art. 125b. Theils auf

Beilage A und D fußen die Art. 76, 77, 94 und 114. Nur der Beilage D entstammen die Art. 77a, 80a, 94a, 113a, 113b, 115a, 115b, 115c und 115d. S. 611.

Ich habe nun über die Aenderungen zu berichten, welche die Ausschüsse an den ursprünglichen Regierungsvorlagen vorgenommen haben. Dieselben sind theils aus der Initiative der Ausschußmitglieder hervorgegangen, zum nicht geringen Theile beruhen sie auf Anregungen oder auf ausdrücklichem Antrage der k. Staatsregierung selbst.

Diese Aenderungen sind in folgende Gruppen zu zergliedern: 1) solche, welche vom Ausschusse der Abgeordnetenkammer beschlossen und welchen vom Ausschusse der Kammer der Reichsräthe beigetreten wurde. Solche finden sich bei Art. 1, Art. 2a, Art. 3, 4, 15, 16, 18, 19, 20, 29, 41, 43, 47, 53, 54, 55, 59, 64, 66, 68, 76, 86, 88, 89, 90a, 90b, 97, 103, 107, 112, 113a, 114, 122, 123, 125a. — 2) Aenderungen, welche vom Ausschusse der Kammer der Abgeordneten vorgenommen waren, welche aber, weil ihnen der Ausschuß der Reichsrathskammer nicht beigetreten ist, bei der dritten Lesung wieder fallen gelassen wurden. Solche finden sich bei Art. 5, 7 und 53. 3) Aenderungen, welche vom Ausschusse der Kammer der Reichsräthe beschlossen wurden und denen der diesseitige Ausschuß beigetreten ist. Sie finden sich bei Art. 1, 2a, 4a, 5, bei der Ueberschrift vor Art. 7, bei Art. 7, 10, 14, 17, 20, 21, 23, 53, 53a, 60, 69, 76, bei der Ueberschrift vor Art. 94, bei Art. 96a, 122 Ziff. 41 Abs. 2. Nicht einstimmig, sondern nur mit Majorität erfolgte der Beitritt zu den Aenderungen von Art. 5, 7 und 53a. 4) Aenderungen, welche vom diesseitigen Ausschusse beschlossen worden sind, denen aber der Reichsrathsausschuß nicht beigetreten ist, finden sich bei Art. 5, 7, 14a 32 und 53. Es ist schon vorhin erwähnt worden, daß der diesseitige Ausschuß die desfallsigen Aenderungen mit Ausnahme jener zu Art. 14a, und 32 in dritter Lesung wieder fallen gelassen hat. 5) Aenderungen, welche vom Reichsrathsausschuß beschlossen worden sind, denen aber der diesseitige Ausschuß nicht beitrat, finden sich in Art. 14a, 18, 19 und 32; endlich 6) Aenderungen, welche erst in der dritten Lesung des diesseitigen Ausschusses beschlossen wurden und welche dem Reichsrathsausschusse noch nicht vorlagen; diese betreffen die Art. 18, 53, 67, 96a und die Eingangsworte des Gesetzes, bezüglich welcher aber die Berichterstattung dem Referenten für die Beilage B obliegen wird.

So viel in formeller Beziehung.

Ich habe im Ausschusse die Anschauung vertreten, daß die Lösung der Aufgabe, welche der Landesgesetzgebung hinsichtlich der Ausführungsgesetze obliegt, nach folgenden Richtpunkten erfolgen soll. Ich war der Meinung, daß an Stelle zersplitterter Normen möglichst einheitliche Bestimmungen für das ganze Landesgebiet treten sollen. Ich war ferner der Meinung, daß unsichere unklare Bestimmungen durch einfaches und klares Recht ersetzt, daß ferner die besonderen Rechtsbedürfnissen angepaßten Rechtsinstitute erhalten, aber möglichst dem Reichsrecht angepaßt werden sollen, und zuletzt, daß auf dem Gebiete der freiwilligen Gerichtsbarkeit keine Vor‖schriften getroffen werden sollen, S. 612. welche die Benützung der desfallsigen Einrichtungen in unnöthiger Weise erschweren oder mit hohen Kosten belasten.

Dieser meiner Auffassung ist im Ausschusse von keiner Seite entgegengetreten worden, und im Allgemeinen wird anzuerkennen sein, daß sowohl von Seite der k. Staatsregierung, als auch von den beiderseitigen Ausschüssen nach diesen Richtpunkten gearbeitet worden ist. Nach allen Richtungen konnte das aber nicht geschehen; es mußte hinsichtlich einzelner Rechtsinstitute auf

S. 612. eine einheitliche Regelung verzichtet werden und zwar zum Theil deßwegen, weil im Augenblick die Zeit hiefür mangelt. Es ist das z. B. der Fall hinsichtlich des Privatpfändungsrechtes, des Fischereirechtes. Hinsichtlich anderer Gegenstände handelt es sich um Rechtsinstitute, welche mit dem öffentlichen Recht auf's Innigste zusammenhängen und bezüglich welcher man der Meinung war, daß im Augenblick eine Einigung überhaupt nicht zu erzielen wäre; ich erwähne deßhalb nur die Amortisationsgesetze und die kirchliche Baulast; ich hatte im Ausschusse Anträge gestellt, welche in dreifachen Richtungen eine Aenderung der Vorlage enthielten, und ich glaube, hier berechtigt zu sein, einen kurzen Blick hierauf zu werfen, nachdem ich als Referent nicht in der Lage bin, Abänderungsanträge gegenüber der Vorlage zu stellen.

Ich wollte einmal im Nachbarrecht hinsichtlich der Eigenthumsbeschränkungen, welche nach dem bisherigen Rechte zu Gunsten von beim Inkrafttreten des Bürgerlichen Gesetzbuchs bestehenden Gebäuden, Anlagen oder Gärten bestehen, und für diese günstiger sind, als die Vorschriften des Bürgerlichen Gesetzbuchs, theils die Erhaltung der bisher günstigeren Befugnisse, theils den Anschluß an das neue Recht dadurch gewinnen, daß ich den Vorschlag machte, diese Befugnisse in Grunddienstbarkeiten umzuwandeln.

Dann war ich nicht einverstanden in allen Richtungen mit der getroffenen Ausscheidung der sachlichen Zuständigkeit zwischen den Amtsgerichten und den Notaren, indem ich der Meinung war, daß in allen jenen Fällen, in welchen die Amtsgerichte schon aus anderen Gründen thätig sein müssen und hiezu auch zuständig sind, die Zuständigkeit auch ausgedehnt werden soll auf die Auflassung, auf die Herstellung von Theilhypothekenbriefen und auf die Aufnahme von Vermögensverzeichnissen.

Endlich war ich auch der Meinung, daß beim Art. 2, der von der Volljährigkeits-Erklärung handelt, die Zuständigkeit zweckmäßiger den Amtsgerichten übertragen werden soll als dem Justizministerium.

Allein, meine Herren, man ist auf meine Vorschläge nicht eingegangen und zwar hat man entgegengehalten in ersterer Richtung, daß ein besonderes Bedürfniß nicht bestehe und daß doch eine gewisse Rechtszersplitterung verbleiben würde. In zweiter Richtung hat man die Meinung vertreten, daß unter diesen meinen Anträgen die Lebensfähigkeit des Notariats leiden könne, und in dritter Richtung hat man mich auf den bisherigen Rechtszustand verwiesen und ausgeführt, daß die Entscheidung über die Volljährigkeits-Erklärung durch das Justizministerium eine größere Einheitlichkeit verbürgt und auch größere Garantie für die Richtigkeit der Entscheidung gewährt.

Ich habe schon vorhin erwähnt, daß ich als Referent mich nicht in der Lage sehe, auf die Anträge wieder zurückzukommen; ich glaube aber, daß ich berechtigt war, diese Bemerkungen hier zu machen, um zu rechtfertigen, warum ich die Abänderungsanträge in dieser Richtung von meiner Seite wenigstens nicht wieder einbringe.

Was nun endlich die Art der Berichterstattung anbelangt, so wäre ich ja bereit, über jeden einzelnen Artikel des Gesetzentwurfes besonders zu berichten. Aber, meine Herren, wenn ich das thun würde, so würde mein Referat aller Voraussicht nach einen Zeitraum von vielleicht acht Tagen allein in Anspruch nehmen. Nun, meine Herren, könnte ich aber nichts Weiteres thun, als einen Auszug zu geben aus den Motiven, aus den Ausschußverhandlungen und aus den gedruckten Berichten. Es sind aber nicht blos die Motive vollständig unter alle Mitglieder des hohen Hauses vertheilt, sondern es sind auch die Ausschußprotokolle, sowohl jene des Ausschusses der Kammer der Abgeordneten,

als auch jene des Ausschusses der Kammer der Reichsräthe gedruckt worden, S. 612.
ebenso sind die schriftlichen Berichte, sowohl vom Herrn Referenten des Ausschusses der Reichsräthe, als von meiner Wenigkeit erstattet, zugänglich. Ich glaube also, daß ein Bedürfniß, über alle einzelnen Artikel hier Vortrag zu halten, nicht bestehen werde. Es hätte ein solcher Vortrag auch die Gefahr, daß ich vielleicht nicht vollständig wäre oder sogar Manches unrichtig vortragen würde, und das würde später für die Gesetzauslegung sehr bedenklich sein.

Ich bin daher der Meinung, daß es nicht nur nichts schadet, wenn ich auf die einzelnen Artikel nicht eingehe, sondern daß es eigentlich sogar einen Vorzug hat, wenn ich es unterlasse; einmal werden die Berathungen verkürzt und anderseits die Gefahren vermieden, auf welche ich hingewiesen habe. Ich werde — wenn nichts Anderes verlangt wird — daher nur zu jenen Artikeln das Wort ergreifen, bezüglich welcher zwischen dem diesseitigen Ausschusse und dem Ausschusse der Kammer der Reichsräthe eine Einigung nicht oder noch nicht erzielt ist, dann zu jenen Artikeln, zu welchen Abänderungsanträge bereits vorliegen oder noch gestellt werden, und höchstens noch zu jenen Artikeln, zu welchen einer der verehrten Herren aus der Mitte des hohen Hauses das Wort zu ergreifen beabsichtigt.

Nach allen übrigen Richtungen hin, glaube ich, können wir uns dabei bescheiden, daß die Gesetzentwürfe durch eine jetzt bereits fünfmalige Ausschußberathung genügend vorbereitet sind, und ich glaube auch nicht, daß erheblich neue Gesichtspunkte in dieser Beziehung vorgebracht werden können.

Ich habe daher Namens des Ausschusses Ihnen nur noch den Beitritt zu den Beschlüssen unseres Ausschusses zu empfehlen.

Präsident: In der Generaldiskussion hat sich Niemand zum Worte gemeldet: ich schließe dieselbe. Wir kommen zur Spezialdiskussion. Ich schlage Ihnen vor, Ueberschrift und Einleitungsworte zurückzustellen.

Aufrechterhaltung älterer Vorschriften.

Artikel 1.

Hiezu liegen vor ein Antrag der Herren Abgeordneten Lerno und Genossen, welcher lautet:

Die Kammer wolle beschließen:

Es seien in Artikel 1 Abs. 1 die Artikel 86, 87 des Einführungsgesetzes zum Bürgerlichen Gesetzbuche zu streichen;

und weiter ein Eventualantrag derselben Herren:

Die Kammer wolle beschließen:

Es sei in Artikel 1 des Einführungsgesetzes zum Bürgerlichen S. 613.
Gesetzbuche zwischen Abs. 1 und Abs. 2 folgender neuer Absatz einzustellen:

Die Amortisationsgesetze werden hinsichtlich des Erwerbs von Grundstücken sowie diesen gleichstehenden Rechten, dann hinsichtlich des unentgeltlichen Erwerbs von beweglichen Gegenständen, soweit deren Werth den Betrag von 12,000 M. nicht übersteigt, außer Wirksamkeit gesetzt.

Ich rufe diese Anträge gleichzeitig zur Diskussion auf und ertheile zunächst das Wort dem Herrn Referenten.

Wagner (Berichterstatter): Meine Herren! Der Art. 1 ist einer der wichtigsten, jedenfalls aber der schwierigste und weittragendste Artikel des ganzen Gesetzes. Wie Sie aus dem Unterschiede im Drucke ersehen, hat der Artikel auch verschiedene Aenderungen erfahren.

S. 613. Es ist der Art. 90 des Einführungsgesetzes hieraus gestrichen worden, und zwar im Abs. 1, und im Abs. 2 sind die Worte eingefügt worden: „und in diesem Gesetz". Diese Aenderungen beruhen auf Beschlüssen des diesseitigen Ausschusses; die übrigen Aenderungen, welche Sie aus dem Artikel ersehen, beruhen auf einem Beschlusse des Reichsrathsausschusses, welchem unser Ausschuß in der dritten Lesung beigetreten ist. Diese Aenderung bezweckt eigentlich nur, klar zu stellen, daß der Anschein vermieden werden solle, daß solche ältere Bestimmungen, welche bereits durch das Bürgerliche Gesetzbuch bezw. das Einführungsgesetz zu demselben aufgehoben sind, nicht noch einmal aufgehoben werden wollen.

Es hat der Art. 1 eine positive und eine negative Seite. Die negative Seite besteht darin, daß alle zur Zeit in Bayern geltenden, auf das bürgerliche Recht einschlagenden und aus der Zeit vor Erlassung der Verfassungsurkunde stammenden Gesetze, hinsichtlich welcher durch Art. 55 bis 152 des Einführungsgesetzes zum Bürgerlichen Gesetzbuche die Möglichkeit der Aufrechterhaltung durch die Landesgesetzgebung vorbehalten wurde, aufgehoben sind, wenn die betreffenden Artikel des Einführungsgesetzes im Art. 1 des Ausführungsgesetzes nicht besonders aufgeführt sind. Es wird also beispielsweise durch Weglassung des Art. 73 des Einführungsgesetzes in diesem Artikel das Salpeterregal für Bayern aufgehoben. Durch die in unserem Ausschusse beschlossene Weglassung des Art. 90 werden einige pfälzische Vorschriften über die Amtsbürgschaften der Hypothekenbewahrer und Notare aufgehoben. Durch die Weglassung des Art. 131 des Einführungsgesetzes werden die dießrheinischen und pfälzischen Vorschriften über das Stockwerkseigenthum für die Zukunft beseitigt.

Was aus der älteren Zeit, aus der Zeit vor Erlassung der Verfassungsurkunde an Vorschriften noch verbleiben soll, das betreffen die ausdrücklich genannten 18 Artikel des Einführungsgesetzes zum Bürgerlichen Gesetzbuch und der § 16 Nr. 1 des Einführungsgesetzes zur Civilprozeßordnung.

Ich habe mich im Ausschusse bemüht, klar zu stellen, welche Bestimmungen im Einzelnen unter diese Artikel fallen; allein es war nicht möglich, herbeizuführen, daß eine vollständige Klarheit über alle einschlägigen gesetzlichen Bestimmungen geschaffen wurde. Es ist bemerkt worden, daß das die Aufgabe der Kommentatoren des Ausführungsgesetzes sei.

Von den aufrecht erhaltenen Artikeln beziehen sich eine Reihe derselben, z. B. der Art. 57, dann die Art. 58 und 59 auf Gegenstände, welche mit dem öffentlichen Rechte auf's Engste zusammenhängen, z. B. auf die Hausgesetze der Landesherren, auf die Familienverhältnisse der Mediatisirten, auf die Familienfideikommisse und Lehen und ähnliche Verhältnisse. Bezüglich einzelner Rechtsinstitute, z. B. jener, auf welche die Art. 75 und 76 des Einführungsgesetzes hinweisen, nämlich des Versicherungsrechtes und des Verlagsrechtes, ist eine reichsrechtliche Regelung in Aussicht. Bezüglich wieder anderer, z. B. des Fischereirechtes und Privatpfändungsrechtes, auf welche die Art. 69 und 89 des Einführungsgesetzes hinweisen, ist für die Zukunft landesgesetzliche Regelung zugesichert. Es ist auch noch bezüglich anderer Gegenstände die Einheitlichkeit landesgesetzlicher Regelung als erwünscht bezeichnet worden, allein es ist auch anerkannt worden, daß im Augenblick die Kodifikation wohl nicht thunlich ist und daß man diese Vereinheitlichung der Zukunft vorbehalten will.

Das Herkommen ist in Abs. 2 im Sinne von Gewohnheitsrecht aufzufassen. Die Einschaltung, welche wir im Ausschusse gemacht haben, nämlich die Beifügung der Worte: „und in diesem Gesetz" hat ihren Grund darin,

daß in Art. 68 des Gesetzes ausdrücklich auf das Herkommen verwiesen ist. S. 613.
Es hat dieser Abs. 2 die Bedeutung, daß das Herkommen auch dann in Kraft bleiben soll, wenn sich nachweisen läßt, daß es älter ist als die Verfassungsurkunde. Ueber diese Frage des Herkommens hat im Ausschusse eine umfangreiche Debatte stattgefunden, auf welche ich aber nicht näher eingehen will, da sie lediglich einen juristischen Charakter trägt. Wer sich aber dafür interessirt, wird wohl am besten das betreffende Ausschußprotokoll nachlesen.

Eine umfassendere Diskussion hat sich hauptsächlich über zwei Punkte von Art. 1 entsponnen, einmal über die vom Art. 59 des Einführungsgesetzes zum Bürgerlichen Gesetzbuche betroffenen Familienfideikommisse und zweitens über die Amortisationsgesetze, auf welche die Art. 86—88 des Einführungsgesetzes einschlagen.

Was die Familienfideikommisse betrifft, so hatte ich im Ausschusse die Anregung gegeben, ob nicht besondere gesetzliche Bestimmungen dahin getroffen werden sollten, daß Familienfideikommisse für die Zukunft durch Grundstücke weder vergrößert werden können, noch daß neue Familienfideikommisse errichtet werden könnten, und dann hatte ich eine Anregung dahin gegeben, ob es nicht nothwendig sei, für die Pfalz, in welcher bisher Familienfideikommisse nicht bestehen und nicht bestehen können, besondere Bestimmungen zu treffen, damit sie auch für die Zukunft dort nicht sollen errichtet werden können. Der letzteren Anregung ist in Beilage B, über welche ich nicht zu berichten habe, durch den Abs. 2 des Art. 122 Ziff. 1 durch die Bestimmung, daß in der Pfalz auch in Zukunft Familienfidikommisse nicht errichtet werden sollen, entsprochen worden.

Was meine erste Anregung betrifft, so habe ich dieselbe fallen gelassen, nachdem von Mitgliedern der Centrumsfraktion erklärt worden ist, daß die Centrumsfraktion auf eine Aenderung der VII. Verfassungsbeilage nicht eingehen würde; denn, meine Herren, dadurch ist es ja selbstverständlich und klar, daß schon in diesem hohen Hause eine Zweidrittel-Majorität für einen derartigen Antrag nicht zu erlangen ist. Es ist dann gleichwohl in zweiter Lesung von einem anderen Mitglied des Ausschusses ein ähnlicher Antrag, wie ich ihn angeregt hatte, gestellt worden und zwar dahin gehend, daß Fideikommisse künftighin nur mit Zustimmung der beiden || Kammern des Landtags S. 614.
sollen errichtet werden können. Es wäre also nach diesem Vorschlage für die Errichtung eines neuen Familienfideikommisses in Zukunft immer ein neues Gesetz nothwendig, und das läuft auf dasselbe hinaus, was ich angeregt hatte. Der Antrag ist per majora abgelehnt worden, und ich glaube nicht, daß ich auf das Detail der Debatte näher eingehen sollte, nachdem bis jetzt wenigstens ein neuer derartiger Antrag nicht vorliegt.

Anders liegt die Frage bezüglich der Amortisationsgesetze, hinsichtlich welcher schon im Ausschusse der heute verlesene primäre Antrag der Herren Abgeordneten Lerno und Genossen gestellt war. Es dürfte, glaube ich, nothwendig sein, daß ich erörtere, was unter Amortisationsgesetzen zu verstehen ist. Es ist über unsere Verhandlungen eine Broschüre von Professor Meurer in Würzburg erschienen, welche eine dankenswerthe Auseinandersetzung über unsere Verhandlungen und eine Kritik derselben gibt. Dieser Broschüre entnehme ich folgende Bemerkungen:

Der Ausdruck „Amortisationsgesetze" hängt damit zusammen, daß die Kirche in früherer Zeit manus mortua genannt wurde und zwar deßhalb, weil bezüglich eines Erwerbes, den die Kirche machte, angenommen wurde, daß sie ihn festhalte wie die geschlossene Hand des Todten. Man hat dann im

S. 614. Anschlusse an diese Bezeichnung jeden Erwerb der todten Hand amortisatio genannt, nämlich die Zueignung weltlicher Güter an die manus mortua. Amortisationsgesetze sind aber nicht solche Gesetze, welche diese Tödtung weltlicher Güter für den weltlichen Verkehr begünstigen, sondern umgekehrt solche, welche beschränkende Bestimmungen hinsichtlich eines derartigen Erwerbes treffen. Es hat also hier der Ausdruck Amortisation eine andere Bedeutung, als er sie hat hinsichtlich der Kraftloserklärung von Urkunden und Werthpapieren und dergleichen, wo man ebenfalls von Amortisirung spricht, aber in dem Sinne, daß man damit die positive Seite, nämlich die Tödtung für den Verkehr bezweckt.

Die Veranlassung zu den Amortisationsgesetzen wurde dadurch gegeben, daß der Erwerb weltlicher Güter, namentlich Seitens der Klöster, im Mittelalter ein sehr erheblicher war. Es ist, wie Meurer ausführt, schon in allerfrühester Zeit der Fall gewesen, daß Fürst und Unterthan, um für ihr Seelenheil zu sorgen, an die Kirche Zuwendungen machten. Schon Karl der Große und Ludwig der Fromme haben sich veranlaßt gefunden, einschränkende Bestimmungen zum Schutze der Verwandten gegen derartige Zuwendungen zu treffen. Es haben dann auch andere Fürsten, und zwar zum nicht unerheblichen Theile aus steuerpolitischen Gründen, zu derartigen einschränkenden Bestimmungen sich veranlaßt gesehen, weil die Klöster und die kirchlichen Institute Steuerfreiheit genossen und durch ihren vermehrten Erwerb, namentlich von Immobilien, die Steuerkraft des Volkes eine Schwächung erlitten hat. Das zeigt sich auch bei einem Erlaß des Kurfürsten von Köln. Es sind dort schon im Jahre 1385 die älteren Gesetze bestätigt worden, welche verhüten wollten, daß das weltliche Erbe in die geistlichen Hände kommt. In Bayern sind es anfänglich die Adeligen gewesen, welche gegen den Erwerb von weltlichen Gütern durch die kirchlichen Institute Front machten. Im Jahre 1692 reichten die Landschaftsverordneten eine auf Erlaß eines vollständigen Amortisationsgesetzes gerichtete Vorstellung ein, „worin der Befürchtung Ausdruck gegeben war, daß ohne Staatsschutz bald die Hälfte des Landes in manibus mortuis sei. Von Landschaftskapitalien gehöre der Geistlichkeit schon mehr als der vierte Theil, nämlich mehr als 1'500,000 Gulden. Auch sei nicht leicht eine vermögliche Familie, besonders unter dem Bürgerstande zu finden, bei welcher von Seiten der Klöster nicht der Versuch gemacht worden wäre, Theile des Vermögens durch Disposition und Testament zu erhalten."

In solcher Weise schildert die Schrift von Meurer die Veranlassung zu den Amortisationsgesetzen des vorigen Jahrhunderts.

Es sind nun eine Reihe solcher Amortisationsgesetze in der Folgezeit erlassen worden und zwar haben wir für unser Gebiet eine Reihe von sehr verschiedenen Gesetzen in Betracht zu ziehen, nämlich wir haben auszuscheiden zwischen den Amortisationsgesetzen, welche für die älteren bayerischen Lande erlassen wurden und die im Jahre 1807 auf die damals neu erworbenen Landestheile ausgedehnt wurden, soweit nicht in diesen besondere Amortisationsgesetze bestanden, dann haben wir besondere Amortisationsgesetze nach Würzburger Recht, nach Fuldaer Recht, nach Koburger Recht, nach Mainzer Landrecht, nach österreichischem Recht, nach preußischem Recht und auch in der Pfalz bestehen besondere Bestimmungen, nur Regensburg hat keine Amortisationsgesetze.

Diese Amortisationsgesetze weichen unter einander ab in der Bestimmung der Institute, welche den Amortisationsgesetzen unterstehen. Nach den Verhandlungen im Ausschusse wäre die Giltigkeit der Amortisationsgesetze haupt-

sächlich auf die Klöster beschränkt. Meurer ist der Anschauung, und ich S. 614.
erwähne das, daß unter die alte bayerische Pragmatik nicht blos die Klöster, sondern auch Bisthümer, Domkapitel, Diözesananstalten und Spezialstiftungen fallen. Bei einzelnen ist es sicher, daß sie nur auf die Klöster Bezug haben, bei anderen, wie z. B. beim preußischen Landrecht, ist es außer Zweifel, daß die betreffenden Amortisationsbestimmungen auf alle manus mortuae Bezug haben.

Verschieden sind diese Amortisationsgesetze auch ihrem Inhalte nach, es wird bald der Immobiliarerwerb, bald der Mobiliarerwerb, bald werden beide Erwerbsarten beschränkt, bei beiden Gattungen wird bald sowohl der entgeltliche als der unentgeltliche, bald ausschließlich der unentgeltliche Erwerb beschränkt.

Endlich bestehen auch Verschiedenheiten hinsichtlich des Umfanges. Es wird in einzelnen Gesetzen beispielsweise jeder Immobiliarerwerb nach bestimmten Richtungen hin verboten; nach anderen Gesetzen wird wieder eine bestimmte Summe freigelassen; das ist namentlich hinsichtlich des unentgeltlichen Erwerbs unter Lebenden oder von Todeswegen der Fall. Die Summe ist ebenfalls wieder verschieden; so z. B. gibt es Unterschiede, wornach Zuwendungen im Betrage bis zu 500 Thalern oder Zuwendungen im Betrage bis zu 1500 Gulden oder Zuwendungen im Betrage bis zu 2000 Gulden von der Genehmigung freigelassen werden sollen. In letzterer Richtung hat das Einführungsgesetz zum Bürgerlichen Gesetzbuch und zwar der Art. 86 eine gewisse Einheit gebracht, indem er den entgeltlichen und unentgeltlichen Erwerb von Rechten durch juristische Personen bis zum Betrage von 5000 ℳ frei gibt.

Besonders zu erwähnen habe ich noch die Bedeutung der Amortisationsgesetze hinsichtlich des Art. 87 des Einführungsgesetzes. Hier kommen in Betracht die Beschränkungen, welche den Religiosen auferlegt sind, das sind jene Personen, welche die lebenslänglichen Gelübde der Armuth abgelegt haben. Mitglieder von Klöstern und religiösen Kongregationen sind gemeinrechtlich erwerbsunfähig. Nach preußischem Landrecht tritt durch den Eintritt in ein
Kloster oder durch Ab‖legung eines lebenslänglichen Gelübdes der Armuth S. 615.
der bürgerliche Tod ein und wird die bürgerliche Erbfolge eröffnet. Nach den bayerischen Amortisationsgesetzen wird ein solcher von seinen Intestaterben beerbt. Die Klöster sind in Bayern nur so weit erbfähig, als es sich um die pragmatische Summe handelt. Diese beträgt ebenfalls, wie vorhin erwähnt, zwischen 1500 ℳ und 2000 Gulden.

Der bürgerliche Tod und die Erwerbsunfähigkeit der Religiosen fällt nach dem Bürgerl. Gesetzbuche weg. Dieselben sind künftighin ebenso wie jeder andere Staatsbürger erwerbsfähig, und es kann nach Art. 87 des Einführungsgesetzes die Erwerbsfähigkeit derselben nur hinsichtlich eines unentgeltlichen Erwerbs, hier aber sowohl hinsichtlich eines Erwerbes unter Lebenden als auch auf den Todesfall beschränkt werden.

Es ist nun fraglich, ob nach jenen Rechten, nach welchen der Religiose bisher gänzlich oder über eine bestimmte Summe hinaus erwerbsunfähig ist, diese Erwerbsunfähigkeit ohne weitere landesgesetzliche Bestimmung durch die Wirkung des Art. 87 in eine Erwerbsbeschränkung des Inhalts umgewandelt wird, daß der Religiose zu einem unentgeltlichen Erwerb, den er zu machen bisher unfähig war, künftighin staatlicher Genehmigung bedarf.

Diese Frage ist auch im Ausschusse ventilirt worden. Von Seite Seiner Excellenz des Herrn Staatsministers der Justiz ist in dieser Richtung die Bemerkung gemacht worden, daß der Rechtsprechung vorbehalten sein soll, den Vorschriften über die Erwerbsunfähigkeit für die Zukunft die Bedeutung bei-

S. 615. zulegen, daß sie einen Erwerb im Sinne des Art. 87 von staatlicher Genehmigung abhängig machen. Die Frage dürfte im Sinne Seiner Excellenz des Herrn Ministers nach meiner bescheidenen Meinung dann zu beantworten sein, wenn der Religiose oder für ihn das Kloster schon bisher mit staatlicher Genehmigung einen unentgeltlichen Erwerb unter Lebenden oder von Todeswegen machen konnte, also wenn bisher die staatliche Genehmigung einen solchen Erwerb zu einem rechtsgiltigen machen konnte; denn in dieser Richtung ist eine Beseitigung der landesgesetzlichen Bestimmungen nicht eingetreten.

Was die Religiosen betrifft, so bestehen für die Pfalz einschlägige Bestimmungen nicht.

Meine Herren! Nachdem in Bayern in dieser Frage ein so zersplitterter Rechtszustand besteht, hatte ich im Ausschusse die Anregung gegeben, ob es sich nicht empfehle, die ganze Materie für das Königreich einheitlich zu regeln. Der primäre Antrag, welcher uns heute zur Berathung vorliegt, der Antrag des Herrn Kollegen Lerno und Genossen, würde auch einheitliches Recht schaffen, allerdings in dem Sinne, daß alle diese Bestimmungen beseitigt werden. Das wäre allerdings eine Radikalkur; darüber besteht gar kein Zweifel. Der Antrag ist auch schon im Ausschusse gestellt worden, er wurde jedoch mit Stimmengleichheit durch Stichentscheid des Vorsitzenden abgelehnt.

Es ist im Ausschusse auch der Rechtsbestand der Amortisationsgesetze gelegentlich dieses Antrages erörtert worden. Ich glaube auf diese Frage nicht des Weiteren eingehen zu sollen und zwar hauptsächlich aus dem Grunde, weil derjenige verehrte Herr Kollege, welcher diese Rechtsgiltigkeit anfänglich bestritt, oder welcher die Gründe, aus welchen diese Rechtsgiltigkeit bestritten wurde, vorgetragen hat, zum Schlusse selbst die Erklärung abgegeben hat, daß die Behauptung, diese Gesetze bestünden nicht zu Recht, aufgestellt werde, daß er aber für seine Person diese Behauptung selbst nicht aufgestellt habe. Es wird wohl hieraus gefolgert werden dürfen, daß er selbst in dieser Beziehung eine andere Rechtsanschauung habe, und deßhalb glaube ich, daß man die Frage nicht weiter ventiliren solle.

Die Frage, ob es sich um ein Verfassungsgesetz handelt oder nicht, wurde im Ausschusse nicht geprüft. Nach den Gründen, welche Meurer in seiner Schrift angibt, können in dieser Beziehung wohl Zweifel erhoben werden, insoferne derselbe ausführt, daß in Art. VIII des Konkordates eine versteckte Amortisationsklausel und in § 44 des Religionsediktes eine offene Amortisationsklausel zu finden sei. Meine Herren! Im Ausschusse ist die Frage nicht ventilirt worden. Ich habe deßhalb auch keine Veranlassung, hierauf näher einzugehen.

Als Gründe, welche den Antrag auf Aufhebung der Amortisationsgesetze darthun sollten, sind hauptsächlich folgende hervorgehoben worden: Man hat gesagt, die Amortisationsgesetze stammen aus altersgrauer Zeit, sie seien veraltet, sie seien Ausnahmegesetze, welche eine durch nichts gerechtfertigte Bevormundung der Kirche enthalten und auch die persönliche Verfügungsgewalt, insbesondere die Testirfreiheit, beschränken. Es ist weiter hervorgehoben worden, daß ein großer Theil der neuen Stiftungen vom Klerus herstamme, welcher durch das kanonische Recht zu Stiftungen verpflichtet ist. Es ist darauf hingewiesen worden, daß durch solche Stiftungen auch das bayerische Staatsbudget, welches schon einen großen Beitrag für solche Zwecke leisten müsse, entlastet werde. Weiter ist hervorgehoben worden, daß die Klöster jetzt nicht mehr reich sind, daß sie keine Schätze mehr anhäufen, daß auch, wie ihnen früher vorgeworfen wurde, ein üppiges Leben in denselben nicht mehr geführt werde, sondern daß das Vermögen, welches die Klöster haben, gemeinschaftlichen

Interessen diene. Früher sei allerdings in dem großen Besitze der Kirche, S. 615.
namentlich in deren Immobiliarbesitze eine ökonomische Schädigung erblickt worden. Das sei jetzt nicht mehr berechtigt; im Gegentheil solle man darauf hinblicken, daß die Aktiengesellschaften großen Gütererwerb machen, daß auch die großen Geldinstitute in dieser Beziehung in größerem Maße schädlich wirken als der Erwerb der sogenannten todten Hand.

Das dürften im Wesentlichen die Gründe gewesen sein, welche für die Beseitigung der Amortisationsgesetze hervorgehoben wurden.

Gegen den Antrag, also für die Beibehaltung der Amortisationsgesetze, für welche sich die linke Seite des Hauses und das gesammte Staatsministerium aussprach, wurden hauptsächlich folgende Gründe geltend gemacht: Die Kirchengesellschaften, namentlich die öffentlichen Kirchengesellschaften, haben eine solche privilegirte Stellung, daß Vorsorge getroffen werden muß, daß diese privilegirte Stellung nicht zum Nachtheil der übrigen Staatsangehörigen ausschlägt. Wenn es sich hiebei um ein Ausnahmegesetz handle, dann sei zu berücksichtigen, daß auch zu Gunsten der Kirche Ausnahmegesetze bestehen und daß das Eine ohne das Andere nicht aufrecht erhalten werden könne. Es wurde weiters von einem Mitglied darauf hingewiesen, daß die Macht der Kirche über die Gewissen auch heute noch mißbraucht werden könne ebenso wie in früherer Zeit. Es wolle zwar durchaus nicht behauptet werden, das kirchlicherseits das gewollt werde; aber Mißbräuche seien eben im einzelnen Falle nicht ausgeschlossen.
Es ist auch darauf hingewiesen ‖ worden, daß das heutzutage deßwegen erleichtert S. 616.
sei, weil das Bürgerl. Gesetzbuch das formlose Testament, das holographische Testament zulasse. Die Amortisationsgesetze wurden als nothwendig bezeichnet zum Schutze der Verwandten; es sei in dieser Richtung das Pflichttheilsrecht, auf welches von der anderen Seite hingewiesen wurde, nicht ausreichend. Es ist — ich darf das wohl anfügen — im Ausschusse der Reichsrathskammer auch noch darauf hingewiesen worden, daß die Amortisationsgesetze doch auch nothwendig erscheinen, um liegendes Vermögen nicht in zu großer Menge sich in den Händen geistlicher Korporationen ansammeln zu lassen. Es ist vom Herrn Staatsminister im Ausschusse der Reichsrathskammer ein Fall angeführt worden, in welchem in einer Gemeinde die Besorgniß geäußert wurde, daß das Kloster in kurzer Zeit das ganze Dorf angekauft haben würde. Was dann die Aktiengesellschaften betrifft, so ist darauf hingewiesen worden, daß das Erwerbsgesellschaften sind, welche eine Macht über die Gewissen nicht haben und welche ihrem Zwecke nach auf Erwerb gerichtet sein müssen. Es ist hervorgehoben worden, daß übrigens auch diese Aktiengesellschaften nicht ohne Aufsicht sind, sondern sogar einer Aufsicht des Staates und auch einer Aufsicht der Verwaltungsbehörden nach manchen Richtungen hin unterliegen. Von Seite des k. Staatsministeriums wurde insbesondere betont, daß die Amortisationsgesetze ein Kronrecht bilden, welches ohne zwingende Gründe nicht aufgegeben werden kann. Das Staatsministerium würde zu einer Beseitigung derselben seine Zustimmung nicht geben. Die übrigen Staaten, welche Amortisationsgesetze haben, stellen sich auf denselben Standpunkt wie die bayerische Staatsregierung. Es ist zugegeben worden, daß vielleicht die Amortisationsgesetze zur Zeit eine große Bedeutung nicht haben; aber sie könnten diese Bedeutung wieder gewinnen, denn sie dienten dazu, zu verhindern, daß Zustände eintreten, wie sie vor 200 Jahren bestanden haben. Es ist auch von Seite des k. Staatsministeriums bestritten worden, daß es sich hier um Ausnahmegesetze handle; es ist gesagt worden, die Amortisationsgesetze bedeuten die Form der Aufsichtsführung über die Vermögensverwaltung, insbesondere der Klöster, sie

S. 616. seien ein Korrelat des besonderen Schutzes, welchen die Kirche nach dem Staatskirchenrecht genieße. Denn in Bayern bestehe nicht die freie Kirche im freien Staate, sondern es bestehe ein gegenseitiges Verhältniß zwischen Kirche und Staat und mit Rücksicht auf die bevorzugte Stellung, welche die Kirche einnehme, müsse sie sich auch eine gewisse Aufsicht über ihre Einrichtungen gefallen lassen. Man hat von Seite der k. Staatsregierung weiters auch die Anschauung vertreten, daß die Einrichtung sogar für die Kirche selbst eine wohlthätige sei, indem die Genehmigung eines Erwerbes gewissermaßen die Mithaftung der k. Staatsregierung für die Unschädlichkeit des Erwerbes involvire und dadurch die kirchlichen Institute gegen Anfeindungen decke. Es ist dann endlich auch darauf hingewiesen worden, daß die Amortisationsgesetze milde gehandhabt werden, daß namentlich jene unangenehme Seite der Amortisationsgesetze, welche dahin ging, daß zu jedem Immobiliarerwerb, auch zum kleinsten, staatliche Genehmigung nachgesucht werden mußte, durch den Art. 86 des Einführungsgesetzes ohnehin wegfalle, indem zu einem Erwerb bis zum Betrage von 5000 M. künftighin die Genehmigung nicht mehr nothwendig sei, und es ist schließlich von der k. Staatsregierung hervorgehoben worden, daß das Wesen der Amortisationsgesetze nicht darin liege, daß die Genehmigung Seitens der k. Staatsregierung versagt werde, sondern darin, daß jeder Fall geprüft und daß nach vorheriger Prüfung und Instruirung der Sache die Genehmigung ertheilt werde.

Das sind die Gründe und Gegengründe, welche hinsichtlich der Aufhebung beziehungsweise des Bestehenlassens der Amortisationsgesetze geltend gemacht wurden. Ich glaube sie im Wesentlichen vollständig vorgetragen zu haben, und ich habe die Aufgabe, Ihnen Namens des Ausschusses die Ablehnung des primären Antrages der Herren Kollegen Lerno und Genossen empfehlen zu sollen.

Der Eventualantrag ist dem Ausschuß nicht vorgelegen, ich habe also nicht die Möglichkeit, Namens des Ausschusses hierüber zu berichten. Persönlich glaube ich nur darauf hinweisen zu dürfen, daß meines Wissens in Elsaß-Lothringen die Summe bis auf 12,000 M. hinaufgerückt worden ist, daß aber auch eine Veränderung der Summe nach meiner Meinung eine Veränderung des Kronrechtes bedeutet.

Ich habe in dieser Beziehung nach meiner Meinung auch keine andere Aufgabe als die, daß ich Namens des Ausschusses Sie bitte, dem Art. 1 so, wie er aus dem Beschlusse des Ausschusses hervorgegangen ist, Ihre Zustimmung zu ertheilen.

Präsident: Das Wort hat der Herr Abgeordnete Lerno als Antragsteller.

Lerno: Meine Herren! Wie der Herr Referent soeben ausgeführt hat, haben wir Ihnen hier im Plenum denselben Antrag wieder unterbreitet, den wir bereits im Ausschusse gestellt hatten und der dort bei Stimmengleichheit von 6 zu 6 Stimmen durch den Stichentscheid des Herrn Vorsitzenden abgelehnt worden ist.

Der Antrag sieht an sich ziemlich harmlos aus, er besagt nur, daß lediglich zwei Ziffern aus dem Art. 1 des Ausführungsgesetzes gestrichen werden mögen. Allein in der That ist er doch von sehr großer Bedeutung, wie der Herr Referent bereits ausgeführt hat. Denn wir bezielen mit dem Antrage nicht mehr und nicht weniger als die Aufhebung des bis jetzt in Bayern gehandhabten Amortisationsrechtes.

Was die Amortisationsgesetze sind und wie und warum sie entstanden sind, hat zum Theil schon der Herr Referent Ihnen vorhin in einer kurzen historischen Skizze entwickelt. Es ist das zwar eigentlich im Ausschusse nicht verhandelt worden. Allein ich bin ihm doch dankbar für diese Ausführungen um deswillen, weil er mich dadurch eines Theiles meiner Aufgabe überhoben hat.

Die bayerischen Amortisationsgesetze sind entstanden aus der Thatsache, daß im 17. und im vorigen Jahrhundert der Grundbesitz der Klöster einen, wie die Gegner

meinten, bedenklichen, sozial schädlichen Umfang angenommen hatte, und auf Grund dieser S. 616.
Thatsache haben die Landstände, zuerst die Adeligen, den Kurfürsten angelegen, daß auf dem Gesetzeswege eine Beschränkung der Erwerbsfreiheit der sogenannten todten Hand eintreten möge.

Allein nicht das Anwachsen des klösterlichen Großgrundbesitzes an sich war es, sondern — das hat auch der Herr Referent in dankenswerther Weise hervorgehoben — der hauptsächlichste Grund war vielmehr die Thatsache, daß damals die Kirche in Bayern steuerfrei war, und daß durch die Erwerbung von Grundbesitz Seitens der Kirche auch diese neu erworbenen Grundstücke steuerfrei wurden, so daß die übrigen Stände sich darüber beschwerten, nun müßten sie die ganzen Lasten für den Staatsaufwand tragen, während die Klöster davon frei wären. Das war ein Ge || sichtspunkt, dessen Berechtigung man gewiß nicht in Abrede S. 617.
stellen kann. Uebrigens darf ich zur Beleuchtung der damaligen Rechtslage doch darauf hinweisen, daß nicht blos die Kirche und die Klöster steuerfrei waren, sondern auch der Adel, (sehr richtig! rechts) und gegen die Steuerfreiheit des Adels sind derartige Maßregeln damals nicht getroffen worden. (Hört, hört! rechts.) Nun aber, meine Herren, ist die Steuerfreiheit längst hinweggefallen; in unserer Zeit genießen die Kirche und die Klöster in Bayern keine Steuerfreiheit mehr, wenigstens nicht in dem ausgedehnten Maße und dem völlig exempten Grade wie damals, die Klöster nehmen Antheil an den Staatslasten wie alle übrigen Staatsbürger, und darum, meine ich, müßte man mir doch Recht geben, wenn ich sage, damit ist eigentlich von vornherein der Existenzgrund für die Amortisationsgesetze, auf dem sie entstanden sind, weggefallen.

Uebrigens, meine Herren, eine kurze Abschweifung erlauben Sie mir gegenüber der behaupteten Thatsache, daß der Grundbesitz der Klöster, der todten Hand, damals in Bayern einen so bedenklichen Umfang angenommen haben sollte. Da möchte ich nämlich ein Argument anführen, das Herr Professor Lujo Brentano vor Kurzem ausgeführt hat und das auch der von unserm Herrn Referenten mehrfach citirte Würzburger Professor Meurer in seiner Broschüre erwähnt, daß gerade die Thatsache, daß in Bayern in der Hand der Klöster ein so ausgedehnter Grundbesitz war, der Hauptgrund für die Erhaltung des Bauernstandes in Bayern war. (Hört, hört! rechts.) Es war, wie Herr Professor Brentano sagt, der konservative Geist, der in den Klöstern als Großgrundbesitzern geherrscht hat, das Festhalten am Ueberkommenen und das Streben, die Klosterwirthschaft in üblicher Weise fortzutreiben, der sie auf die Erhaltung des Bauernstandes Bedacht nehmen ließ, womit das sogenannte Bauernlegen Seitens der Klöster ausgeschlossen war. Herr Professor Meurer, der den Klöstern weniger günstig gesinnt zu sein scheint, ist zwar der Meinung, die Bestimmungen der Amortisationsgesetze wären daran schuld gewesen, nämlich die Bestimmung, daß beim Heimfall eines in den Händen eines Klosters befindlichen Bauerngutes längstens innerhalb sechs Monaten das Gut wieder in die Hände eines anderen klösterlichen Grundholden gegeben werden mußte. Ich will hier nicht näher untersuchen, welche dieser beiden Meinungen die richtige ist; ich konstatire nur die Thatsache, daß auch Herr Professor Meurer zu diesem, wie er sich ausdrückt, merkwürdigen Resultat kommt, daß gerade die Steigerung des Liegenschaftsbesitzes der Kirche der Hauptgrund für die Erhaltung des Bauernstandes in Bayern war. Also eine sozial gute Seite hatte die Geschichte doch auch gehabt, nämlich die Folge, daß wir in Bayern zum Theil wenigstens uns noch eines bäuerlichen Mittelstandes erfreuen, daß die Latifundienbildung, die in anderen deutschen Staaten gerade durch das Bauernlegen Seitens der adeligen Großgrundbesitzer zur Thatsache geworden ist, bei uns zum größten Theil hintangehalten worden ist. (Sehr gut! rechts.)

Nun, meine Herren, wenn wir den Antrag stellen auf Aufhebung von Gesetzen, so muß ich Ihnen auch kurz sagen, was das für Gesetze sind. Wir haben da als das erste das vom Kurfürsten Ferdinand Maria erlassene Mandat vom 20. April 1672 und dann im 17. Jahrhundert noch 4 weitere dazu. Dann kommen im 18. Jahrhundert diejenigen Mandate, welche jetzt noch gehandhabt werden, das ist einmal das Mandat vom 1. August 1701 und dann jenes vom 13. Oktober 1764; dieses ist um deswillen merkwürdig, weil es zum ersten Mal eine Beschränkung des Erwerbes von Mobilien in der sogenannten todten Hand statuirte. Die früheren Mandate haben lediglich den Erwerb von Grundstücken, von Immobilien, beschränkt; das Mandat vom Jahre 1764 hat das Amortisationsprinzip auch auf den Mobiliarerwerb ausgedehnt und die sogenannte pragmatische Summe von 2000 fl. festgesetzt.

Dann kommt ein Mandat vom 9. Februar 1787 und eines vom 27. April 1807. Bei der Besprechung dieses Mandates, meine Herren, mögen Sie mir erlauben, zur Charakteristik des Geistes der Zeit, der damals geherrscht hat, zwei Thatsachen hervorzuheben. Es ist das einmal die Thatsache, daß am nächsten Tage nach Erlaß jenes Mandates, am 28. April 1807 von der kurfürstlich bayerischen Regierung die Wiedereröffnung der Freimaurerloge zu den 3 Ulmen in Ulm stattgefunden hat. Tags vorher hatte man die Kirche in ihrer Erwerbsfähigkeit beschränkt. Dann am 10. November 1801, also 6 Jahre vorher, wurde das Toleranzedikt erlassen, welches den Protestanten in Bayern die Ansässigmachung gestattete. In demselben Jahre nun hat sich, wie Herr von Sicherer in seinem Buche „Staat und

S. 617. Kirche in Bayern" erzählt, in München, zum allgemeinen Erstaunen heißt es dort, auch ein Protestant ansässig gemacht, und der Mann hatte sogar die Kühnheit, um Verleihung des Bürgerrechts in München nachzusuchen. Der Magistrat der Hauptstadt München aber verweigerte ihm das Bürgerrecht und der Ständeausschuß reichte sogar eine Beschwerde wegen Verletzung der Verfassung ein. Es bedurfte des persönlichen Eingreifens des Kurfürsten, des späteren König Max I., daß dieser Protest zurückgezogen und dem Protestanten in der That das Bürgerrecht verliehen wurde.

Ich habe diese beiden Exempel angeführt, weil dieselben nach meinem Dafürhalten ganz besonders charakteristisch sind, und ich möchte namentlich die Herren Kollegen von der linken Seite des Hauses bitten, unseren Antrag unter dem Gesichtswinkel dieser beiden Thatsachen aufzufassen, welche die Stimmung der damaligen Zeit treffend charakterisiren, den Geist der Illuminaten, der damals auf Seite der Regierung geherrscht hat, und den wenig toleranten Geist, der damals noch unter der Bevölkerung geherrscht hat und den wir heutzutage gar nicht mehr verstehen.

Bei solchen Anschauungen damals auf Seite der Regierenden wie auf Seite der Regierten ist es verständlich, daß man die alten Amortisationsgesetze wieder in's Leben rief, daß man eine Beschränkung der persönlichen Verfügungsfreiheit für ganz selbstverständlich erachtet hat; aber, meine Herren, und darin werden Sie mir Recht geben, in unsere Zeit passen solche Gesetze und solche Verfügungen nicht mehr herein.

Dann, meine Herren, kommt das Mandat vom 10. November 1811 und dann noch eine Menge von Mandaten, Erlassen, Entschließungen und dergleichen. Ich habe meine Osterferien damit gewürzt, daß ich mich in diese Materie etwas hineingelebt habe, und ich war geradezu erstaunt über diese Unsumme von Literatur und von Regierungsentschließungen,
S. 618. die man da findet. Solche, deren Geltung heutzutage wohl angenommen || werden muß, sind es wenigstens 30, die vom Jahre 1764 bis zum Jahre 1811 erlassen worden sind. Dann kommen unter der Regierung Ludwig I. noch wenigstens fünf, die aber theilweise eine Befreiung und Erleichterung dieser gesetzlichen Bestimmungen enthielten.

Diese Gesetze bilden für die altbayerischen Gebiete, in denen sie gelten, eine sehr bunte Musterkarte, und wenn man an ihnen juristische Kritik übt, so muß man sagen, sie haben manche große Mängel. Da ist z. B. bei dem allerersten Mandate, das jetzt als giltig angeführt wird, bei dem vom 1. August 1701 etwas ganz Merkwürdiges passirt; das ist nämlich nicht wie alle übrigen kurfürstlichen Erlasse und Mandate publizirt worden, und der alte Kreittmayr spricht in seinen Anmerkungen bezüglich dieses Mandates von einem defectus promulgationis; während nämlich alle übrigen kurfürstlichen Mandate durch Druck und Verkündung durch Herolde publizirt wurden, wurde dieses Mandat mit Rücksicht auf den Lärm, sagt Kreittmayr, den man Seitens der Geistlichkeit befürchtete, lediglich an die kurfürstlichen Dikasterien schriftlich geschickt. Also, meine Herren, als dieses Kindlein das Licht der Welt erblicken sollte, da hat es das Licht der Oeffentlichkeit gescheut (Rufe: sehr gut!) und lediglich in den Amtsstuben der kurfürstlichen Dikasterien seine Auferstehung gefeiert. Es ist das doch recht bedeutsam, wenn auch Kreittmayr Recht hat, daß die Form der Promulgation damals Sache des absoluten Regenten gewesen ist.

Das Prinzip, welches die Amortisationsgesetze aufstellen, nämlich eine Beschränkung des Mobiliar- und Immobiliar-Erwerbs Seitens der todten Hand ist im Laufe der Zeit häufig durchlöchert worden. Ich werde das mit einigen Beispielen belegen; nur mit vereinzelten Beispielen; denn die ganze Materie ist so ausgedehnt und mannigfaltig, daß ich sie hier nicht erschöpfend behandeln kann. Da haben wir drei Mandate über die öden Gründe; die Amortisationsgesetze sollen hiernach keine Anwendung finden auf den Erwerb von Grundstücken, die noch unbebaut daliegen und von der todten Hand erst kultivirt werden sollten. Es ist das Mandat vom 24. März 1762 und wenn man etwa sagen wollte, dieses sei durch das Gesetz von 1764 außer Kraft gesetzt, so haben wir noch die Mandate vom 10. November 1790 und 23. April 1792; dieses letztere bezieht sich auf die Erwerbungen Seitens der todten Hand im Donaumoos. Der ehemalige Landshuter Professor Krüll führt in seinem Handbuch des bayerischen bürgerlichen gemeinen Rechts unter den Ausnahmen von den Amortisationsgesetzen die öden Gründe auf, „wenn sie von der Kirche d. h. ihrem Vorstande fruchtbar gemacht, bemayert und mit Unterthanen besetzt werden".

Meine Herren! Das ist also zweifellos ein noch giltiges Gesetz gewesen; ob es aber heutzutage noch beobachtet wird, weiß ich nicht. Ich habe nie etwas davon gehört, daß öde Gründe heutzutage als von der Wirkung der Amortisationsgesetze ausgenommen erachtet werden.

Dann haben wir Privilegien für verschiedene Klöster; so haben z. B. die Ursulinen in Landshut durch Dekret vom 15. November 1780 das Privilegium bekommen, daß für sie die Amortisationsgesetze im großen Ganzen nicht gelten sollen. Es ist eine Streitfrage, ob das jetzige Ursulinenkloster in Landshut, nachdem dieses Kloster bei der Säkularisation aufgehoben und durch König Ludwig I. im Jahre 1826 wieder errichtet wurde, auch dieses Privilegiums sich erfreut. Ihre Kolleginnen, die Ursulinen in Straubing, haben, durch das

Beispiel ihrer Schwestern angelockt, im Jahre 1836 gleichfalls um Aufhebung der Amortisations- S. 618.
gesetze für ihr Kloster gebeten, sind aber abgewiesen worden. In den bayerischen Gebieten, welche von dem ehemaligen Fürstbisthum Salzburg erworben wurden, haben die österreichischen Amortisationsgesetze Geltung. Unter dieser österreichischen Herrschaft, die über diese Gebiete noch im Jahre 1808 bestanden hat, wurden in diesem Jahre die Ursulinen für exempt erklärt. Diese Gebiete wurden 1810 bayerisch. Daraus folgt, daß, wenn heute im Gebiete des ehemaligen Fürstbisthums Salzburg, also im bayerischen Salzburg oder in Berchtesgaden ein Ursulinenkloster errichtet werden sollte, dieses Kloster von der Wirkung der Amortisationsgesetze frei bliebe. Das ist doch auch ein sehr merkwürdiger Rechtszustand.

Die englischen Fräulein sind durch die Resolution vom 23. Dezember 1794 auch von den Amortisationsgesetzen ganz befreit und zwar mit der wunderbaren Begründung, daß dieses Kloster eigentlich kein Frauenkloster, sondern mehr ein Seminarium für das weibliche Geschlecht sei. Professor Meurer sagt bezüglich dieses Privilegiums, daß er es für rechtswidrig halte, eine Anschauung, die ich nicht theilen kann, denn es stammt ja aus dem Jahre 1794, also aus einer Zeit, wo wir noch keine Konstitution hatten und also der Kurfürst das Recht hatte, eine derartige gesetzliche Befreiung auszusprechen.

Die Benediktiner haben im Jahre 1836 von König Ludwig I. die Zusage einer Vorausdispense bekommen, d. h. König Ludwig I. hat erklärt, er werde in allen Fällen den Benediktinern Dispens von den Amortisationsgesetzen ertheilen, so lange bis eine Abtei ein Vermögen von 400,000 fl. und ein Priorat 200,000 fl. habe. Meurer erklärt auch dieß für rechtswidrig; ob mit Recht, möchte ich bezweifeln, (Zustimmung rechts) denn ich glaube, daß auch ein konstitutioneller König doch auch im Vorhinein und ohne die Stände zu befragen, sagen kann, er werde von dem Rechte der Dispensirung, das ihm zusteht, in allen Fällen bis zu einer gewissen Grenze Gebrauch machen.

Ich habe diese Beispiele angeführt, um zu zeigen, wie es mit dieser Gesetzgebung ausschaut, wie durchlöchert sie ist, und welche Unzahl von Mandaten und Erlassen besteht, so daß sich eigentlich heutzutage Niemand mehr auskennt, was in dieser Materie Rechtens ist, und Niemand zweifelsohne sagen kann, was gilt und was nicht gilt.

Was ich eben gesagt habe, gilt nur bezüglich der altbayerischen Landestheile.

Dazu kommen nun aber noch die Amortisationsgesetze weiterer sieben Rechtsgebiete, welche auch bei uns in Bayern gelten. Da sind einmal die Würzburger Amortisationsgesetze, diese gelten im Gebiete des ehemaligen Fürstbisthums Würzburg und im Löwenstein'schen Amte Steinfeld. Hier zählt man auch eine große Anzahl von Verordnungen, von denen man diejenige vom 31. Juli 1725 als die bedeutsamste ansieht.

Dann kommt das Gebiet des ehemaligen Fürstbisthums Fulda. Das Fuldaer Recht herrscht im Gebiete der Amtsgerichte Hammelburg, Brückenau und Biberstein; hier gilt das Dekret vom 23. Oktober 1767.

In den Amtsgerichten Lichtenfels und Seßlach gilt das Coburg'sche Recht. Hier kommt in Betracht ein Dekret vom 26. August 1756.

Dann haben wir das Mainzer Landrecht; das gilt in den Amtsbezirken Aschaffen- S. 619.
burg, Amorbach und Miltenberg und bietet eine große Musterkarte von Amortisationsgesetzen, die zum Theile sogar bis in's 14. Jahrhundert zurückgehen. Als meistgeltende Observanz wird hier der Erlaß des Fürstbischofes vom 5. April 1737 angenommen, der eine pragmatische Summe von 1500 fl. festsetzt.

Dann haben wir weiter das österreichische Amortisationsrecht; dasselbe gilt in Burgau, Berchtesgaden, Waging, Laufen, Teisendorf, Tittmoning, Ronsberg, Stein, Schönau und Redwitz, also auch in einem Theile der Oberpfalz. Hier findet sich auch eine außerordentlich große Zahl von Erlassen von den verschiedenen österreichischen Regenten, Karl V., Leopold I., Maximilian I., Ferdinand I. u. s. w. Als maßgebend gilt hier der Erlaß der Kaiserin Maria Theresia vom 26. August oder 11. September 1771, der eine pragmatische Summe von 1500 fl. festsetzt. Das wäre das in Bayern noch geltende österreichische Recht; in Oesterreich selbst gilt natürlich dieses Recht nicht mehr; das haben wir nur hier in Bayern uns konservirt. (Heiterkeit.) In Oesterreich selbst hat man durch das Konkordat im Jahre 1855 die alten Amortisationsgesetze ganz aufgehoben und sind auch neue seither nicht mehr geschaffen worden.

Dann, meine Herren, kommt das preußische Landrecht. Das gilt in Ansbach und Bayreuth; hier sind maßgebend die Amortisationsbestimmungen in Theil II Tit. 11 § 194 und folgende des alten preußischen Landrechts mit einem absoluten Verbot des Erwerbes von Immobilien ohne ausdrückliche landesfürstliche Genehmigung und mit einer pragmatischen Summe hinsichtlich der Mobilien von 500 Thalern. Das ist in Preußen selbst auch veraltet, dort gilt jetzt das Gesetz vom 23. Februar 1870 und vom 20. Juni 1875; in Preußen ist schon seit dem Jahre 1833 die pragmatische Summe auf 3000 M. festgesetzt.

Endlich ist noch zu erwähnen die Pfalz, in der auch verschiedene Dekrete und Staatsrathsgutachten gelten, dann der code civil in Art. 910 und 937 und hauptsächlich das Dekret

S. 619. vom 3. Ventose des Jahres III; nach diesen Gesetzen gilt für die Pfalz eine pragmatische Summe von 300 Francs.

Das ist die bunte Musterkarte von Gesetzen, zu der ich noch das Eine hinzuzufügen habe, daß in meiner Heimathstadt Regensburg die Amortisationsgesetze überhaupt nicht gelten. Das glückliche Gebiet der ehemaligen freien Reichsstadt Regensburg erfreut sich also hier der Thatsache, daß die Klöster in Regensburg keinem Amortisationsgesetz unterworfen sind als der Verordnung vom 10. November 1811, welche damals das allgemeine Verbot von Zuwendungen an die ausländische manus mortua auf das ganze Gebiet des Königreichs, also auch auf Regensburg ausdehnte.

Wenn ich bisher von juristischen Mängeln unserer Amortisationsgesetzgebung gesprochen habe, so muß ich noch den weiteren Umstand hervorheben, daß es in unserem Jahrhundert eine Zeit gegeben hat Jahrzehnte lang, in denen man vom Amortisationsgesetze eigentlich gar nichts wußte. Das war die Regierungszeit König Ludwigs I., König Max II. und die erste Hälfte der Regierungszeit König Ludwigs II. Da sind die Amortisationsgesetze bei Erwerbungen der sogenannten todten Hand gar nicht gehandhabt worden. Ich werde auch das durch ein paar Beispiele belegen.

Im Jahre 1843 hat das Seminar in Eichstätt Verhandlungen gepflogen und zu Ende geführt, durch welche der Ulmer Domherrnhof in Eichstätt gegen den sogenannten Neubau des Seminars vertauscht wurde; diese Verhandlungen hat die mittelfränkische Regierung selbst geleitet; es ist ihr aber nicht eingefallen, die Amortisationsgesetze anzuwenden etwa in der Weise, daß das Seminar, die betheiligte manus mortua, veranlaßt wurde, um Dispense von den Amortisationsgesetzen nachzusuchen.

Eine sehr angesehene Benediktiner-Abtei in Bayern hat mich dahin informirt, daß sie im Jahre 1893 von ihrer Kreisregierung aufgefordert wurde, die Dispens nachträglich nachzusuchen bezüglich der Erwerbungen von Grundstücken, die sie auf mehr als 30 Jahre zurück gemacht hatte. Die Abtei hat dagegen Anfangs protestirt; allein was wollte sie machen; sie hat schließlich dem Stärkeren nachgegeben und hat die Dispense nachträglich erholt, soweit nicht ein Nachweis vorlag; bezüglich vieler Gründe konnte nämlich dieser Nachweis nicht vorgelegt werden, denn diese Erwerbungen hatten stattgefunden vor Erlaß des Notariatsgesetzes. Damals haben die alten Landrichter ohne Bedenken diese Erwerbungen beurkundet und auch nach dem Inkrafttreten des Notariatsgesetzes hatten die Notare auf diese Amortisationsgesetze keine Rücksicht genommen.

Daß diese Amortisationsgesetze lange Zeit nicht beachtet worden sind, geht auch daraus hervor, daß das Justizministerium sich veranlaßt gesehen hat, unter'm 4. Mai 1869 und dann wiederholt unter'm 5. Mai 1874 den Notaren ausdrücklich die Beobachtung dieser Gesetze einzuschärfen.

Meine Herren! Ein weiteres, nach meiner Auffassung sehr großes Bedenken bezüglich der Frage, die uns jetzt vorliegt, ob wir die Amortisationsgesetze in unsere neue bayerische Gesetzgebung mit herübernehmen sollen, ist die Frage, die der Herr Referent auch schon theilweise besprochen hat, was wir denn eigentlich mit dem Art. 87 des Einführungsgesetzes machen sollen. Der Art. 87 des Einführungsgesetzes zum Bürgerlichen Gesetzbuche sagt, daß unberührt bleiben die landesgesetzlichen Vorschriften, welche die Wirksamkeit von Schenkungen an Mitglieder religiöser Orden und ordensähnlicher Kongregationen von der staatlichen Genehmigung abhängig machen. Nun hat unser Herr Referent wiederholt in den beiden Ausschußsitzungen vom 10 und 11. November an die Regierung die Frage gestellt, was denn mit dem Art. 87 es eigentlich für eine Bewandtniß habe. Er hat damals wörtlich gesagt:

> Ich bin im Unklaren darüber, was die Aufrechterhaltung des Art. 87 im Art. 1 des gegenwärtigen Gesetzes für eine Bedeutung hat —

und am nächsten Tag hat der sehr verehrte Herr Referent noch erklärt:

> Ich habe weiter noch zu bekennen, daß ich mir über die Tragweite der Aufnahme des Art. 87 in den Art. 1 noch nicht vollständig klar bin.

Der Herr Justizminister hat am 10. November auf die Anfrage des Herrn Referenten die folgende Antwort gegeben:

> Der Art. 87 ist aufgeführt, weil die Bestimmungen, welche die Wirksamkeit von Schenkungen an Religiosen und den Erwerb von Todeswegen an staatliche Genehmigung knüpfen, unverändert bestehen bleiben und weil der Rechtsprechung
> S. 620. vorbehalten bleiben muß, den Vorschriften über die Er || werbsunfähigkeit, die in dieser Gestalt nicht fortbestehen können, auch für die Zukunft die Bedeutung beizulegen, daß sie den Erwerb im Sinne des Art. 87 von staatlicher Genehmigung abhängig machen.

Ja, meine Herren, ob die Rechtsprechung diesen Weg wandeln wird, ist eine große Frage; ich möchte sogar bezweifeln, ob sie ihn gehen kann Angesichts des vom Herrn Referenten bereits hervorgehobenen Umstandes, daß die persönliche Erwerbsunfähigkeit von Religiosen, wie wir sie nach dem bayerischen Rechte haben, durch das bürgerliche Recht des Reichs nun weggefallen ist. S. 620.

In dem bekannten Buche über Amortisationsgesetze von Professor **Kahl** aus Rostock ist bezüglich der Rechtsprechung der bayerischen Gerichte auf dem Gebiete der Amortisationsgesetzgebung ein sehr bemerkenswerther Satz angeführt, den ich mir vorzulesen erlaube; es heißt dort:

> „Ein Blick in die Ergebnisse der bayerischen Rechtsprechung zeigt freilich, daß eine unabsehbare Zahl von Streitfragen in Bezug auf die Anwendung der Amortisationsgesetze noch der prinzipiellen richtigen Lösung harrt und immer wieder von Neuem auftauchen wird."

Und nun, meine Herren, sollen wir den Artikel aufnehmen, der gerade wieder die Nothwendigkeit seiner Klarstellung erst durch die Rechtsprechung erheischt. Und aus den Ausführungen, die der Herr Referent heute gemacht hat, muß ich sagen, ich bin auch nicht klar geworden, und ich glaube, wir befinden uns in derselben Situation, in welcher wir in den zwei Ausschußsitzungen waren, daß man nämlich eine vollständig zweifellose Meinung darüber, was der Art. 87 besagen soll, und insbesondere die Sicherheit dafür nicht hat, daß er künftighin das besagen wird, was die Regierung nun hineinlegen zu können glaubt. Professor Meurer sagt in seiner Broschüre ausdrücklich, der Art. 87 könne eine Bedeutung nur für die Zukunft haben.

Bei dieser Sachlage, glaube ich, thun wir besser, wir lassen das gehen und nehmen den höchst dubiosen Art. 87 überhaupt nicht auf. (Sehr richtig!)

Der Herr Referent hat vorhin auch die Frage gestreift, welche im Ausschusse besprochen worden ist, ob die Amortisationsgesetze in der That noch giltig sind. Ich habe diese Frage damals angeregt und ausdrücklich gesagt, daß ich nicht in Abrede stelle, daß die Amortisationsgesetze zur Zeit in Geltung stehen und gehandhabt werden. Das kann man auch nicht bestreiten und bezweifeln, nachdem wir die positiven Thatsachen vor uns haben. Aber es gibt sehr ernsthafte Stimmen und wissenschaftliche Autoritäten, die das Gegentheil behaupten; ich erlaube mir, nur in aller Kürze darauf hinzuweisen, daß juristische Schriftsteller wie Kurtz, Schulte, Silbernagel und Henner davon ausdrücklich behaupten, daß die Amortisationsgesetze in Bayern nicht mehr gelten und daß sie durch die Verfassung und das Konkordat aufgehoben worden sind, während Roth und Seydel die gegentheilige Ansicht vertreten.

Meine Herren! Es wäre eine große Versuchung, hier auf dieses Kapitel einzugehen, auf den alten Widerstreit zwischen Verfassung, Konkordat und Religionsedikt und auf die Frage, welche Bedeutung gerade den Amortisationsgesetzen gegenüber die Bestimmungen des Konkordates haben, wonach die Kirche in Bayern Vermögen besitzen und erwerben kann. Aber, meine Herren, ich will davon absehen, diese rein juristische Frage hier zu ventiliren. Ich habe das nur angeführt, um darzulegen, daß eine Gesetzesmaterie, von der namhafte Juristen, wie die von mir angeführten, der Meinung sind, daß sie überhaupt nicht mehr Geltung haben können, sich kaum dazu eignet, in unser bayerisches Ausführungsgesetz aufgenommen zu werden.

Es liegt aber nicht blos diese theoretische Ansicht vor, ich muß auch auf die Thatsache hinweisen, die im Ausschusse besprochen worden ist, daß wir sogar einen Erlaß der bayerischen Regierung haben, in dem nudis verbis gesagt ist, daß die Amortisationsgesetze längst aufgehoben sind. Es ist das ein Erlaß des vormaligen Ministers Fürsten Wallerstein, die Ministerialentschließung vom 15. November 1835 bezüglich der Erwerbungen eines schwäbischen Benediktinerklosters. Dort steht ausdrücklich, die Amortisationsgesetze hätten nur für die Klöster gegolten, welche vor der Säkularisation in Bayern existirten. Diese seien durch die Säkularisation aus der Welt geschafft und für die neu entstandenen seien diese Gesetze durch die Verfassungsurkunde aufgehoben. Also, meine Herren, wir haben hier einen ganz authentischen Erlaß eines bayerischen Ministers; freilich ist es nicht einmal ein Jahr lang hergegangen, schon acht Monate später, im Mai 1836, ist ein gegentheiliger Ministerialerlaß gekommen, der wieder gesagt hat, die Amortisationsgesetze gelten. Der Herr Kultusminister hat sich in unserem Ausschusse bei dieser Anregung, wenn ich mir die Bemerkung erlauben darf, die Sache etwas leicht gemacht und gesagt, ja Fürst Wallerstein hat sich einfach damals geirrt. (Hört, hört!) Aber, meine Herren, eine solche Gesetzgebung, muß ich wiederum fragen, von der die Regierung selbst sogar einmal gesagt hat, sie gelte nicht mehr, wollen wir denn so mit allen Fasern des Herzens daran festhalten?

Meine Herren! Eine weitere Frage, die auch bestritten ist, ist die des Geltungsbereiches der Amortisationsgesetze. Der Herr Kultusminister hat in unserem Ausschusse am 11. November gesagt: „unsere Amortisationsgesetze beziehen sich hauptsächlich auf die Klöster und ordensähnlichen Kongregationen" und weiter äußerte er sich: „wenn wir Klöstern und Orden gegenüber die Staatsaufsicht hätten, so könnten wir die Amortisationsgesetze ganz gut fallen lassen, dann würde für dieselben kein Bedürfniß mehr bestehen." Also, meine Herren, hier spricht der Herr Kultusminister

S. 620. davon, daß sie lediglich für Klöster und ordensähnliche Kongregationen bestehen. Der Herr Kultusminister hat damals ausdrücklich gesagt: „richtig ist, daß im Laufe der Zeit der Geltungsbereich der Amortisationsgesetze eingeschränkt worden ist.“

Hiezu möchte ich bemerken, daß die Mendikantenklöster überhaupt nicht darunter fallen. Das sagt auch Kahl in seinem Buche. In Mandaten aus den Jahren 1762, 1769, 1770 und einer Rathsverordnung vom Jahre 1779 ist ausdrücklich ausgesprochen, daß die Bettelorden nicht unter diese Gesetze fallen. Ganz natürlich, weil Bettelorden nach ihrer Regel Vermögen nicht erwerben können.

Die Anschauung, die der Herr Kultusminister ausgesprochen hat, daß die Amortisations-
S. 621. gesetze sich zumeist oder hauptsächlich auf die Klöster oder ordensähnlichen Kongre‖gationen beziehen, widerstreitet Professor Meurer, der bekanntlich kanonisches Recht in Würzburg liest, auf das Lebhafteste. Er sagt in einer Broschüre:

> Ich werde aber auch insbesondere gegenüber dem Herrn Kultusminister und der heutigen Praxis den Satz vertheidigen, daß der Geltungsbereich der Amortisationsgesetze im Laufe der Zeit nicht eingeschränkt wurde und die letzteren auch noch für die Kirchenstiftungen gelten.

Meine Herren! Ich gehe auf diesen Streit nicht weiter ein, aber ich benütze das als Material, daß ich sage, die Gelehrten sind darüber nicht einmal einig, für welchen Kreis die Amortisationsgesetze gelten.

Ich kann noch weiter Beispiele anführen, daß man die Amortisationsgesetze in neuester Zeit nicht blos auf die Klöster und ordensähnlichen Kongregationen angewendet hat, sondern auch auf die Seminarien. Im Jahre 1896 ist es in Eichstätt vorgekommen, daß das dortige Seminar geschenkte Aecker erworben hat, und das Hypothekenamt hat den Eintrag verweigert, solange nicht der Nachweis der Dispens von den Amortisationsgesetzen erbracht wurde; in der That hat man dann eventuell und vorsorglich um diese Dispense nachgesucht und sie auch bekommen.

Also, meine Herren, so sieht es auf diesem Gebiete der Amortisationsgesetzgebung aus und ich kann hier nur anführen, was Professor Meurer, welchen ich eine Autorität für diese Frage nennen möchte, sagt:

> Es ist nicht mehr gerechtfertigt, daß ein Territorium (nämlich Regensburg) überhaupt kein Amortisationsrecht hat, während uns im Uebrigen eine bunte Musterkarte von verschiedenen, schwer zugänglichen, zum Theil auf veralteter Wirthschaftsordnung beruhenden und kontroversenreichen Amortisationsrechten vorliegt.

Und dann sagt er weiter:

> Der Entwurf des bayerischen Ausführungsgesetzes zum Bürgerl. Gesetzbuch begnügt sich damit, im Art. 1 durch den einfachen Hinweis auf den Vorbehalt der Art. 86 und 87 des Einführungsgesetzes das bisherige Amortisationsrecht und das Vermögensrecht der Religiosen aufrecht zu erhalten und so die verwirrende Vielgestaltigkeit desselben noch in das nächste Jahrhundert hinüberzuretten.

(Rufe rechts: Sehr richtig!)

Meine Herren! Das ist eine herbe, aber, wie ich glaube, ganz berechtigte Kritik.

Meine Herren! Das sind die juristischen Mängel, die ich an den Amortisationsgesetzen auszusetzen habe.

Dazu käme ein weites Gebiet von sozialen Bedenken, von denen ich der Kürze halber nur einige streifen will.

Die Amortisationsgesetze widersprechen dem Grundrechte, das wir in der bayerischen Verfassung und in der Deutschen Reichsverfassung haben, wonach die Konfessions- oder Religionsangehörigkeit irgend einen Unterschied in der Erwerbsfähigkeit und in der Berechtigung zur Erlangung von Staatsämtern nicht mehr machen soll. Wir haben aber hier die Thatsache, daß kirchlichen Instituten oder überhaupt der Kirche, und zwar der katholischen und möglicherweise sogar der protestantischen, jene Dispositionsfreiheit versagt wird, die jeder Private auf Grund der Verfassung anzusprechen hat; denn alle anderen Kreise, nur mit Ausnahme dieser kirchlichen Kongregationen, erfreuen sich der vollständigen Freiheit der Disposition über ihr Vermögen, sowie der vollständigen Freiheit, Vermögen zu erwerben. Man spricht von der Kirche, den Orden und ordensähnlichen Kongregationen als von einer manus mortua. Meine Herren! Es gibt aber auch — und das ist in früheren Verhandlungen unseres Hauses schon wiederholt betont worden — eine weltliche manus mortua. Das sind die Aktiengesellschaften, das sind die großen Erwerbsinstitute, welche heutzutage Reichthum auf Reichthum häufen, ohne daß der Staat oder die Gesetzgebung irgendwie hindernd dazwischen tritt. (Rufe rechts: Sehr richtig!) Ich habe selber einmal in einer dieser Verhandlungen darauf hingewiesen, daß es Aktiengesellschaften gibt, welche 40 Prozent und noch mehr Dividenden vertheilen. Der Herr Kollege Dr. Heim hat in einer der letzten Verhandlungen über die Steuergesetze nachgewiesen, daß die Maxhütte, die bekannte Gesellschaft, ihre sämmtlichen Etablissements in Haidhof, dann auch außerhalb Bayerns, nur mit je 1 M. zu Buch stehen hat, obwohl dieselben wahrscheinlich Werthe von Millionen beziffern. Die Maxhütte vertheilt 40 Prozent Dividende; ich habe ein Zeitungsblatt aus neuester Zeit zur Hand, wonach die Mannheim-Bremer Petroleum-Aktiengesellschaft für das Jahr 1897 gleich 47 Prozent Dividende vertheilt. (Rufe: Hört, hört!) Ja, meine Herren, so sind heutzutage unsere wirthschaftlichen Verhältnisse. Eine solche Ansammlung von Vermögen kann nur die auf diesem Gebiete beliebte Ringbildung ermöglichen; dadurch wird das Monopol geschaffen, und wenn man das Monopol hat, dann bestimmt man den Preis und wenn es auch der Preis von Objekten ist, an denen die kleinsten und ärmsten Leute partizipiren müssen, wie es hier beim Petroleum geschieht. Wenn man von den großen Dividenden spricht, welche die Aktiengesellschaften vertheilen, so wird man auch auf die sozialen Mißstände hinweisen dürfen, daß die Arbeiter mit den Löhnen, die diese Gesellschaften bezahlen, in der Regel sehr wenig zufrieden sind. Meine Herren! Das ist auch ein Streiflicht auf unsere sozialen Verhältnisse. S. 621.

Ich will dem noch ein Anderes aus dem benachbarten Oesterreich hinzufügen. In Oesterreich beträgt, wie die statistischen Nachweise ergeben, das Gesammtvermögen der katholischen Kirche 331¼ Millionen Gulden. Wie steht es dagegen mit dem Vermögenserwerb einzelner Privatpersonen? Ich habe hier eine Broschüre, in welcher von drei Israeliten erzählt ist, daß einer, der im Jahre 1852 mit 42,000 fl. nach Wien kam und dessen Sohn man im Jahre 1897 als Baron zu Grabe trug, ein Vermögen von über 100 Millionen Gulden zurückließ — also in nicht ganz 50 Jahren hat der Mann von 42,000 fl. es auf 100 Millionen Gulden gebracht —; ein Anderer, der bei der Wiener Tramway betheiligt war, hat heute über 200 Millionen Gulden, und ein Dritter, von dem es heißt, er ging seinerzeit mit Zündhölzchen in den Kaffeehäusern hausiren, nennt heute über 100 Millionen Gulden sein Eigen. Was bedeutet gegen diesen Vermögenserwerb von drei Privaten in so kurzer Zeit der Gesammtbesitz der katholischen Kirche in Oesterreich von 331 Millionen? Von der Familie Rothschild wird angeführt, daß ihr Vermögen über- S. 622.
haupt nur schwer zu messen ist. Man spricht von den Rothschilds in Paris, London, Frankfurt a/M. und Wien, daß sie 60 Milliarden Franken hätten; das mag übertrieben sein, aber, sagt der Schreiber der Broschüre, als sicher kann man jedenfalls annehmen, daß die Familie Rothschild weit über fünf Milliarden Vermögen besitze. Meine Herren! Ist das nicht auch eine manus mortua, (sehr richtig! rechts) und doch, wem fällt es heutzutage ein, hier beschränkende Bestimmungen zu schaffen?

Weil ich gerade von Oesterreich spreche, möchte ich noch ein Anderes anführen. Ich habe hier ein Zeitungsblatt, es ist das Organ unseres verehrten Herrn Kollegen Dr. Pichler. Das spricht davon, wie es in Galizien aussieht — nämlich außerordentlich traurig. Dort sind in der Zeit von 1874—1892 43,000 Bauerngrundstücke an die Juden übergegangen, bezw. von den Juden ausgeschlachtet worden. In Galizien sind heute schon 70 Prozent des ganzen Grundbesitzes in den Händen der Juden. Meine Herren! Ich bin durchaus kein Antisemit, aber hier, wo man davon spricht, daß eine Gefahr bestehen könnte, daß die bayerischen Klöster übermäßig reich werden könnten, glaubte ich auf diese Erscheinungen hinweisen zu dürfen.

Es ist aber nicht blos eine Beschränkung für die Klöster, wenn wir die Amortisationsgesetze aufrecht erhalten, es ist auch eine Beschränkung eines jeden einzelnen Staatsbürgers. Denn, wenn mir nicht erlaubt ist, mein Vermögen einem Kloster oder einer klösterlichen Kongregation zuzuwenden, so ist das eine Beschränkung meiner persönlichen Dispositionsfreiheit über mein Vermögen und meiner Testirfreiheit, die auch durch nichts gerechtfertigt ist. Nun, meine Herren, kann ich mich da wieder auf Professor Kahl in Rostock, der wahrscheinlich ein Protestant ist, berufen — (Zuruf) es wird mir das eben bejaht —, der liefert eine treffliche Charakteristik der Amortisationsgesetze. Er sagt:

> Eben aus der Geschichte der eigentlichen Amortisationsgesetze tritt uns mit überwältigender Bestimmtheit die Thatsache entgegen, daß dieselben seltener etwas genutzt, öfters ihren Zweck vollkommen verfehlt haben. Die deutsche Rechtsgeschichte allein hat viele Hunderte von Amortisationsgesetzen aufzuweisen, denen gewissermaßen zum Trotz die Reichthümer der Kirche dergestalt sich vermehrten, daß die Beseitigung ihres ökonomischen Uebergewichts Anfangs dieses Jahrhunderts nur durch die Gewaltthat der Säkularisation erreichbar schien. Bei den Amortisationsgesetzen wurde die todte Hand reich. Diese Erfahrung haben alle Staaten gleichmäßig gemacht.

So sagt Kahl über den Werth und die Wirkung der Amortisationsgesetze.

Meine Herren! Wir stehen also daran, jetzt ein neues bayerisches Ausführungsgesetz zu schaffen, und im Art. 1 desselben sind, wie der Herr Referent uns ausgeführt hat, fast alle Gesetze, soweit sie aus dem Jahre 1818 stammen, aufgehoben. Die wenigen, die noch da sind, wie z. B. jene, welche sich auf die Familienfideikommisse beziehen, können wir nicht

S. 622. entbehren. Das Gleiche aber kann man, meine ich, von den Amortisationsgesetzen nicht sagen. Die können wir recht wohl entbehren und darum meine ich, wenn je einmal, so ist gerade jetzt der Zeitpunkt da, daß wir mit dieser alten Gesetzgebung in Bayern aufräumen sollten. Es sind ziemlich viele deutsche Staaten, welche kein Amortisationsgesetz haben. Nicht weniger als 16 führt Professor Kahl auf, darunter das Königreich Sachsen und die beiden Mecklenburg; obschon in diesen Staaten auch katholische Klöster sind, die auch Vermögen besitzen und solches erwerben, so ist doch in der ganzen Zeit, seit der Reformation — diese Staaten sind meist protestantisch — niemals das Bedürfniß nach Schaffung von Amortisationsgesetzen entstanden.

Ich darf exemplifiziren auf unsern Nachbarstaat Württemberg; in dem überwiegend protestantischen Württemberg ist nach den dortigen Amortisationsgesetzen der Erwerb von Mobilien vollständig frei, es existirt nur eine einzige gesetzliche Bestimmung, wonach der Erwerb von Immobilien von der staatlichen Genehmigung abhängig ist. Nach dem in Württemberg zur Annahme vorgeschlagenen Ausführungsgesetze zum Bürgerl. Gesetzbuche sind juristische Personen, welche religiöse oder wohlthätige Zwecke des Unterrichtes oder der Erziehung verfolgen, mit staatlicher Genehmigung berechtigt, inländische Grundstücke und Rechte an solchen zu erwerben, wenn der Werth dieses Grundstückes oder Rechtes den Betrag von 5000 M. übersteigt. Dann kommt dazu: Zum Erwerbe von Hypotheken, von Grundschulden und Rentenschulden ist eine solche Genehmigung nicht erforderlich. Bei dem unentgeltlichen Erwerb von Grundstücken, wenn also einem Kloster in Württemberg Grundstücke geschenkt werden, herrscht auch eine ganz merkwürdige Bestimmung. Art. 127 Abs. 2 des württemberg'schen Ausführungsgesetzes sagt: Bei unentgeltlichen Zuwendungen darf die Genehmigung nicht versagt werden, wenn sich der Erwerber verpflichtet, das Grundstück binnen einer von der genehmigenden Behörde bestimmten Frist wieder zu veräußern; wenn aber das Kloster diese Bedingung zwar eingeht, aber später nicht erfüllt, so wird der Erwerb, wie der Herr Minister des Innern in der Kommissionssitzung in Stuttgart ausgeführt hat, nicht rechtsungiltig, sondern lediglich die Verwaltungsbehörde erlangt nur das Recht, nunmehr ihrerseits die Zwangsversteigerung dieses Grundstückes zu beantragen und durchzuführen, und hat den Erlös dem Eigenthümer des Grundstückes, nämlich der religiösen Korporation zuzustellen; die Kommission hat noch eine weitere Bestimmung hinzugefügt, daß nämlich der Immobiliarerwerb ganz der staatlichen Aufsicht entrückt sein soll, wenn er zu dem Zwecke geschieht, um eine Kirche zu bauen. Also, meine Herren, die Amortisationsgesetzgebung des überwiegend protestantischen Staates Württemberg ist eine außerordentlich eingeschränkte und hat, wie ich hervorgehoben habe, eigentlich nur die einzige Bestimmung, daß der Staat bei dem unentgeltlichen Erwerb von Immobilien dem Erwerber die Auflage machen kann, daß er das nicht behalten soll, sondern daß er es in einer bestimmten Frist veräußern muß, während wir in Bayern bis jetzt noch die Beschränkung auf alle Immobilien und bezüglich der Mobilien auf Gegenstände im Werthe von 2000 Gulden haben.

Künftighin aber ist durch die Reichsgesetzgebung diese unsere bayerische Amortisationsgesetzgebung glücklicherweise in der Weise eingedämmt worden, daß nicht mehr eine pragmatische Summe von 2000 fl., sondern eine solche von 5000 Mark in Frage steht.
S. 623. Diese pragmatische || Summe bezieht sich, wie der Herr Kultusminister wiederholt, nicht blos in unserem Ausschusse, sondern auch im Ausschusse der Kammer der Reichsräthe, betont hat, auch auf Immobilien; bei der Wichtigkeit der Sache betone ich das hier noch ganz besonders, denn es könnte darüber gestritten werden, allein nach den Erklärungen, die der Herr Kultusminister abgegeben hat, steht das nun fest.

Nun, meine Herren, werden die Amortisationsgesetze — das hat Ihnen auch der Herr Referent schon ausgeführt — zur Zeit bei uns in Bayern milder gehandhabt, insofern als die Dispense fast immer ertheilt wird. Ich habe auch im Ausschusse gesagt, wir anerkennen das dankbar. Allein ich glaube doch, daß wir uns damit nicht begnügen können und begnügen sollen. Sind die Amortisationsgesetze eine durch nichts mehr begründete Fessel, warum sollen wir die Klöster auch fernerhin auf das Wohlwollen der Staatsregierung angewiesen sein lassen, auf das Wohlwollen, welches von heute auf morgen sehr wohl wechseln kann. Dann, wer bürgt uns dafür, daß der Herr Kultusminister oder einer seiner Nachfolger immerhin dieses Wohlwollen gelten läßt? Wer bürgt uns dafür, daß nicht auch Zeiten kommen können, wie sie in den Siebziger Jahren waren? Wer bürgt uns dafür, daß nicht ebensogut, wie der Herr Kultusminister in unserer Ausschußsitzung sagte: Fürst Wallerstein hat sich im Jahre 1835 geirrt, ein späterer Kultusminister kommt und sagt: der Herr Kultusminister von Landmann hat im Jahre 1899 das so gehandhabt, ich handhabe es anders.

Nun, meine Herren, komme ich auf ein weiteres Kapitel, das der Herr Referent schon zum Theil angeführt hat, nämlich auf die Gründe, welche unsere Gegner bestimmt haben, im Ausschusse gegen unseren Antrag zu sprechen.

Einmal ist dort angeführt die Macht der Kirche über die Gewissen. Ich muß S. 623.
sagen, ich möchte doch eigentlich recht gerne wissen, worin diese Macht der Kirche besteht. Ich weiß nicht, ob man damit etwa den verdeckten Vorwurf der Erbschleicherei gegen die Kirche und religiösen Kongregationen aussprechen will, weil man ihn nicht offen sagen will. Wenn das gemeint ist, so ist es nicht nachweisbar und durch nichts begründet. Oder soll die Macht der Kirche etwa darin bestehen, daß, wie es Gott sei Dank vorkommt, Männer — auch hervorragende bayerische Staatsmänner sind darunter gewesen, die in ihrem Leben mit der Kirche in Konflikt gelebt und sie verfolgt haben — auf dem Todtenbette Frieden mit der Kirche gemacht haben. Wenn das die Macht der Kirche sein soll, so wollen wir ihr nicht entgegentreten und können ihr auch nicht mit den Amortisationsgesetzen entgegentreten. Es ist dieß aber nicht die Macht der Kirche, sondern die Macht der göttlichen Wahrheit, die wir Katholiken in der Kirche finden. (Rufe rechts: Sehr richtig!)

Man hat dann vom holographischen Testamente gesprochen. Durch das Bürgerl. Gesetzbuch ist glücklicherweise die früher durch das römische Recht außerordentlich erschwerte Form der Testamentserrichtung in einem sehr weiten Maße erleichtert worden. Diese eingeschränkte Form war niemals eine Wohlthat für die Staatsbürger, sondern höchstens eine für die Advokaten, weil daraus die schönsten Prozesse erwachsen sind. (Heiterkeit.) Künftighin aber genügt es zur Errichtung eines vollgiltigen Testamentes, daß Einer seinen letzten Willen auf ein Blatt Papier schreibt, ganz formlos, er muß es nur selber schreiben, Datum und Unterschrift dazu setzen, und er kann dann das Papier aufheben, wo er will, und wenn man es nach seinem Tode findet, so ist das sein rechtsgiltig erklärter Wille. Das nennt man das holographische Testament.

Und nun hat man im Ausschusse gesagt, in Folge der Schaffung des holographischen Testamentes könne man die Amortisationsgesetze nicht entbehren. Ich muß sagen, ich verstehe diese Logik absolut nicht. Was die Amortisationsgesetze mit dem holographischen Testamente zu thun haben, das ist mir absolut unerfindlich. Der Herr Referent der Reichsrathskammer sagt mit Recht, wenn es sich um Erbschleicherei handelt, dann wäre demjenigen, der überhaupt erbschleichen will, auch jetzt die Form kein Hinderniß, zum Ziel zu gelangen. Wir haben jetzt nach unserem bayrischen und nach gemeinem Rechte das beim Richter hinterlegte Testament, von dessen Inhalt Niemand Kenntniß erhält; man deponirt es nur in Gegenwart von zwei Zeugen bei Gericht oder beim Notar. Der Notar schreibt darauf: Der und der hat mir das Schriftstück übergeben mit der Erklärung, daß der Inhalt desselben sein letzter Wille sei. Ja, meine Herren, ein großer Unterschied zwischen dem testamentum apud judicem conditum und dem holographischen Testamente besteht also nicht, man braucht nur zwei Zeugen und muß noch dem Notar 3 oder 4 M. bezahlen. Das ist der ganze Unterschied. (Heiterkeit.) Also dieses Argument kann ich auch nicht gelten lassen.

Dann hat man gesprochen von einer Vermehrung des Klosterbesitzes in Bayern. Meine Herren! Ich habe schon im Ausschusse diesem Einwande gegenüber gesagt, man möge mir eine Statistik liefern, daß diese Behauptung, es habe sich der Besitz der Klöster in Bayern vermehrt, auch wirklich wahr ist. Nun, meine Herren, gibt uns aber die Statistik darüber keinen Aufschluß und kann uns auch keinen geben, denn die Klöster und ordensähnlichen Kongregationen veröffentlichen ebensowenig wie die Privaten eine Statistik über ihr Vermögen. Der Herr Professor Meurer hat indessen den Versuch gemacht, eine Statistik aufzustellen und ist zu dem merkwürdigen Resultat gekommen, daß in den Jahren 1880, 1881, 1882, 1884 und 1893 die Stiftungen zum Zwecke des Kultus im Rückgang begriffen sind, und diese Stiftungen, wie sie das bayerische statistische Jahrbuch aufführt, könnten allein einigen Aufschluß darüber geben, weil die Erwerbungen von Klöstern hier allenfalls darunter subsumirt werden könnten. Nach der Zusammenstellung in der Meurer'schen Broschüre sind gegenüber den Stiftungen für Wohlthätigkeit, Unterricht und Gemeinden die Stiftungen für Kultuszwecke von 43,7 Prozent im Jahre 1880 auf 29,1 Prozent im Jahre 1893 zurückgegangen. Wenn wir uns also an die Statistik wenden, so gibt sie uns eher den gegentheiligen Aufschluß von der behaupteten Vermehrung des Klosterbesitzes in Bayern.

Ich habe aber noch einen weiteren gewiß unverdächtigen Kronzeugen, nämlich die Allgemeine Zeitung. Diese führt im dritten Blatt Nr. 336 vom 4. Dezember 1898 Folgendes an:

> Eine bedenkliche Ausdehnung des Grundbesitzes der Klöster scheint bis jetzt nicht stattgefunden zu haben. Bei der Aufmerksamkeit, mit welcher die || öffentliche S. 624.
> Meinung die sogenannte Latifundienbildung verfolgt und bei den vielfachen Angriffen, welchen schon die in Bayern an Zahl und Fläche keineswegs übermäßigen Fideikommisse und anderen neuen Großgrundbesitze ausgesetzt sind, würde ein erheblicher Aufkauf von Bauernland durch Klöster schwerlich unbemerkt geblieben sein.

Und weiter unten sagt dasselbe Blatt, daß die Concentration von Vermögen in der todten Hand in Bayern einen bedrohlichen Umfang gerade nicht angenommen hat.

S. 624. Der Herr Referent hat erwähnt, daß in unserem Ausschusse als Argument für die Beibehaltung der Amortisationsgesetze auch angeführt worden sei, daß ein Dorf sich an die Staatsregierung gewandt habe mit der Befürchtung, ein benachbartes Kloster könnte schließlich das ganze Dorf aufkaufen. Meine Herren! Das war nur eine Befürchtung; aber in einer der letzten Sitzungen unseres Justizausschusses hat der Herr Kollege Beckh ein Beispiel angeführt, daß ein Dorf in Mittelfranken thatsächlich aufgekauft worden ist, aber nicht von einem Kloster, sondern von einem Adeligen in der Nähe von Nürnberg zur Vergrößerung seines Fideikommisses, der das Bauernlegen in der Weise versteht, daß er ein ganzes Dorf angekauft hat; also nicht die geistliche sondern die weltliche manus mortua hat das gethan.

Uebrigens, selbst wenn es richtig wäre, daß der Klösterbesitz in Bayern, der Besitz von Mobilien und Immoblien, in den Händen der Kirchen und der Klöster in unserem Jahrhundert einen Zuwachs erfahren hat, so wären wir doch noch nicht berechtigt, hier mit einem Gesetze eine einschränkende Bestimmung zu treffen. Dazu wären wir nur dann vielleicht — ich sage „vielleicht" mit einem Fragezeichen — berechtigt, wenn der Nachweis geliefert werden könnte, daß eine soziale Gefahr darin erblickt werden müßte, wie man dieß im vorigen und vorvorigen Jahrhundert gethan hat. Die Klöster sollten doch ebensogut das Recht besitzen, ihr Vermögen zu vermehren, wie jeder andere private Staatsbürger.

Man hat ferner davon gesprochen, die Kirche in Bayern erfreue sich so großer Privilegien, daß man für dieselben gewissermaßen als Korrelat die Amortisationsgesetze aufrecht erhalten müsse. Nun, meine Herren, ich habe schon im Ausschusse gefragt, worin bestehen denn eigentlich diese Privilegien? Und sind dieselben derartig bedeutend, daß man sagen könnte, als Gegengewicht gegen die großen Freiheiten der Kirche muß man nothwendig die Amortisationsgesetze aufrecht erhalten. Ich weiß aber absolut nicht, worin diese Freiheiten und Privilegien bestehen sollen; etwa darin, daß feierliche Prozessionen auf den Straßen veranstaltet werden dürfen? aber öffentliche Aufzüge dürfen auch andere Vereine veranstalten; — oder etwa darin, daß die Gottesdienste öffentlich in den Kirchen gefeiert werden dürfen oder worin sonst? Herr Professor Meurer sagt ferner auf Seite 82 seiner Broschüre:

> Der Herr Abgeordnete Lerno fragt, worin diese Privilegien bestehen, ebenso der Herr Abgeordnete von Walter. Nach dieser Richtung hin kann ich ihnen in späteren Publikationen reichlich dienen.

Ich bin sehr begierig, wie diese Publikationen ausfallen werden.

Da fällt mir ein, der Herr Kultusminister hat als eines dieser Privilegien angeführt, daß sich die Kirche des Schutzes des Strafgesetzbuches erfreue. (Heiterkeit.) Das ist ein Argument — ich glaube das sagen zu dürfen — das schon eigentlich sehr schwach ist. Des Schutzes des Strafgesetzbuches erfreut sich jeder Staatsbürger; die katholische Kirche ist im Strafgesetzbuch gar nicht einmal genannt; in dem Abschnitte von den Vergehen wider die Religion handelt dasselbe lediglich von den christlichen und sonstigen Religionsgesellschaften. Also deßwegen, weil die Kirche sich des Schutzes des Strafgesetzbuches des Deutschen Reiches in Bayern erfreuen soll, sollen wir die Amortisationsgesetze brauchen! Meine Herren, wenn es nothwendig ist, solche Argumente herbeizuziehen, so, glaube ich, habe ich Recht, wenn ich sage, da sieht es schief aus mit der Geschichte. (Sehr richtig! rechts.)

Nun, meine Herren, hat der Herr Kultusminister in der Sitzung unseres Ausschusses vom 11. November auch gesagt, es könnten unter Umständen wieder Zustände eintreten, wie die Zustände waren, welche vor 200 Jahren die bayerischen Landstände veranlaßt haben, auf die Erlassung von Amortisationsgesetzen zu dringen. Ich selbst enthalte mich einer Aeußerung darüber, sondern lasse den Herrn Professor Meurer hier für mich sprechen. Derselbe sagt:

> Ich glaube, daß man in dieser Richtung völlig unbesorgt sein kann; wenn der Staat gegen derartige imaginäre Gefahren das schwere Geschütz des Amortisationsrechtes aufführt, so ist das ein Zeichen von Schwäche.

Das sagt der Herr Professor Meurer und nicht ich. Und, meine Herren, der Herr Professor Meurer führt dabei aus, daß eine solche bedenkliche Vermögensvermehrung auf Seite der Kirche, der todten Hand, nicht mehr zu befürchten sei mit Rücksicht auf den Geist der Zeit. In früheren Jahrhunderten habe man gewissermaßen das Heil seiner Seele sich zu erkaufen versucht dadurch, daß man den Klöstern möglichst viel zugewendet habe. Heutzutage seien wir in der Bildung und Aufklärung weiter vorgeschritten und es seien solch' große Zuwendungen nicht mehr zu befürchten. Ueber die Motive spreche ich nicht; ich konstatire nur die Thatsache, daß das Letztere der Fall ist, daß thatsächlich solche Zuwendungen nicht mehr zu befürchten sind.

Ich kann da ein praktisches Beispiel anführen aus meiner Heimathstadt Regensburg. Diese Stadt hat, wie ich vorhin schon gesagt habe, keine Amortisationsgesetze, nur die Erwerbungen der ausländischen manus mortua wären da verboten, wenn solche vorkämen. Weil es also in Regensburg keine Amortisationsgesetze gibt, möchte man, wenn diese Schlüsse

und Befürchtungen richtig wären, meinen, daß die Regensburger Klöster furchtbar reich sein S. 624.
müßten. Von solchen Klöstern, die aus dem vorigen Jahrhundert stammen, haben wir in Regensburg nur zwei Frauenklöster. Diese sind von dem Hauche der Reformation und Säkularisation in ihrer Existenz niemals berührt worden; von der Säkularisation um deswillen nicht, weil Dalberg, der damalige Landesherr, die Klöster selbst doch nicht aufheben wollte. Aber ihre Besitzungen außerhalb der Stadt sind ihnen genommen worden; und was sind die Folgen? Das eine Kloster in der unteren Stadt hat einiges Vermögen und zwar um deswillen, weil ihm das liegende Vermögen, das es in der Stadt besaß, geblieben ist. Das andere aber, die Dominikanerinnen zum heiligen Kreuz, meine Herren, die ihre Besitzungen außerhalb der Stadt hatten und bei der Säkularisation verloren, sind unter der Herrschaft des Rechtszustandes, daß in Regensburg keine Amortisationsgesetze || gelten, nichts S. 625.
weniger als reich geworden, sie sind arm geblieben und erwerben sich ihren Unterhalt theilweise durch den Unterricht der weiblichen Jugend. Also, meine Herren, das ist die Folge des Fehlens von Amortisationsgesetzen in unserer Zeit.

Meine Herren! Der Herr Kultusminister hat dann in unserem Ausschusse weiter als ein sehr gewichtiges Moment für den Fortbestand der Amortisationsgesetze hervorgehoben, daß dieselben beziehungsweise deren Handhabung eigentlich im Interesse der Klöster selbst gelegen sei, er sagt:

> Dadurch nun, daß der Staat die Gesuche prüft, und dadurch, daß der Staat die Genehmigung ertheilt, übernimmt er gewissermaßen eine Mithaftung für diese Erwerbungen und deckt somit auch die klösterlichen Institute in Bezug auf diese Erwerbungen. Der Staat tritt durch seine Genehmigung sogar dafür ein, daß die Erwerbungen nicht bedenklich und nicht zu beanstanden sind.

Meine Herren! Das klingt ja ganz schön, aber wenn man von Wohlthaten spricht, dann glaube ich, darf man doch auch nach der Kehrseite fragen. Wie fassen diejenigen, für welche diese Wohlthaten angeblich vorliegen, die Sache auf? Und, meine Herren, da bin ich so frei, Ihnen einige Urtheile vorzulesen, die ganz anders lauten.

Zunächst darf ich ein sehr gewichtiges Moment anführen. Ich bin ausdrücklich ermächtigt, hier zu sagen, daß im Jahre 1897 der gesammte bayerische Episkopat eine Eingabe um Aufhebung der Amortisationsgesetze gemacht hat. Das ist eine außerordentlich gewichtige Thatsache, wenn die sämmtlichen bayerischen Bischöfe einstimmig die Aufhebung dieser Gesetze verlangen. Die Herren, glaube ich, sind am besten in der Lage, zu bestätigen, ob diese Gesetze für ihre Klöster und kirchlichen Institute Wohlthaten sind oder nicht.

Aber auch die einzelnen Klöster sprachen sich in ganz anderem Sinne aus. Ich habe hier ein paar Briefe von Benediktinerklöstern und ich erlaube mir, Ihnen einige Stellen aus denselben vorzulesen. Von einer Abtei wird mir geschrieben „beziehungsweise die herzlichste und dringendste Bitte gestellt, doch Alles aufbieten zu wollen, daß diese unwürdigen Fesseln, die nicht einmal die elendesten Betrüger und Blutsauger tragen müssen (oho! links) (Rufe rechts: so ist es auch!) von uns genommen werden." „Man muß sich vor den Bauern schämen, wenn sie eine Parzelle zum Kaufe anbieten (zuweilen um aus einer Geldverlegenheit zu kommen) und man ihnen sagen muß: Wir können und dürfen den Kauf nicht protokolliren lassen, ehe der Staat es uns nicht erlaubt. Wie die Augen machen und es nicht begreifen, daß wir allein die Freiheit nicht haben sollen, welche Juden und Güterzertrümmerer uneingeschränkt besitzen!" Sehen Sie, meine Herren, so fassen die Benediktinermönche diese angebliche Wohlthat auf.

In diesem Briefe ist noch ein Gedanke enthalten, der mir besonders sympathisch war, und den ich Ihnen, wie ich glaube, nicht vorenthalten darf. Da heißt es: „Der Benediktinerorden, dem gerade Deutschland so viel hinsichtlich der Kultur des Bodens zu danken hat, darf jetzt nicht eine Dezimale, nicht einen Quadratfuß Grundeigenthum erwerben, wenn er nicht vorher um die Erlaubniß dazu gebettelt hat." Das bezieht sich auf die gegenwärtige Gesetzgebung noch, künftighin wird ja die Summe auch für Grundstücke auf 5000 M. erweitert. Allein auch diese Summe enthält noch eine bedeutende Beschränkung, denn was kauft man denn um 5000 M., zumal in Städten!

In einem weiteren Briefe spricht ein anderer Herr Abt von dem „lästigen und ungerechten Amortisationsgesetze" und fügt bei: „Es ist empörend, daß jeder — hier gebraucht er einen Ausdruck, den ich vom Gesichtspunkt der parlamentarischen Disziplin aus gar nicht verlesen darf —, daß jeder — Herr und freier Verfüger ist, während ehrliche Ordensleute, die dem Staate in jeder Weise dienen, bevormundet sind wie die Kinder." So ist die Stimmung unter denen, für welche diese angebliche Wohlthat geschaffen worden ist. (Hört!)

Meine Herren, es ist nicht blos keine Wohlthat, es ist ein direkter, materieller, pekuniärer Schaden, der entsteht durch die nothwendige Erholung der Dispens von Amortisationsgesetzen, denn es kommt sehr häufig vor, daß beim Abschluß von Käufen von liegenden Gütern, ehe die Dispens erholt wird, auf welcher der Notar natürlich bestehen muß, ein dritter Käufer dazwischen kommt und die Sache theurer wird. Wenn die Verhand=

S. 625. lungen so weit fertig sind, daß man zum Notar gehen könnte, dann sagt der Oekonom des Klosters zum Verkäufer, erst müsse das Kloster an die Regierung gehen und um Erlaubniß nachsuchen, denn wir können das nicht aus freier Hand kaufen; die Bauern sind da meist außerordentlich erstaunt, daß so ein Kloster nicht ohne Erlaubniß kaufen darf; bis aber die Dispens vom Ministerium eintrifft, kommt häufig der Schmuser dazwischen, der den Verkäufer aufhetzt, und dadurch wird die Geschichte viel theurer. Das hat zum Beispiel erst in neuester Zeit bei einem Kauf des Klosters Metten, das sich einen Waldkomplex erwerben mußte, um sich das Bachwasser zu erhalten, gleich 3000 M. ausgemacht; bis die Dispens von der Regierung gekommen ist, hat der Bauer um so viel mit seinem Preis aufgeschlagen. Häufig zerschlagen sich auch bei dieser Sachlage die Kaufsunterhandlungen gänzlich.

Weil ich da eben das Kloster Metten genannt habe, so möchte ich Ihnen doch auch eine Thatsache anführen, die recht bezeichnend ist für diese Gesetzgebung. Es war mir das selbst vollständig neu, denn ich habe nicht gewußt, daß das Kloster Metten sein bekanntes und, ich darf sagen, berühmtes Gymnasium vollständig aus eigenen Mitteln erhält, alle Lehrmittel, alle Professorengehälter, insbesondere auch die Gehälter derjenigen weltlichen Lehrer, welche der Staat beim dortigen Gymnasium anstellt, weil die Mönche selber aus ihrer Mitte über die nöthigen Lehrkräfte nicht mehr verfügen, denen müssen sie nicht blos den Gehalt, sondern auch die Pension geben. Das ganze Gymnasium, das doch eine große Zahl von Staatsbürgern und Beamten geliefert hat und dessen Existenz eine sehr bedeutende kulturelle Wohlthat wenigstens für Niederbayern ist, das wird vom Kloster Metten erhalten und der Staat zahlt keinen Pfennig dazu. Wenn aber das Kloster Metten ein Grundstück kaufen will, dann muß es in Folge der Amortisationsgesetze erst um die Erlaubniß bei der Regierung bitten. Die Wohlthat des Gymnasiums schiebt die Regierung und der bayerische Staat ganz wohl ein. Das sind Dinge, die sich nicht vereinbaren lassen, die nicht gerecht sind. (Sehr richtig!) (Bravo!)

Endlich — und das will ich als letzten Punkt in diesem Kapitel hervorheben — hat man gesprochen von dem Verwandtenschutz. Der Herr Kultusminister hat in der Sitzung des Ausschusses der Kammer der Reichsräthe vom 9. Februar gesagt:

S. 626. Zur Zeit beruht die wesentlichste Wirkung der Amortisationsgesetze gerade in dem Schutze der Verwandten.

Ja, meine Herren, das ist auch wieder so ein Argument! Also nur beim Erwerb von Seite der Klöster sollen die Verwandten geschützt werden, bei dem Erwerb von Anderen kann man sie nicht schützen. Gegenüber der Möglichkeit, daß vielleicht bei Erbfällen einzelne Verwandte benachtheiligt werden könnten durch das Testament des Erblassers, hat man gesagt, es wäre geradezu den guten Sitten widersprechend, wenn hier diese Beschränkungen nicht aufrecht erhalten würden; allein wie verhält es sich denn bezüglich anderer Personen? Ich berufe mich hier auf den ausführlichen Bericht, welchen der Herr Referent der Reichsrathskammer erstattet hat. Derselbe sagt: „Wer hat noch daran gedacht, deßhalb Zuwendungen solcher Art zu beschränken, z. B. die ziemlich häufigen zu Gunsten sittlich anrüchiger Personen, worunter arme Verwandte leiden?" Der Herr Referent der Reichsrathskammer weist also gleichfalls darauf hin, daß nur die Klöster beschränkt sind, während bei allen anderen Zuwendungen, selbst an sittlich anrüchige Personen, eine solche Beschränkung nicht besteht. Nehmen wir einen praktischen Fall: Wenn z. B. dem Kloster Metten, von dem ich vorher gesprochen habe, ein Zögling des Klosters, der in demselben seine Erziehung und Ausbildung genossen hat und später ein reicher Mann geworden ist und keine Kinder hat, nun sein ganzes Vermögen in dankbarer Erinnerung an seine Jugenderziehung dem Kloster zuwenden will, so darf das Kloster das nicht annehmen ohne staatliche Genehmigung, die ja freilich kaum versagt werden wird. Wenn aber derselbe sein Vermögen an irgend eine liederliche Person vergeudet, da intervenirt der Staat nicht, da dürfen die nächsten Verwandten beeinträchtigt werden, aber nur gegenüber den Klöstern besteht diese Schranke. (Hört, Hört!)

Nun kommt aber noch Eines dazu. Es ist ein kanonischer Grundsatz, der von unserer weltlichen Gesetzgebung zu wenig beachtet wird, daß die Kirche solche Erwerbungen überhaupt nicht annehmen darf, durch welche arme Verwandte in ihren Erbrechten verkürzt werden. Nach dem kanonischen Recht hat der Bischof jeder Diözese die Pflicht, darüber zu wachen, daß diese Grundsätze auch beachtet werden. Das ist ein besserer Schutz für die Verwandten als der, den unsere weltlichen Amortisationsgesetze bieten.

Was ist es ferner mit den Fällen, die bisweilen vorkommen sollen in manchen Kreisen, bei denen geradezu eine Werthvernichtung stattfindet. Ich führe nur ein Beispiel an; ich habe vor einiger Zeit in den „Münchner Neuesten Nachrichten" gelesen, daß einer von den sogenannten Millionenbauern in der Umgebung Münchens sich den Spaß mache und nach München hereinfahre in eine Kunsthandlung; er frägt dort nach dem theuersten Bild, und wenn es ihm gezeigt worden ist, legt er das Geld hin, nimmt das Messer und schneidet das Bild durch. Hier liegt doch wirklich eine ganz unvernünftige Werthvernichtung vor. Intervenirt aber da der Staat im Interesse der Verwandten? Nein, er kann es nicht.

Ebenso ist es in den nicht selten vorkommenden Fällen, in denen einer durch Spiel, nament- S. 626.
lich durch Börsenspiel, nicht blos die Verwandten um ihre etwaigen Erbaussichten schädigt, sondern die eigene Familie an den Bettelstab bringt.

Nun noch ein Punkt: wenn man davon sprechen will, daß es den guten Sitten widerspricht, daß Verwandte möglicher Weise durchfallen können, dann sind aber die bayerischen Amortisationsgesetze nicht der Ort, wo diese Bestimmung getroffen werden muß, sondern es wäre das allgemeine Civilrecht. Bei Schaffung des Bürgerlichen Gesetzbuchs hätte man das in der Weise machen müssen, daß man das Erbrecht der Verwandten besser geschützt hätte. Daß das nicht geschehen ist, ist ein Beweis dafür, daß ein Bedürfniß nicht vorliegt.

Meine Herren! Ich habe absichtlich meine Ausführungen auf den juristischen und sozialpolitischen Standpunkt beschränkt; ich habe unterlassen, die konfessionellen Momente besonders zu betonen; denn wir stellen uns bei unserem Antrage gar nicht auf diesen konfessionellen Standpunkt, sondern lediglich vom Gesichtspunkte der Gerechtigkeit aus bitten wir Sie, unseren Antrag anzunehmen.

Ich möchte noch daran erinnern, daß seinerzeit im Landtage bei Besprechung der Einführung des Bürgerlichen Gesetzbuchs gerade von der Regierung mit so besonderem Nachdruck auf die ungeheure Mannigfaltigkeit der Partikularrechte in Bayern hingewiesen und diese Rechtszerrissenheit mit Recht als ein ganz besonderer Mißstand betont wurde, hier bei den Amortisationsgesetzen hört man von solchen Klagen nichts, da soll die Rechtszerrissenheit fortbestehen! Gerade das soll aber für uns auch ein Grund für die gänzliche Aufhebung derselben sein.

Daß diese Gesetze in der That entbehrlich sind, dafür weise ich zwei Autoritäten auf, unsern Herrn Referenten und den Herrn Referenten der Reichsrathskammer. Herr Kollege Wagner hat in der Ausschußsitzung vom 11. November geäußert:

> Ich gestehe zu, daß ich nicht gerade die Empfindung habe, daß zur Zeit ein besonderes Bedürfniß zur Beibehaltung der Amortisationsgesetze besteht —

und der Herr Referent der Reichsrathskammer sagt in seinem Berichte:

> Mit mehr Recht können sich auf das Alter der Amortisationsgesetze diejenigen berufen, welche sie bekämpfen. Diese Gesetze haben sich überlebt, gerade die Zeit und ihre Ereignisse haben ihnen den Boden entzogen und deßhalb scheint der Artikel 1 des Entwurfs, der mit Veraltetem aufzuräumen die Tendenz hat, hier ein geeignetes Objekt zu finden. Sollte die mehrgedachte Gefahr wiederkehren, so steht nichts entgegen, neue Beschränkungen einzuführen. — Es kann nicht anerkannt werden, daß ein öffentliches Interesse, ein justizielles, finanzielles oder wirthschaftliches an der fraglichen Erwerbsbeschränkung besteht.

In den Amortisationsgesetzen kann man nach den heutigen Verhältnissen nichts Anderes erblicken als ein odiöses Ausnahmegesetz, und darum, meine Herren, haben wir den Antrag gestellt, um dessen Annahme ich Sie bitte, daß Sie durch Streichung der Artikel 86 und 87 im Ausführungsgesetze die bayerischen Amortisationsgesetze aus der Welt schaffen mögen.

Diesem Antrage haben wir einen Eventualantrag beigefügt unter'm 11. April 1899, der Ihnen auch gedruckt vorliegt. Ich erlaube mir zunächst darauf aufmerksam zu machen, daß hier ein Druckfehler vorliegt; es muß nämlich hier heißen:

> Es sei im Artikel 1 des Ausführungsgesetzes u. s. w. statt des Einführungsgesetzes zum Bürgerlichen Gesetzbuche u. s. w.

Der Eventualantrag bezielt eine Einschränkung der Amortisationsgesetze dahin, daß der Erwerb von liegenden Grundstücken sowie diesen gleichstehenden Rechten überhaupt nicht verboten und jener der Mobilien bis zum Werthbetrag von 12,000 M. freigegeben werde.

Meine Herren! Wir hätten uns ja ganz wohl auf den prinzipiellen Standpunkt beschränken und sagen können, die Amortisationsgesetze sind nicht mehr berechtigt, sie sind veraltet, sie müssen aus der Welt geschafft werden; wenn aber die || gesetzgebenden Körper darauf S. 627.
nicht eingehen, dann wird die Kirche das auch ferner ertragen, wie sie so Manches auch zu tragen im Stande ist. Aber weil wir zu der Ueberzeugung gekommen sind, daß der Fortbestand der Amortisationsgesetze eine besonders drückende Fessel für alle Klöster und Kongregationen wäre, so haben wir, dem Rechnung tragend, daß unser Antrag in unserem Ausschusse leider schon abgelehnt worden ist und auch im Ausschusse der Kammer der Reichsräthe keine Zustimmung fand, unseren Eventualantrag gestellt, um den Klöstern wenigstens einige Erleichterung zu schaffen.

Zur Begründung desselben möchte ich nur einiges Wenige anführen. Beim ersten Theile des Antrages, welcher die vollständige Aufhebung der Beschränkung des Immobiliarerwerbes bezielt, berufe ich mich wieder auf das maßgebende Urtheil des Herrn Professors Meurer. Derselbe ist nämlich der Anschauung, daß die Amortisationsgesetze, soweit sie ein Verbot des Erwerbs von Immobilien enthalten, nicht mehr gerechtfertigt sind. Er führt in seiner Broschüre aus:

S. 627. Für dieses Verbot waren in erster Linie die Agrarverhältnisse einer altersgrauen Zeit bestimmend, die heute wie eine Legende klingen. Hier darf unbedenklich die Aufhebung ihr Werk beginnen.

Dann sagt er weiter:

Der heutige Liegenschaftsbesitz der Kirchen und Klöster steht nicht mehr außer Verhältniß und ist von keinen Lasten befreit. Das gutsbäuerliche Abhängigkeitsverhältniß gehört der Geschichte an. — — — Damit haben die Amortisationsgesetze, soweit sie den Liegenschaftserwerb der Kirche verbieten, heute ihre Berechtigung verloren.

Und weiter heißt es:

Im Uebrigen fehlen aber auch für unsere Klöster die Unterlagen, welche das alte Amortisationsrecht vorfand. Die Säkularisation hat mit dem Klostervermögen so gründlich aufgeräumt, Zeitverhältnisse und Zeitgeist sind im Uebrigen so ganz anders wie früher, daß eine gemeinschädliche Vermögenssteigerung der Klöster kaum mehr zu befürchten ist.

Wenn nun Herr Professor Meurer, der in seiner ganzen Broschüre eine der Amortisationsgesetzgebung freundliche Stellung einnimmt, zu dem Schlusse kommt, daß dieselbe in Bezug auf den Erwerb von Immobiliarvermögen nicht mehr aufrecht zu halten sei, so, glaube ich, kann ich mich zur Begründung unseres Antrages auf das Vorgebrachte beschränken.

Unser Eventualantrag bezielt weiter, den Mobiliarerwerb bis zum Werthbetrag von 12,000 ℳ. freizugeben. Der Herr Referent hat schon darauf hingewiesen, daß in Elsaß-Lothringen auch eine solche viel größere pragmatische Summe gilt, als im Einführungsgesetze zum Bürgerlichen Gesetzbuch festgestellt ist. Nun haben wir 12,000 ℳ. eingesetzt. Ich will den Herren kurz sagen, warum wir gerade auf diese Summe gekommen sind. 12,000 ℳ. Kapital repräsentiren zu 3 Prozent veranlagt eine Jahresrente von 360 ℳ., zu $3^1/_2$ Prozent eine solche von 420 ℳ.. Nun handelt es sich — und das ist der zumeist praktisch werdende Fall — um das einzubringende Baarvermögen einer in ein Kloster eintretenden Person, aus welchem die Mittel zu deren Lebensunterhalt genommen werden sollen; denn ganz arme Personen, wenn sie nicht zugleich Arbeitskräfte sind, z. B. als Lehrer oder Lehrerinnen oder sonstwie, kann man auch in einem Kloster nicht brauchen. Wenn es sich also darum handelt, einem Kloster das Vermögen zu sichern, welches zum Unterhalt seiner Religiosen nothwendig ist, so, meine ich, haben wir mit der Annahme eines Kapitals von 12,000 ℳ. ohnehin schon eine sehr bescheidene Grenze gesteckt, denn dieses Kapital ergibt eine Jahresrente von 360 ℳ. bei Zugrundelegung von 3prozentigem Zinsfuß, also für die Tagesverpflegung einen Ansatz von nur 1 ℳ., oder bei $3^1/_2$ Prozent 420 ℳ., also um 50 ℳ. mehr; da wäre dann auch noch etwas für Kleidung und Wohnung gerechnet. Auch in unseren Strafanstalten wird für den, der das Unglück hat, dort länger verweilen zu müssen, eine Mark Verpflegung pro Tag angerechnet, und wenn wir also denselben Satz für die Subsistenznothwendigkeit der einzelnen Religiosen eines Klosters annehmen, so ist das doch wahrlich bescheiden genug.

Meine Herren! Bei der Verordnung von 1764 wurde die pragmatische Summe, unter welcher eine staatliche Dispense nicht nothwendig ist, auf 2000 Gulden festgesetzt. Wenn wir jetzt 12,000 ℳ., also 7000 Gulden nehmen, so entspricht das nur der Geldentwerthung, die seit diesen anderthalb Jahrhunderten stattgefunden hat. Was früher 2000 Gulden werth gewesen ist, können Sie jetzt nicht um 12,000 ℳ. kaufen. Der Geldwerth ist seitdem um mehr als das Drei- und Vierfache gesunken.

Weiter kommt in Betracht, daß diese Religiosen doch zumeist bayerische Landeskinder sind, welche das Geld nicht in Ueppigkeit und Wohlleben verprassen, sondern zum Besten der Mitbürger verwenden. Ich will nicht weiter eingehen auf etwaige Anschauungen, als ob in den Klöstern von einem üppigen Leben nur im Geringsten die Rede sein könne, das werden Sie bei uns in Bayern nicht finden; im Gegentheil dort werden die Werke der christlichen Charitas geübt, und die Religiosen leben nach ihrer Klosterregel unter Entbehrungen, denen wir übrige Menschenkinder uns nicht unterziehen möchten.

Noch ein Moment spricht für unsern Antrag. Diese Stiftungen kommen zu einem sehr großen Theil von dem Klerus selbst her. Es ist ein kanonischer Grundsatz, daß ein Geistlicher, das, was er in seiner Pfründe erworben hat, wieder zu Gunsten solcher Stiftungen verwendet, aus denen er das Vermögen bezogen hat. Soll nun auch fernerhin ein Geistlicher verhindert sein, solche Legate nach den Bestimmungen des kanonischen Rechtes frei und ungefährdet durch etwaige Verweigerung der Dispense zu Gunsten von kirchlichen Korporationen zu machen?

Damit glaube ich, unsern Eventualantrag als einen sehr bescheidenen begründet zu haben.

Zum Schlusse komme ich noch zu einer Rechtsauffassung, die von der k. Staatsregierung besonders betont worden ist, nämlich der Schmälerung oder Beseitigung

eines Kronrechtes, das hier in Frage stehen soll. Ich muß gestehen, daß ich, als im S. 627.
Ausschusse der Herr Kultusminister mit diesem Einwand gekommen ist, in der That anfänglich etwas betroffen war; denn für einen loyalen Staatsbürger ist es keine Kleinigkeit, wenn ihm, falls er einen Antrag stellt, entgegengehalten wird: Mit diesem Verlangen beeinträchtigst du das Recht deines Königs. Meine Herren! Man darf aber doch auch diese Sache bei Licht betrachten, und da findet man, daß dieses Kronrecht recht klein und unbedeutend ist. Die Krone Bayerns erfreut sich, Gott sei Dank, mancher Rechte und Befugnisse; aber das Recht, den Klöstern eventuell zu verbieten, daß sie mehr als 5000 M. künftig erwerben, das glaube ich, ist keine besonders hervorragende Perle in die Krone Bayerns. (Rufe rechts: Sehr gut!) Und dann, meine Herren, bin ich wirklich im Zweifel, ob man hier von einem Kronrecht überhaupt sprechen kann. Ich stelle mir unter einem Kronrecht ein Recht vor, dessen Beseitigung oder Schmälerung von den gesetzgebenden Faktoren zwar verlangt und beantragt, aber ohne Genehmigung der Krone gar niemals erreicht werden kann, ein Recht, auf das nur die Krone allein verzichten kann. Aber, meine Herren, so liegt die Geschichte
hier || nicht. Dieses angebliche Kronrecht ist in der Gesetzgebung des Deutschen Reiches bereits S. 628.
zu einem wesentlichen Stücke zugeschnitten worden, indem die pragmatische Summe von 2000 Gulden auf 5000 M. erhöht ist. Mir ist nichts bekannt geworden, daß die bayerischen Bundesrathsbevollmächtigten bei den Verhandlungen in Berlin erklärt hätten, hier liege ein bayerisches Kronrecht vor und wenn die pragmatische Summe auf 5000 M. festgesetzt wird, dann nehme Bayern das Gesetz nicht an.

Dazu, meine Herren, kommt noch ein weiterer sehr wichtiger Punkt. Dieses angebliche Kronrecht ist schon einmal, wenn auch nur auf dem Papier beseitigt worden. In der ersten Lesung der Kommission zum Bürgerlichen Gesetzbuch sind die beiden hier in Frage stehenden Artikel 86 und 87 des Einführungsgesetzes einfach gestrichen worden, und damit wären sämmtliche Amortisationsgesetze im Deutschen Reiche aus der Welt geschafft worden, also auch dieses angebliche bayerische Kronrecht. In zweiter Lesung hat man die zwei Artikel auf Drängen der Regierung wieder hineingenommen und zwar mit der pragmatischen Summe von 3000 M., welche sodann im Plenum des Reichstages auf Antrag des Centrums auf 5000 M. erhöht wurde.

Also, meine Herren, über dieses angebliche Kronrecht ist schon viel hinüber und herüber verhandelt worden, und da sage ich mit Recht: Das ist gar kein Kronrecht in dem idealen, sakrosankten Sinne, wie ich mir ein Kronrecht vorstelle, und darum glaube ich, brauchen wir von diesem Bedenken unser Gewissen auch nicht weiter beunruhigen zu lassen.

Uebrigens was wäre es denn, wenn die Krone Bayern auf dieses Kronrecht verzichten würde? König Max I. hat als der allererste deutsche Fürst das herrliche Beispiel gegeben, daß er seinem bayerischen Volke eine konstitutionelle Verfassung verlieh, und damit auf viele Kronrechte verzichtet; wenn nun am Ende des Jahrhunderts auf dieses kleine angebliche Kronrecht verzichtet würde, so, meine ich, würde die Majestät des Königs keine Einbuße erleiden.

Meine Herren! Ich will auf diesen Punkt mich nicht mehr weiter einlassen schon im Interesse der vorgerückten Zeit; ich will mich deßhalb darauf beschränken, zu sagen, daß in einer Zeit, in der wirkliche wesentliche Kronrechte Bayerns beschnitten worden sind und durch die Reichsgesetzgebung beschnitten werden mußten, in einer Zeit, in der die bürgerliche und militärische Justizhoheit des Königs von Bayern eingeschränkt worden ist, da meine ich, ist es nicht angezeigt, von diesem Kapitel weiter zu sprechen, und darum beschränke ich mich darauf, zu sagen: die Rechte und das Ansehen der bayerischen Krone werden sicherlich nicht im Geringsten dadurch beeinträchtigt oder geschmälert, daß die Krone durch Aufhebung der Amortisationsgesetze thatsächlich duldet, daß alle ihre Unterthanen nach gleichem Rechte behandelt werden. (Lebhaftes Bravo rechts.)

Präsident: Herr Abgeordneter Dr. Casselmann!

Dr. **Casselmann:** Meine Herren! Es ist in unserem Ausschusse und im Ausschusse der Reichsrathskammer von Seite des Centrums die Rechtsgiltigkeit der bestehenden Amortisationsgesetze bestritten worden. Mit vollem Recht hat der Herr Referent hervorgehoben, daß die Ausführungen des Herrn Kollegen Lerno im Ausschusse nicht den Eindruck machen konnten, als wenn er persönlich von dieser Rechtsanschauung überzeugt wäre. Auch heute hat der Herr Kollege Lerno keinen Versuch gemacht, seinerseits zu begründen, daß die Amortisationsgesetze in Bayern nicht zu Recht bestehen, sondern er hat sich einfach damit begnügt, darauf hinzuweisen, daß gewisse Autoritäten — er hat Kurtz, Schulte und Silbernagel genannt — die Rechtsbeständigkeit bestreiten, und er hat auch hervorgehoben, daß einmal in den 30er Jahren Seitens eines bayerischen Ministers dieselbe Ansicht in einem Erlaß zum Ausdruck gebracht worden sei. Er hat dann noch hinzugefügt, im Allgemeinen wäre das eine sehr interessante Frage, aber man komme da hinein in die alten Streitigkeiten, die in den 70er Jahren in diesem Hause eine solche Rolle gespielt haben, auf die Bedeutung des Konkordates dem

S. 628. Religionsedikt gegenüber u. s. w. Auch in der Reichsrathskammer sind, allerdings von einem Nichtjuristen, Bedenken dahin ausgesprochen worden, ob diese Amortisationsgesetze noch gelten.

Dem gegenüber halte ich es doch nicht für so ganz überflüssig, nachzuweisen, daß diese Behauptung ganz vereinzelter Kanonisten, denen sich hier die Vertreter des Centrums angeschlossen haben, eine irrige ist.

Man hat sich darauf berufen, daß die Frage bereits durch Tit. IV § 9 der Verfassungsurkunde entschieden worden sei. Dort heißt es:

„Allen Religionstheilen ohne Ausnahme ist das Eigenthum der Stiftungen und der Genuß ihrer Renten nach der ursprünglichen Stiftungsurkunde und der rechtmäßige Besitz, sie seien für Kultus oder Wohlthätigkeit bestimmt, vollständig gesichert."

Meine Herren! Wo steht hier davon etwas, daß diese Sicherung des Eigenthumes und Besitzes der Kirche gleichbedeutend sei mit der unbeschränkten Erwerbsfähigkeit derselben? Letztere ist etwas ganz Anderes, als was hier im § 9 steht. Nun hat allerdings der Art. VIII des Konkordats die Bestimmung in Abs. 2:

„Die Kirche wird auch das Recht haben, neue Besitzungen zu erwerben, und was sie neu erwirbt, soll ihr Eigenthum und gleicher Rechte mit älteren Kirchenstiftungen theilhaftig sein."

Man hat nun gesagt, hier steht ganz klipp und klar, daß jede Beschränkung des Erwerbs durch die Kirche aufgehoben ist. Meine Herren! Es ist das Verdienst des Professors Hermann von Sicherer, daß er in seinem Werke „Staat und Kirche in Bayern" nachgewiesen hat, daß aus den Verhandlungen, die zu dem Abschluß des Konkordats geführt haben, hervorgeht, daß die Kurie nicht im Geringsten im Zweifel darüber sein konnte, daß die bayerische Staatsregierung auf den Amortisationsgesetzen bestehe, und im Uebrigen, meine Herren, ist in dem § 44 der II. Verfassungsbeilage, im sogenannten Religionsedikt das ausdrücklich gesagt worden:

„Die in dem Königreiche als öffentliche Korporationen aufgenommenen Kirchen sind berechtigt, Eigenthum zu besitzen und nach den hierüber bestehenden Gesetzen auch künftig zu erwerben."

Unter den „hierüber bestehenden Gesetzen" können außer dem allgemeinen bürgerlichen Rechte, das damals gegolten, gar keine anderen Gesetze gemeint gewesen sein als die zu jener Zeit bestandenen Amortisationsgesetze.

Nun wird freilich gesagt, es bestünde zwischen Art. VIII des Konkordats und § 44 der II. Verfassungsbeilage ein Widerspruch und deßhalb könne nur das Konkordat in Frage kommen. Meine Herren! Ich habe nachgewiesen, wie ich glaube, daß überhaupt ein Widerspruch nicht besteht. Ich behaupte aber ferner, daß, wenn dieser Widerspruch zwischen der Bestimmung des Konkordats und der II. Verfassungsbeilage vorhanden wäre, daß dann die Bestimmungen der II. Verfassungsbeilage vorgehen. — (Abgeordneter Dr. Pichler verneint.) Herr Kollege Dr. Pichler scheint mit meiner staatsrechtlichen Auffassung nicht einverstanden zu sein. Ich habe das gar nicht anders erwartet. —

S. 629. Meine Herren! Diese Ansicht ist nicht nur, wie ich Ihnen schon gesagt habe, jeder Zeit in Bayern, mit einer einzigen verschwindenden Ausnahme im Jahre 1835, sowohl von den Verwaltungsbehörden als auch von den Gerichten getheilt worden; sie ist auch getheilt worden von dem Herrn Referenten des Ausschusses der Kammer der Reichsräthe, auf dessen Urtheil ja, wie wir aus den ausführlichen Darlegungen des Antragstellers gehört haben, die Herren so unendlich viel geben. Der Referent des Ausschusses der Reichsrathskammer hat gewiß nichts übersehen in seinem Referat. Die Frage, um die es sich hier handelt, war in unserem Ausschusse des Langen und Breiten unter Theilnahme des Herrn Kultusministers erörtert worden. Es lag für ihn also Anlaß genug vor, diese Frage genau zu prüfen, und ohne seinen Widerspruch hat, nachdem im Ausschusse der Reichsrathskammer Herr von Soden sich auf Herrn von Walter berufen hatte, der Herr Kultusminister gesagt: Der hervorragende Jurist, Ihr Herr Referent, theilt diese Meinung des Herrn von Walter nicht.

Meine Herren! Da meine ich doch, wenn eine solche Praxis ganz gleichmäßig feststeht, wenn auch von Herren, die Ihrer Partei wohl näher stehen wie der unserigen, unsere Auffassung getheilt wird, dann dürften Sie die geäußerten Zweifel fallen lassen.

Ich will aber auch darauf hinweisen, daß in jüngeren Gesetzen und Erlassen entschieden worden ist, daß die Amortisationsgesetze rechtsgiltig bestehen. Ich möchte den Antragsteller darauf hinweisen, daß das zum Ausdruck gekommen ist z. B. in Art. 37 des Gesetzes vom 29. April 1869 über die privatrechtliche Stellung der Vereine. Dort heißt es ausdrücklich:

An den Bestimmungen der II. Beilage zur Verfassungsurkunde, dem Gesetze vom 26. Februar 1850 über Versammlungen und Vereine und an den bestehenden Gesetzen über die Erwerbung zur todten Hand (Amortisationsgesetzen) wird durch das gegenwärtige Gesetz nichts geändert.

Meine Herren! Noch ein viel jüngeres Gesetz ist das Gesetz vom 29. Mai 1886 über S. 629. die Flurbereinigung. Dort ist im Art. 16 Abs. 3 wiederum ausdrücklich bestimmt, daß die bestehenden Amortisationsgesetze auf die Fälle, unter denen Eigenthum nach dem Flurbereinigungsgesetz erworben wird oder Entschädigung an Geld bezahlt wird, nicht in Anwendung kommen. An dem Zustandekommen dieses Gesetzes haben damals Mitglieder Ihrer Partei, die heute noch unter uns sind, mitgearbeitet und dieselben hätten damals ganz gewiß, wenn die Frage richtig ist, die heute mit so großem Nachdruck hier betont wurde, Gelegenheit gehabt, dieselbe nachdrücklichst zu erörtern. Man hat das nicht gethan, weil man bis heute nicht daran gezweifelt hat, trotz des Fürsten Wallerstein, der einmal eine solche Ansicht geäußert hat, daß die Amortisationsgesetze heute noch bestehen.

Meine Herren! Es hat vorhin wiederholt der Herr Antragsteller sich berufen auf Herrn Professor Meurer und er hat unter Anderem den Satz ausgesprochen: „Meurer, den ich als Autorität auf diesem Gebiete erachte". Er hat an zweiter Stelle sich berufen auch auf Herrn Professor Kahl, der zwar protestantisch sei, auf den er aber gleichwohl Bezug nehmen könne. Der Herr Antragsteller wird es mir nicht verübeln, wenn ich ihm ein wenig den Vorwurf mache, daß er zwar mit heißem Bemühen bestrebt war, aus den Broschüren dieser beiden Professoren fein säuberlich nur dasjenige hier zum Ausdruck zu bringen, was entfernt vielleicht in der einen oder anderen Beziehung seiner Auffassung entspricht. Aber, meine Herren, alles Uebrige — und ich werde im Verlaufe meiner Ausführungen das dem Herrn Antragsteller wiederholt nachzuweisen in der Lage sein — hat er sowohl bei Professor Meurer als bei Kahl übergangen. Aber, meine Herren, wenn Herr Professor Meurer die Autorität auf diesem Gebiete ist, als welche der Herr Antragsteller ihn hinstellt, so möge er einmal nachschauen, was Herr Professor Meurer über die Fragen des Konkordats und des Religionsedikt u. s. w. für eine Auffassung hat. Herr Professor Meurer steht auf dem Standpunkte, daß gar kein Zweifel darüber sein kann, daß die Amortisationsgesetze heute noch zu Recht bestehen, und auf demselben Standpunkte steht der protestantische Professor Kahl. Derselbe sagt: alle die Gründe — und es sind dieselben Gründe, die auch heute wieder der Herr Antragsteller hier vorgebracht hat gegen die Amortisationsgesetze in rechtlicher und thatsächlicher Beziehung —, alle diese Gründe bestehen nicht zu Recht und brauchen, wie er einmal sagt, im Ernste kaum widerlegt zu werden. Die Amortisationsgesetze gelten, das Konkordat steht nicht im Gegensatz zum Religionsedikt, und wenn, so geht das Religionsedikt vor. Also diese beiden großen Autoritäten lassen gleich in der ersten Frage den Herrn Antragsteller im Stiche.

So viel ist richtig und darin stimme ich den Ausführungen des Herrn Kollegen Lerno bei, daß einmal eine beklagenswerthe Rechtszersplitterung auf diesem Gebiete in Bayern besteht, und des Weiteren, daß eine Unmasse von Streitigkeiten über die Tragweite und Auslegung der einzelnen Amortisationsgesetze vorhanden sind. Meine Herren! Das waren auch die Gründe, weßwegen ich im Ausschusse bei der ersten Lesung dem Wunsche Ausdruck gegeben habe, man möchte doch hier eine einheitliche Kodifikation vornehmen. Es wurde mir aber damals erwidert, daß, ganz abgesehen von der Frage, ob juristisch-technische Gründe hiefür bestünden, zur Zeit es nicht möglich sei, ein solches Gesetz in Vorlage zu bringen. Der Herr Kultusminister hat ausdrücklich erklärt, wenn es übrigens gewünscht werde, so würden von seiner Seite keine Schwierigkeiten kommen. Nun berufe ich mich doch auf die sämmtlichen Mitglieder des Justizausschusses, wenn ich sage, diesen Gesichtspunkt muß man gelten lassen. Es ist nicht möglich nach der Geschäftslage des Hauses, an diese Frage jetzt heranzutreten. Aber, meine Herren, richtig ist, ich wiederhole es, was der Herr Antragsteller Lerno in dieser Beziehung ausgeführt hat: es besteht eine ganze Reihe von Streitfragen, mit deren Lösung sich eben die Praxis, solange einheitliches Recht nicht besteht, in Zukunft noch wird abfinden müssen.

Es besteht insbesondere eine Streitfrage, in der ich nun sagen muß, daß ich auf dem Standpunkte nicht stehe, dem der Herr Kultusminister im Ausschusse Ausdruck gegeben hat. Es ist nämlich, entsprechend der Praxis, die seit Anfang der 80er Jahre sowohl von den Verwaltungsbehörden als von den Gerichtsbehörden angenommen wird, von dem Herrn Kultusminister gesagt worden, die bayerischen Amortisationsgesetze beziehen sich nicht auf die Kirchenstiftungen, vielmehr sie gelten nicht mehr für die Kirchenstiftungen, sondern dieselben beschränken sich auf die Klöster und ordensähnlichen Kongregationen. Es wird gesagt, die Amortisationsgesetze für die Kirchenstiftungen seien in Wegfall gekommen schon durch das Gemeindeedikt im Jahre 1818, in welchem das Kirchenstiftungsvermögen ebenso behandelt werde, wie jedes andere örtliche Stiftungsvermögen, so daß an Stelle der Amortisationsgesetze die Bestimmungen über die staatliche Kuratel getreten seien.

Meine Herren! Ich habe die größten Zweifel nach dieser Richtung. Ich möchte zunächst glauben, daß es kaum angeht, daß man ein bestehendes älteres Spezialgesetz einfach durch ein neueres generell gehaltenes Gesetz aus der Welt schafft. Es widerspricht das schon dem alten Rechtsaxiom: Lex posterior generalis non derogat legi priori speciali. — (Zuruf

S. 630. des Abgeordneten Dr. Daller.) || Ich verstehe den Herrn Abgeordneten Dr. Daller nicht. Wenn er glaubt, daß ich darauf reagiren soll, muß er schon lauter sprechen. — Abgeordneter Dr. Daller: Ich habe nur gesagt: Derogat sagt man.) Meine Herren! Ich meine, ein solches Gesetz hätte durch ein Spezialgesetz wieder geändert werden müssen. Das ist nicht geschehen; in Folge dessen wird man wohl die Frage der Anwendbarkeit der Amortisationsgesetze auch auf Kirchenstiftungen bejahen müssen, um so mehr als die Staatskuratel doch begrifflich sich nicht ganz mit der Amortisationsidee deckt.

Wenn also alle diese Streitfragen in Zukunft im Wege einheitlicher Kodifikation gelöst werden sollen, so bin ich gerne bereit, mich an dieser Arbeit zu betheiligen.

Der Herr Kollege Lerno und die verehrten Herren, die seinen Antrag unterschrieben haben, wollen nun allerdings eine einheitliche Kodifikation, indem sie das Radikalmittel vorschlagen, man solle alle diese Gesetze einfach aufheben, dann gelten sie in ganz Bayern nicht mehr, ergo hat man einheitliches Recht. Meine Herren! Ich kann diesem Vorschlage nicht zustimmen, und zwar aus einer ganzen Reihe von Gründen.

Der Herr Kollege Lerno hat darauf hingewiesen, daß diese Gesetze schon Jahrhunderte alt seien, daß sie zu einer Zeit entstanden seien, in denen ganz andere Verhältnisse sozialer und volkswirthschaftlicher Natur bestanden hätten; diese Gesetze hätten sich überlebt. Meine Herren! Richtig ist, daß diese Gesetze sehr alt sind, bei uns mehrere Jahrhunderte. Richtig ist, daß anderswo noch viel ältere Amortisationsgesetze bestehen und daß z. B. im Münchener Stadtrechte die ersten Anfänge schon im 14. Jahrhundert gemacht wurden. Und, meine Herren, merkwürdiger Weise — und darauf erlaube ich mir doch auch aufmerksam zu machen — sind gerade die meisten und einschneidendsten Amortisationsgesetze in geistlichen Territorien erlassen worden, von Fürsten, die zugleich geistliche Würdenträger waren, und dann aber auch in katholischen Staaten. Das ist eine Thatsache, die Niemand zu leugnen vermag; das steht geschichtlich fest und man kann aus dieser Thatsache gewiß auch Folgerungen ziehen, die schließlich dazu führen, daß man sagt, die Herren werden schon gewußt haben, warum sie es seiner Zeit für absolut nothwendig gehalten haben, zum Schutze ihrer Unterthanen der Kirche gegenüber derartige Gesetze zu erlassen.

Nun ist es ein Irrthum des Herrn Kollegen Lerno, wenn er sagt, die Amortisationsgesetze seien erlassen worden lediglich deßhalb, weil man zur Ueberzeugung gekommen sei, das Vermögen der todten Hand wachse in einer gemeingefährlichen Weise an. Richtig ist, daß dieses Moment mitbestimmend zur Erlassung der Amortisationsgesetze war, aber unrichtig ist, daß es der einzige Grund war. Ich behaupte im Gegentheil und vermag das dem Herrn Kollegen Lerno nachzuweisen, daß der erste Grund, welcher zur Erlassung der Amortisationsgesetze geführt hat, der war, daß man den erbrechtlichen Schutz armer, dürftiger Verwandter der Kirche gegenüber treffen wollte. Herrn Kollegen Lerno, der so fleißig die Abhandlung des Professors Meurer studirt hat, hätte nicht entgehen sollen, daß derselbe in dem historischen Theil seiner Ausführungen diesen Punkt ausdrücklich hervorhebt.

Also, meine Herren, wenn diese beiden Gründe seiner Zeit zur Erlassung der Amortisationsgesetze geführt haben, dann ist Herr Abgeordneter Lerno vollständig berechtigt, die Frage zu stellen: Sind diese Gründe auch heute noch derart durchschlagend, daß man ohne die Amortisationsgesetze nicht auskommen kann? Nun muß ich dem Herrn Abgeordneten Lerno ja so viel einräumen, daß der eine Grund, nämlich das Anwachsen des Vermögens der todten Hand in dem Umfange nicht mehr besteht, wie vor mehreren hundert Jahren. Ich gebe ihm vollständig zu, daß hier durch den Vorgang der Säkularisation eine Aenderung eingetreten ist. Ich gebe ihm vollständig zu, daß die Klagen, welche seiner Zeit die Landstände im 18. Jahrhundert an den Landesherrn gerichtet haben, heute nicht mehr zutreffen. Immerhin kann nicht geleugnet werden, daß der Zugang neuer Kultusstiftungen auch noch in unseren Tagen ein ganz bedeutender ist. Dieser Zugang ergibt sich aus den vom Herrn Kollegen Lerno vorgetragenen statistischen Mittheilungen. Völlig im Unklaren aber sind wir hinsichtlich der Vermögensverhältnisse der einzelnen Klöster und ordensähnlichen Kongregationen. Herr Kollege Lerno hat dieß selbst zugegeben, indem er sagte, die Klöster seien viel zu klug, als daß sie sich in diese Geschichte hineinsehen ließen. Ich acceptire dieses Zugeständniß. Meine Herren! Wir haben nach dem statistischen Jahrbuch für 1898 Ende 1897 in Bayern 86 Männerorden und 6 Filialen mit 1514 Ordensmitgliedern und 65 Frauenklöster und 885 Filialen mit 9417 Ordensmitgliedern, also im Ganzen 1042 Ordensniederlassungen.

Wenn ich vorhin gesagt habe, daß ich nicht anzugeben vermag, wie es mit dem Vermögen dieser Klöster stehe, so liegt der Grund darin: Die Regierung hat nach den bestehenden Vorschriften gar keine Gelegenheit, in die Vermögensverhältnisse der Klöster einen Einblick zu thun, während sonst die Regierung bei anderen öffentlich-rechtlichen Korporationen dazu in der Lage ist; während sie insbesonders einen Einblick bekommt in die örtlichen Stiftungen und auch in die Kirchenstiftungen, hat sie diesen Einblick in die Vermögensverhältnisse der Klöster nicht.

Es ist nun im Ausschusse gesagt worden, man solle sich nur nicht einbilden, daß diese S. 630.
Klöster reich seien, im Gegentheil, sie seien arm. Herr Kollege Dr. **Ratzinger** hat damals im Allgemeinen das bestätigt, nur hat er bezüglich der Frauenklöster Ausnahmen gemacht. Ich sage offen, meine Herren, ich bin nicht in der Lage, sagen zu können, daß diese Auffassung, die von den Herren dort zum Ausdruck gebracht wurde, unrichtig ist; aber, meine Herren, Sie dürfen, wenn Sie mir nicht den statistischen Nachweis — und der fehlt der Oeffentlichkeit gegenüber — darüber geben, wie die Vermögensverhältnisse der Klöster liegen, mir auch nicht verübeln, wenn ich Ihnen auf's erste Wort auch nicht vollständig glaube. Ich erinnere daran — es gehört auch das der Geschichte an —, daß in der Allokution vom 15. September 1817 Papst **Pius** VII., als er den Abschluß des bayerischen Konkordates verkündete, die Hoffnung aussprach, daß durch die festgesetzte und bekräftigte Gestattung neuer frommer Stiftungen und durch die Zusicherung des vollgiltigen und uneingeschränkten Rechtes, von Neuem zu erwerben und zu besitzen, der Kirche und der Geistlichkeit der Weg geöffnet sei, wohl noch größere als die durch die Säkularisation verlorenen Reichthümer zu erlangen. — (Zuruf des Abgeordneten Dr. **Orterer**.) Ich kann nichts dafür, Herr Dr. **Orterer**, der Papst hat es gesagt. — Er knüpft an die Konkordatsbestimmung über die Klöster sogar die Verheißung, daß der Kirche in Bayern bei der erprobten Freigebigkeit des Königs und der bekannten Frömmigkeit des bayerischen Volkes solche vermehrte Schätze in glücklicher Zeit zu Theil werden. (Sehr richtig! rechts.) Ob sich diese Prophezeihung des Papstes **Pius** VII. erfüllt hat? Ich glaube nicht. Aber inwieweit es zutrifft, daß eben doch im Laufe der Jahre der fromme Sinn des bayerischen Volkes solche Zuwendungen in dem Maße gemacht hat, daß man von einer bedeutenden Zunahme sprechen kann, das entzieht sich, wie ich offen sagen muß, weil jedes statistische Material fehlt, meiner Kenntniß.

Aber auf etwas muß ich aufmerksam machen — es ist schon vom Herrn Referenten gestreift worden —: es kann unter || Umständen richtig sein, daß die Erwerbung von Liegen- S. 631.
schaften für die Klöster für das Land eine gemeingefährliche Bedeutung nicht erlangt hat, und es kann doch unter Umständen eine solche Gemeingefährlichkeit bestehen für einzelne Gemeinden. Meine Herren! Der Herr Kultusminister hat im Reichsrathsausschusse auf einen solchen Fall hingewiesen, wo die Leute gekommen seien und sich darüber beschwert und ihre Bedenken dahin ausgesprochen hätten, daß, wenn da nicht Einhalt geschehe, dann schließlich das Kloster noch das ganze Dorf aufkaufen werde. Da hat nach meinem Dafürhalten der Herr Kultusminister vollständig Recht, wenn er sagt, daß in einem solchen Fall es schon nothwendig sei, um dem allzugroßen Ueberhandnehmen des Klostervermögens in einer bestimmten Gemeinde zu steuern, ein solches Amortisationsgesetz zu haben, weil man, wie gesagt, Klöstern gegenüber, wie ich noch des Näheren darlegen werde, ein anderes Korrektiv nicht hat.

Nun, meine Herren, wenn ich Ihnen so das Zugeständniß mache, daß die Verhältnisse heutzutage in Bezug auf das Anwachsen des Klostervermögens nicht mehr so gegeben sind wie zu der Zeit, in welcher die Amortisationsgesetze erlassen wurden, so muß ich doch mit aller Bestimmtheit die Behauptung aufstellen, daß der andere Grund, der zur Erlassung der Amortisationsgesetze nicht nur bei uns in Bayern, sondern überall, wo es Amortisationsgesetze gibt, geführt hat, noch eine praktische Bedeutung hat, und das ist der **erbrechtliche Schutz armer Verwandter gegenüber der Kirche und gegenüber der Geistlichkeit.** Meine Herren! Ich habe ich Ausschusse bereits darauf hingewiesen, daß das der Hauptgrund für mich ist zur Beibehaltung der Amortisationsgesetze, daß hier ein Faktor mitspricht, der sonst im Leben eine Bedeutung nicht hat, das ist die **Macht über das Gewissen.** (Bewegung rechts.) Meine Herren! Der Herr Professor Meurer also, wie Herr Kollege Lerno sagt, eine Autorität auf diesem Gebiete, sagt in dieser Beziehung, indem er gegen den Herrn Kollegen Lerno als Mitglied des Ausschusses polemisirt: wenn die Gegner der Amortisationsgesetze fragen, warum nun hier gerade die Kirche gekürzt werden solle, während doch der Erblasser allen Anderen gegenüber frei sei, Folgendes:

> Die besondere Stellung der Kirche wird hier gründlich verkannt. — Nur die Kirche ist im Stande und, wie die Praxis zeigt, vielfach auch geneigt, **die Finanzfrage mit der Himmelsfrage zu verquicken** (Heiterkeit rechts) und so auch über völlig unschuldige Verwandte einen Vorsprung zu gewinnen.

— Das sage nicht ich, das sagt die „Autorität auf diesem Gebiete", Professor Meurer. —

> Die liebevollste Behandlung von Seiten der Verwandten wiegt vielfach die Zusicherung der Kirche für das Jenseits nicht auf. Dieser Konkurrenz ist Niemand gewachsen; (Heiterkeit rechts) hier ist ein ausnahmsweiser Schutz schon erwünscht.

Meine Herren! Das sagt am Ende des Jahrhunderts ein Professor des kanonischen Rechts. (Zuruf: Ist aber auch ein Professor, der vom Leben nichts versteht!)

Diese Ansicht, meine Herren, hat aber Professor Meurer nicht allein, sie wird von Tausenden getheilt und sie ist so alt wie die Kirche überhaupt. Schon die alten Volksrechte haben Bestimmungen zum Schutze der armen Verwandten gegen gewisse Beeinflussungen

S. 631. gehabt, und ich habe vorhin schon betont, daß das der erste Grund war, welcher zur Erlassung der Amortisationsgesetze geführt hat. Professor Meurer weist darauf hin, daß in den ersten Jahrhunderten schon in alten Vermächtnissen und alten Schenkungsurkunden zur Zeit der Volksrechte vielfach der Beisatz gefunden wurde »pro peccatis nostris«, »pro redemptione animarum nostrarum« u. s. w. Und nun, meine Herren, wollen Sie wirklich sagen, heute kommen derartige Dinge nicht mehr vor? Ich erinnere mich an die Debatte, die im vorigen Jahre gelegentlich des Justizetats geführt wurde, wo es sich um den sogenannten Traunsteiner Fall handelte. Damals allerdings stand zum Beweise, ob das Schöffengericht Traunstein Unrecht hatte, als es den Vorwurf der Beeinflussung Sterbender durch Geistliche verallgemeinerte. Damals haben die Herren von jener Seite, wie das ja auch wohl ganz selbstverständlich ist, nicht geleugnet, daß solche Dinge auch heute noch vorkommen, nur die Verallgemeinerung wurde entschieden mißbilligt. Ja, meine Herren, Sie haben mich damals darauf aufmerksam gemacht, daß die kirchlichen Oberbehörden mit aller Entschiedenheit dahin wirken, daß solche Geschichten nicht vorkommen. Damit geben Sie doch zu, daß derartige Fälle vorkommen können, und wenn ich es nicht für nothwendig halte, bei der heutigen Erörterung Einzelnes anzuführen, so ist der Grund der, daß Sie zugegeben haben, daß solche Fälle vorgekommen sind und vorkommen können. Dieses Zugeständniß genügt aber vollkommen zur Begründung der Amortisationsgesetze.

Der Herr Kultusminister hat im Ausschusse der Reichsrathskammer von einem sehr interessanten Fall gesprochen, in welchem eine Nonne ihr ganzes Vermögen einem Kloster vermacht hat, obwohl nähere bedürftige Verwandte da waren. Der Herr Kultusminister ist deßhalb auf diesen Fall gekommen, weil der Herr Reichsrath Baron von Soden darüber geklagt hatte, daß man die Nonne nicht frei sich habe entschließen lassen, nachdem doch gar keine nahen Verwandten da waren und die entfernten Verwandten noch dazu vermöglich gewesen seien. Der Herr Kultusminister war in der Lage, zu erklären, daß die in Frage kommenden Personen sehr nahe und sehr arme Verwandte waren Also da haben wir einen praktischen Fall; es wäre ja ein recht fetter Brocken gewesen, den das Kloster erhalten hätte, und es hat sich herausgestellt, daß es recht gut war, daß die Staatsregierung dieses einzige Mittel, welches sie ja den Klöstern gegenüber hat, noch in der Hand hatte. Kommen die Fälle seltener vor, dann wird eben die Sache auch seltener angewendet; aber solange Sie zugeben müssen, daß sie vorkommen können, werden Sie meiner Auffassung nach kein Glück haben, wenn Sie von uns beanspruchen, daß wir Ihren Ausführungen Bedeutung beilegen sollen.

Nun wird allerdings gesagt -- und der Herr Kollege Lerno hat das auch heute betont —: ja, was die Staatsregierung und die Amortisationsgesetze von diesem Standpunkte aus können, ist ja eigentlich schon heute und von jeher kanonisches Recht gewesen. Meine Herren! Herr Dr. Ratzinger, der sich in der Kirchengeschichte natürlich besser auskennt wie ich, hat sogar auf die Zeiten des hl. Augustinus zurückverwiesen und gesagt, schon seit den Zeiten des hl. Augustinus sei es Vorschrift des kanonischen Rechtes gewesen, daß Testamente mit Enterbung armer Verwandter gar nicht angenommen werden durften. Ja, meine Herren, wie ist mir denn? Ist Herrn Dr Ratzinger und den Herren, die sich auf seinen Standpunkt stellen, nicht bekannt, daß es auch Vorschriften gibt, die nicht beobachtet werden? Und wenn wirklich schon der hl. Augustinus solche Vorschriften aufgestellt hat, dann geht eben aus der Thatsache, daß die geistlichen Fürsten und die katholischen Machthaber im Laufe der Jahr-
S. 632. hunderte nicht blos bei uns in Bayern, sondern überall in allen anderen Ländern || gleichwohl diese Amortisationsgesetze erlassen haben, hervor, daß das, was der hl. — beinahe hätte ich gesagt Crispinus — der hl. Augustinus (große Heiterkeit) als Vorschrift aufgestellt hat, in der Praxis nicht immer befolgt worden sein muß.

Und, meine Herren, noch etwas! Wenn das kanonische Recht sich wirklich materiell mit dem deckt, was die Amortisationsgesetze bezwecken, daß nämlich der arme Verwandte geschützt werden soll, dann begreife ich wahrhaftig nicht, warum Sie mit solcher Zähigkeit an Ihren Bedenken festhalten, warum Sie sich so ereifern können, wie es vorhin im Privatgespräch ein sehr verehrtes Mitglied dieses Hauses von Ihrer Seite mir gegenüber gethan hat. Meine Herren! Dann muß es Verdacht erwecken, wenn Sie gleichwohl die Amortisationsgesetze bekämpfen und wollen, daß nicht der Landesherr, sondern der Bischof die Entscheidung in der Hand haben soll, ob eine Zuwendung angenommen werden soll oder nicht. Sonst gilt im Rechtsleben der Satz, daß Niemand in eigener Sache Richter sein kann, hier aber vindiziren Sie dieses Recht den Bischöfen, die gewiß als interessirt in der Sache zu erachten sind.

Meine Herren! Wenn der Herr Kollege Lerno sich gegenüber den Ausführungen des Herrn Kultusministers, daß durch die Ausübung der Befugnisse die Amortisationsgesetze Seitens des Staates der Kirche ein gewisses odium abgenommen werde, darauf beruft, daß Seitens der Betheiligten die Sache nicht als eine Wohlthat empfunden werde, so glaube ich ihm das auf's Wort, das hätte er wenigstens mir nicht zu versichern brauchen. Das glaube ich, meine Herren, daß die Stellen, die er angeführt hat und deren Aeußerungen allerdings auf mich den Eindruck nicht zu machen vermögen, welchen sie offenbar auf den Herrn

Abgeordneten Lerno gemacht haben, daß diese Herren sich auf den Standpunkt nicht stellen, S. 632.
daß sie sagen, das kanonische Recht sagt das ja selbst, was die Amortisationsgesetze als Ausgangspunkt nehmen, ergo wollen wir die Amortisationsgesetze acceptiren. Aber, meine Herren, wenn Herr Kollege Lerno glaubt, daß er neben der Gesammteingabe des Episkopates vom Jahre 1897 auch noch solche Uebertreibungen hier verlesen darf, wie sie sich die Benediktiner da zu Schulden kommen lassen, wenn sie einen Vergleich ziehen, wie er aus dem Citat des Herrn Abgeordneten Lerno sich ergibt, wenn sie von Blutsaugern u. s. w. sprechen, wenn sie davon sprechen, daß sie schlechter gestellt seien als irgend einer, und wenn er der schwerste Verbrecher ist, (sehr richtig! rechts) so macht das auf uns nicht den geringsten Eindruck. Ja, meine Herren, der Herr Abgeordnete Kohl sagt: „Sehr richtig!" Er beweist damit, daß er die ganzen Amortisationsgesetze nicht versteht. (Heiterkeit.) (Abgeordneter Kohl: Das ist höflich!)

Der Herr Abgeordnete Lerno hat auch im Ausschusse — heute hat er es nicht wiederholt — darauf hingewiesen: die Sache ist ja eigentlich nicht so gefährlich. In einem solchen Falle gibt es ja das Pflichttheilsrecht der Verwandten, mit dem kann man sich schon nach dem Bürgerlichen Gesetzbuch helfen. Ja, meine Herren, erstens einmal ist schon vom Herrn Referenten im Ausschusse mit Recht betont worden, daß viele Fälle denkbar sind, in welchen selbst die Gewährung des Pflichttheils wider die guten Sitten geht und dann, meine Herren, möchte ich darauf aufmerksam machen: In welchen Fällen haben wir denn ein Pflichttheilsrecht? Dem Herrn Kollegen Lerno ist gewiß bekannt, daß schon bei den Geschwistern das Pflichttheilsrecht nach dem Bürgerlichen Gesetzbuch aufhört, und Sie werden mir doch Recht geben, wenn ich sage, daß es wenigstens in vielen Theilen unseres Landes als wider die guten Sitten verstoßend angesehen wird, wenn Jemand einem vielleicht nicht armen Kloster eine große Summe vermacht, während er einen armen Bruder hat, der das Geld recht nothwendig brauchen könnte und dem er nichts gibt. Da hilft also, meine Herren, die Bezugnahme auf das Pflichttheilsrecht absolut nichts.

Nun will ich nur noch darauf hinweisen, daß als Hauptmoment gegen die Beibehaltung der Amortisationsgesetze das Schlagwort ausgesprochen wird, mit dem man Eindruck machen will: „Hier handelt es sich um Ausnahmegesetze". — (Abgeordneter Kohl: Sehr richtig!) (Rufe rechts: Sehr richtig!) Der Herr Abgeordnete Kohl beweist zum zweiten Male durch seinen Zuruf: „Sehr richtig!", daß er die Natur der Amortisationsgesetze bis heute noch nicht verstanden hat. — (Abgeordneter Kohl: Immer höflicher!) Meine Herren: Die Amortisationsgesetze beziehen sich nach den Ausführungen des Herrn Kultusministers auf die Klöster und ordensähnlichen Kongregationen. Und nun wird gesagt: Ja, warum soll sich denn gerade so ein Kloster diese Beschränkung gefallen lassen, während es z. B. Aktiengesellschaften gibt, z. B. die Maxhütte mit 40 Prozent u. s. w., die man ja doch auch diesen Erwerbsbeschränkungen unterstellen könnte? Der Herr Abgeordnete Lerno hat sogar — und es hat mich das einigermaßen gefreut — neben den Reichthümern gewisser Leute Bezug genommen auch auf die Verhältnisse in Galizien und hervorgehoben, wie es da ausschaut, wie da die Vermögen anwachsen in den Händen von Juden u. s. w. Ja, meine Herren, das gehört zwar nicht zu den bayerischen Amortisationsgesetzen, aber darauf darf ich Sie doch wohl hinweisen: wenn in Galizien solche Verhältnisse möglich waren — ich weiß nicht, ob das so zutrifft, wie es der Herr Abgeordnete Lerno betont —, wer ist schuld daran? Wer hätte es verhindern können? Wer führt denn das Regiment in Galizien? Die Herren, die Ihnen nahe stehen, haben es nicht fertig gebracht, und deßwegen, glaube ich, hat der Herr Abgeordnete Lerno meines Erachtens nicht gerade glücklich gewählt, wenn er dieses Beispiel von Galizien hier besonders hervorgehoben hat.

Aber, meine Herren, die Behauptung, daß ein Ausnahmegesetz vorliegt, ist aus folgendem Grund, den ich auch dem Herrn Abgeordneten Kohl, wenn er noch da wäre, besonders zur Erwägung anheimstellen würde, nicht richtig. (Abgeordneter Kohl: Ist schon da!) (Heiterkeit rechts.) Noch da. Freut mich! (Heiterkeit links.) Meine Herren! Gewiß, es macht ja das Eindruck, wenn es heißt, eine Aktiengesellschaft verdient so und so viel, ihr kann man vermachen, so viel man will, Zuwendungen unter Lebenden und von Todeswegen, es ist ganz gleich, wie hoch dieses Vermögen anwächst. Gewiß, meine Herren! Aber die Aktiengesellschaft ist, abgesehen davon, daß sie eine reine Erwerbsgesellschaft ist, insofern verschieden von einem Kloster, als letzteres eine öffentlich-rechtliche Korporation ist, während die Aktiengesellschaft eine privatrechtliche Korporation ist, und, meine Herren, das ist der Punkt, von dem ich glaube, daß man von ihm bei Beurtheilung der ganzen Sache ausgehen muß.

Ich muß schon sagen, ich begreife wirklich nicht, wie vom Herrn Kollegen Lerno und auch von anderer Seite gesagt werden konnte, die Kirche habe keine Privilegien. Ja, meine Herren, da soll man doch das Religionsedikt ansehen, da wird || man genug solcher Privilegien S. 633.
finden. Ich sage, wenn eine solche öffentlich-rechtliche Korporation besondere Rechte im Staate hat, dann muß sie sich auch die Beschränkungen öffentlicher Korporationen gefallen lassen. Die Gemeinde z. B. steht unter staatlicher Kuratel. Sie selbst leugnen nicht, daß die Kirchen-

S. 633. stiftungen unter Staatskuratel stehen. Es ist in den Berathungen über Erlassung einer Kirchenordnung von Ihrer Seite niemals bestritten worden, daß dem Staate das Recht der Aufsicht über die Kirchenstiftungen zusteht. Und nun, meine Herren, welches Recht hat denn der Staat nach unserer Gesetzgebung, nach unserem Verwaltungsverfahren den Klöstern gegenüber? Er hat bis jetzt kein Aufsichtsrecht, er hat keine Kuratel über die Klöster und um deswillen, weil er diese Kuratel, die über die Gemeinde zulässig ist, die über Kirchenstiftungen da ist, nicht hat, deßwegen, meine Herren, behaupte ich, daß es die Aufgabe eines sehr wichtigen Kronrechtes wäre, wenn jetzt der bayerische Staat diese Amortisationsgesetze aufgeben würde.

Der Herr Minister hat gesagt, wenn wir dieses Aufsichtsrecht über die Klöster hätten, dann könnten wir die Amortisationsgesetze entbehren. Das ist des Pudels Kern, das wird immer nicht beachtet, das hat der Herr Kollege Lerno vollständig übersehen und das übersehen auch alle Anderen, die sich unter dem Schlagwort beugen: „hier liegt ein Ausnahmegesetz vor."

Es besteht um so weniger Anlaß, an eine Aufhebung der Amortisationsgesetze zu denken, als schon durch das Einführungsgesetz zum Bürgerlichen Gesetzbuch durch die Erhöhung der pragmatischen Summe eine Erleichterung zu Gunsten der Kirche eintritt, mit der sie meines Erachtens sich begnügen könnte.

Meine Herren! Wenn der Herr Kollege Lerno zum Schluß sich darauf berufen hat, daß die beiden Herren Referenten, die hier in Frage kämen, von unserem Ausschuß und vom Reichsrathsausschuß, an den Amortisationsgesetzen keinen besonderen Gefallen hätten, ja, meine Herren, so macht hier eigentlich der Herr Kollege Lerno denselben Fehler, den er bei der Citirung seiner beiden Professoren macht, er nimmt einen Satz heraus, das Uebrige aber, was die Herren vorbringen, das läßt er aus. Meine Herren! Ich will Sie nicht aufhalten, aber vielleicht wird der Herr Referent Anlaß nehmen, das später selbst zu betonen. Davon, daß der Herr Kollege Wagner als Referent im Ausschusse sich auf den Standpunkt gestellt hat, er halte die Amortisationsgesetze eigentlich nicht mehr für nothwendig, kann doch wohl, wenn man nicht einen einzelnen Satz herausgreift, keine Rede sein.

Meine Herren! Wenn der Herr Kollege Lerno sich auf den Referenten im Reichsrathsausschuß beruft, ja da hat er in einem Punkte Recht. Der Herr Referent führt des Langen und des Breiten aus, daß diese Amortisationsgesetze sich überlebt hätten. Er führt dieselben Gründe an, die wir heute vom Herrn Kollegen Lerno gehört haben. Aber, meine Herren, zu welchem Schluß kommt denn der Herr Reichsrath Dr. von Schmitt? Kommt er zu dem Schluß, zu welchem der Herr Antragsteller kommt? Nein, meine Herren! Er sagt, die den Klöstern durch die Amortisationsgesetze auferlegten Erwerbsbeschränkungen beruhen, wie jene Gesetze klar ergeben, lediglich auf dem Gedanken, den gebundenen Besitz der Klöster nicht bis zu einem gemeingefährlichen, von öffentlichen Lasten befreiten Uebermaß anschwellen zu lassen. Nun macht aber die k. Staatsregierung geltend, daß die staatskirchenrechtliche Aufsicht auf den Vermögenserwerb der Klöster nur deßhalb nicht ausgedehnt sei, weil für den Mangel bereits ein Ersatz aus anderen Gesichtspunkten in den Amortisationsgesetzen bestand, und da sagt er: „nun frägt es sich, ob bei der Gelegenheit, wo es sich um die Einführung des Bürgerlichen Gesetzbuchs handle, die Zeit und der Ort sei, eine solche prinzipielle staatskirchenrechtliche Frage zu lösen, eine Lösung, die nur erfolgen kann, wenn man die alten Differenzen über das Verhältniß zwischen Staat und Kirche überhaupt, über das Verhältniß zwischen Konkordat und Religionsedikt, über den Streit der Giltigkeit der Amortisationsgesetze u. s. w. hier erledigen würde". Aus diesen Erwägungen kommt der Herr Reichsrath Dr. von Schmitt zu dem Antrage, den Antrag „Lerno", abzulehnen, und die Reichsrathskammer hat sich dem angeschlossen. Deßhalb, meine Herren, kann sich der Herr Kollege Lerno auf die beiden Referenten nicht berufen.

Es hat nun der Herr Kollege Lerno einen Eventualantrag gestellt. Er hat für den Fall, daß der erste Antrag abgelehnt werde, verlangt, es sollten wenigstens die Amortisationsgesetze zunächst hinsichtlich des Erwerbes von Grundstücken aufgehoben werden und zwar ohne Rücksicht auf eine pragmatische Summe. Er hat das damit begründet, daß er damit dem Professor Meurer gefolgt sei, der sich dahin ausspreche, die Verhältnisse bei uns hätten sich, was die Zunahme unbeweglichen Vermögens der todten Hand betreffe, derart geändert, daß die Amortisationsgesetze nicht mehr am Platze seien. Ich glaube, der Herr Kollege Lerno verkennt vollständig das, was Professor Meurer sagt. Ich habe vorhin schon darauf hingewiesen, daß Professor Meurer nicht auf dem Standpunkte steht, man solle die Amortisationsgesetze aufheben, nein, Professor Meurer steht auf dem Standpunkte, man solle sie beibehalten, aber nicht vom Standpunkte der Zunahme des Vermögens der todten Hand, sondern vom Standpunkte des erbrechtlichen Schutzes armer Verwandter aus, und wenn Professor Meurer auf diesem Standpunkt steht, wenn er ausdrücklich hervorhebt, daß in dieser Beziehung das Amortisationsrecht schon noch praktische Bedeutung für Bayern habe, ja, meine Herren, dann kann er doch meiner Auffassung nach nicht einfach damit einverstanden sein, wie der Antrag „Lerno" lautet, daß Grundstücke ohne jede Untersuchung, ob dieselben nun zugewendet werden unter Verletzung der erbrechtlichen Verhältnisse armer Verwandter oder nicht, einfach ohne jede Einschränkung der Erwerbsbeschränkung nicht unterliegen. Das will Professor Meurer nicht, und ich glaube, Herr Kollege Lerno täuscht sich, wenn er für die Richtigkeit seiner Auffassung Meurer als Gewährsmann anführt. S. 633.

Und was den weiteren Punkt anlangt, daß Erwerbsbeschränkungen nicht unterliegen sollen Zuwendungen von beweglichen Gegenständen, soweit deren Werth den Betrag von 12,000 M. nicht übersteigt, so möchte ich darauf hinweisen, daß die Anführung des von Herrn Kollegen Lerno angeführten Beispiels der Strafgefangenen nicht zutrifft, denn der Gefangene zahlt kein Kapital ein, sondern muß einen Unterhaltsbeitrag zahlen, aber derjenige der in ein Kloster eintritt und Vermögen einbringt, hat nicht für sich und seine Erben blos die Zinsen aus dem eingebrachten Kapital verloren, sondern das Kapital selbst.

Ferner übersieht Herr Kollege Lerno, daß es ja noch andere Zuwendungen an Klöster gibt als die, welche ein Religioser bei seinem Eintritt in ein Kloster bezahlt. Wenn wir den Antrag „Lerno", d. h. den Eventualantrag annehmen, dann würden wir sagen, jede Zuwendung einer beweglichen Sache ist, sofern sie den Betrag von 12,000 M. nicht übersteigt, an eine gesetzliche Beschränkung nicht gebunden. Wenn also Einer, der nicht selbst in's Kloster eintritt, sondern eine solche Summe dem Kloster unter Lebenden oder von Todeswegen gibt, so würde dieß ohne Beschränkung möglich werden: denn der Staat hätte kein Mittel dagegen, selbst wenn der ärmste Verwandte, der nicht Anspruch auf einen Pflichttheil hätte, da wäre und so um das ganze Vermögen käme.

Sie sehen also, daß, wenn man auf dem Standpunkte steht, den ich zum primären Antrag einnehme, man auch den Eventualantrag nicht annehmen kann. S. 634.

Ich erinnere Sie daran: Der Antrag ist im Ausschusse bei uns abgelehnt worden, er ist abgelehnt worden auf Antrag des Referenten auch im Ausschusse der Reichsrathskammer, obwohl Letzterer auf dem politischen Standpunkte des Herrn Abgeordneten Lerno steht; wir hören, daß die Regierung ein großes Gewicht auch noch aus anderen Gründen auf die Beibehaltung der Amortisationsgesetze legt, und ich bin somit der Meinung, wir haben keinen Anlaß, den Ausschuß in dieser Frage im Stiche zu lassen, ich glaube vielmehr im Sinne meiner sämmtlichen politischen Freunde zu sprechen, wenn ich die dringende Bitte an Sie richte, dem Antrage des Ausschusses zuzustimmen. (Lebhaftes Bravo links.)

Präsident: . . . . . . Ich schließe die Sitzung.

(Schluß der Sitzung um 1 Uhr 25 Minuten.)

Vierhundertsechsundachtzigste öffentliche Sitzung vom 18. April 1899. S. 635.

(Stenog. Berichte d. K. d. Abg. 1899, Bd. XIII, Nr. 486, Seite 635 bis 666.)

Die Sitzung wird um 9 Uhr 35 Minuten durch den Präsidenten Dr. von Clemm eröffnet.

Präsident: Meine Herren! Ich eröffne die Sitzung . . . . .

Erster Gegenstand der Tagesordnung ist:

Mündlicher Bericht des besonderen (XVIII.) Ausschusses der Kammer der Abgeordneten zur Berathung der durch die Einführung des Bürgerlichen Gesetzbuches veranlaßten Gesetzentwürfe über

I. den Entwurf eines Ausführungsgesetzes zum Bürgerlichen Gesetzbuche (Beilagen A und D),

II. den Entwurf eines Gesetzes, die durch die Einführung des Bürgerlichen Gesetzbuchs veranlaßten Aenderungen der seit 1818 erlassenen Gesetze betreffend (Beilagen B und D).

Wir stehen in der Spezialdiskussion bei **Artikel 1** und den Anträgen „Lerno und Genossen".

Das Wort hat der Herr Abgeordnete Dr. Daller.

Dr. **Daller:** Meine Herren! Ich kann nicht verhehlen, daß ich heute mit einer gewissen Beklommenheit zu sprechen beginne, nicht deßhalb, weil ich mich fürchte, meine Ueberzeugung auszusprechen, sondern weil ich fürchte, Angesichts eines solchen Gesetzes die sonst bei mir gewohnte und von mir nach und nach mühsam errungene Ruhe zu bewahren. Ich möchte

S. 635. nie Jemand nahetreten; aber, meine Herren, wenn ein Mann mit bestimmten klaren Grundsätzen und nach langer öffentlicher Thätigkeit einem solchen Gesetz gegenübersteht, dann wird es ihm schwer werden, hier vollständig rein sachlich und ganz ruhig zu bleiben. Ich werde mich bemühen, das zu thun.

Gestern ist auch von einem großen Kirchenvater, dem heiligen Augustinus, die Rede gewesen, und ich will heute mit den Worten eines anderen, der vielleicht sogar dem Herrn Kollegen Dr. Casselmann etwas näher stehen dürfte, beginnen, nämlich mit den Worten des berühmten Apologeten Tertullian, der noch in der ersten Hälfte des dritten Jahrhunderts gestorben ist. Dieser hat eine ruhmvolle Vertheidigung des Christenthums gegen das Heidenthum geschrieben und er hat den heidnischen Gesetzen gegenüber folgenden Ausspruch gethan: „Kein Gesetz schuldet nur sich allein das Bewußtsein seiner Gerechtigkeit, sondern es schuldet dieses Bewußtsein, diesen Nachweis seiner Gerechtigkeit auch allen denen, von welchen es Gehorsam erwartet." Das ist gewiß ein wahrer, berechtigter und gesetzgeberischer Gedanke. Denn wenn diejenigen, welche ein Gesetz halten sollen, von vornherein sagen, das Gesetz ist ungerecht, das Gesetz ist ein Ausnahmegesetz, dann ist eben schon der
S. 636. Gehorsam gegen das Gesetz an und für sich nur || ein erzwungener, und es ist das Gesetz selbst, meine Herren, ein unmoralisches.

Ich werde mich nun bemühen, meine Herren, eine allgemeine Charakteristik der Amortisationsgesetze zu geben, und dann bin ich es selbstverständlich schon nach parlamentarischem Anstand schuldig, auch dem Herrn Dr. Casselmann einige Aufmerksamkeit zu widmen.

Meine Herren! Ich lasse mich nicht auf einzelne juristische oder besonders historische Details ein, sondern ich werde möglichst allgemein die Gefühle aussprechen, welche im katholischen Volke gegenüber diesem Gesetze herrschen. Denn das ist von vornherein gewiß, das Gesetz ist einzig und allein nur gegen die katholische Kirche gerichtet. (Hört, hört!) Es wäre mir ja sehr interessant, vom Herrn Minister zu hören — ich sage dieß unter einem gewissen Vorbehalte —, ob denn etwa z. B. auch die protestantische Kirche oder die Diakonissen u. s. w. unter dieses Gesetz jemals gefallen sind. Ich glaube, kaum, den Diakonissen gegenüber schon nicht nach der Natur ihrer inneren Organisation. Es ist ein Ausnahmegesetz, meine Herren; sehen Sie, der viel erstrebte Gedanke, in Deutschland ein gemeinsames Recht zu haben, er ist jetzt der Verwirklichung nahe in praktischer Beziehung für den ersten Januar 1900. In diesem Gesetze nun, meine Herren, da sind Alle gleich vor dem Gesetze, nur mit Ausnahme der katholischen Kirche, mit Ausnahme der Klöster, sonst darf Jeder annehmen und sein Vermögen verwalten, wie er mag. Aber eine Klosterfrau oder ein Mönch, der darf es nicht, und da möchte ich doch bitten, meine Herren, zu sagen, ob das nicht ein Ausnahmegesetz im allerstriktesten Sinne des Wortes ist, (sehr richtig!) und dieses Gesetz ist kränkend, ja sogar beleidigend für jeden aufrichtigen Katholiken. (Lebhafte Zustimmung rechts.) (Zuruf links.) Das ist unser Gefühl. Ich muthe Ihnen dasselbe nicht zu. Meine Herren! Ich habe in meiner dreißigjährigen Thätigkeit nie in das Innere des Gefühls, des Empfindens oder der Ueberzeugung eines meiner politischen Gegner eingegriffen, aber mein Gefühl und meine Ueberzeugung spreche ich offen aus, und ich hoffe, daß Sie diese achten. Ich sage, dieses Gesetz ist kränkend und beleidigend für jeden aufrichtigen Katholiken. (Lebhafte Zustimmung rechts.) Es ist hier die Ungleichheit vor dem Gesetze in krassester Weise konstatirt, und dieses Gesetz ist zugleich intolerant und illiberal. Ich muß mich wundern — eigentlich muß ich sagen, ich müßte mich da wundern, wenn ich nicht die Geschichte der letzten dreißig Jahre kennen würde —, daß gerade diejenigen Herren, welche die liberale Fahne hoch halten, solche Zwangsgesetze beliebt haben in den siebziger Jahren und jetzt in der bayerischen Abgeordnetenkammer für ein solches Zwangsgesetz ein Wort sprechen. Allein die Erfahrung lehrt schließlich Alles und man gewöhnt im menschlichen Leben gar Vieles und namentlich, daß die schönen Worte „Toleranz, liberal, Gleichheit vor dem Gesetze, Achtung jeder Ueberzeugung", daß diese Worte mit den Thaten häufig im grellsten Widerspruche stehen. (Bravo! rechts.) Das haben wir Katholiken im Deutschen Reiche erfahren und zum Theile mitunter auch in Bayern, und wenn wir uns in Bayern nicht so gewehrt hätten, dann wäre es uns schlimm genug gegangen in den siebziger Jahren. Es muß dieß offen gesagt werden — und ein eben solches Gesetz will auch heutzutage noch gemacht werden. Fragen wir: Warum denn? Eine Klosterfrau oder auch ein Mönch, der aus religiöser übernatürlicher Ueberzeugung die evangelischen Räthe unseres göttlichen Herrn und Heilandes auf sich nimmt und der Familie und der Welt entsagt, ein solcher ist unter dieses Gesetz gestellt und er darf das von ihm nach allen Grundsätzen des Rechtes besessene Vermögen nicht nach seinem Willen gebrauchen, nicht verwenden. Jeder in ganz Deutschland kann aber sonst sein Vermögen verwenden, wie er mag, Jeder kann es geben, wem er mag, nur einzig und allein das katholische Ordensmitglied kann es nicht. Sagen Sie, meine Herren (zu der linken Seite gewendet), wie werden Sie das in unseren Tagen, wo man von solcher Rechtsgleichheit spricht, bei uns noch vertheidigen können? Was thun die großen freien Länder wie England, Amerika u. s. w.? Diese haben volle Freiheit, meine Herren.

Jüngst ist in München eine skandalöse Geschichte vor sich gegangen, über die ich staunend mich fragen muß, wie das in Bayern möglich ist. Eine Hetzrede der „Los von Rom"=Gesellschaft, eine Störung des konfessionellen Friedens, eine Feindschaft gegen das uns befreundete Oesterreich, eine Kränkung gegen das unserem Königshause nahe verwandte Kaiserhaus ist direkt und indirekt hier in München ausgesprochen worden, (große Bewegung und Zustimmung rechts) und da hat man gesagt, die katholischen Nationen kommen herunter und die anderen werden groß! Aber wie steht es denn in der That in den von ihm, dem Redner, genannten Ländern England und Nordamerika? Haben England und Nordamerika solch' lächerliche Gesetze, wie Sie in Bayern machen wollen? (Zustimmung rechts.) Verzeihen Sie, meine Herren, daß ich das gesagt habe, aber es ist doch wahr: Nicht die katholische Religion bringt eine Nation herunter, sondern die einseitige verfolgerische bureaukratische Polizeigewalt, die hat vielfach schon seit dem 17. und 18. Jahrhundert bis herein in unsere Zeit der katholischen Kirche vielfach Fesseln angelegt und hat die Kirche sich nicht frei ihre Thätigkeit entfalten lassen. Das kann ich nachweisen aus der Geschichte in den vergangenen Tagen. Ich habe diesen Fall vom Café Luitpold hier, den ich der Regierung vom politischen, religiösen und konfessionellen Standpunkte aus, insbesondere auch vom Standpunkte des konfessionellen Friedens aus zur vollsten Erwägung nahelege, nur berührt, behalte aber mir und meinen Freunden vor, in dieser Sache noch weitere Schritte zu thun. Aber, meine Herren, so kann es in Bayern nicht weitergehen, daß man Alles, was drei Fünftel der Bevölkerung heilig ist, in den Koth ziehen darf und daß man noch dazu nach außen hin gegen Oesterreich und das Kaiserhaus in hochverrätherischer Weise agitirt. (Rufe: Sehr richtig!) S. 636.

Meine Herren! Ich sage weiter: das Gesetz, wie wir es jetzt hier genehmigen sollen, öffnet eigentlich der Willkür Thür und Thor. Der Herr Kultusminister hat sich nun dahin geäußert, das Gesetz gehe nur Klöster und religiöse Genossenschaften an. Aber, meine Herren, das ist die Meinung des jetzigen Herrn Kultusministers, eine noch dazu wohlwollende; aber die eigentlichen Amortisationsgesetze, die fortgelten sollten, wenn wir den § 1 der uns gemachten Vorlage genehmigen, gelten für kirchliche Stiftungen und Korporationen, ja, meine Herren, auch für Seminarien. Ich weiß sogar einen Fall, meine Herren, daß ein Geistlicher eine Kinderbewahranstalt gegründet hat zum Besten des arbeitenden Volkes und dem Domkapitel das vermacht hat. Da kann man keinen Gewinn daraus ziehen, das macht nur Arbeit und Kosten; trotzdem ist das Amortisationsgesetz, als das Eigenthum übernommen werden wollte, hervorgezogen worden. (Rufe: Hört, hört!) S. 637.

Das ist also ein gesetzlicher Zustand, den der wohlwollendste Minister nicht mehr in der Hand hat. Ein Gesetz muß klar und deutlich sein; wir müssen klar und deutlich wissen, worauf geht das Amortisationsgesetz noch heutzutage; geht es nur auf Klöster und klösterliche Korporationen oder geht es auf Seminarien, auf Kirchenstiftungen, ja schließlich auf Pfarreien; geht es auf Domkapitel? Das Alles ist nicht ganz klar; und ich weiß nicht, ob der Herr Kultusminister, wenn ich auch seine Kompetenz noch so sehr anschlage, eine autoritative Erklärung für seinen Nachfolger geben kann; aber unter allen Verhältnissen: wie können wir ein Gesetz genehmigen, das eine solche Latitüde, eine solche Ungleichheit, Willkür und Mißbrauch=Möglichkeit in sich trägt.

Meine Herren! Dann muß ich doch noch weiter sagen, wenn dieser Artikel 1 und damit das alte Amortisationsgesetz angenommen ist, dann haben wir noch kein einheitliches Amortisationsgesetz; gestern hat mein Freund Lerno auseinandergesetzt: in Franken, in der Oberpfalz, in Oberbayern, in München gibt es verschiedene Amortisationsgesetze; die dauern alle fort; wir haben also vielerlei Amortisationsgesetze. Sie schwärmen für die Einheit des Rechts; aber hier, weil es gegen die katholische Kirche geht, lassen Sie alles mögliche alte gesetzliche Gerümpel noch gelten. (Bewegung.) (Rufe: Sehr richtig!)

Verzeihen Sie diesen Ausdruck, aber es ist in Wahrheit so. Meine Herren! Das Gesetz ist ein wahrer Anachronismus. Sehen Sie, wer wird denn heutzutage noch in den Krieg ziehen wollen mit den Kanonen, welche im 30jährigen Krieg gebraucht wurden, welche die Soldaten auf die Achsel genommen und weiter getragen haben, wer wird mit den alten Büchsen noch schießen wollen? Und Sie kommen heutzutage mit diesen alten Gesetzen, die zu den neueren nicht mehr passen; sie sind in einer ganz anderen Zeit entstanden und standen ganz anderen Zeitverhältnissen gegenüber.

Meine Herren! Ich kann auf zwei Punkte aufmerksam machen. Ich begreife die Amortisationsgesetze des Mittelalters, warum? weil damals und bis herab gegen Ende des 18. Jahrhunderts, bis die neue Zeit kam, das Kirchengut steuerfrei war und es ist erklärlich, daß damals, da die Staaten sehr viele Bedürfnisse hatten und namentlich die unbeschränkte Gewalt der Fürsten bestand — man kann ja lesen, meine Herren, was damals die Fürsten verbraucht haben und wie jetzt kein Vergleich mehr damit besteht —, manche Leute ihr Geld und Gut dem Steuerarme entziehen und in kirchlicher Hand haben wollten. Daher habe ich nichts dagegen, daß damals diese Gesetze angewendet wurden; aber jetzt ist Alles anders

S. 637. und man kann sich nur auf den Standpunkt voller Freiheit und Gleichberechtigung im öffentlichen Leben stellen. Daher will ich für die katholische Kirche keine Vorzüge und Vorrechte, nein, sie soll auf dem Felde des gemeinsamen freien Rechtes sich entwickeln, sie soll ihre geistige Kraft zeigen, und wenn sie nicht mehr im Stande ist, dem modernen Zeitgeist gegenüber Leben und Kraft zu erhalten, nun dann wird sie zu Grunde gehen — menschlicherweise meint man das oft —, aber ich meine das nicht, weil ich an eine höhere Verheißung glaube und weil ich weiß, indem ich die Katastrophen der Jahrhunderte überdenke, welche die katholische Kirche durchgemacht hat, daß sie auch die jetzigen Epigonenangriffe gar nicht so schwer überstehen wird. Das ist meine volle Ueberzeugung.

Es ist nun zu Gunsten des Fortbestandes der Amortisationsgesetze aber, um das hier gleich hereinzubringen, von Seite des Herrn Referenten, von Seite des Herrn Staatsministers im Ausschusse und von Seite des Herrn Dr. Casselmann auf den nothwendigen Schutz der armen Verwandten hingewiesen worden. Meine Herren! Es mögen ja solche Mißbräuche vorgekommen sein, aber erinnern Sie sich doch der historischen Entwickelung solcher Mißbräuche. Es wurde in deutschen Landen, wo die Kirche reich war, nach und nach üblich, die nachgebornen Söhne der Adeligen in Klöster zu bringen, und daß dann die Adeligen selbst eben gerade diese Amortisationsgesetze wünschten, damit das große Gut beisammen bleibe und der Erstgeborne oder die in der Welt bleibenden Kinder, die gar nicht in ein Kloster wollten, um so mehr Besitz erhielten. Das war ein Hauptinteresse, und wenn Sie das Narrenschiff der Zeit, das im 16. Jahrhundert erschienen ist, über die damaligen Verhältnisse lesen, dann werden Sie begreifen, wie und aus welch' irdischen materiellen Gründen und Familienrücksichten man die Leute in die Klöster hineingezwungen hat; daß das hat gehen können, das bedauere ich, das vertheidige ich nicht auf Seite der katholischen Kirche; das war ein Mißbrauch; darum ist auch der Sturm der Reformation gekommen, aber die Kirche ist, nachdem der Sturm vorüber war, stark und kräftig daraus hervorgegangen. Das sind geschichtliche Thatsachen. Wenn es jetzt noch vorkommt, daß das eine oder das andere Mal irgend ein armer Verwandter das nicht erhalten hat, was er erhofft hat, ja, meine Herren, das lobe ich nicht. Ich selbst — ich brauche mich nicht zu loben, es hätte das keinen Sinn — hatte zweimal in meinem Leben Gelegenheit, dießbezügliche kirchliche Grundsätze zu bethätigen; einmal habe ich eine Stiftung annullirt, weil ein Verwandter der Stifterin arm geworden ist. Das andere Mal habe ich abgerathen, daß man einen Prozeß gegen Leute führe, die meinten, daß sie in ihrem Erbrechte zu Gunsten eines Klosters benachtheiligt würden. Ich sagte mir, das zieme sich für die katholische Kirche und für eine klösterliche Institution nicht, daß etwas in einer Weise, welche Gehässigkeit oder Lieblosigkeit hervorruft, erworben werde. Das ist der kirchliche Grundgedanke. Aber etwas Anderes ist der prinzipielle, rechtliche Standpunkt. Meine Herren! Was hat eine arme Person dann, wenn eine reiche Verwandte,
S. 638. anstatt in's || Kloster zu gehen, heirathet; das ist doch recht, das wird Ihnen gefallen. Ja, da hat der arme Verwandte nichts zu sagen. Will man da auch sagen, es soll Jemand dem armen Verwandten, dem armen Bruder zu liebe nicht heirathen. Wie weit geht denn das Erbrecht? Herr Dr. Casselmann hat nicht unterschieden zwischen 4 oder 7 Grad oder soweit das Intestaterbrecht geht. Das sind also Redensarten, die viel zu weit gehen. Ich bezweifle sehr, ob andererseits auf anderen Gebieten für arme Verwandte von etwa reichen Leuten solche Opfer gebracht werden. Ich könnte Ihnen Beispiele anführen, wo das gar nicht so schwer gewesen wäre, aber es ist nicht geschehen. Und, meine Herren, wenn ein solcher Christ, der also in's Kloster geht, wenn der dann etwas mit hineinbringt, ist denn das etwas Unrechtes? Haben die Klosterleute nicht auch ihr Recht, zu leben und zu bestehen? Es ist doch unerhört, während sonst Jeder erwirbt, Jeder verbraucht, wie er mag, Jeder seine Sachen hergeben darf, wie er mag, hier in diesem hohen bayerischen Abgeordnetenhause wird öffentlich ausgesprochen: Ja, das geht gegen die guten Sitten. Meine Herren! Ich persönlich, wenn ich etwas zu sagen hätte, ich würde darüber wachen und viel besser kann die geistliche Obrigkeit darüber wachen, und sie hat durchaus die Gesinnung, das zu thun, daß nichts vorkommt, was irgend auch nur im Entferntesten gegen die guten Sitten geht. Aber hier solche Zwangsgesetze zu schaffen, das, meine Herren, das geht wahrhaft viel zu weit. Sie schaffen da eine Gleichheit des Gesetzes und Sie stoßen damit einen bleibenden Stachel in die Herzen der Betroffenen hinein. Es ist daher keine Uebertreibung in dem, was der Benediktinerabt geschrieben hat. Der Herr Dr. Casselmann hat das nicht gefühlt, aber man muß wissen, was das ist, wenn Einem offenbar Unrecht geschieht. Man muß wissen, was das für ein nagender Wurm ist, man muß wissen, was das heißt, wenn man Tausende und Tausende vorüberwandeln sieht und sich sagt, daß Alle das gleiche Recht haben, nur ich nicht; ich habe kein Strafrecht verletzt, ich habe nichts Unrechtes gethan, im Gegentheil, ich habe für das Wohl der Menschheit gearbeitet, ich habe mich dafür geopfert, aber weil ich Mönch oder Nonne bin, darum darf ich nichts mit meinem Vermögen anfangen.

Meine Herren! Sagen Sie nicht, daß das keine Ausnahmegesetze seien. Das ist ein unnatürlicher und an und für sich eigentlich unvernünftiger Zustand und nur solchen Leuten

gegenüber, die verdächtig sind und welche man in Zaum halten muß, kann man solche Maß- S. 638.
regeln anwenden. (Sehr richtig! rechts.)

Meine Herren! Ich mußte das ausdrücklich hervorheben, daß es mit dieser sogenannten unterdrückten Armuth eines Erbberechtigten in Wahrheit nicht weit hergewesen sein wird. Von formeller Rechtsverletzung ist gar keine Rede. Wenn ein Sohn oder eine Tochter arme Eltern zu ernähren hat und sie ginge in's Kloster, so nimmt sie das Kloster nicht auf, oder es übernimmt die Verpflegung der armen Eltern.

Auch auf weitere Umstände, meine Herren, mache ich Sie aufmerksam. Was soll heutzutage eine solche Maßregel bedeuten? Welches Licht muß sie auf die Klöster werfen und welch' eine Entstellung der Geschichte muß sie hervorrufen? Was haben denn, meine Herren, im Mittelalter die Mönche und Nonnen gethan, die da die Wälder ausgerottet, die Schulen gegründet, den Ackerbau gelehrt, die klassischen Bücher geschrieben haben, die die Kirchenväter uns erhalten haben, die die Kunst entwickelt haben. Wer hat das Alles gethan? Meine Herren! Das ist von Seite der katholischen Kirche, von Seite der Klöster aus in weitestem Maße geschehen, und daß bei uns in Südbayern der Bauernstand so erhalten worden ist, das hat gestern schon der Herr Kollege Lerno als ein wahres und wirkliches Verdienst der Klöster hingestellt. Meine Herren! Schauen Sie zurück auf die Zeit am Anfang dieses Jahrhunderts und der Säkularisation! Das waren eigentlich Ihre Gesinnungsväter, die damals Kunst und Wissenschaft in rohester Weise vernichtet haben, die Bibliotheken verkauft und verschleudert haben — in den Inn haben sie sie von Rott weg hineinführen lassen —, die die herrlichsten Kunstwerke gestohlen oder vernichtet haben, die die Dome haben niederreißen wollen. Das war damals die Aufklärung. (Abgeordneter Beckh: Das ist Uebertreibung!)

Das ist keine Uebertreibung, Herr Collega Beckh! Ich rede von Ihrer Konfession nicht, weil ich das überhaupt nicht thue; aber fragen Sie die Geschichte! Ist nicht der Freisinger Dom um 500 Gulden zum Abbruch schon verkauft gewesen? (Hört, hört! rechts.) Also da können Sie es einem nicht übel nehmen, daß man diesen Verhältnissen gegenüber in eine gewisse berechtigte Entrüstung hineinkommt.

Und heutzutage, was es ist denn, meine Herren? Sehen Sie, wir haben eine große Anzahl von religiösen Genossenschaften, die in der Schule und in Krankenhäusern wirken, die also auf sozialem Gebiet außerordentlich thätig sind. Ich will ja gerne zugeben, daß vielleicht dem Herrn Abgeordneten Dr. Casselmann die Wirksamkeit der katholischen Orden auf dem Gebiete der Schule von seinem Standpunkt aus nicht ganz lieb ist; aber er wird doch so viel Gerechtigkeitssinn haben, daß er Jeden nach seiner Façon will selig werden lassen, und den Eltern auch das Recht einräumt, ihre Kinder erziehen zu lassen, wie sie wollen. Meine Herren! Was haben diese zahlreichen Genossenschaften für Leute? Meist arme, talentvolle Mädchen, die sie schon erziehen, die dann in der Schule wirksam sind, und dann werden sie krank. Ich kenne eine große religiöse Ordensgenossenschaft, die hat jetzt wenigstens schon 3 oder 4 Ruhehäuser. Ja, wenn die Schulen alle von weltlichen Lehrern oder Lehrerinnen besorgt sein müßten, welche Lasten hätten Staat und Gemeinden? Ich will hier nur von der Pensionslast reden, die die Orden selbst tragen. Ich rede von den barmherzigen Schwestern und anderen Krankenpflegerinnen; gehen Sie hinunter nach Mallersdorf und schauen Sie die Hunderte von kranken Schwestern an, die im Dienste der Menschheit und Barmherzigkeit krank geworden sind, die heute Niemanden zur Last fallen, auch der Gemeinde nicht, und die erhalten werden von dem Orden. Ja, meine Herren, wenn da nicht manchmal Jemand kommt, der auch ein Bischen Geld bringt, von der Luft kann doch eine Klosterfrau auch nicht leben, ein Mönch auch nicht, die brauchen auch ein materielles Substrat. (Rufe: Sehr wahr!)

Jetzt machen Sie da einen solchen Lärm, daß es einmal vorgekommen ist, daß Jemand geklagt hat und daß es sich einmal um 30,000 M. gehandelt hat. Solche Ausnahmen gibt
es ja überall. Alles aber, was billig ist, || wird in der That ohnedieß von den geistlichen S. 639.
Oberen selbstverständlich ausgeglichen werden. Nicht wahr, meine Herren, — das hat gestern schon der Herr Kollege Lerno berührt — wenn ein Mann zufälliger Weise reich geworden ist — das kommt ja häufig vor, er hat studirt, hat etwas gelernt — hat arme Geschwister auf dem Lande, aber er vergeudet sein Vermögen — sagen wir, nach dem Gleichnisse des verlorenen Sohnes im Evangelium —, ja, was sagt da der Staat etwa, hat da überhaupt Jemand etwas zu sagen? Man kann sein Bedauern aussprechen, weiter kann nichts gethan werden. Wenn aber eine Klosterfrau einem armen, für die öffentlichen Interessen wirksamen Kloster, sie, die selbst arm werden will, einiges Vermögen zubringt, da ist es weit gefehlt, das ginge schon bald gegen die guten Sitten. Nein, meine Herren, so muß man die Thatsachen hier in dem hohen Hause nicht auf den Kopf stellen.

Meine Herren! Ich sage also dem Herrn Kollegen Dr. Casselmann gegenüber, daß seine gestrige Rede auf mich doch eigentlich — wie soll ich sagen — einen etwas leeren Eindruck gemacht hat; weder die Kraft seiner Aktionen, noch der Ton seiner Stimme hat den Mangel des Inhaltes zu ersetzen vermocht. (Rufe rechts: Sehr richtig!) Meine Herren! So

S. 639. geht es nicht. Das gesprochene Wort in diesem Hause wird fixirt und der Herr Kollege Dr. Casselmann wird sich vielleicht, wenn er es liest und gründlich prüft, überzeugen, daß seine historischen und anderweitigen Aeußerungen und auch seine juristisch-theoretischen Deduktionen doch sehr bedenklicher Natur waren. Ich will da, wenn es gegen Personen geht, nie über das Maß hinausgehen, welches zu einem persönlichen Angriffe führen würde; aber, meine Herren, wenn auch gestern der Herr Kollege Casselmann von Privilegien der Kirche gesprochen und gesagt hat, er könnte wohl alle aufzählen, aber er würde gestern nicht fertig werden, so ist das eine wundersame Redewendung. Ich habe sehr viel zu thun, würde aber doch den Herrn Kollegen Dr. Casselmann bitten, wenn er es öffentlich nicht thun kann, mir persönlich vielleicht einigen Unterricht über diese Privilegien zu geben. Ich weiß wahrhaftig von eigentlichen Privilegien der Kirche nichts. (Abgeordneter von Vollmar: Hört, hört!) Ich habe — das bringt schon mein Beruf mit sich — in den berühmten Anmerkungen von Kreittmayr gelesen: „Die Kirche erfreut sich des Rechtes der Unmündigen.“ (Heiterkeit.) Meine Herren! Das hat der selige Kreittmayr gesagt, und es ist richtig, meine Herren, daß dieses für die Kirche aber wenig erfreuliche Recht ganz strikte noch geübt wird. Aber das wäre, wenn wir auf dem Boden des gemeinen Rechtes stünden, ganz gleich. Meine Herren! Sehen Sie, das Vermögensrecht der Kirche als Korporation, als öffentliche vom Staate anerkannte Korporation, steht doch auf dem Boden des Privatvermögensrechtes gegenüber dem Staate. Da brauche ich nicht gerade ein promovirter Jurist zu sein, ich werde aber mit diesen meinen Worten wohl Recht haben. Wie der Staat Jeden in seinem Eigenthum schützt, in seinem Rechte, so schützt er auch die Kirche. Gewiß, aber das ist nicht ein Privilegium, denn ein Privilegium wäre ein Ausnahmegesetz. Meine Herren! Daß die Kirche im Strafgesetz insofern ein Privilegium hat, einen gewissen Schutz als öffentliche religiöse Anstalt, (Abgeordneter von Vollmar: das ist es!) ist wahr. Ja, meine Herren, das hat der Staat gewiß nicht der Kirche zu lieb gethan. Nein, meine Herren, wenn der Staat heutzutage noch ein bischen Bewußtsein von den nöthigen Lebenskräften hat, so muß er die Religion schützen; das ist sein eigenstes, höchstes Interesse; das thut er aber nicht der Kirche zu lieb, sondern sich selbst zu lieb, und indem er die Rechte der Unterthanen achtet, nützt er sich selbst. Ja, meine Herren, die dießbezüglichen Artikel der Verfassung kenne ich wohl; ich finde darin nichts Außerordentliches und ich kann nicht anerkennen, daß der Schutz des Kirchengutes oder die Anerkennung des öffentlichen Rechtes von Seite des Staates ein ganz besonderes Privilegium sei, und wenn es eines wäre, dann liegt es im lebendigsten Interesse des Staates selbst. Die Kirche ist ja nicht um ihrer selbst willen da; durchaus nicht, meine Herren, sondern sie ist von Gottes Sohn gegründet worden zum Heile der Menschen. Da Menschen, menschliche Mittel und Werkzeuge in der Kirche wirken, so wird es auch menschliche Fehler jederzeit geben; aber das berührt die Institution nicht, und wenn die menschlichen Fehler und Schwachheiten auch in der katholischen Kirche, auch bei Bischöfen und Päpsten die Religion hätten zu Grunde richten können, meine Herren, dann wäre sie schon längst zu Grunde gegangen. Das ist meine historische Ueberzeugung, und das gerade ist das allergrößte Argument für die Göttlichkeit und die Wahrheit der Kirche, weil sie trotz aller menschlichen Schwächen sich durch alle Jahrhunderte durchgerungen hat und durchringen wird. (Bravo! rechts.)

Das, meine Herren, das halten wir fest, und daß der Herr Collega Casselmann das natürlich nicht so fühlt, das nehme ich ihm nicht in Uebel. Aber, meine Herren, das Eine hat einen besonderen Eindruck gemacht, daß der Herr Collega Casselmann als nicht zu unserer Konfession gehörend, als außerdem einer Vereinigung angehörend, (Abgeordneter von Vollmar: aha!) deren Stellung gegen die katholische Kirche bekannt ist, sich doch dazu herbeigelassen hat, über rein katholische Dinge zu reden, historische und theoretische Urtheile abzugeben über Dinge, die er nicht verstehen kann. (Heiterkeit.) Meine Herren! Gestern hat der Herr Collega Casselmann dem Herrn Kollegen Kohl zugerufen, er verstehe nichts von den Amortisationsgesetzen; mir hätte er es auch sagen können, ich bin eigentlich der Hauptschuldige; aber das muß ich sagen — ich möchte sonst im Leben nicht gerne unbescheiden sein —, aber in Bezug auf die Kenntniß der Amortisationsgesetzgebung, auf die Werthschätzung ihrer Bedeutung, auch in Bezug auf alle jene großen freiheitlichen Grundsätze der Gleichberechtigung u. s. w. da nehme ich es mit ihm jederzeit auf, wissenschaftlich sowohl als theoretisch und praktisch, füge aber bei, daß ich mich trotzdem nie dazu herbeilassen könnte, über eine innere Angelegenheit der anderen Konfession hier so zu reden, wie er über katholische gesprochen hat. Wir sind
S. 640. nun 30 Jahre in diesem hohen Hause, manchmal einander gegenüber, || wiederum in vielen Dingen zusammenarbeitend, aber ein Zeugniß werden die Herren mir geben müssen, daß wir zwar uns vertheidigten, aber daß wir nie in das innere Leben einer anderen Konfession auch nur mit einem Wort eingedrungen wären. Das ist die wahre Toleranz und das ist der wahre Liberalismus, und hätten es die verehrten Herren auch immer so gemacht wie wir, dann wären viele Diskussionen erspart worden, wäre viel Besseres geschaffen worden, als so geschaffen werden konnte.

Meine Herren! Ich muß doch auch noch auf ein Wort, das der Herr Collega Dr. S. 640. Casselmann gebraucht hat, nämlich daß man nicht leugnen kann, das Gesetze übertreten werden, zurückkommen. Ja, meine Herren, das ist wahr, wenn keine Gesetze übertreten würden, würde es überhaupt keine geben. Die Uebertretungen gegen die allgemeinen natürlichen, sittlichen und rechtlichen Grundsätze sind die Voraussetzung eines jeden Gesetzes, und ich wüßte wahrhaft kein Gesetz, wenigstens nicht von größerer Bedeutung — es kann ja Polizeigesetze geben, die mich in meinem einsamen Leben nicht berühren —, die nicht schon übertreten worden wären. Wie soll das eine Argumentation sein dafür, daß deßhalb das Amortisationsgesetz aufrecht erhalten werden müsse? Es wäre viel besser, man würde es gleich aus dem Wege schaffen, das ist gestern schon gesagt worden, und wir würden dann dabei eine Uebertretung nicht mehr zu fürchten haben. Aber solche Bemerkungen, daß Gesetze übertreten worden sind, daß da gegen gewisse Grundanschauungen oder Empfindungen gehandelt worden ist, daß man daher unter allen Verhältnissen noch strengere Maßregeln ergreifen müsse, finde ich ganz illiberal.

Es ist auch gestern, meine Herren, — und ich entschließe mich nur schwer, die Sache hereinzubringen — das Kronrecht berührt worden. Meine Herren! Ich muß es aufrichtig bedauern, daß das Wort „Kronrecht" mit dem Amortisationsgesetz in Verbindung gebracht wurde. Das Wort „Kronrecht" ist voll des edelsten und idealsten Inhaltes. Unter Kronrecht verstehe ich das Recht, die Aufgabe des Fürsten, Gnade zu üben, Alle gleichmäßig in ihrem Rechte zu schützen, für sein Volk einzutreten, sein wahres Wohl zu befördern. Aber, meine Herren, eine kirchenpolizeiliche Verordnung aus einer Zeit, wo das bureaukratische Kirchenregiment Alles überwuchert hatte, heute noch ein Kronrecht zu nennen, das empfinde ich schmerzlich. Ich sage, das Amortisationsgesetz ist jetzt eine staatliche Polizeimaßregel, sonst weiter nichts, eine kirchenpolizeiliche Maßregel, aber ein Kronrecht kann ich absolut nicht annehmen. Sie kennen Alle das englische Sprichwort, daß der König nicht Unrecht thun kann. Wir ziehen die höchste Person nicht herein; das ist die Regierung, das ist die Staatsverwaltung, die dieses alte bureaukratische Ueberbleibsel aufrecht erhält, weil sie ohne dasselbe nicht leben zu können meint. Aber, meine Herren, das ist ja doch viel zu weit gegangen. Ich möchte wissen, was da irgendwie dem Ansehen und der Autorität, ich sage ja nicht einmal der Krone, sondern ich sage nur der bayerischen Regierung geschadet wäre, wenn dieses alte, armselige Gesetz aus dem Wege geschafft wäre.

Meine Herren! Es sind auch gestern verschiedene Autoritäten genannt worden. Da sind Professor Meurer und Kahl und viele Andere genannt worden. Allen Respekt vor der Wissenschaft; allein, meine Herren, diese Frage hängt ja ganz einfach im praktischen Leben, im praktischen Leben des Volkes wie der Kirche, da geht mich nun der Professor, ob er so oder so heißen mag, gar nichts an, ich beurtheile die Frage selbst. Meine Herren! Auf eines Mannes Wort schwöre ich nicht, hat Rückert gesagt, einer bin ich auch und gewiß alles dieses theoretische und künstliche Denken das ist auch nur ein subjektives, ein rein formales; aber es ist losgerissen vom praktischen Leben des christlichen Volkes und losgerissen von der ganzen christlichen Anschauung über diese Dinge, und daher kann ein Gelehrter in dieser Beziehung noch so viel sagen, aber auf die christliche Ueberzeugung kann es einen Einfluß nicht haben. Ich kann ein sehr verdienstliches Buch über die Amortisation schreiben, in dem ich die ganze geschichtliche Entwicklung über die Amortisationsgesetzgebung gebe, ich kann die verschiedenen Gründe und Umstände, welche seinerzeit Veranlassung dazu gaben, welche es aufrecht erhielten bis auf unsere Zeit, das kann ich Alles wissenschaftlich recht schön machen. Aber die Konklusion daraus, die behalte ich mir vor, das ist mein persönliches Recht, und ich meinte, Sie thun es sonst auch, Sie halten sonst auch nichts auf Autoritäten; aber wenn Ihnen einmal eine Autriotät etwas Günstiges zu sagen scheint, dann gilt sie bei Ihnen. Das ist die ganze Geschichte. Daher ist Ihnen der Professor Meurer ein so lieber Freund. (Zuruf.) Ja nun, auch dem Herrn Kollegen Lerno gegenüber habe ich den nämlichen Standpunkt, ihm gegenüber sage ich auch, ich bin auch einer; da bleiben wir ganz die Gleichen, ob Freund oder Feind, da habe ich meine festen Grundsätze.

Nun, meine Herren, ist auch von der Macht des Gewissens gesprochen worden. Ja, meine Herren, was ist denn eigentlich die Macht des Gewissens, d. h. die Macht auf das Gewissen, muß ich richtiger sagen? Jedenfalls hat die katholische Kirche auf Dr. Casselmann und sein Gewissen noch keinen Einfluß ausgeübt. (Heiterkeit.) Da scheitert die Macht der Kirche auf das Gewissen und es ist doch wunderbar, daß Herren, die auf einem ganz anderen Standpunkte stehen, die ganz andere Grundanschauungen haben, sich um die Gewissen der Katholiken kümmern und sich den Kopf anderer Leute zerbrechen, die sie gar nichts angehen. Sagen wir es ganz offen, sie würden das ohne ihr eigenes Interesse überhaupt gar nicht thun; sie thun es auch nicht aus Liebe, sondern das ist nur eine ihnen nützlich scheinende Argumentation und sie gehen, man verzeihe mir den Ausdruck, wie ein recht schlauer Jäger in das Lager der Gegner herein, um sich da etwas herauszuholen — aber ich bitte Sie recht schön, kommen Sie mir nicht mehr mit dem Einfluß der Kirche auf die Macht der Gewissen! (Heiterkeit.)

S. 640. Ja, da hat der Herr Dr. Casselmann gesagt, daß Stiftungsurkunden da sind für das Seelenheil u. s. w. — ich lege Einem nie mehr unter, als er sagt, ich nehme auch gar nicht an, daß er es irgendwie in spöttischer Weise gethan hat, sondern in rein wissenschaftlicher und historischer Weise —, allein, meine Herren, wenn Dr. Casselmann auf diese Grundanschauung nichts hält, daß gute Werke Einem auch in der Ewigkeit nützen, das ist seine Sache; aber die unserige ist es nicht und es kann schon einmal die Zeit kommen, wo er vielleicht auch die geistigen Augen aufmachen wird. Ich erinnere ihn nur an das Evangelium, an
S. 641. das Gleichniß vom reichen Prasser und vom armen Lazarus || u. s. w., da ist schon vom Jenseits auch die Rede; er gibt wohl nicht viel darauf, aber wenn er es nicht annimmt, dann soll er auch von solchen Dingen nicht reden. Das ist meine Meinung. Er hat seine Freiheit, bei uns ist Jeder frei, das anzunehmen oder nicht; aber es nicht anzunehmen und so zu reden, daß es schließlich doch mehr wie ein Spott herauskommt, obwohl er das gewiß nicht beabsichtigt hat, das halte ich in einer öffentlichen, so hohen Korporation für ungeeignet. Man muß bessere Gründe haben.

Wenn Dr. Casselmann aus der Allokution des Papstes Pius VII. etwas herausnahm, so frage ich: ist da etwas Unrechtes daran? Die bayerische Kirche hat im Anfang des Jahrhunderts alle ihre Güter verloren. Der Papst hat ein Konkordat abgeschlossen und also gewissermaßen vom kirchlichen Standpunkt aus dem König von Bayern das Absolutorium gegeben. Es ist diese Säkularisation wenigstens in der Weise duldend anerkannt worden, daß man gesagt hat, es kann der Staat und können die anderen Besitzer jetzt ruhigen Gewissens im Besitze der ehemaligen Kirchengüter bleiben. Das war doch ein großes Entgegenkommen des Papstes und dafür hat der König von Bayern dieses und jenes Versprechen im Konkordate gemacht. Nun, wie ist es weiter gegangen? Der Papst hat in dem historischen Bewußtsein, was die Klöster Alles geleistet haben und leisten werden, die Hoffnung darauf gegründet, daß sie auch wieder lebenskräftig werden. Ja, meine Herren, ich weiß nicht, ob Herr Dr. Casselmann das weiß, daß z. B. für Frauenklöster, welche strengere Regeln haben, überhaupt die Dotation nothwendig ist. Es darf bei ihnen keine aufgenommen werden, die nicht so und so viel Mitgift mitbringt, daß sie davon leben kann. Und jetzt soll eine solche Person nach unserem alten Gesetze bei unseren Wohnungs-, Kleider- und Lebensmittelpreisen mit 70 Gulden, sagen wir, das ganze Jahr hausen, weil sie nicht mehr als 2000 Gulden mitbringen kann. Meine Herren! Sagen Sie selbst, ist das nicht ein Zustand, der, wenn er streng durchgeführt würde, überhaupt namentlich das Konkordat in Bezug auf die Errichtung und die Möglichkeit der Klöster unausführbar erscheinen lassen und die Einzelnen in ihrem Gewissen förmlich bedrängen und sie vom Kloster weg zwingen würde? So, meine Herren, sind die Dinge.

Und nun, wenn ich das Alles — ich hätte ja noch viele Notamina da — zusammenfasse, so können Sie doch begreifen, warum wir unsern Antrag gestellt haben. Er ist aus unserer innigsten Ueberzeugung heraus, und wenn Sie, wie es in einem Staate mit öffentlichem Leben sonst üblich ist, auch einige Rücksicht üben würden auf unsere religiöse Ueberzeugung und Grundanschauung, so würden Sie, diese Ueberzeugung achtend, mit uns stimmen. Wenn Sie es aber nicht thun, meine Herren, dann muß ich sagen, daß ich einem Gesetze, welches die Aufrechthaltung solcher gesetzlicher Bestimmungen enthält, die ganz und gar meinem wissenschaftlichen, religiösen und patriotischen Bewußtsein widersprechen, meine Zustimmung nicht geben kann. (Bravo! rechts.) Ich werde es nicht thun. Wir wollen sehen, wie es weiter geht, aber wir empfinden es schmerzlich, daß man in solcher Weise bei dieser Gelegenheit gewissermaßen uns zwingen will, weil man sagt, das Gesetz muß ja doch durchgehen, das Gesetz muß durchgeführt werden. Aber wenn das Gesetz durchgeführt werden will und solche Grundanschauungen einander gegenüberstehen, dann kann es nicht in Kraft treten, namentlich wo verfassungsmäßige Abstimmungen nothwendig sind, wenn nicht gegenseitige Verständigung eintritt.

Ein solcher Kompromißantrag ist eigentlich der Antrag „Lerno," an dem ich an und für sich keinen Gefallen habe, denn ich könnte nur unter ausdrücklicher Wahrung des Prinzips, um auch die anderweitigen Interessen des Landes zu fördern, die wir immer gefördert haben, für diesen Antrag stimmen, wenn auch andererseits uns ein Entgegenkommen bewerkstelligt wird. Wenn aber das nicht geschieht, wenn weder die k. Staatsregierung, noch die linke Seite des Hauses uns ein solches Entgegenkommen gewährt, dann schieben wir Ihnen die volle Schuld zu, wenn überhaupt das Bürgerliche Gesetzbuch oder das Einführungsgesetz nicht zu Stande kommt. (Bravo! rechts.) Wir wollen nicht immerfort Kegel aufsetzen, man muß auch abwechseln und im öffentlichen Leben muß man sich einigen und muß sich gegenseitig Konzessionen machen, und Sie werden es sich wohl überlegen, ob Sie nicht auf dieses Gebiet eines Kompromisses treten, das wir aber nur beschreiten können unter ausdrücklicher Wahrung unseres prinzipiellen Standpunktes. Das zu erwägen, ist Ihre Sache. Aber rein für dieses Gesetz zu stimmen im Einführungsgesetz, das ist mir nicht möglich. Ich maße mir nicht an, über Ihr Gefühl und Ihre Empfindungen zu urtheilen, aber ich würde mich vor mir selbst schämen, wenn ich einem solchen Gesetze meine Zustimmung geben würde. (Lebhaftes Bravo rechts.) S. 641.

Präsident: Das Wort nehmen Seine Exzellenz der Herr Kultusminister.

Der k. Staatsminister Dr. **von Landmann:** Meine Herren! Seitens des Herrn Abgeordneten Lerno und seiner Parteifreunde ist die volle Aufhebung der Amortisationsgesetze und eventuell eine wesentliche Abschwächung derselben beantragt worden. Ein Antrag im ersteren Sinne lag bereits Ihrem Justizausschusse vor und auch im Justizausschusse der Kammer der Reichsräthe ist, wenn nicht ein förmlicher Antrag, so doch eine Anregung in dem Sinne der Aufhebung der Amortisationsgesetze gegeben worden. Der Herr Justizminister hat sich Namens des Gesammtstaatsministeriums gegen den betreffenden Antrag in Ihrem Justizausschusse ausgesprochen und ich hatte in beiden Ausschüssen die Ehre, eingehend die Ansicht der Regierung zu begründen. Da meine Aeußerungen Ihnen gedruckt vorliegen und da verschiedene der Herren Vorredner sowohl von gestern wie von heute, auch der Herr Abgeordnete Dr. Daller, eingehend auf meine Aeußerungen Bezug genommen haben, glaube auch ich mich auf dieselben beziehen und mich in mancher Hinsicht kurz fassen zu können, indem ich einfach auf meine früheren gedruckten Aeußerungen verweise. Indessen bin ich doch nicht der Mühe überhoben, gleichwohl mit Rücksicht auf die Ausführungen, die gestern vorgebracht wurden, und namentlich mit Rücksicht auf die heutigen Ausführungen des Herrn Abgeordneten Dr. Daller noch Verschiedenes beizufügen.

Ich erlaube mir hienach, mich zunächst mit Herrn Abgeordneten Dr. Casselmann auseinanderzusetzen bezüglich der Frage des Geltungsbereiches der Amortisationsgesetze.

Ich habe im Ausschusse gesagt, daß die Amortisationsgesetze hauptsächlich — es ist das im Ausschußprotokolle gesperrt gedruckt — auf die Klöster und ordensähnlichen Kongregationen Anwendung finden, nachdem im Laufe der Jahre der Geltungsbereich der Amortisationsgesetze eingeschränkt worden sei, indem davon insbesondere die Wohlthätigkeits- und Kirchenstiftungen ausgenommen worden seien, da diese Stiftungen seit 1818 der besonders geregelten Staatskuratel unterliegen. S. 642.

Dem hat nun der Herr Abgeordnete Dr. Casselmann widersprochen, und zwar hat er, gestützt auf die Ausführungen des Professors Dr. Meurer in den Blättern für administrative Praxis, darzulegen versucht, daß die Amortisationsgesetze auch für die Kirchenstiftungen gelten. Ich muß dem gegenüber schon im Interesse der Rechtssicherheit und damit nicht in Folge dieser Aeußerungen des Herrn Abgeordneten Dr. Casselmann und der Ausführungen des Herrn Professor Meurer in die Praxis ein Schwanken kommt, auf meiner Ansicht ausdrücklich beharren und insbsondere widersprechen, daß auch für Kirchenstiftungen die Amortisationsgesetze noch gelten. Diese Frage, ob Kirchen- und auch Pfründestiftungen den Amortisationsgesetzen unterliegen, kann meines Erachtens nicht mehr als strittig behandelt werden. Was nämlich den Mobiliarerwerb der Kirchen- und Pfründestiftungen betrifft, so ist in dem Amortisationsdekret vom Jahre 1764 ohnedieß ausgesprochen, daß Benefizien, das sind Pfründen, Pfarrkirchenfilialen 2c. den Beschränkungen hinsichtlich der pragmatischen Summe nicht unterliegen. Was aber dann den Immobiliarerwerb der Kirchen- und Pfründestiftungen betrifft, so wurde mit Rücksicht auf den § 75 der II. Verfassungsbeilage und die in § 75 ausgesprochene Staatsaufsicht nach der Erlassung der Verfassung bezw. nach Einführung des Gemeindeedikts vom Jahre 1818 Seitens der k. Staatsregierung immer angenommen, daß die Kirchen- und Pfründestiftungen nicht mehr den Amortisationsgesetzen unterliegen, weil auf sie die gesetzlich geordnete Staatskuratel Anwendung findet. Diese Auffassung hat insbesondere Ausdruck gefunden bezüglich der katholischen Kirchenstiftungen in einer eingehend begründeten Ministerialentschließung vom 5. Dezember 1881 und ist auch bezüglich der protestantischen Kirchenstiftungen in einer Ministerialentschließung vom 8. Juli 1884 zum Ausdruck gekommen. Ich bin mit Rücksicht auf die große praktische Bedeutung der Sache genöthigt, den Wortlaut der Ministerialentschließung vom Jahre 1881 in seinen wesentlichen Theilen bekannt zu geben. Es handelte sich um eine Eingabe der Filialkirchenstiftung Kolbermoor um die landesherrliche Genehmigung nach den Amortisationsgesetzen wegen beabsichtigten Erwerbes eines Anwesens und eines Kapitals. In der Ministerialentschließung heißt es:

> Dieser Bitte — nämlich um die erwähnte landesherrliche Genehmigung — kann jedoch eine weitere Folge aus dem Grunde nicht gegeben werden, weil die Filialkirchenstiftung Kolbermoor weder hinsichtlich des Erwerbes von beweglichem, noch von unbeweglichem Vermögen den Bestimmungen der Amortisationsgesetze unterliegt.
>
> In ersterer Beziehung kommt in Betracht, daß durch das Amortisationsgesetz vom 13. Oktober 1764 Ziff. 9 „Pfarrkirchen und Filialen" von dem in diesem Gesetze enthaltenen Verbote, von inländisch-„weltlichem Vermögen an Geld oder Geldeswerth mehr als zweitausend Gulden hiesiger Landeswährung titulo lucrativo auf einmal zu acquiriren", ausdrücklich ausgenommen sind.

S. 642. Was sodann die den Immobiliarerwerb der todten Hand beschränkenden gesetzlichen Bestimmungen, insbesondere das Gesetz vom 1. August 1701 anlangt, so haben diese Vorschriften zweifellos durch das Gemeindeedikt vom 17. Mai 1818 §§ 123 Ziffer 2 und 128 in Bezug auf Grunderwerbungen der Kirchenstiftungen ihre Anwendbarkeit verloren, da hiernach neue Fundationszuflüsse zum Kirchenvermögen, welch' letzteres nach § 59 des Ediktes mit dem übrigen lokalen Stiftungsvermögen in der Verwaltung der Organe der politischen Gemeinde stand, nur an die für die Mehrungen des Gemeindevermögens maßgebenden Vorschriften geknüpft, diese aber den Amortisationsgesetzen niemals unterworfen waren.

Nun wird weiter ausgeführt, daß an diesem Rechtszustand durch das revidirte Gemeindeedikt vom 1. Juli 1834 und durch die Gemeindeordnung vom 29. April 1869 nichts geändert worden sei, und am Schlusse heißt es dann:

> Die hieraus fließende Freiheit der Immobiliarerwerbung der Kirchenstiftungen von den Bestimmungen der Amortisationsgesetze wurde auch durch die konstante seitherige Praxis anerkannt.

Das ist also, meine Herren, die Auffassung des Ministeriums, die sich auf die konstante seitherige Praxis beruft, und mit dieser Auffassung des Ministeriums ist auch die Gerichtspraxis und die administrative Praxis im Allgemeinen stets im Einklange gewesen. Ob ab und zu etwa abweichende Handlungen Seitens einzelner äußerer Behörden vorgekommen sind, weiß ich nicht bestimmt; ich könnte solchen Dingen, die mir unbekannt sind, auch selbstverständlich nicht widersprechen. In jenen Einzelfällen, die dem Ministerium bekannt geworden sind, und in denen dann Korrektur eintrat, hat man immer Seitens des Ministeriums daran festgehalten, daß eine Kirchen- und eine Pfründestiftung, insbesondere bei Immobiliarerwerb, den Amortisationsgesetzen nicht unterliegen. Es fällt uns gar nicht ein, wenn etwa ein Benefizium gegründet und hiebei ein Wohnhaus gestiftet wird u. s. w., dafür mit Rücksicht auf die Amortisationsgesetze die vorherige Einholung der Allerhöchsten Genehmigung zu verlangen. Der gleiche Sachverhalt besteht dann auch bezüglich der Wohlthätigkeitsstiftungen. Die Wohlthätigkeitsstiftungen unterliegen einer besonderen Staatsaufsicht und auch auf die Wohlthätigkeitsstiftungen werden in Folge dessen seitdem die Amortisationsgesetze nicht mehr angewendet. In der Hauptsache gelten also, wie ich wiederhole, die Amortisationsgesetze jetzt für die Klöster und geistlichen Genossenschaften, dann auch für die Priesterseminare und für die selbständigen Bruderschaften. Das zur Klarstellung der Rechtslage.

Nun erlaube ich mir, auf die weiteren Ausführungen des Herrn Abgeordneten Lerno und des Herrn Abgeordneten Dr. Daller zu kommen. Herr Abgeordneter Lerno hat einen großen Theil seiner gestrigen Rede darauf verwendet, darzulegen, daß die Amortisationsgesetze an juristischen Mängeln leiden und schon aus diesem Grunde unhaltbar seien. Er hat darauf hingewiesen, daß eine Unzahl von Mandaten existire, daß dieselben durchlöchert seien, daß die Amortisationsgesetze theilweise außer Uebung gekommen, dann erst wieder eingeführt
S. 643. worden seien. Er sagt, Niemand kennt sich darin || aus. Nun, meine Herren, daß man lernen kann, sich auch in den Amortisationsgesetzen auszukennen, beweisen die gestrigen Ausführungen des Herrn Abgeordneten Lerno. Er hat es in kurzer Zeit, in den Osterferien, verstanden, sich in den Amortisationsgesetzen zurecht zu finden, und was er darüber vorgebracht hat, ist im Allgemeinen, von Einzelheiten abgesehen, auch zutreffend. Die Hauptsache aber, meine Herren, ist doch die, daß die Behörden und die Betheiligten, welche mit bestimmten Amortisationsgesetzen zu thun haben, nach dem lokalen Rechte diese Gesetze auch kennen. Es kommt nicht darauf an, daß jeder Jurist und jeder Notar die sämmtlichen Amortisationsgesetze im Königreiche kennt, sondern es kommt darauf an, daß der einzelne Notar weiß, welches Amortisationsgesetz an seinem Amtssitze gilt, und daß die betreffenden Klöster wissen, welches Amortisationsgesetz auf sie Anwendung findet. In dieser Beziehung scheint mir nun durch die verschiedenen Ministerialerlasse, in welchen die Amortisationsgesetze in Erinnerung gebracht worden sind, die erforderliche Klarheit herbeigeführt worden zu sein. Daß immer noch einzelne Streitfragen bestehen, das will ich ja nicht in Abrede stellen, aber im Großen und Ganzen weiß man in den einzelnen Landestheilen, welches Amortisationsrecht dort gilt.

Immerhin aber gebe ich zu, meine Herren, daß es erwünscht wäre, wenn das Amortisationsrecht kodifizirt, wenn ein einheitliches Recht geschaffen würde. Ich habe mich deßhalb im Ausschusse bereit erklärt, an einer solchen Kodifikation mitzuwirken, ich habe nur auf die Schwierigkeiten hingewiesen, die Angesichts des weitgehenden Antrags des Centrums bezüglich einer Verständigung bestehen. Es wäre, wenn die Herren Abgeordneten vom Centrum ihren prinzipiellen Antrag zurückziehen würden, die Möglichkeit einer Verständigung behufs einer Kodifikation vielleicht sogar im jetzigen weit vorgerückten Stadium immer noch nicht ausgeschlossen. Ich meinerseits kann nur erklären, daß ich einer Kodifikation nicht entgegentreten will.

Bei dieser Gelegenheit könnte dann auch die Frage erledigt werden, welche der Herr S. 643.
Abgeordnete Lerno streifte, die Frage, welche Bedeutung der Art. 87 des Einführungsgesetzes in den bayerischen Landen haben werde.

Es wird Sache der Rechtsprechung sein, festzustellen, welche Theile der verschiedenen bayerischen Amortisationsgesetze auf Grund des Art. 87 des Einführungsgesetzes in Zukunft noch Geltung haben werden. Ich bin der Meinung, daß der Art. 87 für Bayern nicht gegenstandslos ist. Im Art. 87 sind die Landesgesetze vorbehalten hinsichtlich des Vermögenserwerbes durch Schenkungen und von Todeswegen Seitens einzelner Mitglieder religiöser Orden. Ich finde eine solche Bestimmung, wie sie der Art. 87 im Auge hat, in der Ziff. 1 des Mandates von 1701 und der Ziff. 4 des Mandates von 1764. Ob diese Auffassung begründet ist oder nicht, wird, wenn nicht eine Verständigung bezüglich der Kodifikation erfolgen sollte, die Gerichtspraxis zu entscheiden haben.

Nun, meine Herren, erlaube ich mir auf die materiellen Einwendungen und Angriffe gegen die Amortisationsgesetze einzugehen, welche Seitens der Herren Redner des Centrums erhoben worden sind.

Die Gesetze sind als veraltet bezeichnet worden, als nicht mehr zeitgemäß, der Herr Abgeordnete Dr. Daller hat sie als Anachronismus und als alte Büchsen bezeichnet, mit denen die Regierung nicht mehr schießen soll. Ich kann dieser Auffassung, daß die Amortisationsgesetze veraltet und nicht mehr zeitgemäß seien, nicht beipflichten, ich habe das auch schon in den Ausschüssen der beiden Kammern näher auseinandergesetzt; ich habe allerdings zugegeben, daß die Amortisationsgesetze jetzt nicht die Bedeutung haben wie vor 200 Jahren, daß sie aber noch immerhin erhebliche Bedeutung besitzen und im Laufe der Zeit eine noch größere Bedeutung bekommen können, daß es deßhalb nicht thunlich sei, die Gesetze aufzuheben. Ich würde nur bereits Gesagtes wiederholen müssen, wenn ich das näher begründen würde, und ich kann das um so mehr unterlassen, als der Herr Abgeordnete Dr. Casselmann näher auseinandergesetzt hat, in welcher Beziehung sowohl bezüglich des Immobiliar- als bezüglich des Kapitalerwerbes der Klöster die Amortisationsgesetze noch von Bedeutung sind.

Wie erwähnt und des Oefteren besprochen wurde, besteht der Zweck und die Bedeutung der Amortisationsgesetze zum Theil, abgesehen von anderen Gesichtspunkten, darin, bei Zuwendungen an Klöster die armen Verwandten der Schenker und Stifter zu wahren.

Nun ist gegenüber diesem Gesichtspunkt insbesondere von dem Herrn Abgeordneten Lerno geltend gemacht worden, daß die Interessen der Verwandten bei Schenkungen an Klöster ohnehin schon durch die Bestimmungen des kanonischen Rechtes gewahrt seien und daß man den Schutz dieser Interessen den Bischöfen überlassen solle. Allein dem gegenüber darf doch einiger Einwand erhoben werden. Die Befugnisse des Episkopates gegenüber den Klöstern sind keineswegs immer so weitgehend, wie man aus der Aeußerung des Herrn Abgeordneten Lerno schließen könnte. Die Befugnisse des Episkopates gegenüber den Klöstern sind häufig sehr eingeschränkt, weil die Klöster von der bischöflichen Gewalt zum Theil eximirt sind und weil die Bischöfe nicht das Recht haben, in allen Dingen in die Verhältnisse der Klöster einzudringen. (Sehr richtig! links.) Erst jüngst ist mir der Fall begegnet, daß gegenüber einer in Bezug auf die Thätigkeit eines Klosters erhobenen Beschwerde von dem Ordinariate eingewendet wurde, daß der betreffende Orden exempt, d. h. unabhängig von der bischöflichen Jurisdiktion sei; das Ordinariat hat den betreffenden Orden als vollständig der bischöflichen Kontrole entrückt bezeichnet. In einem solchen Falle nützt der Hinweis auf die bischöfliche Gewalt wenig und man wird besser thun, wenn es sich um den Schutz von Landesangehörigen handelt, auch nicht auf den Schutz, den etwa noch der betreffende Ordensgeneral in Rom gewähren könnte, hinzuweisen, sondern auf den Schutz sich zu verlassen, den der Landesherr beiden Theilen gewährt. (Bravo, sehr richtig! links.)

Nun komme ich auf die Behauptung, daß die Amortisationsgesetze Ausnahmegesetze seien. Das ist das Schlagwort, mit dem die Amortisationsgesetze hauptsächlich bekämpft werden. Herr Abgeordneter Dr. Daller hat diese Behauptung heute in einer Weise variirt und illustrirt, wie man es von einem so ruhigen Manne, wie Herr Abgeordneter Dr. Daller sonst ist, eigentlich nicht gewöhnt ist. Er hat Ausdrücke gebraucht, die sehr weit gehen nach meiner Auffassung; er hat nicht blos von Ausnahmegesetzen, sondern auch von ungerechten und unmoralischen Gesetzen gesprochen, er hat auch die Ausdrücke „intolerant", „illiberal", „lächerlich" sogar gebraucht. Da möchte ich doch sagen, gerade weil der Herr Abgeordnete Dr. Daller so starke Ausdrücke gebraucht, daraus kann man schließen, daß es ihm an sachlichen Gründen fehlt, (Zustimmung links) (Widerspruch rechts) || denn mit so starken Ausdrücken S. 644.
pflegt man nur dann zu kommen, wenn man keine Gründe vorzubringen hat. (Zustimmung links.) (Widerspruch rechts.) Ich glaube sogar, vielleicht den Herrn Abgeordneten Dr. Daller überzeugen zu können, daß er mit seiner Auffassung, daß es sich hier um Ausnahmegesetze handle, nicht das Richtige trifft. Ich glaube, daß Herr Abgeordneter Dr. Daller, der doch sonst ein ruhiger und objektiver Mann ist, vielleicht, wenn er die Verfassung, namentlich die

S. 644. II. Verfassungsbeilage durchgeht, sehen wird, daß diese Gesetze keine Ausnahmegesetze sind, sondern einfach in der bayerischen Verfassung begründet sind.

Nun hat der Herr Abgeordnete Dr. Daller den Charakter des Ausnahmegesetzes hauptsächlich daraus herzuleiten gesucht, daß er sagte, es sei doch unerhört, daß gerade die Mönche und Nonnen solchen Dispositionsbeschränkungen unterliegen. Meine Herren! Diese Behauptung beruht auf einer Verkennung des punctum saliens. Der Zweck der Amortisationsgesetze ist nicht, den Mönchen und Nonnen Dispositionsbeschränkungen aufzuerlegen, sondern die Bedeutung der Amortisationsgesetze beruht darin, daß sie den Klöstern, den geistlichen Korporationen Erwerbsbeschränkungen auferlegen. Es ist also eine Umstellung der Streitfrage, wenn man von Dispositionsbeschränkungen der Klosterangehörigen spricht. Wenn Jemand durch die Amortisationsgesetze gehindert wird, einem Kloster etwas zuzuwenden, so befindet er sich in keiner anderen Lage als derjenige, der etwa eine Stiftung machen will, die von dem Landesherrn nicht genehmigt wird. Es wird Niemand einfallen, deßhalb von einer ungerechtfertigten Dispositionsbeschränkung zu sprechen, weil der Landesherr irgend eine Stiftung nicht genehmigt. Man betrachtet es als ganz selbstverständlich, daß die Genehmigung von Stiftungen dem Landesherrn unterstellt ist, und wird in einer solchen Nichtgenehmigung nie eine Beeinträchtigung der Dispositionsfreiheit erblicken.

Aehnlich liegt die Sache in Bezug auf den Erwerb der Klöster und die Beschränkungen dieses Erwerbs durch die Amortisationsgesetze. Herr Abgeordneter Lerno hat die Sache richtiger dargestellt als Herr Abgeordneter Dr. Daller insoferne, als er von Erwerbsbeschränkungen der Klöster sprach und auch diese bekämpfte. Herr Abgeordneter Lerno hat darauf hingewiesen, daß solchen Erwerbsbeschränkungen weder einzelne Privatpersonen noch Aktiengesellschaften unterliegen und hat dieß als eine große Ungerechtigkeit bezeichnet. Dem gegenüber möchte ich darauf verweisen, daß es sich hier bei den Klöstern um Korporationen des öffentlichen Rechtes handelt und daß aus diesem Charakter der Klöster die Zulässigkeit solcher Erwerbsbeschränkungen zu entnehmen ist. (Rufe links: Sehr richtig!) Die Klöster können nicht auf eine Linie mit den Aktiengesellschaften gestellt werden; der Vergleich mit den Aktiengesellschaften ist ein durchaus unzutreffender, (Rufe links; sehr richtig!) weil eben die Aktiengesellschaften Korporationen des Privatrechtes sind.

Uebrigens muß ich doch anführen, daß auch Aktiengesellschaften in Bezug auf ihre Geschäftsgebahrung einer gewissen behördlichen Aufsicht unterstellt sind. Die Aktiengesellschaften können durchaus nicht immer thun, was sie wollen. Ich glaube, wenn etwa den Klöstern die Frage gestellt werden würde: Was ziehen Sie vor, die Aufrechterhaltung der Amortisationsgesetze oder die Einführung einer solchen Publizität für Ihre Vermögensverhältnisse, wie sie für die Aktiengesellschaften vorgeschrieben ist, so würden wahrscheinlich sämmtliche Klöster dahin votiren: Wir bleiben lieber bei den Amortisationsgesetzen. (Rufe links: Sehr richtig!) (Heiterkeit links.)

Was nun die Korporationen des öffentlichen Rechtes betrifft, zu denen die Kirchenstiftungen und die Klöster gehören, so ist es allgemein Rechtens, daß die Korporationen des öffentlichen Rechtes einer besonderen Staatsaufsicht unterliegen. Das ist ein Grundsatz, der nicht blos in Bayern, sondern auch in anderen deutschen Landen gilt und wohl in der ganzen civilisirten Welt. Die Korporationen des öffentlichen Rechtes unterliegen einer besonderen Staatsaufsicht und diese Staatsaufsicht hat selbstverständlich auch Beschränkungen in Bezug auf die Vermögensverwaltung. Dieses Prinzip der besonderen Staatsaufsicht über die öffentlichen Korporationen gilt in Bayern insbesondere auch für die sämmtlichen Arten von Kommunalverbänden, für die Gemeinden, Kreisgemeinden, Distriktsgemeinden u. s. w.; dieses Prinzip gilt aber auch für die kirchlichen Korporationen. In Bayern ist dieses Prinzip hinsichtlich der kirchlichen Korporationen ausgesprochen in dem wichtigen § 75 der II. Verfassungsbeilage. Dieser Paragraph lautet:

Die Verwaltung des Kirchenvermögens steht nach den hierüber gegebenen Gesetzen unter dem Königlichen obersten Schutze und Königlicher oberster Aufsicht.

Als Kirchenvermögen, meine Herren, im Sinne des § 75 ist nach der Auffassung aller Staatsrechtslehrer, die ich kenne, auch das Klostervermögen anzusehen.

(Abgeordneter Dr. Casselmann: Sehr richtig!)

Es ergibt sich also aus dem § 75 der II. Verfassungsbeilage für die Staatsregierung nicht blos das Recht, sondern auch die Pflicht, wie überhaupt das Kirchenvermögen, so auch das Klostervermögen nach Maßgabe der bestehenden Gesetze zu schützen und zu beaufsichtigen. Während nun aber das Vermögen der Kultusstiftungen besonders geregelter Staatskuratel nach Maßgabe der Gesetze vom Jahre 1818 und 1834 unterliegt, wird gegenüber den Klöstern eine solche Staatskuratel nicht geübt, den Klöstern gegenüber wird vielmehr die verfassungsmäßig vorbehaltene Staatsaufsicht über ihre Vermögensgebahrung zur Zeit im Allgemeinen lediglich durch den Vollzug der Amortisationsgesetze ausgeübt, soweit nicht etwa bei den Genehmigungen einzelner Klösterniederlassungen besondere Vorbehalte auf Grund des § 76 c der II. Verfassungsbeilage erfolgt sind.

Es bilden also — und hienach möchte ich Herrn Abgeordneten Dr. Daller und seine Freunde gebeten haben, ihre Anschauung nochmals zu prüfen und eventuell zu modifiziren — die Amortisationsgesetze das verfassungsmäßig begründete Korrelat für die gegenüber dem übrigen Kirchenvermögen durch andere Gesetze geregelte Staatsaufsicht und darnach ist es ganz verkehrt, von Ausnahmegesetzen zu sprechen. Gestatten Sie mir, daß ich auch einmal einen starken Ausdruck gebrauche, nachdem man von anderer Seite auch so starke Ausdrücke angewendet hat. Würden die Amortisationsgesetze aufgehoben, so könnte man dieß mit Rücksicht auf den Wortlaut des § 75, der ausdrücklich auf || die Ausführungsgesetze verweist, nicht thun, ohne an deren Stelle andere gleichwerthige Gesetze zu setzen; aber auf die Amortisationsgesetze vollständig zu verzichten, ist mit Rücksicht auf den Wortlaut des § 75 der II. Verfassungsbeilage nach meiner Auffassung verfassungsmäßig nicht angängig. Wenn die Amortisationsgesetze aufgehoben würden, ohne daß etwas Gleichwerthiges an deren Stelle träte, so wäre § 75 in Bezug auf die Klöster eine Schale ohne Kern; diese Verfassungsbestimmung wäre den Klöstern gegenüber aufgehoben. S. 644. S. 645.

Angesichts dieser Ausführungen glaube ich darauf verzichten zu können, noch näher darauf hinzuweisen, daß die Amortisationsgesetze auch eine gewisse materielle Begründung finden in der bevorzugten Stellung der Kirche in Bayern; ich könnte darauf ganz verzichten, weil es sich eben um einen Verfassungsgrundsatz handelt.

Ich komme auf diesen Punkt nur deßwegen zu sprechen, weil der Herr Abgeordnete Lerno sich gestern mir gegenüber — ich möchte fast sagen — etwas lustig gemacht hat, indem er sagte, ich hätte davon gesprochen, daß die Klöster und die Kirchen den Schutz des Strafgesetzbuchs genießen, das sei doch selbstverständlich. Ich habe nicht davon gesprochen, daß die Kirche den Schutz des Strafgesetzbuchs hat, sondern ich habe von dem bevorzugten Schutz des Strafgesetzbuchs gesprochen. Im Uebrigen kann ich nicht unerwähnt lassen, daß die anerkannten Kirchengesellschaften nach unserer Verfassung — II. Verfassungsbeilage — sehr weitgehende Privilegien besitzen und daß im Staatsbudget für die öffentlichen Kirchengesellschaften sehr erhebliche Summen vorgesehen sind; für den katholischen und protestantischen Kultus rund 7'800,000 M. jährlich und zwar 4'288,000 M. für katholischen, 2'305,000 M. für protestantischen Kultus und 1'270,000 M. für allgemeine kirchliche Zwecke, für katholische und protestantische Kultusbauten u. s. w. Allein darauf lege ich weniger Gewicht.

Ich komme nun weiter im Anschluß an das bereits Erörterte auf die Frage, die der Herr Referent in seinem einleitenden Vortrage streifte und bezüglich deren Sie bereits meine Anschauung aus dem Gesagten kennen werden, auf die Frage, ob die Aufhebung der Amortisationsgesetze eine Verfassungsänderung in sich schließen würde. Ueber diese Frage habe ich mich im Ausschusse nicht verbreitet und zwar aus dem Grunde, weil dazu kein Anlaß gegeben war. Erstens wurde diese Frage von Niemandem angeregt und zweitens war nach der Zusammensetzung des Ausschusses ohnehin zu erwarten, daß die erforderliche Majorität für die Ablehnung des Antrags auf Beseitigung der Amortisationsgesetze ohnedieß zu Stande kommen würde. So aber, wie die Dinge heute liegen, und namentlich mit Rücksicht darauf, daß der Herr Referent die Frage in den Einleitungsworten gestreift hat, bin ich doch genöthigt, auf die Frage etwas einzugehen.

Auf die Amortisationsgesetze beziehen sich, wenn nicht ausdrücklich, so doch dem Sinne nach die §§ 44 und 75 der II. Verfassungsbeilage. Der § 44 besagt:

> Die in dem Königreiche als öffentliche Korporationen aufgenommenen Kirchen sind berechtigt, Eigenthum zu besitzen und nach den hierüber bestehenden Gesetzen auch künftig zu erwerben.

Es ist anerkannt von den Staatsrechtslehrern, wenigstens von denjenigen, welche überhaupt die Amortisationsgesetze als noch fortgeltend ansehen, daß mit den Worten „nach den bestehenden Gesetzen“ die Amortisationsgesetze gemeint sind.

Den § 75 habe ich bereits citirt und habe bereits ausgeführt, daß zu den im § 75 in Bezug genommenen Gesetzen auch die Amortisationsgesetze gehören. Ich wiederhole den Paragraphen nochmal:

> Die Verwaltung des Kirchenvermögens steht nach den hierüber gegebenen Gesetzen unter dem Königlichen obersten Schutze und Königlicher oberster Aufsicht.

Zu diesen Gesetzen gehören einerseits die Gesetze über die Kuratel des kirchlichen Stiftungsvermögens und anderseits die Amortisationsgesetze.

Nun will ich nicht so weit gehen, zu behaupten, daß durch den Hinweis auf das Gesetz in § 44 und § 75 die Amortisationsgesetze ihrem ganzen Inhalt nach als Bestandtheile der Verfassung erklärt worden wären und daß jede Aenderung derselben eine Verfassungsänderung sein würde. Man kann allerdings auch letztere Ansicht vertreten, aber ich sage ganz offen, daß ich diese Ansicht für zweifelhaft halte. Eine ganz andere Berechtigung hat jedoch die Ansicht, welche ich bereits anzudeuten die Ehre hatte, daß eine vollständige Aufhebung dieser Gesetze, ohne daß andere gleichwerthige Gesetze an deren Stelle gesetzt würden, eine Verfassungsänderung wäre, da sowohl der § 44 wie der § 75 voraussetzen, daß irgend

S. 645. welche besondere Gesetze über den Vermögenserwerb der kirchlichen Korporationen und über die Beaufsichtigung der Vermögensgebahrung derselben bestehen. Wie die vollständige Aufhebung der Gesetze über die kirchliche Kuratel eine Verfassungsänderung wäre, so würde nach meiner Auffassung auch die vollständige Aufhebung der Amortisationsgesetze einer Verfassungsänderung gleichkommen, weil mit dieser Aufhebung die Staatsregierung auf ein Recht verzichten würde gegenüber den Klöstern beziehungsweise den Kirchen, welches auszuüben sie verfassungsmäßig nicht blos berechtigt, sondern auch verpflichtet ist.

Soviel über diese Rechtsfrage, welche ich doch auch noch näher zu überlegen bitte.

Nun ist dann weiter von den Herren Abgeordneten Lerno und Dr. Daller davon gesprochen worden, daß die Amortisationsgesetze materiell so drückend für die Kirche wären, und sie sind als eine lästige, drückende Fessel bezeichnet worden. Herr Abgeordneter Dr. Daller hat sie sogar als kränkend und beleidigend bezeichnet, er hat sie selbst als lächerliche Gesetze bezeichnet. Dem gegenüber möchte ich doch nochmal darauf hinweisen erstens, daß die Amortisationsgesetze bisher immer sehr milde gehandhabt worden sind, und zweitens kann ich die Wiederholung der Bemerkung ebenfalls nicht unterdrücken, daß, wie ich glaube, die Handhabung dieser Gesetze im wohlverstandenen Interesse der Klöster selbst liegt, weil dadurch ihr Besitz gegen Anfechtungen sicher gestellt und gewissermaßen mit einer staatlichen Garantie versehen ist. In der That sind auch Jahrzehnte lang über diese nach Auffassung des Herrn Abgeordneten Dr. Daller so furchtbar drückenden, ungerechten Gesetze keine Klagen erhoben worden. Man hat auf kirchlichem Gebiete bekanntlich verschiedene Beschwerden vorzubringen gehabt, insbesondere unter dem Regimente des Herrn Ministers von Lutz, aber davon, daß gerade die Amortisationsgesetze besonders bekämpft worden seien, ist mir nichts bekannt. Die Klagen über die Amortisationsgesetze datiren eigentlich erst seit jenem Falle, welcher auch in der Kammer der Reichsräthe erwähnt wurde, in welchem ein Kloster veranlaßt wurde — und zwar ist dieß geschehen durch die Vermittlung des seligen Herrn Erzbischofs von München-Freising —, von einer
S. 646. größeren Schenkung, die ihm zugedacht war Seitens einer Ordensfrau, einen Betrag || — es war ungefähr der dritte Theil der ganzen Summe — an dürftige Verwandte herauszugeben. Dieser Fall ist der, welcher, wie es scheint, heute noch immer sehr schmerzlich nachempfunden wird. Ich versichere Sie, ich kenne das Kloster ganz genau, es ist ein Kloster, das um die Erziehung der weiblichen Jugend sehr große Verdienste hat. Dieses Kloster blüht und gedeiht trotz dieses verhältnißmäßig kleinen Entgangs von Vermögen, den es zu erleiden hatte; und nach meiner Auffassung ist jedenfalls durch die Zuwendung an Verwandte, welche damals Seitens der Staatsregierung und Seitens des Herrn Erzbischofs vermittelt worden ist, mehr Nutzen gestiftet worden, als gestiftet worden wäre, wenn das Kloster diese betreffende Summe — ich will sie nicht nennen — zu dem, was es ohnedieß bekommen, auch noch dazu erhalten hätte. Es war nach meiner Auffassung christlicher, die Verwandten zu bedenken, als es gewesen wäre, wenn man die Bitten der Verwandten abgewiesen hätte. Ich kann nicht zugestehen, daß die Amortisationsgesetze in der That etwas so Drückendes sind, wie darzustellen versucht wurde.

Etwas eigenthümlich hat mich berührt, daß der Herr Abgeordnete Lerno gerade die Klagen von Benediktinerklöstern über die Amortisationsgesetze gestern vorgebracht hat. Denn gerade die Benediktinerklöster sind diejenigen, welche von der Krone wie von der Staatsregierung immer mit besonderem Wohlwollen und mit besonderer Freigebigkeit behandelt worden sind. Es war mir diese Aeußerung um so auffallender, als gerade jetzt zwischen Benediktinerklöstern und der Staatsregierung Verhandlungen über die Ablassung von größerem Grundbesitz schweben, bei denen die Benediktinerklöster sicher wieder auf ein wohlwollendes Entgegenkommen Seitens der Staatsregierung rechnen werden. Im Uebrigen möchte ich wiederholen, daß irgendwelche erhebliche Klagen über die Handhabung der Amortisationsgesetze nicht vorgekommen sind.

Nun habe ich mir etwas notirt, was nicht gerade hieher gehört, allein, um es nicht zu vergessen, muß ich den Punkt doch hier vorbringen. Der Herr Abgeordnete Dr. Daller hat im Zusammenhange mit seinen Klagen über diese vermeintlich lästigen und drückenden Fesseln der Amortisationsgesetze darauf hingewiesen, daß hier in den Café Luitpold-Sälen eine die Katholiken beleidigende Versammlung stattgefunden habe, und er hat die k. Staatsregierung ermuntert, dieser Versammlung ihr Augenmerk zuzuwenden. Ich kann dem gegenüber nur erklären, daß diese Aufforderung an die Staatsregierung zu spät kommt. Die k. Staatsregierung hat nicht unterlassen, dieser Versammlung ihr Augenmerk zuzuwenden. Diese Versammlung ist nach den bestehenden Gesetzen als politische Versammlung behandelt, ist polizeilich überwacht worden; wie es scheint, hat aber die Polizei keinen Anlaß zum Einschreiten gefunden. (Heiterkeit rechts; Rufe: Hört, hört!) Ein amtlicher Bericht liegt mir übrigens nicht vor, ich weiß nicht, was in der Versammlung vorgekommen ist; Sie werden es wahrscheinlich auch nicht genau wissen, sondern nur aus Zeitungsberichten. Ich muß zunächst annehmen, daß die betreffenden Polizeiorgane ihre Schuldigkeit gethan haben,

und solange Sie mir nicht das Gegentheil beweisen, bin ich der Meinung, daß die Polizei- S. 646.
organe ihrer Pflicht nachgekommen sind.

Nun möchte ich noch Eines hervorheben, daß nämlich die Reichsgesetzgebung in Bezug auf die Bedeutung der Amortisationsgesetze doch eine sehr wesentliche Wirkung üben wird. Ich habe bereits im Ausschusse zugegeben, daß allerdings in einer Beziehung die Amortisationsgesetze als lästige Gesetze bezeichnet werden können, nämlich insofern, als nach diesen Gesetzen auch der geringste Immobiliarerwerb der Allerhöchsten Genehmigung bedarf. Das ist zweifellos lästig, allein das wird beseitigt durch das Bürgerliche Gesetzbuch. Nach dem Bürgerlichen Gesetzbuch sind künftig alle Erwerbungen bis zu einem Werthbetrage von 5000 M. von den Amortisationsgesetzen frei und es fallen darunter insbesondere auch die Immobiliarerwerbungen. Soweit man also berechtigt war, über Belästigungen zu klagen, werden dieselben ohnedieß beseitigt werden. Nach einer mir vorliegenden Statistik wird das Reichsgesetz zur Folge haben, daß 50 Prozent ungefähr — genau genommen 52,7 Prozent — aller Zuwendungen von Immobilien an die Klöster künftig nicht mehr unter die Amortisationsgesetze fallen werden. Und was die Mobiliarerwerbungen betrifft, so werden durch die Feststellung der pragmatischen Summe auf 5000 M., welche bis jetzt 3428 M. betrug, 16 Prozent dieser Zuwendungen künftig nicht mehr unter die Amortisationsgesetze fallen. Der Prozentsatz ist bei den Mobiliarerwerbungen augenscheinlich etwas geringer, weil wir bei den Mobiliarerwerbungen bereits eine freie pragmatische Summe von 3428 M. haben.

Hier anschließend, meine Herren, möchte ich nun den Eventualantrag des Herrn Abgeordneten Lerno besprechen. Dieser Antrag gibt schon redaktionell zu gewissen Bedenken Anlaß. Man könnte nämlich nach der Fassung dieses Artikels zweifeln, ob der Grunderwerb ganz frei sein soll von den Bestimmungen der Amortisationsgesetze, oder ob die pragmatische Summe von 12,000 M., von der dieser Artikel spricht, auch für den Grunderwerb gelten soll oder nicht. Wenn ich den Herrn Abgeordneten Lerno gestern richtig verstanden habe, soll der Grunderwerb ohne Rücksicht auf den Werth nicht den Amortisationsgesetzen unterliegen, allein redaktionell ist die Sache nicht vollständig klar.

Außerdem gibt der Artikel redaktionell auch insofern zu Anständen Anlaß, als er nach seiner Fassung auch den Art. 88 des Einführungsgesetzes treffen würde, also auch den Erwerb für Ausländer vollständig frei machen würde. Ob das die Ansicht des Herrn Abgeordneten Lerno ist, darüber hat er sich noch nicht ausgesprochen und es wäre erwünscht, wenn er sich in dieser Beziehung noch äußern würde.

Abgesehen von diesen redaktionellen Bedenken habe ich aber auch materielle Bedenken gegen diesen Eventualantrag und muß ich ihn ebenfalls und zwar namentlich mit Rücksicht auf die gestrige Erklärung des Herrn Abgeordneten Lerno, wonach der ganze Immobiliarerwerb vollständig frei sein soll, ebenso entschieden bekämpfen, wie den Prinzipalantrag des Centrums. Es würden nach dem Inhalt des Antrags sich nun die allermeisten Erwerbungen ohne die staatliche Kognition vollziehen können, und die in dem § 75 beziehungsweise in den Amortisationsgesetzen der Krone vorbehaltenen Rechte würden dann so abgeschwächt werden, daß von denselben fast nichts mehr übrig bliebe; also mit Rücksicht darauf, daß der Antrag des Herrn Abgeordneten Lerno so weit geht — ich bitte mich wohl zu verstehen — muß ich auch gegen diesen Antrag Bedenken erheben, und zwar glaube ich, daß mit Rücksicht darauf, daß er den Inhalt der Amortisationsgesetze fast vollständig beseitigen würde, auch Verfassungsbedenken gegen den so weit gehenden Antrag bestehen.

Nun endlich habe ich noch von der Frage zu sprechen, die berührt worden ist, ob es sich bei dem Aufgeben der Amortisationsgesetze nicht um das Aufgeben eines Kronrechtes handeln würde. Mit Bezug auf die Erörterung hierüber möchte ich zunächst eine gewisse Richtigstellung vornehmen. Ich habe nicht den Ausdruck „Kronrecht“ gebraucht. Der Ausdruck „Kronrecht“ ist hier von Rednern im Hause gebraucht worden. Ich habe vielmehr S. 647.
im Ausschusse gesagt: „Es handelt sich um Beseitigung eines Rechtes der landesherrlichen Gewalt, um Beseitigung eines Rechtes der Krone, welches ohne zwingende Gründe nicht aufgegeben werden kann und zu dessen Aufgabe die verantwortlichen Minister ihre Zustimmung nicht ertheilen können.“ Ich habe absichtlich den Ausdruck „Kronrecht“ vermieden, weil das ein Ausdruck ist, der meines Erachtens keinen bestimmten juristischen Inhalt hat. Was ich meinte und sagen wollte, das erlaube ich mir, Ihnen in Folgendem näher auseinander zu setzen.

Der Herr Abgeordnete Lerno sagte: Es handle sich eigentlich doch um ein sehr unbedeutendes Recht, um das Recht, den Klöstern zu verbieten, Vermögen zu erwerben. So liegt die Sache nicht; es handelt sich nicht um das Recht, den Klöstern Vermögenserwerb zu verbieten, sondern um das Recht der Krone, den Klöstern Vermögenserwerb zu erlauben, (Heiterkeit rechts) also um ein Recht, das darauf hinausläuft, den Klöstern Gnaden zu erweisen. Ja, so liegt thatsächlich und rechtlich die Sache. In dem Mandat vom Jahre 1701 ist nicht der Immobiliarerwerb verboten, sondern von der landesfürstlichen Kognition abhängig gemacht. Die Krone hat sich vorbehalten, den Erwerb in jedem einzelnen Falle zu genehmigen;

S. 647. es handelt sich also um ein Recht, das ungefähr auf gleicher Stufe steht, wie das Recht der Begnadigung oder wie das Recht der Krone, Beamte anzustellen. Ich verweise ferner darauf, daß in den Mandaten vom Jahre 1701 und 1764 resp. 1765 die Landesherren sich ausdrücklich die persönliche Ausübung dieses Rechts vorbehalten haben, und deßhalb bin ich wohl berechtigt, von einem Rechte der Krone zu sprechen. Ich meine, darüber kann man nach dem Wortlaute beider Mandate hierüber gar nicht im Zweifel sein, und thatsächlich wird auch dieses Recht nicht von dem Ministerium ausgeübt, die Genehmigung zum Erwerbe von Immobilien, die Genehmigung zu Kapitalerwerb wird nicht vom Ministerium ertheilt, sondern, seit diese Gesetze bestehen, wird in jedem einzelnen Falle Antrag vom Ministerium an den Landesherrn erstattet und der Landesherr ist es, der die Genehmigung ertheilt. Also, man kann darüber gar keinen Zweifel haben, daß es sich um ein Recht der Landesherren handelt, dessen Ausübung sich die Landesherren ausdrücklich vorbehielten.

Nun handelt es sich weiter um ein staatliches Hoheitsrecht, um ein der Krone zustehendes Hoheitsrecht, auf welches meines Erachtens die Krone nicht verzichen kann und zu dessen Verzicht daher das verantwortliche Ministerium der Krone nicht rathen kann. Das im § 75 der Krone vorbehaltene Aufsichtsrecht ist ein Theil des staatlichen Hoheitsrechtes über die Kirche, des Kirchenhoheitsrechtes, des jus circa sacra. Die Amortisationsgesetze beruhen auf dem § 75, der dieses Hoheitsrecht statuirt, und man kann daher die Amortisationsgesetze nicht aufgeben, ohne zugleich den § 75 zu verlassen, ohne daß ein Hoheitsrecht, das nach § 75 der Krone zusteht, aufgegeben wird.

Ich glaube damit genügend erläutert zu haben, warum und in welcher Beziehung ich von einem Rechte der Krone und von einem Hoheitsrecht gesprochen habe, und ich glaube, daß diesen Ausführungen etwas Begründetes nicht entgegengesetzt werden kann.

Herr Abgeordneter Lerno hat gemeint, es wäre ein Zeichen der Schwäche Seitens der Regierung, wenn sie an einem so veralteten Gesetze festhielte; ich bin im Gegentheil der Meinung, es wäre ein Zeichen der Schwäche der Regierung, wenn sie ein in dem § 75 der II. Verfassungsbeilage begründetes Hoheitsrecht aufgeben und dessen Aufgabe der Krone rathen würde. (Sehr richtig! links.)

Zum Schlusse nun glaube ich, nur noch Eines hervorheben zu sollen, daß die bayerische Staatsregierung mit ihrer Auffassung bezüglich der Nothwendigkeit der Aufrechterhaltung der Amortisationsgesetze in den deutschen Landen nicht allein steht, man fühlt auch in den übrigen Bundesstaaten, in denen Amortisationsgesetze gelten, das Bedürfniß, diese Gesetze aufrecht zu erhalten. Nach den mir vorliegenden Notizen ist eine besondere Regelung des Rechtes der Amortisationsgesetze erfolgt oder sie steht wenigstens in unmittelbarer Aussicht, so in Preußen, Württemberg, in Hessen und Elsaß-Lothringen. Also auch hieraus ergibt sich, daß diese Gesetze nicht so veraltet, so unzeitgemäß sein können und ungerecht, wie behauptet wird. Ich muß daher auf dem Standpunkt, den die k. Staatsregierung in dieser Frage bisher eingenommen hat, verharren. (Bravo! links.)

Präsident: Das Wort nehmen Seine Excellenz der Herr Staatsminister der Justiz.

Der k. Staatsminister Freiherr **von Leonrod:** Gestatten Sie mir nur ein paar Worte im Interesse meines Ressorts!

Der Herr Abgeordnete Dr. Daller hat, wenn ich recht verstanden habe, vorhin in seiner Rede damit gedroht, daß, wenn der Antrag auf Aufhebung der Amortisationsgesetze heute nicht die genügende Unterstützung in der Kammer erhalte, er sich nicht entschließen könnte, für die Justizgesetze zu stimmen! Meine Herren! Eine solche Drohung macht man nicht für sich allein; denn ob ein Einzelner dafür stimmen wird oder nicht, wird wohl nicht entscheidend sein. Es ist deßhalb die Befürchtung in mir rege geworden, als ob der Herr Dr. Daller damit ausdrücken wolle, daß er im Namen seiner Partei spreche und seine Partei auch hinter sich habe. Meine Herren! Wenn der Herr Dr. Daller eine Ahnung hätte von der Verwirrung, die entstehen müßte, und dem Unheil, das in Folge dessen über das ganze Land, über jeden Einzelnen hereinbrechen würde, wenn die Justizgesetze am 1. Januar 1900 nicht erledigt sind, er würde ganz sicher so etwas nicht ausgesprochen haben. (Lebhafter Beifall links.)

Präsident: Das Wort hat der Herr Abgeordnete Segitz.

Segitz: Meine Herren! Ich werde Sie nicht lange aufhalten. Bei der ausgedehnten Debatte, die der Antrag „Lerno und Genossen“ hervorgerufen hat, war es nicht meine Absicht, zu sprechen. Meine Freunde nehmen in der That die Sache nicht so tragisch, wie die beiden großen Parteien des Hauses sie aufgefaßt zu haben scheinen. Auch ist nicht zu befürchten, daß die Justizgesetze Schaden leiden würden, wenn eventuell der Antrag des Centrums abgelehnt würde. Meine Freunde stimmen für den Antrag der Centrumspartei lediglich von dem Standpunkte der Rechtsgleichheit aus. Das ist der Grundsatz, den wir auch seinerzeit bei der Kulturkampfgesetzgebung vertreten haben, den wir bei allen derartigen

Fragen prinzipiell einnehmen werden. Das wird || freilich die Centrumspartei nicht hindern, S. 648.
uns nach wie vor zu den Religionsfeinden zu rechnen. Das macht dem Centrum Vergnügen, uns thut es nicht weh; diese unbegründete Anschuldigung kann uns aber von unserem Standpunkte nicht abbringen.

Gegen die Ausführungen des Herrn Dr. Daller, der sich auch auf den Boden der Rechtsgleichheit gestellt hat, ließe sich allerdings sehr Vieles einwenden; in demselben Augenblicke, wo er die Rechtsgleichheit für das Centrum in Anspruch genommen hat, hat er die protestantische Kirche, bezw. eine protestantische Versammlung bei der k. Staatsregierung angekreidet und damit bewiesen, daß seine Auffassung von der Rechtsgleichheit ganz wesentlich von der unserigen abweicht. Das darf für uns nicht maßgebend sein. Wir bestreiten dem Staate nicht das Recht, in die Besitz- und Erwerbsverhältnisse einzugreifen. Ganz im Gegentheile, aber die Gesetzgebung soll von diesem Recht keinen einseitigen Gebrauch machen.

Dazu kommt, daß in der That die Sache nach unserer Auffassung keine so große Bedeutung hat, wie sie ihr beigelegt wurde. Eigenthumszuwachs, Zuwendungen im Betrage bis zu 5000 M. unterstehen den beschränkenden Bestimmungen überhaupt nicht, es finden darauf die Bestimmungen des Bürgerlichen Gesetzbuchs Anwendung. Auf mehrere Orden, z. B. die Englischen Fräuleins, finden die Amortisationsgesetze überhaupt keine Anwendung. Die Umgehung dieser Amortisationsgesetze ist sehr leicht und kommt in der That viel häufiger vor, als es sich die k. Staatsregierung vorzustellen scheint. Zu was also die Aufrechterhaltung von Gesetzen, die ihren Zweck in der Hauptsache verfehlen, aber doch den Schein erwecken, als stünden die Klöster und Orden unter einer Ausnahmegesetzgebung.

Zum Schutz der armen Verwandten sollen die Amortisationsgesetze dienen. Es ist ein einziger Fall genannt worden, wo der Herr Kultusminister zu Gunsten armer Verwandter eingetreten ist. „Die Erbschleicherei soll verhindert oder mindestens eingeschränkt werden.“ Meine Herren! In der bürgerlichen Gesellschaft, in unserer sozialen Ordnung haut Einer den Anderen über's Ohr. Der Eine treibt Erbschleicherei, der Andere sichert sich die Kuratel über Verwandte und steckt diese dann in's Irrenhaus. Man hat sich gegenseitig nichts vorzuwerfen.

Aus allen diesen Gründen sind wir der Meinung, daß die Aufrechterhaltung der Amortisationsgesetze nicht nothwendig ist, und stimmen für den Antrag „Lerno und Genossen“.

Präsident: Das Wort hat der Herr Abgeordnete Dr. Orterer.

Dr. **Orterer:** Meine Herren! Ich habe leider die Ausführungen des Herrn Vorredners in ihren Einzelheiten nicht verfolgen können. Ich habe aber gehört, daß er sich dahin ausgesprochen hat, er wolle prinzipiell dem Antrage „Lerno und Genossen“ seine Zustimmung geben; es besteht daher kein Anlaß, bei dieser seiner prinzipiellen Stellungnahme weiter mit dem Herrn Vorredner mich zu beschäftigen. Aber es sind doch nach der Rede des Herrn Kollegen Dr. Daller von anderer Seite noch Ausführungen gemacht worden, welche aus dem Schooße unserer Partei nicht ganz unerwidert bleiben können, zumal als auch einige neue Gesichtspunkte hereingetragen worden sind, die, soweit ich die Sache überschauen kann, im Ausschusse nicht oder wenigstens nicht in solchem Gewande aufgetreten sind. Allerdings sind das Gesichtspunkte, welche vorwiegend auf dem formal-juristischen Gebiete liegen, und es ist an sich sehr schwer, sich hierüber auszusprechen; allein ich habe es im Leben immer so gehalten, daß ich meinte, so eine Portion Hausverstand schlägt sich auch hier durch, auch wenn der Träger nicht mit allen einzelnen formalistischen Bestimmungen der Gesetzgebung bekannt ist, und so müssen wir es eben auch in diesem Falle versuchen.

Meine Herren! Der Herr Kollege Dr. Daller ist vom Herrn Kultusminister, ich will nicht sagen, getadelt, aber doch etwas hart angelassen worden und es wurde von ihm befremdlich gefunden, daß Herr Dr. Daller heute Ausdrücke gebraucht habe, die man sonst aus seinem Munde nicht zu hören gewohnt sei — das ist richtig; zweitens wurde gemeint — und das ist nicht richtig —, es bestehe die Vermuthung, Herr Dr. Daller habe diese seine Ausführungen nur deßhalb in diesem Tone gemacht, weil ihm sachliche Gründe mangeln oder zu mangeln scheinen. Meine Herren! Diese Auffassung des Herrn Ministers kann ich für meinen Theil — und ich denke wohl, ein sehr großer Theil des Hauses stimmt mit mir darüber überein — nicht theilen. (Beifall rechts.) Ich meine, wenn Jemand überhaupt eine ganze Reihe sachlicher Gründe aus der Erfahrung, aus der Geschichte, aus den thatsächlichen Verhältnissen, losgelöst allerdings von gewissen juristischen Formalitäten, hier beigebracht hat, so war es Dr. Daller. Ich bin nicht berufen, meinen Kollegen hier zu vertheidigen, er thut das schon selbst, wenn er es für nöthig hält. Aber ich knüpfe doch an seine Gedanken an, weil sie durchaus auch die meinen sind.

Vor Allem sage ich, ich weiß nicht, was man außerhalb unseres Hauses zu unserer Diskussion von gestern und heute sagen wird. Wohl dieß, daß es doch schier unbegreiflich sei, daß in einem vorwiegend katholischen Lande, daß man in einem Lande, das doch auch von dem Freiheitshauche der Gegenwart nicht unberührt geblieben ist, einen solchen Aufwand

S. 648. von Worten und Redensarten, von Gründen und Scheingründen nothwendig hält, um eine Gesetzgebung aufrecht zu erhalten, die doch wahrhaftig recht hinterständig und rückläufig ist. Und das am Ende des neunzehnten Jahrhunderts!

Meine Herren! Selbst der Hinweis auf Preußen — ob nicht auch Mecklenburg hätte genannt werden können, weiß ich nicht, ich bin nicht so unterrichtet —, selbst also der Hinweis auf Preußen und das tapfere Hessen und Württemberg ist nicht im Stande, mein abschätziges Urtheil über die Lage der Dinge, wie sie heute ist, abzumildern. Württemberg! Ja, da ist man noch weit zurück; es sind dort sonst ganz tapfere Schwaben, von denen es heißt: er forcht sich nit. Aber dort ist man noch so hinterständig, daß z. B. katholischen Krankenschwestern nicht erlaubt ist, den Fuß in ein Haus zu stellen, wo der eine Ehetheil protestantisch ist. Meine Herren! So untapfer sind wir nicht mehr. Wir wollen es also mit den Schwaben nicht halten.

Meine Herren! Ich muß sagen, die Fälle der Ueberzeugung, das innerlich gekränkte Rechtsbewußtsein, das ich aus den Worten des Herrn Dr. Daller für meinen Theil entnommen habe, wie ich auch nicht anders erwarten konnte, von dem hätte ich meinen mögen, daß sie doch einen tieferen Eindruck gemacht hätte, als ich aus den Worten des Herrn Staatsministers für Kirchen- und Schulangelegenheiten zu meinem Bedauern eben entnehmen mußte.

Meine Herren! Ich will mich nicht auf die schwierige Frage hier näher einlassen, die aber doch eigentlich die Grundlage unserer ganzen Betrachtung ist, wie es denn mit der S. 649. Rechtsbeständigket dieser Amortisations‖gesetze überhaupt steht. Es ist mir nicht gelungen, aus den Darlegungen im Ausschusse den Eindruck zu gewinnen, als ob die bezüglichen Anfechtungen des Gesetzes durch Herrn von Walter genügend widerlegt worden seien.

Meine Herren! Ich weiß wohl, und der Herr Abgeordnete Dr. Casselmann hat auf diesen Umstand auch hingewiesen, wie die Theorie der großen Mehrzahl der Rechtslehrer über die Beziehung der II. Verfassungsbeilage zu dem Konkordat lautet. Das aber ist sicher, meine Herren, in keinem Punkte erscheint dieser Widerspruch unerträglicher, um nicht den Ausdruck zu gebrauchen „illoyaler“, weil doch eine lex in Frage kommt und loyal von lex kommt, als wenn die klaren Bestimmungen des Art. VIII des Konkordates in Betracht kommen. Wenn das, was in den bezüglichen Verhandlungen vorausgegangen ist, und der Inhalt des zweiten Absatzes in Art. VIII ohne Weiteres aufgehoben würden durch die vom Herrn Kultusminister wiederholt citirten §§ 75 und 44 der II. Verfassungsbeilage, so, muß ich sagen, ist der päpstliche Stuhl damit glattweg um alle die Vortheile gekommen, welche bei den Abmachungen mit seinem Delegaten in's Auge gefaßt worden waren.

Meine Herren! Darüber kommen wir nicht hinaus, und der Umstand, daß man damals das Wort legaliter im lateinischen Texte des Art. VIII einstellen wollte, wogegen man sich dann anderseits geäußert hat, läßt erkennen, daß man auch schon damals erkannt hat, wohin man Seitens der bayerischen Regierung die Reise nehmen wollte.

Es ist, meine Herren, ganz zweifellos, daß ich eher in der Lage bin, den Ausspruch Pius VII., den gestern der Herr Abgeordnete Dr. Casselmann für seine Zwecke glaubte verwerthen zu können, gerade auch als Beweismittel für diese meine Auffassung geltend machen könnte. Wenn Pius VII., fußend auf dem Vertrauen auf die Loyalität des anderen Kontrahenten, den Wunsch und die Erwartung ausgesprochen hat, daß es der katholischen Kirche und ihren Klöstern und Stiftungen nach den Verheerungen der Säkularisation gelingen möge, wiederum zu Vermögen und Reichthum zu kommen, so hat er unmöglich dabei denken können, daß diese Möglichkeit wieder eingeschränkt werden sollte durch die armseligen Fesseln eines Amortisationsgesetzes, sondern er mußte des Glaubens sein, daß die Erwerbungsfähigkeit der Klöster und kirchlichen Stiftungen durch nichts beeinträchtigt werde, sondern freien Lauf haben werde nach der ratio legis et pacti, auf die man sich gegenseitig verständigt hatte. So fasse ich die Worte Pius VII. auf. Sonst hätte er wohl bereits die berühmten Amortisationsgesetze ausdrücklich erwähnt und vielleicht gesagt: salva lege amortisationis Bavarica.

Im Uebrigen gebe ich zu, daß in diesem Punkte auch andere Auffassungen bestehen. Aber aus dem Grundgedanken dieser Abmachung geht das hervor, was ich gesagt, und es hat auch lange Jahre gedauert, bis man zu der Entdeckung gekommen ist, daß die Amortisationsgesetze wieder gelten sollen. Die bayerischen Bischöfe übrigens, die doch auch wohl wissen konnten, wie diese Dinge entstanden und gemeint waren, haben nie aufgehört, bis zu diesem Tage diese ihre Auffassung mit allem Nachdruck auch der Krone gegenüber zur Geltung zu bringen; in der gerade heutzutage wieder sehr bemerkenswerthen Denkschrift der Bischöfe vom Jahre 1850 an König Max II. nach der Freisinger Konferenz, dessen wiederholte Lektüre ich allerseits wärmstens empfehlen möchte, ist dieses Recht des freien Vermögenserwerbs auf Grund des Art. VIII durchaus und bestimmtest reklamirt worden.

Weil ich eben von dem bayerischen Episkopat rede, darf ich wohl auch noch eine andere kurze Bemerkung daran knüpfen. Herr Kollege Lerno hat gestern bereits davon

gesprochen, er wisse davon, daß die bayerischen Bischöfe ihre Auffassung in dieser Beziehung S. 649.
auch vor zwei Jahren neuerdings an Allerhöchster Stelle niedergelegt haben. Ich möchte doch sagen, daß nach dieser authentischen Darlegung, zu der vielleicht noch eine nachträgliche Anmerkung zur Kenntniß der k. Staatsregierung gekommen ist — ich weiß es nicht — über die Auffassung der Bischöfe auch in allerletzter Zeit kein Zweifel gelassen ist, daß der Herr Kultusminister doch irren dürfte, wenn er auch heute wiederholt, was er schon im Ausschusse gesagt hat, daß nämlich die Handhabung der Amortisationsgesetze und ihre Existenz unter Umständen auch eine Wohlthat für die Kirche und ihre Klöster sei. Meine Herren! Das müssen die Klöster am besten wissen und die Bischöfe annähernd ebensogut. Was die Klöster darüber denken, darüber hätte ich ja auch Stimmen zu Handen, allein ich halte es nach dem, was der Herr Kollege Lerno gestern bereits gesagt hat, nicht für nothwendig, hier das Weitere vorzulegen; es ist auch nicht ganz ungefährlich, denn ich habe doch einen Punkt, den der Herr Staatsminister für Kirchen- und Schulangelegenheiten berührt hat, betreffend die Benediktiner, so etwas bedenklich auffassen müssen und habe gedacht: „thust lieber in der Beziehung nichts mehr", du willst doch den guten Leuten nur nützen. Auch die Bischöfe haben darüber keinen Zweifel gelassen, was sie von der Bedeutung und der praktischen Wirksamkeit der Amortisationsgesetze denken. Also ich meine, dieses Moment scheidet aus unserer Betrachtung aus.

Nun hat der Herr Kultusminister, wie mir scheinen will, doch auch im Uebrigen noch nicht alle dunklen Punkte vollständig aufgeklärt. Er hat auch heute noch nicht voll und bestimmt versichern können, wie weit denn der Umfang des Geltungsbereiches der Amortisationsgesetze jeweils gegangen ist, jetzt geht und in Zukunft gehen wird. Meine Herren! Ich lege ein großes Gewicht gerade hierauf und meine Auffassung deckt sich dabei in etwas mit den Bemerkungen des Herrn Referenten, die ich in einem Protokolle des Ausschusses gelesen habe, und auch etwas mit dem, was Herr Abgeordneter Dr. Casselmann gestern vorgebracht hat, was mir auch doch, natürlich unbeschadet besserer Einsicht Anderer, noch nicht vollkommen widerlegt zu sein scheint. Nun ist das aber, meine Herren, doch eine höchst bedenkliche Sache. Ich erinnere an die Seminarien, wie soll es mit denen stehen? Lange Zeit hindurch hat man die Geltung des Amortisationsgesetzes in Bezug auf die Seminarien nicht zu Tage treten lassen. In letzter Zeit, höre ich, ist das wieder geschehen. Wie soll das in Zukunft gehandhabt werden? Und wenn der Herr Kultusminister von heute bei seiner verhältnißmäßig, wie ich gerne anerkennen will, wohlwollenden Absicht diese Erklärung abgibt, wie er sie abgegeben hat, so hat das doch für die Zukunft gar keinen authentischen Werth. Es kann nach ihm Jemand auf den Ministerstuhl kommen, der eine andere Anschauung hat. Es kann auch die Anschauung an Allerhöchster Stelle, die wohl auch in Betracht kommt, eine andere sein, nachdem von dem Herrn Kultusminister, wie ich dann noch einen Augenblick berühren werde, mit so großem Nachdruck hervorgehoben worden ist, daß es sich um die Allerhöchste Stelle handle. Wir sind also in diesen Dingen nach wie vor doch etwas im Unklaren, wenn ich nicht irre; ganz abgesehen davon, daß es ein wunderbarer Zustand ist, daß es Theile in unserem geliebten Vaterlande
gibt, z. B. ‖ die Stadt Regensburg, wo das Alles nicht gilt, wo also nach den Deduktionen S. 650.
des Herrn Kultusministers von heute auch die verfassungsrechtlichen Bestimmungen der §§ 75 und 44 der II. Verfassungsbeilage nicht gelten! Wir haben dort keine Amortisationsgesetze und der Herr Kultusminister hat doch einen großen Theil seiner Ausführungen — ich betone das noch einmal — nicht ganz im Einklange mit seinen früheren Darlegungen gerade darauf gestützt, daß die Amortisationsgesetze zwar nicht ipso facto Verfassungsgesetze seien, aber sie seien gewissermaßen das Blut und der Saft, der Gehalt, welcher eingeschlossen erscheine in den Buchstaben der Bestimmungen der §§ 44 und 75 der II. Verfassungsbeilage, sie treten an die Stelle derjenigen Bestimmungen, die in dieser II. Verfassungsbeilage mit anderen, allgemeineren Ausdrücken bezeichnet seien. Also es muß doch auch so gehen, wenigstens in einem kleinen Theile Bayerns. Wir möchten nun gerne versuchen, ob es nicht in dem ganzen Bayerlande möglich wäre, ohne Amortisationsgesetze auszukommen.

Dann, meine Herren, fällt mir nebenbei die Bemerkung des Herrn Kultusministers ein, daß ja die Notare — es ist ja nicht von wesentlicher Bedeutung — zunächst blos zu wissen brauchen, was in ihrem Rayon an Amortisationsgesetzen Geltung habe. Das wird aber praktisch sehr interessant werden, ich glaube, in dem Augenblicke, wo wir daran gehen, ein großes gemeinsames Gesetz für das ganze Reich, also auch für Bayern, das in Tausende von Verhältnissen eingreift, zu schaffen, müssen wir uns schon erlauben, den Notaren zuzumuthen, daß sie über den Geltungsumfang und über den Gehalt dessen, was Rechtens ist im ganzen Lande, nicht blos in dem Amtsgerichtsbezirke, wo sie amtiren, unterrichtet sind. — Es kann einer ja auch das Unglück haben, von X nach Y versetzt zu werden — und dann dort sofort die schwierige Frage an ihn herantreten: wie steht es hier mit der Amortisation?

S. 650. Meine Herren! Der Herr Staatsminister hat dann eine längere Ausführung gemacht, die gegen den Herrn Kollegen Dr. Daller gerichtet war. Er hat, wie ich schon sagte, mehrere Ausdrücke des Herrn Dr. Daller zurückgewiesen, ich hätte aber gewünscht, daß er dabei doch etwas kompaktere Gegengründe vorgebracht hätte, anstatt blos mit Gegenrede einzelne Wendungen zurückzuweisen. Einzelne Ausdrücke waren, wie ich gerne zugebe, nicht gerade durchaus salonmäßig — das braucht man auch gar nicht von ihm zu verlangen, (Heiterkeit) damit natürlich habe ich nicht das Gegentheil einer Schmeichelei sagen wollen —, (Heiterkeit) daß aber das Gefühl und die Ueberzeugung in den weitesten Kreisen des Volkes besteht, daß mit dieser Gesetzgebung eine Ausnahmegesetzgebung fortbesteht, meine Herren, um das kommen wir nicht herum, man mag hier am grünen Tische sprechen, wie man will, und juristische Deduktionen machen, welche man will. Ich gebe zu, was der Herr Minister des Innern für Kirchen= und Schul=angelegenheiten über die §§ 44 und 75 der II. Verfassungsbeilage gesagt hat, war sehr interessant, aber eine zwingende Auslegung dieser Paragraphen war das doch in gar keiner Weise. Denn, um nur Eines zu erwähnen: Wer kann denn zu dem Glauben gezwungen werden, daß die Worte in § 75 „oberster Schutz und Aufsicht" auch nur annähernd mit dem sich decken, was die Amortisationsgesetze und die in denselben liegenden Befugnisse der Allerhöchsten Stelle einräumen? Unter „obersten Schutz" verstehe ich nicht das Recht, Jemandem zu verbieten, daß er etwas erwirbt, das wäre ein gefährlicher Schutz; (sehr richtig!) oder soll es ein Schutz des betreffenden Klosters gewesen sein, wenn dasselbe veranlaßt wurde, eine Summe Geldes wieder herauszugeben? Wir wissen ja, unter welchen Verhältnissen dieß geschehen ist. Soll derlei ein besonderer „Schutz" gegenüber den Klöstern sein? Es ist mir überhaupt sehr zweifelhaft — ich bin zwar nicht Jurist —, aber es ist mir zweifelhaft, ob die civilrechtlichen Verhältnisse des Vermögenserwerbes und Anderes überhaupt unter die verfassungsmäßige Terminologie vom „obersten Schutz und der Aufsicht" gestellt werden kann. Das ist außerordentlich zweifelhaft und dieses Hineinlegen der Tendenz der Amortisations=gesetze in diese Verfassungsbestimmungen ist an und für sich, glaube ich, nicht unbedenklich, abgesehen davon, ob meine Grundauffassung zu Recht besteht, daß auf Grund der Bestimm=ungen des Konkordates die Rechtsbeständigkeit der Amortisationsgesetze anders gelagert erscheine, als man vielfach annehme. Ich sage, es ist dieß sehr zweifelhaft, ich habe sogar das Gefühl, daß diese Vermengung der Amortisationsgesetze in dem Stadium, in dem wir stehen, mit verfassungsrechtlichen Bestimmungen nicht ganz im Einklang steht mit der Haltung, die die k. Staatsregierung, ich will einmal kurz sagen, in der Streitfrage von Walter in Bezug auf verfassungsrechtliche Bestimmungen und die daran sich anknüpfenden Formalitäten der Abstimmung einnimmt; ich habe den Eindruck, als ob das nicht ganz auf der gleichen Linie laufen würde, jedenfalls, glaube ich, muß festgestellt werden, daß es durchaus nicht so glatt ist, daß hier diese Bestimmungen ohne Weiteres gerade die Amortisationsgesetze zur Voraussetzung oder zum Zielpunkte haben. Aber, meine Herren, wenn das auch wäre, so würde doch — ich sagte vorhin schon — in den weitesten Kreisen des Volkes der Eindruck einer Ausnahmegesetzgebung bestehen; meine Herren, der Herr Minister hat eine höchst feine Unterscheidung konstruiren zu können geglaubt, er hat gesagt, es sei gar nicht von einer „Dispositionsbeschränkung" die Rede, wie, glaube ich, der Herr Abgeordnete Lerno gesagt hat, sondern nur von einer Erwerbsbeschränkung der Klöster. Meine Herren! Ich habe bisher gemeint, Erwerbsbeschränkung und Dispositionsbeschränkung seien korrelate Begriffe, das Eine sei der passive, das Andere der aktive Theil. In dem Augenblicke, wo ich Jemand in seinem Erwerb beschränke, also wo ich sage, du hast nicht das Recht, das und das zu erwerben — er erwirbt es aber doch von einer konkreten anderen Person —, in diesem Augenblicke beschränke ich diese Person, welche einer anderen etwas zuwenden will. Also die Unterscheidung zwischen Erwerbsbeschränkung und Dispositions=beschränkung, die der Herr Minister als etwas Wichtiges glaubte vorhin geltend machen zu sollen, ist nach meiner Anschauung nicht zutreffend. Es bleibt doch dabei, daß wir jetzt einen gesetzlichen Zustand haben, wonach man in jeder Beziehung schrankenlos mit seinem Vermögen nach allen Richtungen hin verfügen kann, nur nicht Klöstern gegenüber. Der Herr Abgeordnete Dr. Daller hat auf den verlorenen Sohn hingewiesen, man braucht aber nicht auf das alte Testament zurückzugehen, auch das neue Testament und die tägliche Erfahrung bieten Beweise genug, für welche Zwecke gar oft große Summen und oft ganze Vermögen
S. 651. verwendet werden, || oft ohne alle Rücksicht auf den Vermögensstand nahestehender armer Verwandten. Mit diesen „armen Verwandten" macht man überhaupt auf mich keinen tiefen Eindruck, weil man doch zunächst anerkennen muß, daß, wenn es sich um fernstehende arme Verwandte handelt, diese von Haus aus keinen Anspruch auf Beerbung haben, und wenn ihnen ein Anspruch auf Berücksichtigung zukommt, so halte ich es mit der Auffassung des gewiß kompetenten Berichterstatters der Kammer der Reichsräthe, der im Ausschusse gesagt hat, diese Frage liege auf dem richterlichen und nicht auf dem Verwaltungsgebiete, man solle daher diese Frage ganz ruhig bei Seite lassen; dieser Meinung bin ich auch. Es wird

also die Dispositionsfähigkeit hier nach einer Richtung hin beschränkt und zwar nur für Zwecke beschränkt, die — das bitte ich auch zu würdigen — heute ganz anders gewürdigt werden müssen als vor zweihundert und mehr Jahren. S. 651.

Was die gefürchtete „Ansammlung der Reichthümer" und die Verwendung der Reichthümer zum Lebensluxus u. s. w. betrifft — ich will ja mit Ihnen nicht darüber streiten, wie es in den alten Jahrhunderten gewesen sein mag, lauter Tugendbolde waren die Leute außer dem Kloster damals auch nicht, noch viel weniger als sie es heute sind —, meine Herren, wer von Ihnen glaubt denn, daß, nachdem die Säkularisation einen so tiefen Einschnitt in die finanziellen und wirthschaftlichen Verhältnisse der Klöster gemacht und eine Kluft aufgethan hat zwischen Einst und Jetzt, die nicht mehr überbrückbar ist, wer von Ihnen glaubt, daß die jetzige Entwicklung der Klöster auch nur in absehbarer Zeit zu der Gefahr der übermäßigen Vermögensansammlung führen könnte, die uns immer wieder als möglich vorgeführt wird. Uebrigens sage ich, mit der Zeit kommt Rath, wenn wirklich etwa einmal in Klöstern wucherische Hände Milliarden in die Taschen stecken sollten, so wie Rothschilde und Genossen heute thun, dann werden zwar wir nicht mehr da sein, aber Gesetze zu machen, ist ja zu allen Zeiten leicht gewesen und wird, wie es scheint, immer leichter werden, dann wird man schon wissen, was man dagegen zu thun hat.

Woher haben denn unsere heutigen Klöster ihren Besitz und was fangen sie damit an? Der Staat hat so viel wie gar nichts zur Wiederauflebung der Klöster gethan. Die Munifizenz eines unvergeßlichen großen Monarchen hat es für einige möglich gemacht, es war dieß König Ludwig I., der einen Sinn für alles Große, Erhabene und Ideale gehabt hat und der noch Größeres und Freieres gewirkt hätte, wenn er bessere Räthe an seiner Seite gehabt hätte.

Meine Herren! Dieser König war es, welcher den Grund gelegt hat für das Wiedererstehen der Klöster und der manche lästige Fessel, die man den Klöstern anlegen wollte nach einer andern Richtung hin, ablehnte und sagte, „es sollen Klöster sein und freie Klöster!" Und wie haben sie sich entwickelt, wem zum Schaden? Es sind dieß lauter historische Thatsachen. Ich glaube, nicht sentimental zu sein und frei zu sein von der Ueberschätzung der Verhältnisse; aber, meine Herren, die Pflege der Armen und Kranken, der Unterricht und die Erziehung der Jugend aus den minderbemittelten Ständen, um wie viel schlimmer stünde es mit ihnen, ich meine nicht in früheren Jahrhunderten sondern, auch noch heute, wenn die Klöster nicht da wären? Ich fühle das Bedürfniß, hier auszusprechen, daß ich mich dem Kloster gegenüber, in dem ich erzogen worden bin, für mein Lebenlang zum wärmsten Danke verpflichtet halte, weil es mir zuerst die Möglichkeit gegeben hat, mir ein wenn auch bescheidenes Maß von Bildung anzueignen, mit dem ich eben durchzukommen suchen muß. (Heiterkeit.) So geschieht es tausendfältig. Es geht ein unendlicher Segen von diesen Häusern aus, und wenn man nun heutzutage in den traurigen Tagen des Niederganges der sozialen Verhältnisse glaubt, man hätte es nothwendig, den Klöstern zu sagen, „ihr dürft beileibe nicht mehr als 3000 oder 5000 M. erwerben", wer versteht denn das noch? Dahin kommen also diese Kapitalien.

Der Herr Abgeordnete Dr. Daller hat dem Herrn Dr. Casselmann das Einschlägige und Nothwendige in dieser Richtung schon besorgt und hat vor Allem auch darauf hingewiesen, daß es zwischen uns nicht recht gut aussieht, wenn immer einer sich in die Interessensphäre des andern in dieser einlässigen Weise hinüber begibt, wie der Herr Abgeordnete Dr. Casselmann es thut. Ich muß auch das sagen: Wenn ein katholischer Kollege seiner Fraktion, der auf diesem Gebiete Erfahrung haben könnte, aus seiner Erfahrung heraus solche Ausführungen gemacht hätte, so hätte das einen Eindruck auf mich gemacht. Aber Herr Kollege Dr. Casselmaun möge es mir verzeihen, ihn hätte ich lieber nicht als Bundesgenossen der Regierung in dieser Sache gesehen. Es haftet ihm, was ich schon früher einmal ausgesprochen habe, bei all' seinen sonstigen Vorzügen doch der eine Mangel an: er ist mindestens um zwanzig Jahre zu spät auf die Welt gekommen. (Große Heiterkeit.) Derlei Aeußerungen, wie er sie gemacht hat, haben in den siebziger Jahren leidlich gut geklungen und sind dort auch in hohen Kreisen mit freundlicher Miene aufgenommen worden. Aber heutzutage sind wir besonnener und ruhiger geworden und lassen uns nicht so leicht mit derlei Wendungen aus der Fassung bringen.

Ich sage also, meine Herren: ausnahmegesetzliche Bestimmungen scheinen es doch zu sein — wenigstens nach dem allgemeinen Eindruck —, die hier neuerdings aufrecht erhalten werden sollen gegenüber einer einzelnen Kategorie, und zwar einer Kategorie, die dem Staate wohl noch nichts genommen, aber ihm Millionen schon zugewendet hat und fortwährend als eine Quelle des Segens für die Jugend und die Aermsten des Volkes in allen Landen um und um sich bewährt. (Lebhafte Zustimmung rechts.) Ja, meine Herren, so ist es, das kann von keiner Seite bestritten werden, selbst wenn hier und dort eine Bemängelung über irgend einen Klosterherrn oder auch eine Klosterfrau vorkommen kann. Sie kann ja auch zutreffend sein, es kann ja wohl einmal sein, daß in Bezug auf den Er-

S. 651. werb von Vermögen einige Schwierigkeiten entstehen für die Verwandten; aber, meine Herren, Herr Dr. Daller hat schon hingewiesen darauf, daß das kanonische Recht hier auch Anhaltspunkte gibt in Bezug auf die Schranken im Erwerb von Vermögen mit Rücksicht auf arme Verwandte, und ich halte es in dieser Beziehung doch lieber mit dem kanonischen Rechte als mit den Amortisationsgesetzen. — (Zuruf des Abgeordneten Dr. Casselmann.) Von Herrn Dr. Casselmann habe ich solches nicht behauptet, bei ihm kann von einem solchen Kanon keine Rede sein, da gilt die weiteste Freizügigkeit, die man sich denken kann — natürlich außer gegen die Klöster! — (Große Heiterkeit.)

S. 652. Dieser in der Hauptsache „negative Schutz" und diese „abwehrende Aufsicht", die zur Zeit noch in den Amortisationsgesetzen liegt, will mir gar nicht gefallen, die möchte ich beseitigt sehen und sage unverhohlen: Wo sind denn die handgreiflichen, nicht eingebildeten und aus irgend welcher fernen Vergangenheit genommenen, nein, die wirklichen Gefahren, die entstehen, wenn wir einmal mit dieser Gesetzgebung aufräumen? Der Herr Staatsminister hat darüber Näheres gesagt, wie es mit den Vorrechten der Kirchengemeinden, katholischen Kirche insbesondere, und mit ihrer „bevorzugten Stellung" beschaffen ist, er hat auf den Kultusetat und die einzelnen Aufwendungen für die Kirchengemeinden hingewiesen. Nun steht aber dort auch noch Einiges von Staatsausgaben für die protestantische Kirche, und es gibt Leute, die glauben, daß die Ausgaben für diese sogar verhältnißmäßig höher seien, (Zustimmung rechts) und darum auch der Streit in Bezug auf die Parität, worüber wir vielleicht später uns wieder einmal unterhalten werden. Ich für meine Person kann nicht finden, daß das, was damit geleistet wird, auch nur annähernd im Verhältnisse zu dem steht, was man der Kirche nach Millionen und Millionen seiner Zeit genommen hat. Das ist ein kurzer historischer Rückblick, dessen ich mich nicht enthalten kann, auch darauf muß man sein Augenmerk lenken, wenn es sich um die Aufrechterhaltung von solch' rückständigen Gesetzesrechten handelt.

Der Herr Staatsminister hat — und ich bin wohl berechtigt, auch das noch einen Augenblick incidenter Weise zu berühren, denn es steht ja mit dem „Schutze der katholischen Kirche" in einiger Beziehung, wenn auch dieser Schutz sich dießmal nach der negativen Seite zuzuwenden scheint — hinsichtlich der neulichen Versammlung des evangelischen Bundes in München den Herrn Dr. Daller darauf aufmerksam wollen, daß die Staatsregierung dieser Versammlung ihr Augenmerk wohl zugewendet habe, sie habe einen Polizeikommissär hingeschickt, sie habe also die Versammlung polizeilich überwachen lassen, weiters wisse sie nichts darüber, was für Auslassungen des betreffenden Licentiaten stattgefunden, sei ihr offiziell nicht bekannt, aber die Staatsregierung habe ihre Schuldigkeit gethan und ein Grund zum Einschreiten sei nicht vorliegend. Verzeihen Sie, meine Herren, das muß ich doch offen sagen, so einfach ist die Geschichte doch nicht. Es wäre mir viel lieber gewesen, wenn der Herr Minister, auch wenn es sich nicht um sein Ressort handelt — das wissen wir ja, aber die Herren sind doch auf diesem Gebiete auch solidarisch —, etwa noch beigefügt hätte: „Im Uebrigen stehe ich nicht an, für meinen Theil zu erklären, daß ich bedauere, wenn derlei Auslassungen in der katholischen Stadt München gegenüber einem befreundeten Nachbarland, gegenüber der katholischen Kirche und dem überwiegend katholischen Volkstheil gefallen sind, vorausgesetzt, daß die Wiedergabe in den öffentlichen Blättern richtig ist." Das dürfen wir wohl annehmen, denn unsere Informationen stammen nicht aus unseren, sondern aus gegnerischen Blättern — ich kann darüber keinen Zweifel lassen, es ist sehr betrüblich und traurig, daß so etwas bei uns in Bayern möglich ist —, (sehr richtig! rechts) wenn die Ausführungen so gemacht sind, wie gemeldet wird.

Ich glaube indessen, daß, wenn der Herr Staatsminister über die Vorgänge hier und in Augsburg genauer informirt sein wird, wir in der Würdigung dieser Auslassungen vielleicht einiger sein werden, als es jetzt zu sein scheint, wo der Herr Minister eine amtliche Kenntniß darüber noch nicht hat. — Er hat auch soeben eine Kopfbewegung gemacht, die erkennen läßt, er werde der Sache weiter nachgehen und die Regierung wird gut thun, im Interesse verschiedener Verhältnisse dafür zu sorgen, daß nicht der nächste Beste in das Land einfällt und mit seinen Hetzreden den konfessionellen Frieden gefährdet. (Sehr richtig! rechts.) Meine Herren! Ich darf auch anehmen, daß wir vielleicht hier im Hause in diesem Punkte einig sind. Ich hoffe nicht, daß in diesem Hause eine Vertheidigung jener traurigen Ausführungen eines aus der Fremde herbeigeholten Licentiaten versucht werden will. Damit verlasse ich diesen Gegenstand.

Nun, meine Herren, hat auch eine andere Frage eine große Rolle gespielt, die Frage des Kronrechts. Es ist das ja eine ganz bedenkliche Sache und man thut sich ziemlich hart, hierüber ganz offen seine Meinung zu sagen; aber man versucht es eben so gut, als man es versteht.

Der Herr Minister hat heute zunächst uns gesagt, der Ausdruck „Kronrecht" — es ist aus verschiedenen Gründen wünschenswerth, wenn das festgestellt wird — sei nicht von ihm, sondern von Herrn Kollegen Lerno zuerst gebraucht worden. Er hat im Ausschusse selbst ganz

ausdrücklich gesprochen, „von der Beseitigung eines Rechtes der landesherrlichen Gewalt, S. 652.
eines Rechtes der Krone", von einem Ausfluß der Krongewalt, der Gewalt der höchsten Person. Meine Herren! Da sind wir nicht mehr weit auseinander; ob wir sagen: Recht des Königs, Recht der Krone, oder ob wir sagen: Kronrechte, das wird so ziemlich ein und dasselbe sein. (Heiterkeit.)

Nun frägt es sich doch: Was ist es mit diesem Kronrecht? Darüber will ich nicht wiederholen, was Herr Abgeordneter Lerno ausgeführt hat, ich will nicht wiederholen, daß überhaupt der ganze Gang unserer gegenwärtigen Einheitsgesetzgebung im Reiche an sich und auch in dem hier vorliegenden Ueberleitungs- und Einführungsgesetz eine solche Schmälerung der Kronrechte in sich enthält, das ist Thatsache. Aber, meine Herren, Eines muß ich erwähnen: Es ist mir nicht bekannt geworden, daß, als im Reichstag und in dem vorausgehenden Stadium die Feststellung der reichsgesetzlichen Bestimmungen erfolgte, die bayerische Regierung in irgend nachdrucksamer Weise die volle Intakt-Erhaltung des Hoheitsrechtes so sehr urgirt hätte; denn es liegt doch eigentlich auch eine Schmälerung des Kronrechts darin, wenn die frühere Summe von 3400 M. auf 5000 M. im Reichsgesetze erhöht wurde, dieß schränkt auch die Allerhöchste Ermächtigung ein. Es ist mir davon nichts bekannt geworden, vielmehr bestehen Anzeichen dafür, daß die bezüglichen Abmachungen zwischen einigen wenigen, aber sehr kräftigen Faktoren sich vollzogen haben. Kann sein, daß ich schlecht unterrichtet bin, aber es kommt auch darauf nicht viel an.

Meine Herren! Der Herr Kultusminister hat dieses Kronrecht in ein „Gnadenrecht" umgetauft und hat gesagt: Es handelt sich nicht darum, den Erwerb von Gütern zu verbieten, sondern darum, die Erlaubniß zu geben, daß Vermögen erworben werden darf. Meine Herren! Ich meine, das ist noch schlimmer vom Standpunkte derer aus, die auf Grund der Verfassnng „geschützt und beaufsichtigt" werden sollen. Ich kann nicht sehen, daß sie dabei besser fahren bei dieser Interpretation; und dann, meine Herren, die Kronrechte, die Herr Collega Dr. Daller ausgeführt hat, ‖ bekunden sich praktischer, werthvoller und be- S. 653.
deutsamer — ich bitte, das besonders betonen zu dürfen — bei der heutigen politischen Entwicklung der Dinge in Deutschland auf einem ganz anderen Gebiete, als in der höchsten Entscheidung darüber, ob ein Kloster mit seinen Insassen 5000 M. Werth erwerben darf oder nicht. (Rufe rechts: Sehr richtig!) Wer die Entwicklung der letzten Dinge kennt, die wir eben erlebt haben, ist sich darüber klar. Es wäre interessant gewesen, wenn der Herr Referent im Ausschusse der Kammer der Reichsräthe seine Bemerkungen über die Amortisirungsgesetze nicht gerade bei dem Punkte „Kronrechte" abgebrochen hätte; ich glaube annehmen zu sollen, daß der hochverehrte Herr auch über den Gang der Dinge nicht erbaut ist, wie Kronrechte, merkliche, bedeutsame Kronrechte, auch solche, an denen auch noch das Volk einen gewissen Antheil hat, wie diese bestehen und vergehen, wie sie geschmälert werden. Eine kleine Andeutung darüber wäre eigentlich in dem Bericht des Herrn Reichsraths interessant gewesen; aber zu meinem Bedauern hat der Herr Referent da abgebrochen. Ich will überhaupt keine Kritik üben an diesem Referat; es ist immerhin ein sehr merkwürdiges Schriftstück. Ich möchte den Herrn Dr. Casselmann daran erinnern, er hat Herrn Lerno den Vorwurf gemacht, als ob er die Schrift des Herrn Professor Meurer in ihrem Anfang nicht ganz genau gelesen und wie die Leute einer bekannten Rasse sie von hinten zu lesen begonnen. Aber der Herr Dr. Casselmann möge auch das ganze Referat des Herrn Referenten der Kammer der Reichsräthe sorgsam durchlesen und dabei wird er finden, daß darin eine ganze Reihe der allerdurchschlagendsten Gründe dafür angeführt ist, daß die Amortisationsgesetze heute nichts mehr taugen, daß ihnen die ganze wirthschaftliche und sozialpolitische und justizielle Grundlage entzogen ist. Aber freilich — und von da an geräth das Referat auf das Geleise des Herrn Dr. Casselmann — es ist der Meinung, man solle die Amortisationsgesetze doch zur Zeit nicht abschaffen, es will sie augenblicklich aus anderen Gründen nicht beantragen.

Damit komme ich auf den letzten Gesichtspunkt, den ich kurz berühren muß, weil der Herr Staatsminister der Justiz soeben eine kurze und kräftige Erklärung abgegeben hat, die gegen Herrn Dr. Daller gerichtet war und geeignet wäre, im Volke draußen Mißverständnisse hervorzurufen.

Meine Herren! Nach den Darlegungen des Herrn Referenten im Reichsrathsausschusse ist es eigentlich nur ein Opportunitätsgrund, der ihn verhindert hat, in diesem Ausschusse die Auflassung der Amortisationsgesetzgebung für seinen Theil zu befürworten. Ich kann den Grund nicht anders nennen als einen Opportunitätsgrund. Er bemerkt unter Anderem, die Sache könnte ganz leicht am richtigen Orte ex professo ein ander Mal zum Austrag kommen. Im Augenblick aber würde man durch Urgirung der Frage die Staatsregierung vor die Wahl stellen zwischen den Verzicht auf die Amortisationsgesetze oder den Verzicht auf die Ausführungsgesetze, eine Lage, die im Ernstfalle die Schlußfolge wäre. Der Herr Referent ist gewiß ganz am rechten Wege, nur scheint er sich nur eine Seite der Medaille angesehen zu haben; wir hier müssen aber auch die andere Seite betrachten.

S. 653. Meine Herren! Ich leugne nicht, daß es in unseren Kreisen den Anfang zu einer frohen Stimmung gab, als der Herr Minister des Innern für Kirchen- und Schulangelegenheiten an einer Stelle in seiner Rede die Bemerkung machte, daß man über die Kodifikation dieser Verhältnisse in anderem Zusammenhange mit sich reden lassen könne, er hat sogar geglaubt, diese Gelegenheit wäre jetzt noch zu suchen, wenn ich ihn recht verstanden habe, und man könnte jetzt noch den Weg finden, um diese Kodifikation zu Stande zu bringen. Ich glaube, so richtig verstanden zu haben; der Herr Minister muß dann aber auch bereit und in der Lage sein, da wir doch auf Kompromisse angewiesen sind, uns in etwas die Hand zu reichen und uns den Weg zur Verständigung anzudeuten, die Station zu benennen, bis wo wir zusammenkommen, um zum Ziele zu kommen, und das wäre eben der Eventualantrag des Herrn Abgeordneten Lerno gewesen.

Der Herr Abgeordnete Dr. Daller hat darüber keinen Zweifel gelassen, wie unsere prinzipielle Stellung zur Sache sei; seine prinzipielle Auffassung steht fest, aber er hat auch in Bezug auf diese Frage die Möglichkeit einer Verständigung in Aussicht gestellt. Nun hat aber der Herr Kultusminister sich vorwiegend auf eine Kritik dieses Eventualantrages beschränkt und einen positiven Beitrag zu dieser Lösung uns nicht offerirt. Seine Kritik war zuerst eine redaktionelle; ich bin der Meinung, daß der Antrag „Lerno" in Bezug auf Immobilien unbeschränkt gemeint ist. Ueber die 12,000 ℳ aber hat sich der Herr Kultusminister gar nicht geäußert. Wenigstens habe ich nichts gehört, kurz und gut, er hat sich dem Antrag „Lerno" gegenüber rein ablehnend verhalten; so muß ich es auffassen. Es wird aber der Herr Minister im Interesse des Zustandekommens eines gangbaren Weges noch ein Wort mit sich reden lassen müssen. Zur Zeit haben wir aus dieser Kritik entnommen, daß die k. Staatsregierung weder den prinzipiellen Weg mit uns gehen will, noch auch einen Seitenweg, uns also auch den aditus ad pacem nicht bereiten will, den der Herr Abgeordnete Lerno vorgeschlagen hat. Ich habe kein freundliches Wort von ihm darüber gehört.

Nun hat der Herr Kollege Dr. Daller für seine Person erklärt, er lege so großes Gewicht auf die Regelung dieser Materie in einer einigermaßen acceptabeln Form, daß er davon seine Zustimmung zum ganzen Gesetze abhängig mache. Daraufhin hat der Herr Justizminister sich erhoben, um laut zu erklären, was die Ablehnung der Gesetze für ein Unglück für das Land wäre, und dem Herrn Kollegen Dr. Daller erwidert, welche schlimmen Folgen es hätte, wenn seine Parteifreunde auch so denken würden, wie er. Ja, meine Herren, das ist ja bis zu einem gewissen Grade richtig, daß die Verwaltung des Justizressorts allen Eifer aufwenden muß, das Werk unter Dach und Fach zu bringen, an dem auch bayerische Regierungsvertreter hervorragenden Antheil genommen haben. Aber haben wir denn in irgend welchem Stadium erklärt, daß wir nicht auch das Unserige dazu beitragen wollen? Haben nicht gerade unsere Parteifreunde im Reichstage in dieser Richtung Alles gethan? Vor Allem meine Partei ist es im Reichstage gewesen, die lebhaft bemüht war, die Sache so, wie sie liegt, recht und schlecht — nicht ganz untadelhaft — unter Dach und Fach zu bringen, und wir hier sind die Letzten, die Unmögliches fordern, um die Sache fertig zu bringen; aber, meine Herren, da gehören eben doch Zwei dazu, wenn man miteinander durchkommen will. Sind nur wir diejenigen, die mit sich reden lassen und einfach die in der Sache nachgeben müssen? Wir haben klipp und klar die Ueberzeugung ausgesprochen, wir wollen in der Sache gerne auch das Unserige thun, wir wollen mitarbeiten, wir machen diese Gesetze miteinander; aber wir fügen hinzu: lassen wir doch diese veralteten Gesetze draußen, beseitigen wir bei dieser Gelegenheit eine rückständige Gesetzgebung und machen wir reinen Tisch, einen
S. 654. ernsten Versuch der friedlichen Verständigung, dann stimmen || wir Alle auch für das Gesetz. Ja, meine Herren, ist das nicht ein annehmbarer Weg, muß es gerade die Kammer der Abgeordneten sein, welche Alles in den Kauf nehmen soll, was ihr gelegentlich dieser Gesetzgebung zugemuthet wird? So sind wir nie zu einander gestanden! Es wäre mir schon viel lieber gewesen, wenn der Herr Justizminister gesagt hätte, die Staatsregierung wird zu überlegen haben, wie sich ein Weg des Entgegenkommens finden läßt und wie wir die Sache gemeinsam erledigen können. Das wäre hübsch gewesen, dann gäbe es keine Schwierigkeiten. Aber wenn der Herr Referent im Reichsrath nicht haben will, daß die Regierung in diese peinliche Alternative versetzt werde, so sage ich, ich muß es auch für meinen Theil beklagen, wenn ich in die Alternative versetzt werde, die bittere Pille einfach zu verschlucken, wie sie gereicht wird, oder dieselbe dankend zurückzuweisen. Ersteres abzulehnen ist das gute Recht jedes Einzelnen, darüber sind wir selbstverständlich ganz klar. Wohin käme denn sonst auch das freie Bestimmungsrecht des freien Mannes und des Abgeordneten! So geht es also natürlich nicht.

Ich sage sonach, wir hätten doch auch hier suchen sollen, uns gegenseitig mehr zu verständigen, und wenn uns ein Weg offerirt worden wäre, mit Beiseitelassung aller großen Fragen, in die man Seitens der Regierung die kleine Sache hineingewickelt hat, ich sage, wir hätten suchen sollen, einen Weg der Verständigung herbeizuführen, so daß es uns Allen möglich gewesen wäre, dieses Gesetz miteinander zu machen. Wenn aber das nicht möglich ist und der Eine oder Andere von uns sagt, wir können ohne Aenderung nicht für das Gesetz stimmen, so kann man ihn nicht allein für ein „unabsehbares Unglück“ verantwortlich machen, das im Lande entsteht. Es sind ja die Meinungen darüber an sich getheilt; ich aber bin allerdings der Meinung, es wäre sehr mißlich, wenn das ganze Gesetz nicht am 1. Januar 1900, sondern etwa erst 1901 in Kraft treten könnte. S. 654.

Ich sage also, es ist nicht an dem, daß der Einzelne unter allen Umständen gezwungen werden kann, das Gesetz marschfähig zu machen, wenn man damit eine Materie verknüpft, die ihm nicht acceptabel erscheint und zwar aus innerster Ueberzeugung. Man darf das wohl betonen, es ist gut und aufklärend, daß ab und zu in unserer hohen Versammlung auch solche prinzipielle Erörterungen gepflogen werden, sonst könnte man meinen, es gebe auch in unserem Lande gar nichts mehr als rein materielle Fragen, die das Volk bewegen und worin ohnehin die Leidenschaftlichkeit einzelner Volkskreise einen hohen Grad erreicht hat. Ja, es gibt noch andere wichtige Fragen; eine solche haben wir hier vor uns und wir haben uns nun darüber ausführlich und aufrichtig, wie es Männern gebührt, ausgesprochen. Es sollte uns freuen, wenn es einen Weg gäbe, uns hier einander zu nähern. Der Wegbahner aber scheint in dieser Beziehung wohl die k. Staatsregierung sein zu müssen. Meine Herren! Ich sage mit den Worten des Dichters: „sapere aude!“ Riskiren wir es einmal; versuchen wir, vernünftig zu sein im Aufräumen von Gesetzen, die allgemein dem Zuge der Zeit widersprechen, die veraltet sind, voller Löcher schon gegenwärtig in der grundlegenden Interpretation und in der Durchführung und die, wie der Herr Kollege Segitz gemeint hat, auch noch überdieß umgangen werden können.

Ich will indessen diesen Punkt nicht weiter berühren: ich sage aber: jetzt oder in absehbarer Zeit nie mehr ist die Gelegenheit, die Sache zu ändern. Was würde uns eingewendet werden, wenn wir in ein paar Jahren kämen und Anträge auf Aufhebung stellen würden? Ich weiß ja nicht, wie die Zusammensetzung des hohen Hauses in Zukunft sein wird; ich denke, im Großen und Ganzen werden wir unsern Besitzstand behaupten. Es würde jedenfalls die k. Staatsregierung sagen: „Wie kommt Ihr mir vor? Wir haben vor ein paar Jahren bei der großen wichtigen Frage der Einführung des Bürgerl. Gesetzbuchs die Sache richtig unter Dach und Fach gebracht; jetzt kommt Ihr wieder daher und verlangt eine lex specialis, das geht nicht!“ Die Staatsregierung würde ein solches Gesetz nicht vorlegen, und wenn sie es vorlegen würde, so ist es sehr zweifelhaft nach den heute gehörten Ausführungen, ob es denjenigen Gehalt hätte, der es für uns acceptabel erscheinen ließe.

Ich schließe damit, daß ich nochmals an den allgemeinen Freisinn aller verehrten Herren hier appellire. Sie sind Alle Anhänger einer gesunden, verständigen Freizügigkeit auf allen Gebieten des Lebens. Lassen Sie das auch auf diesem Gebiete gelten und lassen Sie für die Klöster und kirchlichen Korporationen nicht weiter Bestimmungen gelten, die sonst für Niemand mehr Sinn und Geltung haben! (Lebhaftes Bravo rechts.)

Präsident: Das Wort hat der Herr Abgeordnete Dr. Günther.

Dr. **Günther:** Meine Herren! Als ich den Saal trat, lag mir nichts ferner, als heute das Wort zu ergreifen. Aber gerade verschiedene Ausführungen der Herren Vorredner, insbesondere des letzten Herrn Vorredners, und ganz besonders sein warmer freiheitlicher Appell, legte es mir doch einigermaßen nahe, mit einigen Worten auf Manches zurückzukommen, was in seiner Rede enthalten ist. Wie die Sache an sich liegt, wie ich Sie von meinem Standpunkte aus ziemlich formalistisch ansehe, würde sie mich nicht besonders interessirt haben. Im Gegentheil, ehe ich die Reden der Herren Centrumsabgeordneten angehört habe, war ich auch mehr der Meinung, es sei vielleicht dieß eine ziemlich irrelevante Sache, es sei vielleicht sogar eine Art Ausnahmegesetzgebung, und deßhalb konnte ich mich möglicherweise auf einen ganz ähnlichen Standpunkt stellen, wie beispielsweise die äußerste Linke. Aber nach den Reden, welche wir namentlich vom Herrn Kollegen Dr. Orterer gehört haben, ist allerdings eine solche Stellungnahme für mich nicht mehr möglich. Denn jetzt gestaltet sich die Sache einfach als Kraftprobe zwischen dem Staate auf der einen Seite und einer anderen Organisation auf der anderen Seite, deren Berechtigung ich in gar keiner Weise abstreite innerhalb ihrer Grenzen.

Eine Grenzüberschreitung war aber vielfach angedeutet in den Worten des Herrn Kollegen Dr. Orterer, indem er direkt die Staatsgewalt dazu aufforderte, gegen eine bestimmte, mit der Sache selbst nur in oberflächlicher Beziehung stehende Bewegung Stellung zu nehmen. Meine Herren! Wenn man auf der einen Seite die Freiheit verlangt, so sollte man meinen, daß man auf der anderen Seite die vollste Freiheit ebenfalls einräumt, namentlich in Bezug auf die Parität. Allein in dieser Hinsicht sollte man einen ungleich objektiveren Standpunkt gelten lassen, als er von Seite des Herrn Vorredners eingenommen worden ist. Was war es denn eigentlich mit der Versammlung, von der so viel Wesens gemacht wird? Hätte man einfach gar nicht davon geredet, dann wäre in München nicht weiter viel Federlesens damit gemacht worden. Ich gehöre nicht zu denjenigen, welche unbedingt die sogenannte

S. 655. „Los von Rom"-Bewegung unterstützen, weil mir || jedwede wie immer gestaltete Vermengung von Religion und Politik zuwider ist. Aber, meine Herren, es war eine nach allen Regeln angemeldete Versammlung und sie wäre jedenfalls vollständig korrekt verlaufen, wenn nicht eine centrale Sprengkolonne hineingeschickt worden wäre; das wird Herr Kollege Dr. Orterer unbedingt zugeben müssen. (Abgeordneter Dr. Orterer: O nein!) Eine Rede, von der ich gerne zugebe, daß sie katholischen Ohren nicht angenehm klingt, kann bei einer solchen Gelegenheit nicht wohl umgangen werden. Allein, sowie nach einer solchen Rede eine kleine Pause eintrat, erhoben sich, wie die Zeitungen berichteten, sofort gewisse Rufe, welche natürlich auch in den Ohren der sehr enragirten Protestanten nichts weniger denn angenehm klingen mußten. Und, meine Herren, die Protestanten waren eben an jenem Abende die Hausherren, und eine uralte politische Regel ist, daß derjenige das Hausrecht übt, welcher die Versammlung einberufen hat.

Die Schuld also, wenn jene Versammlung tumultuarisch verlief, traf in keiner Weise die Einberufer — es sind das durchaus nicht meine Parteigenossen; ich habe mit all' dem nichts zu thun. Aber rein sachlich betrachtet, muß man sagen, die Schuld tragen einzig und allein diejenigen, welche eine von Anderen einberufene Versammlung dazu benützten, für ihre eigene Ansicht Propaganda zu machen. Dazu war die Versammlung in keiner Weise da.

Aus diesem Grunde war es gar nicht am Platze nach meinem Dafürhalten, heute, wo lediglich an die Freiheit appellirt werden sollte, eine solche wenig freiheitliche Aufforderung an die k. Staatsregierung ergehen zu lassen, obgleich die k. Staatsregierung gar nicht in der Lage war und sein wird, in dieser Hinsicht etwas zu thun.

Es war von der katholischen Stadt München die Rede. München ist doch nicht soweit katholisch, daß nicht jedwede anders geartete religiöse Bewegung, solange sie sich in gesetzlichen Bahnen bewegt, vollständige Berechtigung in München hätte! Von protestantischer Seite denkt Niemand entfernt daran, das Recht der Katholiken Münchens, die in der großen Majorität sind, anzugreifen; aber das volle freie Bestimmungsrecht und Bewegungsrecht wird man sich auch auf protestantischer oder überhaupt anders denkender Seite nicht verkümmern lassen. Und gerade weil an diese Sache, die mich an sich sehr wenig interessirt hätte, derartige Betrachtungen angeknüpft worden sind, gerade deßhalb hat sich mein Standpunkt erheblich verschoben. Ich betrachte jetzt die Dinge nun von einem ganz anderen Gesichtspunkte als vor einigen Stunden und ich muß das auch. Ich hätte, weil ich die Sache für wenig bedeutend hielt, ohnehin mit meiner Partei, aber durchaus nicht mit einer solchen Ueberzeugung gegen den Centrumsantrag gestimmt, wie ich jetzt stimme, nachdem ich die Motivirung von jener Seite gehört habe. (Bravo! links.)

Präsident: Herr Abgeordneter Dr. Casselmann!

Dr. **Casselmann:** Meine Herren! Die sachlichen Ausführungen der Herren Abgeordneten Dr. Daller und Dr. Orterer hätten mich nicht veranlaßt, noch einmal das Wort zu ergreifen. Das werden Sie mir zugeben, neue sachliche Gesichtspunkte sind durch die beiden Herren nicht hervorgehoben worden. Ich kann sagen, das, was die beiden Herren in materieller Beziehung ausgeführt haben, ist gestern schon viel eingehender und sachlicher von dem Herrn Abgeordneten Lerno vorgebracht worden. Ich habe dem Herrn Abgeordneten Lerno geantwortet und denselben, wie ich glaube, widerlegt, und deßhalb besteht kein Grund, auf die Materie einzugehen.

Wenn ich mir das Wort gleichwohl nochmals erbeten habe, so ist der Grund mehr persönlicher Art. Der Herr Abgeordnete Dr. Daller sowohl als der Herr Abgeordnete Dr. Orterer haben im Laufe ihrer Ausführungen wiederholt Bemerkungen gemacht, die ich nicht unwidersprochen lassen möchte und die ich erwidern möchte, ohne mich durch den Rahmen einer persönlichen Bemerkung im Sinne der Geschäftsordnung beschränken zu lassen. Es sei mir deßhalb gestattet, diese persönlichen Bemerkung hier zu machen.

Sowohl in den Ausführungen des Herrn Dr. Orterer als in den Ausführungen des Herrn Dr. Daller war zu hören, daß ich ja eigentlich gar nicht kompetent sei, in diesen Fragen mitzureden, weil ich nicht der „allein seligmachenden katholischen Kirche" angehöre, daß mir darum jedes Verständniß abgehe, in diesen Dingen mitzureden. Meine Herren! Ich gehöre dem bayerischen Landtag noch nicht lange an, ich verfolge aber die Verhandlungen desselben schon lange und ich darf wohl ohne Widerspruch sagen, ein solches Wort ist in diesen Räumen vielleicht noch nie gefallen. (Widerspruch rechts.) Meine Herren! Wohin kommen wir, wenn Sie jedem Protestanten das Recht bestreiten wollen, in Dingen, die den Staatsbürger im Allgemeinen angehen, mitzusprechen? Wohin kommen Sie, wenn Sie ihm da die Kenntniß der Dinge absprechen? Freilich, meine Herren, das ist ja richtig; es wird in den Parlamenten mitunter über Dinge gesprochen, von denen der betreffende Redner oft keine blasse Ahnung hat. Ich erinnere daran, daß vor nicht sehr langer Zeit an einer anderen Stelle eine Kunstdebatte geführt wurde von Leuten, von denen man sagen mußte, daß sie verflucht wenig von der Kunst verstehen. (Heiterkeit.) Sie haben doch darüber ge-

sprochen, sie haben sogar viel Wesens daraus gemacht, ja, sie haben sich sogar etwas darauf S. 655.
eingebildet. Und so mag es mitunter auch hier vorkommen, daß einer von etwas spricht, was er wirklich nicht versteht. Wenn der Herr Kollege Dr. Orterer und der Herr Kollege Dr. Daller mir diesen Vorwurf gemacht hätten, so hätte ich das nicht allzu tragisch genommen. Wenn man mir aber das Recht abspricht, in dieser Frage deßhalb ein Wort mitzureden, weil ich der katholischen Kirche nicht angehöre, meine Herren, dann protestire ich hiegegen mit aller Entschiedenheit, weil ich vor Allem bestreite, daß es sich hier um eine interne Angelegenheit der katholischen Kirche handelt. Meine Herren! Hier handelt es sich darum, ob die Verhältnisse bei uns in Bayern derart sind, daß das Kronrecht bezüglich der Amortisationsgesetze, welches nach meinem Dafürhalten unbedingt besteht, aufgegeben werden soll oder nicht. Das ist eine Sache, worüber Jeder mitzureden hat, der hier in diesem Hause als Abgeordneter sitzt, und wenn ich mitzustimmen habe, dann werde ich wohl auch das Recht haben, mitreden zu dürfen.

Nun hat der Herr Kollege Dr. Daller wiederholt betont und der Herr Kollege Dr. Orterer hat ihm zugestimmt, die Amortisationsgesetze verletzen und beleidigen die Gefühle der Katholiken. Meine Herren! Ich kann mich nun nicht, wie die genannten Herren, in die Gefühle der Katholiken hineindenken, (Heiterkeit rechts) || aber das weiß ich, wenn Sie S. 656.
den Satz so allgemein aussprechen, sind Sie wieder auf dem Holzweg. Sie verwechseln da einfach einmal wieder „Katholiken" mit Ultramontanen; (Widerspruch rechts) für Sie mag es ja richtig sein, für Sie ultramontan gesinnte Katholiken, daß die Amortisationsgesetze Ihnen nicht passen. Aber es gibt in unserem bayerischen Vaterlande Katholiken genug, die von Ihrer politischen Richtung nichts wissen wollen und die ihren religiösen Verpflichtungen ebenso gewissenhaft nachkommen, wie Sie. Wollen Sie diese Katholiken, die einer anderen politischen Richtung angehören, als Katholiken zweiter Güte stempeln? Auch in unserer Fraktion gibt es eine Reihe von Katholiken, die sich von Ihnen darüber keine Vorschrift machen lassen, die sich das gewiß nicht bieten lassen werden, wenn Sie die Katholiken im Allgemeinen mit den Ultramontanen auf eine Stufe stellen, und daher mag es auch gekommen sein, daß der Herr Abgeordnete Lerno, der sonst ein sehr ruhiger Mann ist, uns gegenüber sogar im Ausschusse einmal den Ausdruck „die Gegner der Kirche" gebraucht hat. Auch er begeht den Fehler, die Kirche mit dem Ultramontanismus auf eine Stufe zu stellen.

Nun brauche ich ja allerdings nicht allzusehr verletzt zu sein, wenn ich auf das Urtheil verweise, welches Herr Dr. Daller über Personen gefällt hat, die ja in dieser Frage selbstverständlich viel mehr verstehen als ich. Meine Herren! Wenn Professoren von der Bedeutung eines Max von Seydel, Meurer, Kahl und von Sicherer mit dem Rüstzeug staatsrechtlicher Wissenschaft den Nachweis führen, wie das Konkordat und das Religionsedikt zu Stande gekommen sind, wenn sie aus den offiziellen Aktenstücken darthun, was aus den Verhandlungen zu entnehmen ist, wie das Verhältniß dieses Konkordates zum Religionsedikt ist, wenn sie historisch nachweisen, wie schon von jeher die Amortisationsidee in die Gesetzgebungen Eingang gefunden hat, und wenn sie dann zu dem Schlusse kommen, daß die Amortisationsgesetze in Bayern noch zu Recht bestehen und daß sie auch heute noch nicht zu entbehren sind, dann kommt Herr Dr. Daller und gibt sein Urtheil dahin ab: Ja, das sind eben Professoren; die Professoren gehen mich nichts an, das sind Theoretiker, die sind losgerissen vom praktischen Leben und verstehen nichts von ihm, ich selbst bin der Mann, der die Sache zu entscheiden hat. Ja, meine Herren, ein solches Urtheil beweist ja den hohen Grad von Selbstbewußtsein des Herrn Dr. Daller, aber mehr beweist es nicht. Die Auslassung des Herrn Dr. Daller wundert mich übrigens nicht, sie ist das Produkt der ganzen Geistesrichtung, die den Ultramontanismus bei uns und anderswo durchzieht. Da ist der Standpunkt, den Sie stets eingenommen haben: Freiheit der Wissenschaft, solange sie unseren ultramontanen Anschauungen nicht zu nahe tritt. Das sehen wir an Professor Schell in Würzburg! (Widerspruch und Heiterkeit rechts.) Sobald Ihnen aber ein Urtheil nicht paßt, dann heißt es: „Nieder mit der Wissenschaft!" und die Schrift des mißliebigen Gelehrten wird auf den Index gesetzt, und aus ist es mit der Autorität der Professoren.

Nun, meine Herren, will ich nur noch Eines sagen, und das ist, daß der Herr Dr. Orterer wieder mich erfreut hat mit einer Reminiscenz aus dem vorigen Jahre. Herr Dr. Orterer hat — ich glaube, es war im vorigen Winter — einmal hier in einer Versammlung eine Bemerkung gemacht, die er heute wiederholt hat. Es wäre unhöflich, wenn ich das Kompliment des Herrn Dr. Orterer von damals und jetzt unerwidert ließe. Herr Dr. Orterer hat gemeint, ich hätte verschiedene Vorzüge, aber einen Fehler hätte ich doch, ich wäre um 20 Jahre zu spät auf die Welt gekommen. Für den Fehler kann ich nichts. (Heiterkeit.) Aber, meine Herren, wenn es vielleicht auch richtig ist, daß wenn ich vor 20 Jahren auf die Welt gekommen wäre, es mir eine Genugthuung gewesen wäre, an der Seite der bewährten Kämpfer unserer Partei in der Periode, die Sie als Kulturkampfperiode bezeichnen, mitstreiten zu können, so bin ich doch der Meinung, daß auch in unserer Zeit noch Männer Noth thun, die den liberalen Gedanken gegenüber ultramontanen Bestrebungen

S. 656. laut und deutlich vertreten. Gerade die heutigen Ausführungen der Herren Dr. Daller und Dr. Orterer haben hiefür den Beweis geliefert. Sie haben klar und deutlich gezeigt, wohin Ihre letzten Bestrebungen gehen, und mit Recht hat Herr Kollege Dr. Günther darauf hingewiesen, daß es Ihnen auch in der heute zur Berathung stehenden Sache lediglich um eine Kraftprobe zu thun ist. Deßhalb sorgen schon Sie selbst dafür, daß die Kämpfe, die vor 20 Jahren nothwendig waren, auch in unseren Tagen noch nicht zu entbehren sind, und deßhalb kann es für mich als liberalen Mann kein größeres Kompliment geben, als wenn Sie anerkennen, daß ich in den Spuren der Männer wandle, die, obwohl sie jetzt schon lange todt sind, in Ihrem Gedächtniß nicht verschwinden können, weil sie Ihnen soviel zu schaffen gemacht haben. (Beifall links.)

Präsident: Herr Abgeordneter Dr. Pichler!

Dr. **Pichler:** Ein Kulturkämpfer vom reinsten Wasser und in der allerrückständigsten Form! — In dieser Weise hat sich heute Herr Dr. Casselmann selbst charakterisirt. Ich habe dieser Charakterisirung nichts hinzuzufügen und auch nichts hinwegzunehmen. Der Herr Kollege gehört eben auch zu denjenigen Leuten, die aus der Geschichte nichts gelernt haben und, wie es scheint, aus der Geschichte auch nichts lernen wollen.

Meine Herren! Wenn der Herr Kollege Dr. Daller und Herr Dr. Orterer hier ihrem Befremden darüber Ausdruck gegeben haben, daß in dieser Materie, welche einzig und ausschließlich die katholische Kirche und die Einrichtungen der katholischen Kirche berührt und beschränkt, daß in dieser Materie der Herr Kollege Dr. Casselmann in der Weise gesprochen hat, wie er gesprochen hat, ich meine über den Ausdruck dieses Befremdens sollte sich eigentlich doch Niemand verwundern können. Es ist von unserer Seite jeder Zeit, sowohl hier als im Deutschen Reichstag, auf das Allersorgfältigste vermieden worden, uns auch nur irgendwie einzumischen in Angelegenheiten, welche eine andere Konfession berühren. Meine Herren! Wenn der Herr Kollege Dr. Casselmann vom rein juristischen Standpunkte aus dieses Gesetz behandelt hätte, so würden auch sicher meine politischen Freunde ein Reprendement gegen ihn nicht ausgesprochen haben. Aber nachdem er, obwohl er der katholischen Kirche nicht angehört, in dieser Form, in dieser kulturkämpferischen Art die Frage behandelt hat, war es wohlberechtigt, den Herrn Kollegen Dr. Casselmann daran zu erinnern, ob es sich geziemt, in Angelegenheiten einer fremden Konfession in solcher Weise sich einzumischen und dieselben in der Weise zu behandeln, wie er sie behandelt hat.
S. 657. (Sehr richtig! rechts.) || Meine Herren! Unser Empfinden ist es, daß sich das nicht geziemt, und deßwegen unterlassen auch wir es, in irgend einer Weise und besonders in solcher Weise in Angelegenheiten der evangelischen Kirche uns einzumischen. Wir hätten erwartet, daß auch Herr Dr. Casselmann das Gefühl haben würde, daß so etwas Andere verletzen muß und daß es besser wäre, solche Dinge zu unterlassen.

Nun, meine Herren, ist es ja wunderbar, wenn heute der Herr Kollege Dr. Casselmann mit einer solchen Emphase von der Wahrung der bayerischen Kronrechte sprach. Meine Herren! Von Niemand im ganzen Hause hätten wir das weniger erwarten können als gerade von Herrn Dr. Casselmann. (Sehr richtig! rechts.) Herr Dr. Casselmann hat doch sonst noch nie eine Gelegenheit versäumt, wo es sich darum handeln konnte, sein Wort dafür einzulegen, daß um manche bayerische Reservatrechte überhaupt gar nicht schade sei, daß man sie der deutschen Einheit zu liebe u. s. w. aufheben solle.

Nun hat Herr Kollege Dr. Casselmann in dieser Frage darauf hingewiesen, daß doch ein fürchterlicher Unterschied sei zwischen Katholiken und ultramontanen Katholiken. Ja, meine Herren, wenn der Herr Dr. Casselmann diesen Unterschied wirklich machen zu können glaubt, so hätte ich doch gemeint, daß er gerade in dieser Frage, wenn er an die liberalen Katholiken appelliren will, zu einer anderen Schlußfolgerung hätte kommen müssen, als er thatsächlich gekommen ist. Meine Herren! Glaubt denn der Herr Kollege Dr. Casselmann oder ist er wirklich überzeugt, daß bei den liberalen Katholiken gar kein Empfinden dafür besteht, daß die katholische Kirche durch Ausnahmegesetze bedrängt wird, daß es der katholischen Kirche nicht würdig ist, wenn sie unter Ausnahmegesetze gestellt wird? Oder glaubt der Herr Kollege Dr. Casselmann wirklich, daß bei den liberalen Katholiken die Grundsätze des freiheitlichen Liberalismus jedesmal gerade dann ihr Ende haben müssen, wenn es sich darum handelt, die freiheitlichen Grundsätze der katholischen Kirche gegenüber zu bethätigen? Ja, meine Herren, das ist die alte Erfahrung, die Freiheit wird immer im Munde geführt: Freiheit der Wissenschaft und für alles Mögliche. Aber sobald man an die katholische Kirche kommt, da hält man die allerrückständigsten Gesetze, das ganz alte Gerümpel, von dem der Herr Kollege Dr. Daller gesprochen hat, absolut nothwendig, sie müssen aufrecht erhalten werden, und wenn sie auch aus Jahrhunderten stammen, auf die man sonst mit nicht genug Geringschätzung herabsehen kann. (Sehr richtig! rechts.)

Nun sehen Sie, meine Herren, liberal sollten Sie auch einmal sein der katholischen Kirche gegenüber. (Lebhafte Zustimmung rechts.) Wenn Sie überhaupt

den Grundsatz der Freiheit anwenden wollen, so hat doch, meine Herren, Jeder — es ist S. 657
daß schon wiederholt gesagt worden — das Recht, über sein Vermögen vollständig frei zu disponiren! Nur wenn es Einer wagt, einem katholischen Kloster etwas zuzuwenden, dann hat die Freiheit auf einmal ein Ende. Da sagt man, man müsse Rücksicht nehmen auf die armen Verwandten u. s. w. Meine Herren! Wir haben vor einigen Tagen in den Zeitungen einen Fall lesen können, wo ein reicher Lebemann sein ganzes Vermögen seiner Maitresse zugewendet hat. Das ist gestattet, dagegen kann Niemand etwas einwenden, Frau und Kinder können dabei in die bitterste Nothlage kommen. Wenn er einer Klosterfrau das zugewendet hätte, so wäre der Staat in Gefahr gewesen, aber weil es eine zweifelhafte Person war, hat Niemand etwas einzuwenden. Wir haben ja Beispiele genug: wenn Einer nach Monte-Carlo geht und sein ganzes Vermögen verspielt, da können die „armen Verwandten" gar nichts machen. Oder wenn Einer sein ganzes Vermögen — und das ist auch ein Punkt, an den ich die Herren erinnern möchte — wie der verlorene Sohn — der, nebenbei bemerkt, im neuen Testament vorkommt, das möchte ich dem Herrn Kollegen Dr. Orterer sagen, — (Heiterkeit) vergeudet, dann krank an Leib und Seele nach Hause kommt und seinen Verwandten zur Last fällt und sie ihn unterhalten müssen, da sagt Niemand etwas. Der Mann hat einfach von seiner Freiheit Gebrauch gemacht und über sein Vermögen disponirt und es verschwendet. Von einer Gesetzgebung, daß das gehindert werden sollte und daß die Verwandten gegen einen solchen geschützt werden sollten, davon ist allerdings nicht die Rede.

Nun, meine Herren, hat Herr Dr. Günther mit besonderer Emphase darauf hingewiesen, daß es sich bei dieser Frage um eine „Kraftprobe" handle, und er hat dießbezüglich für seine Abstimmung und seine Stellungnahme besonders vorgewendet, daß die beiden Kollegen Dr. Daller und Dr. Orterer hingewiesen hätten auf die Versammlung des evangelischen Bundes, welche in den letzten Tagen hier in München stattgefunden hat. Herr Dr. Günther hat an die Parität appellirt. Ich möchte doch einen Jeden von Ihnen fragen: Besteht denn die Parität darin, daß man eine andere Religionsgenossenschaft beschimpft? Es sind bei dieser Versammlung — und das hat uns empört — Ausfälle vorgekommen gegen die katholische Kirche, gegen katholische Einrichtungen, von denen ich sagen muß: solchen Ausfällen gegenüber — das möchte ich dem Herrn Kultusminister sagen —, solchen Ausfällen und solchen Beschimpfungen gegenüber kann die katholische Kirche an den Schutz appelliren, den ihr die Verfassung, das Konkordat und alle gesetzlichen Bestimmungen gewähren. Da sehen wir leider von einem solchen Schutze nichts.

Und dann, meine Herren, möchte ich noch auf etwas Weiteres hinweisen. Die Beschimpfungen der katholischen Kirche war blos der eine Theil, der Haupttheil der ganzen Versammlung und die Hauptstimmung, die Grundtendenz, die durch die ganze Bewegung geht und die auch durch diese Versammlung gegangen ist, ist der offenste Landesverrath gegen Oesterreich. (Sehr richtig! rechts.) Was würden wir sagen, wenn an der bayerischen Grenze in Oesterreich ähnliche Versammlungen gehalten würden, in denen gegen die bayerische Krone, gegen das bayerische Königshaus in ähnlicher Weise losgezogen würde, als dieß von den Trägern dieser „Los von Rom"-Bewegung in Oesterreich thatsächlich geschieht? Das ist der offenbarste Landesverrath, der überhaupt denkbar ist, und ich meine, da sollten wir doch Alle darin einig sein, daß wir eine Bewegung, welche in einer solchen Weise arbeitet, aus unserem Lande fernhalten wollen. Ich konstatire, daß es mich und meine Freunde außerordentlich sympathisch berührt hat, wie gerade auch von kompetenter Seite aus der protestantischen Konfession, von Geistlichen und Behörden der evangelischen Konfession gegen diese Bewegung Stellung genommen worden, daß diese Bewegung in der allerentschiedensten Weise abgelehnt worden ist. Das halte ich für Parität und darin liegt meines Erachtens S. 658.
die Parität, daß wir leben und einander leben lassen, das wir nicht gegenseitig in das Gebiet übergreifen, das dem Anderen gebührt, und daß wir solche Angriffe, die in konfessioneller Beziehung gemacht werden, nicht in irgend einer Weise in Schutz nehmen oder decken wollen.

Ich meine, wenn Herr Kollege Dr. Günther die Sache so überlegt, wird er gerade diese Versammlung im Zusammenhang mit der ganzen Strömung, von der dieselbe getragen war, als evangelischer Christ, als bayerischer Patriot und deutscher Reichsbürger auf's Allerschärfste verurtheilen müssen. Meine Herren! Die Bewegung richtet sich gegen einen befreundeten Staat, mit dem wir im engsten Bündniß stehen, und dieses Verhältniß dürfen wir durch solche Hetzer nicht stören lassen.

Nun, meine Herren, möchte ich noch ein paar Worte sagen gegenüber den Bemerkungen, welche von Seite des Herrn Kultusministers gemacht worden sind, um den Standpunkt der k. Staatsregierung zu begründen. Meine Herren! Ich meine, auch der Herr Kultusminister wird sich kaum dem Gefühl haben entziehen können, daß die Ausführungen, die er gemacht hat, nicht vollständig konkludent sind, daß gerade an dem Punkte, wo die Ausführungen eigentlich schlüssig werden sollen, auf einmal eine gewisse Leere entsteht und die Schluß-

S. 658. folgerungen nicht mehr ganz stimmen, welche aus den Ausführungen gezogen werden sollen. Der Herr Kultusminister hat gemeint, die Amortisationsgesetze beruhen auf einem verfassungsmäßigen Rechte, welches nicht aufgegeben werden könne; er hat ausdrücklich gesagt, es sei die k. Regierung verfassungsmäßig nicht blos berechtigt, sondern auch verpflichtet, diese Gesetze aufrecht zu erhalten. Ja, meine Herren, wenn es thatsächlich der Fall ist, daß die Bestimmungen der Verfassung zur Aufrechterhaltung dieser Gesetze zwingen, so muß ich sagen, dann sind die Bestimmungen über die verfassungsmäßige Staatsaufsicht thatsächlich in den Amortisationsgesetzen selbst zum Theil außer Wirksamkeit gesetzt. Der Herr Kultusminister hat doch selbst zugegeben und auch von allen Seiten wird das anerkannt, daß z. B. die englischen Fräulein von den Amortisationsgesetzen ausgenommen sind. Weiter ist in den Amortisationsgesetzen selbst ausgesprochen, daß eine pragmatische Summe von 2,000 fl. besteht, auf welche dieses Gesetz keine Anwendung hat. Es gibt für diese Fälle keine Kuratel und gilt kein Amortisationsgesetz. Ja, meine Herren, gilt dann da die Verfassung nicht? Wo bleibt da das „Aufsichtsrecht" des Staates? 2,000 fl. können erworben werden, ohne daß deßwegen der § 75 der II. Verfassungsbeilage ein Loch bekommt, aber wenn man darüber hinausgeht, wäre auf einmal das eine Verletzung der Verfassung und das könnte nicht mehr zugestanden werden. Oder, meine Herren, es ist ganz mit Recht von einem Herrn Kollegen schon berührt worden: Steht denn die Stadt Regensburg nicht unter der Geltung der bayerischen Verfassung? Gilt für Regensburg der § 75 der II. Verfassungsbeilage nicht, weil in Regensburg für die Klöster weder Kuratel noch Amortisationsgesetze bestehen? Die angeführten Beispiele zeigen, daß aus § 75 die Amortisationsgesetze nicht begründet werden können und daß in den Ausführungen des Herrn Kultusministers ein logischer Fehler liegt.

Meine Herren! Die Amortisationsgesetze sind nicht ein nothwendiger Ausfluß der Staatsaufsicht und des Staatsschutzes, sondern diese Amortisationsgesetze sind ein Ausnahmegesetz, eine odiose Bestimmung, die einzig und allein geltend gemacht wird gegenüber der katholischen Kirche.

Nun, meine Herren, hat der Herr Kultusminister geglaubt, den Vorwurf, daß es sich um ein Ausnahmegesetz handle, damit widerlegen zu können, daß diese Bestimmungen in der Verfassung begründet seien. Ja, meine Herren, dann ist es eben ein Ausnahmegesetz, das in der Verfassung steht, das macht die Sache in keiner Weise besser.

Ferner hat der Herr Kultusminister gemeint, den Einwand, daß die Bischöfe die Aufsicht zu führen haben, diesen Hinweis auf die Autorität der Bischöfe damit widerlegen zu können, daß die Klöster exempt seien. Ich möchte den Herrn Kultusminister doch daran erinnern, daß nach den Bestimmungen des Concils von Trient und nach den Vereinbarungen, die mit den Regierungen getroffen sind, dann der Bischof als apostolischer Delegat bestellt ist, dem in solchen Fragen diese Rechte des apostolischen Stuhles übertragen sind. Es ist also nicht an dem, daß eine Regelung durch eine außerbayerische Behörde erfolgen soll, sondern es hat thatsächlich die Behörde, die im Namen Roms spricht, auch in Bayern ihren Sitz, abgesehen davon, daß wir meinen, daß der bayerische Staat keinen besonderen Schaden leidet, wenn die Autorität des Papstes in ihrem vollen Umfange aufrecht erhalten und angewendet wird. Dann, meine Herren, möchte ich auch noch auf das Weitere hinweisen, daß die weiblichen Kongregationen durchaus nicht von der Autorität des Bischofs eximirt sind, sie fallen nicht unter die kanonischen Exemptionen, sondern gegenüber diesen hat die Autorität des Bischofs ihre volle Geltung.

Meine Herren! Ich will auf verschiedene andere Dinge, die mir nahegelegen und in denen ich gerne noch meinen Gefühlen hätte Ausdruck gegeben, nicht weiter eingehen. Ich will auch den speziellen Fall wegen Anwendung der Amortisationsgesetze auf eine Klosterfrau nicht weiter behandeln, von dem der Herr Kultusminister gesprochen hat; ich will nicht ausführen, welcher Umstand gerade in diesem Falle das peinlichste Aufsehen gemacht hat. Ich will mich mit dieser Andeutung begnügen und die Sache nicht weiter ausführen. Man wird in Bayern, speziell was unsere Klöster anbelangt, namentlich die weiblichen Kongregationen, wahrlich nicht sagen können, daß irgendwie durch eine Zuwendung das Wohl des Staates beeinträchtigt wird. Wem kommt denn das Alles zu gute? Nehmen wir das Benediktinerkloster Metten, von dem der Herr Abgeordnete Lerno gestern gesprochen hat. Wem kommt denn zu gute, was diesem Kloster zugewendet wird? Den armen Studenten, die umsonst und ohne Pfennig Beitrag des Staates da unterrichtet und unterhalten werden. Ganz dasselbe ist bei einer ganzen Reihe von Frauenkongregationen der Fall. Wenn diese Kongregationen etwas mehr Vermögen hätten, so würden sie auch in der Lage sein, den vielen Gesuchen gegenüber, die an sie kommen, auf Ermäßigung oder vollständige Erlassung der Erziehungs- und Unterrichtspension mehr entgegenzukommen, als sie das jetzt können. Ich meine, das würden dann nicht blos die Klosterfrauen angenehm verspüren, sondern es wäre das etwas, was den Eltern und dem ganzen Lande nur von Vortheil sein könnte.

Also, meine Herren, ich möchte Sie dringend bitten, daß Sie unserem Antrage zu- S. 658.
stimmen, und insbesondere möchte ich auch die k. Staatsregierung und ganz besonders den Herrn Justizminister ersuchen, wenn ihm daran gelegen ist, dieses Gesetz unter Dach und Fach zu bringen, im Benehmen mit seinen Kollegen vom Kultus einen Weg zu || finden, auf S. 659.
dem er unseren Forderungen gerecht werden kann, was nach den bisherigen Bestimmungen nicht der Fall ist. Ich möchte auch für meine Person aussprechen, daß ich — und ein sehr erheblicher Theil meiner Freunde wird mit mir gehen — sonst gegen das ganze Gesetz stimmen werde, die Verantwortung trägt mit die k. Staatsregierung.

Präsident: Herr Abgeordneter Dr. Daller!

Dr. **Daller:** Meine Herren! Einige Bemerkungen werden Sie mir deßwegen wohl gütigst gestatten, weil ich ja heute so vielfach auch der Gegenstand der Besprechung gewesen bin. Ich habe im Eingange meiner Rede schon darauf hingewiesen, daß es mich einen harten Kampf kostet, die Gefühle, die ich sonst ja immer so ruhig als möglich auszudrücken pflege, heute vollständig in ihre einfachen Schranken zurückzudrängen. Wenn es mir nicht ganz gelungen ist, meine Herren, so habe ich doch dabei Niemand beleidigt, sondern ich habe nur meiner innigsten Ueberzeugung Ausdruck gegeben und, meine Herren, wenn der Herr Kultusminister gesagt hat, daß ich die starken Ausdrücke wegen Ermanglung der Gründe gewählt habe, so hat er mir darin vollständig Unrecht gethan. Gestern hat der Herr Abgeordnete Lerno in einer zweistündigen Rede die sachlichen Gründe in extenso angegeben und ich habe doch auch sehr viele sachliche Gründe angegeben. Worüber hätte ich sonst eine Stunde lang reden können? Mit bloßen harten Ausdrücken kann man eine Stunde nicht ausfüllen; also da bin ich zu Unrecht von Seite Seiner Excellenz doch etwas unsanft behandelt worden.

Dann muß ich noch auch dem Herrn Justizminister gegenüber ein Wort sagen.

Meine Herren! Der Herr Justizminister hat gesagt vor dem ganzen Lande: Wenn der Herr Abgeordnete Dr. Daller wüßte, was für ein Unglück entstünde, würde er sich wohl besinnen. Ja, meine Herren, wenn das von mir allein abhinge, dann wäre es etwas Anderes. Aber hier in diesem hohen Hause — es ist zwar schon heute einmal Unbescheidenheit vorgeworfen worden, ich will es aber noch einmal aussprechen —: Hier in diesem hohen Hause bin ich mit den übrigen Abgeordneten ein gleichberechtigter Faktor mit der k. Staatsregierung. (Sehr richtig!) Also der Herr Justizminister kann nicht sagen: Sie allein sind schuld, sondern die k. Staatsregierung ist auch schuld, und darum habe ich ausdrücklich am Schlusse meiner Rede auf den Weg der Vereinbarung hingewiesen. Meine Herren! Das lassen wir uns kaum gefallen, daß wir ganz einfach nachgeben müssen. Wenn die k. Staatsregierung von hier aus gar nichts zu sagen braucht, als „der Abgeordnete ist schuld an diesem und jenem, wenn er nicht meiner Meinung ist," — das ist mir zu viel, das nehme ich nicht an. Ich sage, wir haben hier eine berechtigte Stellung und ich habe am Schlusse meiner allerdings sehr energischen Rede doch wieder meiner gewohnten Milde Platz gemacht und gesagt: Wir müssen uns also zu vertragen suchen. Wenn aber der Herr Justizminister sagt: Wir geben nicht nach, das gibt es nicht, dann müssen wir sehen, wie die Sache weiter geht. Aber der Herr Justizminister sieht das Unglück offenbar noch viel klarer ein als ich, und es kommt nur einzig und allein auf die k. Staatsregierung an, einer ganz billigen Forderung schließlich entgegenzukommen, die wir unter der Wahrung unserer Grundsätze stellen.

So stehen die Sachen. Wir sind gleichberechtigt als Abgeordnete. Ich will von den Rechten des Abgeordneten durchaus nichts preisgeben, und wenn eine Verantwortung herauskommt, dann sage ich: Nicht nur wir haben nicht nachgegeben, wir hätten aber nachgegeben, wenn die k. Staatsregierung nicht ganz absolut — ich will keinen anderen Ausdruck gebrauchen — auf ihrer Forderung stehen geblieben wäre; das ist in Wahrheit die Sache, und die will ich vor dem ganzen Lande feststellen.

Dann muß ich noch dem Herrn Abgeordneten Dr. Casselmann ein paar Worte widmen. Ich muß schon sagen, die zweite Rede war schon noch viel matter, und da hat er nur mit Worten gespielt, auch da will ich keinen härteren Ausdruck gebrauchen, er kann sich schon denken, was ich meine. Ich habe dem Herrn Dr. Casselmann nicht das Recht abgesprochen, über diese Dinge zu reden, ich habe nur gesagt: „Ich thue das nicht, und es kommt mir sein Reden eigenthümlich vor, und es ist illiberal." Aber daß er das Recht hat, in diesem Hause alles Mögliche zu sagen, wenn der Herr Präsident es gestattet, und er mußte es gestatten, das ist klar.

Präsident: Ich möchte bitten, mich aus dem Spiele zu lassen.

Dr. **Daller:** Nun, ich will den Herrn Präsidenten aus dem Spiele lassen, ich habe ja nur gesagt, daß der Herr Dr. Casselmann das Recht hat, alles Mögliche zu sagen, und es ist doch eine ehrenhafte Beschränkung gewesen, daß der Herr Präsident darüber wacht, daß

S. 659. nichts geredet würde, was nicht rechtlich und moralisch möglich ist; so habe ich es gemeint. Ich habe die Autorität des Herrn Präsidenten hoch gehalten. Ich habe also dem Herrn Abgeordneten Casselmann kein Recht abgesprochen.

Weiter hat der Herr Abgeordnete Casselmann auch über die Gesetze in Betreff der Katholiken und über deren Gefühle gesprochen, dagegen habe ich gesagt, der Herr Abgeordnete Dr. Casselmann könne das nicht wissen, ob und wie wir uns verletzt fühlen, das auszusprechen ist unser Recht.

Weiter brachte Dr. Casselmann die armselige Unterscheidung zwischen Ultramontan und Katholisch. Wie ein so gewandter Mann wie der Herr Abgeordnete Dr. Casselmann noch einmal diese Sache, die in den „Neuesten Nachrichten" und ähnlichen Phrasenblättern steht, wieder vorbringen mag, ist mir ganz unverständlich. Ich weiß nicht, bin ich nun in den Augen des Herrn Dr. Casselmann ultramontan oder katholisch, das weiß ich wirklich nicht recht. Ich bin aus vollster, innigster Ueberzeugung katholisch, das Oberhaupt der katholischen Kirche ist der heilige Vater in Rom und wir gestehen ihm das unfehlbare Lehramt zu, ich bin also jedenfalls auch ultramontan. Sehen Sie, wo kommen wir mit solchen Redensarten hin!

Ferner kommt noch das Konkordat und das Religionsedikt u. s. w.; das gehört aber doch nicht hieher.

Wenn mir endlich der Abgeordnete Dr. Casselmann den Vorwurf gemacht hat, daß ich gesagt habe, ich selbst bin der Mann, so habe ich damit vollständig Recht gehabt, er macht es gerade so wie ich. ich habe gesagt, es kann der betreffende Professor ein sehr gutes und wissenschaftliches Buch schreiben, aber deßhalb bin ich noch lange nicht schuldig, die Konklusionen anzunehmen, weil ich einen andern Weg des Denkens und der Logik sowohl auf dem Gebiete der Vernunft als wie der Thatsache gegangen bin, und das ist auch mein Recht.

S. 660. Der Herr Abgeordnete Dr. Casselmann hat schließlich auch den Namen Schell genannt. Ich erwartete nicht, daß er in die Kammer hereinkommen würde, aber da es nun geschehen ist, nenne ich ihm den Namen Delbrück, der um 500 M. gestraft worden ist, und den Namen Arons. Dergleichen Geschichten staatlicher Censur gäbe es noch mehr. Darauf lasse ich mich aber jetzt nicht ein, es trägt das wahrhaftig nicht zum Volkswohle bei, ob diese oder jene Ansicht über gewisse Fragen herrscht.

Was zuletzt gesagt worden ist von dem Herrn Dr. Casselmann, so hat das zu meiner Stellungnahme nichts beigetragen, und ich wiederhole noch einmal, die Sache steht jetzt so, daß das Ministerium sich besinnen wird, ob es ein Kompromiß eingehen will oder nicht, ich habe nur meine Ueberzeugung ausgesprochen, aber keine Drohung. Der Herr Minister müßte aber vor mir alle Achtung verlieren, wenn ich nach solchen Worten „Ja" sagen würde. Das ist für einen Mann, der Kopf und Herz am rechten Fleck hat, wie ich es zu haben glaube, im öffentlichen Leben nicht möglich, da redet man nicht so blind daher, sondern aus seiner Ueberzeugung, und ich erinnere Seine Excellenz daran, wie im Jahre 1889, wo die große Frage über Altkatholizismus in der Kammer spielte, es doch schließlich zu einem Kompromisse kam, weil es für die Regierung schließlich keinen andern Ausweg gab, und dieß wird auch dießmal geschehen müssen, und je eher die Herren Minister das thun, desto eher wird Ruhe werden.

Präsident: Das Wort nehmen Seine Excellenz der Herr Staatsminister der Justiz.

Der k. Staatsminister Dr. Freiherr **von Leonrod:** Meine Herren! Ich habe die Gleichstellung der Abgeordneten als Gesetzgebungsfaktor gar nicht berührt. Ich habe nur gesagt, daß ich in den Worten des Herrn Abgeordneten Dr. Daller eine Drohung erkenne, und eine Drohung liegt doch in der Bemerkung, daß Sie, wenn die Regierung dem Antrage „Lerno" entgegentritt, die sämmtlichen Justizgesetze ablehnen wollen. Das ist doch nicht blos eine Mahnung.

Die Frage, ob die Amortisationsgesetze aufgehoben werden sollen, hängt übrigens mit den jetzt zur Berathung stehenden Entwürfen der Ausführungsgesetze zum Bürgerlichen Gesetzbuche nicht zusammen und kann auf später verschoben werden. Im Herbst oder ein anderes Mal kann man versuchen, ob sich nicht vielleicht eine Verständigung erzielen läßt. (Heiterkeit rechts.) Ja, meine Herren, diese Ansicht hat auch der Herr Referent des Justizgebungsausschusses der Kammer der Reichsräthe, auf welchen sich der Herr Abgeordnete Dr. Orterer vorhin berufen hat, sowohl in seinem schriftlichen Bericht als auch in der Sitzung des Ausschusses ausgesprochen. Obwohl der Herr Referent des Ausschusses der Kammer der Reichsräthe grundsätzlich auf dem gleichen Standpunkte steht wie der Antrag „Lerno", kommt er doch in seinem Berichte zu dem Schlusse, daß „es besser ist, den status quo bis auf Weiteres zu belassen und so zu ermöglichen, daß der Austrag ex professo am rechten Orte erfolge".

Ich bleibe darauf stehen, daß vor Allem die Justizgesetze, wie sie in Vorlage gebracht sind und noch in Vorlage gebracht werden, bis zum 1. Januar 1900 erledigt sein müssen, denn das Bürgerliche Gesetzbuch wird ganz unabhängig von unseren Beschlüssen an diesem

Tag in Kraft treten, und wenn es ohne unsere Ausführungsgesetze in Kraft tritt, so entsteht selbstverständlich eine heillose Verwirrung. S. 660.

Nehmen wir z. B. die Uebergangsvorschriften über das eheliche Güterrecht. In diesen wird unter Anderem auch die Frage entschieden, inwieweit die Vorschriften der bisherigen Gesetze über die Beerbung eines Ehegatten erbrechtlicher oder güterrechtlicher Natur sind. Sind sie erbrechtlicher Natur, so treten sie kraft des Reichsrechts nach Art. 213 des Einführungsgesetzes zum Bürgerlichen Gesetzbuch außer Kraft; sind sie güterrechtlicher Natur, bleiben sie nach Art. 200 des Einführungsgesetzes in Kraft. Die Entscheidung der erwähnten Frage ist nun bezüglich einer ganzen Reihe von Vorschriften der bisherigen Gesetze — und in Bayern bestehen etwas mehr als 40 verschiedene eheliche Güterrechte — so zweifelhaft, daß sie nur durch die Gesetzgebung entschieden werden kann und daß sie, sollen nicht unzählige Prozesse entstehen und namenloses Unheil angerichtet werden, durch die Gesetzgebung entschieden werden muß. Solcher Beispiele könnte ich noch mehrere anführen.

Ich wiederhole, das Inkrafttreten des Bürgerlichen Gesetzbuchs **ohne** unsere Einführungsgesetze wäre ein Unglück. Aber ein Unglück wäre es doch nicht, wenn über die Aufhebung der Amortisationsgesetze später berathen würde.

Was aber die Sache selbst anlangt, so erkenne ich in der Frage, wie sie heute aufgerollt worden ist, eine Angelegenheit von solcher Wichtigkeit, daß wir veranlaßt sind, mit unseren Kollegen in dieser Richtung noch eine Besprechung zu halten. Sie werden begreifen, daß wir nicht im Stande sind, jetzt, weil der Herr Abgeordnete Lerno einen Antrag stellte und der Herr Abgeordnete Dr. Daller die sofortige Entscheidung der k. Staatsregierung haben will, (Abgeordneter Dr. **Daller**: bis morgen!) von dem Standpunkte abzuweichen, den die Staatsregierung eingenommen hat. Damit ist aber selbstverständlich keinerlei Zusage gemacht.

Präsident: Herr Abgeordneter **Lerno**!

Lerno: Meine Herren! Wenn der Herr Justizminister wiederholt von einem großen Unglück gesprochen hat, welches dadurch entstehen würde, daß durch das Votum eines großen Theiles meiner Fraktionsangehörigen die Lage geschaffen werden könnte, daß die Ausführungsgesetze zum Bürgerlichen Gesetzbuche nicht bis zum 1. Januar 1900 fertig werden, so hat er damit vollständig Recht, denn das gäbe in der That eine heillose Verwirrung. Nicht Recht hat er aber, wenn er meint, die Schuld hieran liege dann auf unserer Seite.

Wir haben die Gründe, warum wir die Amortisationsgesetze aufgehoben haben wollen, gestern und heute und auch schon im Ausschusse des Langen und Breiten erörtert und wir sind der Meinung, gegenüber den schweren Opfern — insbesondere auch finanziellen Opfern —, welche das bayerische Volk bei der Einführung des Bürgerl. Gesetzbuches bringen muß, könnte die Regierung in diesem untergeordneten Punkte nachgeben.

Wenn das katholische Volk meint, jetzt sei der geeignete Zeitpunkt, diese Forderung auf Aufhebung oder wenigstens Einschränkung der Amortisationsgesetze zu stellen und auf dieser Forderung zu beharren, so glaube ich, ist das nur sein gutes Recht, und ich kann denjenigen meiner Fraktionsgenossen — und ich glaube, es sind recht viele —, die sich in der That auf den Standpunkt stellen und sagen: „Entweder — oder", nicht so ganz Unrecht geben. Es ist nicht eine Kraftprobe, wie Herr Dr. Günther meint, sondern lediglich die Ausübung des Rechts, das jedem Abgeordneten nach seiner Ueberzeugung zusteht. S. 661.

Den Rath, den der Herr Justizminister uns soeben gegeben hat, daß wir die Revision der Amortisationsgesetze oder allenfallsige Anträge auf Abänderung derselben bis zum Herbst, bis zum nächsten Landtag, verschieben sollten, werden wir nicht befolgen können; denn jetzt ist der geeignete Zeitpunkt, wo wir fast alle die früheren vor dem Jahre 1818 erlassenen Gesetze abschaffen; wenn wir jetzt die Frage zurückstellen und im Herbst, also erst im nächsten Landtag, mit dem Antrag wiederkommen, so würde man uns mit Recht sagen, jetzt haben wir in langen Bemühungen diese Gesetze geschaffen; nun lassen Sie dieselben doch erst sich einleben und einige Jahre vergehen, damit man doch auch sieht, wie sie sich praktisch machen; nicht aber komme man schon, ehe sie noch in Kraft getreten sind, mit einem Abänderungsantrag.

Im Uebrigen will ich mich selbstverständlich bei der vorgerückten Zeit, so groß die Versuchung ist, auf die Ausführungen des Herrn Kultusministers, wie auf jene von der linken Seite des Hauses einzugehen, auf einige thatsächliche Feststellungen und persönliche Bemerkungen beschränken.

Zunächst weise ich darauf hin, daß der Herr **Kultusminister** meine gestern aufgestellte Anschauung über die Bedeutung des Art. 87, beziehungsweise über die große Streitfrage, was eigentlich der Artikel besagen soll, bestätigt hat; denn der Herr Kultusminister hat im Anfang seiner Ausführungen gemeint, wir könnten über einen Antrag auf Neukodificirung des Amortisationsrechtes oder sonstwie vielleicht sogar noch in dieser Session uns verständigen, dann könnte man vielleicht, wie er sagte, auch darüber Klarheit verschaffen, **was dieser Art. 87 eigentlich bezwecken soll.**

S. 661. Dann hat der Herr Kultusminister auf den § 75 der II. Verfassungsbeilage hingewiesen zur Stützung seiner Ausführung, daß die Amortisationsgesetze vom Standpunkt des Verfassungsrechtes aus nothwendig seien und nicht abgeändert werden können. Da möchte ich dem Herrn Kultusminister nur erwidern, daß nach meiner Auffassung hier jene Verwechslung unterlaufen ist, von der Professor Meurer in der viel citirten Broschüre auf Seite 73 spricht, nämlich von der Verkennung der Amortisationsidee und der Verwechslung der Kuratel mit der Aufsicht. Professor Meurer spricht von den erwähnten verwaltungsrechtlichen Genehmigungsbestimmungen, welche, wenn auch nicht gerade ausschließlich, so doch ganz vorwiegend unter dem Gesichtswinkel der Kuratel oder vormundschaftlichen Fürsorge stehen. Bei den Amortisationsgesetzen aber handle es sich im Gegentheil ausschließlich um die landesherrliche Prüfung des möglicherweise bedrohten Staatswohls und deßhalb um eine Stellungnahme gegen die Kirche. Also, meine Herren, die Bezugnahme auf § 75 der II. Verfassungsbeilage, glaube ich, ist meines Erachtens nicht zutreffend.

Der Herr Kultusminister hat dann gesagt, ich hätte mich gestern über ihn gewissermaßen lustig gemacht, als ich sein Argument besprach, das er im Ausschusse vorgebracht hat, bezüglich des Schutzes der katholischen Kirche in den Bestimmungen des Strafgesetzes. Da hat der Herr Minister die Tendenz meiner Ausführungen ganz mißverstanden; ich würde mir nicht erlauben, mich über den Herrn Kultusminister lustig zu machen; im Gegentheil, ich muß sagen, sein, wie es scheint, unabänderliches Festhalten an den Amortisationsgesetzen, deren Beseitigung das katholische bayerische Volk verlangt, stimmt mich eher traurig als lustig. (Zustimmung rechts.)

Sodann möchte ich dem Herrn Kultusminister noch Antwort geben auf seine Frage bezüglich unseres Eventualantrags. Er hat nicht ohne Grund im Hinblick auf die redaktionelle Fassung unseres Antrags nach zwei Richtungen Zweifel ausgesprochen; er frägt zunächst, ob unser Verlangen auch darauf gehe, daß der Erwerb von Grundstücken vollständig frei sein oder ob hiefür auch die Grenze von 12,000 M. gelten soll. Aus meinen gestrigen Ausführungen, glaube ich, ist schon hervorgegangen, und wenn nicht, so sage ich das hier ausdrücklich, daß wir vollständig freien Erwerb von Immobilien in unserm Antrag verlangen.

Zweitens meinte der Herr Kultusminister, es sei mit unserm Antrag nicht gesagt, ob wir etwa die Beschränkung der ausländischen manus mortua auch beseitigen wollen, weil wir den Art. 88 nicht erwähnt hätten. Gerade dadurch, daß wir in unserem Prinzipalantrag lediglich die Streichung der Art. 86 und 87, nicht aber auch des Art. 88 des Einführungsgesetzes verlangt haben, haben wir schon gesagt, und ich wiederhole es hier ausdrücklich, daß wir diese Aufhebung bezw. Einschränkung der Amortisationsgesetze lediglich für die inländische manus mortua, nicht aber auch für die ausländische verlangen.

Der Herr Kultusminister hat sich gewundert, daß gerade von den Benediktinern solche Klagen laut geworden sind, da doch jetzt zwischen den Benediktinerklöstern und der Regierung Unterhandlungen bezüglich größerer neuer Erwerbungen bestünden Ich hoffe nicht, daß meine gestrigen Ausführungen irgendwie ungünstigen Einfluß auf diese Verhandlungen ausüben könnten. Allein, wenn ich mich zum Sprachrohr der Benediktiner hier im Hause gemacht habe, so glaube ich, mit voller Berechtigung dargelegt zu haben, wie die Amortisationsgesetze von denen aufgefaßt werden, welche am meisten davon betroffen werden, oder wie sie selber sagen, am meisten darunter leiden.

Endlich hat der Herr Kultusminister mir noch zum Vorwurf gemacht, ich hätte gesagt, daß die Regierung damit eine Schwäche zeige, wenn sie durch Aufrechterhaltung der Amortisationsgesetze Vorsorge für die Zukunft treffe. Ich habe aber gestern schon betont, daß diese Kritik nicht von mir stammt, sondern von Professor Meurer, aus dessen Broschüre ich jene Stelle wörtlich verlesen habe. Aber dabei möchte ich mir doch die Bemerkung erlauben, daß es nach meinem Dafürhalten manchmal nicht ein Zeichen von Stärke der Regierung ist, wenn sie sich gegen laut gewordene Forderungen des Volkes unbeugsam verhält, sondern daß gerade die richtige Weisheit und Stärke der Regierung oft darin besteht, gerechten Forderungen in kluger Weise nachzugeben. (Rufe rechts: Sehr wahr!)

Bezüglich der Ausführungen, die der Herr Dr. Casselmann gegen mich gemacht hat, darf ich mir erlauben, nur eine einzige herauszugreifen. Er hat gesprochen von Uebertreibungen der Benediktiner, welche ich vorgebracht hätte; daß die Anschauungen, welche ich gestern aus den Briefen einiger Benediktiner vorgelesen habe, irgend welche Uebertreibungen enthielten, kann ich nie und nimmer zugeben, es ist vielleicht eine etwas kräftige Sprache gewesen, die sie || in ihren Schriftstücken geführt haben, aber das ist nur der Ausdruck des Gefühls, welches in diesen Kreisen hinsichtlich der Amortisationsgesetze herrscht, und das wird Herr Dr. Casselmann, wenn er einigermaßen gerecht sein will, doch auch als berechtigt zugeben. Nehmen wir zum Beispiel nur den allerdings ganz undenkbaren Fall, daß die Amortisationsgesetze etwa auf die Freimaurerorden angewendet würden, so daß die einzelnen Mitglieder des Freimaurerordens für ihre Person und die einzelnen Logen mit ihren Ab=

S. 662.

zweigungen den Amortisationsgesetzen unterstellt würden, dann möchte ich die Ausdrucksweise S. 662.
hören, die der Herr Kollege Dr. Casselmann da gebrauchen würde. (Rufe rechts: Sehr gut!)

Präsident: Herr Abgeordneter von Vollmar!

von Vollmar: Meine Herren! Ich werde Ihre Aufmerksamkeit blos für wenige Augenblicke in Anspruch nehmen. Mein Parteigenosse Segitz hat den Standpunkt unserer Fraktion kurz dargelegt, vielleicht etwas zu kurz; wir waren nämlich der Meinung, daß der Standpunkt, auf den wir uns stellen, der Standpunkt der vollen Rechtsgleichheit so leicht verstanden würde, daß es großer und langer Ausführungen nicht bedarf; zu gleicher Zeit hatten wir die Auffassung, daß die Sache keineswegs von erheblicher Bedeutung sei. Meine Herren! Ich möchte doch wirklich ersuchen, auf beiden Seiten des Hauses der Geschichte keine übertriebene Bedeutung beizulegen; ich glaube, die katholische Kirche wird um keinen Schritt weniger vorwärts kommen in allen ihren Bestrebungen, wenn die Amortisationsgesetze fortbestünden, als wenn sie beseitigt wären. Vollends, wenn man nach dem Abgeordneten Dr. Daller ginge. Ich habe schon erwartet, daß der selige Diokletian eigentlich auch wieder kommen würde oder so irgend etwas Aehnliches. Die Sache hat so ausgesehen als wenn die Kirche gar kein Recht hätte, so ein Aschenbrödel im Staate wäre. Wir wissen ganz genau, wie wir in der Sache daran sind; das, glaube ich, braucht es nicht, daß wir so unendlich lange Auseinandersetzungen darüber hören.

Wenn vollends der Herr Abgeordnete Lerno zuletzt gemeint hat, das sei eine Forderung, die das ganze katholische Volk erhebt, so erlauben Sie, daß ich da ein sehr großes Fragezeichen, ein ganzes Regiment von Fragezeichen mache. Das katholische Volk, glaube ich, scheert sich sehr wenig darum, was in der Sache gemacht wird, außer es wird von außen Unfrieden hinein getragen.

Indessen habe ich mich über diese Dinge nicht zu unterhalten. Wir stehen, was die Abstimmung betrifft, auf dem Standpunkt, den wir bezeichnet haben, das ist der Standpunkt der Rechtsgleichheit, der Standpunkt der Freiheit. Wir haben uns zur Zeit, als wirklich große Kämpfe gegen die Kirche stattgefunden haben, zur Zeit der Kulturkämpfe, stets von Anfang bis Ende den Gesetzen, die zur Verfolgung der Kirche und der Geistlichkeit gemacht worden sind, entgegengestellt. Wir haben das nicht gethan, um den Dank der Kirche zu verdienen; denn draußen in den Wahlversammlungen ist niemals den Leuten gesagt worden, wie wir Sozialdemokraten uns zur Sache gestellt haben, da sind wir Religions- und Kirchen-Verfolger genannt worden, da hieß es, wir wollen den Herrgott möglichst schnell unterdrücken und absetzen; das hindert uns aber nicht im Allermindesten, für den Centrumsantrag zu stimmen.

Der Herr Dr. Daller hat ein Wort gebraucht, von dem es mich wundert, daß Niemand Rücksicht darauf genommen hat. Er hat gesagt: Schauen Sie einmal nach nicht katholischen Staaten, sehen Sie nach Amerika, nach England, nach protestantischen Ländern, dort will es Niemand einfallen, derartige lächerliche, kleinliche Gesetze zu machen. Herr Dr. Daller schüttelt nicht mit dem Kopfe, er bejaht es mit seinem Haupte, die Sache steht also fest. Ja, sehen Sie, Herr Dr. Daller, das ist eben die Sache; ich habe Ihnen ja in früheren Kultusdebatten des Langen und Breiten auseinandergesetzt, wie herrlich die katholische Kirche in jenen Ländern, in Amerika, blüht, wo all' das erfüllt ist in Beziehung auf Trennung von Staat und Kirche, was wir anstreben; Sie sind aber nicht dabei, Sie möchten nur da getrennt sein, wo es Ihnen schlimm geht; wo es Ihnen nur gut geht und wo Sie Vortheil haben, da wollen Sie nichts von der Trennung wissen. (Heiterkeit.)

Meine Herren! Ich habe gesagt, wir stellen uns auch auf den Standpunkt der Freiheit der Kirche. Der Herr Dr. Günther hat einige Worte gesprochen und gesagt, ihn habe die Vertretung, die diese Sache im Hause gefunden habe, stutzig gemacht. Ich weiß nicht, ob er jetzt anders abstimmt, als er vorhin abgestimmt hätte; jedenfalls wird er es nicht mehr mit derselben Freude thun, weil er gesehen hat, wie auf der andern Seite die Freiheit verstanden wird. Ja, Herr Dr. Günther, glauben Sie denn, wir wissen nicht genau, wie die Herren da drüben die Freiheit auffassen? „Die Freiheit, die ich meine", das heißt, die mir nützt, die mir angenehm ist, aber nicht diejenige, die gleiches Licht vertheilt auf alle Parteien, wollen die Herren vom Centrum, das haben wir heute am allerdeutlichsten gesehen.

Der Herr Kollege Dr. Pichler hat gesagt, die Regierung und wir müssen sorgen, daß eine solche Bewegung — die „Los von Rom"-Bewegung — nicht über unsere Grenzen geht, die große Rombewegung. Ich bitte Sie, welche gesetzlichen Mittel hätte denn die Regierung in der Hand, Solches zu verhindern? Es besteht freies Recht, zu predigen: los von Rom oder hin nach Rom. Das ist der einzige gesetzliche Standpunkt, auf den wir uns auch stellen. Wir haben mit dieser Bewegung nicht das Mindeste zu thun, aber daß die Regierung etwas dagegen unternehmen soll, daß auch sie nur hier erklärt: wir sind nicht einverstanden, das geht nicht; da hätte die Regierung viel zu thun, wenn sie bei jeder Ver-

S. 662. sammlung, wo etwas gesagt wird, was den Herren auf der einen oder anderen Seite des Hauses nicht gefällt, auftreten müßte und Stellung dazu nähme.

Meine Herren! Einer der Herren Redner hat bereits darauf hingewiesen, daß gerade durch die Gegenpartei in jener Versammlung Unruhe verursacht worden ist. Es ist Thatsache, daß ziemlich am Anfang der Versammlung eine Anzahl von Leuten, mir wird von der einen Seite gesagt, wiederholt, von der anderen, nur einmal — es kommt übrigens auf dasselbe hinaus — den Redner unterbrochen haben, es ist ein Hoch auf den Papst ausgebracht worden. Mir ist das auch schon einmal passirt — es ist sogar ein katholischer Geistlicher gewesen, der auf diese Weise die Versammlung zu stören gesucht hat, indem er mitten in der Versammlung ein Hoch auf den Papst ausgebracht hat. Ich ließ ihn ganz ruhig gewähren, unserer Versammlung hat das nicht geschadet; in der hier stattgefundenen Versammlung ist man etwas empfindlich gewesen und hat die Herren, die unterbrochen
S. 663. haben, beim Kragen genommen || und sie sachte gehen heißen. Ob gerade dieses Gehenheißen es war, was heute etwas Unruhe und das Interesse an diesen Dingen von Ihrer Seite verursacht hat, weiß ich nicht.

Soviel aber steht für mich fest, daß ich in jeder Aufforderung der k. Staatsregierung, eine derartige, auf politischem, ökonomischem oder religiösem Gebiete liegende andere Meinung zu unterdrücken durch staatliche Mittel, nicht nur eine Unfreiheit bis zum Letzten sehe, sondern eine Denunziation, die mich überheben könnte, einen Ausdruck zu gebrauchen, der wahrscheinlich nicht parlamentarisch sein würde.

Meine Herren! Es ist dann da drüben gesagt worden, Dr. Casselmann sei rückständig mit seiner Stellungnahme, der sei zu spät auf die Welt gekommen. Wenn der Herr Dr. Casselmann schon zu spät auf die Welt gekommen ist, was muß man da erst von Ihnen sagen? (Heiterkeit.) Ich glaube, nicht Jahrzehnte, Jahrhunderte sind Sie zu spät auf die Welt gekommen. Und wenn ich erst von „Rückständigkeit" reden wollte! — lassen wir das, Schwamm drüber! Ich will abbrechen.

Ich wollte zum Schlusse nur sagen — das war die Veranlassung, warum ich mich überhaupt zum Worte gemeldet habe —, wenn wir uns auf den Standpunkt der Rechtsgleichheit stellten, so ist dieß für uns ein prinzipieller Standpunkt und es können die Herren die erbittersten Feinde gegen uns sein — die sie ja sind —, und viel schlimmere Feinde, als sie sind, so wird das uns niemals veranlassen, von unserem prinzipiellen Standpunkte abzugehen; und wenn weiter gesagt wird, daß wir uns auf den Standpunkt der Freiheit stellen, so will ich kurz bemerken, daß wir genau wissen, daß die Freiheit, die Sie meinen, durchaus nicht die unsrige ist, daß Sie durchaus die Freiheit nicht für Alle, besonders nicht für uns wollen, aber, wie gesagt, wenn Sie noch — entschuldigen Sie — schlimmer wären, als Sie so schon sind, das könnte uns nicht abhalten und wir könnten uns nicht auf den Standpunkt des Herrn Dr. Günther stellen, der gemeint hat, ursprünglich sei er eigentlich anderer Meinung gewesen, aber durch Sie habe er sich bekehren lassen; Sie bekehren uns nicht und werden uns nicht bekehren trotz Ihrer Quantität.

Präsident: Herr Abgeordneter Dr. Orterer!

Dr. **Orterer:** Es wäre unhöflich, dem Herrn Abgeordneten Vollmar gegenüber nicht den Dank dafür auszusprechen, daß er in eine so freundliche Qualifikation unserer Partei gegenüber eingetreten ist. Ich verspreche ihm, daß, wenn ich irgendwie einmal in der Lage bin, etwas für seine Kandidatur zu thun, ich den Bauern gegenüber ausdrücklich sagen werde: erstens, Herr von Vollmar und seine Genossen haben in allen Stadien der Kulturkampfgesetze mit unseren Leuten gestimmt; zweitens, nicht blos das, er ist gleich mir Benediktinerzögling; ob ich aber drittens den Leuten auch versprechen kann, daß er sich bessert und daß sein Baum Früchte trägt, die man von ihm nach seiner Jugenderziehung hätte erwarten können, ja, das bleibt mir zweifelhaft.

Was aber die „Freiheit" betrifft, so geht es mir wie dem Herrn von Vollmar. Die Freiheit, die er meint, haben doch auch einige seiner Genossen und zwar zu den verschiedensten Zeiten, besonders aber in den letzten Monaten wiederholt sehr unfreundlich zu empfinden gehabt. Davon reden wir aber ein andermal.

Meine Herren! Es ist an dem, zu konstatiren, daß es sehr gut gewesen wäre, wenn sein Freund Segitz schon im Ausschusse die Stellung eingenommen hätte, die er heute signalisirt hat; denn dann würde der Alarmschuß noch früher gefallen sein und es hätte sich die Entscheidung schon im Ausschusse anders gestaltet. Vielleicht wäre dann die k. Staatsregierung in der Lage gewesen, der Abwicklung der Sache ein ernsteres Augenmerk zuzuwenden.

Ich bin aber doch veranlaßt, dem Herrn Justizminister gegenüber zu konstatiren, daß es gar nicht an dem ist, daß wir heute zum ersten Male mit unserer Absicht hervortreten, die Amortisationsgesetze zu beseitigen. Der Herr Abgeordnete Lerno hat diesen Gesichtspunkt schon vor langer Zeit in der Debatte des Ausschusses festgelegt, und wenn der Herr Justizminister mit seinen Kommissären Anlaß genommen hätte, den Warnruf, wenn ich ihn so bezeichnen soll, wahrzunehmen und demselben nachzugehen, so hätten wir vielleicht jetzt schon eine diskutable Vorlage nach dieser Richtung. Vor zwei Jahren hat eine andere, gewiß sehr kompetente Seite den durchaus unanfechtbaren Standpunkt der Kirche und ihrer Organe an maßgebendster Stelle dargelegt. Das hätte doch auch Grund sein können, um der Sache ernsthaft nachzugehen. Es kann also nicht gesagt werden, daß wir unmögliche Zumuthungen stellen. Von Drohungen kann überhaupt keine Rede sein, das hat bereits der Herr Abgeordnete Dr. Daller festgelegt. In Bezug auf diesen Ausdruck sind wir übrigens mit dem Herrn Justizminister nach seinen letzten Aeußerungen schon einig geworden. S. 663.

Im Uebrigen, meine Herren, das Opfer, das mit diesen Gesetzen dem deutschen Volke und besonders dem bayerischen Volke auferlegt wird, ist ein ganz gewaltiges, beinahe nie dagewesenes. Ich erinnere nur an die Vorlage, welche wir gestern bekommen haben, die von uns allein 12 Millionen für Justizbauten fordert, die aus Anlaß der Durchführung dieser neuen Gesetzgebung geboten sind, und es ist nicht unmöglich, daß hinter dem Berge auch noch etwas auf uns wartet. Ich habe schon früher auch dargelegt, diese Dinge seien noch nicht am Ende, es kommt noch Vieles nach.

Meine Herren! Es hat der Herr Abgeordnete Dr. Günther mit seinen Darlegungen zum Theil meine Zustimmung. Ich will ausdrücklich konstatiren, es ist nicht in unserem Sinne, wenn irgendwo Leute in Versammlungen eindringen würden, wo sie an sich nichts zu suchen haben, oder wenn sie durch Lärmen u. s. f. eine Versammlung unmöglich machen würden. Ich wünsche nur, daß das zu allen Zeiten geschähe und auch Seitens der Genossen des Herrn von Vollmar geschähe; denn in der letzten Zeit soll gerade auf jener Seite ein garstiger Vorgang vorgekommen sein, für den ich aber ihn so wenig verantwortlich machen will, als wir schuld sind, wenn in der beregten Versammlung, wahrlich einem ganz unrechten Platze, ein Hoch auf den heiligen Vater ausgebracht worden und dadurch Lärm und Störung verursacht worden sein soll.

Aber, meine Herren, darin bin ich mit dem Herrn Abgeordneten Dr. Günther nicht einverstanden, wenn er meint, daß aus dieser Provokation, die ich nicht billige, erst der Tenor der beanstandeten Rede herausgewachsen sei. Es ist das gänzlich unrichtig. Lesen Sie doch, was der genannte Herr bereits vorher in Augsburg vorgebracht hat. Es war derselbe Faden, vielleicht eine ein klein wenig feinere ‖ Nummer; die gröbere Nummer hat er in München S. 664. gewählt, vielleicht weil das Publikum darnach war; (Heiterkeit) ich bedauere das sehr.

Dem Herrn Kollegen Dr. Casselmann gegenüber kann ich nur konstatiren, die Kunstdebatte wollen wir hier nicht fortsetzen. Ich begreife, daß der Herr Abgeordnete sie bedauert hat, vielleicht vor Allem aus dem Grunde, weil er nicht dabei sein konnte.

Was das viel beregte Buch des Herrn Dr. von Sicherer betrifft, das er angeführt hat, so will ich mich darüber nicht weiter äußern; ech möchte aber den Herrn Kollegen Dr. Casselmann doch bitten, auch die Literatur, die sofort nach dem Erscheinen des Buches des Herrn Dr. von Sicherer im gegnerischen Sinne Stellung nahm, ein wenig einzusehen, dann wird er finden, daß der Standpunkt des Herrn Dr. von Sicherer in Bezug auf das Konkordat und die II. Verfassungsbeilage damals schon durchaus nicht von allen Seiten getheilt wurde und daß ein namhafter Schriftsteller jener Zeit mit Recht seine Deduktion dahin schloß, daß er sagte: „Mein lieber Herr von Sicherer, ich wollt', Sie wären etwas sicherer." (Heiterkeit.)

Meine Herren! Im Uebrigen hat der Herr Abgeordnete Dr. Casselmann mich jeder weiteren Entgegnung enthoben, denn er hat mit seinen Schlußsätzen durchaus bewiesen, daß ich Recht hatte. Ob diese Schlußsätze allen seinen Parteigenossen heute ganz angenehm geklungen haben, möchte ich zweifelhaft lassen. Draußen in weiten Kreisen des Volkes, auch desjenigen Theiles, „der katholisch und nicht ultramontan ist", werden solche Ausführungen heutzutage nicht mehr als sehr klug und sehr opportun erachtet.

Und damit ich mit einem freundlichen Tone schließe, möchte ich dem Herrn Kollegen Dr. Pichler meinen Dank aussprechen für die gütige Belehrung bezüglich des verlorenen Sohnes. Ich sehe ein, daß es für einen Laien gefährlich ist, sich auf die Bibel zu verlegen. (Heiterkeit.)

Präsident: Ich darf jetzt die Diskussion schliessen, da Niemand mehr zum Worte gemeldet ist. Das Schlußwort hat der Herr Referent.

Wagner (Berichterstatter): Meine Herren! Die lange Debatte würde ja auch zu einem langen Schlußworte Veranlassung geben, wenn hiezu noch ausreichend Zeit vorhanden wäre. Es ist das aber nicht der Fall und ich werde mich daher nur auf ein paar Worte beschränken müssen und zwar zur Vertheidigung des Beschlusses, welcher im Ausschusse gefaßt wurde. Selbstverständlich will ich mich in die persönlichen Streitigkeiten, die von hüben und drüben beliebt worden sind, nicht weiter einmischen.

Ich glaube, ich darf aus der Thatsache, daß der Herr Kollege Lerno mich gewissermaßen zum Zeugen für seinen Antrag aufgerufen hat, wohl die Folgerung ableiten, daß

S. 664. ich der ganzen Frage sehr kühl und sehr objektiv gegenüber stehe. Daß ich aber doch aus diesem Grunde nicht dem Antrag des Herrn Kollegen Lerno beistimmen kann, das, glaube ich, dürfte schon aus den Deduktionen hervorgehen, welche ich im Ausschusse gemacht habe und auf welche ich mich auch im Allgemeinen beziehen kann.

Meine Herren! Die Gründe, welche von Seite des Herrn Abgeordneten Lerno und von seinen Freunden vorgebracht worden sind — für die Aufhebung der Amortisationsgesetze —, sind nach meiner Meinung nicht schlüssig. Er legt dar, daß wir in Bezug auf diese Gesetze einen bunten, zum Theil unklaren Rechtszustand haben. Meine Herren! Ich habe das selbst im Ausschusse schon dargelegt und habe es auch hier im Plenum nicht verhehlt, daß dieß der Fall ist. Daraus folgt aber nicht die Beseitigung der Amortisationsgesetze an sich, sondern lediglich die Nothwendigkeit von deren Umgestaltung, Vereinheitlichung; dieß habe auch ich angestrebt; um hiezu mitzuwirken, diese Gesetze in einer zeitgemäßen Weise zu reformiren, dazu bin ich jederzeit zu haben.

Meine Herren! Ich habe gesagt, ich für meine Person habe ein besonderes Bedürfniß, namentlich in meiner Gegend, für derartige Gesetze nicht bestätigt gefunden; allein, meine Herren, es sind durch den Gang der Verhandlung doch einige Momente hervorgekehrt worden, welche Jemand auf eine andere Anschauung bringen könnten. Insbesondere hat der Herr Abgeordnete Lerno ein solches Moment hervorgehoben; er hat darauf hingewiesen, daß in Oesterreich diese Gesetze abgeschafft wurden, und hat zu gleicher Zeit gesagt, im Reichsrathe sind seit dieser Zeit öfters Anträge gekommen, sie wieder einzuführen. Meine Herren! Das gibt denn doch wohl zu denken.

Es ist dann darauf hingewiesen worden, daß diese Gesetze Ausnahmegesetze sind. Nun, meine Herren, Seine Excellenz der Herr Staatsminister hat dargelegt, daß das nicht der Fall ist, und ich stehe auch auf diesem Standpunkt und begreife eigentlich die Herren von der äußersten Linken nicht, warum sie auf der einen Seite konzediren, daß der Staat ein gewisses Recht der Aufsicht auf die religiösen Körperschaften haben müsse, und auf der anderen Seite doch diese Amortisationsgesetze als eine Ausnahme betrachten. Ich kann sie nicht als Ausnahmegesetze auffassen; es ist außer allem Zweifel, daß diese Gesetze im Zusammenhange stehen mit der verfassungsmäßig garantirten Aufsicht des Staates auf alle öffentlichen Korporationen. Wenn diese Gesetze nur in der Richtung gegen eine Konfession eine besondere Wirkung ausüben, so liegt das eben in den besonderen Verhältnissen der speziellen Konfession. Würde eine andere Konfession in ähnliche Verhältnisse kommen, so würden diese Gesetze auch auf sie Anwendung finden. Daß in Staaten, die vordem rein katholisch waren, sich die Gesetze nur auf die katholische Kirche bezogen haben, das ist eigentlich klar und selbstverständlich, das ergibt sich aus der ganzen historischen Entwicklung der Sache. Aber sehen Sie hin auf einen Staat wie Preußen, dort sind sämmtliche manus mortuae, also alle die Körperschaften öffentlichen Rechts, diesen Gesetzen unterstellt worden, ohne jeden Unterschied, ohne daß auf irgend eine Konfession Bezug genommen wurde. Es kann sich also hier nicht um die Absicht der besonderen Benachtheiligung einer einzelnen Konfession handeln, wenn ich auch zugeben muß, daß im Effekt diese Gesetze zur Zeit eine Wirkung haben, welche hauptsächlich katholische Institute trifft.

Es ist uns vorgeworfen worden, daß wir nicht liberal handeln, wenn wir auf diesen Gesetzen bestehen. Meine Herren! Ich bin der Meinung, daß es sich hier eigentlich doch mehr um eine Machtfrage handelt, als um eine Frage des Freiheitsprinzipes. Die katholische Kirche ist in Bayern eine Macht, das ist außer allem Zweifel, und dieser Macht steht die Macht des Staates gegenüber. Sie wollen auf der einen Seite dem Staate ein
S. 665. Machtmittel, wenn es auch von einer sehr großen Bedeutung || auch nach meiner Auffassung nicht ist, nehmen, ohne auf der andern Seite dafür irgend welche Gegenkonzession zu machen.

Es ist schon darauf hingewiesen worden, daß gegen den Antrag sehr schwere verfassungsmäßige Bedenken in Art. 44 und 77 des Religionsediktes gegeben sind. Der Herr Abgeordnete Dr. Orterer meint nun: Ja, dieses Religionsedikt steht im Widerspruch mit dem Konkordat. Nach den Darlegungen, welche der in diesen Verhandlungen öfters citirte Professor Meurer gegeben hat, ist das absolut nicht der Fall. Ich habe bei meinem ersten Vortrage schon darauf hingewiesen, daß Art. 8 des Konkordates eine versteckte Amortisationsklausel enthält, und ich darf wohl darauf hinweisen, daß der Gesandte Bayerns, welcher bei den damaligen Konkordatsverhandlungen die bayerische Regierung in Rom vertrat, berichtete, „die Kurie gebe die Ausübung des Oberhoheitsrechtes zu, aber sie bewillige das Recht in keiner Urkunde; es wäre überdieß unklug, die Genehmigung des römischen Hofes zur Ausübung von Rechten einzuholen, welche in dem Wesen der königlichen Gewalt liegen“. Es ist also damals anerkannt worden, daß es in der königlichen Gewalt ohnehin liege, derartige Gesetze zur Beaufsichtigung zu erlassen, wie sie hier in Frage stehen.

Meine Herren! Nach dieser Entstehungsgeschichte des Konkordates im Zusammenhang

mit dem Religionsedikt kann nach meiner Meinung davon gar keine Rede sein, daß in dieser S. 665.
Beziehung ein Widerspruch zwischen dem Konkordat und der II. Verfassungsbeilage besteht, und damit widerlegen sie nach meiner Meinung auch die Darlegungen, welche eigentlich nur vom Herrn Dr. Orterer allein gegen den Rechtsbestand der Amortisationsgesetze gemacht worden sind.

Nun, meine Herren, wenn ich also auf der einen Seite bestreite, daß es sich um Ausnahmsgesetze handelt, so sage ich auf der anderen Seite, wir können nicht verlangen, daß die Regierung ihrerseits ein Machtmittel aufgibt, ohne daß irgend eine Gegenkonzession von der anderen Seite gemacht wird, ohne daß irgend etwas Anderes an diese Stelle gesetzt wird. Ich habe schon im Ausschusse den Standpunkt vertreten und vertrete ihn auch heute noch, daß es sich hiebei um ein Korrelat handelt gegenüber der privilegirten Stellung, welche die öffentlichen Kirchengesellschaften in Bayern überhaupt haben. Wenn das bestritten wird, daß in Bayern die öffentlichen Kirchengesellschaften und insbesondere auch die katholische Kirche eine privilegirte Stellung einnehmen, so ist das nach meinem Dafürhalten doch mit den thatsächlichen Verhältnissen unvereinbar. Herr Dr. Daller hat bezüglich der Privilegien eigentlich etwas spöttisch auf die Anmerkungen in Kreittmayr verwiesen, wonach er der katholischen Kirche das Recht der Unmündigen einräume. Zu dem Spott hinsichtlich der Bemerkung Kreittmayr's ist absolut keine Veranlassung. Nach den früheren gesetzlichen Bestimmungen, die allerdings zur Zeit an Werth verloren haben und theilweise derogirt sind, da waren die Rechte der Unmündigen in privatrechtlicher Beziehung allerdings von erheblicher Bedeutung, sie hatten die restitutio in integrum, sie hatten Privilegien in Bezug auf die Verjährung und verschiedene andere Vorrechte. Diese Rechte alle waren durchaus Privilegien im richtigen Sinne des Wortes. Aber, meine Herren, auch wenn wir davon absehen, ich glaube, in Bayern muß doch zugestanden werden, daß die katholische Kirche wie auch die protestantische Kirche eine bevorzugte privilegirte Stellung haben. Das geht daraus hervor, daß sie die Rechte der öffentlichrechtlichen Korporationen haben; es geht bezüglich der katholischen Kirche daraus hervor, daß ihre Rechte durch einen Staatsvertrag mit dem heiligen Stuhl gesichert sind, es geht weiter daraus hervor, daß bei uns geistliche Würdenträger Mitglieder der Kammer der Reichsräthe sind. Es ist der Klerus vertreten in den Landräthen, er hat auch Vertretung beispielsweise im Armenpflegschaftsrath, und Sie beantragen ja, während Sie auf der einen Seite sagen, ein Ausnahmegesetz aufheben zu wollen, auf demselben Blatte sofort ein neues. Was ist das Anderes als ein Ausnahmegesetz, wenn Sie beantragen, daß im Gemeindewaisenrath der Pfarrer Mitglied sein muß. Das ist für die kirchlichen Gesellschaften ein Privilegium, wie Sie solche auch nach anderen Richtungen hin haben. Also, meine Herren, ich will die Dinge nicht weiter ausführen, aber es ist nicht richtig, wenn Sie betonen, daß die Kirche eine privilegirte Stellung in Bayern nicht hat, sie hat sie, und diesem Privilegium muß nach meiner Meinung das Korrelat in der Staatsaufsicht gegenüber stehen.

Nun, meine Herren, muß ich noch ein paar Worte sagen bezüglich der Erklärung des Herrn Abgeordneten Dr. Daller, daß, wenn die Amortisationsgesetze nicht beseitigt werden, dann er und vielleicht viele seiner Freunde nicht für die Justizgesetze stimmen können. Ja, meine Herren, ich glaube doch, daß das nichts Anderes ist als eine Drohung. Wenn ich für die Zukunft ein Uebel in Aussicht stelle für den Fall, daß eine gewisse Forderung von meiner Seite nicht erfüllt wird, so ist das nach meiner bescheidenen Auffassung eben eine Drohung. Nun, meine Herren, würde ich vielleicht die Forderung des Herrn Kollegen Dr. Daller noch für berechtigt finden, wenn es sich darum handeln würde, diese Amortisationsgesetze neu einzuführen, darum handelt es sich aber nicht. Wenn Sie das Gesetz hinunterwerfen, so daß es nicht zu Stande kommt, dann bleibt es ja auch bei den Amortisationsgesetzen. Diese werden nicht beseitigt, sie bleiben eben auch, wie sie sind. Sie nützen durch die Ablehnung der Justizgesetze Ihrer Position absolut nichts, und, meine Herren, ich möchte doch fragen, haben Sie keine Empfindung dafür, daß Sie damit das Wohl des ganzen Staates, das Wohl aller Bürger schädigen, weil Ihnen eine einseitige, konfessionelle Forderung nicht erfüllt wird? Meine Herren! Darauf kommt doch das hinaus. Glauben Sie, recht zu thun, wenn Sie dann draußen den Leuten sagen können, wir haben zwar alle die Gesetze, die für die Zukunft für euch nothwendig wären, hinuntergeworfen; man hat uns unseren Willen in dieser Beziehung nicht gethan. Das ist doch eine Verquickung eines öffentlichrechtlichen Interesses von Seite einer Partei mit einer Frage auf dem Gebiete des Privatrechtes, die nach meiner Meinung unzulässig ist.

Ich möchte Sie daher bitten, daß Sie den Antrag nicht weiter aufrecht halten. Ich bin sehr gerne bereit, zu einer zeitgemäßen Umgestaltung der in Frage stehenden Gesetze mitzuwirken, sie aber hier mit dem Zustandekommen der Justizgesetze zu verquicken, das halte ich für unzulässig und bitte Sie daher, daß Sie dem Beschlusse des Ausschusses der Abgeordnetenkammer unverändert und im vollen Umfange beistimmen. (Beifall links.)

S. 665. **Präsident:** Meine Herren! Wir kommen zur Abstimmung.

S. 666. Wir stimmen zuerst über den Antrag „Lerno und Genossen“ ab, welcher lautet:

Die Kammer wolle beschließen:

Es seien in Artikel 1 Abs. 1 die Artikel 86, 87 des Einführungsgesetzes zum Bürgerlichen Gesetzbuche zu streichen. . . . .

Präsident: Das Resultat der Abstimmung ist folgendes: Abgestimmt haben 143 Herren, davon 75 mit „Ja“, 68 mit „Nein“; der Antrag der Herren Abgeordneten Lerno und Genossen ist also angenommen. Es entfällt dadurch der Eventualantrag „Lerno und Genossen“. Ich darf wohl konstatiren, daß der Artikel 1 in der durch den primären Antrag „Lerno und Genossen“ abgeänderten Form angenommen worden ist. . . . .

Ich schließe die Sitzung.

(Schluß der Sitzung um 2 Uhr 5 Minuten.)

S. 667. **Vierhundertsiebenundachtzigste öffentliche Sitzung vom 19. April 1899.**

(Stenogr. Bericht d. K. d. Abg., 1899, Bd. XIII, Nr. 487, Seite 667 bis 690.)

Die Sitzung wird um 9 Uhr 40 Minuten durch den Präsidenten Dr. von Clemm eröffnet.

Präsident: . . . . . . Wir stehen in der Spezialdiskussion und zwar bei:

Volljährigkeitserklärung.

Artikel 2 bis 8 werden ohne Erörterung angenommen.

S. 668. Gesinderecht.

Artikel 9.

Die Diskussion ist eröffnet. Herr Referent!

Wagner (Berichterstatter): Meine Herren! Das Gesinderecht hat im Ausschusse eine sehr eingehende Erörterung gefunden. Ich habe schon bei meinen allgemeinen Bemerkungen hervorgehoben, daß es nothwendig ist, wenn nicht der Vortrag des Referenten zu weit werden sollte, sich lediglich auf die gedruckten vorliegenden Protokolle des Ausschusses zu beziehen. Ich ergreife nur aus dem Grunde das Wort, weil ein Redner zu diesem Artikel zum Wort gemeldet ist, und bemerke, daß ich die Meinung vertreten habe, es wäre Art. 9 eigentlich nicht nothwendig, weil er nur sagt, was sich von selbst versteht. Es versteht sich nämlich von selbst, daß das allgemeine Recht des Bürgerlichen Gesetzbuches überall da zur Anwendung kommt, wo wir landesgesetzlich nicht besondere Bestimmungen treffen. Es wurde aber für opportun erachtet, das ausdrücklich im Gesetze zu sagen, und nachdem eine derartige Bestimmung, wenn sie auch nichts nützt, so doch jedenfalls nichts schadet, so ist es außer allem Zweifel, daß es richtig ist, den Art. 9, wie er hier ist, zu belassen, und ich kann Ihnen Namens des Ausschusses dessen Annahme empfehlen.

Präsident: Herr Abgeordneter Segitz!

Segitz: Meine Herren! Ich habe zu Art. 9 einige Bemerkungen zu machen, die sich bei den nachfolgenden Artikeln nicht gut anbringen lassen. Es

handelt sich um die prinzipielle Stellung meiner Parteigenossen zum Gesinde- S. 668.
recht, die mehrfach Anfechtung außerhalb des Hauses gefunden hat. Wir stimmen mit allen Parteien darin überein, daß es sich beim Gesinderecht um eine außerordentlich wichtige und schwierige Materie der gesetzlichen Regelung handelt, schon deßhalb, weil das Gesinderecht auf einen sehr großen Personenkreis Anwendung zu finden hat. Nach der letzten Berufszählung kommen an Dienenden für häusliche Zwecke 138,935 Personen in Betracht, landwirthschaftliche Knechte und Mägde 509,543. Die ganze Bevölkerung Bayerns bezifferte sich im Jahre 1897 nach muthmaßlicher Schätzung auf 5'932,100 Seelen; es handelt sich also bei dem Gesinderechte um mindestens den fünften Theil der gesammten erwachsenen Bevölkerung, auf den diese Bestimmungen Anwendung zu finden haben.

Bildung, Berufsstand, Lebensgewohnheiten sind unter dem Gesinde sehr verschieden. Zwischen dem mit moderner Bildung ausgestatteten Zimmermädchen unserer städtischen Herrschaften und der mit Viehwartung und Feldbau beschäftigten Landmagd besteht ein augenfälliger kultureller Unterschied. Die bisher vielgestaltige Gesetzgebung hat darauf keine Rücksicht genommen; wahrscheinlich deßhalb, weil zu jenen Zeiten, wo die jetzt bestehenden verschiedenen Gesinderechte entstanden, vor hundert und mehr Jahren, dieser Unterschied überhaupt nicht so augenfällig zu Tage trat. Leider geht das jetzige Gesinderecht beziehungsweise der Gesetzentwurf, der Gesinderecht werden soll, an dieser wichtigen Thatsache achtlos vorüber. Ich gebe zu, daß es an und für sich schon schwierig ist, den Begriff Gesinde überhaupt festzustellen. Vom Gewerbtreibenden wird das Gesinde heute so vielfach zu gewerblichen Zwecken verwendet, daß man nicht weiß, wo das Gesinde aufhört und der gewerbliche Arbeiter anfängt. Landmann hat in seinem Kommentar zur Reichsgewerbeordnung ja eine sehr ausführliche Darlegung gegeben, die im Allgemeinen wohl als zweckentsprechend und zutreffend bezeichnet werden kann. Nichtsdestoweniger kommen heute noch Mißverständnisse vor, die auch durch den jetzt vorliegenden Gesetzentwurf nicht beseitigt werden.

In verschiedenen Gesindeordnungen hat man den Versuch gemacht, klar zu legen, auf welche Kategorien die Dienstbotenordnung Anwendung zu finden hat. Der vorliegende Gesetzentwurf nimmt davon Abstand. Meine Freunde haben die Frage erörtert, ob denn eine Gesindeordnung überhaupt zeitgemäß sei, ob es nicht richtiger wäre, das Gesinde unter die Bestimmungen der Reichsgewerbeordnung aufzunehmen, beziehungsweise die Bestimmungen der Gewerbeordnung sinngemäß auf das Gesinde anzuwenden. Wir haben von einem Antrag in dieser Richtung Abstand genommen, denn es kommt uns nicht auf die rechtliche Form an, sondern auf den Inhalt des Gesetzes. Man kann, von praktischen Erwägungen ausgehend, recht wohl sich für eine Gesindeordnung entscheiden, wenn diese den Rechtsbegriffen der Gegenwart entspricht. Zudem haben wir ja in der deutschen Sozialgesetzgebung schon spezielle Normen für verschiedene gewerbliche Arbeiten. Ich erinnere hier nur an die Seemannsordnung.

Allein, meine Herren, der vorliegende Gesetzentwurf über das Gesinderecht kann uns nach keiner Richtung hin befriedigen. Wir verkennen nicht, daß der Entwurf gegen die bisherigen Zustände manche Verbesserung enthält, in der Hauptsache aber läßt er doch Alles beim Alten. Der Entwurf beruht auf der Basis der Autorität der Dienstherrschaft. Meine Herren! Darunter kann man sehr Verschiedenes verstehen. Es gibt Leute, welche glauben, daß die Autorität zwischen Dienstherrschaft und Dienstboten nur aufrecht zu erhalten sei, wenn der Dienstherrschaft das Recht eingeräumt werde, die Dienstboten in

S. 669. gröblichster Weise zu beschimpfen. || Es gibt zweifellos auch Leute, die der Meinung sind, daß die Autorität nur durch Stockhiebe aufrecht erhalten werden könne. Dieses Verhältniß bezeichnet man dann als patriarchalisch, obwohl es in der Hauptsache nicht Anderes ist als eine Umschreibung für die einmal abgeschaffte Leibeigenschaft. Der vorliegende Gesetzentwurf trägt den Wünschen rückschrittlicher Elemente in weitgehendster Weise Rechnung. Vorschriften, die man in anderen Ländern mit gleichgearteten wirthschaftlichen Verhältnissen längst über Bord geworfen hat, wie z. B. die Dienstbotenbücher, Dienstbotenzeugnisse, die kriminelle Bestrafung des Kontraktbruches, die polizeiliche Vorführung belasten unser Gesinderecht. In Baden hat man schon im Jahre 1868 mit allen diesen Bestimmungen aufgeräumt; in Elsaß-Lothringen kannte man sie überhaupt nicht. Als unlängst der Versuch gemacht wurde, derartige Bestimmungen in das neue Gesinderecht Elsaß-Lothringens hereinzubringen, wurde dieser Versuch glänzend zurückgeschlagen.

Unsere Anregung im Justizausschusse der Kammer der Abgeordneten, diese Härten auch im bayerischen Gesinderecht zu beseitigen, war leider erfolglos. Die Regierungsvorlage hat im Ausschusse der Kammer der Abgeordneten sogar eine erhebliche Verschärfung zu Ungunsten der Dienstboten erfahren. Sowohl die Liberalen wie die Angehörigen der Centrumspartei haben sich so viel als möglich Mühe gegeben, die Regierungsvorlage zu verschlechtern.

So kommt es, daß meinerseits manche Bestimmungen der Regierungsvorlage gegen die Angriffe von rechts und links vertheidigt werden mußten. Allerdings eine merkwürdige Konstellation, die nicht in jedem Parlament so leicht eintreten wird. Daraus hat nun der Herr Referent des Ausschusses der Reichsrathskammer den eigenthümlichen Schluß gezogen, daß „der Vertreter der freien Arbeit“, wie es im Protokolle heißt, nicht viel gegen die Regierungsvorlage einzuwenden gehabt hat. Man kann diese Redewendung nicht anders auffassen, als daß aus meinem Verhalten im Justizausschusse der Kammer der Abgeordneten die Regierung hätte den Schluß ziehen sollen, daß ihre Vorlage eigentlich zu liberal ausgefallen sei. Meine Herren! Man kann unserer Regierung Alles nachreden, aber daß sie liberale Tendenzen habe, kann man ihr mit gutem Gewissen nicht nachsagen. Ich meinte, dem Herrn Justizminister keinen größeren Vorwurf zufügen zu können, als wenn ich ihm unterschieben würde, daß er liberale Tendenzen in die Gesindeordnung hereingetragen habe. Ich habe wenigstens von dieser liberalen Tendenz in dem Gesetzentwurf nichts gefunden.

Trotzdem hat die k. Staatsregierung bei der Berathung der Gesindeordnung im Justizausschusse der Reichsrathkammer auf die gegen sie erhobene Beschuldigung nicht mit gebührender Heiterkeit geantwortet, sondern nach dem Grundsatze „der Stärkere weicht muthig zurück“ sich der sozialpolitischen Einsichtslosigkeit, die bei der Berathung der Gesindeordnung im Ausschusse der Kammer der Reichsräthe zu Tage getreten ist, untergeordnet, sie hat die Verschlechterung ihres Entwurfes angenommen.

Meine Herren! Ueber Sozialpolitik kann man mit der Kammer, die über unseren Köpfen thront, nicht gut diskutiren. Aber von der Abgeordnetenkammer, glaube ich, dürfen wir erwarten, daß schon vom sozialpolitischen Gesichtspunkte aus unsere Anträge die erforderliche Unterstützung finden werden. Wir haben uns auch in diesem Hause mit der Stellung von Anträgen große Mäßigung auferlegt. Unsere Anträge auf Abschaffung der Dienstbotenbücher und Dienstzeugnisse haben wir nicht erneuert, obwohl man im Justizausschusse der hessischen Kammer dieselben Anträge genehmigt hat und wir nach wie vor der Meinung sind, daß diese Einrichtung mindestens überflüssig ist. (Glocke des Präsidenten.) S. 669.

Präsident: Ich bitte den Herrn Abgeordneten von seinen Notizen keinen zu ausgedehnten Gebrauch zu machen. Nach der Geschäftsordnung kann ich das nicht zugeben.

Segitz: Dagegen, meine Herren, werde ich mir überlegen, ob ich nicht einen Antrag einbringen werde, wonach auch die Dienstherrschaften zu verpflichten seien, Bücher zu führen, in denen die Dienstboten die Zeugnisse über die Herrschaften einzutragen haben. (Heiterkeit.) Auf Beseitigung des Art. 106 des Polizeistrafgesetzbuches, welcher Zwangsmittel gegen die Dienstboten einräumt, können wir allerdings nicht verzichten, vorausgesetzt, Sie müßten sich entschließen, auch den Kontraktbruch der Dienstherrschaft kriminell zu treffen.

Die Beseitigung dieser Polizeimaßregeln habe ich schon im Ausschusse der Abgeordnetenkammer angeregt; daraus hat mir die Centrumspresse den Vorwurf gemacht, ich sei für Blaumacher und sonstiges Gesindel eingetreten. Wir sind nicht sehr empfindlich gegen Angriffe der gegnerischen Presse. Es ist bei uns nicht Gepflogenheit, sogleich zum Kadi zu laufen, wenn wir etwas unsanft angefaßt werden, aber ich muß doch sagen, meine Herren, was würde die Centrumspresse schreiben, wenn die sozialdemokratische Presse daraus dieselbe Nutzanwendung ziehen würde gegen das Centrum, wenn die sozialdemokratische Presse in Folge der Anträge, welche die Centrumspartei zu den Amortisationsgesetzen gestellt hat, schreiben würde, das Centrum tritt für Erbschleicher und derartiges Gesindel ein. Das würde Ihnen gewiß nicht gefallen und Sie würden sich gegen eine derartige Insinuation verwahren.

Wie alle Parteien im Hause, so erkennen auch wir die Dienstbotennoth auf dem Lande an, wie alle Parteien im Hause sind auch wir bestrebt, dem ländlichen Arbeitermangel soviel als möglich entgegenzutreten, wenn wir auch die Mittel und Wege, die von Ihrer Seite vorgeschlagen werden, als nicht zum Ziele führend erkennen. Die Anträge, die wir gestellt haben, sind von vielen Sozialpolitikern als wirksam bezeichnet worden, um der landwirthschaftlichen Dienstbotennoth entgegenzutreten, die Landflucht der Dienstboten zu mindern. Ich glaube, meine Herren, Sie würden der Landwirthschaft einen sehr großen Dienst erweisen, wenn Sie unseren Anträgen, die ich im Einzelnen mir noch speziell zu motiviren erlaube, Ihre Zustimmung geben würden.

(Zuruf: Das werden wir uns überlegen!)

Präsident: Das Wort hat der Herr Abgeordnete Dr. Casselmann.

Dr. **Casselmann:** Meine Herren! Die allgemeinen Ausführungen des Herrn Vorredners veranlassen mich doch auch zu einigen Bemerkungen. Es ist richtig, daß der Regierung in der Reichsrathskammer gesagt worden ist, es sei ein bedenkliches Zeichen des Entwurfes, daß er so sehr die Zustimmung des Vertreters der freien Arbeiter, also in concreto des Herrn Vorredners, gefunden habe. Es scheint, daß derselbe durch diese Bemerkung im Ausschusse der Reichsrathskammer dem Vorwurfe, den er vielleicht in den Augen seiner Gesinnungsgenossen verdient hat, daß er im Ausschusse unserer Kammer allzu regierungsfreundlich war, begegnen wollte, denn sonst, meine Herren, würde ich nicht verstehen, wie der Herr Abgeordnete Segitz zu solchen Behauptungen der ungeheuerlichsten Art, darf ich wohl sagen, gekommen wäre, nachdem er im Ausschusse sich von diesen Extravaganzen, die er heute hier vertreten hat, völlig frei gehalten hat.

S. 670. Meine Herren! Wir werden ja im Einzelnen zu den Anträgen kommen, die der Herr Abgeordnete Segitz im Ausschusse gestellt und die er heute wiederholt hat. Ja, wenn der Herr Abgeordnete Segitz weiter keine Schmerzen hat als die Anträge, die uns gedruckt vorliegen, dann verstehe ich nicht die allgemein abfällige Kritik, die er an dem uns vorliegenden Entwurfe übt. Meine Herren! Es liegen in den Anträgen ja verschiedene Punkte, in denen man ja verschiedener Meinung sein kann; man hat im Ausschusse darüber gesprochen; aber beweisen denn diese Anträge, daß der Entwurf wirklich den Vorwurf verdient, den der Herr Abgeordnete Segitz ihm heute gemacht hat?

Meine Herren! Es ist mir geradezu unverständlich, wie der Herr Abgeordnete Segitz sagen konnte, der Entwurf stehe auf dem Standpunkte, als wenn es auch heutzutage nur noch möglich wäre, die Autorität des Dienstherrn dem Dienstboten gegenüber aufrecht zu erhalten, wenn man dem Dienstherrn das Recht gäbe, die gröbsten Beleidigungen gegen den Dienstboten auszustoßen, ja daß man die Autorität nur dann aufrecht erhalten könne, wenn man zu den Stockprügeln zurückgreife. Meine Herren! Ich bedauere, daß der Herr Abgeordnete Segitz trotz der Beiwohnung an vielleicht 34 Sitzungen des Justizausschusses in demselben so wenig gelernt hat, daß er nicht einmal weiß, daß die Stockprügel schon nach den Bestimmungen des Bürgerlichen Gesetzbuchs auch in den Rechtsgebieten nicht mehr erlaubt sein werden, in denen sie bisher unter gewissen Voraussetzungen der Dienstherrschaft gestattet waren. Also, meine Herren, warum denn mit solchen Uebertreibungen kommen? Und wenn der Herr Abgeordnete Segitz sogar heute den Vorschlag gestreift hat, daß Bücher geführt werden sollen, in denen die Dienstboten sich über die Führung der Dienstherrschaft aussprechen, so verstehe ich das nicht. Dann wird wohl nächstens auch für das Militär eine Einrichtung dahin verlangt werden, daß die Vorgesetzten dem Untergebenen gegenüber sich darüber ausweisen, wie sie sich ihnen gegenüber geführt haben. (Rufe: Sehr richtig!) Meine Herren! Das ist doch die logische Konsequenz; mit solchen Dingen soll man doch wahrhaftig nicht kommen.

Ich stehe auf dem Standpunkt, daß man in das Verhältniß des Dienstboten zur Dienstherrschaft nach der ganzen Auffassung, wie dieselbe über das Dienstbotenverhältniß in allen Kreisen unseres Volkes besteht, nicht das Verhältniß hereinziehen darf, wie es nach der Gewerbeordnung zwischen Arbeitgeber und Arbeitnehmer besteht. Ich freue mich darüber, daß der große „soziale Zug der Zeit“ noch nicht so weit gekommen ist. Ich freue mich darüber, daß bei uns trotz aller Kalamitäten, die auf dem Gebiete des Gesindewesens bestehen, noch die Auffassung Platz greift, daß ein gewisses patriarchalisches Verhältniß zwischen Dienstherrschaft und Dienstboten bestehen soll, (Rufe: sehr richtig!) und, meine Herren, so wenig ich — und das werde ich an anderer Stelle, wenn wir in die konkrete Berathung eintreten, noch besprechen, — den Dienstboten schutzlos dem Dienstherrn gegenüber stellen möchte, so wenig möchte ich doch im Allgemeinen die autoritäre Stellung des Dienstherrn dem Dienstboten gegenüber verkennen.

Darum, glaube ich, hätte der Herr Abgeordnete Segitz — er mag ja nach außen hin den Genossen gegenüber ein gewisses Bedürfniß hiezu gehabt haben, diese Anregung hier zu geben — in der That nach den Verhandlungen des Ausschusses keine Veranlassung gehabt, diesen schweren Vorwurf gegen den Ausschuß zu erheben, als wenn derselbe, außer ihm natürlich, keinen Sinn für das Verhältniß des Dienstboten dem Dienstherrn gegenüber gehabt hätte. Meine Herren! Wir haben uns redlich bemüht, auch auf diesem Gebiete Licht

und Schatten gleichmäßig zu vertheilen, und ich glaube, es wird Niemand, S. 670.
der gerecht urtheilt, uns daraus einen Vorwurf machen, am allerwenigsten war das geeignet, was Herr Abgeordneter Segitz bis jetzt angeführt hat, diesen Vorwurf gegen uns zu erheben. (Allseitiges lebhaftes Bravo.)

Präsident: Zum Wort ist Niemand mehr gemeldet; ich schließe die Diskussion.

Das Schlußwort hat der Herr Referent:

Wagner (Berichterstatter): Ich kann mich den Ausführungen des Herrn Kollegen Dr. Casselmann nur anschließen. Ich bin auch der Meinung, daß es gerade kein Uebermaß von Bescheidenheit zeigt, wenn der Herr Collega Segitz nur sich allein die sozialpolitische Einsicht vindizirt und alle Parteien mit Ausnahme der Sozialdemokraten als solche bezeichnet, welche an sozialpolitischer Einsichtslosigkeit leiden. Das, was uns der geehrte Herr Collega Segitz vorgeführt hat, das beweist nach meiner Meinung, daß er doch eine recht einseitige Auffassung von sozialpolitischer Einsicht hat. (Rufe: Sehr richtig!) Ich muß doch dem sehr verehrten Herrn Kollegen bemerken, daß gerade meine Wenigkeit es war, welche Bestimmungen zu Gunsten der Dienstboten hineinzubringen suchte, z. B. Art. 14a; der ist schließlich auch von uns angenommen worden, wenn er auch von der Reichsrathskammer bekämpft wurde. Ich möchte darauf hinweisen, daß meine Partei auf seiner Seite gestanden ist, wie es sich darum handelte, hinsichtlich der groben Beleidigungen den Regierungsentwurf gegen Angriffe von anderer Seite zu vertheidigen. Ich meine also doch, er hätte zu solchen Bemerkungen, die er gegenüber dem Justizausschusse gemacht hat, eine Veranlassung nicht gehabt. Das, was er dargelegt hat, hat mit vollem Rechte Herr Collega Dr. Casselmann als ungeeignet bezeichnet, um seine Behauptungen zu begründen.

Was er namentlich vorgeführt hat hinsichtlich des Dienstbotenbuchzwanges, meine Herren, das ist doch eigentlich etwas, was kaum der Rede werth ist. Denn ein solider Dienstbote wird von seiner Dienstherrschaft ein Zeugniß verlangen, (Rufe: sehr richtig!) selbst wenn die Dienstherrschaft dazu nicht verpflichtet ist. Der Dienstherrschaft ist damit kein großer Dienst erwiesen, daß ihr die Pflicht auferlegt wurde, ein Dienstbotenzeugniß auszustellen. Aber ich sage noch einmal, ein solider Dienstbote wird froh sein, wenn ihm ein Zeugniß ausgestellt wird —, sollen wir aber die schlechten Dienstboten, die verdorbenen Dienstboten besonders gesetzlich in Schutz nehmen? Ich meine, dazu haben wir doch bei den heutigen sozialen Verhältnissen keine Ursache. (Rufe: Sehr richtig!)

Ich möchte weiteres auf einen anderen Punkt hinweisen. Herr Abgeordneter Segitz wirft uns vor, daß wir die Bestimmungen über die Bestrafung des Kontraktbruches gelassen haben. Ja, die stehen gar nicht in den Bestimmungen dieses Gesetzes über das Dienstbotenrecht, sondern die stehen im Polizeistrafgesetzbuch, und, meine Herren, wir haben gesagt, in eine Erörterung dieser Bestimmungen einzutreten, ist bei dem Uebermaß von Stoff, den wir zu beherrschen haben, nicht thunlich. Nach meiner Meinung würde auch dazu gehören, daß statistische Erhebungen gepflogen werden, bevor man sich auf die Ideen, die nach dieser Richtung hin geäußert ‖ wurden, einließe. Meine S. 671.
Herren! Es ist über diese Frage ein abschließendes Urtheil im Ausschusse überhaupt nicht abgegeben worden, sondern man hat gesagt, wir haben noch so viel Anderes zu thun, daß wir die Frage der Aenderung unseres Polizeistrafgesetzbuches nach dieser Richtung hin nicht in Erörterung ziehen können.

S. 671. Ob die betreffenden Strafbestimmungen etwas helfen oder nicht, das ist eine Frage, die wohl erwogen werden muß, wozu auch statistische Anhaltspunkte nöthig sind und die von allen Gesichtspunkten aus beleuchtet werden muß.

Meine Herren! Der Herr Abgeordnete Segitz hat darauf hingewiesen, daß gerade die Dienstbotenfrage auf dem Lande draußen eine der allerheikelsten und schwierigsten sei; es ist außer allem Zweifel, daß ein großer Theil der Beschwerden, welche die Landwirthe mit Recht erheben, gerade auf diesem Gebiete liegt. (Sehr richtig!) Wir haben allen Anlaß, mit größter Vorsicht vorzugehen, um in dieser Richtung zwar vollständig gerecht zu urtheilen, aber auch das Wohl des Volkes nach allen Richtungen und nicht nur bezüglich einer einzigen Klasse in Rücksicht zu nehmen (Lebhaftes Bravo.)

Präsident: Gegen den Wortlaut des Artikel 9 ist eine Einwendung nicht erhoben worden; ich konstatire die Annahme.

Artikel 10 bis **12** werden ohne Erörterung angenommen.

Artikel 13.

Hier ist einschlägig der Abänderungsantrag des Herrn Abgeordneten Segitz und Genossen (Beil. N[1]): Die Kammer wolle beschließen, dem Artikel 13 folgenden Zusatz zu geben:

> Dienstboten, welche zu Verrichtungen außerhalb des Dienstverhältnisses in nicht versicherungspflichtigen Betrieben Verwendung finden, haben bei Betriebsunfällen Anspruch auf Schadenersatz nach Maßgabe des Unfallversicherungsgesetzes vom 6. Juli 1884; ersatzpflichtig ist die Dienstherrschaft.

Ich eröffne die Diskussion über Artikel 13 und diesen Antrag und ertheile das Wort dem Herrn Referenten.

Wagner (Berichterstatter): Der Art. 13 behandelt die Verpflichtungen, welche die Dienstboten gegenüber ihrer Dienstherrschaft haben. Es ist der Art. 13 ganz allgemein gefaßt, er vermeidet die Kasuistik, die in den sonstigen Dienstbotengesetzen enthalten ist. Es ist gegen denselben zwar im Ausschusse anfänglich eine Einwendung erhoben worden, namentlich gegen den letzten Satz, schließlich aber hat man sich geeinigt, den Art. 13 zu belassen, wie er ist.

Der Ausschuß der Kammer der Reichsräthe hat dann Aenderungen getroffen, welche Sie aus der Beilage O ersehen. Es hat sich der Ausschuß der Reichsrathskammer auf den Boden gestellt, welchen ich bereits im Ausschusse betreten hatte. Ich hatte nämlich schon eine Ergänzung des Artikels dahin angeregt, daß bestimmt werden möge, daß die Dienstboten Treue zu bewahren und ihre Verpflichtungen gewissenhaft zu erfüllen haben. In ähnlicher Weise hatte ich eine Anregung gegeben. Ich bin von einem förmlichen Antrage damals abgestanden, weil die k. Staatsregierung und auch die übrigen Mitglieder des Ausschusses der Meinung waren, daß das, was ich in dem Artikel ausdrücklich bestimmt haben wollte, im Sinne der Regierungsvorlage ohnehin liege. Nachdem nun der Ausschuß der Reichsrathskammer es gleichwohl für nothwendig befunden hat, noch eine Ergänzung vorzunehmen, hat in der letzten Sitzung unseres Ausschusses derselbe auch sein Einverständniß mit dieser Aenderung erklärt, nicht deßwegen, weil hier eine Neuerung enthalten ist, sondern weil das noch ausdrücklich gesagt ist, was auch unser Ausschuß als selbstverständlichen Sinn des Artikels bereits betrachtet hatte.

Hervorgehoben wurde namentlich, daß der letzte Absatz in einzelnen Fällen Bedenken erregen könne, insoferne als in Fällen der Noth dem Dienstboten auch solche seinen Kräften und seiner Sellung entsprechende Dienste zugemuthet werden, welche nicht zu seinen im Dienstvertrage bestimmten Obliegenheiten gehören. In dieser Beziehung hatten einige Mitglieder Bedenken, auf der anderen Seite wurde hervorgehoben, daß diese Bestimmung, z. B. in einem Erkrankungsfalle einer Dienstherrschaft auf dem Lande absolut nothwendig und geboten sei. Man hat deßhalb den Artikel unverändert belassen. S. 671.

Nun, meine Herren, liegt der Antrag des Herrn Kollegen Segitz und Genossen vor, und ich kann in dieser Beziehung nur sagen, daß ein solcher Antrag im Ausschusse nicht gestellt worden ist. Angeregt ist er allerdings worden und zwar zunächst nicht von einem Mitgliede der sozialdemokratischen Fraktion, sondern von einem verehrten Mitgliede der Centrumsfraktion. Es ist zweifellos richtig, und es wird dieß aus den Verhandlungen des Ausschusses hier einleitend hervorgehoben werden nüssen, daß es eine Lücke in unserer Unfallversicherungsgesetzgebung ist, daß ein Dienstbote bei einer solchen Verrichtung, die zu einem nicht versicherungspflichtigen Betriebe gehört, wenn er dabei verunglückt, eine Unfallentschädigung nicht beanspruchen kann.

Es hat der betreffende geehrte Herr im Ausschusse ausgeführt, daß z. B. ein Metzger, der zugleich Landwirth ist, seinen landwirthschaftlichen Dienstknecht auch ab und zu zu einem Viehtransport benützen kann. Wenn dieser dabei verunglückt, habe der Mann auf eine Unfallsentschädigung keinen Anspruch. Das Gleiche sei der Fall, wenn ein Landwirth, der zugleich eine kleine Bierbrauerei hat, die nicht als landwirthschaftlicher Nebenbetrieb betrachtet werden kann, welche aber auch nicht versicherungspflichtig ist, weil die Voraussetzung des größeren Betriebs fehlt, seinen Dienstknecht in der Brauerei vorübergehend verwendet. Wenn derselbe verunglückt, so fehle ihm jeglicher Anspruch auf Entschädigung. Das gebe zu vielen Reibereien Anlaß. Es wurde also der Erwägung anheimgestellt, ob es nicht zweckentsprechend sei, unser Gesetz in diesem Sinne zu ergänzen. Hiebei wurde später bemerkt, daß in solchen Fällen, in welchen ein hauswirthschaftlicher Betrieb in Frage sei, der an sich nicht versicherungspflichtig ist, eine Ausdehnung dieses Gedankens nicht eintreten soll; z. B. wenn eine Dienstmagd sich zum Waschen und Putzen verwenden lassen müsse, so sei das eine Beschäftigung, die ihr wohl zugemuthet werden kann.

Nun, meine Herren, ist es aber bei dieser Anregung geblieben. Ich habe bei der ersten Lesung gesagt, es sollen die betreffenden Herren die Sache sich näher überlegen und eventuell bei der zweiten Lesung einen Antrag stellen. Daß es außerordentlich wünschenswerth wäre, wenn nach dieser Richtung hin für einen Dienstboten eine Entschädigung eintreten könnte, das ist außer aller Frage, aber die meisten Herren, die sich zu dieser Frage äußerten, waren der Anschauung, daß hier etwas in Frage stehe, was nicht einseitig von uns gelöst, sondern was im Reiche gelegentlich der Aenderung der Unfallversicherungsgesetze S. 672
geordnet werden soll.

Meine Herren! Ich möchte in dieser Richtung auch noch auf einen anderen Punkt hinweisen: Nach meiner Meinung hat § 618 des Bürgerlichen Gesetzbuchs der Dienstherrschaft in dieser Richtung ohnehin schon erhebliche Verpflichtungen auferlegt, welche vielleicht über Einiges hinausgehen, was bisher Rechtens war. § 618 des Bürgerlichen Gesetzbuchs sagt in Abs. 1:

> Der Dienstberechtigte hat Räume, Vorrichtungen oder Geräthschaften, die er zur Verrichtung der Dienste zu beschaffen hat, so einzurichten und zu unterhalten und Dienstleistungen, die unter seiner Anordnung oder seiner Leitung vorzunehmen sind, so zu regeln, daß der Verpflichtete gegen Gefahr für Leben und Gesundheit so weit geschützt ist, als die Natur der Dienstleistung es gestattet.

S. 672. Wenn der Dienstherr die Verpflichtungen, die ihm der Abs. 1 von § 618 des Bürgerlichen Gesetzbuchs auferlegt, nicht erfüllt, dann ist er schadensersatzpflichtig und zwar in einem sehr weitgehenden Umfange, in einem weiteren Umfange, als die Ersatzpflicht wäre, welche nach dem Antrage, den der Herr Kollege Segitz hier gestellt hat, eintreten würde. Nun, meine Herren, würde also der Art. 13 ausschließlich oder wenigstens am meisten dann zutreffen, wenn es sich um einen Unglücksfall handelt, für welchen die Dienstherrschaft nichts kann, oder wenn es sich vielleicht sogar um einen Unglücksfall handelt, der durch eine Fahrlässigkeit des Dienstboten selbst herbeigeführt worden ist, und für den der Dienstherr absolut nichts kann.

Ich habe Namens des Ausschusses Ihnen über den Vorschlag des Herrn Kollegen Segitz irgend einen Antrag nicht zu stellen deßwegen, weil ein solcher Antrag im Ausschusse nicht gestellt worden ist, und ich muß es daher Ihnen überlassen, wie Sie die Sache auffassen wollen.

Ich glaubte nur, ein Resume über die desfallsigen Verhandlungen im Ausschusse geben und Sie auf die Gesichtspunkte, welche hier einschlagen, etwas hinweisen zu sollen.

Präsident: Das Wort hat der Herr Abgeordnete Segitz.

Segitz: Der Herr Referent hat bereits hervorgehoben, daß über diese Sache schon im Ausschusse verhandelt wurde und daß es ein Mitglied der Centrumspartei war, welches die Anregung zu unserem Antrag gegeben hat. Es war der Herr Abgeordnete von Walter, der auf diese Lücke in der Dienstbotenordnung beziehungsweise in dem Unfallversicherungsgesetze hingewiesen hat. Er hat einen dießbezüglichen Antrag für die zweite Lesung im Ausschusse angekündigt; der Antrag ist nicht erschienen. Meine Parteigenossen haben dann diese Idee aufgenommen und in diesem Antrage niedergelegt.

Daß ein Bedürfniß für einen derartigen Schutz der Dienstboten besteht, wird wohl im Ernste von keiner Seite bestritten werden. Wir glaubten auch nicht weiter gehen zu sollen, als das von dem Herrn Abgeordneten von Walter geschehen ist, weil wir auf die Zustimmung der Centrumspartei rechnen müssen. Deßhalb haben wir uns in unserem Antrag in allen Theilen an den Gedankengang des Herrn Abgeordneten von Walter angeschlossen. Wir sind der Meinung, daß die Haftpflicht auch auszudehnen wäre auf die hauswirthschaftliche Thätigkeit. Allein das würde den Intentionen des Herrn Abgeordneten von Walter nicht entsprechen und wir rechnen bei diesem Antrag ganz speziell auf seine Zustimmung, um wenigstens etwas für die Dienstboten herauszuschlagen.

Ich hoffe deßhalb, meine Herren, daß ich nicht nöthig habe, diesen Antrag eingehend zu begründen und Zustimmung mindestens von der rechten Seite erlangen werde.

Präsident: Das Wort nehmen Seine Excellenz der Herr Staatsminister der Justiz.

Der k. Staatsminister der Justiz Dr. Freiherr **von Leonrod:** Meine Herren! Die k. Staatsregierung kann diesem Antrage nicht zustimmen. Dieser Antrag würde die Unternehmer der kleineren, nicht versicherungspflichtigen Betriebe mit einer Haftpflicht belasten, welche diese nicht tragen können, (Rufe: sehr richtig!) und welche deren Existenz gefährden, vielleicht vernichten würde. Bei den großen Betrieben wird die Unfallslast im Wege der berufsgenossenschaftlichen Versicherung unter den Unternehmern ausgeglichen. Das ist aber nicht der Fall bei den kleineren Betrieben, hier müßte der Einzelne die ganze

Last allein tragen. Es ist übrigens auch schwer zu begreifen, warum der S. 672.
Unternehmer gerade für einen Unfall, der einem vorübergehend in dem Betriebe Dienste leistenden Dienstboten zustößt, haftbar sein soll, während ihn den ständig in dem Betriebe verwendeten Arbeitern gegenüber eine Haftpflicht nicht trifft, und ebensowenig leuchtet ein, warum ein Dienstbote, der für einen bei seinen gewöhnlichen Verrichtungen eintretenden Unfall nicht entschädigt wird, wie es bei den städtischen Dienstboten der Fall ist, soll entschädigt werden müssen, wenn der Unfall bei einer vorübergehenden Dienstleistung in einem nicht versicherungspflichtigen Betriebe der Dienstherrschaft eintritt. Bei den landwirthschaftlichen Dienstboten, die gegen die im landwirthschaftlichen Betriebe eintretenden Unfälle versichert sind, erscheint es nicht gerechtfertigt, ihnen die Entschädigung zu gewähren, wenn sie in einem nicht versicherungspflichtigen Betriebe des Dienstherrn verunglücken, während sie ihnen versagt bleibt, wenn sie bei einer Dienstleistung im Hauswesen des Dienstherrn einen Unfall erleiden.

Sie sehen, meine Herren, daß dieser Abänderungsantrag nach vielen Richtungen hin bedenklich ist und daß er eben zeigt, daß eine Lücke, die in einem Reichsgesetz besteht, nicht immer durch ein Landesgesetz ausgefüllt werden kann.

Präsident: Herr Abgeordneter Dr. Pichler!

Dr. **Pichler:** Meine Herren! Der Herr Kollege Segitz hat geglaubt, in Bezug auf die Annahme seines Antrages besonders an die rechte Seite dieses Hauses appelliren zu können. Ich muß ihm erwidern — und ich glaube im Namen meiner politischen Freunde reden zu können —, daß wir leider nicht in der Lage sind, seinem Antrag unsere Zustimmung zu geben. Meine Herren! Wir anerkennen Alle, daß in der Unfallversicherung eine Lücke vorhanden ist, und daß in sehr vielen Fällen ein dringendes Bedürfniß bestünde, diese Lücke auszufüllen. Aber, meine Herren, die Art und Weise, wie der Herr Kollege Segitz durch diesen seinen Antrag die Lücke ausfüllen will, kann unsere Zustimmung nicht finden. Die Ausfüllung dieser Lücke könnte meines Erachtens nur auf dem Wege der Reichsgesetzgebung erfolgen und zwar dadurch, daß die Unfallversicherungspflicht weiter ausgedehnt wird, als das gegenwärtig der Fall ist. Meine Herren! Wenn wir den Weg betreten wollten, den der Herr Kollege Segitz uns vorschlägt, so würden wir auf ganz bedenkliche Pfade kommen, und es würden Konsequenzen herbeigeführt werden, die wir im Interesse der Dienstherrschaften und speziell — darin muß ich Seiner Excellenz vollständig Recht geben, — im Interesse der kleineren Leute absolut nicht herbeiführen dürfen. Es hat schon der Herr Referent auf die Verpflichtungen hingewiesen, welche die Dienstherrschaften nach S. 673.
§ 618 des Bürgerlichen Gesetzbuches haben, und wenn sie diese Verpflichtungen verletzen, so unterliegen die Dienstherrschaften den Verpflichtungen, welche ihnen das Haftpflichtgesetz auferlegt. Aber, meine Herren, die Ansprüche, welche aus der Unfallversicherung entstehen, gehen viel weiter als die Ansprüche aus der Haftpflicht. Sehen Sie, meine Herren, es hat der Herr Referent ganz mit Recht schon darauf aufmerksam gemacht, daß unter die Unfallversicherung nicht blos diejenigen Unfälle fallen, welche durch reines Unglück herbeigeführt werden, sondern auch diejenigen Unfälle, welche durch Fahrlässigkeit des Dienstboten selbst herbeigeführt werden. Und wenn ein solcher Unfall vorkommt, so würde das Unglück oder die Fahrlässigkeit im Zweifelsfalle präsumirt werden, und das eigene Verschulden des Dienstboten müßte von Seite der Dienstherrschaft bewiesen werden. Ja, meine Herren, wie oft wäre

S. 673. dann ein Dienstbote in der Lage, aus eigenem Verschulden, aus Bosheit in Fällen, wo er keine Zeugen hat, einen Unfall herbeizuführen oder sein grobes Verschulden abzuleugnen, und die Dienstherrschaft wäre dann für die Folgen eines solchen Verschuldens verantwortlich, wenn sie das Verschulden auf Seite des Dienstboten nicht beweisen kann.

Also, meine Herren, wir sind hier von der Landesgesetzgebung aus nicht in der Lage, diese Lücke der Reichsgesetzgebung in der Weise auszufüllen, wie der Herr Kollege Segitz mit seinem Antrage das verlangt. Das ist Sache der Reichsgesetzgebung und wird im Reichstage zu erwägen sein.

Nun, meine Herren, was können wir eigentlich hier vom Landtage aus thun? Das Eine, was wir am Ende gesetzlich festlegen könnten, wäre, daß jeder solcher Dienstbote von Seite der Dienstherrschaft versichert werden muß, also vielleicht bei irgend einer Privatversicherungsgesellschaft. Aber dazu haben wir doch gar keinen Anlaß, die Dienstherrschaft zu verpflichten, bei diesen Privatgesellschaften ihre Dienstboten versichern zu lassen und den Privatversicherungsgesellschaften auf diese Weise ein gutes Geschäft zuzuführen.

Nun, meine Herren, möchte ich darauf aufmerksam machen, welche Konsequenzen dann der Antrag, den der Herr Kollege Segitz gestellt hat, im praktischen Leben nach sich ziehen würde. Nehmen Sie z. B. einen Dienstboten an, eine Dienstmagd, welche für landwirthschaftliche Dienstleistungen eingestellt ist. Wenn diese Dienstmagd im Hause beschäftigt würde mit Arbeiten in der Küche oder mit Holztragen für die Küche oder mit ähnlichen Arbeiten, mit Waschen im Hause u. s. w. und es würde ihr bei dieser Gelegenheit ein Unfall passiren, so wäre die Dienstherrschaft zum vollen Ersatze nach dem Umfange der Unfallversicherung verpflichtet.

Meine Herren! Ich meine, aus diesem kurzen praktischen Beispiele ergibt sich schon von selbst, zu welchen großen und bedenklichen Konsequenzen der Antrag des Herrn Kollegen Segitz führen würde, und darum, glaube ich, müssen wir sagen: Wir können diesem Antrage unsere Zustimmung nicht geben!

Präsident: Herr Abgeordneter von Walter!

von Walter: Meine Herren! Der Herr Abgeordnete Segitz hat sich darauf berufen, daß ich im Justizausschusse die Anregung gemacht habe; das ist richtig. Ich habe in Folge meiner Thätigkeit im Landesversicherungsamte wiederholt unangenehm die in den Reichsunfallversicherungsgesetzen vorhandenen Lücken empfunden und geglaubt, daß in irgend einer Weise zu helfen sein werde, um den Dienstboten, wenn dieselben momentan in einem nicht versicherungspflichtigen Betriebe verwendet werden, dann, wenn sie einen Unfall erleiden, zu helfen. Ich habe die Anregung gegeben, allein der Herr Abgeordnete Segitz hätte sich schon daraus überzeugen können, daß ich einen Weg nicht gefunden habe, um das herbeizuführen, weil ich in zweiter Lesung die Sache nicht mehr anregte, was er auch seinerseits nicht gethan hat. Es ist rein unmöglich, den Weg zu betreten, den der Herr Abgeordnete Segitz betreten will, nämlich einfach für alle derartigen Unfälle die Dienstherrschaft in vollem Umfange der Entschädigung verantwortlich zu machen, welche nach der Unfallversicherung zu leisten ist. Es ist rein unmöglich; wir würden damit noch einen viel größeren Schaden herbeiführen, als dadurch herbeigeführt wird, daß der eine oder andere Dienstbote einmal in einer solchen Beschäftigung einen Unfall erleidet und nicht entschädigt wird. Wir würden die Existenz mancher Dienstherrschaften vernichten, während bei den Dienstboten in der Regel ein Unfall eine solche Wirkung nicht herbeiführen wird.

Auch ist es eine Frage, ob der Weg, den der Herr Abgeordnete Segitz vorschlägt, überhaupt zulässig ist, ob wir bei der selbständigen Regelung des Gesindewesens civilrechtliche Bestimmungen treffen können, die über das Gebiet der Haftung nach dem Bürgerlichen Gesetzbuch und über das Gebiet der Reichsversicherung so weit hinausgreifen. Auch diesen Gedanken habe ich mir überlegt. S. 673.
Ich habe übrigens auch vorsorglich mit verschiedenen Mitgliedern des Landesversicherungsamtes konferirt, und diese sind auch ihrerseits der Ueberzeugung gewesen, daß leider in diesem Falle keine andere Abhilfe zu treffen ist als die, daß durch Ausfüllung der Lücke in dem Unfallversicherungsgesetze geholfen werde. Mit Rücksicht darauf habe ich es unterlassen, in der zweiten Lesung meine Anregung zu wiederholen oder einen Antrag zu stellen. Ich meine, es wird sich auch der Herr Abgeordnete Segitz bei dem Stand der Sache damit begnügen müssen.

Präsident: Zum Worte ist Niemand mehr gemeldet; ich schließe die Diskussion. Das Schlußwort hat der Herr Referent. Der Herr Referent verzichtet.

Wir kommen nun zur Abstimmung über den Antrag „Segitz und Genossen“, den ich vorhin verlesen habe, und ich bitte diejenigen Herren, welche demselben zustimmen wollen, sich von den Sitzen zu erheben. (Geschieht.) Der Antrag ist abgelehnt.

Ich konstatire, daß gegen den Wortlaut des Artikel 13 eine Einwendung nicht erhoben worden ist; derselbe gilt als genehmigt.

Artikel 14.

Auch hier liegt ein Antrag der Herren Abgeordneten Segitz und Genossen vor (Beil. N²), welcher lautet: Die Kammer wolle beschließen, dem Artikel 14 folgenden Zusatz beizufügen:

> „Eine im Voraus getroffene Vereinbarung, nach der die Zahlung später erfolgen soll, ist nichtig.“

Ich eröffne die Diskussion auch über diesen Antrag und ertheile das Wort dem Herrn Referenten.

Wagner (Berichterstatter): Der Artikel 14 setzt einen Fall voraus, welcher wohl hauptsächlich nur ländliche Dienstboten betreffen wird. Denn er unterstellt, daß es sich um eine Lohnabmachung handelt, welche dahin geht, daß der dem Dienstboten zu gewährende Lohn nach einem längerem Zeitabschnitt als einem Vierteljahr bemessen wird, also bei || spielsweise den Fall, daß S. 674.
der Lohn jahrweise zu bezahlen ist, was am meisten nur bei ländlichen Dienstboten vorkommen wird. Der Art. 14 bestimmt nun, daß in einem solchen Falle der Dienstbote berechtigt sein soll, nach Ablauf je eines Vierteljahres die Hälfte seines Lohnes zu erheben. Meine Herren! Die Dienstboten sind heutzutage so geartet, daß sie in der Regel schon einen viel höheren Vorschuß haben werden, (Rufe: sehr richtig!) als zu leisten hier gesetzlich dem Dienstherrn die Pflicht auferlegt wird, so daß ich glaube, daß hiegegen eine Erinnerung nicht wird erhoben werden können.

Der zweite Absatz, welchen die Regierung vorschlug, lautet nun:

> Eine im Voraus getroffene Vereinbarung, nach der die Zahlung später erfolgen soll, ist nichtig.

Wenn also beispielsweise zwischen einem Oekonomen und seinem Dienstboten, der den Lohn nur jahrweise zu erhalten hat, ausgemacht wurde, daß die Bestimmung des Abs. 1 des Art. 14 nicht gelten soll, daß also der Dienstbote nach Ablauf von einem Vierteljahr nicht die Hälfte soll erheben dürfen, so

S. 674. wäre dieß nichtig. Nun, meine Herren, ich glaube, auch darauf kann man eingehen, denn die Dienstherrschaften werden, wie ich vorhin erwähnt habe, wohl kaum in der Lage sein, solche Dienstboten zu haben, welche sich einmal auf derartige Vereinbarungen einlassen, und welche zweitens nicht die Löhne viel früher in Anspruch nehmen, als es hier statuirt ist. In Folge dessen war der Ausschuß der Abgeordnetenkammer der Anschauung, daß dem Art. 14 unbedenklich beigestimmt werden kann.

Erheblichere Bedenken wurden erhoben im Reichsrathsausschusse und zwar anfänglich gegen Art. 14 überhaupt, dem man da überhaupt eine Tragweite beilegte, die er gar nicht hat. Zum Schlusse hat man sich im Reichsrathsausschusse dahin geeinigt, wenigstens den letzten Satz fallen zu lassen. Ich glaube, daß in dieser Beziehung der Reichsrathsausschuß auch von einer irrigen Anschauung ausgegangen ist, denn eine Veranlassung dazu gab ein Beispiel, welches ein Mitglied des hohen Ausschusses der Kammer der Reichsräthe vorgetragen hatte. Er sagte: „Ich pflege mit meinen Dienstboten abzumachen, daß sie dann, wenn sie zur Erntezeit oder um dieselbe austreten, bezüglich ihrer Löhne sich eine geringere Bezahlung gefallen lassen müssen, als wenn der Austritt zur ordentlichen Zeit oder wenigstens zu einer Zeit erfolgt, zu welcher die Arbeiten nicht so besonders dringlich sind.“ Dieser Fall gehört aber eigentlich gar nicht hieher, sondern gehört unter die Fälle, in welchen die Entschädigung wegen Kontraktbruches geregelt ist, und würde also auf Art. 20 einschlagen. Dieser Fall, welcher im Reichsrathsausschusse vorgetragen ist, wird, wie ich glaube, durch den Art. 14 nicht gedeckt, mag der letzte Absatz bleiben oder nicht.

Ich bin deßwegen, als die Sache in dritter Berathung an unseren Ausschuß gelangte, der Meinung gewesen, daß man in dieser Beziehung die ursprüngliche Regierungsvorlage wieder herstellen solle. Von Seite der k. Staatsregierung ist aber auf Wiederherstellung verzichtet worden, und in Folge dessen hat der Ausschuß beschlossen, den Art. 14 so anzunehmen, wie er vom Ausschusse der Reichsrathskammer beschlossen worden ist.

Nunmehr beantragt der Herr Kollege Segitz die Wiederherstellung der Regierungsvorlage. Meine Herren! Ich werde persönlich dafür stimmen, aber, nachdem ich als Referent den Ausschußbeschluß zu vertreten habe, erübrigt mir nichts, als Namens des Ausschusses zu beantragen, daß Sie diesem Antrage nicht beitreten wollen. Ich erkläre wiederholt, daß ich persönlich für den Antrag stimmen werde.

Präsident: Das Wort hat der Herr Abgeordnete Segitz.

Segitz: Wie vorhin der Herr Referent hervorgehoben hat, bezweckt unser Antrag lediglich die Wiederherstellung der Regierungsvorlage, beziehungsweise des Beschlusses des Justizausschusses der Kammer der Abgeordneten in erster Lesung.

Der Art. 14 wurde in dem Ausschusse der Kammer der Reichsräthe besonders angefochten; er soll der Artikel sein, wo die Vertragsfreiheit zwischen den Dienstboten und der Dienstherrschaft klaren Ausdruck findet, der das Autoritätsverhältniß der Dienstherrschaft besonders gefährdet. Insbesondere hat Beanstandung gefunden der Schlußpassus des Art. 14, den neu einzustellen wir verlangen. Das Schicksal dieses zweiten Absatzes hatte der Herr Referent bereits vorgeführt.

Der Justizausschuß der Abgeordnetenkammer hatte in zweiter Lesung darauf verzichtet, weil die Regierung nicht mehr darauf bestanden hat; daß kann aber nach meiner Auffassung für uns nicht maßgebend sein. Lehnen

Sie unseren Antrag ab, so besteht die Gefahr, daß der Vortheil, welcher den S. 674.
Dienstboten durch Art. 14 eingeräumt wird, ihnen wiederum entgeht dadurch, daß Theilzahlung des Lohnes durch Vertrag ausgeschlossen wird. Das wäre aber insoferne mißlich, als es nicht nur Dienstboten gibt, die im Voraus Vorschüsse nehmen, sondern auch Dienstherrschaften, die mit der Lohnzahlung im Rückstande sind. Es kommt häufig vor, daß die Dienstboten nicht das nöthige Geld erlangen können, um zur Zeit die erforderlichen Einkäufe zu machen; sie müssen dann Waaren auf Kredit nehmen und dafür höhere Preise bezahlen, als wie diß sonst der Fall wäre.

Diese Thatsache allein, glaube ich, meine Herren, sollte Sie veranlassen, unserem Antrage zuzustimmen.

Präsident: Zum Worte ist Niemand mehr gemeldet; ich schließe die Diskussion.

Das Schlußwort hat der Herr Referent. Der Herr Referent verzichtet.

Wir kommen zur Abstimmung und ich bitte diejenigen Herren, welche dem verlesenen Antrage „Segitz und Genossen“ ihre Zustimmung ertheilen wollen, sich von den Sitzen zu erheben. (Geschieht.)

Das ist die Minderheit; der Antrag ist abgelehnt.

Es bleibt, da ein Widerspruch nicht erhoben worden ist, bei dem Wortlaute des Artikel 14 und ich konstatire hiemit, daß derselbe angenommen ist.

Artikel 14a.

Herr Referent!

Wagner (Berichterstatter): Meine Herren! Der Art. 14a war auf meinen Antrag im Ausschusse eingestellt worden; er betrifft die Verjährung des Dienstbotenlohnes. Diese Verjährung tritt nach dem Bürgerl. Gesetzbuche schon ein nach zwei Jahren. Nun, meine Herren, gibt es ja glücklicher Weise noch Fälle, in welchen Dienstboten länger als einige Jahre im Dienste ein und derselben Dienstherrschaft bleiben, und es gibt auch noch solche Dienstboten, welche ihren Lohn bei der Dienstherrschaft stehen lassen und oft während ihres ganzen Dienstverhältnisses nicht erheben, ohne etwas Besonderes auszumachen, blos deßwegen, weil sie ein großes Vertrauen zu ihrer Dienstherrschaft haben.
Mir selbst sind schon in der Praxis derartige Fälle vorgekommen, daß nach S. 675.
Ablauf eines längeren Dienstverhältnisses die Dienstboten kamen und ihren Lohn klagbar geltend machten, und daß dann von Seite der Dienstherrschaft die Einrede der Verjährung vorgeschützt wurde. Diese Fälle wurden außerordentlich mißlich empfunden; die Richter waren selbst in Verlegenheit. Nachdem auf der einen Seite zugestanden war, daß der Lohn nicht bezahlt wurde, und nachdem auf der anderen Seite die Verjährungseinrede vorlag, so konnte man sich nicht anders helfen, als daß man die Behauptung, welche aufgestellt wurde vom Vertreter des Dienstboten, es sei hier eine Novation des Dienstlohnes in ein Darlehen vorgelegen, daß man dieser Behauptung Glauben schenkte, insbesondere wenn einige adminikulirende Umstände dazu treten, und daß man hier dem Dienstboten schließlich zu seinem Rechte verhalf. Eine solche Novation gibt es — vorbehaltlich des § 607 Abs. 2 des Bürgerl. Gesetzbuchs — künftighin nicht mehr, und mit diesem Gesichtspunkte dürfte künftighin nicht mehr geholfen werden können.

Nun, meine Herren, bin ich der Meinung, daß man in solchen Fällen doch den Dienstboten schützen muß, und zwar deßwegen, weil es sich um Dienstboten handelt, welche eine Berücksichtigung verdienen, weil sie geradezu zu den seltenen Exemplaren von Dienstboten gehören. Der Schutz, welcher durch Bestimmung des Abs. 1 des Art. 14a gewährt ist, liegt nun darin, daß

S. 675. der Dienstlohn in einem solchen Falle, wenn das Dienstverhältniß länger als zwei Jahre gedauert hat, erst als fällig anzusehen ist, wenn das Dienstbotenverhältniß sich löst, also in jenem Zeitpunkte, in welchem der Dienstbote unter allen Umständen seinen Lohn verlangen wird.

Es ist nun dagegen eingewendet worden, daß dieser Art. 14a das Verjährungsinstitut nahezu werthlos macht. Meine Herren! Es ist das nicht einmal der Fall, denn einen Nachtheil habe auch ich im konkreten Falle dem Dienstboten auferlegt. Während nämlich sonst der Schuldner die Zahlungseinrede beweisen muß, muß hier umgekehrt der Dienstbote beweisen, daß nicht gezahlt wurde. Es ist im Ausschusse der Reichsrathskammer hiegegen das opponirt worden, daß man sagte: Wie wird der Dienstbote den Beweis führen können? Er kann ihn führen durch das Geständniß des Dienstherrn, es können vielleicht Urkunden oder Zeugen vorliegen, aus welchen ein außergerichtliches Geständniß der Dienstherrschaft erhellt, und eventuell bleibt eben doch für solche Fälle der Eid noch übrig.

Meine Herren! Ich bin der Meinung, daß insbesondere dann, wenn feststeht schon durch Geständniß, das der Dienstherr dahin ablegt, daß er den Lohn nicht bezahlt hat, es eine außerordentliche Härte ist, wenn man einen armen Dienstboten abweisen muß deßwegen, weil er die Verjährungsbestimmung nicht kannte, und deßwegen, weil er unglücklicher Weise das Vertrauen in die Dienstherrschaft setzte, daß sie ihn nicht in solcher Weise behandeln werde.

Ich bin der Meinung, daß, nachdem solche Fälle vorkommen — es ist nicht blos von mir behauptet worden, daß solche Fälle vorkommen, sondern auch von anderen Mitgliedern des Ausschusses —, ich sage, ich bin der Meinung, daß man die vorgeschlagene Schutzbestimmung für die Dienstboten hinsichtlich solcher exzeptionellen Fälle aufstellen sollte, und ich bitte Sie daher, diesem Art. 14a, welchen wir bei der dritten Berathung im Ausschusse entgegen dem Beschlusse des Reichsrathsausschusses wiedereinstellten, Ihre Zustimmung geben zu wollen.

Präsident: Das Wort nehmen Seine Excellenz der Herr Justizminister.

Der k. Staatsminister Dr. Freiherr **von Leonrod:** Meine Herren! Ich ersuche Sie, den Art. 14a zu streichen. Dieser Artikel stund, wie Sie wissen, nicht in der Regierungsvorlage; er wurde durch einen Mehrheitsbeschluß Ihres Ausschusses eingesetzt; er wurde in dem Ausschusse der Kammer der Reichsräthe einstimmig abgelehnt, bei der weiteren Berathung Ihres Ausschusses aber durch Mehrheitsbeschluß wieder hergestellt. Der Artikel nimmt der Dienstherrschaft für die ganze Dauer des Dienstverhältnisses das Recht, sich auf die Verjährung zu berufen. Die Dienstherrschaft muß, wenn der Dienstbote nach zwanzig und mehr Jahren in dem Dienstverhältniß stirbt, mit den Erben des Dienstboten sich auf den Streit darüber einlassen, wie hoch der vereinbarte Lohn war, ob der Lohn bezahlt worden ist, wann er bezahlt wurde u. s. w. Nun beruht die Verjährung auf der Erfahrung, daß die Ansprüche in einer gewissen Zeit entweder erledigt oder weiter verfolgt werden. Ansprüche, die über die Verjährungszeit hinaus ruhen, sind sehr selten. Wenn ein Anspruch nach Ablauf der Verjährungszeit erst geltend gemacht wird, so hat er die Vermuthung gegen sich, daß er nicht begründet ist. Die Verjährung hat den Zweck, daß sie den angeblich Verpflichteten schützt gegen Ansprüche, welche nicht begründet sind. Der angeblich Verpflichtete kann den Anspruch durch Berufung auf die Verjährung ohne Weiteres ablehnen. Um Hunderte von Nichtverpflichteten gegen die Behelligung mit abgethanenen An-

sprüchen zu schützen, wird die Berufung auf die Verjährung zugelassen, die es aller- S. 675.
dings möglich macht, daß das eine oder das andere Mal auch ein wirklich Verpflichteter sie sich zu nutze macht, um sich von seiner Verpflichtung zu befreien. Die Umkehrung der Beweislast, wie sie im Abs. 2 des Art. 14a bestimmt ist, genügt nicht, sie gibt nicht denselben Schutz wie die Verjährung. Wenn die Herrschaft ihren Prozeß schließlich gewinnt, weil der Dienstbote den Beweis nicht liefern kann, so bleiben die Kosten an ihr hängen; die Dienstherrschaft soll aber vor dem Prozeß, ehe sie Geld aufwenden muß, geschützt werden gegen unbegründete Ansprüche. Ist der Anspruch offenbar verjährt, so kann für diese Prozesse, die ja fast alle klägerischerseits im Armenrechte geführt werden, das Armenrechtgesuch verweigert werden; wird aber nach dem Art. 14a eine Stundung des Lohnes angenommen, so müßte wohl das Armenrecht bewilligt werden, und dann wird der Prozeß begonnen, vielleicht nicht in der Hoffnung, ihn zu gewinnen, sondern in der Hoffnung, im Vergleichsweg eine Abfindung herauszuschlagen.

Meine Herren! Solche Vorschriften, wie sie der Art. 14a bringt, waren bisher dem bayerischen Rechte fremd, kein anderer deutscher Staat will sie einführen; ich glaube, daß das eine bayerische Besonderheit sein würde, um die man uns in den anderen Staaten nicht beneiden würde.

Wenn der Herr Referent glaubt, daß Art. 14a deßwegen nothwendig sei, weil der Dienstbote die Vorschriften über die Verjährung nicht kenne und dadurch in Nachtheil kommen könne, so weiß ich ein einfacheres und besseres Mittel. Es ist im Ausschusse mehrmals davon die Rede gewesen, daß neue Dienstbotenbücher herausgegeben werden sollen, in welche die wesentlichen Bestimmungen des Gesinderechts aufgenommen werden, damit Dienstherrschaften und Dienstboten sich leicht über das bestehende Recht unterrichten können. Meine Herren! Mit zwei Zeilen fügt man ein, daß nach § 196 Nr. 8 des Bürgerl. Gesetz-
buchs die Lohnansprüche || in zwei Jahren verjähren, dann kann kein Dienstherr S. 676.
und kein Dienstbote mehr im Zweifel sein, wie es sich mit der Verjährung verhält.

Der Herr Referent hat als einen weiteren Grund für den Art. 14a geltend gemacht, daß man unter der Herrschaft des Bürgerl. Gesetzbuchs mit der Annahme einer Novation nicht mehr helfen könne; ich glaube, er wird mir zugeben, daß das auf einem Irrthum beruht. Das Bürgerl. Gesetzbuch steht in keiner Weise der Umwandlung einer bestehenden Schuld in ein Darlehen entgegen; sie ist im § 607 Abs. 2 ausdrücklich zugelassen. Sollte der Art. 14a Aufnahme finden, so möchte ich allen Dienstherrschaften den Rath ertheilen, daß sie vom 1. Januar 1900 an nie mehr einem Dienstboten einen Lohn auszahlen, ohne daß sie sich von demselben eine Quittung geben lassen, ferner daß sie diese Quittungen so lange aufbewahren, als das Dienstverhältniß dauert, und noch zwei Jahre darüber, also vielleicht 22, 25 Jahre, um nicht später den Lohn noch einmal zahlen zu müssen.

Präsident: Herr Abgeordneter Lerno!

Lerno: Meine Herren! Ich möchte Sie auch bitten, diesen Art. 14a abzulehnen; ich habe als Korreferent im Ausschusse in beiden Lesungen dagegen Stellung genommen und erlaube mir, ganz kurz die Gründe Ihnen vorzuführen, die mich zu meinem ablehnenden Votum geführt haben.

Erstens einmal ist es ein juristischer. Es würde durch die hier in Abs. 1 sowohl wie in Abs. 2 aufgenommene Bestimmung eigentlich das geltende Recht durchbrochen. In Abs. 1 würde das Verjährungsrecht geändert, was man

S. 676. ohne zwingenden Grund nicht thun soll, und Abs. 2 wäre ein Eingriff in das Prozeßrecht, der auch nicht gerechtfertigt ist.

Auch in der Praxis würde die Annahme des Artikel zu großen Mißhelligkeiten führen.

Der Herr Justizminister hat schon eben darauf hingewiesen, daß die nothwendige Folge für vorsichtige Dienstherrschaften diejenige wäre, daß sie jedesmal bei der Lohnzahlung sich vom Dienstboten eine Quittung ausstellen lassen und diese Quittung Zeitlebens aufheben müßten, auch für die Erben, weil sie nicht wüßten, ob nicht noch nach ihrem Tode ein Dienstbote daher kommt und sagt: „Ich war einmal bei der Dienstherrschaft und ich habe den Lohn noch gut" — die allgemeine Verjährung würde ja erst in 30 Jahren eintreten. Also was wäre das für eine Last mit dem Aufheben solcher fliegender Blätter!

Ich verkenne die wohlwollende Tendenz des Antrages des Herrn Referenten den Dienstboten gegenüber durchaus nicht, aber ich meine, die praktischen Fälle, die er im Auge hat, kommen doch eigentlich nicht so sehr häufig vor.

Es kann namentlich bei geistlichen Herren oder bei sehr naher Verwandtschaft bisweilen der Fall sein, daß einem weiblichen Dienstboten ein bestimmter Lohn nicht ausgemacht ist und gleichwohl das Dienstverhältniß Jahre lang fortgesetzt und abgesehen von freiwilligen Zuwendungen des Dienstherrn ein eigentlicher Lohn nicht bezahlt wird. Allein ich möchte bezweifeln, ob hier überhaupt ein Dienstverhältniß im Sinne des Gesinderechtes besteht, denn hier werden die Dienste doch nur geleistet auf Grund des Verwandtschaftsverhältnisses oder in Folge Anhoffung auf Einsetzung im Testament, auf Erbschaft, die zugesichert worden ist, u. dergl. Da kann man von einem Dienstverhältniß im eigentlichen Sinne wohl nicht sprechen.

Der andere Fall, der häufiger vorkommen wird im praktischen Leben, ist der, daß der Dienstbote den ihm ausbedungenen Lohn bei der Dienstherrschaft stehen läßt. Nun mag es ja in der That bisweilen schon vorgekommen sein, daß die Dienstherrschaften hinterher solche stehen gebliebene Löhne nicht mehr ausbezahlt oder gar abgeleugnet haben, aber für so seltene Fälle brauchen wir gewiß nicht eigene gesetzliche Bestimmungen zu treffen.

Ich meine nun, gerade wenn wir den Antrag ablehnen und eine solche Bestimmung nicht in's Gesetz aufnehmen, so ergibt sich die wohlthätige Folge, daß solche Dienstboten aufmerksamer werden und darauf bestehen, daß sie ihren Lohn regelmäßig bekommen, und das wäre der richtige und wünschenswerthe Zustand. Bei einer ordentlichen Dienstherrschaft ist es überhaupt gebräuchlich, daß der Dienstbote, welcher den ausbezahlten Lohn nicht braucht, ihn zwar der Herrschaft zurückgibt, aber nicht zu dem Zwecke, daß diese das Geld bei sich aufhebt, sondern daß diese es in eine Sparkasse legt. Jeder ordentliche Dienstbote soll sein Sparkassebuch haben und ist dieß der Fall, so fallen alle jene Befürchtungen weg, denen der Antrag des Herrn Referenten vorbeugen will.

Präsident: Das Wort wird nicht weiter begehrt; ich schließe die Diskussion.

Das Schlußwort hat der Herr Referent.

Wagner (Berichterstatter): Meine Herren! Die Einwendungen, welche gegen Art. 14a erhoben worden sind, sind nach meiner Auffassung nicht zutreffend.

Der Herr Kollege Lerno hat bemerkt, daß es leider hie und da vorkommt, daß ein Dienstherr einen schuldigen Lohn ableugnet. Meine Herren!

Darum handelt es sich ja nicht, es handelt sich um exceptionelle Fälle, für S. 676.
welche ich eine exceptionelle Bestimmung treffen will.

Es ist auch nicht an dem, was Seine Excellenz der Herr Minister ausgeführt hat, daß durch diesen Artikel der Dienstherrschaft das Recht benommen wird, sich auf Verjährung zu berufen. Ja, meine Herren, wir haben Fälle unterstellt, wo es sich um Dienstboten handelte, die mindestens 2 Jahre im Dienstverhältniß sich befunden haben. Für alle anderen Dienstboten gilt ja die Sache überhaupt nicht, also für alle diese Fälle, welche heutzutage leider weitaus die Majorität sind, kommt der Artikel ja gar nicht zur Anwendung.

Nun meinen Seine Excellenz, die Dienstherrschaft komme in eine schwierige Lage, wenn der Dienstbote gestorben ist und wenn dann die Erben des Dienstboten kommen und den Lohn einklagen. Ja, das kann geschehen, mag die Bestimmung hier getroffen werden oder mag sie nicht getroffen werden. Die Erben müssen dann, wenn sie den Lohn einklagen, beweisen, daß er nicht bezahlt ist, und, meine Herren, diesen Beweis werden sie wohl in den seltensten Fällen führen können, wenn der Dienstherr das nicht selber zugesteht, daß der Lohn nicht bezahlt ist, oder wenn er sich schließlich nicht weigert, den Eid zu schwören, daß er ihn bezahlt hat. Aber, meine Herren, wenn zugegeben ist, daß der Lohn noch nicht bezahlt wurde, warum soll man dann gegenüber einem so armen Teufel dem Dienstherrn und nicht dem Dienstboten helfen?

Auch das ist nicht richtig, was Seine Excellenz bemerken, daß damit, wenn mein Antrag abgelehnt werde, Prozesse, welche muthwillig geführt werden,
abgeschnitten ‖ werden. Meine Herren! Die können auch dann vorkommen, S. 677.
und es wird das wohl auch in der Regel geschehen; man wird dann, wenn mein Antrag abgelehnt wird, eben kommen und sagen, der Lohn sei gestundet worden und es sei dadurch die Verjährung unterbrochen. Dann muß die Herrschaft geradeso den Prozeß durchführen, wie er durchgeführt werden muß in dem Falle, den ich unterstelle, und das Gericht wird auch nicht in der Lage sein, das Armenrechtsgesuch abzuweisen. Aber, meine Herren, schließlich kann es dann vorkommen, daß erwiesen wird, mit der Stundung ist es nichts, es ist aber erwiesen, daß der Lohn noch nicht bezahlt wurde, und das Gericht kommt in die unangenehme Lage, sagen zu müssen: ja, der Lohn ist verjährt, die Klage muß aus diesem Grunde abgewiesen werden, weil der Einwand der Stundung nicht erwiesen werden kann, obwohl erwiesen ist, daß die Dienstherrschaft den Lohn noch nicht bezahlt hat.

Seine Excellenz der Herr Minister meinen dann, man kann einfach dadurch helfen, daß man in die Dienstbotenbücher die Verjährungsbestimmung hineinschreibt. Ich halte das für sehr gut, aber, meine Herren, in dem Falle, den ich unterstelle, wird auch dieses Mittel versagen. Meine Herren! Nehmen Sie den Fall, ein Mädchen tritt meinetwegen im 16. Lebensjahre bei einer Herrschaft in Dienst, bleibt 20 Jahre in demselben und tritt dann aus. Meine Herren! Das Mädchen nimmt das Dienstbotenbuch in die Hand und übergibt es der Herrschaft. Die wenigsten Dienstboten lesen, was in dem Buche darin steht; ich glaube, fast keiner wird es lesen, und das Mädchen weiß also die 20 Jahre, trotzdem es recht schön in dem Buche darinsteht, nichts davon, wie es damit steht, denn das Dienstbotenbuch wird während der ganzen Zeit von der Herrschaft aufbewahrt und das Mädchen kommt nicht dazu, in demselben einmal zu lesen, sie erfährt nichts und kümmert sich nicht darum, sie ist so naiv, das vollste Vertrauen in die Dienstherrschaft zu setzen, und nun nach 20 Jahren wird ihr gesagt: ja, den Lohn für die 2 letzten Jahre kriegst du,

S. 677. aber für die anderen 18 Jahre ist der Lohn verjährt, da kriegst du nichts. Meine Herren! Wer das billigen kann, den beneide ich nicht.

Meine Herren! Es sagt Seine Excellenz der Herr Minister auch: ja, die Herrschaften werden dann genöthigt, sich Quittungen ausstellen zu lassen und dieselben zeitlebens aufzubewahren. Nun, meine Herren, daß ist in dem Falle, welchen ich im Auge habe, wieder nicht der Fall, denn dieser Fall kann nur eintreten gegenüber sehr soliden Dienstboten, die sehr lange bleiben. Für alle Dienstboten, die nicht wenigstens 2 Jahre bleiben oder resp. die nicht über 2 Jahre bleiben, trifft der Artikel gar nicht zu. Also bezüglich dieser ist die Quittungsertheilung und Quittungsaufhebung nicht nothwendig und auch in allen übrigen Fällen, meine Herren, wird das kaum etwas nützen. Denn selbst wenn die Dienstherrschaft eine Quittung in Händen hat, so ist sie nicht gegen muthwillige Prozesse geschützt: es kann auch gegenüber einer Quittung noch eine Klage erhoben werden. Es kann der Einwand der Fälschung kommen, es kann irgend ein Einwand kommen, welcher die Quittung als werthlos darstellt.

Also, meine Herren, mit diesen Dingen ist es nichts. Es ist uns heute früh von der sozialdemokratischen Partei vorgeworfen worden, daß wir hier mit zweierlei Maß messen, daß wir den Dienstboten nicht zu ihrem Rechte verhelfen. Hier ist ein Punkt, in welchem es sich darum handelt, eine Unbilligkeit in gewissen exceptionellen Fällen zu vermeiden. Auch der Herr Kollege Lerno hat zugegeben, daß solche Fälle vorkommen können und, nachdem solche Fälle vorkommen können, glaube ich auch, daß wir auch dafür sorgen müssen, daß solche Unbilligkeiten vermieden werden, daß wir solchen armen Teufeln helfen müssen.

Deßwegen bitte ich Sie, dem Art. 14a Ihre Zustimmung zu geben.

Präsident: Wir kommen zur Abstimmung. Wir stimmen in positiver Form ab und ich ersuche diejenigen Herren, welche dem Artikel 14a zustimmen wollen, sich von den Sitzen zu erheben. (Geschieht.)

Das ist die Mehrheit; Artikel 14a ist angenommen.

Artikel 15.

Auch hier ist ein Antrag der Herren Abgeordneten Segitz und Genossen (Beil. N²) einschlägig, welcher im Artikel 15 die Worte: „oder grober Fahrlässigkeit" gestrichen haben will.

Ich eröffne die Diskussion über diesen Antrag und diesen Artikel und ertheile das Wort dem Herrn Referenten.

Wagner (Berichterstatter): Der Art. 15 betrifft die Aufrechnungsbefugniß der Dienstherrschaft gegenüber der Lohnforderung des Dienstboten. Wenn die Bestimmung des Art. 15 nicht vorliegen würde, so könnte eine Dienstherrschaft, welche von ihrem Dienstboten geschädigt wurde und deßhalb einen Ersatzanspruch gegen den Dienstboten hat, den Lohn, welchen der Dienstbote von der Dienstherrschaft zu fordern hat, für diese Entschädigungsforderung nicht in Anspruch nehmen oder wenigstens nur unter gewissen Voraussetzungen in Anspruch nehmen. Meine Herren! Nach § 394 Satz 1 des Bürgerl. Gesetzbuchs ist nämlich die Aufrechnung so weit ausgeschlossen, als eine Pfändung nicht erfolgen kann, und nach der Civilprozeßordnung, nunmehr § 850 kann der Lohn eines Dienstboten erst beschlagnahmt werden, nachdem der Lohn fällig geworden ist und ein Tag nach der Fälligkeit verflossen ist, ohne daß er eingefordert wurde. Meine Herren! Nur unter dieser Voraussetzung wäre die Aufrechnung zulässig, und nachdem der Dienstbote, wenn das Dienstboten-

verhältniß sich löst, sofort die Zahlung des Lohnes regelmäßig verlangen wird, S. 677.
so wäre die Dienstherrschaft nicht in der Lage, ihren Entschädigungsanspruch gegen die Lohnforderung des Dienstboten geltend zu machen. Obwohl sie vielleicht eine viel größere Entschädigungsforderung gegen den Dienstboten hat, als die Lohnforderung beträgt, so wäre sie doch genöthigt, den Lohn ganz und voll auszubezahlen und zu suchen, wie sie auf einem andern Wege zu ihrem Geld für die Entschädigungsforderung kommt, und das würde in der Regel nicht der Fall sein.

Nun ist der Art. 15 aber auch in dieser Richtung keine allgemeine Bestimmung. Er sagt nicht, daß die Dienstherrschaft für jede Entschädigungsforderung, welche sie hat, die Aufrechnung geltend machen kann. Meine Herren! Es sagt, oder vielmehr es sagte Art. 15 nach der Regierungsvorlage, daß die Aufrechnung zulässig sei nur zu Gunsten einer solchen Entschädigungsforderung der Dienstherrschaft, welche aus einer vorsätzlichen Verletzung der dem Dienstboten obliegenden Verpflichtungen zugegangen ist.

Im Ausschusse wurde diese Aufrechnungsbefugniß der Dienstherrschaft ausgedehnt auf den Fall einer aus grober Fahrlässigkeit verursachten Verletzung der dem Dienstboten obliegenden Verpflichtung.

Der Antrag des Herrn Kollegen Segitz bezweckt auch hier die Wieder- S. 678.
herstellung der Regierungsvorlage und sucht also auch hier die Dienstherrschaft gegenüber dem Dienstboten in Nachtheil zu versetzen, und hier, meine ich, gewiß aus einem unbilligen Grunde.

Meine Herren! Im Ausschusse wurde, wenn ich mich recht entsinne, folgendes Beispiel gewählt: Es beauftragt ein Landwirth seinen Knecht, auf's Feld mit dem Fuhrwerk zu fahren; statt dessen begibt sich der Knecht in ein Wirthshaus, an welchem er vorbeifahren muß, läßt sein Fuhrwerk draußen stehen, betrinkt sich, das Fuhrwerk geht durch, es passirt ein Unglück und die Dienstherrschaft hat einen großen Schaden. Es handelt sich hier nicht um einen Schaden, welcher aus Vorsatz der Dienstherrschaft zugefügt wurde, sondern um einen Schaden, welcher gewiß durch äußerst grobe Pflichtverletzung des Dienstboten herbeigeführt worden ist. (Sehr richtig!) Wenn nun dieser Dienstbote noch 50 M. Lohn stehen hat bei der Dienstherrschaft und der Schaden beträgt mehr wie 500 M. und der Herr muß, wenn er den Knecht wegen Pflichtverletzung davonjagt, die 50 M. dem Dienstknecht auch noch herausbezahlen, während er für seine 500 M. nichts bekommt, wird da der Dienstherr nicht mit Recht aufgebracht sein, wenn ihm nicht einmal dieser Schutz gewährt wird, daß er diese 50 M gegen seine viel größere Forderung von 500 M. aufrechnen kann? Meine Herren! Das wäre um so mehr zu beklagen, als bisher die Befugnisse der Dienstherrschaft in dieser Beziehung noch sehr viel weiter gingen; denn bisher kann wegen jeder aus irgend einer Fahrlässigkeit hervorgegangenen Beschädigung die Aufrechnungsbefugniß geltend gemacht werden.

Meine Herren! Wir sind der Meinung gewesen, daß man diese Befugnisse wegen Beschädigungen, die aus geringen Versehen hervorgegangen sind, nicht zugeben soll. Es wird das schon im Einzelfalle von Seite der Dienstherrschaft mißlich empfunden werden und wir werden vielleicht schon deßwegen Vorwürfe bekommen.

Aber, meine Herren, in dieser Richtung bestehen Billigkeitsgründe. Es kann gesagt werden, daß manchmal, namentlich in den Städten, es Dienstherrschaften gibt, welche mit ihren Anforderungen gegen das Dienstpersonal allzuweit gehen. Wir wollten nach dieser Richtung hin auch den Dienstboten gegenüber eine Billigkeit walten lassen, aber, meine Herren, nur so weit, als

S. 678. der Ausschuß der Kammer der Abgeordneten gegangen ist; nur so weit zu gehen und das aufrecht zu erhalten, das müssen wir unter allen Umständen festhalten, und ich muß Ihnen daher Namens des Ausschusses empfehlen, den Antrag des Herrn Kollegen Segitz abzulehnen und dem Ausschußbeschluß Ihre Zustimmung geben zu wollen.

Präsident: Herr Abgeordneter Segitz!

Segitz: Meine Herren! Ich habe im Ausschusse den Antrag gestellt, den Art. 15 ganz zu streichen; ich bin auch jetzt noch der Meinung, daß Art. 15 der Dienstherrschaft Rechte einräumt, die sehr leicht mißbraucht werden können und wahrscheinlich auch sehr häufig mißbraucht werden. Es ist mir darauf entgegnet worden, daß auch gegenüber den Beamten eine solche gesetzliche Bestimmung besteht. Es ist darauf hingewiesen worden, daß auch dem Arbeitgeber in der Gewerbeordnung unter gewissen Voraussetzungen das Recht der Lohneinbehaltung eingeräumt wird. Nach meiner Auffassung sind beide Beispiele nicht zutreffend. Daß man den Beamten in dieser Beziehung mit dem Dienstboten nicht auf eine Stufe stellen kann, scheint mir offenkundig zu sein. Vorgesetzte des Beamten sind der Staat und die Gemeinde, Körperschaften, die sich zu Willkürlichkeiten nicht leicht verstehen werden. Außerdem sind die Beamten selbst in der Lage, sich leichter zu schützen, wie der Dienstbote, weil sie die gesetzlichen Bestimmungen kennen und wissen, welchen Weg sie zu gehen haben, wenn sie eventuell geschädigt werden. Ein ähnliches Verhältniß besteht beim Arbeiter. Der Arbeiter hat das Koalitionsrecht, das Vereinigungsrecht, in seiner Gewerkschaft wird ihm Rechtsschutz gewährt, die Gewerkschaft tritt als Gesammtheit dem wirthschaftlich stärkeren Unternehmer gegenüber und schützt die Sache des gewerblichen Arbeiters. Das Alles fehlt dem Dienstboten und ich bin deßhalb der Meinung, daß nach wie vor die Berechtigung bestehen würde, den Art. 15 zu streichen. Dazu ist leider keine Aussicht vorhanden und ich möchte deßhalb mindestens bitten, die Verschärfung, die die Regierungsvorlage im Ausschusse zu Ungunsten der Dienstboten gefunden hat, abzulehnen.

Bedenken Sie Eines: was grobe Fahrlässigkeit ist, entscheidet nicht in erster Linie der Richter, sondern die Dienstherrschaft und diese wird sich nicht an den juristischen Begriff der groben Fahrlässigkeit halten, sondern sie wird den Begriff der groben Fahrlässigkeit nach eigenem Ermessen beurtheilen. Auf diesen Umstand hat insbesondere der Vertreter der k. Staatsregierung hingewiesen und damit den Ausschußbeschluß zum Fall bringen wollen. Es ist das nicht gelungen, aber Sie erfüllen, glaube ich, nur das Gebot der sozialen Gerechtigkeit und begehen einen Akt der Klugheit, wenn Sie unserem Antrage zustimmen.

Präsident: Herr Abgeordneter Dr. Casselmann!

Dr. **Casselmann:** Meine Herren! Ich glaube, daß der letzte Satz des Herrn Vorredners nicht richtig ist. Ich glaube, daß wir geradezu einen Akt kompleter Unklugheit begehen würden, wenn wir dem Antrage zustimmen würden. Herr Abgeordneter Segitz geht ja sehr weit, indem er sogar meint, man könne den Art. 15 überhaupt streichen, nur müsse er sagen, leider werde einem solchen Antrage seinerseits von uns nicht zugestimmt werden. Da hat er sehr Recht. Gerade aus dem Umstand, daß er selbst in dem Fall, wo ein Dienstbote vorsätzlich seiner Dienstherrschaft einen Schaden zugefügt, der Dienstherrschaft keine Aufrechnungsbefugniß geben will, geht hervor, auf welchem prinzipiell gegensätzlichen Standpunkt der Herr Abgeordnete Segitz mit seinen Genossen uns gegenübersteht.

Meine Herren! Ich habe vorhin schon gesagt, ich will keinen einseitigen S. 678.
Schutz des Dienstherrn dem Dienstboten gegenüber, ich will aber auch keinen einseitigen Schutz des Dienstboten gegenüber der Dienstherrschaft. Wenn man so weit gehen wollte, in einem Falle, wo der Dienstbote vorsätzlich dem Dienstherrn einen Schaden zufügt, zu sagen, der Dienstherr darf nicht einmal den noch rückständigen Lohn, den er in Händen hat, aufrechnen gegenüber dem dolosen Verhalten des Dienstboten, so wäre das eine Sache, die ich einfach nicht verstehe, und ich bin überzeugt, wenn heute der sozialdemokratische Zukunftsstaat kommen würde und es dort im Laufe der Zeit solche Gegensätze geben würde, daß auch die Herren in dem Zukunftsstaat eine solche einseitige Behandlung einer einzelnen Kategorie nicht würden eintreten lassen.

Meine Herren! Der Herr Abgeordnete Segitz hat sich bezüglich seines S. 679.
Antrages einigermaßen auf die k. Staatsregierung berufen. Es hat ihm das offenbar ein großes Vergnügen gemacht, daß er auch einmal in der Lage ist, gegenüber der Majorität des Hauses die Ansicht der k. Staatsregierung für sich beanspruchen zu können. Soweit ich die Ausschußverhandlungen im Kopfe habe, hat der Herr Vertreter der k. Staatsregierung seiner Zeit eigentlich mehr seine Bedenken dahin geäußert, daß man nicht in den Fällen der Fahrlässigkeit überhaupt, also in allen Fällen der Fahrlässigkeit der Dienstherrschaft das Recht der Aufrechnung einräumen solle, und darum hat man sich im Ausschusse dahin verstanden, den Begriff enger zu fixiren und nur die grobe Fahrlässigkeit in den Artikel aufzunehmen. Man hat gut daran gethan.

Meine Herren! Es gibt eine Reihe von Fällen, wo es unbillig wäre, das gebe ich vollkommen zu, wenn der Dienstherrschaft dem Dienstboten gegenüber ein Recht auf Aufrechnung zustehen würde. Denken Sie an den Fall, daß einem Dienstmädchen einmal ein Teller zerbricht, da würde man es nicht verstehen, wenn zu Gunsten der Dienstherrschaft dem wirthschaftlich schwächeren Dienstboten gegenüber ein Aufrechnungsrecht eintreten würde. Aber, meine Herren, wenn es sich um grobe Fahrlässigkeit handelt, um Fälle, wie der Herr Referent einen aus dem Ausschusse heraus angeführt hat, ja, da meine ich, geht es mir ebenso contre coeur, wie im Falle der Vorsätzlichkeit, wenn die Dienstherrschaft dem Dienstboten gegenüber nicht das Recht der Aufrechnung hätte.

Ich meine also, man sollte es bei dem Antrage des Ausschusses lassen und den Antrag „Segitz" ablehnen. (Lebhaftes Bravo.)

Präsident: Zum Worte ist Niemand mehr gemeldet; ich schließe die Diskussion.

Das Schlußwort hat der Herr Referent.

Der Herr Referent verzichtet. Wir kommen zur Abstimmung.

Ich bitte diejenigen Herren, welche im Artikel 15 die Worte: „oder grober Fahrlässigkeit" streichen wollen, sich von den Sitzen zu erheben. (Geschieht.) Der Antrag ist abgelehnt.

Ich konstatire, daß der Artikel 15 in der vorliegenden Fassung Ihre Genehmigung erhalten hat.

Artikel 16 und **17** werden ohne Erörterung angenommen.

Artikel 18.

Hier ist ein weiterer Antrag der Herren Abgeordneten Segitz und Genossen (Beil. N²) einschlägig, welcher in Ziff. 2 die Worte „mehrmaliger Entwendung" gestrichen haben will.

Ich eröffne die Diskussion über den Artikel 18 und über den Antrag „Segitz und Genossen" und gebe das Wort dem Herrn Referenten.

S. 679. **Wagner** (Berichterstatter): Meine Herren! Während der Art. 17 die allgemeine Regel aufstellt, daß das Dienstverhältniß von jedem Theil ohne Einhaltung einer Kündigungsfrist beim Vorliegen eines wichtigen Grundes sofort gelöst werden kann, gibt der Art. 18 eine Norm dafür, wann anzunehmen ist, daß solche wichtige Gründe vorliegen, aus welchen die Dienstherrschaft vor Ablauf der Dienstzeit einseitig das Dienstverhältniß gegenüber dem Dienstboten lösen kann. Also es handelt sich um wichtige Gründe, welche der Herrschaft zur Seite stehen, um den Dienstboten, der vertragsbrüchig geworden ist, von sich schaffen zu können. Der Art. 18 will nicht etwa sagen: nur in den Fällen, in welchen die Gründe, die hier enthalten sind, vorliegen, ist der Dienstherrschaft das Kündigungsrecht gegeben, sondern er besagt umgekehrt, daß dann, wenn ein solcher Grund vorliegt, die Kündigung zulässig ist. Daß es aber noch außerdem andere Gründe geben kann, welche in Art. 18 nicht enthalten sind, ist außer allem Zweifel. In dieser Beziehung würde dann die allgemeine Regel des Art. 17 zutreffen.

Meine Herren! Auch die Gründe, welche in Art. 18 einzeln aufgezählt sind, sind nicht unter allen Umständen solche, welche die Lösung des Dienstverhältnisses rechtfertigen, sondern nur dann, wenn, wie die Einleitungsworte besagen, nicht besondere Umstände eine andere Beurtheilung rechtfertigen. Es können also außer den Thatsachen, welche in den Ziff. 1 bis 12 aufgezählt sind, doch noch besondere Umstände vorliegen, welche den Richter zur Anschauung bringen können, daß im konkreten Falle die betreffende Thatsache doch die Dienstherrschaft zur Lösung des Dienstverhältnisses nicht berechtigt.

Ich glaube, nicht nöthig zu haben, auf alle einzelnen Gründe, welche hier vom Gesetzgeber als solche anerkannt worden sind, daß sie der Dienstherrschaft ein Recht zur sofortigen Lösung des Dienstverhältnisses geben, hier vortragen zu müssen. Ich habe nur auf zwei Punkte hinzuweisen, auf den einen Punkt deßhalb, weil der Antrag vorliegt, eine Streichung vorzunehmen, und auf den anderen Punkt deßwegen, weil hier noch eine Einigung zwischen dem Ausschusse der Kammer der Abgeordneten und der Kammer der Reichsräthe nicht vorliegt.

Der erste Punkt betrifft die Ziff. 2 des Art. 18, welcher sagt, es ist ein wichtiger Grund, „wenn der Dienstbote sich eines Diebstahls, mehrmaliger Entwendung, einer Unterschlagung oder eines liederlichen Lebenswandels schuldig macht“. In dieser Beziehung habe ich hervorzuheben, daß die Worte „mehrmaliger Entwendung“ erst im Ausschusse der Abgeordnetenkammer eingesetzt wurden. Ich hatte eine ähnliche Anregung gegeben und zwar deßwegen, weil in den entsprechenden Bestimmungen der Gewerbeordnung unter die wichtigen Gründe auch die Entwendung gestellt worden war, während von der Regierung dieß weggelassen wurde. Man war nun im Ausschusse der Meinung, daß das Dienstbotenverhältniß eine Abweichung von der Gewerbeordnung bedinge deßwegen, weil es oft vorkomme, daß kleine Näschereien bei Dienstboten vorkommen, daß auch Fälle vorkommen, in welchen der Dienstbote Nahrungsmittel an sich nehme von geringerem Werthe u. dergl., und daß man soche Fälle nicht als Entwendungsfälle bezeichnen könne, welche die Dienstherrschaft zur Lösung des Dienstverhältnisses berechtige. Aber man war der Meinung, daß es doch nothwendig sei, in jenen Fällen, in welchen der Dienstbote sich grobe Entwendungen oder mehrmalige Entwendungen zu Schulden kommen lasse, daß man da doch der Dienstherrschaft ein Recht
S. 680. geben müsse. ‖ Beispielsweise, wenn eine Dienstherrschaft in der Lage sei,

Wein im Keller zu haben, und der Dienstbote nimmt nach und nach mehrere Flaschen Wein an sich, welche einen erheblichen Werth repräsentiren, so war man der Meinung, daß in solchen Fällen dann doch die Dienstherrschaft berechtigt sein soll, eine Entwendung anzunehmen, welche zur Lösung des Dienstverhältnisses berechtigt. S. 680.

Man hat dem gegenüber im Ausschusse darauf hingewiesen, daß eine solche Dienstherrschaft eben nicht so unvorsichtig sein und den Kellerschlüssel ihren Dienstboten nicht anvertrauen soll. Aber die Dienstherrschaft hat das Recht, auf die Treue des Dienstboten zu vertrauen, und in vielen Fällen ist sie vielleicht genöthigt, der Treue des Dienstboten zu vertrauen, und es wäre nicht gerechtfertigt, wenn in solchen Fällen ein Schutz gegen derartige Entwendungen, wie ich sie hervorgehoben habe, nicht gewährt würde.

Deßwegen war man der Meinung im Ausschusse, daß die Worte „mehrmaliger Entwendung" hier eingestellt werden sollen. Ich bin also in dieser Richtung in der Lage, Sie Namens des Ausschusses zu bitten, unter Ablehnung des Antrages des Herrn Kollegen Segitz dem Ausschußbeschlusse zuzustimmen und die Ziff. 2 unverändert zu lassen.

Die weitere Aenderung, welche ich noch zu besprechen habe, betrifft die Ziff. 11a. Es ist nämlich im Ausschusse der Reichsrathskammer als ein wichtiger Grund, welcher die Dienstherrschaft zur sofortigen Lösung des Dienstverhältnisses berechtige, auch die Thatsache aufgestellt worden, daß ein Dienstbote sich verheirathet. Nun war der Ausschuß der Abgeordnetenkammer der Meinung, daß das generell nicht gesagt werden könne. Wir sind der Meinung gewesen, daß, wenn es sich um einen weiblichen Dienstboten handelt, welcher mit der Dienstherrschaft in häuslicher Gemeinschaft lebt, es dann doch selbstverständlich ist, daß, auch wenn es nicht ausdrücklich im Gesetze steht, der Lösungsgrund angenommen wird deßwegen, weil der weibliche Dienstbote durch die Heirath eine Reihe von Verpflichtungen eingeht, welche mit dem Dienstbotenverhältnisse nicht mehr im Einklange stehen. Das ist gewiß hinsichtlich des weiblichen Dienstboten der Fall.

Anders aber liegt die Sache hinsichtlich der männlichen Dienstboten, namentlich hinsichtlich der Knechte auf dem Lande. Da kommt es nicht selten vor, daß die Dienstherrschaft froh ist, wenn der betreffende Dienstbote sich verheirathet und vielleicht in der Nähe des Anwesens der Dienstherrschaft oder in einem besonderen Häuschen der Dienstherrschaft selbst sich niederläßt, weil man dadurch zuverlässige Dienstboten gewinnt. In dieser Richtung waren wir der Meinung, daß man generell nicht sagen kann, daß die Heirath der männlichen Dienstboten ein Grund sein soll, welcher zur sofortigen Lösung des Dienstverhältnisses führen soll, und deßwegen sind wir nur theilweise auf den Antrag des Ausschusses der Kammer der Reichsräthe eingegangen, und ich habe Ihnen deßhalb vorzuschlagen, die Ziff. 11a so zu fassen, wie sie in der Beilage O enthalten ist, nämlich als einen wichtigen Grund es lediglich dann zu erklären, wenn ein weiblicher Dienstbote sich verheirathet.

Ich empfehle Ihnen die unveränderte Annahme der Beschlüsse des Ausschusses der Abgeordnetenkammer.

Präsident: Herr Abgeordneter Segitz!

Segitz: Meine Herren! Auch hier bin ich in der angenehmen oder unangenehmen Lage, einen ehemals von der Regierung vertretenen Standpunkt vertheidigen zu müssen, bezw. einen Antrag zu stellen, der ehemals von der Regierung im Gesetzentwurf aufgenommen wurde. Dieser Antrag bezieht sich,

S. 680. wie bereits hervorgehoben worden ist, auf das Recht der Dienstherrschaft, den Dienstboten ohne Kündigung zu entlassen. Die vom Ausschusse beschlossene Fassung berechtigt unter Umständen, einen Dienstboten schon ohne Kündigung zu entlassen, wenn er sich wider den Willen der Dienstherrschaft — um ein Beispiel zu wählen — ein Stück Brod schneidet. Im Ausschusse wurde darauf hingewiesen, man müsse der Dienstherrschaft die Möglichkeit geben, einen Dienstboten zu entlassen, der z. B. öfters Entwendungen von Wein oder sonstigen Getränken oder Speisen sich zu Schulden kommen läßt. Ich habe darauf entgegnet: Dagegen kann man sich schützen, Weinkeller und Speisen kann man eventuell verschließen. Es ist von keiner Seite bestritten worden, daß es viele Dienstherrschaften gibt, die den Dienstboten in der Nahrung sehr kärglich halten, und man könnte fast annehmen, die jetzt beschlossene Fassung des Ausschußantrages setze eine förmliche Prämie auf die mangelhafte Verköstigung der Dienstboten.

Meine Herren! Ich denke, wir würden ganz gut thun, diese Bestimmung überhaupt zu beseitigen. Die Ungleichheit zwischen Dienstherrschaft und Dienstboten ist an sich noch groß genug und sie tritt nirgends so klar zu Tage, als wenn man die beiden Art. 18 und 19, die von der Entlassung der Dienstboten und dem Austritte derselben ohne Kündigung handeln, gegenüberstellt.

Meine Herren! Ich will darauf nicht näher eingehen; nur eine Thatsache will ich hervorheben. Im Art. 18 ist der Dienstherrschaft das Recht eingeräumt, den Dienstboten zu entlassen, wenn er von einer ansteckenden Krankheit befallen wird. Das kann man als ganz berechtigt finden. Im Art. 19 dagegen ist der Dienstbote verpflichtet, eine an ansteckender Krankheit leidende Dienstherrschaft sogar zu verpflegen (hört, hört! bei den Sozialdemokraten) und sich der Gefahr auszusetzen, von der Dienstherrschaft angesteckt zu werden. Das ist ein Beweis, daß von einer Rechtsgleichheit in dieser Gesindeordnung keine Rede sein kann und daß die Rede des Herrn Dr. Casselmann gegen mich eben doch eine ganz bedeutende Einschränkung zu erfahren hat.

Im Uebrigen weiß ich das Schicksal auch dieses unseres Antrages im voraus. Ich stelle es Ihnen zur Erwägung anheim, Sie werden am besten selber wissen, was Sie zu thun haben. (Abgeordneter Dr. Casselmann: Sehr richtig!)

Präsident: Zum Worte ist Niemand mehr gemeldet; ich schließe die Diskussion. Das Schlußwort hat der Herr Referent.

Wagner (Berichterstatter): Ich habe doch noch eine kleine Gegenbemerkung gegen die Ausführungen des Herrn Segitz zu machen. Ich muß dagegen protestiren, daß er die Behauptung aufstellt, der Art. 18 setze in seiner nunmehrigen Fassung eine Prämie auf die mangelhafte Verpflegung der Dienstboten. Es wurde im Ausschusse allseitig anerkannt, daß, wenn der Fall so liege, daß eine Dienstherrschaft ihren Dienstboten mangelhaft verpflegt und daß hiedurch der Dienstbote genöthigt ist, sich vielleicht ab und zu ein Stück
S. 681. Brod abzuschneiden oder irgend ein anderes || Nahrungsmittel zu nehmen, welches ihm zugänglich ist, in diesem Falle der Richter niemals annehmen wird, daß ein wichtiger Grund zur Lösung des Dienstverhältnisses vorliegen wird. Es ist im Ausschusse gesagt worden, solche Fälle, welche der Herr Kollege Segitz unterstelle, kämen auf dem Lande überhaupt nicht vor, und ich bin auch derselben Meinung. Aber wenn ein solcher Fall vorkommt, wie er ihn annimmt, dann ist darauf hinzuweisen, daß in allen Fällen der Art. 18 das zur Voraussetzung hat, daß die Thatsachen, die dort aufgeführt sind, nur dann

Lösungsgründe sind, wenn nicht besondere Umstände etwas Anderes rechtfertigen. S. 681.
Wenn aber eine Dienstherrschaft ihre Verpflichtungen gegen die Dienstboten nicht erfüllt, so ist das nach meiner Meinung ein solcher besonderer Grund, aus welchem, auch wenn im Uebrigen die Voraussetzungen des Art. 18 vorliegen würden, eine Lösung des Dienstverhältnisses nicht erwachsen könnte.

Ich möchte Ihnen also die Ablehnung des Antrages des Herrn Kollegen Segitz und die unveränderte Annahme des Ausschußbeschlusses nochmals empfehlen.

Präsident: Wir kommen zur Abstimmung. Ich bitte diejenigen Herren, welche dem Antrage „Segitz und Genossen" entsprechend im Artikel 18 Ziff. 2 die Worte: „mehrmaliger Entwendung" streichen wollen, sich von den Sitzen zu erheben. (Geschieht.)

Der Antrag ist abgelehnt und damit der Artikel 18 in der vorliegenden Fassung genehmigt.

Artikel 19.

Herr Referent!

Wagner (Berichterstatter): Meine Herren! Ich habe bezüglich des Art. 19 hervorzuheben, daß hier im Ausschusse der Reichsrathskammer, entgegen unserem Beschlusse, die Aenderung vorgenommen wurde, daß grobe Beleidigungen der Dienstherrschaft gegen die Dienstboten einen Lösungsgrund nicht abgeben sollen. Wir hatten im Ausschusse über diesen Punkt schon eine längere Diskussion, sowohl bei der ersten Lesung als auch noch späterhin, indem die Meinungen getheilt waren darüber, ob grobe Beleidigungen der Dienstherschaft, an dem Dienstboten verübt, dem Dienstboten die Berechtigung geben sollen, das Dienstbotenverhältniß sofort zu lösen. Wir sind der Meinung gewesen, daß man auf der Beibehaltung des Wortes „grobe Beleidigungen" um so mehr bestehen müsse, als die Streichung zu der Annahme verleiten könnte, daß unter keinen Umständen grobe Beleidigungen einen Lösungsgrund abgeben können, und, meine Herren, ich erinnere daran, daß unter allen Umständen doch ein solch' wichtiger Grund in einem Falle anerkannt werden muß, wenn beispielsweise die Dienstherrschaft dem Dienstboten in unwahrer Weise nachsagt, daß der Dienstbote gestohlen habe, daß er ein verstohlenes Subjekt oder dergleichen sei. Meine Herren! Ich glaube, in einem solchen Falle wird man dem Dienstboten nicht zumuthen können, daß er noch länger in dem betreffenden Dienstverhältniß, in welchem man ihm in solcher Weise entgegenkommt, ausharren muß.

Der Ausschuß der Reichsrathskammer war namentlich der Meinung, daß man hier die groben Beleidigungen deßwegen streichen müsse, weil die Dienstherrschaft gegenüber den Dienstboten das Rügerecht habe. Meine Herren! Dieses Rügerecht, das soll ja der Dienstherrschaft auch nach unserer Anschauung nicht verkümmert werden. Es ist ja das selbstverständlich, daß der Herr in der Lage sein muß, dahin zu wirken, daß die Anordnungen, die er gibt, befolgt werden, und daß er, wenn sie nicht befolgt werden, eine entsprechende Rüge ertheilen kann. Es ist dann auch klar, daß bei der Beurtheilung der Frage, was man unter grober Beleidigung zu verstehen habe, auf die betreffenden Verhältnisse des einzelnen Falles Rücksicht genommen werden muß, darauf, wie überhaupt man in solchen Gegenden sich ausdrückt und wie im einzelnen Falle der Bildungsgrad der betreffenden Leute ist; nicht unter allen Umständen wird ein Wort, das am einen Orte eine grobe Beleidigung ist, auch schon am anderen Orte als eine solche aufgefaßt werden dürfen, und man wird auch Rücksicht darauf nehmen müssen, ob beispielsweise der Dienstherr durch eine zu rügende Handlung des Dienstboten in eine Erregung versetzt worden ist oder nicht.

S. 681. Meine Herren! Wir sind also der Meinung, daß man gerade in diesem Punkte und zur Wahrung der Rechtsgleichheit zwischen der Dienstherrschaft und den Dienstboten auf dem Ausschußbeschluß der Abgeordnetenkammer bestehen müsse; indem ich das beantrage, würde ich Sie bitten, daß Sie diesem Antrage Ihre Zustimmung geben.

Präsident: Herr Abgeordneter Neuner!

Neuner: Meine Herren! Wie der Herr Referent bereits angeführt hat, sind in Art. 19 diejenigen Gründe angegeben, welche den Dienstboten berechtigen, sofort ohne Kündigung aus dem Dienste auszutreten, ähnlich wie in Art. 18 in gleicher Weise die Gründe angeführt sind, welche die Dienstherrschaft berechtigen, den Dienstboten sofort zu entlassen. Nun, meine Herren, wird wohl in Zukunft der Fall eintreten, daß Seitens der Dienstherren wohl in den allerseltensten Fällen von dem ihnen nach Art. 18 eingeräumten Rechte Gebrauch gemacht werden kann und zwar aus dem einfachen Grunde, weil bei dem notorischen Dienstbotenmangel es unmöglich ist, sofort einen anderen Dienstboten zu erhalten. Aber das umgekehrte Verhältniß wird entstehen, wenn ein Fall des Art. 19 gegeben ist. Der Dienstbote wird sich in den meisten Fällen, wenn die Voraussetzungen des Art. 19 gegeben sind, nicht lange besinnen und wird aus dem Dienste austreten. Es steht ihm ferner ja die Bestimmung des Art. 20 zur Seite, wonach, wenn ein derartiger Fall des Art. 19 eintritt, er sofort bis zu einem weiteren Vierteljahr den Lohn verlangen kann, ohne daß er mehr im Dienste ist.

Nun hat der Herr Referent bereits erörtert, daß die Bestimmung in dem Abs. 3 des Art. 19 getroffen ist, wonach auch „grobe Beleidigung" ein derartiger Austrittsgrund für die Dienstboten ist. Ja, meine Herren, was ist eine grobe Beleidigung? Die Definition dieses Wortes ist jedenfalls sehr dehnbar. Liegt eine solche vielleicht schon dann vor, wenn ein Dienstherr durch seinen renitenten Dienstboten derartig gereizt ist, daß er ihm vielleicht einige Liebenswürdigkeiten an den Kopf wirft? (Heiterkeit.) Wenn das der Fall sein sollte, so wäre wirklich die Belassung der Worte: „grober Beleidigung" im Art. 19 für die Dienstherrschaften, fast möchte ich sagen, gefährlich und ich würde deßhalb die k. Staatsregierung bitten, darüber Aufschluß zu geben, was
S. 682. man in diesem Falle eigentlich ‖ unter grober Beleidigung versteht. Es mag das ein eigenthümliches Ansinnen sein — ich gebe das zu —, aber, meine Herren, es wird in der Praxis draußen der Fall eintreten, daß der Richter in vielen Fällen eine Beleidigung als grobe auffaßt, in anderen Fällen nicht. Also, meine Herren, ich glaube und bin der vollen Ueberzeugung, daß diese Bestimmungen, wie sie in den Art. 17 bis 20 getroffen sind, bei allem Wohlwollen, das ich den Arbeitern gegenüber hege, und ich wünsche, daß man in allen Bestimmungen gegen die Arbeiter möglichst loyal vorgehen soll, allzu einseitig sind, weil durch die wirthschaftlichen Verhältnisse genöthigt sie nur einseitig angewendet werden können und zwar insbesondere auf dem Lande zum Schaden der Dienstherrschaft.

Ich bin der Anschauung, daß die Bestimmungen in Art. 18 und 19 lediglich im Interesse der Arbeiter bestehen, weil die Bestimmungen in Art. 18 alle in den seltensten Fällen zur Anwendung kommen können. Die Worte „grobe Beleidigung" sollten eben im Art. 19 nicht mit enthalten sein, da dadurch nur Verwirrung geschaffen wird.

Präsident: Herr Abgeordneter Joseph Huber!

Joseph **Huber:** Meine Herren! Ich theile ganz und voll die Ansicht meines Herrn Vorredners. Ich halte es auch für gefährlich, man wenn grobe S. 682. Beleidigung in den Artikel aufnimmt, weil die Unterscheidung eine sehr schwere ist. Ob eine grobe Beleidigung vorliegt und vielleicht vom Richter zu leicht als eine solche anerkannt werden könnte, dann muß immer bedacht werden, daß der betreffende Oekonom oder die betreffende Dienstherrschaft in der Aufregung sein muß, weil die Dienstboten oft trotz der ernstesten Warnungen den größten Schaden anrichten durch ihre Unvorsichtigkeit und Nachlässigkeit, und weil es an Grobheiten im Auftreten hie und da auch nicht fehlt und an Bosheiten. Nun, wenn dem betreffenden Dienstherrn ein Wort unterkommt, das gerade nicht schön ist, wenn dann der Dienstbote gleich bei der nothwendigsten Zeit davonlaufen darf und noch unter Umständen den doppelten Lohn aufrechnen darf, so ist das eine gefährliche Sache, so daß ich mich dagegen aufhalten muß. Ich weiß es ja, es ist sehr viel darüber gesprochen und berathen worden, und ich sehe ein, daß ein Antrag auf Abänderung dieses Artikels wohl kaum durchzubringen wäre; ich muß aber bekennen, daß ich mich mit dieser Fassung durchaus nicht befreunden kann, ich erblicke darin eine Gefahr.

Allerdings ist richtig, wie der Herr Referent gesagt hat, wenn die Dienstherrschaft den Dienstboten oder vielleicht mehrere Dienstboten öfter und im vollen Ernst Diebsbande nennt rc., oder wenn die Dienstherrschaft den Dienstboten Dieberei und Untreue vorwirft, die vielleicht unberechtigt sind, so daß der Dienstbote um seine Ehre kommen könnte, dann ist das Ziel nach meinem Dafürhalten überschritten und in dieser Weise möchte ich auch die Dienstboten geschützt wissen.

Aber, meine Herren, seien Sie doch nicht ängstlich — das möchte ich namentlich auch dem Herrn Abgeordneten Segitz sagen —, die Meinung ist unrichtig, daß die Dienstboten auf dem Lande in unwürdiger Weise beherrscht oder malträtirt werden. Das ist gar nicht der Fall und ist niemals der Fall gewesen im Allgemeinen, seit ich das Dienstbotenwesen kenne, und das ist eine ziemlich lange Zeit. Der Dienstherr hat auch keine besondere Stütze gegen den Dienstboten bezüglich des Lohnabzuges aus grober Fahrlässigkeit, er hat ja in der Regel kein Vermögen, aber das Gesetz muß ihm doch zur Seite stehen, daß er wenigstens sagen kann: wenn du da und dort nicht Obacht gibst, und auf meine Warnung gar nicht hörst, dann kann ich das verlangen, wenn durch dich ein Unglück entsteht u. s. w. Aber daß Rohheiten oder Ungerechtigkeiten gegen den Dienstboten von Seiten der Dienstherrschaft ausgeübt werden, das ist in den hundertsten Fällen nicht richtig, und wenn es vorkommt, ist es sehr zu beklagen. Denn die Dienstboten sind in ihrer Weise oft ziemlich böswillig, so daß die Dienstherrschaft oft nicht weiß, was sie zur Ernte- und Heuzeit anfangen soll. Man muß bedenken, wie die Dinge auf dem Lande liegen, und es ist ganz unrichtig, wenn man glaubt, man will dem Dienstboten Böses. Das geschieht nicht oder nur in sehr vereinzelten Fällen. Und was vorhin bezüglich der Kost gesprochen wurde, so kennt man auf dem Lande das Hungerleiden nicht im Mindesten, sondern es werden die Dienstboten ganz gut verpflegt, und daß die Dienstboten hie und da unzufrieden sind mit der Kost, das sind in vielen Fällen auch Ausreden, um boshaft zu sein. Ich spreche nicht von guten Dienstboten, ich habe noch verhältnißmäßig sehr wenig Klagen mit meinen Dienstboten gehabt — aber in einer Wirthschaft, wo ein Oekonom oft gezwungen ist, sparsam zu sein und einen kleineren Lohn herzugeben fast gezwungen ist, dem geht es oft sehr übel bei der Erntezeit, da muß er so viel einstecken, daß ihn der Aerger fressen möchte. (Heiterkeit.)

Ich möchte daher die k. Staatsregierung bitten, darauf zu sehen, daß

S. 682. die Herren Beamten in dieser Beziehung nicht so entscheiden, bei Beleidigungen von Seite der Dienstherrschaft, wenn sie auch etwas gröblicher Natur sind. Ich gebe zu, für einen Gebildeten klingt es nicht schön, wenn einer sagt: „Du Lakl, Du Bengel u. s. w.", aber die Bauernknechte draußen sind nicht so empfindlich, welche von dieser Art sind, aber ich fürchte nur, daß die Sache ausgenützt wird; sie sagen das auch wieder zum Bauern hie und da. (Heiterkeit.) Ich möchte in dieser Beziehung auch die Herren Beamten ersuchen, nur in den seltensten Fällen die Dienstherrschaft wegen Beleidigung zu verurtheilen, sondern nur, wenn man dem Dienstboten Diebstahl vorwirft und dergleichen Dinge, die direkt beleidigend sind und dem Dienstboten schaden, aber nicht wegen eines Auftritts von Seiten der Dienstherrschaft, der nicht ganz säuberlich ist. Wo soll es denn der Bauer hernehmen, daß er seine Dienstboten so fein behandelt? Ich habe auch beim Militär und nicht nur von Unteroffizieren oder Gemeinen, sondern auch von höheren Offizieren hie und da den Ausdruck gehört „Bauernlakel". Das sollte auch nicht sein, und diese werden nicht gestraft! Warum soll nicht auch ein Bauer oder Dienstherr einem Dienstboten gegenüber, der ihm den größten Schaden vielleicht zugefügt hat oder boshaft ist, ein ungereimtes und rauhes Wort ein Mal oder ein paar Mal gebrauchen dürfen? So möchte ich die Sache erklärt wissen. (Bravo! rechts.)

Präsident: Das Wort hat der Herr Abgeordnete Segitz.

Segitz: Ich habe dem Herrn Vorredner zu entgegnen, daß wir nicht
S. 683. nur eine Gesindeordnung für die Bauern ‖ machen, sondern auch für die Dienstboten in der Stadt, und diese haben ein etwas feineres Ehrgefühl, als man es auf dem Lande zu besitzen scheint. Der Herr Vorredner scheint die Dienstbotennoth in eigenthümlicher Weise kuriren zu wollen, er glaubt, die Dienstbotennoth könne nur dadurch beseitigt werden, wenn dem Dienstherrn die Möglichkeit geboten wird, die Dienstboten in gröblichster Weise zu beschimpfen. Ich glaube, da täuscht er sich aber sehr; das Gegentheil davon wird eintreten. Wenn er meint, in dieser Weise den Dienstboten entgegentreten zu müssen, dann wird sich die Landflucht der Dienstboten noch in ganz erheblicherer Weise steigern.

Der Herr Vorredner hat ausgeführt, auf dem Lande sei man nicht so zärtlich. Ja, zu was brauchen sie denn dann die Bestimmung, die sie absolut in der Dienstbotenordnung haben wollen? Dieselbe wäre ja dann ganz überflüssig. Sie haben sich also in diesem Falle selbst widersprochen. Ich glaube, Sie würden der Landwirthschaft einen großen Schaden zufügen, wenn Sie der Anregung des Herrn Vorredners Rechnung tragen würden.

Präsident: Das Wort hat der Herr Abgeordnete Joseph Huber.

Joseph **Huber:** So war die Sache nicht gemeint, und so habe ich auch nicht gesagt, Herr Collega Segitz, daß ich glaube, man halte die Dienstboten leicht, wenn man recht grob sein dürfe. Ich habe bereits schon hervorgehoben, daß das überhaupt äußerst selten geschieht, sondern im Gegentheil, ich habe schon zugehört, wo die Dienstboten die Dienstherrschaften beschimpften; aber es kann geschehen, und dafür will ich nicht eine solche Strafe, daß der Dienstbote wegen einem rauhen Wort gleich davonlaufen darf und daß der betreffende Dienstherr den doppelten Lohn zahlen solle. So habe ich die Sache gemeint. Das verstehen wir selbst und brauchen die Herren Sozialdemokraten nicht zur Belehrung darüber, wie man sich die Dienstboten hält. Ich habe zwei Dienstboten, die die große silberne Medaille haben, und ich

will das nicht als Prahlerei sagen; ich halte das nur für nothwendig, um mich S. 683.
nicht als einen Feind der Dienstboten und Arbeiter ansehen zu lassen.

Meine Herren! Ich komme viel herum auf dem Lande und sehe überall die Dienstboten bezüglich meines Geschäftes in der Hagelversicherung, und ich nehme mich um die Sache sehr ernstlich an. Ich will auch die Sache richtig in Obacht nehmen, nicht einseitig, wie es da und dort steht. Aber die Klagen über die Dienstboten sind immer recht groß, sie mögen ja hie und da nicht berechtigt sein. Ich will das nicht bestreiten; aber die Macht des Dienstherrn, das muß ich behaupten, ist sehr gering und in den hundertsten Fällen thut der Hausherr oder der betreffende Dienstherr nichts dagegen bei Gericht, wenn der Dienstbote mitten unter der nothwendigen Zeit davon läuft, weil er sich sagt, daß er doch keinen richtigen Menschen mehr hat, wenn er ihn zwingen muß und er nur Elend und Verdruß zu gewärtigen hat.

Präsident: Herr Abgeordneter Seeberger!

Seeberger: Meine Herren! Ich bin der Letzte, der vielleicht behaupten möchte, daß die Dienstbotennoth auf dem Lande dadurch kurirt werden könnte, wie Herr Kollege Segitz meint, indem dem Bauern gestattet werde, grobe Beleidigungen dem Dienstboten zufügen zu dürfen. Mein Wunsch geht nun dahin, daß ich die Macht hätte, den Herrn Kollegen Segitz zwei Jahre lang als Bauer auf das Land zu schicken und demselben die Sorte von Dienstboten zuzuschanzen, die wir im Auge haben. Ich glaube, er wäre der Erste, der wegen grober Beleidigung zur Anzeige gebracht werden würde. (Heiterkeit.)

Präsident: Herr Abgeordneter Kraußold!

Kraußold: Meine Herren! Nicht leicht ist mir in einer einzelnen Gesetzesstelle die Entscheidung schwieriger geworden als bezüglich der Frage, ob als außerordentlicher Kündigungsgrund für die Dienstboten „grobe Beleidigungen" aufrecht zu erhalten sind oder ob dieselben zu streichen sind. Es sprechen eine Reihe von Gründen dafür und dagegen, ja es kann durchaus nicht verkannt werden, daß die für den Abstrich vorgebrachten Gründe im höchsten Grade beachtenswerth erscheinen. Dazu kommt der Unterschied und der wird nicht in Abrede gestellt werden können, den der Herr Abgeordnete Segitz hervorgehoben hat und der von Anderen anerkannt worden ist, daß man in der Stadt etwas feinfühliger ist als auf dem Lande. Allein dem ist genügend Rechnung getragen dadurch, daß man bei der groben Beleidigung Rücksicht nimmt auf die Verhältnisse, die vorliegen, und daß ein ausdrücklicher Passus beigesetzt wird: „wenn die Umstände eine andere Beurtheilung zulassen", so sind solche Beleidigungen nicht als außerordentlicher Kündigungsgrund zu erachten.

Die Frage, was eine grobe Beleidigung ist, kann man ebensogut gerade mit Rücksicht auf die Verhältnisse dem Richter überlassen, wie man dieß bei Beleidigungen überhaupt dem Richter überläßt. Ich würde allerdings nie zustimmen, wenn dieser Beisatz, auf den ich alles Gewicht lege, in Folge der Aenderung der Verhältnisse und der Betrachtung der in Berücksichtigung zu ziehenden Verhältnisse, sowie daß die Entscheidung, ob ein wichtiger Grund darnach obliegt, nicht aufgenommen würde.

Wenn ich trotzdem zustimme, daß der Grund aufrecht erhalten bleibt, so sind für mich zwei Gesichtspunkte maßgebend; der eine ist der, daß, wenn auch nach den verschiedenen Richtungen die Gründe so ziemlich sich gegenseitig als die Waagschale haltend angesehen werden können, doch die Beibehaltung

S. 683. auf der anderen Seite richtig ist von dem sozialpolitischen Standpunkt, den ich darin finde, daß wir im Allgemeinen die Ehre des Dienstboten ebenso hoch schätzen sollen, wie die Ehre der Dienstherrschaft; und daß, wenn jene grober Weise angegriffen ist, man dort im Dienste nicht bleiben muß, das ist für mich das eine Entscheidende und noch entscheidender ist für mich, daß die k. Staatsregierung selbst seiner Zeit diesen Passus eingesetzt hat und darnach könnte und müßte wahrscheinlich jeder Richter sagen: Ja, die Kammer hat es hinausgethan; darnach sind die Dienstboten eigentlich ungeschützt gegen grobe Beleidigung. Es ist eine Ausnahme von Art. 16 statuirt.

Diese Argumentation ist es, die mir das Bedenklichste ist, und deßhalb glaube ich von meinem Standpunkt aus dem Antrage des Ausschusses zustimmen zu können, obgleich ich nicht verhehle, daß ich, wenn man eine größere Präzisirung finden könnte bezüglich des Ausdrucks „grobe Beleidigung", jeder Modifikation nach der Richtung hin zustimmen könnte; allein ich bedauere,
S. 684. nicht in der Lage zu sein, sie selbst zu || finden, trotzdem ich in einem Kreise von 10 Anwälten allein gestanden bin als derjenige, der für diese Anschauung eintritt, die ich hier geltend mache, da auch die dortigen Beisätze mir nicht entsprechend scheinen.

Daraus habe ich gefolgert, daß die Gründe für und gegen gleichwerthig sind, und daß man die Schutzmittel in's Auge fassen muß. Für dieselben hat der Ausschuß mehr das Richtige in dieser Beziehung getroffen.

Präsident: Zum Worte ist Niemand mehr gemeldet; ich schließe die Diskussion.

Das Schlußwort hat der Herr Referent.

Der Herr Referent verzichtet.

Gegen den Artikel 19 ist ein Einwand nicht erhoben, auch ein Antrag nicht gestellt worden; Artikel 19 gilt als genehmigt.

Artikel 20 bis **23** werden ohne Erörterung angenommen.

Artikel 24.

Das Wort wird nicht verlangt, ein Einwand nicht erhoben; der Artikel ist angenommen. Hier ist nun ein Antrag eingelaufen:

Die Kammer wolle beschließen, als Artikel 24a folgende Vorschrift einzustellen:

> Wer einem Dienstboten, welcher sich einer schweren Veruntreuung schuldig gemacht hat, das Gegentheil wider besseres Wissen bezeugt, haftet der nachfolgenden Dienstherrschaft für den Schaden, der derselben in Folge der Wahrheitswidrigkeit des Zeugnisses erwachsen ist. Die Haftung erlischt nach Ablauf von drei Jahren seit der Ausstellung des Zeugnisses.

München, den 19. April 1899.

Dr. Casselmann.

Bolzano, Diebl, Eusebius Hofmann, Ludwig von Keller, Kilian Keller, Mahla, Michel, Ott, Karl Schmidt, Kleophas Schmitt, Widmann.

Ich eröffne die Diskussion und ertheile das Wort dem Herrn Antragsteller Dr. Casselmann.

Dr. **Casselmann:** Meine Herren! Ich habe mir erlaubt, den Antrag hier zu wiederholen, den ich mir bereits im Gesetzgebungsausschusse zu stellen gestattet hatte. Der Antrag ist damals mit Stimmengleichheit abgelehnt worden.

Mein Antrag bezweckt, daß das, was bisher im Gebiete des preußischen Landrechtes Rechtens war, wenigstens zum Theil in unser Ausführungsgesetz

aufgenommen werden soll. Nach den Bestimmungen des Bürgerl. Gesetzbuches S. 684.
ist der Dienstbote berechtigt, von dem Dienstherrn ein Zeugniß darüber zu verlangen, daß er bei der Dienstherrschaft gedient hat. Auf Verlangen des Dienstboten ist die Dienstherrschaft aber auch verpflichtet, dem Dienstboten ein Zeugniß über seine Führung auszustellen. Nun weiß ich ja recht wohl, und das wird mir Jeder bestätigen, der im praktischen Leben steht, daß diesen Dienstbotenzeugnissen nicht immer ein unbedingter Werth beigemessen werden kann, daß man vielfach auch etwas in das Dienstbotenzeugniß hineinschreibt, was nicht streng vor der Wahrheit bestehen kann. Die Dienstboten haben keinen Anlaß, dieß zu beklagen, da es in der Regel in ihrem Interesse geschieht. Es ist das auch meistens nicht so schlimm. Wenn ein Dienstbote faul war und in das Zeugniß hineingeschrieben bekommt: „Treu und fleißig", so ist das zwar nicht der Wahrheit gemäß, aber es ist das nicht so schlimm und zwar aus dem sehr einfachen Grunde, weil die nächstfolgende Dienstherrschaft eben auch weiß, wie solche Zeugnisse zu Stande kommen, und daß man nicht immer unbedingten Werth darauf legt, was im Zeugnisse steht. Aber, meine Herren, nach einer Seite hin glaube ich doch sagen zu müssen, diese nonchalance in der Ausstellung von Dienstbotenzeugnissen muß eine Grenze haben, und die Grenze ist bezeichnet von mir in dem Antrage, den ich gestellt habe. In diesem Antrage wird vorausgesetzt, daß das Zeugniß „wider besseres Wissen" ausgestellt wurde. Das will besagen, daß derjenige, der das Zeugniß ausstellt, nicht etwa blos Verdacht bezüglich der Untreue des Dienstboten hat, sondern daß ihm die Untreue voll und einwandsfrei bewiesen wurde, denn sonst würde das objektiv falsche Zeugniß nicht wider besseres Wissen ausgestellt sein. Der Antrag bezieht sich ferner nur auf den Fall, daß ein Dienstbote „schwere Veruntreuungen" sich hat zu Schulden kommen lassen. Andere Rechte gehen weiter, als mein Antrag gehen will, indem sie überhaupt das wahrheitswidrige Zeugniß, also auch wenn es sich um die Führung des Dienstboten im Allgemeinen handelt, unter den Gesichtspunkt der Haftung der nachfolgenden Dienstherrschaft bringen, das will Alles mein Antrag nicht, sondern er beschränkt sich auf schwere Veruntreuung.

Setzen wir ein Beispiel! Es ist vielfach in der Stadt Sitte, daß die Dienstherrschaften, wenn zu Neujahr die Rechnungen der Geschäftsleute kommen, dem Dienstboten die Bezahlung dieser Rechnungen überlassen, weil es hergebracht ist, daß bei dieser Gelegenheit dem Dienstboten ein Trinkgeld von dem betreffenden Geschäftsmann gegeben wird. Eine Frau gibt dem Dienstboten, will ich sagen, einen Betrag von 40 M. zur Bezahlung einer Schuld in einem Spezereigeschäft. Der Dienstbote kommt zurück, bringt die Quittung, in welcher der Geschäftsmann den Empfang dieser 40 M. bestätigt. Es vergeht ein volles Jahr; am nächsten Neujahr bekommt dieselbe Dienstherrschaft wiederum eine Rechnung desselben Geschäftsmannes; man ist höchst erstaunt darüber, denn man hat die Rechnung ja schon bezahlt; man geht hin zu dem Geschäftsmann, erkundigt sich und nun stellt es sich heraus — der Dienstbote gesteht das vielleicht vor Zeugen zu —, daß derselbe nicht blos die 40 M. unterschlagen, sondern auch die Quittung gefälscht hat; das ist ein Fall der groben Veruntreuung. Ja, meine Herren, wenn jetzt dieser Dienstbote den Dienst verläßt und wenn
nun die Dienstherrschaft, obwohl sie es weiß, daß der Dienstbote nicht blos S. 685.
die 40 M. unterschlagen, sondern auch die Quittung gefälscht hat, in das Zeugniß hinein schreibt: Ich attestire der N. N., daß sie bei mir treu und redlich gedient hat, so ist das doch etwas, von dem ich sage, es widerstreitet der guten Sitte, das ist etwas Unmoralisches, das ist etwas geradezu Doloses,

S. 685. und um deswillen, glaube ich, trifft das Gesetz das Richtige, wenn es in einem solchen Fall sagt: wenn der Dienstherr derartig dolos handelt, daß er wider besseres Wissen die Treue eines Dienstboten bestätigt, daß er dann auch gehalten sein muß, der neuen Dienstherrschaft gegenüber den Schaden zu ersetzen, der entsteht, wenn die neue Dienstherrschaft den Dienstboten auf ein solches wahrheitswidriges Zeugniß hin engagirt. Meiner Auffassung nach ist das eine Dienstherrschaft der andern schuldig, und wenn auf die Zeugnisse, wie ich vorhin sagte, auch in der Praxis oft nicht allzuviel gegeben wird, so glaube ich doch, daß wenn der Umstand der Redlichkeit und der Treue konstatirt wird, daß das einen Einfluß bei der Dingung des Dienstboten hat.

Meine Herren! Ich mache wiederholt darauf aufmerksam: Nach dem Bürgerl. Gesetzbuch braucht der Dienstherr, wenn er ein gutes Herz hat, den Vermerk über die Redlichkeit in das Zeugniß gar nicht hineinzuschreiben. Ich verlange nicht, daß derjenige auch haftet, der, trotzdem ihm etwas gestohlen oder veruntreut worden ist, das in das Zeugniß nicht setzt. Dazu ist er nicht verpflichtet, wenn nicht der Dienstbote das ausdrücklich verlangt.

Nun sage ich: Wenn ein Dienstbote, der in dieser Weise seiner Dienstherrschaft untreu war, noch die Frechheit besitzt, von seinem Dienstherrn ausdrücklich, obwohl er gestohlen hat, ein Zeugniß über seine Redlichkeit zu verlangen, dann kann man, wenn man auch das beste Herz von der Welt hat, doch wohl nicht anders, als die Wahrheit in das Zeugniß hinein schreiben.

Deßwegen glaube ich, meine Herren, um so mehr, daß man meinem Antrage entsprechen könnte, als ich, wie aus dem Wortlaute hervorgeht, nicht in alle Ewigkeit etwa die Haftung der Dienstherrschaft aussprechen will, die ein solch' falsches Zeugniß doloser Weise ausgestellt hat, sondern die Haftung unter Festsetzung einer kurzen Verjährungsfrist beschränken will der „nachfolgenden Dienstherrschaft" gegenüber, so daß schon bei der zweiten in Frage kommenden nachfolgenden Dienstherrschaft die Haftung wegfallen soll.

Meine Herren! Ich glaube, wenn sie unter diesem Gesichtspunkte meinen Antrag würdigen, so thun Sie den Dienstboten ganz gewiß nicht weh; Sie handeln aber auch im Interesse der Dienstherrschaft, die einen solchen Dienstboten auf Grund eines solchen falschen Zeugnisses dingt. Ich bitte Sie, meinem Antrage zuzustimmen.

Präsident: Herr Referent!

Wagner (Berichterstatter): Meine Herren! Der Antrag, welchen der verehrte Herr Kollege Dr. Casselmann gestellt hat, ist bereits dem Ausschusse, wenn auch mit einer geringen Aenderung, vorgelegen. Die Gründe, welche für den Antrag sprechen, sind von dem Herrn Antragsteller selbst in eingehender Weise dargelegt worden. Ich habe also nicht nöthig, dieselben zu rekapituliren. Ich habe als Referent des Ausschusses nur die Pflicht, und zwar in diesem Falle die unangenehme Pflicht, Ihnen die Ablehnung des Antrages des verehrten Herrn Kollegen Dr. Casselmann zu empfehlen.

Die Hauptbedenken, welche gegen diesen Antrag vorgebracht wurden, gipfeln darin, daß man auf der einen Seite glaubte, es könnte der Antrag dazu führen, daß in manchen Fällen wegen geringfügiger Entwendungen und dergleichen etwas in das Dienstbotenzeugniß hineinkäme, was dem Dienstboten auf lange Zeit hinaus schaden könnte; obwohl ich, meine Herren, glaube, recht groß dürften die Bedenken in dieser Richtung nicht sein, denn die Dienstboten, die wissen ja sehr leicht, sich eines solchen unbequemen Dienstbotenbuches zu

entledigen. Sie verlieren es eben einfach. (Heiterkeit.) (Rufe: Sehr richtig!) S. 685.
Also, glaube ich, wäre die Gefahr, die nach dieser Richtung entstünde, nicht sehr groß; und das zweite Moment, welches hauptsächlich in dieser Richtung gegen den Antrag hervorgehoben wurde, ist das, daß man sagte, es handelt sich hier allerdings um ein Institut, welches im Gebiete des preußischen Landrechtes schon besteht und welches dort vielleicht unangenehm vermißt wird, aber um ein Institut, welches in den anderen Landestheilen noch nicht eingeführt ist, und man hat befürchtet, daß aus Rechtsunerfahrenheit so mancher Dienstherr in eine Schadensersatzpflicht hinein käme, die ihm unangenehm ist.

Meine Herren! Ich habe schon gesagt, die Pflicht ist für mich eine unangenehme, dem Antrag entgegenzutreten. Namens des Ausschusses muß ich beantragen, daß Sie den Antrag ablehnen. Ich persönlich aber werde mir vorbehalten, für denselben zu stimmen.

Präsident: Das Wort nehmen Seine Excellenz der Herr Justizminister.

Der k. Staatsminister Dr. Freiherr **von Leonrod:** Eine Vorschrift, wie sie der Antrag des Herrn Abgeordneten Dr. Casselmann vorschlägt, ist dem in dem größten Theile Bayerns geltendem Rechte fremd und findet sich auch weder in der Gewerbeordnung noch im Handelsgesetzbuche.

Sowohl Ihr Ausschuß als auch der Ausschuß der Kammer der Reichsräthe hat sich gegen den Antrag ausgesprochen. Den Erfolg, daß man sich auf die den Dienstboten ausgestellten Zeugnisse verlassen kann, wird auch die Annahme des Antrages voraussichtlich nicht haben. In Sachsen, wo eine ähnliche Vorschrift besteht, hat man sich veranlaßt gesehen, sie durch eine Strafdrohung zu verschärfen, weil sich gezeigt hat, daß die Furcht vor einer Schadensersatzklage die Dienstherrschaften nicht abgehalten hat, den Dienstboten der Wahrheit zuwider gute Zeugnisse auszustellen. Die Schwäche, die sich die Dienstherrschaften in dieser Richtung zu Schulden kommen lassen, liegt eben in der menschlichen Natur. Wird das Zeugniß der Treue verweigert, so drohen der Dienstherrschaft Weiterungen, sie befürchtet, in einen Rechtsstreit verwickelt zu werden und einen schwer zu erbringenden Beweis liefern zu müssen. Auf dem Lande, in einzeln stehenden Gehöften, hat sie, wie in den Ausschußverhandlungen angedeutet worden ist, noch ganz andere Gefahren zu besorgen. Unter diesen Umständen hat die nachfolgende Dienstherrschaft kein Recht, sich ohne Weiteres auf das den Dienstboten ausgehändigte Zeugniß zu verlassen. In den meisten Fällen wird sie selbst es bei der Ausstellung des Zeugnisses eben nicht genauer nehmen, als es allgemein ‖ zu geschehen pflegt. S. 686.
Wird ihr aber dennoch dieses Recht eingeräumt, so kommen in einzelnen besonders mißlichen Fällen die früheren Dienstherrschaften in schweren Schaden; sie können ihre wirthschaftliche Existenz dadurch verlieren. Ich glaube nicht, daß das gegenüber einer neuen Dienstherrschaft, die gegebenen Falles nicht gewissenhafter sein würde, eine Forderung der Gerechtigkeit ist, und bitte Sie, den Antrag abzulehnen.

Dabei möchte ich noch darauf aufmerksam machen, daß es für die Dienstherrschaft, der gegenüber ein Dienstbote sich in solcher Weise verfehlt, unter Umständen sehr schwierig ist, zu sagen, der Dienstbote habe das und das genommen. Man kann nicht immer das, was man zu wissen glaubt, auch beweisen. Wenn die Sache so glatt liegt, wie in dem Beispiel, das der Herr Abgeordnete Dr. Casselmann gebracht hat, so wird eben der Dienstbote angezeigt und verurtheilt und es ist dann leicht festzustellen, daß er gestohlen hat. Aber in den anderen Fällen, wo der Verdacht dringend ist, die Dienst-

S. 686. herrschaft von der Schuld des Dienstboten überzeugt ist, aber sie nicht nachweisen kann und deßhalb das Zeugniß der Treue nicht ertheilen darf, das der Dienstbote seines besseren Fortkommens wegen verlangt, in diesen Fällen ist die Lage der Dienstherrschaft eine schwierige. Und wenn der Dienstherr unter solchen Umständen in das Dienstbotenbuch hineinschreibt, der Dienstbote war treu, weil er ihm das Gegentheil nicht beweisen kann, so würde er möglicherweise für einen Schaden haftbar, der ihn und seine Familie ruiniren würde. Ich habe im Ausschusse das Beispiel angeführt, daß ein Dienstbote im nächsten Dienste 20,000 M. aus der Kasse nimmt. Soll sich der Bestohlene einfach an den früheren Dienstherrn mit dem Bemerken wenden können: In dem Dienstbotenbuche lese ich, der Dienstbote war treu, mir sind 20,000 M. von ihm gestohlen worden, geben Sie mir die 20,000 M. wieder? Ich fürchte, die Annahme des Antrages hat weitgehende Folgen und der eigentliche Zweck wird doch nicht erreicht.

Präsident: Das Wort hat der Herr Abgeordnete Lerno.

Lerno: Meine Herren! Es wäre mir sehr lieb gewesen, wenn der Herr Kollege Dr. Casselmann seinen Antrag nicht erst heute schriftlich eingebracht, sondern ihn rechtzeitig hätte drucken lassen, damit die einzelnen Herren Kollegen auch über die Tragweite desselben sich durch Lesen hätten informiren können. Es steht ja der Antrag allerdings auch im 23. Protokoll der Ausschußsitzungen, allein sehr viele von den Herren Kollegen werden ihn dort nicht finden.

Nun hat die Frage gewiß ihre Berechtigung; aber ich möchte Sie doch, meine Herren, gleich dem Herrn Justizminister bitten, diesen Antrag abzulehnen. Ich habe mich in beiden Lesungen dagegen ausgesprochen, namentlich in der zweiten Lesung, wo der Herr Kollege Dr. Casselmann ihn formulirt eingebracht hat.

Ich habe vorhin schon zugegeben, der Antrag hat gewiß etwas für sich und eine gewisse Berechtigung vom Standpunkt des Verletzten aus. Wenn man sich in die Lage der Dienstherrschaft hineindenkt, welche einen Dienstboten bekommen hat, in dessen Zeugniß die frühere Dienstherrschaft ausdrücklich die Treue bestätigt hat, und hinterher entdeckt man, daß der Dienstbote nicht treu ist, so ärgert man sich ganz gewiß darüber und sagt: Wie hat der vorhergegangene Dienstherr dem Manne ein so gutes Zeugniß ausstellen können! Allein, meine Herren, von dem Aerger bis zur civilrechtlichen Schadensersatzhaftung ist ganz gewiß ein ungeheuer weiter Schritt, den wir nicht mitmachen können im Interesse der Dienstboten.

Der Herr Justizminister hat vorher schon ausgeführt, wie hier unter Umständen eine so ungeheuer große Haftung für die frühere Dienstherrschaft entstehen könnte, welche dieselbe geradezu wirthschaftlich ruiniren könnte.

Auf Seite des Dienstboten aber ist es auch eine eigenthümliche Geschichte mit dieser Zeugnißausstellung. Der Dienstbote ist der wirthschaftlich schwächere; wir sind im Ausschusse und auch hier im Plenum bei der Schaffung des Dienstbotenrechtes immer von der Ansicht ausgegangen, daß die Herrschaft über den Dienstboten eine gewisse Autorität haben soll. Dem entspricht hinwiederum als Korrelat, daß man ihn nicht mit der vollen Strenge behandelt, sondern ihm auch mit einem gewissen und zwar nicht geringen Maß von Wohlwollen und Nachsicht entgegenkommt. Dem würden wir eben ganz zuwiderhandeln, wenn wir dem Antrage des Herrn Kollegen Dr. Casselmann stattgeben, denn der hat eigentlich doch im Großen und Ganzen denselben

Grundgedanken, der dem Schaffen der bekannten schwarzen Listen auf anderem S. 686.
Gebiete gleich ist.

Was dieser Antrag verlangt, existirt auf keinem anderen Gebiete, und man soll die Dienstboten in dieser Weise nicht schlechter stellen als andere Persönlichkeiten.

Dann, meine Herren, in den Dienstbotenzeugnissen und -Büchern wird nicht blos die Treue bestätigt, sondern auch der Fleiß und das sittliche Betragen. Wenn sich nun in diesen beiden auch sehr wichtigen Momenten herausstellt, daß das Zeugniß nicht richtig war, daß der Dienstbote trotz der Bestätigung von guter Führung zu einem liederlichen Lebenswandel geneigt ist, meine Herren, warum wollen Sie hier nicht auch die Folgerung der Ersatzpflicht für allenfallsigen aus diesen schlechten Eigenschaften des Dienstboten entstehenden Schaden an die unwahre Bestätigung knüpfen, wie der Herr Kollege Dr. Casselmann es thut bezüglich der unrichtigen Bestätigung der Treue?

Dann, meine ich, wäre es doch recht hart, wenn man solche schlimme Sachen dem Dienstboten in das Dienstbotenbuch hineinschreiben müßte. Der Herr Kollege Dr. Casselmann hat zwar im Ausschusse gemeint, es sei nicht unbedingt nothwendig, die Thatsache, daß der Dienstbote gestohlen oder untreu gewesen, in's Zeugniß niederzuschreiben; es könne auch in der Weise gemacht werden, daß man bei der Rubrik „Treue" eben nichts hineinschreibt. Meine Herren! Auch das wäre recht mißlich; es würde sich sehr bald die Praxis herausbilden, daß solche Dienstboten, bei denen im Punkte Treue nichts vorgemerkt ist, bei denen die Treue nicht ausdrücklich bestätigt ist, mit ganz besonders scheelen und argwöhnischen Augen angesehen und vielleicht für schlechter gehalten werden, als sie in der That sind.

Denken Sie sich doch den Fall: Ein Dienstbote hat in jugendlichen Jahren einmal vielleicht eine Thorheit oder eine Verfehlung begangen und eine Summe zum Schaden seiner Dienstherrschaft unterschlagen. Der Schaden ist wieder gut gemacht worden, die Dienstherrschaft hat verziehen; und der Dienstbote war bestrebt, durch eine Jahrzehnte lange tadellose Dienstleistung den Fehler gut zu machen; er hat es auch gethan, er hat noch 10, 12, 15 Jahre bei dieser Dienstherrschaft gedient und sich nicht das Geringste mehr ‖ zu Schulden kommen S. 687.
lassen; nun tritt er aus, vielleicht in Folge Todes der Dienstherrschaft. Jetzt sollte nach dem Antrage des Herrn Dr. Casselmann in das Zeugniß geschrieben werden: Der Mann hat vor so viel Jahren einmal eine Unredlichkeit sich zu Schulden kommen lassen. — (Zuruf.) Jawohl, natürlich müßte das geschehen. Das ist die Idee des Antrags des Herrn Dr. Casselmann! So etwas wäre aber doch sehr hart.

Meine Herren! Ich möchte Sie darum bitten, lehnen Sie den Antrag des Herrn Kollegen Dr. Casselmann ebenso ab, wie wir es schon im Ausschusse gethan haben. Ich finde es ja begreiflich, daß der Herr Dr. Casselmann, der im Gebiete des preußischen Landrechts zu arbeiten gewohnt ist, diese dort geltende Vorschrift ungerne entbehrt. Allein es ist das eben nur ein kleines Territorium von Bayern, die anderen weiten Gebietstheile haben diese Bestimmung nicht.

Diese würden vielmehr die daraus entstehenden rechtlichen Folgen außerordentlich nachtheilig empfinden, und ich möchte dem Herrn Abgeordneten Dr. Casselmann nahe legen, daß er auch in diesem Punkte der Rechtseinheit jene Opfer bringen solle, die wir in vielen anderen Stücken gebracht haben.

Präsident: Ich gebe bekannt, daß für den Fall, daß die Kammer sich mit dem Gedanken des Antrags „Dr. Casselmann und Genossen" befreunden

S. 687. sollte, die k. Staatsregierung vorschlagen würde, einen Artikel 22a einzuschalten — wohin es eigentlich gehörte —, der den Wortlaut hätte:

Artikel 22a.

Ertheilt die Dienstherrschaft einem Dienstboten, der gegen sie eine schwere Veruntreuung begangen hat, in Kenntniß dieser Thatsache das Zeugniß treuen Verhaltens, so ist sie für den Schaden verantwortlich, welcher der nachfolgenden Dienstherrschaft aus dem Vertrauen auf die Richtigkeit des Zeugnisses entsteht. Die Verantwortlichkeit erlischt mit dem Ablaufe von drei Jahren seit der Ertheilung des Zeugnisses, soweit sie nicht vorher gerichtlich geltend gemacht wird.

Das Wort nehmen Seine Excellenz der Herr Justizminister.

Der k. Staatsminister Dr. Freiherr **von Leonrod:** Ich habe nicht um das Wort gebeten, ich habe meinen vorigen Ausführungen nichts mehr beizufügen.

Präsident: Herr Abgeordneter Joseph Huber!

Joseph **Huber:** Meine Herren! Es ist der Antrag „Dr. Casselmann“ genau berathen und auseinandergesetzt worden und ist nach meiner Meinung ganz wenig mehr nothwendig, zur Aufklärung darüber zu sprechen; namentlich hat Seine Excellenz der Herr Staatsminister der Justiz uns sehr genaue und wichtige Aufklärung gegeben.

Wie ich ja gewohnt bin, mehr von ländlichen Verhältnissen zu reden, da ich ja dieselben besser verstehe als andere Dinge, so muß ich auch wieder sagen, daß der Bauer bei dieser Angelegenheit wieder am gefährlichsten daran ist. Denn, wenn der Bauer oder der ländliche Besitzer ein Zeugniß ausstellt — er ist schließlich ein älterer Mann und im Schreiben nicht gewandt, er läßt es also von seinen Kindern schreiben oder vom Gemeindeschreiber, der vielleicht viele Zeugnisse nacheinander schreibt —, so kann leicht aus Uebersehen „treu und fleißig“, wie gewohnt, hineingeschrieben werden; nun, welche Folgen können daraus entstehen?

Meine Herren! Ueberhaupt haben wir sehr zu beklagen, daß unsere Dienstboten sehr der Stadt zuwandern. Was soll nun aber das für ein Verhältniß sein, wenn z. B. ein Bäuerlein, dessen Gehöft 20,000 M. werth ist, einen Dienstboten mit einem, mit „treu und fleißig“ ausgestatteten Zeugniß entläßt, und es könnte dann dieser Dienstbote vielleicht durch Schlauheit oder auch Geschicklichkeit einen guten Platz erhalten, wo ihm viel Geld anvertraut wird; da könnte der Fall eintreten, daß dieses Bäuerlein vielleicht die ganzen 20,000 M., die von diesem Dienstboten veruntreut werden, ersetzen müßte. Das möchte ich doch zu bedenken geben, und ich glaube wegen dieser Gründe nicht, daß der Antrag „Dr. Casselmann“ Annahme findet.

Präsident: Herr Abgeordneter Kohl!

Kohl: Meine Herren! Ich bin zufällig schon einige Male in die Lage gekommen, solche Dinge mitzuerleben, daß einer ungeheuer geschädigt worden ist dadurch, daß er solch einem Dienstbotenzeugniß getraut hat. Es ist ein Fall vorgekommen, daß ein Dienstbote fünfmal gestohlen hat bei einem Herrn und er hat „treu und redlich“ hineingeschrieben, und da hat der folgende Dienstherr auf dieses Dienstzeugniß, das von einem Manne kam, von dem er glaubte, daß er ganz zuverlässig sei, sich verlassen, hat aber dann den traurigen Schaden gehabt, daß er selbst bestohlen wurde. Der Mann war gar nicht in

der Lage, irgendwie sich zu entschädigen für den Verlust, den ihm der Andere S. 687.
wirklich in unehrlicher Weise zugefügt hat.

Der Antrag „Dr. Casselmann“ geht allerdings etwas weit; es würde mir freilich ein ganz besonderes Vergnügen machen, dem Antrag „Dr. Casselmann“ zuzustimmen, nachdem er mir vor kurzer Zeit erst die Befähigung zur Erkenntniß solcher Sachen abgesprochen hat. (Heiterkeit.) Allein der Antrag der k. Staatsregierung wäre mir viel lieber, weil einige Beschränkungen darin sind. Für jeden Fall, meine Herren, muß etwas geschehen. Wenn auf dem Wege dieses Gesetzes nichts geschieht, könnte wenigstens auf polizeistrafgesetzlichem Wege etwas geschehen, daß man nämlich einen Dienstherrn, der so handelt, wenigstens auf diesem Wege strafen würde.

Was mein Herr Vorredner, Herr Abgeordneter Joseph Huber, gesagt hat, daß auf dem Lande manchmal in dieser Beziehung etwas eigenthümliche Verhältnisse bestehen, das ist richtig. Es ist mir vor Kurzem folgender Fall vorgekommen, der wirklich sehr eigenthümlich ist. Es hat ein Bauer gegen einen Bauernknecht sehr viel auszustellen gehabt, und als der Bauernknecht von ihm entlassen wurde, hat er zu einem seiner Nachbarn gesagt, dem habe ich es aber in sein Buch hineingeschrieben, der kriegt so schnell keinen Platz mehr, und was hat er ihm hineingeschrieben in sein Dienstbuch? Antwort:
„Benehmen tadellos.“ (Große Heiterkeit.) ‖ Er hat gemeint, weil das Wort S. 688.
Tadel darin vorkommt, sei ein Tadel ausgesprochen. (Heiterkeit.) Das ist ein Faktum, meine Herren, das wirklich vorgekommen ist. Man sieht also, daß die Intelligenz mancher Bauern in dieser Beziehung sehr gering ist und daß man da manchmal wirklich ihnen nicht zu viel zumuthen darf, aber trotz aller dieser Dinge würde ich für den Antrag „Dr. Casselmann“, eventuell für den Antrag der k. Staatsregierung stimmen, wenn mir nicht gesagt und in Aussicht gestellt werden kann, daß auf dem Wege des Polizeistrafgesetzbuches in dieser Beziehung Remedur geschaffen werden kann.

Präsident: Herr Abgeordneter Joseph Huber!

Joseph **Huber:** Meine Herren! Der Herr Vorredner hat diesen Bauern doch etwas gar zu ungeschickt hingestellt. Er kann alt gewesen sein und die Dinge nicht gut gelesen haben, das kann passiren, aber ich muß ihn doch etwas in Schutz nehmen.

Ich möchte noch hervorheben, was ich vorhin vergessen habe, nämlich daß der Bauer oft aus Furcht ein gutes Zeugniß ausstellen muß; man denke sich nur, was auf dem Lande schon geschehen ist und geschieht durch diese Dinge.

Nun muß ich aber auch das noch betonen, wie oft ist das vorgekommen, daß ein gutes Zeugniß ausgestellt worden ist und der andere Dienstherr auf Grund dieses Zeugnisses dem Dienstboten so viel anvertraut hat und hiedurch in Schaden gekommen ist. Ja, solche Dinge kommen auch bei anderen Leuten vor, die nicht Dienstboten sind, denen viel Geld anvertraut wird und dasselbe durch falschen Bankerott oder wie veruntreut wird. Wir haben solche traurige Fälle zu verzeichnen, wir haben aber auch kein Gesetz; gegen Alles kann man keine Gesetze machen.

Ich wiederhole also, ich halte den Antrag „Dr. Casselmann“ für gefährlich und möchte davor warnen.

Präsident: Herr Abgeordneter Dr. Casselmann!

Dr. **Casselmann:** Meine Herren! Wenn es dem Herrn Kollegen Kohl zur Beruhigung dient, daß der Eventualantrag der k. Staatsregierung zur Beschlußfassung gestellt wird, dann erkläre ich hiemit sofort, daß ich meinen

S. 688. Antrag zu Gunsten des Eventualantrags der k. Staatsregierung zurückziehe. Materiell bleibt es beim Alten: denn das, was die k. Staatsregierung vorschlägt, mag redaktionell der Gesetzestechnik mehr entsprechen — ich weiß es nicht —, aber materiell ist es genau dasselbe, was ich gewollt habe.

Nun hat mein Antrag hauptsächlich sowohl von Seite des Herrn Staatsministers, als auch von Seite der Herren Abgeordneten Lerno und Huber Widerspruch erfahren, und zwar nach zwei Seiten hin, einmal mit Rücksicht auf den Dienstherrn und dann mit Rücksicht auf den Dienstboten. Insbesondere hat der Herr Justizminister für den Dienstherrn in Anspruch genommen, daß die Sache für ihn zu gefährlich werden könnte, wenn meinem Antrag stattgegeben würde. Der Herr Justizminister hat sogar gemeint, mein Antrag entspreche nicht der Forderung der Gerechtigkeit. Meine Herren! Diesen Satz hätte ich nicht erwartet. Wenn man gesagt hätte, die Leute sind bei uns einmal so, daß man mit dem Antrag nichts machen kann, so wären das praktische Erwägungen. Wenn ein Antrag verlangt, daß die gute Sitte zur Richtschnur des Rechtslebens genommen werden soll — und das ist bei meinem Antrag der Fall —, und es wird dann gesagt, der Antrag sei keine Forderung der Gerechtigkeit, so muß ich sagen, das verstehe ich nicht.

Der Herr Justizminister hat von der Schwäche der Dienstherrschaft gesprochen, die in der menschlichen Natur begründet sei. Ja, meine Herren, wenn wir einmal so weit gekommen sind, daß wir zugestehen, die menschliche Natur ist so schwach, daß sie nicht mehr zu unterscheiden weiß zwischen dem, was moralisch und was unmoralisch ist, dann bedauere ich überhaupt, daß wir berufen sind, noch Gesetze zu machen; denn dann ist die Aufgabe des Gesetzgebers keine ideale mehr.

Der Herr Justizminister hat gemeint, unter Umständen komme die ganze wirthschaftliche Existenz eines Dienstherrn in Frage. Er hat gemeint, das sehe man aus dem Beispiel, wenn man sich den Fall so zurechtlege: Ein Dienstmädchen unterschlägt ein paar Mark, kommt dann zu einer anderen Dienstherrschaft, welche sie auf Grund des Zeugnisses gedingt hat, und unterschlägt dann auf einmal 20,000 M. Ja, Seine Excellenz hätte auch sagen können: 100,000 M. oder auch eine Million. Aber meine Herren, dieses Beispiel macht auf mich keinen Eindruck. Derartige scheinbar unbillige Konsequenzen ergeben sich auch sonst im Rechtsleben. Nehmen Sie folgenden Fall an: Nach der Bestimmung des Bürgerl. Gesetzbuchs haftet jeder für fahrlässige Tödtung. Es geht nun Einer, der vielleicht ein Vermögen von 10,000 M. hat, als Jagdgast mit auf die Jagd, er ist so unvorsichtig und fahrlässig, daß er einen Mann, der vielleicht 30 Jahre alt und kerngesund ist und nebenbei das Glück hat, ein — ich will einmal sagen — Direktor einer großen Bank zu sein mit einem jährlichen Einkommen von 100,000 M. Meine Herren! Der das Unglück hat, fahrlässiger Weise diesen 30 jährigen kerngesunden Bankdirektor mit 100,000 M. jährlicher Einnahme zu erschießen, ist verpflichtet, den Relikten dieses Bankdirektors gegenüber für den Schaden aufzukommen. Daß der Schaden mit Rücksicht darauf, daß der Getödtete ein Bankdirektor war mit einem jährlichen Gehalt von 100,000 M., daß er ein von Gesundheit strotzender, noch junger Mann war, der noch auf viele Jahre auf sein hohes Einkommen sicher hätte rechnen können, eine solche Höhe annehmen wird, daß er von dem unglücklichen Schützen einfach nicht geleistet werden kann, ist zwar eine höchst bedauerliche Konsequenz, allein Niemand wird daraus den Schluß ziehen, daß es der Gerechtigkeit nicht entspricht, wenn das Bürgerl. Gesetzbuch die Haftung für fahrlässige Handlungen ausspricht.

Genau um dasselbe handelt es sich hier; es können sich in Konsequenz S. 688.
meines Antrages in der Praxis Härten ergeben, wenn man sich so bemüht, wie der Herr Minister es gethan hat, ganz exceptionelle Fälle herauszunehmen, der in dem Antrag enthaltene Rechtsgrundsatz entspricht deßhalb doch der Gerechtigkeit.

Der Herr Justizminister hat sodann auch noch gemeint: ja, die Schwierigkeit liege im einzelnen Falle im Beweise. Es könne Fälle geben, daß der Dienstherr zwar überzeugt sei, es sei ihm etwas gestohlen oder unterschlagen worden, daß ihm aber doch der Beweis fehle. Meine Herren! Dieser Fall scheidet vollständig aus. Weder nach meinem Antrage noch nach dem Eventualantrage der k. Staatsregierung — denn mein Antrag spricht von „wider besseres Wissen“ und der Antrag der k. Staatsregierung hat dieses Requisit nur umschrieben — würde in einem solchen Falle || der Dienstherr haften. Wenn S. 689.
der Dienstherr haftbar gemacht werden soll, dann muß der Andere beweisen, daß er wider besseres Wissen das Zeugniß ausgestellt hat. Der Betreffende braucht nicht zu beweisen, daß er in gutem Glauben war, sondern der Gegner muß sein „Wider besseres Wissen“ beweisen.

Nun hat der Herr Abgeordnete Lerno sich weniger auf den Standpunkt des Dienstherrn als auf den des Dienstboten gestellt, und, meine Herren, allen Respekt vor seinem guten Herzen, in dieser Beziehung kann ich ihn nicht verstehen, nachdem ich doch sonst weiß, welche Begriffe er von Sitte und Moral hat. Es ist durchaus unrichtig, wenn der Herr Kollege Lerno sagt, man dürfe mit Rücksicht darauf, daß die Dienstboten die wirthschaftlich Schwächeren seien, die Rücksicht so weit walten lassen, daß man ihnen im Falle schwerer Unredlichkeit das Gegentheil bezeugt. Das, glaube ich, werden nicht einmal die Herren von der äußersten Linken verlangen, obwohl sie in ihren Forderungen zum Schutze der wirthschaftlich Schwachen bisweilen über alle Grenzen gehen. Der Schutz des wirthschaftlich Schwachen hat da keine Berechtigung mehr, wo er einem ganz unangebrachten Mitleid entspringt und zugleich ein schweres Unrecht gegen Andere in sich schließt. Wenn ein Dienstbote seine Herrschaft in gröblicher Weise bestiehlt, dann darf der Umstand, daß er wirthschaftlich schwächer ist, nicht ausschlaggebend sein, dann verdient er diesen Schutz nicht.

Wenn Herr Kollege Lerno sagt, ein solcher Dienstbote, der mit einem solchen Zeugnisse zu einer Dienstherrschaft kommt, wird, wenn in dem Zeugnisse nichts darin steht, weil die Dienstherrschaft nichts hat hineinschreiben wollen, mit argwöhnischen Augen angesehen, so ist das etwas, worüber der Dienstbote sich nicht beschweren kann.

Aber nun kommt etwas, wodurch Herr Kollege Lerno bewiesen hat, daß er meinen Antrag doch nicht richtigt gewürdigt hat. Wenn er meint, daß in einem Falle, wo der Dienstherr über die Redlichkeit des Dienstboten gar nichts in's Zeugniß geschrieben habe, wo er, obwohl er die Unredlichkeit des Dienstboten gekannt habe, absichtlich diese Unredlichkeit verschwiegen habe, dieser Dienstherr haftbar gemacht werden könne, so ist ihm hier ein Mißverständniß unterlaufen. Davon steht nichts in meinem Antrag; ich bitte, das noch einmal zu berücksichtigen. § 630 des Bürgerl. Gesetzbuchs sagt, daß bei der Beendigung eines dauernden Dienstverhältnisses von dem anderen Theile ein schriftliches Zeugniß über das Dienstverhältniß und dessen Dauer gefordert werden kann. Dann heißt es weiter:

> Das Zeugniß ist auf Verlangen auf Leistung und Führung im Dienste zu erstrecken.

S. 689. Also kein Dienstherr ist verpflichtet, über die Führung des Dienstboten etwas in das Zeugniß hineinzuschreiben; er ist hiezu nur dann verpflichtet, wenn der Dienstbote ausdrücklich über seine Führung ein Zeugniß verlangt. Und nun frage ich wiederholt, wenn ein Dienstbote, der in dieser Weise sich vergangen hat, nicht einsieht, daß er den Dienstherrn, auf dessen gutes Herz er spekulirt, in Verlegenheit bringt, wenn er die Stirne hat, zum Dienstherrn zu gehen und zu sagen: ich habe zwar gestohlen, aber ich weiß, du bist ein guter Herr, du wirst mir meine Zukunft nicht verderben wollen, und der Betreffende schreibt dann wider besseres Wissen, daß der Dienstbote redlich und treu gedient habe, ja, dann begreife ich nicht, wie man sagen kann, daß ein Antrag, der die Abstellung dieser Unmoral bezweckt, hingestellt wird als ein Antrag, der etwas Unbilliges verlangt, ja als ein solcher, der der Forderung der Gerechtigkeit nicht entspricht.

Der Herr Kollege Lerno hat vollständig Recht für solche Fälle, wo man das gute Herz sprechen lassen kann; man verzeiht einmal einem Menschen, der irgend etwas begangen hat, weil man glaubt, in Zukunft bessere er sich. Gewiß! Aber man thut das auf seine Verantwortung. In einem Falle, den Herr Kollege Lerno aufführte, würde ich auch verzeihen. Ich würde es auch riskiren, Mancher von uns würde es auch thun, aber ob er deßhalb nicht einer neuen Dienstherrschaft, die im Vertrauen auf das Zeugniß ihn engagirt hat, nicht haftet, das ist doch eine andere Frage. Wer hier ein Auge zudrückt, weil er ein zu gutes Herz hat, der thut es auf seine Wag und Gefahr. Der andere Dienstherr ist nach meinem Dafürhalten vollständig berechtigt, ihn dann haftbar zu machen.

Ich war sehr erfreut, daß der Herr Kollege Kohl mich so warm unterstützt hat. Das von ihm angeführte Beispiel, glaube ich, wird gewiß auch auf Andere Eindruck gemacht haben. Sie hören einen Fall aus der Praxis: der Dienstbote stiehlt fünfmal, und trotzdem schreibt der Herr hinein, daß er treu und redlich gedient hat. Ja, meine Herren, da muß man doch sagen, da hört sich Alles auf, wenn da nicht im Wege der Gesetzgebung Abhilfe geschafft wird.

Wenn der Herr Kollege Huber meint: ja, für die Stadt wäre es noch etwas, aber für das Land draußen könne man es nicht brauchen, so möchte ich doch glauben, daß der Herr Abgeordnete Huber hier allzu strenge für die Landbevölkerung urtheilt, wenn er ihr so gar kein Urtheil zutraut über das, was Recht und Unrecht ist. Meine Herren! Das lernt man schon in der Religionsstunde: Du sollst kein falsches Zeugniß geben. (Zuruf des Abgeordneten Franz Joseph Ehrhart.) Sie haben's vielleicht vergessen, das kann ja sein. (Heiterkeit.) Aber, meine Herren, ich möchte noch beisetzen, so dumm ist doch auch Niemand draußen auf dem Lande, daß er diese Begriffe so verwechselt, daß man ihn deßhalb in Schutz nehmen muß, daß er „tadelloses Benehmen" in ein Zeugniß hineinschrieb in einem Falle, wo er dem Dienstboten hat etwas anthun wollen. Wenn einer so dumm ist, für den kann der Gesetzgeber schlechterdings nichts mehr thun, meine Herren, dem Manne kann überhaupt nicht mehr geholfen werden. (Heiterkeit.) Ich möchte also bitten, meine Herren — und ich freue mich der Unterstützung, die ich von der anderen Seite nicht blos im Ausschusse, sondern auch heute wieder gefunden habe —, dem Antrag in der Form zuzustimmen, wie er eventuell von der Regierung vorgeschlagen wurde.

Präsident: Die Diskussion ist geschlossen. Der Herr Antragsteller und der Herr Referent verzichten auf das Schlußwort.

Wir kommen zur Abstimmung über den Vorschlag der k. Staatsregierung, S. 689.
da der andere Antrag zurückgezogen ist. Ich verlese denselben nochmals:

Artikel 22a.

Ertheilt die Dienstherrschaft einem Dienstboten, der gegen sie eine schwere Veruntreuung begangen ‖ hat, in Kenntniß dieser That- S. 690.
sache das Zeugniß treuen Verhaltens, so ist sie für den Schaden verantwortlich, welcher der nachfolgenden Dienstherrschaft aus dem Vertrauen auf die Richtigkeit des Zeugnisses entsteht. Die Verantwortlichkeit erlischt mit dem Ablaufe von drei Jahren seit der Ertheilung des Zeugnisses, soweit sie nicht vorher gerichtlich geltend gemacht wird.

Ich bitte dienigen Herren, welche diesem Antrage ihre Zustimmung ertheilen wollen, sich von den Sitz zu erheben. (Geschieht.)

Das ist die Mehrheit; der Antrag ist angenommen. . . . . .

Ich schließe die Sitzung.

(Schluß der Sitzung um 12 Uhr 45 Minuten.)

Vierhundertachtundachtzigste Sitzung vom 20. April 1899.

(Stenog. Berichte d. K. d. Abg. 1899, Bd. XIII, Nr. 488, Seite 705 bis 711.)

Präsident: Wir stehen in der Diskussion bei: S. 705.

Leibgedingsvertrag.

Artikel 25 bis 31 (werden ohne Erörterung angenommen).

Artikel 32.

Ich eröffne die Diskussion. Das Wort hat der Herr Referent.

Wagner (Berichterstatter): Meine Herren! Die sämmtlichen Vorschriften, welche in dem Abschnitte über den Leibgedingsvertrag enthalten sind, sind sogenannte Dispositivvorschriften, d. h. sie gelten nur dann, wenn in dem speziellen Falle durch Vertrag nicht etwas Anderes vereinbart ist.

Es besteht über die desfallsigen Artikel zwischen dem Ausschusse der Kammer der Abgeordneten und dem Ausschusse der Reichsrathskammer in allen Punkten Uebereinstimmung mit Ausnahme eines Punktes, welcher den Art. 32 betrifft. Dieser Art. 32 bestimmt, daß dann, wenn in einem Vertrage bestimmt ist, daß der Anwesensübernehmer dem Anwesensübergeber die Verpflegung zu gewähren hat, und wenn etwas Weiteres nicht im Vertrage steht, als daß die Verpflegung zu gewähren ist, diese Bestimmung dahin auszulegen ist, daß der Anwesensübernehmer dem Anwesensübergeber den gesammten Lebensbedarf in standesmäßiger und ortsüblicher Weise zu gewähren hat. Das ist gewiß an und für sich eine ganz gute Vorschrift, und hiegegen wurde nichts erinnert.

Zweifel wurden in unserem Ausschusse nur darüber geäußert, ob unter dem gesammten Lebensbedarf auch die ärztlichen Kosten und die Kosten für Heilmittel zu verstehen sind, wenn der Anwesensübergeber erkrankt. Die Meinungen hierüber waren Anfangs getheilt; allein schließlich war unser Ausschuß der Meinung, daß diese Kosten im Allgemeinen nicht in der Verpflegung inbegriffen sind, wenn nicht etwas Anderes ausdrücklich ausgemacht ist.

Es wurde deßhalb dem vorgeschlagenen Art. 32 ein zweiter Satz beigefügt, welcher lautet: Die Kosten der ärztlichen Behandlung und der Heilmittel fallen jedoch dem Berechtigten zur Last.

S. 705. Der Ausschuß der Reichsrathskammer war anderer Anschauung; derselbe ging von der Meinung aus, daß unter dem gesammten Lebensbedarf denn doch auch die Kosten für Arzt und Apotheker zu subsumiren seien, wenn etwas Anderes nicht ausgemacht wurde. Es ist im Reichsrathsausschusse die Frage aufgeworfen worden: Was soll eintreten, wenn ein Austrägler krank wird, der kein anderes Vermögen als den sogenannten Austrag oder Altentheil hat. In dieser Beziehung sagte man, es sei doch unbillig, wenn in einem solchen Falle der Austrägler einfach an die Gemeinde verwiesen wird.

Von Seite der k. Staatsregierung wurde darauf hingewiesen, daß auch der frühere bayerische Entwurf eines Civilgesetzbuches einen Art. 779 Abs. 2 hatte, welcher mit der Anschauung der k. Staatsregierung im Einklang steht, und ebenso stimme mit ihrer Anschauung, welche der unsrigen entgegen ist, auch der hessische Entwurf überein. Nur in einem einzigen Falle wurde von Seite der k. Staatsregierung der diesseitigen Anschauung eine Konzession gemacht und diese Konzession wurde auch vom Ausschusse der Reichsrathskammer zum Beschlusse erhoben, indem dort der Satz, auf welchen ich hingewiesen habe, dahin gefaßt wurde: „Die Kosten der ärztlichen Behandlung fallen jedoch dem Verpflichteten, wenn dem Berechtigten gegenüber ein Dritter verpflichtet ist, sie zu tragen, nur insoweit zur Last, als Bezahlung vom Dritten nicht zu erlangen ist." Das heißt also: Wenn z. B. ein Austrägler von einem Dritten in rechtswidriger Weise mißhandelt und verletzt wird, so hat der Thäter selbstverständlich die Pflicht, den Verletzten zu entschädigen und auch die Kosten für Arzt und Apotheker zu tragen, wenn diese Kosten in Folge der Gesundheitsbeschädigung aufzuwenden waren, um den Verletzten wieder herzustellen. Wenn in diesem Falle aber der Thäter keine Mittel hat, um diese Kosten zu ersetzen, so sollen gleichwohl auch in diesem Falle dem Anwesensübernehmer die Heilungskosten zur Last fallen.

Meine Herren! Unser Ausschuß hat auch in der letzten Berathung sich der Anschauung des Ausschusses der Kammer der Reichsräthe nicht anschließen können. Wir waren der Meinung, daß beispielsweise folgender Fall vorliegen kann: Es übergibt ein größerer Gutsbesitzer, der außer seinem Gute noch ein größeres Baarvermögen hat, sein Anwesen seinem Sohn und bedingt sich nichts weiter als die Verpflegung. Es ist anzunehmen, daß in einem solchen Falle Niemand daran denkt, daß, wenn der Anwesensübergeber erkrankt, der Sohn verpflichtet sein soll, auch Arzt und Apotheker zu zahlen. Wenn nun beispielsweise weiter der Fall eintritt, daß das Anwesen entweder veräußert wird oder der Anwesensübernehmer in Konkurs geräth und ein Dritter das Anwesen erwirbt, so würde nach der Auffassung der k. Staatsregierung und des Reichsrathsausschusses der neue Anwesenserwerber, der in keiner verwandtschaftlichen Beziehung mit dem Austrägler steht, die Kosten für Arzt und Apotheker unter allen Umständen zu tragen haben, auch wenn der Anwesensübergeber selbst ausreichende Mittel noch hat, sie selbst zu tragen, und auch wenn beim ursprünglichen Vertragsabschluß an etwas Derartiges nicht gedacht wurde.

S. 706. Wir waren also der Meinung, daß es angemessen ist, die Bestimmung aufrecht zu erhalten, welche wir dem Artikel eingefügt haben, und es ist namentlich auch der Fall in Berücksichtigung gezogen worden, daß es manchmal doch auch etwas gehässige Leute gibt, welche jeden Anlaß benützen, um den Anwesensübernehmern lästig zu werden; es hat auch ohne Zweifel der Zusatz, den wir beschlossen haben, den Vortheil, daß er die Notare, welche die betreffenden Uebergabsverträge abschließen werden, nöthigt, über diese Punkte sich beim Vertragsabschlusse Klarheit zu verschaffen. Das Gesetz findet ja erst auf die Verträge Anwendung, welche künftig werden abgeschlossen werden; es sind also durch die Bestimmung, welche wir getroffen haben, die betreffenden Beamten ganz entschieden veranlaßt, diese Punkte zu klären, so daß Streitigkeiten nicht daraus hervorgehen werden. Wir waren der Meinung, daß die Auslegung, welche wir treffen, der Auffassung im gewöhnlichen Leben draußen viel besser entspricht, als die Auffassung, welche die k. Staatsregierung und der Reichsrathsausschuß hatten, und weil wir diese Meinung haben, deßwegen glauben wir, Ihnen den Artikel so, wie er in unserem Ausschusse beschlossen wurde, zur Annahme empfehlen zu sollen. S. 706.

Ich beantrage daher, daß Sie unserm Ausschußbeschlusse unverändert zustimmen wollen.

Präsident: Das Wort wird nicht begehrt; ich schließe die Diskussion.

Ein Einwand gegen den Wortlaut des Art. 32 ist nicht erhoben worden; ich konstatire die Annahme desselben.

Artikel 33 bis **52** (werden ohne Erörterung angenommen).

Artikel 53.

Ich eröffne die Diskussion. Das Wort hat der Herr Referent.

Wagner (Berichterstatter): Meine Herren! Art. 53 und Art. 53a sind jene Bestimmungen des Gesetzes, welche eine erhebliche Neuerung in unser Recht bringen. Die k. Staatsregierung hatte vorgeschlagen, daß für den Schaden, den ein Beamter des Staates, einer Gemeinde oder eines anderen Kommunalverbandes in Ausübung der ihm anvertrauten öffentlichen Gewalt einem Dritten zufügt, der Staat oder der Verband, in dessen Dienste der Beamte steht, in gleicher Weise wie der Beamte haftet, soweit der Ersatz von diesem nicht zu erlangen ist.

Es ist dann weiter diese subsidiäre Haftung noch speziell geregelt und gesagt worden:

> In dem Verhältnisse des Staates oder des Verbandes, in dessen Dienste der Beamte steht, und des Beamten zu einander ist dieser allein verpflichtet.

Die besonderen Vorschriften der einzelnen Gesetze werden durch dieses Gesetz nicht berührt.

> Ausländern kann die Entschädigung verweigert werden, wenn nicht nachgewiesen ist, daß in dem Heimathsstaate des Beschädigten eine der Vorschrift des Abs. 1 entsprechende Haftung Deutschen gegenüber anerkannt wird.

Dieser vorgeschlagene Artikel hat nun im Laufe der Ausschußberathungen wesentliche Aenderungen gefunden. Er wurde zunächst geändert in unserem Ausschusse; er ist wieder geändert worden im Reichsrathsausschusse und schließlich hat er und zwar auf Antrag der k. Staatsregierung in der Schlußberathung unseres Ausschusses noch eine allerdings nicht sehr erhebliche Aenderung erlitten. S. 707.

Wir waren der Meinung, daß unter allen Umständen die subsidiäre Haftung des Staates in eine primäre verwandelt werden müßte, und haben bei der ersten Berathung uns dahin schlüssig gemacht, daß die Haftung des Staates beziehungsweise der Kommunalverbände einerseits und des Beamten andererseits eine elektive sein soll, so daß der Verletzte in der Lage ist, entweder den Beamten allein oder den Staat allein oder beide miteinander sofort zu verklagen.

S. 707. Wir sind der Meinung gewesen, daß man den verletzten Privaten nicht soll zwingen können, daß er zuerst einen Prozeß mit hohen Kosten gegen den Beamten führen muß und möglicherweise von diesem nicht einmal die Prozeßkosten, geschweige denn die Entschädigung erlangt, deßwegen, weil derselbe, wie sich schließlich herausstellt, unvermöglich ist.

Es ist weiter von uns noch das in Berücksichtigung gezogen worden, daß sehr häufig der Private gar nicht einmal genau weiß, welcher Beamte an dem ihm verursachten Schaden schuld ist. Wenn beispielsweise ein Untergebener auf Veranlassung seines Vorgesetzten gehandelt hat, so kann unter Umständen der Private gar nicht wissen, daß derjenige, welcher ihm den Schaden direkt zugefügt hat, gar nicht einmal rechtswidrig gehandelt, sondern daß er nur einen Befehl seines Vorgesetzten in richtiger Weise ausgeführt hat, daß aber der Vorgesetzte in rechtswidriger Weise durch die Befehlsertheilung gehandelt hat und an dem Schaden, der erwachsen ist, schuld ist.

Deßwegen waren wir der Meinung, daß unter allen Umständen die Bestimmung getroffen werden muß, daß der Staat beziehungsweise der Kommunalverband, der den Beamten angestellt hat, in erster Linie zu haften hat.

Nun ist ein Novum in dieser Richtung zu verzeichnen, nämlich ein Novum, welches in § 12 der Grundbuchordnung enthalten ist, wonach die Haftung des Staates für den Grundbuchbeamten nicht blos eine primäre, sondern eine ausschließliche ist, so daß der beschädigte Private den Grundbuchbeamten gar nicht in Anspruch nehmen kann, sondern sich sofort an den Staat zu wenden hat, welcher die Entschädigung leisten muß und dann seinen Regreß gegenüber dem Grundbuchbeamten nehmen kann. Es ist in unserem Ausschusse schon zum Ausdruck gekommen, daß, wenn von Seite der Staatsregierung die Haftung für die Beamten generell in derselben Weise geregelt werden wollte, wie das in § 12 der Grundbuchordnung geschehen ist, eine Erinnerug hiegegen nicht erhoben werde. Das ist nun auch im Ausschusse der Reichsrathskammer geschehen und man hat die Haftung für sämmtliche Beamte generell so geregelt, wie die Regelung bezüglich der Grundbuchbeamten in § 12 der Grundbuchordnung geschehen ist.

Es ist dann im Art. 53a noch eine nach meiner Meinung für die Privaten sehr wohlthätige Bestimmung getroffen worden, daß in dem Falle, in welchem den Beamten ein Verschulden nicht trifft, weil er in einer krankhaften Störung der Geisteskräfte oder in einem Zustande der Bewußtlosigkeit gehandelt hat, welcher seine freie Willensbestimmung ausschloß, der Staat beziehungsweise Kommunalverband für den Schaden eintritt, den der Beamte in einem solchen Zustande angerichtet hat.

Was nun die weiteren Aenderungen, die Sie aus dem Beschlusse ersehen, betrifft, so habe ich nur hervorzuheben, daß wir der Meinung waren, daß eine spezielle Bestimmung zu treffen ist hinsichtlich des Schadens, welcher von einem Gerichtsvollzieher unter Ueberschreitung seiner Amtsbefugniß oder durch Unterlassung der Erfüllung einer Dienstpflicht verursacht wird. In dieser Beziehung ist einmal darauf hinzuweisen, daß nach der Rechtsprechung angenommen wird, daß, wenn ein Gerichtsvollzieher seinen Auftraggeber schädigt, der Gerichtsvollzieher nicht als Beamter den Schaden verursacht hat, sondern lediglich als Bevollmächtigter, so daß also eine Haftung des Staates für einen solchen von einem Gerichtsvollzieher verursachten Schaden bisher nicht angenommen wurde. Wenn also beispielsweise ein Mann, der ein rechtskräftiges Urtheil hat, dem Gerichtsvollzieher den Auftrag gibt, das Geld einzuziehen, und wenn der Gerichtsvollzieher, sei es durch Zahlung des Schuldners

oder durch Exekution, das Geld in seine Hände bekommt und unterschlägt, so S. 707.
wird nach der bisherigen Rechtsprechung angenommen, daß in diesem Falle der Gerichtsvollzieher die Unterschlagung nicht in seiner Eigenschaft als Beamter, sondern in seiner Eigenschaft als Bevollmächtigter seines Auftraggebers begangen habe und daß eine Ersatzpflicht des Staates hinsichtlich einer solchen von einem Gerichtsvollzieher vorgenommenen Unterschlagung nicht besteht. Das halten wir nun aus dem Grunde nicht für angemessen, weil der Private gar keine andere Wahl hat als die, sich an den Gerichtsvollzieher zu wenden, und weil der Staat die Haftung dafür übernehmen muß, wenn er eine unzuverlässige Person als Gerichtsvollzieher aufgestellt hat. Deßwegen wurde die Bestimmung aufgenommen:

> Bei den Amtsgeschäften der Gerichtsvollzieher gilt dieß auch für die Verletzung der Pflichten gegenüber dem Auftraggeber.

Das sind nun die wesentlichsten Aenderungen gegenüber dem Regierungsvorschlag, über welche wir uns in unserem Ausschusse nnd im Ausschusse der Reichsrathskammer miteinander und mit der k. Staatsregierung geeignet haben.

Es ist dann auch noch eine Bestimmung enthalten hinsichtlich des Retorsionsrechtes. Es ist die Bestimmung aufgenommen, daß Ausländern die Entschädigung verweigert werden kann, wenn nicht nachgewiesen ist, daß in dem Heimathstaate des Beschädigten eine der Vorschrift des Abs. 1 Satz 1 entsprechende Haftung Deutschen gegenüber anerkannt wird.

Nun, meine Herren, hierüber bestand gar kein Zweifel, daß die Vorschrift eine zutreffende ist. Es ist aber im Reichsrathsausschusse eine Aenderung insofern eingetreten, als die Worte aufgenommen wurden: „vorbehaltlich der Haftung des Beamten". Diese Aenderung wurde in unserem Ausschusse anfänglich beanstandet, allein die Beanstandung wurde zurückgezogen, nachdem regierungsseitig erklärt worden war, daß in dieser Beziehung die Landesgesetzgebung überhaupt nicht freie Hand habe und daß sich der Vorbehalt eigentlich von selbst verstehe.

Es wurde aber in unserem Ausschusse gegenüber dem Beschlusse des Ausschusses der Reichsrathskammer die Aenderung auf Regierungsantrag getroffen, daß hinsichtlich des Retorsionsrechtes noch eine nähere Bestimmung
aufgenommen ‖ wurde, indem die Worte eingeschaltet wurden: „wenigstens S. 708.
insoweit, als der Ersatz des Schadens von dem Beamten nicht zu erlangen ist". Der Sinn dieser Aenderung ist der, daß, wenn in dem Staate, dem der betreffende Ausländer angehört, die Schadensersatzpflicht des Staates wenigstens insoweit anerkannt ist, daß die sekundäre Haftung für einen von einem Beamten des Staates verursachten Schaden vom Staate anerkannt wird, dann auch dem Ausländer gegenüber vom Inlande dasselbe Recht zugebilligt wird, als es dem Inländer gegenüber anerkannt wird. Es ist also nicht nothwendig, daß in dem betreffenden Staate, dem der Ausländer angehört, der Staat die primäre Haftung für schädigende Handlungen seiner Beamten übernehmen muß, sondern es genügt, wenn nur die eventuelle oder sekundäre Haftung in solcher Weise etwa anerkannt wird, wie dieß von Seite der k. Staatsregierung anfänglich vorgeschlagen wurde.

Daß der Beamte dem Staate oder Kommunalverbande regreßpflichtig ist in der Weise, wie es im letzten Absatze des Art. 53 vorgeschlagen ist, das wird von Niemand beanstandet werden und ich bitte also, daß Sie dem Artikel unverändert zustimmen wollen, demnach auch der Aenderung, welche vom Reichsrathsausschusse bisher noch nicht behandelt worden ist.

S. 708. Ich empfehle also unveränderte Annahme des Artikels in der Fassung unseres Ausschußbeschlusses.

Präsident: Des Zusammenhanges wegen steht auch **Artikel 53a** zur Diskussion. Das Wort hat der Herr Abgeordnete Lerno.

Lerno: Meine Herren! Es wurde im Ausschusse betont, daß die Art. 53 und 53a eine ganz außerordentliche Verbesserung unserer Gesetzgebung bedeuten nach der Richtung, daß der Staat für alle vorsätzlichen und fahrlässigen Amtspflichtverletzungen seiner Beamten, ja sogar für die im Zustand der Bewußtlosigkeit oder Geistesstörung begangenen, gegenüber jedem Staatsbürger haftet, und von diesem Gesichtspunkte aus habe ich im Ausschusse gesagt, daß diese Bestimmung, welche bei uns neu eingeführt wird und, soviel ich weiß, in keinem anderen deutschen Staate zugleich mit dem Bürgerlichen Gesetzbuche Aufnahme findet, von uns als eine große Wohlthat, als ein wirklicher Fortschritt zu begrüßen ist.

Nun habe ich mich aber zum Worte gemeldet nur deßwegen, um einigen Bedenken Ausdruck zu geben, die mir aus betheiligten Kreisen geworden sind über die Tragweite dieser Artikel.

Die Sache hat nämlich auch ihre Kehrseite und es ist ganz richtig, was in diesen Bedenken ausgesprochen ist, daß die Folgen dieser beiden Artikel unter Umständen für die Landgemeinden sehr unangenehme und schlimme werden können. Die beiden Artikel handeln nicht blos von der Ersatzpflicht für die Amtspflichtverletzungen der Staatsbeamten, sondern auch der Gemeindebeamten. Darunter sind die Bürgermeister und alle Gemeindebeamten bis herunter zum Flurwächter zu verstehen, und wenn einer dieser Beamten vorsätzlich oder fahrlässig einem Dritten Schaden zufügt, so ist auf Grund dieses künftigen Gesetzes die Gemeinde für den Schaden vollständig haftbar.

Mit Rücksicht hierauf hat man mir gesagt: ja, bei den Verhältnissen, wie sie auf dem Lande herrschen, ist es sehr leicht möglich, daß derartige Schäden nicht selten entstehen in einem Umfange, der für die Gemeinde sehr bedenklich werden kann. Das gebe ich vollständig zu. Ich möchte zwei praktische Beispiele aufführen, die mir mitgetheilt worden sind und die ich im Interesse des Verständnisses dieser Artikel draußen in der Allgemeinheit hier vorbringe. Es wird mir geschrieben: Ein Bürgermeister könnte leicht eine fahrlässige Verletzung der Amtspflicht dadurch sich zu Schulden kommen lassen, daß er die ihm obliegende Unterhaltung der Gemeindewege vernachlässigt. Dann wird hiedurch ein Unfall veranlaßt, es wird ein Dritter, der auf diesem Wege fährt, an seinem Körper oder Eigenthum geschädigt, und nun ist die Gemeinde dafür haftbar. Das zweite Beispiel ist folgendes: Ein Gemeindeschreiber auf dem Lande versäumt die rechtzeitige Einsendung der Anmeldung zur staatlichen Hagelversicherungsanstalt und nun tritt, ehe der Gemeindeschreiber diese Anmeldung nach München an die staatliche Hagelversicherungsanstalt schickt, wirklich ein Hagelschlag ein, die Geschädigten erhalten in Folge dessen von der Anstalt nichts und werden sich demnach gleich an die Gemeinde halten. Diese Beispiele sind vollständig richtig. Es wird diese Rechtsfolge in Zukunft eintreten.

Nun möchte ich dem gegenüber aber doch vorbringen, was das erste Beispiel betrifft, den durch die Vernachlässigung der Gemeindewege verursachten Schaden, so wird die Rechtslage künftighin nicht geändert, denn auch nach den jetzigen Verhältnissen wird in einem solchen Falle die Gemeinde, welche an dieser außerordentlichen Vernachlässigung ihrer Gemeindewege schuld ist, civilrechtlich hergenommen werden. S. 708.

Bezüglich des anderen Falles muß ich zugeben, daß er eine Neuerung der Rechtslage in der Zukunft bringen wird; denn nach den jetzt noch geltenden gesetzlichen Bestimmungen wird der Geschädigte sich nur an den Gemeindeschreiber halten können, während in Zukunft allerdings die Gemeinde herhalten muß. Allein das kann für mich kein Moment sein, daß ich etwa um deswillen gegen diesen Artikel stimmen würde oder meine Zustimmung zu demselben weniger gerne hergeben könnte, wie ich das im Ausschusse gethan. Denn, meine Herren, es ist ja richtig, daß solche Fälle eintreten können; allein hier muß man sagen, es müssen eben die Leute ihre Augen aufmachen und müssen ihre eigenen Interessen besorgen und sich nicht damit begnügen, daß sie vielleicht einen unzuverlässigen Gemeindeschreiber, dessen Unzuverlässigkeit ihnen sicher nicht unbekannt ist, ihre Anmeldungen geben und sich weiter nichts mehr um die Sache kümmern. Sie müssen sich vorstellen, die Sache ist eine dringende, es liegt sehr viel daran, und sie müssen deßhalb den Lehrer oder Gemeindeschreiber alsbald interpelliren, ob er die Anmeldungen nach München geschickt, und wenn nicht, daß er das augenblicklich thue. Es ergibt sich daraus die Nothwendigkeit, welche durchaus nicht als ein Unglück erachtet werden kann, daß die Leute draußen möglichst vorsichtig und achtsam werden, und um das in der Oeffentlichkeit draußen bekannt werden zu lassen, habe ich, wie gesagt, diese Bedenken hier vorgebracht.

Im Uebrigen fällt aber gegenüber solchen Befürchtungen, es könnten für manche Gemeinden schlimme Haftungen herauskommen, doch gewiß die andere, viel bedeutendere und werthvollere Bestimmung, wonach der Staat für alle seine Beamten haftet und der Geschädigte sich nicht mehr an den einzelnen Beamten zu halten braucht, ‖ bei Weitem mehr in's Gewicht. Gegenüber diesem be- S. 709.
deutend größeren Moment müssen die kleineren Erwägungen und Befürchtungen nach meinem Dafürhalten verschwinden oder zurücktreten. (Rufe: Sehr richtig!)

Präsident: Zum Worte ist Niemand mehr gemeldet; ich schließe die Diskussion. Das Schlußwort hat der Herr Referent.

Wagner (Berichterstatter): Ich kann den Ausführungen des geehrten Herrn Vorredners mich nur anschließen. Ich habe über diesen Punkt nicht eingehend referirt, obwohl er im Ausschusse sehr eingehend besprochen worden ist. Es wurden ja gerade gegen Art. 53a aus dem Gesichtspunkte, auf welchen der Herr Vorredner hingewiesen hat, Bedenken erhoben, obwohl diese Bedenken weniger gegenüber dem Art. 53a als gegenüber dem Art. 53, wie die Beispiele des geehrten Herrn Kollegen beweisen, zutreffen.

Es ist ja richtig, es kann in einzelnen Fällen eintreten, daß eine Gemeinde in eine unangenehme Haftung hineinkommt, aber, meine Herren, ich glaube, im Allgemeinen wird eine Gemeinde in der Lage sein, sich zu sichern. Namentlich solche Gemeinden, welche weniger solvent sind, die werden auch nicht sehr groß sein. Es wird die Ueberwachung der einzelnen Gemeindebeamten und Bediensteten eine sehr leichte sein, dieselben werden nicht blos von den Vorgesetzten, sondern auch von den einzelnen Gemeindebürgern überwacht werden können, so daß Fälle, welche eine Haftung für die Gemeinden mit sich bringen, wohl außerordentlich selten sein werden. Sodann, meine Herren, glaube ich, daß es, wenn auch eine vielleicht nicht beabsichtigte, aber unter allen Umständen wohlthätige Wirkung sein würde, wenn gerade diese Bestimmung dazu führen würde, daß die Gemeinden in der Auswahl ihrer Organe möglichst vorsichtig

S. 709. sind und daß sie namentlich auch möglichst vorsichtig sind in der Ueberwachung der Beamten; darin stimme ich vollständig mit dem geehrten Herrn Vorredner überein.

Ich glaube also, daß das kein Grund sein soll, diesen Bestimmungen entgegenzutreten. Es ist ja selbstverständlich, daß im Allgemeinen der Staat oder die Gemeinde einen Schaden, welcher in einem solchen Falle erwächst, viel leichter trägt als der Beschädigte, und die Gemeinde hat ja im Falle des Art. 53, allerdings nicht des Art. 53a, den Regreß an den betreffenden Beamten.

Meine Herren! Fälle dieser Art, wie sie hier in Frage kommen, treffen, wie von Seite des Herrn Ministerialkommissärs im Ausschusse dargelegt, hauptsächlich nur zu beim Grundbuch. Ein Grundbuchbeamter kann durch ein Uebersehen oder unter Umständen auch in Folge eines unglücklichen Ereignisses die Staatsbürger in ganz bedeutender Weise schädigen. Wenn nun nicht die Vorschriften getroffen werden, welche in Art. 53 und 53a getroffen sind, so wäre auch bezüglich dieses Rechtsinstitutes unter Umständen eine ganz erhebliche Unsicherheit vorhanden, welche gewiß nicht im Interesse der Allgemeinheit liegt.

Dann, meine Herren, hat die Sache doch auch eine Bedeutung für die Beamten. Es kommt nicht selten vor, daß gegen Beamte ganz muthwillige Prozesse angestrengt werden. Wenn derartige Prozesse beispielsweise von einer ganz insolventen Person angestrengt werden, so wird ja der Beamte den Prozeß gewinnen, aber die Prozeßkosten bleiben an ihm hängen, und das ist doch recht unbillig, wenn ein Beamter, der seine Schuldigkeit nach allen Richtungen hin gethan hat, in der üblen Lage ist, befürchten zu müssen, daß er jeden Augenblick vom nächstbesten seiner Amtseingesessenen oder auch von einem Fremden in unbegründeter Weise verklagt werden kann, und daß er, wenn er auch den Prozeß gewinnt, die Unannehmlichkeit hat, Prozeßkosten aufwenden zu müssen, welche ihm von Niemand ersetzt werden. Das wird durch die Vorschriften der beiden Art. 53 und 53a zweckentsprechend vermieden. Wenn in diesem Fall die Klage gegen den Staat gerichtet wird und wenn dann der Staat auch nicht in der Lage ist, Prozeßkostenersatz zu erlangen, so ist das doch nicht so schlimm, als wenn der Beamte, der vielleicht in einer ganz schlechten pekuniären Lage ist, solche Kosten aufgehalst bekommt.

Ich möchte also, wie der Herr Vorredner, die Herren bitten, den neuen Bestimmungen der Art. 53 und 53a Ihre Zustimmung geben zu wollen.

Präsident: Eine Einwendung gegen den Wortlaut der Artikel 53 und 53a ist nicht erfolgt; ich konstatire deren Annahme.

Nachbarrecht.

Artikel 54 bis **66** (werden ohne Erörterung angenommen).

S. 710. **Artikel 67.**

Ich eröffne die Diskussion. Das Wort hat der Herr Referent!

Wagner (Berichterstatter): Meine Herren! Art. 67 betrifft Uebergangsvorschriften. Die vorausgehenden Artikel treffen Bestimmungen über den Abstand, welcher von Bäumen und dergleichen gegenüber dem benachbarten Grundstücke eingehalten werden muß. Die Bestimmungen, welche desfalls getroffen werden, sind ganz andere, als sie dermalen in vielen Rechten bestehen. Der Rechtszustand in dieser Richtung ist ja ein sehr verschiedener in den verschiedenen Rechtsgebieten. Es wird durch die vorausgehenden Artikel Einheitlichkeit geschaffen. Der Art. 67 hat die Aufgabe, Uebergangsbestimmungen zu treffen bezüglich derjenigen Grundstücke, welche mit Bäumen, Sträuchern, Hecken,

Weinstöcken und Hopfenstöcken bepflanzt sind, insbesondere auch hinsichtlich der S. 710.
Waldgrundstücke gegenüber anderen Grundstücken. Das ist namentlich der Fall bezüglich des letzten Absatzes. Es wird da gesagt:

> Bei einem Grundstücke, das zur Zeit des Inkrafttretens des Bürgerlichen Gesetzbuchs mit Wald bestanden ist, gilt bis zur nächsten Verjüngung des Waldes das Gleiche auch für neue Bäume und Sträucher. Im Falle der Verjüngung kann die Einhaltung eines mehr als zwei Meter betragenden Abstandes nicht verlangt werden.

Also auch gegenüber einem landwirthschaftlich benutzten Grundstücke kann eine größere Entfernung als zwei Meter nicht verlangt werden.

Es ist nun im Ausschusse der Kammer der Abgeordneten bei der dritten Berathung der letzte Satz hinzugefügt worden: „Die Verjüngung gilt im Falle des Plenterbetriebs im Jahre 1950 als eingetreten.“ Ueber diese Bestimmung ist der Ausschuß der Kammer der Reichsräthe noch nicht gehört worden, es besteht deßhalb in dieser Richtung eine Uebereinstimmung zwischen den beiden Ausschüssen noch nicht.

Die Veranlassung dieser Bestimmung, welche im Ausschusse der Abgeordnetenkammer auf Regierungsantrag eingeschaltet wurde, liegt in einem Antrage, welchen ein verehrtes Ausschußmitglied beim Gesetzentwurfe über die Uebergangsbestimmungen gestellt hat. Es ist nämlich außer allem Zweifel, daß die vorausgehenden Vorschriften Schwierigkeiten veranlassen hinsichtlich eines Waldgrundstücks, welches im Plenterbetrieb bewirthschaftet wird. Nach den Darlegungen des Herrn Ministerialkommissärs des Finanzministeriums ist nämlich zu unterscheiden bei der Bewirthschaftung der Waldungen zwischen schlagweisem Betrieb und zwischen Plenterbetrieb. Beim schlagweisen Betrieb werden ganze Flächen Waldes auf einmal abgeholzt. Anders liegt die Sache beim Plenterbetrieb. Beim Plenterbetrieb kommt eine Abholzung im eigentlichen Sinne nicht vor, sondern es wird das jeweils schlagbare Holz geschlagen und es kommt neues an die Stelle, so daß Holz der verschiedensten Altersklassen nebeneinander steht und man nicht sagen kann, daß eine Verjüngung in dem Sinne eintritt, wie man das bei jenen Waldungen sagen kann, welche schlagweise betrieben werden. Weil deßhalb schwer zu ermitteln ist, wann beim Plenterbetrieb der Zeitpunkt der Verjüngung, welche der zweite Satz des Absatzes 2 des Artikels im Auge hat, eintritt, so wurde es für nothwendig befunden, eine solche ausdrückliche Bestimmung zu treffen.

Das Jahr 1950 wurde deßhalb gewählt, weil von Seite des Herrn Ministerialkommissärs dargelegt wurde, daß im Allgemeinen anzunehmen ist, daß die Umtriebszeit bei Waldungen im mittleren Durchschnitt 100 Jahre beträgt. Das gilt für den schlagweisen Betrieb.

Nun wird gesagt, wenn das im Allgemeinen für den schlagweisen Betrieb anzunehmen ist, so darf für den Plenterbetrieb das Mittel angenommen werden. Denn wenn angenommen wird, daß schlagweiser Betrieb besteht und eine Umtriebszeit von 100 Jahren, so wird also in 50 Jahren ungefähr die Hälfte der schlagweise betriebenen Waldungen der Verjüngung entgegengehen, und weil nun das also das Mittel ist, deßwegen war man der Meinung, daß es sich rechtfertigt, für den Plenterbetrieb ebenfalls den Zeitraum von 50 Jahren anzunehmen.

Auf die übrigen Punkte, welche bei dieser Gelegenheit erörtert wurden, will ich nicht eingehen; dieselben werden uns ja wohl bei den Ausführungsbestimmungen noch weiter beschäftigen.

S. 710. Ich glaube daher, daß ich mich auf diese Darlegungen beschränken kann, und ich empfehle Ihnen die Annahme auch dieses Artikels mit der in der letzten Berathung unseres Ausschusses getroffenen Aenderung.

Präsident: Zum Worte ist Niemand gemeldet; ich schließe die Diskussion. Gegen Artikel 67 ist eine Einwendung nicht vorgebracht; er gilt als genehmigt.

Artikel 68 bis **72** (werden ohne Erörterung angenommen).

Form der Auflassung.

Artikel 73.

Ich eröffne die Diskussion. Das Wort hat der Herr Referent.

Wagner (Berichterstatter): Der Artikel ist unverändert angenommen worden. Ich erachte es aber doch für nothwendig, hier eine kleine Bemerkung zu machen. Ich habe bereits in der Generaldiskussion darauf hingewiesen, daß in dem Ausführungsgesetze Bestimmungen enthalten sind, welche die Zuständigkeit des Notariats betreffen. Ich für meine Person war der Meinung,
S. 711. daß in dem Falle, ‖ welcher dem Art. 73 zu Grunde liegt, es nicht angemessen sei, die Zuständigkeit auf den Notar zu begrenzen, sondern daß für jene Fälle, in welchen die Amtsgerichte, sei es als Vormundschaftsbehörden, sei es als Nachlaßgerichte, ohnehin eine Beurkundung von Verträgen über Immobilien vorzunehmen haben, es angemessen sei, auch den Auflassungsakt den Amtsgerichten zu übertragen, beziehungsweise die Amtsgerichte für die Entgegennahme der Auflassung als zuständig zu erklären.

Ich habe auch bereits das hervorgehoben, daß ich als Referent nicht in der Lage bin, noch einmal den Antrag, den ich damals gestellt habe und der eine Berücksichtigung nicht gefunden hat, zu wiederholen, aber ich glaubte doch, bei dieser Gelegenheit darauf hinweisen zu müssen, daß die Bestimmungen über die Zuständigkeit des Notariats schon zum großen Theile in dem gegenwärtigen Gesetze enthalten sind, und daß es ein Irrthum wäre, wenn man glauben wollte, daß diese Frage endgiltig erst beim Notariatsgesetze geregelt würde.

Ich hebe weiters nur noch das Eine hervor, daß die große Majorität des Ausschusses anerkannte, daß im Allgemeinen an der Selbständigkeit des Notariats nicht gerüttelt werden wolle.

Im Uebrigen bin ich in der Lage, Namens des Ausschusses Ihnen die unveränderte Annahme des Art. 73 vorschlagen zu müssen.

Präsident: Das Wort wird nicht verlangt; ich schließe die Diskussion. Gegen den Wortlaut des Artikel 73 ist eine Einwendung nicht erhoben worden; ich konstatire die Zustimmung.

Artikel 74 bis **82** (werden ohne Erörterung angenommen).

Ich schließe die Sitzung.

(Schluß der Sitzung um 12 Uhr 37 Minuten.)

S. 713. **Vierhundertneunundachtzigste öffentliche Sitzung vom 21. April 1899.**

(Stenog. Berichte d. K. d. Abg. 1899, Bd. XIII, Nr. 489, Seite 713 bis 733)

Präsident: Wir stehen in der Spezialdiskussion zu I bei:

Gemeindewaisenrath.

Artikel 83.

Hier ist einschlägig der Antrag der Herren Abgeordneten Lerno und Genossen (Beil. N): (Wird verlesen.)

Ferner ist einschlägig der als Beilage N⁷ in Ihren Händen befindliche Eventualantrag der Herren Abgeordneten Lerno, Fuchs, Joseph Geiger und von Walter zum Entwurfe eines Ausführungsgesetzes zum Bürgerlichen Gesetzbuche. (Wird verlesen.) S. 714.

Diese Anträge stehen mit zur Diskussion. Des Zusammenhangs halber wird es angezeigt erscheinen, die sämmtlichen Artikel, welche vom Gemeindewaisenrath handeln, **Artikel 83 bis Artikel 89** gleichzeitig zur Diskussion zu stellen. Ich eröffne die Diskussion. Das Wort hat der Herr Referent.

Wagner (Berichterstatter): Meine Herren! Das Bürgerliche Gesetzbuch hat in den §§ 1849—1851 eine Reihe von Bestimmungen hinsichtlich des Gemeindewaisenrathes getroffen. Diese Bestimmungen des Bürgerlichen Gesetzbuchs setzen voraus, daß in jedem Bundesstaat ein Gemeindewaisenrath besteht. Diese Einrichtung ist nun zur Zeit nicht allen Bundesstaaten bekannt, sie besteht beispielsweise in Preußen, bei uns in Bayern haben wir eine derartige Einrichtung nicht. Diese Einrichtung ist aber eine solche des öffentlichen Rechts und es ist selbstverständlich zur Gründung einer solchen Organisation die Gesetzgebung der einzelnen Bundesstaaten zuständig. Nachdem nun bei uns ein derartiges Organ noch nicht besteht, so war es Aufgabe der k. Staatsregierung, im Ausführungsgesetz ein solches Organ vorzuschlagen. Diese Aufgabe hat die k. Staatsregierung erfüllt durch den Vorschlag der Artikel 83—89, welche zur Diskussion stehen.

Bevor ich auf die Artikel selbst näher eingehe, habe ich wohl die Verpflichtung, darauf hinzuweisen, welche Aufgabe denn nach dem Bürgerlichen Gesetzbuche der Gemeindewaisenrath hat.

Diese Aufgabe besteht nun darin, daß der Gemeindewaisenrath die Verpflichtung hat, dem Vormundschaftsgerichte diejenigen Personen vorzuschlagen, welche tauglich sind, als Vormund, Gegenvormund, Mitglied eines Familienrathes aufgestellt zu werden. Es hat der Gemeindewaisenrath weiter darüber zu wachen, daß die Vormünder ihren Verpflichtungen sowohl hinsichtlich der Sorge für die Person der Mündel nachkommen, als auch ihre Verpflichtungen hinsichtlich der Verwaltung des Vermögens erfüllen. Er hat insbesondere, wenn er wahrnimmt, daß Pflichtwidrigkeiten des Vormundes in Bezug auf die Erziehuug und Verpflegung des Mündels vorkommen, dem Vormundschaftsgerichte Anzeige zu machen; er hat auch, wenn es von Seiten des Vormundschaftsgerichtes verlangt wird, dem Vormundschaftsgerichte über das Verhalten des Mündels Auskunft zu ertheilen, und wenn er wahrnimmt, daß eine Gefährdung des Vermögens des Mündels vorliegt, so hat er dem Vormundschaftsgerichte Anzeige zu erstatten. Weiter sagen die übrigen Bestimmungen des Bürgerlichen Gesetzbuchs, daß, wenn der Wohnsitz oder Aufenthalt des Mündels in den Bezirk eines anderen Gemeindewaisenrathes verlegt wird, hievon der Gemeindewaisenrath von dem Vormunde in Kenntniß zu setzen ist. Der Gemeindewaisenrath hat dann die Verpflichtung, dem Gemeindewaisenrath jenes Bezirkes, in welchen der Mündel verzieht, Mittheilung zu machen. Das Vormundschaftsgericht hat dem Gemeindewaisenrath Mittheilung zu machen von der Anordnung der Vormundschaft, von der Person des aufgestellten Vormundes, Gegenvormundes, Familienrathmitglieds u. s. w. und von dem in der Person dieser Organe eintretenden Wechsel. Im Wesentlichen ist also der Gemeindewaisenrath nichts Anderes als ein Hilfsorgan des Vormundschaftsgerichtes, ein Organ, welches Erkundigungen einzuziehen hat und von diesen Erkundigungen dem Vormundschaftsgericht Mit-

S. 714. theilung zu machen hat. Nicht aber ist der Gemeindewaisenrath ein Organ, welches in der Richtung selbständige Anordnung, selbständige Verfügungen treffen kann, denen sich der Vormund beugen müßte.

Meine Herren! Die Vorschläge, welche nun von der k. Staatsregierung hinsichtlich der Organisation des Gemeindewaisenraths gemacht worden sind, sind im Wesentlichen folgende: Es soll für jede Gemeinde regelmäßig ein Gemeindewaisenrath aufgestellt werden. In Städten, welche eine größere Einwohnerzahl als 100,000 haben, können jedoch mehrere Gemeindewaisenräthe aufgestellt werden und zwar jeder für einen abgegrenzten Theil des Stadtbezirkes. In Gemeinden mit städtischer Verfassung und in solchen Gemeinden, welche mehr als 5000 Einwohner haben, besteht der Gemeindewaisenrath aus dem Bürgermeister, wo deren mehrere vorhanden sind, aus dem ersten als Vorsitzenden und aus einer Anzahl gewählter Waisenräthe. Der Bürgermeister kann sich in diesem Falle durch ein Mitglied des Magistrats oder der Gemeindeverwaltung vertreten lassen. Es gilt das namentlich auch für die Großstädte, in welchen mehrere Gemeindewaisenräthe aufgestellt sind. Der Bürgermeister ist in allen diesen Gemeindewaisenräthen Vorsitzender, er kann
S. 715. sich aber dauernd in jedem dieser Gemeindewaisenräthe durch ein || anderes Mitglied der Magistrats- oder der Gemeindeverwaltung vertreten lassen. In den größeren Gemeinden wird also ein Kollegium zum Gemeindewaisenrath bestellt.

Anders ist es in den kleineren Gemeinden. Hier wird nur ein Gemeindewaisenrath aufgestellt, es können aber ein oder mehrere Waisenräthe aufgestellt werden. Der Unterschied zwischen Gemeindewaisenräthen und Waisenräthen ist der, daß der Gemeindewaisenrath die Behörde bezeichnet, während der Waisenrath das Mitglied der Behörde ist. In jenen Fällen also, in welchen nur ein einziger Waisenrath aufgestellt wird, bildet der Waisenrath zu gleicher Zeit auch den Gemeindewaisenrath. Wenn mehrere Waisenräthe aufgestellt werden, so ist jedem ein örtlich abgegrenzter Bezirk zuzuweisen.

Die übrigen Artikel treffen nun die Ausführungsbestimmungen über die Zahl der Waisenräthe, über die Wahl derselben und es wird sich in dieser Beziehung ziemlich eng an das Armengesetz angeschlossen. Gesagt wird weiter auch in Artikel 87, daß das Amt des Waisenraths ein unentgeltliches Gemeindeamt ist. Es werden Bestimmungen darüber getroffen, daß Waisenpflegerinnen aufgestellt werden, und endlich trifft Artikel 89 die Bestimmung, daß die Vollzugsbestimmungen dem k. Staatsministerium der Justiz und des Innern übertragen werden und daß von diesen insbesondere die Bestimmungen getroffen werden können, daß die Waisenräthe eines Bezirkes zeitweise unter dem Vorsitze des Vormundschaftsrichters zusammentreten, um von dem Zustande der Aufsicht über die Erziehung und körperliche Pflege der Mündel in dem Bezirke Kenntniß zu erlangen, sowie allgemeine Fragen ihrer Amtsführung zu besprechen und Mängel abzustellen.

Die Majorität Ihres Ausschusses war der Meinung, daß die sämmtlichen vorgeschlagenen Bestimmungen sich als zweckmäßig erweisen. Es ist nur eine geringe Aenderung getroffen worden in Artikel 88, wo das Wort „ehrbare“ gestrichen wurde. Im Uebrigen aber ist den Vorschlägen der k. Staatsregierung beigetreten worden. Das Gleiche geschah auch im Ausschusse der Kammer der Reichsräthe.

Es war aber schon in unserem Ausschusse der Antrag eingebracht, welcher von Seite der Herren Kollegen Lerno und Genossen nunmehr wiederum gestellt wurde, und dieser Antrag hat auch im Ausschusse der Kammer der Reichsräthe

eine Vertretung gefunden. Er wurde aber sowohl in unserem Ausschusse als S. 715.
im Ausschusse der Kammer der Reichsräthe per majora abgelehnt.

Der Eventualantrag, welcher heute zur Verlesung kam, war im Ausschusse noch nicht gestellt; derselbe ist neu.

Was nun den primären Antrag „Lerno und Genossen" betrifft, so unterscheidet sich derselbe lediglich dadurch von den Vorschlägen des Ausschusses, daß er in Ziff. 1 lit. b und in Ziff. 2 lit. a als Mitglied des Gemeindewaisenrathes die sämmtlichen Pfarrvorstände der Gemeinde und den Vorstand der israelitischen Kultusverwaltung, wenn eine solche in der Gemeinde besteht, hereinziehen will. Das ist der wesentliche Unterschied.

Nun, meine Herren, sind als Gründe dafür, warum man den Pfarrvorstand im Gemeindewaisenrath als Mitglied haben will, im Wesentlichen folgende vorgebracht worden. Der erste Grund war der, daß man sagte, der Pfarrer ist Mitglied des Armenpflegschaftsrathes, der Gemeindewaisenrath hat ähnliche Funktionen wie der Armenpflegschaftsrath und deßwegen soll ebenso wie im Armenpflegschaftsrath auch im Gemeindewaisenrath der Pfarrvorstand Mitglied sein. Weiters ist darauf hingewiesen worden, daß die Aufgaben des Gemeindewaisenrathes auch dahin gehen, auf die religiös-sittliche Erziehung der Mündel Einfluß zu nehmen. In dieser Beziehung habe ich hervorzuheben, daß in § 1779 Abs. 2 des Bürgerlichen Gesetzbuchs bestimmt ist, daß bei der Wahl des Vormundes auf das religiöse Bekenntniß des Mündels Rücksicht zu nehmen ist. Hervorgehoben wurde auch noch das, daß bei den heutigen sozialen Verhältnissen die Mitwirkung des Geistlichen bei den Funktionen des Gemeindewaisenrathes ganz besonders nothwendig ist.

Im Reichsrathsausschusse wurde theils im schriftlichen Berichte des Referenten, theils bei der Berathung hervorgehoben, daß der Pfarrvorstand über den Punkt der religiös-sittlichen Erziehung die beste Information geben könne und daß es für den Pfarrvorstand auch deßwegen angemessen sei, Mitglied zu sein, weil er sich im Gemeindewaisenrathe am unmittelbarsten und besten informiren kann.

Von einer Seite wurde im Ausschusse hervorgehoben, daß überhaupt der Pfarrer auf dem Lande die einzige Persönlichkeit sei, welche für die Funktionen eines Gemeindewaisenrathes geeignet sei; der Pfarrer habe den weitesten Blick, auch in Bezug auf die Vermögensangelegenheiten sei er diejenige Persönlichkeit, welche hier am geeignetsten erscheine. Ganz besonders wurde ein Punkt betont. Es ist hervorgehoben worden, daß mit gewissen Jahren die Mündel der Schulzucht entrückt werden, und man legte Gewicht darauf, daß gerade für diese Jahre der Pfarrvorstand auf den Gemeindewaisenrath wegen der Erziehung der Mündel Einfluß üben solle.

Ich glaube, Ihnen hier im Wesentlichen sämmtliche Gründe vorgetragen zu haben, welche im Ausschusse für diese Institution angeführt wurden.

Von anderer Seite wurden diese Gründe nicht als durchschlagend erachtet. Von allen Seiten wurde anerkannt, daß die Mitwirkung der Geistlichen bei der Beaufsichtigung der Waisen selbst sehr wünschenswerth sein kann, und nicht blos sein kann, sondern auch sehr wünschenswerth ist. Meine Herren! Es ist aber die Meinung vertreten worden, daß, um dieser Aufgabe, für die religiös-sittliche Erziehung der Mündel zu sorgen, zu genügen, es nicht nothwendig ist, daß der Geistliche Mitglied des Armenpflegschaftsrathes ist. Man war der Meinung, daß in dieser Richtung die sonstige Stellung, welche der Geistliche hat, schon ausreiche, um diese Aufgabe zu erfüllen. Insbesondere wurde hervorgehoben, daß der Pfarrvorstand ja in der Regel Schulinspektor

S. 715. sei oder daß er wenigstens in Orten mit städtischer Verfassung Mitglied der Lokalschulkommission sei. Wenn gemeint wurde, es sei namentlich hinsichtlich des Alters von 18 bis 20 Jahren nothwendig, daß hier der Geistliche Mitglied des Gemeindewaisenrathes sei, so wurde dem gegenüber bemerkt, daß einmal die Funktionen des Gemeindewaisenrathes doch auf einem ganz anderen Gebiete liegen, und zweitens, daß wenn der Geistliche bis zum 18. Lebensjahre sich seinen Einfluß auf die betreffenden Mündel noch nicht gesichert hat, er in der Zeit vom 18. bis 21. Jahre das wahrscheinlich auch nicht mehr werde fertig bringen. Wenn er aber einen Einfluß in dieser Beziehung sich bereits gesichert hat, so wird er ihn auch behalten. Die Organisation des Gemeindewaisenrathes wird in dieser Beziehung irgend eine Aenderung nicht bringen. Denn der Gemeindewaisenrath kann ja gar nichts weiter in dieser Frage thun, als daß er, wenn er etwas wahrnimmt, was er als einen Mißstand erachtet,
S. 716. entweder den Vormund ersucht, er möchte für diese Mißstände Abhilfe schaffen, oder, wenn der Vormund nicht darauf eingeht, daß er dann Anzeige gegen den Vormund bei Gericht erstattet, und Sache des Gerichts ist es, endgiltig darüber zu verfügen, was hinsichtlich des Antrages geschehen soll. Es ist heutzutage um so weniger nothwendig, daß — wegen der Einwirkung auf die religiös-sittliche Erziehung Seitens der Geistlichen — der Geistliche Mitglied des Gemeindewaisenrathes ist, weil ihm auch gegenüber dem Vormundschaftsgerichte eine bessere Bewegung möglich ist, als dieß bisher der Fall ist. Der Pfarrer ist in seiner Eigenschaft als Pfarrvorstand schon, oder in seiner Eigenschaft als Lokalschulinspektor in der Lage, wenn er etwas wahrnimmt, was hinsichtlich der Erziehung mangelt, einen Antrag oder eine Anzeige an das Vormundschaftsgericht zu stellen, und — das ist das Neue — wenn diesem Antrage nicht entsprochen wird, so hat er ein selbständiges Beschwerderecht. Das war nach den bisherigen Bestimmungen ja nicht eigentlich der Fall, denn hier war das Beschwerderecht, wenigstens nach der Rechtsprechung unseres obersten Gerichtshofes, ziemlich beschränkt. Er kann also auch, ohne daß er Mitglied des Gemeindewaisenrathes ist, dasselbe herbeiführen, was er herbeiführen kann, wenn er Mitglied des Gemeindewaisenrathes ist.

Hiegegen hat man nun im Ausschusse gesagt: Ja, aber der Pfarrer erhält von den Verhältnissen des Mündels keine Mittheilung, und namentlich deßwegen ist es nothwendig, daß man den Pfarrer zum Mitglied des Gemeindewaisenrathes macht. Allein das ist auch wieder ein Irrthum, daß in dieser Beziehung geholfen wäre, wenn der Pfarrer Mitglied des Gemeindewaisenrathes wäre. Denn der Gemeindewaisenrath hat ja die Verpflichtung, seine Information durch Autopsie oder durch eigene Erkundigung sich zu sammeln und von der Kenntniß, die er durch eigene Nachforschung gewonnen hat, dem Vormundschaftsgericht Mittheilung zu machen. Darin besteht ja seine Hauptaufgabe, nicht aber ist es umgekehrt so, daß der Gemeindewaisenrath diejenige Behörde wäre, welcher von anderer Seite die Information zugetragen würde.

Der Meinung ferner, daß auch in vermögensrechtlichen Dingen der Pfarrer immer die geeigneteste Person sei, wurde nicht beigetreten. Es kommt ja vor, daß die geistlichen Herren auch in diesen Fragen außerordentlich erfahren sind, aber es geht da wie bei allen studirten Leuten. Manchmal sind sie in ökonomischen Dingen recht unpraktisch und es wird, wie von anderen studirten Leuten, auch von den Geistlichen gelten müssen: Die Einen werden in dieser Beziehung hervorragend sein, Andere aber kümmern sich um solche Dinge gar nicht und es fehlt ihnen nach dieser Richtung hin jede Erfahrung, so daß eine generelle Regel nach dieser Richtung hin nicht wird aufgestellt werden können.

Der Ausschuß war also der Meinung, daß die erste Frage, ob ein S. 716.
Bedürfniß bestehe, daß der Pfarrvorstand im Gemeindewaisenrath Mitglied sei, um seiner Aufgabe hinsichtlich religiös-sittlicher Erziehung genügen zu können, zu verneinen sei. Es wurde ein solches Bedürfniß nicht angenommen.

Alsdann wurde die weitere Frage erörtert, ob es denn zweckmäßig wäre, wenn der Pfarrvorstand Mitglied des Gemeindewaisenrathes wäre, und das wurde nun verneint, namentlich verneint hinsichtlich des Gemeindewaisenrathes auf dem Lande. In der Stadt würde ja die Sache von ziemlich untergeordneter Natur sein; ob da der Geistliche noch Mitglied des Gemeindewaisenrathes ist oder nicht, das würde in der Regel nicht sehr viel verschlagen, weil ja hier die Organisation ohnehin schon eine kollegiale ist. Aber auf dem Lande draußen liegen die Dinge anders, da soll ja in der Regel nur eine einzige Person als Gemeindewaisenrath aufgestellt werden. Daß der Pfarrer diese einzige sein will, ist nicht anzunehmen. Nach dem Vorschlage soll ja auch der Pfarrer nicht allein den Gemeindewaisenrath bilden, sondern es soll außerdem noch einer aufgestellt werden. Dann haben wir also nach dem Vorschlage des Herrn Kollegen Lerno zwei Waisenräthe. Wenn nun der Pfarrer eine andere Anschauung hat als der andere Waisenrath, ja nun, was ist dann Rechtens? Wer geht vor? Es wird sich ja meistens der weltliche oder der gewählte Waisenrath der Anschauung des Pfarrers beugen, aber manche mögen eben doch nicht, und was ist dann Rechtens, wenn der Andere anders sagt? Meine Herren! Das ist entschieden eine ganz unzweckmäßige Einrichtung.

Es kommt dann aber noch dazu, daß in dieser Beziehung die Redaktion des primären Antrags doch sehr viel zu wünschen übrig läßt. Nach den Darlegungen, welche der Herr Korreferent des Ausschusses gegeben hat, ist er der Meinung, daß, wenn gesagt ist „aus den sämmtlichen Pfarrvorständen der Gemeinde“, darunter auch inbegriffen sind jene Pfarrvorstände, welche nicht im Gemeindebezirk selbst wohnen. Nun, meine Herren, es kommen da in Gemeinden, namentlich mit gemischt religiöser Bevölkerung, Verhältnisse vor, daß der Bezirk eines Pfarrers sich über 16 bis 18 und noch mehr Gemeinden erstreckt. Ja, meine Herren, es kommt vor, daß in Bayern nicht einmal ein Pfarrer zuständig ist, daß im Auslande, z. B. in Oesterreich, der zuständige Pfarrer wohnt. Wie ist es denn dann unter solchen Verhältnissen? Diese Frage ist gar nicht geklärt. Es liegt also hier eine Schwierigkeit vor, welche im Ausschusse selbst noch nicht einmal geahnt wurde. Meine Herren! Diese Schwierigkeit würde durch den Antrag also kommen, wenn derselbe Annahme finden würde.

Dann habe ich noch weiter darauf hinzuweisen, daß von einer Seite hervorgehoben wurde, daß die Funktion eines Waisenrathes der Stellung des Pfarrers nicht entspreche. Ein der protestantischen Konfession angehöriges Mitglied des Ausschusses sagte, es stelle den Geistlichen zu hoch, um ihm ein solches Amt zu wünschen. Da, wo man glaubt, daß es zweckmäßig ist, daß der Pfarrer den Waisenrath bilde, steht nichts entgegen, daß man den Pfarrer als Waisenrath wähle. Es wird das auf dem Lande ganz gut geschehen können, und es kann auch in der Stadt geschehen, wenn sich die Sache als zweckmäßig erweist und der betreffende Pfarrer mit seinen Gemeindeangehörigen im Einverständniß lebt; wenn derselbe dann Gewicht darauf legt, diese Funktion zu übernehmen, dann wird er sehr gerne gewählt werden, und man wird sehr froh sein, wenn er die Güte hat, sich dieser Funktion zu unterziehen. Es braucht nach dieser Richtung hin eine Aenderung an dem Regierungsvorschlage nicht einzutreten.

S. 716. Dann ist ja das Amt auch in der That kein so angenehmes, als es für den ersten Anblick der Fall zu sein scheint. Ich habe darauf hinzuweisen, daß Vorschläge, welche nach dieser Richtung in difficilen Vormundschaften gemacht werden, sehr viel Anlaß zu Differenzen geben. In der Regel, wenn taugliche nächste Angehörige vorhanden sind, wird die Funktion eines Gemeindewaisenrathes ohnehin fast nur eine formale sein. Es wird sehr wenig zu thun sein.
S. 717. Aber am schwierigsten wird sich die Sache gestalten, wenn ‖ es sich um Doppelwaisen handelt, die kein Vermögen haben, bezüglich deren Erziehung schwierige Verhältnisse erwachsen, oder wenn ein großes Vermögen zu verwalten ist und es Differenzen unter den Familienmitgliedern oder den nächsten Verwandten gibt. Nach dieser Richtung hin wird das Amt eines Gemeindewaisenrathes nicht immer angenehm sein, und insbesondere wenn er Vorschläge macht, welche vielleicht der Majorität der Gemeinde nicht angenehm sind. Dann wird er die größten Feindseligkeiten auf sich laden, und ich weiß nicht, ob ein Geistlicher angenehm berührt sein wird, wenn er auf solche Weise in Feindschaften hineinkommt, und ob das seiner übrigen Aufgabe als Seelsorger zuträglich ist.

Ich habe noch Folgendes hervorzuheben. Das Institut des Gemeindewaisenrathes ist in Bayern zwar **neu**, allein die Aufgaben welche das Institut zu erfüllen hat, sind doch im Wesentlichen auch bisher vorhanden gewesen; und wer hat die Aufgaben bisher gelöst? Es war in der Regel der **Bürgermeister**, beziehungsweise die **Gemeindeverwaltung**. Wenn der Vormundschaftsrichter irgend einen Aufschluß wünschte, dann wendete er sich schon jetzt an den Bürgermeister und hat da ganz zuverlässige Informationen bekommen. Ich bin selbst verschiedene Jahre lang Vormundschaftsrichter gewesen und weiß, daß ich auch im Rahmen der Aufgabe, welche dem Gemeindewaisenrath gestellt ist, die Mitwirkung der Gemeindebehörden in Anspruch genommen habe, und ich kann mich dahin aussprechen, daß ich nie einen Anstand damit hatte, sondern in der Regel vollständig mit den Vorschlägen, welche gemacht wurden, zufrieden sein konnte. Nur einige Male waren die Vorschläge bezüglich des Vormundes solche, daß man auf sie nicht gut eingehen konnte deßhalb, weil die Erziehung der Mündel gefährdet schien. Es waren verdorbene Kinder, die keine Eltern mehr hatten; da wollte man keinen richtigen Vormund schicken; da bin ich dann einige Male dazwischen gefahren und habe ein Mitglied der Gemeindeverwaltung selbst genommen, was ganz heilsam nach der erziehlichen Seite gewirkt hat. Aber gerade wenn ein derartiger Vorschlag von dem Gemeindewaisenrath kommt, dann wird dieser nicht in derselben angenehmen Lage sein wie der Vormundschaftsrichter, sondern er wird wahrscheinlich draußen die größten Vorwürfe bekommen, wenn von dem Vormundschaftsgericht derartige Anordnungen getroffen werden. Wenn also der bisherige Rechtszustand ein solcher war, daß die dem Gemeindewaisenrathe gestellte Aufgabe von der **Gemeindebehörde** ohne Mitwirkung des Pfarrvorstandes bewältigt werden konnte, so glaube ich nicht, daß Veranlassung gegeben ist, eine Aenderung jetzt eintreten zu lassen, und eine solche Aenderung läge vor, wenn man dem Antrag „Lerno" zustimmen würde.

Ich habe dann noch Eines hinsichtlich des primären Antrages bekannt zu geben. Es ist vom **geschäftsführenden Ausschusse der Konferenz der bayerischen Rabbiner**, unterzeichnet: „Dr. Cohn, Distriktsrabbiner, Vorsitzender", eine **Petition** eingelaufen, welche dahin geht, daß der Antrag „Lerno" in lit. b der Ziff. 1 und in lit. a der Ziff. 2 folgende Fassung erhält:

„aus den sämmtlichen Pfarrvorständen der Gemeinde und aus dem Rabbiner, wenn ein solcher in der Gemeinde seinen Amtssitz hat, andernfalls aus dem Vorstand der israelitischen Kultusverwaltung, wenn eine solche in der Gemeinde besteht." S. 717.

Die Petition ist im Ausschusse nicht berathen worden, ich habe Ihnen also einen Antrag nach dieser Richtung hin nicht zu stellen. Nach meiner Anschauung könnte derselben überhaupt nur ein Erfolg gewährt werden, wenn der Herr Kollege Lerno oder ein anderes Mitglied des hohen Hauses entweder einen Modifikationsantrag stellt oder wenn Herr Kollege Lerno sich bequemt, seinen Antrag in der Richtung, wie es hier gewünscht wird, abzuändern.

Die Ursache der Petition liegt darin, daß bei der jetzigen Organisation des Armenpflegschaftsrathes sich Zweifel herausgestellt haben, ob der Rabbiner oder ein anderer Kultusvorstand Mitglied des Armenpflegschaftsrathes sein soll, und die Lösung dieser Frage möchte man hier hinsichtlich des Gemeindewaisenrathes geben.

Ich habe also, wie gesagt, Ihnen nach dieser Richtung hin einen Antrag nicht zu unterbreiten, sondern Ihnen lediglich Kenntniß davon zu geben, daß diese Petition, welche im Ausschusse nicht berathen werden konnte, vorliegt.

Meine Herren! Was den Eventualantrag betrifft, so ist er dem Ausschusse nicht vorgelegen. In formeller Beziehung würde ja dieser Eventualantrag einige Kürzungen bringen. Ich muß aber gleich bemerken, daß in Art. 83 doch wohl eine andere Fassung gewählt werden müßte, der gesetzliche Ausdruck ist nicht „Lokalarmenpflegschaftsrath", sondern „Armenpflegschaftsrath". Im Uebrigen bezielt also dieser Antrag lediglich, daß die Funktionen des Gemeindewaisenraths mit dem Armenpflegschaftsrathe vereinigt werden. Diese Frage ist im Ausschusse gar nicht besprochen worden, aber neu ist der Gedanke auch nicht, denn der Gedanke ist bereits in den Motiven zum Gesetzentwurfe angeregt worden und ich werde mir gestatten, Ihnen das, was in den Motiven gesagt ist, vorzulesen. Die Motive sagen Folgendes:

> Der Gemeinewaisenrath ist als eine selbständige Gemeindebehörde gedacht, der Entwurf erachtet es nicht für zweckmäßig, die Verrichtungen des Gemeindewaisenraths einer anderen Gemeindebehörde, insbesondere dem Armenpflegschaftsrathe, zu übertragen. Gemeindewaisenrath und Armenpflegschaftsrath haben freilich manche Berührungspunkte. Auch wird der Gemeindewaisenrath hauptsächlich in Vormundschaften über solche Personen thätig zu sein haben, welche gering bemittelt sind oder öffentliche Unterstützung genießen. Allein die Aufgaben sind gleichwohl verschieden und sowohl die eine als die andere stellt, wenn sie richtig erfüllt werden soll, in vielen Fällen so große Anforderungen, daß es sich nicht empfiehlt, sie kraft Gesetzes in einer Person zu verbinden. Dagegen ist selbstverständlich nicht ausgeschlossen, daß einer Person, die sich dazu eignet, beide Aemter zu versehen, beide übertragen werden.

Nun, meine Herren, habe ich zu bemerken, daß ich ja über Verhandlungen des Ausschusses in dieser Richtung nicht berichten kann. Es wird aber, nachdem auch der Eventualantrag eine Aenderung des Ausschußbeschlusses bezweckt und meine Aufgabe darin liegt, den Ausschußbeschluß zu vertheidigen, es doch auch meine Pflicht sein, mich über diesen Antrag auszusprechen, und da muß ich nun sagen, daß ich die Empfindung habe, daß auch dieser Vorschlag ein unzweckmäßiger ist. Meine Herren! Gerade für die Verhältnisse auf dem

S. 717. Lande — für die Stadt werden die Dinge nach meiner Meinung wieder anders liegen —, aber für die Verhältnisse auf dem Lande halte ich es für
S. 718. sehr unpraktisch, wenn der Armenpflegschaftsrath auch mit ‖ den Obliegenheiten des Gemeindewaisenrathes beschäftigt wird. Sehr häufig wird es nothwendig sein, daß auf Ersuchen des Vormundschaftsgerichtes eine sofortige Antwort ertheilt wird. Wenn nun erst das Kollegium des Armenpflegschaftsrathes zusammenberufen werden müßte — und das sollte ja sein, wenn die Tendenzen der Antragsteller erfüllt werden sollen —, so bekommen die Armenpflegschaftsräthe gerade wegen der weiteren Funktion des Gemeindewaisenrathes eine so große Arbeit, oder es ergibt sich in der Geschäftsführung eine so große Schwierigkeit, daß wohl sehr viele Armenpflegschaftsräthe mit der neuen Funktion unzufrieden sein werden, und es würden sich wohl Verzögerungen ergeben, welche im Interesse der Sache nicht erwünscht sind. Ich bin daher der Meinung, daß es sich für die Verhältnisse am Lande am besten eignet, daß nur eine Person, welche selbständig handelt, aufgestellt wird, mit welcher allein dann das Vormundschaftsgericht am besten in Verbindung treten kann. Es ist ja schon gesagt worden, daß, wenn der Geistliche in der betreffenden Gemeinde gewollt wird, er ja als Gemeindewaisenrath aufgestellt, beziehungsweise als solcher gewählt werden kann; aber lediglich deßwegen, damit der Geistliche, obwohl es nach meinen Darlegungen nicht nothwendig erscheint, hereingezogen wird, die Funktion des Armenpflegschaftsrathes zu erschweren, das halte ich nicht für richtig.

Ich glaube deßhalb, daß gegen den Eventualantrag dasselbe spricht, was ich gegen den primären Antrag gesagt habe.

Ich habe nur noch Eines hervorzuheben: Im Ausschusse der Reichsrathskammer ist von Seite der k. Staatsregierung auch bekannt gegeben worden, daß sich das k. Ministerium mit den kirchlichen Oberbehörden hiewegen in's Benehmen gesetzt habe und daß die kirchlichen Oberbehörden getheilter Stimmung waren. Die einen haben sich für den Antrag „Lerno", die anderen, so namentlich auch das protestantische Oberkonsistorium, dagegen ausgesprochen, und welche Ordinariate dafür und welche dagegen waren, ist im Ausschußprotokolle nicht enthalten. Ich bin daher der Meinung, daß, wenn selbst die kirchlichen Oberbehörden sehr zweifelhaft darüber sind, ob es etwas nützt, im Sinne der Antragsteller vorzugehen, wir, die wir die Interessen im Allgemeinen, ohne Rücksicht auf eine Konfession zu ordnen haben, uns der Anschauung anschließen sollten, daß wir in dieser Frage nur das Zweckmäßigste nehmen, und das ist nach meiner Anschauung zweifellos der Antrag der k. Staatsregierung, und deßhalb glaube ich, Namens des Ausschusses Ihnen empfehlen zu sollen, daß Sie unter Ablehnung des primären und des Eventual-Antrages „Lerno" nur dem Antrage der k. Staatsregierung Ihre Zustimmung geben sollen.

Präsident: Herr Abgeordneter Lerno!

Lerno: Meine Herren! Es ist selbstverständlich, daß wir nur das nehmen wollen, was dem Hause am zweckmäßigsten und besten erscheint, aber darüber sind eben die Meinungen getheilt. Wir meinen, daß unser Vorschlag am zweckmäßigsten ist, und ich werde nun versuchen, das kurz auszuführen.

Der Gemeindewaisenrath ist ein Institut, das mit dem Beginn des Jahres 1900 in Bayern neu eingeführt wird. In Preußen besteht er schon längere Zeit. Wie sich dieses Institut bei uns in Bayern bewähren wird, das muß man erst sehen und abwarten. Wir sind nun der Meinung, daß,

um eine solche gute Bewährung zu sichern, es unbedingt nothwendig ist, daß S. 718.
wir das geistliche Element auch einbeziehen, welches im Regierungsvorschlage nicht enthalten ist. Wir haben in Folge dessen schon im Ausschusse in erster Lesung den gleichen Antrag gestellt, wie er eben jetzt als unser primärer Antrag vorliegt. In der zweiten Lesung im Ausschusse haben wir im Interesse der Geschäftsvereinfachung den Antrag nicht wiederholt, sondern uns vorbehalten, ihn im Plenum wieder einzubringen.

Also, meine Herren, wir halten es für unbedingt nothwendig, daß man das geistliche Element, daß man den Seelsorger auch in dieses neue und, wie ich glaube, für das soziale Leben recht wichtige Institut mit hereinnimmt, und da haben wir uns zum Vorbild genommen das bayerische Gesetz über die öffentliche Armen- und Krankenpflege vom 29. April 1869, welches in seinem Art. 22 gleichfalls für die Geschäfte des Armenpflegschaftsrathes den Seelsorger mit heranzieht; denn der Art. 22 I d sagt:

> Der Armenpflegschaftsrath besteht in Gemeinden mit städtischer Verfassung aus den sämmtlichen Pfarrvorständen der Gemeinde und aus dem Vorstande der israelitischen Kultusverwaltung, wenn eine solche in der Gemeinde besteht,

dann Ziff. II:

> in den übrigen Gemeinden — heißt es unter lit. d weiter — aus den sämmtlichen Pfarrvorständen der Gemeinde und dem Vorstande der israelitischen Kultusverwaltung.

Meine Herren! Wir sind nun der Meinung, daß, wenn man für die Geschäfte des Armenpflegschaftsraths damals, im Jahre 1869, den Pfarrer zugezogen hat, wo, wenn ich mich recht erinnere, doch die Zusammensetzung der Kammer eine überwiegend liberale war, wenn man es damals für nothwendig erachtet hat, für die Geschäfte des Armenpflegschaftsraths den Pfarrer nicht zu entbehren, so glaube ich, wird man ihn für die Aufgabe, welche nach dem Bürgerlichen Gesetzbuch für den Gemeindewaisenrath vorgesehen ist, um so weniger entbehren können; denn bei den Geschäften des Armenpflegschaftsraths — das glaube ich wohl sagen zu dürfen — handelt es sich bei den meisten überwiegenden Fällen weniger um ethische Angelegenheiten als um die recht materielle Frage der Unterstützung mit Geld, Lebensmitteln, Brennmaterialien u. s. w.; der Gemeindewaisenrath aber hat in erster Linie die Aufgabe, daß für die religiös-sittliche Erziehung der Mündel die richtige Sorge getragen wird; der Gemeindewaisenrath hat insbesondere beim Vormundschaftsgericht eine geeignete Person als Vormund vorzuschlagen, die in der Regel dann vom Vormundschaftsgericht auch als solcher acceptirt wird.

Es bestimmt das Bürgerliche Gesetzbuch in § 1779 Abs. 2, wie der Herr Referent hier bereits vorgebracht hat, daß bei der Auswahl des Vormunds auf das religiöse Bekenntniß des Mündels Rücksicht zu nehmen ist; und der § 1850 sagt gleichfalls in dieser Richtung, daß der Gemeindewaisenrath insbesondere für die Erziehung und für die körperliche Pflege der Mündel pflichtgemäß Sorge zu tragen hat. Es ist also hier vor der körperlichen Pflege das Moment der Erziehung als das wichtigere in ganz richtiger Weise vorangestellt.

Ich möchte zur Beurtheilung der Frage, wie nothwendig die Mitwirkung der Geistlichkeit für die Erziehung der Jugend ist, auf die statistische Thatsache hinweisen, daß ‖ die Zahl unserer jugendlichen Verbrecher in erschrecklicher S. 719.
Weise zunimmt, und daran ist ganz gewiß nicht in letzter Linie der Umstand schuld, daß diese unglücklichen Leute, welche oft schon in früher Jugend, kaum

S. 719. daß sie das strafmündige Alter erreicht haben, mit dem Strafgesetz in Konflikt kommen, von Haus aus eine schlechte und verfehlte Erziehung genossen haben. Daher, glaube ich, meine Herren, müssen wir, wenn wir richtig Vorsorge tragen wollen für diese unglücklichen Geschöpfe, die keine Eltern oder wenigstens keinen Vater mehr haben, vor Allem auf deren religiös-sittliche Erziehung Bedacht nehmen, und das geschieht am besten in der Weise, daß der Seelsorger bei dem Gemeindewaisenrath offiziell mitzuwirken hat.

Wie das geschehen soll in Bezug auf die organisatorische Einrichtung, besagt unser Antrag des Näheren.

Ich erlaube mir, hier gleich auf die Petition einzugehen, welche der Herr Referent besprochen hat, die von dem geschäftsführenden Ausschuß der Konferenz der bayerischen Rabbiner eingelaufen ist beim Landtag und dahin geht: Die Kammer wolle unserem Antrage folgende Fassung geben:

Der Gemeindewaisenrath hat zu bestehen

b) aus sämmtlichen Pfarrvorständen der Gemeinde und aus dem Rabbiner, wenn ein solcher in der Gemeinde seinen Amtssitz hat, ferner aus dem Vorstand der israelitischen Kultusverwaltung, wenn eine solche in der Gemeinde besteht.

Die Begründung dieser Petition, welche zumeist darin gipfelt, daß es eine beklagenswerthe Thatsache ist, daß der Rabbiner nicht in allen Fällen Vorstand der israelitischen Kultusverwaltung ist, ist mir durchaus sympathisch. Es ist darauf hingewiesen, daß diesem Mangel in vielen Städten dadurch abgeholfen wird, daß der Rabbiner wenigstens in die Kultusverwaltung hineingewählt wird, und dort also seine entscheidende Stimme geltend machen kann. Wie das nun gemacht werden sollte, das wäre uns natürlich vollständig gleich. Von dem Standpunkte aus, daß wir das geistliche Element darin haben wollen, ist mir der Rabbiner natürlich lieber als der weltliche Vorstand der israelitischen Kultusgemeinde. Wir haben den Letzteren nur um deswillen in unseren Antrag hineingenommen, weil er in dem Gesetz über die öffentliche Armenpflege darin steht. Wenn es in der Weise gemacht wird, daß in den meisten in der Petition berührten Fällen der Rabbiner hineinkommt, so entspricht das noch viel mehr der Tendenz unseres Antrages.

Der Herr Referent hat Ihnen vorgetragen, daß von einer Seite im Ausschusse zur Begründung des Wunsches, den Pfarrer im Gemeindewaisenrath zu haben, auch hervorgehoben wurde, derselbe sei namentlich in Landgemeinden die geeignetste Persönlichkeit, in vielen Fällen sogar die einzig geeignete Persönlichkeit, auch in Bezug auf die Beurtheilung der vermögensrechtlichen Fragen. Ich erlaube mir, zu betonen, daß diese Begründung von einem Mitglied unserer Fraktion nicht gemacht worden ist, (Abgeordneter Wagner: sehr richtig!) und ich habe mir diese Begründung auch durchaus nicht angeeignet; (Abgeordneter Wagner: sehr richtig!) denn wenn es sich im Gemeindewaisenrath lediglich um materielle Fragen handeln würde, so möchten wir den Seelsorger nicht damit befassen; aber gerade weil wir der Meinung sind, daß die vorwiegende Aufgabe des Gemeindewaisenrathes eine ethische ist, darum glauben wir, die Pfarrer nicht entbehren zu können.

Nun, meine Herren, sind im Ausschusse bereits und heute aus dem Munde des Herrn Referenten verschiedene Einwendungen gegen unsern Antrag vorgebracht worden; es ist gesagt worden, ja damit würde eine Ueberlastung der Pfarrer geschaffen, welche diesen Herren ganz gewiß nicht angenehm sein würde; allein dieses Moment erscheint uns nicht so bedeutend, daß wir uns nicht darüber hinwegsetzen könnten. Erstens bin ich der Meinung, daß die weitaus meisten Pfarrer, die ihre Aufgabe richtig auffassen, ohne Unterschied der Konfession natürlich, sich der Aufgabe, die unser Antrag ihnen zuweist, ganz gewiß nicht entziehen werden; sie gehört zur Seelsorgethätigkeit des Pfarrers, und wenn er seine Aufgabe richtig auffaßt, thut er ohnehin aus freiem Antrieb, was ihm hier durch das Gesetz zugewiesen wird. Wir meinen aber, es ist besser, wenn er durch die autoritative Stellung, die ihm das Gesetz gibt, auf die Erfüllung seiner Aufgabe hingewiesen wird, als wenn er gewissermaßen privatim der Geschichte nachgehen muß und seinen geistlichen Einfluß nur außerhalb des Gesetzes stehend geltend machen kann. Und dann muß ich schon sagen, sollte es wirklich Pfarrer geben, denen diese Geschäftsvermehrung unangenehm ist, meine Herren, auf solche Herren können wir nicht Rücksicht nehmen, die müssen das eben machen. S. 719.

Es ist hingewiesen worden darauf, daß die kirchlichen Oberbehörden sich nicht für unsern Antrag ausgesprochen hätten. Das ist nur zum Theil richtig. Es haben sich zwar die protestantischen Konsistorien und das Oberkonsistorium dagegen ausgesprochen, von den acht Ordinariaten aber waren sechs dafür und nur zwei dagegen und die letzteren werden dadurch überwogen, daß die anderen sechs sich dafür um so energischer ausgesprochen haben.

Dann ist gesagt worden, der Pfarrer habe ohnehin schon als Mitglied der Schulkommission Einfluß auf die Erziehung, ein Moment, das der Herr Kollege **Wagner** in der Sitzung vom 25. November besonders vorgebracht hat. Ja, meine Herren, das ist ja richtig: als Vorstand oder als Mitglied der Schulkommission wird der Pfarrer nicht ohne Einfluß auf die Erziehung der Jugend bleiben; allein der Einfluß beschränkt sich da doch auf die Schule, und dann, meine Herren, gibt es eine Zeit vor dem schulpflichtigen Alter und nach demselben, und gerade vor dem schulpflichtigen Alter ist es nothwendig, daß wir die Mitwirkung der Geistlichkeit festlegen. Denn hier kommt vor Allem die wichtigste Frage der Aufstellung des Vormunds in Betracht — und nach zurückgelegtem schulpflichtigen Alter ist doch bei diesen jungen Leuten die moralische Erziehung noch nicht beendet —, so daß wir sehr gut thun werden, den Einfluß des Pfarrers, wenn derselbe vom Gesichtspunkt seiner Thätigkeit in der Schulkommission aus beendet ist, auch noch auf einige weitere Jahre auszudehnen.

Seitens der Regierung ist weiter vorgebracht worden, der Pfarrer habe ja das Beschwerderecht, er habe das Recht, gegen Verfügungen des Vormundschaftsgerichtes gemäß § 57 des Gesetzes über die freiwillige Gerichtsbarkeit Beschwerde einzulegen, und der Vertreter der Regierung hat im Ausschusse das noch weiter dahin erklärt, daß aus diesem Beschwerderecht auch das Antragsrecht als selbstverständlich sich ergebe. Das Letztere ist eine Auffassung, die vielleicht nicht überall getheilt wird, die ich aber gerne acceptire. Allein das genügt für unseren Zweck nicht; denn wenn der Pfarrer darauf angewiesen ist, daß er nur privatim von einzelnen ‖ Fällen Kenntniß bekommt, dann S. 720.
werden viele Fälle durchrutschen und ihm gar nicht bekannt werden.

Ich verweise hier namentlich auf die großen Städte. Bekanntlich ist die Pastorirung einer Pfarrei in großen Städten mit 10, 20 und mehr Tausend Seelen eine so schwierige, daß der Pfarrer und seine Hilfsgeistlichen nicht mehr Zeit und Gelegenheit haben zu privaten Nachforschungen, wie es um die Waisen steht. Gerade hier in den großen Städten ist es nothwendig, ihnen durch Gesetz diese Aufgabe zuzuweisen und zu ermöglichen; anderseits dürfte aber gerade mit Rücksicht auf die Städte unser Antrag Ihnen plausibel

S. 720. erscheinen, denn die Gefahr der Verwilderung in Bezug auf die religiös-sittliche Erziehung ist in den Städten viel größer als auf dem Lande, in den Städten, wo die Kinder im zartesten Kindesalter oft verwildert und verwahrlost herumlaufen, nichts Gutes und Schönes hören, kaum der Schule entwachsen in die Fabrik gehen müssen, hier gibt es einen großen Theil der Jugend, der von Religion und sittlicher Erziehung sein ganzes Leben nichts hörte als höchstens das, was ihm in der Schule gesagt wurde, und da bleibt wenig an ihm haften.

Bezüglich der Landgemeinden hat der Herr Kollege Wagner im Ausschusse auch noch gemeint: „Ist der Vormund eine Person, welche der Einwirkung des Geistlichen zugänglich ist, so wird sich diese Einwirkung des Geistlichen in gleicher Weise zur Geltung bringen lassen, mag die Gemeindewaisenraths-Eigenschaft gegeben sein oder nicht", — ja, meine Herren, wenn er das aber nicht ist, gerade für diese Fälle, die im praktischen Leben nicht selten vorkommen können, daß der Vormund seinerseits eine solche Persönlichkeit ist, die sich für religiöse Fragen wenig interessirt, wollen wir Vorsorge treffen, indem wir den Pfarrer beiziehen.

Dann ist gesagt worden: Es entspreche nicht der Stellung des Pfarrers, was wir ihm mit unserem Antrag zuweisen wollen. Ein Mitglied des Ausschusses hat gesagt, er habe eine zu hohe Auffassung von der Stellung des Pfarrers, als daß er ihn gewissermaßen als untergeordnetes Organ des Vormundschaftsgerichts hinstellen möchte. Meine Herren! Das ist nicht der Fall. Ein untergeordnetes Organ des Amtsgerichts bezw. des Vormundschaftsgerichts ist der Waisenrath nicht. Ich möchte zur Begründung dieser Anschauung auf die Motive des Ausführungsgesetzes zum Bürgerlichen Gesetzbuch für Württemberg hinweisen. Dort ist ausdrücklich gesagt, daß der Gemeindewaisenrath im Wesentlichen zwar ein Hilfsorgan des Vormundschaftsgerichts ist, aber nicht in dem Sinne, daß er unter dem letzteren stehe. Der Gemeindewaisenrath ist gewissermaßen eine koordinirte Behörde gegenüber dem Vormundschaftsgericht, und man kann also nicht von einer capitis deminutio reden, wenn wir den Pfarrer in den Gemeindewaisenrath hineinwählen. Uebrigens, selbst wenn eine derartige untergeordnete Stellung vorhanden wäre, für den Pfarrer auf dem Lande gibt es auch verschiedene andere Verhältnisse, wo er unter einer vorgesetzten Behörde steht. Ich erinnere nur an die Aufsicht, die das Bezirksamt auf sie ausübt. Da kommen gar manche Dinge vor, bei denen der Pfarrer die Empfindung hat, daß durch sie seine Autorität gefährdet sein könnte.

Dann ist eingewendet worden, der Antrag ist auch nicht gangbar im praktischen Leben, weil es vorkommen kann, daß in einer politischen Gemeinde Angehörige verschiedener Konfessionen sich finden. Das ist ja richtig; allein ich habe bereits im Ausschusse ausgeführt, daß unser Antrag für diesen Fall in der Weise zu interpretiren ist, daß eben für die Angehörigen einer bestimmten Konfession, welche in ihrer politischen Gemeinde keinen Pfarrer haben, der Pfarrer, in dessen Pfarrei sie eingepfarrt sind, Mitglied des Gemeindewaisenraths dieser politischen Gemeinde ist, auch wenn er seinen Wohnsitz in dieser Gemeinde nicht hat. In der Weise, glaube ich, könnte es sich machen, und ich wüßte nicht, wie das einen Anstand ergeben könnte.

Der Herr Referent hat gemeint, es gibt Pfarreien mit 16 und 18 Gemeinden, wie oft würde da der Pfarrer behelligt werden! Meine Herren! Ob es so große Pfarreien mit derartig vielen Gemeinden gibt, möchte ich bezweifeln. Dann was die andere Frage betrifft, daß der Pfarrer zu häufig

behelligt würde, so fällt das zusammen mit dem, was ich vorhin schon gesagt S. 720.
habe. Die Frage einer allenfallsigen Ueberlastung der Pfarrer kommt für uns erst in zweiter Linie in Betracht. Es ist Aufgabe des Pfarrers im Allgemeinen, sich um alle seine Pfarrei- und Seelsorgeangelegenheiten zu kümmern und für die Waisen, die in seinem Sprengel sind, zu sorgen, wenigstens für ihr geistliches Wohl Sorge zu tragen, auch wenn sie nun zufällig einer oder mehreren anderen politischen Gemeinden angehören.

Der Herr Referent hat sodann hervorgehoben, daß manche in einer Grenzgemeinde lebende Konfessionsangehörigen ihren Pfarrer nicht in der Gemeinde haben, sondern bei einem Pfarrer außerhalb Bayerns eingepfarrt sind. Meine Herren! Dieser Fall wird doch recht selten vorkommen; mir ist nur ein einziger Fall bekannt, es ist das in der Gemeinde Silberbach an der nordöstlichen Ecke des Königreichs Bayern. Die dort zerstreut lebenden Katholiken — es sind kaum 20 Seelen — sind in der Pfarrei Asch in Böhmen eingepfarrt, aber nur provisorisch um deswillen, weil dort die Kirchhofsfrage noch nicht geregelt ist, und wenn die Kirchhofsfrage mit der nächst liegenden katholischen Pfarrei Selb, woselbst ein Simultankirchhof sich befindet, geordnet ist, dann werden diese auch wieder in die bayerische Pfarrei herübergenommen. Das ist also ein solch' kleiner Ausnahmefall, den man, glaube ich, gegenüber dem großen Interesse, welches wir mit unserem Antrage bezwecken, gar nicht berücksichtigen kann. In der Diöcese Regensburg, welche eine sehr langgedehnte Strecke an der österreichischen bezw. böhmischen Grenze hat, ist das der einzige Fall. In der Diöcese Passau, welche ihre Grenze von Zwiesel bis südlich von Burghausen hat, ist gar kein einziger solcher Fall. Wie die Verhältnisse in München liegen, weiß ich nicht. Die Diöcese Augsburg, welche allenfalls bezüglich der tirolischen Grenze in Betracht kommt, hat meines Wissens auch nicht einen einzigen solchen Fall. Konstatirt ist nur die einzige kleine Gemeinde Silberbach mit etwa 20 Seelen..

Man hat weiter gesagt, es sei ein Unding, ein Kollegium von 2 Männern zu schaffen. Ja, warum soll denn das so unpraktisch sein, wenn in den Landgemeinden der Bürgermeister und der Pfarrer in ein Duumvirat zusammentreten und über das sittliche und religiöse Wohl der in ihrer Gemeinde bezw. in ihrem Pfarrsprengel befindlichen Waisen berathen? Da gibt es doch keine so fürchterlich divergirenden Fragen, in denen so sehr widersprechende Ansichten auftauchen könnten, daß eine Verständigung darüber nicht denkbar wäre. Ich glaube, in der Praxis würde ein Anstand sich nicht ergeben.

Uebrigens, meine Herren, sind wir ja jeglicher Belehrung zugänglich und unser Antrag, den wir gestellt haben, ist ja nichts vollständig Unabänderliches. Wenn nur die Herren auf den Grundgedanken eingehen; daß man die Seelsorger
heranziehen will, dann ist die Form gleichgiltig; wir lassen in weitestem Maße S. 721.
mit uns reden.

Das geht auch daraus hervor, daß wir den eventuellen Antrag gestellt haben, der Ihnen heute gedruckt vertheilt wurde. Wir haben denselben eingebracht für den Fall, daß unser primärer Antrag bei Ihnen keine Gegenliebe finden sollte.

Auch in diesem Antrag ist derselbe Grundgedanke zum Ausdruck gekommen, daß nämlich die Seelsorger beim Gemeindewaisenrath nicht ausgeschlossen sein sollen. Wir bringen hier in Art. 83 in Vorschlag, es sollen die Geschäfte des Gemeindewaisenrathes dem Lokalarmenpflegschaftsrath zugewiesen werden. Das haben wir um deswillen gethan, weil nach dem Gesetze über die Armenpflege der Pfarrer gesetzliches Mitglied der Armenpflege ist.

S. 721. Der Herr Referent hat sich auch gegen diesen Eventualantrag ausgesprochen und sich dabei auf die Motive zu unserem bayerischen Ausführungsgesetze gestützt, wornach es nicht angehe, die Aufgabe des Gemeindewaisenrathes einer bereits bestehenden Behörde zuzuweisen. Es ist richtig, das steht in den Motiven; allein über die Motive kann man ja auch diskutiren, und warum soll es nicht angehen in der Praxis, daß man diese Geschäfte des Gemeindewaisenrathes einer bereits bestehenden Behörde zuweist? Ich möchte hier namentlich wieder darauf hinweisen, wie die Verhältnisse in Württemberg sind. Nach dem württembergischen Ausführungsgesetz sind die Bestimmungen über den Gemeindewaisenrath sehr kurz. Da ist ein einziger Artikel vorgesehen, während wir nach unserer Regierungsvorlage eine ziemliche Reihe von Artikeln haben. Der Art. 53 des württembergischen Ausführungsgesetzes lautet:

> „Die dem Gemeindewaisenrath obliegenden Verrichtungen werden von dem Gemeinderath wahrgenommen.
>
> In größeren Gemeinden kann an Stelle des Gemeinderathes eine Abtheilung desselben treten.
>
> Die Kosten, welche die Mitwirkung des Gemeinderathes in Angelegenheiten der freiwilligen Gerichtsbarkeit verursacht, trägt die Gemeinde."

Also in Württemberg ist die ganze Geschichte ungeheuer einfach mit drei Sätzen in einem einzigen Artikel abgemacht; die Aufgabe des Gemeindewaisenrathes fällt einfach der Bürgermeisterei zu. Wenn man es in Württemberg in dieser Weise machen kann, so, glaube ich, kann man diese Geschäfte auch bei uns dem Armenpflegschaftsrath zuweisen, und sollten die Geschäfte zu viele werden, so weise ich darauf hin, daß der Armenpflegschaftsrath insbesondere in Städten mannigfaltig gegliedert ist und daß er sich in die Geschäfte theilen kann.

Der Herr Kollege Wagner hat gemeint, es könnte dadurch eine Verzögerung der Geschäfte entstehen, ein Moment, dessen Verwirklichung ich auch durchaus nicht befürchte. Wenn der Lokalarmenpflegschaftsrath auch mit den Aufgaben des Gemeindewaisenrathes betraut wird, so glaube ich, wird seine Geschäftslast doch nicht sehr wesentlich vermehrt; sollte daß der Fall sein, so kann ja eine Geschäftserleichterung allenfalls herbeigeführt werden, um so mehr als der von uns vorgeschlagene Art. 85 — und darauf möchte ich ganz besonders hinweisen — der Verwaltungsbehörde, den Staatsministerien der Justiz und des Innern, die Befugniß zuspricht, den Verkehr mit dem Vormundschaftsgericht und überhaupt die Geschäftsführung des Gemeindewaisenrathes durch eigene Verordnungen zu regeln. Wir sind der Meinung, daß man diese internen Fragen über die Geschäftsführung des Gemeindewaisenrathes aus dem Gesetze draußen lassen solle. Die Verwaltungen werden das nach unserem Dafürhalten am besten zu beurtheilen verstehen und es den Bedürfnissen des praktischen Lebens anpassen.

Weil ich vorhin die Bestimmungen des württembergischen Ausführungsgesetzes vorgelesen habe und weil dort bezüglich der Kosten ein eigener Absatz eingeführt worden ist, möchte ich nur noch auf das Eine hinweisen, daß auch nach der Intention unseres bayerischen Ausführungsgesetzes und nach den Motiven der Vorlage die Geschäftsaufgabe des Gemeindewaisenrathes für die betheiligten Pfleglinge gleichfalls eine kostenlose sein soll.

Also, meine Herren, ich wiederhole, der Grundgedanke unseres Antrages ist der, daß wir den Pfarrer nicht draußen lassen wollen in einer Frage, wo es sich um die religiös-sittliche Erziehung unserer Jugend handelt. Ueber die

Form lassen wir mit uns reden, aber auf den ersten Gedanken bitte ich Sie S. 721.
einzugehen. (Bravo rechts.)

Präsident: Das Wort nehmen Seine Excellenz der Herr Staatsminister der Justiz

Der k. Staatsminister Dr. Freiherr **von Leonrod:** Meine Herren! Das Bürgerliche Gesetzbuch hat den Gemeindewaisenrath als ein Hilfsorgan des Vormundschaftsgerichts aus der preußischen Vormundschaftsordnung vom 5. Juli 1875 herübergenommen. Ich sagte als ein Hilfsorgan. Damit wollte ich nicht andeuten, wie vielleicht Herr Abgeordneter Lerno meint, daß der Gemeindewaisenrath dem Vormundschaftsgericht als eine untere Instanz gegenüberstehe oder dessen Dienstaufsicht unterstellt sei. Der Gemeindewaisenrath hat aber das Vormundschaftsgericht zu unterstützen und das Gericht hat sich in gewissen Fragen der Hilfe des Gemeindewaisenraths zu bedienen. Der Gemeindewaisenrath ist nicht berufen, selbst Entscheidungen zu erlassen, sondern er soll durch seine Mittheilungen das Vormundschaftsgericht in den Stand setzen, die erforderlichen Verfügungen zu treffen.

Erlauben Sie, daß ich zunächst auf den Wirkungskreis des Gemeindewaisenraths kurz eingehe. Der Wirkungskreis ist etwas ausgedehnter, als er vom Herrn Abgeordneten Lerno geschildert worden ist. Der Gemeindewaisenrath hat nach § 1849 des Bürgerlichen Gesetzbuchs vor Allem dem Vormundschaftsgerichte diejenigen Personen vorzuschlagen, die sich im einzelnen Falle zum Vormunde, Gegenvormund, Mitglied des Familienraths oder Pfleger eignen. Er hat ferner in Unterstützung des Vormundschaftsgerichts darüber zu wachen, daß die Vormünder der sich in seinem Bezirk aufhaltenden Mündel für die Person der Mündel, insbesondere für ihre Erziehung und ihre körperliche Pflege pflichtmäßig Sorge tragen. Er hat dem Vormundschaftsgerichte Mängel und Pflichtwidrigkeiten, die er in dieser Hinsicht wahrnimmt, anzuzeigen und auf Erfordern über das persönliche Ergehen und das Verhalten eines Mündels Auskunft zu ertheilen. Er hat dem Gericht aber auch Anzeige zu erstatten, wenn er Kenntniß von einer Gefährdung des Vermögens eines Mündels erlangt. Endlich hat er — und dieß ist ein Punkt, der noch gar nicht berührt worden ist — nach § 1675 des Bürgerlichen Gesetzbuchs dem Vormundschaftsgericht auch Anzeige zu machen, wenn ein Fall zu seiner Kenntniß gelangt, in welchem das Vormundschaftsgericht zum Einschreiten berufen ist, beispielsweise wenn das geistige oder leibliche Wohl des Kindes dadurch gefährdet wird, daß der Vater das Recht der Sorge für die Person des Kindes mißbraucht, vernachlässigt oder sich eines ehrlosen oder unsittlichen Verhaltens schuldig macht (§ 1666 des Bürgerl. Gesetzbuchs). Der ‖ Gemeindewaisenrath hat also auch in An- S. 722.
sehung der elterlichen Gewalt des Vaters und der Mutter gewisse Aufgaben.

Meine Herren! Das sind die Pflichten des Gemeindewaisenrathes.

Als das Ideal eines Waisenrathes denke ich mir einen vor Allem recht praktischen, in jeder Richtung tüchtigen, stets in der Gemeinde lebenden, mit den Familienverhältnissen des Mündels bekannten Mann, der selbständig ist und auch die nöthige Zeit hat, sowohl den Mündel als auch den Vormund zu überwachen. Das wird nun auf dem Lande nicht selten der Pfarrvorstand selbst sein. Darum wird es auch gut sein, daß er, wenn die Umstände ihn dazu geeignet erscheinen lassen, gewählt wird. Das ist ja gar keine Frage. Aber jetzt handelt es sich darum, daß nach dem Antrage des Herrn Abgeordneten Lerno der Pfarrer kraft Gesetzes Waisenrath sein soll.

Vom k. Staatsministerium des Innern für Kirchen- und Schulangelegen-

S. 722. heiten wurden die sämmtlichen kirchlichen Oberbehörden der katholischen und der protestantischen Konfession um ihre Ansicht über diesen Vorschlag befragt. Ich möchte Ihnen nun mittheilen, wie die Antworten im Wesentlichen lauteten, welche Bedenken insbesondere von den geistlichen Oberbehörden selbst gegen diesen Vorschlag erhoben wurden. Zunächst wurde bemerkt: „Es sei mißlich, wenn der Inhaber eines kirchlichen Amtes zum Träger eines reinen Gemeindeamtes werde, indem dadurch die sonstige Unabhängigkeit des Pfarrers von der Gemeinde beeinträchtigt werde." Von diesem Einwande hat freilich der Herr Abgeordnete Lerno vorhin gesagt, daß er ihn nicht für berechtigt halten könne; allein nachdem eine kirchliche Oberbehörde diesen Einwurf gegen den Antrag des Herrn Abgeordneten Lerno gebracht hat, wird der Einwand wohl nicht als unzutreffend bezeichnet werden können.

Eine andere kirchliche Oberbehörde sagte: „Es sei nicht angemessen, daß der Pfarrer durch seinen Eintritt in den Gemeindewaisenrath zu einem untergeordneten Organ des Vormundschaftsgerichtes werde." Als ein untergeordnetes Organ ist der Pfarrer in seiner Eigenschaft als Waisenrath natürlich deßhalb bezeichnet, weil er dem Vormundschaftsgerichte zu berichten und dessen Weisungen zu befolgen hat, weil er überhaupt dem Vormundschaftsgericht nur Anzeige erstatten, nicht aber selbständig eingreifen kann.

Ein anderer Einwand der kirchlichen Oberbehörden ging dahin: „Die Erfüllung der Pflichten eines Waisenraths hat viel Unangenehmes im Gefolge und wird die seelsorgerische Thätigkeit des Pfarrers erschweren." Daß die Stellung eines Waisenraths Unangenehmes im Gefolge hat, das ist nicht zu bestreiten. Der Umstand allein, daß das Amt des Waisenraths Unannehmlichkeiten mit sich bringt, wird natürlich den Pfarrvorstand nicht hindern, das Amt zu übernehmen — es kommen ihm ja noch manche andere unangenehme Dinge vor —; der Nachdruck des Einwandes liegt in der Befürchtung einer ungünstigen Rückwirkung auf die seelsorgerische Thätigkeit des Pfarrers.

Ferner heißt es: „Die Zuziehung des Pfarrers zum Gemeindewaisenrath bedeute eine außerordentliche Geschäftsmehrung, namentlich in großen Gemeinden, in Pfarreien mit zahlreichen politischen Gemeinden oder zerstreut wohnenden, noch nicht imparochirten Religionsverwandten." Dieser Punkt wird nicht zu bestreiten sein. „In konfessionell gemischten Gemeinden ergäben sich aus der Beiziehung der Pfarrer durch das Gesetz zum Gemeindewaisenrath leicht Schwierigkeiten." (Abgeordneter Dr. Casselmann: Sehr richtig!)

Wie sie daraus sehen, daß die kirchlichen Oberbehörden der Katholiken verschiedener Ansicht über die Frage der gesetzlichen Beiziehung der Pfarrer zum Gemeindewaisenrathe sind und die protestantischen kirchlichen Oberbehörden ganz entschieden dagegen Stellung genommen haben, stehen auch unter dem Gesichtspunkte der kirchlichen Interessen der Beiziehung der Pfarrvorstände nicht unerhebliche Bedenken entgegen. Diese Bedenken dürfen nun um so weniger unbeachtet bleiben, als dem Pfarrer in Bezug auf die Erziehung der Mündel ohnehin ein entsprechender Einfluß eingeräumt ist und er auch einen gesetzlichen Einfluß auf die Pflichterfüllung des Vormundes dadurch hat, daß er gegen den Vormund beim Vormundschaftsgerichte Anzeige erstatten und gegen die Verfügungen des Vormundschaftsgerichtes nach § 57 des Reichsgesetzes über die Angelegenheiten der freiwilligen Gerichtsbarkeit Beschwerde ergreifen kann.

Außer diesen von den kirchlichen Oberbehörden ausdrücklich geltend gemachten bestehen noch einige Bedenken allgemeinerer Natur. In den Städten, besonders in den größeren, erhält meines Wissens der Pfarrvorstand von den

der Schule entwachsenen Mündeln in der Regel keine Kenntniß, weder von S. 722.
deren Lebenswandel noch von der Verwaltung des Vermögens derselben. Die Pfarrvorstände haben auch — ich glaube, ich darf das sagen — in der That in den Städten nicht die nöthige Zeit dazu. Der Ausweg, die Geschäfte des Waisenraths einem Hilfsgeistlichen zu übertragen, ist nicht möglich. Denn nach dem Entwurf, den der Antrag „Lerno" in diesem Punkte nicht ändern will, darf nur der Bürgermeister in den Städten und in größeren Gemeinden sich in dem Amte des Waisenraths vertreten lassen (Art. 84 des Entwurfes, Art. 83 Abs. 1 Ziff. 1 des Antrags „Lerno"). Welche Mißstände sich in Folge dessen unter Umständen aus der gesetzlichen Berufung des Pfarrvorstandes in den Gemeindewaisenrath dann ergeben können, wenn der Pfarrvorstand eben erst in die Gemeinde gekommen oder wenn er alt und gebrechlich ist, brauche ich nicht weiter darzulegen. Ist der Pfarrer dem Gesetze nach stets Mitglied des Gemeindewaisenraths, so kann er, wenn er in Folge Alters die Stellung nicht mehr ausfüllen kann, nicht austreten und auch zum Austritte nicht gezwungen werden.

Nicht genug betonen kann ich aber, daß die gesetzliche Berufung des Pfarrvorstandes in Gemeinden mit konfessionell gemischter Bevölkerung für den Pfarrer selbst, wenn er sein Amt gehörig ausfüllen will, die schlimmsten Unannehmlichkeiten bringen kann. Dieß gilt insbesondere von der Ueberwachung der Ausübung der elterlichen Gewalt. Nehmen Sie an, der Gemeindewaisenrath erhält eine Anzeige, daß ein Vater oder eine Mutter die Erziehung des Kindes vernachlässigt. Um die Richtigkeit der Anzeige beurtheilen zu können, wird es meist nothwendig sein, daß der Waisenrath zu der Familie geht. Ich habe hier ein Büchlein von einem preußischen Amtsgerichtsrath und Vormundschaftsrichter, der seit langer Zeit dieß Amt ausübt. Der sagt hier auf Seite 26 des Schriftchens:

> Sicherlich würde durch eine rechtzeitige Anzeige mancher Mündel vor dem Untergang behütet werden können, zumal der Gemeindewaisenrath des neuen Aufenthaltsortes ebenso wie der des bisherigen Aufenthaltsortes unzweifelhaft auch befugt ist, den in seinen Bezirk verzogenen Mündel in seiner Wohnung aufzusuchen, um sich durch eigene Anschauung davon zu überzeugen, wie derselbe gehalten wird und, falls er Ungehörigkeiten in der körperlichen Pflege, in sittlicher Beziehung wahrnimmt, auf Abstellung durch den Vormund 2c. hinzuwirken.

Also der Waisenrath — nach dem Antrage „Lerno" der Pfarrvorstand — S. 723.
muß in dem von mir gesetzten Falle in die betreffende Familie gehen. Zu welchen Dingen, glauben Sie wohl, kann das unter Umständen führen? Wenn der Vater protestantisch, die Mutter katholisch ist, meinen Sie, der protestantische Vater wird sich die Einmischung des katholischen Pfarrers ohne Weiteres gefallen lassen? Ich mag die Konsequenzen, zu welchen der Antrag „Lerno" in solchen Fällen führt, gar nicht weiter ausmalen. Mir ist die Stellung des Pfarrers dazu doch zu hoch.

Endlich liegt ein Mangel des Antrags „Lerno" noch darin, daß nach ihm der Gemeindewaisenrath auch in den kleinsten Gemeinden ein Kollegium bildet. Damit wird eine zu schwerfällige Einrichtung geschaffen und werden die Kräfte unnütz vergeudet. Wenn der katholische Pfarrer auf dem Lande sich erbietet, das Amt zu übernehmen, so bin ich fest überzeugt, daß er auch gewählt wird, und wenn er in Folge einer Wahl Waisenrath ist, ist er viel

S. 723. mehr geachtet und werden seine Weisungen viel eher befolgt, als wenn er kraft Gesetzes Waisenrath ist. (Rufe links: Sehr richtig!)

Im Ausschusse der Kammer der Reichsräthe hat einer der Herren Reichsräthe versichert, er habe, um sich genau über die Frage zu informiren, in Schwaben mit vielen Geistlichen gesprochen nnd die große Mehrzahl habe ihm gesagt: „Wenn wir nur davon verschont werden!" (Rufe links: Hört, hört!) Wenn man aber ein solches Amt nicht mit Freuden übernimmt, dann wird es auch kaum mit Sorgfalt geführt.

Meine Herren! In allen deutschen Bundesstaaten wird ebenso wie bei uns verfahren werden; in Preußen besteht die Einrichtung schon seit dem Jahre 1875 in der von uns vorgeschlagenen Weise. Nur in Württemberg, wo überhaupt viel mehr den Gemeinderäthen, wie sie dort heißen, als bei uns den Gemeindeverwaltungen übertragen ist, soll der Gemeinderath zugleich den Gemeindewaisenrath bilden.

Ich glaube nun, Ihnen dargethan zu haben, daß die Art und Weise, wie die k. Staatsregierung die Organisation vorschlägt, die richtige ist, und ich möchte Sie davor warnen, dem Antrag oder dem Eventualantrag des Herrn Abgeordneten Lerno stattzugeben.

Anlangend den Eventualantrag, so haben Gemeindewaisenrath und Armenpflegschaftsrath allerdings manche Berührungspunkte, auch wird der Gemeindewaisenrath hauptsächlich in Vormundschaften über solche Personen thätig zu sein haben, welche gering bemittelt sind oder öffentliche Unterstützung genießen. Allein die Aufgaben sind gleichwohl verschieden und die eine wie die andere stellt, wenn sie richtig erfüllt werden soll, in vielen Fällen solche Anforderungen, daß es sich nicht empfiehlt, sie kraft Gesetzes einer Person zu übertragen. Dieß ist schon in den Motiven zum Gesetzentwurf ausgeführt. Es ist aber noch zu berücksichtigen, daß, soviel mir bekannt ist, der Armenpflegschaftsrath in großen Städten außerordentlich beschäftigt ist und daß es für ihn eine kaum zu bewältigende Last wäre, wenn er außerdem noch die Aufgaben des Gemeindewaisenraths zu erfüllen hätte. Der Armenpflegschaftsrath könnte sich nur dadurch helfen, daß er von der im Art. 24 des Armen- und Krankenpflegegesetzes vom 29. April 1869 vorgesehenen Befugniß Gebrauch machte, einzelne Einwohner als Armenpfleger für bestimmte Bezirke der Gemeinde aufzustellen. Diesem Auswege gegenüber ist der Vorschlag des Entwurfes doch gewiß entschieden vorzuziehen.

Schließlich möchte ich noch bemerken, daß, nachdem der Antrag „Lerno" eingekommen war, der geschäftsführende Ausschuß der Konferenz der bayerischen Rabbiner angeregt hat, in den Gemeindewaisenrath nicht den Vorstand der israelitischen Kultusverwaltung, sondern den Vorstand der Kultusgemeinde zu berufen. Aus der Eingabe darf nicht geschlossen werden, daß der geschäftsführende Ausschuß die Berufung des Kultusvorstandes kraft Gesetzes wünsche, sondern die Anregung ist offenbar nur für den Fall gemacht, daß dem Antrag stattgegeben werden sollte. (Beifall links.)

Präsident: Herr Abgeordneter Kuby!

Kuby: Meine Herren! Gestatten Sie mir, als einem alten Vormundschaftsrichter, meine Stellung zu den Anträgen der Herren Abgeordneten Lerno und Genossen zu präzisiren.

Meine Herren! Mit der Annahme dieser Anträge würden wir eine bayerische Spezialität schaffen, wie sie keiner der deutschen Staaten besitzt, in denen bisher das Institut der Gemeindewaisenräthe eingeführt war; wir würden eine Spezialität schaffen, für die uns die Rechtspflege und kaum auch die Geistlichkeit dankbar sein würde. In der deutschen Gesetzgebung und auch in der unsrigen ist immer die Vormundschaft ein Gegenstand der Fürsorge der Staates gewesen; der Staat ordnet die Vormundschaft für die Waisen an, der Staat regelt dieselbe und der Staat übt sie aus durch seine Organe oder doch durch weltliche Organe, die ihm selbst eingegliedert sind; für die Mitwirkung der Geistlichkeit ist dabei kein Raum. S. 723.

Schon aus diesen prinzipiellen Gründen ließen sich Bedenken gegen den Antrag geltend machen. Allein derselbe ist auch durchaus unpraktisch. Es ist ja richtig, es ist eine Hauptaufgabe der Vormundschaftsthätigkeit, darüber zu wachen und zu sorgen, daß die Waisen religiös-sittlich erzogen werden, denn alles Wissen und das schönste Können ist eben doch nichts ohne Charakterbildung. Mit dieser Fürsorge konkurrirt allerdings auch die Aufgabe der Geistlichkeit. Nun werden aber die Rechte und die Macht der Geistlichen durch diese Anträge durchaus nicht vermehrt und sie können es nicht werden, weil sie bereits mehr haben, als ihnen dadurch zugedacht ist. Die Geistlichen sind doch die Seelsorger in ihrer Gemeinde, sie sind die Religionslehrer, sie sind Lokalschulinspektoren und Mitglieder der Ortsschulkommissionen; als Seelsorger haben sie die Aufsicht und die Leitung des ganzen religiösen Lebens incl. des der Vormünder, der Eltern, der Gegenvormünder, der Familienrathsmitglieder und auch der Kinder. Als Lokalschulinspektoren haben sie einen indirekten und als Religionslehrer einen direkten Einfluß auf die Kinder. Als Mitglieder der Ortsschulkommissionen haben sie sogar das Recht, gegen pflichtwidrige Eltern, Vormünder, Pflegeeltern, Meister Ermahnungen und Verweise mit zu ertheilen, ja auch mitzuwirken, daß sie mit Geldstrafen belegt werden. Noch mehr, sie haben sogar das Recht, als Mitglieder der Ortsschulkommission darauf anzutragen, daß solche säumige Eltern, Meister, Vormünder und dergleichen vor Gericht gestellt und mit Haftstrafe belegt werden, und dasselbe Recht haben sie auch gegen die säumigen christenlehr- und sonntagsschulpflichtigen Kinder selbst, und endlich steht ihnen das Recht der Antragstellung bei dem Vormundschaftsgerichte zu, sofern durch eine Vernachlässigung der Erziehung eine Veranlassung dazu gegeben ist, und sie haben das Recht, wenn ihren Anträgen nicht stattgegeben wird, Beschwerde gegen die Abweisung einzulegen. Wenn die Kinder die Christenlehre und Sonntagsschule einmal hinter sich haben, dann ist unsere Einwirkung auf sie sehr gering und sie wird nicht stärker, wenn die || Herren Geistlichen uns an die Hand gehen oder wir ihnen; für unbändige, S. 724.
excessive Burschen, die bis dahin noch nicht in die rechten Bahnen geleitet sind, gibt es nur noch ein einziges Erziehungsmittel, das ist die Schule des Militärs, (sehr richtig! links) hier ist die „ultima spes miles!“

Vergleichen Sie die Rechte und Machtmittel der Geistlichen, die ihnen zustehen als Seelsorgern, als Religionslehrern, als Mitgliedern der Ortsschulkommission, als Lokalschulinspektoren, mit dieser bescheidenen Rolle eines Gemeindewaisenrathes, als welcher sie eigentlich doch nichts zu thun haben, als Anzeige und auf Erfordern Bericht zu erstatten, ich sage: wenn Sie diese Stellungen vergleichen, so werden Sie mir Recht geben, daß Sie durch Ihren Antrag die Rechte und die Machtmittel der Geistlichkeit auf dem Gebiete der Erziehung durchaus nicht erhöhen; dieselbe hat bereits mehr, als Sie ihr zutheilen wollen. Der Antrag ist in der Beziehung ein Kurzschuß.

Was die übrigen Funktionen des Gemeindewaisenraths anlangt, so bestehen sie darin, daß derselbe das Recht hat, mitzuwirken bei der Wahl der Vormünder, der Gegenmünder und der Familienrathsmitglieder, daß der Waisenrath weiter Anzeige an das Vormundschaftsgericht zu erstatten hat, sobald er eine Vermögensgefährdung des Mündels wahrnimmt, und endlich daß er Anzeigepflicht hat in Fällen, in welchen eine Bestellung oder Neubestellung einer Vormundschaft veranlaßt ist.

Was nun die Mitwirkung bei der Wahl der Vormünder oder anderer Vertreter anlangt, so bezweifle ich, daß der Geistliche als solcher in größeren Städten so bewandert ist, sich in den in Betracht kommenden Verhältnissen so auskennt, daß gerade er besonders befähigt ist, praktische Vorschläge zu machen; der Herr Kollege Lerno hat selbst gesagt, daß in größeren Städten der Geistliche nicht die genügenden Kenntnisse hätte, um hier mit Erfolg bezüglich der Erziehung einzugreifen; und doch soll er so viele Kenntnisse der Verhältnisse haben, daß sie ihn besonders befähigen, bei der Wahl der Vormünder entscheidend mitzuwirken; das ist der reinste Widerspruch.

Nun, meine Herren, auf dem Lande ist die Sache, wie Sie sie vorschlagen, ganz gewiß unpraktisch, denn es kommt nicht blos vor, daß Gemeinden von auswärtigen, nichtdeutschen Pfarrern pastorirt werden, sondern wir müssen auch uns gegenwärtig halten, daß im ganzen Lande zerstreut Menoniten wohnen, daß auch Katholiken und Protestanten in der Diaspora, weit entfernt von ihrem Geistlichen wohnen; wir müssen daran denken, daß wir sehr viele Pfarreien haben, die aus mehreren, ja vielen Gemeinden zusammengesetzt sind; in diesen Fällen ist Ihr Vorschlag unpraktisch. In all' den einzelnen Gemeinden würde nach Ihrem Antrage ein besonderer Waisenrath und dann noch einmal ein gemeinschaftlicher Waisenrath, das ist der Herr Pfarrer, bestehen. Destinirt für Waisenräthe sind eigentlich nur solche Leute, die ortseingesessen sind, die so von Kindesbeinen an die Familien-, überhaupt alle einschlägigen Verhältnisse haben kennen gelernt. Wenn nun die Sache in diesen

S. 724. Pfarreien, die aus mehreren Gemeinden bestehen, praktisch werden soll, so muß unbedingt der Pfarrer hinaus in die einzelnen Gemeinden, um sich mit den Familienangehörigen, mit dem allenfallsigen Gegenvormunde, dem Beistande, mit dem Bürgermeister und dem Standesbeamten in's Benehmen zu setzen; er muß hinaus, oft ohne Säumen und bei Wind und Wetter. Wer zahlt in solchen Fällen dem Herrn Pfarrer die Auslagen? Diäten bekommt er nicht; soll er sie vielleicht aus seiner eigenen Tasche bezahlen oder soll das mitunter geringe Mündelvermögen herhalten? Das können Sie gewiß nicht wollen, namentlich nicht für Funktionen, die so unnöthiger Weise dem Geistlichen aufgebürdet werden.

Die zweite Aufgabe des Gemeindewaisenrathes besteht darin, daß er zu wachen und zu sorgen hat, daß das Kindsvermögen nicht gefährdet wird, und, wenn er so etwas wahrnimmt, Anzeige zu erstatten. Ich glaube, daß die meisten Geistlichen zu einer solchen Vermögensverwaltung nicht geeignet sind; ich würde einen Geistlichen kaum jemals als Sachverständigen nehmen, wenn es sich darum handelt, ob ein Vormund die Aecker rechtzeitig bestellt, sie gehörig gedüngt, ob die Weinberge richtig beschnitten werden, ob ein Erwerbsgeschäft richtig betrieben wird u. s. w. Dafür sind andere Leute gewiß mehr geeignet. Solche Geschäfte passen für solche Herren gar nicht.

Die letzte Aufgabe des Gemeindewaisenrathes ist, wenn der Fall eintritt, daß eine Vormundschaft zu bestellen ist, dem Vormundschaftsgericht Anzeige davon zu erstatten. Für den Fall ist ja hinlänglich bereits gesorgt, dafür haben wir den Standesbeamten und den Gegenvormund, die verpflichtet sind, gegebenen Falls dem Vormundschaftsgericht Anzeige zu erstatten. Warum sollen wir denn auch noch die Geistlichen mit Dingen belästigen, die andere Leute schon besorgen?

Uebrigens, wenn das Vormundschaftsgericht den geistlichen Herrn einmal braucht, dann wird es ihn schon zu finden wissen; es schreibt an ihn und wird dann gewiß auch Antwort erhalten, und wenn ein Geistlicher an den Vormundschaftsrichter mit einer Mittheilung oder Anzeige kommt, so wird auch das Gericht eine solche gebührend würdigen und dem Geistlichen entgegenkommen; dazu bedarf es aber keiner Eingliederung des Pfarrers in die Behördenorganisation.

Ich mache noch auf Eines aufmerksam: der Pfarrer geräth durch diese Zuziehung als Gemeindewaisenrath in ein Tridominat, das sich vielleicht recht unangenehm geltend macht. Er steht als Geistlicher unter dem Befehl seiner Oberen, er hat die Weisungen und Aufträge des Vormundschaftsgerichtes entgegenzunehmen und zu vollziehen, und da nach Art. 87 der Waisenrath ein Gemeindeamt ist, untersteht er auch noch den Administrativbehörden. Ich sollte meinen, daß dieß eine nicht gerade beneidenswerthe Stellung wäre.

Die Vormundschaftsorgane sind: der Richter, der Vormund, der Gegenvormund, der Beistand, der Pfleger und die Familienrathsmitglieder und auch einzelne Verwandte. Das sind gerade genug, um eine genügend sorgfältige vormundschaftliche Verwaltung zu garantiren. (Ganz richtig! links.) Die Funktionen sind alle ausgetheilt, für die Geistlichen ist nichts mehr übrig. Allein ich wünsche doch sehr, daß in der Praxis der Vormundschaftsrichter und der Geistliche mit einander Hand in Hand gehen; sie haben dieselben Ziele, aber ich bin der Meinung, sie erreichen dasselbe besser, wenn sie getrennt marschiren.

Was nun den Eventualantrag anlangt, meine Herren, so ist derselbe noch weniger nach meinem Geschmack; denn er geht eigentlich auf dasselbe hinaus wie der erste Antrag. Nur will der erste Antrag direkt den Geistlichen in die vormundschaftliche Behördenorganisation hineinbringen; und der Eventualantrag (Abgeordneter Dr. Casselmann: auf Umwegen!) will das auf Umwegen bewerkstelligen und den Geistlichen zugleich in großer Gesellschaft in den gesammten Armenpflegschaftsrath hineinbringen; allein mit dieser Gesellschaft ist
S. 725. er noch weniger bei der Ausübung der Vormundschaft am || Platze. Denn die Sache wird dadurch nur noch komplizirter und die Geschäftsführung schwieriger; wenn der Armenpflegschaftsrath der als Korporation mitwirkend gedacht ist, praktisch mitthätig sein soll, so kann er gar nicht anders, als eines seiner Mitglieder delegiren zur Führung der Funktionen des Gemeindewaisenraths, als Korporation kann er das nicht, theils wegen seiner übrigen Aufgaben, theis weil die Aufgabe eines Waisenraths eine eingehende Behandlung verlangt. Wir kommen dann zu demselben Resultat wie der Regierungsvorschlag, nur mit dem Unterschied, daß nach dem Regierungsvorschlag der Gemeinderath den Gemeindewaisenrath wählt, und nach dem Eventualantrag des Herrn Abgeordneten Lerno der Armenpflegschaftsrath eines seiner Mitglieder mit der Funktion eines Waisenraths betraut. Aber man kommt auf dem Wege des Regierungsvorschlags viel besser und direkt zum Ziele. Er ist der einzig richtige; wir können nur einen einzigen Gemeindewaisenrath auf dem Lande brauchen; was darüber hinaus ist, ist zu viel. Lehnen Sie daher beide Anträge ab! (Rufe links: Bravo!)

Präsident: Herr Abgeordneter Wirth!

Wirth: Meine Herren! Es ist schon wiederholt in den Ausführungen, die wir bis jetzt gehört haben, auf die Schwierigkeiten hingewiesen worden, welche durch die äußeren

Verhältnisse entstehen, die Pfarrvorstände mit dem Amte zu betrauen, wie es der Antrag des Herrn Kollegen Lerno vermeint. Ich will also auf den Punkt nicht weiter eingehen, sondern nur eine kurze Bemerkung hinzufügen: Bei der konfessionellen Mischung, die wir überall im Lande haben, ist der Fall jedenfalls nicht selten, daß in einem Orte Waisenkinder einer anderen Konfession als der des Pfarrers und der ganzen Gemeinde vorhanden sind. Nachdem nun doch hier auch der Gemeindewaisenrath und der Vorstand desselben auf die religiös-sittliche Erziehung der Waisen wesentlich Einfluß hat, so ist es ja wohl kaum zu vermeiden, daß da vielleicht allerlei Reibungen und Friktionen, vielleicht auch manches Mißtrauen entstehe, und dieß Alles würde wohl am besten gleich von vorneherein abgebrochen werden dadurch, daß man es eben bei der Regierungsvorlage beläßt. S. 725.

Eine kurze Bemerkung will ich noch hinzufügen zu dem, was vorhin Herr Kollege Lerno bezüglich der Seltenheiten sprach, daß ausländische Pfarrer in unseren bayerischen Gemeinden Parochialrechte haben. Es kommt dieß noch öfter vor; in meiner speziellen Heimath sind an der österreichischen Grenze drei politische Gemeinden mit vielleicht circa 1000 Seelen; sie sind alle drei protestantisch, sie gehören zur protestantischen Gemeinde Asch in Oesterreich und noch einige andere im österreichischen Lande. Also es kommt das schon noch öfter vor. Aehnlich ist es auch an der württembergischen und badischen Grenze.

Doch, meine Herren, ich wende mich nun zu etwas Anderem. Der Herr Kollege Lerno hat in Begründung seines Antrages in der Hauptsache darauf hingewiesen, welche Pflichten dem Geistlichen durch sein Amt als Seelsorger gegenüber den Waisen auferlegt sind. Betrachten wir seine Ausführungen unter einem prinzipiellen Gesichtspunkt, so werden sie auf das, was ich eben sagte, im Wesentlichen hinauslaufen. Ich gebe ihm in all' diesen Ausführungen vollkommen Recht. Der Geistliche hat als solcher, eben weil er Seelsorger der Gemeinde ist, die Pflicht, sich der unmündigen und verwaisten Kinder anzunehmen; er hat die Pflicht, für ihr leibliches Fortkommen zu sorgen, aber noch viel höher steht ihm die Pflicht, daß er für die geistige, religiöse und sittliche Erziehung der Waisen mitsorge. Wie steht es hier nun in der Praxis? Es wird ein solches Waisenkind vom Vormund, der dazu aufgestellt ist — bisher von der Gemeindeverwaltung — in irgend eine Familie gebracht, um dort erzogen zu werden. Da wird es nun darauf ankommen, daß die Familie, welche eine so heilige Pflicht übernimmt, auch nach ihrer ganzen Charakterbildung und nach ihrer ganzen religiös-sittlichen Haltung dazu befähigt ist, und es ist hier sicherlich Aufgabe des Geistlichen, dafür zu sorgen, daß die Kinder auch nur in solchen Familien aufgenommen werden beziehungsweise solchen Familien übergeben werden, welche genügende Garantie für eine derartige Erziehung und Ausbildung bieten. Wenn nun in der Praxis es auch sein kann, daß vielleicht bei der Auswahl einer derartigen Familie nicht genügend Vorsicht geübt worden ist, und es also eine unglückliche Wahl war, dann ist es die natürliche Pflicht des Geistlichen, einzuschreiten, aber besser ist es, wenn er gleich von vorneherein mitwirkt, daß nur eine gute Wahl getroffen wird. Es ist ja ganz natürlich, daß bei der Auswahl einer solchen Familie und eines Vormundes der Pfarrer, besonders in einer kleinen Landgemeinde — und von solchen allein spreche ich, es gilt aber auch in größeren — von solchen Vorgängen Kenntniß hat. Es kann dem Geistlichen einer kleinen Gemeinde und auch dem einer größeren Gemeinde gar nicht unbekannt sein, daß ein derartiger Fall eintritt; er weiß, daß Vater oder Mutter gestorben ist; er kennt die Kinder aus seinem Taufbuch, er weiß, daß ein solcher Fall eintritt; da ist es nun ganz natürlich, daß er mit dem Gemeindewaisenrath spricht und sagt: Sorgen Sie doch, mein Lieber, daß ein geachteter, christlicher, gut gesinnter Mann, ein wackerer Bürger, ein rechtschaffener Christ zum Vormund gewählt wird. Haben Sie doch Sorge, schauen Sie um, da ist eine Familie, da könnte man ein Kind unterbringen, da wäre für dasselbe gesorgt, es wird auch auf Schule und Erziehung gehalten und dergleichen. — Eine derartige Einwirkung auf den Gemeindewaisenrath, meine Herren, wird allemal von Erfolg sein. Ich bin überzeugt, daß der Geistliche in solchen Gemeinden auf seine Gemeindemitglieder gerade soviel Einfluß hat, als er durch die Führung seines Amtes und durch seine ganze Persönlichkeit verdient. Sollte er aber vielleicht diesen Einfluß nicht haben — meine Herren durch bloße Stellung als Gemeindewaisenrathsvorstand oder -Mitglied wird er diesen Einfluß nicht gewinnen.

Ich glaube also, daß der Herr Collega Lerno vollkommen Recht hat mit Allem, was er gesagt hat über die Pflichten eines Geistlichen in dieser Beziehung. Aber ich schließe daraus noch lange nicht und ziehe nicht die Forderung, daß zur Ausübung dieser Pflicht der Pfarrer gerade Waisenrathsvorstand sein muß. Er kann ohne das auch vollkommen sorgsam sein; ja, ich gehe einen Schritt weiter und sage, er kann es noch besser ohne diese Stellung. Wo liegen hier diese Einwirkungen und Einflüsse, die er als Geistlicher hier zu üben hat? Auf was für einem Gebiet? Es ist das Gebiet der Innerlichkeit, der religiös-sittlichen Lebensgrundsätze, des Christenthums, der Einwirkung auf Gewissen und Herz und Seele. Der Geistliche soll, wenn er in der Lage ist, auf die Gemeindeglieder einzuwirken, sie überzeugen, er soll ihnen die Erkenntniß von der Nothwendigkeit und dem Segen einer wahren christlichen Er-

S. 725. ziehung beibringen, wenn sie sie nicht schon haben; er soll in allen diesen Beziehungen zeigen wie segensreich es ist, wenn ein Kind von Früh auf schon auf diese Grundlage kirchlicher und
S. 726. christlicher Gesinnung gestellt wird. || Aber, meine Herren, eine derartige Einwirkung, eine derartige Ueberzeugung, eine derartige Geltendmachung solcher Grundsätze wird ganz gewiß am besten geschehen, wenn sie ohne Beiziehung weltlicher, ich möchte fast sagen polizeilicher gemeinde- und staatsamtlicher Stellung geschieht. Man soll das Geistliche nicht mit dem Weltlichen in dieser Beziehung vermischen. Oder schauen Sie unsere Waisenkinder an! Gewiß, der Geistliche soll auch auf die Kinder einwirken; ja, meine Herren, wenn es dem Geistlichen gelungen ist, in der Jugendzeit, wo er das Kind im Religionsunterricht zur Vorbereitung auf die Konfirmation oder erste Kommunion hat, wenn es ihm gelungen ist, da Liebe und Zutrauen zu gewinnen, dann wird auch das nicht verwischt werden, wenn das Kind älter geworden ist, und der Pfarrer gerade als Pfarrer und Geistlicher wird auch auf den 16- und 17- und mehrjährigen Jüngling und Jungfrau mit seinem segensreichen Rath und Beistand einwirken können. Ist das Erstere nicht der Fall, dann hilft das auch nachher erst recht nichts mehr.

Darum meine ich, die Stellung, welche dem Geistlichen jetzt zukommt, reicht vollkommen aus, um alle die Pflichten zu üben, die er einem Waisenkinde gegenüber in dieser Richtung hat.

Auf das andere Gebiet will ich mit Absicht gar nicht eingehen, denn ich meine, das vermögensrechtliche Gebiet wollen wir lieber Anderen überlassen, die darin besser bekannt sind und vielleicht manchmal es besser verstehen. Gerade damit der Geistliche so recht ungehemmt durch solche Nebenbeziehungen, die vielleicht, möchte ich sagen, ihm in den Augen seiner Gemeindeglieder keineswegs eine höhere Machtfülle verleihen, sondern eine Scheidewand zwischen ihm und den Gemeindefamilienhäusern aufrichten, gerade dadurch die Möglichkeit habe, sein geistliches Amt zum Segen der Waisenkinder auszuüben, bitte ich, es beim Regierungsentwurf zu belassen. (Beifall links.)

Präsident: Herr Abgeordneter Schwarz!

Schwarz: Meine Herren! Ich müßte lügen, wenn ich sagen wollte, ich begrüße die Errichtung eines Waisenrathes als eine ganz besonders werthvolle Errungenschaft. Daher muß man aber um so vorsichtiger sein, dieses Amt einem ganz bestimmten Personenkreis zu übertragen.

Was nun den primären Antrag des Herrn Kollegen Lerno anlangt, so ist derselbe ja bereits von anderer Seite so ausführlich und von fachkundiger Seite besprochen worden, daß ich nicht darauf eingehen möchte; nur Eines möchte ich bemerken, daß, wenn er glaubt, daß sich die Ordinariate zustimmend verhalten haben mit Ausnahme von zweien, es doch nicht ausgeschlossen ist, daß die Leistungsfähigkeit der Herren Priester vielleicht doch überschätzt wurde. Denn, meine Herren, darüber täuschen wir uns doch nicht, daß auch die Pfarrer, insbesondere in großen Städten, sehr überlastet sind und daß es ihnen sehr schwer wird, ihre Schulinspektionsstellen entsprechend durchzuführen, und man daher vorsichtig sein muß, ihnen noch neue Aemter aufzubürden.

Nun, meine Herren, will ich mich aber lediglich auf den Eventualitätsantrag beschränken, der meiner persönlichen Würdigung näher steht, nachdem ich seit 24 Jahren Mitglied des hiesigen Armenpflegschaftsrathes bin und daher glaube, einigermaßen dessen Leistungen und dessen Leistungsmöglichkeit auch zu kennen. An sich unterscheidet sich der Eventualitätsantrag von dem primären Antrag wesentlich, fast grundsätzlich möchte ich sagen. Ich muß sagen, daß der Antrag auch plausibel klingt auf den ersten Augenblick, um so mehr, als ja der Armenpflegschaftsrath und dessen einzelne Organe heute schon sich mit Waisen viel zu beschäftigen haben. Allein, meine Herren, lediglich mit armen Waisen; in Zukunft würden aber alle Waisen dem Armenpflegschaftsrath beziehungsweise dessen Organen überwiesen werden, und da, meine Herren, muß ich mir doch die Frage vorlegen: Ist der Armenpflegschaftsrath einer großen Stadt noch in der Lage, zu den ihm jetzt auferlegten Bürden noch neue zu übernehmen, und das, meine Herren, muß ich gerade auf Grund meiner Erfahrungen verneinen. Die Ueberlastung der Armenpflege ist an sich in den großen Städten schon eine derartige, und es ist dieses Amt an sich ein so odioses, daß es oft sehr schwer ist, die geeigneten Personen zu bekommen, und je schwerer Sie das Amt machen, um so schwerer werden Sie die Personen bekommen, und auch hier wird das zutreffen, was der Herr Abgeordnete Lerno von den Geistlichen gesagt hat: „Nun ja, die haben an sich manches Unangenehme, sie müssen es doch auch noch dazu nehmen." Ja, meine Herren, man kann einem Alles aufpacken, allein unter dem Uebermaß der Last wird er erdrückt und das würde ganz entschieden zutreffen. Es würde nach meinem Dafürhalten, nachdem die Arbeitslast für die Armenpflegschaft an sich eine wesentlich große ist, gleichbedeutend sein, Sie würden ein Amt übertragen, von dem von vornherein feststeht, daß man es nicht mit derjenigen Gewissenhaftigkeit, mit demjenigen Eifer auszuüben vermag, die ihm das Amt und das Gesetz vorschreibt und voraussetzt.

Ich möchte deßhalb dringend bitten, den Armenpflegschaftsrath und dessen Organe nicht mit neuen Lasten zu überbürden und, meine Herren, um so mehr, als ich sagen muß, daß die Lust und die Neigung zu den gemeindlichen Ehrenämtern ungefähr in umgekehrtem Verhältniß zu dem Maß der Pflichten steht, das der Staat auf die Gemeinde überwälzt. Ich meine deßhalb, es dürfte um so mehr am Platze sein, von einer derartigen Uebertragung Umgang zu nehmen. (Bravo! links.) S. 726.

Präsident: Herr Abgeordneter Lerno!

Lerno: Meine Herren! Einige wenige Bemerkungen noch! Ich bin dem Herrn Kollegen Schwarz sehr dankbar, daß er mich auf etwas aufmerksam gemacht hat, das mir vorhin bei der Begründung unseres Eventualantrages gar nicht eingefallen ist, nämlich, daß die armen Waisen jetzt ohnehin schon dem Armenpflegschaftsrath überwiesen sind. Das spricht nur für unseren Antrag, und was die vermöglichen Waisen betrifft, so glaube ich, sind sie bedeutend in der Minderzahl, so daß man von Geschäftsüberhäufung kaum sprechen kann.

Nun gestatten Sie mir ein paar Worte gegenüber den Ausführungen des Herrn Justizministers.

Der Herr Justizminister hat im ersten Theile seiner Rede einige Momente angeführt aus dem Gutachten jener kirchlichen Oberbehörden, welche sich gegen unseren Antrag erklärt haben, und da ist zunächst vorgeführt worden, daß die Uebertragung eines weltlichen Amtes an den Geistlichen nicht gut angängig sei. Aber ich möchte dem gegenüber fragen, was ist das Amt eines Armenpflegschaftsrathes; ist das etwa ein geistliches Amt? Wenn dem Pfarrer die Amtsfunktionen des Armenpflegschaftsrathes übertragen sind, dann kann er ganz gewiß auch diejenigen des Gemeindewaisenraths übernehmen.

Dann ist wiederum vorgebracht worden, der Pfarrer wäre damit ein untergeordnetes Organ des Vormundschafts|| gerichts; das habe ich in meinen Ausführungen schon anticipando widerlegt. S. 727.

Weiter hat es geheißen, das Herbeiziehen der Pfarrer würde sehr viel Unangenehmes für dieselben zur Folge haben. Da hat der Herr Justizminister selber schon eingeräumt, daß der Einwand doch untergeordneter Natur ist; denn bei Schaffung von neuen Aemtern und Funktionen, die wir im Interesse der Allgemeinheit oder einer bestimmten Klasse von Menschen, also hier der Waisen, für nothwendig halten, kann man nicht darnach fragen, ob für den damit Beamteten etwas Angenehmes oder Unangenehmes geschaffen wird oder nicht. Er muß das halt übernehmen.

Dann ist auch von der Geschäftsmehrung gesprochen worden; ich glaube, daß das erst die Praxis zeigen muß, wie sich das machen wird.

Bei diesen Ausführungen des Herrn Justizministers, die derselbe den Gutachten der kirchlichen Oberbehörden entnommen hat, hat der Herr Kollege Dr. Casselmann seinen Beifall ausgedrückt und „sehr richtig!“ dazwischen gerufen. Ich habe nicht den allermindesten Zweifel, daß diese kirchlichen Oberbehörden über den Beifall von dieser Seite außerordentlich erfreut sein werden.

Dann hat der Herr Justizminister für sich noch einige Gründe ausgeführt und hat gesagt: Der Pfarrer erfährt in der Stadt nichts mehr von denjenigen Knaben und Mädchen, welche aus der Schule entlassen sind. Gerade deßwegen wollen wir ja den Pfarrer drinnen haben, das habe ich ja ausgeführt in der Begründung meines Antrages, weil in der Zeit, die zwischen dem Austritt aus der Schule und dem Eintritt in die Volljährigkeit liegt, jetzt nach der gegenwärtigen Lage der Pfarrer nichts mehr erfährt und gar keinen Einfluß mehr hat. In dieser Zeit wird die Aufgabe des Gemeindewaisenrathes beziehungsweise des Vormundes erst recht wichtig.

Es ist auch ferner gesprochen worden, es sei peinlich für den Pfarrer, wenn er in alle Familiengeheimnisse eindringen würde. Ich möchte glauben, dieses Moment sei auch nicht sehr schwerwiegend; denn diese armen Waisen — und zumeist handelt es sich um solche und um deren religiös-sittliche Erziehung — werden in den Fällen, wo sie in eine Familie zur Erziehung gegeben sind, in die Geheimnisse dieser Familie nicht sehr weit eindringen und eigene Familiengeheimnisse haben sie nicht, weil diese armen Geschöpfe überhaupt einer eigenen Familie entbehren.

Was den Widerstand der schwäbischen Pfarrer betrifft, meine Herren, so ist mir gerade dabei der Gedanke aufgestiegen: werden denn die anderen Persönlichkeiten, die nach der Regierungsvorlage mit der Funktion betraut werden sollen, wirklich so außerordentlich erbaut und entzückt von dieser Aufgabe sein? Ich möchte im Gegentheil glauben, daß, wenn wir nur weltliche Gemeindewaisenräthe statuiren, in manchen Gemeinden die Eventualität auftauchen könnte, daß sich überhaupt gar keiner findet, der diese Funktion übernehmen mag, während der Pfarrer vom Standpunkt seiner seelsorgerischen Pflicht diese Funktion gar nie wird ablehnen können.

S. 727. Der Herr Kollege Kuby hat gemeint, wir würden eine bayerische Spezialität schaffen. Ja, dabei ist mir eingefallen, was der Herr Kollege Dr. Casselmann im Ausschusse gesagt hat: auch ohne unseren Antrag kämen in den weitaus meisten Fällen die Pfarrer der verschiedenen Konfessionen in die Gemeindewaisenräthe ohnehin hinein auf Grund der freien Wahl. Meine Herren! Wenn das der Fall ist, so ist ja thatsächlich der Zustand geschaffen, den ich durch Gesetz festlegen will; wäre das dann auch eine bayerische Spezialität?

Der Herr Kollege Wirth kommt zu dem Schlusse, daß es sogar besser wäre, wenn der Pfarrer nicht auf Grund Gesetzes diese Funktion hätte, er könnte sich vermöge seines Amtes als Seelsorger um die Waisen viel besser annehmen und würde das allemal mit Erfolg thun. Ich möchte das bezweifeln. Ich möchte den Herrn Kollegen Wirth darauf aufmerksam machen, daß wir auch in Bayern schon Zeiten erlebt haben, wo die Gemeindeverwaltungen sich nicht blos nicht mehr um die Wünsche und Anordnungen der Pfarrer gekümmert, sondern eine direkt feindselige Stellung gegen dieselben eingenommen haben. Meine Herren! In solchen Fällen wird auch, wenn es sich um die Angelegenheiten des Gemeindewaisenrathes handelt, der Pfarrer nicht mehr seinen Einfluß ausüben können; ich habe im Ausschusse auf jene Zeiten in den 70er Jahren hingewiesen, wo aus der Schule die Kruzifixe entfernt worden sind. Wenn da der Pfarrer gekommen ist und dagegen protestirt hat, da hat der Protest nichts mehr geholfen, und es ist nicht ausgeschlossen, daß solche Zeiten wieder kommen.

Also, meine Herren, es steht ja hier Anschauung gegen Anschauung und jeder folgt seiner Ueberzeugung, aber ich möchte doch auch die Herren von der Linken bitten, soweit es Ihnen nach Ihrer religiösen und ethischen Auffassung möglich ist, für unsere Anträge zu stimmen. (Beifall.)

Präsident: Herr Abgeordneter Segitz!

Segitz: Meine Herren! Meine Freunde betrachten die vorliegende Frage weder als eine politische, noch als eine prinzipielle. Wir gehen von rein praktischen Erwägungen aus und diese führen uns dazu, sowohl den primären wie den eventuellen Antrag des Herrn Abgeordneten Lerno und Genossen abzulehnen. Es mag auf dem Lande unter Umständen ganz zweckmäßig sein, Geistliche als Gemeindewaisenräthe zu bestellen, es wird das auch sehr häufig vorkommen in Städten, in größeren Orten aber besteht dazu absolut kein Bedürfniß, wir können kein Bedürfniß anerkennen, für die Geistlichen ein Vorzugsrecht gegenüber anderen Staatsbürgern zu schaffen.

Die Centrumspartei motivirt ihren Antrag damit, daß der Geistliche eine ganz besondere Stellung in der Erziehung gegenüber den Kindern einnehme. Mit gleichem Rechte könnte auch der Lehrer, der eine ähnliche Stellung bekleidet, das Recht beanspruchen, eo ipso Mitglied des Gemeindewaisenrathes zu sein.

Wenn ich alle diese Fragen von unserem Gesichtspunkte aus betrachte, komme ich zur Ueberzeugung, daß ein Bedürfniß zur Abänderung des Ausschußbeschlusses nicht besteht, weßhalb wir die Anträge der Centrumspartei ablehnen.

Präsident: Herr Abgeordneter Kohl!

Kohl: Meine Herren! Nachdem bereits der Herr Kollege Lerno sehr viel Einwände gegen seinen Antrag zurückgewiesen hat, so kann ich mich kurz fassen. Nachdem aber von jener Seite einer von den Herren, die es eigentlich angeht, gesprochen hat, so glaube ich, daß auch auf der unsrigen Seite einer, den es angeht, darüber sprechen darf. Wir Pfarrer sind ja die, welche die Last, wenn der Antrag durchgeht, übernehmen müssen. Auch ich betrachte die ganze Frage als durchaus keine prinzipielle Frage, aber, meine Herren, es ist denn doch eigenthümlich, wenn es keine prinzipielle Frage ist, warum dann die Herren
S. 728. auf der linken Seite einmüthig sich dagegen ausgesprochen haben. || Man muß doch fragen, ob nicht vielleicht hinter dem Berge etwas steckt. Es ist immer eigenthümlich, daß eine so geschlossene Einheit nicht blos gegen den ersten Antrag „Lerno" — das hätte ich ja begreifen können —, aber gegen den zweiten, den Vermittelungsantrag „Lerno" eine so einmüthige Zusammenstimmung auf jener Seite des Hauses herrscht. Mich wenigstens berührt es eigenthümlich; der Eine oder Andere hätte sich dafür aussprechen können, wenn es keine prinzipielle Frage ist.

Meine Herren! Der Herr Minister hat ja — das müssen wir Pfarrer dankend anerkennen — eine ganz außerordentliche Fürsorge für uns in seiner Rede entwickelt und ist in wahrhaft mütterlicher Weise (Heiterkeit) für uns besorgt. Auch der Herr Abgeordnete Schwarz hat sich dieser Fürsorge angeschlossen und er hat uns zu bewahren gesucht vor einer Last, die unsere Schultern zu sehr drücken würde. Dafür sind wir ihm dankbar. Wir haben allerdings Lasten ohnehin genug zu tragen und würden auf die neue Last verzichten. Unannehmlichkeiten, meine Herren, gibt es in der Seelsorge, wie Jeder weiß, genug, und jene schwäbischen Pfarrer, die dem Reichsrathe gegenüber sich geäußert haben, daß sie froh

sind, wenn sie das nicht bekommen, diesen schwäbischen Pfarrern würde ich mich nach einer S. 728.
Seite unbedingt anschließen; hätte mich aber der Reichsrath gefragt, so hätte ich gesagt: Distinguo. Wenn ich auf die Bequemlichkeit schaue, dann verschonen Sie uns; wenn ich aber auf die Wichtigkeit der Sache schaue und wenn ich auf die Pflicht schaue, so muß ich sagen, ich übernehme in Gottes Namen auch diese Pflicht noch. (Sehr richtig! rechts.)

Meine Herren! Es hat uns Pfarrern auch der Herr Justizminister gewisse Eigenschaften abgesprochen, Eigenschaften, die nothwendig sind für die Uebernahme dieses Amtes, oder eigentlich weniger Eigenschaften als Vorbedingungen. Das Erste, hat er gemeint, ist, daß wir die nöthige Zeit nicht haben. Nun, meine Herren, die nöthige Zeit muß man sich eben für solche Dinge nehmen. Ich möchte nur das Eine bemerken, in kleineren Gemeinden, wo der Seelsorger ohnedieß nicht übermäßig belastet ist, da kann man überhaupt nicht davon reden, daß er keine Zeit haben kann. In größeren Gemeinden, in Städten und Städtchen, wo ein Magistrat ist, da ist der Vorstand der Armenpflege nicht der Geistliche, der Pfarrer, da ist die Sache ohnehin so geregelt, daß der Bürgermeister Vorstand ist, und wenn der Pfarrer als Mitglied des Gemeindewaisenrathes auch noch mitredet, so ist das noch zu leisten.

Dann hat der Herr Justizminister gemeint, daß uns vielfach die nöthige Lokalkenntniß fehlen könnte. Ja, für was sind denn die anderen Herren drinn? Bei der Armenpflegschaft ist es gerade so, der Pfarrer ist gewöhnlich derjenige, der die Leute, um die es sich da handelt, wenigstens nicht so gut kennt wie der eine oder andere von diesen Leuten. Gerade so ist es eben bei diesem Waisenrath. Es würde dann der Pfarrer einfach die Leute hören und dann würde er mit seinem Rathe entscheiden, was in der Sache zu thun ist.

Auch dafür hat sich der Herr Justizminister ausgesprochen, daß ein bleibender, am Orte ansässiger Mann dieses wichtige Amt ausüben solle. Nun, meine Herren, das ist ja bei allen anderen Aemtern auch so, eine gewisse Lokalkenntniß gehört immer zur guten und erspießlichen Ausübung eines Amtes. Wenn ein Bezirksamtmann auf seine Stellung kommt, im Anfang kennt er sich auch nicht aus, da weiß der Schreiber viel mehr wie er, (Heiterkeit) er muß ihn fragen und er muß sich sonst erkundigen, und geradeso muß sich Anfangs der Pfarrer an die halten, die mehr wissen wie er und eine größere Lokalkenntniß haben. Das sind keine Beweise, die für mich in irgend einer Weise stringent sind.

Ganz besonders aber möchte ich zu dem, was der Herr Justizminister über Unannehmlichkeiten gesagt hat, das hinzufügen, daß die größten Unannehmlichkeiten, die wir haben, nicht auf diesem Gebiete liegen. Es gibt z. B. keine größere Unannehmlichkeit als die Behandlung der Schulversäumnisse. Wenn wir uns durch die Behandlung der Schulversäumnisse durchschlagen müssen, ja, dann wird die Geschichte im Waisenrath keine größere Schwierigkeit bereiten als die Ausübung unserer Lokalschulinspektion.

Dann hat der Herr Minister auch gemeint, die Pfarrer werden alt, und wenn sie alt sind, dann können sie überhaupt die Sache noch weniger machen, man kann sie nicht entfernen und auch keinen Vertreter aufstellen. Ich glaube, daß es nicht in allzuferner Zeit dazu kommt, daß für die emeritirten Priester so viel geschehen wird, daß recht alte Pfarrer nicht so lange auf ihren Pfarreien bleiben müssen. Das ist unsere Hoffnung, und wenn auch das nicht wäre und wenn ein Pfarrer recht alt wird, so muß er halt gehen, er kann einfach seine Amtsführung auch sonst nicht mehr in ordentlicher Weise machen. Es gibt übrigens vielfach wichtigere Stellen, als ein Pfarrer hat, in denen alte Leute sind, und wenn ich z. B. im Reichstag in Berlin sitze und sehe den 80jährigen Reichskanzler an der Spitze der Reichsregierung, so kann ich mir leicht einen alten Pfarrer mit 70 Jahren an der Spitze des Waisenraths denken. (Heiterkeit.)

Wenn der Herr Minister auch die Würde des Priesters vorgeführt hat, so ist das unbestreitbar der schönste Passus in seiner Rede gewesen, der auch auf mich allerdings Eindruck gemacht hat. Allein die Würde leidet dann als Mitglied des Waisenrathes nicht mehr als in der Ausübung der übrigen Pflichten des Pfarrers, z. B. als Armenpflegschaftsrath. Ich möchte nur das Eine sagen, wenn so ein alter Schnapsbruder draußen vom Armenhaus kommt oder so eine alte Vettel und ihr Mundstück braucht, wenn sie was aus der Armenkasse will, da, wenn der Herr Minister anwesend sein könnte, würde er sehen, daß die Würde des Priesters nicht leicht beim Waisenrath in eine verzwicktere Situation kommen könne. Ich würde nur wünschen, daß der Herr Minister einmal auf mein Zimmer kommt und das ansieht.

Ich will das Uebrige ungesagt lassen, aber Eines wenigstens muß ich noch anführen. Seine Excellenz haben sich auf Autoritäten berufen, und besonders auf zwei Autoritäten auf katholischer Seite, haben aber eigenthümlicher Weise blos das hervorgekehrt, was die einen geschrieben haben, was aber die anderen sechs gesagt haben, davon habe ich von Seiner Excellenz nichts gehört. Ich glaube aber, daß man da auch die anderen hätte hören sollen, und, meine Herren, ich sage noch etwas dazu, wenn die betreffenden zwei Ordinariate, die sich gegen den Antrag „Lerno" ausgesprochen haben, wenn die den modifizirten Antrag, wie er uns jetzt vorliegt, vor sich gehabt hätten, so zweifle ich keinen Augenblick, daß auch

S. 728. die zwei Ordinariate ihre Zustimmung gegeben haben würden, denn an dem ersten habe ich mich auch gestoßen, und ich hätte mich schönstens bedankt dafür, wenn ich die ganze Last oder die ganze Angelegenheit des Waisenrathes auf meine Schultern hätte nehmen müssen; aber jetzt, wo der Armenpflegschaftsrath als solcher — für mich speziell liegt die Sache sehr
S. 729. gut, weil ich Bürgermeister und Magistrat habe, ich habe mich || als Vorstand mit der Sache nicht zu befassen — auch Waisenrath werden soll, ist das Verfängliche weggefallen. Meine Herren! Was liegt denn daran, wenn die Herren Pfarrer die Sache auch noch auf sich nehmen. Ich möchte nur wissen, wie viele Waisen sind denn in einer Pfarrei, wo der Pfarrer die Vorstandschaft hat? Gar so arg viele Waisen gibt es nicht in meiner Pfarrei, so wird es auch in anderen sein, besonders wo der Pfarrer Vorstand ist, also in kleineren Gemeinden.

Meine Herren! Ich möchte nur zum Schlusse Eines sagen, und das dürfte bis jetzt zu wenig betont worden sein: Der Schwerpunkt in dem Waisenrathe liegt nach meiner Ansicht in dem Vorschlagsrecht rücksichtlich des Vormundes. Das ist die Hauptsache. Ist der rechte Vormund gewählt, ja, meine Herren, dann ist die Frage eigentlich zum größten Theil gelöst; erwischt man aber einen schlechten Vormund, dann ist die Sache verfahren und dann hilft der Waisenrath auch nichts mehr. Der Waisenrath wird sehr wenig mehr gut machen können an dem, was ein schlechter Vormund verdorben hat, und zur Aufstellung eines guten Vormundes, da, meine Herren, glaube ich denn doch, daß der Rath und die Einsicht des betreffenden Seelsorgers der Gemeinde ganz besonders gut zu statten kommen wird, ja, daß er unbedingt nothwendig sein wird. Meine Herren! Wenn man weiß, wie vielfach in vielen Gemeinden umgegangen wird mit Kindern und Waisen — ich erinnere nur daran, daß sie oft an den Wenigstnehmenden versteigert werden von Haus zu Haus —, da möchte ich fragen, ob da nicht manchmal denn doch die bessere Einsicht des Seelsorgers nothwendig ist, der ja für Kinder ein ganz anderes Herz hat, als manchmal andere Leute haben, und daß diese bessere Einsicht dann auch einwirkt auf die Gemeindemitglieder.

Aus allen diesen Gründen und trotzdem wir eine neue Last auf uns nehmen müssen, glaube ich, daß die Mehrzahl meiner Kollegen in Bayern ganz gewiß auch noch diese Last zu den übrigen auf sich nehmen will, und aus diesem Grunde stimme ich für den Antrag. (Bravo! rechts.)

Präsident: Herr Abgeordneter Dr. Casselmann!

Dr. **Casselmann:** Meine Herren! Der Herr Vorredner hat seine Rede begonnen mit den Worten: es komme ihm Angesichts der Haltung der Linken vor, als ob etwas „hinter dem Berge stecke". Ich habe die Auffassung auch; ich meine, daß der Antrag „Lerno und Genossen" so gestellt ist, als ob etwas „hinter dem Berge" steckt, oder, wenn ich mich einmal „deutsch" ausdrücken soll: als ob etwas „ultra montes" geplant sei. Ich sage mir, wenn ich all' das zusammenfasse, was im Ausschusse und heute hier gesagt worden ist, um zum Ausdruck zu bringen, daß der Geistliche ein berechtigter Faktor bei der Erziehung Minderjähriger sein soll, daß das Alles erreicht werden kann, auch ohne daß der Antrag „Lerno und Genossen" angenommen wird, und daß das, was Sie hier anstreben, um einmal deutlich zu reden, nichts weiter ist als eine Kraftprobe, die Sie machen wollen, um zu sehen, wie weit Angesichts der kommenden Wahl Ihr Einfluß noch geht. (Heiterkeit rechts.) Ja, meine Herren, Leisetreterei hilft in solchen Fällen nichts. Wollen wir uns die Dinge sagen, wie sie sind, und wollen wir nicht um die Sache herumgehen, wie die Katze um den heißen Brei.

Der Herr Kollege Lerno hat gemeint, dadurch, daß ich bei den Ausführungen des Herrn Ministers, als er die Gutachten zweier katholischer kirchlichen Oberbehörden vorlas, demselben „sehr richtig!" zugerufen hatte, hätte ich mir wohl kaum den Dank dieser beiden Oberbehörden verdient; dieselben würden wohl nicht besonders stolz darauf sein. (Widerspruch rechts.) Meine Herren! Dank begehre ich nicht, und ob die betreffenden kirchlichen Oberbehörden darauf stolz sind, ist für mich nicht von besonderer Bedeutung. Der Grund, warum ich dem Herrn Minister „sehr richtig!" zugerufen habe, liegt darin, weil es mir doch sehr viel beweist, wenn ein Theil der katholischen kirchlichen Oberbehörden auf dem Standpunkte strikter Ablehnung des Antrags „Lerno" steht. Das wiegt natürlich als Beweismoment für mich mehr als alles Andere, weil ich mir sagen muß, selbst in Ihren Kreisen, in den höchsten hierarchischen Kreisen wird die Meinung nicht getheilt, die Sie zum Ausdruck bringen, und das ist für mich so werthvoll, daß ich wohl berechtigt war, den Ausführungen des Herrn Ministers ein „Sehr richtig!" zuzurufen.

Der Herr Abgeordnete Kohl hat — und das möchte ich besonders hervorheben — wohl gefühlt, daß die Konstatirung des Herrn Ministers bezüglich der Aeußerung eines Mitgliedes der Reichsrathskammer, das, soweit ich unterrichtet bin, politisch Ihnen näher steht wie uns auf dieser Seite, gleichfalls ein gewichtiges Moment gegen den Antrag „Lerno" bildet. Dieser hohe Herr hatte nämlich gesagt, ich wiederhole es, daß er mit verschiedenen Pfarrern seiner Gegend Fühlung genommen habe und die Herren mit großer Mehrheit sich dahin ausgesprochen hätten, daß sie sehr bedauern würden, wenn sie kraft ihres Amtes

zum Waisenrathe zugezogen würden. Diese Konstatirung war Herrn Kollegen Kohl offenbar S. 729.
sehr unangenehm. Um ihre Bedeutung zu verwischen, hat der Herr Vorredner nun etwas gesagt, was ich doch nicht unberührt lassen will. Er hat gemeint, wenn mich der Herr Reichsrath gefragt hätte, ich hätte ihm gesagt: „wenn ich die Bequemlichkeit will, dann lehne ich das Amt ab, wenn ich aber meine Pflicht thun will, dann übernehme ich es.“ Ja, meine Herren, fühlt denn der Herr Kollege Kohl wirklich nicht, welchen Vorwurf er hier öffentlich vor dem Lande einem großen Theile seiner Amtsgenossen an den Kopf geworfen hat? (Widerspruch im Centrum.) Was sagt denn der Herr Kollege Kohl damit? Die Herren, die der Herr Graf Fugger gefragt hat in Schwaben, sind zu bequem, als daß sie das Amt übernehmen wollen; wenn sie das nöthige Pflichtbewußtsein hätten, würden sie es thun. Es wird Sache dieser Herren sein, sich mit Herrn Kohl abzufinden. (Zuruf des Abgeordneten Dr. Daller.)

Der Herr Abgeordnete Kohl meint: Wenn mich einer fragen würde, ich würde es sehr gerne übernehmen, ich würde es auch thun und, wie er beisetzt, ich hätte auch Zeit dazu. Nun bin ich ja überzeugt, daß der Herr Abgeordnete Kohl sehr viel kann, viel mehr wie Andere. Aber ich möchte doch bezweifeln, ob er neben den vielen Aemtern und Würden, die er heute schon zu tragen hat, noch in der Lage sein wird, dieses Amt neben den anderen zu übernehmen. (Abgeordneter Kohl: Jawohl!) Doch das sind nicht meine Sorgen.

Ich möchte, nachdem ja in materieller Beziehung die Debatte eine sehr ausführliche war, nur einige ganz wenige Punkte herausgreifen, wegen deren ich glaube, daß man dem Antrage unter keinen Umständen zustimmen kann.

Der Herr Abgeordnete Kohl hat vorhin selber gesagt: „Ja, für den primären Antrag
würde ich mich auch bedanken.“ Damit hat er wohl zu erkennen gegeben, daß er ‖ gegen den S. 730.
primären Antrag stimmen wird. Ich will sehen, ob er das auch einhalten wird. — (Abgeordneter Kohl: Stimme auch dagegen!) Nun, das wäre nur konsequent. — Diese wenigen Punkte sind folgende: Es wurde bereits im Ausschusse darauf hingewiesen, daß die Annahme des Antrags „Lerno“ unter gewissen Verhältnissen geradezu gemeingefährlich werden könnte — (Heiterkeit beim Centrum) in konfessionell gemischten Gegenden —; es wird das bestritten und gesagt, wir wollen ja auch, daß sämmtliche Pfarrvorstände Mitglieder des Gemeindewaisenraths werden, also schön kollegial nebeneinander der protestantische und der katholische Geistliche. Meine Herren! Es gibt eine ganze Reihe von Fällen, wo die „sämmtlichen Pfarrvorstände“ gar nicht in Frage kommen werden, wo nur Einer in konfessionell gemischten Gegenden in Frage kommt. Der Antrag „Lerno“ ist dem Gesetze über die öffentliche Armen- und Krankenpflege nachgebildet, es ist in ihm wörtlich der Satz aufgenommen, der in Art. 22 Ziff. 1 lit. d dieses Gesetzes steht. Nun, meine Herren, hat gerade diese Bestimmung, wie Sie wohl wissen werden, in der Praxis zu verschiedenen Auslegungen geführt. Wie ist es zu verstehen, wenn es dort heißt: „Die sämmtlichen Pfarrvorstände der Gemeinde“, wie ist insbesondere der Fall dann zu behandeln, wenn die Pfarrer nicht in der betreffenden Gemeinde wohnen, sondern wenn sie in einer anderen Gemeinde wohnen, aber zur Ausübung der Parochialrechte in der betreffenden Gemeinde berufen sind? Da ist nun entschieden worden, daß in einem solchen Falle als Pfarrvorstände nicht blos diejenigen Pfarrer, die in der betreffenden Gemeinde wohnen, sondern auch diejenigen, die in anderen Gemeinden wohnen und die Parochialrechte ausüben, in den Armenpflegschaftsrath berufen sind. Aber, meine Herren, es gibt auch Fälle, in welchen ein Pfarrer in einer benachbarten Gemeinde anderer Konfession einzelne zerstreute Familien seiner Konfession, welche keine Gemeinde bilden, zu pastoriren hat, und hier ist bereits bei den Verhandlungen des Sozialgesetzgebungsausschusses in der Abgeordnetenkammer als die übereinstimmende Anschauung des Ausschusses und der k. Staatsregierung ausdrücklich erklärt worden, daß ein solcher Pfarrer nicht als ein zur Gemeinde gehöriger Pfarrer anzusehen sei. Meine Herren! Ist diese Auffassung richtig, dann können insbesondere draußen in der Diaspora die Fälle sehr vielfach vorkommen, wo die Minderheit, die katholische oder die protestantische, nicht vertreten ist. Wenn jetzt in einem solchen Falle ein protestantisches Mündel in einer Gemeinde ist, in welcher außer dem Waisenrath nur der katholische Geistliche Mitglied ist, meine Herren, dann werden wir uns ebenso dagegen verwahren aus konfessionellen Rücksichten, als umgekehrt Sie sich wehren würden, wenn in einem solchen Falle der protestantische Geistliche allein mit den Waisenräthen über katholische Mündel befinden würde. Nehmen Sie, meine Herren, den Fall der gemischten Ehen und fassen Sie in's Auge — und das hat der Herr Kollege Lerno bei seinen Ausführungen meiner Auffassung nach nicht gewürdigt —, daß der Waisenrath nicht blos thätig wird, wenn es sich handelt um die Sorge für den Mündel, sondern daß nach den Bestimmungen des Bürgerl. Gesetzbuchs der Gemeindewaisenrath auch thätig werden kann, wenn es sich handelt um die Ausübung der elterlichen Gewalt durch den Vater oder durch die Mutter. Meine Herren! Das Bürgerl. Gesetzbuch enthält Bestimmung darüber, daß, wenn das geistige oder leibliche Wohl des Kindes dadurch gefährdet wird, daß der Vater das Recht der Sorge für die Person des Kindes mißbraucht, das Kind vernachlässigt oder sich eines ehrlosen oder unsittlichen Ver-

S. 730. haltens schuldig macht, daß dann das Vormundschaftsgericht die betreffenden Maßregeln zu treffen hat und daß der Gemeindewaisenrath dem Vormundschaftsgericht mit Rath und That zur Seite stehen soll. Nun setzen Sie den Fall, wenn draußen in einer solchen Gemeinde eine gemischte Ehe besteht; die Kinder sind protestantisch; meine Herren, der katholische Geistliche ist, weil eben der protestantische Pfarrer nicht in Frage kommt, aus den soeben von mir entwickelten Gründen, neben dem bürgerlichen Waisenrathe, wenn ich so sagen darf, der Einzige, der jetzt zu entscheiden hat. Zur Ausübung seiner Rechte als Waisenrath kann der Pfarrer in einem solchen Fall in die Familie kommen, er muß untersuchen, wie die Verhältnisse dort liegen, und da kann nun die subjektive Auffassung desselben eine ganz andere sein, als die des betreffenden Vaters, der vielleicht glaubt, daß er sein Kind vollständig richtig erzieht, dessen Ansicht vielleicht getheilt wird von der Mehrzahl der Bürger in der betreffenden Gemeinde; blos der Pfarrer würde aus konfessionellen Gründen in einem solchen Falle die Ansicht nicht theilen, würde Anzeige machen bei dem Vormundschaftsgericht, und das Vormundschaftsgericht würde die Untersuchung anzustellen haben und dergleichen mehr. Ja, meine Herren, da ist doch nicht in Abrede zu stellen — und da unterschreibe ich Alles, was der Herr Minister in dieser Beziehung gesagt hat —, daß das nicht nur für den Pfarrer selbst zu den größten Unzuträglichkeiten, sondern auch in vielen Fällen zur Untergrabung des konfessionellen Friedens in der Gemeinde führen kann.

Das ist neben anderen Bedenken der Hauptgrund, weßhalb ich dem Antrag „Lerno" von allem Anfang entgegengetreten bin.

Wenn nun der Herr Abgeordnete Kohl sich soeben dahin geäußert hat, daß der Eventualantrag besser wäre wie der primäre Antrag, so bin ich nicht nur seiner Meinung nicht, sondern ich meine, er ist womöglich noch schlechter. Meine Herren! Was will denn der Eventualantrag? Er will nicht blos den Pfarrer in dem Gemeindewaisenrath haben, sondern er will alle diejenigen Personen mit hinein haben, die nach den Bestimmungen des Art. 22 des Armengesetzes nothwendig sind, also die Bürgermeister, die vom Magistrate abgeordneten Magistratsräthe, die von dem Kollegium der Gemeindebevollmächtigten abgeordneten Mitglieder dieses Kollegiums, dann die Pfarrvorstände u. s. w., dann außerdem noch eine Anzahl gewählter Armenräthe und dann den Bezirksarzt. Ja, meine Herren, wenn Sie einen solchen Apparat machen wollen, dann verkennen Sie nach meinem Dafürhalten doch gänzlich, was das Bürgerliche Gesetzbuch mit dem Gemeindewaisenrath erzielen will; das wäre ja ein so vielseitiges, vielköpfiges Kollegium, daß man nicht daran denken könnte, daß die gegenseitige Arbeit des Waisenrathes und des Vormundschaftsgerichts eine ersprießliche sein werde.

Eines will ich noch bemerken, weil ich glaube, Herr Kollege Lerno hat mich im Ausschusse in einer Beziehung falsch verstanden. Ich habe im Ausschusse ausgeführt: Ein Pfarrer, der es in seiner Gemeinde versteht, mit den Gemeindeangehörigen sich auf guten Fuß zu stellen, der das dem Geistlichen gebührende Ansehen verdient, hat es leicht, zum Waisenrath gewählt zu werden. Nur habe ich gemeint, man solle ihn nicht kraft seines Amtes zum Mitgliede machen. Herr Kollege Lerno hat nun heute hervorgehoben, ich hätte gesagt, in den Städten werde das immer der Fall sein, und insbesondere hätte ich im Ausschusse gesagt, daß für Bayreuth gar kein Zweifel sei, daß dort die Geistlichen in den Gemeindewaisenrath gewählt würden.
S. 731. Das ist eine ‖ irrthümliche Reminiscenz des Herrn Kollegen Lerno. Zu einer solchen Aeußerung hätte ich natürlich gar keinen Anlaß. Wie käme ich dazu, so etwas zu behaupten? Nur das Eine habe ich und zwar ganz allgemein behauptet, daß, wenn der Geistliche wirklich in den Gemeindewaisenrath will, er das auch in den Städten erreichen wird, wenn er das Vertrauen seiner Mitbürger genießt.

Also, meine Herren, ich glaube, Sie thun weder durch den primären, noch durch den eventuellen Antrag „Lerno" den Pfarrern einen Gefallen, Sie thun aber auch der Bevölkerung keinen Gefallen. Denn es könnte das harmonische Verhältniß, wie es bestehen soll zwischen Geistlichkeit und Bevölkerung, in der allerempfindlichsten Weise gestört werden. Es könnte die Annahme dieses Antrages zu Friktionen führen, die wir im Interesse des konfessionellen Friedens in Bayern vermeiden wollen. (Bravo! links.)

Präsident: Herr Abgeordneter Kohl!

Kohl: Ich hätte nicht mehr das Wort ergriffen, wenn nicht der Herr Kollege Dr. Casselmann eine Bemerkung von mir in ganz eigenthümlicher Weise exegetisirt hätte. Ich meine doch, es gehört unbedingt ein gewisses Suchen dazu, um einen Vorwurf gegen meine schwäbischen Kollegen aus meinen Worten herauszulesen. Meine Herren! Ich habe gesagt: Hätte man mich gefragt, so hätte ich gesagt: Distinguo. Schaue ich blos auf meine Bequemlichkeit, dann stimme ich gegen den Antrag; schaue ich aber auf den Umfang der Pflichten, die einer hat, und auf die Wichtigkeit der Sache, so würde ich sagen, ich bin dafür. Meine Herren! Wenn die schwäbischen Pfarrer gewußt hätten, daß ihre Antwort hier im Landtag eine solche Rolle spielen würde, so hätten sie die Sache gewiß nicht so gemüthlich aufgefaßt. Wenn der Herr Reichsrath so in ganz gemüthlicher Unterhaltung über diese Sache redet, so würde ich der ganzen Sache kein Gewicht beilegen und ich würde auch sagen: Am liebsten wäre mir, wenn ich nur von der Sache nichts zu wissen bräuchte. Gewiß! Aber wenn sie allen Ernstes gefragt würden und gewärtigen müßten, daß ihnen gesagt wird: Ihre Anschauung wird im Landtag besprochen werden, so hätten sich wohl auch die schwäbischen Herren Kollegen die Sache überlegt und hätten dieselbe nicht so gemüthlich aufgefaßt. Nun, meine Herren, meine schwäbischen Amtskollegen kenne ich sehr gut und sie kennen mich; ich habe denselben keinen Vorwurf machen wollen; dagegen muß ich auf das Allerentschiedenste protestiren. S. 731.

Ich hätte sonst gar nicht mehr gesprochen, aber ein paar Bemerkungen erlaube ich mir noch auf einige Ausführungen des Herrn Kollegen Dr. Casselmann zu machen. Er hat besonders diese Sache gemeingefährlich geheißen und hat daraus für den konfessionellen Frieden gefürchtet. Ja, meine Herren, gibt es nicht konfessionell gemischte Dinge überhaupt im ganzen Königreich Bayern? Gibt es nicht die Schulkommissionen, die ja auch konfessionell gemischt sind, wo die Herren der einzelnen Konfessionen friedlich beisammen sitzen u. s. w.? Warum soll denn da der Friede gestört werden? Und was das Andere anbelangt, daß der Herr Kollege Casselmann fürchtet, es könnte der betreffende katholische Pfarrer, der etwa da als Vorsitzender des Waisenrathes zu fungiren hätte, vielleicht etwa in die Religion oder die religiöse Ueberzeugung der Kinder irgendwie hineingreifen, ja, meine Herren, so weiß ich nicht, was Herr Dr. Casselmann für eine Anschauung von uns katholischen Priestern hat. Meine Herren! Wir achten die Ueberzeugung eines Anderen ebenso, wie wir verlangen, daß er unsere Ueberzeugung achtet. Und so gut ich glaube, daß der protestantische Pfarrer ganz gut seine Stelle als Waisenrath gegenüber katholischen Waisen versehen kann, ebensogut, glaube ich, wird das Gegentheil der Fall sein.

Das sind Gründe, die man weit herholen muß und für die man eben ganz außerordentlich weit herumgehen muß, bis man dieselben überhaupt findet.

Eines aber scheint mir bei Herrn Dr. Casselmann — ich kann es ihm nicht schenken — allmählich zu einer gewissen Manie zu werden, daß er immer und jedesmal irgend etwas bei uns sucht, und zwar dießmal gleich gar etwas ultra montes. Er hat gemeint, wir schauen ultra montes. Das ist doch zu sonderbar, was da Alles ultramontan sein soll. Er hat allerdings die Bemerkung, die ich gemacht habe, sehr gut benützt, weil ich gesagt habe, hinter dem Berge könnte etwas stecken, und er hat erwidert, ja, es stecke etwas dahinter, aber ultra montes. Es ist das ein sehr netter Witz, aber weiter ist es auch gar nichts. (Sehr gut.)

Präsident: Zum Worte ist Niemand mehr gemeldet; ich schließe die Diskussion. Das Schlußwort hat der Herr Referent.

Wagner (Berichterstatter): Meine Herren! Ich glaube, daß wir die vorwürfige Frage, über welche wir Beschluß zu fassen haben, ganz ruhig in's Auge fassen sollen. Nach meiner Meinung ist in Betracht zu ziehen der bisherige Zustand. Der bisherige Zustand in der gegenwärtigen Frage ist so, daß in keinem Staate, in welchem der Gemeindewaisenrath besteht, der Geistliche ex officio Mitglied desselben ist. Der Herr Abgeordnete Lerno hat auf Württemberg hingewiesen. In Württemberg aber, das hat er selbst ausgeführt, hat diese Funktion der Gemeinderath, also auch dort ist ein Geistlicher nicht zugezogen. Und wie sind bei uns die Dinge in Bayern? Ich habe bereits in meinen Einleitungsworten dargelegt, daß bei uns die Funktionen, die künftighin der Gemeindewaisenrath haben soll, von den Gemeindebehörden ausgeübt werden. Zu dem Antrag des Herrn Abgeordneten Lerno müßte, wenn er als berechtigt anerkannt werden sollte, nach meiner Meinung bewiesen werden, daß ein Bedürfniß vorliege, ein Bedürfniß, die Organisation in seinem Sinne zu ändern, und zwar gegenüber dem Zustande in anderen Ländern, gegenüber den bisherigen bayerischen Verhältnissen. Dieser Beweis ist nach meiner Meinung fast gar nicht angetreten worden. Jedenfalls ist von keiner Seite dargelegt worden, daß es zur Erfüllung der Pflichten eines Pfarrers nothwendig ist, Mitglied des Gemeindewaisenrathes zu sein. Im Gegentheil, es ist in zutreffender Weise von dem Herrn Abgeordneten Wirth dargelegt worden, daß es absolut nicht nothwendig ist für einen Pfarrer, daß er Mitglied des Gemeindewaisenrathes sein muß, um diejenigen Pflichten erfüllen zu können, welche der Herr Abgeordnete Lerno im Auge hat, wenn er seinen Antrag dahin stellt, daß der Pfarr- oder Kultusvorstand Mitglied des Gemeindewaisenrathes sein soll.

Wenn auf der einen Seite kein Bedürfniß besteht, so ist auf der anderen Seite nicht dargelegt worden, daß er zweckmäßig wäre. Es ist im Gegentheile dargelegt worden, daß es unzweckmäßig wäre. Ich glaube, in dieser Richtung sind die Ausführungen Seiner Excellenz des Herrn Staatsministers ganz besonders zu berücksichtigen.

Der Herr Abgeordnete Lerno hat gemeint, wenn auch nach seinem Antrag schließlich der Gemeindewaisenrath aus zwei Mitgliedern bestünde, so würden sie sich ja einigen. || Ja, S. 732.

S. 732. sie werden sich eben unter Umständen nicht einigen, und der Herr Abgeordnete Lerno hat selbst auf Verhältnisse hingewiesen, welche eintreten können, daß nämlich der Einfluß des Pfarrers nicht mehr überwiegt. Wenn zum Beispiel die Zustände eintreten, welche er im Auge hat, dann wird eine Einigung außerordentlich schwer sein, und was soll dann geschehen?

Es ist nicht mit Unrecht darauf hingewiesen worden, daß der Gemeindewaisenrath eine Persönlichkeit sein muß, welche eine große Lokalkenntniß hat, und diese Lokalkenntniß wird vorübergehend einem Geistlichen immer fehlen. Wenn ein Geistlicher neu an einen Ort hinkommt, wird er geraume Zeit brauchen, bis er sich informirt, und kann also das Amt eines Gemeindewaisenrathes nicht in der Weise ausfüllen, wie es gedacht ist. Das kann aber stets ein gewählter Waisenrath; denn man wird nur einen solchen wählen, von dem man weiß, daß er die Pflichten erfüllen kann.

Der Herr Kollege Kohl hat gemeint, hauptsächlich braucht man den Pfarrer deßwegen als Mitglied des Gemeindewaisenrathes, damit er den Vormund vorschlage. Nun der Herr Kollege Wirth hat schon dargelegt, daß der Pfarrer auf den weltlichen Gemeindewaisenrath auch in dem Sinne einwirken kann, daß ein Vormund gewählt wird, welcher den Anforderungen, die von geistlicher Seite an ihn gestellt werden, entspricht. Nun hat aber der Waisenrath noch ganz andere Pflichten, als den Vormund vorzuschlagen, und das sind eben diejenigen Pflichten, bezüglich welcher von Seite der k. Staatsregierung und zuletzt auch von Seite des Herrn Kollegen Dr. Casselmann dargelegt worden ist, daß der Pfarrvorstand nicht in der Lage ist, ihnen unter allen Umständen nachzukommen, oder daß er, wenn er ihnen nachkommt, unter Umständen dadurch selbst in eine unangenehme und peinliche Lage geräth. Insbesondere ist das der Fall, wenn es sich um das Eindringen in solche Verhältnisse handelt, in welchen Zwistigkeiten in einer Familie bestehen, in welchen ein Grund besteht, daß dem Elterntheil, der die elterliche Gewalt hat, diese entzogen wird.

Also ich resumire mich dahin, es ist nicht nur kein Beweis dafür erbracht, daß ein Bedürfniß dafür besteht, oder daß es zweckmäßig ist, den Geistlichen in den Gemeindewaisenrath hereinzuziehen, sondern es ist nach meiner Meinung geradezu das Gegentheil erwiesen, es liegt kein Bedürfniß vor und es ist im höchsten Grade unzweckmäßig, und deßwegen ersuche ich Sie nochmals im Namen des Ausschusses, unter Ablehnung der Anträge „Lerno und Genossen" lediglich dem Regierungsvorschlage zuzustimmen und die Art. 83 bis 89 in der Fassung der Regierungsvorlage anzunehmen. (Bravo! links.)

Präsident: Wir haben nunmehr abzustimmen und zwar zunächst über den primären Antrag der Herren Abgeordneten Lerno und Genossen vom 24. März, welcher in der Beilage N enthalten ist.

Zu einer Trennung der verschiedenen Artikel ist eine Veranlassung nicht gegeben; wir stimmen deßhalb über den ganzen Antrag ab und ich bitte diejenigen Herren, welche dem Antrage zustimmen wollen, sich von den Sitzen zu erheben. (Geschieht.) Ich bitte um die Gegenprobe. (Erfolgt.) Es steht jetzt die Mehrheit; der Antrag ist abgelehnt.

Wir haben nunmehr über den Eventualantrag (Beil. N^7) abzustimmen und ich bitte diejenigen Herren, welche demselben zustimmen wollen, sich von den Sitzen zu erheben. (Geschieht.) Ich bitte um die Gegenprobe. (Erfolgt.) Es ist dieselbe Mehrheit; auch dieser Antrag ist abgelehnt.

Da ein weiterer Widerspruch gegen die Artikel 83 bis 89 nicht erhoben worden ist, so konstatire ich, daß dieselben angenommen sind.

Anstaltsvormund.

Artikel 90.

Das Wort wird nicht begehrt; ich konstatire die Annahme. Rechte der öffentlichen Wohlthätigkeitsanstalten in Ansehung des Nachlasses unterstützter oder verpflegter Personen.

Artikel 90a. Artikel 90b. Es nimmt Niemand das Wort; beide Artikel sind angenommen.

Festsetzung der Ertragswerths.

Artikel 91. Gleichfalls angenommen.

Vermittelung der Auseinandersetzung in Ansehung eines Nachlasses oder eines Gesammtguts. S. 732.

Artikel 94. Ich konstatire gleichfalls die Annahme.

Mitwirkung der Gemeindebehörden bei der Sicherung eines Nachlasses.

Artikel 94a. Niemand verlangt das Wort; der Artikel ist angenommen.

Sicherungsmaßregeln bei dem Tode eines Beamten.

Artikel 95. Ebenfalls angenommen.

Vollziehung einer Auflage von öffentlichem Interesse.

Artikel 96. Angenommen.

Eröffnung von Testamenten und Erbverträgen.

Artikel 96a.

Ich eröffne die Diskussion und ertheile das Wort dem Herrn Referenten.

Wagner (Berichterstatter): Art. 96a ist erst im Reichsrathsausschusse auf Antrag der k. Staatsregierung eingesetzt worden. Er bezweckt, daß alte Testamente nicht für ewige Zeiten im gerichtlichen Konservatorium belassen werden müssen, sondern daß sie nach Ablauf einer Zeit, zu welcher man annehmen kann, daß der Erblasser bereits verstorben ist, aus demselben entfernt und zur Eröffnung gebracht werden können. Der Zeitpunkt von 54 Jahren ist deßwegen gewählt worden, weil nach dem Bürgerl. Gesetzbuche die Testamentsmündigkeit mit dem 16. Lebensjahre eintritt und weil also unterstellt ist, daß die Voraussetzungen des Art. 96a dann vorliegen, wenn der betreffende Erblasser mindestens das siebzigste Lebensjahr erreicht hat.

Der Artikel trifft übrigens auch zu auf Testamente, welche unter den bisherigen Gesetzen errichtet worden sind, obwohl es da vorkommen kann, daß der Erblasser in dem Zeitpunkte, welchen der Art. 96a voraussetzt, das 70. Lebensjahr noch nicht erreicht hat, weil die Testamentsmündigkeit nach einzelnen bisherigen Gesetzen früher eintritt als nach dem Bürgerlichen Gesetzbuche.

Die Bestimmung wurde auch in unserem Ausschusse als äußerst zweckmäßig erachtet und sie hat in demselben auf Antrag der k. Staatsregierung nur die Aenderung ge‖funden, daß auch noch § 2259 Abs. 2 des Bürgerl. S. 733.
Gesetzbuchs in diesen Artikel hereingenommen wurde. Der Grund hiefür liegt darin, daß diese Vorschrift ausgedehnt werden sollte namentlich auch auf notariell-verwahrte und -errichtete Testamente. Das wird auch nur zweckmäßig sein.

Die übrigen Paragraphen des Bürgerl. Gesetzbuchs, welche allegirt sind, betreffen die Art der Eröffnung des Testaments, und ich werde auf deren Inhalt nicht weiter einzugehen haben.

Ich kann also damit schließen, daß ich Ihnen Namens des Ausschusses die unveränderte Annahme des Art. 96a empfehle.

Präsident: Das Wort wird nicht begehrt; ich schließe die Diskussion. Ich konstatire, daß Artikel 96a angenommen ist.

Oeffentliche Sparkassen.

Artikel 97 bis **115d** (werden ohne Erörterung angenommen.)

Artikel 116 bis **121** bleiben gestrichen.

S. 733. Einsicht des Grundsteuerkatasters, des Bergwerksverleihungsbuchs und der Fideikommißmatrikel.

Artikel 122.

Auch hier wird das Wort nicht begehrt; ich konstatire die Annahme.

. . . . . Ich schließe die Sitzung.

(Schluß der Sitzung um 12 Uhr 45 Minuten.)

Vierhundertneunzigste öffentliche Sitzung vom 22. April 1899.

(Stenogr. Berichte d. K. d. Abg. 1899 Bd. XIII Nr. 490 Seite 736 bis 756.)

Die Sitzung wird um 9 Uhr 39 Minuten durch den Vicepräsidenten von Keller eröffnet.

S. 736. **Vizepräsident:** . . . . . Wir haben den Entwurf unter Ziff. I durchberathen und kommen jetzt zu dem Entwurfe unter Ziff. II.

Der Berathung wird zu Grunde gelegt die Anlage zu Beilage O.

Ich darf mit Ihrer Genehmigung die einzelnen Artikel zum Aufruf bringen und, wenn keine Erinnerung dagegen vorgebracht wird, die Annahme derselben durch die Kammer konstatiren.

Ich rufe zunächst auf:

Artikel 122[1].

Ich ertheile zunächst das Wort dem Herrn Referenten, Abgeordneten von Walter.

von Walter (Berichterstatter): Meine Herren! Eine Generaldiskussion findet ja schon aus formellen Gründen über die Artikel, welche von heute an Ihrer Berathung unterliegen, nicht mehr statt, weil eine Zusammenlegung der in den ursprünglichen zwei Gesetzentwürfen enthaltenen Artikel schon im Ausschusse stattgefunden hat und weil es sich also um ein einheitliches Gesetz handelt.

Eine allgemeine Bemerkung wäre insoferne zu machen, als im Ausschusse eine Differenz mit der k. Staatsregierung zu Tage getreten ist in Bezug auf die Frage, was ein Verfassungsgesetz sei, und insbesondere, welche Normen in den vorliegenden Artikeln als Verfassungsnormen zu betrachten seien. Es wird aber jedenfalls entsprechend sein, die etwaigen Bemerkungen zu dieser Frage, die Sie in der Beilage M behandelt finden, zu versparen, bis wir zur Festsetzung der Ueberschrift und Einleitungsworte des Gesetzes kommen.

Was nun die Art und Weise des Referats betrifft, welches ich Ihnen heute zu erstatten habe, so befinde ich mich nicht in der angenehmen Lage wie der Herr Kollege Wagner, einfach zu sagen, Sie finden das ganze Material in dem Entwurf, in den Motiven und in den Protokollen über die Ausschußverhandlungen. Meine Herren! Die Artikel, an deren Berathung wir jetzt gehen, enthalten eine Abänderung von Gesetzen, welche schon lange in Kraft sind, und den ursprünglichen Text dieser Gesetze und der abzuändernden Artikel haben Sie nicht vor sich. Es ist auch in den Ausschußprotokollen darüber nichts enthalten. In den Ausschußsitzungen mußten ja die gesetzlichen Bestimmungen verlesen werden, allein eine Aufnahme des ursprünglichen Textes der abzuändernden Gesetze in die Ausschußprotokolle hat nicht stattgefunden. Nun kann ich Ihnen nicht zumuthen, daß Sie z. B. irgend eine Abänderung, welche in den jetzt zu berathenden Artikeln getroffen wird und die dahin lautet, in dem Artikel so und so Absatz 1 und 2 wird das und das gestrichen und werden die und die Worte eingesetzt oder es wird die und die Einschaltung gemacht u. s. w., sich sofort klar machen können. Das wäre Ihnen

absolut unverständlich, und da auch der ursprüngliche Text des Gesetzes Ihnen S. 736.
nicht zur Verfügung steht, so erachte ich es, wenn das hohe Haus nicht anders befinden will, für meine Pflicht, Ihnen unter Hinweis auf den ursprünglichen Text des Gesetzes kurz klar zu machen, was geändert und warum die Aenderungen vorgenommen werden sollen. Allerdings wird diese Aufgabe trotz aller Kürze eine etwas weitaussehende werden, und ich muß Sie deßhalb schon von vorherein um Ihre Geduld ersuchen.

Was nun den Art. 1 betrifft, so bezieht sich derselbe auf die Verfassungsurkunde und ihre Beilagen. Im ursprünglichen Entwurf war lediglich vorgeschlagen, daß in § 14 Abs. 3 der VII. Verfassungsbeilage eine Aenderung getroffen werde, welche dahin geht, daß die Anfechtung der Entscheidungen in Fideikommißsachen nicht mehr den Gerichten der streitigen Gerichtsbarkeit übertragen werden soll, sondern daß diese Beschwerden als Angelegenheiten der freiwilligen Gerichtsbarkeit betrachtet werden sollen.

Außerdem wurde vorgeschlagen, daß der § 28 Satz 2 und der § 109 der VII. Verfassungsbeilage aufgehoben werden sollen. § 28 Satz 2 enthält eine Bestimmung dahin, daß in den Fällen, in welchen Fideikommisse wegen entgegenstehender gesetzlicher Hindernisse nicht errichtet werden können, die Stiftung wenigstens als eine fideikommissarische Substitution angesehen werden soll. Diese Bestimmung läßt sich gegenüber dem Bürgerlichen Gesetzbuche, welches eine solche fideikommissarische Substitution nicht mehr zuläßt, nicht aufrecht erhalten und soll deßhalb aufgehoben werden.

Außerdem soll aufgehoben werden die VIII. Beilage der Verfassungsurkunde. Diese handelt von der Siegelmäßigkeit. Die Einrichtung der Siegelmäßigkeit ist schon längst aus ‖ unserem Rechtsleben verschwunden und ins- S. 737.
besondere hat das Notariatsgesetz vom 28. November 1861 vollständig damit aufgeräumt. Die Aufhebung der VIII. Verfassungsbeilage ist deßhalb eigentlich nicht eine Aenderung der Verfassung, sondern blos eine Feststellung darüber, daß die VIII. Verfassungsbeilage nicht mehr gilt.

Im Ausschusse wurde nun in dieser Beziehung noch eine Erweiterung dahin getroffen, daß auch Titel V § 4 Abs. 2 Nr. 4 und § 5 der Verfassungsurkunde selbst aufgehoben werden sollen, welche ebenfalls von der Siegelmäßigkeit handeln.

Außerdem wurde auf Antrag der Herren aus der Pfalz noch ein neuer Absatz in den Art. 1 aufgenommen, nämlich die Bestimmung, daß in der Pfalz Familienfideikommisse auch in Zukunft nicht errichtet werden können. Nach dem bisher in der Pfalz geltenden code civil war nämlich die Errichtung von Familienfideikommissen unzulässig und deßhalb wurde auch die VII. Verfassungsbeilage auf die Pfalz nicht ausgedehnt. Die Herren aus der Pfalz wollen auch für die Zukunft, daß Familienfideikommisse dort nicht errichtet werden sollen, und deßhalb wurde diese neue Bestimmung aufgenommen und sowohl von unserem Ausschusse als auch vom Ausschusse der Reichsrathskammer gut geheißen.

Ich empfehle Ihnen deßhalb die Annahme des Art. 122[1].

Vicepräsident: Das Wort hat Herr Abgeordneter Wagner zur Geschäftsordnung.

Wagner: Meine Herren! Der verehrte Herr Referent hat ganz Recht, wenn er bezüglich der geschäftlichen Behandlung die Bemerkungen macht, die er gemacht hat. Es ist in der That außerordentlich schwierig, die Abänderungen der einzelnen Gesetze, welche seinem Referate unterfallen, klar zu machen.

S. 737. Meine Herren! Ich fürchte, daß die vollständige Klärung auch nicht der Fall ist, wenn der Herr Referent in alle Details der einzelnen Artikel eingeht. Diejenigen verehrten Herren, die sich gründlich in die Sache vertiefen wollen, werden niemals der Mühe überhoben werden können, daß sie die einzelnen Gesetze, deren Aenderung in Frage kommt, vor sich nehmen und mit den Abänderungen vergleichen und sich die Gründe derselben klar machen. Es wird also die Arbeit des Herrn Referenten eine außerordentlich schwierige sein, wenn ihm zugemuthet wird, sie so zu lösen, wie er es eigentlich für seine Pflicht hält, und auf der anderen Seite fürchte ich, daß der günstige Erfolg davon nicht eintritt, der wohl erwartet werden sollte.

Auch hat diese Art der Referatserstattung den Nachtheil, daß die Berathung sich sehr lange verzögert, und der Herr Referent hat schon darauf hingewiesen, daß er die Geduld der verehrten Herren sehr lange werde in Anspruch nehmen müssen, wenn er das Referat in dem Sinne führt, wie es ja eigentlich geführt werden soll.

Ich würde Ihnen daher vorschlagen, daß Sie den Herrn Referenten ermächtigen, nur über jene Artikel uns Bericht zu erstatten, hinsichtlich deren er es für nothwendig erachtet. Ich glaube, das dürfte nach allen Richtungen hin genügen und zu einer vollständig sachlichen Behandlung der gegenwärtig zu berathenden Vorlage ausreichend sein.

Vicepräsident: Ich richte die Frage an Sie, ob Sie damit einverstanden sind, daß der Herr Referent davon absieht, jeden einzelnen Artikel des Entwurfes besonders zu begründen, und überhaupt nur in die Begründung solcher Artikel eingeht, bezüglich deren nach der Wichtigkeit der Materie oder allenfalls nach dem Gange der Verhandlungen im Justizausschusse es nothwendig erscheint.

Es wird kein Widerspruch erhoben; die Kammer ist damit einverstanden.

Zu Art. 122^1 hat sich Niemand zum Worte gemeldet; es ist auch keine Einnerung dagegen vorgebracht worden; derselbe gilt als angenommen, selbstverständlich vorbehaltlich der Schlußabstimmung über diesen Artikel unter Einhaltung der Formen des Tit. X § 7 der Verfassungsurkunde.

Ich rufe auf:

Art. 122^2.

Der Herr Referent verzichtet auf das Wort; der Artikel gilt als angenommen.

Art. 122^3. Art. 122^4. Angenommen.

Art. 122^5.

(Abgeordneter Conrad: Ich bitte um's Wort.)

Vicepräsident: Herr Abgeordneter Conrad!

Conrad: Meine Herren! Bei der Berathung der Regierungsvorlage zu Art. 5, die verschiedene Abänderungen des Zwangsenteignungsgesetzes betrifft, wurde allseitig sowohl in unserem Justizausschusse wie auch im Justizausschusse der Kammer der Reichsräthe die Revisionsbedürftigkeit dieses Gesetzes anerkannt; insbesondere darf ich hier erwähnen, daß von berufener Seite in den Verhandlungen des Reichsrathsausschusses darauf hingewiesen wurde, wie nothwendig es sei, daß nicht blos in solchen Fällen, wo es sich um Abtretung von Eigenthum handelt, sondern auch, wenn lediglich eine Schädigung von Sachen vorliegt, die im Interesse des Gemeinwohls, die zur Förderung öffentlicher Zwecke geschieht, ebenfalls eine Ersatzpflicht des Staates oder der öffentlichen Korporation, in deren Interesse die Schädigung geschah, begründet sei.

Allerdings ist in einzelnen Fällen — ich nenne hier z. B. die reichsgesetzliche S. 737.
wie landesgesetzliche Viehseuchengesetzgebung — ausreichend Vorsorge getroffen; aber das sind doch nur einzelne Fälle. So habe ich mir seinerzeit bei Behandlung des Etats des Ministeriums des Innern darauf hinzuweisen erlaubt, wie das Brandversicherungsgesetz vom Jahre 1875 ebenfalls noch eine Lücke meines Erachtens insofern aufweist, als dort blos für Beschädigungen der versicherten Gebäude, nicht aber, wenn z. B. beim Löschungswerke auch die Pflanzungen in benachbarten Gärten, die Anwesenseinfriedigungen u. dgl. beschädigt werden, eine Entschädigungspflicht gegeben ist.

Speziell aber noch möchte ich Folgendes hervorheben: Den Herren ist wohl bekannt, daß der pfälzische Städtetag im vorigen Jahre auf die Nothwendigkeit hingewiesen hat, daß das Expropriationsrecht auch zu Gunsten der Gemeinden, wenigstens in bestimmtem Umfange, Anwendung finden möchte, ebenso auch eine gewisse zwangsweise Zusammenlegung von Baugrundstücken in Städten. Soviel ich zu wissen glaube, hat sich dieser Auffassung auch eine Reihe von Städten des rechtsrheinischen Bayern angeschlossen.

Gewiß, meine Herren, das sind so tiefgehende Fragen, die eine so umfassende Vorarbeit und reifliche Ueberlegung erfordern, daß sie heute hier nicht zum Austrage kommen können. Es handelt sich ja heute nur um Anpassung bestehender Gesetze an das neue Recht des Bürgerlichen Gesetzbuchs. Aber ich möchte doch an die k. Staatsregierung die Bitte richten — sie hat ja ebenfalls die Revisionsbedürftigkeit des Zwangsenteignungsgesetzes schon zugestanden und in Aussicht gestellt —, sie möge diese Arbeit — ich verkenne es ja nicht, sie ist keine leichte — doch nicht gar zu lange hinausschieben, sondern thunlichst bald in Angriff nehmen. Speziell was den zweiten Punkt betrifft, so erfordern die rasch anwachsenden Städte dringend, daß hier die verschiedenen Auf‖gaben S. 738.
der Gemeindeverwaltungen, wie sie der öffentliche Verkehr, die Interessen der Gesundheitspflege, der allgemeinen Wohlfahrt u. s. w. erfordern, endlich einmal eine gesetzliche Regelung finden, und diese Aufgaben scheinen mir immerhin schon so dringlicher Natur zu sein, daß ich wünschen muß, es möge doch einmal in nicht gar zu langer Zeit etwas geschehen.

Ich möchte also doch die k. Staatsregierung bitten, sobald es überhaupt die Geschäftslage erlaubt und die in allernächster Zeit nothwendigen Gesetze emanirt sein werden, diese Reformarbeit ebenfalls in Angriff zu nehmen.

Vicepräsident: Herr Abgeordneter Diehl!

Diehl: Meine Herren! Ich möchte das Ansuchen des Herrn Kollegen Conrad dringend unterstützen und auch die Bitte an das k. Staatsministerium der Justiz richten, ob es denn nicht möglich sei, in Bälde auch das Expropriationsrecht den Gemeinden zukommen zu lassen, da es in vielen Fällen dringend nothwendig ist, auch hier Abhilfe zu schaffen.

Ich bitte daher Seine Excellenz, in dieser Beziehung heute eine recht wohlwollende Zusage vom Regierungstische aus uns zugehen zu lassen.

Vicepräsident: Herr Abgeordneter Dr. Daller!

Dr. **Daller:** Meine Herren! Ich muß, obwohl ich sonst mit dem Herrn Kollegen Diehl sehr gerne auf gutem Fuße stehe, doch meine ernsten Bedenken gegen die Anschauung der Herren Kollegen Conrad und Diehl aussprechen. Den Gemeindevertretungen, wenn nicht ganz besondere Vorsichtsmaßregeln getroffen sind, das Expropriationsrecht einzuräumen, das halte ich für außerordentlich bedenklich. (Sehr richtig! rechts.) Wir müssen, meine Herren, wohl die thatsächlichen Verhältnisse im Auge behalten, daß ja bei den Bestrebungen

S. 738. der Gemeinden und bei den Wahlen ganz verschiedene Richtungen mitunter zur Herrschaft gelangen, und da könnte in einer Weise einseitig vorgegangen werden, welche doch von Seite des Staates kaum denkbar ist. Das Recht des Eigenthums und der Schutz desselben ist in meinen Augen so wichtig, daß ich lieber sehen würde, daß einzelne allerdings oft sehr wünschenswerthe Aenderungen im Gemeindeleben — da könnte ich auch erzählen von meiner Heimathgemeinde — nicht sofort durchgeführt werden, als daß Gewaltmaßregeln in einer Gemeinde vielleicht mit einer Mehrheitsstimme durchgeführt werden, welche die größte Aufregung und vielleicht die weitgehendsten Feindschaften innerhalb der Gemeinde hervorrufen könnten. Ich habe das Vertrauen zur k. Staatsregierung, daß sie in dieser Beziehung äußerst vorsichtig vorgehen wird und hier eine allgemeine Zusage nicht wird geben können. Ich halte die ganze Frage für eine prinzipiell außerordentlich wichtige.

Vicepräsident: Herr Abgeordneter Schwarz!

Schwarz: Meine Herren! Ich bin vollständig einverstanden mit dem Herrn Vorredner, daß die äußerste Vorsicht am Platze ist, und ebenso bin ich einverstanden damit, daß der Schutz des Eigenthums heilig sein muß. Allein das werden Sie mir, meine Herren, zugeben, daß insbesondere in großen Städten, wo ganz zweckmäßige und nothwendige gemeinnützige Dinge durchgeführt werden müssen, von einzelnen Personen in einer solchen egoistischen Weise, um mich milde auszudrücken, der Gemeinde oft derartige Schwierigkeiten gemacht werden, daß man doch sagen muß, daß das derzeitige Zwangsenteignungsverfahren nicht mehr ausreicht und einer Reform bedarf. Wenn Sie die Gesetze von anderen Staaten ansehen, denen doch auch der Schutz des Eigenthums heilig ist, wenn man dort es für nothwendig findet, mit Rücksicht auf die Entwicklung der Städte u. dgl. eine größere Freiheit anzubahnen, dann wird man auch bei uns nicht behaupten können, daß es nicht am Platze ist. Ich bin einverstanden mit aller Vorsicht, allein daß dieses Gesetz reformbedürftig ist, darüber möchten doch Zweifel nicht bestehen.

Vicepräsident: Herr Abgeordneter Conrad!

Conrad: Ich kann mich nur dem anschließen, was der Herr Vorredner gesagt hat, im Prinzip aber auch dem, was der Herr Abgeordnete Dr. Daller eben gesprochen. In Anerkennung dessen, daß ein solches Gesetzgebungswerk äußerst vorsichtig zu behandeln sei, stimmen wir vollständig damit überein, daß man nicht leichtfertig ganz allgemein ein Enteignungsrecht der Gemeinden statuiren soll. So habe ich's nicht gemeint. Uebrigens haben wir es theilweise schon jetzt. Man braucht nur daran zu denken, daß zum Beispiel für Anlage von Spitälern, Leichenäckern u. s. w. auch jetzt schon die Gemeinden zwangsenteignungsweise vorgehen können. Ich habe nur gemeint, daß es noch andere Bedürfnißfälle gibt, die sich im Laufe der Zeit bei der Entwicklung des Gemeindelebens herausgebildet haben, welche nun ebenfalls näher in Betracht gezogen werden müssen. So z. B. die zwangsweise Zusammenlegung der Baugrundstücke und unter Umständen zu Gunsten der Anlage von Gemeindestraßen. Aber die Sache muß, wie ich glaube gesagt zu haben, mit äußerster Vorsicht und reiflicher Ueberlegung behandelt werden. Unser Gesetz ist vom Jahre 1837, datirt also doch schon aus verhältnißmäßig alter Zeit. In diesem halben Jahrhundert und länger hat sich schon Manches geändert. Die Zwangsenteignungsgesetze der übrigen Staaten sind meines Wissens meist aus der neueren Zeit. Es gibt bei der Entwicklung der Neuzeit so Manches zu berücksichtigen, was, wie ich meine, recht angezeigt ist.

Vicepräsident: Das Wort nehmen Seine Excellenz der Herr Staatsminister der Justiz. S. 738.

Der k. Staatsminister Dr. Freiherr **von Leonrod:** Die Reformbedürftigkeit des Gesetzes vom Jahre 1837 ist bereits im Ausschusse von der Staatsregierung anerkannt worden; dieselbe wird die Sache nicht außer Auge lassen und eine Revision dieses Gesetzes wird erfolgen; allein über den Zeitpunkt bin ich nicht in der Lage, Ihnen Aufschluß zu ertheilen. Bei der Schwierigkeit und Wichtigkeit dieses Gesetzes muß der Regierung die nöthige Zeit gelassen werden, um alle Gesichtspunkte genügend zu würdigen.

Vicepräsident: Das Wort hat der Herr Abgeordnete Wagner.

Wagner: Ich glaube, daß die Befürchtungen, welche von Seite des Herrn Abgeordneten Dr. Daller geäußert worden sind, kaum zutreffen werden. Es ist selbstverständlich, daß man der Gemeindebehörde nicht die endgiltige Entscheidung darüber, ob ein Fall der Expropriation gegeben ist oder nicht, zukommen läßt. Die Entscheidung wird, wie es auch jetzt ist, auch für die Zukunft in den Händen einer höheren Instanz oder der höchsten Instanz liegen und zwar der höchsten Verwaltungsjustizbehörde, und dann ist für die Entschädigungsfrage unter allen Umständen der Rechtsweg zulässig. Ich glaube daher nicht, daß daraus, daß man das Expropriationsrecht erweitert und es den Gemeinden in weiterem Umfange einräumt, irgend welche Gefahr auch in solchen Ge || meinden entstehen kann, in welchen die politischen Verhältnisse S. 739.
sehr unangenehme und mißliche sind.

Ich schließe mich ganz dem an, was von Seite meiner Freunde geäußert worden ist, und wiederhole nur noch, daß ich die Befürchtungen, welche desfalls von Herrn Dr. Daller geäußert wurden, nicht theilen kann.

Vicepräsident: Zum Worte ist Niemand mehr gemeldet; ich schließe die Diskussion.

Herr Referent! (Referent: Ich verzichte.) Der Herr Referent verzichtet auf das Schlußwort.

Der Artikel 122^5 gilt als genehmigt, vorbehaltlich der Schlußabstimmung nach den Vorschriften des Tit. X § 7 der Verfassungsurkunde.

Artikel 122^6.

Zum Worte ist Niemand gemeldet; der Artikel gilt als angenommen, vorbehaltlich der Schlußabstimmung nach den Vorschriften des Tit. X § 7 der Verfassungsurkunde.

Artikel 122^7.

Herr Referent!

von Walter (Berichterstatter): Das Gesetz vom 4. Juni 1848 über die Aufhebung der standes- und gutsherrlichen Gerichtsbarkeit, dann die Aufhebung, Fixirung und Ablösung von Grundlasten bestimmt in den Art. 29 und 30, daß die Bodenzinskapitalien und Annuitäten dieselben Vorrechte des Hypothekengesetzes und der Prioritätsordnung genießen wie die Grundrenten beziehungsweise die Gefälle, an deren Stelle sie getreten sind. Die Prioritätsordnung ist längst aufgehoben und das Hypothekengesetz hört zu existiren auf, sobald einmal das Grundbuch als angelegt gilt; deßhalb muß für diese Bestimmungen und für die Feststellung des Ranges der Bodenzinskapitalien und Annuitäten eine Neuregelung getroffen werden.

Die Staatsregierung hat die Ihnen vorliegende Aenderung beantragt. Diese Aenderung hielt ich im Ausschusse für bedenklich, weil unter Umständen

S. 739. auf den Vorrang, den diese Kapitalien und Annuitäten genießen sollen, im Laufe der Zeit vergessen werden könnte. Nach dem bisher geltenden Recht und auch nach Art. 114 des Entwurfes eines Ausführungsgesetzes zum Bürgerlichen Gesetzbuche bedürfen die Grundgefälle des Staates und der Ablösungskasse zur Wirksamkeit gegenüber dem öffentlichen Glauben des Hypotheken- beziehungsweise Grundbuchs der Eintragung in das Hypotheken- und Grundbuch nicht. Dagegen war und ist für die Grundgefälle der Privaten und die an Stelle derselben getretenen Lasten eine Eintragung nothwendig. Für die letzteren bestimmt sich deßhalb das Rangverhältniß nach der Zeit der Eintragung, was bezüglich der ersteren nicht der Fall ist. Nun könnten inzwischen Hypotheken eingetragen worden sein und könnte der Rang der Lasten zu Gunsten der Ablösungskasse wie der Staatskasse fraglich werden.

Diese Frage wurde nun eingehend besprochen. Auf Grund der Diskussion wurde dann festgestellt, daß die neue Fassung der Art. 29 und 30 dahin zu verstehen sei, daß diejenigen Bodenzinse und Annuitäten, welche bisher der Eintragung in's Hypothekenbuch nicht bedurft haben, im Zweifel immer den Hypotheken vorgehen, also den ersten Rang haben, und daß dieß auch bei den Bodenzinskapitalien und Annuitäten der Privaten der Fall ist, soweit nicht schon ein anderer Rang durch die bestehenden Einträge im Hypothekenbuch erworben wurde.

Bei dieser Feststellung kann nach meinem Dafürhalten ein erheblicher Streit über die Bedeutung des Art. 122⁷ nicht entstehen und empfehle ich Ihnen denselben zur Annahme.

Vicepräsident: Zum Worte ist Niemand gemeldet, eine Erinnerung nicht erhoben worden; der Artikel gilt als genehmigt.

Artikel 122⁸. Artikel 122⁹. Artikel 122¹⁰.

Herr Referent! Der Herr Referent verzichtet. Herr Abgeordneter Dr. Frank!

Dr. **Frank:** Meine Herren! Ich möchte mir hier blos eine Bitte an die k. Staatsregierung erlauben. Es ist ja in früheren Sitzungen wiederholt und oftmals von dem großen Schaden gesprochen worden, den insbesondere das Hochwild anrichtet, und man hat diese Klagen im Hause auch für begründet erachtet. Ueber die Art und Weise aber, wie man denselben Abhilfe verschaffen soll, waren die Meinungen sehr getheilt. Es ist die Meinung ausgesprochen worden, man solle das Hochwild ganz abschießen. Dem hat man aber nicht zugestimmt, und ich selbst konnte diesem guten Rathe meine Zustimmung auch nicht ertheilen. Ein anderer guter Rath aber, der auch gegeben worden ist, könnte vielleicht den Klagen vollständig Abhilfe schaffen, ohne daß das Hochwild vollständig ausgerottet werden würde. Dieser Vorschlag ist auch schon in früheren Jahren, in den sechziger Jahren, von einer Anzahl von Gemeinden im Bezirksamte Zusmarshausen gemacht worden, nämlich man sollte das Halten und Hegen von Hochwild nur dort gestatten, wo das Areal eingeparkt wird, und mit diesem Vorschlage habe ich mich auch vollständig einverstanden erklärt. Ich kann darauf hinweisen, daß dort, wo das Hochwild eingeparkt ist, wie z. B. im Spessart in den königlichen Jagdbezirken, keine Klage vorkommt, während an anderen Orten und in anderen Gegenden, wie z. B. im Hochgebirge, diese Klagen sehr häufig vorkommen, eben weil dort das Wild nicht eingeparkt ist. Es ist erst neulich wieder eine Petition eingelaufen aus einer Gemeinde in Unterfranken, Bundorf, und es sind da dieselben Klagen wiederholt worden.

Ich möchte nun an die k. Staatsregierung die Bitte richten — ein Vertreter des k. Staatsministeriums der Finanzen ist zwar nicht anwesend, ich glaube aber, die Herren werden doch Nachricht davon bekommen, daß das heute zur Sprache gekommen ist, was ich mir erlaubte vorzubringen —, ich möchte also an die k. Staatsregierung die Bitte richten, einmal der Sache näher nachzugehen und ihr besondere Aufmerksamkeit zu schenken. Vielleicht wird sie dann auch darauf kommen, daß dieser gute Rath befolgt werden soll und Hochwild nur da gehalten werden darf, wo es eingeparkt wird. S. 739.

Vicepräsident: Zum Worte ist Niemand mehr gemeldet; ich schließe die Diskussion. Der Herr Referent verzichtet. Ich konstatire, daß gegen Art. 122[8], 122[9] und 122[10] eine Erinnerung nicht vorgebracht worden ist; dieselben gelten als genehmigt.

Artikel 122[11]. Artikel 122[12]. Artikel 122[13]. Artikel 122[14]. Artikel 122[15]. Artikel 122[16]. || Artikel 122[17]. Artikel 122[18]. Artikel 122[19]. S. 740.

Ich konstatire, daß gegen keinen dieser Artikel eine Erinnerung erhoben worden ist und daß dieselben daher als genehmigt gelten.

Artikel 122[20].

Das Wort hat der Herr Referent.

von Walter (Berichterstatter): Meine Herren! Das Heimathgesetz gehört an sich dem öffentlichen Rechte an, steht aber auch mit dem bürgerlichen Rechte in vielfacher Beziehung, und deßhalb hat das neue zur Einführung gelangende Bürgerliche Gesetzbuch auch auf dessen Gestaltung einen wesentlichen Einfluß. Das Heimathgesetz, das Gesetz über Heimath, Verehelichung und Aufenthalt hat schon so vielfache Abänderungen erfahren, daß, wenn auch die jetzt vorgeschlagenen Abänderungen noch getroffen werden, nur wenig von dem ursprünglichen Texte übrig bleibt.

Eine wichtige Frage hat sich nun bei der Berathung des Artikels im Ausschusse abgespielt, nämlich die Frage, ob die vom Gesetze bisher vorgeschriebene doppelte Bekanntmachung der Verehelichungsgesuche auch für die Zukunft beibehalten werden soll. Das Gesetz legt nämlich dem Bürgermeister die Verpflichtung auf, jedes Gesuch um Verehelichung zur öffentlichen Kenntniß zu bringen, um die etwa gegen die beabsichtigte Verehelichung bestehenden Hindernisse zur Kenntniß der Behörden zu bringen. Das Civilstandsgesetz enthält eine ähnliche Bestimmung, indem es dem Standesbeamten ebenfalls die Erlassung eines Aufgebots vorschreibt. Nun wird also für dasselbe Gesuch eine doppelte Bekanntmachung erlassen und können auch vor zwei verschiedenen Behörden Einsprüche gegen dasselbe geltend gemacht werden.

Die k. Staatsregierung ging nun von der Anschauung aus, daß die Einhaltung dieser doppelt vorgeschriebenen Förmlichkeit unnütz sei und zu keinem Resultate führe. Sie schlägt deßhalb vor, daß in unserem Gesetz dem Bürgermeister blos mehr ein Aufgebot insoferne zur Pflicht gemacht werden solle, als es sich um Geltendmachung des Einspruchs aus dem Art. 36 handelt, und daß im Uebrigen der Standesbeamte die civilrechtlichen Hindernisse durch sein Aufgebot zu erforschen hat und die Entscheidung hierüber herbeiführt.

In den Motiven finden Sie ausgeführt, daß dabei das bayerische Reservatrecht, welches in Bezug auf Ansässigmachung und Wohnort besteht, in keiner Weise beeinträchtigt ist, sondern daß es sich blos um die Abstellung einer doppelten Formalität handelt. Der Ausschuß ist auch seinerseits zu der

S. 740. Ueberzeugung gelangt, daß das Reservatrecht bei den von der k. Staatsregierung vorgeschlagenen Abänderungen absolut außer Frage stehe. Meine Herren! Der Schwerpunkt des Reservatrechts liegt in der Feststellung der Gründe, aus welchen die Gemeinde Einspruch gegen die vorhabende Verehelichung erheben kann, und dieser Art. 36 bleibt unberührt. Die civilrechtlichen Hindernisse werden durch die Standesbeamten eruirt und brauchen nicht auch noch zur Kenntniß der Gemeindeverwaltung und Distriktspolizeibehörde zu gelangen. Der Ausschuß hat es deßhalb für unbedenklich gefunden, dem Vorschlage der k. Staatsregierung in dieser Beziehung beizustimmen.

Im Ausschusse der Kammer der Reichsräthe kam nun noch eine andere Frage zur Sprache, nämlich die Frage, ob es denn, da durch das Verwaltungsgerichtshofgesetz die Zuständigkeit des Verwaltungsgerichtshofes festgestellt ist, in allen Fällen, in denen es sich entweder um die Verweigerung des Verehelichungszeugnisses oder um die Ertheilung desselben gegen einen Einspruch aus Art. 36 handelt, überhaupt noch vorkommen wird, daß auch noch die Distriktspolizeibehörde Beschlüsse zu fassen haben werde, gegen welche in zweiter und letzter Instanz die Entscheidung der Kreisregierung angerufen werden könne, nachdem Art. 35 aufgehoben wurde. Im Ausschusse der Kammer der Reichsräthe wurde von Seite des Vertreters des k. Staatsministeriums des Innern dargethan, daß immer noch Fälle möglich seien, in welchen rein administrative Fragen zur Bescheidung gelangen können, und daß deßhalb die Bestimmung des Gesetzes, daß in solchen Fragen die k. Kreisregieruug in letzter Instanz zu entscheiden habe, aufrecht erhalten werden müsse. Der Ausschuß der Kammer der Reichsräthe hat dann diesen Gedanken ausdrücklich in der vorliegenden Fassung des Art. 40 des Gesetzes niedergelegt und ist dagegen nichts zu erinnern.

Ich beantrage, daß Sie dem Art. 122^{20} Ihre Zustimmung geben mögen.

Vicepräsident: Zum Worte ist Niemand gemeldet; ich schließe die Diskussion und konstatire, daß, nachdem eine Erinnerung gegen den Artikel nicht vorgebracht worden ist, derselbe als angenommen gilt.

Artikel 122^{21}.

Ich konstatire hier ausdrücklich, daß in dem vorliegenden gedruckten Operat (Beilage O) ein Druckfehler sich eingeschlichen hat; es heißt hier irrthümlich „Artikel 121^{21}"; es muß natürlich heißen „Artikel 122^{21}."

Herr Referent! Der Herr Referent verzichtet.

Artikel 122^{22}.

Es ist gegen die beiden Artikel 122^{21} und 122^{22} keine Erinnerung vorgebracht worden; dieselben gelten als genehmigt.

Artikel 122^{23}.

Hier ist einschlägig ein Antrag der Herren Abgeordneten Segitz und Genossen (Beil. N^3), der eine Resolution beantragt.

Der Antrag lautet: Die Kammer wolle beschließen,

die k. Staatsregierung zu ersuchen, einer Revision des Berggesetzes vom 20. März 1869 näher zu treten in der Richtung, daß

I. die Vorschriften der Reichs-Gewerbeordnung vom 21. Juni 1869, betreffend die Arbeitszeugnisse und das Vertragsverhältniß der gewerblichen Arbeiter: Art. 113, 122, 123 und 124 der Reichs-Gewerbeordnung, sinngemäße Anwendung auf die Bergarbeiter finden;

II. die Bestimmungen über die Bergpolizei: Art. 197—214 des Berggesetzes, einer Durchsicht unterzogen, die Grubenkontrole verschärft und zur Unterstützung der Bergwerksinspektion erfahrene Bergarbeiter herangezogen werden. S. 740.

Ich eröffne die Diskussion und ertheile das Wort dem Herrn Referenten.

von Walter (Berichterstatter): Meine Herren! Ein derartiger Antrag wurde im Ausschusse nicht eingebracht. Ich kann mich deßhalb auch Namens des Ausschusses über denselben nicht äußern und muß zuerst die Begründung desselben durch den Herrn Antragsteller abwarten.

Vicepräsident: Herr Abgeordneter Segitz!

Segitz: Meine Herren! Die Verhältnisse der Bergarbeiter wurden von S. 741. uns wiederholt in diesem Hause zur Sprache gebracht, ohne daß wir den erforderlichen Schutz der Bergarbeiter, den wir nothwendig halten, von der Gesetzgebung erlangen konnten. Im Gesetzentwurfe, betreffend die Aenderung der seit dem Jahre 1818 erlassenen Gesetze, wäre nun die Möglichkeit geboten gewesen, die Wünsche der Bergarbeiter zu berücksichtigen, da in diesem Gesetzentwurfe auch eine Aenderung des Berggesetzes vom 20. März 1869 vorgenommen werden muß. Die k. Staatsregierung hat es aber versäumt, sich hier der Wünsche der Bergarbeiter zu erinnern, weßhalb wir uns der Bergarbeiter annehmen.

Bei der Geschäftslage des Hauses glaubten wir von speziellen Anträgen absehen zu sollen; wir begnügen uns mit einer Resolution, in der wir unsere Wünsche niederlegen, nach denen die Revision des Berggesetzes vorgenommen werden soll.

Meine Herren! Sie wissen, auf die Vertragsverhältnisse der Bergwerksarbeiter finden nicht die Bestimmungen der Reichs-Gewerbeordnung Anwendung, sondern das Berggesetz vom 20. März 1869. Die Gesetzesbestimmungen zur Ordnung der Bergwerksarbeiterverhältnisse sind älter als die Reichs-Gewerbeordnung. Sie sind zum Theil noch diktirt von jenem kleinlichen Polizeigeist, von der Herrenmoral, die vor Erlassung der Reichs-Gewerbeordnung das Arbeitsverhältniß nach in Bayern so unleidlich gestaltet hat.

Das Gesetz, welches die Bergwerksarbeiterverhältnisse regelt, ähnelt in vielen Richtungen unserer Gesindeordnung. Ich will nur ein Beispiel hervorheben. Da ist z. B. der Arbeitszeugnißzwang vorgesehen. Der Bergwerksbesitzer darf keinen Arbeiter einstellen, der sich nicht durch ein Arbeitszeugniß ausweisen kann. Dieses Arbeitszeugniß kann vom Bergwerksbesitzer dahin ausgedehnt werden, daß auch die Führung und die Leistungsfähigkeit als Eintrag in das Arbeitszeugniß aufgenommen wird. Nun wissen Sie wohl, welche Macht dadurch dem Bergwerksbesitzer gegenüber dem Arbeiter eingeräumt wird. Der Arbeiter hat lediglich das Recht, gegen ungerechtfertigte Anschuldigungen im Arbeitszeugniß Beschwerde bei der Ortspolizei zu erheben. Sonst hat er keine Gelegenheit, sich gegen diese Kennzeichnung zu wehren.

Mit Recht hat der Herr Abgeordnete Lerno, als vom Herrn Kollegen Dr. Casselmann bei Berathung der Gesindeordnung der Antrag gestellt wurde, in das Dienstbuch nur ein wahrheitsgetreues Zeugniß einzuschreiben, mit Recht, sage ich, hat der Herr Kollege Lerno dagegen Bedenken erhoben und gemeint, das könnte unter Umständen zu einer Art schwarzer Liste führen. Ich kann Ihnen die Versicherung geben, die Zeugnisse der Bergwerksarbeiter sind vielfach nichts als Verrufserklärungen.

S. 741. Nun könnte man dieses noch verstehen, wenn es damit zu erklären wäre, daß im Bergwerksbetrieb ganz besonders zuverlässige Arbeitskräfte nothwendig wären, und aus diesem Grunde wären die Arbeitszeugnisse nothwendig. Wäre das der Fall, wäre das der Zweck der Arbeitszeugnisse, so müßten sie von allen Arbeitern, die eingestellt werden, verlangt werden. Das ist aber nicht der Fall; nur der gelernte Bergwerksarbeiter hat sich durch derartige Arbeitszeugnisse auszuweisen.

Deßhalb verlangt unsere Resolution, daß bezüglich des Arbeitszeugnisses Art. 113 der Reichs-Gewerbeordnung sinngemäße Anwendung finde, d. h. daß die Bergarbeiter beim Austritt Arbeitszeugnisse verlangen können, daß das Zeugniß auf die Führung und Leistungsfähigkeit aber nur dann ausgedehnt werden darf, wenn es der Bergwerksarbeiter ausdrücklich verlangt.

Art. 79 des Berggesetzes regelt die Kündigungsfrist; es ist 14tägige Kündigungsfrist vorgesehen, wenn nicht anders zwischen dem Bergwerksbesitzer und dem Arbeiter vereinbart ist. Der Art. 79 des Berggesetzes unterscheidet sich von § 122 der Gewerbeordnung dadurch, daß in der Gewerbeordnung vorgesehen ist, eine andere als 14tägige Kündigungsfrist hat gegenseitig bindende Kraft nur dann, wenn die Kündigungsfristen für beide Parteien gleich sind. Im Berggesetze fehlt dieser Zusatz, und so kommt es, daß häufig Bergarbeiter vertragsmäßig eine vierwöchige Kündigungsfrist eingehen müssen, während sie selbst schon bei achttägiger Kündigungsfrist oder ohne Kündigungsfrist entlassen werden können.

Wir empfehlen deßhalb, den § 122 der Reichs-Gewerbeordnung, welcher die Kündigungsfrist der gewerblichen Arbeiter regelt, auch auf die Bergarbeiter auszudehnen.

Art. 80 des Berggesetzes zählt die Gründe auf, welche zur Entlastung der Bergarbeiter vor Ablauf der vertragsmäßigen Zeit und ohne vorhergängige Aufkündigung berechtigen. Dieser Artikel deckt sich mit § 123 der Reichs-Gewerbeordnung; nur in einzelnen Punkten weicht er davon ab. Das Berggesetz läßt die Entlassung ohne Kündigung zu, wenn sich der Bergarbeiter einer Hehlerei oder groben Ungehorsams schuldig gemacht hat; an Stelle der groben Beleidigung, welche die Reichs-Gewerbeordnung als Entlassungsgrund vorsieht, setzt das Berggesetz „erhebliche Ehrverletzung". Dagegen wäre am Ende nichts einzuwenden, wenn auch zugegeben werden muß, daß dem Bergwerksbesitzer zur Entlassung ohne Kündigung weit mehr Gründe zur Seite stehen als dem Besitzer von industriellen und gewerblichen Anlagen. Aber die Rechtsungleichheit zwischen dem Bergwerksbesitzer und dem Bergarbeiter tritt klar zu Tage, wenn Sie den Art. 80 mit dem Art. 81 des Berggesetzes vergleichen, welch' letzterer die Gründe enthält, welche den Bergarbeiter berechtigen, die Arbeit ohne Kündigung zu verlassen. Der Bergmann kann die Arbeit nur ohne Kündigung verlassen, wenn er zur Fortsetzung der Arbeit unfähig wird, wenn ihm der versprochene Lohn nicht ausbezahlt wird, oder wenn sich der Bergwerksbesitzer oder dessen Stellvertreter thätlich am Arbeiter vergreift. Grobe Beleidigungen Seitens des Bergwerksbesitzers oder dessen Stellvertreters, Ehrverletzungen, Schmähungen — sogar Thätlichkeiten von Werksbeamten muß sich der Bergarbeiter gefallen lassen —, sie berechtigen ihn nicht, das Arbeitsverhältniß ohne vorherige Kündigung zu lösen. (Rufe: Hört, hört!) Kein Wunder, daß sich viele dieser Bergbeamten gegen Bergleute Alles herausnehmen; kein Wunder aber auch, daß manchmal der Bergmann die Geduld verliert und selbst sich einen Schutz verschafft, wo ihm das Gesetz den erforderlichen Schutz versagt.

Meine Herren! Wenn die Anregungen, die wir hier geben, in der Gesetzgebung Berücksichtigung finden, würden wir nicht nur die Bergarbeiter den industriellen Arbeitern gleichstellen, sondern auch das Verhältniß zwischen Bergwerksbesitzern, Bergbeamten und Bergwerksarbeitern leidlicher gestalten, als es der Fall ist. S. 741.

Noch einige Worte zu Ziff. 2 unserer Resolution. Es handelt sich um Art. 197—214 des Berggesetzes. Daß ein höherer Schutz für die Bergarbeiter nothwendig ist, namentlich für jene Bergarbeiter, welche unterirdisch beschäftigt sind, glaube ich schon in der vorigen Session nachgewiesen zu haben, als ich einen ähnlichen Antrag in diesem Hause zu vertreten hatte. Die jetzige Organisation der Bergpolizei kann als ausreichend für den nothwendigen Arbeiterschutz nicht anerkannt werden. Wenn man in Betracht zieht, welche Aufgaben der Bergpolizei übertragen sind, so wird es von vornherein Jedermann klar, daß es diesen Beamten neben der Erledigung der übrigen Geschäfte unmöglich ist, dem Bergarbeiterschutz die erforderliche Aufmerksamkeit zuzuwenden; nicht nur die eigentlichen Bergwerke, sondern auch Steinbrüche und Gräbereien unterstehen || der Aufsicht der Beamten und es ist auch da Aufsicht nöthig. S. 742.
Nun denken Sie sich, daß diese Betriebe vertheilt sind über ganz Bayern, und es ist selbstverständlich, daß die wenigen Beamten für den Schutz der Arbeiter nicht ausreichend sind; auch die erlassenen Schutzvorschriften sind zum Theile veraltet und erfüllen ihren Zweck nicht mehr vollkommen. In der Bekanntmachung des k. Staatsministeriums des Handels und der öffentlichen Arbeiten vom 10. August 1869 sind diese Schutzvorschriften niedergelegt. Der Fachmann würde heute eine wesentliche Erweiterung dieser Schutzvorschriften für nothwendig halten und manches Unwirksame streichen. Die Schutzbestimmungen sind nachgebildet dem preußischen Berggesetze, dasselbe hat aber inzwischen wiederholt Revisionen und, wie ich höre, auch erhebliche Verbesserung erfahren.

Zu den mangelhaften Schutzbestimmungen kommt noch, daß die Revisionsbeamten weitaus zum größten Theile keine praktische Kenntniß des Bergbaues haben. Für die Revision ist es nicht gleichgiltig, ob sie vollzogen wird von einem Manne, der praktisch im Bergbau gearbeitet hat, oder von einem Beamten, der nur eine theoretische Vorbildung genossen hat; Mängel, die der Praktiker auf den ersten Blick sieht, bleiben dem Theoretiker verschlossen, wenn er nicht speziell darauf aufmerksam gemacht wird. Die gefährlichen Stellen im Bergbau zeigt man dem Beamten überhaupt nicht. Arbeiter, die am tiefsten arbeiten, haben mir versichert, daß sie Jahre hindurch keinen Grubenkontroleur gesehen haben. Wenn ein Unfall eintritt, dann kommt allerdings die Grubenkontrole, aber in der Regel hinterher, wenn Alles sich wieder in Ordnung befindet, wenn man alle Spuren der Fahrlässigkeiten vorher beseitigt hat. Das würde wesentlich anders werden, wenn Sie unserer Resolution zustimmen würden, wenn Sie zur Grubenkontrole auch praktische Arbeiter heranziehen wollten. Dieselben könnten als Assistenten den Bezirksbergämtern beigegeben werden und sie würden sicherlich sehr segensreich wirken. Würde jedem Bergamte nur ein einziger derartiger Assistent beigegeben, so glaube ich, daß wir in Bayern eine ausreichende Grubenkontrole erlangen würden. Das Zusammenwirken von Theoretikern und Praktikern würde auch in anderer Beziehung von Nutzen sein; gerade die Staatsbeamten, welche den Bergbetrieb zu überwachen haben, scheinen vielfach dem Arbeiter sehr fremd gegenüberzustehen. Manche dieser Beamten scheinen sich zu bemühen, den Anschein zu erwecken, als ob sie überhaupt nur da wären zum Schutze der Bergwerksbesitzer. Der Herr Präsident wird mir gestatten, hiefür nur ein Beispiel

S. 742. anzuführen. Im Fabrikinspektionsberichte für das Jahr 1898, im Berichte für die Bergwerksämter findet sich folgende Stelle in Bezug auf das Arbeitsverhältniß zwischen den Arbeitern und den Bergwerksbesitzern in Oberbayern. Es heißt:

> Wohl sind auf den oberbayerischen Kohlenwerken, wie in anderen Kohlenrevieren, unruhige Elemente vorhanden und zu diesen gesellen sich Leute, welche in Folge geringerer Leistungsfähigkeit oder wegen Unlust zu regelmäßiger Arbeit schlechter verdienen und mit ihrer Lage unzufrieden sind. Auch fehlt es nicht an solchen, welche, außerhalb der Bergarbeiterbevölkerung stehend und deren Verhältnisse nur vom Hörensagen kennend, gleichwohl unberufener Weise sich herandrängen und ihre fühlende Theilnahme dadurch kund geben, daß sie die Arbeiter zur Unzufriedenheit aufstacheln und als Mittel zur Verbesserung ihrer Lage die Agitation durch die Presse und den Anschluß an Verbände empfehlen, welche außerhalb des Kreises der Bergarbeiter ihre Leitung finden. Die weit überwiegende Mehrheit der Belegschaft steht diesem Treiben ablehnend gegenüber.

Meine Herren! Das soll Bezug haben auf den Ausstand, der voriges Jahr in der Gegend von Hausham und Penzberg vorkam. Was sind das für Leute, auf die dieser Beamte Bezug nimmt? Es sind Arbeiter, die zum Theil 25 Jahre lang in dem betreffenden Betriebe beschäftigt waren, die vorzüglich qualifizirt sind, die außerordentlich gute Arbeitszeugnisse haben. Das sind Leute, die von diesem Beamten hier in der Weise charakterisirt werden.

Meine Herren! Ich denke, das Eine darf man doch wenigstens von einem Beamten verlangen, daß er objektiv seines Amtes waltet, und ich meine, die k. Staatsregierung hätte das höchste Interesse daran, ihren Beamten zu Gemüthe zu führen, daß sie da sind für alle Staatsbürger, daß sie mindestens objektiv ihres Amtes zu walten haben. Ich denke aber auch, solche Vorgänge sind die beste Empfehlung für unseren Antrag, und ich bitte Sie deßhalb um Zustimmung zu unserer Resolution.

Vicepräsident: Das Wort nehmen Seine Excellenz der Herr Staatsminister der Justiz.

Der k. Staatsminister Dr. Freiherr **von Leonrod:** Meine Herren! Die k. Staatsregierung ist bereits mit den Vorarbeiten für eine Neuorganisation der Bergbehörden und für eine Revision des Berggesetzes vom Jahre 1869 beschäftigt. Bei dieser Gelegenheit werden alle hierauf bezüglichen Fragen erwogen werden.

Vicepräsident: Das Wort hat der Herr Abgeordnete Bischoff.

Bischoff: Meine Herren! Nur einige Worte zu dieser Resolution! Ich kann erklären, daß ich im Allgemeinen mit der Tendenz der Resolution einverstanden bin, und ich glaube auch, daß ich dieß im Namen meiner Partei erklären darf. Jedoch in einem Punkte kann ich mich nicht einverstanden erklären und das ist die Abschaffung des Zeugnißzwanges.

Meine Herren! Die Arbeit des Bergmannes ist bei Weitem nicht zu vergleichen mit der Beschäftigung anderer Arbeiter. Die Bergarbeiter arbeiten im Geding, im Akkord, und es muß, ehe dieselben in die Arbeit eintreten, ein Zeugniß verlangt werden, um zu erfahren, ob er ein träger oder ob er ein fleißiger Arbeiter ist. Denn wenn er im Gedinge ein Faulenzer ist, ist er der Schmarotzer der Arbeitskraft der übrigen Arbeiter. Aber auch ein anderer Punkt ist noch zu berücksichtigen. Der Bergwerksbetrieb unterscheidet

sich von den anderen Betrieben wesentlich dadurch, daß er große Gefahren S. 742.
in sich birgt, und es ist unbedingt nothwendig, daß der Arbeiter, der sich zur Arbeit meldet, vor seiner Arbeitseinstellung seine Qualität nachweisen kann. Das kann nur durch das Zeugniß geschehen. Bedenken Sie doch, meine Herren, welch' große Gefahren durch den Leichtsinn, durch die Faulheit und Widerspenstigkeit für die anderen Bergwerksarbeiter erwachsen und wie viele Familien durch ein Unglück geschädigt werden können. Die Gefahren beim Bergwerksbetrieb sind so außerordentlich groß, daß selbst durch die größte Vorsicht, die von menschlicher Seite waltet, Unglücksfälle nicht verhindert werden können.

Ich bin vollständig mit der Verschärfung der Bergwerkskontrole einverstanden, aber wenn die Herren Antragsteller auf der einen Seite eine Verschärfung der Kontrolvorschriften zur Abwendung der Gefahren wünschen, so verwerfen sie auf der anderen Seite das Präventivmittel, um solchen Ge‖fahren zu begegnen, S. 743.
nämlich den Zeugnißzwang. Meine Herren! Sie werden sich erinnern, daß ich bereits gelegentlich des Bergetats und zwar anläßlich des Unglücks in der Grube Frankenholz in der Pfalz meine Ansicht dahin ausgesprochen habe, daß es unbedingt nothwendig sei, die Bergkontrole besser zu gestalten dadurch, daß das staatliche Personal vermehrt werde, während auf der anderen Seite Herr Abgeordneter Segitz eine Mithilfe aus dem Kreise der Arbeiter vorgeschlagen hat. Wie das geschehen kann, hierüber kann ich mich nicht erklären. Ich glaube hierüber nur so viel gelesen zu haben, daß in anderen Ländern diese Arbeitermitaufsicht schon besteht. Es wird wohl leicht sein, sich über die Wirkung dieses Instituts zu vergewissern. Ich sage blos, daß in keinem Betrieb Vorsicht und Disziplin nothwendiger ist als im Bergwerksbetrieb, und deßhalb hielte ich es für schlimm und gefährlich, wenn wir den Zeugnißzwang abschaffen wollten.

Vicepräsident: Zum Worte ist Niemand mehr gemeldet; ich schließe die Diskussion. Das Schlußwort hat der Herr Referent.

von Walter (Berichterstatter): Meine Herren! Namens des Ausschusses kann ich Ihnen den vorliegenden Antrag nicht zur Annahme empfehlen, weil der Ausschuß darüber keinen Beschluß gefaßt hat. Ich für meine Person glaube übrigens, daß es unbedenklich erscheint, dem Antrage zuzustimmen, und ich werde dieß auch thun. Nach den Aeußerungen Seiner Excellenz des Herrn Staatsministers der Justiz steht die k. Staatsregierung ohnehin vor einer Revision des Berggesetzes, und es wird deßhalb gut sein, daß wir ihre Aufmerksamkeit auf die Punkte richten, welche in dem Antrage der besonderen Berücksichtigung derselben empfohlen sind.

Ich möchte nur einer Aeußerung des Herrn Antragstellers entgegentreten, der Aeußerung nämlich, daß die Bergbeamten bei ihren sonstigen vielen Obliegenheiten gar nicht die Möglichkeit haben, sich um das Wohl ihrer Arbeiter zu bekümmern. So weit meine Erfahrungen reichen — die beziehen sich allerdings nur auf ein kleines Feld —, haben die Vorstände der Bergbehörden trotz der sonstigen dienstlichen Verrichtungen Zeit genug und sehr vielfach auch den vollen Eifer, sich um das Wohl ihrer Arbeiter anzunehmen. Ich könnte in dieser Beziehung dem Herrn Antragsteller zwei Beispiele vorführen: er möge sich einmal in Bodenwöhr und in Amberg erkundigen; dort wird er sehen, daß für das Wohl der Arbeiter in ausreichendster Weise gesorgt wird und daß man allen Wünschen derselben, soweit es nur immer möglich ist, Rechnung trägt.

S. 743. **Vicepräsident:** Ich konstatire vor Allem, daß gegen den Artikel 122[23] eine Erinnerung nicht vorgebracht worden ist und daher derselbe als genehmigt gilt.

Wir stimmen nunmehr über den Antrag „Segitz und Genossen“ ab, den ich vorhin bereits bekannt gegeben habe, und ich ersuche diejenigen Herren, welche diesen Antrag zum Beschluß erheben wollen, sich von den Sitzen zu erheben. (Geschieht.) Angenommen.

Artikel 122[24].

Es ist hier einschlägig ein Antrag der Herren Abgeordneten Segitz und Genossen, der in Beilage N[6] enthalten ist und dahin geht:

Die Kammer wolle beschließen:

Im Artikel 122[24] sei als neue Ziffer einzusetzen:

VII. Im Artikel 170 Abs. 1 wird nach den Worten:

„Wahlstimmberechtigt sind alle Gemeindebürger“

eingeschaltet:

„sowie Alle, welche die selbständige Heimath besitzen“.

Ich eröffne die Diskussion zugleich über diesen Antrag und ertheile das Wort dem Herrn Referenten.

von Walter (Berichterstatter): Meine Herren! Dieser Antrag, wie er jetzt gestellt ist, lag dem Ausschusse zur Berathung nicht vor, wohl aber ein anderer Antrag von derselben Seite, der dahin ging, die Bürgerrechtsgebühren aufzuheben. Sie finden das Nähere in dem Ausschußprotokoll Nr. 18. Mit Ausnahme des Antragstellers war der gesammte Ausschuß der Meinung, daß man auf solche schwerwiegende Fragen bei Gelegenheit der Berathung eines Ausführungsgesetzes zum Bürgerl. Gesetzbuche nicht eingehen könne, daß wir zur Lösung von so prinzipiellen Fragen gar nicht die Zeit haben und daß auch sonst der Zeitpunkt nicht günstig gewählt sei, mit einem Federstriche die Bürgerrechtsgebühren aus dem Gesetze zu streichen.

Heute nun lautet der Antrag anders, heute soll unter Beibehaltung der Bürgerrechtsgebühren auch den blos heimathberechtigten Personen das Gemeindewahlrecht eingeräumt und damit nach meinem Dafürhalten die Wirkung der Bürgerrechtsgebühren vollständig beseitigt werden. Ohne mich zur Zeit weiter auf den Antrag einzulassen, glaube ich jetzt schon, daß nach der Intention des Ausschusses auch die Annahme des jetzt vorliegenden Antrags kaum angezeigt erscheint, und ich darf wohl, nachdem eigentlich nur der Wortlaut, nicht aber der Sinn und der Zweck des Antrags geändert ist, Ihnen Namens des Ausschusses die Ablehnung dieses Antrags empfehlen.

Vicepräsident: Herr Abgeordneter Segitz!

Segitz: Meine Herren! Wie der Herr Referent bemerkte, hat schon ein ähnlicher Antrag dem Ausschusse vorgelegen, ist jedoch abgelehnt worden. Aehnliche Anträge haben wiederholt auch das Haus beschäftigt und sie werden wahrscheinlich nicht eher verschwinden, als bis man sich entschließt, ein der Arbeiterklasse zugefügtes Unrecht wieder gut zu machen. Im Gegensatz zu anderen Kulturstaaten wird in Bayern das Gemeindewahlrecht nicht kraft Gesetzes zugesprochen, sondern wer zur Gemeinde wählen will, muß sich das Wahlrecht kaufen in Form des Bürgerrechtes. Die Gebühr für Erwerbung des Bürgerrechtes ist verhältnißmäßig hoch und nur wenig Minderbemittelte sind in der Lage oder gewillt, diese hohe Gebühr zu bezahlen. So kommt es, daß in den meisten Orten, namentlich in den größeren Städten, der großen Zahl von Heimathberechtigten eine Minderzahl von Bürgerberechtigten

gegenübersteht, welche die Gemeindeverwaltung in Händen hat und auch ausübt, S. 743.
denn das Bürgerrecht ist das Wahlrecht. Wer sich das Bürgerrecht nicht kaufen kann, hat auch kein Wahlrecht und entbehrt jeder Einwirkung auf die Gemeindeverwaltung. Dem steht aber gegenüber, daß zu den Gemeindelasten in Form von direkten und indirekten Steuern alle Gemeindeangehörigen herangezogen werden. Daß das ein Unrecht ist, braucht nicht speziell konstatirt zu werden.

Nun wurde gegen unsere früheren Anträge, die dahin gingen, die S. 744.
Bürgerrechtsgebühren abzuschaffen, eingewendet, daß die Gemeinden auf diese Einnahmen nicht verzichten können. Ich halte den Einwand für nicht begründet. Nehmen Sie z. B. an: Die Stadt Nürnberg hat einen Etat von jährlich 12 bis 13 Millionen. Die Bürgerrechtsgebühren beziffern sich auf circa 15,000 M., also auf eine sehr winzige Summe, so daß man nicht gut sagen kann, die Gemeinde Nürnberg könnte darauf nicht verzichten.

Allein, meine Herren, aus Rücksicht auf diesen Einwand haben wir dießmal unseren Antrag geändert und mit Rücksicht darauf, daß man früher immer gesagt hat, mit dem Bürgerrechte seien gewisse Nutznießungsrechte verbunden, die man nicht unentgeltlich jedem Heimathberechtigten einräumen könne, verlangen wir jetzt nur, das Wahlrecht zur Gemeinde Allen einzuräumen, welche die selbständige Heimath besitzen.

Wenn Sie unserem Antrage jetzt zustimmen und das Wahlrecht von dem Bürgerrechte trennen insoweit, daß Sie jedem Heimathberechtigten das Wahlrecht einräumen, so kann das Bürgerrecht bestehen bleiben; wer Lust hat, es zu kaufen, kann es kaufen, und auch die Nutznießungen, welche mit dem Bürgerrechte verbunden sind, bleiben dann nur demjenigen, der das Bürgerrecht erworben hat. Wir sind also so weit entgegengekommen, daß Sie ruhig unserem Antrage zustimmen können.

Die k. Staatsregierung dürfte sich kaum gegen unseren Antrag wehren, wenn er die Majorität in diesem Hause findet. Bei der Revision der Gemeindeordnung im Jahre 1868 hat die Regierung selbst den Vorschlag gemacht, das Bürgerrecht kraft Gesetzes Jedem zu verleihen, der das Heimathrecht erworben hat. Die Kammer hat diesen Vorschlag abgelehnt. Unser Antrag beschreitet den Vermittlungsweg. Der jetzige Zustand wird unhaltbarer, je mehr sich die Bevölkerung in den großen Städten zusammenschließt, je mehr sich die minder bemittelten Klassen bewußt werden, daß ihnen in dieser Richtung Unrecht gethan wird.

Wer den Standpunkt vertritt: Gleichheit der Gesetze und Gleichheit vor dem Gesetze, kann unserem Antrage die Zustimmung nicht versagen. (Bravo! bei den Sozialdemokraten.)

Vicepräsident: Zum Worte ist Niemand mehr gemeldet; ich schließe die Diskussion. Wir kommen zur Abstimmung. Ich ersuche zunächst diejenigen Herren, welche nach dem Antrage „Segitz und Genossen" im Art. 122[24] eine neue Ziff. VII eingesetzt haben wollen, sich von den Sitzen zu erheben. (Geschieht.) Der Antrag ist abgelehnt. Im Uebrigen ist gegen Artikel 122[24] von keiner Seite eine Erinnerung erhoben worden; derselbe gilt daher als genehmigt.

Artikel 122[25]. Artikel 122[26].

Ich eröffne die Diskussion. Herr Referent!

von Walter (Berichterstatter): Auch das Gesetz vom 29. April 1869, die öffentliche Armen- und Krankenpflege betreffend, sowie die dazu erlassenen Novellen erleiden mannigfache Abänderungen.

S. 744. Von allgemeiner Bedeutung sind drei Punkte, die ich Ihnen kurz vorführen will. Der Art. 5 Abs. 2 des Gesetzes im ursprünglichen Texte legt den zur Alimentation oder Unterstützung eines Hilfsbedürftigen verpflichteten Personen die Verbindlichkeit auf, für die in Folge der Nichterfüllung ihrer Obliegenheit nothwendig gewordene öffentliche Armenunterstützung Ersatz zu leisten. Hierin tritt nun eine Aenderung ein. Nach Art. 103 des Einführungsgesetzes zum Bürgerl. Gesetzbuche kann nämlich diese Bestimmung nur in Ansehung jener Personen aufrecht erhalten werden, welche wegen ihres Verwandtschaftsverhältnisses unterhaltspflichtig sind, während für die aus einem anderen Grunde, namentlich in Folge einer strafbaren Handlung unterstützungspflichtigen Personen die Bestimmungen des Bürgerl. Gesetzbuchs maßgebend sind. Deßhalb müssen in Art. 5 Abs. 2 die Worte „zur Unterstützung des Hilfsbedürftigen" gestrichen werden.

Dagegen tritt nach einer anderen Richtung eine Erweiterung der Haftpflicht ein. Der Art. 5a Abs. 1 in der Fassung des Gesetzes vom 3. Februar 1888 bestimmt, daß auf Antrag der Armenpflege die unterhaltspflichtigen Verwandten von der Distriktspolizeibehörde angehalten werden können, dem Hilfsbedürftigen nach Maßgabe ihrer Verpflichtung die erforderliche Unterstützung zu gewähren oder für die erforderlich gewordene Armenunterstützung Ersatz zu leisten. Ziff. II des Entwurfes dehnt nunmehr diese Bestimmung auf alle verwandten Personen, die nach dem Bürgerlichen Gesetzbuche unterhaltspflichtig sind, und insbesondere auch auf den früheren Ehegatten und den außerehelichen Vater aus, soweit letzterer die Vaterschaft anerkannt hat oder seine Unterhaltspflicht in einem vollstreckbaren Titel feststeht.

Eine dritte Aenderung, meine Herren, ist ebenfalls von Bedeutung. Art. 8 Abs. 2 des bisherigen Gesetzes hat nämlich den Armenpflegen für ihre Rechtsstreitigkeiten allgemein das Armenrecht gewährt, dessen Ertheilung nicht erst nachgesucht zu werden brauchte, sondern schon kraft des Gesetzes als bewilligt galt. Diese Bestimmung kann nicht aufrecht erhalten werden, da die Civilprozeßordnung nur eine Bewilligung des Armenrechtes unter den von ihr aufgestellten Voraussetzungen zuläßt und ein Vorbehalt zu Gunsten der Landesgesetzgebung nicht besteht. Dagegen besteht ein Vorbehalt für die Gewährung der Gebührenfreiheit in § 98 Abs. 2, 4 des Gebührengesetzes und von diesem Vorbehalte wird im neuen Abs. 2 Gebrauch gemacht. Uebrigens können auch die Armenpflegen in den einzelnen Fällen um eine Bewilligung des Armenrechtes nachsuchen und wird dieses bewilligt werden müssen, wenn die Voraussetzungen des § 114 der Civilprozeßordnung in der neuen Fassung vorhanden sind.

Im Ausschusse wurde hervorgehoben, daß diese Voraussetzung für die Ertheilung des Armenrechtes in den Prozessen der Lokalarmenpflege wohl überall dann gegeben sei, wenn die Armenpflegen ihren Zweck nicht aus eigenen Mitteln erfüllen können, sondern auf Gemeindeumlagen angewiesen sind. Ein Widerspruch gegen diese Anschauung erfolgte nicht und es wird sich diese wohl auch in der Praxis Eingang verschaffen.

Ich empfehle Ihnen im Uebrigen die Zustimmung zu diesem Artikel.

Vicepräsident: Das Wort wird nicht begehrt; die Diskussion ist geschlossen. Eine Erinnerung gegen die Artikel 122[25] und 122[26] wird nicht vorgebracht; dieselben gelten als genehmigt.

S. 745.

Artikel 122[27].

Niemand ergreift das Wort; der Artikel ist genehmigt.

Artikel 122[28]. S. 745.

Zu diesem Artikel liegt ein Abänderungsantrag der Herrn Abgeordneten Segitz und Genossen vor (Beil. N[2] Ziff. 3), welcher lautet:

Die Kammer wolle beschließen,
dem Artikel 122[28] als Ziff. III beizufügen:
„III. Die Artikel 106 und 155 sind aufgehoben."

Herr Referent!

von Walter (Berichterstatter): Meine Herren! Zu dem Artikel selbst habe ich nichts zu bemerken.

Was den Antrag „Segitz und Genossen" betrifft, so lag ein ähnlicher, aber weitergehender Antrag auch bereits Ihrem Ausschusse vor. Im Ausschusse wurde nämlich beantragt, daß die Art. 106, 107, 108 und 155 des Polizeistrafgesetzbuches aufzuheben seien. Ich verweise Sie auch in dieser Beziehung auf das Protokoll Nr. 18 selbst und habe nur zu bemerken, daß der Antrag im Ausschusse mit allen Stimmen gegen die des Antragstellers abgelehnt wurde.

Heute nun tritt uns der Antrag in einem etwas anderen Gewande entgegen, indem nach seiner jetzigen Fassung nur die Art. 106 und 155 des Polizeistrafgesetzbuches aufzuheben wären.

Meine Herren! Alle Gründe, welche im Ausschusse für die Aufhebung der vier Artikel vorgebracht wurden, sprechen auch gegen den heutigen Antrag und ich meine, ich kann nichts Besseres thun, um Ihnen die Unbegründetheit des Antrages vor Augen zu stellen, als Ihnen die betreffenden Artikel selbst vorzulesen. Sie mögen dann entscheiden, ob Sie unter den gegebenen Verhältnissen die Artikel für entbehrlich halten. Der Art. 106 des Polizeistrafgesetzbuches bestimmt:

Mit Haft bis zu acht Tagen oder Geld bis zu fünfzehn Thalern (nun bis zu fünfundvierzig Mark) werden Dienstboten bestraft, welche 1. im Falle sie sich weiter verdingen, ihrer Dienstherrschaft nicht rechtzeitig aufkündigen; 2. sich an mehrere Dienstherrschaften zugleich verdingen; 3. ohne genügenden Rechtfertigungsgrund zur bedungenen oder gesetzlichen Zeit nicht in den Dienst eintreten; 4. ohne genügenden Rechtfertigungsgrund vor Ablauf der bedungenen oder gesetzlichen Dienstzeit den Dienst verlassen; 5. an abgeschafften Feiertagen oder anderen Werktagen das Arbeiten verweigern oder an Sonn- und wirklichen Feiertagen die ihnen obliegenden Geschäfte nicht verrichten; 6. zur Arbeitszeit sich in Wirthshäusern, auf Spielplätzen oder in Winkelkneipen herumtreiben; 7. hartnäckigen Ungehorsam oder Widerspenstigkeit gegen die Befehle der Dienstherrschaft oder deren Stellvertreter sich zu Schulden kommen lassen oder gegen dieselben die Pflicht der schuldigen Achtung gröblich verletzen; 8. ohne Erlaubniß der Dienstherrschaft oder deren Stellvertreter Jemanden beherbergen oder zur Nachtzeit die Behausung ordnungswidrig verlassen.

Landwirthschaftliche Dienstboten oder auf längere Zeit in Beschäftigung genommene Taglöhner, welche ohne genügenden Rechtfertigungsgrund zur Erntezeit oder zur Saat- und Ausbauzeit den Dienst verlassen, können mit Haft bis zu vierzehn Tagen bestraft werden.

Die unter Abs. I Ziff. 3, 4, 5, 7 und Abs. II bezeichneten Uebertretungen werden nur auf Antrag der Dienstherrschaft oder ihres

S. 745. Stellvertreters gestraft. Unabhängig von der Strafverfolgung steht der Polizeibehörde die Befugniß zu, Dienstboten, welche widerrechtlich den Antritt oder die Fortsetzung des Dienstes verweigern, der Dienstherrschaft auf ihren oder ihres Stellvertreters Antrag zwangsweise vorzuführen.

Gleiche Befugniß hat die Polizeibehörde gegen landwirthschaftliche, auf längere Zeit in Beschäftigung genommene Taglöhner, welche zu der in Abs. II angegebenen Zeit ohne genügenden Rechtfertigungsgrund die Arbeit verlassen.

Hat eine solche Vorführung stattgefunden und entzieht sich hierauf der Vorgeführte nochmals widerrechtlich demselben Dienste oder Arbeitsverhältnisse, so ist er mit Haft bis zu drei Wochen zu bestrafen.

Art. 155 lautet:

Handwerksgesellen, Gewerbsgehilfen, Lehrlinge und Fabrikarbeiter, welche den sogenannten blauen Montag feiern, werden an Geld bis zu fünfzehn Thalern (nun bis zu fünfundvierzig Mark) oder mit Haft bis zu acht Tagen bestraft.

Abgesehen davon, daß ein Theil des Art. 106 bereits in das Ausführungsgesetz zum Bürgerl. Gesetzbuch ausdrücklich wieder übernommen worden ist und daß man also einzelne Ziffern des Art. 106 wohl entbehren könnte, abgesehen davon, glaube ich, würden wir doch das Verhältniß zwischen Arbeitgeber und Arbeitnehmer vollständig auf den Kopf stellen, wenn wir nach dieser Richtung dem Antrage, wie er uns vorliegt, stattgeben würden.

Meine Herren! Die ganze Ordnung der Dinge würde schließlich darauf hinauslaufen: Der Arbeitgeber hat dem Arbeiter guten Lohn zu zahlen und im Uebrigen abzuwarten, was der Arbeitnehmer freiwillig thun mag, ob er bei der nothwendigsten Arbeit zur nothwendigsten Zeit in Wirthshäusern herumziehen oder aus irgend einem andern Grund die Arbeit verweigern oder ob er seinen Lohn abzuverdienen und seine Pflicht zu erfüllen bestrebt sein will.

Meine Herren! Ich glaube nicht, daß die jetzige Zeit, die ohnehin in Bezug auf die Dienstbotennoth so laute Klagen zu führen hat, dazu angethan ist, dem Antrag zu entsprechen. Wollen wir, um diesem Antrag stattzugeben, eine bessere Zeit abwarten; vielleicht sind die betreffenden gesetzlichen Bestimmungen im Zukunftsstaat nicht mehr nothwendig, heute unter bestehenden Verhältnissen sind sie nach meinem Dafürhalten absolut unentbehrlich, und ich darf Ihnen wohl im Namen des Ausschusses empfehlen, daß Sie dem Antrag Ihre Zustimmung versagen.

Vicepräsident: Herr Abgeordneter Segitz!

Segitz: Meine Herren! Der Herr Referent war so freundlich, uns die Artikel vorzulesen, deren Aufhebung wir beantragen. Er hat zugleich gegen unseren Antrag Bedenken geltend gemacht, er hat gemeint, dieser unser Antrag würde sich einmal vielleicht im Zukunftsstaate empfehlen. Ich habe darauf zu erwidern, daß der Zukunftsstaat dann jetzt in Elsaß-Lothringen, Baden und in anderen deutschen Staaten schon eingeführt ist; in diesen Staaten kennt man diese Zwangsmittel nicht.

S. 746. Meine Herren! Es ist gesagt worden, daß die Herrschaft vollständig schutzlos würde, wenn unser Antrag zur Annahme gelangen würde, daß dann die Dienstboten thun könnten, was sie wollen. Das ist doch meines Erachtens geradezu eine thurmhohe Uebertreibung. Solche Befürchtungen, wie sie vom Herrn Referenten geschildert wurden, sind unbegründet. Es wird kein Dienstbote, wenn die Ernte auf dem Felde lagert, davonlaufen, wenn die Zwangs- S. 746. maßnahmen aufgehoben werden. Ich höre immer so viel von Kontraktbrüchen der Arbeiter, aber noch keiner unserer Gegner hat wirklich nachweisen können, daß Kontraktbrüche der Dienstboten in erheblichem Maße vorgekommen sind.

In der That handelt es sich hier bei dem Antrage, den ich gestellt habe, um Beseitigung eines Ausnahmegesetzes, wie es sonst nach gar keiner Richtung besteht, um die Beseitigung eines Ausnahmegesetzes, das 700,000 Dienstboten in Bayern auch in Zukunft zu spüren haben würden. Ich denke, nach den Reden, die von der rechten Seite zu den Amortisationsgesetzen gehalten worden sind, könnten Sie gar nicht für Ausnahmegesetze sein.

Nun, meine Herren, wie liegen thatsächlich die Verhältnisse? Erzwungene Dienste, wie sie hier das Polizeistrafgesetzbuch ermöglicht, können niemals zu einem wirklich gedeihlichen Zusammenwirken in der Landwirthschaft führen. Man versucht uns immer als diejenigen hinzustellen, die das gute Verhältniß zwischen den Dienstboten und der Herrschaft, namentlich auf dem Lande stören wollen. Man macht uns zum Vorwurf, daß wir eine Hetzpolitik treiben. Das veranlaßt mich, aus Kreisen der Landwirthschaft Stimmen hervorzuheben, um festzustellen, wie diese eigentlich zu dieser Frage stehen. Meine Herren! Ich habe hier ein Buch über Agrarverhältnisse, worin auch vielfach über das ländliche Gesinde bezw. über das Verhältniß des ländlichen Gesindes zur Dienstherrschaft berichtet wird. Da wird auch Bezug genommen auf einen Aufsatz „Gedanken zur Arbeiterfrage auf dem Lande" in Nr. 11 von Möser's Landwirthschaftlicher Rundschau des Jahrganges 1891. Es werden unter Anderem auch der Kontraktbruch der ländlichen Arbeiter besprochen und die Zwangsmaßnahmen, die Seitens der verschiedenen Staaten in Gesindeordnungen oder Polizeistrafgesetzbüchern dagegen vorgesehen sind. Und zu welchem Schlusse kommt hier Möser, ein bekannter sozialpolitischer Schriftsteller? Er sagt:

> Alle diese Maßregeln —

nämlich polizeiliche Zwangsmaßregeln gegen kontraktbrüchige ländliche Arbeiter —

> werden gerade das Gegentheil von dem bewirken, was sie sollen, den Arbeiter nicht an das Land fesseln, sondern ihn forttreiben, den Gegensatz zwischen Arbeitgeber und Arbeiter verschärfen.

Meine Herren! Das sagt ein bürgerlicher Schriftsteller, dem Sie gewiß nicht nachsagen werden, daß er eine Hetzpolitik zwischen Dienstherrschaft und Gesinde treiben will. Meitzer, der ein konservativer Schriftsteller ist, der gleichfalls über die Dienstbotenverhältnisse sich äußert, kommt zu folgendem Schluß, indem er ebenfalls Bezug nimmt auf den Kontraktbruch:

> Der Zwang zur Erfüllung kann selten zum Ziel, viel leichter aber zu größeren Belästigungen und Beschädigungen der Dienstherren führen. Ebenso wird da, wo nicht der richtige Takt der Herrschaft und das eigene Ehrgefühl und der Wunsch getreuer und förderlicher Pflichterfüllung die Handlungsweise des Dienenden bestimmen, die Aussicht auf Polizeistrafen so wenig als die Möglichkeit körperlicher Züchtigung das Verhältniß zu einem nutzbringenden und erträglichen gestalten.

Ein zweiter konservativer Schriftsteller, der sich ganz in dem Sinne äußert, wie wir es thun. Zum selben Schlusse kommen Brentano, Schmoller, Roscher, Alle, die sich mit landwirthschaftlichen Arbeiterverhältnissen beschäftigen.

Bei dieser Gelegenheit muß ich — ich bedauere, daß Herr Kollege Dr. Casselmann nicht anwesend ist — auf eine Aeußerung zurückkommen, die ich gelegentlich der Berathung der Gesindeordnung ausgesprochen habe:

S. 746. Ich habe da die Tendenz bezeichnet, die theilweise noch vorhanden ist in Bezug auf das Verhältniß zwischen Gesinde und Dienstherrschaft, und habe gesagt:

> Vielfach geht die Tendenz dahin, daß man unter der Form eines patriarchalischen Regimentes nichts Anderes als eine Art Leibeigenschaft versteht.

Das ist mir außerordentlich schwer angerechnet worden, und der Herr Abgeordnete Dr. Casselmann hat sich darüber furchtbar aufgeregt.

Nun hören Sie, was ebenfalls wieder ein landwirthschaftlicher Schriftsteller zu dieser Frage sagt! In Braun's Archiv Band 2 Seite 451 befindet sich ein Aufsatz mit dem Titel „Das bürgerliche Recht und die besitzlosen Klassen" von Menger. Bei Besprechung der Gesindeordnungen kommt er zu dem Schluß, daß „keine Erscheinung in unserer bürgerlichen Gesellschaft sich so sehr der Sklaverei und der Leibeigenschaft nähere als das Gesindeverhältniß". Sie sehen, der Mann spricht sich viel schärfer aus über die Gesindeordnungen, wie ich als Sozialdemokrat mich ausgesprochen habe.

Es ist nun eingewendet worden, diese polizeilichen Zwangsmaßregeln werden außerordentlich selten in Anwendung gebracht. Das ist mir eben ein Beweis dafür, daß sie überflüssig sind, und um so eher müssen sie beseitigt werden.

Was den Art. 155 des Polizeistrafgesetzbuches betrifft, der auf die Bestrafung des blauen Montags Bezug hat, so muß ich sagen, wie man für die Aufrechterhaltung dieses Artikels eintreten kann, ist mir ganz unverständlich. Nicht ein einziger deutscher Staat hat diese vorsündfluthliche Bestimmung aufrechterhalten. Ich bestreite übrigens, daß diese Bestimmung zu Recht bestehe. Durch die Reichs-Gewerbeordnung ist die Bestrafung des Kontraktbruches beseitigt worden, und nach unseren allgemeinen Grundsätzen geht das Reichsrecht dem Landesrecht vor, in Folge dessen ist dieser Artikel nicht aufrecht zu erhalten. Und wem nützt er denn? Wenn ein Arbeiter an einem Montag blau macht, dann können Sie ihn bestrafen, wenn er aber am Dienstag und die ganze Woche blau macht, dann können Sie nichts machen. Ist das nicht eine widersinnige Bestimmung? (Heiterkeit.) Und ist sie denn durchführbar? Nehmen Sie die Verhältnisse, wie sie sind! In Nürnberg sind 50,000 bis 60,000 Arbeiter beschäftigt, wie wollen Sie denn da kontroliren, wer einen blauen Montag macht, und die Blaumacher herausgreifen? Das ist doch ein Ding der Unmöglichkeit. Oder ein anderes Beispiel! Wir wissen, daß in diesem Jahre der 1. Mai auf einen Montag fällt. Wir wollen nun einmal annehmen, in Bayern würden 50 bis 60,000 Arbeiter den 1. Mai feiern. Können Sie diese wegen Blaumontagmachens bestrafen? Das ist doch
S. 747. ein Ding der Unmöglichkeit. ‖ Sie haben ja nicht Gefängnisse genug, um die Leute alle einzusperren. Ich denke man sollte eine Bestimmung, die nichts nützt und die nur geeignet ist, das Verhältniß zwischen den Arbeitern und den übrigen Staatsbürgern zu verschärfen, beseitigen, um so mehr als sie nach keiner Richtung hin einen praktischen Werth hat, aber Bayern in Verdacht bringt, daß es 50 Jahre hinter den anderen Kulturstaaten zurückgeblieben ist.

Vicepräsident: Das Wort nehmen Seine Excellenz der Herr Staats-minister der Justiz.

Der k. Staatsminister Dr. Freiherr **von Leonrod:** Meine Herren! Ich würde nicht das Wort ergriffen haben, wenn nicht der Herr Abgeordnete Segitz über den Art. 155 des Polizeistrafgesetzbuches eine Bemerkung gemacht hätte, die ich nicht unwiderlegt lassen kann. Im Allgemeinen beantrage ich selbstverständlich die Ablehnung seines Antrags.

Was nun den Art. 155 des Polizeistrafgesetzbuches betrifft und die Auslegung, welche der Herr Abgeordnete Segitz beliebt hat, so möchte ich bekannt geben, daß unsere obersten Gerichtshöfe in Strafsachen, sowohl der frühere oberste Gerichtshof als das Oberlandesgericht München, welches jetzt die Revisionen verbescheidet, in mehreren Urtheilen ausgesprochen haben, daß das sogenannte Blaumontagmachen sich nicht blos auf den Montag beziehe, sondern seinen Namen nur davon habe, daß gewöhnlich nach den Sonntagen am Montag Vormittag blau gemacht wird, d. h. daß nicht gearbeitet wird und daß dieselbe strafbare Handlung vorliegt, wenn an einem Dienstag oder Mittwoch u. s. w., überhaupt an einem Werktage nicht zur Arbeit gegangen wird. S. 747.

Vicepräsident: Herr Abgeordneter Segitz!

Segitz: Meine Herren! Ich muß nur bemerken, daß die Auffassung des Herrn Justizministers im Justizausschusse nicht allgemein getheilt worden ist. Es war Herr Dr. Casselmann, der ausdrücklich darauf hingewiesen hat, daß die Auffassung, es könnte jeder Arbeiter, wenn er auch an einem anderen Tage blau mache, bestraft werden, eine durchaus irrige sei und keineswegs allgemein die Billigung der obersten Gerichtshöfe gefunden hätte. Das kann auch gar nicht richtig sein, was der Herr Minister gesagt hat; denn sonst hätten wir in Bayern thatsächlich die kriminelle Bestrafung des Kontraktbruches, die durch Reichsgesetz aufgehoben ist.

Vicepräsident: Zum Worte ist Niemand mehr gemeldet; ich schließe die Diskussion. Das Schlußwort hat der Herr Referent.

von Walter (Berichterstatter): Der Herr Antragsteller hat uns eine reiche Literatur dafür vorgeführt, daß die Bestimmungen des Polizeistrafgesetzbuches, deren Beseitigung er beantragt, nicht nur nicht mehr zeitgemäß, sondern ganz überflüssig und sogar für den Arbeitgeber nachtheilig seien. Meine Herren! Es gibt auch landwirthschaftliche Schriftsteller — solche hat er angeführt — und auch Nationalökonomen, die die Dienstbotenfrage lediglich durch den Spiegel der Theorie betrachten, (Rufe: sehr richtig!) insbesondere wird dieß gelten für die landwirthschaftlichen Schriftsteller. Meine Herren! Ein Landwirth, der zur Schriftstellerei Zeit hat, begegnet bei mir von vornherein dem Verdacht, daß er kein praktischer Landwirth ist und daß er deßhalb auch für die Fragen, die er behandelt, zwar gewisse Theorien gesammelt, aber eine praktische Erfahrung nicht erlangt hat. (Sehr richtig!) Deßhalb ziehen auch die Autoritäten, die der Herr Abgeordnete Segitz angeführt hat, nach meiner Meinung nicht besonders.

Die Frage, ob die beiden Artikel des Polizeistrafgesetzbuches aufgehoben werden sollen oder nicht, ist nach meinem Dafürhalten eine praktische, und wenn wir, abgesehen von den landwirthschaftlichen Schriftstellern, die übrigen Landwirthe vor uns hätten und zur Abgabe ihres Votums veranlassen könnten, so würden wir wohl sicher die Erfahrung machen, daß die weitaus überwiegende Mehrheit derselben sich für die Beibehaltung der beiden Artikel aussprechen würde. Das ist einmal so, die Unbotmäßigkeit und Alles, was daran hängt, hat seit Dezennien auch unter den Dienstboten einen hohen Grad erreicht und die Unbotmäßigkeit hat insbesondere bei jedem Anlaß Gelegenheit, sich zu äußern und dem Dienstherrn einen Possen zu spielen. Das wird aber insbesondere der Fall sein, wenn die Dienstherrschaft durch die Unbotmäßigkeit, durch die Arbeitsverweigerung u. s. w. in das größte Gedränge kommt zur Erntezeit oder bei anderen unverschieblichen Arbeiten. Und meint der Herr Abgeordnete Segitz, daß eine erzwungene Arbeit überhaupt keine gute sei? Ja,

S. 747. meine Herren, wenn wir heutzutage darauf warten wollten, wer freiwillig den Umfang von Arbeit leisten will, den ihm seine Stellung und die Verhältnisse aufbürden, dann würden wir sehr traurige Erfahrungen machen und unter Umständen wird der Knecht und die Magd, die zur Erntezeit aus dem Wirthshause geholt werden müssen, doch auch unter der Aufsicht des Dienstherrn ihre Arbeit entsprechend leisten müssen; es wird ihnen, wenn es ihnen nicht paßt, darnach freistehen, das Dienstverhältniß in irgend einer Weise zu lösen. Aber die Artikel preisgeben, das hieße die Dienstherrschaft vollständig schutzlos stellen, und den Schutz der Dienstherrschaft wollen wir nicht aufgeben. Wir haben in dem Ausführungsgesetze auch für den Schutz der Dienstboten gegenüber der Dienstherrschaft gesorgt und wir wollen doch Licht und Luft gleichmäßig vertheilen und auch der Dienstherrschaft einigen Schutz lassen. Ich glaube, wir würden unsere parlamentarische Thätigkeit am Schlusse der Wahlperiode sehr schlecht abschließen, wenn wir den Dienstherrschaften die Aufhebung des Art. 106 des Polizeistrafgesetzbuches als Angebinde mit in die Heimath brächten. Ich empfehle Ihnen wiederholt die Ablehnung des Antrags.

Vicepräsident: Wir kommen zur Abstimmung.

Ich ersuche diejenigen Herren, welche wünschen, daß für den Fall der Annahme des Artikel 122[28] demselben eine neue Ziff. III beigefügt werde, welche lautet:

„III. Die Artikel 106 und 155 sind aufgehoben.",

sich von den Sitzen zu erheben. (Geschieht.) Abgelehnt. Im Uebrigen ist gegen Artikel 122[28] in der Fassung des Ausschußbeschlusses keine Erinnerung vorgebracht worden; derselbe gilt als genehmigt.

S. 748.

Artikel 122[29].

Es ergreift Niemand das Wort; der Artikel ist genehmigt.

Artikel 122[30].

Herr Referent! Der Herr Referent verzichtet. Das Wort hat der Herr Abgeordnete Kraußold.

Kraußold: Meine Herren! Ich möchte mir nur eine Anfrage erlauben, um klarzulegen, ob ich die Verhandlungen des Ausschusses richtig aufgefaßt habe. Bei Ziff. III bezüglich des Gesetzes über die Brandversicherung hat sich nämlich eine Kontroverse darüber entsponnen, wie die Beitragspflicht nach Art. 11 des Brandversicherungsgesetzes zu normiren sei. Es hat der Herr Abgeordnete Landmann darauf hingewiesen, daß nach Art. 11 des Gesetzes über die Brandversicherung, wenn man in die Brandversicherung eintritt, sich der Beitrag nach Zehnteln des laufenden Versicherungsjahres bestimmt. Er hat nun mitgetheilt, daß in seiner Gegend ihm Klagen zugetragen worden seien dahingehend, daß, obwohl dieß gesetzlich vorgeschrieben ist in Art. 28, es in der Praxis sehr häufig vorkommt, daß in bestimmten Ausnahmefällen nicht die volle Gebühr, sondern die halbe Gebühr des Jahresbeitrages erhoben werden solle und daß demnach, weil es „das laufende Versicherungsjahr" heißt, man nicht aus dem vollen Betrag, sondern gegebenenfalls aus dem halben Betrag diese Gebühr berechnen solle.

Seitens des Herrn Ministerialkommissärs wurde dagegen erwidert und dargelegt, daß diese Auffassung nicht zutreffend erscheine. Auf diese Ausführungen hin wird im 19 Protokolle der Ausschußverhandlungen konstatirt, daß Herr Abgeordneter Landmann sagte:

> Darnach ist die Mittheilung, daß von neu Eintretenden die Beträge aus dem vollen Betrag erhoben werden, auch wenn die übrigen Mitglieder in diesem Jahre nur die Hälfte bezahlen, unrichtig.

Ich fasse nun die Sache dahin auf, daß Seitens des Herrn Ministerial-kommissärs hier gesagt werden sollte, die Auffassung, die Abgeordneter Landmann zuletzt ausgesprochen hat, ist nicht richtig, sondern der nach Art. 66 erhobene Betrag ist nicht nach dem halben, sondern nach dem vollen Betrag in Jahreszehnteln nach Art. 11 zu berechnen. Ich bemerke hiebei, daß ich diese Anschauung vollständig theile; sie beruht auf den Kammerverhandlungen, welche in dem V. Bande derjenigen der Kammer der Abgeordneten 1873 1874 enthalten ist; sie ist auch von dem Abgeordneten Hauck und anderen Kommentatoren festgehalten worden. Es scheint mir nicht ganz klar zu sein, ob diese Auffassung, wie ich sie hier entwickelt habe, auch dieselbe ist, wie sie Seitens des Herrn Regierungskommissärs festgestellt werden wollte, weil er nach dem Wortlaute die Behauptung des Herrn Abgeordneten Landmann nicht direkt als unrichtig bezeichnet hat. S. 748.

Vicepräsident: Herr Regierungskommissär!

Der k. Ministerialdirektor Dr. **von Haag:** Meine Herren! Auf die Anfrage des Herrn Abgeordneten Kraußold erlaube ich mir kurz zu antworten: Wer in die bayerische Landes-Brandversicherungsanstalt eintreten und bei ihr ein Gebäude oder Zugehörungen versichern lassen will, hat zweierlei Reichnisse an die Anstalt zu entrichten: erstens eine Beitrittsgebühr, wie solche auch bei allen anderen Anstalten eingeführt ist, die sich bemißt nach Art. 66 des Gesetzes vom 3. April 1875 und 10 ₰ pro 100 ℳ. Versicherungssumme beträgt. Diese Beitrittsgebühr fließt in den Vorschußfond, der im Ganzen die Eigenschaften eines Reservefonds hat. Außerdem haben zweitens diejenigen, die in die Anstalt eintreten, noch für das Jahr, in dem der Eintritt erfolgt, selbstverständlich pro rata temporis den gesetzlichen fixen Beitrag zu entrichten. Das Gesetz hat dem Neueintretenden einen Nachlaß von vorneherein zugedacht, indem es anordnet, daß er nicht den vollen Beitrag, sondern diesen nur nach Zehnteln des Eintrittsjahres zu bezahlen braucht. Wer also spät bei bereits vorgerücktem Versicherungsjahr eintritt, hat nur noch einen verhältnißmäßig geringen Beitrag für dieses Jahr zu entrichten. Derjenige, der während des Jahres neu eintritt, kann an den gesetzlichen Nachlässen am Jahresbeitrage nicht partizipiren. Nach Art. 68 des Gesetzes vom 3. April 1875 wird, wenn die Ueberschüsse der Einnahmen die Hälfte der Gesammtsumme des Jahresbeitrages überschreiten, nur ein halber Beitrag eingehoben. Wer während des Jahres neu eintritt, muß aber aus dem ordentlichen fixen Jahresbeitrage die betreffenden Zehntel entrichten und partizipirt noch nicht sofort an den Vortheilen der übrigen Versicherten, welche schon länger der Anstalt angehören. Diese haben mit ihren Beiträgen in den vorausgehenden Jahren dazu beigetragen, daß sich ein Ueberschuß im Sinne des Art. 68 des Brandversicherungsgesetzes bilden konnte, und nur diese Mitglieder sind in solchen Jahren, wo Ueberschüsse vorhanden sind, berechtigt, nur den halben Beitrag zu entrichten. Wer aber erst im laufenden Geschäftsjahre eintritt, hat zu diesen Ueberschüssen auch noch nichts beigetragen und muß deßhalb den nach Art. 11 ohnedieß ermäßigten und nach Raten berechneten Beitrag leisten.

Ich kann also die Richtigkeit der Auffassung des Herrn Abgeordneten Kraußold nur bestätigen.

Vicepräsident: Zum Worte ist Niemand mehr gemeldet; ich schließe die Diskussion. Der Herr Referent verzichtet auf das Schlußwort. Erinnerung gegen den Artikel 122^{30} ist nicht vorgebracht worden; derselbe gilt als genehmigt.

S. 748. **Artikel 122[31].**

Zu diesem Artikel liegt ein Abänderungsantrag vor, gestellt von den Herren Abgeordneten Lerno, Joseph Geiger und Dr. Orterer (Beil. N[8]).

Derselbe lautet:

Die Kammer wolle beschließen,

es sei in Ziff. I des Artikel 122[31] (nach der Fassung des Ausschußbeschlusses) dem Abs. 2 folgende Fassung zu geben:

„Die Vorentscheidung ist nur für die Frage der Zulässigkeit des Rechtsweges bindend."

Ich eröffne die Diskussion und ertheile das Wort zunächst dem Herrn Referenten.

von Walter (Berichterstatter): Meine Herren! Der Art. 7 Abs. 2 in der Fassung, wie er Ihnen vorliegt, ist nothwendig geworden dadurch, daß die Haftpflicht des Staates, einer Gemeinde oder sonstiger Kommunalverbände
S. 749. für ihre Beamten in ausgedehnterer Weise als bisher || auf den Staat u. s. w. übernommen wurde. Es hat Ihnen bereits der frühere Herr Referent an dieser Stelle ausgeführt, daß der ursprüngliche Entwurf des Ausführungsgesetzes davon ausging, daß der Staat, die Gemeinde oder andere Kommunalverbände auch künftighin nur die subsidiäre Haftung für ihre Beamten zu entnehmen haben. Wir haben in unserem Ausschusse diese subsidiäre Haftung in eine primäre und elektive umgewandelt. Durch die Beschlüsse des Justizausschusses der Reichsrathskammer wurde endlich die alleinige Haftung des Staates, der Gemeinde und anderer Kommunalverbände anerkannt gegenüber jedem beschädigten Dritten. In Folge dessen ist auch eine Abänderung des Art. 7 Abs. 2 des Gesetzes vom 8. August 1878, betreffend die Errichtung eines Verwaltungsgerichtshofes und das Verfahren in Verwaltungsrechtssachen, nothwendig geworden. Dieser Art. 7 hat bisher bestimmt, daß in all' den Fällen, in welchen die Haftung des Staates, einer Gemeinde oder eines sonstigen Kommunalverbandes in Anspruch genommen wird, der Verwaltungsgerichtshof die Vorentscheidung zu treffen habe.

Jetzt ist dieser Artikel in entsprechender Weise erweitert worden und ist dagegen nur insofern im Ausschusse ein Bedenken laut geworden, als der Abs. 2 der neuen Bestimmung feststellt, die Vorentscheidung des Verwaltungsgerichtshofes ist für das Gericht bindend. Hiegegen wurde von mehreren Seiten eingewendet, daß man damit dem Gerichte die Entscheidung über den eigentlichen Klagegrund entziehe und nur mehr die Feststellung der Entschädigung zuweise. In allen anderen Fällen, in denen es sich um eine Beschädigung durch unerlaubtes Verhalten handelt, ist dem Gerichte die Entscheidung auch in Bezug auf die Schuldfrage zugewiesen. Das Verschulden des Beamten bildet ja den eigentlichen Klagegrund und außerdem hat das Gericht auch über die Schadenshöhe selbst zu erkennen.

Hier soll es nun anders werden. Hier soll der Verwaltungsgerichtshof sofort in einer das Gericht bindenden Weise aussprechen, daß wirklich ein Verschulden vorliegt.

Die Sache wurde um so mehr beanstandet, als ein Fall dem Ausschusse bekannt gegeben wurde, in welchem sich herausstellte, daß das Verfahren des Verwaltungsgerichtshofes doch nicht die nothwendige Gewähr dafür biete, daß die Schuldfrage so geprüft werden würde, als sie vom Civilrichter gewürdigt werden muß. Es wurden in dem Falle, der da zur Besprechung kam, zwar einige Zeugen vernommen, aber nicht einmal beeidigt. Nun, meine Herren,

ist in unserem Rechtsleben der Eid noch das einzige, allerdings auch vielfach S. 749.
unverlässige Mittel, die Wahrheit zu ergründen, und wenn dieses Mittel nicht zur Anwendung kommt, dann müssen die Zeugenaussagen doch von vornherein mit Vorsicht aufgefaßt werden. Es liegt also in dem Verfahren, das der Verwaltungsgerichtshof in dem angegebenen Fall eingeschlagen hat, keine sichere Gewähr dafür, daß die zu entscheidende Hauptfrage des Verschuldens auch so eruirt und so sicher festgestellt wird, wie es bei dem gerichtlichen Verfahren nothwendig und vorgeschrieben ist. Deßhalb wurde schon im Ausschusse der Antrag gestellt, diese Bestimmung zu streichen.

Allerdings beruft sich die k. Staatsregierung zur Rechtfertigung dieser Bestimmung darauf, daß das, was in Abs. 2 ausgesprochen werden soll, schon bisher Rechtens war, Rechtens war insofern, als auch die Gerichte die Entscheidung des Verwaltungsgerichtshofes als eine bindende anerkannten und sich dem Ausspruch unterordneten. Allein, meine Herren, das war lediglich eine Frage der Auslegung der bisherigen Fassung des Art. 7, Abs. 2 des Gesetzes über den Verwaltungsgerichtshof, aber keine gesetzlich bindende Vorschrift.

In der Pfalz lag die Sache anders; in der Pfalz hatte bisher die Entscheidung des Verwaltungsgerichtshofes nur die Bedeutung, daß damit die Zulässigkeit der Betretung des Rechtsweges festgestellt wurde. Die Schuldfrage selbst hatte das Gericht selbständig und unabhängig von der Vorentscheidung des Verwaltungsgerichtshofes festzustellen; für die Zukunft soll nun allerdings einheitliches Recht geschaffen werden und zwar dahin, daß die bisherige Praxis als Gesetz auf die Pfalz erstreckt wird.

Ich habe im Ausschusse gegen diese Bestimmung gesprochen und gestimmt und halte sie auch in der That für bedenklich.

Ueber den Antrag, der heute vorliegt, habe ich mich nicht weiter zu äußern; ich werde aber für den Antrag stimmen, da ich es im Interesse der Rechtsuchenden für geboten erachte, in Bezug auf die Feststellung der Frage des Verschuldens ihnen die Gewähr zu bieten, welche nach meinem Dafürhalten das Gericht, die Civilprozeßordnung und die strengen Formen der letzteren allein gewähren. Nach meinem Dafürhalten hängt das materielle Recht vielfach von den Formen ab, welche das Prozeßgesetz vorschreibt, und das materielle Recht, würde häufig Einbuße erleiden, wenn diese strengen Formen nicht bestünden. Auch in dem Falle wird es so sein. Das Gericht ist seiner Stellung nach mehr in der Lage, die Schuldfrage festzusetzen, als der Verwaltungsgerichtshof und eine Einbuße wird der Verwaltungsgerichtshof dadurch nicht erleiden, wenn man seine Entscheidung blos als eine Vorentscheidung erklärt und sie auch nur für die Frage gelten läßt, daß der Rechtsweg überhaupt zulässig ist.

Meine Herren! Im Ausschusse wurde ja geltend gemacht, daß man damit eine Herabwürdigung des Verwaltungsgerichtshofes herbeiführen würde; es ist aber das nicht der Fall. Meine Herren! Die Entscheidung des Verwaltungsgerichtshofes verhält sich wie der Beschluß eines Strafgerichtes auf Eröffnung des Hauptverfahrens. Wie nun häufig der Fall eintritt, daß ein Obergericht die Eröffnung des Hauptverfahrens anordnet und hinterher das Schöffengericht vielleicht freispricht, so kann es auch in dem Verfahren wegen Geltendmachung des Schadensanspruches aus schuldhaftem Verhalten eines Beamten vorkommen, daß der Verwaltungsgerichtshof zwar den Rechtsweg für zulässig erklärt, daß aber hinterher bei Gericht sich zeigt, daß das Verschulden in der That nicht vorliegt, und kann deßhalb die Klage zurückgewiesen werden.

S. 749. Ich glaube, daß nach allen diesen Richtungen der Antrag den Vorzug verdient und daß es besser für die Rechtsuchenden und unter Umständen auch für die haftbaren Verbände ist, wenn die Entscheidung über die Schuldfrage dem Gerichte überlassen wird.

Ich überlasse es Ihrer eigenen Würdigung, wie weit Sie diesen Anregungen nachkommen wollen.

Vicepräsident: Herr Antragsteller Abgeordneter Lerno!

Lerno: Meine Herren! Ich bedauere lebhaft, daß diese so wichtige Frage vor fast leeren Bänken verhandelt werden muß; denn ich halte sie für außerordentlich wichtig, weil ich in der Regierungsvorlage beziehungsweise dem Beschlusse des Reichsrathsausschusses die Gefahr einer Verschlechterung unserer Rechtspflege — das muß ich geradezu sagen — befürchte.

Die Sache hat, Gott sei Dank, nicht den mindesten politischen Beigeschmack,
S. 750. und ich bin davon überzeugt, daß ‖ der Antrag, wenn er auch von unserer Seite gestellt ist, deßwegen doch bei den Herren von der linken Seite des Hauses mit der Objektivität gewürdigt werden wird, die er verdient.

Die uns vorliegende neue Fassung des Abs. 2 von Art. 7 Abs. 2 des Verwaltungsgerichtshofgesetzes, welche in drei Absätze zerfällt, ist, wie der Herr Referent bereits ausgeführt hat, eine nothwendige Konseqnenz der von uns angenommenen Art. 53 und 53 a des Ausführungsgesetzes. Ich bin nun dem Herrn Referenten sehr dankbar für die freundliche Stellung, die er in seinen Ausführungen unserem Antrage gegenüber eingenommen hat, und ich glaube, gerade auf diese Stellungnahme mich auch als ein Argument beziehen zu dürfen, daß unser Antrag das Richtige trifft; denn wenn ein Mann wie der Herr Referent mit so jahrelanger reifer richterlicher Erfahrung auch sagt, er ziehe unseren Antrag den Bestimmungen, wie wir sie annehmen sollen, vor, so glaube ich, ist das ein recht gewichtiger Punkt.

Es ist im Ausschusse betont worden und auch in den Motiven steht es, daß das, was der vorgeschlagene Abs. 2 besagt, daß nämlich die Vorentscheidung des Verwaltungsgerichtshofes in den sogenannten Syndikatsklagen für die Gerichte bindend sein soll, ja allerdings bisher Praxis war im rechtsrheinischen Bayern. Allein, meine Herren, wenn wir hier als Gesetzgeber zur Anschauung kommen, daß diese Praxis nicht rathsam, nicht anzunehmen ist, dann, meine Herren, ist gerade jetzt der geeignete Zeitpunkt, dieser Praxis durch eine positive und klare Bestimmung einen Damm entgegenzustellen. Ich möchte übrigens darauf hinweisen, daß diese Praxis anerkanntermaßen nur für das rechtsrheinische Bayern gilt, während in der Pfalz, jenseits des Rheins die gegentheilige Praxis herrscht. Für die civilrechtlichen Entscheidungen in der Pfalz ist die Vorentscheidung des Verwaltungsgerichtshofes niemals als bindend erachtet worden.

Ich sehe auch wirklich keinen Grund ein, warum wir diese Bestimmung jetzt aufnehmen sollen. Bei der Vorentscheidung des Verwaltungsgerichtshofes handelt es sich, wie gesagt, um die sogenannte Syndikatsklage; wenn nämlich ein Beamter bei Ausübung seines Amtes vorsätzlich oder fahrlässig seine Amtspflicht verletzt hat und hiedurch einem Staatsbürger ein Schaden erwachsen ist, so mußte sich dieser früher an den Beamten selber halten, nach den künftigen Bestimmungen der Art. 53 und 53 a kann er sofort den Staat einklagen. Das ist die Syndikatsklage. Ehe diese Klage aber bei den Gerichten zugelassen wird, hat nach der Bestimmung des Art. 7 des Verwaltungsgerichtshofgesetzes dieser hohe Gerichtshof erst darüber zu entscheiden, ob in der That eine Amtspflicht-

verletzung auf Seiten des Beamten vorliegt, und nur dann, wenn diese Frage S. 750.
bejaht wird, wird die Klage bei den Gerichten zugelassen; wird sie verneint, dann nicht.

Dazu käme nun noch die neue gesetzliche Bestimmung, daß diese Vorentscheidung für die Gerichte vollständig bindend sein soll, d. h. die Entscheidung, ob der Beamte in der That ein vorsätzliches oder fahrlässiges Verschulden begangen, gilt so viel wie eine rechtskräftige Entscheidung, an welcher das nachher erkennende Gericht nichts mehr ändern darf. Und damit kann ich mich absolut nicht einverstanden erklären. Kein anderes Gericht hat in seiner ersten Instanz eine derartig weittragende Bestimmung; es gibt überall Rechtsmittel, nur natürlich nicht mehr in der Revisionsinstanz beim Reichsgerichte; da muß die Geschichte einmal ein Ende haben; allein bis dahin sind die Sachen doch längst reiflich erwogen und geprüft und durchdacht. Aber hier, wo die Sache beim Verwaltungsgerichtshofe in erster und letzter Instanz entschieden wird, geht eine derartige Bestimmung viel zu weit.

Ich möchte darauf hinweisen, daß das Verfahren beim Verwaltungsgerichtshofe doch ein viel summarischeres ist als bei den übrigen Gerichten. Ich verwahre mich ausdrücklich gegen einen Vorwurf, der etwa aus meinen Worten herausgelesen werden könnte, der aber nie und nimmer darin liegt, als ob ich irgendwie gegen den Verwaltungsgerichtshof oder dessen Entscheidung den leisesten Vorwurf erheben wollte, der auf das hohe Ansehen, das dieser Gerichtshof bei uns genießt, irgendwie einen Schatten werfen könnte. Davon bin ich weit entfernt; aber ich muß doch konstatiren, daß thatsächlich nach den vorliegenden Prozeßregeln die Entscheidung des Verwaltungsgerichtshofes viel summarischer als bei den Gerichten ist, daß die Beweiserhebungen, die da stattfinden können, einfachere sind als bei den Gerichten. Der Herr Referent hat schon darauf hingewiesen, daß in dem praktischen Falle, der in dem Ausschusse besprochen worden ist, konstatirt wurde, daß vorher zwar zweimal Zeugen vernommen worden sind, aber nicht eidlich, sondern lediglich vor einem Stadtmagistrate, also einer Verwaltungsbehörde, nicht vor einem Richter. Im Civilprozesse bei den Gerichten gibt es bekanntlich drei Instanzen. In den beiden ersten Instanzen werden regelmäßig die eingehendsten Beweiserhebungen und eidlichen Zeugenvernehmungen gepflogen. Nun aber, warum soll jetzt die Entscheidung vor dem Verwaltungsgerichtshofe, die unter so weniger festen Formen zu Stande kommt, warum soll die auf einmal dieselbe Rechtskraft haben wie die Entscheidungen der Gerichte in der letzten, der Revisionsinstanz, und obendrein soll sie auch noch die Bedeutung erhalten, daß sie für die Civilgerichte bindend ist.

Es gibt gegen diese Entscheidung auch kein Rechtsmittel. Gegen die Entscheidung der Gerichte, die in erster Instanz erlassen ist, gibt es noch das Rechtsmittel der Berufung und gegen diese eine dritte Instanz, die Revision. Gegen die Entscheidung des Verwaltungsgerichtshofes gibt es kein Rechtsmittel. Der Verwaltungsgerichtshof entscheidet meist in einer, bisweilen auch in mehreren Verhandlungen in derselben Instanz und dann ist die Geschichte fertig.

Nach dem Vorschlag der Regierung und beziehungsweise dem Beschlusse der Reichsrathskammer ist also die materielle Entscheidung über den Klagegrund, über die Frage, ob der Beamte eine Amtspflicht verletzt hat oder nicht, der Entscheidung des Gerichtes vollkommen entrückt. Das steht rechtskräftig fest. Und, meine Herren, die Gerichte haben eigentlich sich nur mit der Liquidation des Schadens zu befassen, mit der Frage, bis zu welcher Summe der eingeklagte Schaden zu zahlen ist, bis zu welchem Betrage der bezügliche

S. 750. Beamte zu entschädigen hat. Wenn es sich also nur mehr gewissermaßen um die Liquidation des Schadens handelt, dann könnten wir das am Ende auch gleich dem Verwaltungsgerichtshofe überlassen. Warum soll sich das Gericht damit noch befassen? Aber damit hätte man ein exemptes Verfahren ohne die strengen Beweisregeln und ohne jedes Rechtsmittel. Daraus allein, glaube ich, dürfte erhellen, daß dieser Vorschlag nicht annehmbar ist.

Ich habe vorhin gesagt: Es ist richtig, daß im rechtsrheinischen Bayern diese Entscheidung des Verwaltungsgerichtshofes für bindend erachtet wurde auf Grund einer Praxis, die sich allmählich gebildet hat; ein Gesetz darüber haben wir bis jetzt nicht gehabt. Das soll jetzt erst in den Art. 7 des Verwaltungsgerichtshofgesetzes hineinkommen. Aber, meine Herren, ich glaube, man könnte
S. 751. praktische Fälle || aufweisen — und der in unserem Ausschusse besprochene war ein solcher —, aus denen hervorgeht, daß die Gerichte diese Bestimmung, die bisher ihnen die Praxis auferlegt hat, doch als eine recht enge Fessel empfunden haben, daß sie Mittel und Wege gesucht haben, über diese enge Schranke, die ihnen vom Verwaltungsgerichtshofe gezogen ist, hinüberzukommen.

Das war in dem praktischen Falle insoferne gegeben, als dort der Verwaltungsgerichtshof zwar erkannt hatte, der fragliche Beamte habe eine fahrlässige Amtspflichtverletzung sich zu Schulden kommen lassen; das betreffende Landgericht und darauf in zweiter Instanz das Oberlandesgericht haben aber ausgesprochen, daß sie an diese Entscheidung zwar gebunden, aber doch der Ueberzeugung seien, daß dieses Verschulden, diese Amtspflichtverletzung keine so hochgradige war, um daran eine Schadensersatzpflicht zu knüpfen. Meine Herren! Was ist nun das wieder! Wenn der Verwaltungsgerichtshof einmal feststellt, es liegt eine Pflichtverletzung vor, dann meint der Beschädigte, jetzt habe ich die Geschichte gewonnen, jetzt muß mich der Beamte entschädigen, und doch hat er wieder nicht Recht bekommen. Hierin erblicke ich einen Widerspruch, der nicht gut ist für das Ansehen der Rechtsprechung.

Durch dieses Verfahren, wie es hier vorgeschlagen ist, werden sozusagen die Beamten eigentlich ihrem ordentlichen Richter entzogen. Die Hauptfrage: liegt ein Verschulden vor? kommt vor den Verwaltungsgerichtshof, nicht vor die Gerichte, und wird dort in einer einzigen Instanz entschieden, während, wenn die Sache bei den ordentlichen Gerichten wäre, dann der Beamte die üblichen drei Instanzen hätte.

Man hat mir eingewendet, daß durch unseren Antrag eine Verschlechterung der Rechtslage eintritt. Das kann ich nicht zugeben. Im Gegentheil, ich erblicke eine Verschlechterung darin, wenn wir den Vorschlag der Regierung annehmen würden. Ich erblicke eine Verbesserung der Rechtslage sowohl des eingeklagten Beamten als desjenigen, der gegen die Pflichtverletzung des Beamten seinen Schadensersatz sucht, in dem, was wir vorschlagen.

Auch dürfte es nach meinem Dafürhalten dem Ansehen der Gerichte doch weit mehr entsprechen, wenn wir den Gerichten die Hände nicht binden, sondern ihnen auch die primäre Frage über den Klagegrund, über das Verschulden des Beamten vollständig frei überlassen.

Diese sogenannte Syndikatsklage hat von vornherein nur den Zweck, den Beamten vor muthwilligen und allzu häufigen Klagen zu schützen. Wer lange oder auch nur kurze Zeit bei Gericht thätig war, weiß, welch' großer Ballast der Geschäftsaufgabe die Beschwerden der sogenannten Querulanten und Prozeßkrämer sind. Solche Leute glauben sich durch die Entscheidungen der Beamten fortwährend verletzt und geschädigt und es wäre zu befürchten, daß dieselben in sehr großem Maße die Beamten durch

solche Entschädigungsklagen behelligen würden, woraus dem einzelnen Beamten S. 751.
in der Regel insofern ein materieller Nachtheil entstünde, als er, wenn er auch den Prozeß gewinnt, doch die Kosten seines Anwaltes tragen muß, weil der Kläger meist im Armenrechte streitet und nichts hat. Um diesen Nachtheil von den Beamten abzuwenden, dafür ist diese Kautel geschaffen, welche Art. 7 des Verwaltungsgerichtshofgesetzes für die Beamten bietet.

Aber diese Kautel hat, wie ich ausgeführt zu haben glaube, die Schattenseite, daß die Befugniß des Verwaltungsgerichtshofes, die Bedeutung dieser Vorentscheidung, viel zu weit geht; darum haben wir Ihnen den Antrag unterbreitet, es sei der Abs. 2 dahin abzuändern, daß diese Vorentscheidung nur für die Frage dieser Zulässigkeit des Rechtsweges bindend sei.

Wir hätten ja einfach den Antrag stellen können, diesen Abs. 2, welcher lautet: „Die Vorentscheidung ist für das Gericht bindend", zu streichen; allein wir haben uns gedacht, durch das einfache Weglassen dieser Bestimmung könnten Zweifel entstehen, was denn diese Vorentscheidung überhaupt noch für eine Bedeutung habe.

Nach unserer Meinung soll sie aber nur die Bedeutung haben, daß damit allein die Frage der Zulässigkeit des Rechtsweges, die Zulässigkeit der Klagestellung beim Gerichte entschieden werden soll, und wenn diese Frage vom Verwaltungsgerichtshof bejaht ist, soll das Gericht vollständig freie Hand und die gleiche Befugniß wie in allen übrigen Prozessen haben, zu erkennen auf Grund vollständig freier Beweisführung und freier Ueberzeugung, ohne an einen in der Sache vorangegangenen Ausspruch gebunden zu sein. Gerade deßhalb haben wir den Antrag so formulirt. Ich bitte Sie, denselben anzunehmen. (Beifall rechts.)

Vicepräsident: Das Wort nehmen Seine Excellenz der Herr Justizminister.

Der k. Staatsminister Dr. Freiherr **von Leonrod:** Meine Herren! Der Antrag des Herrn Abgeordneten Lerno betrifft die rechtliche Bedeutung der Vorentscheidung. Wie Sie wissen, fehlt es in den Landestheilen rechts des Rheins an einer gesetzlichen Bestimmung bezüglich dieser Vorentscheidung. Der bestehende Rechtszustand ist durch die Rechtsprechung, insbesondere durch jene des vormaligen Kompetenzkonfliktssenates ausgebildet worden. Die Rechtsprechung geht von der Ansicht aus, daß die den Gegenstand der Vorentscheidung bildende Frage nach den für die Abgrenzung der Zuständigkeit zwischen den Gerichten und den Verwaltungsbehörden maßgebenden Grundsätzen zur Zuständigkeit der Verwaltungsbehörden gehören und daß deßhalb über diese Frage nicht im Rechtswege zu entscheiden sei. Demgemäß ist in den Landestheilen rechts des Rheins auch die bejahende Vorentscheidung für die Gerichte bindend, sie stellt das Verschulden des Beamten rechtskräftig fest.

In der Pfalz hat die Vorentscheidung nach den französischen Grundsätzen nur die Bedeutung, daß die Verfolgung des Anspruches im Rechtswege zulässig sei. Ueber die Frage, ob ein Verschulden des Beamten vorliegt, entscheidet das Gericht selbständig. Die bejahende Vorentscheidung ist für das Gericht nicht bindend.

Daß wir in dieser Frage nunmehr die Rechtseinheit herstellen wollen, darin sind Sie wohl Alle mit der Staatsregierung einig. Es fragt sich also nur: sollen wir uns in der Frage der rechtlichen Bedeutung der Vorentscheidung dem rechtsrheinischen oder dem pfälzischen Rechte anschließen? Die k. Staatsregierung hält den Anschluß an das rechtsrheinische Recht für sachlich richtiger.

S. 751. Dafür spricht zunächst, daß es nicht als zweckmäßig erachtet werden kann, wenn über dieselbe Frage, über das Verschulden des Beamten, zwei verschiedene Gerichte urtheilen. Was der Verwaltungsgerichtshof entschieden hat, soll nicht von dem bürgerlichen Gerichte noch einmal erwogen und entschieden werden;
S. 752. dieß würde zu un‖nützen Weiterungen führen und das Verfahren in überflüssiger Weise vertheuern. Der Beamte kann sich darüber, daß die Vorentscheidung für das Gericht bindend ist, nicht beschweren, er kann nur verlangen, daß über ihn von einem unabhängigen Richter und nachdem er gehört worden ist, entschieden wird. Beide Voraussetzungen treffen bei der Vorentscheidung des Verwaltungsgerichtshofes zu. Andererseits verlangt es die Billigkeit gegen den Kläger, daß eine ihm günstige Vorentscheidung dieselbe Bedeutung hat wie eine abweisende. Mit der abweisenden Vorentscheidung ist die Sache zu Ende. Ebenso soll die Feststellung des Verschuldens zu Gunsten des Klägers eine endgiltige sein.

Für den Standpunkt der k. Staatsregierung spricht weiter, daß es doch geradezu zu einer Verwirrung der öffentlichen Meinung führen müßte, wenn nach einem bejahenden Ausspruche des Verwaltungsgerichtshofes das bürgerliche Gericht zu einer gegentheiligen Entscheidung käme. (Sehr richtig!) Entspricht es endlich der Stellung des obersten Gerichtshofes in Verwaltungssachen, daß seine Entscheidung von jedem untergeordneten bürgerlichen Gerichte nachgeprüft werden kann?

Wie Sie aus dem XIV. Protokolle des Justizausschusses der Kammer der Reichsräthe entnehmen können, hat nicht nur der Präsident des obersten Landesgerichts, Reichsrath von Schmitt, sich mit dem Standpunkte der k. Staatsregierung einverstanden erklärt, sondern auch der Präsident des Oberlandesgerichts Zweibrücken, Reichsrath von Hessert, und ich glaube, nach erhaltener Mittheilung sagen zu können, daß die Richter in der Pfalz überhaupt vollständig damit einverstanden sind, wenn die Rechtsprechung zum Gesetze wird, die bisher im diesseitigen Bayern geübt wurde.

Ich glaube deßhalb, Sie sollten den Antrag ablehnen und entsprechend den Beschlüssen Ihres Ausschusses und des Ausschusses der Kammer der Reichsräthe die Regierungsvorlage annehmen.

Mit einem Worte möchte ich aber noch einen weiteren Punkt berühren, der in dem Antrage nicht berücksichtigt worden ist. Der Herr Antragsteller scheint den Abs. 3 des Artikels nicht in Erwägung gezogen zu haben, denn wenn er den Abs. 2 streichen oder in seinem Sinne ändern will, so muß er den Abs. 3 zu streichen beantragen; denn für den Anspruch des Staates gegen den Beamten ist nach dem Abs. 1 die Vorentscheidung nicht erforderlich. Der Staat bedarf nicht erst einer Vorentscheidung, wenn er seinen Ersatzanspruch geltend machen will. Nach dem Entwurf hat der Abs. 3 die Bedeutung, daß die rechtskräftige Feststellung des Verschuldens im Verhältniß zwischen dem Beamten und dem Dritten auch dem Staat in seinem Verhältniß zum Dritten zu statten kommt; dieß fällt aber weg, wenn eine rechtskräftige Feststellung des Verschuldens durch die Vorentscheidung nicht mehr erfolgt.

Meine Herren! Ich beantrage die Ablehnung des Antrags des Herrn Abgeordneten Lerno.

Vicepräsident: Herr Abgeordneter Wagner!

Wagner: Meine Herren! Der Herr Antragsteller hat ganz Recht, wenn er sagt, daß es sich hier um eine Frage handelt, welche nicht nach politischen Gesichtspunkten entschieden werden darf, sondern welche nach dem Gesichts-

punkte entschieden werden muß: wo liegt das Recht? Und das, meine Herren, S. 752.
glaube ich, ist eine Frage, welche kaum so beantwortet werden kann, wie der verehrte Herr Antragsteller ausgeführt hat. Entscheidend ist ja nicht, aber immerhin zu Gunsten des Antrags der k. Staatsregierung in Betracht zu ziehen der gegenwärtige Rechtszustand. Es haben Seine Excellenz der Herr Minister schon darauf hingewiesen, daß das, was hier von Seite der k. Staatsregierung vorgeschlagen ist, im Wesentlichen schon bisher im rechtsrheinischen Bayern Recht ist, und es ist auch dargelegt worden, daß Seitens der Richter in der Pfalz, auch Seitens der Ausschußmitglieder aus der Pfalz keine Erinnerung gegen die Aenderung erhoben wurde, welche durch diese geänderte Bestimmung des Art. 7 des Verwaltungsgerichtshofgesetzes gebracht wird. Ich sage, das ist immerhin etwas in's Auge zu fassen; denn wenn wir auch gerade nicht ein klar geschriebenes Recht für den bisherigen Zustand haben, so ist die Rechtsprechung bisher auf diesem Standpunkt gestanden, und wir müssen uns fragen, ob ein Bedürfniß für eine Abänderung des bisherigen Rechtszustandes vorliegt.

Das ist außer allem Zweifel, daß, wenn der Antrag des Herrn Kollegen Lerno angenommen wird, allerdings jene Mißlichkeit eintreten kann, auf welche ebenfalls Seine Excellenz der Herr Minister bereits hingewiesen haben, daß in einer und derselben Sache, über eine und dieselbe Frage der Verwaltungsgerichtshof anders entscheiden kann, als vielleicht der oberste Gerichtshof des Landes oder das Reichsgericht in dieser Sache entscheiden könnten, wenn der Antrag des Herrn Kollegen Lerno angenommen wird. Es ist ja richtig, auch sonst entscheiden die Gerichte in verschiedener Weise, das ist ja außer allem Zweifel. Aber die Möglichkeit, daß endgiltig von zwei obersten Gerichtshöfen in ein und derselben Sache, über eine und dieselbe Frage anders entschieden wird, das ist nach den bisherigen Gesetzen noch nicht vorgekommen, und diese Anomalie würde uns der Antrag des verehrten Herrn Kollegen Lerno nach meiner Meinung bringen können.

Aber auch hierauf lege ich noch nicht das entscheidende Gewicht, sondern das entscheidende Gewicht liegt nach meiner Meinung in einem Punkte, den ebenfalls Seine Excellenz der Herr Staatsminister bereits mit Recht hervorgehoben hat. Der Antrag des Herrn Kollegen Lerno hat zur Folge, daß die Entscheidung des Verwaltungsgerichtshofes für den Kläger eine andere Bedeutung haben würde, als für den Beklagten. Wenn von dem Verwaltungsgerichtshofe ausgesprochen wird, daß der Rechtsweg unzulässig sei, dann ist der Kläger mit seinem Anspruche definitiv abgewiesen und er kann sich nicht mehr an die Gerichte wenden. Er ist abgewiesen, für ihn ist die Entscheidung des Verwaltungsgerichtshofes definitiv. Anders ist es, wenn zu Ungunsten des Beklagten, des Beamten oder des Staates entschieden wird; in der Richtung gegen den Beklagten hat dann die Entscheidung des Verwaltungsgerichtshofes eigentlich nur eine formale Bedeutung und kann das Gericht noch mit der Frage des Verschuldens, mit der Frage der Uebertretung der Amtspflicht befaßt werden. Meine Herren! Das ist also etwas, was entschieden eine Unbilligkeit nach der anderen Seite hin bedeutet.

Wenn die Ausführungen des Herrn Kollegen Lerno und auch des verehrten Herrn Referenten zutreffen, dann gibt es gar nichts Anderes, als den Art. 7 Abs. 2 des Gesetzes über den Verwaltungsgerichtshof zu streichen; dann muß diese Bestimmung beseitigt werden, denn der Antrag „Lerno" gipfelt hinsichtlich seiner Begründung darin, daß die ‖ Entscheidung des Verwaltungsgerichtshofes S. 753.
nicht die genügende Zuverlässigkeit biete. Meine Herren! Wenn das der Fall

S. 753. ist, dann, sage ich, ist die Entscheidung des Verwaltungsgerichtshofes auch dem Kläger gegenüber nicht zuzulassen. Denn das, was der Antragsteller alles hervorhebt, bleibt dann zu Ungunsten des Klägers bestehen, und die Ungerechtigkeit wird dann noch eine um so größere. Ich meine also, wenn seine Gründe zutreffen, muß er sagen: Gleiches Recht für Alle, die Entscheidung des Verwaltungsgerichtshofes darf dann nicht maßgebend sein, das Verfahren ist ein solches, daß es ein ausreichendes Vertrauen nicht bietet, und weil das der Fall ist, dürfen wir den Rechtsuchenden nicht schlechter stellen als den Beamten oder den Staat, welcher in Angriff genommen wird, sondern wir müssen ihn auf die gleiche Linie stellen. Das ist nach meiner Meinung dasjenige, was am meisten zu berücksichtigen ist und gegen den Antrag des Herrn Kollegen Lerno in's Gewicht fällt. Der Rechtsuchende darf nicht schlechter gestellt werden als derjenige, welcher verfolgt wird. Die Entscheidung muß nach beiden Seiten hin gleiche Bedeutung haben, und diesen Grundsatz verletzt der Antrag des Herrn Kollegen Lerno.

Ich kann deßhalb nicht für denselben stimmen, muß aber sagen, ich würde einem Antrage zustimmen, welcher dahin geht, den Abs. 2 des Art. 7 über den Verwaltungsgerichtshof zu streichen, wenn ein hinreichendes Bedürfniß dafür dargelegt würde.

Meine Herren! Ich muß gestehen, obwohl ich schon ziemlich lange in der gerichtlichen Praxis stehe, habe ich doch einen derartigen Fall selbst noch nicht durchgemacht. Ich muß aber auf der anderen Seite sagen, daß die Ausführungen, welche beispielsweise der verehrte Herr Kollege Geiger im Ausschusse gemacht hat, auf mich einen großen Eindruck gemacht haben. Wenn allerdings die Dinge so liegen, daß das Verfahren vor dem Verwaltungsgerichtshofe ein wenig zuverlässiges ist, dann muß entweder nothwendig das Verfahren vor dem Verwaltungsgerichtshofe verbessert, also anders geregelt werden, oder es muß die Bestimmung des Art. 7 Abs. 2 beseitigt werden.

Nun, meine Herren, die Beseitigung wäre nach meiner Meinung heutzutage auch kein besonders großes Unglück mehr und zwar deßhalb, weil ja jetzt durch die Bestimmungen, die wir hinsichtlich der Haftung des Staates für die Beamten im Ausführungsgesetze getroffen haben, doch der Beamte schon einen sehr weitgehenden Schutz davor hat, daß er nicht in ungerechter Weise in Anspruch genommen wird. Es muß ja der Private in der Regel sich an den Staat beziehungsweise an die Gemeinde wenden, der Beamte wird also nicht in erster Linie verfolgt und er wird nicht die Prozeßkosten aufgehalst bekommen, wie er sie bisher, selbst wenn er siegte, dann hatte, wenn der Gegner nicht solvent ist. Das wäre also nach meiner Meinung auch ein Zweckmäßigkeitsgrund, aus dem man auf diese Bestimmung überhaupt verzichten könnte.

Meine Herren! Ich wiederhole noch einmal, wenn Sie sich dazu entschließen könnten, die Streichung des Abs. 2 des Art. 7 vorzunehmen, würde ich für meine Person zustimmen. Aber dem Antrage des Herrn Kollegen Lerno kann ich aus Gerechtigkeitsgründen meine Zustimmung nicht geben.

Vicepräsident: Herr Abgeordneter Karl Schmidt!

Karl **Schmidt:** Meine Herren! Damit Sie mich nicht von vornherein vielleicht der Anmaßung beschuldigen, daß ich mir herausnehme, in eine so schwierige juristische Frage mich einzumischen, bemerke ich, daß ich wegen einer anderen Bestimmung des zur Berathung stehenden Artikels mich zum Worte gemeldet habe; denn es ist vollständig richtig: wer könnte als Laie ohne juristisch ausgebildeten Verstand in eine Sache hineinreden, in der ja die hervorragendsten juristischen Mitglieder des Hauses nicht einig sind! Ich werde mich also hüten, in dieser Sache mich weiter vorzuwagen. Aber als Laie muß ich doch sagen, daß, wenn einer Entscheidung des Verwaltungsgerichtshofes keinerlei bindende Bedeutung beigemessen werden soll, es wohl das Richtigste wäre, den ganzen Art. 7 aufzuheben, damit wenigstens nicht widersprechende Entscheidungen der höchsten Verwaltungs- und der höchsten Gerichtsbehörde vorkommen. S. 753.

Nur noch eine Bemerkung, meine Herren, erlaube ich mir beizufügen. Der Vorgang, der darin besteht, daß den Vorentscheidungen eine definitive Bedeutung beigelegt werden kann und auch beigelegt ist, ist wohl an einem Beispiel schon vorhanden in den §§ 95 und 96 des Reichsunfallversicherungsgesetzes. Dort ist ausdrücklich ausgesprochen, daß ein Verletzter nur dann einen Anspruch gegen den Betriebsunternehmer oder seinen Verwalter geltend machen kann, wenn durch strafgerichtliches Urtheil festgestellt ist, daß er sich einer strafbaren Handlung oder Unterlassung schuldig gemacht hat. Also hier liegt eigentlich doch nach dieser Richtung schon eine definitive Entscheidung vor.

Doch will ich, wie gesagt, diesen Punkt verlassen und mich demjenigen zuwenden, der mich veranlaßt hat, das Wort zu nehmen.

Nach dem Art. 7 des Verwaltungsgerichtshofgesetzes, meine Herren, war ausgesprochen, daß eine Vorentscheidung einzutreten hat, wenn ein Beamter wegen eines Verschuldens oder wegen einer Unterlassung in Anspruch genommen werden soll. Die vielen Entscheidungen, die der Verwaltungsgerichtshof zu erlassen hatte, beweisen nun, daß vielfach die Auffassung bestand, daß bei jedem Anspruch gegen einen Beamten diese Entscheidung vorauszugehen hat. Ich meine also, daß doch sehr häufig die Auffassung bestand, daß unter diesen Beamten des Art. 7 des Gesetzes nicht blos die Staatsbeamten, sondern auch die Gemeindebeamten zu verstehen gewesen wären. Aber die vielen Entscheidungen des Verwaltungsgerichtshofes gingen übereinstimmend dahin, und es hat sich eine konstante Praxis gebildet, die ausgesprochen hat, daß eine Vorentscheidung sich auf Gemeindebeamte nicht bezieht, höchstens nur dann, wenn der betreffende Beamte als ein Organ der Staatsgewalt, also bei Ausübung staatlicher Hoheitsrechte sich einer unzulässigen Handlung oder Unterlassung schuldig gemacht hat. Die Gemeindebeamten waren also bisher dieser Vorentscheidung und der Inanspruchnahme nach dieser Richtung hin entrückt. Es ist bereits vom Herrn Referenten hervorgehoben worden, daß dieser Gesetzesartikel eine Erweiterung erfahren hat und daß mit Rücksicht auf die Bestimmung des Bürgerlichen Gesetzbuchs und unseres Einführungsgesetzes, insbesondere mit Rücksicht auf Art. 53 des vorliegenden Gesetzes, diese Ausdehnung nothwendig geworden ist.

Der jetzige Artikel, der an Stelle des bisherigen gesetzt werden soll, spricht nun aus, daß der Verwaltungsgerichtshof berufen sein soll, die Vorentscheidung dann zu treffen, ‖ wenn sich der Beamte bei Ausübung der ihm S. 754.
anvertrauten öffentlichen Gewalt vorsätzlich oder fahrlässig eines Verschuldens schuldig gemacht hat. Weiter ist gesagt: Haftbar ist der Staat oder derjenige Verband, in dessen Diensten der Beamte steht. Nun, meine Herren, hat der Gemeindebeamte häufig eine doppelte Eigenschaft, er befindet sich sehr oft in Ausübung des ihm amtlich und staatlich anvertrauten Wirkungskreises; er steht aber auch sehr häufig nur da zum Vollzug der ihm gemeindeamtlich obliegenden Verpflichtungen.

Ich weiß nun nicht, wenn es etwa sich darum handeln würde, daß ein

S. 754. Gemeindebeamter bei Ausübung des ihm staatlich übertragenen Wirkungskreises eine ihm zur Last fallende Handlung oder Unterlassung begeht, ob da die Gemeinde oder der Staat als haftpflichtig nach Maßgabe dieses Gesetzes zu betrachten ist.

Die Beispiele, die Herr Kollege Lerno gestern vorgebracht hat, meine Herren, haben mir bewiesen, daß auch über diese Frage zur Zeit noch eine große Unsicherheit und Unklarheit besteht. Denn, wenn es vorkommen sollte, daß ein Gemeindebeamter in Anspruch genommen wird deßwegen, weil er seine Verpflichtungen vernachlässigt hat in Bezug auf die ordentliche Herstellung der Gemeindeverbindungswege, so ist mir nicht klar, ob dieß eine Verpflichtung des Bürgermeisters ist in seiner Eigenschaft als Gemeindebeamter oder in seiner Eigenschaft als Staatsbeamter; da könnte die Frage wiederum sehr verschieden ausgelegt werden und es würde die Unklarheit, die bis jetzt bestand, auch für die Zukunft fortbestehen.

Bezüglich des anderen Falles, den Herr Kollege Lerno angeführt hat, nämlich bezüglich des Falles des Gemeindeschreibers und seiner Versäumniß bei Einsendung eines Hagelversicherungsantrages, habe ich die Auffassung, daß ein solcher Fall überhaupt nicht unter den Art. 53 gerechnet werden kann, weil es sich hier doch wohl nicht um eine dem Beamten anvertraute öffentliche Gewalt handelt. Dieser würde also offenbar auszuscheiden haben.

Sehr wichtig ist für mich die Frage: Ist der Gemeindebeamte stets Gemeindebeamter und haftet für ihn auch in solchen Fällen, wenn er als staatlich aufgestelltes Organ die Geschäfte besorgt, die Gemeinde, oder tritt in solchen Fällen der Staat ein, weil der betreffende Gemeindebeamte in staatlicher Autorität und in Ausübung staatlicher Funktionen handelt. Aber ich halte die Sache für unklar, vielleicht ist sie auch noch anderen Herren unklar. Denn wir wissen ja, die Anschauungen sind verschieden, selbst unter den maßgebenden Herren, und ich wollte doch nicht unterlassen, diese meine Zweifel hier zum Ausdrucke zu bringen, damit wir wenigstens hören, in welcher Weise die k. Staatsregierung diese von mir angeregten Punkte auffassen wird.

Vicepräsident: Herr Abgeordneter Joseph Geiger!

Joseph **Geiger:** Meine Herren! Mir dünkt, daß die Ausführungen des geehrten Herrn Vorredners eigentlich nicht zu diesem Artikel, sondern zu dem bereits von uns behandelten Art. 53 und 53a gepaßt hätten. Ich kann ihm daher auf diesem Gebiete, wo es sich um die Frage handelt: Wer haftet? Welche Behörde hat den Beamten zu vertreten?, nicht weiter folgen.

Ich will mich lediglich mit dem Antrage beschäftigen, welchen ich mit meinen Freunden Lerno und Dr. Orterer gestellt habe. Ich habe gemeint, daß wir hier auf einem für alle Parteien dieses Hauses gemeinsamen Boden uns befinden, denn unser Antrag bezweckt ja zunächst, die Selbständigkeit der Gerichte auch in Bezug auf Fälle, welche im Art. 122[31] erwähnt sind, zu sichern, mit anderen Worten, wir wollen durch unseren Antrag die Fesseln lösen, welche bestehen für den Richter, welcher berufen ist, das Urtheil nach seiner freien Ueberzeugung auf Grund der von ihm geführten Verhandlung auszusprechen.

Meine Herren! Als eine Fessel müssen die bestehenden Verhältnisse ganz gewiß angesehen werden. Es ist Solches auch von Seite der k. Staatsregierung anerkannt und von dem Herrn Referenten, sowie dem Herrn Kollegen Wagner des Näheren ausgeführt worden. Es war ein stetiges Bestreben des Volkes und auch der Regierung, die Rechtsprechung so zu gestalten, daß das Urtheil möglichst dem materiellen Recht entspräche, sie so zu gestalten, daß nicht die Schranken des formellen Rechtes dem Richterspruch zu sehr entgegenstehen. Ganz können wir ja diese Schranken nicht beseitigen. Aber es war eine große Errungenschaft, als wir im Jahre 1869 in unserer bayerischen Prozeßordnung den Grundsatz aufstellen konnten: Der Richter hat bei Fällung seines Urtheils lediglich seine durch die Verhandlung gewonnene freie Ueberzeugung zum Ausdrucke zu bringen, und wenn auch nach dem genannten Gesetz abgesehen von rein formalen Bestimmungen noch eine Fessel geblieben ist, insofern als der Civilrichter an einen bereits vorhandenen rechtskräftigen Ausspruch des Strafrichters gebunden war, so gelangte doch die deutsche Prozeßordnung in Anerkennung des Prinzipes dahin, auszusprechen, daß der Civilrichter bei Fällung seines Urtheils auch nicht mehr an die bereits vorliegende Entscheidung des Strafrichters gebunden sein soll. Ersterer wird diese Entscheidung, soweit sie mit der Civilsache zusammenhängt, in Erwägung ziehen, sie wird vielleicht für seine Ueberzeugung bestimmend sein, aber sie muß es nicht sein, und von diesem Gesichtspunkt aus betrachtet ist der Antrag, den wir gestellt haben, aufzufassen. S. 754.

Meine Herren! Wenn es sich um Entschädigungsklagen handelt wegen Verfehlungen der Beamten des Staates oder der Kommunalverbände in Ausübung ihres Amtes, so sind unbestrittenermaßen die Gerichte, die Civilgerichte berufen, diese Entschädigungsklagen zu entscheiden, und die Aufgabe des Richters bei seiner Entscheidung ist eine dreifache. Er muß sich schlüssig machen, ob eine Verletzung der Dienstpflicht des Beamten aus Vorsatz oder Fahrlässigkeit vorliegt. Er muß sich zweitens fragen, ob diese schuldhafte Verletzung der Dienstpflicht in einem nothwendigen Zusammenhange mit der Beschädigung steht, die ein Dritter erlitten und weßwegen er die Enschädigungsklage erhoben hat, und hat endlich drittens die Frage zu entscheiden, wie hoch ist der Entschädigungsbetrag zu bemessen, zu wie viel ist der Beamte oder der ihn vertretende Staat oder der ihn vertretende Kommunalverband zu verurtheilen. Die Entscheidung über diese drei Fragen sollte man nicht zerreißen.

Die erste Frage aber ist den Gerichten abgenommen und den Verwaltungsbehörden, dem Verwaltungsgerichtshofe übertragen worden. Das ist geltendes Recht. Nun läßt sich die Vorentscheidung, welche der Verwaltungsgerichtshof zu treffen hat, bis zu einem gewissen Grade rechtfertigen, und ich stehe nicht an, zu behaupten, daß eine solche Vorentscheidung aus administrativen und politischen und vielen anderen Erwägungen nothwendig erscheint, weßwegen ich zur Zeit Anstand nehme, dem Gedanken des Herrn Kollegen || Wagner zu folgen. S. 755.
Aber ich halte es für genügend, wenn die Verwaltungsbehörde definitiv bindend nur darüber sich ausspricht, ob der Rechtsweg zu betreten sei, d. h. ob die Sache so gelagert sei, daß eine schuldhafte Uebertretung einer Dienstpflicht vorliege, oder ob dieses nach den bestehenden Verhältnissen nicht der Fall sei, um allen jenen Nachtheilen vorzubeugen, welche eine voreilige Inanspruchnahme des Richters auch für den Kläger zur Folge hat.

Meine Herren! Etwas Anderes ist es aber, wenn einmal von Seite des Verwaltungsgerichtshofes entschieden würde, es liegt hier eine schuldhafte Verletzung der Dienstpflicht vor, diesen Ausspruch auch aufrecht erhalten zu müssen unter Umständen, unter welchen er nach der Ueberzeugung des Richters nicht mehr aufrecht erhalten werden kann. Hat der Verwaltungsgerichtshof dahin sich entschieden, daß eine schuldhafte Verletzung der Dienstpflicht oder auch nur eine objektiv rechtswidrige im Falle des Art. 53a nicht vorliege, dann erscheint die Sache erledigt; dann wird der Richter auch nicht zu einem Urtheile ver-

S. 755. anlaßt. Der Rechtsweg ist ausgeschlossen. Wird aber der Richter einmal in die Lage versetzt, ein Urtheil zu fällen, dann muß ihm auch die Freiheit gegeben sein, bei seiner Entscheidung sich lediglich nach seiner richterlichen Ueberzeugung, welche er auf Grund der Verhandlung gewonnen hat, zu richten.

Meine Herren! Denken Sie den Fall, es ereignet sich in einer Gemeinde ein Unfall, es wird eine Person beschädigt und es besteht die Muthmaßung, daß der Unfall und in Folge dessen die Beschädigung herbeigeführt sei durch ein schuldhaftes Unterlassen im Dienste Seitens eines Gemeindebeamten. In einem solchen Falle wird nun der Beschädigte gewillt sein, von dem schuldhaften Beamten oder vielmehr von dem Kommunalverband der Gemeinde, welche den Beamten zu vertreten hat, eine Entschädigung zu fordern. Der Klagestellung oder vielmehr der Betretung des Rechtsweges steht aber der Umstand entgegen, daß der Verwaltungsgerichtshof sich noch nicht ausgesprochen hat. Es wird also die Entscheidung des Verwaltungsgerichtshofes eingeholt. Dieser entscheidet gewissenhaft nach Erhebung aller ihm nothwendig erscheinenden thatsächlichen Verhältnisse und spricht sich dahin aus, daß ein Verschulden des Beamten vorliegt, so daß der Klage auf Entschädigung der Weg gebahnt ist. Im Laufe der Verhandlung vor dem Civilrichter werden aber neue thatsächliche Momente beigebracht, welche dem Verwaltungsgerichtshof nicht bekannt waren, und diese neuen thatsächlichen Momente bringen dem Richter die Ueberzeugung bei, daß der Beamte eine schuldhafte Unterlassung oder Handlung nicht begangen hat. Nach der Sachlage müßte er also die Klage abweisen. Das darf er aber nicht, er muß seiner eigenen, durch die Verhandlung gewonnenen Ueberzeugung Gewalt anthun und den Beamten oder den Staat oder die Gemeinde zur Entschädigung verurtheilen.

Meine Herren! Es ist das ein Eingriff, ich möchte sagen, in das Gewissen des Richters, (sehr richtig!) der sehr schwer zu ertragen ist. Wir machen dem Verwaltungsgerichtshof keinen Vorwurf, daß er die Vorentscheidung, wie er gethan, gefällt hat, weil ihm alle thatsächlichen Verhältnisse ohne sein Verschulden nicht bekannt waren, sondern theilweise erst später hervorgetreten sind.

Nun setze ich einen anderen Fall. Es wird bei den von mir erwähnten Beispielen im Laufe der Zeit ermittelt, daß die eingetretene Beschädigung eine weit größere sei, als ursprünglich sich darstellte. Die Handlung erscheint nach diesem geänderten Erfolge als eine solche, bei welcher sich der Strafrichter seiner Thätigkeit nicht mehr entziehen kann, und die bereits eingeleitete Entschädigungsklage wird durch Beschluß des Gerichts sistirt, bis die st·afgerichtliche Entscheidung erfolgt ist. Laut derselben wird nun der angeklagte Beamte freigesprochen. Es stellt sich heraus, daß er unschuldig ist, nicht nur daß seine Schuld zweifelhaft blieb, sondern daß er unschuldig ist. Dieses Urtheil tritt nach der Entscheidung des Verwaltungsgerichtshofes entgegen. Wir haben also hier die Entscheidungen zweier Gerichte, des Strafgerichts und des obersten Verwaltungsgerichtshofes, und Niemand wird der Meinung sein können, das Strafgericht hätte sich an die Entscheidung des Verwaltungsgerichtshofes binden sollen, damit man nicht von zwei Gerichten verschiedene Entscheidungen in die Welt gehen lasse. Es gibt kein Gesetz, welches den Strafrichter irgendwie an die Vorentscheidung des Verwaltungsgerichtshofes bindet. Ich meine, dasselbe solle auch bezüglich des Civilrichters bei der Entscheidung über den Schadensersatzanspruch der Fall sein. Wenn wir statt des Beamten auch jetzt den Staat oder den Kommunalverband haben, schließlich kommt doch der Regreß gegen den Beamten und die Entscheidung über das Vermögen des Beamten ist bisweilen von gleicher Bedeutung wie diejenige über seine Schuld oder

Nichtschuld in strafrechtlicher Beziehung. Also über das kommen wir nicht S. 755.
hinaus, daß, wenn ein Urtheil des Strafgerichts vorliegt, in welchem der Richter auf Grund der von ihm gepflogenen Verhandlung gefunden hat, daß der Beamte unschuldig ist, daß dann der Civilrichter, obgleich er durch dieses strafrichterliche Urtheil selbst von der Unschuld des Beamten überzeugt wurde, gleichwohl nach Art. 122[31] auf Grund des bereits vorliegenden Vorentscheids der Verwaltungsbehörde gezwungen wird, an dieser Schuld festzuhalten. (Rufe: Hört!) Das ist doch ein Zustand, von dem ich glaube, daß man ihn nicht länger belassen sollte.

Die Fälle sind ja äußerst selten, und es kommt vielleicht in langen Jahren nur einmal ein solcher Fall vor, aber die Möglichkeit, daß er vorkommt, ist gegeben.

Ich möchte daher glauben, daß wir einerseits anerkennen sollen, daß eine Vorentscheidung des Verwaltungsgerichtshofes aus vielen, auch aus politischen Erwägungen, ich betone es, nothwendig bleibt, aber wir sollten doch dieser Vorentscheidung nur die Bedeutung beilegen, die ihr auch bei der früheren Anwendung des Gesetzes beigelegt worden ist, nämlich den Werth der Bedingung der Zulassung zur Betretung des Rechtsweges. Das ist, meine Herren, keine Entwürdigung des obersten Verwaltungsgerichtshofes. Diese Entscheidung bleibt immerhin von großer Bedeutung, weil sie den Rechtsweg weder öffnet noch verschließt. Weiter zu gehen ist meines Erachtens nicht nöthig, und damit nicht weiter gegangen wird, haben wir uns erlaubt, den vorliegenden Antrag zu stellen.

Aus dem Grunde, den ich zuletzt angeführt habe, haben wir auch unterlassen, sofort den Art. 7 zur Streichung zu bringen. Ich für meine Person erkenne sehr wohl, daß es in gewissen Fällen nothwendig sein wird, eine Vorentscheidung des Verwaltungsgerichtshofes herbeizuführen, ehe der Rechtsweg beschritten wird.

Was die Bemängelung, welche von Seite des Herrn Staatsministers ausgesprochen worden ist in Bezug auf || Abs. 3, welcher von dem Regreß gegen S. 756.
den Beamten handelt, anbelangt, so halte ich nicht dafür, daß dieser Absatz mit unserem Antrage nunmehr unvereinbarlich sein wird. Die Vorentscheidung in Bezug auf die Betretung des Rechtsweges soll eben bezüglich der Regreßklage gegen den Beamten ebenso gelten müssen wie bezüglich der ursprünglichen Klage gegen den Staat oder den Kommunalverband.

Wenn schließlich Seine Excellenz in Bezug auf ihre Stellung zum Gesetzentwurfe auf Autoritäten verwiesen hat, wie eine solche in der Person des Präsidenten des obersten Gerichtshofes zweifellos zu finden ist, so bin ich weit entfernt, die Vorführung dieser Autorität irgendwie bekriteln zu wollen. Aber ich wünschte nur, daß diese Autorität auch da vorgeführt worden wäre, als wir unsere früheren Anträge gestellt haben, in welchen Fällen diese Autorität ganz entschieden zn unseren Gunsten sich ausgesprochen hat. Dort wurde der Name des Präsidenten des obersten Gerichtshofes nicht genannt.

Ich bitte Sie daher, meine Herren, wollen Sie objektiv die Sache beurtheilen, sie als eine ohne Rücksicht auf unsere Parteistellung gemeinsame Angelegenheit zum Schutze der Selbständigkeit unserer Richter bei Fällung der Civilurtheile betrachten und den Antrag annehmen.

Vicepräsident: Meine Herren! Ich habe Ihnen einen mir soeben überreichten Antrag des Herrn Abgeordneten Wagner bekannt zu geben; derselbe lautet:

S. 756. Die Kammer wolle beschließen,
die Ziff. I von Artikel 122^{31}, wie folgt, zu fassen:
„I. Artikel 7 Abs. 2 wird gestrichen."

Es ist dieß dahin aufzufassen, daß an Stelle der jetzigen Ziff. I, die 3 Absätze hat, nur die Worte treten sollen:
„Artikel 7 Abs. 2 wird gestrichen."

Es sind noch zum Worte gemeldet die Herren Abgeordneten: Conrad, Wolfram und Lerno. . . . . . Ich schließe die Sitzung.

(Schluß der Sitzung um 12 Uhr 37 Minuten.)

Vierhunderteinundneunzigste öffentliche Sitzung vom 24. April 1899.

(Stenogr. Berichte d. K. d. Abg. 1899, Bd. XIII, Nr. 491, Seite 758 bis 774)

Die Sitzung wird um 9 Uhr 40 Minuten durch den Vicepräsidenten von Keller eröffnet.

S. 758. **Vicepräsident:** . . . . . Wir stehen in der Spezialdiskussion bei

Artikel 122^{31}.

Es sind bekanntlich zu diesem Artikel Anträge der Herren Abgeordneten Lerno und Genossen und Wagner bereits in der letzten Sitzung gestellt und theilweise diskutirt worden.

Es liegen nun hiezu zwei neue Anträge vor und zwar in erster Linie ein Antrag des Herrn Abgeordneten Wagner (Beil. N^{9}), welcher lautet:

Die Kammer wolle beschließen:

primär:

Die Ziff. I erhält folgende Fassung:
„I. Artikel 7 Abs. 2 wird gestrichen."

— Dieser Antrag ist die Reproduktion des Antrags, der bereits in der letzten Sitzung gestellt wurde. —

eventuell:

In Ziff. I sei dem Abs. 1 folgender vierte Satz vor den Worten: „Bei Handlungen eines Beamten rc. rc." einzufügen:
„Das Verfahren in Verwaltungsrechtssachen findet Anwendung."

Weiter liegt vor ein Antrag der Herren Abgeordneten Lerno und Joseph Geiger (Beil. N^{10}), welcher lautet:

Die Kammer wolle beschließen:

Es sei in Ziff. I des Artikel 122^{31} der erste Satz des Abs. 3 zu streichen.

Außerdem liegt noch der bereits erwähnte, in der letzten Sitzung schon diskutirte Antrag der Herren Abgeordneten Lerno und Genossen (Beil. N^{8}) vor, dahin gehend:

Die Kammer wolle beschließen,
es sei in Ziff. I des Artikel 122^{31} (nach der Fassung des Ausschußbeschlusses) dem Abs. 2 folgende Fassung zu geben:
„Die Vorentscheidung ist nur für die Frage der Zulässigkeit des Rechtsweges bindend."

Ich ertheile zunächst das Wort dem Herrn Abgeordneten Wagner zur Begründung seines Antrags.

Wagner: Meine Herren! Ich habe meinen primären Antrag eigentlich schon am letzten Samstag begründet. Ich habe damals ausgeführt, daß ich mich mit den Ausführungen der k. Staatsregierung und mit dem Antrage, welcher von Seite der k. Staatsregierung vorliegt, einverstanden erklären kann, daß ich mich aber nicht einverstanden erklären kann mit dem Antrage des Herrn Kollegen Lerno und daß ich, wenn man die vollen Konsequenzen aus den Motiven zieht, welche dem Antrage „Lerno" zu Grunde liegen, dann zu einer Streichung des Abs. 2 des Art. 7 des Gesetzes über den Verwaltungsgerichtshof kommen muß. S. 758.

Meine Herren! Meinen Antrag habe ich hauptsächlich zu dem Ende gestellt, damit die verehrten Herren Kollegen sich Rechenschaft geben, ob denn die Bestimmung, welche von Seite der k. Staatsregierung vorgeschlagen ist, überhaupt nothwendig oder auch nur zweckmäßig ist, oder ob das nicht der Fall ist und ob nicht, selbst wenn Zweckmäßigkeitsgründe gegeben wären, solche Gründe vorliegen, welche die Beseitigung des Art. 7 Abs. 2 des Gesetzes über den Verwaltungsgerichtshof rechtfertigen. Ich habe meinen Antrag weiters zu dem Ende gestellt, um die k. Staatsregierung zu veranlassen, das Bedürfniß für die Beibehaltung einer dem Art. 7 Abs. 2 entsprechenden Vorschrift näher darzulegen oder wenigstens die Gründe der Zweckmäßigkeit für diese Vorschrift näher zu entwickeln.

Meine Herren! Ich muß nochmal wiederholen, ich bin durch die Ausführungen, welche der verehrte Herr Kollege Geiger letzthin gegeben hat, nicht davon überzeugt, daß die Vorschrift so, wie Herr Kollege Lerno und er meinen, zu fassen ist. Art. 7 Abs. 2 des Gesetzes über den Verwaltungsgerichtshof ist eine Ausnahmebestimmung, die allerdings in unserm Verfassungsleben schon seit längerer Zeit begründet ist und die eigentlich ihre Quelle in dem Prinzip der Trennung der Gewalten hat. Die Justiz soll von der Verwaltung getrennt sein; es soll aber auch die Verwaltung auf ihrem Gebiete vollständig selbständig sein. Wenn man diesem Prinzipe folgt, so wird man zu einer Gesetzesbestimmung kommen, wie sie dem Art. 7 Abs. 2 des Verwaltungsgerichtshofgesetzes zu Grunde liegt, die nun jetzt eine Modifikation durch den Regierungsantrag erhalten hat.

Meine Herren! Wenn aber die Bestimmung an sich schon eine Ausnahmebestimmung ist, so würde diese Bestimmung noch um so mehr zur Ausnahme, wenn der Antrag „Lerno" angenommen würde. Der Antrag „Lerno" verletzt nach meiner Meinung das Prinzip der Gleichheit der beiden Parteien vor den Gerichten. Meine Herren! Die Sache ist so: Wenn ein Privater von einem Beamten geschädigt, vielleicht sogar um sein ganzes Vermögen gebracht worden ist, so kann nach dem An‖trage „Lerno" der Verwaltungsgerichtshof ent- S. 759
scheiden, daß der Kläger einen Ersatz nicht erhält. In dieser Beziehung ist der Verwaltungsgerichtshof definitiv entscheidend, wenn er sagt: Die Vorfrage der Uebertretung der Amtspflicht ist zu verneinen. Meine Herren! Wenn nun der Verwaltungsgerichtshof nach einer Seite hin definitiv entscheiden kann, wenn er den Staatsbürger endgiltig um sein Vermögen bringen kann, dann sehe ich nicht ein, warum er nicht definitiv nach der anderen Richtung hin soll entscheiden können, wenn es sich darum handelt, ob der betreffende Bürger vom Staate bezw. der Gemeinde soll Ersatz beanspruchen können. Das ist der springende Punkt, meine Herren, und darüber komme ich nicht hinweg.

Es sind also nun eine Reihe von Einwendungen gegen das Verfahren vor dem Verwaltungsgerichtshofe gemacht worden. Wenn diese Einwendungen begründet sind, dann muß ich sagen, dann muß das gleiche Recht wie dem

S. 759. Beklagten auch dem Kläger eingeräumt werden, dann können wir die Entscheidung vor dem Verwaltungsgerichtshof überhaupt nicht brauchen.

Meine Herren! Der Herr Kollege Geiger hat letzthin darauf hingewiesen, daß es vorkommt, daß beispielsweise in einem Strafverfahren Jemand freigesprochen wird, bezüglich dessen der Verwaltungsgerichtshof ausgesprochen hat, daß er sich eine Verletzung seiner Amtspflicht hat zu Schulden kommen lassen. Ja, meine Herren, ich glaube, das Strafverfahren und das Civilverfahren die können in diesem Zusammenhange nicht nebeneinandergestellt werden. Das strafrechtliche Verschulden liegt immer doch auf einer anderen Linie wie das civilrechtliche. Es kann Jemand strafrechtlich nicht verantwortlich sein, während er es civilrechtlich ist. Darüber, meine Herren, glaube ich, kommen wir nicht hinaus, und ich kann also aus dieser Deduktion, die ja auf vielen Seiten des Hauses Eindruck gemacht hat, das, was zu Gunsten des Antrags „Lerno" gesagt worden ist, nicht billigen.

Nun, meine Herren, ist die Frage: soll man diese Vorentscheidung beibehalten oder nicht? Ich habe speziell gesagt, zu dieser Vorentscheidung kommt man nach dem Prinzip der Trennung der Gewalten nach meiner Meinung von selbst; für diese Vorentscheidung spricht ja auch der Umstand, daß die Richter am Verwaltungsgerichtshofe durch die Verwaltungslaufbahn gegangen sind und also in der Regel hinsichtlich der Verfehlungen, welche sich ein Verwaltungsbeamter zu Schulden kommen läßt, eine größere Kenntniß haben als die Richter an den bürgerlichen Gerichten.

Nun ist ja richtig, in dieser Beziehung kann eingewendet werden, daß es sich auch um Verfehlungen von Administrativbeamten handelt, welche in einem anderen Ressort beschäftigt sind, als in jenem, welches den Richtern, die an den Verwaltungsgerichtshof kommen, in ihrer früheren Praxis zugänglich ist. Also, meine Herren, ich glaube auch, daß es richtig sein wird, daß hinsichtlich eines Eisenbahnbeamten oder hinsichtlich eines Postbeamten die Richter bei den gewöhnlichen bürgerlichen Gerichten dieselbe Erfahrung haben werden, wie die Richter am Verwaltungsgerichtshof.

Von diesem Gesichtspunkt aus hat ja die Frage, ob man die Vorentscheidung beim Verwaltungsgerichtshofe lassen soll, gewiß einige Bedenken. Meine Herren! Es ist dann gewiß richtig, bisher war man der Meinung, daß diese Vorentscheidung beim Verwaltungsgerichtshof nothwendig ist, damit die Beamten nicht in muthwillige Prozesse kommen und daß sie nicht Prozeßkosten bekommen, welche ihnen, auch wenn sie den Prozeß gewinnen, Niemand vergütet. Meine Herren! Dieser Gesichtspunkt würde für die Zukunft wegfallen, da wir den Art. 53 und 53a des Ausführungsgesetzes eine Fassung gegeben haben, nach welcher in erster Linie der Staat beziehungsweise die Gemeinde in Anspruch genommen werden kann.

Meine Herren! Zweifellos ist ein Gesichtspunkt vorhanden, welcher zu Gunsten des Vorschlags der k. Staatsregierung spricht. Es ist das der, daß nach diesem über den einen Punkt, ob eine Ueberschreitung der Amtspflichten vorliegt, auf billigerem Wege eine Entscheidung erlangt werden kann, als wenn diese Entscheidung den Gerichten zufallen wird.

Von diesem Gesichtspunkt aus kann man auch sagen, daß diese Vorentscheidung einen gewissen Vortheil für den Kläger hat, aber nur von diesem Standpunkt aus und nur dann, wenn der Kläger in der Lage ist, auf diese Entscheidung denselben Werth, wie der Beklagte, legen zu können; wenn aber der Beklagte in der Lage ist, die Frage, welche der Verwaltungsgerichtshof entschieden hat, wieder zu prüfen, dann, meine Herren, helfen dem Kläger

die beim Verwaltungsgerichtshof aufgewendeten Kosten nichts, da muß er S. 759.
über dieselbe Frage ein zweites Verfahren durchführen und hat doppelte Kosten.

Eines will ich auch noch gelten lassen: wenn diese Vorentscheidung beim Verwaltungsgerichtshofe liegt, hat dieß den Vortheil, daß bezüglich dieser Frage eine größere Einheitlichkeit in der Rechtsprechung vorhanden sein wird und daß auch die Richter am Verwaltungsgerichtshofe hinsichtlich dieser Fragen versirter werden, als es die bürgerlichen Gerichte sein würden, die namentlich in der unteren Instanz äußerst selten in die Lage kommen, über derartige Fragen zu entscheiden.

Das also sind die Vortheile, die ich anerkenne, die aber nicht unter allen Umständen zwingend wären und die namentlich dann nicht zwingend wären, wenn das Verfahren vor dem Verwaltungsgerichtshofe nicht dieselben Garantien bieten würde wie das gewöhnliche gerichtliche Verfahren. Hierin, habe ich schon das letzte Mal bemerkt, gipfeln die Ausführungen der Herren Kollegen Lerno und Genossen, hierin ist ihr Antrag fundirt. Wenn dieses Verfahren nicht dieselbe Zuverlässigkeit bietet, dann, meine Herren, gibt es nur Eines, dann muß man dazu kommen, diese Vorentscheidung ganz zu streichen und die Entscheidung nach allen Richtungen hin den bürgerlichen Gerichten zu überlassen, nicht aber die Entscheidung so zu treffen, wie Herr Kollege Lerno und Genossen beantragt haben.

Meine Herren! Es gibt aber auch noch einen weiteren Weg, und dieser weitere Weg ist der, daß man das Verfahren vor dem Verwaltungsgerichtshofe verbessert. Es ist ja richtig, das Gesetz über den Verwaltungsgerichtshof schreibt nicht deutlich vor, in welchem Verfahren diese Vorentscheidung zu treffen ist, ob hier das gewöhnliche Verwaltungsverfahren einzuschlagen ist oder ob das Verfahren in Verwaltungsrechtssachen in Anwendung kommt. Nach meiner Meinung sollte eigentlich selbstverständlich das Verfahren in Verwaltungsrechtssachen zur Anwendung zu kommen haben. Wenn hierüber aber Zweifel bestehen und wenn, wie Herr Kollege Geiger oder Herr Kollege Lerno — einer von beiden — neulich dargelegt hat, Fälle vorkommen, daß auf Grund der Aussagen von Zeugen entschieden wird, welche nicht eidlich vernommen worden sind, dann muß die Sache allerdings bisher so gewesen sein, daß ein mit ausreichenden Garantien versehenes Verfahren nicht eingehalten wurde. Da gibt es aber einen sehr einfachen Weg und der einfache Weg ist der, daß man ausdrücklich vorschreibt, daß das Verfahren in Verwaltungsrechtssachen in solchen Dingen Anwendung zu finden hat.

Diesen eventuellen Antrag habe ich Ihnen vorgeschlagen, dieser eventuelle Antrag kann bestehen, mag nun der Regierungsantrag oder mag der Antrag „Lerno und Genossen" angenommen werden; denn in beiden Fällen ist es nothwendig, daß beiden Theilen, dem Kläger und dem Beklagten, dieselbe Garantie für die Richtigkeit des Verfahrens gegeben wird.

Was den ersten Antrag betrifft, so behalte ich mir vor, denselben zurückzunehmen, wenn er im Hause irgend einen An‖klang nicht findet, aber was S. 760.
den eventuellen Antrag betrifft, so bitte ich, unter allen Umständen denselben zu acceptiren, wenn nicht etwa von Seite der k. Staatsregierung dargelegt wird, daß dasjenige, was ich will, bereits bisher Rechtens ist. Nach meiner Meinung kann das nicht Rechtens sein, wenn die Ausführungen des Herrn Kollegen Lerno u. s. w. zutreffen; aber wenn das der Fall ist, bitte ich also, meinen eventuellen Antrag unter allen Umständen anzunehmen, und ich empfehle Ihnen daher insbesondere den letzteren.

Vicepräsident: Herr Antragsteller Lerno!

S. 760. **Lerno:** Meine Herren! Ich möchte mir zunächst erlauben, auf einige Einwendungen zurückzukommen, welche der Herr Justizminister vorgestern gegen unsern Antrag vorgebracht hat.

Seitens der Justizverwaltung wurde geltend gemacht, daß durch den Antrag, welcher also bezielt, daß die Vorentscheidung des Verwaltungsgerichtshofes nicht bindend sein soll für die Gerichte im Klagegrund, eine Verwirrung, eine Rechtsunsicherheit im Volke entstehen könnte dadurch, daß möglicherweise der Verwaltungsgerichtshof einerseits und die Gerichte andererseits verschiedene Entscheidungen treffen.

Meine Herren! Dieser Einwand erscheint bei näherer Betrachtung doch unstichhaltig. Ich habe ja bereits durch einen praktischen Fall, den ich am Samstag citirt habe, bewiesen, daß auch bei der jetzigen Praxis, wornach die Gerichte an die Vorentscheidung des Verwaltungsgerichtshofes gebunden sind, verschiedene Entscheidungen herauskommen können und hiedurch das Rechtsbewußtsein im Volke, wie der Herr Justizminister meint, erschüttert werden kann.

In dem Falle, den ich erwähnt habe, hatte der Verwaltungsgerichtshof entschieden, daß der Beamte in der That einer fahrlässigen Amtspflichtverletzung sich schuldig gemacht hat, und das sodann vom Kläger angerufene Gericht erster Instanz und auch das Oberlandesgericht in zweiter Instanz hat den von demselben nun im Prozeßwege geltend gemachten Schadensersatzanspruch abgewiesen und hat dem Beschädigten nicht einen Pfennig zuerkannt. Solche verschiedene Entscheidungen sind also jetzt auch schon möglich. Die Folge davon war in unserem Falle, daß der Kläger sich dabei nicht beruhigte und daß er sich mit einer Beschwerde an den Landtag wandte, in welcher er immer auf diesen Widerstreit der Entscheidungen sich bezog; ich hatte diese Angelegenheit schon im vorigen Landtag als Beschwerdesache vorzutragen und jetzt liegt schon wieder eine neue Beschwerde desselben Mannes in der nämlichen Sache vor.

Auf den Einwand, daß möglicherweise bei Annahme unseres Antrags die höchsten Gerichtshöfe in derselben Sache verschiedene Urtheile fällen, will ich nur noch erwidern: Das wird immer und in der ganzen Welt vorkommen; eine vollständige Unifikation der Rechtsprechung selbst in einem und demselben Falle ist absolut undenkbar. Herr Kollege Geiger hat am Samstag schon durch praktische Beispiele dokumentirt, daß sogar drei Entscheidungen möglich sind, nicht nur zwei, in ein und derselben Sache, wenn nämlich außer dem Verwaltungsgerichtshofe und dem Civilgerichte auch noch ein Strafgericht mit einer solchen Sache befaßt ist. Das liegt in der menschlichen Natur; das können wir nicht vermeiden; es ist das aber auch die nothwendige Folge des von uns so hoch gehaltenen Prinzips, daß die Richter in der Urtheilsfindung vollständig frei sein müssen und daß sie lediglich ihrer freien Ueberzeugung folgen sollen.

Der Herr Justizminister hat dann unserem Antrage noch entgegengehalten, daß derselbe mit der Bestimmung in Abs. 3 der Regierungsvorlage, so wie sie aus dem Reichsrathskammer-Ausschusse hervorgegangen ist, sich nicht vereinbaren lasse. Das ist richtig. In Folge dessen haben wir, Herr Kollege Geiger und ich, den weiteren Antrag gestellt — es ist dieß die Beilage N[10] —, daß der erste Satz des Abs. 3 gestrichen werden möge. Wenn man nämlich haben will, daß die Vorentscheidung nicht für den Klagegrund, für die Frage, ob in der That eine Pflichtverletzung Seitens des Beamten vorliegt, entscheidend sein soll, sondern nur für die Frage der Zulässigkeit der Klage, dann ist die weitere Bestimmung in Abs. 3, welche besagt, daß auch für den nachfolgenden Regreß-

prozeß Seitens des Staates gegen den Beamten diese Vorentscheidung bindend S. 760.
sein solle, nicht mehr am Platze; das muß natürlich auch wegfallen. In Folge dessen haben wir diesen Zusatzantrag eingebracht; derselbe ist die logische Folge unseres ersten Antrags.

Dann wurde als Hauptgrund nicht blos Seitens der Justizverwaltung, sondern auch vorgestern und heute wieder Seitens des Herrn Kollegen Wagner der Einwand gebracht, es liege in unserem Antrage eine große Unbilligkeit, insoferne als die beiden Parteien, der Kläger und der Beklagte, nicht vollständig gleichgestellt seien. Wenn nämlich die Vorentscheidung des Verwaltungsgerichtshofes nur für die Frage der Zulässigkeit der Klage zu den Gerichten bindend sein soll, nicht aber auch für die Frage der materiellen Entscheidung, dann ist es allerdings richtig, was der Herr Kollege Wagner sagt, daß eine negative Entscheidung des Verwaltungsgerichtshofes in dieser Frage den Kläger in eine ungünstigere Rechtslage bringt, wie in dem Falle einer affirmativen Entscheidung. Das gebe ich vollständig zu, allein man muß sich die Geschichte auch bei Licht betrachten, und ich möchte den Herrn Kollegen Wagner bitten, zu bedenken, daß man über einem allzu idealen Standpunkte die Verhältnisse des praktischen Lebens nicht übersehen darf. Um was handelt es sich denn? Ich habe am Samstag schon ausgeführt, daß hier zumeist Querelen von Prozeßkrämern in Betracht kommen, wenigstens zum großen Theil, und daß die ganze Einrichtung dieser Vorentscheidung doch eigentlich nur den Zweck hat, die Beamten vor solchen allzu häufigen Klagen zu schützen. Wenn also solche nicht selten unbegründete Klagen früher gegen den Beamten und künftig gegen den Staat kommen und es entscheidet der Verwaltungsgerichtshof, daß kein Grund vorliege, hier eine Klage zu erheben, dann, glaube ich, können wir in diesem Falle uns damit begnügen.

Der Herr Kollege Wagner hat auch ein Beispiel gebraucht, es könnte vorkommen, daß ein Staatsbürger durch einen Beamten eine schwere Beschädigung erleidet und um sein ganzes Vermögen gebracht worden ist, und der Verwaltungsgerichtshof geht her und sagt: die Klage ist nicht zulässig. Da möchte ich den Herrn Kollegen Wagner wirklich fragen: Ja, glaubt er denn an die Möglichkeit dieses Falles? Das darf ich sagen für unseren ganzen bayerischen Richterstand vom jüngsten Amtsrichter bis hinauf zu den Räthen an den obersten Gerichtshöfen einschließlich des Verwaltungsgerichtshofes: unser ganzer Richterstand wird in dieser Frage die Praxis einhalten, daß, wenn die Sachlage dubiös ist, wenn man nicht recht weiß: liegt in der That ein Verschulden Seitens des Beamten vor?, die Vermögensbeschädigung Seitens des Klägers ist gegeben, aber die Frage eines Verschuldens ist zweifelhaft, und es handelt sich darum, dem Kläger die Befugniß zuzusprechen, einen Schadensersatz gegen den Staat geltend zu machen — in allen diesen selbst noch so dubiösen Fragen wird jeder bayerische und, ich möchte sagen, jeder deutsche Richter die Frage bejahen; er wird sie niemals verneinen. Es ist dieß absolut ausgeschlossen und undenkbar.

Meine Herren! Und dann bitte ich, noch weiter zu bedenken: wir haben ja, wie oben schon ausgeführt, diese Verhältnisse schon jetzt. Wir haben die Rechtslage beziehungsweise die Praxis, wornach die Vorentscheidung nicht blos für die Zulässigkeit des Rechtswegs, sondern sogar auch für die Frage des Klagegrundes S. 761.
für den Kläger wie für den Beklagten bindend ist — (Abgeordneter Wagner: ja, daß ist Rechtsgleichheit!) doch nicht, es ist ganz dasselbe Verhältniß, das der Herr Kollege Wagner jetzt auf einmal beanstandet —, und daran etwas zu ändern, ist nach meinem Dafürhalten keine Veranlassung gegeben; denn das muß

S. 761. ich mit aller Entschiedenheit betonen: das jetzige Verfahren, wornach eine Vorentscheidung über diese Frage nothwendig ist, möchte ich nicht aufgeben, ich halte diese Vorentscheidung aus den Gründen, die ich vorgestern schon angeführt habe, für eine große Wohlthat, daß zunächst der Verwaltungsgerichtshof die Frage zu prüfen hat, ob ein Verschulden Seitens des Beamten vorliegt oder nicht.

Es ist das allerdings gewissermaßen ein exempter Zustand, ein Ausnahmeverfahren, aber gerade mit Rücksicht auf die besonderen Verhältnisse, die hier zu Grunde liegen, ist dieser Ausnahmefall gerechtfertigt, und daher kann ich mich für den primären Antrag des Herrn Kollegen Wagner, wornach er das ganze Verfahren gestrichen haben will, nicht erwärmen.

Meine Herren! Mit diesem Antrag würde man das Kind mit dem Bade ausschütten; wenn wir auch, wie ich glaube, nicht ohne Grund, Bedenken geltend gemacht haben gegen die rechtliche Tragweite und die Bedeutung dieser verwaltungsgerichtlichen Vorentscheidung, so möchte ich doch nicht daraus den Schluß ziehen und sagen: wenn hier etwas fehlerhaft ist, dann thun wir gleich die ganze Geschichte weg; das ginge nach meinem Dafürhalten entschieden zu weit.

Was den Eventualantrag des Herrn Kollegen Wagner betrifft, eine Bestimmung aufzunehmen, wornach das Verfahren in Verwaltungsrechtssachen beim Verwaltungsgerichtshof in diesen Sachen Anwendung finden soll, so kann ich mit diesem Antrag mich natürlich einverstanden erklären. Wenn der Antrag dazu gestellt war, um unseren Antrag überflüssig zu machen, so möchte ich dagegen nur einwenden, daß durch denselben von den verschiedenen von mir geltend gemachten Bedenken nur das eine sanirt wäre, daß es nach dem jetzigen Verfahren vorkommen kann, daß nicht einmal die Zeugen eidlich vernommen werden. Aber alle anderen Bedenken, wie z. B., daß es kein Rechtsmittel gibt, daß in dieser wichtigen Frage, die für das ganze Prozeßverfahren bindend sein soll, hier in erster und einziger letzter Instanz sofort entschieden werden wird, sind nicht aus der Welt geschafft. Wenn aber der Herr Abgeordnete Wagner seinen eventuellen Antrag nur in dem Sinne auffaßt, daß er auch dann angenommen werden möge, wenn unser Antrag vom Hause genehmigt wird, so bin ich mit dem Antrag vollständig einverstanden.

Nun möchte ich nur noch das Eine bemerken: Aus der jetzt schon ziemlich lange gewordenen Debatte vom Samstag und heute dürfte wenigstens so viel hervorgehen, daß der Vorschlag, wie er aus dem Reichsrathskammer-Ausschuß hervorgegangen ist, große Mängel und große Bedenken hat; ich habe mich bemüht, das Ihnen vorzuführen, und ich glaube, in der Weise kann es am besten gemacht werden, wie wir Ihnen vorgeschlagen haben, daß wir die Vorentscheidung belassen, daß wir derselben aber nur diejenige rechtliche Bedeutung beilegen, daß sie nur für die Zulässigkeit der Klage maßgebend sein soll, nicht aber auch für die Hauptentscheidung, für den Klagegrund. Darum möchte ich Sie bitten, unsere beiden Anträge in N 8 und N 10 anzunehmen.

Vicepräsident: Herr Abgeordneter Conrad!

Conrad: Meine Herren! Gegen den Antrag „Lerno und Genossen" haben sich schon in der Sitzung vom vorgestrigen Tage Herr Kollege Wagner und theilweise auch wieder heute namentlich Seine Exzellenz der Herr Justizminister in ausführlichen bestimmten Darlegungen ausgesprochen, so daß ich, um Wiederholungen zu vermeiden, mich wohl darauf beschränken darf, nur noch einige wenige Gesichtspunkte vorzukehren.

Ich muß mich nämlich gegen den Antrag „Lerno“ erklären. Ich verkenne dabei durchaus nicht die dem Beklagten wohlgesinnte Tendenz des Antrags, insofern man ihm nämlich noch weitere Instanzen und die Möglichkeit eröffnen will, im Falle eines die Schuldfrage bejahenden Entscheides des Verwaltungsgerichtshofes weitere gerichtliche Schritte zu thun. Aber ich finde, daß doch noch ein wesentlicher Gesichtspunkt zu seiner richtigen Werthschätzung nicht gekommen ist. Sowohl der Herr Kollege Lerno wie auch der Herr Referent, der, wenn ich mich recht entsinne, sich darauf beschränkt hat, eigentlich den Antrag „Lerno“ zu empfehlen und den Ausschußbeschluß hintanzusetzen — wenn ich das nicht richtig aufgefaßt habe, so bitte ich, es nachher richtig zu stellen —, beide Herren haben sich dahin ausgesprochen, daß gewissermaßen die Rechtsgleichheit es erfordere, daß hier eine civilgerichtliche möglichst freie Sachwürdigung einzutreten habe. Der Gesichtspunkt aber, den ich schon angedeutet, erscheint mir, was ich nicht unterdrücken kann, hier verletzt. Es ist dieß der in unserer Beamtenhierarchie, im verfassungsmäßig geordneten Organismus bestehende Grundsatz der Selbständigkeit und der Gleichordnung der verschiedenen Gewalten des öffentlichen Dienstes sowohl in ihrem Verhältniß zu einander wie namentlich auch in ihrem Verhältniß zu den Gerichten. Es kann nicht wohl angehen, daß, wenn auch nur eventuell — denn in erster Linie wird ja die Zuständigkeit des Verwaltungsgerichtshofes anerkannt —, der Beamte für seine Handlungen, seien sie nun Ueberschreitungen der Amtsbefugnisse oder pflichtwidrige Unterlassungen von Amtshandlungen, schließlich dem Civilrichter Rede und Antwort zu stehen hat. Freilich, hat er sich in anderer Weise vergangen, hat er in Mißachtung seiner gewöhnlichen Staatsbürgerpflichten z. B. das Strafgesetz verletzt, so muß er natürlich vor dem ordentlichen Richter sich verantworten und Rechenschaft geben. Aber was seine eigentliche Amtsthätigkeit betrifft, so hat er nur seiner vorgesetzten Dienstesstelle oder einer analog gleichgeordneten höheren Instanz Rede und Antwort zu stehen. S. 761.

Dieser Grundsatz, meine Herren, beherrscht die Gesetzgebung aller Staaten. Mehr oder weniger bestimmt findet er überall Anerkennung. Er findet sich bei uns kodifizirt in der Bestimmung des Art. 7 Abs. 2 des Verwaltungsgerichtshofgesetzes. Aber auch vorher schon vermochte die Rechtsprechung der höchsten Gerichte, speziell in Bayern des Kompetenzkonfliktsenates, nicht anders, als anzuerkennen, daß die Thätigkeit des Beamten als solchen, das Verhalten in seiner Amtsführung nicht den gewöhnlichen Gerichten unterliegt, sondern daß er vor einen höchsten Gerichtshof zu ziehen ist; um so mißlicher wäre es aber, wenn eine Instanz, welche wie der Verwaltungsgerichtshof die Stelle eines höchsten Gerichtshofes einnimmt, diese Vorfrage entscheidet, und seine Entscheidung dann noch einer anderweiten Prüfung unterworfen sein soll. Es widerstrebt mir, anzuerkennen, daß über die Erkenntnisse eines höchsten Gerichtshofes hinaus bezüglich der Dienstesthätigkeit eines Beamten noch ein gewöhnliches Civilgericht eine Würdigung vornehmen darf.

Es ist aber auch nicht an dem, was der Herr Kollege Lerno gesagt hat, daß hier neues Recht geschaffen werden wollte, daß hier, wie er sich, glaube ich, ausgedrückt hat, eine Verschlechterung der Rechtspflege eintrete. Nein, meine Herren, dieser Grundsatz hat schon seit Langem gegolten. Das Einführungsgesetz zum Reichs-Gerichtsverfassungsgesetze hat in seinem § 11 das Fortbestehen solcher Rechtsnormen zugelassen. Im Sinne dieser reichsgesetzlichen Norm ist denn auch diese durch ‖ konstante Uebung der höchsten Gerichtshöfe S. 762.
festgestellte Rechtslage als förmliche landesgesetzliche Vorschrift anerkannt worden.

S. 762. Aber auch die beiden Kammern des Landtags haben seiner Zeit bei Berathung unseres Artikels des Verwaltungsgerichtsgesetzes ausdrücklich und übereinstimmend anerkannt, daß er bereits bestehendes materielles Recht enthält. Es soll also nichts geändert, sondern das bestehende Recht nur in neuer und zuträglicherer Form kodifizirt werden.

Nun hat Herr Kollege Geiger am Samstag, wie ich meine, uns etwas gruseln zu machen gesucht. Sehen wir uns aber die Fälle näher an, die er uns vorgeführt, so glaube ich doch nicht, daß hier die so scharf beklagte Nichtübereinstimmung zweier gerichtlicher Instanzen eintritt, daß also dem Rechtsbewußtsein des Volkes oder der freien richterlichen Sachwürdigung Abtrag geschehen sei. Im ersten Falle — ich meine, er war so konstruirt, daß, nachdem das Verwaltungsgerichtshofs-Erkenntniß erflossen, neue Thatsachen von solcher Erheblichkeit auftreten, die, wenn sie dem Gerichtshof bekannt gewesen wären, wahrscheinlich zu einem anderen Erkenntniß geführt hätten, — hier glaube ich nun, daß recht wohl der Weg der Wiederaufnahme des Verfahrens eröffnet sei. Es ist zwar richtig, die Bestimmungen des Gesetzes über Wiederaufnahme des Verfahrens stehen in einem Abschnitt, der eigentlich nur von den in dem Gesetze als Verwaltungsrechtssachen bezeichneten Gegenständen handelt. Aber es ist doch die Stellung des Art. 7 und überhaupt die Aufgabe des Verwaltungsgerichtshofes in dieser Materie eine derart eigenartige, daß ich wohl glauben muß, er wird in diesem Falle in der Lage sein, das Verfahren wieder aufzunehmen. Ist doch auch im Gesetze nicht gesagt, daß die Vorschriften, wie sie über die Verwaltungsrechtssachen gegeben sind, auf Art. 7 Abs. II Anwendung finden, und trotzdem werden in der Praxis diese Bestimmungen als auch für ihn anwendbar erachtet.

Ich glaube darum, daß man dem Gesetze keinen Zwang anthut, wenn man auch die Wiederaufnahme des Verfahrens für solche ihrer inneren Natur nach hiezu berechtigt erscheinende Fälle zuerkennt.

Auch der zweite Fall — Herr Kollege Wagner hat sich schon darüber ausgesprochen —, den Herr Kollege Geiger konstatirt hat, scheint mir für sein Vorbringen nicht durchschlagend zu sein. Es liegt ein strafrichterliches Erkenntniß vor. Dasselbe ist aber, wie Herr Abgeordneter Wagner ausgeführt hat, auf ganz anderer Grundlage erwachsen. Die Vorschriften des strafrichterlichen Verfahrens sind ganz andere, und es ist recht wohl möglich, ohne daß man gerade sagen kann, es sei dem Recht ein Abtrag geschehen, daß es dabei zu abweichenden Erkenntnissen kommt. Ist das aber der Fall, so meine ich, wird das wohl ein solches Erkenntniß sein, von dem der Civilrichter wird sagen können, es steht nicht in einem zum Schadensersatz verpflichtenden Kausalzusammenhang. Denn derartige Dinge liegen doch so sehr auseinander, daß der mit der Schadensersatzklage angegangene Civilrichter nicht so leicht beengt sein kann.

Ueberhaupt glaube ich, daß die Sachwürdigung des Civilrichters nicht so eingeschränkt ist, als es hinzustellen versucht wurde. Es ist nicht richtig, daß er lediglich die Liquidation des Schadens vorzunehmen hat, wenn das Verwaltungsgerichtserkenntniß in bejahendem Sinne erflossen ist. Er hat noch das Recht, zu untersuchen, ob denn die Schuld des Beamten eine derartig hochgradige oder überhaupt thatsächlich eine derartige war, daß sie die Schadensersatzpflicht begründet. Es kann vielleicht eine culpa levissima sein, ein Verhalten des Beamten vielleicht, das höchstens zu einer einfachen Disziplinarentscheidung, etwa zu einem dienstlichen Verweis geführt hätte. Der Civilrichter kann dann sehr wohl sagen: für meine Angelegenheit, für die Frage, die mir vorliegt,

kann ich nicht finden, daß eine Schadensersatzpflicht des Beamten gegeben ist. S. 762.
Und selbstverständlich können noch sehr viele andere Momente einfließen, die den Kausalzusammenhang aufheben, die auch auf diesem weiten Gebiete den Richter vollständig frei stellen, selbst auch bezüglich der Frage, ob in dem ursprünglich behaupteten Maße die Schadensersatzpflicht gegeben ist. Auch nach dieser Richtung ist er vollständig auf eigene Füße gestellt.

Natürlich muß ich aber nach dem Vorgebrachten mich gegen den Antrag „Wagner" in seinem ersten Theile aussprechen. Er würde ja in noch viel empfindlicherer Weise die Aktionskraft des Beamten lähmen, er würde ihn, was unbedingt vermieden werden muß, bei jeder seiner Amtshandlungen zu der Erwägung zwingen: Ja, werde ich mich da nicht dem Civilrichter gegenüber zu verantworten haben? Das wäre eine höchst bedenkliche Sache, wenn der Verwaltungsbeamte irgendwelchen Dienstzweiges derart sich eingeengt fühlte.

Was dagegen den zweiten Theil, den Eventualantrag, betrifft, so stimme ich vollständig hiemit überein. Wenn wir den Verwaltungsgerichtshof, dessen Ansehen hier ja nicht bestritten worden, dessen Entscheidungen auch über das Landesgebiet hinaus sich der vollsten Anerkennung erfreuen, mit aller Autorität eines höchsten Gerichtshofes ausgestattet sehen wollen, wenn wir verlangen, daß seine Rechtsprechung nach außen hin vollste Anerkennung findet, so müssen wir ihn doch auch mit all' den Formen, mit all' den Garantien umgeben, die eine durchaus befriedigende Wahrheitserforschung und Rechtsfindung gewährleisten. Da werden wir nun nicht umhin können, auch das Verfahren vorzuschreiben, wie es für die eigentlichen Verwaltungsrechtssachen im Gesetze schon vorgeschrieben ist. Ich war selbst erstaunt, in dem neulich besprochenen Falle zu hören, daß hier eine eidliche Vernehmung der Zeugen nicht stattgefunden hat. Solche Dinge müssen allerdings in befriedigender Weise geordnet werden.

Für die Pfalz liegen nun freilich die Dinge anders. Der dortige Rechtszustand gestattet dem Civilrichter größeren Spielraum. Aber nachdem es nicht immer empfehlenswerth erscheint, für die Pfalz besondere Rechtsnormen beizubehalten, nachdem uns mitgetheilt worden, daß der pfälzische Richterstand, daß auch das höchste Gericht der Pfalz sich damit einverstanden erklärt hat, wenn die Rechtseinheit in diesem Punkte herbeigeführt würde, so will auch mir nicht angezeigt erscheinen, auf Beibehaltung der pfälzisch-französischen Rechtsnormen sich zu versteifen.

Ich muß mich aber auch gegen den Unterantrag „Lerno" natürlich schon deßhalb aussprechen, weil er nur die logische Konsequenz des Antrags von der Samstagssitzung ist und darum wohl auch hinfällig erscheint, wenn wir uns mit dem ersteren nicht befreunden können.

Ich möchte also bitten, daß der Antrag, wie er aus dem Ausschusse hervorgegangen ist, heute auch Ihre Zustimmung finden möge.

Vicepräsident: Das Wort nehmen Seine Exzellenz der Herr Staatsminister des Innern.

Der k. Staatsminister Freiherr **von Feilitzsch:** Meine Herren! Gestatten Sie mir in dieser viel umstrittenen Frage auch einige Worte, nicht als Jurist, sondern vom Standpunkte des Verwaltungsbeamten aus und vom Standpunkte des öffentlichen Rechtes.

Die Vorentscheidung über das Verschulden eines Beamten wegen Ueberschreitung seiner Amtsbefugnisse oder wegen Unterlassung einer ihm obliegenden Amtshandlung durch eine Behörde besteht in Bayern von jeher. Diese Behörde

S. 762. war früher entweder der k. Staatsrath oder eine höher gestellte Behörde, welche den Charakter der Disziplinarbehörde hatte.

S. 763. Durch den Art. 7 Abs. 2 des Verwaltungsgerichtshofgesetzes vom Jahre 1878 ist nun diese Zuständigkeit auf den Verwaltungsgerichtshof übergegangen. Dieser Gerichtshof ist mit Einführung der Verwaltungsrechtspflege mit den gleichen persönlichen und sachlichen Garantien der Unabhängigkeit ausgestattet worden wie das oberste Landesgericht. Derselbe hat sich auch nach übereinstimmendem Urtheil Aller des vollen Vertrauens der Bevölkerung bisher zu erfreuen und seine Erkenntnisse galten bisher als ganz gleichwerthige mit jenen der Civilgerichte, insbesondere des obersten Landesgerichts. Ich glaube, daß sowohl die Staatsregierung als auch die Volksvertretung alle Ursache hat, die Verwaltungsrechtspflege in Bayern hochzuhalten und die Organe derselben auch in keiner Weise in ihren Zuständigkeiten irgendwie einzuschränken.

Was nun die vorliegende Streitfrage anlangt, so besteht vollständige Uebereinstimmung dahin, daß das Rechtsinstitut der Vorentscheidung auch fernerhin in Bayern aufrecht erhalten werden soll. Es ist das, wie Ihnen bekannt, auch in den übrigen deutschen Staaten der Fall und bei dem Charakter einer solchen Vorentscheidung ist es gewiß auch veranlaßt, in keiner Weise eine grundlegende Aenderung eintreten zu lassen. Ferner besteht auch meines Wissens keine Meinungsverschiedenheit darüber, und zwar schon mit Rücksicht auf § 11 Abs. 2 Ziff. 2 des Einführungsgesetzes zum Reichs-Gerichtsverfassungsgesetz, daß diese Vorentscheidung durch den Verwaltungsgerichtshof getroffen werden muß, weil nur dann überhaupt diese Vorentscheidung wird aufrecht erhalten werden können. Weiter ist man einig darüber, daß im Falle der verneinenden Entscheidung des Verwaltungsgerichtshofes ein gerichtliches Verfahren überhaupt nicht mehr Platz greifen soll. Bestritten ist lediglich, ob im Falle bejahender Entscheidung durch den Verwaltungsgerichtshof das Gericht, welches über die Entschädigungsfrage zu urtheilen hat, sich seinerseits noch mit der Frage des Verschuldens befassen kann.

In Bayern ist nun die Rechtslage zur Zeit insoferne verschieden, als Letzteres in der Pfalz zulässig ist, während im dießrheinischen Bayern es unzulässig erscheint. Zum Zwecke der einheitlichen Regelung der ganzen Sache ist nun der Beschluß des Ausschusses der Kammer der Reichsräthe zum Art. 122[31] bereits erfolgt, mit dem sich die k. Staatsregierung einverstanden erklärt. Hienach würde das bisher im dießrheinischen Bayern bereits bestandene Recht auch von der Pfalz übernommen werden, und merkwürdiger Weise ist von der Pfalz aus nicht der geringste Einwand dagegen erhoben worden; und ich glaube, die Pfalz hätte den ersten Anlaß gehabt, dagegen Einwand zu erheben, und sie würde sich gerührt haben, wenn sie darin irgend eine Verschlimmerung der Verhältnisse erblicken würde.

Meine Herren! Der Antrag der Herren Abgeordneten Lerno und Genossen beabsichtigt nun, das umgekehrte Verhältniß einzuführen, nämlich daß das Verhältniß, wie es jetzt in der Pfalz besteht, auch auf das dießrheinische Bayern übernommen werde. Im Großen und Ganzen glaube ich die Anschauung aussprechen zu dürfen, daß, nachdem die Fälle selten vorkommen, die Frage weitaus nicht jene Wichtigkeit hat, wie es nach den eingehenden Debatten hier den Anschein haben könnte. Die Fälle sind sehr wenig und werden sich im Hinblick auf Art. 53 des Entwurfes des Ausführungsgesetzes zum Bürgerlichen Gesetzbuche möglicherweise noch vermindern, weil durch die primäre Verantwortlichkeit des Staates die unmittelbare Inanspruchnahme der Beamten weniger in Betracht kommt.

Was mir aber von der allergrößten Wichtigkeit ist, das dürfte der Punkt S. 763.
sein, daß das Rechtens sein und bleiben soll, was in Bayern ein oberster Gerichtshof im Einzelfalle als Recht erkannt hat. Es ist hiebei nach meiner Anschauung ganz gleich, ob dieser oberste Gerichtshof der Verwaltungsgerichtshof oder das oberste Landesgericht ist, denn jeder ist ein durchaus selbständiger und mit Garantien der richterlichen Unabhängigkeit geschützter Gerichtshof.

Wenn nun der Verwaltungsgerichtshof die Vorfrage des Verschuldens bejaht, so bringt es doch zweifellos große Inkonvenienzen mit sich, wenn dann ein Landgericht dieselbe bereits entschiedene Frage noch einmal prüfen und eventuell verneinen kann. Meiner Anschauung nach würde eine solche wiederholte Prüfung das Ansehen des Verwaltungsgerichtshofes schädigen. Wenn in der Pfalz bisher eine andere Rechtslage bestand, so ist dieselbe nach meiner Ueberzeugung eben nicht mustergiltig, und bei veranlaßter Veränderung dürfte jene Einrichtung zu wählen sein, welche der Stellung des Verwaltungsgerichtshofes angemessen erscheint.

Wenn man ja auf andere Staaten vielleicht rekurriren sollte, so bemerke ich lediglich, daß dort die Sache auch jetzt geregelt wird, ich weiß nicht wie. Aber das weiß ich, daß der Verwaltungsgerichtshof in einzelnen, namentlich in kleineren deutschen Staaten durchaus nicht in der Weise organisirt ist wie bei uns, indem die Verwaltungsrechtspflege in oberster Instanz dort vielfach von Senaten ausgeübt wird, deren Mitglieder diese Funktion nur im Nebenamt versehen. Bei uns ist es aber ein vollständig selbständiger Gerichtshof wie der oberste Gerichtshof auch.

Die Zuständigkeit der Gerichte wird nach meiner Anschauung durch die Annahme des Ausschußantrags in keiner Weise geschmälert, da die Vorentscheidung nur die öffentliche Rechtsfrage des dienstlichen Verschuldens eines Beamten betrifft, während die Rechtsfrage der Entschädigung, soweit sie civilrechtlicher Natur ist, immer den Gerichten unverkürzt bleibt, und ich glaube, daß auch der Fall nicht ausgeschlossen ist, daß bei der Annahme des Ausschußantrags es immerhin vorkommen kann, daß noch ein Gericht Jemanden nicht verurtheilt zu einer Entschädigung, obwohl das Verschulden des Beamten schon anerkannt ist. Das kommt darauf an, wie die Verhältnisse liegen und ob nach der civilrechtlichen Beurtheilung des Falles beispielsweise ein Kausalzusammenhang zwischen dem Verschulden und dem Schaden nicht gegeben ist, so daß von dem Richter eine Verurtheilung nach seinem Gewissen nicht ausgesprochen werden kann.

Das aber, meine Herren, möchte ich noch betonen, daß nach meiner Ueberzeugung das Verfahren des Verwaltungsgerichtshofes ebenso gründlich ist wie bei den Gerichten, und wenn in einem Falle darauf hingewiesen wurde, daß die Zeugen nicht beeidigt worden sind oder daß etwas übersehen worden ist, so antworte ich einfach darauf: das kann bei den Gerichten auch geschehen, das kann überall geschehen. Soweit mir der fragliche Fall bekannt gegeben worden ist, erfolgte aber dort die Nichtbeeidigung der Zeugen hauptsächlich aus dem Grunde, weil die Thatsachen, die durch die Zeugen hätten festgestellt werden sollen, durch das Zugeständniß des Beklagten bereits vollständig klar gelegt worden waren, und wahrscheinlicherweise auch, um nicht die Eide unnöthig zu vermehren — und es liegt ja in der ganzen heutigen Tendenz, daß man die Eidesleistungen so weit als möglich beschränken soll. Bestimmt kann ich es aber nicht sagen, weil mir die Akten zur Einsicht nicht vorliegen.

Wenn nun der Antrag des Ausschusses der Reichsrathskammer angenommen

S. 763. wird, so bin ich überzeugt, daß die Sache so verläuft, wie sie ungefähr bisher verlaufen ist, und bisher sind eigentlich mit der einzigen erwähnten Ausnahme keine Fälle mir bekannt, wo Klagen über die bestehenden Verhältnisse hervorgetreten sind. Warum soll man denn im dießrheinischen Bayern etwas ändern, wenn hiezu kein dringender Anlaß besteht?

Nun hat der Herr Abgeordnete Wagner noch betont, daß man das
S. 764. Verfahren beim Verwaltungsgerichtshofe verbessern ‖ solle. Ich möchte darauf hinweisen, daß, wenn in einem Falle, der berührt worden ist, nicht mit der nöthigen Gründlichkeit vorgegangen worden sein sollte, der § 41 der Vollzugsvorschriften lautet:

> In den bei Art. 7 Abs. 2 des Gesetzes bezeichneten Fällen

— das sind nämlich die Fälle von Beamtenhaftung —

> sind die Vorschriften über das Verfahren des Verwaltungsgerichtshofes in Verwaltungsrechtssachen entsprechend in Anwendung zu bringen. Vor der Verhandlung der Sache sind die allenfalls nöthigen Erhebungen zu pflegen, auch ist der Beklagte von der vorgesetzten Dienstesstelle einzuvernehmen. Zur Verhandlung sind sowohl Kläger als Beklagter zu laden. Die Entscheidung des Verwaltungsgerichtshofes ist der bezeichneten Dienstesstelle in beglaubigter Abschrift mitzutheilen.

Und in Art. 20 des Gesetzes heißt es: Zeugen und Sachverständige werden eidlich vernommen. Also wenn einerseits vorgeschrieben ist, daß die Sache nach den Vorschriften über das Verfahren in Verwaltungsrechtssachen behandelt werden muß, andererseits vorgeschrieben ist, daß die Zeugen vereidigt werden müssen, so ist entsprechend Vorsorge getroffen.

Das Einzige, was da noch beanstandet werden könnte, wäre, daß die Vollzugsinstruktion, nämlich die Norm, nach welcher das Verfahren in Verwaltungsrechtssachen angewendet werden soll, nicht als Gesetz zu erachten ist, sondern daß sie nur als eine Instruktion für den Verwaltungsgerichtshof gilt. Wenn deßhalb das in das Verwaltungsgerichtshofgesetz ausdrücklich noch aufgenommen werden will, dagegen besteht selbstverständlich Seitens der k. Staatsregierung gar kein Bedenken. Aber andererseits möchte ich darauf aufmerksam machen, daß die jetzige Bestimmung ebenso bindend ist und ihre Rechtsbeständigkeit noch niemals vom Verwaltungsgerichtshofe oder von irgend Jemand in Zweifel gezogen worden ist.

Meine Herren! Ich dächte, es würde entsprechen, wenn Sie dem Antrage, wie er vom Ausschusse der Kammer der Reichsräthe beschlossen worden ist, Ihre Zustimmung geben, und wenn man auf die anderen Anträge verzichten wollte; denn darüber ist mir kein Zweifel — und ich kann auch nur noch bestätigen, daß das insbesondere vom Verwaltungsgerichtshofe in einem Bericht, den ich eingeholt habe, hervorgehoben worden ist —, daß derselbe das größte Gewicht darauf legt, daß er als oberster Gerichtshof ebenso wie das oberste Landesgericht anerkannt werde und daß an diesen Bestimmungen nichts geändert werden möge, weil jede Aenderung in dieser Richtung das Ansehen des Verwaltungsgerichtshofes zu schädigen im Stande ist.

Vicepräsident: Herr Abgeordneter Wagner!

Wagner: Meine Herren! Nach den Aeußerungen der Herren Vorredner, welche in dem einen Punkte übereinstimmen, daß man an der Vorentscheidung beim Verwaltungsgerichtshofe festhalten soll, bin ich in der Lage, meinen primären Antrag zurückzuziehen, und erkläre hiemit die Zurücknahme des primären Antrags. Derselbe hat auch seinen Zweck insofern erfüllt, als er Veranlassung gegeben hat, die Frage nach allen Richtungen zu klären. S. 764.

Meine Herren! Ich habe nur noch ein paar Punkte hervorzuheben. Es ist mir privatim mitgetheilt worden, daß meine Aeußerungen, welche ich vorhin hinsichtlich der Haftung des Staates für die Post- und Eisenbahnbeamten machte, zu Mißverständnissen führen könnten. Um in dieser Richtung meine Meinung vollständig klar zu stellen, erkläre ich es als selbstverständlich, daß ich bei dieser meiner Aeußerung nur die Haftung des Staates für die Post- und Eisenbahnbeamten im Sinne des Art. 53 beziehungsweise 53a des Ausführungsgesetzes zum Bürgerlichen Gesetzbuch im Auge hatte, nicht aber den Fall, in welchem der Staat als Geschäftsherr für seine Beamten zu haften hat, wie das ja häufig, insbesondere bezüglich der Eisenbahnbeamten vorkommen wird. Letzteren Fall hatte ich bei meinen Aeußerungen selbstverständlich nicht im Auge.

Der Herr Kollege Lerno hat gegenüber dem Hauptpunkte meiner Einwendungen gegen seine Ausführungen gemeint: ja, ein Fall, wie ich ihn unterstellt habe, komme in der Praxis gar nicht vor, nämlich der Fall, daß ein Privater durch einen Beamten um einen großen Theil seines Vermögens oder um sein ganzes Vermögen gebracht worden ist und daß der Verwaltungsgerichtshof gleichwohl sagte, es liegt in diesem Falle die Verletzung einer Amtspflicht nicht vor. Ja, meine Herren, wenn der Verwaltungsgerichtshof die Ueberzeugung hat, daß eine Verletzung der Amtspflicht nicht vorliegt, dann muß er im Sinne des Beklagten erkennen, beziehungsweise er muß den Rechtsweg für unzulässig erklären, mögen daraus Folgen sich ergeben, wie sie wollen, und diese Folgen können eben solche sein, welche ich unterstellte. Wenn Herr Kollege Lerno sagt, der Fall kommt nicht vor, so sage ich, er kann ebenso gut vorkommen wie ein anderer, ja, er muß sogar in einzelnen Fällen vorkommen, das wird ganz unausbleiblich sein. Der Grund, den er also gegen diese meine Meinung vorgebracht hat, ist absolut nicht zutreffend.

Was nun den von mir noch aufrecht erhaltenen Eventualantrag betrifft, so bin ich der Meinung, daß ich auf demselben zu beharren habe und daß die verehrten Herren demselben ihre Zustimmung geben sollen. Es hat nun zwar Seine Excellenz der Herr Staatsminister des Innern dargelegt, daß in den Vollzugsvorschriften schon das steht, was ich will; aber es wird nothwendig sein, das im Gesetz ausdrücklich zu sagen. Es sind ja auch die übrigen Verfahrensvorschriften im Wesentlichen im Gesetze über den Verwaltungsgerichtshof enthalten, während gerade über den von meinem Antrag betroffenen Punkt Zweifel bestehen. Das ergibt sich auch aus der Darstellung der Kommentatoren, welche zwar die Meinung vertreten, die ich mit meinem Antrage vertrete, welche aber erkennen lassen, daß es in dieser Beziehung an ausdrücklichen Vorschriften fehlt. Nachdem diese Vorschrift eine wichtige ist, so bin ich der Meinung, daß das im Gesetze ausgesprochen werden soll, damit in keinem Falle von Seite des Verwaltungsgerichtshofes über diese Norm hinausgegangen wird.

Ich empfehle Ihnen also lediglich die Annahme des Regierungsantrags mit der Modifikation, die ich mit meinem Eventualantrage vorgeschlagen habe.

Vicepräsident: Herr Abgeordneter Stöcker!

Stöcker: Meine Herren! Ueber die vorliegende, nicht sehr einfache Frage haben sich bis jetzt eigentlich nur Juristen geäußert und es wird wohl nothwendig sein, daß ein Mitglied der Kammer aus den bürgerlichen Kreisen seine Meinung, die durch nichts getrübt sein soll, hier zu erkennen gibt. Man

S. 764. könnte sonst denken, bei den verschiedensten Ansichten, die die Herren Juristen geäußert haben, müßte es dem Laien ergehen wie jenem Manne, der vor lauter Bäumen den Wald nicht sieht. Aber, meine Herren, so steht die Sache nicht. Wir haben, nachdem Herr Kollege Wagner seinen primären Antrag zurück-
S. 765. gezogen hat, ‖ hier eigentlich zur Lösung der Frage nicht mehr drei, sondern zwei Wege vor uns, die von allen Seiten als gangbar bezeichnet worden sind, und für uns bürgerliche Mitglieder steht eigentlich nur die Frage auf der Tagesordnung: welcher von beiden Wegen erscheint uns am zweckmäßigsten für denjenigen Bürger, der sein Recht dem Beamten gegenüber sucht, der sich irgend eine Verletzung seiner Amtspflicht oder eine Ueberschreitung seiner Amtsbefugnisse hat zu Schulden kommen lassen?

Meine Herren! Ich halte den Weg für den klagestellenden Bürger, der in die unangenehme Lage kommt, sich über einen Beamten beschweren zu müssen, für den praktischsten und zweckmäßigsten, der ohne große Kosten, also mit den wenigsten Kosten zum Ziele führt und der trotzdem die sichere Garantie bietet, daß so entschieden wird, wie der vorliegende Fall und das Recht es verlangt. Meine Herren! Ich stehe auf dem Standpunkt, daß ich dem Verwaltungsrichter sowohl wie dem Richter bei den Civilgerichten unbedingtes Vertrauen schenke, daß beide in dem vorliegenden Falle Alles genau prüfen und so entscheiden werden, wie das Recht eben liegt, und wenn ich diese Meinung habe, so darf ich wohl auch daran erinnern, wie ist denn die Sache bisher gewesen? Nun hören wir aus dem Munde aller Vorredner, daß eigentlich die Sache bisher in Bayern schon so lag. Im diesseitigen Bayern lag sie so, wie die Regierungsvorlage es will, und in dem Theile Bayerns links des Rheins, in der Pfalz, lag sie etwa so, wie der Antrag „Lerno" es ungefähr bezweckt. Nun, meine Herren, ist es ja richtig, wir haben von keinem der Herren aus der Pfalz gehört, daß sie an dem bisher bei ihnen geltenden Rechte festhalten wollen. Im Gegentheil glaube ich gehört zu haben, daß ein Redner aus der Pfalz der Meinung ist, daß dasjenige Recht, welches wir im diesseitigen Bayern bisher gesetzmäßig und gewohnheitsmäßig für uns in Anspruch nehmen konnten, das richtige sei. Meine Herren! Bis zur Stunde wurde in solchen Fällen die Frage vom Verwaltungsgerichtshofe entschieden und diese Entscheidung des Verwaltungsgerichtshofes war im diesseitigen Bayern nicht aus Gesetzeskraft bindend für den nachfolgenden Civilrichter, wohl aber hat sich gewohnheitsrechtlich durch die Praxis der Umstand herausgebildet, daß das nachfolgende Civilgericht niemals anderer Anschauung war als der Verwaltungsgerichtshof. Wenn das richtig ist, so können wir mit dem bisherigen Standpunkt — ich darf das wohl sagen — im großen Ganzen zufrieden sein. Die Fälle sind ja so wenig und Einzelne von uns haben einen solchen Fall überhaupt gar nicht erfahren. Das aber, was die Regierungsvorlage will, ist noch mehr als das: sie will das aus der Gewohnheit und der Praxis herausgebildete Recht gesetzlich festlegen.

Nun, meine Herren, kommt ein Umstand dazu, und das ist der Eventualantrag „Wagner". Wenn man von einer Seite aus glaubt, daß der Civilrichter etwa nochmals in die Lage kommen soll, auch die vorentscheidende Frage zu prüfen, so bin ich der Meinung, daß das für bürgerliche Verhältnisse nicht angenehm sein kann aus zwei Gründen. Den einen Grund hat seine Excellenz der Herr Minister des Innern bereits kundgegeben; es würde dieß kaum verstanden werden, wenn man den Entscheid eines obersten Gerichtshofes, also des Verwaltungsgerichtshofes, durch ein Untergericht plötzlich ohne zwingende Noth zur Korrektur bringen kann. Wenn man der Meinung wäre,

daß der Civilrichter die Sache besser entscheiden könnte als der Verwaltungs- S. 765.
richter, dann wäre mir der primäre Antrag des Herrn Abgeordneten Wagner der liebere gewesen. Allein diese Meinung theile ich nicht und sie wird in bürgerlichen Kreisen, soweit ich unterrichtet bin, im Lande nirgends getheilt. Ich glaube, daß sowohl der Verwaltungsrichter wie der Civilrichter diese Frage vollkommen richtig und nach Recht entscheiden wird.

Nun, meine Herren, kommt ein anderer Gesichtspunkt, den ich vorhin schon genannt habe. Welches ist denn eigentlich der Weg, der dem klagenden Bürger für die nachfolgende Civilklage einen festeren Boden gibt, auf den er scheinbar sich stellen kann, der Antrag des Herrn Kollegen Lerno oder der Antrag der k. Staatsregierung, und hier sage ich: Für den, der noch an das Civilrecht gehen muß wegen der Schadensklage und wegen des Schadensersatzes, ist es angenehmer, wenn die Vorfrage gebunden erscheint und sich der zweite Richter nicht noch einmal mit der Frage beschäftigen muß. Denn es dreht sich ja nur darum, daß die Vorfrage vom Verwaltungsgerichtshofe untersucht wird, und wenn sie einmal bejaht ist und nicht mehr durch das Untergericht abgeändert werden kann, so hat er ja die sichere Gewißheit, daß die Hauptfrage für ihn feststeht und daß er durch Eingehen auf die Schadensklage und auf die Feststellung des Schadens nicht in neue, größere Kosten kommt. Denn, meine Herren, es ist ja der Verwaltungsgerichtsweg, das wissen wir Bürger alle, der billigere Weg und die Klage auf dem Wege vor den Civilgerichten ist für uns der theuerere Weg und deßwegen sage ich, ich bin der Meinung, wir sollen uns so entscheiden, wie die k. Staatsregierung es uns hier vorschlägt. Wir stellen die Vorentscheidung fest und geben damit dem rechtsuchenden Bürger einen festen Boden, auf den er sich, wenn er die zweite Klage zu stellen hat, auch stellen kann. Er braucht nicht mehr zu befürchten, daß eine Frage, die vorher bejaht worden ist, wenn er in Folge der Bejahung derselben nunmehr die zweite Klage stellt, von dem zweiten Gerichtshofe verneint wird.

Ich würde Sie bitten, der Regierungsvorlage, wie sie vorliegt, hier zuzustimmen, hernach dann aber auch dem Eventualantrage des Herrn Kollegen Wagner, weil ich der Meinung bin, daß es mir lieber ist, es ist eine Bestimmung gesetzlich festgelegt, als sie steht blos in den Vollzugsvorschriften des Gesetzes. Meine Herren! Bei allem Vertrauen zum Herrn Staatsminister des Innern und dem k. Staatsministerium überhaupt bin ich aber der Meinung, daß Vollzugsvorschriften jederzeit geändert werden können und daß es einem späteren Ministerium gefallen kann, den § 41 der Vollzugsvorschriften zum Gesetze über den Verwaltungsgerichtshof so abzuändern, wie es ihm genehm ist. Deßwegen glaube ich — und der Herr Minister ist ja damit einverstanden, wenn ich recht verstanden habe —, es ist nicht überflüssig, auch dem Eventualantrage des Herrn Kollegen Wagner zuzustimmen, um Gewährschaft zu haben, daß unter allen Umständen bei Entscheidung der Vorfrage die Sache so behandelt wird, wie es bei reinen Verwaltungsrechtssachen gesetzlich der Fall sein soll.

Deßwegen bitte ich Sie, dem Eventualantrage des Herrn Kollegen Wagner ebenfalls zuzustimmen.

Vicepräsident: Herr Abgeordneter Michel.

Michel: Meine Herren! Nur einige kurze Bemerkungen! Es ist die Frage schon von verschiedenen Seiten || diskutirt worden und ich will mich S. 766.
nur darauf beschränken, meinen Standpunkt in der Sache, den ich heute einnehme und im Ausschusse eingenommen habe, kurz zu motiviren.

S. 766. Sie wissen, mit welcher Zähigkeit wir Pfälzer an unseren liebgewordenen Institutionen festhalten, und ich glaube, daß diese pfälzische Art bisher als eine berechtigte so ziemlich von allen Seiten anerkannt worden ist. Wenn wir aber in der vorwürfigen Frage unseren bishergen Standpunkt und den bisherigen Rechtsboden verlassen und uns auf den Standpunkt der Regierungsvorlage stellen, so müssen Sie sich wohl sagen, meine Herren, daß wohl ganz wichtige Gründe maßgebend gewesen sein müssen, daß dieß so gekommen ist, und das ist in der That so, meine Herren!

Was meinen Standpunkt in der Sache anlangt, den ich im Ausschusse eingenommen habe und den ich heute noch theile, so ist es der: Ich stelle mich nicht auf den Standpunkt des Richters und der Gerichte, sondern auf den der Gerichtsbaren. Ich bin deßwegen auch von allem Anfang an mit einem gewissen Widerstreben an diese Frage herangetreten, weil ich nicht blos Abgeordneter, sondern auch Richter bin; allein die Gründe, die mich bestimmt haben, für die Regierungsvorlage zu stimmen, sind heute schon hervorgehoben worden, und sind einfach die: Ich bin zur Ueberzeugung gelangt, daß die Feststellungen, wie sie nach der Regierungsvorlage zu erfolgen haben, eine unverrückbare feste Basis für das Civilurtheil abgeben und abgeben müssen, und ich habe auch weiter um deswillen kein Bedenken mehr gehabt, weil es ohnehin dem Civilrichter nicht blos unbenommen bleibt, sondern zu seiner Pflicht gehört, nachträglich zu prüfen, ob und inwieweit ein Kausalnexus besteht zwischen den festgestellten Pflichtverletzungen des Beamten und der beanspruchten Entschädigung.

Ich bin also der Ansicht, daß die Regierungsvorlage nicht blos für die Gerichtsbaren, sondern auch für die Gerichte selbst viel acceptabler ist als der Antrag „Lerno“.

Ich möchte um deswillen bitten, den Antrag „Lerno“ abzulehnen und die Regierungsvorlage anzunehmen.

Was den Eventualantrag des Herrn Kollegen Wagner betrifft, so bitte ich, auch diesem zuzustimmen. Ich darf wohl darauf verzichten, Ihnen eine kurze rechtsgeschichtliche Skizze über die pfälzischen Verhältnisse zu geben. Ich will nur kurz erwähnen, daß in der Pfalz das Hauptgesetz in dieser Materie der Art. 75 der Konstitution vom 22. Frimaire des Jahres VIII der Republik war, welcher dem Staatsrathe die Befugniß zuerkannte, zu befinden, ob ein agent du gouvernement, wie es im französischen Texte heißt, vor Gericht zu stellen sei. Ich will darauf verzichten, das weiter auszuführen, und nur darauf hinweisen, daß dieser Rechtszustand nach der Einführung des Verwaltungsgerichtshofes sich geändert hat, weil durch den Art. 2 Ziff. 14 litt. g des Ausführungsgesetzes zur Reichs-Strafprozeßordnung das Frimaire-Gesetz in soweit aufgehoben wurde, als diese Vorfrage vom 1. Oktober 1879 an nicht mehr zu entscheiden ist, wenn Strafsachen in Frage stehen.

Weitere Bemerkungen habe ich nicht zu machen.

Ich bitte deßhalb, die Regierungsvorlage anzunehmen, den Antrag „Lerno“ abzulehnen, dagegen den Eventualantrag „Wagner“ auch anzunehmen.

Vicepräsident: Herr Abgeordneter Joseph Geiger!

Joseph **Geiger:** Meine Herren! Erlauben Sie mir nur noch einige Bemerkungen. Ich weiß ja, daß ich Ihre Geduld nicht zu sehr in Anspruch nehmen darf; wir haben uns mit dieser vorzugsweise juristischen Angelegenheit schon ziemlich lange beschäftigt, aber es ist doch nothwendig, daß ich von meinem Standpunkt aus noch Einiges bemerke, was zur Begründung und zur Rechtfertigung unseres Antrags immerhin dienlich sein möchte. S. 766.

Ich will vor Allem betonen, daß, wenn Seine Excellenz der Herr Minister des Innern davon gesprochen hat, daß glücklicherweise die Fälle der vorwürfigen Art sehr selten sind und noch seltener werden, ich dieser Bemerkung gegenüber ein Fragezeichen mache. Seitdem wir den Art. 53 geschaffen haben, glaube ich, wird die Betretung des Rechtswegs, um eine Entschädigung zu erhalten, viel häufiger werden, denn derjenige, welcher die Entschädigung zu zahlen hat, ist ja nicht mehr der Beamte zunächst, welcher in seiner Solvenz bisweilen sehr bedenklich erscheint gegenüber derartigen Ansprüchen, sondern es ist der Staat, es ist die Gemeinde, die ja im Allgemeinen auch ebenso wie der Staat als solvent zu erachten ist.

Nun hat Seine Excellenz und haben auch andere Herren davon gesprochen, daß durch das Gesetz über den Verwaltungsgerichtshof die beiden Gewalten in einer Weise geschieden und festgestellt worden seien, daß man daran nicht rütteln solle.

Meine Herren! In Bezug auf den Art. 7 Abs. 2 ist es mit dieser Scheidung der Gewalten nicht so ganz in Richtigkeit. Es ist hier vielleicht der einzige Fall, in welchem der Verwaltungsbehörde, wenn auch der obersten Verwaltungsbehörde, dem Verwaltungsgerichtshof eine Aufgabe übertragen wird, welche an sich nur den Gerichten zusteht. Wenn nämlich der Verwaltungsgerichtshof damit allein befaßt wäre, zu prüfen, ob eine Amtspflicht besteht oder nicht, ob dieselbe in einem bestimmten Falle verletzt worden ist, sei es durch positives Handeln des Beamten oder durch Unterlassen, dann läge die Sache anders. Aber der Verwaltungsgerichtshof ist noch zu einer anderen Aufgabe berufen, nämlich zu entscheiden, ob der Beamte auch schuldig sei in Bezug auf die Handlung, welche objektiv als eine rechtswidrige, objektiv als eine Uebertretung der Amtspflicht festgestellt ist, und darin liegt der große Unterschied zwischen Verwaltung und Justiz, das ist es, was uns bedenklich macht. Auch die Schuldfrage wird von dem obersten Verwaltungsgerichtshofe bejaht oder verneint.

Nun sagt man, der Civilrichter ist ja nicht unter allen Umständen gebunden, es kann ja Fälle geben, in welchen er trotz des Ausspruchs des obersten Verwaltungsgerichtshofes zu einer Abweisung der Klage, zu einer Entlastung des Beamten oder des Staates gelangt. Meine Herren! Das ist, glaube ich, nicht wohl möglich, es wäre denn, daß der Richter die Klage abweist, weil der ursächliche Zusammenhang der Beschädigung mit der Dienstwidrigkeit nicht gegeben ist. Wenn er sie nicht aus diesem Grunde abweist, so muß er sich ausschließlich mit der Höhe der Entschädigung befassen. Er kann gegenüber dem Ausspruch des obersten Verwaltungsgerichtshofes, welcher Ausspruch für ihn bindend ist, in die Frage des Verschuldens nicht mehr eintreten. Er wird einem in dieser Beziehung gemachten Beweisanerbieten und Gegenbeweisanerbieten || eine Folge gar nicht leisten können, er wird nicht S. 767. dazu kommen, zu prüfen, ob etwa die culpa, die der Verwaltungsgerichtshof angenommen hat, eine nur levissima sei und dazu berechtige, von einer Entschädigungsverpflichtung abzusehen. Das geht nicht; also glaube ich, daß man mit diesem Argument wohl nicht aufkommen kann.

Nun wird von Seite des Herrn Kollegen Conrad gesagt, die Herren möchten sich durch das, was ich neulich am Samstag vorgetragen habe, was Sie vielleicht gruseln gemacht hat, nicht irre führen lassen. Ja, meine Herren, ich habe Sie nicht gruseln gemacht, aber die Fälle, die ich als möglich vor-

S. 767. geführt habe, die mögen Sie gruseln gemacht haben, und daß diese Fälle in Zukunft nicht eintreten werden, das hat der Herr Kollege Conrad nicht beweisen können, das hat Seine Excellenz nicht beweisen können.

Wenn die Klage beim Civilgerichte anhängig gemacht ist, nachdem der Verwaltungsgerichtshof gesagt hatte, dieser Beamte habe schuldhafter Weise aus Vorsatz oder Fahrlässigkeit seine Amtspflicht übertreten, und wenn nun Momente zu Tage treten, thatsächliche Verhältnisse sich dahin aufklären, daß die Sache anders liege, daß hier der bereits schuldig erkannte Beamte in der That nicht verantwortlich gemacht werden kann, — ja, meine Herren, wie wollen Sie dann abhelfen?

Nun spricht Herr Kollege Conrad von Wiederaufnahme des Verfahrens. Ich kann mir gar nicht denken, wie diese Wiederaufnahme des Verfahrens vor sich gehen soll. Der Civilrichter hat sich mit der Schuldfrage nicht zu befassen. Wer soll die Wiederaufnahme des Verfahrens herbeiführen, wie soll das in die Wege geleitet werden? Soll der Civilgerichtshof in bestimmten Stadien seines Prozesses sagen: jetzt hören wir auf, jetzt machen wir eine Pause und geben die Sache dem Verwaltungsgerichtshofe zurück, ob er nicht die Wiederaufnahme des Verfahrens beschließen will. Das geht nicht; damit kann man nicht helfen.

Also ich sage, wenn man auf dem bezeichneten Wege nicht helfen kann und wenn die Herren vielleicht doch zu der Ansicht gelangen, daß im eintretenden Falle geholfen werden muß, so bitte ich, betreten Sie den einzigen Weg, der möglich ist, und bestimmen Sie, diese Vorentscheidung ist bindend bezüglich der Frage, ob der Rechtsweg betreten werden darf, nicht aber absolut bindend bezüglich der Frage, ob der Beamte auch verurtheilt werden muß. Ja, meine Herren, der Herr Kollege hier oben, Stöcker, thut sich schon ein bischen leichter, der stellt sich lediglich auf den Standpunkt des Beschädigten, des Publikums; doch nicht minder müssen wir uns auch auf den Standpunkt des Beamten stellen, und wenn auch zunächst der Staat oder der Gemeindeverband verklagt wird, so geht der Regreß doch gegen den Beamten; der Beamte hat das dem Staate oder der Gemeinde zu ersetzen, was diese an Entschädigung geleistet haben. In welche Lage bringen Sie denn den zum Ersatze verpflichteten Beamten, wenn sich hinterher herausgestellt hat, wenn es ihm gelungen ist, durch irgend welche Beweise klar zu stellen, daß er nicht schuldig sei, nicht verantwortlich gemacht werden könne? Solche Fälle können nicht ausgeschlossen werden, und weil sie nicht ausgeschlossen werden können, muß ihnen vorgebeugt werden.

Ich habe nur noch zu bemerken, daß ich in dem Antrage, wenn er angenommen werden sollte, eine Schmälerung der Autorität unseres Verwaltungsgerichtshofes in keinem Falle erblicken kann. Hier ist eine Instanz die erste und letzte zu gleicher Zeit, welche auch auf dem Wege der Wiederaufnahme des Verfahrens ihre eigene Ansicht kaum mehr zu ändern im Stande ist. Anderswo haben wir mehrere Instanzen, bei welchen die Gelegenheit geboten ist, in einem späteren Stadium die Sache noch einmal eingehend zu prüfen. Dem obersten Verwaltungsgerichtshofe die Aufgabe zuzulegen, er solle das erste und letzte Mal schon Alles, was nur möglicherweise erhoben werden kann, in seine Berathung und Erwägung aufnehmen, das ist ohne Zweifel zu viel verlangt. Wenn wir also dem Antrage, welchen der Herr Kollege Lerno und ich gestellt haben, Folge leisten, so schädigen wir das Ansehen des obersten Verwaltungsgerichtshofes in keiner Weise, geben aber dem Richter

die Freiheit zurück, die er absolut nothwendig haben muß, um sein Urtheil S. 767.
dem materiellen Rechte anzupassen.

Vicepräsident: Herr Abgeordneter Kraußold!

Kraußold: Ich glaube, meinen Standpunkt ebenfalls präzisiren zu müssen. Ich stehe auf dem Standpunkte der Regierungsvorlage mit dem vom Abgeordneten Wagner beantragten Zusatze.

Meine Herren! Es ist viel hin- und hergesprochen worden von juristischer Seite, von juristischen Abgeordneten, es ist Verschiedentliches für und gegen die Gesetzesnormirung vorgebracht worden. Man kann ja in dieser Beziehung Manches dafür und Manches dagegen sagen. Eines aber hat mich doch recht gefreut, daß Einer, der nicht Jurist ist, hier in der Sache aufgetreten ist und die Sachlage nach seiner Auffassung betrachtet hat, und ich muß gestehen: ich bin zwar Jurist, aber ich stehe auf der Seite des Nichtjuristen in dieser Sache; ich sage mir vor Allem: in dieser Sache soll man nicht in das Difficile der Juristerei hineingehen, sondern mehr in das praktische Leben.

Nur Eines möchte ich besonders hervorheben, daß der Antrag „Lerno" eine Schädigung des Ansehens des Verwaltungsgerichtshofes ist, wenn wir die Doppelentscheidung zulassen, darüber kann ja wohl kein Zweifel sein. Es hat Herr Kollege Geiger zwar heute wieder das Gegentheil behauptet.

Ich möchte noch auf einen Gesichtspunkt hinweisen. Ein Fall ist vorgekommen vor zwanzig Jahren, der hervorgehoben wurde. Ich möchte darauf erwidern, was ich schon vor einiger Zeit gesagt habe. Es ist ungemein schwer, die Urtheile der Gerichtshöfe zu kritisiren, wenn man nicht den Sachverhalt vollständig zugegen hat. Das ist gerade das Wesentlichste des Urtheiles, daß nach nichts Anderem, als nach den Ergebnissen der Verhandlung, die wir nicht kennen, geurtheilt wird. Nun wird man mir zugeben: Wenn die Entscheidungen der obersten Gerichtshöfe, wie ich bisher gelesen und gehört habe, kritisirt werden, so muß ich sagen: Es steht doch wahrlich ebensogut die Möglichkeit offen, daß der oberste Gerichtshof falsche Schlüsse zieht. Wir müssen das Vertrauen haben zu den obersten Gerichtshöfen — und hier handelt es sich hauptsächlich um Verwaltungssachen und Verwaltungsbeamte, die Justiz und die freiwillige Rechtspflege ist gar nicht subsumirt — und da müssen wir sagen: Wenn wir dem Verwaltungsgerichtshofe diese materielle Garantie die er hat, nehmen, wenn wir dem Verwaltungsgerichtshofe nicht
das Vertrauen || schenken, so können wir auch dem obersten Gerichtshofe nicht S. 768.
das Vertrauen schenken, daß er gerade das absolut Richtige finden muß. Ich habe das Vertrauen zum Verwaltungsgerichtshofe, daß er in der That hier das Richtige finden wird. Die ganze Entwicklung des Art. 11 führt meines Erachtens dahin, den Vorentscheid endgiltig ihm zu belassen.

Wenn man nun sagt: ja, wenn ein Beamter hier wegen der Frage, ob er seine Amtspflicht überschritten hat, mit Unrecht verurtheilt worden ist, so thut das weh, so sage ich darauf, daß, wenn der Kläger, der den Verwaltungsgerichtshof für sich gehabt hat, vom obersten Gerichtshofe abgewiesen wurde, so thut das noch weher, und dieser Fall kann ebenso gut eintreten. Wir brauchen auch nicht zu beweisen, wir geben zu, es kann ein Fall von solcher Kollision eintreten, und damit kein Fall von Kollision eintritt, so lassen Sie es bei dem, was bisher Gesetz war. Es ist beim Expropriationsgesetz z. B. auch bezüglich der Frage, wie viel und ob zu expropriiren ist, die Entscheidung den Verwaltungsbehörden übertragen, über die Höhe der Entschädigung und den Kausalzusammenhang hat der Richter zu entscheiden.

S. 768. Ich glaube, nachdem so viel dafür und dagegen gesprochen worden ist und die Vorlage der Regierung namentlich unter dem Gesichtspunkt der Aufrechterhaltung des Ansehens des Verwaltungsgerichtshofes begründet ist, ist diese richtiger, als wenn vom obersten Gerichtshof die Urtheile des Verwaltungsgerichtshofes kritisirt werden. Denn da möchte ich doch fragen, ob damit das Ansehen des Verwaltungsgerichtshofes nicht alterirt wird. Wenn ein oberster Gerichtshof kritisirt wird, meine ich, erhöht das auch nicht sein Ansehen. Ich sage ja, wie kann man das zulassen, allein, ob aber der oberste Gerichtshof Recht hat, kommt darauf an. Die Kritik ist für keinen der Gerichtshöfe eine das Ansehen hebende, wenn die Urtheile derselben gegen einander ausgespielt werden.

Ich möchte Sie daher dringend bitten, dem Antrag der k. Staatsregierung zuzustimmen.

Vicepräsident: Ich schließe die Diskussion, da Niemand mehr zum Worte gemeldet ist.

Das Schlußwort hat der Herr Referent.

von Walter (Berichterstatter): Meine Herren! Die Debatte über die Frage hat sich jetzt so weit ausgesponnen und es ist von beiden Seiten so viel für und gegen den Antrag vorgebracht worden, daß ich Ihnen nichts Neues mehr zu sagen wüßte. Ich glaube deßhalb, ich handle im Interesse des hohen Hauses und der Zeitersparung, wenn ich mich nicht mehr auf die Frage einlasse; was im Ausschusse darüber verhandelt worden ist, habe ich bereits berichtet.

Ich muß nur einer Bemerkung des Herrn Kollegen Conrad entgegentreten, die er dahin gemacht hat, daß ich hier eigentlich nicht den Ausschußantrag, sondern den Antrag des Herrn Kollegen Lerno zur Annahme empfohlen hätte. Herr Kollege Conrad irrt sich; ich habe vorgetragen, was im Ausschusse für den Antrag „Lerno" geltend gemacht worden ist, und habe erklärt, daß ich für den Antrag „Lerno" stimmen werde, daß ich aber im Uebrigen dem hohen Hause überlassen müsse, zu würdigen, welcher Ansicht es sich anschließen wolle. Damit, glaube ich, habe ich die Rolle des Referenten vollkommen eingehalten und will sie jetzt auch einhalten und meine persönliche Meinung über die Sache nicht sagen.

Ich beantrage Annahme des Ausschußantrages, erkläre aber, daß ich für meine Person für die Anträge „Lerno" stimmen werde.

Vicepräsident: Wir kommen zur Abstimmung.

Der primäre Antrag des Herrn Abgeordneten Wagner ist zurückgezogen worden.

Der Eventualantrag des Herrn Abgeordneten Wagner beschäftigt sich mit dem Abs. 1 der Ziff. I des Art. 122[31]; er kann in keine Kollision kommen mit den Anträgen „Lerno und Genossen" zu Abs. 2 und 3 der Ziff. I.

Es dürfte demnach nichts im Wege stehen, wenn wir über den Eventualantrag „Wagner" in erster Linie abstimmen.

Ich ersuche nun die Herren, welche damit einverstanden sind, daß für den Fall der Annahme der Ziff. I des Artikel 122[31] in den Abs. 1 dieser Ziffer vor den Worten: „Bei Handlungen eines Beamten rc. rc." ein vierter Satz eingefügt wird folgenden Inhalts:

„Das Verfahren in Verwaltungsrechtssachen findet Anwendung.", sich von den Sitzen zu erheben. (Geschieht.) Angenommen. Wir kommen zum primären Antrag „Lerno und Genossen"; derselbe bezweckt, dem Abs. 2 der Ziff. I folgende Fassung zu geben: S. 768.

„Die Vorentscheidung ist nur für die Frage der Zulässigkeit des Rechtsweges bindend."

Ich ersuche diejenigen Herren, welche damit einverstanden sind, sich von den Sitzen zu erheben. (Geschieht.) Ich bitte um die Gegenprobe. (Erfolgt.) Nach der Ansicht des Bureaus steht gegenwärtig die Mehrheit; dieser Antrag „Lerno und Genossen" ist abgelehnt.

Ich möchte nun an den Herrn Abgeordneten Lerno die Frage richten, ob derselbe nunmehr auf der Abstimmung über seinen weiteren Antrag noch besteht. (Abgeordneter Lerno: Nein!) Der Herr Abgeordnete Lerno zieht seinen weiteren Antrag zurück. Gegen den Artikel 122^{31} ist weiter keine Erinnerung erhoben worden; derselbe gilt als genehmigt. Ich rufe auf

Artikel 122^{32}.

Herr Referent!

von Walter (Berichterstatter): Meine Herren! Im Art. 122^{32} wird eine ganze Reihe von Abänderungen zu dem Ausführungsgesetze zur Reichs-Civilprozeßordnung und Konkursordnung vom 23. Februar 1879 vorgenommen. Die meisten Aenderungen haben nur zum Zweck, dieses ‖ Gesetz mit dem neuen S. 769. bürgerlichen Recht in Einklang zu bringen. Eine andere Reihe von Abänderungen ist nicht besonders einschneidend, und ich gestatte mir deßhalb nur einige Bemerkungen über einige wichtigere Aenderungen, die Ihnen übrigens aus den Ausschußverhandlungen eigentlich ohnehin bekannt sind.

In Ziff. VIII wird eine Aenderung des Art. 51 getroffen. Der Art. 51 hat bisher die Einweisung in den Besitz der Abtretungsgegenstände geregelt und zwar dahin, daß dieselbe von vorheriger Sicherheitsleistung abhängig gemacht war. Nach dem letzten Satz der Ziff. VIII sollte jedoch eine Sicherheitsleistung nicht verlangt werden, wenn der Abtretungsberechtigte der Staat ist. Dieser Satz hat nun eine Erweiterung dahin erfahren, daß, wenn der Abtretungspflichtige der Staat ist, von ihm an Stelle der Einweisung in den Besitz die sofortige Zwangsabtretung ohne Sicherheitsleistung beantragt werden kann. Diese Erweiterung ist namentlich bei Eisenbahnbauten wünschenswerth, und der Ausschuß hat, wenn auch die Privilegien des Staates dadurch erweitert werden, sie nicht beanstandet, weil der Staat für den Abtretungspflichtigen ja ohnehin hinreichende Sicherheit bietet.

Nach Art. 55 des Gesetzes konnten schon bisher die Distriktspolizeibehörden die im Zwangsentäußerungsverfahren zu Stande gekommene Einigung der Betheiligten rechtswirksam und ohne Zuziehung eines Notars beurkunden. Nach dem dazu vorgeschlagenen Zusatz soll für die Zukunft auch die Auflassung von der Distriktspolizeibehörde erklärt werden können; eine derartige Bestimmung zu treffen, gestattet uns der Vorbehalt in Art. 142 und 143 des Einführungsgesetzes zum Bürgerlichen Gesetzbuch; daß wir von diesem Vorbehalt Gebrauch machen, entspricht gewiß nur dem Interesse der Betheiligten, welche sofort bei der Beurkundung des Uebereinkommens durch die Distriktspolizeibehörde auch die Auflassung bethätigen können.

In Ziff. XV sind die Bestimmungen des Gesetzes enthalten, welche aufgehoben werden sollen, weil sie neben den neuen Reichsgesetzen keine Geltung mehr haben können. Die folgenden Absätze enthalten jedoch Ausnahmen für einzelne Vorschriften, die bis zur Anlegung des Grundbuchs oder für einzelne

S. 769. Rechtsverhältnisse die sich auch in Zukunft nach den bisherigen Vorschriften bestimmen, noch Geltung haben sollen.

Ich glaube, es wird genügen, wenn ich Sie in dieser etwas verwickelten Materie einfach auf die Motive verweise.

Etwas Weiteres habe ich zu Art. 133[21] nicht zu bemerken; ich empfehle Ihnen die Annahme desselben.

Vicepräsident: Zum Worte ist Niemand gemeldet; ich schließe die Diskussion. Eine Erinnerung gegen Artikel 122[32] ist nicht erhoben worden; derselbe gilt als genehmigt, vorbehaltlich der Schlußabstimmung nach Maßgabe der Vorschriften des Tit. X § 7 der Verfassungsurkunde.

Artikel 122[33].

Ich eröffne die Diskussion. Das Wort hat der Herr Referent!

von Walter (Berichterstatter): Meine Herren! Art. 122[33] enthält die Abänderungen, welche im Ausführungsgesetze zum Gerichtsverfassungsgesetze vom 23. Februar 1879 vorgenommen werden müssen.

Ich bemerke vor Allem, daß im Ausschusse zu diesem Artikel eine Petition der älteren Gerichtsvollziehergehilfen behandelt wurde; die Petenten streben an, daß diejenigen Gerichtsvollziehergehilfen, die schon vor dem Jahre 1886 thätig waren, zur Prüfung zugelassen und als Gerichtsvollzieher angestellt werden. Seine Excellenz der Herr Justizminister erklärte, daß nur mehr Militäranwärter die Stelle eines Gerichtsvollziehers erlangen können und von dieser Norm nicht mehr abgegangen werden dürfte. Im Uebrigen müßte das Gerichtsvollzieherwesen mit Rücksicht auf das Bürgerliche Gesetzbuch neugeregelt werden: inwieweit die einzelnen Petiten der Gerichtsvollzieher berücksichtigt werden könnten, lasse sich zur Zeit nicht bestimmen. Vielleicht sei es möglich, das Nähere, wenn einmal beide Kammern versammelt seien, im Finanzausschusse mitzutheilen.

Auf Grund dieser Erklärung wurde im Ausschusse beschlossen, die Petition dem Finanzausschusse zuzuweisen.

Was die Aenderungen im Gesetze selbst betrifft, so werden durch dieselben zunächst die bisher in der Pfalz und im rechtsrheinischen Bayern bestandenen Verschiedenheiten beseitigt. Der bisherige Abs. 2 des Art. 15 führt eine Reihe von Gegenständen der nichtstreitigen Rechtspflege auf, die zu den Amtsgerichten gehören. Dieser Absatz konnte nicht aufrecht erhalten werden. Deßhalb hat der Art. 15 eine ganz bedeutende Vereinfachung erfahren. In Abs. 2 wird zunächst die Zuständigkeit der Amtsgerichte und der Notare in Bezug auf das Beurkundungswesen abgegrenzt. Eine positive Vorschrift ist schon im Entwurfe dahin enthalten, daß die Verträge über die Beurkundung der Verträge über die Alimentation außerehelicher Kinder von den Amtsgerichten selbst vorgenommen werden sollen.

Der Ausschuß der Reichsrathskammer hat noch eine Erweiterung dahin getroffen, daß auch die Zuständigkeit der Amtsgerichte zur Beurkundung gegeben sein soll, wenn in derselben Urkunde auch zugleich die Ansprüche der Mutter aus dem außerehelichen Beischlafe geregelt werden.

Meine Herren! In erster Beziehung war es bisher ein vielfach beklagter Mißstand, daß die Alimentationsverträge für außereheliche Kinder bei dem Notare beurkundet werden mußten, weil nur durch die Notariatsurkunde ein vollstreckbarer Titel erlangt werden konnte. Diesem Mißstande ist jetzt abgeholfen, und ganz sicher ist auch der Zusatz, den die Reichsrathskammer beschlossen hat, entsprechend, weil dadurch vermieden wird, daß Ansprüche, die doch zusammenhängen, nicht von verschiedenen Behörden beurkundet werden müssen. S. 769.

In Satz 2 des neuen Absatzes wird eine Bestimmung dahin getroffen, daß die Amtsgerichte zur Errichtung aller jener Urkunden nicht zuständig sein sollen, welche nach den Reichsgesetzen durch die Notare, durch ein Gericht oder eine andere Behörde errichtet werden können.

Es wurden gegen diesen Satz schwere Bedenken erhoben und insbesondere geltend gemacht, daß bei der Beurkundung von Rechtsgeschäften über Liegenschaften und ihnen gleichstehende Rechte, zu deren Abschlusse der Vormund oder der Inhaber der elterlichen Gewalt der Genehmigung des Vormundschaftsgerichts bedarf, der Vor‖mundschaftsrichter die Verträge vorbereiten S. 770. müsse, daß der Notar das bezügliche Protokoll blos abzuschreiben und deßhalb nur eine ganz formale Thätigkeit zu entwickeln habe. In diesem Falle wäre es praktisch und im Interesse der Ersparung überflüssiger Gänge der Betheiligten gelegen, die Beurkundung gleich durch das Vormundschaftsgericht bethätigen zu lassen, wie auch in Verlassenschaftssachen, wenn Immobilien zum Nachlasse gehörten, eine Notariatsurkunde nicht erforderlich sei, so daß sofort auf Grund des vor dem Verlassenschaftsgerichte bethätigten Uebereinkommens der Erben und sonstigen Betheiligten gleich die Auflassung vor dem Grundbuchamte erfolgen könne.

Von einem Ausschußmitgliede wurde auch förmlich der Antrag auf Aufnahme der Vorschrift gestellt: „Die Vorschrift des Satzes 2 findet keine Anwendung auf die Beurkundung von Rechtsgeschäften, zu deren Abschluß der Vormund oder der Inhaber der elterlichen Gewalt der Genehmigung des Vormundschaftsgerichtes bedarf."

Bei dieser Gelegenheit wurde nun die prinzipielle Frage besprochen, ob überhaupt das Notariat bei Einführung des Bürgerlichen Gesetzbuchs beizubehalten sei. Nur ein einziges Ausschußmitglied sprach sich für die Aufhebung des Notariates aus, weil dasselbe bisher zu vielen begründeten Beschwerden Anlaß gegeben habe. Alle übrigen Ausschußmitglieder waren dagegen der Ansicht, daß von einer Aufhebung des Notariates keine Rede mehr sein könne, weil unübersehbare Kosten und sonstige fast unüberwindliche Schwierigkeiten einer anderweitigen Regelung des Beurkundungswesens entgegenstünden.

Seine Excellenz der Herr Justizminister führte insbesondere aus, daß das Notariat durch § 313 des Bürgerlichen Gesetzbuchs in seinem Bestande bedroht gewesen sei und daß es große Anstrengungen erfordert habe, dasselbe durch die Art. 141 und 143 des Einführungsgesetzes zum Bürgerlichen Gesetzbuche, sowie durch § 98 der Grundbuchordnung zu retten. Die bayerische Regierung sei um so mehr veranlaßt gewesen, sich um die Erhaltung des Notariates zu bemühen, weil man sich in der Kammer der Abgeordneten wiederholt dafür ausgesprochen habe. Wenn man aber das Notariat erhalten wolle, dürfe man zunächst in das Prinzip, daß die Notare auch in Zukunft die eigentlichen Urkundspersonen sein sollen, keine Bresche legen. Außerdem würde die Annahme des gestellten Antrages eine ganz außerordentliche Mehrbelastung der Pflegschaftsgerichte, eine Vermehrung der Pflegschaftsrichter und namentlich in München auch einige Millionen Baukosten zur Folge haben.

Diese Anschauung war auch die Meinung der überwiegenden Mehrheit des Ausschusses. Es wurde insbesondere von verschiedenen Seiten noch geltend gemacht, daß man das Notariat, wenn man es aufrecht erhalten müsse, auch lebensfähig zu erhalten habe und deßhalb nicht durch Beschneidung des bisherigen Wirkungskreises den Notaren das nothwendige Einkommen schmälern

S. 770. dürfe, zumal ohnehin der Staat künftig zur Systentation der Notare wohl erheblich mehr zu leisten haben werde als bisher. Es wurde in Folge dessen auch der Antrag abgelehnt.

In Ziff. XII wird der Art. 42 des bisherigen Gesetzes wesentlich geändert. Nach diesem Art. 42 ist das Oberlandesgericht München für die Verhandlung und Entscheidung der zur Zuständigkeit der Oberlandesgerichte gehörigen Revisionen und Beschwerden in Strafsachen zuständig. Die Zuständigkeit des bayerischen obersten Landesgerichtes ist durch Art. 6 des Einführungsgesetzes zum Bürgerlichen Gesetzbuche ganz außerordentlich geschmälert, da bei allen bürgerlichen Rechtsstreitigkeiten, in welchen durch Klage oder Widerklage ein Anspruch auf Grund des Bürgerlichen Gesetzbuchs geltend gemacht wird, die Verhandlung und Entscheidung in letzter Instanz dem Reichsgerichte zugewiesen ist. Die Erhaltung des bayerischen obersten Landesgerichtes ist nothwendig einerseits, weil es für alle Rechtsstreitigkeiten, in denen Ansprüche auf Grund der Landesgesetze geltend gemacht werden, Revisionsinstanz bleibt, und andererseits, weil es nach Art. 1 des Gesetzes vom 30. März 1850, den Staatsgerichtshof und das Verfahren bei Anklagen gegen Minister betreffend, den Staatsgerichtshof zu bilden hat. Deßhalb ist es nothwendig, seine Zuständigkeit durch Verweisung anderer Angelegenheiten zu erweitern. Hiezu bieten § 9 des Einführungsgesetzes zum Reichs-Gerichtsverfassungsgesetz, § 102 der Grundbuchordnung und § 199 Abs. 1 des Gesetzes über die Angelegenheiten der freiwilligen Gerichtsbarkeit einen Weg, in dem hienach die zu den Oberlandesgerichten ressortirenden Entscheidungen über die Revisionen und Beschwerden in Strafsachen, dann die weiteren Beschwerden in Grundbuchsachen und in Angelegenheiten der freiwilligen Gerichtsbarkeit dem obersten Landesgericht durch Landesgesetz zugewiesen werden können. Die k. Staatsregierung macht von diesem Vorbehalte auch Gebrauch, um dem bayerischen obersten Landesgerichte eine, wenn auch nur kümmerliche und seiner Bedeutung und Stellung nicht mehr entsprechende Fortdauer zu sichern. Deßhalb wird also in Art. 41 die Zuständigkeit des Oberlandesgerichts beseitigt und in einem späteren Artikel die Zuständigkeit des Oberlandesgerichts in den drei angedeuteten Richtungen ausgesprochen.

Diese Zuständigkeit des obersten Landesgerichts, wie sie für die Folge eintreten soll, macht es auch nothwendig, daß bei dem bayerischen obersten Landesgericht, an welchem bisher ein Staatsanwalt nicht angestellt war und bei dem die Vertretung der staatsanwaltschaftlichen Geschäfte bisher dem Oberstaatsanwalt beim Oberlandesgerichte München zugewiesen war, künftighin ein Generalstaatsanwalt aufgestellt werden muß. Auch diese Bestimmung ist in dem Gesetze vorgesehen.

Es wurde im Ausschusse angeregt, daß es die Stellung des Verwaltungsgerichtshofes, der ja ebenfalls als oberstes Gericht anerkannt sei, künftig wohl auch nothwendig machen wird, bei demselben statt eines Oberstaatsanwaltes gleichfalls einen Generalstaatsanwalt aufzustellen.

In Ziff. XVI ist ein neuer Art. 63 eingestellt worden, der die Zuständigkeit der Gerichtsschreiberei feststellen soll, und da habe ich vor Allem darauf aufmerksam zu machen, daß schon im Entwurfe vorgesehen war und daß dieser Vorschlag der Staatsregierung die einmüthige Zustimmung unseres Ausschusses sowohl wie die des Ausschusses der Kammer der Reichsräthe fand — daß vorgesehen war, daß in all' den Fällen, in welchen der Nachlaß nicht oder nicht viel über 2000 M. beträgt, die Errichtung der Inventare, wie es schon auf Grund des Gesetzes vom 18. März 1896 gewesen war, nicht den Notaren, sondern den Gerichtsschreibern zufallen soll. Ich glaube,

es wird in dieser Beziehung auch das Haus der k. Staatsregierung nur S. 770.
dankbar sein, daß diese billige Rücksichtnahme auf die ärmere Bevölkerung auch in dem vorliegenden Gesetzentwurf wieder Ausdruck gefunden hat.

Etwas Weiteres habe ich zu dem Art. 122^{33} nicht zu bemerken; ich S. 771.
empfehle Ihnen die Annahme desselben.

Vicepräsident: Zum Worte ist Niemand gemeldet; die Diskussion ist geschlossen.

Gegen den Artikel 122^{33} wird von keiner Seite eine Erinnerung erhoben; derselbe gilt als angenommen.

Artikel 122^{34}, 122^{35}.

Herr Referent!

von Walter (Berichterstatter): Meine Herren! Der Art. 122^{35} betrifft das Erbschaftssteuergesetz. In diesem sollen ziemlich weitgreifende Aenderungen vorgenommen werden. Vor Allem werden in Ziff. III die Art. 7 und 8 des bisherigen Gesetzes wesentlich geändert und ein neuer Art. 8a eingeschaltet. Die Art. 7 und 8 haben bisher die Steuerpflicht von dem Wohnorte und der Staatsangehörigkeit des Erblassers abhängig gemacht. Diese Voraussetzung der Steuerpflicht hat sich aber nicht bewährt; die betreffenden Bestimmungen waren sehr verwickelt und gaben auch zu manchen Schwierigkeiten, Doppelbesteuerungen und Anständen Anlaß. Deßhalb soll die Besteuerung für die Folge ohne Rücksicht auf die Person des Erben lediglich mehr von dem Wohnsitze des Erblassers abhängig gemacht werden. Wenn der Erblasser seinen Wohnsitz nicht in Bayern hatte, so wird die Steuer nur von dem in Bayern befindlichen Vermögen erhoben, und das Gleiche tritt ein, wenn der Erblasser bei Beginn der Verschollenheit keinen Wohnsitz in Bayern hatte. Hatte der Erblasser seinen Wohnsitz in Bayern, so unterliegt das bewegliche Vermögen der Steuer in Bayern, gleichviel ob es sich in Bayern befindet oder nicht; nur Grundstücke oder denselben gleichstehende Rechte, die sich in Bayern befinden, unterliegen der Steuer, aber in diesem Falle unbedingt. Soweit außerhalb Bayerns befindliches Vermögen der Steuer unterliegt, wird die auf dieselbe im Auslande zu entrichtende Erbschaftssteuer angerechnet, die in Bayern wohnenden Erben sind für die außerhalb Bayerns befindlichen Vermögen des Erblassers, der keinen Wohnsitz in Bayern hatte, steuerfrei.

Diesen Grundsätzen entsprechen also die Aenderungen der Art. 7 und 8 sowie der Art. 8a.

Der Ausschuß hat die Aenderung gebilligt, weil dadurch eine größere Klarheit, eine größere Vereinfachung herbeigeführt würde, und weil insbesondere die großen Schwierigkeiten, die sich für die Besteuerung bisher ergeben haben, für die Zukunft dadurch beseitigt werden, daß die Bestimmung, ob und in welchem Betrage eine Steuer zu erheben sei, dem k. Staatsministerium der Finanzen überlassen wird.

In Ziff V wird der Art. 22 geändert. Die Aenderung ist eine doppelte. Nach § 2100 bis 2190 des Bürgerlichen Gesetzbuches tritt an die Stelle der bisherigen fideikommissarischen Substitution die Nacherbschaft beziehungsweise das Nachvermächtniß. In diesem Sinne muß deßhalb Art. 22 schon redaktionell geändert werden und tritt an die Stelle des Fiduziars der Vorerbe oder Vorvermächtnißnehmer und an die Stelle des Fideikommissars der Nacherbe oder Nachvermächtnißnehmer. Außerdem wird aber auch eine materielle und nach dem Dafürhalten des Ausschusses sehr wohlthätige Aenderung vorgeschlagen. Nach Abs. 2 des Art. 22 mußte bisher sowohl der Fiduziar als der Fidei-

S. 771. kommissar die Steuer für den vollen ihnen zukommenden Vermögensbetrag entrichten. Hierin lag in dem Falle, wenn der Nacherbe oder Nachvermächtnißnehmer auf das beschränkt war, was beim Eintritt der Nacherbfolge oder des Nachvermächtnisses noch übrig war, eine Doppelbesteuerung, welche zu Beschwerden Anlaß gab, aber bei der Verschiedenheit der vielen erbrechtlichen Bestimmungen, die in Bayern gelten, nicht beseitigt werden konnte. Durch das Bürgerliche Gesetzbuch wird jetzt die Rechtsgleichheit hergestellt und deßhalb soll auch die Doppelbesteuerung fortan dadurch hintangehalten werden, daß zwar der Vorerbe oder Vorvermächtnißnehmer sowohl als auch der Nacherbe oder Nachvermächtnißnehmer die Steuer aus dem vollen Betrag zu entrichten haben, daß aber dem Vorerben oder Vorvermächtnißnehmer die Steuer insoweit zurückvergütet wird, als sie den Betrag übersteigt, den der Vorerbe oder Vorvermächtnißnehmer als Nießbraucher schuldig sein würde. Die Steuer des Vorerben oder Vorvermächtnißnehmers ist hiebei nach Art. 12—14 zu berechnen. Damit gilt auch für die Vorerbschaft und das Vorvermächtniß der in Art. 16 Abs. 2 für ein unter einer auflösenden Bedingung erworbenes Vermögen aufgestellte Grundsatz. Auch dieser Aenderung hat der Ausschuß seine Zustimmung gegeben.

Weitere Bemerkungen habe ich zum Erbschaftssteuergesetz nicht zu machen. Ich empfehle Ihnen die Annahme des Art. 122[35].

Vicepräsident: Zum Worte ist Niemand gemeldet; ich schließe die Diskussion.

Gegen die Art. 122[34] und 122[35] ist keine Erinnerung vorgebracht worden; dieselben gelten als genehmigt.

Artikel 122[36].

Herr Referent!

von Walter (Berichterstatter): Meine Herren! Der Art. 122[36] betrifft das Gesetz vom 21. April 1884 über die Landeskultur-Rentenanstalt. Ich schicke vor Allem voraus, daß nach den im Ausschusse abgegebenen Erklärungen der k. Staatsregierung eine Revision des Gesetzes in Aussicht gestellt ist, die wahrscheinlich schon den nächsten Landtag beschäftigen wird. Dabei wird es sich hauptsächlich um eine Erweiterung der Zwecke handeln, für welche Darlehen gegeben werden können.

Was die zahlreichen Aenderungen betrifft, welche an dem Gesetze vorgenommen werden, so habe ich nur Weniges zu bemerken und zwar in Bezug auf einige wichtigere Aenderungen.

Zunächst schlägt Ziff. VI eine Aenderung des Art. 13 Abs. 4 des Gesetzes vor und zwar in der Weise, daß sie eine neue Vorschrift dahin trifft, daß die Anstalt zur Zahlung des Darlehens nicht verpflichtet ist, wenn das Grundstück zum Zwecke der Zwangsvollstreckung in Beschlag genommen ist. Diese neue Vorschrift dient zur Sicherung der Anstalt. Es ist ihr aber auch auf der anderen Seite die Möglichkeit offen, dem Erwerber des Grundstücks das Darlehen auszubezahlen, wenn die Ausführung des Unternehmens durch ihn gesichert erscheint.

Es ist im Ausschusse die Befürchtung laut geworden, daß durch diese neue Vorschrift eine Gefährdung des Unternehmens selbst herbeigeführt werden
S. 772. könnte. Allein diese ‖ Befürchtung wurde dadurch zerstreut, daß ausdrücklich hervorgehoben wurde sowohl von Seite der k. Staatsregierung als auch von Seite einzelner Ausschußmitglieder, daß die Anstalt selbst an der Ausführung des Unternehmens ein wesentliches Interesse habe und daß sie deßhalb die

Auszahlung des Darlehens niemals verweigern werde, wenn überhaupt noch S. 772.
die Möglichkeit seiner Durchführung besteht.

In Ziff. VII wird der bisherige Artikel 18 geändert und bezw. dahin ausgedehnt, daß nicht nur die Löschung, sondern auch die Umschreibung der für die Landeskulturrentenanstalt eingetragenen Hypothek auf einen anderen Gläubiger durch schriftliche Erklärung der Anstaltsverwaltung erfolgen kann. Außerdem wird aber auch in einem neuen Absatze bestimmt, daß der Eigenthümer, wenn er das Darlehen an die Landeskulturrentenanstalt abgeführt hat, die ihm sonst nach § 1177 des Bürgerlichen Gesetzbuchs anfallende Grundschuldhypothek gegenüber den Hypotheken- sowie den Grundschuld- und Rentenschuldgläubigern nicht erwerben soll, für welche zur Zeit der Eintragung der Hypothek für die Kulturrentenanstalt schon Hypothek eingetragen war, und von denen der Anstalt der Vorrang eingeräumt worden war. Die k. Staatsregierung wie der Ausschuß haben es nämlich für unbillig erachtet, daß durch die Einräumung einer Grundschuldhypothek für den Eigenthümer die Gläubiger, welche nur vorübergehend im Range ausgewichen sind, dauernd geschädigt und verkürzt werden sollen.

Ich empfehle Ihnen die Annahme des Artikels.

Vicepräsident: Zum Worte ist Niemand gemeldet; ich schließe die Diskussion. Ich kann konstatiren, daß gegen Artikel 122[36] von keiner Seite eine Erinnerung geltend gemacht wurde; derselbe gilt daher als angenommen.

Artikel 122[37].

Ich eröffne die Diskussion. Herr Referent!

von Walter (Berichterstatter): Meine Herren! Der Artikel 122[37] trifft Aenderungen an dem Gesetze vom 29. Mai 1886 über die Flurbereinigung. Eine sehr einschneidende Aenderung wird in Ziff. XI zu Art. 25 vorgeschlagen.

Bisher konnte eine Einweisung der Grundeigenthümer in die ihnen durch Bereinigung neu zufallenden Grundstücke erst nach der definitiven Festsetzung erfolgen. Dieß hat zu großen wirthschaftlichen Nachtheilen geführt, weil in Folge der verzögerten Einweisung entweder die Bestellung der Grundstücke verzögert wurde oder eine nachtheilige Ausnützung derselben eintrat. Deßhalb soll für die Zukunft schon nach Absteckung der neuen Flureintheilung von der Flurbereinigungskommission die vorläufige Einweisung der Grundeigenthümer in die ihnen neu zufallenden Grundstücke beschlossen werden können. Daraus können, wenn die Flureintheilung wieder geändert wird, allerdings auch wieder große Nachtheile entstehen. Allein der Entwurf enthält dagegen doch ziemlich weitgehende Kautelen. Der Antrag auf vorläufige Besitzeinweisung muß von wenigstens drei Viertheilen der sämmtlichen betheiligten Grundeigenthümer gestellt werden. Die Beschlußfassung muß durch die Flurbereinigungskommission selbst erfolgen und es ist wohl zu erwarten, daß diese den Beschluß nicht ohne wichtige Gründe fassen wird, und endlich wird noch bestimmt, daß, wenn die Eintheilung wieder geändert wird, den durch die vorläufige Einweisung beschädigten Grundeigenthümern Schadensersatz und zwar auf Kosten des Unternehmens zu leisten ist. Ich glaube, daß durch diese drei Kautelen die an der Flurbereinigung betheiligten Grundeigenthümer entsprechend gegen Beschädigung geschützt sein werden.

Der Ausschuß hat Art. 25 in dieser Fassung angenommen und darf ich auch wohl Ihnen denselben empfehlen.

S. 772. Eine weitere Aenderung ist in Ziff. XII vorgeschlagen. Nach dem bisherigen Art. 26 mußten die Hypothekgläubiger und alle sonstigen Personen, denen Rechte an den betreffenden Grundstücken zustanden, zum Amtsgerichte vorgeladen und mit ihren Erklärungen und Erinnerungen über die beabsichtigte Vertheilung der Grundstücke gehört werden. Dieses Verfahren war weitläufig und kostspielig. In den seltensten Fällen wurde Widerspruch erhoben und niemals ein erhobener Widerspruch aufrecht erhalten. Deßhalb soll nun nach dem Entwurfe in Zukunft zur Vereinfachung und Beschleunigung der Sache nach dem Vorbild anderer Gesetzgebungen, insbesondere auch des bayerischen Gesetzes über die Kulturrentenanstalt, an die Stelle der Ladung vor das Amtsgericht eine öffentliche Ladung der berechtigten Dritten treten und damit die Aufforderung verbunden werden, ihre Erinnerungen gegen die aus der Flurbereinigung sich ergebenden Aenderungen ihrer Rechte innerhalb einer Frist von einem Monat bei Vermeidung des Verlustes des Widerspruchsrechtes geltend zu machen.

Ich glaube — und der Ausschuß war auch der Meinung —, daß diese Aenderung eine für die Berechtigten nicht nachtheilige, für die betheiligten Grundeigenthümer aber eine Beschleunigung und Verbilligung des Verfahrens herbeiführende ist, und deßhalb kann ich Ihnen auch diese Aenderung zur Annahme empfehlen.

Etwas Weiteres habe ich zu diesem Gesetze nicht zu bemerken.

Vicepräsident: Zum Worte ist Niemand gemeldet; ich schließe die Diskussion. Gegen den Artikel 122[37] ist von keiner Seite eine Erinnerung vorgebracht worden; derselbe gilt daher als angenommen vorbehaltlich der Schlußabstimmung nach Maßgabe des Tit. X § 7 der Verfassungsurkunde zu Ziff. V und XI des Artikels.

Artikel 122[38].

Ich eröffne die Diskussion. Der Herr Referent verzichtet. Zum Worte ist Niemand gemeldet; der Artikel gilt als angenommen.

Artikel 122[39].

Der Herr Referent verzichtet. Zum Worte ist Niemand gemeldet, ein Widerspruch wird nicht erhoben; der Artikel gilt als angenommen.

Artikel 122[40].

Der Herr Referent verzichtet. Zum Worte ist Niemand gemeldet; der Artikel gilt als angenommen, vorbehaltlich der Schlußabstimmung nach Maßgabe des Tit. X § 7 der Verfassungsurkunde. Wir kommen zu den Schlußbestimmungen.

Artikel 122[41].

Der Herr Referent verzichtet.

S. 773. Gegen den Artikel wird eine Erinnerung nicht vorgebracht; derselbe gilt als angenommen.

Artikel 122[42].

Der Herr Referent verzichtet.

Artikel 123.

Der Herr Referent verzichtet. Niemand ist zum Worte gemeldet, Erinnerung wird nicht vorgebracht; beide Artikel gelten als angenommen.

Artikel 125a. S. 773.

Der Herr Referent verzichtet.

Artikel 125b.

Der Herr Referent verzichtet. Das Wort wird von keiner Seite begehrt, Erinnerung nicht vorgebracht; beide Artikel gelten als angenommen. Wir kommen nunmehr zur Ueberschrift und zu den Einleitungsworten des vereinigten Gesetzentwurfes.

Dieselben lauten:

Entwurf eines Ausführungsgesetzes zum Bürgerlichen Gesetzbuche.

Im Namen Seiner Majestät des Königs.

Seine Königliche Hoheit Prinz Luitpold, des Königreichs Bayern Verweser, haben nach Vernehmung des Staatsraths mit Beirath und Zustimmung der Kammer der Reichsräthe und der Kammer der Abgeordneten und in Ansehung der Artikel 122^{1}, 122^{5}, 122^{6}, des Artikel 122^{32}, Ziff. VIII, des Artikel 122^{37} Ziff. V, XI und des Artikel 122^{40} unter Beobachtung der in Tit. X § 7 der Verfassungsurkunde vorgeschriebenen Formen beschlossen und verordnen, was folgt: —

Ich ertheile das Wort dem Herrn Referenten.

von Walter (Berichterstatter): Bei der zweiten Lesung der Beilage B habe ich im Ausschusse den Antrag gestellt, die Einleitungsworte zu vervollständigen und zwar deßhalb, weil ich der Anschauung war, daß die Bestimmungen, welche als Verfassungsbestimmungen anzusehen und bezüglich welcher deßhalb die strengeren Formen des Tit. X § 7 der Verfassungsurkunde anzuwenden sind, nicht vollständig aufgezählt seien. Mein Antrag wurde im Ausschusse jedoch abgelehnt und deßhalb sah ich mich veranlaßt, die Frage eingehend nochmals zu behandeln, und die desfallsigen Bemerkungen sind in der Beilage M Ihnen zugänglich gemacht worden.

Ueber diese Beilage M hat sich nun bei der Berathung über die Beschlüsse des Ausschusses der Kammer der Reichsräthe in unserem Ausschusse nochmals eine eingehende Diskussion ergeben. Die k. Staatsregierung hat zugegeben, daß die Einleitungsworte noch einer kleinen Ergänzung bedürfen, und hat zwei weitere Artikel als solche bezeichnet, die in dieselben einzustellen sind. Im großen Ganzen hat sich aber die k. Staatsregierung auf den von dem meinigen abweichenden Standpunkt gestellt, daß als Verfassungsgesetze in der Regel nur diejenigen angesehen werden können, für welche die Verfassungsqualität in dem Gesetz ausdrücklich festgesetzt ist, daß also die abzuändernden Gesetze auch nur so weit als Verfassungsnormen gelten können, als in denselben die Verfassungsqualität ausdrücklich durch eine Schlußklausel erklärt wird.

Eine Einigung über diese wichtige Frage konnte im Ausschusse nicht erzielt werden. Die k. Staatsregierung hat sich ihrerseits zwar bereit erklärt, in eine weitere Erwägung einzutreten und mit einem künftigen Landtag die Frage nach allen Richtungen hin zu regeln; allein für den gegenwärtigen Gesetzentwurf mußte ein Auskunftsmittel getroffen werden. Es war nicht möglich, die k. Staatsregierung von ihrem Standpunkte abzubringen und noch weitere Artikel in die Einleitungsworte aufzunehmen. Es war aber auch nicht möglich, ein Einverständniß dahin zu erzielen, für welche Artikel eine Schlußklausel in das Gesetz aufgenommen werden soll. So kam es, daß

S. 773 schließlich bei der Abstimmung über das ganze Gesetz sich eine Zweidrittel-Mehrheit nicht ergab und daß also im Ausschusse der Gesetzentwurf eigentlich als abgelehnt anzusehen war.

Um nun gleichwohl zu ermöglichen, den Gesetzentwurf vor das hohe Haus zu bringen und seine Verabschiedung herbeizuführen, wurde ein Auskunftsmittel dahin getroffen, daß die Abstimmung über die Einleitungsworte unter Vorbehalt auch Seitens derjenigen Herren Mitglieder des Ausschusses erfolgte, welche auf meiner Anschauung standen. Dieser Vorbehalt ist nun der, daß die Abstimmung im Ausschusse sowohl als auch die heutige Abstimmung im hohen Hause kein Präjudiz bilden solle für die Lösung der Frage, was überhaupt Verfassungsgesetz sei, daß sie aber auch keine Entscheidung dafür bilden solle, daß alle bisher nicht mit einer ausdrücklichen Klausel versehenen Verfassungsänderungen nicht Verfassungsgesetze seien und daß insbesondere für den gegenwärtigen Entwurf weder ein Präjudiz dafür gegeben werden solle, daß alle eine Verfassungsänderung bildenden Bestimmungen in die Einleitungsworte aufgenommen seien, noch auch dafür, daß diese Bestimmungen, welche heute in den strengen Formen des Tit. X § 7 votirt werden, nicht auch für die Zukunft Verfassungsnormen seien.

Meine Herren! Nach diesem Vorbehalte bleiben dem künftigen Landtage also vorbehalten erstens, ganz unbeschränkt zu würdigen, welche Verfassungsänderungen, die schon früher beschlossen wurden, auch für die Zukunft als Verfassungsnormen zu betrachten sind; es bleibt weiter zweitens dem Landtage vorbehalten, zu sagen, daß nach dem Standpunkte, über den man sich einigt, auch schon in dem jetzt vorliegenden Entwurfe weitere Bestimmungen als Verfassungsänderungen in die Einleitungsworte einzustellen gewesen wären, und es bleibt endlich dem Landtage vorbehalten, zu bestimmen, welche von den heute unter den strengeren Formen des Tit. X § 7 angenommenen Artikeln auch für die Zukunft eine Verfassungsnorm bilden sollen.

Hienach, meine Herren, ist also dem künftigen Landtage nach keiner Richtung hin präjudizirt und ich glaube deßhalb, daß alle diejenigen, welche sich auf einen anderen Standpunkt stellen als die k. Staatsregierung über die Frage, was Verfassungsgesetz ist, heute unbedenklich den Einleitungsworten und damit dem Gesetzentwurfe ihre Zustimmung geben können.

Vicepräsident: Zum Worte ist Niemand gemeldet; ich schließe die Diskussion.

Gegen den Wortlaut der Ueberschrift und der Einleitungsworte ist von keiner Seite eine Erinnerung vorgebracht worden; dieselben gelten als genehmigt.

Wir haben nun noch die namentliche Abstimmung vorzunehmen über den ganzen vereinigten Gesetzentwurf, wie er sich durch unsere Beschlüsse gestaltet hat. . . . . .

S. 774. **Vicepräsident:** Das Resultat der Abstimmung ist folgendes: Abgestimmt haben 120 Herren, sämmtliche mit „Ja“. Ich bin deshalb in der Lage, zu konstatiren, daß nach dem gegenwärtigen Personalstande der Kammer der Abgeordneten wegen Ablebens des Herrn Abgeordneten Sellner für die Abstimmung nur 158 Herren in Betracht kommen, daß somit die Dreiviertel-Mehrheit, welche in concreto zur giltigen Abstimmung nothwendig ist, anwesend war und daß den Forderungen und Voraussetzungen des Tit. X § 7 bezüglich der in den Einleitungsworten besonders aufgeführten Artikel Rechnung und volle Genüge geschehen ist. Ich werde unsere Beschlüsse der Kammer
S. 783. der Reichsräthe mittheilen. . . . . . . ‖ Ich schließe die Sitzung.

(Schluß der Sitzung um 1 Uhr 20 Minuten.)

Beschluß der Kammer der Abgeordneten.

(Beilage T [vergl. Beil. O] z. d. Verhandl. d. Justiz-Gesetzg.-Aussch. d. K. d. Abg. 1899.)

Die Kammer der Abgeordneten hat ..... beschlossen,

die beiden Gesetzentwürfe in Einen Gesetzentwurf zu vereinigen und diesem vereinigten Gesetzentwurfe in der von dem Justiz-Gesetzgebungsausschusse der Kammer der Abgeordneten festgestellten Fassung (Anlage zu Beilage O Spalte 2) mit nachstehenden Modifikationen die Zustimmung zu ertheilen:

1. Es seien in **Artikel 1** Abs. 1 die Artikel 86, 87 des Einführungsgesetzes zum Bürgerlichen Gesetzbuche zu streichen.
2. Es sei folgender **Artikel 22a** neu einzufügen:

Artikel 22a.

Ertheilt die Dienstherrschaft einem Dienstboten, der gegen sie eine schwere Veruntreuung begangen hat, in Kenntniß dieser Thatsache das Zeugniß treuen Verhaltens, so ist sie für den Schaden verantwortlich, welcher der nachfolgenden Dienstherrschaft aus dem Vertrauen auf die Richtigkeit des Zeugnisses entsteht. Die Verantwortlichkeit erlischt mit dem Ablaufe von drei Jahren seit der Ertheilung des Zeugnisses, soweit sie nicht vorher gerichtlich geltend gemacht wird.

3. In Ziff. I des **Artikel 122[31]** sei dem Abs. 1 folgender vierte Satz vor den Worten: „Bei Handlungen eines Beamten rc. rc." einzufügen:

„Das Verfahren in Verwaltungsrechtssachen findet Anwendung."

Zugleich hat die Kammer der Abgeordneten dem nachstehenden Antrage die Zustimmung ertheilen zu sollen geglaubt:

Die k. Staatsregierung sei zu ersuchen, einer Revision des Berggesetzes vom 20. März 1869 näher zu treten in der Richtung, daß

I. die Vorschriften der Reichs-Gewerbeordnung vom 21. Juni 1869, betreffend die Arbeitszeugnisse und das Vertragsverhältniß der gewerblichen Arbeiter: Art. 113, 122, 123 und 124 der Reichs-Gewerbeordnung, sinngemäße Anwendung auf die Bergarbeiter finden;

II. die Bestimmungen über die Bergpolizei: Art. 197—214 des Berggesetzes, einer Durchsicht unterzogen, die Grubenkontrole verschärft und zur Unterstützung der Bergwerksinspektion erfahrene Bergarbeiter herangezogen werden.

. . . . . .

München, den 24. April 1899.

Der Präsident: (gez.) **Dr. von Clemm.**

Der I. Schriftführer: (gez.) Wagner.

4.

Verhandlungen des Justiz-Gesetzgebungsausschusses der Kammer der Reichsräthe.

XV. Protokoll

des besonderen Ausschusses der Kammer der Reichsräthe zur Berathung der durch die Einführung des Bürgerlichen Gesetzbuchs veranlaßten Gesetzentwürfe

über den

Entwurf eines Ausführungsgesetzes zum Bürgerlichen Gesetzbuch

und den

Entwurf eines Gesetzes, die durch die Einführung des Bürgerlichen Gesetzbuchs veranlaßten Aenderungen der seit 1818 erlassenen Gesetze betreffend.

(Verhandl. d. Justizgesetzgebungsausschusses der K. der Reichsräthe 1899.)

— 3. Lesung. —

München, den 26. April 1899.

Gegenwärtig die Herren Reichsräthe: Graf Fugger von Glött, Ritter von Küffner, von Auer, Vorstand, Dr. Ritter von Bechmann, Sekretär, Freiherr von Soden-Fraunhofen, Dr. Ritter von Schmitt, Exzellenz, Referent, Hessert, Ritter von Maffei, der Herr I. Präsident Graf von Lerchenfeld-Köfering, der Herr II. Präsident von Fries.

Von Seite des k. Staatsministeriums: Der k. Staatsminister der Justiz Dr. Freiherr von Leonrod, der k. Staatsminister des Innern für Kirchen- und Schulangelegenheiten Dr. Ritter von Landmann, der k. Senatspräsident Dr. Ritter von Jacubezky, der k. Ministerialrath, Kronanwalt Ritter von Schubart, der k. Ministerialrath Dr. Ritter von Webner, der k. Ministerialrath Schrauth, der k. Oberregierungsrath Schneider, der k. Oberregierungsrath Krazeisen.

Herr Reichsrath **von Auer** eröffnet um 10 Uhr die Sitzung. . . .
Zur Berathung steht der Beschluß der Kammer der Abgeordneten.

I. Zur Beilage A, Entwurf eines Ausführungsgesetzes zum Bürgerlichen Gesetzbuche.

Artikel 1.

Reichsrath Dr. **von Schmitt** als Referent: Was den Entwurf eines Ausführungsgesetzes zum Bürgerlichen Gesetzbuch betrifft, so handelt es sich darum, nachdem unsere bisherigen Beschlüsse provisorische Beschlüsse waren, heute definitiv Beschluß zu fassen. Von unseren provisorischen Beschlüssen hat die große Mehrzahl bereits die Zustimmung des Abgeordnetenausschusses und der Abgeordnetenkammer gefunden. Ich bin der Ansicht, daß wir nicht Anlaß haben, insoweit bereits Zustimmung der Kammer der Abgeordneten erfolgt ist, von unsern früheren provisorischen Beschlüssen heute abzugehen; sie wären also als jetzt definitiv anzusehen. Ist man damit einverstanden, so würde sich unsere Berathung zu beschränken haben auf die Differenzen, die noch zwischen unseren provisorischen Beschlüssen und den Beschlüssen des Abgeordneten-Plenums bestehen.

Was die ursprünglichen Differenzen zwischen den Ausschüssen beider Kammern hinsichtlich des Entwurfes A betrifft, so sind die bei weitem meisten von der Kammer der Abgeordneten bezw. ihrem Ausschusse schon beglichen worden.

Von 23 abweichenden Beschlüssen beider Ausschüsse ist man im anderen Hause nach meiner Zählung in 18 Fällen der diesseitigen Ansicht beigetreten. Es bleiben an Differenzen also in der That nur 4 oder 5 übrig. Was nun diese betrifft, so gehe ich davon aus, daß darin soweit ausgedehntes Entgegenkommen von der anderen Kammer stattgefunden hat und ich daher, nachdem doch wünschenswerth ist, alsbald zur Uebereinstimmung im Ganzen zu gelangen, vorwiegend die Zustimmung zu den Beschlüssen der Kammer der Abgeordneten dem Hohen Ausschusse vorschlagen soll.

Was nun den ersten Artikel betrifft, so bin ich freilich zu meinem Bedauern nicht in der Lage, Ihnen Zustimmung zu empfehlen. Es handelt sich in diesem Artikel u. A. um die Amortisationsgesetze. Der Hohe Ausschuß hat in Uebereinstimmung mit dem Vorschlage der k. Staatsregierung die Aufrechthaltung dieser Gesetze beschlossen. Hingegen hat die Kammer der Abgeordneten die Aufhebung dieser Gesetze beschlossen und zwar ohne Ersatz. Es ist nun wohl richtig, daß sich eine Revision dieser ganzen älteren Gesetzgebung empfehlen würde, eine Revision, bei welcher die alten Prinzipien im wesentlichen aufrecht zu erhalten wären, während bezüglich der Summen sich immerhin um des Friedens und der Ausgleichung willen reden ließe.

Es hat in der That auch die k. Staatsregierung bei den Verhandlungen in der Abgeordnetenkammer sich bereit erklärt zu einer Revision der alten Gesetze, allein zur Zeit liegt ein formulierter Vorschlag uns nicht vor, und ich halte die Sache auf der einen Seite für sehr wichtig und auf der anderen immerhin für nicht ohne Schwierigkeiten. Deshalb möchte ich nicht glauben, daß es am Platze wäre, wenn Ihr Referent selbständig vorgehend Revisionsvorschläge machen würde, ehe er Kenntniß erhalten hat von den Anschauungen der k. Staatsregierung über das Wie der Revision.

Unter solchen Umständen und mit Rücksicht auf die lichtvollen Aufklärungen, die vom Herrn Kultusminister im anderen Hause gegeben worden sind, kann ich Ihnen nur vorschlagen, vorerst an unserem früheren Beschlusse aus den dafür entwickelten Gründen festzuhalten.

Der k. Staatsminister des Innern für Kirchen- und Schulangelegenheiten Dr. **von Landmann:** Ich bin dem Herrn Referenten für den Standpunkt, den er in Bezug auf die Amortisationsgesetze soeben kund gegeben hat, sehr dankbar. Es entspricht derselbe vollständig der Anschauung der k. Staatsregierung. Die k. Staatsregierung muß, ihre Anschauung mit wenigen Worten präzisierend, an den Amortisationsgesetzen festhalten, sie kann auf dieselben nicht verzichten.

Die Amortisationsgesetze sind ein Ausfluß des Aufsichtsrechtes über die Klöster, welches die Landesherren in Bayern von jeher geübt haben.

Das Aufsichtsrecht der Krone über das Klostervermögen, überhaupt über das Kirchenvermögen, wozu auch das Klostervermögen gehört, ist durch § 75 der II. Verfassungsbeilage ausdrücklich anerkannt worden. Während nun die Aufsicht über das Kirchenstiftungs- und Pfründestiftungsvermögen in Form der Staatskuratel geübt wird, sind in Bezug auf das Klostervermögen die Amortisationsgesetze zur Zeit das einzige Mittel, womit diese verfassungsmäßige Aufsicht geübt werden kann. Solange also die Aufsicht über das Klostervermögen nicht anderweitig gesetzlich geregelt ist, kann auf die Amortisationsgesetze seitens der k. Staatsregierung nicht verzichtet werden. Es muß daher die k. Staatsregierung primär wünschen, wie auch der Herr Referent vorgeschlagen hat, daß die gestrichenen Artikel 86 und 87 in Artikel 1 des Ausführungsgesetzes wieder eingefügt werden. Eventuell müßte die k. Staatsregierung wenigstens verlangen, daß die geltenden Amortisationsgesetze, die ja sehr mannigfaltig sind, durch andere gleichwerthige Bestimmungen ersetzt werden. Es ist bereits in der Kammer der Abgeordneten ein Eventualantrag gestellt worden, der dahin ging, daß die Amortisationsgesetze nicht aufgehoben, sondern abgeschwächt werden sollen. Ich mußte mich gegen diesen Eventualantrag in der zweiten Kammer erklären, da er zu weit ging. Derselbe wollte nämlich die landesherrliche Genehmigung in Bezug auf den Immobiliarerwerb vollständig beseitigen und in Bezug auf den unentgeltlichen Mobiliarerwerb die pragmatische Summe auf 12000 M. hinaufschieben, während sie jetzt 3428 M beträgt. Diesen Antrag mußte ich als zuweitgehend bekämpfen. Dagegen erklärte ich mich zu einem gewissen Entgegenkommen bereit und bemerkte insbesondere auch, daß die k. Staatsregierung geneigt wäre, zu einer Kodifikation der Amortisationsgesetze mitzuwirken. Es sind inzwischen auch, wie ich dem Hohen Ausschusse mitzutheilen in der Lage bin, seitens der k. Staatsregierung Vorschläge ausgearbeitet worden, welche auf die Kodifikation der Amortisationsgesetze hinauslaufen und zugleich verschiedene Milderungen des geltenden Rechtes enthalten würden. Es fragt sich nun, ob es angezeigt erscheint, diesen Vorschlag jetzt förmlich einzubringen. Es ist nicht zu verkennen, daß ein einheitliches und klares Recht auf diesem Gebiete in vielen Beziehungen erwünscht wäre. Andererseits vermag ich nicht zu beurteilen, und ich möchte zunächst noch die Meinung des Hohen Ausschusses darüber hören, ob er überhaupt geneigt ist, auf diese Kodifikation jetzt einzugehen. Die Vorschläge sind seitens der k. Staatsregierung ausgearbeitet; es wären drei Artikel in dem vorliegenden Gesetzentwurf einzuschalten, wodurch dann das Amortisationsrecht für das ganze Königreich gleichheitlich gestaltet würde, und alle Ausnahmen künftig wegfallen würden.

Reichsrath Dr. **von Schmitt** als Referent: Dürfte ich mir vielleicht erlauben, Seine Exzellenz zu bitten, diesen Vorschlag bekannt zu geben.

Der k. Staatsminister des Innern für Kirchen- und Schulangelegenheiten Dr. **von Landmann:** Es wären folgende drei Artikel: 4b, 4c und 4d. Der Artikel 4b würde sich mit dem Mobiliarerwerb befassen, 4c mit dem Erwerb von Gegenständen des unbeweglichen Vermögens und zwar würden Artikel 4b und c für inländische, d. i. für deutsche geistliche Gesellschaften gelten und nur der Artikel 4d würde den Erwerb der ausländischen juristischen Personen betreffen.

Artikel 4b soll lauten:

> „Schenkungen oder Zuwendungen von Todeswegen an geistliche Gesellschaften bedürfen zu ihrer Wirksamkeit dem vollen Betrage nach der landesherrlichen Genehmigung, wenn sie Gegenstände des beweglichen Vermögens im Werthe von mehr als 8000 M. betreffen. Wiederkehrende Leistungen werden mit dem fünfundzwanzigfachen Betrage der Jahresleistung angesetzt."

Der Ausdruck: „Schenkungen oder Zuwendungen von Todeswegen" entspricht dem bisherigen Rechte in Bezug auf den Mobiliarerwerb nach dem Amortisationsgesetze vom Jahre 1764. Die Bestimmung: „bedürfen zu ihrer Wirksamkeit dem vollen Betrage nach der landesherrlichen Genehmigung", ist geltendes Recht. Der Beisatz: „wenn sie Gegenstände des beweglichen Vermögens im Werthe von mehr als 8000 M. betreffen", enthält ein Entgegenkommen in Bezug auf die kirchlichen Wünsche. Das Reichs-Einführungsgesetz bestimmt 5000 M., die geltende pragmatische Summe ist nach dem altbayerischen Gesetze 3428 M. Wir würden nun vorschlagen, die Summe von 8000 M. festzusetzen mit Rücksicht auf den geminderten Geldwerth. Man darf annehmen, daß seit ca. 150 Jahren der Geldwerth auf die Häfte gesunken ist; ganz genau läßt sich dies nicht bemessen, aber nach dem, was ich selbst bei Roscher und anderen Autoren ermittelt habe, wird es ungefähr so richtig sein. Wir würden also dem damaligen Rechte ungefähr gleichkommen, wenn wir statt 3428 *M.* 8000 *M.* setzen.

Nun habe ich aber noch den Ausdruck „geistliche Gesellschaften" zu erläutern. Dieser Ausdruck ist auch gebraucht im § 76 Absatz 2 lit. c der II. Verfassungsbeilage. Im § 76, im dritten Kapitel, dritten Abschnitt, ist von Gegenständen gemischter Natur die Rede und zu diesen gehört nach Absatz 2 lit. c die Errichtung geistlicher Gesellschaften und die Bestimmung ihrer Gelübde. Der Erfolg würde sein, daß alle diejenigen Korporationen unter das Gesetz fallen würden, die geistliche Gesellschaften im Sinne der II. Verfassungsbeilage sind. Jedenfalls fallen darunter Klöster, ordensähnliche Kongregationen, selbständige Bruderschaften. Das mit Stiftungsvermögen verbundene oder sonst diesem gleichgeachtete Bruderschaftsvermögen würde wie bisher so auch künftighin unter die Stiftungskuratel fallen. Es wäre aber diese Definition „Klöster, ordensähnliche Kongregationen und selbständige Bruderschaften" keine exklusive, sondern es wäre der Rechtsprechung überlassen, festzustellen, welche kirchliche Korporationen als geistliche Gesellschaften anzusehen sind. Ein Unterschied in Bezug auf die Konfession würde dabei nicht stattfinden; der Ausdruck „geistliche Gesellschaften" würde die Gesellschaften jeder Konfession umfassen. Es wurde kein Unterschied gemacht in Bezug auf die einzelnen Orden. Es würden also in Zukunft alle Orden ꝛc. unter das Gesetz fallen und insbesondere soll keine Ausnahme bestehen in territorialer Hinsicht wie z. B. in Regensburg; denn zur Zeit gelten im Gebiete der Reichsstadt Regensburg die Amortisationsgesetze nicht, aber nur für dieses Gebiet ist die Geltung dieser Gesetze ausgeschlossen. Wenn einem Kloster in Regensburg ein Grundstück außerhalb Regensburg oder ein Kapital von einem Orte außerhalb Regensburg zugewendet werden will, so ist die landesherrliche Genehmigung auch schon nach dem damaligen Rechte erforderlich. Ferner würde im fürstbischöflich Würzburgischen Gebiete der Mobiliarerwerb künftig der landesherrlichen Genehmigung bedürfen.

Artikel 4c, welcher den Immobiliarerwerb betrifft, würde lauten:

> „Zum Erwerbe von Gegenständen des unbeweglichen Vermögens, deren Werth den Betrag von 5000 *M.* übersteigt, bedürfen geistliche Gesellschaften der landesherrlichen Genehmigung.
>
> Zum unbeweglichen Vermögen im Sinne dieser Vorschrift gehören auch Rechte an einem Grundstück mit Ausnahme der Hypotheken, Grundschulden und Rentenschulden."

Dieser Artikel 4c würde im wesentlichen das bisherige Recht in Uebereinstimmung mit dem Reichsrecht und der bereits dort vorgesehenen erheblichen Erleichterung kodifizieren. Nach dem Bürgerlichen Gesetzbuch ist der Erwerb von Immobilien bis zum Betrag von 5000 *M.* frei. Hier soll nun durch Landesgesetz bestimmt werden, daß der Immobiliarerwerb über den Betrag von 5000 *M.* hinaus im ganzen Königreich der Allerhöchsten Genehmigung bedarf. Es würde dann gleiches Recht im ganzen Königreich geschaffen werden. Allein auch diese Bestimmung würde nur gelten für geistliche Gesellschaften. In dieser Beziehung muß ich etwas nachholen, was ich bereits bei Artikel 4b erwähnen wollte. Indem wir die Amortisationsgesetze beschränken auf die geistlichen Gesellschaften, würden wir vor allem die geistlichen Institute freigeben. Es würden also nicht mehr unter die Amortisationsgesetze fallen die Priesterseminarien, was sich umsomehr rechtfertigen läßt, als dieselben ohnehin Staatszuschüsse brauchen. Es würde ferner die Streitfrage beseitigt, ob die bischöflichen mensae unter die Amortisationsgesetze fallen. Daß die Kirchen- und Pfründestiftungen nicht darunter fallen, betrachte ich als ausgemacht, obwohl auch hier Kontroversen bestehen. In der Kammer der Abgeordneten ist erst jüngst noch behauptet worden, die Kirchenstiftungen fallen unter die Amortisationsgesetze. Was die Definition des unbeweglichen Vermögens betrifft, so sollen dazu auch Rechte an einem Grundstücke gehören mit Ausnahme von Hypotheken, Grund- und Rentenschulden. Es würden also usus und ususfructus dazu gehören.

Artikel 4d befaßt sich mit der Geltung der Amortisationsgesetze für ausländischen Erwerb und soll lauten:

> „Die Vorschriften der Artikel 4b, 4c finden auf ausländische juristische Personen, die religiöse oder wohlthätige Zwecke oder Zwecke des Unterrichts oder der Erziehung verfolgen, mit der Maßgabe Anwendung, daß die Genehmigung im Falle des Artikel 4b bei einem den Betrag von 5000 M. übersteigenden Werthe, im Falle des Erwerbes des Eigenthums an einem Grundstücke ohne Rücksicht auf den Werth erforderlich ist."

Die reichsgesetzliche Deckung findet diese Bestimmung insbesondere in Artikel 88 des Einführungsgesetzes zum Bürgerlichen Gesetzbuche, wonach der Grundstückserwerb ausländischer juristischer Personen beschränkt werden kann. Was die Beschränkungen in Ansehung des Subjekts betrifft, so geht Artikel 4d weiter als Artikel 4b und c, indem hier genannt sind: „ausländische juristische Personen, die religiöse oder wohlthätige Zwecke oder Zwecke des Unterrichts oder der Erziehung verfolgen." Es entspricht dies dem bisherigen Rechte. Die bisherigen Amortisationsgesetze haben diese Geltung für die ausländischen juristischen Personen, die solche Zwecke verfolgen. Es besteht kein Grund, die ausländischen, d. h. die nichtdeutschen juristischen Personen, anders zu behandeln als bisher. Was die Summe von 5000 M. in Artikel 4d für Mobiliarerwerb ꝛc. der Ausländer betrifft, so entspricht dieselbe ebenfalls dem Bürgerlichen Gesetzbuch bezw. dem Artikel 86 des Einführungsgesetzes. Wir können unter diesen Betrag von 5000 M. nicht herunter gehen.

Dies ist das Wesentlichste, was ich zur Erläuterung des eventuellen Vorschlages der k. Staatsregierung zu sagen hätte. Der Vortheil bestände für die k. Staatsregierung und die Allgemeinheit insbesondere in der Herstellung der Rechtssicherheit und der Rechtseinheit, Vortheile, die ich allerdings ziemlich hoch anschlage, und durch welche, wie ich glauben möchte, die Konzessionen, die wir gegenüber den Wünschen von kirchlicher Seite vorschlagen, sich ausgleichen. Es wäre sehr wünschenswerth, wenn die Behauptung, daß die Amortisationsgesetze nicht zu Recht bestehen, ein für allemal tot gemacht würde, und ebenso wäre es auch sehr wünschenswerth, gleichzeitig gleiches Recht im ganzen Königreiche auf diesem Gebiete zu erhalten.

Reichsrath Dr. **von Schmitt** als Referent: Ich glaube gegenüber diesen Vorschlägen der k. Staatsregierung zunächst mich über die Frage erklären zu sollen, ob der Vorschlag als eine taugliche allgemeine Grundlage angesehen werden darf, auf welcher weiter verhandelt werden kann: Ich begrüße diesen Vorschlag freudig. Es muß eine Einigung zwischen beiden Kammern auch nach dieser Richtung zustande kommen. Der Vorschlag enthält ein wesentliches Entgegenkommen wenigstens gegenüber einem eventuellen Vorschlage des Abgeordneten Lerno in der Kammer der Abgeordneten und der Vorschlag läßt auf den ersten Blick erkennen, daß eine Reihe von Vortheilen sich an dessen

Annahme knüpfen wird. Es ist das am Schluß der Erklärungen des Herrn Kultusministers bereits berührt worden. Vor allem ist eine Revision, wenn nicht nothwendig, doch äußerst wünschenswerth, um das massenhafte Material klarzustellen und zu sichten, um Einfachheit in diese Verhältnisse zu bringen. Es ist ferner äußerst wünschenswerth, daß territorial nicht eine Verschiedenheit fortdauert, wie sie bisher bestand, so daß einzelne Territorien gar keine Amortisationsgesetze, andere zwar solche haben, aber von dem allerverschiedensten Inhalte, wobei insbesondere in Betracht kommt, daß in einzelnen Territorien der entgeltliche Grunderwerb beschränkt, in anderen nicht beschränkt ist. Dann ist es wünschenswerth, daß für alle, unter diese Gesetze fallenden Persönlichkeiten gleiches Recht eingeführt wird. Unter solchen Umständen erkläre ich, daß ich in dem Vorschlage der k. Staatsregierung eine sehr geeignete Revisions-Grundlage finde. Soweit ich sehe, beruht dieser Vorschlag im Ganzen auf dem Grundgedanken, es solle in erster Linie das Prinzip der Beschränkung der Klöster u. s. w. festgestellt werden. Die Festhaltung dieses Prinzips bei den Klöstern 2c. 2c. empfiehlt sich gerade aus dem Vergleich derselben mit den übrigen Persönlichkeiten, die nach unserer Verfassungsurkunde ähnlichen Beschränkungen unterliegen und fernerhin unterliegen werden aus dem Gesichtspunkte der staatlichen Aufsicht und Kuratel. Es würde sich nicht rechtfertigen, ein kirchliches Glied wie die Klöster vollirei zu lassen und die anderen kirchlichen Glieder, die Kichengemeinden, die Kirchenstiftungen und Pfründestiftungen unter Kuratel zu halten. So lange der Staat mit der Kirche verknüpft ist, muß dem Staat eine Anzahl von Rechten der Kirche gegenüber unzweifelhaft zustehen. Sie hat auch Vortheile von der Verbindung. Dagegen gewährt der Vorschlag in Bezug auf die Summenfrage eine Erleichterung. Ich halte das im Ganzen für einen glücklichen Vorschlag, um im Wege des Vergleiches zur Einigung zu gelangen; auf diese Weise gibt und erhält der eine Theil, der andere Theil erhält und gibt. Ich würde daher den Vorschlag der k. Staatsregierung als Grundlage für die weiteren Verhandlungen empfehlen.

Reichsrath **von Hessert:** Ich darf wohl zwei Punkte konstatieren gegenüber diesem Antrag der k. Staatsregierung. Zunächst wird, wenn derselbe angenommen wird, einheitliches Recht in Bayern entstehen und werden diese Artikel auch Anwendung finden für die Pfalz. Zweitens tritt Folgendes ein: Durch Artikel 86 und 87, die im Artikel 1 vorbehalten waren, wurden die bezüglichen Bestimmungen des pfälzischen Civilgesetzbuches, welche von der Amortisation handeln, aufrecht erhalten. Es sind die Artikel 910 und 937, von welchen seiner Zeit schon die Rede war. Diese würden durch die Annahme des Regierungsvorschlages vollständig hinwegfallen. Danach werden alle Kirchen-Gemeinden in der Pfalz, welche bisher zur Annahme von Liberalitäten — kurz ausgedrückt — die Ermächtigung der Regierung nöthig hatten, von derselben nunmehr civilrechtlich befreit sein, vorbehaltlich der noch bestehenden einschlägigen Vorschriften des öffentlichen Rechts. Zu bemerken ist noch, daß es sich hier nicht nur um die katholischen Kirchenverwaltungen, sondern auch um protestantische und israelitische handelt, eine sehr weitgehende Folge, wenn diese Artikel zur Annahme gelangen. Ich bin, was die Sache betrifft, der Meinung, daß dem Vorschlage der k. Staatsregierung zu folgen sei, und es ist erwünscht, daß auf diesem Wege eine Verständigung eintreten werde.

Der k. Staatsminister der Justiz, Dr. Freiherr **von Leonrod:** Herr Reichsrath von Hessert wird wohl damit einverstanden sein, daß der code civil nunmehr im letzten Artikel aufgehoben wird. (Wird bejaht.)

Reichsrath Freiherr **von Soden-Fraunhofen**: Es ist mir erwünscht, daß die Möglichkeit gegeben ist, zu einem Kompromisse zu kommen. Ich stehe zwar für meine Person, wie ich schon in der ersten Berathung auszusprechen mir erlaubt habe, nach wie vor auf dem Standpunkte, die Amortisationsgesetze sollten gänzlich in Wegfall kommen. Die Gründe brauche ich nicht zu wiederholen. Da ich aber nicht glaube, daß dieser Standpunkt heute durchzuführen sein wird, so wünsche ich, daß es zu einem Kompromisse komme, und ich meine, daß das um so nothwendiger ist, als ja sonst die Gefahr entsteht, die Ausführungsgesetze jetzt nicht in's Leben treten zu sehen bei dem Widerstande in der Abgeordnetenkammer. Wenn ich im Ganzen sohin auf dem Standpunkte des Kompromisses stehe, so meine ich, es sollte wirklich auch ein Kompromiß vorliegen; aber sowohl der Wortlaut der Vorschläge der k. Staatsregierung als insbesondere die Motivierung Seiner Exzellenz des Herrn Kultusministers haben eigentlich bewiesen, daß es sich hier um Vorschläge handelt, bei denen zwar der Staat ein gutes Geschäft macht, die Kirche aber, wenn überhaupt ein Vortheil für sie aus den Vorschlägen sich ergeben wird, jedenfalls erst in zweiter Linie einen solchen wird ersehen können.

Was zunächst den Art. 4b anlangt, so soll — das ist ja fast das einzige bene, das der Kirche zugewendet werden will — die pragmatische Summe von 5000 M. —, und diese Summe allein ist heute maßgebend, die von 3428 M. kommt mit dem Inslebentreten des Bürgerlichen Gesetzbuchs nicht mehr in Betracht — auf 8000 M., soweit es sich um bewegliches Vermögen handelt, erhöht werden. Seine Exzellenz haben nun aber soeben selbst hervorgehoben, daß das eigentlich keine Konzession sei, und zwar deßhalb nicht, weil der Geldwerth so gesunken sei, daß mit der Summe von 8000 M. jetzt das getroffen werde, was man früher mit 2000 fl. zulassen wollte! Von diesem Standpunkte aus liegt also hier kein Entgegenkommen des Staates gegen die Kirche vor. Ich meine deswegen, wenn man ein solches will, und das ist doch die Absicht des Vorschlags dem Beschlusse der Abgeordnetenkammer gegenüber, mit der ich im Prinzipe auf demselben Boden stehe, so müßte man die Summe so greifen, daß wirklich auch für die betheiligte kirchliche Seite ein Vortheil zu ersehen ist. Wenn ich nicht irre, hat der Herr Abgeordnete Lerno, für einen eventuellen Kompromißvorschlag die Summe von 12000 M. genannt; über die Höhe der Summe läßt sich ja reden. Ich würde glauben, daß diese Ziffer, ich will sagen mit 10000 M., dem Doppelten der Summe des Bürgerlichen Gesetzbuchs, genommen, etwa richtig getroffen wäre.

Von einer Aenderung des Prinzips kann selbstverständlich nicht die Rede sein, wenn man die Summe von 5000 M. des Bürgerlichen Gesetzbuchs erhöht, das Kronrecht ist dabei nicht in Frage. Dieses wird durch das Bürgerliche Gesetzbuch, und wird durch eine höhere Ziffer auch berührt, aber aufgehoben wird es nicht; wie das ja von Seite des Herrn Ministers ausdrücklich betont worden ist.

Was den Artikel 4b nun weiter anlangt, so ist hier nur die Rede von geistlichen Gesellschaften. Es werden also für die Seminarien und Domkapitel die Amortisationsgesetze in Wegfall kommen, das wäre allerdings eine Konzession; es ist aber insofern doch eine solche faktisch nicht, als der Herr Minister ausgeführt haben: „Wir nehmen für diese das Geld, das wir brauchen, gerne wo wir es bekommen." Also auch da trügt der Schein.

Ich komme auf den meiner Meinung nach noch bedenklicheren Artikel 4c. Was ist da überhaupt für eine Konzession gemacht? Ich mühe mich ab, eine solche zu finden. Es ist hier einfach reproduziert die Bestimmung des Bürgerlichen Gesetzbuchs, und wenn ein Zweifel von einer Seite geltend gemacht wurde, ob die Bestimmung des Artikel 86 des Einführungsgesetzes auf Immobilien Anwendung finde, so hat jedenfalls Seine Exzellenz der Herr Kultusminister in den früheren Stadien der Berathung ausdrücklich konstatiert, daß nach seiner Meinung dieser Artikel auch auf Immobilien anzuwenden sei. Also eine Konzession kann ich in Artikel 4c nicht finden, ich bin deshalb der Meinung, daß hier gleichfalls die Ziffer höher gegriffen werden muß, und zwar wurde ich auch hier eine solche in derselben Höhe wie in Artikel 4b vorschlagen.

Die Artikel 4b und 4c mehren sogar die Rechte des Staates gegenüber der Kirche. In Regensburg bestehen die Amortisationsgesetze bis jetzt nicht; sie werden mit diesem Antrag erst eingeführt und im Würzburg'schen werden sie ausgedehnt auf Mobilien. Mir scheint daher, daß Seine Exzellenz der Herr Kultusminister seine Rede recht schön eingerichtet hat für diejenigen Herren in den beiden Kammern, welche von dem Standpunkte ausgehen, es soll hier faktisch keine Konzession gemacht werden, daß es aber denen, die eine solche für erforderlich erachten, nach der Motivierung kaum möglich ist, dem Vorschlage, wie er gemacht ist, zuzustimmen.

Von diesen Gesichtspunkten aus kann ich daher der unveränderten Annahme der Vorschläge der k. Staatsregierung meine Zustimmung nicht geben. Da ich aber wünsche, daß diese Frage gütlich bereinigt werde, bin ich für meine Person bereit, Vorschlägen zuzustimmen, in denen nicht die Macht des Staates der Kirche gegenüber vermehrt wird, in denen vielmehr die Kirche von den drückenden Bestimmungen, die zur Zeit auf ihr lasten, wenigstens zum Theil befreit wird, und das könnte ich nur dann ersehen, wenn, wie ich mir anzuführen erlaubt habe, sowohl in Artikel 4b als in Artikel 4c die Ziffern auf 10000 M. erhöht werden.

Was den Artikel 4d anlangt, in dem es sich um Ausländer handelt, so beabsichtige ich nicht, eine Aenderung vorzuschlagen. Wenn Sie, meine Hohen Herren, im Interesse des Staates kodifizieren wollen, dann bitte ich, auch an die Kirche zu denken; der Ausgangspunkt der Vorschläge soll ja doch ein Entgegenkommen der Kirche gegenüber sein. Denn sonst wüßte ich nicht, wie man von einem Kompromiß und von einem Entgegenkommen gegenüber dem Beschluß der Abgeordnetenkammer reden könnte. Ich bitte also nach der angegebenen Seite hin eine Aenderung der Vorschläge der k. Staatsregierung vorzunehmen, widrigenfalls ich auf meinem prinzipiellen Stand mich zurückziehen und wiederum mit der Kammer der Abgeordneten für die Aufhebung der Artikel 86 und 87 stimmen müßte.

Ich möchte mir schließlich noch eine Anfrage erlauben: Ich verstehe die Vorschläge der k. Staatsregierung dahin, daß die Artikel 86 und 87 im Entwurf gestrichen werden und an deren Stelle die Vorschläge der k. Staatsregierung treten sollen. Ich bitte in dieser Beziehung um Aufklärung.

Der k. Staatsminister für Kirchen- und Schulangelegenheiten Dr. **von Landmann:** Was die letzte Frage des Herrn Reichsrathes Freiherrn von Soden betrifft, so kann ich dieselbe bejahen. Die Vorschläge der k. Staatsregierung sind so gemeint, daß die Artikel 86, 87 und 88 gestrichen würden und dafür die 3 neuen Artikel in den Text des Entwurfes einzuschalten wären.

Was nun zunächst den Artikel 4d betrifft, über den der Herr Reichsrath sich zuletzt geäußert hat, so möchte ich bemerken, daß in der Kammer der Abgeordneten eine Abschwächung oder Aenderung der Amortisationsgesetze zu Gunsten des nicht deutschen Auslandes überhaupt gar nicht angeregt worden ist. Es ist als ganz selbstverständlich bezeichnet worden, daß die Beschränkungen, die auf Grund des Artikel 88 und im weiteren auch Artikel 86 gegenüber dem Auslande zulässig sind, aufrecht erhalten werden sollen, und von diesen Beschränkungen spricht der Artikel 4d. In Artikel 4b und 4c handelt es sich dagegen um die geistlichen Gesellschaften des Inlandes, im weiteren Sinne also Bayern und Deutschland. In dieser Beziehung möchte ich noch auf einen Punkt hinweisen, den ich in der ersten Ausführung nicht erwähnt habe, daß nämlich im Gegensatze zum jetzigen Recht die bayerischen und nicht bayerischen aber deutschen Gesellschaften gleich gestellt werden.

Nach dem jetzigen Recht könnten die nichtbayerischen juristischen Personen anders behandelt werden. Dies wäre auch nach dem Recht des Reiches in mancher Hinsicht möglich: allein das soll nicht geschehen. Es ist also das eine weitere Konzession; daß die nicht bayerischen deutschen Gesellschaften mit den bayerischen Gesellschaften gleich gestellt werden.

Was weiter noch die einzelnen Bemängelungen des Artikel 4b betrifft, so ist es doch augenscheinlich, daß, wenn 8000 M. zugestanden werden statt der 5000 M., welche das Bürgerliche Gesetzbuch will, darin ein Entgegenkommen liegt. Wenn ich gesagt habe, die Summe von 8000 M. würde dem jetzigen Geldwerthe entsprechen, so ist das eine Meinung, der vielleicht von anderer Seite entgegengetreten werden könnte, mit der Behauptung, daß man zu sehr nachgebe. Nach den Ausführungen, die ich bei Roscher gefunden habe, verhält sich der jetzige Geldwerth im Vergleich zu dem Werth des Geldes vom Jahre 1781 etwa wie 1:1,81. Dagegen nimmt Leroy-Beaulieu in seiner Finanzwissenschaft an, daß der Preis des Edelmetalls seit 1781 nur um 50% sich gemindert hat. Wenn man also davon ausgeht, daß der Preis der Edelmetalle nur um 50% gesunken sei, so würde die Summe von 8000 M. eine viel größere Bedeutung haben, als ich in meiner ersten Ausführung gesagt habe.

Dann habe ich noch auf einen weiteren Punkt aufmerksam zu machen, den ich früher nicht besonders betont habe. Es fallen nämlich nach dem jetzigen Vorschlag der k. Staatsregierung die sämmtlichen Beschränkungen der Religiosen weg. Der Vorschlag der k. Staatsregierung sieht lediglich Beschränkungen für geistliche Gesellschaften vor. Nun sind aber in Artikel 87 des Einführungsgesetzes zum Bürgerlichen Gesetzbuch auch die Beschränkungen des Erwerbs der Religiosen durch Schenkungen und von Todeswegen vorbehalten. Es ist allerdings fraglich, welche Beschränkungen in Bayern noch gelten. Allein ich bin der Meinung, daß solche Beschränkungen noch bestehen. Nach dem Mandat von 1701 dürfen die Religiosen Immobilien nur mit landesherrlicher Genehmigung erwerben. Das Mandat von 1764 sagt ferner, daß einem Religiosen zu seiner Ergötzlichkeit nicht mehr als 100 fl. jährlich gegeben werden dürfen. Wie weit diese Vorschriften heute noch praktisch werden können, wäre erst durch Richterspruch zu entscheiden. Allein die k. Staatsregierung will auf diese Beschränkungen der einzelnen Mönche und Nonnen nicht mehr zurückkommen, sondern diese Beschränkungen sollen beseitigt werden. Es ist also das wiederum eine Konzession. Endlich ist es doch eine Konzession, worauf gerade die Herren Bischöfe in ihrer Eingabe besonders viel Werth gelegt haben, daß wir die Seminarien vollständig frei geben und auch die Domkapitel.

In dem Artikel 4c glaubt der Herr Reichsrath überhaupt keine Konzession finden zu können. Dem gegenüber muß ich darauf aufmerksam machen, daß der Artikel 4c ebenfalls nur von den geistlichen Gesellschaften spricht, daß er also die Religiosen selbst, ferner die Seminarien, die Domkapitel und die bischöflichen mensae freiläßt. Also auch in Artikel 4c sind Konzessionen enthalten. Ich kann daher den Ausführungen des Herrn Reichsrathes Freiherrn von Soden nicht beipflichten, und ich kann insbesondere nicht Aussicht stellen, daß die k. Staatsregierung geneigt wäre, die Summe von 8,000 M. bezw. 5,000 zu erhöhen.

Reichsrath Dr. **von Schmitt** als Referent: Wenn der Vorschlag der k. Staatsregierung in der oder jener Fassung angenommen würde, wäre der Artikel 1 Absatz 1 des Entwurfes zunächst dahin abzuändern, daß das Citat Artikel 86, 87 und 88 wegfällt, d. h. die Worte „86 bis" gestrichen werden.

Was nun die Bemerkungen des Herrn Reichsrathes Freiherrn von Soden betrifft, so hat derselbe wohl eine Anzahl von Bemängelungen des Prinzips des Vorschlags geltend gemacht. Aber der Kern seiner Erklärungen ging doch dahin, daß er den Artikel 4b, c und d zustimmen werde, wenn in Ansehung der Summen in den Artikel 4b, c Erhöhung stattfinde. In der That ist nicht zu leugnen, daß der Vorschlag gewisse Konzessionen selbst auch in Ansehung des Prinzips enthält. Sie sind von Seiner Exzellenz dem Herrn Kultusminister ja im einzelnen aufgezäht worden, darunter die hauptsächlichste: Befreiung der physischen Personen (Klosternovizen und Mönche) von den sie jetzt treffenden Beschränkungen. Diese Personen sind zwar, was den Anfall der Erbschaft ꝛc. betrifft, von dem Bürgerlichen Gesetzbuch als voll rechtsfähig erklärt; aber in dem Ausführungsgesetz ist, wenn auch nicht der Anfall, doch der Erwerb beschränkt bezw. für beschränkbar erklärt.

Nun ist es ganz richtig, daß die 8000 M. des Artikel 4b gegenüber reichsgesetzlichen 5000 M. nur eine kleine Differenz darstellen, aber immerhin eine Differenz. Wenn es bei den Amortisationsgesetzen älteren Datums bleibt, dann sind 5000 M. die Grenze. Auch das ist also immerhin eine Konzession. Daß in Ansehung der Subjekte der geistlichen Gesellschaften eine Konzession stattgefunden hat, darüber ist kein Zweifel, und bestände sie auch nur darin, daß die Streitfrage darüber, wie weit die Grenze sich ausdehnt, aus der Welt geschafft wird. Was den Artikel 4c betrifft, so bleibt allerdings der Erwerb von Grundeigenthum, mag er ein entgeltlicher oder unentgeltlicher sein, beschränkt, indessen ich wiederhole, man muß doch einen vergleichenden Blick auf die übrigen beschränkten Persönlichkeiten werfen, die Kirchengemeinden u. s. w.

Es ist nach meiner Meinung prinzipiell, daß man da keine Ungleichheit statuieren kann. Einer der Vorteile, die der Vorschlag bringt, ist ein gegen- und allseitiger, das ist der Vorteil, daß die alte Gesetzgebung cessiert mit ihren Streitfragen, mit ihrem multum von Einzelbestimmungen, mit ihren vielfach sich kreuzenden und wechselnden Vorschriften. Es ist nicht zu vergessen, daß die Antragsteller in der Abgeordnetenkammer ihren Vorschlag gerade darauf gründeten, daß er Rechtseinheit und Rechtsgleichheit schaffe.

Dann möchte ich noch bemerken, der Vorschlag der k. Regierung betrachtet gegenüber dem Eventualvorschlag des Herrn Abgeordneten Lerno ist auch insoweit vorzuziehen, als der Erstere vom Erwerb von Todeswegen ausdrücklich spricht, also Erbschaft einbegreift, die Universalsuccession. Es handelt sich um die Zuwendung von Immobiliar- und Mobiliarvermögen im Wege der Universal- und Singularnachfolge.

Was freilich die Summen angeht, so sind diese bekanntlich ein willkürliches Ding. Ich meine, hier sei das Gewicht darauf zu legen, wie wird erzielt, daß rasch eine Einigung zwischen den beiden Kammern zustande kommt. Glaubt man die Summen zu diesem Zweck noch etwas ausdehnen zu sollen, so habe ich meinerseits nichts dagegen. Glaubt man, daß die andere Kammer der höheren Summe leichter zustimmt, so empfiehlt sich diese, andernfalls Festhaltung der Summe im Regierungsvorschlag.

Ich für meinen Theil würde also vorschlagen, daß man vorbehaltlich der Sonderabstimmung über die Summen — denn sonst ist keinerlei erhebliche Einwendung vorgebracht worden — die von der Staatsregierung vorgeschlagenen Artikel salvo redactione einfach annimmt, unter Abstrich des Citats „Artikel 86, 87, 88" in Artikel 1 Absatz 1 unseres Entwurfs.

Reichsrath Freiherr **von Soden-Fraunhofen:** Ich stelle den formellen Antrag, sowohl in Artikel 4b als 4c die Summe von 8000 M. bezw. von 5000 M. je auf 10000 M. zu erhöhen.

Der k. Staatsminister für Kirchen- und Schulangelegenheiten Dr. **von Landmann:** Ich möchte außer den bereits eingehend erörterten Bedenken gegen den Antrag des Herrn Reichsraths Freiherrn von Soden nur noch hervorheben, daß durch die reichsgesetzliche Bestimmung, wonach 5000 M. als Grenze des nicht genehmigungspflichtigen Erwerbs festgelegt wurden, bereits 50% aller Gesuche um Genehmigung der Erwerbung von Immobilien wegfallen werden; es ergibt sich dies aus einer 20jährigen Statistik, die wir über die Anwendung der Amortisationsgesetze gemacht haben.

Der Grund, warum ich mich nochmals zum Worte gemeldet habe, liegt in der Aeußerung des Herrn Reichsraths von Hessert bezüglich der Frage, ob die Bestimmung des code Napoléon in Bezug auf die juristischen Personen, insbesonders Kirchenstiftungen noch gelte, soweit es sich um Schenkungen und sonstige Zuwendungen handelt. Hiezu bemerke ich, daß nach dem diesrheinischen Rechte ohnedies die Kirchenstiftungen in Bezug auf die Annahme von nicht onerierten Schenkungen keiner Beschränkung unterworfen sind, dagegen bezüglich der onerierten Zuwendungen der Kuratelgenehmigung bedürfen. Wenn die privatrechtliche Bestimmung des code Napoléon in Artikel 910 beseitigt würde, so würde eine Rechtsfolge nur die sein, daß nicht onerierte Schankungen an Kirchenstiftungen einer Genehmigung nicht mehr bedürfen, dagegen könnte für onerierte Zuwendungen im Hinblick auf die einschlägigen öffentlich-rechtlichen Grundsätze nach wie vor noch eine Kuratelgenehmigung auch in der Pfalz verlangt werden. Das ist die Auffassung, die ich auf Grund des mir vorliegenden Materials aussprechen möchte. Es wäre also die Genehmigung der Regierung für onerierte Zuwendungen nach meiner Auffassung nicht beseitigt. Uebrigens wird diese Frage voraussichtlich auch für die Pfalz ihre Regelung finden bei Erlassung der Kirchengemeindeordnung, vorausgesetzt, daß eine solche zu Stande kommt.

Reichsrath **von Hessert:** Ich möchte doch meine Meinung dahin aussprechen, daß der gemachte Unterschied zwischen belasteten und nicht belasteten Schenkungen in dem Wortlaut der betreffenden Bestimmungen im code civil eine Unterstützung nicht findet.

Vorsitzender: Wenn keiner der Hohen Herren mehr das Wort ergreifen will, so können wir zur Abstimmung schreiten; ich schlage vor, daß wir die Abstimmung so einrichten, daß wir uns zuerst schlüssig machen über die Annahme der Regierungsvorlage mit Hinweglassung der Summen in den Artikeln 4b und 4c und sodann über den Antrag des Herrn Reichsraths Freiherrn von Soden, in den Artikeln 4b und 4c die Summen von 5000 und 8000 M. auf 10000 M. zu erhöhen, abstimmen.

Wird die Regierungsvorlage zur Annahme gelangen, dann wird eine Aenderung des Artikel 1 des Ausführungsgesetzes dahin nothwendig sein, daß dann in Artikel 1 die Worte „86 bis" gestrichen werden, so daß es heißt: „Soweit nicht in den Artikeln 56 ꝛc. 80 und 89." Zur Abstimmung hat Herr Reichsrath Freiher von Soden-Fraunhofen das Wort.

Reichsrath Freiherr **von Soden-Fraunhofen:** Im Falle der Annahme meines Antrages ist in Artikel 4d den Worten „im Falle des Artikel 4b" zuzusetzen „4c."

Vorsitzender: Ich meinerseits will noch bemerken, daß eine weitere Aenderung sprachlicher Art in Artikel 4a nothwendig wird; in der vorletzten Zeile heißt es „an einem Grundstücke." Dem Sprachgebrauch des Bürgerlichen Gesetzbuchs entspricht es, zu sagen: „an einem Grundstück." Ich nehme also an, daß bei der Abstimmung es als selbstverständlich erachtet wird, daß dabei das „e" eliminiert wird. Ich bitte nun diejenigen Hohen Herren, welche mit dem Artikel 4b, 4c und 4d vorbehaltlich der Summe einverstanden sind, mit „ja," diejenigen, welche nicht einverstanden sind, mit „nein" zu antworten. (Folgt namentliche Abstimmung.) Die Artikel sind einstimmig angenommen.

Es liegt nun der Antrag des Herrn Reichsraths Freiherrn von Soden vor, welcher lautet: In Artikel 4b die Ziffer von 8,000 M. und in Artikel 4c die Ziffer von 5,000 M. je auf 10,000 M. zu erhöhen. Diejenigen Hohen Herren, welche mit diesem Antrage einverstanden sind, bitte ich, mit „ja" zu antworten. (Folgt namentliche Abstimmung.) Der Antrag des Herrn Reichsraths Freiherrn von Soden ist angenommen mit 5 gegen 2 Stimmen.

Ich nehme als selbstverständlich an, daß meinem Vorschlag entsprechend in Artikel 1 die Worte „86 bis" gestrichen werden.

Der k. Ministerialkommissär, Senatspräsident Dr. **von Jacubezky:** Ich möchte bitten, die Worte „im Falle des Artikel 4b" im Artikel 4d ganz wegzulassen, also bloß zu sagen, „mit der Maßgabe Anwendung, daß die Genehmigung bei einem den Betrag von 5000 M. übersteigenden Werthe, im Falle des Erwerbes des Eigenthums an einem Grundstück ohne Rücksicht auf den Werth erforderlich ist." Der Artikel 4c kommt nämlich abgesehen von dem Grundstückserwerb noch in Betracht für die Rechte an einem Grundstück. Statt nun, wie Herr Reichsrath Freiherr von Soden mit Recht vorgeschlagen hat, auch den Artikel 4c anzuführen, dürfte es den Vorzug verdienen, im Artikel 4d zunächst den Grundsatz auszusprechen, daß die Genehmigung bei einem den Betrag von 5000 M. übersteigenden Werth erforderlich ist, und dann die Sondervorschrift beizufügen, daß der Erwerb des Eigenthums an einem Grundstück die Genehmigung ohne Rücksicht auf den Werth bedarf. Sachlich wird nichts geändert. Die Fassung wird aber klarer.

Vorsitzender: Es würden also in Artikel 4d die Worte „im Falle des Artikel 4b" zu streichen sein. Ich konstatiere, daß dagegen eine Erinnerung nicht besteht, ebensowenig gegen die Streichung der Worte „86 bis." Damit ist der Artikel 1 erledigt. Ich bitte nun den Herrn Referenten überzugehen zu Artikel 14a.

Reichsrath Dr. **von Schmitt** als Referent: Die zweite Differenz findet sich bei Artikel 14a. Im ursprünglichen Regierungsentwurf ist ein solcher Artikel nicht enthalten. Der Artikel ist durch den Ausschuß der Kammer der Abgeordneten und durch die Kammer der Abgeordneten selbst erst hereingekommen. Er lautet:

„Ist der Lohn für eine längere Zeit als zwei Jahre rückständig, so ist anzunehmen, daß die Entrichtung des Lohnes bis zu der Beendigung des Dienstverhältnisses gestundet worden ist.

Bestreitet die Dienstherrschaft das Bestehen des Rückstandes, so trifft die Beweislast den Dienstboten."

Der Hohe Reichsraths-Ausschuß hatte beschlossen, den Artikel zu streichen, und ich bin nicht in der Lage, von diesem Beschluß abweichende Vorschläge machen zu können. Der Artikel ist juristisch nicht haltbar. Er verletzt den Grundsatz, wonach Negativen, die weder zeitlich noch örtlich eingeschränkt sind, nicht Beweisgegenstand sein können. Allerdings könnte im Wege des Eides delativ noch ein Beweis, wie ihn der Artikel im Auge hat, erbracht werden. Indessen, das setzt voraus, daß in den betheiligten Persönlichkeiten keine Aenderung eingetreten ist. Sowie da eine Aenderung eingetreten ist, ist entweder die Eideszuschiebung überhaupt nicht zulässig, oder sie muß auf das unsichere „Nichtwissen und Nichtglauben" gestellt werden. Direkte Beweise dafür, daß der Dienstbote nicht bezahlt ist, kann er nicht wohl haben. Es kann sich bloß um Vermuthungen handeln, und das Resultat des Prozesses wäre stets ein sehr zweifelhaftes. Unzweifelhaft aber ist, daß das Institut der Verjährung durch den Artikel wesentlich beeinträchtigt würde. Das Institut der Verjährung hat doch zum Zweck, daß ältere Forderungen, über deren Bezahlung man sich erfahrungsgemäß Quittungen nicht ausstellen läßt, und die im täglichen Leben sehr häufig vorkommen, als bezahlt oder erloschen gelten sollen wegen Zeitablaufs. In Fällen, wo erst nach längerer Zeit der Gläubiger die Bezahlung verlangen und zum Beweis der Forderung sich der Eideszuschiebung bedienen wollte, haben Gerichte schon, ganz abgesehen von Verjährung, die Zuschiebung des Eides verworfen, indem man gesagt hat, es ist niemanden eine so lange Erinnerung rückwärts an eine Menge einzelner kleiner Posten zuzumuthen. Aehnlich ist es bei den Dienstbotenlöhnen. Der Dienstherr könnte sich allenfalls, ob er den Lohn bezahlt hat oder nicht, auf einige Jahre, aber doch nicht auf ungewisse Zeit zurückerinnern. Sicher hat er Zahlungen auch in früher Zeit in Gestalt von „Vorschüssen" für zahlreiche, wenn auch kleinere Bedürfnisse des Dienstboten gemacht. Aber er kann sich doch nicht wohl auf jeden Vorschuß nach längster Zeit besinnen. Die Begünstigung des Artikel 14a ist aber einseitig auf den Dienstboten beschränkt, nicht auch auf die Dienstherrschaft ausgedehnt. Die letztere hat gar keinen Schutz dem Dienstboten gegenüber. Damit ist das Prinzip der Gleichheit verletzt. Es gibt ja auch Arbeiter genug, die längere Zeit als freie Arbeiter bei einem andern dienen. Für diese gilt auch keine solche Bestimmung wie in Artikel 14a. Warum sollen die Dienstboten bevorzugt sein? Es ist ganz richtig, die Stundungseinrede ist durch unser Bürgerliches Gesetzbuch auch der Verjährung gegenüber giltig. Hier wird aber in der Weise davon Gebrauch gemacht, daß man einfach fingiert, was wirklich nicht ist. Das ist nicht in der Ordnung. Wird denn thatsächlich damit den Dienstboten so sehr viel genützt? Nach meinem Dafürhalten werden die meisten Verluste dadurch entstehen, daß der Dienstherr falliert, das heißt in Konkurs kommt. Durch diese Bestimmung bekommen die Löhne aber keine Bevorzugung in Bezug auf den Rang. In einem solchen Fall ist also dann doch alles verloren. Unter diesen Umständen glaube ich, wir sollten eine solche juristische Ungeheuerlichkeit nicht in das Gesetz schreiben. Ich beantrage also festzuhalten an der Streichung des Artikel 14a.

Der k. Ministerialkommissär, Senatspräsident Dr. **von Jacubezky:** Ich glaube, daß der Artikel 14a auf einer unrichtigen Auffassung der Aufgabe des Gesetzgebers beruht. Der Herr Referent der Kammer der Abgeordneten, der diese Bestimmung im Ausschusse beantragt hatte, hat in seinem Vortrage in der öffentlichen Sitzung der Kammer der Abgeordneten besonderes Gewicht darauf gelegt, daß die Dienstboten, denen diese Vorschrift zu Gute kommen soll, „geradezu zu den seltenen Exemplaren gehören", und er hat beigefügt, es solle eine Schutzbestimmung hinsichtlich solcher „exzeptionellen Fälle" getroffen werden, für „exzeptionelle Fälle" müsse man eine „exzeptionelle Bestimmung" geben. Der Artikel 14a ist aber keine exzeptionelle Bestimmung, er nimmt der Verjährung um der exzeptionellen Fälle willen die ihr zukommende Wirkung für alle Fälle, er gestaltet die Regel nach den exzeptionellen Fällen. Der Gesetzgeber muß aber nicht die „exzeptionellen" Fälle zum Ausgangspunkte nehmen, sondern die gewöhnlichen Fälle. Er muß seine Bestimmungen so treffen, daß sie für die weitaus überwiegende Mehrzahl der Fälle passen, und wenn sich dann vielleicht für einen Fall vom Tausend ein Ergebniß herausstellt, das man anders wünschen möchte, so muß er darüber hinwegsehen, weil sich das nicht vermeiden läßt. Es ist nicht möglich, gesetzliche Regeln, die noch praktikabel sein sollen, die den Bedürfnissen des Rechtslebens entsprechen, so aufzustellen, daß niemals eine Verkettung von Umständen eintreten kann, bei der die Regel nicht mehr vollständig paßt. Die Erwägungen, welche hier zu Gunsten der Dienstboten geltend gemacht worden sind, lassen sich auf die Verjährung überhaupt ausdehnen. Es ist anstößig, wenn der Schuldner zugibt, nicht geleistet zu haben, und durch die Berufung auf die Verjährung seine Verpflichtung abschüttelt. Aber das ist kein Grund, die Verjährung fallen zu lassen. Der Gesetzgeber muß, wenn er diejenigen, die thatsächlich nicht mehr verpflichtet sind, durch die Verjährung vor der Gefahr schützen will, mit unbegründeten Ansprüchen verfolgt zu werden, mit der Möglichkeit rechnen, daß einmal einer, der wirklich noch schuldig ist, sich auf die Verjährung beruft. Der Nachtheil, der darin liegt, wird weit überwogen durch den Vortheil, den die Verjährung in den die Regel bildenden Fällen bietet, in welchen die verjährten Ansprüche nicht zu Recht bestehen. Meines Erachtens hat der Gesetzgeber auch keinen Anlaß, die Fälle, für die der Artikel 14a eigentlich bestimmt ist, besonders zu berücksichtigen. Ich kann es durchaus nicht für wünschenswerth erachten, daß, wie angeführt worden ist, ein Dienstbote 20 Jahre lang oder noch länger seinen Lohn bei der Dienstherrschaft stehen läßt. Das ist schädlich für den Dienstboten und für die Dienstherrschaft und führt meistens zu keinem guten Ende.

Der Dienstbote, der seinen Lohn erspart, würde viel besser thun, das Geld bei der Sparkasse anzulegen, wo es Zinsen trägt, als es in den Händen der Dienstherrschaft zu belassen. Die Sparkasse würde ihm bei einem Zinssatze von 3 Prozent in den 20 Jahren, wenn also jeder Jahreslohn durchschnittlich zehn Jahre angelegt ist, 30 Prozent Zinsen bezahlen; dabei lasse ich die Zinseszinsen außer Ansatz; der Dienstbote verliert also einen großen Betrag an Zinsen. Die Dienstherrschaft aber wird, wenn sie plötzlich den Lohn für zwanzig Jahre bezahlen soll, vielleicht an mehrere Dienstboten zugleich, leicht in Verlegenheit kommen, es bleibt ihr vielleicht nichts übrig als den Konkurs zu beantragen. Ist das wünschenswerth? Hat der Gesetzgeber Anlaß, solche Verhältnisse zu begünstigen? Ich kann das nicht glauben, ich muß solche Verhältnisse für ungesund halten. Der Herr Justizminister hat in der öffentlichen Sitzung der Kammer der Abgeordneten darauf hingewiesen, daß man die Dienstboten auf die kurze Verjährung, die übrigens nichts Neues ist, — in Bayern besteht sie mit einer Frist von drei Jahren seit 1859 — dadurch aufmerksam machen könne, daß man in die Vorschriften des Gesinderechts, die den Dienstbotenbüchern vorgedruckt werden sollen, den § 196 Nr. 8 des Bürgerlichen Gesetzbuchs einfügt. Darauf hat der Herr Abgeordnete Wagner im Schlußworte erwidert, das helfe nichts, denn ein sechzehnjähriges Mädchen, das sich als Dienstmagd verdinge, werde sein Dienstbotenbuch bei dem Eintritt in den Dienst der Herrschaft geben und es während der 20jährigen Dienstzeit nicht mehr zu Gesicht bekommen, das Mädchen „erfahre nichts, es sei so naiv.“ Das sechzehnjährige Mädchen wird aber nicht 20 Jahre lang 16 Jahre alt bleiben, es wird nach und nach erfahrener und weniger „naiv“ werden, und wenn es auch sein eigenes Dienstbotenbuch nicht liest, so wird es doch mit anderen Dienstboten sprechen und von diesen erfahren, daß man den Dienstlohn nicht 20 Jahre lang stehen lassen kann, ohne in Gefahr zu kommen, daß er verjährt. Ich glaube, es ist eine falsche Sentimentalität, auf welcher dieser Artikel beruht, und die Hohen Herren würden gut thun, sich dieser Sentimentalität nicht anzuschließen.

Vorsitzender: Da niemand von den Hohen Herren das Wort mehr ergreift, nehme ich an, daß dem Antrage des Herrn Referenten auf Streichung des Artikel 14a die Zustimmung allgemein ertheilt wird.

Ich bitte nun den Herrn Referenten fortzufahren.

Artikel 18 Ziffer 11a.

Reichsrath Dr. **von Schmitt** als Referent: Hier handelt es sich im allgemeinen um die priviligierte Kündigung ohne Kündigungsfrist. In Ziffer 11a ist vom Reichsrathsausschuß als Kündigungsgrund vorgesehen die Verehelichung des Dienstboten während seiner Dienstzeit, gleichviel ob ein Knecht oder eine Magd sich verehelicht. Die Abgeordnetenkammer hat beschlossen, diese Bestimmung auf die weiblichen Dienstboten zu beschränken. Ich für meinen Teil glaube zwar, daß es auch Gründe geben kann, welche die Heirath des Dienstknechtes zu einem Kündigungsgrund ohne Kündigungsfrist stempeln. Allein das kommt allerdings seltener vor. Die Regel wird sein, daß das Verhältniß zwischen Dienstherr und Dienstknecht durch die Heirath des letzteren nur ausnahmsweise beeinträchtigt wird. Im Interesse des Zustandekommens des Gesetzes und der gegenseitigen Einigung würde ich daher die Zustimmung zu dieser Aenderung der Abgeordnetenkammer vorschlagen, wobei ich indessen bemerke, daß, wenn es sich um die Heirath eines Knechtes handelt, damit nicht gesagt ist, daß das für alle Fälle ein Dienstkündigungsgrund nicht sein kann, sondern daß dann der Artikel 17 anzuwenden ist, mit anderen Worten, daß es eben doch Umstände geben kann, daß auch dieser Fall zu einem Dienstkündigungsgrund im Sinne des Artikel 17 wird.

Vorsitzender: Besteht gegen den Antrag des Herrn Referenten eine Erinnerung? Wenn nicht, dann nehme ich an, daß das Hohe Haus demselben zustimmt.

Artikel 19 Ziffer 3.

Reichsrath Dr. **von Schmitt** als Referent: Auch hier handelt es sich um die Dienstkündigungsgründe ohne Kündigungsfrist. Der Hohe Ausschuß hat beschlossen, bei den Thatsachen, welche den Dienstboten zur Kündigung ohne Einhaltung einer Kündigungsfrist berechtigten, die „groben Beleidigungen“ gegen den Dienstboten auszuscheiden, obschon die groben Beleidigungen als

Kündigungsgrund festgehalten sind in dem vorausgehenden Artikel 18, wenn die grobe Beleidigung stattfindet in der Richtung gegen den Dienstherrn. Die Abgeordnetenkammer hat aber beschlossen, diese Worte auch hier festzuhalten. Mir scheint nun in der That in der Abgeordnetenkammer bei dieser Festhaltung von Voraussetzungen ausgegangen zu sein, die auf einem Mißverständniß beruhen. Es ist von einzelnen Rednern geäußert worden, daß der Ausdruck „grobe Beleidigung“ sehr dehnbar sei und daß bei der Rechtsprechung sich daraus eine Ungleichheit der Anwendung ergeben würde. Das war nicht der Grund, warum der Hohe Ausschuß die groben Beleidigungen hier gestrichen hat. Er hat ja die groben Beleidigungen schon in den Artikel 18 Ziffer 6 hineingenommen. Der Grund, warum hier die groben Beleidigungen von diesem Ausschuß gestrichen wurden, war ein prinzipieller, nämlich der Schutz der Autorität des Dienstherrn. Dem Dienstherrn steht das Recht des Befehls, das Recht der Warnung, das Recht der Rüge, des Tadels unbestritten zu. Wird nun der Tadel rc. einmal in einem markierten Ausdruck niedergelegt, so ist nach meinem Dafürhalten noch lange nicht gesagt, daß damit das Recht der Rüge u. s. w. überschritten sei. Nun was bedeuten überhaupt alle die Gründe der Kündigung im Artikel 19? Es sind prämiierte Dienstkündigungsgründe; es soll, wenn ein solcher Grund vorliegt, von vornherein präsumptiv angenommen werden, hier liegt ein Dienstkündigungsgrund vor, wenn die Thatsache bewiesen ist, sofern nicht besondere Umstände entgegenstehen. Wenn aber auf Seite des Dienstherrn das Recht der Autorität mit den Befugnissen, wie ich sie eben genannt habe, besteht, da liegt eben schon ein solcher anderer Umstand und darum der Fall des Artikel 19 Ziffer 3 nicht schlechthin vor. Vielmehr liegt ein Fall vor, der unter Artikel 17 des Entwurfs gehört. Es genügt die Thatsache der groben Beleidigung für sich allein nicht zum Dienstkündigungsgrund; es muß vielmehr, weil der Herr das Recht des Tadels unbestritten hat, vom Dienstboten noch dargethan werden, daß die Beleidigung zugleich einen Exzeß über die Befugniß zu rügen, zu warnen, zu tadeln hinaus enthält. Es ist also keineswegs so, wie von den beiden Rednern im Abgeordnetenhause die Sache dargestellt worden ist, als wenn die „grobe Beleidigung“ des Dienstboten von uns als Kündigungsgrund überhaupt gestrichen wäre und der Dienstbote in Ansehung des Schutzes beschränkt wäre auf eine Beleidigungsklage gegen den Dienstherrn. Wenn diese zweite unrichtige Voraussetzung richtig wäre, würde ich selber den Hohen Herren nicht vorschlagen, daran festzuhalten. Es ist aber das Gegentheil der Fall: dem Dienstboten verbleibt, auch wenn die grobe Beleidigung in Artikel 19 Ziffer 3 gestrichen ist, wie ich schon bei dem vorhergehenden Artikel erwähnt habe, sein Kündigungsrecht aus Artikel 17.

Es ist von vornherein die grobe Beleidigung gegen den Dienstboten zwar kein Kündigungsgrund, aber wenn die grobe Beleidigung von einer Art und Qualität ist, daß man sagen kann, da hat ein Exzeß stattgefunden, dazu ist der Dienstherr unter allen Umständen aus dem Dienstverhältnisse nicht befugt, z. B. wenn der Dienstherr den Dienstboten einen Professionsdieb genannt hat, oder wenn er einem weiblichen Dienstboten habituelle Verletzung der Sittlichkeit vorwirft, da wird dem Dienstboten das Recht des Dienstaustrittes ohne Kündigung nach Artikel 17 zustehen. Das sind die Gründe, aus welchen ich den Hohen Herren den Vorschlag mache, an unserem Beschlusse festzuhalten. Die k. Staatsregierung, die ja ursprünglich die grobe Beleidigung auch in Art. 19 aufgenommen hatte, ist davon zurückgetreten; sie ist dreimal davon zurückgetreten, einmal und zunächst bei den Berathungen in diesem

Ausschusse, dann bei den Berathungen in dem Ausschusse der Abgeordnetenkammer und endlich bei den Berathungen des Plenums der Abgeordnetenkammer selber. Ich bezweifle endlich, ob, wenn wir an unserem Beschlusse festhalten, die Kammer der Abgeordneten sich versteift, und absolut die grobe Beleidigung hier festhält. Nach den hier gegebenen Aufklärungen glaube ich das umsoweniger, als ja der Antrag, die grobe Beleidigung in diesem Artikel zu streichen, keine Erfindung von mir, dem Referenten war, sondern von der einen Hälfte des Ausschusses der Abgeordnetenkammer selbst beantragt worden war und nur mit Stimmengleichheit nicht angenommen worden ist. Unter solchen Umständen glaube ich doch, ihnen vorschlagen zu sollen, an unserem Beschlusse festzuhalten.

Der k. Ministerialkommissär, Senatspräsident Dr. **von Jacubezky:** Die Stellung der k. Staatsregierung in dieser Frage erklärt sich daraus, daß nach der Ansicht der Staatsregierung die Angelegenheit nicht die Bedeutung hat, die ihr der Herr Referent beilegt. Sachlich besteht zwischen der Regierungsvorlage, die von der Kammer der Abgeordneten angenommen worden ist, und dem Beschlusse des Hohen Ausschusses kein wesentlicher Unterschied. Es handelt sich weniger um eine sachliche Verschiedenheit als darum, daß, wie der Herr Referent gesagt hat, der übergeordneten Stellung der Dienstherrschaft ein markanter Ausdruck gegeben wird. Aber der markante Ausdruck ist gerade der Stein des Anstoßes. Man hat sich in der Kammer der Abgeordneten an der Rechtsungleichheit gestoßen, die nach Artikel 18 Ziffer 6 und dem Beschlusse zum Artikel 19 Ziffer 3 zwischen der Dienstherrschaft und dem Dienstboten besteht, man hat angenommen, an sich müsse der Dienstbote für seine Ehre denselben Schutz genießen wie die Dienstherrschaft; er sei nicht verpflichtet, sich Verletzungen dieses Rechtsgutes gefallen zu lassen, und müsse sich von einem Dienstverhältniß, in dem ihm von Seite der Dienstherrschaft grobe Beleidigungen widerführen, durch Kündigung frei machen können. Dabei ist keineswegs verkannt, in der öffentlicher Sitzung vielmehr von dem Herrn Referenten ausdrücklich hervorgehoben worden, daß die Umstände, unter denen die beleidigenden Ausdrücke fallen, berücksichtigt werden müssen, und daß es etwas ganz anderes ist, wenn der Dienstherr bei Gelegenheit einer berechtigten Rüge ein scharfes Wort gebraucht, namentlich einem ländlichen Dienstboten gegenüber, der auch unter Seinesgleichen eine derbere Ausdrucksweise gewohnt ist, als wenn der Dienstherr, ohne durch einen Fehler des Dienstboten veranlaßt zu sein, aus Gehässigkeit dem Dienstboten nachsagt, daß er gestohlen habe, oder die geschlechtliche Ehre eines unbescholtenen Mädchens angreift. Die beiden Artikel 18, 19 bestimmen ja nur, daß die von ihnen aufgezählten Thatsachen als wichtiger Grund für die Kündigung anzusehen sind, sofern nicht besondere Umstände eine andere Beurtheilung rechtfertigen. Man werde im Leben und in der Rechtsprechung schroffe Ausdrücke, die bei einer berechtigten Rüge gebraucht werden, milder beurtheilen, man werde in der berechtigten Rüge einen besonderen Umstand finden, welcher die andere Beurtheilung rechtfertigt, in dem anderen Falle aber, in dem solche Umstände nicht vorliegen, die Kündigung als berechtigt anerkennen. In diesem Falle trete die grundsätzliche Rechtsgleichheit vor, welche mit der dem Dienstherrn zweifellos zukommenden Autoritätsstellung wohl verträglich sei. Die Autoritätsstellung hat nur die Folge, daß bei solchen Aeußerungen, die auf Grund dieser besonderen Stellung gemacht werden, die nur einen Exzeß des Autoritätsgebrauches enthalten, auf diese Stellung als einen Umstand, der eine andere Beurtheilung rechtfertigt, Rücksicht genommen wird, sie kann aber nicht dazu führen, daß der Dienstbote im Dienste bleiben muß, auch wenn ihm, ohne daß sein Verhalten dazu Anlaß gibt, von dem Dienstherrn schwere Beleidigungen zugefügt werden.

Für die grundsätzliche Rechtsgleichheit zwischen Dienstherrschaft und Dienstboten kommt noch ein anderer Umstand in Betracht, der in den Verhandlungen und auch schon in der Begründung des Entwurfes geltend gemacht worden ist, das ist die Lösung, welche die Frage für die gewerblichen Arbeiter durch die Gewerbeordnung erhalten hat; die Gewerbeordnung hat die grundsätzliche Gleichstellung des Arbeitgebers und des Gesellen oder Gehilfen anerkannt. Dabei geht sie selbstverständlich nicht von der Anschauung aus, daß der Gewerbsmeister seinen Gesellen gegenüber keine Autoritätsstellung einnehme; die Autoritätsstellung des Meisters ist vielmehr der des Dienstherrn ähnlich, und gleichwohl ist auch den Gesellen das Recht der Kündigung wegen grober Beleidigung eingeräumt. Man hat nun gesagt: Wir wollen dem Dienstboten nicht einen Schutz versagen, den der gewerbliche Arbeiter nach dem Reichsgesetze hat. Die Verhältnisse liegen in der That ziemlich ähnlich. Daß auf dem Lande eine derbere Ausdrucksweise üblich ist, muß man auch bei den gewerblichen Arbeitern berücksichtigen. Auf dem Lande gibt es viele gewerbliche Unternehmer, die zugleich Landwirthe sind. Schmiede, Wagner, Töpfer haben sehr oft bäuerlichen Grundbesitz, sie betreiben das Gewerbe und die Landwirthschaft nebeneinander. Nach der Ansicht des Herrn Referenten müßten sie sich mit verletzenden Ausdrücken mehr in Acht nehmen gegenüber einem gewerblichen Gehilfen als gegenüber einem landwirthschaftlichen Dienstboten. Aber wenn sie ihre Zunge gegenüber dem einen im Zaume halten können, so werden sie das auch gegenüber dem anderen thun können, und was sie können, das wird auch den Landwirthen möglich sein, die kein Gewerbe betreiben. Ich glaube also, daß es, wenn auch manche Gründe dafür sprechen, an dem Beschlusse des Hohen Ausschusses festzuhalten, sich vielleicht doch empfehlen dürfte, mit Rücksicht auf die Stimmung in der Kammer der Abgeordneten, von einer Aenderung des Entwurfes abzusehen. Es wird im Grunde genommen nur darauf verzichtet, die besondere Stellung des Dienstherrn zu markieren; der Dienstherr behält aber seine besondere Stellung, auch wenn sie nicht in solcher Weise markiert wird, und das ist die Hauptsache, damit kann man sich am Ende zufrieden geben.

Der erste Präsident, Graf **von Lerchenfeld-Köfering**: Ich glaube, daß die Gründe, welche der Herr Referent angegeben hat, vollständig durchschlagend sind; aber in der Wirkung wird, ob dieser Ausdruck in der Ziffer 3 stehen bleibt oder nicht, kein großer Unterschied sein. Wenn ein Dienstbote bei seiner Dienstherrschaft nicht mehr zu bleiben beabsichtigt, so geht er eben einfach fort oder er macht sein Bleiben der Dienstherrschaft so unangenehm, daß die Dienstherrschaft schließlich froh ist, wenn er geht. Ich glaube deshalb, daß wir entgegen der doktrinären ganz richtigen Ansicht des Herrn Referenten doch dem Beschlusse der Kammer der Abgeordneten zustimmen könnten.

Vorsitzender: Ich bin der Anschauung, daß man auf dem Lande diese Beschlüsse der Abgeordnetenkammer nicht begreifen wird; man wird einfach sagen, wie auch in der Abgeordnetenkammer der Herr Abgeordnete Seeberger ganz richtig hervorgehoben hat: „Ja, wenn der Bauer zu seinem Knechte keine groben Worte mehr sagen darf, wenn er sich ungebührlich benimmt, dann kann man mit einem solchen Gesetz überhaupt nicht hausen.“ Der einzige Grund, der mich veranlaßt, dem Beschlusse der Abgeordnetenkammer zuzustimmmen, ist der, daß mit der Beibehaltung unserer Beschlüsse nicht viel geholfen ist; denn, wie Seine Exzellenz soeben bemerkt haben, wenn das Dienstverhältniß zwischen Knecht und Dienstherrschaft sich einmal derart gestaltet, daß der Knecht sagt: „Ich gehe", dann wird der Dienstherr auf seine Beibehaltung verzichten müssen.

Ich stimme daher für den Beschluß der Abgeordnetenkammer.

Reichsrath Dr. **von Schmitt** als Referent: Ich habe ja wenig Hoffnung nach den Erklärungen, die gegen meine Aeußerungen gefallen sind, mit meiner Anschauung durchzudringen, aber das eine möchte ich noch bemerken: Das Dienstbotenverhältniß an sich ist kein Verhältniß auf voll rechtsgleicher Grundlage. Prinzipiell ist es ein ungleiches Verhältniß und muß ungleich sein wegen der nothwendigen Autorität des Herrn. Diese Autoritätsstellung soll einen markanten Ausdruck finden. Nun gebe ich ja zu, es mag im ersten Augenblick einen stutzig machen, daß hier die groben Beleidigungen fehlen und dort stehen; steht im Dienstbotenbuch gedruckt zu lesen, daß Herr und Diener in Beziehung auf Beleidigungen sich rechtlich voll gleich stehen, so besorge ich gerade für die Praxis daraus üble Folgen. Nun ist exemplifiziert worden auf das Lehrlings- und Gesellenverhältniß. Das nehme ich nicht an, daß der Fall häufig vorkommt, wo ein Dienstherr zugleich ländliche Dienstboten und Lehrlinge hat. Wir machen aber unser Gesetz auf das Gros der Fälle. Wenn übrigens in Ansehung des Lehrlings für grobe Beleidigungen ein anderes Geltung hat als in Ansehung eines Dienstboten, so ist es zu berücksichtigen, daß jenes auf Reichsgesetz, dieses auf Landesgesetz beruht. Gerade dieser Umstand erklärt den Unterschied. Bestünde keiner, was die Arbeiter- und Dienstbotenverhältnisse betrifft, so wäre unverständlich, warum hier die Legislative zwischen Reich und Land getheilt wurde. Es hat in unserem Ausschusse theilweise sogar die Absicht bestanden und ist insbesondere von Seite des Herrn Ausschußvorstandes geäußert worden, noch weiter zu gehen, als der Hohe Ausschuß in Bezug auf grobe Beleidigungen und Thätlichkeiten gegangen ist.

Vorsitzender: Wenn niemand mehr das Wort ergreift, so schreiten wir zur Abstimmung. Der Antrag des Herrn Referenten geht dahin, auf den Beschluß des Ausschusses der Reichsrathskammer zu Artikel 19 Ziffer 3 zu beharren. Diejenigen Hohen Herren, welche dem Herrn Referenten zustimmen wollen, bitte ich mit „Ja", die, welche nicht zustimmen wollen, mit „Nein" zu antworten. Ich nehme an, daß, wenn das Abstimmungsresultat gegen den Herrn Referenten ausfällt, dann von selbst der Beschluß der Abgeordnetenkammer als angenommen zu erachten ist. (Folgt namentliche Abstimmung.) Der Antrag des Herrn Referenten ist abgelehnt, der Beschluß der Abgeordnetenkammer angenommen; damit ist die Sache erledigt.

Wir kommen nun zu

Artikel 22a.

Reichsrath Dr. **von Schmitt** als Referent: Der Artikel 22a ist von der Kammer der Abgeordneten neu beschlossen; derselbe lautet:

> Ertheilt die Dienstherrschaft einem Dienstboten, der gegen sie eine schwere Veruntreuung begangen hat, in Kenntniß dieser Thatsache das Zeugniß treuen Verhaltens, so ist sie für den Schaden verantwortlich, welcher der nachfolgenden Dienstherrschaft aus dem Vertrauen auf die Richtigkeit des Zeugnisses entsteht. Die Verantwort-

lichkeit erlischt mit dem Ablaufe von drei Jahren seit der Ertheilung des Zeugnisses, soweit sie nicht vorher gerichtlich geltend gemacht wird.

Ich glaube mich in der Lage, dem Hohen Ausschusse die Zustimmung zu diesem Artikel vorschlagen zu dürfen. Es ist ja richtig, von der Frage ist früher schon die Rede gewesen und wir haben uns damals nicht für veranlaßt gehalten, den Artikel aufzunehmen. Ein solcher Artikel, aber in schärferer Fassung, war im Abgeordneten-Ausschuß angeregt, doch nicht beschlossen. Nun ist er, unter verschiedenen von der k. Staatsregierung veranlaßten Abschwächungen von der Abgeordnetenkammer angenommen.

Ich bitte Sie um Zustimmung.

Der erste Präsident Graf **von Lerchenfeld-Köfering**: Dieser Antrag geht nach meiner Ueberzeugung sehr weit. Wenn eine Dienstherrschaft einem Dienstboten ein Zeugniß gibt, so sind nach meiner Ansicht zwei Dinge auseinander zu halten. Wenn der Dienstherr nicht eine Verurtheilung des Dienstboten wegen Veruntreuung herbeigeführt hat, so wird der Dienstbote auf die Worte „treu und ehrlich“ im Zeugniß dringen können. Denn wenn der Dienstbote diese Worte im Zeugniß nicht hat, so ist er überhaupt ein Paria und er wird nicht leicht wieder einen Dienst finden. Nun, wann ist die Veruntreuung als eine schwere zu bezeichnen? Ich nehme z. B. an, daß ich einen Dienstboten wegen fortgesetzter Schleckereien und Naschereien, wodurch mir ein bedeutender Schaden erwächst, weil es lange fortdauert, entlasse, so wird darin eine schwere Veruntreuung nicht zu erblicken sein. Wenn ich den Verdacht habe, daß ein Dienstbote mir etwas gestohlen hat, ich kann es ihm aber nicht beweisen und entlasse ihn und gebe ihm ein Zeugniß, daß er treu und redlich war, so ist die Frage, wo ist da die Grenze? Meine Hohen Herren! Ich habe die größten Bedenken gegen diesen Artikel 22a. Ich gebe zu, daß die Gutmüthigkeit bezüglich der Dienstboten sehr oft zu weit geht und daß sie Zeugnisse bekommen, worin sie mit Unrecht über den Schellkönig gelobt werden. Die Gefahr aber, daß hier die Dienstherrschaft drei Jahre der Verantwortung ausgesetzt ist, ist doch eine bedeutende.

Der k. Ministerialkommissär, Senatspräsident Dr. **von Jacubezky**: Die Vorschrift beschränkt sich auf den Fall einer schweren Veruntreuung. Dieser eng begrenzten Verantwortlichkeit gegenüber dürften die Bedenken des Herrn ersten Präsidenten zu weit gehen. Es wird vorausgesetzt, daß das Zeugniß in Kenntniß einer schweren Veruntreuung ausgestellt worden ist, also wider besseres Wissen, der Dienstherr muß nicht nur gewußt haben, daß der Dienstbote sich überhaupt einer Veruntreuung schuldig gemacht hat, sondern er muß auch von dem Umfang wenigstens soweit Kenntniß gehabt haben, daß er gewußt hat, daß es sich um eine schwere Veruntreuung handelt. In den meisten Fällen, in denen eine schwere Veruntreuung vorliegt, wird eine Anzeige stattfinden und die Bestrafung veranlaßt werden. An die Ausstellung eines Zeugnisses über treues Verhalten wird dann selbstverständlich nicht gedacht. Unterbleibt aber die Anzeige, so wird der Dienstbote froh sein, daß er wegkommt, ohne angezeigt zu werden. Wenn der Dienstherr ihm sagt, er könne ihm die Treue nicht bestätigen, aber er wolle keine Anzeige machen, so wird der Dienstbote sich wohl beruhigen. Für den Dienstboten gibt es ja noch ein Mittel, über das Mißliche des Zeugnisses hinwegzukommen, er verliert eben sein Dienstbotenbuch und läßt sich ein neues ausstellen.

Der k. Staatsminister der Justiz Dr. Freiherr **von Leonrod**: Ich habe mir alle Mühe gegeben, in der Kammer der Abgeordneten darzulegen, daß dieser Artikel seine Bedenken hat, aber es ist mir nicht gelungen, den Antragsteller und die Mehrheit der Kammer davon zu überzeugen. Im Gegentheil, ich mußte wahrnehmen, daß der Antrag mit einer ansehnlichen Mehrheit angenommen wurde. Nach und nach habe ich mich über die Aufnahme des Artikel in den Gesetzentwurf beruhigt, da es sich doch nur um den Fall einer „schweren Veruntreuung“ handelt, und außerdem nicht zu übersehen ist, daß eine Dienstherrschaft, welche ihrem Dienstboten, der eine schwere Veruntreuung an ihr verübt hat, wider besseres Wissen bestätigt, daß er treu gewesen ist, durch diese Unwahrheit sich selbst einer untreuen Handlungsweise schuldig macht und dann nicht unverdient vielleicht durch eine schwere Haftung gestraft wird. Ich habe im Ausschuß und im Plenum der Kammer der Abgeordneten als Beispiel angeführt, daß ein Dienstbote an seiner Dienstherrschaft einen Diebstahl beging, diese dem Dienstboten verzeiht und sich verleiten läßt, ihm Treue zu bestätigen. Dann hafte sie eben doch für den ganzen Schaden, den der Dienstbote durch einen Diebstahl in seinem nächsten Dienste seiner Dienstherrschaft zufügt; es kann dies ein recht bedeutender Diebstahl sein — ich habe die Summe von 20000 *M.* genannt — und dadurch das Vermögen einer Familie wesentlich geschädigt werden. Gegen dies Bedenken läßt sich allerdings einwenden, daß im Falle einer schweren Veruntreuung der Dienstherr den Dienstboten entlassen und anzeigen, ihm auch die verlangte Bestätigung der Treue verweigern wird. Somit möchte ich nun selbst anregen, dem Beschlusse der Kammer der Abgeordneten, so gerechtfertigt mir die Bedenken gegen denselben in mancher Richtung erscheinen, zuzustimmen, weil es sehr mißlich wäre, wenn infolge der Ablehnung das Gesetz selbst gefährdet würde.

Der erste Präsident Graf **von Lerchenfeld-Köfering:** Ich bin den Ausführungen der beiden Herren Vertreter der k. Staatsregierung mit großer Aufmerksamkeit gefolgt und bin nun vielleicht ein bischen mehr ausgesöhnt mit dem Gedanken der neuen Bestimmung. Wenn sie mir aber auch jetzt etwas weniger schroff erscheint, als ich sie anfangs aufgefaßt habe, so genügt mir doch die Fassung nach keiner Richtung. Ich würde verlangen erstens, daß der Nachweis vorliegen muß, daß der Dienstbote eine Veruntreuung begangen hat. Wenn das der Fall wäre, dann wäre die Frage des Verschuldens der Dienstherrschaft, welche das falsche Zeugniß ausstellt, für mich genügend geregelt.

(Zuruf des Herrn Reichsraths Dr. Ritter von Bechmann: Es heißt hier, daß er „eine schwere Veruntreuung begangen hat“ und dann weiter: „in Kenntniß dieser Thatsache.“)

Und zweitens möchte ich haben, daß der Schlußsatz dahin abgeändert wird, daß die dreijährige Frist von dem Augenblicke des Diebstahls und nicht von dem Augenblick der Ausstellung des Zeugnisses läuft.

Dadurch würde die Verjährungsfrist abgekürzt und die Schärfe der neuen Vorschrift etwas gemildert.

Der k. Ministerialkommissär, Senatspräsident Dr. **von Jacubezky**: Ich bitte, von dem letzteren Antrag abzusehen. Das Zeugniß wird datiert, man sieht also aus dem Zeugniß, von welchem Zeitpunkt ab die drei Jahre laufen. Bei Veruntreuungen, die längere Zeit hindurch fortgesetzt werden, läßt sich der Zeitpunkt der Begehung nicht so genau feststellen. Dazu kommt, daß man bei wirklich schweren Veruntreuungen den Dienstboten nicht behalten wird. Wenn man die Ueberzeugung gewonnen hat, daß er die schwere Veruntreuung begangen hat, so wird man ihm sagen, wir können nicht beisammen bleiben, fort! Es würde sich also nur darum handeln, daß die Dauer der Haftung um einige Tage oder Wochen verkürzt werden würde.

Reichsrath Dr. **von Schmitt** als Referent: Unter Umständen kann die Sache allerdings zu gewissen Härten führen. Auf der einen Seite haben wir die Verpflichtung, wonach die Dienstherrschaft ein Zeugniß auszustellen hat, auf der anderen Seite steht das Recht eines Dritten, wegen einer neuen Veruntreuung des Dienstboten Entschädigung vom vorigen Dienstherrn zu verlangen, wenn diese in seinem Zeugniß von einer früheren Veruntreuung keine Erwähnung gethan hat. Aber für die Dienstherrschaft bleibt immer noch ein Mittel übrig; ich habe von diesem Mittel selbst schon in meiner Praxis Gebrauch gemacht. Ich bestätigte den Leuten alles Uebrige, aber von der Treue sagte ich nichts, wenn ich Grund zum Zweifel hatte. Es hat sich niemand dagegen beschwert. Man kann mir nicht zumuthen, daß ich positiv die Treue bestätige, wenn ich einen Verdacht habe, und so fasse ich den Artikel auf.

Reichsrath Graf **Fugger von Glött**: Ich halte den Antrag für unbedenklich; denn es handelt sich ja hier nur um wirklich schwere Veruntreuungen und in diesem Falle hat die Dienstherrschaft das Recht und die Pflicht, Strafantrag zu stellen, und damit entzieht sie sich jeder Haftung.

Vorsitzender: Wenn niemand mehr das Wort ergreift, so kommen wir zur Abstimmung. Ich bitte die Hohen Herren, welche dem Artikel 22a zustimmen wollen, die Hand emporzuheben. (Geschieht.) Der Artikel ist angenommen.

Wir kommen nun zu

Artikel 32.

Reichsrath Dr. **von Schmitt** als Referent: Derselbe hat in der Fassung der Regierung gelautet:

> „Ist die Verpflegung des Berechtigten ohne nähere Bestimmung vereinbart, so hat der Verpflichtete dem Berechtigten den gesammten Lebensbedarf in standesmäßiger und ortsüblicher Weise zu gewähren."

Dann hat dieser Hohe Ausschuß eine Abänderung beschlossen, die dahin geht:

> „Ist die Verpflegung der Berechtigten ohne nähere Bestimmung vereinbart, so hat der Verpflichtete dem Berechtigten den gesammten Lebensbedarf in standesmäßiger und ortsüblicher Weise zu gewähren. Die Kosten der ärztlichen Behandlung und der Heilmittel fallen jedoch dem Verpflichteten, wenn dem Berechtigten gegenüber ein Dritter verpflichtet ist, sie zu tragen, nur insoweit zur Last, als die Bezahlung nicht von dem Dritten zu erlangen ist.

Die Kammer der Abgeordneten ist aber auf ihrem Beschluß stehen geblieben und darnach soll nun diese Bestimmung lauten:

> „Ist die Verpflegung des Berechtigten ohne nähere Bestimmung vereinbart, so hat der Verpflichtete dem Berechtigten den gesammten Lebensbedarf in standesmäßiger und ortsüblicher Weise zu gewähren; die Kosten der ärztlichen Behandlung und der Heilmittel fallen jedoch dem Berechtigten zur Last."

Dem gegenüber kann man zweierlei thun. Man kann entweder dem Beschluß der Kammer der Abgeordneten im Interesse einer einheitlichen Regelung zustimmen, man kann aber auch das Mittlere thun, man kann den ganzen Artikel streichen. Er enthält nichts als eine Präsumtion, eine Auslegungsregel und es scheint fast, als ob in Ansehung desselben die Anschauung in den verschiedenen Landestheilen eine verschiedene sei. Ich glaube aus Franken bestätigen zu können, daß man der Meinung ist, die Kosten für Arzt und Apotheke müßten von dem Verpflegten auch getragen werden, wenn darüber nichts bestimmt ist. In den bayerischen Provinzen ist es vielleicht anders. Ich würde also glauben, man solle dem Beschluß der Kammer der Abgeordneten zustimmen. Die Regierung schlägt vielleicht vor, daß man den Artikel 32 ganz streicht.

Der k. Ministerialkommissär, Senatspräsident Dr. **von Jacubezky**: Für die vollständige Streichung des Artikels spricht die Erwägung, daß solche Fälle selten vorkommen. Es ist bei der Gutsübergabe üblich, die einzelnen Leistungen, welche dem Austrägler gewährt werden sollen, ausdrücklich zu bestimmen. Auf der anderen Seite ist das, was die Kammer der Abgeordneten beschlossen hat, zweifellos für eine Reihe von Fällen unrichtig. Es liegt nicht in dem Sinne des Vertrages, daß der Berechtigte im Falle der Erkrankung der Armenpflege zur Last fallen soll. Für die Ermittelung der Absicht der Vertragschließenden ist es von wesentlicher Bedeutung, ob die Vertragschließenden damit gerechnet haben, daß der Austrägler noch anderes Vermögen hat, oder ob er ganz auf die bedungene Verpflegung angewiesen ist. Im ersteren Falle mag anzunehmen sein, daß er die Kosten der Heilung aus seinem anderen Vermögen bestreiten soll, im letzteren Falle muß aus dem Mangel sonstigen Vermögens gefolgert werden, daß die bedungene Verpflegung die Krankheitskosten mit umfaßt, weil es nicht die Absicht sein konnte, daß der Austrägler der Armenpflege zur Last falle. Das würde der Gutsübergeber als eine Beeinträchtigung seiner Ehre ansehen. Es würde ein Mittelweg sein, die Vorschrift einfach zu streichen, und der Vorschlag würde vielleicht Aussicht haben, auch von der Kammer der Abgeordneten angenommen zu werden. Damit würde die Rechtsprechung ganz freie Hand bekommen, sie würde jeden einzelnen Fall nach dessen besonderen Umständen zu entscheiden haben. Dafür möchte ich noch anführen, daß der preußische Entwurf, der sich im allgemeinen unserem Entwurf angeschlossen hat, diesen Artikel nicht aufgenommen hat. Eine große Bedeutung hat die Vorschrift nicht, weil eben die Fälle, daß die Verpflegung ohne nähere Bestimmung bedungen wird, nur selten vorkommen.

Vorsitzender: Ich halte diese Bestimmung nicht für so ganz bedeutungslos. Wird sie aufgenommen, dann wird man veranlaßt sein, daß in allen Uebergabeverträgen ausdrücklich ausgesprochen wird, daß die fraglichen Kosten dem Uebernehmer zur Last fallen, die Leute werden dann darauf aufmerksam gemacht, daß, wenn sie in den Vertrag nicht aufgenommen wird, im Falle der Erkrankung die Kosten der ärztlichen Behandlung und der Heilmittel von dem Betreffenden selbst zu tragen sind. Ich würde Sie also bitten, dem Abgeordnetenbeschlusse zuzustimmen.

Wenn niemand mehr von den Hohen Herren das Wort ergreift, so schreiten wir zur Abstimmung, und ich bitte diejenigen Hohen Herren, welche mit dem Beschlusse der Kammer der Abgeordneten einverstanden sind, die Hand emporzuheben.

Der Artikel ist nach dem Beschlusse der Abgeordnetenkammer angenommen.

Artikel 44 Absatz 2.

Reichsrath Dr. **von Schmitt** als Referent: Ich möchte zu dem Artikel 44 Absatz 2 einen Zusatz vorschlagen, der zwischen die zwei Sätze käme, aus welchen der Artikel jetzt besteht. Der Zusatz würde lauten: „die Beglaubigung kann durch die Gemeindebehörde erfolgen.“ Diese Aenderung wollte ich vorschlagen mit Rücksicht auf die bezüglichen Diskussionen in der Kammer der Abgeordneten. Ich vernehme aber, daß die Staatsregierung Aehnliches beabsichtigt und lasse ihr die Vorhand.

Vorsitzender: Hiezu ist auch ein Antrag von Seite der k. Staatsregierung eingelaufen. Derselbe lautet:

„In den Artikel 44 soll zwischen Absatz 3 und Absatz 4 folgender neuer Absatz eingestellt werden:

„Für die Beglaubigung des Antrags und der Vollmacht ist auch die Gemeindebehörde des Wohnortes des Antragstellers oder des Vollmachtgebers zuständig.“

Der k. Ministerialrath, Kronanwalt **von Schubart:** Meine Hohen Herren! Ich gestatte mir zur Begründung des Antrages Folgendes zu bemerken: Artikel 44 bestimmt, daß der Antrag, welcher eine Verfügung über eine umgeschriebene Schuldverschreibung enthält, öffentlich beurkundet oder öffentlich beglaubigt sein muß. Die gleiche Vorschrift besteht für Vollmachten, welche bei derartigen Anlässen zur Verwendung kommen, und ebenso für Quittungen. Nun ist sowohl im schriftlichen Referate über den Entwurf eines Ausführungsgesetzes zum Bürgerlichen Gesetzbuch als bei der Berathung des Artikel 44 desselben im Justizgesetzgebungsausschusse der Kammer der Abgeordneten von Seite des Referenten, Abgeordneten Wagner, die Anregung gegeben worden, daß zur Beglaubigung dieser Anträge, Vollmachten und Quittungen auch die Gemeindebehörde zuständig sein solle. Es sei auch bisher so gehalten worden und es empfehle sich, es dabei zu belassen. Die gleiche Anregung wurde auch von Seite des Herrn Korreferenten und aus der Mitte des Ausschusses ausgesprochen. Nachdem thatsächlich unter der Geltung der Bekanntmachung der Staatsschuldentilgungskommission vom 1. September 1860, welche zur Zeit für das Verfahren bei Umschreibung von Staatsschuldenverschreibungen maßgebend ist, mit einer derartigen Beglaubigung sich begnügt worden ist, und diese Uebung als im Interesse der Betheiligten gelegen zu erachten war, wurde Namens der Staatsregierung die Zusicherung gegeben, daß es bei dieser Uebung sein Verbleiben haben solle. Nun würde die Verwirklichung dieser Zusicherung bei der Regelung, welche die öffentliche Beglaubigung nach dem Artikel 1 des Entwurfes eines Notariatsgesetzes erfahren soll, voraussichtlich auf Schwierigkeiten stoßen, soferne nicht die Zulässigkeit der Beglaubigung durch die Gemeindebehörde in den beregten Fällen ausdrücklich gesetzlich ausgesprochen wird. In dem Notariatsgesetze läßt sich mit Rücksicht auf seine Konstruktur das nicht gut bewerkstelligen, wohl aber wird es zweckmäßig in der Weise geschehen können, wie von Seite der k. Staatsregierung vorgeschlagen ist, nämlich in der Weise, daß zwischen Absatz 3 und 4 des Artikel 44 des Ausführungsgesetzes der Satz eingeschaltet wird: „Für die Beglaubigung des Antrags und der Vollmacht ist auch die Gemeindebehörde des Wohnortes des Antragstellers oder Vollmachtgebers zuständig.“ Die Gemeindebehörde des Wohnortes ist auch in den Artikel 22 Absatz 1 des Flurbereinigungsgesetzes vom 29. Mai 1896 — Artikel 122[37] Ziffer VI des Ausführungsgesetzes — für zuständig erklärt. Bei der Fassung des letzten Absatzes des Artikel 44 wird die neue Vorschrift sich auch auf die Quittungen erstrecken, ohne daß es hiewegen einer besonderen Vorschrift bedürfte.

Nachdem der Antrag der k. Staatsregierung lediglich bezielt, den Fortbestand einer Uebung, der von Seite des Abgeordnetenausschusses seinerzeit dringend gewünscht und von Seite der k. Staatsregierung zugesichert wurde, jeder Beanstandung zu entrücken, und nachdem die bezüglichen Erörterungen im Abgeordnetenausschusse in Ihrem Hohen Ausschusse seinerzeit keinen Anlaß zu Bedenken gegeben haben, so dürfte, wie ich glaube, die Genehmigung dieses Antrags der k. Staatsregierung einem Anstande nicht unterliegen.

Reichsrath Dr. **von Schmitt** als Referent: Ich bin vollständig mit dem Antrag einverstanden. Es könnte ja vorkommen, daß die Gerichte diese Uebung nicht respektieren, nachdem das neue Gesetz da ist; deshalb halte ich diesen Antrag aus praktischen Gesichtspunkten für sehr berechtigt.

Reichsrath **von Hessert:** Auf der andern Seite aber hat er doch wieder seine Bedenken. Die Gemeindebehörden sind nämlich erfahrungsgemäß gern bereit entgegenzukommen und sogar noch weiter, als es die Vorsicht erlaubt. Sie denken gar nicht daran, daß unter Umständen ein Mißbrauch getrieben werden kann. Ich würde also im Interesse der Gemeinden dies nicht wünschen. Wenn Sie es aber haben wollen, so bin ich nicht dagegen, halte es aber für bedenklich.

Reichsrath Dr. **von Schmitt** als Referent: Wenn Sie den Antrag nicht annehmen, dann erschweren Sie eben den Verkehr mit solchen Papieren außerordentlich. Es haben sich doch solche Mißbräuche bisher in nennenswerther Zahl nicht ereignet.

Der k. Ministerialrath, Kronanwalt **von Schubart:** Diese Uebung ist nun schon seit dem Jahre 1860 in umfassender Weise in Geltung. Mißliche Konsequenzen haben sich dabei nicht ergeben. Die seinerzeitige Abgabe der Erklärung im Abgeordnetenausschusse erfolgte nach vorgängiger Einvernahme des Vorstandes der Staatsschuldentilgungskommission.

Vorsitzender: Ich möchte auch im Interesse der Gemeinden vor einer Ausdehnung der Vollmachtsbeglaubigungsbefugniß warnen, weil die Gemeinden direkt haften müssen.

Es scheint aber keine Erinnerung gegen den Antrag der Regierung zu bestehen, und ich erachte denselben für angenommen.

Wir können weiter gehen und kommen zu

Artikel 53 Absatz 2.

Reichsrath Dr. **von Schmitt** als Referent: Artikel 53 Absatz 3 lautete ursprünglich:

> „Ausländern kann die Entschädigung verweigert werden, wenn nicht nachgewiesen ist, daß in dem Heimathstaate des Beschädigten eine der Vorschrift des Abs. 1 entsprechende Haftung Deutschen gegenüber anerkannt wird."

Auf Antrag der k. Staatsregierung hat die Kammer der Abgeordneten eine Aenderung beschlossen, die dahin geht:

> „Ausländern kann die Entschädigung, vorbehaltlich der Haftung des Beamten, verweigert werden, wenn nicht nachgewiesen ist, daß in dem Heimatstaate des Beschädigten eine der Vorschrift des Abs. 1 Satz 1 entsprechende Haftung Deutschen gegenüber wenigstens insoweit anerkannt wird, als der Ersatz des Schadens von dem Beamten nicht zu erlangen ist."

Nach meinem Dafürhalten ist es geboten soweit zu gehen, sonst geben wir den Ausländern viel zu viel Pouvoir und beschränken unsere Reciprozitätsbefugniß zu sehr.

Der **erste Präsident:** Ich möchte eine Anfrage an die k. Staatsregierung richten bezüglich der Ausdehnung der Haftung der Kommunalverbände. Wie bekannt, ist der Schullehrer auf dem flachen Lande derjenige, der alles zu machen pflegt. Die Gemeinde hat aber auf die Ernennung oder Entfernung des Schullehrers keinen Einfluß; sie haftet aber doch. Der Schullehrer ist das ausführende Organ der Gemeindebehörde und da halte ich es doch für zu hart, daß die Gemeinde für einen Mann haftet, den sie nicht anstellen und nicht auswählen kann.

Der k. Ministerialkommissär, Senatspräsident Dr. **von Jacubezky:** Wenn der Schullehrer zugleich Gemeindeschreiber ist, so macht er vielleicht thatsächlich alle schriftlichen Arbeiten; aber derjenige, von dem sie rechtlich ausgehen, ist der Bürgermeister, der das, was der Gemeindeschreiber entworfen hat, erst unterschreiben muß. Die Gemeinde haftet für den Bürgermeister. Wenn dieser nicht der richtige Mann ist, so kann für die Gemeinde Schaden entstehen; sie muß eben einen tüchtigen Mann wählen.

Der **erste Präsident:** Es ist die Sache aber doch für die Gemeinden gefährlich, weil es eben für viele, insbesondere kleine Gemeinden oft sehr schwer, ja unmöglich ist, ein Gemeindeglied zu finden, das den vielgestaltigen Aufgaben eines Bürgermeisters gewachsen ist und sie deshalb als Gemeindeschreiber meist den Schullehrer brauchen, auf dessen Wahl sie keinen Einfluß haben. Insoferne ist die Sache für die Gemeinden bedenklich. Ich will aber keinen Antrag stellen, sondern nur die Sache anregen.

Vorsitzender: Gegen die Fassung des Artikel 53 wird weiter nichts erinnert. Derselbe gilt als genehmigt. Wir kommen zu

Artikel 67 Absatz 3.

Reichsrath Dr. **von Schmitt** als Referent: Zu dem Artikel 67 hat die Kammer der Abgeordneten auf den Vorschlag der k. Staatsregierung hin den Zusatz gemacht

„Die Verjüngung gilt im Falle des Plenterbetriebes am 1. Januar 1950 als eingetreten."

Ich bin in der Sache nicht erfahren genug.

Es wird unter Plenterbetrieb verstanden die Aufforstung Stück für Stück, und für diese Betriebsart wird eine Umtriebszeit von 50 Jahren angenommen als der ungefähre mittlere Durchschnitt. Nachdem von Sachverständigen dieser Zusatz für nothwendig gehalten worden ist, so beantrage ich die Annahme desselben.

Reichsrath Freiherr **von Soden-Fraunhofen:** Ich beantrage diesen Zusatz abzulehnen. Ich habe schon an früherer Stelle ausgesprochen, daß das Bürgerliche Gesetzbuch den Waldbesitzer gegenüber dem Nachbarn, der ein landwirthschaftliches Grundstück hat, benachtheiligt. Es wird das noch mehr der Fall sein, wenn wir diese Vorschrift aufnehmen. Nehmen wir an, es grenzen zur Zeit 2 Waldparzellen aneinander; der eine der Waldbesitzer hält es für opportun, seinen Wald in ein Feld umzuwandeln. Er kann dann auf Grund des Ausführungsgesetzes von seinem Nachbar künftighin verlangen, daß ein Abstand von 2 m eingehalten wird, während, wenn das Grundstück Wald bleibt, er nur 50 cm verlangen kann. Es wird sohin der Waldbesitzer, der sein Grundstück läßt, wie es ist, und schon dadurch geschädigt ist, daß der Nachbar ein Feld aus seinem Wald macht, was in den meisten Fällen für ersteren wegen der Windgefahr u. s. w. ein Nachtheil ist, noch weiter beeinträchtigt dadurch, daß er, wiewohl er seine Kulturart unverändert beläßt und der Nachbar diese verändert, genöthigt wird, künftighin anstatt 50 cm, 2 m mit seinen Bäumen von dem Nachbar-Grundstück wegzubleiben. Es ist eine Unbilligkeit, daß dem Waldbesitzer ein Schaden dadurch zugehen soll, daß es dem Nachbar einfällt, aus seinem Wald ein Feld zu machen. Es ist nicht zu begründen, daß in solchen Fällen der einen Schaden haben soll, der sein Grundstück in der alten Kulturart beläßt, weil der Nachbar die seine ändert.

Vorausgesetzt, daß diese Ausführungen richtig sind, so würden die geschilderten Nachtheile noch erhöht werden, wenn die neue Bestimmung angenommen wird. Die Hohen Herren erinnern sich, daß der Herr Vorsitzende ausgesprochen hat, man müsse sich eben dadurch helfen, daß man den Plenterbetrieb nicht aufgebe. Nun aber kommt die neue Bestimmung, wonach nach 50 Jahren angenommen wird, daß die Umtriebszeit des zur Zeit bestehenden Plenterbetriebs beendigt ist.

Ich sehe nicht ein, warum man den Wald weiter schädigen soll durch eine derartige Bestimmung, um so weniger, als der Herr Senatspräsident von Jacubezky ausdrücklich in den früheren Verhandlungen ausgesprochen hat, daß diese Frage zu einer eingehenden Berathung in der Reichstagsjustizkommission Veranlassung gegeben hat und es dort nicht gelungen sei, für den Plenterbetrieb eine zeitliche Grenze zu finden. Nun glaubt man, diese zeitliche Grenze mit 50 Jahren gefunden zu haben. Ein Trost könnte dabei der sein, daß in den nächsten 50 Jahren wahrscheinlich das Ausführungsgesetz mehrfach korrigiert werden wird und daß dann auch das wieder gut gemacht werden kann; ich möchte doch bitten, diese neue Schädigung dem Wald und seinem Besitzer fern zu halten und beantrage daher, diese Bestimmung zu streichen.

Der k. Ministerialkommissär, Senatspräsident Dr. **von Jacubezky:** Ich möchte bitten, diesen Antrag abzulehnen. Die Ausführungen des Herrn Reichsraths richten sich zunächst gegen den von dem Hohen Ausschusse beschlossenen Satz 2 des Absatz 2, nach welchem im Falle der Verjüngung des Waldes die Einhaltung eines 2 m betragenden Abstandes verlangt werden kann. Ich glaube, es geht nicht mehr an, diese Vorschrift zu streichen, die von dem Landwirthschaftsrathe gebilligt, von den beiden Ausschüssen und jetzt auch von dem Plenum der Kammer der Abgeordneten angenommen worden ist. Der Herr Reichsrath hat seine einleitende Bemerkung wohl nur in dem Sinne gemacht, daß man die Vorschrift, die schon bedenklich genug sei, nicht dadurch verschärfen solle, daß man für den Fall des Plenterbetriebs den 1. Januar 1950 als zeitliche Grenze festsetzt. Den Gründen, mit denen der Herr Reichsrath diesen Zusatz bekämpft, stehen die Gründe gegenüber, die im Ausschusse der Kammer der Abgeordneten geltend gemacht worden sind. Dort ist man von einem Falle ausgegangen, der das gerade Gegentheil von dem ist, von dem der Herr Reichsrath gesprochen hat. Der Herr Reichsrath setzt den Fall, daß ein Waldbesitzer, dessen Wald an den Wald eines Nachbars anstößt, seinen Wald rodet und aus dem Grundstück ein Feld macht. In dem Ausschusse hat man sich mit dem Falle beschäftigt, daß ein mitten in der Feldflur liegendes Grundstück aufgeforstet worden ist.

Dies kommt in den letzten Jahrzehnten häufig vor, nach den Mittheilungen des Herrn Regierungskommissärs von Huber insbesondere in Mittelfranken. Die Aufforstung eines Feldgrundstücks, das mitten in der Flur liegt, ist natürlich für die Eigenthümer der angrenzenden Felder ebenso mißlich wie die Umwandlung des Waldes in Feld in dem Falle, von dem der Herr Reichsrath gesprochen hat, für den Nachbar, der sein Grundstück als Waldgrundstück weiter bewirtschaftet. Man hat gefragt, warum soll derjenige, der Plenterwirtschaft treibt, den ungewöhnlichen Schutz genießen, daß die Nachbarn die Belästigung, die von seinem Grundstücke ausgeht, immer ertragen müssen, während sie mit der nächsten Verjüngung aufhören muß, wenn der regelmäßige schlagweise Betrieb stattfindet. Man hat auch für den Fall des Plenterbetriebs eine zeitliche Grenze für notwendig erachtet und diese auf die Hälfte der durchschnittlichen Umtriebszeit festgesetzt. Nach den technischen Aufschlüssen, die der Herr Regierungskommissär von Huber gegeben hat, darf man beim Hochwalde im Durchschnitte einen Umtrieb von 100 Jahren annehmen. Da nun vermutlich ebensoviel Bäume über dem mittleren Alter stehen werden, so ergibt sich ein mittleres Alter von 50 Jahren. Innerhalb eines Zeitraums von 50 Jahren ist es, wie der Herr Regierungskommissär von Huber weiter dargelegt hat, technisch recht wohl ausführbar, den Betrieb so einzurichten, daß an dem künftigen Waldessaume ein sogenannter Waldmantel herangezogen wird, daß da jüngeres Holz aufwächst, welches mit seinen Zweigen die hinter der künftigen Waldesgrenze stehenden Bäume, die unten keine Aeste haben, und den Waldboden gegen die schädigende Einwirkung des Windes und der Sonne schützt. Ich kann den Hohen Herren nur das vortragen, was ich aus den Ausführungen des Herrn Regierungskommissärs entnommen habe; aber wenn es thunlich ist, bei dem Plenterbetriebe in 50 Jahren Vorkehrungen zu treffen, die den Wald für den Fall schützen, daß nach Ablauf der 50 Jahre der Abstand von 2 m eingehalten werden muß — und daß es thunlich ist, muß man nach den Ausführungen des Sachverständigen annehmen — dann spricht, so glaube ich, die Gerechtigkeit für den von der Kammer der Abgeordneten mit Zustimmung der Regierung angenommenen Zusatz; denn es fehlt in der That an einem inneren Grunde, warum derjenige, der den Plenterbetrieb hat, von der Beschränkung frei bleiben soll, die jeden anderen Waldbesitzer trifft. Es ist angedeutet worden, man könne des Scheines halber den Rand eines Waldes, der schlagweise bewirtschaftet wird, im Plenterbetriebe bewirtschaften, um nicht den Abstand von 2 m einhalten zu müssen; der Richter wird sich aber durch den Schein nicht täuschen lassen. Wenn ein schmaler Streifen stehen bleibt und dahinter der Wald schlagweise bewirtschaftet wird, so wird man die Verjüngung des Waldes als eingetreten ansehen, wenn der Wald geschlagen ist, und sich nicht durch den Randstreifen beirren lassen. Nach den Ausführungen des Herrn Regierungskommissärs von Huber kommt der Plenterbetrieb, abgesehen von Schutzwaldungen, hauptsächlich bei kleineren Waldbesitzern vor; durch den Zusatz sollen auch ihre Nachbarn nach Ablauf von 50 Jahren das Recht erlangen, die Einhaltung des Abstandes von 2 m zu fordern.

Ich habe versucht, den wesentlichen Inhalt der Ausführungen des sachverständigen Regierungskommissärs wiederzugeben; die Hohen Herren werden aber vielleicht ihn selbst zu hören wünschen, was in der Nachmittagssitzung wird geschehen können.

Der **erste Präsident:** Die ganze Frage ist für die bayerischen Wälder von großer Wichtigkeit. Als das Bürgerliche Gesetzbuch in erster Lesung vorlag, habe ich die Frage des Nachbarrechtes bezüglich der Waldungen in Bayern mit verschiedenen Herren eingehend besprochen und wenigstens das zu erreichen gesucht, daß der Unterschied gemacht werde, auf welchen mich soeben der Herr Senatspräsident wieder aufmerksam gemacht hat, nämlich der Unterschied zwischen bestehenden und zwischen neu angelegten Waldungen.

Der Unterschied hätte im Bürgerlichen Gesetzbuche dahin formuliert werden können, daß die Abholzung und die Feldmachung bestehender Waldungen nicht zum Nachtheile der mitten darin liegenden Waldbesitzer gereichen würde. Wenn es sich um den Fall handelt, daß mitten im Felde ein Wald von einem Besitzer neu angelegt wird, dann sind ja die gesetzlichen Bestimmungen des Bürgerlichen Gesetzbuchs vollständig gerechtfertigt, und ich bin weit entfernt davon, den Schaden, den ein Waldbesitzer seinem Nachbarn zufügt, nicht anzuerkennen, allein was die alten Waldungen betrifft, so kann man nicht leugnen, daß die bisher unmittelbar an der Waldlisière liegenden Wiesen und Felder bedeutend weniger werth waren, sie wurden aber auch billiger gekauft und billiger verkauft, weil sie eben einen geringeren Ertrag hatten. Durch die Bestimmungen des Bürgerlichen Gesetzbuchs sind diese Felder mehr werth geworden; andererseits aber hat sich der Werth des Waldes, der daneben liegt, gemindert. Ich glaube nun, daß dieser § 910 im Bürgerlichen Gesetzbuche ein Fehler ist, weil ich der Ueberzeugung bin, daß wir in wirthschaftlicher Hinsicht auf die Erhaltung des Waldes den allergrößten Werth legen sollten und daß diejenigen Länder, wo der Wald in Abnahme begriffen ist, in jeder Beziehung, klimatisch, gesundheitlich ꝛc. in ihrem Wohlstande zurückgehen. Ich kann da auf die Verhältnisse in verschiedenen Gebirgsgegenden, namentlich auf Südfrankreich, hinweisen, wo die großen Schäden, die durch übermäßige Abholzungen hervorgerufen wurden, in der hervorragendsten Weise auftauchen. Die Wälder sind aber auch in der Ebene, abgesehen vom Gebirge, Wasserreservoire, welche ausgleichend auf die Luft einwirken.

Was nun die Frage betrifft, ob die vorliegende Ausführungsbestimmung, daß die Verjüngung im Falle des Plenterbetriebes am 1. Januar 1950 als eingetreten zu betrachten ist, das Richtige trifft, so muß ich sagen, daß ich diesen Beisatz für unnöthig und für nicht glücklich halte. Für unnöthig halte ich ihn deshalb, weil er in der Sache selbst wenig Aenderung bringen wird. Es wird in den seltensten Fällen eine Störung des Waldbesitzes eintreten, die Leute sind an den bisherigen Rechtszustand gewöhnt und sie werden in den seltensten Fällen darauf dringen, einen Gesetzesparagraphen zur Ausführung zu bringen, den sie überhaupt nicht kennen. Käme hauptsächlich der Waldbesitzer hier in Betracht, von dem der Herr Senatspräsident gesprochen hat, nämlich der, welcher inmitten von Feldern sein Feld aufforstet, dann würde ich ihm vollständig Recht geben; aber die Fälle sind so selten, daß man bei der Gesetzgebung nicht darauf reflektieren kann.

Ich würde bitten, dem Vorschlage des Herrn Reichsraths Freiherrn von Soden-Fraunhofen zuzustimmen und den Beisatz wegzulassen.

Vorsitzender: Die Sache hat ihre Haken; wir haben einmal die Bestimmung angenommen, daß auf der Grenze zwischen Wald und Feld eine Linie von 2 m beibehalten werden sollte, daß aber die bereits bestehenden Waldungen insofern geschützt werden sollen, als erst bei der nächsten Umtriebszeit diese Grenzlinie gebildet werden solle. Bei Waldungen nun, die nach einem gewissen Umtriebsplane bewirthschaftet werden, ist in absehbarer Zeit einmal zu erwarten, daß der Zustand, den das Gesetz voraussetzt, eintreten wird. Bei den Waldungen mit Plenterbetrieb aber, wo eben ein Kahlhieb gar nie stattfindet, sondern nur ein Baum je nach der Gelegenheit herausgehauen wird, würde diese Bestimmung vollständig illusorisch sein. Es würde demnach beim Plenterbetrieb die Sache so bleiben, wie sie jetzt ist. Es ist nun nicht zu leugnen, daß hiedurch eine Rechts-Ungleichheit entstehen würde. Der landwirthschaftliche

Grundbesitzer, der an einen Wald grenzt, der nach forstwirthschaftlichen Grundsätzen bewirthschaftet wird, ist in größerem Vortheil, weil er einmal in die Lage kommt, von der Wohlthat dieser Bestimmung des Artikel 67 Gebrauch zu machen, während andererseits derjenige, der das Unglück hat, einem Walde anzugrenzen, der nach der Plenterwirthschaft betrieben wird, niemals hoffen kann, daß der Zustand aufhört. Ich muß gestehen, daß es der Gerechtigkeit entspricht, daß eine Zeit bestimmt wird, in welcher einmal auch ein solcher Wald in die Schranke zurückversetzt wird, in welche nach der Bestimmung des Artikel 67 überhaupt ein Wald mit Forstwirthschaftsbetrieb eintreten solle. Ich bedaure diese ganze Strömung, ich bedaure außerordentlich, daß der Wald nicht mehr geschützt wird, aber es ist nicht das erste Mal, daß der Wald zum Opfer dienen muß, wir haben das schon gesehen damals, als der Zwang zur Ablösung der Waldservituten aufgehoben worden ist, was nach meiner Ansicht vielen Wäldern den Todesstoß gegeben hat, die mit einer solchen Last behaftet waren. Aus Gerechtigkeitsgründen werde ich dazu bestimmt, für den Beschluß der Kammer der Abgeordneten zu stimmen.

Weiter ergreift niemand mehr das Wort. Ich bitte diejenigen Hohen Herren, die für den Beschluß der Kammer der Abgeordneten stimmen, die Hand zu erheben. (Geschieht.) Der Artikel ist nach dem Beschlusse der Kammer der Abgeordneten angenommen.

Wir kommen nunmehr zu

Artikel 96a.

Reichsrath Dr. **von Schmitt** als Referent: Hier ist auf Antrag der k. Staatsregierung bei den Allegaten §§ 2260—2262 des Bürgerlichen Gesetzbuchs der aus Versehen weggebliebene § 2259 Absatz 2 nachträglich eingereiht worden. Ich beantrage Zustimmung.

Vorsitzender: Es besteht weiter keine Erinnerung. Der Antrag ist angenommen.

Damit haben wir nun das Gesetz A erledigt. Wir kommen nun zu

II. zur Beilage B, Entwurf eines Gesetzes die durch die Einführung des Bürgerlichen Gesetzbuchs veranlaßten Aenderungen der seit 1818 erlassenen Gesetze betreffend.

Artikel 122^{31}.

Reichsrath **von Küffner** als Referent: Die vielumstrittene Frage des Artikel 122^{31} ist in ihren Hauptpunkten als erledigt zu betrachten. Es wurde jedoch vom Herrn Abgeordneten Wagner bei diesem Artikel vorgeschlagen, daß in den Absatz 1, welcher zunächst die Bethätigung des Verwaltungsgerichtshofes in verschiedenen Richtungen zum Ziele hat, vor den Worten: „bei Handlungen eines Beamten u. s. w." einzusetzen sei „Das Verfahren in Verwaltungsrechtssachen findet Anwendung." Es ist also mitten in einer ganz anderen Materie auf das Verfahren Rückblick genommen und hier als vorletzter Satz diese Einschaltung vorgeschlagen. Es ist das allerdings ein formeller Punkt, materiell hat die Sache gar keine Bedeutung. Immerhin ist diese Einschaltung hierher nicht passend und infolgedessen dürfte der Hohe Ausschuß der Kammer der Reichsräthe zu einer entsprechenden Abhilfe veranlaßt sein.

Ich bin deshalb der Meinung, es sollte der bezeichnete Satz aus dem ersten Absatze beseitigt werden und darnach der erste Absatz unverändert bleiben. Der Absatz 2 kommt nicht weiter in Betracht, er ist nun jeder Anfechtung entrückt. Ebenso bliebe der erste Satz des Absatz 3 aufrecht erhalten, dagegen wäre der zweite Satz in demselben zu streichen und an seiner Stelle ein vierter Absatz aufzunehmen, der zunächst bestimmte:

„Auf das Verfahren finden die für die Verwaltungsrechtssachen geltenden Vorschriften Anwendung."

An diesen hätte sich alsdann ein zweiter Satz zu reihen mit dem Inhalte:

„Vor Erlassung der Vorentscheidung ist auch im Falle des Abs. 1 Satz 1 der Beamte zu hören."

Demgemäß lautet mein Antrag dahin:

In Artikel 122[31] Ziffer I soll:

a) der Absatz 1 unverändert bleiben.

b) der Satz 2 des Absatz 3 durch folgenden Absatz 4 ersetzt werden:

„Auf das Verfahren finden die in Verwaltungsrechtssachen geltenden Vorschriften Anwendung. Vor Erlassung der Vorentscheidung ist auch im Falle des Absatz 2 Satz 1 der Beamte zu hören."

Der k. Ministerialkommissär, Senatspräsident Dr. **von Jacubezky:** Es handelt sich nur um eine redaktionelle Aenderung. Die neue Vorschrift ist eine Verfahrensvorschrift und der letzte Satz der Vorlage ist auch eine Verfahrensvorschrift. Es geht nicht an, die zwei Verfahrensvorschriften von einander zu trennen und die eine mitten unter die Vorschriften des materiellen Rechtes hineinzusetzen. Aus diesem Grunde dürfte sich die Annahme des Vorschlags empfehlen. Ich glaube nicht, daß die Aenderung in der Kammer der Abgeordneten auf Widerspruch stoßen wird, weil auf den ersten Blick klar ist, daß der Inhalt des Beschlusses unverändert bleibt und nur die Fassung geändert ist. Ich muß noch bemerken, daß mit dem Absatz 2, von dem in dem neuen Absatze die Rede ist, der Absatz 1 der Ziffer I gemeint ist, der nach dem Eingange der Ziffer I der Absatz 2 des Artikel 7 des Gesetzes vom 8. August 1878 werden soll. Der Absatz 1 des Artikel 7 bleibt unberührt.

Vorsitzender: Nach den Erklärungen des Herrn Regierungsvertreters wird kein Bedenken bestehen, dem Antrage des Herrn Referenten zuzustimmen. Wenn keine Erinnerung besteht, nehme ich das an.

Art. 122[41].

Der k. Ministerialkommissär, Senatspräsident Dr. **von Jacubezky:** Bei der Berathung des Artikel 1 wurde erwähnt, daß es nunmehr möglich sein werde, den ganzen Code civil für aufgehoben zu erklären. Von der k. Staatsregierung wird deshalb vorgeschlagen, in den Artikel 122[41] zwischen Absatz 1 und 2 folgenden neuen Absatz einzustellen:

„Das in der Pfalz geltende Civilgesetzbuch (Code civil) tritt außer Kraft."

Die in Betracht kommenden Artikel des Code civil sind in dem Hohen Ausschusse schon besprochen worden, ich erlaube mir, auf den Eingang des XIV. Protokolls zu verweisen. Es hat sich damals ergeben, daß, abgesehen von dem Artikel 648, der für die bestehenden Weiderechte maßgebend bleibt, nur diejenigen Vorschriften aufrecht erhalten bleiben würden, welche auf Grund öffentlichen Rechtes den Erwerb von Rechten an Gegenständen des domaine public ausschließen. Diese Vorschriften haben jedoch thatsächlich so gut wie keine Bedeutung, da es in Zukunft eine Ersitzung bei unbeweglichen Sachen nicht mehr gibt. Sie können deshalb unbedenklich fallen gelassen werden.

Vorsitzender: Der Antrag geht dahin:

Zwischen Absatz 1 und 2 des Artikel 122[41] einzusetzen:

„Das in der Pfalz geltende Zivilgesetzbuch (code civil) tritt außer Kraft."

Reichsrath **von Hessert:** Ich bin damit einverstanden.

Vorsitzender: Ich konstatiere die Annahme des Antrags der k. Staatsregierung.

Reichsrath **von Küffner** als Referent: Die Abgeordnetenkammer hat auch den Antrag gestellt, daß die Regierung zu ersuchen sei, einer Revision des Berggesetzes vom 20. März 1869 näher zu treten in der Richtung, daß

I. die Vorschriften der Reichs-Gewerbeordnung vom 21. Juni 1869, betreffend die Arbeitszeugnisse und das Vertragsverhältniß der gewerblichen Arbeiter: Artikel 113, 122, 123 und 124 der Reichs-Gewerbeordnung, sinngemäße Anwendung auf die Bergarbeiter finden;

II. die Bestimmungen über die Bergpolizei: Artikel 197—214 des Berggesetzes, einer Durchsicht unterzogen, die Grubenkontrolle verschärft und zur Unterstützung der Bergwerksinspektion erfahrene Bergarbeiter herangezogen werden.

Gegen diesen Antrag hatte die k. Staatsregierung bei der Berathung nichts einzuwenden, im Gegentheil, sie gab die Zusicherung, daß demselben nach Möglichkeit Folge gegeben werde.

Ich begutachte, demselben zu Ziffer I und II gleichfalls beizutreten, da mir seine Fassung unverfänglich erscheint.

Vorsitzender: Was den ersten Antrag betrifft, so habe ich nichts dagegen. Der zweite Antrag erscheint mir aber bedenklich, nämlich „daß die Bestimmungen über die Bergpolizei in Artikel 197—214 des Berggesetzes einer Durchsicht unterzogen, die Grubenkontrole verschärft und zur Unterstützung der Bergwerksinspektion erfahrene Bergarbeiter herangezogen werden." Solche Wünsche sind schnell ausgesprochen. Es hat aber eine eigene Bewandtniß mit ihnen. Wir haben das bei Gelegenheit der Steuergesetze erlebt, wo die Regierung immer wieder auf einen von uns vor 3 oder 4 Jahren ausgesprochenen Wunsch auf Revision der Steuergesetzgebung zurückkommt und wir haben es schon sehr bereut, damals die Direktive gegeben zu haben, wie sich die Regierung verhalten soll, weil, wenn sich gegen diese Gesetze von unserer Seite irgend eine Opposition erhebt, immer gesagt wird, wir haben ja nur gethan, was Ihr gewollt habt. Infolgedessen werde ich gegen Absatz II stimmen.

Ich bringe also von dem Antrag zuerst Ziffer I zur Abstimmung und nachdem keine Erinnerung erhoben wurde, erachte ich ihn für angenommen.

Ziffer II. (wird bei der Abstimmung abgelehnt.)

Wir kommen nun noch zu den Eingangsworten des Gesetzes.

Reichsrath **von Küffner** als Referent: Von Seite der Kammer der Abgeordneten wurde unter Zustimmung der k. Staatsregierung hier eine Einschaltung gemacht, gegen die meinerseits kein Einspruch erhoben wird.

Der k. Staatsminister der Justiz, Dr. Freiherr **von Leonrod:** Es wurden noch zwei Vorschriften in die Einleitung eingefügt, weil sie als Verfassungsänderungsgesetze zu betrachten sind. Es handelt sich um das Zwangsenteignungs- und das Flurbereinigungsgesetz. Da bei beiden eine Erweiterung des Enteignungsrechts in Frage steht, beantrage ich, es bei der Einfügung dieser beiden Vorschriften zu belassen.

Vorsitzender: Es würden also in die Eingangsworte noch einzusetzen sein in Zeile 5 nach Artikel 122[6] „des Artikel 122[32], Ziffer VIII", „des Artikel 122[37] Ziffer V und XI" &c.

Wenn keine Erinnerung besteht, konstatiere ich die Annahme dieser Einfügung.

Damit sind diese beiden Gesetze erledigt.

Ich würde mir den Vorschlag erlauben, die zu diesen beiden Gesetzen gefaßten Beschlüsse ohne weitere Motivierung zusammenzustellen, damit wir sie bei der nächsten Plenarsitzung in Berathung nehmen können. Das hindert nicht, daß die Protokolle in der bisherigen Weise gefertigt werden, die ja den Beifall der Jurisprudenten gefunden haben und es wird sich doch lohnen, bei Auslegung des Gesetzes künftig dieses Protokoll bei der Hand zu haben.

Der I. Präsident Graf **von Lerchenfeld-Köfering:** Ich würde vorschlagen, die Sache in der auf nächsten Samstag anberaumten Plenarsitzung zu erledigen. Bis dahin könnten die Beschlüsse von den Hohen Herren leicht durchgesehen werden, wenn auch die Protokolle selbst noch nicht fertiggestellt werden können.

Vorsitzender: Es wird sich ja empfehlen, im Plenum die Sache möglichst kursorisch zu nehmen, vielleicht eine en bloc-Annahme herbeizuführen. . . . . .

Schluß der Sitzung um 1 Uhr 20 Minuten.

XVIII. Protokoll

des besonderen Ausschusses der Kammer der Reichsräthe zur Berathung der durch die Einführung des Bürgerlichen Gesetzbuchs veranlaßten Gesetzentwürfe

über

A. den Entwurf eines Ausführungsgesetzes zum Bürgerlichen Gesetzbuch und

B. den Entwurf eines Gesetzes, die durch die Einführung des Bürgerlichen Gesetzbuchs veranlaßten Aenderungen der seit 1818 erlassenen Gesetze betreffend.

(Verhandl. d. Justizgesetzgebungsausschusses der K. der Reichsräthe 1899.)

München, den 29. April 1899.

Gegenwärtig die Herren Reichsräthe: Graf Fugger von Glött, Ritter von Küffner, stellvertr. Vorstand, von Auer, Vorstand, Dr. Ritter von Bechmann. Sekretär, Freiherr von Soden-Fraunhofen, Dr. Ritter von Schmitt, Excellenz, Ritter von Hessert. Der Herr I. Präsident Graf von Lerchenfeld-Köfering, Excellenz,

Von Seite des k. Staatsministeriums: Der k. Staatsminister des Innern für Kirchen- und Schulangelegenheiten Dr. Ritter von Landmann, der k. Senatspräsident Dr. Ritter von Jacubezky.

Von Seiten der k. Staatsregierung liegt der Antrag vor, die Artikel 4b und 4c des Entwurfes eines Ausführungsgesetzes zum Bürgerlichen Gesetzbuch in folgender Weise abzuändern:

1. im Artikel 4b Abs. 1 sollen die Worte „des beweglichen Vermögens" gestrichen werden;
2. der Absatz 2 des Artikel 4b soll folgende Fassung erhalten:
   „Der Berechnung des Wertes wiederkehrender Leistungen wird ein Zinssatz von vier vom Hundert zu Grunde gelegt";
3. in den Artikel 4c Abs. 1 sollen nach den Worten „geistliche Gesellschaften" die Worte „auch außer dem Falle des Artikel 4b" eingesetzt werden.

Diese Aenderungsvorschläge werden begründet wie folgt:

Wenn der Artikel 4b den Gegensatz, in dem er zu dem den Erwerb unbeweglichen Vermögens betreffenden Artikel 4c steht, dadurch hervorhebt, daß er nur von beweglichem Vermögen spricht, so gibt er dem seiner Vorschrift zu Grunde liegenden Gedanken nicht den richtigen Ausdruck. Der Wortlaut würde zu der Annahme führen, es solle bei einer Zuwendung durch Erbeinsetzung, die bewegliches und unbewegliches Vermögen zugleich zum Gegenstande hat, die Zusammenrechnung des Wertes des beweglichen und des Wertes des unbeweglichen Vermögens ausgeschlossen sein, was von dem geltenden Rechte abweichen würde und selbstverständlich nicht beabsichtigt ist.

Die Fassung des Absatz 2 ist insofern zu eng, als sie offenbar voraussetzt, daß die Dauer der wiederkehrenden Leistung unbegrenzt ist. Da auch zeitlich begrenzte Renten, z. B. solche, die auf die Lebenszeit eines Religiosen gewährt werden, in Betracht kommen, so muß der Absatz 2 verallgemeinert werden, was durch Angabe des der Kapitalisierung der Rente zu Grunde zu legenden Zinssatzes zu geschehen haben wird.

Der Zusatz zum Artikel 4c bezweckt lediglich, den Zusammenhang zwischen dem Artikel 4b und dem Artikel 4c klarzustellen. Der Artikel 4c geht bezüglich des Erwerbes von Gegenständen des unbeweglichen Vermögens über den Artikel 4b hinaus, indem er die landesherrliche Genehmigung auch erfordert, wenn es sich nicht um eine Schenkung oder eine Zuwendung von Todeswegen handelt.

Der Referent, Herr Reichsrath Dr. Ritter von Schmitt, Exzellenz, spricht seine Ansicht dahin aus, daß es sich hier lediglich um Berichtigungen der Fassung, in Artikel 4b allerdings um eine Erweiterung des Absatz 2 handle, gegen welche nichts zu erinnern sei.

Dieser Ansicht wurde von keiner Seite widersprochen und es wurde einstimmig beschlossen, die Abänderungsvorschläge der k. Staatsregierung gutzuheißen.

4a.

Verhandlungen der Kammer der Reichsräthe.

Stenographisches Protokoll Nr. 60

der sechzigsten öffentlichen Sitzung der Kammer der Reichsräthe.

(Verhandl. d. Kammer d. Reichsräthe. 1899. Band VIII. Nr. 60. Seite 299 bis 372.)

München, den 19. Mai 1899, Mittags 12 Uhr.

Der **erste Präsident:** Wenn es den Hohen Herren gefällig ist, Ihre Plätze einzunehmen, so ist die Sitzung eröffnet. . . . . S. 299.

Wir können nun in Punkt 1 der Tagesordnung eintreten, welcher lautet: S. 301.

Mündlicher Bericht des besonderen Ausschusses zur Berathung der durch die Ein||führung des Bürgerlichen Gesetzbuchs veranlaßten Gesetzentwürfe über S. 302.

1. den Entwurf eines Ausführungsgesetzes zum Bürgerlichen Gesetzbuche (Beilage A),
2. den Entwurf eines Gesetzes, die durch die Einführung des Bürgerlichen Gesetzbuchs veranlaßten Aenderungen der seit 1818 erlassenen Gesetze betreffend (Beilage B).

Ich lade den Herrn Referenten des Justizgesetzgebungsausschusses ein, dem Hohen Hause über diesen Gegenstand Vortrag erstatten zu wollen.

Das Wort hat der Herr Referent.

Reichsrath Dr. **von Schmitt** als Referent: Hohe Herren! Der Gegenstand, über welchen ich im Auftrag Ihres Justizgesetzgebungsausschusses Bericht zu erstatten habe, ist nicht so einfach, als es vielleicht nach der Ihnen vorliegenden Zusammenstellung von Differenzen scheinen möchte, welche schließlich zwischen Ihrem Ausschuß und der Abgeordnetenkammer geblieben sind.

S. 302. Der Ihrer heutigen Berathung unterstellte Entwurf bildet nur ein Stück
aus einer ganzen Reihe von Landesgesetzen, welche zum Zweck der Ausführung
des Bürgerlichen Gesetzbuchs des Reichs erforderlich sind. Volles Licht wird
über den heutigen Berathungsgegenstand erst gewonnen, wenn das Verhältniß
S. 303. klar gelegt ist, in welchem er zu allen || übrigen dem gleichen Zweck dienenden
Landesgesetzen steht. Es möchte deshalb nicht ganz überflüssig sein, eine
gedrängte Uebersicht des Stoffes zu geben, der uns heute und in den kommenden
Wochen hinsichtlich der Justizgesetze beschäftigen wird.

Unser künftiges bürgerliches Recht zerfällt vom Beginne des kommenden Jahrhunderts der politischen Gestaltung Deutschlands entsprechend in zwei große, wenn auch umfänglich ungleiche Massen, das gemeinsame Recht aller Bundesstaaten, Reichsrecht oder Zentralrecht in diesem Sinne, und das Sonderrecht der einzelnen Bundesstaaten, Landesrecht oder peripherisches Recht in diesem Sinne. Das Zentralrecht ist ein fertiger Bau; das bayerische Landesrecht fertig zu stellen, ist das Hohe Haus eben im Begriff.

Unser künftiges Reichs- und Landesrecht zerfällt in Vorschriften dauernden Charakters oder dauernder Geltung und in Vorschriften vorübergehender Geltung, in Vorschriften über Rechtsverhältnisse, welche vom 1. Januar 1900 abwärts neu entstehen, und in Vorschriften für diejenigen Rechte und Rechtsverhältnisse, welche bereits vorher entstanden sind aber mit ihren Wirkungen hinüberragen in die neue Zeit, sogenannte Uebergangsvorschriften. Diese Uebergangsvorschriften betreffen zwar nahezu durchweg Rechte aus landesgesetzlichem Untergrund; aber sie sind aufgenommen theils in die Reichsgesetze selbst, theils sind sie den Landesgesetzen überlassen, und sie scheiden sich wieder in zwei Klassen, Uebergangsvorschriften für sogenannte landesrechtliche Materien oder vorbehaltenes Landesrecht, und zusätzliche Uebergangsvorschriften zu den Uebergangsvorschriften des Reichs.

S. 304. Was nun unser gesammtes bayerisches Landescivilrecht betrifft, so ist es, wie Sie wissen, niedergelegt in einer ganzen Reihe von Gesetzen, nämlich: Gesetz über das Unschädlichkeitszeugniß, Gesetz über die vorbereitungsweise Anlegung des Grundbuchs rechts des Rheins, Gesetz über das pfälzische Liegenschaftsrecht, der Entwurf eines Ausführungsgesetzes zum Bürgerlichen Gesetzbuch, der Entwurf eines Ueberleitungsgesetzes, sog. Uebergangsvorschriften enthaltend, der Entwurf einer Grundbuch- und Subhastationsordnung, der Entwurf eines Gesetzes über das Notariat und der Entwurf eines Gesetzes, die Landesgebührenordnung betreffend. Von diesen Gesetzen und Gesetzentwürfen sind es eigentlich nur zwei, welche einen allgemeineren Inhalt haben: das Ausführungsgesetz zum Bürgerlichen Gesetzbuch und das Gesetz betreffend die Uebergangsvorschriften. Spezialmaterien betreffen alle übrigen Gesetze und Entwürfe.

Von allen diesen Gesetzeswerken sind, wie die Hohen Herren wissen, einzelne bereits verabschiedet, wie das Gesetz über das Unschädlichkeitszeugniß, über Grundbuchanlegung, über das pfälzische Liegenschaftsrecht, oder in der Verabschiedung begriffen, wie die Landesgrundbuch- und Subhastationsordnung; die anderen stehen noch in der Vorbereitung für die Plenarberathung. Von diesen wird das Hohe Haus heute beschäftigen das Ausführungsgesetz zum Bürgerlichen Gesetzbuch.

Der Entwurf über dieses Ausführungsgesetz war ursprünglich in zwei Entwürfe zerlegt, einen Entwurf A, betreffend Ausführung des Bürgerlichen
Gesetzbuchs, und einen Entwurf B, der das Rubrum führte: Die durch die
S. 305. Einführung des Bürgerlichen Gesetzbuchs veranlaßten Aenderungen der seit

1818 erlassenen Gesetze betreffend. Auf Vorschlag der k. Staatsregierung S. 305. sind diese beiden Entwürfe in einen Entwurf vereinigt unter der gemeinschaftlichen Ueberschrift: Ausführungsgesetz zum Bürgerlichen Gesetzbuch.

Der vereinigte Entwurf enthält in seinen Art. 1—122, Art. 122^{41} und ^{42}, dann 123 und 125a den alten Entwurf A, in seinen übrigen Art. 122^{1-42}, dann 125b den alten Entwurf B. Die Berichterstattung über diesen letzteren ist dem Herrn Reichsrath Ritter von Küffner, die Berichterstattung über den alten Entwurf A mir übertragen.

Das wäre also eine einleitende Uebersicht über das zu bewältigende massenhafte Material. Ich habe derselben nur noch drei kurze Bemerkungen anzufügen. Der Entwurf A enthält auch in seiner neuen Gestalt vorzugsweise das künftige Landesrecht, in den der Landeslegislative ausschließlich vorbehaltenen Materien, den sogenannten landesrechtlichen Zivilrechtsmaterien; der Entwurf B, auch in seiner neuen Gestalt enthält vorzugsweise Bestimmungen zivilrechtlichen Inhalts zu jenen Landesgesetzen, welche in der Hauptsache öffentlich-rechtliche Zwecke verfolgen, nebenher aber einzelne bürgerlichrechtliche Vorschriften mitenthalten.

Die Entwürfe A und B, auch in ihrer neuen Gestalt, enthalten auch die zu ihnen gehörigen Uebergangsbestimmungen, während jene landesgesetzlichen Uebergangsvorschriften, welche hinwieder reichsgesetzliche Uebergangsvorschriften modifizieren, wie erwähnt, einem später zu berathenden Entwurfe vorbehalten sind.

So sieht in den allgemeinsten Umrissen das neue Recht aus. S. 306.

Unwillkürlich lenkt sich der Blick auf das alte Recht, das vor der neuen Satzung weichen soll. Dieses alte Recht hat insbesondere gegen Ende der Zeit seiner Geltung mannigfachen Tadel, vielleicht ein Uebermaß des Tadels erfahren. Nun dieses alte Recht war eine menschliche Schöpfung und darum nicht mangelfrei; die neue Zeit ist über das alte Kleid hinausgewachsen. Aber eines wird man anerkennen müssen: Aus diesem alten Rechte sind die allermeisten Bausteine zu diesem neuen Werke genommen worden und eine Eigenschaft zeichnet dieses alte Landesrecht besonders aus: Seine Festigkeit und Dauerhaftigkeit. Es hat ausgedauert in der Form des römisch-gemeinen Rechtes durch Jahrtausende, in der Form unserer Landesstatuten durch Jahrhunderte und man kann nur wünschen, daß das neue Recht sich gleicher Dauerhaftigkeit und Festigkeit erfreue.

Die Hohen Herren verzeihen, wenn ich nicht vom alten Rechte ohne ein freundliches Abschiedswort scheiden wollte.

Ich komme nun zum eigentlichen Gegenstand, der meine Aufgabe bildet, das ist das Ausführungsgesetz A. Auch hier dürften einige einleitende Worte am Platze sein. Obschon der Umfang unseres Landesrechtes ein sehr bescheidener ist, so enthält doch der Ausführungsgesetzentwurf A eine Reihe von wichtigen Vorschriften. Er schließt sich an das System des Bürgerlichen Gesetzbuchs an und gibt, um nur einzelne wichtigere beispielsweise herauszunehmen, Bestimmungen über die natürlichen Personen, Vereine, geistliche Gesellschaften, Stiftungen, dann von dem Rechte der Schuldverhältnisse insbesondere eine neue Dienstboten- oder ‖ Gesindeordnung, ferner Bestimmungen über die S. 307. Haftung des Staates und der Gemeinden für Amtshandlungen ihrer Beamten; aus dem Sachenrecht finden sich insbesondere Bestimmungen über Grenz- und Nachbarrecht; aus dem Familienrecht Bestimmungen über den Gemeindewaisenrath, Anstaltsvormund, für uns, namentlich diesseits des Rheins, neue Einrichtungen; es folgen Vorschriften aus dem Gebiet des Erbrechts. Hieran

S. 307. schließen sich Vorschriften über öffentlichrechtliche Verhältnisse, soweit sie eine zivilrechtliche Seite haben, Bestimmungen über öffentliche Sparanstalten, Vorschriften über Grundgefälle und ähnliche öffentliche Rechte. Das Ganze schließt mit Vorschriften über das Verfahren in der sogenannten freiwilligen Gerichtsbarkeit.

Auch der Entwurf B bietet eine Vielheit von Vorschriften zu einer reichen Zahl neuerer bayerischer Gesetze. Das ist ein so reiches Pensum, daß auch die Diskussion in pleno Wochen und Monate in Anspruch nehmen könnte. Indes die Hohen Herren wissen, daß durch die Vorbereitungsarbeiten in den Ausschüssen der beiden Kammern, welche der bereits erfolgten Beschlußfassung der Abgeordnetenkammer vorhergegangen waren, eine Reihe von Differenzen ausgeglichen worden sind, die anfänglich bestanden haben. Von 23 abweichenden Beschlüssen Ihres Hohen Ausschusses zum Entwurfe A sind alle im Sinne der Beschlüsse dieses Ausschusses von der Abgeordnetenkammer beglichen worden mit Ausnahme sehr weniger.

Solchem Entgegenkommen gegenüber glaubte Ihr Hoher Ausschuß gleiches Entgegenkommen beweisen zu müssen und so sind denn die übrigen Differenzen
S. 308. auf die || Zahl 2 gesunken. Die eine Differenz betrifft die sogenannten Amortisationsgesetze und die andere Differenz betrifft eine Bestimmung über die Verjährungsgesetze in Ansehung von Dienstlöhnen. Dazu kommt auf neuerlichen Antrag der k. Staatsregierung eine weitere Vorschrift, betreffend die Erleichterung der Umwandlung von Inhaber- in Namenspapiere. Das sind die sämmtlichen Differenzen, die noch zu Entwurf A geblieben sind.

In ähnlicher Weise haben sich die Differenzen bezüglich des ursprünglichen Entwurfes B vermindert.

Ich glaube, damit meine allgemeinen und einleitenden Bemerkungen zum Ganzen schließen zu können.

(Der Herr zweite Präsident übernehmen den Vorsitz.)

Der **zweite Präsident:** Die allgemeine Diskussion ist eröffnet.
Das Wort hat Herr Reichsrath von Hessert.

Reichsrath **von Hessert:** Meine Hohen Herren! Die Einführung des Bürgerlichen Gesetzbuchs hat, wie überall, so auch namentlich in der Pfalz höchst wichtige Folgen, die ich mit wenigen Worten einer Besprechung unterziehen möchte. Dem Beispiel unseres Herrn Referenten folgend, werde ich mich thunlichster Kürze befleißigen, aber ich halte es doch für angemessen, einige Worte des Abschieds an das bisherige Recht zu richten.

Zunächst wird der Code civil außer Geltung treten. Es ist dies das
S. 309. letzte, bedeutendste und größte der fünf || fremden Gesetzbücher, die in der Pfalz Geltung hatten. Es kann nicht meine Aufgabe sein, und es liegt sicher auch nicht in dem Wunsche des Hohen Hauses, die Eigenschaften des Code civil einer näheren Besprechung zu unterziehen. Er stand in hohem Ansehen und schuf einheitliches modernes Recht für weite Gebiete, die unter der Zersplitterung des Reiches oder unter der Armuth von zivilrechtlichen Vorschriften litten. Er hat seine Vorzüge wie seine Schwächen. Mußte er doch in der Zeit von zwei Jahren vollendet sein! So gebot es der Wille des Gewaltigen, der damals die Geschicke des Landes leitete.

Unter diesen Umständen kann er sich nicht messen mit jenen Gesetzgebungswerken, die in der Tiefe durchgearbeitet sind, wie wir es in unseren Tagen gesehen haben. Wie leicht man es sich bei seiner Einführung gemacht hat, möge das Hohe Haus, das zur Zeit ebenfalls mit Uebergangsvorschriften

beschäftigt ist, daraus entnehmen, daß sich der Uebergang mit einem einzigen S. 309.
Artikel vollzog, der lautete:

„Alle Gesetze, Dekrete, Coutumes und Ordonnanzen, überhaupt alles, was dem Code civil widerspricht, ist und bleibt aufgehoben."

Das, meine Hohen Herren, war das Einführungsgesetz zum Code civil! Glücklich, ja wahrhaft beneidenswerth der Gesetzgeber, der sich, gegenüber einer solchen bedeutenden Aufgabe, mit so einfachen Mitteln abfinden konnte! Aber es ist gegangen! Wir wissen aus den Annalen der Rechtspflege in jener Zeit, daß der Uebergang selbst außerordentlich wenig Anlaß zu gerichtlichen Streitigkeiten gab. Freilich hatte man damals andere Dinge zu thun, da ganz Europa ‖ unter Waffen stand, als civilrechtlichen Streitigkeiten sich hinzugeben. S. 310.

Genug, Hohe Herren, der Code civil wird außer Geltung treten, die Pfalz wird Abschied nehmen von ihm, zwar mit Achtung, weil sie diesem Gesetzbuche befriedigende Zustände seit einem Jahrhundert auf dem Gebiete des bürgerlichen Rechtes verdankt; sie wird aber Abschied nehmen ohne jedes Bedauern, weil sie dafür nationales Recht eintauscht; sie tritt in Verbindung mit ganz Bayern in die große civilrechtliche Gemeinschaft des deutschen Volkes.

Aber das ist nicht das Einzige. Der zweite, vom Herrn Referenten auch schon angedeutete Vortheil liegt innerhalb der Landesgrenzen; der Grundsatz unserer Verfassung, Gleichheit der Gesetze, endlich soll er zur Wahrheit werden, und gleiches Landesrecht wird alle Theile Bayerns umschließen. Möge diese doppelte Rechtseinheit dem bayerischen Volke zum Segen gereichen!

Noch ein Wort. Es ist beantragt, den Code civil im Ganzen aufzuheben, was die Pfalz betrifft. Er enthält zwar einige Bestimmungen, die den Charakter des öffentlichen Rechtes an sich tragen und unter diesem Gesichtspunkt aufrecht erhalten werden könnten. Es ist aber nicht nöthig, sie auszunehmen, weil andere Bestimmungen in Geltung bleiben, welche sich mit ihnen vollkommen decken, und es dadurch möglich machen, den Code civil im Ganzen aufzuheben.

Ich bitte daher das Hohe Haus, auch in diesem Punkte dem Antrag des Hohen Ausschusses beizutreten.

Der **zweite Präsident**: Wenn das Wort nicht weiter gewünscht wird, so S. 311.
schließe ich die allgemeine Diskussion, vorbehaltlich des Schlußwortes des Herrn Referenten.

Der Herr Referent verzichtet.

Wir können nun in die Spezialdiskussion eintreten.

Der Herr Referent hat das Wort.

Reichsrath Dr. **von Schmitt** als Referent: Der Art. 1 Abs. 1 lautete in der Fassung Ihres Hohen Ausschusses und des Abgeordnetenausschusses:

„Neben dem Bürgerlichen Gesetzbuche bleiben die Vorschriften des bürgerlichen Rechtes, welche aus der Zeit vor der Erlassung der Verfassungsurkunde vom 26. Mai 1818 stammen, nur insoweit in Geltung, als sie in den Artikeln 56 bis 59, 69, 74 bis 76, 78, 80, 86 bis 89, 109, 111, 132, 133 des Einführungsgesetzes zum Bürgerlichen Gesetzbuch und im § 16 Nr. 1 des Einführungsgesetzes zur Civilprozeßordnung vorbehalten sind."

Gerade in Beziehung auf diese Vorschrift besteht eine Differenz zwischen den Beschlüssen der Ausschüsse und den Beschlüssen des Abgeordnetenplenums. Diese Differenz betrifft die Amortisationsgesetze. Was man unter Amortisations-

S. 311. gesetzen zu verstehen hat, brauche ich ja dem Hohen Hause nicht besonders auseinander zu setzen. Es handelt sich in denselben um Beschränkungen des Erwerbs durch Orden und ordensähnliche Kongregationen u. s. w. sowie ihre
S. 312. Mitglieder. ‖ Die bayerischen Amortisationsgesetze entstammen den letzten Jahrhunderten, einschließlich dem Anfange des gegenwärtigen. Das Bürgerliche Gesetzbuch hat keinerlei solche Beschränkungen aufgenommen, aber im Einführungsgesetze Art. 86—89 landesgesetzliche Beschränkungen dieser Art unter einer Summenmodifikation vorbehalten. Der Entwurf der Staatsregierung hielt die Amortisationsgesetze einfach aufrecht. Diesem Vorschlag traten der Abgeordnetenausschuß und der Ausschuß Ihres Hohen Hauses schlechthin bei; aber in der Abgeordnetenkammer wurde Beschluß im gerade entgegengesetzten Sinne gefaßt: Aufhebung der fraglichen Gesetze ohne Ersatz.

So lag die Sache, als Ihr Hoher Ausschuß zum zweiten Male den Gegenstand in Berathung nahm. Da brachte die k. Staatsregierung einen Vermittlungsvorschlag ein, der dahin lautete, unter Abstrich der Worte „86 bis" im Art. 1 Abs. 1 folgende neue Bestimmungen in den Entwurf aufzunehmen:

Art. 4b.

Schenkungen oder Zuwendungen von Todeswegen an geistliche Gesellschaften bedürfen zu ihrer Wirksamkeit dem vollen Betrage nach der landesherrlichen Genehmigung, wenn sie Gegenstände des beweglichen Vermögens im Werthe von mehr als achttausend Mark betreffen.

Wiederkehrende Leistungen werden mit dem fünfundzwanzigfachen Betrage der Jahresleistung angesetzt.

Art. 4c.

Zum Erwerbe von Gegenständen des unbeweglichen Vermögens,
S. 313. deren Werth den Betrag von ‖ fünftausend Mark übersteigt, bedürfen geistliche Gesellschaften der landesherrlichen Genehmigung.

Zum unbeweglichen Vermögen im Sinne dieser Vorschrift gehören auch Rechte an einem Grundstücke mit Ausnahme der Hypotheken, Grundschulden und Rentenschulden.

Art. 4d.

Die Vorschriften der Artikel 4b, 4c finden auf ausländische juristische Personen, die religiöse oder wohlthätige Zwecke oder Zwecke des Unterrichts oder der Erziehung verfolgen, mit der Maßgabe Anwendung, daß die Genehmigung im Falle des Art. 4b bei einem den Betrag von fünftausend Mark übersteigenden Werthe, im Falle des Erwerbes des Eigenthums an einem Grundstücke ohne Rücksicht auf den Werth erforderlich ist.

Ueber diesen Vorschlag wurde im Ausschusse eingehend debattiert. Das Ergebniß der Ausschußberathung ist in der Ihnen vorliegenden Zusammenstellung unter Nr. 1 und 2 niedergelegt. In der Hauptsache ist die Vorlage der k. Staatsregierung angenommen worden; in Beziehung auf die Summe aber wurde sowohl die Summe von 8000 M. in Art. 4b als auch die Summe von 5000 M. in Art. 4c auf 10000 M. erhöht. Außerdem wurden noch einige mehr die Fassung betreffende Aenderungen gemacht, mit denen übrigens die Staatsregierung einverstanden war.

Die Gründe, welche Ihren Hohen Ausschuß bewogen haben, so zu beschließen, waren theils prinzipielle, theils Zweckmäßigkeitserwägungen. Der

Ausschuß wollte zunächst || das Prinzip der Amortisationsgesetze aufrecht erhalten S. 314.
wissen; er wollte sie aufrecht erhalten wissen mit Rücksicht darauf, daß die Klöster und klosterähnlichen Kongregationen, religiöse Vereine und dergleichen außerordentliche Glieder, Zugehörige des kirchlichen Organismus bilden. Dem Staate steht gegenüber der Kirche das Recht des Schutzes, aber auch das Recht der Aufsicht insbesondere in Bezug auf den Vermögenserwerb zu. Dieser Erwerb steht unter der Beschränkung der Staatskuratel in Ansehung der Kirchengemeinden, der Kirchenstiftungen u. s. w. In Beziehung auf die Klöster wird diese Kuratel ersetzt durch die Amortisationsgesetze und es ist ein Grund nicht abzusehen, warum auf der einen Seite eine Beschränkung erlassen werden soll, wenn sie nach der anderen fortbestehen soll.

Abgesehen davon erschien aber Ihrem Hohen Ausschusse die Beschränkung im Prinzipe gerechtfertigt mit Rücksicht darauf, daß es sich um Korporationen des öffentlichen Rechtes handelt. Immerhin erachtete der Ausschuß in Uebereinstimmung mit der Vorlage der Staatsregierung einige Milderungen selbst des prinzipiellen Standpunktes in subjektiver Beziehung für zulässig, nämlich einerseits in Ansehung der einzelnen Kloster- oder Kongregationspersonen, die nach geltendem Rechte gleichfalls erwerbsbeschränkt sind; andererseits in Ansehung der erwerbsbeschränkten Korporationen selbst. Es sollten die ersterwähnten Einzelpersonen voll erwerbsfrei sein; es sollte aber auch der Kreis der unter Erwerbsbeschränkung verbleibenden Gesammtpersönlichkeiten präzisiert werden durch die Bezeichnung „Geistliche Gesellschaften“ im Sinne des § 76
Abs. 2 lit. c der II. Verfassungs || beilage. Die Auslegung dieser Bezeich- S. 315.
nung ist zwar Sache der Rechtsanwendung, jedenfalls aber durch die Wahl dieses Ausdrucks festgestellt, daß darunter, wie dies bisher hie und da geschah, künftig nicht mehr begriffen sind, Klerikalseminare, Domkapitel, Bischöfliche Stühle u. s. w.

Anlangend aber die quantitative Grenze der Befreiung, so glaubte Ihr Hoher Ausschuß, diese Seite für weniger prinzipiell ansehen zu sollen.

Er erhöhte daher die Summen von 8000 M. in Art. 4b und von 5000 M. in Art. 4c je auf 10000 M. Hiebei wurde der Ausschuß nicht bloß von der Erwägung geleitet, daß in der neueren Zeit sich der Geldwerth doch wesentlich vermindert hat. Er hoffte auch, daß solchem Entgegenkommen im anderen Hause die Würdigung nicht fehlen und so baldigst die für das Zustandekommen der Justizgesetze nothwendige Einigung erzielt werden würde. Er sagte sich weiter, daß damit auch ein beachtenswerther Fortschritt der Gesetzgebung würde erreicht sein, indem an Stelle vieler und breiter Einzelbestimmungen eine einfache und einheitliche Norm trete, welche alle Landestheile und alle betheiligten Persönlichkeiten mit gleichem Maß messe.

Das sind die Gründe im wesentlichen gewesen, welche den Beschluß Ihres Ausschusses herbeigeführt haben. Im Namen desselben habe ich daher zu bitten, diesem Beschlusse Ihre Hohe Genehmigung ertheilen zu wollen.

(Der Herr erste Präsident übernehmen wieder den Vorsitz.)

Der **erste Präsident:** Die Diskussion ist eröffnet.

Zu gleicher Zeit mit dem Art. 1 werden auch, nachdem der Herr S. 316.
Referent über die Art. 4b und d gesprochen hat, dieselben zur Diskussion gestellt.

Das Wort haben Seine Exzellenz der Herr Erzbischof Dr. von Stein.

Reichsrath Erzbischof Dr. **von Stein:** Meine Hohen Herren! Ich habe das Wort erbeten, um zu dem zur Diskussion gestellten Antrage Ihres Hohen Ausschusses meinen Standpunkt kurz zu präzisieren.

S. 316. Seine Exzellenz der Herr Reichsrath Dr. von Schmitt haben in Ihrem Hohen Justizausschusse die hauptsächlichsten für die Amortisationsgesetze in's Feld geführten Gründe einer Kritik unterzogen und in schlagender Weise deren Unhaltbarkeit dargethan. Indem ich des Hohen Hauses Aufmerksamkeit auf diese scharfe juristische Exposition hinzulenken mir erlaube, vermag ich nicht das Gefühl lebhaften Bedauerns zu unterdrücken, daß nicht beliebt wurde, aus den von dem Herrn Reichsrathe gegebenen Prämissen die einfachen praktischen Folgerungen mit Rücksicht auf den nothleidenden Rechtsbestand der Amortisationsgesetze zu ziehen. Ich selbst sehe hier zunächst ab von der materiellen Würdigung dieser Gesetze; aber ich will mich wenden zu ihrer formellen Würdigung. Auch der hochverehrte Herr Reichsrath Dr. Ritter von Schmitt hat in Ihrem Hohen Justizausschusse die Frage gestreift, ob denn nicht bereits die Amortisationsgesetze aufgehoben seien. Aber der hochverehrte Herr ging auf diese
S. 317. Frage, auf die Frage der ‖ Fortgiltigkeit der Amortisationsgesetze bis in die gegenwärtige Zeit herein nicht näher ein. Ich will nun, Hohe Herren, in Bezug auf den Gegenstand meines Vortrages nicht des weiteren auseinandersetzen, daß namhafte Autoren, wie Geheimrath Ritter von Schulte in seinem Lehrbuch des katholischen Kirchenrechts, ferner Kurz in seinem „Mainzer Landrecht" und Silbernagl in seiner „Verfassung und Verwaltung der bayerischen Religionsgesellschaften" sich gegen die Fortgiltigkeit der Amortisationsgesetze seit den Tagen der Emanation unserer bayerischen Verfassung ausgesprochen haben. Dagegen will ich hier herausheben einerseits höchste Ministerialerlasse, welche Bezug nehmen auf unsere Frage, anderseits eines der erflossenen oberstrichterlichen Erkenntnisse flüchtig berühren; aber ganz besonders will ich mehrere hochbedeutsame Akte der gesetzgebenden Gewalt in dieser Frage kurz vorführen.

Im Jahre 1835 unter dem 15. November erschien eine höchste Ministerialentschließung des Inhaltes, „daß die älteren Amortisationsverordnungen seit dem 18. Mai 1818 als mit der II. Beilage zur Verfassungs-Urkunde in direktem Widerspruch stehend förmlich derogiert erscheinen." Hieran schließt sich eine weitere Ministerialverordnung vom 16. Juni des Jahres 1836. Dieselbe bestimmt, daß alle nicht auf Königlicher Schenkung beruhenden Realitätenerwerbungen, dann alle die pragmatische Summe von 2000 fl. übersteigenden größeren Schenkungen Dritter an Klöster in jedem einzelnen Falle der Königlichen Genehmigung zu unterstellen seien.

Das ist, gestatten Sie, Hohe Herren, der dispositive Theil dieser
S. 318. Ministerialentschließung. Ihm ist sofort ein ‖ motivierender Theil angefügt mit den Worten: „Um jedoch die bindende Kraft der erwähnten Zuschüsse und Schenkungen über jeden denkbaren Zweifel zu erheben." Diese Ministerialentschließung will also keineswegs die privaten Schenkungsakte von Personen an Klöster oder geistliche Anstalten an sich für null und nichtig erklären, sondern sie will, wie der Sinn dieses Motives angibt, die Schenkung selbst nur noch mehr mit der bindenden Kraft der staatlichen Autorität ausstatten und versehen. Die genannte höchste Verfügung ist also weit davon entfernt, mit der Ministerialentschließung vom 15. November 1835 in Widerspruch zu stehen oder die Amortisationsgesetze einfach als solche hinzunehmen. Höchstens kann bezüglich ihrer angenommen werden, daß die k. Staatsregierung die Frage über die Fortgiltigkeit der Amortisationsgesetze als eine zweifelhafte ansah.

Ich wende mich, Hohe Herren, nun zu den oberstrichterlichen Erkenntnissen, deren es neun im Ganzen sind. Das erste derselben ist erflossen im Jahre 1836.

Ich darf hiezu bemerken, daß nur dieses erste im Jahre 1836 ergangene S. 318.
oberstrichterliche Erkenntniß sich näher mit der Untersuchung der Frage über die Fortdauer der Rechtsgiltigkeit der Amortisationsgesetze befaßt, während die acht folgenden oberstrichterlichen Erkenntnisse diese Frage nicht weiter berühren. Aber gerade das erste, im Jahre 1836 ergangene Urtheil gelangt, und zwar auf Grund des Art. VIII des Konkordats zu einer eigenthümlichen Folgerung. Es verwechselt nämlich das Recht an dem erst zu erwerbenden Besitz an Kirchengut mit den Rechten an dem bereits erworbenen, es übergeht auch ganz die juristische Werthung ‖ des dritten Dispositivs des Art. VIII, wonach inskünftig keine S. 319.
Einziehung oder Unterdrückung neuer Erwerbungen an Kirchengut ohne Zustimmung des apostolischen Stuhles stattfinden soll. Meines ehrerbietigen Erachtens bietet also gerade das in dieser Materie ergangene oberstrichterliche Erkenntniß keinen ausreichenden Behelf zur Unterstützung jener Ansicht, wonach eben die Amortisationsgesetze ihre rechtsgiltige Kraft andauernd bis jetzt fortbesitzen.

Ich gestatte mir nun, einige der bedeutsamsten Akte der Gesetzgebung Ihrer geneigten Erwägung vorzuführen. Gerade das erstgenannte oberstrichterliche Erkenntniß legt mir nahe, mich selbst auf den Boden zu stellen, von welchem es seine Schlußfolgerungen hergenommen hat, nämlich auf den Boden des Konkordats. Durch das Staatsgesetz des Konkordats, durch seine Art. VIII und XVI sind die Amortisationsgesetze aufgehoben, sie sind aufgehoben wenigstens für die katholische Kirche in Bayern, und zwar sind sie aufgehoben durch den erhabenen und erlauchten Geber der bayerischen Staatsverfassung selbst.

Das Konkordat ist, wie ich eben erwähnt habe, anerkanntermaßen ein Staatsgesetz; ihm und zumal seinen beiden Gesetzesartikeln, nämlich den Art. VIII und XVI, steht keineswegs die Bestimmung des § 44 der II. Verfassungsbeilage entgegen. Dieser Paragraph nämlich lautet:

> „Die in dem Königreich als öffentliche Korporationen aufgenommenen Kirchen sind berechtigt, Eigenthum zu besitzen und nach den hierüber bestehenden Gesetzen auch künftig zu erwerben."

Da erhebt sich nun die Frage, was denn hier zu verstehen sei unter S. 320.
den Worten dieses Dispositivs „nach den hierüber bestehenden Gesetzen." Daß hier die allgemeinen für jeden Staatsbürger des Königreichs für den Eigenthumserwerb geltenden Gesetze gemeint seien, das dürfte keinen hermeneutischen Schwierigkeiten begegnen. Andernfalls würde es eben sich doch sonderbar ausnehmen und es zwecklos erscheinen, daß überhaupt ein Art. VIII und ein Art. XVI mit dem bekannten Inhalt in das Staatsgesetz des Konkordats aufgenommen worden wäre. Kurz der § 44 der II. Verfassungsbeilage steht nicht im Widerspruch mit dem Art. VIII und dem Art. XVI des Konkordats; diese beiden Artikel sind vielmehr gerade in den Worten „nach den hierüber bestehenden Gesetzen" als Gesetze miteingeschlossen zu erachten. Hiebei aber kommt nach allgemeinen hermeneutischen Regeln das Axiom in Betracht, daß die lex specialis posterior — und das ist eben das Konkordatsgesetz, und das sind insbesondere diese beiden Art. VIII und XVI —, vorzugehen hat der lex specialis prior, und dies sind die Amortisationsgesetze.

Aber daß der Sinn des Art. VIII des Konkordates wirklich dahin gehe, daß die Amortisationsgesetze durch diesen Artikel als aufgehoben zu erachten seien, das läßt sich auch weiter eruieren aus der Entstehungsgeschichte des Art. VIII des Konkordates. Näheres hierüber findet sich in von Sicherer's Buch „Staat und Kirche" Seite 251. Dort ist ausführlich erzählt, daß der

S. 320. Heilige Stuhl Widerstand entgegensetzte einer solchen Formulierung des besagten
S. 321. Artikels, durch welche die Amortisationsgesetze als in ihm || eingeschlossen, als inbegriffen zu erachten gewesen wären. Der apostolische Stuhl hat erfolgreichen Widerstand dagegen geleistet und hat also offenbar, entgegen den Amortisationsgesetzen, die allgemeinen, für jedermann verbindlichen Landesgesetze zum Erwerb von Besitz und Eigenthum in dieser Hinsicht auch für die Kirche als maßgebend erachtet. Daß der Art. VIII des Konkordates in diesem Sinne von dem einen hohen Paciscenten auch aufgefaßt wurde und daß derselbe die Amortisationsgesetze ausgeschlossen wissen wollte, das erhellt auch ferner aus einer Allokution des Papstes Pius VII. vom 17. November 1817. Darin wird die Auffassung des apostolischen Stuhles darüber kundgethan, daß der Kirche jetzt der freie Eigenthumserwerb durch das Konkordat gewährleistet sei.

Nebenbei komme ich hier noch auf eine Ansicht Roth's zu sprechen. In seinem bayerischen Civilrechte (§ 37 Anmerkung 28) sagt nämlich Roth: es sei zwar durch Art. VIII des Konkordates der Kirche der Eigenthumserwerb zugesichert, aber die Amortisationsgesetze seien damit nicht aufgehoben. Wörtlich schreibt er so: „weil im Konkordate der Kirche nur das Recht des Eigenthumserwerbes, nicht aber eine Aufhebung der gesetzlichen hiefür bestehenden Bestimmungen ausgesprochen ist". Allein der genannte Rechtslehrer würde das, was er in diesen Sätzen bemängelt hat, doch als völlig gegeben und ergänzt gefunden haben, wenn er nämlich den Art. XVI des Konkordats, welcher die nämliche rechtliche Bedeutung hat wie jener Art. VIII auch in gleiche Erwägung und Würdigung gezogen hätte. Dort heißt es nämlich:

S. 322. „Per praesentem Conventionem Leges, Ordinationes et Decreta in Bavaria huc usque lata, in quantum illi adversantur, abrogata habebuntur."

Auch möchte ich bei unserer Frage auf einen weiteren Punkt aufmerksam zu machen mir erlauben. Die Bestimmungen des Titels IV § 8 Abs. 4 der bayerischen Verfassungsurkunde über die Zwangsenteignung stehen der Fortgiltigkeit der Amortisationsgesetze entgegen. Denn eine Zwangsenteignung ist, wie der Staatsrechtslehrer von Seydel, Bayerisches Staatsrecht (2. Auflage § 209 Note 6) bestätigt, nicht nur in der Entziehung von Vermögen, sondern auch in der Verhinderung von Vermögenserwerb zu erblicken. Letzteres aber, die Verhinderung des Vermögenserwerbs, erscheint ja doch auch als die Rechtswirkung der Amortisationsgesetze.

Weiter möchte ich hier den § 75 des Religionsedikts noch kurz in Betracht ziehen; nämlich im § 75 ist die Rede vom Schutze der Staatsgewalt und von ihrer Aufsicht in Bezug auf die Verwaltung des Kirchenvermögens.

Aber ich glaube, die Amortisationsgesetze dienen nicht sowohl zu dem Schutze des Eigenthums der Kirche, sondern sie sind vielmehr gegen deren Eigenthumserwerb gerichtet und bedeuten daher das Gegentheil von Schutz. Und aus diesem Grunde können sie nicht aus und nach dem Sinne des § 75 des Religionsediktes heutiger Zeit nach gerechtfertigt werden. Zum Schlusse möchte ich dies noch kurz anführen: Wenn nämlich die Aufhebung der Amortisationsgesetze durch das Konkordat immerhin eine zweifelhafte Frage bliebe,
S. 323. so würde doch zu bedenken sein, daß angesichts des Ausnahmecharakters || der Amortisationsgesetze das Axiom gilt, wonach für Ausnahmen keine Vermuthung spricht; mit anderen Worten, dieser Zweifel könnte nur zu Gunsten der Aufhebung der Amortisationsgesetze gelöst werden.

Das ist der prinzipielle Standpunkt, den ich in dieser Frage, Hohe Herren, einnehme und einzunehmen habe. Ich kann auf Grund der vorhin dargelegten Gesetze, auf Grund der angezogenen beiden Ministerial-Entschließungen, auf Grund der Erläuterungen bedeutender Rechtslehrer zu dem einen und andern die Ueberzeugung nicht gewinnen, daß die Amortisationsgesetze bis in die gegenwärtige Zeit noch eine Rechtsgiltigkeit haben. S. 323.

Selbstverständlich muß ich den prinzipiellen Standpunkt wahren. Wenn aber dennoch von der Mehrheit des Hohen Hauses und von dem anderen Hause im Hinblick auf eine fortdauernde Rechtskontroverse in dieser Frage ein gegentheiliges Gesetz beschlossen werden sollte, so könnte ich mich äußersten Falls für den der Kirche mindergefährlichen Antrag Ihres Hohen Justizausschusses zustimmend erklären, ohne jedoch von der formellen Zulässigkeit eines solchen neuen Gesetzes überzeugt zu sein.

Der erste Präsident: Das Wort hat der Herr Staatsminister des Innern für Kirchen- und Schulangelegenheiten.

Der k. Staatsminister des Innern für Kirchen- und Schulangelegenheiten, Dr. **von Landmann:** Meine Hohen Herren! Der Beschluß, welcher seitens des besonderen Ausschusses Ihnen zur weiteren Würdigung unterbreitet worden ist, gereicht in gewissen Beziehungen der k. Staatsregierung S. 324. zur Befriedigung. Entgegen dem Beschluß der Kammer der Abgeordneten, welcher die Amortisationsgesetze vollständig beseitigen will, schlägt der Hohe Ausschuß Ihnen einige Artikel vor, welche davon ausgehen, daß die Beschränkungen des Erwerbs der toten Hand im Prinzip aufrecht erhalten werden, und daß die in dieser Beziehung geltenden landesherrlichen Rechte auch fernerhin gewahrt werden sollen. Die Staatsregierung begrüßt diesen Beschluß Ihres Ausschusses um so freudiger, als zur Begründung dieses Ausschußbeschlusses dasselbe vorgetragen worden ist, was auch die Staatsregierung als richtig anerkennt. Der Standpunkt, auf welchen sich der Ausschuß gestellt hat, stimmt, was die prinzipielle staatsrechtliche Seite der Frage betrifft, mit dem staatsrechtlichen Standpunkt der Staatsregierung überein. Ich habe in der zweiten Kammer eingehend auseinandergesetzt, daß die Aufrechterhaltung der Amortisationsgesetze gemäß § 75 der II. Verfassungsbeilage prinzipiell begründet ist, daß die Amortisationsgesetze keine Ausnahmsgesetze sind. Ich habe diese Ausführungen dann in Ihrem Hohen Ausschuß in folgenden Worten zusammengefaßt:

> „Die Amortisationsgesetze sind ein Ausfluß des Aufsichtsrechtes über die Klöster, welches die Landesherren in Bayern von jeher geübt haben. Das Aufsichtsrecht der Krone über das Klostervermögen überhaupt über das Kirchenvermögen, wozu auch das Klostervermögen gehört, ist durch § 75 der II. Verfassungsbeilage ausdrücklich anerkannt worden. ‖ Während nun die Aufsicht über das Kirchen- und Pfründe- S. 325. stiftungsvermögen in Form der Staatskuratel geübt wird, sind in Bezug auf das Klostervermögen die Amortisationsgesetze zur Zeit das einzige Mittel, womit diese verfassungsmäßige Aufsicht geübt werden kann. Solange also die Aufsicht über das Klostervermögen nicht anderweitig gesetzlich geregelt ist, kann auf die Amortisationsgesetze seitens der k. Staatsregierung nicht verzichtet werden."

Diesen Standpunkt hat Ihr Herr Referent sowohl in dem Ausschuß, wie sich aus dem Protokoll über die Sitzung des besonderen Ausschusses vom 26. April Seite 4 ergibt, auch in seinem heutigen Vortrag als berechtigt

S. 325. anerkannt. Auch heute wieder hat Ihr Herr Referent ausdrücklich erklärt, dem Staate stehe gegenüber der Kirche das Recht des Schutzes und der Aufsicht zu, insbesondere in Bezug auf den Vermögenserwerb. Während diese Aufsicht gegenüber den Kirchen- und Pfründestiftungen in Form der Staatskuratel stattfinde, würde dieselbe gegenüber den Klöstern vermittelst der Amortisationsgesetze geübt. Es sei dies keine Ausnahmsbestimmung; denn die Klöster seien keine Korporationen des Privatrechtes, sondern Korporationen des öffentlichen Rechtes. Ich glaube, hiemit die Ausführungen Ihres Herrn Referenten richtig zusammengefaßt zu haben und konstatiere wiederholt, daß Ihr Herr Referent den staatsrechtlichen Standpunkt der k. Staatsregierung in dieser Frage als prinzipiell berechtigt anerkannt hat, und daß auch Ihr Hoher Ausschuß diesen Standpunkt als prinzipiell richtig ansieht. Seine
S. 326. Exzellenz der Herr Erzbischof Dr. von Stein ‖ hat sich freilich ebenfalls auf die Ausführungen des Herrn Referenten berufen. Allerdings finden sich in den früheren Referaten des Herrn Reichsrathes Dr. von Schmitt einige Bemerkungen, welche zu Gunsten der Aufhebung der Amortisationsgesetze vom Opportunitätsstandpunkte aus verwerthet werden können; aber in der letzten Ausschußsitzung hat der Herr Reichsrath ausdrücklich anerkannt, daß die Aufrechthaltung der Amortisationsgesetze prinzipiell mit Rücksicht auf das bestehende verfassungsmäßige Aufsichtsrecht der k Staatsregierung gerechtfertigt ist.

Nun gestatte ich mir gleich auf die Ausführungen Seiner Exzellenz des Herrn Erzbischofes Dr. von Stein bezüglich der fortdauernden Giltigkeit der Amortisationsgesetze mit einigen Worten einzugehen, beabsichtige aber nicht, das Hohe Haus mit zu langen Rechtsausführungen hierüber aufzuhalten. Ich möchte nur konstatieren, daß die fortdauernde Giltigkeit der Amortisationsgesetze seit den dreißiger Jahren sowohl von der Verwaltung wie von der Rechtsprechung wie auch von der Gesetzgebung ständig anerkannt worden ist. Es findet sich insbesondere in dem Gesetze über die Flurbereinigung, welches doch unter Mitwirkung der beiden Kammern des Landtages zu Stande gekommen ist, ein Passus, welcher die fortdauernde Giltigkeit der Amortisationsgesetze voraussetzt. Die betreffende Bestimmung heißt:

> „Besitzveränderungen und Geldentschädigungen auf Grund gegenwärtigen Gesetzes unterliegen den beschränkenden Bestimmungen der Gesetze über Erwerbungen für die tote Hand (Amortisationsgesetze) nicht."

S. 327. Diese Bestimmung des Gesetzes über die Flurbereinigung ‖ setzt also doch voraus — das ist klar und zweifellos — daß die Amortisationsgesetze im allgemeinen fortdauernd gelten. Ein anderes Citat, das ich anführen könnte, befindet sich in dem Gesetz über die privatrechtliche Stellung der Vereine, in welchem Gesetze ebenfalls die Amortisationsgesetze als fortdauernd anerkannt wurden. Es ist also seit Dezennien nicht blos die Rechtsprechung, sondern auch der Gesetzgeber selbst in Bayern immer davon ausgegangen, daß die Amortisationsgesetze fortdauernde Giltigkeit haben. Auch der neueste Schriftsteller auf diesem Gebiete, Professor Meurer in Würzburg, welcher in den Blättern für administrative Praxis einen eingehenden Aufsatz über die Amortisationsgesetze veröffentlicht hat, beschäftigt sich mit dieser Frage und erörtert namentlich des Näheren, inwieweit die Bestimmungen des Konkordates etwa dazu verwerthet werden können, um die Aufhebung der Amortisationsgesetze zu behaupten. Professor Meurer kommt ebenfalls zu dem Schlusse, daß die Amortisationsgesetze noch gelten. Es wurde schon in der Kammer der Abgeordneten die Frage, ob die Amortisationsgesetze noch giltig sind, besprochen und Meurer sagt dazu:

„Wie das der Herr Abgeordnete von Walter in Abrede stellen S. 327.
konnte, ist mir unbegreiflich. Allerdings glückte es den bayerischen Unterhändlern nicht, eine offene Amortisationsklausel in das Konkordat hineinzubringen. Allein daß die Kirche nur nach Landesrecht erwirbt, ist, wie von Häffelin ausführte, selbstverständlich, und im übrigen beschloß das Ministerium, einem Wink della Genga's folgend, und um jeden Zweifel auszuschließen, das staatliche Auf || sichtsrecht auch S. 328.
für unsere Frage außerhalb des Konkordats festzulegen. So entstand später der bereits citierte § 44."

Gemeint ist der § 44 der II. Verfassungs-Beilage, welchen auch Seine Erzellenz der Herr Erzbischof von Stein citiert hat und in welchem es heißt, daß die in dem Königreiche als öffentliche Korporationen aufgenommenen Kirchen nach den bestehenden Gesetzen Eigenthum zu erwerben berechtigt sind, und zu den „bestehenden Gesetzen" gehören nach der ständigen Auffassung der k. Staatsregierung die Amortisationsgesetze.

Im übrigen halte ich es wirklich nicht für nöthig, diese Frage, welche ich, wie die Hohen Herren aus meinen Ausführungen entnehmen konnten, als keine Frage betrachte, noch weiter zu verfolgen, und ich gestatte mir nun, in der Sache selbst fortzufahren.

Als einen weiteren wesentlichen Vorzug des Ausschußantrages, abgesehen von der prinzipiellen Anerkennung des staatsrechtlichen Standpunktes der k. Staatsregierung, betrachtet die k. Staatsregierung die Herstellung der Rechtseinheit auf diesem verworrenen Gebiete. Wir haben in Bayern nicht ein einheitliches Amortisationsrecht, sondern wir haben verschiedene Amortisationsgesetze; in den verschiedenen Territorien gelten verschiedene gesetzliche Bestimmungen und auch innerhalb der einzelnen Territorien hinwiederum setzen sich die betreffenden Reste zum Theil aus einer Anzahl von verschiedenen Mandaten und Erlassen zusammen. Es bestehen dazu eine Menge Kontroversen und Zweifel bezüglich des Umfanges und der Bedeutung der verschiedenen S. 329.
amortisationsgesetzlichen Bestimmungen.

Gegenüber diesem Rechtszustand wäre es nun allerdings als ein Vortheil zu begrüßen, wenn Einheitlichkeit auf diesem Rechtsgebiete hergestellt würde. Es wäre das ein Vortheil nicht für die Staatsregierung, wie in Ihrem Hohen Ausschuß von einer Seite gesagt wurde, sondern ein Vortheil für die Allgemeinheit und insbesondere ein Vortheil für die betheiligten kirchlichen Institute, welche dann genau wissen werden, wie sie bezüglich der Beschränkung des Erwerbes der toten Hand in Zukunft daran sind.

Als einen dritten Vorzug des Ausschußantrages endlich betrachtet die k. Staatsregierung, daß von dem Ausschuß eine Fassung gewählt ist, welche eine verschiedene Behandlung des Erwerbes der toten Hand bei den einzelnen Konfessionen ausschließt. Es soll ein Unterschied unter den Konfessionen bei den vorgeschlagenen Beschränkungen des Erwerbes nicht gemacht werden. Es sollen nach der Fassung des Ausschusses die Beschränkungen gelten für „geistliche Gesellschaften", d. i. für geistliche Gesellschaften im Sinne des § 76 Abs. 2 lit. c der II. Verfassungsbeilage, ohne Unterschied der Konfession.

Andrerseits aber kann ich nicht unverhohlen lassen, daß der Antrag Ihres hohen Ausschusses auch zu Bedenken auf Seite der k. Staatsregierung Veranlassung gibt, weil durch denselben in Bezug auf die Erwerbungen der toten Hand die bestehenden landesherrlichen Rechte zu sehr beschränkt werden wollen. Wenn man eine Kodifikation vornimmt, wie die vorliegende, so ist es selbstverständlich, daß auf der || einen Seite gewisse Verschärfungen des S. 330.

S. 330. betreffenden Rechtes eintreten werden und daß auf der anderen Seite Milderungen und Erleichterungen erfolgen. Man muß in einem solchen Falle die richtige und billige Mitte zu finden suchen, man muß sich mit Kompensationen helfen. Die k. Staatsregierung glaubt, daß der Vorschlag, den sie in Ihrem Ausschuß gemacht hat, die richtige Mitte getroffen hätte. Von einem Ausschuß-Mitgliede wurde aber diesem Vorschlag der k. Staatsregierung ein anderer Antrag gegenüber gestellt; es wurde behauptet, daß die k. Staatsregierung mit ihrem Vorschlag ein gutes Geschäft machen würde, und es wurde deshalb beantragt, daß die keiner Genehmigung bedürfende pragmatische Summe gegenüber dem Vorschlag der k. Staatsregierung erhöht werden solle. Während nach dem Vorschlage der k. Staatsregierung bei Schenkungen und Zuwendungen von Todeswegen die pragmatische Summe 8000, bei Immobiliarerwerb die Summe 5000 M. betragen sollte, hat Ihr Hoher Ausschuß beschlossen, in beiden Fällen auf 10000 M. zu gehen. Dieser Beschluß geht nach der Auffassung der k. Staatsregierung zu weit. Es besteht zu einer so weit gehenden Beschränkung der landesherrlichen Rechte kein genügender Anlaß.

Ich möchte mir zunächst gestatten zu erläutern, worin das gute Geschäft besteht, welches die k. Staatsregierung angeblich machen soll. Im Gebiet der ehemaligen freien Reichsstadt Regensburg, wo bisher überhaupt keine Beschränkung des Erwerbs der toten Hand galt, soll sie nach Maßgabe der Vorschläge, welche Ihnen vorliegen, neu eingeführt werden. Dann zweitens
S. 331. in unterfränkischen Gebiets ‖ theilen, wo bisher nur der Immobiliarerwerb beschränkt war, sollen künftig auch die vorgesehenen Beschränkungen des Erwerbs von Mobilien, insoferne derselbe durch Schenkungen oder Zuwendungen von Todeswegen erfolgt, gelten. Dabei kommt aber in Betracht, daß Klöster u. s. w. in der Stadt Regensburg oder im Würzburgischen, welche eine Schenkung oder Zuwendung von einem Gebiet außerhalb Regensburgs oder außerhalb des ehemaligen würzburgischen 2c. Territoriums erhalten, nicht nach dem Regensburger- oder Würzburger Rechte zu behandeln sind, sondern daß in diesem Falle für die Regensburger respektive Würzburger Klöster die Beschränkungen des Rechtes des Ortes gelten, von welchem her die Zuwendung kommt. Das ist auch durch die Rechtsprechung bereits anerkannt.

Das also ist der sogenannte Gewinn, den der Staat machen soll. Diesem Gewinn nun aber stehen verschiedene Gegenkonzessionen gegenüber, welche die k. Staatsregierung durch die Formulierung ihres Vorschlags angeboten hat, und welche ich Ihrer geneigten Würdigung zu empfehlen mir gestatten möchte. Die Gegenkonzessionen bestehen einerseits in der Erweiterung des Kreises der Personen, welche nicht unter die Amortisationsgesetze fallen oder umgekehrt in der Beschränkung des Kreises der Personen, welche unter die Amortisationsgesetze fallen, und andererseits in der Erhöhung der pragmatischen Summe, welche auch seitens der k. Staatsregierung vorgeschlagen wird, nur nicht in dem Maße, wie Ihr Ausschuß es haben will.

Nach dem Vorschlage der k. Staatsregierung sollen die Beschränkungen
S. 332. des Erwerbs der toten Hand, fernerhin nur ‖ gelten für die geistlichen Gesellschaften, das ist für solche Korporationen, welche geistliche Gesellschaften im Sinne des § 76 Abs. 2 lit. c der II. Verfassungsbeilage sind. Es würden hiezu insbesondere zu rechnen sein Klöster, Orden, ordensähnliche Kongregationen und Bruderschaften, soweit letztere nicht ohnehin unter die Stiftungskuratel fallen. Dagegen würden in Zukunft die Beschränkungen der Amortisationsgesetze

wegfallen für verschiedene Kategorien. Es sind dies folgende: Erstens würden S. 332.
die geltenden Beschränkungen des Erwerbs der einzelnen Klosterangehörigen, Mönche, Nonnen, überhaupt der Regularen vollständig beseitigt werden. Es ist allerdings zweifelhaft, wie weit diese Beschränkungen noch gelten, aber immerhin würde klares Recht geschaffen werden. Sodann würden wegfallen alle Beschränkungen der geistlichen Institute und Körperschaften, welche nicht zu den geistlichen Gesellschaften gehören. Nach dem geltenden Rechte insbesondere dem Mandate vom Jahre 1701 fallen unter diese Gesetze alle geistlichen Kommunitäten, corpora ecclesiatica, manus mortuae. Es würden in Zukunft nach dem Vorschlage der k. Staatsregierung befreit werden und nicht mehr unter das Amortisationsgesetz fallen alle jene Institute, die nicht geistliche Gesellschaften sind, insbesondere die bischöflichen Seminarien, die Domkapitel und die bischöflichen Stühle selbst. Bezüglich dieser Institute können die Beschränkungen des Erwerbs von Immobilien nach dem Mandat von 1701 in den altbayerischen Gebieten noch in Geltung kommen. Dazu kämen drittens folgende Erleichterungen für die Rheinpfalz. In der Rheinpfalz gelten nach dem Code Napoléon noch die || amortisationsgesetzlichen Bestimmungen auch S. 333.
hinsichtlich der Kirchen- und Pfründestiftungen. Diese Beschränkungen werden wegfallen; die Kirchen- nnd Pfründestiftungen werden in Bezug auf Erwerb keiner civilrechtlichen Beschränkung mehr in der Pfalz unterliegen. Für das diesrheinische Bayern bestehen nach der Auffassung der k. Staatsregierung für die Kirchen- und Pfründestiftungen die Amortisationsgesetze ohnehin nicht mehr seit 1818. Allein diese Frage ist kontrovers und für das diesrheinische Bayern entsteht der Vortheil, daß diese Kontroverse definitiv erledigt wird in dem Sinne, daß die Kirchen- und Pfründestiftungen nicht unter die Amortisationsgesetze fallen. Dazu kommt weiter, daß nach dem Vorschlag der k. Staatsregierung ein Unterschied in Bezug auf die bayerischen und nichtbayerischen deutschen Klöster nicht gemacht werden solle. Es sollen also die außerbayerischen deutschen Klöster dieselben Vortheile genießen wie die bayerischen.

Dazu kommt endlich noch die Gegenkonzession in Bezug auf die Erhöhung der pragmatischen Summe. Nach dem Vorschlage, den die k. Staatsregierung in Ihrem Hohen Ausschusse gemacht hat, soll die pragmatische Summe beim Mobiliarerwerb für Schenkungen und Zuwendungen von Todeswegen auf 8000 M. festgesetzt werden. Die Bedeutung dieses Vorschlages wollen die Hohen Herren geneigtest aus folgendem Vergleiche entnehmen.

Nach dem altbayerischen Mandate beträgt die pragmatische Summe 2000 Gulden, d. i. 3428 M., für die Bruderschaften gar nur 50 Gulden, nach preußischem Landrechte 500 Thaler; in dem Einführungsgesetze zum Bürgerlichen Gesetzbuche ist sie auf 5000 M. festgesetzt. Der Regierungsvorschlag von S. 334.
8000 M enthält sohin unter allen Umständen eine Erhöhung um 3000 M. für Schenkungen und Zuwendungen von Todeswegen. Nimmt man dazu die anderen Konzessionen, welche in der Einschränkung des Personenkreises bestehen, so wird man doch zur Ueberzeugung kommen können, daß die k. Staatsregierung in der That sehr erhebliche Konzessionen vorgeschlagen hat. Der Vorschlag der k. Staatsregierung wird zur Folge haben, daß in Zukunft von den Immobiliarerwerbungen überhaupt nur mehr etwa 50 % der Allerhöchsten Genehmigung bedürfen, und daß von den Schenkungen und Zuwendungen von Todeswegen etwa 25 % aus der Genehmigungspflicht hinausfallen.

Meine Hohen Herren! Ich kann Ihnen nicht unverhohlen lassen, daß die k. Staatsregierung sich sehr reiflich überlegt hat, ob sie es überhaupt wagen dürfe, so weitgehende Konzessionen und so weitgehende Einschränkungen

S. 334. des landesherrlichen Rechtes in Vorschlag zu bringen, wie sie es gethan hat. Sie glaubte aber doch, diesen Antrag damit rechtfertigen zu können, daß auf der anderen Seite Rechtseinheit erzielt werde, was ein Vortheil für die Allgemeinheit ist. Aber noch weiter zu gehen, meine Hohen Herren, und noch weiter das geltende Recht zu beschneiden, dazu besteht wohl kaum ein genügender Anlaß.

Ich komme nun zum Schlusse. Ich sehe mich nach den gemachten Ausführungen veranlaßt, den Antrag Namens der Staatsregierung zu stellen, daß in den vom Ausschusse dieses Hohen Hauses vorgeschlagenen Artikeln **4b** und **4c** die Ziffern des Regierungsvorschlages wieder eingesetzt werden
S. 335. möchten, das ist 8000 ℳ. im Art. 4b und 5000 ℳ. in Art. 4c.

Der Ausschuß hat außerdem, wie der Herr Referent schon erwähnte, und wie sich aus dem Protokolle vom 29. April ergibt, einige redaktionelle Aenderungen der Regierungsvorlage beschlossen. Diese redaktionellen Aenderungen sind unbedenklich, wenn es bei der Ziffer von 10000 ℳ. bleibt; wenn aber die Ziffern der Regierungsvorlage wiederhergestellt werden, so wird der Sinn des Art. 4c bei Beibehaltung der redaktionellen Aenderung verdunkelt und ich möchte daher weiterhin bitten, im Falle der Herstellung der Ziffern der Regierungsvorlage auch die redaktionellen Aenderungen theilweise wieder zu beseitigen, und zwar in Art. 4b Zeile 5 hinter „Gegenstände" wieder einzuschalten „des beweglichen Vermögens" und in Art. 4c Zeile 4 und 5 die Worte „auch außer dem Falle des Art. 4b", die vom Ausschusse aus redaktionellen Gründen eingeschaltet worden sind, wieder zu streichen.

Der **erste Präsident:** Ich weiß nicht, ob die k. Staatsregierung nicht die Güte haben wird, einen formulierten Antrag für diese redaktionellen Aenderungen vorzulegen, damit ich ihn zur Abstimmung bringen kann.

Das Wort hat der Herr Reichsrath Ritter von Schneider.

Reichsrath Oberkonsistorialpräsident **von Schneider:** Meine Hohen Herren! Ich beabsichtige nicht, in eine prinzipielle Erörterung der Frage der
S. 336. Amortisationsgesetz || gebung einzutreten. Ich stelle mich vollkommen auf den Standpunkt der in dieser Beziehung neuerdings von der k. Staatsregierung gemachten Vorschläge, im wesentlichen also auf den Standpunkt des Beschlusses Ihres Hohen Ausschusses. Ich möchte nur ganz kurz eine Interpretationsfrage besprechen, die namentlich auch für die protestantischen Interessen Bedeutung hat. Nach dem neuerlichen Vorschlag der k. Staatsregierung und dem Beschlusse des Hohen Ausschusses sollen kunftig den Amortisationsgesetzen unterliegen geistliche Gesellschaften. Von Seite Seiner Exzellenz des Herrn Staatsministers des Innern für Kirchen- und Schulangelegenheiten ist das näher dahin präzisiert worden, daß unter geistlichen Gesellschaften die Gesellschaften im Sinne des § 76 lit. c der II. Beilage zur Verfassungsurkunde zu verstehen sind. Insbesondere aber hat Seine Exzellenz der Herr Staatsminister des Innern für Kirchen- und Schulangelegenheiten hervorgehoben, daß jetzt eine Einheit in der Amortisationsgesetzgebung herbeigeführt werden soll, namentlich auch in Bezug auf ihr Geltungsgebiet, und daß die Amortisationsgesetze auch für die innerhalb der protestantischen Kirche bestehenden geistlichen Gesellschaften gelten sollen. Welche kirchliche Korporationen nun als geistliche Gesellschaften im Sinn des § 76 lit. c der II. Beilage zur Verfassungsurkunde zu erachten sind, das soll, wie Seine Exzellenz der Herr Staatsminister bei den Verhandlungen Ihres Hohen Ausschusses erklärte, der Rechtsprechung zu entscheiden überlassen bleiben. Ich kann mir nun eine solche Entscheidung der Rechtsprechung bloß denken als Entscheidung des
S. 337. Civilrichters; denn ein Raum für eine verwalt || ungsrechtliche Ent-

scheidung dieser Frage ist wohl nicht gegeben. Es wird nur dann zu einer S. 337.
solchen civilrichterlichen Entscheidung kommen können, wenn ein Erwerb, welcher von einer geistlichen Gesellschaft gemacht wird, von einem Betheiligten z. B. einem Intestaterben durch gerichtliche Klage angefochten wird, und zwar deshalb, weil die betreffende geistliche Gesellschaft es unterließ, die Allerhöchste Genehmigung beim Erwerbe einzuholen. Ich muß gestehen, daß einige Schwierigkeiten bei einer solchen Sachlage entstehen können. Wenn wir uns vergegenwärtigen, daß der Civilrichter sehr selten in die Lage kommt, die Bestimmungen der II. Beilage der Verfassungsurkunde anzuwenden und zu interpretieren, so wird man sich lebhaft denken können, daß er im gegebenen Falle, wenn er entscheiden soll, was geistliche Gesellschaften im Sinne des § 76 lit. c der II. Beilage zur Verfassungsurkunde sind, in einige Verlegenheit geräth, und daß er mit Beflissenheit nach Interpretationsbehelfen suchen wird, die ihm den rechten Weg weisen. Und so dürfte er wohl wünschen, daß er den nöthigen Aufschluß in den Verhandlungen der Hohen Kammern des Landtags finde.

Aber auch diejenigen Anstalten und Gesellschaften, die optima fide und nach ihrer wohlbegründeten Rechtsüberzeugung glauben, daß sie nicht unter die Amortisationsgesetze fallen, werden in einer gewissen Verlegenheit sich befinden. Denn es wird ihnen nicht zuzumuthen sein, sich schon wegen der bloßen Gefahr, daß vom Civilrichter ihre Eigenschaft als geistliche Gesellschaft anerkannt werden könnte, von Anfang an gleich bei dem nächsten Erwerb, den sie machen, diesem Rechte selbst zu unterwerfen. Sie würden ‖ dadurch ein S. 338.
Präjudiz gegen sich selbst schaffen, das von großem Nachtheil für sie sein würde. Es würde also von Bedeutung sein, wenn in der einen oder anderen Richtung ihnen ein Weg gewiesen würde, auf dem sie mit einiger Zuversicht in die Zukunft blicken könnten. Ich habe speziell als solche Korporationen oder Anstalten in dem Gebiete der protestantischen Kirche die Diakonissen-Anstalten im Auge. Wir haben in Bayern drei Diakonissenanstalten: eine in Neuendettelsau, eine andere in Augsburg und eine dritte in Speyer. Ich meines Theils bin nun der festen Ueberzeugung, daß diese Diakonissenanstalten nicht unter den Begriff der geistlichen Gesellschaften im Sinne des § 76 lit. c der II. Beilage zur Verfassungsurkunde fallen, und zwar aus dem Grunde, weil sie, um einen vorhin von dem Herrn Referenten Ihres Hohen Ausschusses gebrauchten Ausdruck anzuwenden, nicht Korporationen des öffentlichen Rechtes sind. Die Diakonissenanstalten sind nicht eingegliedert in den Organismus der protestantischen Kirche; sie sind weder durch die Autorisation der Kirchengewalt entstanden, noch hat das Kirchenregiment auf die Diakonissenanstalten als solche irgendwelchen Einfluß. Sie stehen als Anstalten auch nicht unter der Aufsicht des Kirchenregiments, weder des Konsistoriums noch des Oberkonsistoriums. Die Diakonissenanstalten haben selbstverständlich einen konfessionellen Charakter und besitzen die volle Sympathie des Kirchenregiments. Sie sind aber vom Kirchenregimente vollständig unabhängig. Sie sind freie Anstalten für Bethätigung der Werke christlicher Liebe und theilweise auch für christliche Erziehung. Sie stehen also kirchenrechtlich auf derselben Linie wie die zahlreichen ‖ Vereine und Anstalten für die S. 339.
innere und äußere Mission. Ich glaube also, daß sie aus dem Grunde, weil sie dem kirchlichen Organismus nicht eingegliedert sind, als geistliche Gesellschaften im Sinne der hier in Frage stehenden Vorschriften nicht zu erachten sind; daß sie also keine Korporationen des öffentlichen Rechtes sind. Diese Auffassung wird auch, soviel ich weiß, von dem Staatsrechtslehrer Dr. von Seydel, auf den sich vorhin Seine Exzellenz der Herr Erzbischof Dr. von Stein in einem anderen Zusammenhange berufen hat, bestätigt, indem er dahin sich

S. 339. äußert, daß von geistlichen Gesellschaften im Sinne der Verfassungsurkunde bloß gesprochen werden kann bei denjenigen Einrichtungen, die als Bestandtheile des kirchlichen Organismus erscheinen. Ich möchte nun glauben, es wäre ein Dienst nicht nur für den Civilrichter, der verhältnißmäßig nur selten in die Lage kommen wird, hier eine Entscheidung zu treffen, sondern auch ein wesentlicher Dienst für die Diakonissenanstalten selbst, wenn die k. Staatsregierung erklären könnte, daß diese Anstalten eben deshalb, weil sie nicht eingegliedert sind in den kirchlichen Organismus, nicht als Korporationen des öffentlichen Rechtes und deshalb nicht als geistliche Gesellschaften im Sinne der II. Beilage der Verfassungsurkunde anzusehen sind. Ich wäre für eine solche Erklärung Seiner Exzellenz des Herrn Staatsministers des Innern für Kirchen- und Schulangelegenheiten sehr dankbar.

Der **erste Präsident**: Das Wort hat der Herr Reichsrath Freiherr von Soden-Fraunhofen.

S. 340. Reichsrath Freiherr **von Soden-Fraunhofen**: Meine Hohen Herren! Es sei mir als Antragsteller im Ausschuß wohl gestattet, meinen Standpunkt kurz zu präzisieren. Ich brauche nicht hervorzuheben, daß ich prinzipiell vollkommen auf dem Standpunkt stehe, den Seine Exzellenz der Herr Erzbischof Dr. von Stein zum Ausdruck gebracht hat. Es ist das der Standpunkt der katholischen Kirche, dem unlängst wiederholt der Episkopat in einer Eingabe an Seine Königliche Hoheit den Prinzregenten Ausdruck gegeben hat.

Diesen Standpunkt vertrete ich ja hier nicht allein, ich bin in der glücklichen Lage, hervorzuheben, daß ich mich hiemit besonders auch in Uebereinstimmung mit dem hochverehrten Referenten, Herrn Reichsrath Dr. von Schmitt befinde. In seinem Referat an den Ausschuß ist deutlich ausgesprochen, daß auch er primär durchaus wünscht, daß die Amortisationsgesetze in Wegfall kommen sollten. Sein Zweifel besteht nach diesem Referat nur darin, ob der jetzige Zeitpunkt der geeignete sei, das durchzuführen, was auch er für wünschenswerth und richtig hält. Es möge mir zum Beweise, daß ich mich in voller Uebereinstimmung in dieser Hinsicht mit dem Herrn Referenten befinde, gestattet sein, nur einen Satz aus dem Referate zu verlesen. Der Satz lautet:

> Mit mehr Recht — das Vorhergehende will ich weglassen — können sich auf das Alter der Amortisationsgesetze diejenigen berufen,
> S. 341. welche sie bekämpfen; diese Gesetze haben sich überlebt; gerade ‖ die Zeit und ihre Ereignisse haben ihnen den Boden entzogen, und deshalb scheint Art. 1 des Entwurfes, der mit Veraltetem aufzuräumen die Tendenz hat, hier ein geeignetes Objekt zu finden.

Nach diesen Worten kann wohl über die prinzipielle Anschauung des Herrn Referenten ein Zweifel nicht bestehen.

Meine Hohen Herren! Das vorausgeschickt, was die prinzipielle Seite der Frage anbelangt, so habe ich trotz dieses Standpunktes, den ich nach wie vor einnehme, es doch für angezeigt erachtet, ein Kompromiß in Vorschlag zu bringen, von dem anzunehmen ist, daß es die Zustimmung der beiden Kammern des Landtages erhalten wird. Ich bin dabei von der Anschauung ausgegangen, daß, wenn man das Ganze nicht erreichen kann, wenn man genöthigt ist, den Kompromiß-Weg zu beschreiten, man doch auch wirklich ein solches vorschlagen muß, nicht aber nur es sich bloß um eine Kodifikation des bestehenden Rechtes handeln darf, welchen Standpunkt soeben der Herr Kultusminister wieder eingenommen hat. Der Ausgangspunkt des, ich nenne es Kompromiß-Vorschlages, — wenigstens möchte ich es als solchen

bezeichnen, ist doch der, — daß infolge des Beschlusses der andern Kammer S. 341.
die Staatsregierung sich veranlaßt gesehen hat, ein Entgegenkommen zu zeigen denen gegenüber, welche sich auf den rein negativen Standpunkt, d. h. auf den Standpunkt gestellt haben, die Amortisationsgesetze zur Aufhebung zu bringen. Das ist ja doch der Ausgangspunkt des Antrags der Staatsregierung gewesen, und von diesem ausgehend war ich bemüht, etwas zu schaffen, d. h.
etwas zu beantragen, was auch von der anderen Kammer als Kompromiß S. 342.
hätte betrachtet werden können. Die Sachlage ist ja eine sehr kritische; ich brauche das nicht weiter auszuführen.

Die Sache selbst ist aber eine sehr schwierige und schwer zu beurtheilende schon deswegen, weil Seine Exzellenz der Herr **Erzbischof** von München-Freising unter Hinweis auf juristische Autoritäten und Aeußerungen in der anderen Kammer mit Recht hervorheben konnte, daß es sehr bestritten ist, ob die Amortisationsgesetze überhaupt noch zu Recht bestehen. Auch die oberstrichterlichen Erkenntnisse, die darüber ergangen sind, lassen die Sache durchaus nicht so klar erscheinen, wie Seine Exzellenz der Herr **Kultusminister** heute auszuführen versucht hat. Wenn man nun nicht bestreiten kann, daß es überhaupt fraglich ist, ob die ganzen Amortisationsgesetze überhaupt noch zu Recht bestehen, dann glaube ich, ist es umsomehr nothwendig, in dem, was heute beschlossen werden soll, so viel zu bieten, daß doch der andere Comparent, das ist zur Zeit allein die katholische Kirche, jedenfalls nicht nur nicht schlechter gestellt sein wird als das jetzt der Fall ist, sondern daß derselben etwas geboten wird, von dem auch die Kirche sagen kann: es wird besser als es jetzt ist, und das kann ich nach genauer Untersuchung der Frage von dem nicht finden, was die Staatsregierung in ihrem Vorschlage gebracht hat. Ich bleibe bei meinem Ausspruche im Ausschusse, daß ein gutes Geschäft gemacht würde seitens des Staates, die Kirche aber schlecht dabei wegkäme.

Ich erlaube mir, das im Einzelnen zu begründen.

Vorher möchte ich aber hinsichtlich des prinzipiellen Standpunkts dem S. 343.
Angeführten noch beifügen, wie sich der neueste Schriftsteller über diese Frage, der k. b. Universitätsprofessor Dr. Christian **Meurer** in Würzburg, was die Bedeutung und den Wert der Amortisationsgesetze anbelangt — ich darf auch diese paar Sätze wohl verlesen — jüngst geäußert hat: „Die innere Rechtfertigung der Besitzverbote des Liegenschaftserwerbes der Amortisationsgesetze steckt in den agrarischen steuer- und frondrechtlichen Verhältnissen der früheren Zeit. — Das hat sich aber in unserem Jahrhundert alles geändert! — Der heutige Liegenschaftsbesitz der Kirche und Klöster steht nicht mehr außer Verhältniß und ist von keinen Lasten befreit. Das gutsbäuerliche Abhängigkeitsverhältniß gehört der Geschichte an, und an Stelle der Naturalwirthschaft ist die Papierwirthschaft getreten. Damit haben die Amortisationsgesetze, soweit sie den Liegenschaftserwerb der Kirche verbieten, heute ihre Berechtigung verloren. Die wirthschaftliche Isolierung des Kirchenguts allein ist aber umsoweniger ein Rechtfertigungsgrund mehr, als schon das kanonische Recht mit der Aufstellung der ‚urgens necessitas' und ‚evidens utilitas' das Veräußerungsverbot in Wahrheit sprengte und das bayerische Recht der Kirchenverwaltung die Veräußerung unter kuratelamtlicher Genehmigung freigibt."

Der praktische Werth der Amortisationsgesetze auf dem Gebiete des Liegenschaftserwerbes soll nach dem Kultusminister **von Landmann** heute darin beruhen, daß sie unter Umständen verhindern, daß wieder Zustände
eintreten, wie die Zustände waren, welche vor 200 Jahren die Land‖stände S. 344.
veranlaßt haben, auf die Erlassung der Amortisationsgesetze zu dringen! Ich glaube aber, daß man in dieser Richtung völlig unbesorgt sein kann. Wenn

S. 344. der Staat gegen derartige imaginäre Gefahren das schwere Geschütz des Amortisationsrechts aufführt, ist das ein Zeichen von Schwäche.

Ich komme nun auf die einzelnen Vorzüge zu sprechen, welche der Herr Kultusminister auch heute wieder für den Antrag, den die k. Staatsregierung gestellt hat, vorbrachte.

Vor allem, das wird ja nicht zu leugnen sein, hat der Staat den Vortheil, daß an Stelle von zur Zeit, wie ich schon anführte, rechtlich bestrittenen Gesetzen, und jedenfalls — und das ist nicht bestritten — an Stelle von Gesetzen, die in allen Landestheilen andere sind, — man zählt, wenn ich nicht irre, in Bayern 7 Rechtsgebiete für die Amortisationsgesetzgebung auf, — eine einheitliche Bestimmung tritt, die nicht mehr bestritten werden kann und deren Anwendung eine klare und deutliche sein wird. Es tritt ein neufundiertes Recht an die Stelle zweifelhafter antiquierter Bestimmungen; das ist an und für sich ein so großer Vortheil für den Staat, daß ich meine, daß schon diesem Umstande gegenüber die k. Staatsregierung allen Grund hätte, wirkliche Gegenkonzessionen zu machen. Der eben citierte Professor Dr. Meurer spricht mit Recht von einer verwirrenden Vielgestaltigkeit der derzeitigen Amortisationsgesetzgebung in Bayern. Es ist, wie ich schon im Ausschusse mir erlaubt habe, hervorzuheben, daher nicht sowohl für die Betheiligten, die unter die Amortisationsgesetze fallen, wünschenswerth, wie der Herr Kultusminister ausführte, eine einheitliche

S. 345. Gesetzgebung zu bekommen, vielmehr liegt der Hauptwerth ‖ auf Seite des Staates, welcher ein klares, unbestreitbares Recht damit erwirbt.

Nun führte der Herr Kultusminister weiter an, ein Vortheil des Vorschlages der k. Staatsregierung für die Kirche liege darin, daß der Kreis der Personen, derjenigen, auf welche die Amortisationsgesetze Anwendung finden, beschränkt werde. Es ist allerdings richtig, daß künftighin den Amortisationsgesetzen nicht mehr unterliegen werden, die manus mortuae, die Seminarien, die Domkapitel; aber, meine Hohen Herren, im Ausschusse war es der Herr Kultusminister selbst, welcher mit Recht angeführt hat, diese Konzession sei doch sehr minderwerthig, denn der Staat müsse ja eigentlich froh sein, wenn Zuwendungen an diese geistlichen Korporationen gemacht werden, denn dann braucht der Staat selbst seinen Geldbeutel nicht aufzumachen, um das Nöthige zu thun. Wo bleibt denn da die Konzession?

Aber, meine Hohen Herren, wie steht es andererseits mit denen, die neuerlich unter die Amortisationsgesetze fallen werden und denselben jetzt nicht unterliegen?

Es ist von keiner Seite bestritten, daß die „englischen Fräulein" von den Amortisationsgesetzen zur Zeit befreit sind; sie werden künftig darunter fallen. Ich finde in den Werken, die ich nachgesehen habe, daß auch hinsichtlich der Ursulinerinnen es bestritten ist, ob auf sie die Amortisationsgesetze Anwendung finden; auch für die Benediktiner besteht durch die Ministerialentschließung vom 20. November 1836 eine Voraus-Dispensation für allen Erwerb bis zu einer sehr hohen Summe.

S. 346. Hiezu kommt, daß eine allgemeine Dispens gegeben ist und noch zu Recht besteht im Interesse der Landeskultur für unkultivierte Donaumoosgründe „zu Gunsten sämmtlich geistlicher Korporationen, Stiftungen, Abteien, Klöstern". Alle diese Bestimmungen, die — ich wiederhole es — zumal hinsichtlich der „englischen Fräulein" nicht bestritten sind, alle diese Ausnahmen kommen in Wegfall, sobald sei es der Vorschlag der k. Staatsregierung oder der Ausschußbeschluß angenommen wird.

Also auch nach dieser Richtung ist von einer Besserung für die Kirche nicht die Rede.

Aber auch noch nach einer anderen Seite hin bringt der Vorschlag der S. 346.
k. Staatsregierung eine Benachtheiligung. Es ist heute bereits anerkannt worden,
daß im Gebiete der Stadt Regensburg die Amortisationsgesetze keine Geltung
haben, dort würden sie erst eingeführt; was hindert denn, heute dort Klöster
zu errichten und sich auf diesem Wege den Amortisationsgesetzen zu entziehen?
Noch weiter; in dem großen Gebiete des früheren Fürstenthums Würzburg
bestehen Amortisationsgesetze nur für Immobilien, für Mobilien nicht. Auch
hier tritt also eine Ausdehnung des Amortisationsrechtes der Kirche gegenüber ein.

Der Herr Kultusminister hat angeführt, ein Vorzug des Vorschlages
der k. Staatsregierung für die Kirche sei, daß künftighin alle deutschen geist-
lichen Gesellschaften den Bestimmungen der Amortisationsgesetze nicht mehr
unterstehen werden; natürlich, weil nach deutschem Recht, nach den deutschen
Reichsgesetzen unter Ausländer die übrigen nicht bayerischen Deutschen nicht zu
verstehen sind. Das bestimmt || aber schon das Bürgerliche Gesetzbuch. Also S. 347.
darin kann ich eine Konzession nicht finden.

Was bleibt nun übrig in dem Vorschlag der k. Staatsregierung als
Gegengabe, wenn ich so sagen darf, für die Kirche? Seine Exzellenz
haben allerdings heute ausdrücklich hervorgehoben, daß der Zweck des Vor-
schlages der k. Staatsregierung eine „Kodifikation" des Rechtes sein solle. Ja,
meine Hohen Herren, wenn man von dem Standpunkte ausgeht, dann ist
allerdings sehr wenig Aussicht vorhanden, daß die andere Kammer auf diesen
Vorschlag eingehen wird. Ich war derzeit immer der Meinung, man wolle
ein Entgegenkommen zeigen, man wolle nicht bloß kodifizieren, sondern man
wolle dem anderen Paciscenten, der Kirche, auch etwas gewähren. Wenn ich
sohin den Standpunkt des Kompromisses einnehme — und das ist der einz'g
mögliche, der heute eingenommen werden kann —, so finde ich in dem Vor-
schlag der k. Staatsregierung gar nichts als die 3000 M. mehr für die Mo-
bilien in Art. 4b. Man geht hier von den 5000 M. des Bürgerlichen Gesetz-
buchs auf 8000 M. hinauf und auch das hat der Herr Kultusminister
wieder damit motiviert, daß er sagte, das sei ja nicht mehr für die Kirche,
der Staat gebe damit nichts her, denn der Geldwerth sei in dem Maße ge-
fallen, daß diese 8000 M. im Geldwerth den 2000 fl. der Pragmatik von
1764 ungefähr entspreche!

Was aber die Immobilien anbetrifft, so bietet der Vorschlag der k. Staats-
regierung gar keine Gegengabe; es soll einfach bei den 5000 M. des Bürger-
lichen Gesetzbuchs verbleiben und was sehr bemerkenswerth ist, der Art. 4c
handelt von allem Erwerb, dem entgeltlichen und unentgeltlichen. Auch der S. 348.
entgeltliche Erwerb fällt unter die Bestimmung des neuen Amortisationsgesetzes,
während es ein berechtigtes Verlangen wäre, diesen auszunehmen. Nach allen
Seiten hin mußte ich zu der Ueberzeugung kommen, daß der Vorschlag der
k. Staatsregierung keine Grundlage geben kann, um einen Beschluß zu stande
zu bringen, der der anderen Kammer und denjenigen Hohen Herren acceptabel
erscheinen könnte, welche es für ihre Pflicht halten, bei dieser Gelegenheit die
veralteten und nicht mehr zu begründenden Belästigungen der Kirche wenigstens
theilweise zu beseitigen. Daher mein Vorschlag, den ich zu meiner Freude jetzt
als Ausschußvorschlag begrüßen kann. Es ist ja richtig, es könnte eine gewisse
Willkür darin gefunden werden, nun gerade auf die Summe von 10000 M.
hinaufzugehen in beiden Fällen, bei Mobilien und Immobilien. Aber so ganz
willkürlich war die Ziffer doch nicht von mir genommen. Sie repräsentiert
erstens das Doppelte der Bestimmungen des Bürgerlichen Gesetzbuchs, sie hat
aber noch eine tiefere Begründung. 10000 M. sind, bei einer allerdings sehr
sparsamen Wirthschaft, diejenige Summe, aus deren Erträgnissen eine Religiose

S. 348. leben kann. Aus diesem Grunde hatte schon ein Abgeordneter 12000 M. in Vorschlag gebracht, eine Summe, die auch in der elsässischen Gesetzesbestimmung sich findet. Ich bin, um Entgegenkommen zu zeigen, auf 10000 M. herunter gegangen; weniger zu nehmen, meine Hohen Herren, da muß ich doch gestehen, da würde ich nicht mehr verstehen, wie man dann noch von einem Kompromiß reden könnte.

S. 349. Ich möchte noch anfügen, daß Seine Exzellenz der Herr Kultusminister als Vortheil der Kirche angeführt hat, daß nach dem Vorschlage der k. Staatsregierung und dem Beschlusse des Ausschusses die einzelnen Religiosen künftig den Amortisationsgesetzen nicht mehr unterliegen werden. Ja, meine Hohen Herren, das ist auch wieder eigentlich so gut wie keine Gegengabe; denn ganz abgesehen davon, daß Professor Dr. Meurer und eine große Anzahl der Abgeordneten, ich glaube mit Recht, sagen, daß die Bestimmung des Art. 87 des Einführungsgesetzes zum Bürgerlichen Gesetzbuch, welcher die Bestimmungen über die einzelnen Religiosen enthält, auf Bayern überhaupt keine Anwendung findet, weil solche Bestimmungen zur Zeit nicht bestehen, wie der Herr Kultusminister heute selbst es als fraglich zugegeben hat, aber selbst angenommen, sie bestünden, so ist das gar keine große Sache. Wenn auch der einzelne Religiose eine Erwerbung machen darf, so wird das Kloster davon schließlich keinen Vortheil haben, weil im Moment des Todes des Religiosen unter der Voraussetzung, daß derselbe sein Vermögen dem Kloster vermacht, doch die Amortisationsgesetze einzutreten haben, weil dann nach Art. 4b eine Zuwendung von Todeswegen an das Kloster in Frage steht.

Meine Hohen Herren! Es handelt sich heute, glaube ich, um eine sehr ernste, wichtige Abstimmung. Es wäre ja für mich von meinem prinzipiellen Standpunkte aus das Einfachste, den Kompromißweg nicht zu beschreiten und mich lediglich auf den Standpunkt zurückzuziehen, es müssen die Amortisations-
S. 350. gesetze jetzt zur Aufhebung kommen. Meine || Intention war aber, die Sache für jetzt zu bereinigen, um die Gefahr zu beseitigen, die für die ganzen Justizgesetze darin besteht, daß möglicherweise die andere Kammer ein ablehnendes Votum dieser ganzen Justizgesetzgebung gegenüber einnimmt. Von diesen Gesichtspunkten aus habe ich mich veranlaßt gesehen, die Anträge zu stellen; aber nur dann kann ich dabei beharren, wenn in dem Ausschußantrage für die Kirche, wenn auch wenig, doch immerhin etwas geboten wird. Was aber den heute reproduzierten Antrag der k. Staatsregierung anbelangt, so muß ich sagen, dann lassen wir es lieber wie es ist, bei dem bestrittenen Rechtszustand, bei dem die Kirche wahrscheinlich besser daran sein wird, als wenn ihr jetzt das oktroiert wird, was im Regierungsentwurf sich befindet. Ich für meine Person kann nur auf das Bestimmteste erklären, daß ich dem Regierungsvorschlage zuzustimmen absolut nicht in der Lage bin, und daß für den Fall, daß der Ausschußantrag fallen sollte, ich genöthigt wäre, mich auf den ablehnenden Standpunkt, den die Kammer der Abgeordneten eingenommen hat, zurückzuziehen.

Ich bitte aber, es so weit nicht kommen zu lassen, vielmehr den Versuch zu machen, ein Kompromiß zu Stande zu bringen, und ich darf wohl das am Schlusse sagen, wenn die k. Staatsregierung schon einmal bereit ist, 8000 M. zu bieten, so sollte ich meinen, könnte sie 10000 M. auch geben, wenn sie damit die Möglichkeit erhält, daß ein Kompromiß überhaupt zu stande kommt. Man kann dem Ausschußantrage gegenüber nicht allenfalls auch sagen, es handele sich auch da bloß um die 2000 M. und 5000 M. mehr. Der große
S. 351. Unterschied ist eben der, daß nach meiner festen || Ueberzeugung nur der Ausschußantrag der Kirche etwas bietet, was der Regierungsvorschlag nicht thut, und

der weitere Unterschied ist — ich kann mich ja darin irren — daß ich glaube, S. 351.
daß nur der Ausschußantrag Aussicht hat, von der anderen Kammer angenommen zu werden. Aus allen diesen Gründen bitte ich recht sehr von Herzen, dem Ausschußantrag die Zustimmung zu ertheilen, den Regierungsantrag aber abzulehnen.

Der erste Präsident: Das Wort hat Seine Exzellenz der Herr Staatsminister des Innern für Kirchen- und Schulangelegenheiten.

Der k. Staatsminister des Innern für Kirchen- und Schulangelegenheiten Dr. **von Landmann:** Meine Hohen Herren! Herr Reichsrath, Oberkonsistorialpräsident von Schneider, hat den Wunsch geäußert, daß die k. Staatsregierung eine Definition des Begriffes der geistlichen Gesellschaften gebe, insbesondere darüber sich erklären möchte, ob die Diakonissenanstalten unter die geistlichen Gesellschaften fallen. Ich bedauere, diesem Wunsche nicht entsprechen zu können. Ich habe angeführt, welche Gesellschaften insbesondere unter den Begriff der geistlichen Gesellschaften fallen werden, aber eine erschöpfende Definition zu geben, ist die k. Staatsregierung nicht in der Lage. Es muß die Austragung dieser Frage, wie weit der Begriff der geistlichen Gesellschaft reicht, der Praxis, der Rechtsprechung überlassen werden. Was die Diakonissenanstalten betrifft, ‖ kann ich allerdings erklären, S. 352.
daß bisher die Diakonissenanstalten nicht als geistliche Gesellschaften im Sinne des § 76 lit. c der II. Verfassungsbeilage behandelt worden sind. Diese Praxis schließt aber nicht aus, daß gegebenenfalls die Gerichte zu einer anderen Anschauung kommen werden, namentlich, wenn etwa die Organisation der Diakonissenanstalten sich im Laufe der Zeit verändern würde. Es ist durchaus nicht die Möglichkeit ausgeschlossen, daß hier oder dort die Diakonissenanstalten in den kirchlichen Organismus eingegliedert sind, oder daß sie im Laufe der Zeit in denselben eingegliedert werden, und demnach den Charakter der geistlichen Gesellschaften im Sinne der II. Verfassungsbeilage annehmen.

Nun möchte ich noch einiges erwidern — ich werde mich bemühen, mich möglichst kurz zu fassen — in Bezug auf die Ausführungen des Herrn Reichsrathes Freiherrn von Soden. Herr Reichsrath Freiherr von Soden hat gesagt, — ich weiß aber nicht, ob ich ihn recht verstanden habe, ob es seine eigene Meinung ist oder ob er nur eine fremde Aeußerung zitierte —, daß es ein Zeichen der Schwäche sei, wenn die k. Staatsregierung an dem schweren Geschütze der Amortisationsgesetze festhalte. Aus den Bewegungen des Herrn Reichsrathes entnehme ich, daß es bloß ein Zitat war; also habe ich mich in meiner Erwiderung nicht gegen ihn zu wenden, sondern gegen den, den er zitiert hat. Ich möchte also diesem Zitate gegenüber sagen, daß ich es als ein Zeichen mangelnden Pflichtgefühls der k. Staatsregierung ansehen würde, wenn sie nicht an den Amortisationsgesetzen festhalten würde, denn die k. Staatsregierung ist verpflichtet, die in der Verfassung begründeten Rechte der Krone zu wahren. Im
übrigen haben sich die Ausführungen des Herrn Reichsrathes Freiherrn von S. 353.
Soden hauptsächlich in der Richtung bewegt, daß er versuchte, darzulegen, wie die Konzessionen, die die k. Staatsregierung machen will, eigentlich keine, oder wenig werthvolle Konzessionen seien. Ich müßte Gesagtes wiederholen, wenn ich auf alle diese Ausführungen im einzelnen eingehen wollte; nur das möchte ich lebhaft betonen, daß der Werth der einheitlichen Gesetzgebung doch zunächst denjenigen zu Gute kommt, welche Erwerbungen machen wollen, welche also das größte Interesse haben, über das geltende Recht ins Klare zu kommen und vor Anfechtungen, die aus dem dermaligen Rechtszustand entstehen können, sicher gestellt zu werden.

S. 353. Was die bischöflichen Seminare betrifft, so möchte ich bemerken, daß meine Aeußerung im Ausschusse bezüglich derselben nicht ganz richtig von dem Herrn Reichsrath aufgefaßt worden ist. Allerdings genießen die bischöflichen Seminare Zuschüsse, allein diese Zuschüsse sind zumeist vertrags- bezw. fundationsmäßige und, wenn die Seminarien Erwerbungen machen, werden dadurch solche Leistungen der Regierung an die Seminare nicht an sich ausgeschlossen. Also hat die k. Staatsregierung wenig finanzielles Interesse daran, daß den Seminarien möglichst viel zugewendet wird. Herr Reichsrath Freiherr von Soden hat auch angeführt, daß bei dem guten Geschäft, welches die k. Staatsregierung nach seiner Auffassung mache, auch mit einzurechnen sei, daß nunmehr auch die englischen Fräulein unter die Herrschaft der Amortisationsgesetze kommen. Nun, mit dem Privilegium der englischen Fräulein in Bezug auf die Amortisationsgesetze hat es seine besondere Bewandtniß. Denn
S. 354. dieses || Privilegium steht nicht auf ganz sicheren und festen Füßen. Das Privilegium, welches die englischen Fräulein zur Zeit thatsächlich genießen, beruht nicht auf einem allerhöchsten Dekret, sondern auf dem Erlasse des geistlichen Rathes vom 23. Dezember 1794, auf einer Auslegung des kurfürstlichen Willens durch den geistlichen Rath. Allerdings hat die k. Staatsregierung auch später sich dieser Interpretation angeschlossen und die englischen Fräulein, einige Schwankungen in der Praxis abgerechnet, allgemein als den Amortisationsgesetzen nicht unterworfen erachtet. Allein so ganz absolut sicher ist dieses Privilegium nicht. Die k. Staatsregierung aber kann auch hier nicht entscheiden, ob die englischen Fräulein in Zukunft unter die Amortisationsgesetze fallen werden. Ich will daher hierüber ebensowenig wie bezüglich der Diakonissenanstalten eine bestimmte Erklärung abgeben; es wird gegebenen Falls auch bezüglich der englischen Fräulein die Rechtsprechung entscheiden, ob sie „geistliche Gesellschaften" sind oder nicht. Das geistliche Rathsdekret vom 23. Dezember 1794 ist bekanntlich davon ausgegangen, daß die englischen Fräulein eigentlich kein Orden sind, weil sie keine approbierten Gesetze, sondern nur vota simplicia haben, und daß sie alle Zeit nur als Seminarien für das weibliche Geschlecht gehalten wurden. Inwieweit diese Erwägungen auch jetzt noch für die englischen Fräulein zutreffend sein werden, könnte ich nicht bestimmt sagen; das aber möchte ich erklären: Die englischen Fräulein haben ganz gewiß keinen Grund, sich über mangelndes Wohlwollen seitens der k. Staatsregierung zu beklagen. Was geschehen kann zur Förderung ihrer
S. 355. Interessen und der Interessen ihrer Institute zur Erziehung || der weiblichen Jugend, das geschieht ja ohnedies seitens der k. Staatsregierung. An Wohlwollen der k. Staatsregierung gegenüber den englischen Fräulein fehlt es ganz gewiß nicht.

Herr Reichsrath Freiherr von Soden hat ferner Bezug genommen auf ein angebliches Privilegium der Ursulinerinnen, allein dieses Privilegium ist seitens der k. Staatsregierung nicht anerkannt worden. Was sodann das Privilegium der Benediktiner betrifft, so haben diese lediglich eine Allerhöchste Zusage bekommen, daß ihre Gesuche bis zur Erreichung einer gewissen Summe würden genehmigt werden. Allein daß sie in Gemäßheit der Amortisationsgesetze Gesuche um die Allerhöchste Genehmigung des Erwerbs einreichen müssen, das steht fest. Was aber die Befreiung des Erwerbs von unkultivierten Gründen anlangt, so muß ich sagen, daß solche Gesuche dieser Art mir bis jetzt noch nicht in die Hand gekommen sind.

Endlich bestreitet Herr Reichsrath Freiherr von Soden, daß auch bezüglich der nichtbayerischen deutschen Klöster die k. Staatsregierung eine Konzession vorgeschlagen hat. Ich muß in dieser Beziehung an meiner Be-

hauptung festhalten. Nach dem Reichsrecht beträgt die freie Summe 5000 M., S. 355.
nach unserem Vorschlage soll sie auch für die nichtbayerischen deutschen Klöster auf 8000 M. bei Schenkungen und Zuwendungen von Todeswegen erhöht werden. Also auch hier ist eine Konzession vorliegend.

Herr Reichsrath Freiherr von Soden hat endlich die Gefahren ins Feld geführt für die Justizgesetze, welche aus der Nichtannahme des Antrages des Ausschusses dieses Hohen Hauses sich ergeben könnten.

Ich kann mich wirklich nicht in den Gedanken hineinfinden, daß von der S. 356.
zweiten Kammer die Nothlage, in welcher sich zur Zeit die Staatsregierung und das Land befinden, in solcher Weise würde ausgebeutet werden, ich kann nicht glauben, daß in der That ein derartiger Versuch seitens der zweiten Kammer beabsichtigt ist. Also diese Gefahr halte ich wirkiich für keine akute und ich erlaube mir demnach meinen vorher gestellten Antrag zur geneigten Zustimmung zu empfehlen.

Der **erste Präsident**: Das Wort hat Herr Reichsrath Freiherr von Würtzburg.

Reichsrath Freiherr **von Würtzburg**: Meine Hohen Herren! Ich bin der Ansicht, daß man über das Prinzip der Amortisationsgesetze streiten kann, aber über die Höhe der Summe sollte man nach meiner Ansicht keinen ernstlichen Streit anfangen. 5000 M., 12000 M., 8000 M., 10000 M., ich muß sagen, daß dieses Handeln nicht hübsch aussieht. Wenn es sich darum handeln würde, die Amortisationsgesetze zu schaffen, so würde ich ganz gewiß nicht mitthun; wenn es möglich wäre, die Amortisationsgesetze zu beseitigen, welche Möglichkeit aber meiner Ansicht nach unter den gegenwärtigen Verhältnissen nicht gegeben ist, so würde ich — unter gewissen Voraussetzungen — an deren Beseitigung mitwirken. So wie die Dinge aber jetzt liegen, kann ich keinen triftigen, sachlichen Grund erkennen, || warum man mit den Vorschlägen S. 357.
der Regierung nicht zufrieden sein sollte.

Der **erste Präsident**: Das Wort wird nicht weiter gewünscht, die Diskussion ist geschlossen vorbehaltlich der Schlußäußerung des Herrn Referenten.

Der Herr Referent hat das Wort.

Reichsrath Dr. **von Schmitt** als Referent: Meine Hohen Herren! Es ist sehr viel über den Gegenstand gesprochen worden. Im ganzen handelt es sich nur um zwei Fragen. Die erste Frage ist die, sind die Amortisationsgesetze gegenwärtig noch zu Recht bestehend oder sind sie bereits aufgehoben und die zweite Frage ist die Summenfrage. Es hat zwar der hochverehrte Herr Reichsrath von Schneider bezüglich der Einbeziehung der sogenannten Diakonissenanstalten unter das neue Amortisationsgesetz den Wunsch einer negativen Interpretation jetzt schon ausgesprochen. Allein darauf kann doch wohl keine andere Antwort gegeben werden als die Verweisung auf die richterlichen und administrativen Behörden. Dergleichen Einzelfragen werden bei der Hauptfrage nach dem Begriffe „der geistlichen Gesellschaften" u. s. w. von der Praxis mitzubeantworten sein. Was nun die beiden Hauptpunkte betrifft, innerhalb deren die Diskussion sich bewegt hat, so glaube ich mich bei dem vorgerückten Stande unserer Zeit einerseits und den bereits stattgehabten eingehenden Erörterungen andererseits, kurz halten zu dürfen.

Was die erste Frage betrifft, bestehen die Amortisationsgesetze noch zu S. 358.
Recht, so gebe ich gerne zu, daß man vom theoretischen Standpunkte aus eine Anzahl von Gründen, die sich hören lassen, aufstellen kann für die Verneinung dieser Frage. Aber was will dieser theoretische Standpunkt gegenüber der

S. 358. Thatsache, daß in der gerichtlichen und in der Verwaltungspraxis die Geltung heute feststeht; gegenüber der Thatsache, daß Gesetze neuerer Zeit den Fortbestand der alten Amortisationsgesetze unzweideutig anerkennen; gegenüber der Thatsache, daß ja selbst die Mehrheit der Kammer der Abgeordneten nicht davon ausging, die Gesetze bestehen nicht mehr, sondern davon, daß sie noch bestehen, und eben deshalb, weil man sie nicht mehr will, aufgehoben werden müßten. Unter solchen Umständen, glaube ich, müsse man das, was zu den hierzu berechtigten Autoritäten thatsächlich anerkannt ist, auch gelten lassen.

Was die zweite Frage betrifft, die Frage, wie weit man in Beziehung auf die Summe zu gehen habe, so halte ich mich als Vertreter des Ausschusses nicht in der Lage, den in dieser Beziehung bereits bekannt gegebenen Motiven des Ausschusses ein weiteres und anderes hinzuzufügen.

Der Antrag Seiner Exzellenz des Herrn Kultusministers ist zwar die einfache Reproduktion des ursprünglichen Vorschlags der k. Staatsregierung; aber die Reproduktion ist eine neue Thatsache, über welche als solche der Ausschuß nicht mehr befunden hat. Demzufolge bleibt mir nichts anderes übrig, als die Gründe des Ausschusses für seinen Beschluß auch nach dieser Richtung zu wiederholen. Eines möchte ich betonen; der Ausschuß ist davon
S. 359. aus || gegangen, es sei dringlich nothwendig, eine rasche Einigung mit der anderen Kammer herbeizuführen, und das ergeben ja selbstverständlich die Umstände, in denen sich der Landtag zur Zeit befindet. Es ist von einer anderen Seite, durch den Herrn Reichsrath Freiherrn von Würtzburg, darauf hingewiesen worden: wenn man einmal auf dem Standpunkt steht, am bestehenden Rechte zu ändern, so könne es auf die Summe weniger ankommen. Indessen hat der Ausschuß doch das Prinzip festgehalten, und dem gegenüber kann man sagen, daß auf Einzelnheiten weniger Gewicht zu legen ist als auf den einen Hauptpunkt: Wie wird eine Einigung der beiden Kammern baldigst herbeigeführt?

Nur noch eines in Ansehung eines Nebenpunktes. In dem gegenüber dem Ausschußbeschlusse reproponierten Vorschlage der k. Staatsregierung ist, abgesehen von der Summenfrage, in einzelnen Punkten auch die ursprüngliche Fassung reproponiert. Dies gilt insbesondere von dem Abstrich der Worte „des beweglichen Vermögens" in Art. 4b. Diesen Abstrich aber möchte ich unter allen Umständen festzuhalten bitten. Den Worten „des beweglichen Vermögens" in Art. 4b standen in Art. 4c die Worte „des unbeweglichen Vermögens" gegenüber. Also war überhaupt nur von einzelnen Stücken des Vermögens die Rede, aber nicht auch vom Vermögensganzen, von der Erbschaft als Gegenstand des Erwerbs. Da bestand eine Lücke. Um sie auszufüllen, ist vom Ausschusse in Art. 4b nicht mehr von Mobilien gesprochen, sondern ganz generell von jeder lukrativen Zuwendung, und da fällt auch die Erbschaft darunter. Das muß aber so sein, weil man einen Anhaltspunkt bei der
S. 360. Anwendung der Gesetze dafür haben muß, daß die Schulden bei der Universalsuccession abgezogen werden u. s. w.

Ich kann Ihnen also nur den Antrag des Ausschusses empfehlen.

Der **erste Präsident**: Die Diskussion ist geschlossen, aber die Staatsregierung hat das Recht, noch zu sprechen. Die Diskussion ist wieder eröffnet. Das Wort hat Seine Exzellenz der Herr Staatsminister der Justiz.

Der k. Staatsminister der Justiz Dr. Freiherr **von Leonrod**: Ich bedauere, das Wort noch ergreifen zu müssen. Hohe Herren! Ich glaube, daß der Herr Referent sich in einem Punkt geirrt hat. Der Antrag ist von

der k. Staatsregierung in der Sitzung des Ausschusses übergeben worden auf S. 360.
8000 M. bezw. 5000 M. lautend. Ich glaube, daß der Herr Referent vorhin gesagt hat, daß dieser Antrag erst heute von Seite der Staatsregierung eingebracht worden sei. So habe ich den Herrn Referenten wenigstens verstanden und mit mir noch andere. Wenn ich mich geirrt haben sollte, so ist es mir sehr angenehm, sofort zu erklären, daß ich mit dem Herrn Referenten ganz einverstanden bin.

Der erste Präsident: Das Wort hat der Herr Referent.

Reichsrath Dr. **von Schmitt** als Referent: Der ursprüngliche Antrag S. 361.
der Staatsregierung d. h. der Vermittlungsvorschlag, der von ihr eingebracht worden ist, der ist dem Ausschuß vorgelegen, im Ausschusse debattiert und durch den Ihnen gedruckt vorliegenden Beschluß erledigt worden; dabei hat in Ansehung der Summe eine Modifikation Platz gegriffen. Insoweit ist also der Vorschlag der k. Staatsregierung vom Ausschusse abgelehnt worden. Gegen diese Ablehnung richtet sich der heute eingebrachte erneuerte Vorschlag der k. Staatsregierung. Hierüber hat eine weitere Ausschußberathung nicht stattgefunden. Deshalb glaube ich mich in Vertretung des Ausschusses heute nicht weiter äußern zu dürfen, als es bereits geschehen ist. Ich könnte eine persönliche Meinung aussprechen, allein als Referent muß ich die Ausschußmeinung vertreten und das habe ich gethan.

Der erste Präsident: Die Diskussion ist geschlossen, das Wort wird nicht weiter verlangt. Wir kommen zur Abstimmung. Es liegen zwei Anträge vor, der Antrag des Ausschusses, welcher dem Hohen Hause vom Herrn Referenten vorgetragen und außerdem aus der in Ihren Händen befindlichen Zusammenstellung der vom Ausschusse in seiner letzten Berathung gefaßten Beschlüsse ersichtlich ist, und der Antrag der k. Staatsregierung.

Ich bringe zuerst den weitergehenden Ausschußantrag, und, falls dieser die Genehmigung des Hohen Hauses nicht || erhalten sollte, den Antrag der S. 362.
k. Staatsregierung zur Abstimmung.

Ich ersuche die Hohen Herren, welche dem Antrage Ihres Ausschusses entsprechend den Art. 4b in nachstehender Formulierung fassen wollen:

„Schenkungen oder Zuwendungen von Todeswegen an geistliche Gesellschaften bedürfen zu ihrer Wirksamkeit dem vollen Betrage nach der landesherrlichen Genehmigung, wenn sie Gegenstände im Werthe von mehr als zehntausend Mark betreffen.

Der Berechnung des Werthes wiederkehrender Leistungen wird ein Zinssatz von 4 vom Hundert zu Grunde gelegt",

sich von den Sitzen zu erheben. (Die Hohen Herren erheben sich.) Das ist die Mehrheit.

Artikel 4b ist in dieser Fassung angenommen.

Wir kommen nun zu Art. 4c, der nach dem Ausschußantrag lautet:

„Zum Erwerbe von Gegenständen des unbeweglichen Vermögens, deren Werth den Betrag von zehntausend Mark übersteigt, bedürfen geistliche Gesellschaften auch außer dem Fall des Art. 4b der landesherrlichen Genehmigung.

Zum unbeweglichen Vermögen im Sinne dieser Vorschrift gehören auch Rechte an einem Grundstücke mit Ausnahme der Hypotheken, Grundschulden und Rentenschulden."

Diejenigen Hohen Herren, welche so beschließen wollen, bitte ich, sich von S. 363.
Ihren Sitzen zu erheben. (Die Hohen Herren erheben sich.) Das ist wieder die Mehrheit.

Art. 4c ist angenommen.

S. 363. **Der Art. 4d lautet in der Fassung des Ausschusses:**

„Die Vorschriften der Art. 4b und 4c finden auf ausländische juristische Personen, die religiöse oder wohlthätige Zwecke oder Zwecke des Unterrichts oder der Erziehung verfolgen, mit der Maßgabe Anwendung, daß die Genehmigung bei einem den Betrag von fünftausend Mark übersteigenden Werthe, im Falle des Erwerbes des Eigenthums an einem Grundstück ohne Rücksicht auf den Werth erforderlich ist."

Ich bitte auch hier diejenigen Hohen Herren, die diesem Artikel zustimmen wollen, sich von Ihren Sitzen zu erheben. (Die Hohen Herren erheben sich.) Es ist auch diesem Artikel zugestimmt.

Somit sind Art. 4b—4d in der von Ihrem Ausschusse vorgeschlagenen Fassung angenommen worden.

Nach diesen gefaßten Beschlüssen nehme ich an, daß die Ueberschrift: „Beschränkungen des Erwerbs juristischer Personen" genehmigt und als Konsequenz des gefaßten Beschlusses in Art. 1 die Worte: „86 bis", wie ebenfalls vom Ausschusse beantragt ist, gestrichen werden wollen.

S. 364. Es erfolgt kein Widerspruch. || Wir kommen nun zu

Art. 2.

Der Herr Referent hat keine Bemerkung zu machen. Art. 3, 4, 4a, 5, 6, 7, 8, 9, 10, 11, 12, 13, 14, 14a.

Das Wort hat der Herr Referent!

Reichsrath Dr. **von Schmitt** als Referent: Art. 14a hängt zusammen mit den allgemeinen Bestimmungen des Bürgerlichen Gesetzbuchs über die kurze Verjährung. Nach dem Bürgerlichen Gesetzbuch unterliegen Dienstbotenlöhne einer zweijährigen Verjährung; sie unterliegen auch nach dem geltenden bayerischen Rechte einer kurzen Verjährung, allerdings einer solchen von drei Jahren.

Die Gründe, warum dergleichen kurze Verjährungsfristen aufgestellt worden sind, sind bündig angegeben in den Motiven zum Bürgerlichen Gesetzbuche und zwar dahin:

„Das Bedürfniß der Abkürzung der Verjährungsfrist in der bezeichneten Richtung ist unabweisbar. Die Geschäfte des täglichen Verkehrs sind zu zahlreich und dem Gegenstande nach in der Regel zu unbedeutend, als daß sie dem Gedächtniß der Betheiligten längere Zeit gegenwärtig blieben. Schriftliche Notizen werden vom Verpflichteten nur ausnahmsweise gemacht, Quittungen . . . selten ertheilt, noch seltener, wenn ertheilt, aufbewahrt. Eine in kurzer Zeit eintretende Verdunkelung des Sachverhältnisses ist unvermeidlich. Der Schuldner und namentlich dessen Erben dürfen nicht der Gefahr ausgesetzt werden, nach einer
S. 365. Reihe von Jahren wegen Forder || ungen in Anspruch genommen zu werden, die voraussetzlich bezahlt sind, über deren Bezahlung aber ein Nachweis nicht vorhanden ist" u. s. w.

Dessen ungeachtet hat die zweite Kammer beschlossen, einen Art. 14a dahin einzustellen:

„Ist der Lohn für eine längere Zeit rückständig, so ist anzunehmen, daß die Entrichtung des Lohnes bis zur Beendigung des Dienstverhältnisses gestundet ist. Insoweit die Dienstherrschaft das Bestehen des Rückstandes läugnet, trifft die Beweislast den Dienstboten."

Mit diesem gegenüber dem Regierungsentwurfe neuen Artikel konnte sich Ihr Ausschuß nicht befreunden.

Er glaubt, daß in diesem Artikel ein juristischer Abweg liegt, er glaubt, daß er nicht nothwendig ist, um den Zweck zu erreichen, und er glaubt, daß

wenn der Artikel selbst angenommen wird, der Zweck thatsächlich für die aller- S. 365.
meisten Fälle doch nicht erreicht würde. Hätte man dergleichen Bestimmungen gegenüber dem geltenden bayerischen Recht jemals in Antrag gebracht, so hätte sich das erklärt. Das bayerische geltende Recht bestimmt, daß die Verjährung nicht gehemmt wird, auch wenn eine Stundung erfolgt ist, es sei denn, daß die Stundung schriftlich geschieht als Anerkennung und Zahlungsversprechen.

Das ist ja aber alles anders nach dem Bürgerlichen Gesetzbuch. Reichsgesetzlich genügt die einfache mündliche Stundung, um die Verjährung zu hemmen. Also ist eine Bestimmung wie die des Art. 14a nicht nothwendig. Sie geht aber auch vom moralischen Standpunkt zu weit. Es || wird in dem S. 366.
Artikel nicht gesagt, daß vermuthet werden soll, daß eine Stundung stattgefunden hat, sondern es wird gesagt, es ist unter allen Umständen anzunehmen, daß der Lohn gestundet worden sei, das heißt, es ist anzunehmen, daß er gestundet wurde, wenn er thatsächlich auch nicht gestundet wurde. Das geht zu weit.

Der Artikel beschränkt sich auf Dienstboten. Ja wie steht es denn dann mit den Arbeitern? Es gibt auch Arbeiter, die in ganz ständiger Weise Dienste leisten; die sollen also von der Begünstigung des Art. 14a ausgenommen sein. Wie steht es ferner mit den Dienstherrschaften? Für die wird eine gleiche Erleichterung nicht geschaffen, und doch ist eine Dienstherrschaft auch in Verlegenheit, wenn sie nach 20 oder 25 Jahren um den Lohn angefordert wird. Wie soll da bewiesen werden auf eine lange Zeit zurück, ob der Lohn rückständig ist oder nicht, ob und welche Vorschüsse gegeben sind u. s. w.

Nun sagt man, den Rückstand muß der Dienstbote beweisen. Ja womit denn? Mit der Eideszuschiebung. Wenn aber die Dienstherrschaft mit Tod abgegangen ist, und gerade in solchen Fällen, wo oft lange Jahre kein Lohn bezahlt worden sein soll, wird das eintreten, dann kann die Eideszuschiebung nicht mehr helfen. Den Erben kann darüber sicherlich der gewöhnliche Eid nicht zugeschoben werden. Was wird der thatsächliche Erfolg sein? Der thatsächliche Erfolg wird der sein, daß in seltenen Fällen einmal der Dienstbote den fraglichen Beweis liefern kann und daß er dann seinen Lohn bekommt, wenn der Beklagte eben noch zahlen kann. Aber in sehr vielen Fällen wird Derjenige, der zahlen soll, || nicht mehr zahlen können und die ganze Sache S. 367.
ist ein unnützer Prozeß. Unter solchen Umständen glaubte Ihr Ausschuß, diesem Beschlusse der Kammer der Abgeordneten nicht stattgeben zu sollen und hat er vorgeschlagen, den Artikel zu streichen.

Der erste Präsident: Ich eröffne die Diskussion. Eine Erinnerung will nicht erhoben werden.

Ich stelle den Art. 14a zur Abstimmung und ich bitte diejenigen Hohen Herren, welche entgegen dem Beschlusse Ihres Ausschusses dem Art. 14a, wie ihn die Kammer der Abgeordneten eingestellt hat, die Zustimmung ertheilen wollen, von ihren Plätzen sich zu erheben. (Keiner der Hohen Herren erhebt sich.)

Der Artikel ist abgelehnt.

Das Wort hat der Herr Reichsrath Freiherr zu Guttenberg:

Reichsrath Freiherr von und zu Guttenberg: Meine Hohen Herren! Nachdem Sie sich durch das Studium der Ausschußprotokolle überzeugt haben werden, daß Ihr Hoher Ausschuß in mehrwöchentlicher Thätigkeit bei angestrengtester Arbeit sich der Prüfung des Gesetzentwurfes gewidmet hat, so glaube ich kaum, daß jetzt noch aus der Mitte des Hohen Hauses selbst weitere Anträge gestellt werden wollen. Ich glaube daher Namens vieler der Hohen Herren
zu dem Antrage berechtigt zu sein, die gegen || wärtige Gesetzesvorlage in der von S. 368.
dem Ausschusse beschlossenen Fassung im Hohen Hause en bloc annehmen zu wollen.

S. 368. Der erste Präsident: Findet ein Widerspruch gegen diesen Antrag statt? Es ist nicht der Fall. Ich ersuche die Hohen Herren, welche den Antrag unterstützen wollen, sich von ihren Sitzen zu erheben.

Das Hohe Haus hat den Antrag auf en bloc-Annahme der Gesetzesvorlage, in welcher auch der Ausschußbeschluß über die von der Kammer der Abgeordneten daran geschlossene Resolution enthalten wäre, genehmigt.

Ich schreite deshalb zur namentlichen Abstimmung über das ganze Gesetz in der Fassung des Ausschußbeschlusses und die erwähnte Resolution und bitte diejenigen Hohen Herren, welche dem Antrag des Ausschusses ihre Zustimmung ertheilen wollen, mit „Ja", diejenigen, welche denselben ablehnen wollen, mit „Nein" zu antworten. (Folgt namentliche Abstimmung.)

Das Gesetz ist einstimmig angenommen.

Ich konstatiere in Ansehung der in dem Gesetzentwurf enthaltenen Artikel, welche eine Verfassungsänderung enthalten, daß die Beschlußfähigkeit des Hohen Hauses gegeben war, somit die in dem Tit. X § 7 der Verfassungsurkunde vorgeschriebenen Formen gewahrt sind.

Es wären noch zwei Gesetzentwürfe von Ihrem Hohen Ausschusse zur Berathung vorbereitet.

S. 369. Ich stelle die Anfrage, ob die Hohen Herren gestatten, daß auch diese zwei Gesetzentwürfe noch zur Berathung gestellt werden und bemerke: Der erste betrifft die Genehmigung der Mittel für einige Bauten der Justizverwaltung und der zweite ein Postulat für die Gerichtsvollzieher.

Eine Erinnerung findet nicht statt. Die Hohen Herren haben somit genehmigt, daß heute noch in die Berathung dieser Gesetzentwürfe eingetreten wird.

Das Wort hat der Herr Reichsrath Ritter von Küffner.

Reichsrath von Küffner: Meine Hohen Herren: Ich erlaube mir zu bemerken, daß über Beilage B, Entwurf eines Gesetzes, die durch die Einführung des Bürgerlichen Gesetzbuchs veranlaßten Aenderungen der seit 1818 erlassenen Gesetze betreffend, weder berathen noch beschlossen ist. Dieser Gesetzentwurf muß gleichfalls ganz erledigt werden. Ich bin in Kürze mit meinen Erklärungen darüber fertig, das kann ich zur Beruhigung sagen. Durch die bisherige Abstimmung dürfen sie aber nicht als beseitigt erachtet werden.

Der erste Präsident: Das Wort hat der Herr Justizminister.

Der k. Staatsminister der Justiz Dr. Freiherr von Leonrod: Hier liegt entschieden eine Irrung vor. Herr Reichsrath Ritter von Küffner ist offenbar
S. 370. der Ansicht, daß die frühere Beilage B, die Aenderungen der seit 1818 er‖lassenen Gesetze betreffend, in dem vorher gefaßten Beschluß nicht inbegriffen sei. Das dürfte aber unrichtig sein; denn seit längerer Zeit schon ist diese Beilage B mit der Beilage A vereinigt, sie bilden zusammen ein Ausführungsgesetz, der Beschluß der Hohen Herren, der soeben gefaßt worden, bezog sich auf das ganze eine Ausführungsgesetz, und damit ist demgemäß auch Beilage B genehmigt.

Der erste Präsident: Herr Reichsrath Dr. Ritter von Schmitt.

Reichsrath Dr. von Schmitt: Ich bin von derselben Anschauung ausgegangen. Maßgebend ist der Antrag, der von Seite des Herrn Reichsraths Freiherrn von Guttenberg gestellt wurde, und dieser Antrag ist ganz generell. Zudem waren Gegenstand der Berathung und Beschlußfassung die vereinigten Gesetzentwürfe A und B, die nun ein Entwurf sind. Wenn der Antrag dahin geht, diesem Gesetzentwurf soll en bloc Zustimmung erteilt werden, so konnte das nicht anders gemeint und verstanden sein, als daß der ganze vereinigte Gesetzentwurf en bloc angenommen werde.

Der erste Präsident: Ich als Präsident mußte von der Annahme ausgehen, daß der Antrag des Herrn Reichsraths Freiherrn von Guttenberg dahin ging, daß den Beilagen A und B zu gleicher Zeit die Zustimmung en bloc zu ertheilen sei. Wenn das eine fehlerhafte Anschauung des Präsidiums war, so müßte nochmals in die Berathung eingetreten werden. S. 370.

Reichsrath Freiherr von und zu Guttenberg: Die Auffassung des Herrn Präsidenten ist jedenfalls richtig; ich habe aber mit meinem Antrag allerdings, wie sich danach zeigt, den Aeußerungen des Herrn Reichsraths von Küffner vorgegriffen, was nicht in meiner Absicht gelegen war, da ich glaubte, daß Herr Reichsrath von Küffner in der Generaldiskussion zu Beilage B hätte sprechen können. S. 371.

Der erste Präsident: Herr Reichsrath Ritter von Küffner.

Reichsrath von Küffner: Daß die früheren zwei Gesetzentwürfe nunmehr zu einem Ganzen vereinigt sind, das ist mir ebenso bewußt, wie wohl jedem anderen Mitglied des Hohen Hauses, sie bilden jedoch immerhin zwei Abtheilungen, für deren jede ein Referent aufgestellt wurde und ist. Außerdem kommt in Betracht, daß einzelne Beschlüsse aus der Plenarberathung der Kammer der Abgeordneten in der darnach erfolgten Sitzung des Ausschusses der Kammer der Reichsräthe Beanstandungen gefunden haben; über diese muß jedenfalls vorher noch verhandelt werden; denn sie können nicht ohne weiteres als Bestandtheile des Gesetzes erachtet werden oder als zurückgewiesen gelten.

Der erste Präsident: Nachdem die Hohe Kammer die en-bloc-Annahme dieser beiden Gesetzentwürfe auf Antrag des Freiherrn von Gutten‖berg zum Gegenstand des Beschlusses gemacht hat, so muß ich an das Hohe Haus die Frage stellen, ob es über die zweite Abtheilung dieses Gesetzentwurfs (B) die Berathung wieder neu aufnehmen will. Vorher kann ich den Herrn Reichsrath über den Gegenstand nicht sprechen lassen. S. 372.

Ich bitte diejenigen Hohen Herren, welche so beschließen wollen, sich von den Sitzen zu erheben. (Die Minderheit der Hohen Herren erhebt sich.)

Das Hohe Haus hat die Wiederaufnahme der Diskussion über den Entwurf B abgelehnt; es verbleibt sonach bei dem zu den vereinigten Gesetzentwürfen bereits gefaßten Beschlusse. . . . .

(Schluß der Sitzung um 3 Uhr 15 Minuten.) S. 382.

Beschluß der Kammer der Reichsräthe.

(Beileige Z[a] z. d. Verhandl. d. K. d. Abg. 1899.)

Die Kammer der Reichsräthe hat . . . . . beschlossen,

den beiden Gesetzentwürfen in der von der Kammer der Abgeordneten beschlossenen Fassung (Anlage zu Beilage O, Beilage T) mit nachstehenden Modifikationen die Zustimmung zu ertheilen:

1. **Artikel 1** sei dahin abzuändern, daß die Worte „86 bis" gestrichen werden.
2. Nach **Artikel 4a** sollen unter der Ueberschrift: „Beschränkungen des Erwerbes juristischer Personen" folgende Artikel eingestellt werden:

Artikel 4b.

Schenkungen oder Zuwendungen von Todeswegen an geistliche Gesellschaften bedürfen zu ihrer Wirksamkeit dem vollen Betrage nach der landesherrlichen Genehmigung, wenn sie Gegenstände im Werthe von mehr als zehntausend Mark betreffen.

Die Berechnung des Werthes wiederkehrender Leistungen wird ein Zinssatz von vier vom Hundert zu Grunde gelegt.

Artikel 4c.

Zum Erwerbe von Gegenstände des unbeweglichen Vermögens, deren Werth den Betrag von zehntausend Mark übersteigt, bedürfen geistliche Gesellschaften auch außer dem Falle des Artikel 4b der landesherrlichen Genehmigung.

Zum unbeweglichen Vermögen im Sinne dieser Vorschrift gehören auch Rechte an einem Grundstücke mit Ausnahme der Hypotheken, Grundschulden und Rentenschulden.

Artikel 4d.

Die Vorschriften der Artikel 4b, 4c finden auf ausländische juristische Personen, die religiöse oder wohlthätige Zwecke oder Zwecke des Unterrichts oder der Erziehung verfolgen, mit der Maßgabe Anwendung, daß die Genehmignng bei einem den Betrag von fünftausend Mark übersteigenden Werthe, im Falle des Erwerbes des Eigenthums an einem Grundstück ohne Rücksicht auf den Werth erforderlich ist.

3. **Artikel 14a** sei zu streichen.
4. In den **Artikel 44** sei zwischen Abs. 3 und Abs. 4 folgender neue Absatz einzustellen:

   Für die Beglaubigung des Antrags und der Vollmacht ist auch die Gemeindebehörde des Wohnorts des Antragstellers oder des Vollmachtgebers zuständig.
5. An die Stelle des Beschlusses der Kammer der Abgeordneten zu **Artikel 122**[31] Ziff. I Abs. 1 Satz 4 und Abs. 3 Satz 2 dieser Ziffer soll folgender neue Abs. 4 treten:

   Auf das Verfahren finden die für Verwaltungsrechtssachen geltenden Vorschriften Anwendung. Vor Erlassung der Vorentscheidung ist auch im Falle des Abs. 2 Satz 1 der Beamte zu hören.
6. In den **Artikel 122**[41] soll zwischen Abs. 1 und Abs. 2 folgender neue Absatz eingestellt werden:

   Das in der Pfalz geltende Civilgesetzbuch (Code civil) tritt außer Kraft.

München, den 19. Mai 1899.

Der I. Präsident: (gez.) Graf **von Lerchenfeld.**

Der I. Sekretär: (gez.) Graf von Drechsel.

5.

Verhandlungen des Justizgesetzgebungsausschusses der Kammer der Abgeordneten.

S. 865. **52.**

Protokoll

über die Sitzung des besonderen (XVIII.) Ausschusses der Kammer der Abgeordneten zur Berathung der durch die Einführung des Bürgerlichen Gesetzbuchs veranlaßten Gesetzentwürfe.

(Verhandl. d. Justiz-Gesetzg.-Aussch. d. K. d. Abg. 1899. Beil.-Bd. XX. Abth. II. S. 865 bis 879.

München, den 30. Mai 1899, Nachmittags 5 Uhr.

Gegenwärtig:

Die Vertreter der k. Staatsregierung: der k. Staatsminister der Justiz Dr. Freiherr von Leonrod, Excellenz, der k. Staatsminister des Innern für Kirchen- und Schulangelegenheiten Dr. von Landmann, Excellenz, der k. Senatspräsident des obersten

Landesgerichts Dr. Ritter von Jacubezky, der k. Staatsrath Schraut, der k. Oberregierungsrath im Staatsministerium der Justiz Schneider, der k. Landgerichtsrath im Staatsministerium der Justiz Schmitt, der k. Landgerichtsrath im Staatsministerium der Justiz Dr. Unzner; S. 865.

ferner die Ausschußmitglieder: von Stobäus, Vorsitzender, Wagner, Stellvertreter des Vorsitzenden, Dr. Casselmann, Schriftführer, Michel, Stellvertreter des Schriftführers, Beckh, Conrad, Fuchs, Joseph Geiger, Joseph Huber, Landmann, Lerno, Dr. Ratzinger, Seeberger, Segitz, von Walter.

Tagesordnung:

1. . . . .

2. **Rückäußerung der Kammer der Reichsräthe über den Entwurf eines Ausführungsgesetzes zum Bürgerlichen Gesetzbuche** (Beilage Za).

Vorsitzender **von Stobäus** eröffnet um 5 Uhr 15 Minuten die Sitzung . . . . .

Vorsitzender: . . . . . . Wir können diesen Gegenstand verlassen und gehen vom dritten Gegenstand der Tagesordnung über auf den zweiten Gegenstand: S. 868.

Berathung über die Rückäußerung der Kammer der Reichsräthe zum Entwurf eines Ausführungsgesetzes zum Bürgerlichen Gesetzbuche.

Abg. **Wagner** (Referent): Wir haben zu berathen über die Beschlüsse der Kammer der Reichsräthe, welche uns mitgetheilt wurden. Es ist vorerst geändert worden Artikel 1 und im Zusammenhang damit sind aufgestellt worden die Artikel 4b, 4c und 4d. Diese Artikel betreffen die Materie der Amortisationsgesetze.

In Artikel 1 ist zu den Aenderungen, welche die Majorität der Kammer der Abgeordneten beschlossen hat, die gekommen, daß auch Artikel 88, welcher von der Kammer der Abgeordneten stehen gelassen wurde, gestrichen worden ist. Derselbe betrifft die Amortisationsgesetze von ausländischen oder nichtbayerischen geistlichen Gesellschaften. Es ist in der Kammer der Reichsräthe ein von der k. Staatsregierung eingebrachter Antrag, neue Amortisationsbestimmungen zu treffen, mit gewissen Aenderungen angenommen worden. Im Wesentlichen hat die k. Staatsregierung bei ihren Anträgen darauf verzichtet, daß sie die sogenannten Religiosen fernerhin den Amortisationsgesetzen unterwirft; die Erwerbsfähigkeit ist ja ohnehin nach dem Bürgerl. Gesetzbuche gegeben, es wäre aber nach Artikel 87 des Einführungsgesetzes möglich gewesen, sie gewissen Beschränkungen zu unterwerfen; solche sind in dem Antrage der k. Staatsregierung nicht aufgenommen worden, sondern die Amortisationsbestimmungen, welche die k. Staatsregierung eingebracht hat, beschränken sich auf geistliche Gesellschaften; sie läßt namentlich frei auch die Domkapitel und bischöflichen Seminare und die mensae der Bischöfe. Im Uebrigen war von der k. Staatsregierung beantragt, daß hinsichtlich Schankungen oder Zuwendungen von Todeswegen an geistliche Gesellschaften die genehmigungsfreie Summe, soweit es sich um bewegliches Vermögen handelt, an eine Summe von 8000 M. gebunden wird, während bezüglich des Immobiliarvermögens der Satz von 5000 M., welcher dem Einführungsgesetze zum Bürgerl. Gesetzbuche zu Grunde liegt, festgehalten wurde. Hinsichtlich der ausländischen Gesellschaften blieb es ebenfalls bei der Grenze von 5000 M.

Was nun diese neuerlichen Bestimmungen betrifft, so kommen dieselben einem Gedanken entgegen, den ich schon von allem Anfang angeregt habe. Ich habe nämlich seinerzeit die Anregung gegeben, ob man nicht diese vielfach alten Bestimmungen beseitigen und durch neue ersetzen solle, welche einheitlich für das ganze Königreich gelten. Diesem Gedanken ist die k. Staatsregierung durch ihren Antrag entgegengekommen.

S. 868. Ich glaube nicht, daß es nöthig wäre, auf Alles einzugehen, was in dieser Beziehung schon gesagt worden ist. Es besteht ja in der Kammer der Abgeordneten ein Gegensatz hinsichtlich der Frage, ob es überhaupt Amortisationsgesetze geben soll oder nicht, und es ist auch die Frage der Verfassungsänderung noch nicht vollständig geklärt. Ich will aber auf diese Punkte nicht eingehen, sondern hier lediglich meinen Standpunkt mit ein paar Worten kennzeichnen.

Nach meiner Meinung hat das Volk als solches an den Amortisationsgesetzen ein besonderes Interesse nur insoweit, als es sich um den Verwandtenschutz handelt. Es erkennt das auch beispielsweise Professor Meurer an, denn er sagt, diese Gesetze haben heutzutage nur noch eine Berechtigung vom Standpunkte des Verwandtenschutzes aus. Wenn ich mich auf diesen Standpunkt stelle, so kann ich mich mit der Hinaufrückung der Summe über die Reichsgrenze nicht einverstanden erklären. Ich bin der Meinung, daß, wenn der Grund richtig ist, daß die Amortisationsgesetze einen Verwandtenschutz bewirken sollen, man dann auf der niedersten Grenze von 5000 M., die uns gegeben ist, stehen bleiben muß; denn sonst setzen wir uns dem Vorwurfe aus, daß wir die reichen Leute schützen, nicht aber die weniger reichen. Je höher wir mit der Summe hinaufgehen, desto mehr gestalten wir die Amortisationsgesetze zu einem Schutzmittel für die reicheren Leute und lassen die ärmeren unberührt. Das ist ein Grund für mich, daß, wenn ich die Amortisationsgesetze überhaupt aufrecht erhalte, ich sage, es müsse bei der unteren Grenze bleiben.

Auch der Grund, welchen Herr Abg. Lerno seinerzeit in der Plenarsitzung für die Hinaufrückung der Summe angegeben hat, trifft nun nicht mehr zu. Er hat, wenn ich mich recht entsinne, die Hinaufrückung auf 12,000 M. damals damit zu rechtfertigen gesucht, daß er glaubte, es seien 12,000 M. der Betrag, welcher eine solche Rente abwirft, daß Jemand, der in ein Kloster eintritt, aus den Zinsen davon nothdürftig erhalten werden könnte. Dieser Gesichtspunkt fällt jetzt weg, denn den Religiosen kann zugewendet werden so viel als will. Die Religiosen sind nach dem Entwurfe nicht mehr unter die Amortisationsgesetze gestellt, das fällt also weg.

Deßwegen wäre ich der Meinung, daß wir uns einigen sollten, daß wir die ursprünglichen Anträge der k. Staatsregierung im Reichsrathe annehmen, daß wir aber die Reichsgrenze mit 5000 M. festhalten.

Es sind von den Herren vom Centrum Abänderungsanträge gestellt worden. Auf diese Anträge kann aus den Gesichtspunkten, welche ich hervorgehoben habe, nicht eingegangen werden, und ich würde wirklich auch, soweit sie Ausnahmebestimmungen zu Gunsten einzelner Kategorien treffen, denselben nicht beistimmen können.

Der zweite Hauptgesichtspunkt, welcher für mich in Frage kommt bei diesen Amortisationsgesetzen, ist die Schaffung einheitlichen Rechtes. Dieser Gesichtspunkt wird aber durch den Antrag der Herren vom Centrum wiederdurchbrochen. Ich könnte also auf diesen Antrag nicht weiter eingehen.

Deßhalb bin ich der Meinung, daß wir uns dahin einigen sollten. Ich werde, wenn ich Zustimmung finde, den Antrag stellen, daß wir den ursprünglichen Antrag der k. Staatsregierung im Reichsrathsausschusse wieder herstellen sollen, jedoch mit dem Abmaße, daß die Summe von 8000 M. in 5000 M. umgeändert wird.

Abg. **Lerno** (Korreferent): Gegen den Beschluß der Kammer der Reichsräthe unter Ziff. 1, wonach im Artikel 1 die Worte „86 bis“ gestrichen werden sollen, habe ich selbstverständlich keine Erinnerung. Die drei durch diesen

Beschluß zu streichenden Artikel beziehen sich auf das Amortisationsrecht S. 868.
und besagen, daß dasselbe der Landesgesetzgebung frei überlassen bleibt. Artikel 86 bezieht sich auf die geistlichen Gesellschaften, Artikel 87 auf die Personen der Religiosen und Artikel 88 auf die ausländischen geistlichen Gesellschaften.

Dagegen sind die Beschlüsse der Kammer der Reichsräthe zu den Artikeln 4b, c und d, welche an die Stelle der bisherigen einzelnen Amortisationsgesetze eine einheitliche Gesetzgebung setzen sollen, wie ich Namens meiner politischen Freunde erklären kann, für uns unannehmbar.

Ich glaube, es wird allseits auf gegnerischer Seite viel zu wenig Gewicht darauf gelegt, daß ein Plenarbeschluß der zweiten Kammer vorliegt, wonach das ganze Amortisationsrecht überhaupt aus der Welt geschafft wird, also die Amortisationsgesetze ganz beseitigt werden S. 869.
sollen. Die Kammer hat in ihrer Sitzung vom 17. April beschlossen, die Artikel 86 und 87 aus der Regierungsvorlage überhaupt zu streichen. Dem gegenüber hat die Kammer der Reichsräthe sowohl in ihrem Ausschusse als in ihrem Plenarbeschlusse an der Aufrechthaltung der Amortisationsgesetze festgehalten und hat an der Hand eines Antrags der k. Staatsregierung, der nur in Bezug auf die pragmatische Summe eine engere Grenze gesetzt hatte, die uns vorliegenden drei Artikel 4b, 4c und 4d angenommen.

Dem gegenüber haben die Centrumsmitglieder des Ausschusses unter'm 27. Mai 1899 einen neuen Abänderungsantrag gestellt, welcher Ihnen gedruckt vorliegt, und ich möchte Sie bitten, denselben anzunehmen.

Auch ich will gleich dem Herrn Referenten selbstverständlich mit Rücksicht auf die schwierige Geschäftslage, in der wir uns befinden, nicht mehr auf all' das zurückkommen, was in Bezug auf diese Amortisationsgesetze ausgeführt wurde und was gegen deren Giltigkeit und gegen deren praktische Anwendbarkeit unter den gegenwärtigen Verhältnissen spricht.

Ich möchte nur darauf aufmerksam machen, daß wir in unserem neuen Antrage vom 27. Mai alle jene Haupteinwände berücksichtigt haben, welche unserem damaligen primären und nachher von der Kammer wirklich angenommenen Antrag auf gänzliche Beseitigung der Amortisationsgesetze sowohl Seitens der k. Staatsregierung, als Seitens der nationalliberalen Partei entgegengehalten worden sind. Das war Seitens der k. Staatsregierung hauptsächlich der Gesichtspunkt, daß wir ein Kronrecht beseitigen wollten, dann Seitens des Redners der nationalliberalen Partei der Verwandtenschutz, den der Herr Abg. Wagner vorhin wieder betont hat, und die Rücksicht auf die Gefahren, welche in einer Vermehrung des Vermögens der todten Hand für die Allgemeinheit — nach der Auffassung dieser Herren — zu befürchten wären. All' das haben wir jetzt berücksichtigt und in Folge dessen haben wir uns auf den Standpunkt gestellt, daß liberatorische Akte, also Schenkungen oder Zuwendungen von Todeswegen an geistliche Gesellschaften von einer bestimmten Summe an auch fernerhin zu ihrer Wirksamkeit der landesherrlichen Genehmigung bedürfen sollen. Wir haben, indem wir in dem neuen Antrag gesagt haben, es solle dieser Abs. 1 unverändert bleiben, keineswegs unsere frühere prinzipielle Stellung gegenüber den Amortisationsgesetzen etwa aufgegeben, sondern wir haben nur, den Verhältnissen Rechnung tragend, hier eine nach unserer Auffassung unendlich weitgehende und uns fast unmögliche Konzession gemacht, zu der wir uns aber nur um deswillen verstehen konnten, weil der primäre und prinzipielle Standpunkt, den wir immer und immer wieder einnehmen müssen, die gänzliche Beseitigung der Amortisationsgesetze, mit Rücksicht auf die Verhältnisse in der ersten Kammer absolut nicht zu erreichen ist.

S. 869. Darum haben wir es für angezeigt gehalten, das klar zu stellen, was wir als Mindestmaß dessen erachten, was nach unserem Dafürhalten überhaupt geboten werden muß, wenn wir dem Artikel 1 der Regierungsvorlage zustimmen sollen.

Die Regierung — es ist das in der Plenarverhandlung der Kammer der Reichsräthe am 19. Mai ausführlich dargelegt worden — macht ein, wenn ich mich dieses etwas trivialen, auch in der Reichsrathskammer gebrauchten Ausdrucks bedienen darf, recht gutes Geschäft dabei, insofern als an Stelle der bisher außerordentlich zerrissenen, sogar in ihrer Rechtsbeständigkeit angezweifelten Amortisationsgesetze künftighin durch die Annahme der nach unserem Antrage modifizirten Artikel 4b, c und d ein einheitliches Recht auf diesem Gebiete geschaffen würde.

Allein der Gesichtspunkt der Schaffung eines einheitlichen Rechtes — und hier stehe ich in Widerspruch mit dem, was Herr Abg. Wagner vorhin gesagt hat —, darf nicht so weit gehen, daß wir wohlerworbene Privilegien, die auf Jahrhunderte zurück begründet sind, auf einmal über den Haufen werfen und daß wir Oertlichkeiten und Personenkreise, welche bisher von den Amortisationsgesetzen exempt waren, nun auf einmal unter dieselben stellen. Es würde das nach unserer Auffassung den Bestimmungen der Verfassung widersprechen, welche jedem bayerischen Staatsunterthanen die Freiheit seines Vermögens und die Freiheit des Verfügungsrechtes über sein Vermögen gesetzlich gewährleistet. Es würde aber auch in der unveränderten Annahme der Beschlüsse der Kammer der Reichsräthe eine Verletzung des Konkordats zu erblicken sein. Die kirchlichen Verhältnisse in Bayern sind geregelt durch das im Jahre 1817 zwischen dem päpstlichen Stuhle und der Krone Bayern abgeschlossene Konkordat, und unter dieselben fallen auch die von den Amortisationsgesetzen berührten Elemente. Die Amortisationsgesetze sind zwar nicht im Konkordat ausdrücklich erwähnt, aber wir dürfen absolut nicht, ohne den anderen Paciszenten zu fragen, hergehen und diese Amortisationsgesetze, gegen welche die Kirche immer protestirt hat, auf Personen- und örtliche Kreise ausdehnen, auf welche sie bisher keinen Bezug gehabt haben.

Ersterenfalls kommt ohnehin nur ein einziger Orden in Betracht, der angeführt ist in unserem Antrag, das ist der Orden der Englischen Fräulein, und lokale Kreise sind es auch nur zwei, nämlich das Stadtgebiet der ehemaligen freien Reichsstadt Regensburg und das vormalige fürstbischöfliche Würzburgische Gebiet.

Was die Englischen Fräulein betrifft, so möchte ich darauf hinweisen, daß der Herr Kultusminister in der mehrerwähnten Reichsrathssitzung selbst sich dahin ausgesprochen hat,

> „daß die Englischen Fräulein dieses Privilegium zur Zeit thatsächlich genießen. Allerdings hat die k. Staatsregierung auch später sich dieser für die Freiheit aussprechenden Interpretation angeschlossen und die Englischen Fräulein, einige Schwankungen in der Praxis abgerechnet, allgemein als den Amortisationsgesetzen nicht unterworfen erachtet. Allein so ganz absolut sicher ist dieses Privilegium nicht."

Nun erlaube ich mir, darauf aufmerksam zu machen, daß die Englischen Fräulein nach einem Signat des geistlichen Rathes vom 23. Dezember 1794, das sich in Döllinger Band XI Theil III Seite 1277 findet, als exempt von den Bestimmungen der Amortisationsgesetze erachtet wurden. Dieser geistliche Rath oder Hofrath war — ich irre da wohl nicht — ungefähr dasselbe, was jetzt das Ministerium des Innern, Abtheilung für Kirchenangelegenheiten, ist.

Wir haben also eine Kultusministerialentschließung von 1794 vor uns, in welcher ausdrücklich gesagt ist, daß die Englischen Fräulein exempt sind. Die Motive dieses Signats sind zwar derart, daß sie in Bezug auf die Organisation dieses Ordens heutzutage nicht mehr passen, allein über Motive wird nicht abgestimmt; wir weisen auf die Thatsache hin und halten an derselben fest, daß zum ersten Male im Jahre 1794 ausgesprochen wurde, daß dieser Orden den Amortisationsgesetzen nicht unterstellt ist. Dann kommt eine Justizministerialentschließung vom 24. August 1830 Ziff. IV (Döllinger Bd. XI Theil III S. 1286), in der das Gleiche ausgesprochen worden ist. S. 869.

Dann kam der bekannte Erlaß des Fürsten Wallerstein, der in früheren Verhandlungen schon vielfach besprochen worden ist, vom Jahre 1835, wonach die Amortisationsgesetze überhaupt nicht mehr giltig seien; auf den will ich in diesem Stadium nicht mehr zurückgreifen, sondern weiter eingehen auf eine Entschließung des Justizministeriums vom 4. Mai 1869, in welcher die Notare ausdrücklich darauf hingewiesen werden, daß sie die Amortisationsgesetze zu beachten haben, daß sie die Beibringung der Dispense jedesmal vor Abschluß des Vertrages verlangen sollen und nur in ganz außerordentlichen Fällen die Beurkund||ung vornehmen dürfen, bevor diese Genehmigung erfolgt ist, und am Schlusse dieser Ministerialentschließung heißt es: S. 870.

> „Es wird hiebei besonders hervorgehoben, daß die Institute der Englischen Fräulein den Beschränkungen der Amortisationsgesetze nicht unterliegen."

Diese Justizministerialentschließung vom Jahre 1869 ist nicht etwa unterschrieben von Fürst Wallerstein oder von Minister Abel, sondern von Herrn von Lutz, der also auch ausgesprochen hat, daß die Englischen Fräulein exempt sind. Dazu kommt die Justizministerialentschließung vom 5. Mai 1874, in welcher wiederum auf jene von 1869 hingewiesen ist und den Notaren die gleiche Beobachtung der Amortisationsgesetze sowie die Exemption der Englischen F äulein vor Augen gestellt wird.

Das sind Administrativbescheide; wir haben auch ein richterliches Erkenntniß im gleichen Sinne, das ist das oberstrichterliche Urtheil vom 27. Dezember 1876 (Slg. d. Entsch. d. obst. Gerichtshofes Bd. VI. S. 460). Es hatte sich um eine Erbstreitigkeit gehandelt; die appellgerichtliche Entscheidung hatte gegen den Kläger erkannt auf Grund des Signats des geistlichen Raths von 1794, daß die Englischen Fräulein von den Amortisationsgesetzen frei und sohin erbfähig sind, und der bayerische oberste Gerichtshof hat sich in dem genannten Urtheil dieser Anschauung angeschlossen.

Also wenn eine Korporation, von der ich sagen darf, daß sie nicht blos sehr weit verbreitet ist, sondern mit Rücksicht auf ihre Thätigkeit auf dem Gebiete der Erziehung der weiblichen Jugend und nach ihrem ganzen Verhalten in den Augen der Regierung außerordentlich großer Werthschätzung sich erfreut, wenn eine solche Korporation seit mehr als hundert Jahren ausgesprochenermaßen sich einer solchen Freiheit erfreut, dann würden wir nicht blos gegen die Verfassung, sondern gegen alle Rechtsgrundsätze und jedes Gefühl von Recht und Billigkeit verstoßen, wenn wir hergehen würden und die Amortisationsgesetzgebung mit einem Federstrich auf diese geistlichen Gesellschaften ausdehnen wollten. Ich glaube, Keiner, der auf dem Standpunkt des gleichen Rechtes für Alle steht, wird mir da widersprechen.

Dann kommt das örtliche Gebiet. Daß das Regensburger Gebiet exempt ist von den Amortisationsgesetzen, ist unbestritten; alle Rechtslehrer bestätigen das. In Regensburg handelt es sich auch um mehrere Mönchs- und Frauen-

S. 870. klöster. Ich glaube, es kommen hier dieselben Gesichtspunkte in Betracht, die ich für die Englischen Fräulein ausgeführt habe. Man kann und darf auf die in der Stadt Regensburg befindlichen Orden diese Amortisationsgesetze ebensowenig ausdehnen; das würde ebensosehr gegen die Grundsätze von Gerechtigkeit und Billigkeit verstoßen, wie bei den Englischen Fräulein.

In ähnlicher Weise verhält es sich in Bezug auf die Rechtslage im vormals fürstbischöflich Würzburgischen Gebiet. Dort haben bekanntlich die Amortisationsgesetze sich nur erstreckt auf das unbewegliche Vermögen; was das bewegliche Vermögen betrifft, so waren dort die Erwerbungen, nicht blos die unentgeltlichen, sondern auch die entgeltlichen, vollständig frei. Ich glaube nun, wir würden den gleichen Fehler begehen, wenn wir auch auf diesem Gebiet jetzt die volle Beschränkung der Amortisationsgesetze zur Anwendung bringen ließen.

Damit glaube ich, hinreichend unseren Antrag motivirt zu haben, den wir als neuen Abs. 3 zu Artikel 4b eingebracht haben.

Zu Abs. 2 haben wir einen Antrag gestellt, der, glaube ich, einen Widerspruch nicht finden dürfte. In Abs. 2 des Artikel 4b nach Fassung des Beschlusses der Kammer der Reichsräthe heißt es nämlich, daß der Berechnung des Werthes wiederkehrender Leistungen ein Zinssatz von vier vom Hundert zu Grunde gelegt wird.

Wir haben dem gegenüber beantragt, daß zur Berechnung dieses Werthes die Vorschrift in § 9 der Reichs-Civilprozeßordnung maßgebend sein soll. Diese Vorschrift sagt bekanntlich, daß der Werth des Rechtes auf wiederkehrende Leistungen nach dem Werth des einjährigen Bezuges berechnet werden soll, und zwar, wenn der künftige Wegfall des Bezugsrechtes gewiß, die Zeit des Wegfalles aber ungewiß ist, auf den 12 1/2 fachen Betrag, dann auf den 25 fachen Betrag bei unbeschränkter oder bestimmten Dauer des Bezugsrechtes. Bei bestimmter Dauer des Bezugsrechtes ist der Gesammtbetrag der künftigen Bezüge maßgebend, wenn er der geringere ist. Ich glaube, wir thun besser, wenn wir statt des Reichsrathsbeschlusses hier die allgemein geltenden Regeln anwenden, wie wir das in vielen Fällen gleichfalls gethan haben, wo wir uns lediglich an die bestehende Reichsgesetzgebung angelehnt haben.

Was das in praktischen Fällen für einen Unterschied macht, erlaube ich mir an einem Beispiele vorzuführen. Es will z. B. Jemand eine Schenkung machen zum Bau einer Kirche, der von einem Kloster unternommen wird; er verspricht, auf fünf Jahre jährlich 2000 M. zu geben, das sind im Ganzen 10,000 M.; das würde, falls der Reichsrathskammerbeschluß Gesetz würde, nicht unter die Amortisationsgesetze fallen, vorausgesetzt, daß Abs. 2 nicht da wäre; würde der da sein, so würde diese auf fünf Jahre sich erstreckende Leistung nach der Berechnung von einem Zinsfuß zu 4 Prozent ein Kapital von 50,000 M. repräsentiren und würde unter die Amortisationsgesetze fallen. Ich weiß nicht, ob ich mich täusche, aber ich fasse diesen Artikel so auf.

Unter lit. b unseres Antrags haben wir beantragt, daß Artikel 4c gestrichen werden soll. Der Artikel 4c sagt, daß zum Erwerb von Immobilien, deren Werth den Betrag von 10,000 M. übersteigt, auch außer dem Falle des Artikel 4b die landesherrliche Genehmigung nothwendig sein soll. Es handelt sich hier um den sogenannten entgeltlichen Erwerb von Immobilien. Während nach Artikel 4b im Zusammenhalt mit Artikel 4c der entgeltliche Erwerb von Mobilien frei wäre, soll der entgeltliche Erwerb von Immobilien, soweit es sich um Werthe von über 10,000 M. handelt, den Amortisationsgesetzen unterliegen.

Ich glaube, unser Antrag auf Streichung dieses Artikel 4c ist gleichfalls S. 870.
vollständig berechtigt, denn es widerspricht zu sehr den Anschauungen der Gegenwart in Bezug auf die Freiheit der Vermögensverwaltung eines jeden Einzelnen, daß man, wenn einer über sein Vermögen in der Form von Kauf oder Tausch verfügen will, demselben solche Schranken entgegenstellen dürfte. Ich will nicht wiederholen, was ich in dieser Richtung im Plenum und im Ausschusse schon früher ausgeführt habe, aber an dem Grundgedanken müssen wir festhalten, daß wir die Religionsgesellschaften nicht mehr beschränken dürfen, wenn sie sich um ihr eigenes gutes Geld Immobilien kaufen wollen, also für den einen Werth einen anderen eintauschen wollen.

Es fallen hier die beiden Gesichtspunkte, die der Herr Abg. Dr. Casselmann im Plenum angeführt hat, durchaus nicht herein, nämlich der Verwandtenschutz und die Gefahr allzu großen Anwachsens des Vermögens der Klöster. Der Verwandte kriegt von dem Vermögen, das das Kloster hat, ohnehin nichts mehr; ob nun das Kloster von den Pfandbriefen oder sonstigen Werthpapieren, die es allenfalls im Besitze hat, sich einen Wald oder ein Grundstück kauft, kann dem Verwandten gleich sein. Um ein gefährliches, sozial bedenkliches Anwachsen handelt es sich auch nicht, weil nur ein Tausch, keine Mehrung des Vermögens in Frage kommt, und wenn man sagen wollte, die Klöster könnten in Grund und Boden spekuliren, so glaube ich, das wird nicht vorkommen. Mit Grund und Boden, mit Grundstücken, die in großen Städten liegen und im Laufe der Zeit steigenden Werth bekommen, spekuliren die Klöster nicht. Es handelt sich für sie immer nur darum, Grundstücke zu kaufen, die sie nothwendig brauchen, seien es für ihre Seminarien zur Jugenderziehung, S. 871.
oder um Grundstücke zum Betrieb der Landwirthschaft oder sonstwie.

Ich möchte nur auf den einen Punkt hinweisen, der wiederholt schon in den Verhandlungen ausgeführt wurde. Wenn jeder Staatsbürger ohne Rücksicht auf seinen Leumund, auf seine moralischen oder sonstigen Qualitäten mit seinem Vermögen thun darf, was er will, so ist es nicht gerechtfertigt, wenn man die geistlichen Gesellschaften in der Richtung einschränkt, wie die Reichsrathskammer uns vorgeschlagen hat.

Artikel 4d, der von ausländischen juristischen Personen, also von nichtbayerischen, beziehungsweise nichtdeutschen handelt, beanstanden wir nicht, weil wir auf dem schon früher von mir entwickelten Standpunkte stehen, daß wir eine besondere Berücksichtigung oder eine Ausnahme für nichtbayerische beziehungsweise nichtdeutsche juristische Personen durchaus nicht beanspruchen.

Was unter lit. c in unserem Antrage verlangt ist, ist nur eine redaktionelle Aenderung, die nothwendig würde, wenn Artikel 4c gestrichen würde.

Das sind die Gründe, die uns veranlaßt haben, unsern Antrag zu stellen, und es ist meine Aufgabe, Sie um dessen Annahme zu bitten.

Abg. Dr. **Casselmann:** Ich will mich auch nicht in eine große Auseinandersetzung in prinzipieller Hinsicht mit dem Herrn Vorredner einlassen, weil ich der Meinung bin, daß über diese prinzipielle Frage in der Kammer bereits des Langen und Breiten gesprochen worden ist und neue Gesichtspunkte wohl kaum mehr werden geltend gemacht werden können. Der prinzipielle Gegensatz ist nach wie vor vorhanden und ich muß von vornherein erklären, daß ich in dieser Beziehung vollständig auf dem Standpunkte meines Freundes Wagner stehe. So unannehmbar dem Herrn Vorredner, wie er sich ausgedrückt hat, der Beschluß der Reichsrathskammer ist, so unannehmbar ist für uns nicht nur der Antrag, den er mit seinen Freunden gestellt hat, sondern so unannehmbar

S. 871. ist auch für uns der Beschluß der Reichsrathskammer. Es ist in der Reichsrathskammer mit Recht von einem Mitgliede betont worden, daß es einen eigenthümlichen Eindruck mache, wie dieser Gesetzentwurf im Laufe der parlamentarischen Verhandlungen behandelt worden ist, wie die Dinge allmählich sich gegeben haben, und ich möchte fast meinen, es macht einen nicht ganz schönen Eindruck, wenn man sieht, wie hier auf- und abgeboten wird, wie hier um Summen gestritten wird, wie die k. Staatsregierung Anfangs mit der pragmatischen Summe von 5000 M. kommt, wie aus diesen 5000 M. 8000 M. werden, nachdem zuvor 12,000 M. gefordert worden sind, und wie man sich nun, wie die Reichsrathskammer, schön schiedlich friedlich in der Mitte zwischen 8000 und 12,000 M. zusammenfindet. Doch dieser Schönheitsfehler und dieser Mangel an schöner parlamentarischer Behandlung der Sache wäre nicht ausschlaggebend für mich. Für mich ist ausschlaggebend der Gesichtspunkt, daß die Amortisationsgesetze überhaupt nur dann einen Werth haben, wenn wir das, zu dem wir in Folge der Reichsgesetzgebung gezwungen sind, festhalten, nämlich die pragmatische Summe von 5000 M. Ich habe früher bereits gesagt und wiederhole es hier: ich bedauere, daß die Reichsgesetzgebung uns in dieser Richtung die Hände gebunden hat, denn ich muß sagen, ein großer Theil der Fälle, die man aus prinzipiellen Erwägungen unter die Amortisationsidee stellen könnte, sind nicht mehr unter dieselben zu bringen, weil die pragmatische Summe so erhöht worden ist. Wollen wir uns nicht verhehlen, daß in der Praxis das Gros der Klagen über Verletzungen des Verwandtenschutzes sich auf solche Fälle bezieht, wo die Summe unter 5000 M. sich bewegt. Allein darüber kommen wir nicht hinaus, aber es ist das ein Grund für mich, warum ich unter gar keinen Umständen in der Lage bin, über diese 5000 M. hinauszugehen, weil ich mir sage, die ganze Sache verliert dann die Bedeutung, die sie für mich hat, in der Art, daß ich nicht mehr weit davon entfernt bin, zu sagen, entweder das, oder in Gottes Namen das, was die übrigen Herren wollen, geben wir diese Amortisationsgesetze auf! Das wäre allerdings, wie Herr Dr. Ratzinger meint, den ich heute zum ersten Male wieder mit Vergnügen in unserer Mitte sehe, das Einfachste, aber nur im Sinne der Herren und nicht im Sinne aller derjenigen, die sich die Freiheit nehmen, auf einem anderen Standpunkt zu stehen wie Herr Dr. Ratzinger.

Der Herr Vorredner sagt, wenn er mit seinen politischen Freunden den Antrag eingebracht habe, so habe er damit fast eine unmögliche Konzession gemacht, er habe es aber des lieben Friedens willen gethan. Er meint, durch den Beschluß der Reichsrathskammer mache eigentlich nur die Regierung ein sehr gutes Geschäft. Ich will hier nicht weiter erörtern, wer das gute Geschäft macht, wenn der Beschluß der Reichsrathskammer angenommen wird; aber wenn der Herr Vorredner im Zusammenhalte mit dem, was auch in der Reichsrathskammer wieder emphatisch betont worden ist, behaupten will, daß durch den Antrag, den die Staatsregierung in der Reichsrathskammer eingebracht hat, den Herren vom Centrum nicht entgegengekommen wird, dann, glaube ich, verkennt er mit den hohen Herren im Reichsrathe vollständig die Tragweite der Konzession, die die k. Staatsregierung mit ihrem Antrage gemacht hat. Ich will nicht wiederholen, was seine Excellenz der Herr Kultusminister und was insbesondere ein hoher Herr im Reichsrathe gesagt hat, auf dessen nicht nur juristisches Urtheil die Herren rechts von mir ein großes Gewicht legen, was der Herr Referent der Reichsrathskammer betont hat, der einem anderen Mitglied vor Augen geführt hat, worin die Konzession beruhe, die hier der Kirche durch den Staat gemacht werde, worin die Verzichte des

Staates der Kirche gegenüber liegen. Sie wird von mir nicht bekämpft, und S. 871.
darin zeige ich, wie ich hoffe, daß die Herren anerkennen werden, daß auch ich zu Konzessionen geneigt bin. Es wird nicht bestritten werden können, daß man gewisse Personen von der Amortisationsgesetzgebung ausnimmt, und es wird auch nicht bekämpft werden können, daß gewisse juristische Personen von nun an ausgenommen werden. Aber ich glaube annehmen zu dürfen, daß anerkannt werden muß, daß hier eine nicht unbedeutende Konzession der Kirche gegenüber liegt.

Wenn der Herr Vorredner meint, der Staat mache auch insofern ein gutes Geschäft, weil hier ein einheitliches Recht nunmehr geschaffen werde und weil die Streitfrage wegen der Rechtsbeständigkeit der Amortisationsgesetzgebung endlich einmal aus der Welt geschafft würde, so habe ich dagegen Folgendes zu bemerken: Wenn ein einheitliches Recht auf irgend einem Rechtsgebiet geschaffen wird, so liegt das nicht im Interesse des Staates, sondern in dem der Staatsangehörigen. Wir arbeiten ja die ganze Zeit an der Ausführung des Bürgerl. Gesetzbuchs und es ist bei jeder Gelegenheit von allen Seiten anerkannt worden, welche Vortheile es bietet, wenn eine gewisse Rechtszerrissenheit durch eine einheitliche Rechtskodifikation beseitigt wird. Da ist also nicht das gute Geschäft auf Seite der Regierung, sondern auf Seite der interessirten Kreise. Und wenn jetzt gar wieder die alte Geschichte mit der Streitfrage wegen der Rechtsbeständigkeit hereingeworfen wird, so muß ich sagen, es fehlt mir dafür das Verständniß. Es ist zwar in der Reichsrathskammer von einem Mitglied ein längerer Vortrag gehalten worden, aber ich muß gestehen, ich habe lange nichts gelesen, was der Wissenschaft, dem Staatsrechte und dem Kirchenrechte gegenüber so wenig Stand halten könnte, als das, was dieser hohe Herr in der Plenarsitzung der Reichsrathskammer gesagt hat.

Ich erinnere daran, daß Herr Kollege Lerno mir gegenüber in der S. 872.
zweiten Ausschußsitzung, wo wir über die Amortisationsgesetze sprachen, sagte: „Ich selbst bestreite ja eigentlich gar nicht, daß die Amortisationsgesetze noch gelten. Ich hielt es nur für meine Pflicht, darauf hinzuweisen, daß es verschiedene Kanonisten gibt, die auf diesem Standpunkt stehen", und in unserer Plenarsitzung ist — das wird mir der verehrte Herr Kollege Lerno zugeben — die Frage eigentlich so behandelt worden, daß man nicht sagen kann, die Herren, die diese Frage bejaht haben, seien allzusehr von der Richtigkeit ihrer Ansicht überzeugt gewesen. Es ist das eine Frage, die sehr eingehend im Ausschusse erörtert worden ist. Es sind damals alle die Rechtslehrer, die Administrativverfügungen, die richterlichen Entscheidungen hier besprochen worden, so daß es wirklich nicht mehr angezeigt erscheint, darauf noch einmal zurückzukommen. Also deßhalb, weil hier diese sogenannte Streitfrage der Rechtsbeständigkeit aus der Welt geschafft wird, kann ich nicht sagen, das sei eine Konzession, die man dem Staat gegenüber macht.

Nun geht der Abänderungsantrag der verehrten Herren der Rechten dahin, der Abs. 1 soll unverändert angenommen werden. Hier wird also zugestanden das, was die Reichsrathskammer in Bezug auf die pragmatische Summe beschlossen hat. Ich habe vorhin schon bemerkt, daß wenigstens für mich diese Summe nicht annehmbar erscheint, und ich will nur hinweisen, daß auch Seine Excellenz der Herr Kultusminister in der Reichsrathskammer auf Grund einer statistischen Aufstellung erklärt hat, wie viel von den jetzt konzessionspflichtigen Fällen in Zukunft, wenn man die pragmatische Summe auf 10,000 M. erhöht, noch unter diese Summe fallen würde.

Im Abs. 3 des Abänderungsantrages wird verlangt, daß die Bestimmungen

S. 872. über die Amortisationsgesetze sich nicht erstrecken sollen auf die geistlichen Gesellschaften der Englischen Fräulein und auf das Gebiet der Stadt Regensburg. Es wird nun bezüglich der Englischen Fräulein auf wohlerworbene Privilegien derselben hingewiesen. Nun stehe ich gar nicht an, zu erklären, wenn in der That solche wohlerworbene Rechte der Englischen Fräulein bestehen, daß dieselben auch respektirt werden müssen. Wir haben auch bei unseren Ueberleitungsvorschriften den Grundsatz festgehalten, daß wir in wohlerworbene Rechte nicht eingreifen wollen. Die Frage ist, ob man hier von wohlerworbenen Rechten der Englischen Fräulein sprechen kann. Ich muß Ihnen offen gestehen, daß ich nicht wage, diese Frage zu entscheiden. Ich kann mich nur darauf berufen, was der Herr Kultusminister im Plenum der Reichsrathskammer hervorgehoben hat, daß die Frage durchaus keine unbestrittene sei, daß sie zwar von der einen Seite behauptet, von der anderen Seite aber bestritten werde und daß es deßhalb auch in Zukunft der Rechtsprechung überlassen werden müsse, ob die Englischen Fräulein unter die konzessionspflichtigen geistlichen Gesellschaften zu rechnen sind oder nicht. Aber ich erkläre Ihnen ganz offen, daß, wenn ich nach dieser Richtung überzeugt werde, daß es sich in der That bei diesen geistlichen Gesellschaften um wohlerworbene Privilegien handelt, der Gesichtspunkt für mich ausschlaggebend sein wird und ich nichts dagegen zu erinnern hätte, wenn auch auf diese geistlichen Gesellschaften der Englischen Fräulein die Freiheit von den Amortisationsgesetzen ausgedehnt würde.

Wenn aber der Herr Vorredner weiter geht und davon spricht, daß die Amortisationsgesetzgebung in den Gebieten, in denen sie bisher nicht gegolten hat, nämlich in der Stadt Regensburg, auch ferner nicht gelten solle, weil es nicht angehe, ein bisher in einem gewissen Territorium nicht bestehendes Rechtsverhältniß auf dieses auszudehnen, so kann ich mich dieser Auffassung in keiner Weise anschließen. Wenn wir einheitliches Recht für ganz Bayern schaffen, darf kein Territorium ausgeschlossen werden. Ich erinnere daran, wie häufig wir bei Berathung unserer Ausführungsgesetze den Fall hatten, daß die Vertreter der Pfalz erklärten, diese oder jene Bestimmung ist bisher in der Pfalz fremd gewesen, sie ist für uns etwas ganz Neues, aber mit Rücksicht darauf, daß wir eben einheitliches Recht für ganz Bayern haben wollen, können wir uns für unsere Pfälzer Verhältnisse nicht ausschließen. Aus demselben Grunde muß es sich die Stadt Regensburg gefallen lassen, daß, wenn die einheitliche Kodifikation der Rechtsmaterie stattfindet, sie auch auf das Gebiet Anwendung findet, wo dieses Recht bisher nicht gegolten hat.

Ueberraschend und neu war mir, was der Herr Vorredner nach dieser Richtung bezüglich des Konkordats gesagt hat. Ich habe vor mir die „Augsburger Postzeitung“ von heute; in derselben steht ein Artikel, in dem etwas Aehnliches gesagt wird. Der Artikel selbst ist so, daß es der parlamentarischen Gepflogenheit widersprechen würde, wenn ich den ersten Theil desselben zur Besprechung ziehen wollte. Aber im zweiten Theile ist gesagt: „Man erblicke in der Ausdehnung der Amortisationsgesetze auf die Gebiete des Königreichs, wo diese bisher keine Geltung hatten, eine direkte Verletzung des Konkordats, da hiezu das Einverständniß des päpstlichen Stuhles nicht erholt wurde.“ Bisher ist immer gesagt worden, daß im Konkordat überhaupt nichts von den Amortisationsgesetzen stehe, obwohl man ja des Langen und Breiten darüber gestritten hat, ob nicht wenigstens eine versteckte Amortisation im

Konkordat enthalten sei. Ich acceptire nun die verbesserte Auffassung gerade S. 872.
des Herrn Vorredners in dieser Beziehung.

Ich muß nun aber sagen, daß, wenn man sich auf diesen Standpunkt stellt, wenn man das Konkordat vergleicht mit dem Religionsedikt, ich keine Bestimmung finde, aus der ich folgern könnte, daß, wenn es sich um die Erweiterung des Amortisationsrechtes in Bayern handelt, dieselbe nur möglich wäre dadurch, daß zuvor das Einverständniß des Papstes erholt werden müßte,

Es ist dann in lit. b die Streichung des Artikel 4c beantragt und gesagt worden, die zwei Motive, die zur Erlassung der Amortisationsgesetze geführt haben, einmal der Schutz der armen Verwandten und dann das Verhüten des Anwachsens des Vermögens zur todten Hand, greifen hier nicht Platz, wenn es sich um die entgeltliche Ueberlassung von Gegenständen des unbeweglichen Vermögens handelt. Etwas hat der Herr Korreferent doch übersehen, was auch bei der Behandlung im Plenum übersehen worden ist, besonders bei der Aufstellung der Behauptung, daß es sich der Kirche gegenüber um Ausnahmegesetze handle, daß die geistlichen Gesellschaften, wenn sie vollständig frei ohne jede Beschränkung wären, geradezu anderen Gesellschaften gegenüber eine Ausnahmestellung einnehmen würden. Ich verweise darauf, was ich bereits früher besonders betont habe, daß die Kirchengesellschaften, daß das Kirchenpfründevermögen der Staatskuratel unterstellt sist, wie auch andere öffentliche Korporationen. Würde man die geistlichen Gesellschaften ohne jede solche Kuratel, will ich einmal sagen, ohne jede solche Beaufsichtigung seitens des Staates lassen, so würde man hier für die geistlichen Gesellschaften geradezu eine Ausnahmestellung gegenüber den anderen öffentlich-rechtlichen Gesellschaften statuiren. Es ist das auch der Standpunkt, den der Herr Referent in der Reichsrathskammer meiner Auffassung nach mit vollem Recht und mit vollem Nachdruck betont hat, daß hier eine Ausnahmestellung der geistlichen Gesellschaften den übrigen öffentlich-rechtlichen Korporationen gegenüber geschaffen würde, und deßwegen kann ich mich nicht dazu verstehen, den Artikel 4c zu streichen, wie die Herren des Centrums es beantragt haben.

Ich rekapitulire: Für mich ist der Reichsrathsbeschluß ebenso unannehmbar wie für die Herren rechts von mir, aber aus dem entgegengesetzten Grunde, weil ich es mit meiner Auffassung der Dinge nicht vereinbaren könnte, in eine Erhöhung der pragmatischen Summe auf 10,000 M. zu willigen, und wenn
Herr Kollege Wagner, wie er in Aussicht gestellt hat, einen || Antrag dahin S. 873.
stellen würde, daß die Regierungsvorlage wieder hergestellt wird, mit dem Abmaß, daß die pragmatische Summe auf 5000 M. festgesetzt wird, so würde ich für diesen Antrag stimmen.

Abg. Dr. **Ratzinger:** Ich glaube, daß es ziemlich überflüssig ist, in der Angelegenheit noch etwas zu sprechen, weil ja die Herren doch bereits alle ihre Ueberzeugung haben und durch keinerlei Reden irgend etwas daran geändert werden wird; immerhin aber halte ich es für nothwendig, manche Gesichtspunkte geltend zu machen, welche zwar gegenseitig bestritten werden, die ich aber für berechtigt halte.

Es ist bereits vom Herrn Referenten Wagner darauf hingewiesen worden, daß Legate, welche die Höhe von 5000 M. nicht erreichen, eigentlich der armen Bevölkerung entstammen. Wenn diese keinen Schutz mehr finden bei der Höhe bis zu 5000 M., so sehe ich nicht ein, warum man nach oben hinauf eine Schranke festsetzen will. Es ist das meines Erachtens nicht mehr konsequent, wenn man unter 5000 M. den Verwandtenschutz nicht hat, gerade

S. 873 bei einer höheren Summe daran festzuhalten. Der Verwandtenschutz hat seine volle Berechtigung: ich gebe zu, daß es in der Vergangenheit Mißbräuche gegeben hat und in der Zukunft Mißbräuche geben wird, aber wenn man einmal von diesem Grundsatz ausgeht, muß man eigentlich auch unter 5000 M. diesen Verwandtenschutz festhalten und das können wir nicht nach dem neuen Gesetze. Wenn wir dieses nicht können, sehe ich nicht ein, warum wir gerade für die höhere Summe diesen Verwandtenschutz festlegen. Ich würde also schon aus diesem Gesichtspunkte dafür sein, daß wir mit den Amortisationsgesetzen aufräumen. Meine Herren! Wir wollen doch eine Vereinheitlichung der Gesetzgebung. Nun wollen wir die doch nicht dahin durchführen, daß wir denjenigen, welche von diesen Bestimmungen frei waren, ein onus auferlegen, sondern daß wir eine Sache beseitigen, die ihre rechtliche Begründung im Großen und Ganzen durch die heutige wirthschaftliche Entwicklung verloren hat. Die Amortisationsgesetze sind seiner Zeit hervorgegangen aus dem Bestreben, allzu große Anhäufung von Grundbesitz bei Kirchen und Klöstern zu verhindern. Das hat zu der Zeit, wo ein Drittel des Grundbesitzes in Bayern in den Händen geistlicher Stiftungen war, einen Sinn gehabt; aber heutzutage, wo kaum ein nennenswerthes Prozent in Frage kommt, ist keine Veranlassung gegeben, solche Amortisationsgesetze aufrecht zu erhalten.

Ich bin auch der Ansicht, daß der Verwandtenschutz seine Berechtigung hat, aber er muß auf andere Weise gehandhabt werden, nicht durch Amortisationsgesetze, sondern ich bin der Ansicht, daß man den Kirchen und Klöstern die autonome Ausgestaltung überläßt; das wird besser sein, als wenn der Staat seine Amortisationsgesetze aufrecht erhält. Die kirchlichen Organe werden dann die Sätze finden und die Einrichtungen treffen, welche Mißbräuche zu Ungunsten armer Verwandter verhindern. Das wird viel wirksamer sein, als die Amortisationsgesetze unter den heutigen Verhältnissen sein werden.

Ich bin aber auch der Ansicht, daß, wenn wir die Amortisationsgesetze aufheben, das nicht ein Vacuum sein soll. Nicht der Staat soll eine neue gesetzliche Regelung vornehmen, sondern er soll den kirchlichen Autoritäten überlassen, die nöthigen Anordnungen auf autonomem Wege zu treffen. Die Kirche hat das früher fertig gebracht und wird es auch später fertig bringen. Ich bin der Meinung, daß in einem Zeitalter, in welchem absolute wirthschaftliche Freiheit vorhanden ist, es ein Ding der Unmöglichkeit ist, gegen die Klöster allein Ausnahmegesetze zu schaffen.

Herr Abg. Dr. Casselmann und der Herr Referent in der Reichsrathskammer haben gemeint, wenn die Amortisationsgesetze fallen würden, dann wäre ein Ausnahmefall zu Gunsten der Klöster vorhanden. Ja, dann stehen eben diese auch unter den allgemeinen wirthschaftlichen Verhältnissen, wie die übrigen auch. Ich möchte Herrn Abg. Dr. Casselmann gegenüber bemerken, daß die Klöster durchaus keine Erwerbsgesellschaften sind, sie widmen sich ausschließlich dem Unterrichte, der Erziehung, der Armen- und Krankenpflege und ähnlichen Dingen und sie erwerben nur so weit, als es für öffentliche Zwecke nothwendig ist. Wenn diese Gesellschaften dem Staate die Aufgaben abnehmen, welche der Staat nicht in dieser Weise vollziehen kann, dann soll der Staat froh sein. Nehmen Sie an, was in Bayern würde, wenn wir nicht die Englischen Fräulein oder Schulschwestern oder andere barmherzige Schwestern hätten. Glauben Sie, daß es möglich wäre, weltliche Organe durch Besoldung zu gewinnen, welche auch nur den hundertsten Theil dessen leisten, was die Klöster leisten? Wenn diese nun so ausgezeichnet wirksam sind, dann soll man ihnen nicht so kleinlich gegenüber treten, daß man sagt: Wir müssen gegen

ihre Vermögensansammlung Stellung nehmen. Wenn Mißbräuche eintreten, S. 873.
dann wird es Aufgabe der kirchlichen Organe sein, sie einzuschränken, und die Kirche wird Mittel finden. Sollte das nicht der Fall sein, so hat der Staat Zeit und Gelegenheit, neue Gesetze zu machen.

Wenn Sie den Besitz von 5000 M. frei lassen, dann ist das größte Gebiet der armen Bevölkerung aufgenommen, und ich sehe nicht ein, warum wir uns mit höheren Summen beschäftigen sollen. Es ist heute so oft von einem Geschäfte gesprochen worden, ich muß sagen, daß mich das empfindlich und peinlich berührt hat. Die Klöster machen in dieser Form kein Geschäft und auch der Staat soll den Klöstern gegenüber keine Geschäfte machen. Ich bin der Ansicht, daß der geistig vollendetste Organismus, den die menschliche Gesellschaft kennt, die Kirche, möglichst von bureaukratischen Hemmnissen frei sein soll; das ist ein Gesichtspunkt, den Sie nicht hoch genug anschlagen können. Auch die Kirche kann nicht ohne einen gewissen Bureaukratismus existiren, aber derselbe darf nicht überwuchern. Ueberlassen Sie es also der Kirche selbst, Anordnungen zu treffen, und rufen Sie nicht überall den Staat an, daß er gegenüber der Kirche als Polizeidiener dasteht. Wenn heute die allgemeine Erwerbsfreiheit vorhanden ist, so sehe ich auch vom liberalen Standpunkte aus nicht ein, warum man bei den Klöstern die Polizeidienerstelle des Staates anruft. Es ist das auch eine Rolle, die für den Staat nicht angenehm sein wird, und ich wundere mich nur, daß für diese polizeiliche Stelle das Wort von einem Kronrechte gebraucht wurde; in einem Zeitalter, in welchem Bayerns Krone so viele Perlen entfallen sind, von einem Kronrechte zu sprechen, ist nicht berechtigt. Ich will mich auf die Frage vom Konkordate und sonstigen juristischen Fragen nicht einlassen, ich kümmere mich nicht darum. Aber ich meine, man solle doch der Kirche die Freiheit lassen, daß ihre Organe, namentlich die Klöster, selbständig eigenes Vermögen erwerben und verwalten mögen unter den Vorschriften, welche die kirchlichen Autoritäten erlassen werden, und diese werden es thun, wenn die Amortisationsgesetze wegfallen.

Ich bin also der Ansicht, wenn wirklich sich für die Folge Mißstände zeigen sollten, dann ist ja immerhin noch die Möglichkeit gegeben, ein neues Recht zu schaffen, aber das heutige, durchlöcherte Recht, das nicht mehr zweckentsprechend ist, soll man nicht aufrecht erhalten. Sie sehen, daß kein Mensch an der Sache eine Freude hat. In der Kammer der Reichsräthe hat man gesagt, wir setzten die Summe fest, um der Centrumspartei in der Kammer der Abgeordneten entgegenzukommen. Sie selbst sagen, Sie haben keine Freude an dem, was geschaffen werden soll. Auf dieser Seite hat auch Niemand eine Freude und man fügt sich nur dem Zwange der Dinge. Warum will man Verhältnisse festhalten, die Niemand will und die im Lande draußen
auch Niemand will? Das wird kein Mensch begreifen, ‖ daß man die für die S. 874
Klöster so gehässigen Gesetze aus der Vergangenheit aufrecht erhalten will.

Ich möchte Sie also bitten, die Frage dadurch zu lösen, daß Sie ein einheitliches Recht für ganz Bayern schaffen, daß Sie die Amortisationsgesetze für ganz Bayern beseitigen.

Was die Kongregation der Englischen Fräulein betrifft — es ist ja nur eine Kongregation —, so glaube ich allerdings, daß der Antrag des Centrums vollständig berechtigt ist, ich glaube aber auch, daß man das im Gesetze aussprechen muß; man kann doch nicht das der Rechtsprechung überlassen, da man nicht weiß, was dabei herauskommt. Es können sich ja auch

S. 874. die Gerichtshöfe widersprechen. Auf keinen Fall, glaube ich, sollte man Kongregationen, die bisher frei waren, ein solches onus auferlegen.

Ich muß also sagen, daß ich nur sehr schwer für den Beschluß der Kammer der Reichsräthe stimmen würde. Ich würde nur für eine einheitliche Regelung sein, welche mit den ganzen Amortisationsgesetzen aufräumt, und ich möchte bitten, daß sowohl die liberale Seite als auch die Regierung einmal einen Versuch damit mache, er wird gewiß nicht schlecht ausfallen. Ueberlassen Sie es nur den kirchlichen Organen, der Frage näher zu treten, und räumen Sie Verhältnisse aus dem Wege, die einerseits mit dem Erwerbsleben der Gegenwart unvereinbarlich sind, andererseits auch schon durch die Reichsgesetzgebung durchlöchert sind, indem sie Legate unter 5000 M. nicht mehr der staatlichen Aufsicht unterstellt.

Vorsitzender: Der Herr Abg. Wagner hat mir soeben folgenden Antrag übergeben:

Annahme des Artikel 4b unter dem Abmaß, daß statt der Ziffer 10,000 die Ziffer 5000 gesetzt wird.

Abg. **Beckh:** Für einen Laien in doppelter Beziehung, da ich weder Geistlicher noch Jurist bin, ist es sehr schwer, sich in dieser Frage ein Urtheil zu bilden. Ich habe erst suchen müssen, was Amortisationsgesetze sind, und ich habe mich bemüht, das bayerische Amortisationsrecht von Professor Meurer in Würzburg zu studiren. Ich ersehe daraus, daß die Amortisationsgesetze zu Recht bestehen. Es hat auf mich den Eindruck gemacht, daß dieselben für die evangelische Kirche wohl selten praktisch werden und auch bisher nicht praktisch geworden sind; wir haben weder Orden noch ordensähnliche Kongregationen noch geistliche Gesellschaften, aber ich habe doch auf eingehende Prüfung hin gesehen, daß es nothwendig ist, daß die bisherigen Amortisationsgesetze einheitlich geordnet werden. Ich schließe mich auch in dieser Beziehung dem Professor Meurer an, daß dazu am besten der Zeitpunkt sich eigne, in welchem wir oder unsere Nachfolger über die Kirchengemeindeordnung in der Kammer der Abgeordneten zu berathen haben. Wenn wir jetzt bei der Gelegenheit der Einführung des Bürgerl. Gesetzbuchs die Frage anschneiden müssen, erscheint mir die Sache nicht vorbereitet genug. Am liebsten würde ich mich dazu entschließen, wenn man jetzt den bisherigen Zustand einfach aufrecht erhielte, bis wir dazu kommen, die Sache neu zu ordnen; nachdem aber ein Antrag von Seite der Regierung gestellt ist, so kann ich mich dafür aussprechen, da ich die Verantwortung nicht dafür zu übernehmen habe. Ich werde für den Antrag des Herrn Abg. Wagner stimmen.

Abg. **von Walter:** Ich würde heute wie in der Kammer am liebsten der Anregung des Herrn Abg. Dr. Ratzinger folgen und für die Abschaffung der Amortisationsgesetze stimmen; allein leider ist ein derartiger Beschluß unsererseits geschäftsordnungsmäßig nicht mehr möglich und nicht mehr zulässig. Wir haben uns heute nur mehr mit dem Beschlusse der Kammer der Reichsräthe zu beschäftigen und dem entweder beizustimmen oder ihn abzulehnen und damit das ganze Gesetz zum Fall zu bringen. Ich bin deßhalb sehr überrascht durch die Haltung des Herrn Referenten und des Herrn Kollegen Dr. Casselmann. Die Ausführungen und Anträge dieser beiden Herren würden nach meinem Dafürhalten vielleicht am Platze gewesen sein in der Plenarsitzung der Kammer der Abgeordneten aber heute sind sie es nicht mehr. Die Kammer der Abgeordneten hat den Beschluß gefaßt, die Artikel 86 und 87 aus dem Artikel 1 des Ausführungs-

gesetzes zu streichen. Das ist auch eine Thatsache, und diese Thatsache einfach S. 874.
ignoriren heißt die anderen Mitglieder des Ausschusses der Kammer der Abgeordneten in eine sehr schwierige Lage versetzen, und dieses Verfahren kann man nach meinem Dafürhalten kaum mit einem parlamentarischen Ausdruck bezeichnen.

Ich meine, man muß doch auch die Thatsachen, die sich zwischen der ersten Ausschußberathung und dem Beschlusse der Kammer der Reichsräthe abgespielt haben, im Auge behalten, und wenn man sich auf diesen Standpunkt stellt, so handelt es sich hier um ein Kompromiß, das man abschließen muß, weil man beiderseits den bisher eingenommenen prinzipiellen Standpunkt nicht länger festhalten kann, weil man nicht dem eigenen Drange, sondern der Noth gehorchend sich auf einen andern Standpunkt stellen muß und weil man irgend ein Kompromiß zu Stande bringen muß, wenn nicht das Ausführungsgesetz seiner Zeit scheitern soll.

Es hat mich gefreut, daß in der Kammer der Reichsräthe ein Weg gefunden worden ist, der es mir und meinen politischen Freunden ermöglicht, für das Gesetz zu stimmen. Wenn der Weg wieder verlassen werden soll, dann weiß ich nicht, welches Schicksal das Ausführungsgesetz erleiden wird. Ich bitte, diese meine Aeußerung nicht als eine Drohung aufzufassen, sondern als Wiedergabe der Anschauung, welche in den Kreisen meiner politischen Freunde herrscht; und ich bitte, in's Auge zu fassen, daß es auch für unsere Anschauung noch Freunde gibt.

Wenn Sie Alles, was bisher geschehen ist, ignoriren, wenn Sie das Kompromiß, das der Beschluß der Kammer der Reichsräthe angebahnt hat, zurückweisen wollen, dann sind wir unsererseits außer aller Schuld, dann laden wir die Schuld wegen des Scheiterns des Gesetzes auf andere Schultern ab, und das bitte ich Sie auch zu berücksichtigen und nicht auf den ursprünglichen Standpunkt zurückzukommen, den auch wir heute nicht mehr einnehmen. Wir wollen unter Wahrung unseres prinzipiellen Standpunktes und dem Vorbehalt einer späteren Lösung uns heute in die Aufrechterhaltung der Amortisationsgesetze fügen, wir wollen uns der Nothwendigkeit beugen und auf diese Weise das Zusammenkommen eines Gesetzes ermöglichen, das nach unserer Auffassung für Land und Volk unentbehrlich ist, wenn überhaupt am 1. Januar 1900 das volle Inkrafttreten des Bürgerl. Gesetzbuchs vor sich gehen soll. Wenn aber die Aufgabe unseres prinzipiellen Standpunkts so wenig Anerkennung findet und man noch hinter das zurückgeht, was bisher die Regierung selbst angeboten hat, dann machen Sie uns nicht verantwortlich, wenn wir dem Gesetz ein Nein entgegenstellen müssen.

Abg. Dr. **Casselmann:** Ich sehe mich veranlaßt, auf die Worte des Herrn Vorredners zu erwidern, daß ich sie vollständig zurückweise, wenn derselbe gemeint hat, daß die Stellungnahme des Herrn Abg. Wagner und die meine eine solche sei, daß ihm zu einer richtigen Bezeichnung hiefür der parlamentarische Ausdruck fehle. Das Recht, unsere Prinzipien zu wahren, nehmen auch wir in Anspruch; unsere Prinzipien sind den Ihrigen entgegengesetzt. Sie glauben, ein kolossales Opfer zu bringen, wenn Sie den Rechtsbestand der Amortisationsgesetze anerkennen. Ich respektire Ihre Anschauung, verlange aber von Ihnen, daß Sie uns gegenüber das Gleiche thun. Aus einer Reihe von Gründen sind wir der Meinung, daß die Kreise, die
wir im Landtag vertreten, es absolut nicht verstehen, wenn wir ‖ in dieser S. 875.
Frage weiter gingen, als wir gezwungen sind. Wenn wir uns an einen

S. 875. Beschluß, der mit einer Majorität von fünf Stimmen, also immerhin mit einer Majorität, die mehr oder minder zufällig ist und die dadurch veranlaßt war, daß auf der linken Seite durch Krankheit so und so viele Abgeordnete an der Abstimmung verhindert waren, nicht gebunden halten, dann bestehen wir nur auf unserem Rechte. Und Sie, meine Herren, acceptiren nicht einmal das, was die Kammer der Reichsräthe in zu großer Nachgiebigkeit Ihren Wünschen gegenüber beschlossen hat. Sie gehen weit darüber hinaus, und nun wollen Sie es uns verdenken, daß wir die Entfernung, die Sie darüber hinaus machen, nicht mitgehen wollen, daß wir die Situation, die uns gesetzgeberisch zusteht, nicht ausnützen, wie Sie, daß wir unser Prinzip nicht ebenso wahren.

Der Herr Abg. von Walter sagt nun, man muß ein Kompromiß machen und wenn das Kompromiß nicht zu Stande kommt, dann lehnen wir die Verantwortung ab. Auch wir konzediren dadurch, daß wir dem Vorschlage der Regierung zustimmen unter dem Abmaß auf 5000 M. Wenn Sie die Verhandlungen in der Kammer der Reichsräthe nachgelesen haben, dann werden Sie finden, daß, abgesehen von der pragmatischen Summe, eine ganze Reihe von Konzessionen vom Staate der Kirche gemacht wird. Der Staat nimmt die Religiosen aus, und das war eine der Hauptbeschwerden, die der Herr Abg. Lerno zur Begründung seines Antrags im Plenum der Abgeordnetenkammer vorgetragen hat.

Der Herr Abg. Wagner hat bereits darauf hingewiesen, daß derjenige, der in ein Kloster eintritt, den Beschränkungen wie bisher nicht mehr unterworfen ist. Es sind gewisse Korporationen ausgenommen von den Amortisationsgesetzen, die zweifellos darunter gefallen sind; sind das vielleicht keine Konzessionen? Beruht das Kompromiß nur darin, daß man eine bestimmte Summe als allein richtig anerkennt?

Ich glaube, es war deßhalb nicht nothwendig, daß der Herr Abg. von Walter in dieser Form sich uns gegenüber ausgesprochen und bedauert hat, daß er keinen parlamentarischen Ausdruck finde, der der Sache gegenüber am Platze wäre.

Auf uns macht es keinen Eindruck, wenn heute wiederholt worden ist, was im Plenum der Kammer der Abgeordneten von anderer Seite betont worden ist, wenn man sagt, wir lehnen die Verantwortung ab, wenn das Ausführungsgesetz zum Scheitern kommt. Wenn Sie das vermögen und dem Lande gegenüber die Verantwortung tragen können, dann beneide ich Sie wirklich nicht und es freut mich, daß der Herr Abg. von Walter dieß nicht als seine persönliche Ansicht zum Ausdruck gebracht hat. Wenn der Herr Abg. von Walter meint, er wolle damit keine Drohung aussprechen, so muß ich sagen, auf mich und auf Jeden, der in diesem Saale sitzt, macht das keinen Eindruck; ich halte das für eine Drohung, da er damit sagt: Wenn Sie unseren Willen nicht thun, dann wird das Ausführungsgesetz nicht zu Stande kommen; Sie haben die Verantwortung zu tragen. Darauf wollen wir es ruhig ankommen lassen; ich beneide Sie darum nicht, wenn Sie sich trösten des Gedankens, daß Sie in dem Falle die Verantwortung auf Andere ablenken können.

Abg. **Wagner** (Referent): Der Herr Vorredner hat bereits hervorgehoben, was auch von meiner Seite zu sagen wäre. Ich kann nur wiederholen, nach meiner Anschauung sind wir dadurch, daß wir im Prinzipe der Anregung der k. Staatsregierung unsere Zustimmung geben, der Gegenpartei sehr weit entgegengekommen, allerdings nicht hinsichtlich der Summe.

Die Begründung, die der Herr Abg. Lerno hinsichtlich seines Eventualantrags gegeben hat, hat er bereits dargelegt; diese Begründung hat jetzt keinen Zweck mehr aus dem Grunde, weil man jetzt weiter geht, weil die Religiosen vollständig unbeschränkt erwerbsfähig sind und an die Amortisationsgesetze nach keiner Richtung hin gebunden werden. Neue Gründe für das weitere Hinaufrücken der Summe sind bisher nicht vorgebracht worden. Ich sehe nicht ein, worin ein Grund für das weitere Hinaufrücken der Summe liegen soll, und ich sage auf der andern Seite, wenn die Amortisationsgesetze überhaupt noch einen Werth haben sollen, dann darf die Summe nicht höher gegriffen werden, als sie nach dem Reichsgesetze von uns gegriffen werden muß. Das ist ein Standpunkt, der, wie ich glaube, konziliant genug ist. S. 875.

Ich bin mit dem, was der Herr Abg. Dr. Casselmann bezüglich der Englischen Fräulein sagte, einverstanden. Wenn es richtig ist, was kaum bezweifelt werden kann, daß die Englischen Fräulein bisher eximirt waren, dann können wir in dieser Beziehung an dem bisherigen Rechte festhalten. Aber nach allen anderen Richtungen hin muß ein einheitliches Recht geschaffen werden, und der Herr Abg. Dr. Casselmann hat mit Recht hervorgehoben, daß nach unserem Dafürhalten die Kammer der Reichsräthe bezüglich der Summe zu weit gegangen sei, während wir uns alles Uebrige, was sehr viel weiter geht, gefallen lassen. Nur die Summe können wir nicht konzediren und zwar aus dem einfachen Grunde, weil wir uns sagen, die Amortisationsgesetze sind wegen des Verwandtenschutzes da, und wenn wir den betonen, dann dürfen wir die Summe nicht weiter hinaufrücken, weil uns sonst der Vorwurf gemacht würde, daß wir nur die Reicheren, nicht aber die Aermeren berücksichtigen.

Abg. Joseph **Geiger:** Das Gefühl, dem der Herr Abg. von Walter Ausdruck gegeben hat, habe ich auch gehabt, als ich die erste Aeußerung der Herren von der linken Seite vernommen habe. Es schien mir, als ob die Herren von der Existenz des Beschlusses der Kammer der Abgeordneten abstrahiren wollten. Der Beschluß — mag er mit größerer oder geringerer Majorität zu Stande gekommen sein — existirt nun einmal. Durch den Beschluß hat die Majorität der Volksvertretung ausgesprochen, daß die Amortisationsgesetze nicht mehr in Zukunft Geltung haben sollen, mit anderen Worten, daß von dem Einführungsgesetze, soweit es der Landesgesetzgebung gestattet, die bestehenden Amortisationsgesetze noch aufrecht zu erhalten, kein Gebrauch gemacht werden soll. So war die Lage, als die Sache in die Kammer der Reichsräthe hinaufging. Wenn sich die Kammer der Reichsräthe veranlaßt gesehen hat, einen Gegenvorschlag zu machen, um ihrerseits eine Einigung in Bezug auf das außerordentlich wichtige Ausführungsgesetz herbeizuführen, so wird man dieses Bemühen anerkennen müssen und werden Sie selbstverständlich nicht mehr auf dem früheren prinzipiellen Standpunkte beharren dürfen, wenn Sie der Ansicht sind, daß Sie die Verantwortung für das Nichtzustandekommen des Gesetzes nicht tragen können. Auch ich stehe hinsichtlich unseres früheren prinzipiellen Standpunktes auf demselben Boden, und wenn ich es auch im Herzen am liebsten wünschte, daß mit den Amortisationsgesetzen definitiv aufgeräumt würde, so kann ich doch diesen Wunsch nicht in Erfüllung gehen lassen auf Kosten des Ausführungsgesetzes zum Bürgerl. Gesetzbuche, welches man absolut nothwendig braucht, ja, ohne welches das Bürgerl. Gesetzbuch mit Erfolg und ohne außerordentliche Schädigung nicht eingeführt werden kann. Diesen Gesichtspunkt habe ich nicht aus den Augen gelassen.

S. 875. Nun ist es unsere Aufgabe, zu prüfen, ob der Kompromißvorschlag, welchen die Kammer der Reichsräthe gemacht hat, von uns angenommen werden kann oder in verbesserter Form wieder zurückgegeben werden soll. Die einfache Nichtannahme des Kompromißvorschlages der Kammer der Reichsräthe würde dieselbe Gefahr zur Folge haben, wie wenn wir von Haus aus
S. 876. auf ‖ unseren ursprünglichen Beschlüssen und Anträgen stehen blieben. Es würde die Nichtannahme der Artikel 4b, c und d dasselbe bedeuten: denn es ist kein Zweifel, daß die Kammer der Reichsräthe den Artikel 1 unter Weglassung der Artikel 87 bis 89 nur unter der Voraussetzung angenommen hat, daß das Amortisationsrecht neu kodifizirt werde. Wir stehen also vor einer neuen Kodifikation dieser Materie und in Folge hievon treten vor Allem die früheren zerrissenen, in mancher Beziehung hinsichtlich ihrer rechtlichen Giltigkeit zweifelhaften Gesetze vollständig in den Hintergrund und verschwinden. An ihre Stelle soll eine feste Regel treten und wir bieten die Hand dazu in Erwägung dessen, was ich vorhin bezüglich der Nothwendigkeit des Zustandekommens eines Ausführungsgesetzes sagte. Man wird uns aber nicht übelnehmen können, wenn wir genau prüfen, ob das, was uns geboten wird, annehmbar ist, ob es einigermaßen den Forderungen der Gerechtigkeit und Billigkeit entgegenkommt, auf deren Erfüllung wir bestehen müssen. Und wenn Sie nun die einzelnen Anträge, die wir gestellt haben, näher in's Auge fassen, finden Sie, daß wir auf dem Boden der Beschlüsse der Kammer der Reichsräthe die Summe von 10,000 M. als die Grenze der der Ermächtigung nicht bedürftigen Zuwendungen acceptiren. Wir acceptiren sie zunächst für diejenigen Zuwendungen, welche einen Zuwachs des Vermögens der geistlichen Gesellschaften bilden. Was von Todeswegen und was unter Lebenden in liberatorischer Weise zugewendet wird, soll bis zur Summe von 10,000 M. frei bleiben, und wenn es sich um einen höheren Betrag handelt, soll die Ermächtigung der k. Staatsregierung bezw. der höchsten Stelle eingeholt werden und davon die Wirksamkeit abhängig sein. Hiebei mußten wir die erworbenen Rechte schonen. Es war unmöglich für uns, Gebiete mit den Amortisationsgesetzen zu belasten, welche bisher unter dem Schutze der Verfassung von diesen frei oder nur theilweise belastet waren, und ebenso erschien es uns als Pflicht, diejenigen Korporationen von dieser Belastung frei zu halten, welche bisher ungebunden waren.

Nun hatte der Herr Abg. Dr. Casselmann und auch der Herr Abg. Wagner die Güte, anzuerkennen, daß, wenn die Englischen Fräulein bisher von den Amortisationsgesetzen unberührt geblieben sind, sie es auch fernerhin bleiben sollen. Sie lassen es jedoch dahingestellt, ob das feststehe, und der Regierungsvertreter hat sich in der ersten Kammer dahin geäußert, daß die Frage, ob die Englischen Fräulein eximirt seien, der Rechtsprechung unterliege. Mir scheint in ersterer Beziehung ein Zweifel darüber überhaupt nicht mehr zu bestehen, daß die Englischen Fräulein von dieser Belastung bisher frei geblieben sind, nicht nur thatsächlich, sondern auch rechtlich durch Anerkenntnisse der Regierung in wiederholten Erlassen und, worauf ich ein Gewicht legen darf, durch ein Erkenntniß des bayerischen obersten Gerichtshofes. Wenn aber das auch Alles nicht ignorirt werden kann, so muß die Feststellung dieser Exemtion bezüglich der Englischen Fräulein unter allen Umständen im Gesetze zum Ausdruck gelangen, denn es geht absolut nicht an, eine Materie neu zu kodifiziren — reinen Tisch zu machen — das ist ja die Absicht — und den Umfang, auf den die künftigen Amortisationsgesetze sich erstrecken sollen, der Rechtsprechung zu überlassen. Können wir denn den Richter zum Gesetzgeber machen? Wie ist es möglich, ein Gesetz zu erlassen, bei dem wir nicht von vornherein bestimmen, auf welche Personen oder auf welche Orte sich dieses Gesetz beziehen soll. Eine Korporation, eine geistliche Gesellschaft wie die Englischen Fräulein, die in Bayern so zahlreich ist, eine so große Rolle spielt im erziehlichen und kulturellen Leben, über diese sich nicht auszusprechen, sondern im Gegentheil zu sagen, es bleibt der Rechtsprechung überlassen, das ist mir unbegreiflich. So macht man kein Gesetz. S. 876.

Uebrigens ist es auch festgestellt und es wird Niemand von uns daran zweifeln, daß, wenn wir nicht einen ausdrücklichen Beisatz im Artikel 4b machen, die Englischen Fräulein als eine geistliche Gesellschaft, als ein Orden, eine Kongregation unter das Gesetz fallen, und wenn man diese Frage der Rechtsprechung zuführen würde, sie zweifellos bejaht werden würde. Es stünde dem Richter nicht mehr zu, wenn wir durch die Kodifikation die früheren Amortisationsgesetze aus der Welt geschafft haben, auf dieselben zum Zwecke der Interpretation wieder zurückzugreifen und zu untersuchen, inwieweit die Englischen Fräulein darunter fallen oder nicht.

Was nun die örtliche Befreiung betrifft, so scheint es mir kaum möglich, ein Gebiet wie die Stadt Regensburg, welches bisher nach der Verfassung von dieser Art Bevormundung frei war, nunmehr unter den Zwang der Amortisationsgesetze zu stellen. Das wäre eine Kodifikation in pejus, und dasselbe gilt, wenn auch nur theilweise und in geringerem Maße, für das vormals fürstbischöflich Würzburgische Gebiet, das auch theilweise von diesen Gesetzen befreit war. Ich meine also, daß wohl konzedirt werden dürfte, diese wohl erworbenen Rechte und bestandenen Freiheiten jetzt im Jahre 1899 zu erhalten, jetzt, wo Alles dazu drängt, mit dem ganzen Rest ein Ende zu machen.

Was den Artikel 4c betrifft, so muß ich sagen, es ist nicht widerlegt worden, daß alle die Gründe, welche von Seite des Herrn Abg. Dr. Casselmann als Sprecher der Liberalen in der Kammer der Abgeordneten und in diesem Ausschusse geltend gemacht worden sind, hieher nicht einschlagen. Es handelt sich nicht um einen Zuwachs von Vermögen an geistliche Gesellschaften, sondern nur um einen Umtausch des bereits vorhandenen Vermögens, und da fallen die erwähnten Gründe von Expansion der todten Hand, von möglicher Benachtheiligung armer Verwandten vollständig weg und es bleibt nichts übrig als die Frage: sollen von allen juristischen und allen physischen Personen die klösterlichen Gesellschaften allein behindert sein, über ihr Vermögen in gesetzlicher Weise, wie es das bürgerliche Recht in Zukunft und das bisherige Recht Jedem gestattet, zu verfügen oder nicht?

Wenn man davon spricht, daß es nothwendig sei, darüber zu wachen, daß nicht Immobilien von höherem Werthe mit dem Geld der klösterlichen Gesellschaften angekauft werden, dann müßte man ebenso gut überwachen und es verhindern können, daß Immobilien in Geld verwandelt werden. Auch hierin könnte eine Gefahr liegen. Aber so weit zu gehen, hat selbst der Antrag der Regierung Abstand genommen.

Ich sage also, gewähren wir doch den geistlichen Gesellschaften das Recht, welches jedem Anderen garantirt ist durch das bürgerliche Gesetz, und machen wir nicht bezüglich derselben eine Ausnahme, als ob dort die Verwaltung und Verwendung von Vermögen eine Gefahr für den Staat oder für die Bevölkerung in sich tragen würde. Ich glaube, daß diese allgemeinen Betrachtungen uns dazu führen müssen, solche Ausnahmen nicht mehr bestehen zu lassen. Empfinden wir einerseits das Bedürfniß, etwas von unserem Prinzip abzugehen, um das Ausführungsgesetz nicht in Gefahr zu bringen, so möchte

S. 876. ich anderseits sagen, man soll uns nicht zumuthen, noch weiter zu gehen und den geistlichen Gesellschaften, die für unser ganzes soziales Leben so wichtig sind, größere Fesseln aufzulegen, und belasten wir insbesondere nicht Orte oder einzelne geistliche Gesellschaften mit den Ketten der Amortisationsgesetze, von denen sie bisher freigeblieben waren.

Der k. Staatsminister des Innern für Kirchen- und Schulangelegenheiten Dr. **von Landmann:** Wenn ich mich recht erinnere, spreche ich in dieser Frage nunmehr zum sechsten Male vor dem Landtag, und schon aus diesem Grunde werde ich mich, abgesehen von der vorgerückten Zeit,
S. 877. möglichst kurz zu fassen suchen und nicht Dinge wiederholen, die ‖ bereits wiederholt dargelegt worden sind. Ich werde insbesondere darauf verzichten müssen, auf allgemeine Ausführungen des Herrn Abg. Dr. Ratzinger einzugehen, und werde mich vielmehr ausschließlich mit den gestellten Anträgen befassen.

Wie bekannt, ist in der Kammer der Reichsräthe von Seite der Staatsregierung ein Antrag auf Kodifikation der Amortisationsgesetze gestellt worden, der dann auch von dieser Kammer angenommen worden ist, nur mit anderen Ziffern bezüglich der pragmatischen Summe. Die Staatsregierung hatte in Artikel 4b die Summe von 8000 M. und in Artikel 4c 5000 M. eingesetzt, und zwar nach reiflichem Erwägen aller Umstände. Wir hatten insbesondere in Artikel 4b 8000 M. gewählt, weil wir von der Meinung ausgingen, daß dieß ungefähr dem Werth von 2000 Gulden im vorigen Jahrhundert entspreche. Die Staatsregierung hat in der Kammer der Reichsräthe den Antrag, 10,000 M. in beiden Artikeln einzusetzen, entschieden und eingehend bekämpft und muß es lebhaft bedauern, daß entgegen ihren Darlegungen gleichwohl in der Kammer der Reichsräthe in beiden Artikeln die Summe von 10,000 M. eingesetzt wurde. Die Staatsregierung erblickt in dieser weitgehenden Ausdehnung der pragmatischen Summe, bis zu welcher ohne jede Genehmigung der Erwerb der todten Hand zulässig sein soll, eine zu weit gehende Beschränkung des landesherrlichen Rechtes, zumal von diesem Recht immer der wohlwollendste Gebrauch gegenüber den Klöstern gemacht worden ist.

Nun ist die Staatsregierung vor die Frage gestellt, wie sie sich diesem Beschlusse gegenüber verhalten solle, und heute ist die weitere Frage an sie herangetreten, wie sie gegenüber dem Antrage „Wagner“ sich zu stellen hat. Die Staatsregierung glaubte, ihrerseits darauf verzichten zu sollen, heute im Ausschusse auf ihren in der Kammer der Reichsräthe gestellten Antrag zurückzukommen, um damit auch ihrerseits ein gewisses Entgegenkommen zu zeigen und zum Zustandekommen des Ausführungsgesetzes beizutragen und dem Vorwurf zu entgehen, daß sie durch ihre Hartnäckigkeit dieses Zustandekommen vereitelt habe. Es ist nämlich zu erwägen, und dieß möchte ich auch gegenüber dem Antrage „Wagner“ erwähnen, daß die Kammer der Reichsräthe wahrscheinlich, wenn die Sache wieder zu ihr hinauf kommt, kaum geneigt sein wird, von ihren früheren Beschlüssen abzugehen, und daß dann das Gesetz gefallen wäre. Anderseits gibt sich die Staatsregierung noch immer der Hoffnung hin, daß es zu einer Verständigung mit der Kammer der Reichsräthe und auch schon zwischen den beiden Parteien hier kommen wird. Momentan allerdings, dieß muß ich gestehen, sind diese Aussichten keine sehr glänzenden.

Nun gestatten Sie mir, auf den Antrag „Fuchs und Genossen“ einzugehen, wonach gegenüber den Beschlüssen der Kammer der Reichsräthe zum Theil eine andere Fassung vorgeschlagen wird. Hiernach soll Abs. 1 unverändert bleiben. Die Regierung würde sich, wie bemerkt, im Interesse des S. 877. Zustandekommens des Gesetzes mit der hier eingesetzten Ziffer einverstanden erklären können, wenn auch unter Bedauern.

Was sodann den neuen Abs. 2 betrifft, so kann ich im Einverständniß mit dem Herrn Justizminister erklären, daß ich gegen diesen Antrag keine wesentliche Erinnerung hätte. Ich halte es für ziemlich unerheblich, ob diese Fassung oder die Fassung der Kammer der Reichsräthe gewählt wird, wenn schon ich mit der Begründung des Herrn Abg. Lerno mich nicht einverstanden erklären kann. Herr Senatspräsident Dr. von Jacubezky wird sich darüber noch äußern. Ich glaube, es waltet hier auf Seite des Herrn Abg. Lerno ein Mißverständniß vor bezüglich der Bedeutung der Fassung der Kammer der Reichsräthe.

Um so bedenklicher ist der neue Abs. 3 in Artikel 4b, der die bisherigen Ausnahmen aufrecht erhalten will und zwar sowohl bezüglich der Englischen Fräulein, wie auch bezüglich der Gebiete der Stadt Regensburg und des vormaligen Fürstbisthums Würzburg. Dieser Antrag erscheint mir höchst bedenklich und ich muß ihm entschieden entgegentreten, wenn er auch in seinen einzelnen Theilen nicht gleich wichtig ist.

Der Herr Korreferent Lerno und der Herr Abg. Geiger haben zur Begründung dieses Antrags im Allgemeinen angeführt, daß die Regierung ja schon dadurch, daß sie das einheitliche Recht bekomme, ein gutes Geschäft mache. Was hiegegen zu sagen ist, ist bereits von einer anderen Seite gesagt worden. Der Nutzen liegt nicht auf Seite der Regierung, sondern auf Seite des Volkes, und in diesem Falle haben den Vortheil vom einheitlichen Recht namentlich auch diejenigen, die aus dem Amortisationsrecht künftig hinausfallen, die eximirten Personen.

Dann haben die Herren von wohlerworbenen Privilegien gesprochen; auch das kann ich nicht anerkennen. Es handelt sich bei der Vereinheitlichung des Rechtes in Bezug auf die Amortisationsgesetze darum, gewisse Bestimmungen des bürgerlichen Rechtes im ganzen Königreiche gleich zu machen, das bürgerliche Recht in einer gewissen Materie und in gewissen Gebietstheilen zu ändern. Mit demselben Recht könnte man in einem anderen Gebietstheil, z. B. in der Pfalz, wo in vielen Beziehungen bestehende Bestimmungen durch das Bürgerl. Gesetzbuch geändert werden, sagen: Es werden unsere Privilegien aufgehoben. Man kann sich nicht darauf berufen, daß es bei den Amortisationsgesetzen um Beschränkung der Erwerbs- oder Dispositionsfähigkeit sich handle und daß hierin eine Beseitigung von Privilegien liege, denn die Bestimmungen des bürgerlichen Rechts bestehen zum großen Theil darin, daß die Dispositionsfähigkeit der einzelnen Personen mit gewissen Schranken umgeben wird; es könnte sonst Jeder, dem durch das Bürgerl. Gesetzbuch eine andere Schranke seiner Willensfreiheit gezogen wird als bisher, behaupten, es sei ihm ein Privilegium entzogen worden, das er bisher hatte. Es handelt sich nicht darum, in Gebietstheilen, in welchen bisher die Amortisationsgesetze nicht galten oder einen anderen Inhalt hatten, Privilegien der Klöster zu beseitigen, sondern darum, in diesen Gebietstheilen gewisse bürgerlich-rechtliche Bestimmungen, die auch anderwärts gelten, einzuführen.

Etwas zweifelhaft könnte die Sache nur sein bezüglich der Englischen Fräulein. In Bezug auf diese Frage, ob hier nämlich nicht ein Privilegium vorliegt, welches beseitigt würde, habe ich bereits in der Kammer der Reichsräthe dargelegt, daß ein förmliches Privilegium der Englischen Fräulein bisher nicht bestanden hat, ein Privilegium in derselben Rechtsform erlassen wie die

S. 877. Gesetze selbst, also ein churfürstliches Privilegium. Die Englischen Fräulein sind aber thatsächlich durch die Verwaltungspraxis seit mehr als 100 Jahren im Allgemeinen als von den Amortisationsgesetzen frei betrachtet worden, allerdings ursprünglich auf Grund einer Interpretation des Gesetzes, die auf die heutigen Verhältnisse der Englischen Fräulein zweifellos nicht mehr paßt. Aber die Thatsache, daß, von geringen Schwankungen abgesehen, sie als von diesen Gesetzen befreit erachtet wurden, stelle ich nicht in Abrede. Ich möchte aber doch erwähnen, daß die Englischen Fräulein selbst zeitweilig in Zweifel waren, ob sie in der That von den Amortisationsgesetzen frei sind, und daß sie in Folge dessen zuweilen um die nach den Amortisationsgesetzen erforderliche Genehmigung nachgesucht, die ihnen auch ertheilt wurde; seit der letzten von Herrn Abg. Lerno citirten Entschließung des Herrn Ministers von Lutz wurde aber auch in der Praxis als feststehend anerkannt, daß die Englischen Fräulein nicht unter die Amortisationsgesetze fallen. Wenn man für die Englischen Fräulein eine Ausnahme statuirt, würde daher das Ausführungsgesetz hiedurch wohl nicht gefährdet werden. Aber sehr bedenklich ist die verlangte Ausnahme gewisser Territorien.

S. 878 Der Herr Abg. Lerno hat gemeint, daß eine Verletzung des Konkordats vorliege, wenn wir auf Regensburg die Amortisationsgesetze ausdehnen; diese Auffassung theile ich nicht; es ist bekanntlich bei den Verhandlungen über das Konkordat lange hin und her über die Aufrechterhaltung der bayerischen Amortisationsgesetze verhandelt worden; es wurde aber die Aufrechterhaltung derselben im Konkordat nicht ausdrücklich garantirt, die Regierung vermochte nicht, eine offene Amortisationsklausel durchzusetzen, man verständigte sich aber unter der Hand dahin, daß die bayerische Regierung in dieser Beziehung machen könne, was sie wolle, und deßwegen wurde § 44 in die II. Verfassungsbeilage aufgenommen, worin es heißt, daß die in dem Königreich als öffentliche Korporationen aufgenommenen Kirchen berechtigt sind, Eigenthum zu besitzen und nach den hierüber bestehenden Gesetzen auch künftig zu erwerben.

Nun hat es allerdings zeitweilig eine Rechtsauffassung gegeben, die dahin ging, daß die Amortisationsgesetze Verfassungsgesetze im strikten Sinne seien. Wenn dieß der Fall wäre, müßte überhaupt über die jetzt in Frage stehende Kodifikation in der für Abänderung von Verfassungsgesetzen vorgeschriebenen Form Beschluß gefaßt werden. Die Staatsregierung steht aber nicht auf dem Standpunkt, daß jede Aenderung der Amortisationsgesetze im Einzelnen eine Abänderung von Verfassungsgesetzen ist. Sie interpretirt jene Bestimmung des § 44 in dem Sinne, daß unter den „hierüber bestehenden Gesetzen" die jeweils bestehenden Gesetze gemeint sind. Dagegen habe ich früher im Plenum der Abgeordnetenkammer ausgeführt, daß die vollständige Beseitigung der Amortisationsgesetze gegen den Geist und die Absicht der Verfassung verstoßen würde und zwar sowohl gegen den § 44 als gegen den § 75, welcher von der Beaufsichtigung des kirchlichen Vermögens handelt.

Also, eine Verletzung des Konkordats und eine Verletzung der Verfassung kann ich nicht darin erblicken, wenn auf ein Gebiet, in dem die Amortisationsgesetze bisher nicht galten, dieselben ausgedehnt werden.

Ferner möchte ich den Herrn Abg. Lerno daran erinnern, daß er es war, der mit besonderer Ausführlichkeit bei der ersten Verhandlung im Plenum die Mißstände, welche aus den verschiedenen Rechten entstehen, dargelegt und darauf hingewiesen hat, wie nothwendig es ist, jetzt ein einheitliches Recht zu schaffen. Die Regierung ist nun daran gegangen, dieses einheitliche Recht zu

schaffen. Man kann doch nicht mit der Herstellung der Rechtseinheit in dem- S. 878.
selben Athemzug dieselbe durch territoriale Ausnahmen wieder durchbrechen, namentlich nicht durch solche Ausnahmen, die in der That eine rechte Verwirrung und Unklarheit aufrecht erhalten würden. Diese letztere Bemerkung mache ich namentlich wegen des fürstbischöflich Würzburgischen Gebiets; dasselbe ist keineswegs ein geschlossenes Territorium, sondern es besteht aus verschiedenen Gebietstheilen; für einzelne Dörfer, ja sogar für einzelne Häuser würde das alte Recht bestehen bleiben, es würden also in dem einen Haus eines Dorfes die Würzburgischen Amortisationsgesetze noch gelten, in einem anderen nicht; das sind Zustände, wie Sie ja selber wollen, daß sie beseitigt werden.

Außerdem muß ich mich gegen diese territorialen Ausnahmen entschieden besonders darum aussprechen, weil die Staatsregierung schon sehr bedeutende Konzessionen gemacht hat in Bezug auf die Einschränkung des Kreises der Personen, die unter die Amortisationsgesetze fallen, und weil sie für dieses Entgegenkommen doch von der anderen Seite ein gewisses Nachgeben in Bezug auf die Ausdehnung in territorialer Beziehung verlangen muß. Wir haben ausgenommen die einzelnen Klosterangehörigen, die Regularen, wir nehmen aus alle Korporationen, die nicht geistliche Gesellschaften sind, wir nehmen aus die bischöflichen Stühle selbst, die Seminarien u. s. w., und das sind so gewichtige Ausnahmen, daß die Staatsregierung mit Recht beanspruchen kann, daß diesen Ausnahmen eine Gegenleistung durch die Vereinheitlichung des Rechts gegenüber gestellt werde; nur deßwegen, um die Rechtseinheit zu bekommen, haben wir diese Ausnahmen vorgesehen und auch die Allerhöchste Genehmigung dazu erwirkt.

Ich komme nun zu dem Antrag, den Artikel 4c zu streichen. Dieser Artikel betrifft den Erwerb von Immobilien, der der Genehmigung bedarf, wenn der Werthbetrag die Grenze von 10,000 M. übersteigt. Dieser Antrag verstößt gegen eines der beiden Grundprinzipien, auf denen die Amortisationsgesetze überhaupt beruhen, nämlich Schutz der Verwandten und Verhinderung der Anhäufung von Grundbesitz in der todten Hand. Der letztere Gedanke war sogar, soweit ich die Sache übersehe, der vorwiegende. Es wurde besonderes Gewicht darauf gelegt, daß der Grundbesitzerwerb der todten Hand unter landesherrliche Kontrole gestellt werde. Nun wurde dagegen gesagt, diese Grundsätze der Amortisationsgesetze widersprächen den Anschauungen der Gegenwart, der individuellen subjektiven Freiheit der Vermögensverwaltung; ein sozialpolitischer Grund für die Aufrechterhaltung dieser Beschränkung bestehe nicht mehr. Diese Erwägungen haben wir schon bei der ersten Verhandlung im Plenum der Kammer der Abgeordneten vernommen, aber wir können sie nicht als durchschlagend erachten. Die geistlichen Gesellschaften und Klöster sind keine Privatpersonen, welche volle Willens-, Dispositions- und Erwerbsfreiheit beanspruchen können. Die Klöster sind Korporationen des öffentlichen Rechts, sie sind als solche naturgemäß Beschränkungen unterworfen und zu diesen gehört nach geltendem Recht die Kontrole des Erwerbs von Immobilien. Der Aufhebung dieser Beschränkung zuzustimmen, muß die Staatsregierung Bedenken tragen. Allerdings hat diese Beschränkung zur Zeit nicht die große Bedeutung wie früher, aber sie kann wieder erheblichere Bedeutung gewinnen, und daß das Centrum dieß selbst fühlt, sieht man gerade daraus, daß es den Antrag auf Streichung dieser Beschränkung stellt. Ich bin der Ueberzeugung, daß es im allgemeinen öffentlichen Interesse nöthig ist, diese Kontrole des Immobiliarbesitzes aufrecht zu erhalten. Die Handhabung dieser Bestimmung Seitens der Staatsregierung war übrigens immer eine wohlwollende und wird

S. 878. voraussichtlich auch in Zukunft keine andere als eine wohlwollende sein. Dieselbe liegt zudem nicht ausschließlich bei den Staatsministerien, sondern die Krone selbst hat sich bekanntlich die Ausübung dieses Rechtes vorbehalten. Mit der Streichung des Artikels 4c kann sich also die Staatsregierung nicht einverstanden erklären.

Was den weiteren Antrag zu Artikel 4d betrifft, so wurde gesagt, es handle sich nur um eine redaktionelle Aenderung. Es ist aber Seitens der Herren Antragsteller übersehen worden, daß ihre Fassung eine sehr erhebliche materielle Bedeutung hätte, soweit ich es zu beurtheilen vermag. Würde das Citat des Artikel 4c aus dem Artikel 4d herausgestrichen, so würde dieß zur Folge haben, daß ausländische juristische Personen Grunderwerb machen können, wenn er nicht im Wege der Schenkung von Todeswegen, sondern durch Kauf erfolgt, ohne irgend eine Genehmigung. Artikel 4b spricht ja blos von Schenkungen und Zuwendungen von Todeswegen. Ich kann also diesem Antrage nicht beistimmen, jedenfalls wäre eine andere Fassung nothwendig.

Im Allgemeinen möchte ich noch bemerken, nachdem Ihrerseits so bestimmt erklärt wurde, daß der Antrag der Kammer der Reichsräthe unannehmbar sei und zwar im Interesse der Kirche, daß auch in der Kammer der Reichsräthe warme Freunde der Kirche sich befinden, die sich nicht nachsagen lassen werden, daß in der Kammer der Abgeordneten noch wärmere Freunde der Kirche säßen. Wenn jene Herren sich mit den 10,000 M. in beiden Artikeln zufrieden geben, könnten auch Sie diesem Beschlusse beistimmen. Es
S. 879. hat ja sogar Herr Erzbischof Stein ‖ erklärt, daß er sich eventuell mit dem Antrage, wie er von der Kammer der Reichsräthe gestellt wurde, einverstanden erklären könne.

Was den Antrag „Wagner" betrifft, so möchte ich nochmals wiederholen, daß auch dieser Antrag gefährlich ist; wenn dieser Antrag von der Kammer der Abgeordneten angenommen würde, so ist zu befürchten, daß die Kammer der Reichsräthe ihrerseits nicht zustimmt und daß damit das Ausführungsgesetz ebenso gefährdet wird, wie wenn die Anträge der rechten Seite angenommen werden. Ich meine daher, es wäre das Klügste, dem Antrage der Kammer der Reichsräthe zuzustimmen und damit das Gesetz über die drohenden Klippen hinwegzubringen. . . . . .

(Schluß der Sitzung um 8 Uhr.)

von Stobäus,
Vorsitzender.

Dr. Casselmann,
Schriftführer.

S. 881.

53.

Protokoll

über die Sitzung des besonderen (XVIII.) Ausschusses der Kammer der Abgeordneten zur Berathung der durch die Einführung des Bürgerlichen Gesetzbuchs veranlaßten Gesetzentwürfe.

(**Verhandl. des Justiz-Gesetzg.-Aussch. d. K. d. Abg. 1899. Beil.-Bd. XX, Abth. II, S. 881 bis 886.**)

München, den 31. Mai 1899, Nachmittags 4 Uhr.

Gegenwärtig:

Die Vertreter der k. Staatsregierung: der k. Staatsminister für Kirchen- und Schulangelegenheiten Dr. von Landmann, Excellenz, der k. Staatsminister der Justiz Dr. Freiherr von Leonrod, Excellenz, der k. Staatsminister der Finanzen Dr. Freiherr von Riedel, Excellenz, der k. Staatsrath Schraut, der k. Senatspräsident am obersten Landesgerichte Dr. Ritter von Jacubezky, der k. Ministerialrath im Staatsministerium der Finanzen, Kronanwalt Ritter von Schubart, der k. Ministerialrath im Staatsministerium der Finanzen, Ritter von Pfaff, der k. Ministerialrath im Staatsministerium der Finanzen, Reisenegger, der k. Oberregierungsrath im Staatsministerium der Justiz, Henle, der k. Oberregierungsrath im Staatsministerium der Justiz, Schneider, der k. Landgerichtsrath im Staatsministerium der Justiz, Dr. Unzner; S. 881.

ferner die Ausschußmitglieder: von Stobäus, Vorsitzender, Wagner, Stellvertreter des Vorsitzenden, Dr. Casselmann, Schriftführer, Michel, Stellvertreter des Schriftführers, Conrad, Fuchs, Joseph Geiger, Joseph Huber, Landmann, Lerno, Lutz, Dr. Ratzinger, Seeberger, Segitz, von Walter.

Tagesordnung:

1. Rückäußerung der Kammer der Reichsräthe über den Entwurf eines Ausführungsgesetzes zum Bürgerlichen Gesetzbuche (Beilage Za). — **Fortsetzung der Berathung.**

Vorsitzender **von Stobäus** eröffnet um 4 Uhr 5 Minuten die Sitzung.

Es wird die gestern unterbrochene Debatte, betreffend den Entwurf eines Ausführungsgesetzes zum Bürgerlichen Gesetzbuche, beziehungsweise die Rückäußerung der Kammer der Reichsräthe hiezu wieder aufgenommen.

Senatspräsident Dr. **von Jacubezky:** Der Herr Korreferent hat bei der Begründung des Antrags „Fuchs und Genossen" bezüglich des Artikel 4b Abs. 2 in der Fassung, die von der Kammer der Reichsräthe beschlossen worden ist, eine Ansicht geäußert, welche dem Sinne dieser Vorschrift nicht entspricht. Die Vorschrift bestimmt den der Berechnung wiederkehrender Leistungen zu Grunde zu legenden Zinssatz auf eins vom Hundert, und der Herr Korreferent hat geglaubt, Leistungen, die nicht dauernd, sondern nur auf Zeit zu gewähren sind, müßten mit demselben Werthe angeschlagen werden, wie wenn die Leistungen auf unbegrenzte Dauer zu entrichten wären, es müsse also der Jahresbetrag mit 25 multiplizirt werden. Das ist aber nicht der Fall und würde zu einem offenbar unangemessenen Ergebnisse führen. Wie eine solche Rente zu berechnen ist, das ist eine Rechnungsaufgabe, die auch in anderen Fällen vorkommt, z. B. wenn bei der Zwangsversteigerung von Grundstücken eine Leibrente in das geringste Gebot eingerechnet werden muß. Es wird nach der bekannten Hofmann'schen Regel über die Berechnung des gegenwärtigen Werthes künftiger Leistungen der Betrag gesucht, der mit Hinzurechnung der Zinsen, die sich bis zur Zeit der Fälligkeit ergeben, gleich ist dem künftig zu leistenden Betrage. Wenn man die Berechnung ausführt — ich habe, weil der Herr Referent gestern von einer fünfjährigen Rente von jährlich 2000 M. gesprochen hat, es für eine solche Rente gethan —, so findet man, daß die Leistung, die nach einem Jahre fällig wird, einen gegenwärtigen Werth von 1922 M. hat, die Leistung, die nach zwei Jahren fällig wird, 1844 M. werth ist, die nach drei Jahren fällige 1786 M., die nach vier Jahren fällige 1724 M. und die nach fünf Jahren fällige 1666 M., also die fünf Jahresleistungen zusammen 8942 M. Nimmt man noch eine sechste Jahresleistung hinzu, so erhöht sich der Werth um 807 M.. Es sind also sechs Jahresleistungen von je 2000 M. zusammen werth 9749 M. während sie nach der Civilprozeßordnung auf 12,000 M. zu veranschlagen sind. Diese Berechnung ist genauer als die der Civilprozeßordnung, die für ihre Zwecke sich mit einer weniger genauen Berechnung begnügen kann.

Es ist gestern schon von Seite des Herrn Ministers erklärt worden, daß die Frage von geringer Bedeutung ist, ob man die eine oder die andere Fassung wählt. Für den Fall, daß der Antrag „Fuchs und Genossen" angenommen werden sollte, bitte ich, nicht „Reichs-Civilprozeßordnung" zu sagen, sondern

S. 881. blos „Civilprozeßordnung", weil der Entwurf des Ausführungsgesetzes dieses Gesetz überall, wo es erwähnt wird, blos „Civilprozeßordnung" nennt. Ich verweise auf die Artikel 1, 47, 107, 115a und 115b.

Vorsitzender: Um diese formelle Sache gleich zu regeln, frage ich den Herrn Korreferenten, ob dagegen eine Erinnerung besteht.

Abg. **Lerno** (Korreferent): Nein!

Vorsitzender: Der Ausschuß ist also einverstanden, das Wort „Reichs" gleich zu streichen. Zum Worte ist Niemand mehr gemeldet; ich schließe die Diskussion. Das Schlußwort hat der Herr Korreferent.

Abg. **Lerno** (Korreferent): Ich möchte mir nur erlauben, im Anschlusse an die gestrige Debatte einige Punkte hervorzuheben, welche im Laufe derselben besonders berührt worden sind. Ich möchte zunächst anknüpfen an eine Aeußerung des Herrn Dr. Casselmann, welcher einen von mir gebrauchten Satz in einem anderen Sinne vorgebracht hat, als ich gemeint habe. Er hat im Anschlusse daran, daß ich ausgeführt habe, daß die Ausdehnung der Amortisationsgesetze auf territoriale und persönliche Kreise, die bisher exempt gewesen sind, nach unserer Auffassung eine Verletzung des Konkordats sei, von einer verbesserten Auffassung des Konkordats meinerseits gesprochen. Allein ich muß daran erinnern, daß er zu einer solchen Aeußerung um deswillen kein
S. 882. Recht hat, weil ich ausdrücklich gesagt ‖ habe, von den Amortisationsgesetzen steht im Konkordat nichts drinnen, es regelt aber die Beziehungen zwischen dem Staat und allen kirchlichen Verhältnissen und darunter fallen auch zweifellos die Amortisationsgesetze und wird zweifellos auch der Versuch fallen, diese Amortisationsgesetze auf jetzt davon noch nicht berührte persönliche und territoriale Kreise auszudehnen.

Es ist mir dann entgegengehalten worden, daß man unseren Antrag auch nicht annehmen könne, der in Abs. 3 des Artikel 4b die Ausnahme der Englischen Fräulein, des Gebietes der Stadt Regensburg und des vormals fürstbischöflich Würzburgischen Gebietes bezweckt, weil man hier um der Einheitlichkeit des Rechts willen ein Opfer bringen müsse, und man hat auf die Pfalz hingewiesen.

Ich glaube, die Schaffung eines einheitlichen Rechts, wozu wir von dieser Seite ganz gewiß das Unserige beigetragen haben, darf aber gewiß nicht so weit gehen, daß man alle die Privilegien — und so darf ich sie bezüglich der Englischen Fräulein wohl nennen — nun beseitigt und die Stadt Regensburg, die bisher solche Gesetze überhaupt nicht gehabt, unter die Fessel dieses Gesetzes beugen will, und wenn man von Beispielen gesprochen hat, daß die Pfalz sich auch Manches im Interesse der Rechtseinheit hat gefallen lassen, so möchte ich gerade in dieser Beziehung auch die Kollegen von der Pfalz als ein Beispiel für mich anführen.

Bei den Bestimmungen über die Familienfideikommisse haben wir in das Ausführungsgesetz, lediglich auf Wunsch der Kollegen aus der Pfalz, den wichtigen Artikel aufgenommen, wonach Fideikommisse in der Pfalz nicht errichtet werden dürfen. Das war bisher in der Pfalz, ich weiß nicht, Usus oder geltendes Recht. (Der k. Justizminister: geltendes Recht!) Wir haben damit auch eine Ausnahmebestimmung getroffen. Weil die Pfälzer es gewünscht haben, sind wir diesem Wunsche gerne nachgekommen und hier handelt es sich nicht blos um einen Wunsch, sondern um geltendes bezw. nicht geltendes Recht, gegen dessen Ausdehnung wir uns mit Recht sträuben.

Ich glaube ganz gewiß, daß es namentlich bei unserer Justizverwaltung Anklang findet, wenn ich sage, die Ausdehnung auf die genannten Kreise geht gegen die Prinzipien der Gerechtigkeit und Billigkeit. Ich möchte namentlich daran erinnern, wie außerordentlich ängstlich in der letzten Vorlage hinsichtlich des ehelichen Güterrechts die Justizverwaltung bestrebt war, in wohlerworbene Rechte nicht einzugreifen, und hier handelt es sich auch um wohlerworbene Rechte und Sie wollen nun mit einem Federstrich diese Amortisationsgesetze auf diese Kreise ausdehnen. S. 882.

Speziell hinsichtlich Regensburg glaube ich eine Bemerkung machen zu dürfen. Ich bin überzeugt, daß unser verehrter Herr Vorsitzender lieber sterben als die Freiheiten seiner Unterthanen in Regensburg in dieser Weise beschränken würde. (Heiterkeit links.) Die Stadt Regensburg hat, solange sie noch freie Reichsstadt war, von den Kaisern so viele Freiheiten und Privilegien bekommen, daß ihr würdiger Nachfolger sich nie und nimmer wird herbeilassen können, eine dieser Rechtsfreiheiten einem Theile der Bewohner dieser Stadt auf einmal zu entziehen.

Ich könnte noch eingehen auf das, was der Herr Kultusminister ausgeführt hat bezüglich der Summe, daß nämlich die 8000 M., welche in dem dem Reichsrathskammerausschuß von Seite der Regierung vorgelegten Antrage vorgeschlagen waren, ungefähr der pragmatischen Summe der Amortisationsgesetze von 2000 Gulden entsprechen. Ich könnte dagegen anführen, daß diese Berechnungen, bei welchen der Herr Kultusminister auf Gutachten von Nationalökonomen oder eigentlich von Sachverständigen über Währungsfragen sich gestützt hat, insoferne nach meinem Dafürhalten nicht zutreffend sind, weil ein Blick auf das praktische Leben zeigt, daß der Geldwerth seit den $1^1/_2$ Jahrhunderten, seitdem diese Amortisationsgesetze entstanden sind, nicht nur um das Zwei- und Dreifache, sondern um viel mehr als um das Vier- und Fünffache gesunken ist. Was hat damals eine Wohnung oder ein Haus in der Stadt München gekostet, was hat eine Maß Bier gekostet, was hat sonst die Lebenshaltung gekostet? Was man damals um 2000 fl. bekommen konnte, bekommt man heutzutage nicht um 8000 M..

Ich darf vielleicht das Eine noch anführen: Es ist noch nicht sehr lange her, so hat in Bayern in Bezug auf die Klöster und speziell in Bezug auf die Benediktiner eine Anschauung geherrscht, die zweifellos den Amortisationsgesetzen nicht so günstig war, wie jetzt die k. Staatsregierung dieselbe ansieht. Ich habe hier eine Abschrift der Stiftungsurkunde des Klosters Schäftlarn d. d. München, den 17. Mai 1866. Der Stifter dieses Klosters war der im Original eigenhändig unterzeichnete König Ludwig I. Hier sagt der Stifter im Eingange dieser Stiftungsurkunde:

> „Eingedenk des großen Nutzens, welchen der Orden des hl. Benedikt seit Jahrhunderten der Kirche, dem Staate, der Wissenschaft und der Erziehung und Bildung gebracht hat, haben Wir uns entschlossen, das uralte Kloster Schäftlarn seiner ursprünglichen Bestimmung wieder zurückzugeben.

Und unter Ziff. 6 der Stiftungsurkunde heißt es:

> Wir gestatten, daß zur Bestreitung der ersten Bedürfnisse ein Passivkapital von 6000 fl. aufgenommen und auf dem Klostergute hypothekarisch versichert werde. Eine weitere Belastung des Grundvermögens mit Passivkapitalien für die Zukunft darf nur zur Verbesserung der vorhandenen oder zur Erwerbung neuer Besitzungen

S. 882. stattfinden. Zu dem gleichen Zwecke kann auch das Fundationskapital verwendet werden.

Die Fundation hat darin bestanden, daß König Ludwig I. nicht blos von den Englischen Fräulein, die damals das Kloster Schäftlarn besessen hatten, dieses ganze Kloster mit sämmtlichen Gebäuden, Waldbesitz und allen sonstigen Gründen und Rechten gekauft und den Benediktinern geschenkt, sondern auch ein Fundationskapital von 50,000 fl. in 4 prozentigen Pfandbriefen der Bayerischen Hypotheken- und Wechselbank dazugegeben hat und er bestimmte, daß zur Erwerbung neuer Besitzungen sogar dieses Fundationskapital angegriffen werden dürfe, selbstverständlich also durften sie um ihr eigenes Geld unbeschränkt Besitz erwerben. Im Jahre 1866, das sind jetzt 33 Jahre, hat König Ludwig I., dieser große bayerische König, den Werth der Benediktiner für den Staat und auch die Bedeutung der Amortisationsgesetze in dieser Weise aufgefaßt.

Ich glaube also, Sie werden es ganz gewiß selbstverständlich finden, daß wir an dem prinzipiellen Standpunkte, der in unseren Anträgen zum Ausdruck gekommen ist und den ich gestern entwickelt habe, nichts ändern können.

Was die einzelnen Bemängelungen derselben betrifft, so sind wir gerne bereit, mit uns reden zu lassen, und ich komme auf diese Einzelheiten jetzt zu sprechen.

Was zunächst den Abs. 2 betrifft, den wir bei Artikel 4b beantragt haben, so bin ich, und ich glaube, meine Herren Kollegen werden damit einverstanden sein, gerne bereit, auf die Erläuterungen, welche der Herr Senatspräsident vorhin gegeben hat, diesen unseren Antrag zurückzuziehen. Wir sind mit dieser Erläuterung und damit, daß sie in's Protokoll aufgenommen wird, zufrieden, dieselbe wird in Folge dessen einer Mißdeutung in Zukunft nicht unterliegen können.

Bezüglich des Abs. 3 ist uns namentlich vorgehalten worden, daß wir damit eine Rechtszerrissenheit schaffen oder fortbestehen lassen würden, welche in dem Augenblicke, wo wir daran sind, möglichst einheitliches Recht zu schaffen, sich nicht gut ausnehmen würde. Allein ich möchte dem gegenüber
S. 883. darauf hinweisen, daß ‖ es sich darum handelt, die Amortisationsgesetze zu reformiren, welche an sich von vornherein diese ungeheure Rechtszersplitterung in sich enthalten haben, und wenn wir dabei nur die bisherigen exempten Personen und territorialen Kreise ausnehmen, so glaube ich, vorhin schon mit Recht ausgeführt zu haben, daß wir im Interesse eines Schönheitsfehlers gewiß solche persönliche Freiheiten und Privilegien nicht antasten dürfen.

Wir müssen darauf bestehen bleiben, daß sowohl die geistlichen Gesellschaften der Englischen Fräulein, als auch die Stadt Regensburg ausgenommen bleiben. Es ist das nach meiner Auffassung auch keine Durchlöcherung eines Prinzips.

Wenn unser Antrag Gesetz werden sollte und es liest später Jemand, der unsere Verhandlungen nicht kennt, daß hier eine Ausnahmebestimmung vorgesehen ist im Gesetze, wonach die Englischen Fräulein und die Stadt Regensburg von den Amortisationsgesetzen frei sind, und er fragt sich, warum das geschehen ist, so ist die Antwort sehr leicht und für Jeden einleuchtend; sie lautet: weil die Englischen Fräulein sich dieser über 100 Jahre dauernden Privilegien erfreuten, wonach sie als nicht unter die Amortisationsgesetze fallend betrachtet wurden, und weil es in Regensburg überhaupt niemals Amortisationsgesetze gegeben hat, darum hat man sich bei Schaffung der neuen Ausführungsgesetze nicht dazu bereit erklären können, diese Kreise in das Recht, in das Amortisationsrecht einzubeziehen.

Was das dritte Gebiet betrifft, so kann ich zugestehen, daß die Einwände S. 883.
des Herrn Kultusministers von Bedeutung sind, wonach hier allerdings eine Rechtszerrissenheit von größerem Belange geschaffen würde, weil thatsächlich dieses fürstbischöflich Würzburgische Recht in einzelnen sehr zerstreuten Gebieten, in manchen Ortschaften nur in einigen Häusern gilt und in Folge dessen die Anwendung dieses Gesetzes in der Praxis vielleicht zu manchen Streitfragen Anlaß geben könnte. Da mir auch aus diesem Kreise keine Anregung zugegangen ist, welche sich dagegen ausspricht oder sich dagegen verwahrt, wenn die in Altbayern geltenden Amortisationsgesetze auch auf sie ausgedehnt würden, so sind wir bereit, die beantragte Exemption des fürstbischöflich Würzburgischen Gebietes zurückzunehmen. Es würde also dieser Passus fallen und zwar von den Worten an: „auf das vormals fürstbischöflich Würzburgische Gebiet" bis zum Schluß, so daß der von uns neu formulirte Abs. 3 lauten würde:

„Diese Bestimmungen erstrecken sich nicht auf die geistlichen Gesellschaften der Englischen Fräulein und auf das Gebiet der Stadt Regensburg."

Auf der Streichung des Artikel 4 müssen wir selbstverständlich aus den von mir gestern erwähnten und ausgeführten Gründen stehen bleiben.

Was den Artikel 4d betrifft, so gebe ich gerne zu, daß die Einwendungen des Herrn Kultusministers, die er gestern in dieser Richtung gegen unsern Antrag vorgebracht hat, jedenfalls beachtenswerth sind. Ich glaube zwar nicht, daß durch die Streichung des Artikel 4c, wie wir sie vorgeschlagen haben, im Artikel 4d diese Interpretation je Platz greifen könnte, daß der entgeltliche Erwerb von Immobilien Seitens nichtbayerischer Klöster vollständig freigegeben sei. Ich glaube auch nicht, daß es in der Praxis vorkommen würde, daß ein auswärtiges Kloster als solches irgendwie nennenswerthen Grundbesitz in Bayern erwerben würde; sollte das je vorkommen oder geplant sein, dann, glaube ich, wird das betreffende Kloster immer einen Dritten als Strohmann vorstellen, und das könnte man dann nicht verhindern; aber, wie gesagt, wenn die k. Staatsregierung dagegen Bedenken hat und weil wir hier immer auf dem Standpunkt stehen, den wir zu wiederholten Malen ausgesprochen haben, daß wir nur den Schutz unserer deutschen und speziell bayerischen Klöster im Auge haben und deren Privilegien auf nichtbayerische oder nichtdeutsche nicht ausgedehnt wissen wollen, sind wir gerne bereit, zuzustimmen, wenn die k. Staatsregierung irgend eine Form findet, welche diesen Gedanken im Artikel 4d zum prägnanten Ausdruck bringt.

Im Uebrigen muß ich bei unsern Anträgen, soweit dieselben noch aufrecht erhalten sind, bestehen bleiben.

Der k. Staatsminister des Innern für Kirchen- und Schulangelegenheiten Dr. **von Landmann:** Ich muß leider noch einmal das Wort ergreifen, womit allerdings die Debatte neu aufgenommen erscheint.

Aus den Erklärungen des Herrn Korreferenten entnehme ich, daß das Centrum bereit ist, in einigen Punkten seine Anträge zurückzuziehen, aber leider nicht so weit, als es nach Ansicht der k. Staatsregierung gewünscht werden muß.

Was die Zurückziehung des Antrags bezüglich einer anderen Fassung des Artikel 4b Abs. 2 betrifft, so ist dieß unerheblich. Die Staatsregierung legt selbst keinen besonderen Werth darauf, ob der Absatz so oder anders gefaßt wird.

Von einiger Bedeutung für die Materie ist die Zurückziehung des Antrags bezüglich des ehemals fürstbischöflich Würzburgischen Gebietes. Es freut mich, daß meine Ausführungen in dieser Beziehung Eindruck auf die geehrten Herren gemacht haben.

S. 883. Was sodann die Englischen Fräulein betrifft, so habe ich gestern schon erklärt, daß die Ausnahmestellung der Englischen Fräulein voraussichtlich kein Umstand sein würde, der das Ausführungsgesetz zum Scheitern bringt.

Anders aber liegt die Sache mit den beiden übrigen Punkten. Es soll aufrecht erhalten werden die Ausnahme bezüglich der freien Reichsstadt Regensburg. Es ist nicht unmöglich, daß schon hiedurch das Ausführungsgesetz gefährdet würde.

Noch bestimmter muß ich mich aber äußern gegen den weiteren Antrag, den Artikel 4c ganz zu streichen. Die Herren erklären, sie müßten auf ihrem Standpunkt bestehen bleiben, und ich habe Namens der k. Staatsregierung zu erklären, daß, wenn Artikel 4c gestrichen wird, das ganze Ausführungsgesetz scheitert.

Vorsitzender: Ich schließe die Diskussion nochmals.

Der Herr Referent ergreift das Schlußwort.

Abg. **Wagner** (Referent): Was die Ausführungen des Herrn Korreferenten betrifft, so möchte ich denselben in der Reihenfolge folgen, wie er sie vorgetragen hat.

Er meint, es sei eine Verletzung des Konkordats gegeben, wenn die Amortisationsgesetze z. B. auf das Gebiet von Regensburg ausgedehnt werden. Dieser Anschauung kann ich durchaus nicht beipflichten. Denn nach der Schrift von Meurer — eine Widerlegung der betreffenden Anschauung ist nicht erfolgt — ist anzunehmen, daß unter den besonderen Gesetzen, welche in Artikel 8 des Konkordats in Betracht gezogen sind, auch die Amortisationsgesetze zu verstehen sind. Daß sie immer gleich bleiben müssen oder nicht neu eingeführt werden können, ist um so weniger anzunehmen, als Meurer darauf hinweist, wie der betreffende Passus des Konkordats entstanden ist, nämlich in der Art, daß gerade von der Kurie in Rom dem bayerischen Gesandten gesagt wurde: „Ihr werdet Euch doch bezüglich der Civilgesetzgebung von uns nichts einreden lassen, sonst wäret Ihr ja von uns abhängig." In dieser Beziehung haben wir volle Freiheit, das Konkordat hindert uns nicht, die Amortisationsgesetze zu machen Nach dem Standpunkte, den die Kurie von Rom einnimmt, sind dieselben gewiß nicht ausdrücklich anerkannt worden, wohl aber wurden sie durch das Konkordat tolerirt, und nachdem das der Fall ist, ist ein Hinderniß im Konkordat für die Ausdehnung der Amortisationsgesetze auf Regensburg durchaus nicht zu finden.

S. 884. Der Herr Abg. Lerno hält weiter die Exemtion von Regensburg aus dem Gesichtspunkte aufrecht, daß er sagt, man könne ein Privilegium nicht beseitigen. Es ist das kein Privilegium oder wohlerworbenes Recht, wenn in einem Rechtsgebiet etwas Anderes als Gesetz aufgestellt wird als in einem anderen. Man kann schon dem Sinne des Wortes nach hier nicht von einem Privilegium sprechen. Die Sache liegt nicht so wie bezüglich der Pfalz; aber wenn sie auch so liegen würde, so glaube ich, darauf hinweisen zu dürfen, daß ich mich beispielsweise beim Nachbarrechte vergeblich bemüht habe, einzelne, nach meiner Meinung wohlerworbene Rechte zu schützen, und da ist mir entgegnet worden, das geht nicht, wir müßten sonst eine Unzahl von alten Bestimmungen aufrecht erhalten. Da kann keine Rücksicht genommen werden. Da müssen sich eben die Leute dem neuen Gesetze fügen. So gut, als dieß bei Jenen dann der Fall sein muß, so muß es eben auch hier der Fall sein.

Der Hinweis auf die Uebergangsvorschriften trifft absolut nicht zu. Denn für jene Geschäfte, welche bereits im Laufe sind, wird die Uebergangsphase in ähnlicher Weise geregelt werden wie bezüglich aller übrigen Gegenstände.

Wenn nach dieser Richtung eine Bestimmung nothwendig wäre, wäre ich gerne bereit, zur Schaffung einer solchen mitzuwirken. S. 884.

Herr Abg. Lerno hat dann hingewiesen auf den Stiftungsbrief der Benediktiner in Schäftlarn. Daraus folgt nach meiner Meinung gar nichts. Denn wenn weiland Seine Majestät König Ludwig I. dem Kloster Schäftlarn eine besondere Vergünstigung zugedacht hat, so hat er eben von der ihm zustehenden landesherrlichen Befugniß Gebrauch gemacht. Es ist das ein Fall, in welchem er gerade sein landesherrliches Recht ausgeübt hat. Uebrigens ist das, was Kollege Lerno vorgelesen hat, nach meiner Meinung nicht adäquat mit einer Entschließung, die auf Grund von Amortisationsgesetzen ergangen ist. Auch haben die Herren ja selbst erklärt, daß die Handhabung der Amortisationsgesetze in neuester Zeit Seitens der k. Staatsregierung zu irgend einer Beanstandung keine Veranlassung gegeben habe, sondern daß sie außerordentlich wohlwollend auch jetzt noch gehandhabt werden.

Was die einzelnen Theile des Antrags „Fuchs und Genossen" betrifft, so kann natürlich in dem Zugeständniß der Streichung des Abs. 2 eine Konzession nicht erblickt werden. Denn der Herr Senatspräsident hat ja dargelegt, daß, wenn wir den Abs. 2 nach dem Antrage „Fuchs" annehmen, die betreffenden Gesellschaften eigentlich schlimmer daran sind, als wenn die ursprüngliche Fassung der Regierung bezw. die Fassung des Ausschusses der Reichsrathskammer beibehalten würde.

Was den Abs. 3 betrifft, so habe ich gestern schon erklärt, daß wir hinsichtlich der Englischen Fräulein das, was bis jetzt geübt wurde, allerdings konzediren würden. Ich würde also bezüglich des Abs. 3 zustimmen bis zu den Worten: „Diese Bestimmungen erstrecken sich nicht auf die geistlichen Gesellschaften der Englischen Fräulein."

Im Uebrigen stehe ich auf dem Standpunkte des Herrn Kultusministers. Die Ausdehnung auf das Gebiet der Stadt Regensburg können wir nicht fallen lassen und ebenso wenig glaube ich, daß Artikel 4c fallen gelassen werden darf. Denn wenn derselbe fallen gelassen wird, sind die ohnehin schon ziemlich schwachen Amortisationsgesetze noch auf schwächere Füße gestellt und einer Umgehung derselben wird, wenn der Artikel 4c gestrichen wird, Thür und Thor geöffnet. Ich glaube, es ist das etwas, was man ernstlich nicht verlangen sollte.

Nun muß ich aber sagen, ich habe bisher immer noch keinen Grund dafür gehört, warum man überhaupt hinsichtlich der Amortisationsgesetzgebung die Summe von 5000 M. auf 10,000 M. hinaufsetzen will. Der Herr Minister hat gestern bereits eine Erklärung abgegeben, welche allerdings nur eine Begründung dafür ist, daß man die Grenze auf 8000 M. hinaufrücken könne. Ich stehe aber in der ganzen Frage auf einem anderen Standpunkte. Wenn diese Amortisationsgesetze für das Volk als solches eine Bedeutung haben sollen, wenn der Verwandtenschutz der Zweck und das Ziel derselben ist und wenn sie darin ihre Begründung finden, dann würde sich eigentlich die Aussetzung irgend einer Summe nicht rechtfertigen. In der Lage sind wir aber nicht, wir können nicht generell statuiren, weil reichsgesetzlich die Grenze auf 5000 M. festgesetzt ist. Ich glaube, daß wir über diese Grenze nicht hinausgehen sollen, ohne daß, wie ich gestern schon gesagt habe, wir uns den Vorwurf zuziehen, daß wir die Reicheren stärker begünstigen wollen als die Aermeren. Diesen Vorwurf will ich mir nicht machen lassen. Ich muß gestehen, ich würde fast lieber auf die Amortisationsgesetze verzichten, als darin einwilligen, daß die Summe hinaufgesetzt wird. Wenn die Herren der Meinung sind, daß die Summe hinauf-

S. 884. gesetzt werden soll, dann sollen sie auch die Verantwortung dafür tragen, und ich habe nichts dagegen zu erinnern und erkläre ausdrücklich, daß von unserer Seite deßhalb, weil Sie die Grenze hinaufrücken, weil Sie die Amortisationsgesetze anders gestalten, wir dem Ausführungsgesetze gleichwohl zustimmen.

Der Vorwurf, den uns gestern Herr von Walter gemacht hat, daß wir schuld sind, wenn die Ausführungsgesetze scheitern, ist absolut unzutreffend. Wir machen es nicht so wie das Centrum, das erklärte: Wenn unser Wille in Bezug auf die Amortisationsgesetze nicht durchgeht, so stimmen wir gegen das Ausführungsgesetz. Auf diesem Standpunkt stehen wir nicht, sondern wir sagen: Wir können nicht einwilligen, daß die Amortisationsgesetze diese Gestaltung finden; aber wenn sie eine andere Gestaltung finden, dann verhalten wir uns deßhalb gegenüber dem Ausführungsgesetze im Ganzen nicht ablehnend, wir werden dem Ausführungsgesetz im Ganzen gleichwohl zustimmen. Uns kann also der Vorwurf nicht gemacht werden, daß wir das Ausführungsgesetz zum Scheitern bringen. Sie müssen sich diesen Vorwurf machen lassen; denn Sie haben diese Aenderung verlangt. Wir wären einverstanden gewesen, wenn die Sache auf dem status quo bliebe. Wenn Sie Forderungen stellen, dann werden wir wohl auch die Freiheit haben, zu sagen: Nur in der einen Richtung können wir zustimmen, nach der andern aber nicht. Ich glaube also, daß wir in dieser Beziehung auf einem anderen Standpunkte stehen, wie die Herren vom Centrum.

Uebrigens haben Sie ja in dieser Frage die Majorität im Plenum gehabt, Sie werden sie wahrscheinlich im Ausschusse und Plenum wieder haben, und es wird deßhalb unsere Abstimmung ohnehin von großem Belang in Bezug auf das Zustandekommen des Gesetzes nicht sein.

Ich erkläre aber für mich und meine Freunde, daß wir auf der Grenze von 5000 M. beharren müssen, und muß den Antrag, den ich gestern gestellt habe, heute noch aufrecht erhalten.

Vorsitzender: Wir kommen nun zur Abstimmung.

Der Antrag „Fuchs und Genossen" ist der weitestgehende; aber ich glaube, wir werden nicht gleich damit beginnen können.

Ich bitte, die Beilage Za zur Hand zu nehmen; da heißt es:

> Artikel 1 sei dahin abzuändern, daß die Worte „86 bis" gestrichen werden.

Allein auch das müssen wir zurückstellen, denn es handelt sich hier um den Artikel 86, auf den wir später noch zu sprechen kommen.

Dann käme Artikel 4b. Hier heißt es im ersten Absatz:

> Schenkungen oder Zuwendungen von Todeswegen an geistliche Gesellschaften bedürfen zu ihrer Wirksamkeit dem vollen Betrage nach der landesherrlichen Genehmigung, wenn sie Gegenstände im Werthe von mehr als zehntausend Mark betreffen.

S. 885. Der Antrag „Fuchs" geht dahin, diesen ersten Absatz unverändert anzunehmen.

Nun liegt aber ein Modifikationsantrag „Wagner" vor, über welchen wir abzustimmen haben. Dieser Modifikationsantrag lautet:

Der Ausschuß wolle beschließen,

> die Artikel 4b, 4c, 4d in der Fassung des Antrags der k. Staatsregierung im Reichsrathsausschusse vom 26. April l. J. mit dem Abmaße anzunehmen, daß im Artikel 4b statt „8000 M." gesetzt wird „5000 M.".

Ich bitte diejenigen Herren, welche so beschließen wollen, sich von den Sitzen zu erheben. (Geschieht.) Das ist die Minorität; der Modifikationsantrag „Wagner“ ist abgelehnt. S 885.

Der Abs. 2 des Artikel 4b des Antrags „Fuchs und Genossen“ ist zurückgezogen.

Ich bitte daher diejenigen Herren, welche dem Artikel 4b Abs. 1 in der Fassung der Kammer der Reichsräthe die Zustimmung geben wollen, sich von den Sitzen zu erheben. (Geschieht.) Das ist die Majorität; Abs. 1 ist angenommen.

Wir kämen nunmehr, nachdem der Abs. 2 im Antrage „Fuchs“ zurückgezogen ist, zum Abs. 3.

Abg. **Wagner** (Referent) (zur Geschäftsordnung): Ich bitte, hier die Abstimmung zu trennen; denn bis zu den Worten „Englische Fräulein“ sind wir einverstanden, aber bezüglich des Weiteren nicht. Ich bitte also, zuerst abstimmen zu lassen bis zu den Worten „Englische Fräulein“.

Vorsitzender: Hiegegen wird eine Einwendung nicht erhoben. Ich bitte diejenigen Herren, welche beschließen wollen:

> „Diese Bestimmungen erstrecken sich nicht auf die geistlichen Gesellschaften der Englischen Fräulein“,

sich von den Sitzen zu erheben. (Geschieht.) Angenommen.

Es soll nun der Absatz weiter lauten:

> „und auf das Gebiet der Stadt Regensburg“.

Diejenigen Herren, welche so beschließen wollen, bitte ich, sich von den Sitzen zu erheben. (Geschieht.) Es steht die Majorität; angenommen.

Nun kämen wir zu Artikel 4c.

Nach dem Antrage „Fuchs und Genossen“ soll dieser Artikel gestrichen werden.

Ich bitte diejenigen Herren, welche dem Antrag „Fuchs“ zustimmen wollen, sich von den Sitzen zu erheben. (Geschieht.) Es ist das dieselbe Majorität. Der Antrag „Wagner“ entfällt dann.

Nun käme noch der Antrag „Fuchs und Genossen“, wonach in Artikel 4d statt: „der Artikel 4b, 4c“ zu setzen ist: „des Artikel 4b“.

Ich bitte diejenigen Herren, welche diesem Antrage „Fuchs und Genossen“ zustimmen wollen, sich von den Sitzen zu erheben. (Geschieht.) Angenommen.

Abg. **Wagner** (Referent): Der **Artikel 14a** soll gestrichen werden; er betrifft die bekannte Ausnahmestellung hinsichtlich der Verjährung zu Gunsten lang gedienter Dienstboten. Ich betrachte es als einen sozialpolitischen Fehler, daß hier die Reichsrathskammer nicht nachgegeben hat.

Ich bin nicht in der Lage, etwas Anderes vorzuschlagen, und glaube, daß es bei dem Beschlusse der Kammer der Reichsräthe sein Bewenden haben muß.

Vorsitzender: Damit ist diese Angelegenheit erledigt. Ich bitte, fortzufahren.

Abg. **Wagner** (Referent): Wir kommen zu **Artikel 44.** Hier soll zwischen Abs. 3 und Abs. 4 folgender neue Absatz eingestellt werden:

> Für die Beglaubigung des Antrags und der Vollmacht ist auch die Gemeindebehörde des Wohnorts des Antragstellers oder des Vollmachtgebers zuständig.

Es betrifft das die Vinkulirung der Staatspapiere. Es ist seinerzeit schon bei Artikel 44 ausgesprochen worden, daß die betreffenden Beglaubigungen,

S. 885. die bei solchen Vinkulirungsanträgen nothwendig sind, seither von den Gemeindebehörden geschahen und von den Staatskassen anerkannt wurden. Es ist nun wohl im Hinblick auf die Fassung, welche das Notariatsgesetz gefunden hat, für nothwendig erachtet worden, ausdrücklich eine Bestimmung zu treffen, weil sonst die Zusicherung, welche von Seite der k. Staatsregierung gegeben worden ist, daß es bei dem bisherigen Verfahren verbleiben solle, unter Umständen nicht gehalten werden könnte; jedenfalls verdient es den Vorzug, daß man diese Bestimmung ausdrücklich gegeben hat, und ich bitte Sie um Genehmigung.

Vorsitzender: Angenommen. Ich bitte, fortzufahren. Referent ist nunmehr Herr Abg. von Walter.

Abg. **von Walter** (Referent): Die Kammer der Reichsräthe hat zu **Artikel 122[31]** eine Aenderung dahin vorgenommen, daß nunmehr an Stelle von Ziff. I Abs. 1 Satz 4 und Abs. 3 Satz 2 folgender neue Abs. 4 treten soll:

> Auf das Verfahren finden die für Verwaltungsrechtssachen geltenden Vorschriften Anwendung. Vor Erlassung der Vorentscheidung ist auch im Falle des Abs. 2 Satz 1 der Beamte zu hören.

Es ist das nur eine redaktionelle Aenderung, gegen welche ich kein Bedenken habe. Ich beantrage die Zustimmung.

Vorsitzender: Ich konstatire die Annahme dieser Abänderung.

Abg. **von Walter** (Referent): Der **Artikel 122[41]** hat ebenfalls eine Aenderung erfahren. Es soll nämlich zwischen Abs. 1 und Abs. 2 folgender neue Absatz eingestellt werden:

> Das in der Pfalz geltende Civilgesetzbuch (Code civil) tritt außer Kraft.

In dem Artikel 122[41] sind die Gesetze aufgeführt, welche aufgehoben werden sollen. Nun bin ich allerdings der Meinung, daß der Code civil bereits unter den Artikel 1 fällt und durch diesen aufgehoben ist, weil er eben nicht aufrecht erhalten wird. Aber ich habe gegen die Einstellung dieses Absatzes keine Erinnerung und beantrage Zustimmung.

Abg. **Conrad** (Korreferent): Ich muß gestehen, daß ich ebenfalls überrascht war, zu hören, daß eine derartige Bestimmung — ich will einmal sagen — vergessen worden sein könnte. Aber man stand so völlig unter dem Eindruck, die Aufhebung des französischen Civilrechts als selbstverständlich zu erachten,
S. 886. daß man eine ausdrückliche Bestimmung dieser Art in ‖ der That nicht vermißt hatte. Ich habe selbstverständlich keine Erinnerung gegen die förmliche Aufnahme dieses Absatzes.

Ich kann mich auch noch dem sympathischen Nachrufe, den Herr Reichsrath von Hessert dem scheidenden bürgerlichen Gesetzbuche des französischen Rechts, dem Code civil, gewidmet hat, meinerseits anschließen.

Oberregierungsrath **Schneider:** Die ausdrückliche Aufhebung des Code civil im Artikel 122[41] ist nicht überflüssig; ebensowenig handelt es sich um ein Versehen, das richtig gestellt werden soll. Die Sache liegt, wie folgt: Im Artikel 1 werden nur diejenigen civilrechtlichen Bestimmungen aus der Zeit vor der Erlassung der Verfassungsurkunde beseitigt, welche nicht durch die im Artikel 1 aufgenommenen Vorbehalte gedeckt sind. Damit ist nicht der Code civil als Ganzes beseitigt, denn dieser enthält einige Bestimmungen civilrechtlicher Natur, die durch die Vorbehalte des Artikel 1 gedeckt sind, die also nach der ursprünglichen Fassung in Kraft geblieben wären. In Betracht kommen hier insbesondere die Vorschriften in den Artikeln 910 und 937, welche Amortisationsbestimmungen für die Pfalz enthalten. Nach der ursprünglichen Regierungsvorlage sollten die bestehenden Amortisationsgesetze in ganz Bayern aufrecht erhalten bleiben, mit ihnen auch die Artikel 910 und 937 C. c. Nachdem aber nun in Ansehung der Amortisationsgesetze eine anderweitige Regelung eintreten und diese Regelung für ganz Bayern Geltung erhalten soll, werden diese beiden Bestimmungen des Code civil entbehrlich, damit wird aber der ganze Code civil entbehrlich; denn seine sonstigen Vorschriften civilrechtlichen Inhalts, welche durch Artikel 1 an sich aufrecht erhalten blieben, sind durch anderweitige Vorschriften ersetzt. Die ausdrückliche Aufhebung des ganzen Gesetzbuchs ist also lediglich eine Folge der anderweitigen Regelung der Amortisationsgesetze. S. 886.

Abg. **Wagner:** Ich bin mit den Ausführungen des Herrn Ministerialkommissärs einverstanden. Es wird sich auch so verhalten bezüglich der übrigen kodifizirten Gesetzgebungen, z. B. des bayerischen und preußischen Landrechts. Da bleibt eine Reihe von Bestimmungen aufrechterhalten. Diese Gesetze treten nicht als Ganzes außer Kraft. Wenn nun hinsichtlich des Code civil die Aufhebung ausgesprochen wird, so liegt eben der Grund vor, daß der Code civil im vollen Umfange durch neue Bestimmungen ersetzt wird.

Vorsitzender: Ich konstatire die Annahme. Damit wäre unsere Aufgabe zu Ende. Wir können nunmehr zur namentlichen Abstimmung schreiten. Ich bitte diejenigen Herren, welche mit dem ganzen Gesetzentwurfe, wie er sich nach den heutigen Beschlüssen gestaltet, einverstanden sind, mit „Ja“, die übrigen, mit „Nein“ zu antworten. (Folgt namentliche Abstimmung.) Einstimmig angenommen.

Nach unserer Uebung werden die Herren Referenten des Ausschusses auch im Plenum zu referiren haben.

Abg. **von Walter:** Ich möchte glauben, daß der Herr Abg. Wagner auch das Referat über die beiden ganz unbedeutenden Abänderungen übernehmen könnte; es ist nicht der Mühe werth, daß man einen eigenen Referenten dafür aufstellt.

Vorsitzender: Der Herr Abg. Wagner ist damit einverstanden und ebenso der Ausschuß. . . . . .

(Schluß der Sitzung um 6 Uhr.) S. 892.

von Stobäus,
Vorsitzender.

Dr. Casselmann,
Schriftführer.

Antrag des Justizgesetzgebungsausschusses der Kammer der Abgeordneten.

(Beilage Z[f] z. d. Verhandl. d. K. d. Abg. 1899.)

Die Kammer wolle beschließen,

den Modifikationsbeschlüssen der Kammer der Reichsräthe mit folgenden Abänderungen zuzustimmen:

a) Es sei dem **Artikel 4b** folgende Fassung zu geben:

Schenkungen oder Zuwendungen von Todeswegen an geistliche Gesellschaften bedürfen zu ihrer Wirksamkeit dem vollen Betrage nach der landesherrlichen Genehmigung, wenn sie Gegenstände im Werthe von mehr als zehntausend Mark betreffen.

Der Berechnung des Werthes wiederkehrender Leistungen wird ein Zinsfuß von vier vom Hundert zu Grunde gelegt.

Diese Bestimmungen erstrecken sich nicht auf die geistlichen Gesellschaften der Englischen Fräulein und auf das Gebiet der Stadt Regensburg.

b) **Artikel 4c** habe wegzufallen.

c) In **Artikel 4d** sei statt: „der Artikel 4b, 4c“ zu setzen: „des Artikel 4b“.

München, den 31. Mai 1899. Der Vicepräsident: **von Keller.**

6.

Stenographischer Bericht

über die

Verhandlungen der bayerischen Kammer der Abgeordneten.

Fünfhunderterste öffentliche Sitzung vom 2. Juni 1899.

(Stenogr. Bericht z. d. Verhandl. d. K. d. Abg. 1899, Bd. XIII, Nr. 501, Seite 1003 bis 1027.)

S. 1003. Die Sitzung wird um 9 Uhr 38 Minuten durch den Vicepräsidenten von Keller eröffnet.

Vicepräsident: Meine Herren! Ich eröffne die Sitzung. . . . . .

S. 1004. Wir treten nunmehr in die Tagesordnung ein.

Erster Gegenstand derselben ist:

Mündlicher Bericht des besonderen (XVIII.) Ausschusses der Kammer der Abgeordneten zur Berathung der durch die Einführung des Bürgerlichen Gesetzbuchs veranlaßten Gesetzentwürfe über die Rückäußerung der Kammer
S. 1005. **der Reichsräthe vom ‖ 19. Mai 1899 zu dem Entwurfe eines Ausführungsgesetzes zum Bürgerlichen Gesetzbuche, sowie zu dem Entwurfe eines Gesetzes, die durch die Einführung des Bürgerlichen Gesetzbuchs veranlaßten Aenderungen der seit 1818 erlassenen Gesetze betreffend.**

Einschlägig sind hier die Beilagen T, Za und Zf.

Ich werde zu gleicher Zeit Nr. 1 und 2 der Rückäußerung der Kammer der Reichsräthe zur Diskussion stellen.

Zu Nr. 2 dieser Rückäußerung ist maßgebend der Antrag unseres Ausschusses unter lit. a, b und c; dazu ist einschlägig ein soeben zur Vertheilung gelangter Antrag der Herren Abgeordneten Dr. Casselmann und Genossen. Dieser Antrag lautet:

Die Kammer wolle beschließen:

a) Es sei dem Artikel 4b folgende Fassung zu geben:

Schenkungen oder Zuwendungen von Todeswegen an geistliche Gesellschaften bedürfen zu ihrer Wirksamkeit dem vollen Betrage nach der landesherrlichen Genehmigung, wenn sie Gegenstände im Werthe von mehr als fünftausend Mark betreffen.

Der Berechnung des Werthes wiederkehrender Leistungen wird ein Zinssatz von vier vom Hundert zu Grunde gelegt.

b) Artikel 4c habe zu lauten:

Zum Erwerbe von Gegenständen des unbeweglichen Vermögens, deren Werth den Betrag von fünftausend Mark übersteigt, bedürfen geistliche Gesellschaften auch außer dem Falle des Artikel 4b der landesherrlichen Genehmigung.

Zum unbeweglichen Vermögen im Sinne dieser Vorschrift gehören auch Rechte an einem Grundstücke mit Ausnahme der Hypotheken, Grundschulden und Rentenschulden. S. 1005.

c) Als Artikel 4d sei folgende Vorschrift einzustellen:

Die Bestimmungen der Artikel 4b, 4c erstrecken sich nicht auf die geistlichen Gesellschaften der Englischen Fräulein.

d) Als Artikel 4e:

Die Vorschriften der Artikel 4b, 4c finden auf ausländische juristische Personen, die religiöse oder wohlthätige Zwecke oder Zwecke des Unterrichts oder der Erziehung verfolgen, mit der Maßgabe Anwendung, daß die Genehmigung bei einem den Betrag von fünftausend Mark übersteigenden Werthe, im Falle des Erwerbes des Eigenthums an einem Grundstück ohne Rücksicht auf den Werth erforderlich ist.

Ich eröffne nun die Diskussion zu Nr. 1 und Nr. 2 der Rückäußerung der Kammer der Reichsräthe, beziehungsweise zu lit. a, b und c des Ausschußantrags, sowie zu dem Antrage „Dr. Casselmann und Genossen" und ertheile das Wort zunächst dem Herrn Referenten, Abgeordneten Wagner.

Wagner (Berichterstatter): Meine Herren! Ich habe zunächst eine formelle Bemerkung vorauszuschicken. Die Reichsrathskammer hat, wie die verehrten Herren aus Beilage Za ersehen, an den Ausführungsgesetzen besondere Aenderungen getroffen. Diese beziehen sich sowohl auf Beilage A als auf Beilage B des ursprünglichen Regierungsentwurfs. Das Referat über die Beilagen A und B ist getheilt gewesen; es ist aber in der letzten Sitzung des Justiz-Gesetzgebungsausschusses beschlossen worden, daß, weil die Aenderungen zu Beilage B nur geringfügige sind, meine Wenigkeit heute auch das Referat über Beilage B führen soll.

Das vorausgeschickt, gehe ich nun auf die Nr. 1 und 2 der Beilage Za ein. Diese beiden Nummern betreffen die Frage der Amortisationsgesetze. Die verehrten Herren wissen, daß durch Beschluß der diesseitigen Kammer vom 18. April laufenden Jahres in dem Art. 1 des Ausführungsgesetzes die Allegirung der Art. 86 und 87 gestrichen wurde. Das hatte die Bedeutung, daß die Amortisationsgesetze aufgehoben wurden mit Ausnahme derjenigen Fälle, welche vom Art. 88 des Einführungsgesetzes zum Bürgerlichen Gesetzbuch gedeckt werden, nämlich des Artikels, welcher sich auf die ausländischen Korporationen bezieht. Dieser Beschluß ist schon im Ausschusse der Reichsrathskammer beanstandet worden, und es hat in dem Ausschusse der Reichsrathskammer in der Sitzung vom 26. April 1899 die k. Staatsregierung einen Vermittlungsantrag eingebracht, welcher darauf abzielte, die alten Amortisationsgesetze zu beseitigen, so wie die Kammer es beschlossen hat, aber durch andere Bestimmungen zu ersetzen. Es wurde nämlich vorgeschlagen, an Stelle der aufzuhebenden Amortisationsgesetze folgende Art. 4b, 4c und 4d dem Gesetze einzufügen. Ich glaube, es wird nothwendig sein, daß ich diese Art. 4b, 4c und 4d verlese, weil sie in keinem Produkte, das unserer Kammer zugestellt wurde, abgesehen von den Protokollen der Kammer der Reichsräthe, enthalten sind. Art. 4b lautete nach dem Regierungsantrag:

Schenkungen oder Zuwendungen von Todeswegen an geistliche Gesellschaften bedürfen zu ihrer Wirksamkeit dem vollen Betrage nach der landesherrlichen Genehmigung, wenn sie Gegenstände des beweglichen Vermögens im Werthe von mehr als 8000 *M.* betreffen. Wieder-

S. 1005. kehrende Leistungen werden mit dem fünfundzwanzigfachen Betrage der Jahresleistung angesetzt.

Art. 4c:

Zum Erwerbe von Gegenständen des unbeweglichen Vermögens, deren Werth den Betrag von 5000 M. übersteigt, bedürfen geistliche Gesellschaften der landesherrlichen Genehmigung.

Zum unbeweglichen Vermögen im Sinne dieser Vorschrift gehören auch Rechte an einem Grundstück mit Ausnahme der Hypotheken, Grundschulden und Rentenschulden.

Art. 4d:

Die Vorschriften der Artikel 4b, 4c finden auf ausländische juristische Personen, die religiöse oder wohlthätige Zwecke oder Zwecke des Unterrichts oder der Erziehung verfolgen, mit der Maßgabe Anwendung, daß die Genehmigung im Falle des Artikel 4b bei einem den Betrag von 5000 M. übersteigenden Werthe, im Falle des Erwerbes des
S. 1006. Eigenthums an einem Grundstück ohne Rücksicht auf den Werth erforderlich ist.

Die Bedeutung dieser Regierungsanträge ist folgende: Die k. Staatsregierung hat zunächst den Kreis der Amortisationsgesetzgebung nach zwei Richtungen hin erweitert. Das Gebiet von Regensburg hatte bisher keine Amortisationsgesetze; in dem Gebiete des fürstbischöflich Würzburgischen Rechts war bisher blos der Immobiliarerwerb den Amortisationsgesetzen unterstellt, nicht aber auch der Mobiliarerwerb. Die Anträge der k. Staatsregierung haben also, wenn sie angenommen werden, die Wirkung, daß die Exemtion dieser beiden Orte für die Zukunft wegfällt. Außerdem war zweifelhaft, ob die Englischen Fräulein bis jetzt den Amortisationsgesetzen unterworfen seien oder nicht. Für den Fall, daß anzunehmen ist, daß dieselben den Amortisationsgesetzen zur Zeit nicht unterworfen sind, würde auch nach dieser Richtung hin der Regierungsantrag eine Erweiterung des Kreises der Amortisationsgesetze bedeuten.

Dagegen hat aber dieses neue Amortisationsgesetz gegenüber dem bisherigen eine Reihe von ganz bedeutenden Erleichterungen erhalten. Zunächst einmal ist hervorzuheben, daß durch diese neuen Amortisationsgesetze die Erwerbsbeschränkung der Mitglieder religiöser Körperschaften, also der Mönche und Nonnen, vollständig wegfällt. Während sie nach den bisherigen Rechten überhaupt erwerbsunfähig sind, fällt die Erwerbsunfähigkeit nach dem Bürgerlichen Gesetzbuch weg; allein nach Art. 87 des Einführungsgesetzes zum Bürgerlichen Gesetzbuch ist der Landesgesetzgebung die Befugniß ertheilt, diese Religiosen den Amortisationsgesetzen zu unterwerfen, sie hinsichtlich ihres Erwerbes der Beschränkung der Staatsgenehmigung zu unterwerfen. Meine Herren! Durch ihren Entwurf hat die k. Staatsregierung darauf verzichtet, nach dieser Richtung irgend welche Beschränkung mehr aufzustellen. Das ist nach meiner Meinung die allererste und allerhervorragendste und weittragendste Konzession.

Zweitens ist die Konzession, welche die k. Staatsregierung gemacht hat, folgende: Nach dem Mandate von 1701 sind alle manus mortuae den Amortisationsgesetzen unterworfen. Es ist das auch, wenn ich mich recht entsinne, im preußischen Landrecht der Fall und auch nach verschiedenen anderen einzelnen Rechten. Durch die neuen Amortisationsgesetze, durch den Antrag der k. Staatsregierung werden befreit: 1. einmal die Domkapitel, 2. die bischöflichen Seminarien und 3. die bischöflichen Stühle selbst. Also schon nach dieser Richtung hin bringt der Antrag der k. Staatsregierung eine sehr bedeutende Erleichterung.

Drittens war bisher bestritten, ob die Pfründen- und Kirchenstiftungen S. 1006.
im rechtsrheinischen Bayern den Amortisationsgesetzen unterliegen oder nicht. Die Staatsregierung steht auf dem Standpunkte, daß das nicht der Fall ist. Wir wissen aber aus den Verhandlungen, die in diesem hohen Hause über diese Frage stattgefunden haben, daß diese Frage eine strittige ist und daß es Kirchenrechtslehrer gibt, welche behaupten, daß auch für diese die Amortisationsgesetze noch gelten. Kein Zweifel ist, daß für die Kirchen- und Pfründestiftungen in der Pfalz die Amortisationsgesetze gelten. Dort ist jeder derartige Erwerb, welcher den Betrag von 300 Fr. übersteigt, bisher den Amortisationsgesetzen unterworfen. Durch den Entwurf der k. Staatsregierung nun wird obige Streitfrage gelöst und zwar zu Gunsten der Pfründe- und Kirchenstiftungen, indem diese künftighin nur mehr der einfachen Staatskuratel unterstellt werden, nicht mehr aber den Amortisationsgesetzen.

Dann ist die weitere Konzession die, daß künftighin nicht mehr zwischen bayerischen und nichtbayerischen juristischen Personen unterschieden wird, namentlich auch bezüglich des Immobiliarerwerbes. Es können also alle deutschen Klöster in Bayern unter denselben Bedingungen wie die bayerischen Klöster Grundbesitz erwerben und Zuwendungen empfangen.

Dann hatte die k. Staatsregierung in der Reichsrathskammer noch eine Konzession gemacht, welche dahin ging, daß die genehmigungsfreie Summe, welche nach dem Reichsgesetze auf 5000 ℳ. hinaufgerückt ist, hinsichtlich der Bestimmung in Art. 4b auf 8000 ℳ. hinaufgerückt werde.

Das sind also die Konzessionen, welche die k. Staatsregierung durch das neue Amortisationsgesetz gemacht hat, und die allerdings als sehr weitgehend zu bezeichnen sind.

Meine Herren! Die Reichsrathskammer hat schon in ihrem Ausschusse und auch in ihrer Plenarsitzung vom 19. Mai laufenden Jahres sich im Allgemeinen auf den Standpunkt der k. Staatsregierung gestellt, sie hat hinsichtlich der Art. 4b und 4c eine redaktionelle Aenderung vorgenommen, indem in den Art. 4b auch der unentgeltliche Immobiliarerwerb hereinbezogen wurde, während der Art. 4c lediglich auf den entgeltlichen Immobiliarerwerb beschränkt wurde. Das ist meiner Meinung nach nur eine redaktionelle Fassung, die ohne jede Bedeutung ist. Aber, meine Herren, die Reichsrathskammer hat dann weiters eine sehr schwerwiegende Aenderung vorgenommen, welche dahin geht, daß die genehmigungsfreie Summe sowohl in Art. 4b als auch in Art. 4c auf 10,000 ℳ. hinaufgerückt wurde. So sind also die Beschlüsse der Reichsrathskammer entstanden, welche die verehrten Herren aus der Beilage Za ersehen; diese vorzulesen wird nicht nothwendig sein; deren wesentlichen Inhalt und die Art der Entstehung glaube ich, Ihnen jetzt genügend skizzirt zu haben.

Diese Beschlüsse haben nun in Ihrem Justiz-Gesetzgebungsausschusse von zwei Seiten Anfechtung gefunden; den Einen gingen sie nicht weit genug, den Anderen gingen sie zu weit. Zunächst nämlich hat die Centrumsfraktion einen Abänderungsantrag gestellt und zwar den Antrag:

Der Ausschuß wolle beschließen:

a) Es sei dem Artikel 4b folgende Fassung zu geben:

Abs. 1 unverändert.

Abs. 2: Auf die Berechnung des Werthes wiederkehrender Leistungen finden die Vorschriften des § 9 der Reichs-Civilprozeßordnung Anwendung.

S. 1006. Abs. 3: Diese Bestimmungen erstrecken sich nicht auf die geistlichen Gesellschaften der Englischen Fräulein und auf das Gebiet der Stadt Regensburg, auf das vormals fürstbischöflich Würzburgische Gebiet nur insoweit, als Gegenstände des unbeweglichen Vermögens in Frage kommen; zum unbeweglichen Vermögen gehören auch Rechte an einem Grundstück mit Ausnahme der Hypotheken, Grundschulden und Rentenschulden.

b) Artikel 4c werde gestrichen.

S. 1007. c) In Artikel 4d sei statt: „der Artikel 4b, 4c„ zu setzen: „des Artikel 4b".

Meine Herren! Die Bedeutung der Abänderungsanträge ist folgende: Der Abs. 2, welcher anfänglich von der Centrumsfraktion gewünscht wurde, hat eigentlich nur eine Bedeutung hinsichtlich der Berechnung der Leistungen. Es wurde von Seite der k. Staatsregierung dargelegt, daß durch diese Berechnung die geistlichen Gesellschaften unter Umständen schlechter wegkämen als nach dem Regierungsantrag, und in Folge dessen ist der Abs. 2 von den Antragstellern selbst fallen gelassen worden, so daß er also heute nicht weiter in Betracht kommt.

Der Abs. 3 zu Art. 4b will nun die Exemtion von den Amortisationsgesetzen erstens einmal hinsichtlich der Englischen Fräulein, zweitens hinsichtlich des Gebietes der Stadt Regensburg und drittens hat er die Exemption gewollt hinsichtlich des fürstbischöflich Würzburgischen Gebietes bezüglich der Zuwendungen von Mobiliargegenständen.

Was nun die Exemtion der Englischen Fräulein betrifft, so wurde festgestellt, daß diese Englischen Fräulein schon auf Grund eines Geistlichen-Rathsdekrets vom vorigen Jahrhundert eximirt wurden. Allerdings ist die Rechtsgiltigkeit des Dekrets in Zweifel gezogen worden, aber konstatirt wurde, daß wenigstens seit dem Ministerium Lutz die Amortisationsgesetze nicht angewendet wurden, während vorher die Praxis allerdings eine Zeit lang schwankte. In dieser Richtung hat die k. Staatsregierung erklärt, daß an dieser Frage das Ausführungsgesetz nicht scheitern solle; auch die anderen Fraktionen haben sich damit einverstanden erklärt, daß sie das Privilegium der Englischen Fräulein, nachdem dasselbe ungefähr hundert Jahre und noch länger bestanden hat, nicht weiter bestreiten wollen. In dieser Beziehung würde also von allen Seiten der vom Centrum postulirten Exemtion zugestimmt worden sein.

Was nun die Exemtion des Gebietes der Stadt Regensburg betrifft, so ist zur Begründung geltend gemacht worden, daß es einen Bruch der Verfassung und einen Bruch des Konkordates bedeute, wenn diese Amortisationsgesetze auf die Stadt Regensburg ausgedehnt würden. In dieser Beziehung ist aber entgegnet worden, daß davon absolut keine Rede sein könne; insbesondere sei es nicht richtig, wenn behauptet wurde, daß die Stadt Regensburg ein förmliches Privilegium habe. Davon kann keine Rede sein, denn die Gesetzgebung ist eben eine andere in dem Gebiete der Stadt Regensburg, als sie anderswo war. Allein wenn eine Gesetzgebung nach einer bestimmten Richtung überhaupt nicht besteht, dann kann keine Rede sein, daß es in dieser Richtung ein Privilegium gibt.

Das Konkordat steht auch nicht im Wege, denn es ist ja schon das letzte Mal dargelegt worden, daß das Konkordat sogar eine versteckte Amortisationsklausel enthält, und wenn das der Fall ist, so steht wenigstens so viel

fest, daß bei dem Konkordatsabschlusse von Seite des päpstlichen Stuhles er- S. 1007.
klärt worden ist, daß die Amortisationsgesetze tolerirt werden, wenn sie auch nicht ausdrücklich anerkannt wurden.

Ebensowenig liegt desfalls eine Verfassungsänderung vor. Im Gegentheil hätte nach meiner Meinung nach der II. Verfassungsbeilage, in welcher die Staatsaufsicht für alle geistlichen Gesellschaften statuirt ist, schon längst Wandel geschaffen werden sollen; es wäre nur eine Erfüllung der II. Verfassungsbeilage, wenn das Gebiet von Regensburg unter die Amortisationsgesetze gestellt würde.

Das Gleiche gilt hinsichtlich des fürstbischöflich Würzburgischen Rechtsgebietes. Hier wurden dieselben Gesichtspunkte geltend gemacht wie hinsichtlich des Gebietes von Regensburg, sowohl auf der einen wie auf der anderen Seite.

Was den Art. 4c betrifft, so handelt derselbe von dem entgeltlichen Immobiliarerwerb. In dieser Richtung wurde gesagt, das habe gar keine Bedeutung mehr; denn die Amortisationsgesetze haben hauptsächlich den Verwandtenschutz zur Grundlage, und wenn das der Fall ist, dann könnte keine Rede davon sein, daß man diesen entgeltlichen Immobiliarerwerb unter die Amortisationsgesetze stelle. Von Seite der k. Staatsregierung aber wurde erwidert, daß ein Grundgedanke der Amortisationsgesetze auch der sei, das Immobiliarvermögen in der todten Hand nicht zu groß werden zu lassen, und von einer anderen Seite wurde noch entgegnet, wenn der Art. 4c falle, dann sei der Umgehung der Amortisationsgesetze Thür und Thor geöffnet. Man wird also auf diesen Art. 4c nicht verzichten können.

Im Art. 4d wäre in Folge der Anträge der Centrumspartei der Art. 4c zu streichen; es wären also die Amortisationsgesetze bezüglich der ausländischen Kongregationen und Klöster nur auf den unentgeltlichen Mobiliar- und Immobiliarerwerb zu beschränken.

Meine Herren! Hier ist von Seite der Centrumspartei zugegeben worden, daß man hier auch den entgeltlichen Immobiliarerwerb unter die Amortisationsgesetze stelle. Es ist aber von dort gesagt worden, daß man es der Regierung überlasse, in dieser Richtung eine entsprechende Fassung des Art. 4d vorzuschlagen.

Das sind nun im Wesentlichen die Gründe, welche für und gegen die Vorschläge der Centrumsfraktion vorgebracht wurden. Diese Anträge der Centrumspartei sind im Ausschusse auch mit Mehrheit angenommen worden und zwar mit 8 gegen 7 Stimmen und sie stellen sich Ihnen als Ausschußantrag dar. Der Ausschuß beantragt, daß Sie dem Amortisationsgesetze in dieser Richtung zustimmen wollen. Ich habe die Pflicht, diesen Ausschußantrag hier zu reproduziren, und diese Pflicht will ich hiemit erfüllt haben.

Aber, meine Herren, ich persönlich habe gegen diese Anträge gestimmt und ich muß sagen, nicht blos aus dem Grunde, welchen die k. Staatsregierung vorgebracht hat, nämlich daß, wenn diese Anträge angenommen werden, namentlich also wenn die Exemtion der Stadt Regensburg und die Streichung des Art. 4c angenommen würde, das Amortisationsgesetz von Seite der k. Staatsregierung nicht aufrecht erhalten werden könnte und daß nicht aufrecht erhalten werden könnte das Ausführungsgesetz selbst. Es wurde von Seite der k. Staatsregierung erklärt, daß mit Annahme dieser Anträge das ganze Ausführungsgesetz gefallen sei.

Ich habe nur noch meinem vorigen Referate einen Punkt, den ich in der Eile übersehen habe, nachzutragen. Dieser eine Punkt ist der, daß im Laufe der Verhandlungen darauf verzichtet wurde, die Exemtion des fürstbischöflich Würzburgischen Gebietes festzuhalten. Auf diese wurde schließlich von der Centrumsfraktion verzichtet. Es war nämlich entgegengehalten worden, daß die Annahme der Exemtion des fürstbischöflich Würzburgischen Gebietes auch deßwegen große Nachtheile im Gefolge haben würde, weil es sich da nicht um ein geschlossenes

S. 1008. Rechtsgebiet handelt, sondern das fürstbischöflich Würzburgische Recht || gilt bald da, bald dort, also an ganz veränderten Orten, und es würden daraus die größten Mißlichkeiten entstehen, wenn an einem Orte die Amortisationsgesetze gelten, am anderen nicht. Aus diesem Grunde hat die Centrumsfraktion auf diese Exemtion verzichtet, und so ist der Antrag entstanden, welcher sich als Ausschußbeschluß darstellt und den der Ausschuß zur Annahme empfiehlt.

Wie schon erwähnt, ist von meiner Partei gegenüber diesen Anträgen nicht blos aus dem Grunde, den die Staatsregierung hat, eine ablehnende Stellung eingenommen worden, sondern auch noch aus anderen Gründen, und es ist auch von der liberalen Partei ein Antrag eingebracht worden, welcher bezweckt, daß die ursprünglichen Regierungsanträge wieder hergestellt werden, mit der einen Aenderung jedoch, daß die Mindestgrenze herabgesetzt werde auf 5000 *M* sowohl in Art. 4 b als in Art. 4 c.

Meine Herren! Von unserer Seite wurde namentlich geltend gemacht, daß die Exemtion irgend eines Gebietes schon deßhalb nicht annehmbar sei, weil das Requisit der Rechtseinheit sonst durchbrochen würde. Wir haben im Ausführungsgesetz auf anderen Gebieten Konzessionen machen müssen. Ich selbst habe z. B. bezüglich des Nachbarrechts wenigstens für das Uebergangsstadium die Konservirung mancher nachbarrechtlicher Beschränkungen angeregt, allein der Ausschuß hat sich auf den Standpunkt gestellt, daß einheitliches Recht geschaffen werden müsse und daß Opfer gebracht werden müßten. Wenn dieser Standpunkt auf anderen Gebieten zum Erfolg geführt worden ist, so ist nicht einzusehen, warum gerade hier bezüglich des einen Gebietes eine Ausnahme gemacht werden solle, nachdem von unserer Seite wenigstens angenommen wird, daß, was zur Begründung dieser Exemtion geltend gemacht wurde, nicht zutreffend ist.

Meine Herren! Wir haben dann weiter gesagt, die Amortisationsgesetze stellen sich dar als der Ausfluß der Staatsaufsicht; allein sie haben auch noch einen andern Grund, die Amortisationsgesetze haben als Hauptgrund den **Verwandtenschutz**. Daß von diesem Standpunkt aus die Amortisationsgesetze auch heutzutage noch berechtigt sind, ist schon in der letzten Sitzung hervorgehoben worden; allerdings ist dieß von anderer Seite bestritten worden, allein in dieser Beziehung ist auch auf das Zeugniß Meurer's, der dieß näher dargelegt, rekurrirt worden und im Ausschusse ist dann von einem Herrn, welcher im Uebrigen mit der Centrumsfraktion stimmte, anerkannt worden, daß die Amortisationsgesetze allerdings eine berechtigte Grundlage im Verwandtenschutze haben.

Nun sagten wir, wenn es richtig ist, daß die Amortisationsgesetze ihre hauptsächliche Berechtigung, soweit das Volk ein Interesse daran hat, im Verwandtenschutz finden, so wäre es eigentlich das Richtige, gar keine Summe festzustellen; allein nach dieser Richtung hin haben wir keine freie Hand mehr. Die Reichsgesetzgebung hat diese Grenze auf 5000 *M.* hinaufgesetzt, die können wir nicht verlassen, allein eine noch weitere Hinaufrückung hat zur Folge, daß, wenn die Amortisationsgesetze den Schutz der Verwandtschaft bedeuten, sie diesen Schutz nur noch für die reicheren Leute bedeuten. Je weiter diese Grenze hinaufgerückt wird, desto weniger werden die Amortisationsgesetze ein Schutz sein für die Aermeren, sie werden immer nur ein Schutz sein für die reicheren Leute. Einer derartigen Begründung einer solchen Gesetzgebung glaubten wir nicht zustimmen zu können; denn wir waren der Meinung, daß die Regierung schon durch die übrigen Konzessionen weit genug gegangen sei.

Noch ein Gesichtspunkt ist hervorgehoben worden. Von Seite des Herrn Kollegen **Lerno** ist bei Begründung seines Eventualantrags, die Summe auf 12,000 *M.* hinaufzurücken, auseinandergesetzt worden, daß man diese Summe deßhalb nothwendig habe, weil die Zinsen aus dieser Summe ungefähr das darstellen, was eine in ein Kloster aufzunehmende Person ungefähr für ihren Unterhalt brauche. Wir haben gesagt, dieser Grund ist durch den Vorschlag der k. Staatsregierung vollkommen hinfällig geworden, denn ich habe vorhin schon darauf hingewiesen, daß die Mönche und Nonnen künftig unbeschränkt erwerbsfähig sind. Ihnen kann nicht blos die Summe von 12,000 *M.*, sondern jede beliebige Summe zugewendet werden, und der Grund, der für die Hinaufrückung dieser Summe vom Herrn Kollegen Lerno geltend gemacht wurde, fällt vollständig weg; ein anderer Grund ist im Ausschusse, obwohl dazu aufgefordert wurde, nicht geltend gemacht worden.

Meine Herren! Es ist sogar zu etwas harten Worten wegen dieses Vorschlages gekommen. Diese Worte mußten aber zurückgewiesen werden; und ich glaube, dieß zu meiner persönlichen Rechtfertigung sagen zu dürfen, ich glaube, daß wir ganz auf dem richtigen Standpunkt standen, daß, wenn die Amortisationsgesetzgebung eine Bedeutung wenigstens für den Mittelstand noch haben soll, man an eine Hinaufrückung dieser Grenze nicht gehen dürfe; das war nicht Etwas, was von unserer Seite zu tadeln wäre, sondern ich glaube, es hat unsere Fraktion den richtigen Standpunkt vertreten.

Meine Herren! Es ist noch Eines hervorgehoben worden, es ist unserer Seite für den Fall, daß unsere Anträge angenommen würden, vorgeworfen worden, daß wir einem Kompromisse nicht die Hand bieten und daß die linke Seite des Hauses an dem Scheitern der Ausführungsgesetze schuld sei. Meine Herren! Dagegen ist von unserer Seite erwidert S. 1008. worden, wir haben erklärt, daß wir das Ausführungsgesetz mit oder ohne Amortisationsgesetz annehmen wollen. Wir haben erklärt, das ist für uns kein Gegenstand, an dem das Ausführungsgesetz scheitern soll. Wir haben auch das letzte Mal, nachdem die Mehrheitsparteien beschlossen hatten, die Amortisationsgesetze zu streichen, für das Ausführungsgesetz gestimmt, und werden das künftig wiederum thun. Es kann also der liberalen Partei dieser Vorwurf absolut nicht gemacht werden, während allerdings auf der anderen Seite, wenigstens von einzelnen Rednern, die Erklärung gefallen ist, daß, wenn ihre Anträge nicht durchgehen, sie gegen das Ausführungsgesetz stimmen werden. Dieser Standpunkt ist ein solcher, daß ich als Referent mich nicht weiter darüber äußern will. Ich habe meine Bemerkungen schon das letzte Mal gemacht und erlaube mir, hierauf Bezug zu nehmen.

Meine Herren! Ich schließe damit, daß ich sage, der Ausschuß empfiehlt Ihnen, die Amortisationsgesetze in der Weise anzunehmen, wie sie von der Centrumsfraktion vorgeschlagen und schließlich noch festgehalten wurden. Meine Herren! Diese Aufgabe möchte ich erfüllt haben. Ich für meine Person kann mich auf diesen Standpunkt nicht stellen, sondern ich werde für die Anträge stimmen, welche die liberale Partei Ihnen unterbreitet hat und welche identisch sind mit dem, was ich im Ausschusse verfochten habe.

Vicepräsident: Das Wort hat der Herr Abgeordnete Dr. Casselmann als Antragsteller.

Dr. **Casselmann:** Meine Herren! Ich muß im || Gegensatz zu den Ausführungen S. 1009. des Herrn Referenten das hohe Haus bitten, dem Beschlusse nicht beizutreten, den Ihr Gesetzgebungsausschuß gefaßt hat, sondern dem Antrag zuzustimmen, den ich mir mit den übrigen liberalen Mitgliedern des Ausschusses zu stellen erlaubt habe. Wenn ich freilich die „Neue Bayerische Zeitung“ um Erlaubniß hätte fragen müssen, dann wäre dieser Antrag nicht gestellt worden; denn in der Nummer von gestern führt die „Neue Bayerische Zeitung“ aus, daß mit Recht schon der Herr Abgeordnete von Walter im Justiz-Gesetzgebungsausschusse den liberalen Versuch, die Summe wieder herabzusetzen, mit einem parlamentarischen Ausdruck zu bezeichnen nicht in der Lage gewesen sei, und die Zeitung setzt dann bei:

> In der That, entweder ist dieser liberale Versuch eine Ulkerei oder, wenn er, wie die liberalen Redner verlangen, ernst genommen werden soll, der Sache nach und in der jetzigen Situation ein vermessenes Spiel; denn auf diesem Wege ergeben sich die heillosesten Wirren.

Dem gegenüber ist es doch nicht ganz uninteressant, mit ganz kurzen Worten den Weg noch einmal zurückzulegen, den diese Amortisationsgesetzgebung bei der Berathung des Ausführungsgesetzes bei uns genommen hat.

Meine Herren! Die Staatsregierung hat primär seiner Zeit beantragt, daß die bisherigen Amortisationsgesetze aufrecht erhalten werden, nur selbstverständlich unter Beobachtung der betreffenden Vorschriften des Einführungsgesetzes, wonach die pragmatische Summe auf 5000 M. heraufgesetzt wird. Der Gesetzgebungsausschuß hat beschlossen, dieser Regierungsvorlage zuzustimmen. Von unserem Ausschusse kam dieselbe an den Ausschuß der Reichsrathskammer und die Reichsrathskammer hat ebenso wie der Ausschuß der Kammer der Abgeordneten beschlossen, daß es bei der Regierungsvorlage zu verbleiben habe. — (Abgeordneter Dr. Pichler: Zufallsmehrheit!) Ja, selbstverständlich Zufallsmehrheit! Das wird natürlich vergessen, wenn man sich jetzt auf den Standpunkt stellt, daß man sagt: das Plenum des Abgeordnetenhauses hat die völlige Streichung der Amortisationsgesetze verlangt. (Abgeordnete Dr. Pichler und Dr. Frank: Das Plenum ist maßgebend!) Meine Herren! Gewiß, das Plenum ist allein maßgebend; wenn also ein übereinstimmender Beschluß im Plenum beider Häuser gefaßt wird, so ist es in Ordnung; solange diese Uebereinstimmung des Beschlusses nicht da ist, solange es noch möglich ist, zurückzukommen auf das, was die Ausschüsse der beiden Häuser beschlossen haben, da werden Sie es uns wahrhaftig nicht verübeln, wenn wir so frei sind, das zu thun. —

Nun ist, nachdem unser Plenum die Beseitigung der Amortisationsgesetze beschlossen hat und nachdem die Staatsregierung mit Bestimmtheit erklärt hatte, eine volle Beseitigung der Amortisationsgesetze nicht billigen zu können, der Weg des Kompromisses im Ausschusse der Reichsrathskammer betreten worden und es ist nun in der Reichsrathskammer bezüglich der Summe ein Mittelweg eingeschlagen worden. Nach dem Reichsgesetze ist die pragmatische Summe 5000 M., Herr Abgeordneter Lerno hat eventuell im Plenum die Summe von 12,000 M. beantragt; die Regierung hatte sich dann auf die Summe von 8000 M. hergegeben, und nun kommt die Reichsrathskammer und sagt, damit doch etwas Abwechslung hineinkommt, weder 5000 noch 8000, aber auch nicht 12,000, sondern das einzig Richtige sind 10,000 M. Meine Herren! Wie man sonst im Leben eine derartige Geschichte bezeichnet, will ich hier, weil ich fürchte, nicht ganz ohne Beanstandung Seitens des Herrn Präsidenten zu bleiben, nicht bezeichnen, und es ist nach meinem Dafürhalten mit vollem Recht von einem Mitglied der hohen Reichsrathskammer dem auch Ausdruck gegeben worden,

S. 1009. indem gesagt wurde, es mache keinen hübschen Eindruck, wenn in dieser Weise mit Ziffern operirt werde, wie es im Laufe der parlamentarischen Behandlung dieser Sache in beiden Häusern geschehen sei.

Meine Herren! Nach meinem Dafürhalten kann es sich prinzipiell nur darum handeln, soll man die Amortisationsgesetze aufheben oder nicht, und ich verstehe vollkommen, wenn sich ein Theil der Herren da drüben wie ebenfalls ein Herr Redner in der Reichsrathskammer auf den Standpunkt der vollen Beseitigung der Amortisationsgesetze gestellt hat. Herr Dr. Ratzinger hat auch noch in der letzten Sitzung des Gesetzgebungsausschusses sich auf diesen Standpunkt gestellt, aber, meine Herren, etwas ganz Anderes ist das Feilschen um die einzelnen Summen, etwas ganz Anderes ist es, wenn man die Frage so stellt: Kann ein Kompromiß nach Lage der Sache nur auf der Grundlage dieser fixen Summe gestellt werden und ist es ein vermessenes Spiel, wie behauptet wird, wenn man diese Summe von 10,000 M. nicht als durchaus einwandfrei bezeichnet?

Man hat nun gesagt, ein Kompromiß zwischen dem Beschluß des Abgeordnetenhauses und dem Standpunkt der Staatsregierung sei schon recht, aber es müsse auch wirklich ein Kompromiß für die Kirche sein. Das, was die Staatsregierung da vorschlage und vorgeschlagen habe, das sei keine Konzession an die Kirche, und man hat, trotzdem das wiederholt widerlegt worden ist, stets frank und frei in der Reichsrathskammer von gewissen Seiten behauptet, hier mache blos der Staat ein gutes Geschäft, nicht aber die Kirche.

Meine Herren! Wer das gute Geschäft macht, wenn auch nun der Beschluß der Reichsrathskammer angenommen wird, das will ich hier nicht weiter erörtern, aber vollkommen wird die Sache verkannt, wenn gesagt wird, der Staat mache hier ein gutes Geschäft. Meine Herren! Der Staat macht ein gutes Geschäft, ist gesagt worden, weil, wenn der jetzige Vorschlag der Staatsregierung angenommen wird, die Streitfrage aus der Welt geschafft wird, ob die Amortisationsgesetze überhaupt noch Geltung haben. Nun, meine Herren, ist zwar zuletzt noch im Plenum der Reichsräthe von einer Seite der verzweifelte Versuch gemacht worden, zu behaupten, daß diese Amortisationsgesetze nicht mehr gelten. In unseren Verhandlungen hier in diesem Hause hat diese Frage eine besondere Bedeutung nicht gehabt und ich erinnere mich noch recht lebhaft an die ersten Verhandlungen in unserem Justiz-Gesetzgebungsausschusse, wo Herr Collega Lerno, nachdem er zunächst behauptet hatte, die Amortisationsgesetze gelten nicht mehr, nachdem er aber von anderer Seite, nicht nur von Seite der Staatsregierung, sondern auch Seitens verschiedener Mitglieder des Ausschusses darauf hingewiesen worden war, welche Staats- und Kirchenrechtslehrer auf dem Standpunkte stehen, daß die Amortisationsgesetze noch gelten, wie mit einer einzigen Ausnahme die bayerische Staatsregierung stets den Standpunkt der Giltigkeit der Amortisations-
S. 1010. gesetz‖gebung eingenommen hat, wie insbesondere auch die Rechtsprechung der Gerichte ohne jede Ausnahme die Giltigkeit der Amortisationsgesetze behauptet hatte, eigentlich zu seiner Entschuldigung sagte: „Ja, ich behaupte ja selbst gar nicht, daß die Amortisationsgesetze nicht mehr gelten, ich halte es nur für meine Pflicht, darauf aufmerksam zu machen, daß einzelne Kirchenrechtslehrer, wie Silbernagel, Kurz, auf diesem Standpunkt stehen.“

Aber, meine Herren, darf man wirklich noch diesen Punkt als ein zulässiges Kompensationsobjekt betrachten? Das geht nach meinem Dafürhalten doch nicht an. Ich will nur darauf hinweisen, meine Herren, weil ich wohl annehmen darf, daß ich Ihnen in dieser Beziehung keine Autorität bin — (Zurufe rechts: sehr richtig!) damit der sehr verehrte Herr Kollege Dr. Pichler sein staatsrechtliches und kirchenrechtliches Gewissen einigermaßen beruhigen kann, so will ich darauf hinweisen, was der Herr Referent in der Reichsrathskammer, der nebenbei der oberste Richter des Landes ist und von dem ich weiß und annehme, daß er in politischer Beziehung dem Herrn Kollegen Dr. Pichler näher steht als mir, in dieser Beziehung geäußert hat. Herr Reichsrath Dr. von Schmitt sagt auf die Provokation verschiedener Herren, die sich vergeblich auf ihn zu berufen versuchten, wörtlich:

> „Ja, ich gebe gerne zu, daß man vom theoretischen Standpunkt aus eine Anzahl von Gründen, die sich hören lassen, aufstellen kann für die Verneinung dieser Frage. Aber“, fügt er bei,

— der Herr Präsident wird die Güte haben und gestatten, daß ich aus dem Protokoll diesen einen Satz verlese —

> „was will dieser theoretische Standpunkt gegen die Thatsache, daß in der gerichtlichen und in der Verwaltungspraxis die Geltung heute feststeht; gegenüber der Thatsache, daß Gesetze neuerer Zeit den Fortbestand der alten Amortisationsgesetze unzweideutig anerkennen; gegenüber der Thatsache, daß ja selbst die Mehrheit der Kammer der Abgeordneten nicht davon ausging, die Gesetze bestehen nicht mehr, sondern davon, daß sie noch bestehen, und eben deßhalb, weil man sie nicht mehr will, aufgehoben werden müßten. Unter solchen Umständen, glaube ich, müsse man das, was von den hierzu berechtigten Autoritäten thatsächlich anerkannt ist, auch gelten lassen.“

Sie sehen also, verehrter Herr Kollege Dr. Pichler, das ist die Meinung des Herrn Referenten in der Reichsrathskammer, und um deswillen kann man doch nicht mit Fug und Recht sagen, hier ist irgend ein taugliches Kompensationsobjekt, wenn längst feststeht, die Amortisationsgesetze gelten noch. S. 1010.

Nun, meine Herren, hat man weiter gesagt, der Staat mache um deswillen ein sehr gutes Geschäft, weil hier durch den neuen Vorschlag die Amortisationsgesetzgebung in solchen Territorien eingeführt werde, in denen sie bisher noch nicht bestanden habe. Meine Herren! Das wäre die Stadt Regensburg. Wenn also jetzt wirklich das Gesetz so gemacht würde, wie die Regierung vorschlägt, so würde für die Stadt Regensburg eine Amortisationsgesetzgebung geschaffen werden. Es wurde mit Recht in der Reichsrathskammer schon darauf hingewiesen, daß nicht etwa heute schon die Zuwendungen, die nach Regensburg kommen an ein Kloster, unter das Regensburger Recht fallen, sondern nur die, die in Regensburg selbst einem Kloster gemacht werden. Wenn von auswärts Zuwendungen kommen, so werden die heute schon nach dem Rechte des Ortes, von dem sie kommen, nicht nach Regensburger Recht beurtheilt.

Das ist ja zuzugeben, daß, wenn das Gesetz erlassen wird, Regensburg der Amortisationsgesetzgebung unterstehen wird, und es ist nun mit besonderem Nachdruck darauf hingewiesen worden, es greife das in wohlerworbene Rechte gewisser Kreise der Bevölkerung ein und sei um deswillen nicht acceptabel. Ja, meine Herren, der Herr Referent hat schon darauf hingewiesen, daß hier von wohlerworbenen Rechten nicht die Rede sein könne. Unter „wohlerworbenen Rechten" — das haben wir ja bei der Berathung der verschiedenen Ausführungsgesetze und auch der Uebergangsvorschriften gesehen — versteht man etwas ganz Anderes als etwa den angeblichen Anspruch des Staatsbürgers, stets unter demselben Rechte zu leben, unter dem er momentan lebt. Wohlerworbene Privilegien können — wir haben diese Frage offen gelassen — bei den Englischen Fräulein in Frage kommen, und deßhalb haben wir, um diese Streitfrage aus der Welt zu schaffen, schließlich darein eingewilligt, daß man bezüglich der Englischen Fräulein die Ausnahme gelten lassen solle, aber bezüglich der Stadt Regensburg um dessentwillen nicht, weil hier Privilegien nicht in Frage kommen.

Meine Herren! Bei Einführung eines neuen Gesetzes müssen unter Umständen die Staatsbürger sich derartige Neuerungen gefallen lassen. Das ist der Fall auch jetzt, wo es sich um die Einführung des Bürgerlichen Gesetzbuchs und der bayerischen Ausführungsvorschriften handelt. Ich darf mich hier der Kürze halber nur auf das berufen, was in dieser Richtung der Herr Referent bereits angeführt hat.

Wenn also, meine Herren, feststeht, daß es unrichtig wäre zu sagen, blos der Staat mache hier ein gutes Geschäft der Kirche gegenüber, so muß im Gegentheil gesagt werden, daß durch den Vorschlag der k. Staatsregierung, aber auch durch den Vorschlag, den wir in unserem Antrag Ihnen hier machen, gegenüber dem bestehenden Amortisationsrecht — und das wird von keiner Seite geleugnet werden können — wesentliche Konzessionen an die Kirche gemacht werden.

Meine Herren! Wenn Sie den Art. 4b, der sich in seiner Fassung von dem Vorschlag der k. Staatsregierung in der Reichsrathskammer und auch von dem Beschlusse der Reichsrathskammer selbst nur in der Ziffer unterscheidet, indem wir hier die pragmatische Summe von 5000 M. nehmen, während die k. Staatsregierung eine solche von 8000 M. und die Reichsrathskammer von 10,000 M. nimmt, wenn Sie sich diesen Art. 4b genauer ansehen, werden Sie finden, daß unter die bestehenden Amortisationsgesetze ein viel weiterer Kreis von physischen und juristischen Personen fällt, als dieß nach diesem Artikel der Fall ist. Wir haben ja bei der ersten Berathung hier in diesem Hause — ich selbst stehe heute noch in dieser Beziehung auf einem anderen Standpunkte wie die k. Staatsregierung — gehört, daß zwar gewisse juristische Personen, Kirchengemeinden, Kirchenstiftungen, Pfründestiftungen, nicht mehr unter die Amortisationsgesetze fallen, weil für diese die Staatskuratel gegeben ist; aber so viel ist doch zweifellos, daß außer den || geistlichen Gesellschaften noch andere Persönlichkeiten unter die bestehenden Amortisationsgesetze fallen. Insbesondere fallen unter die Amortisationsgesetze die Religiosen, also die klösterlichen Novizen, die Mönche; meine Herren, diese sollen künftig nicht mehr darunter fallen; ferner sollen unter diese Amortisationsgesetze nicht mehr fallen die Klerikalseminare, die Domkapitel, die bischöflichen mensae, die alle nach den bestehenden Amortisationsgesetzen darunter gefallen sind. S. 1011.

Es ist mir deßhalb geradezu ein Räthsel, wie man sagen kann, durch die Annahme der Regierungsvorlage oder auch nur durch unseren Antrag werde gegenüber der bestehenden Gesetzgebung eine Konzession an die Kirche nicht gemacht.

Meine Herren! Aus diesen Gründen, die ich soeben angeführt habe, begrüße ich nun bei dem Reichsrathsbeschlusse etwas, daß sich derselbe nämlich nicht auf den Standpunkt dieses Hauses gestellt hat, der im Prinzipe die Amortisationsgesetze beseitigen wollte. Die Kammer der Reichsräthe will die Amortisationsgesetze aufrecht erhalten, sie will sie aufrecht erhalten,

S. 1011. weil sie nicht der Meinung ist, daß es sich hier um ein Ausnahmegesetz gegen die katholische Kirche handelt.

Meine Herren! Auch hier hat der vorhin von mir erwähnte Herr Referent der Reichsrathskammer besonders betont, daß, wie behauptet wird, von einem Ausnahmegesetz gegen die katholische Kirche hier nicht die Rede sein könne. Die Amortisationsgesetzgebung soll sich auf die geistlichen Gesellschaften im Sinne der II. Verfassungsbeilage erstrecken. Es fallen unter diese geistlichen Gesellschaften nicht blos die geistlichen Gesellschaften der katholischen, sondern auch der protestantischen Kirche, und Sie erinnern sich vielleicht, daß im Plenum der Reichsrathskammer gerade von protestantischer Seite bezüglich der Diakonissinnen eine Anfrage gestellt wurde, die allerdings nicht mit Bestimmtheit entschieden beantwortet worden ist; aber, meine Herren, Sie werden nicht leugnen wollen — ob in der Praxis die eine oder andere Konfession praktisch mehr in Frage kommt, ist nicht ausschlaggebend —, daß unter die geistlichen Gesellschaften der Verfassungsurkunde, auf welche die Regierungsvorlage sich bezieht, ebensowohl die Gesellschaften der katholischen wie der protestantischen Kirche zu subsumiren sind. Nun, meine Herren, bin ich nach wie vor der Meinung, wenn wir die Amortisationsgesetze aufheben würden, dann würden wir geradezu gegenüber den geistlichen Gesellschaften ein Ausnahmegesetz schaffen. Meine Herren! Was sind geistliche Gesellschaften? Geistliche Gesellschaften sind Gesellschaften des öffentlichen Rechtes und die Gesellschaften des öffentlichen Rechtes dürfen nicht ebenso behandelt werden wie private Gesellschaften, wie etwa die Aktiengesellschaften, die bei der ersten Berathung von Ihnen in Vergleich gezogen wurden. Das sind Privaterwerbsunternehmungen, während es sich hier um öffentlichrechtliche Korporationen handelt.

Nun, meine Herren, ist von Ihnen niemals bestritten worden, daß der Staat nicht nur die öffentlichrechtlichen kirchlichen Korporationen schützen muß, sondern daß er ihnen gegenüber auch eine Aufsicht hat. Es geht das so zweifellos wiederum aus dem Religionsedikt hervor, aus § 75 desselben, daß das im Ernste wohl nicht bestritten werden kann, und auch hier bin ich in der Lage, mich wiederum auf den schon mehrfach erwähnten Referenten im Reichsrathe berufen zu können, der das ausdrücklich betonte und sagte:

> „Warum soll hier, nachdem das Verhältniß zwischen Staat und Kirche so ist, gegenüber den Klöstern und ordensähnlichen Kongregationen ein Ausnahmezustand geschaffen werden? Der würde aber geschaffen werden, wenn hier auf der einen Seite die Kirchengemeinde und das Pfründevermögen einer staatlichen Aufsicht unterstehen, während die Klöster und ordensähnlichen Kongregationen dieser Aufsicht nicht unterstellt werden."

Das wäre der Fall, wenn Sie diese Amortisationsgesetze beseitigen.

Ja, meine Herren, es gereicht mir zu besonderer Genugthuung, daß gerade verschiedene geistliche Mitglieder jener Seite so erfreut über meine Ausführungen zu sein scheinen. Mir scheint das der reine Galgenhumor von Ihnen zu sein. Aber wenn Sie glauben, mich irre zu machen in meinen Ausführungen, so täuschen Sie sich; da muß die Sache schon ganz anders kommen.

Nun, meine Herren, ist gegenüber dem bisherigen Regierungsvorschlage insoferne auch der Beschluß des Reichsraths zu begrüßen, weil er hier Rechtseinheit schafft. Ich erinnere mich, daß schon in der ersten Sitzung des Gesetzgebungsausschusses betont worden ist, man solle doch auch hier einheitlich kodifiziren. Es wurden damals von Seite der Staatsregierung Schwierigkeiten gemacht. Man hat die Sache gehen lassen. Jetzt soll für ganz Bayern Einheit in Bezug auf diese Materie geschaffen werden, und ich habe vorhin schon darauf hingewiesen, daß es nicht an dem ist, wenn gesagt wird: Das Geschäft hiebei mache nur der Staat. Gerade die Interessirten, die Betheiligten, die geistlichen Gesellschaften u. s. w., die in Frage kommen, wissen doch jetzt, daß sie unter einheitlichem Rechte stehen. Alle die Verwirrungen, die es bisher auf diesem Gebiete gegeben hat und die besonders von dem Abgeordneten Lerno mit Recht bei der ersten Berathung hervorgehoben worden sind, werden verschwinden.

Meine Herren! Den Reichsrathsbeschluß kann ich und können wir, und ich glaube, im Namen der ganzen liberalen Fraktion sprechen zu dürfen, nicht acceptiren, weil, wie auch die Regierung, nach den Erklärungen des Herrn Kultusministers im Ausschusse, gesagt hat, bedauerlicher Weise der Reichsrath über die Summe hinausgegangen ist, die die Regierung gefordert hat, und die von Anfang an in Frage stand, nämlich die pragmatische Summe von 5000 M. Meine Herren! Man kann überhaupt schon darüber streiten, ob es klug war, daß das Reich schon eine Erhöhung der pragmatischen Summe auf 5000 M. vorgenommen hat. — (Rufe rechts: Hört, hört!) Ja, ich bin überzeugt, daß speziell Herr Dr. Pichler, der „hört, hört!" sagt, seinen redlichen Theil im Reichstage daran gehabt hat, daß dort schon die pragmatische Summe auf 5000 M. erhöht wurde. Denn, meine Herren, darüber ist doch wohl kein Zweifel, daß, wenn die Amortisationsgesetzgebung praktische Bedeutung haben soll, sie in erster Linie sich auf die Beträge bezieht, die unter dieser Summe sind, daß die kleinen Leute geschädigt werden, die man nun nach der Reichsgesetzgebung nicht mehr schützen kann.

Meine Herren! Der Herr Kultusminister hat in der Sitzung des Reichsraths darauf S. 1011.
hingewiesen, daß durch die Erhöhung auf 5000 M. schon 50% aller Gesuche um Genehmigung der Erwerbung von Immobilien und zwar nach einer 20jährigen Statistik, die aufgestellt worden ist, wegfallen. Ist das aber richtig, dann können Sie uns wahr || haftig nicht zu- S. 1012.
muthen, die Hand dazu zu bieten, daß diese Summe von 5000 M. noch weiter erhöht wird, und ich kann nur sagen, daß es wenigstens bei uns nicht als eine erfreuliche Thatsache bezeichnet worden ist, daß Seitens der k. Staatsregierung diese 5000 M., die ursprünglich in der ersten Vorlage in's Auge gefaßt worden waren, in der Reichsrathskammer auf 8000 M. erhöht wurden — (Abgeordneter Dr. Pichler: hört, hört!) „hört, hört!" sagt Herr Dr. Pichler — (große Heiterkeit rechts) daß es aber noch weniger verstanden werden würde, wenn man über diese 8000 M. auf die jetzt vorgeschlagene Summe von 10,000 M. gehen würde, denn diese Summe von 10,000 M. darf nicht für sich allein betrachtet werden, sondern im Zusammenhalt mit den übrigen Konzessionen, die der Kirche gemacht werden, von denen ich vorher gesprochen habe.

Da sage ich doch ganz offen: was hat denn die ganze Amortisationsgesetzgebung noch für einen Werth, wenn Sie in dieser Weise, wie Sie vorschlagen, nicht nur die pragmatische Summe hinaufsetzen, sondern die Streichung des Art. 4c sogar beantragen? Darum haben wir liberale Mitglieder des Gesetzgebungsausschusses bereits im Ausschusse erklärt, daß wir unter gar keinen Umständen in der Lage sind, über die ursprüngliche Regierungsvorlage bezüglich der Summe hinauszugehen, während wir aber auf der anderen Seite geneigt sind, nicht blos wegen der Englischen Fräulein die Konzession zu machen, sondern auch wegen der Exemtion gewisser Personen und gewisser Gesellschaften die Hand zu bieten.

Das ist nun nicht acceptirt worden, sondern man hat sogar nach parlamentarischen Ausdrücken gesucht, um ein solches Verhalten zu kennzeichnen. Ich habe nicht nöthig, um parlamentarische Ausdrücke mich hier besonders zu bemühen, (Heiterkeit rechts) aber das Eine möchte ich sagen, der betreffende Herr Reichsrath, der den Kompromißantrag gestellt hat in der Reichsrathskammer, hat, wenigstens wenn man die Protokolle liest, es als ganz selbstverständlich bezeichnet, daß darauf seine politischen Freunde da unten eingehen werden. „Des lieben Friedens halber stelle ich diesen Antrag." Wie wenig Herr von Soden seine politischen Freunde hier in der Kammer kennt, geht aus Ihrem heutigen Verhalten hervor. Die Centrumsfraktion wenigstens, soweit sie im Gesetzgebungsausschusse vertreten war, hat durch den Mund des Herrn Abgeordneten Lerno direkt erklären lassen, der Beschluß der Reichsrathskammer sei für sie unannehmbar. Ja, meine Herren, da tragen auch gefälligst Sie die Verantwortung, mag die Sache nun gehen, wie sie will.

Hauptsächlich ist es, abgesehen von der Summe von 10,000 M., der Art. 4c, den Sie absolut beseitigt haben wollen. Dieser Artikel spricht von dem entgeltlichen Erwerb von Immobilien, und es wird nun gesagt, wenn man bei Zuwendungen von Todeswegen und bei Schenkungen auch noch diese Amortisationsidee gelten lassen will, so hat es keinen Zweck, wenn bei dem entgeltlichen Erwerb die Klöster unter diese Beschränkung gestellt werden. Meine Herren! Das ist nicht richtig. Es ist um deswillen nicht richtig, weil, wie ich vorhin darzulegen mir erlaubt habe, auch bei entgeltlichem Erwerb alle übrigen juristischen Personen des öffentlichen Rechts einer Kuratel unterliegen, und daß also hier, wenn die Amortisationsidee, die einen Ersatz der Kuratel bietet, beseitigt würde, im Gegentheil ein Ausnahmezustand für geistliche Gesellschaften im Sinne der Verfassungsurkunde geschaffen werden würde, und es hat mich deßhalb gefreut, daß mit aller Bestimmtheit der Herr Kultusminister im Ausschusse erklärt hat, daß, wenn das Centrum auf der Streichung des Art. 4c bestehen bleibt, das ganze Ausführungsgesetz als gescheitert zu betrachten ist. Meine Herren! Wir wollen uns einmal wieder sprechen im Laufe der nächsten Tage, inwieweit Sie das, was Herr Dr. Daller bei der ersten Berathung gesagt hat, bewahrheiten. Ich sage, bewahrheiten, weil uns der Vorwurf im Gesetzgebungsausschusse gemacht worden ist und dieser Vorwurf ja auch hier in der von mir zu Anfang meiner Ausführungen citirten „Neuen Bayerischen Zeitung" wiederholt wurde, wir trügen die Verantwortung, wenn aus dem Ausführungsgesetz nichts wird.

Meine Herren! Dem ist nicht so. Der Herr Referent hat bereits im Ausschusse hervorgehoben: „Das ist unser prinzipieller Standpunkt. Wenn dieser Standpunkt nicht getheilt wird, dann werden wir gleichwohl für die Ausführungsgesetze stimmen, weil wir vor dem Land die moralische Verantwortung nicht zu tragen gewillt sind, die wir durch die Ablehnung des Ausführungsgesetzes auf uns laden würden." Sie dagegen haben im Gesetzgebungsausschusse gesagt: „Wenn unsere Anträge nicht durchgehen, unsere Anträge, die weiter gehen, als die Anträge der Kammer der Reichsräthe, dann lehnen wir die Verantwortung ab, wenn aus den Ausführungsgesetzen nichts wird." Meine Herren! Qui vivra, verra! Wir werden sehen, wir wollen es darauf ankommen lassen. Wenn Sie es verantworten können, nach Schluß des Landtags vor Ihre Wähler zu treten und ihnen zu sagen: „Wir haben deßhalb gegen das ganze Ausführungsgesetz gestimmt, weil man uns bei dem Amortisationsgesetze

S. 1012. nicht unseren Willen gethan hat, wir haben die Verantwortung auf uns genommen, obwohl wir uns, wenn wir die ganze neue Gesetzgebung richtig erfassen, sagen müssen, welch' kolossale Verwirrung durch die Ablehnung des Gesetzes in den bayerischen Landen einreißen muß", wenn Sie zu einem solchen Verhalten die Zustimmung Ihrer Wähler finden, nun, meine Herren, dann beneide ich wohl Sie, nicht aber die Wählerschaft, die hinter Ihnen steht. (Unruhe rechts. — Abgeordneter Dr. Heim: Nur nicht so hitzig!) Was erreichen Sie denn, wenn die Ausführungsgesetze nicht zu Stande kommen? Dann bleibt es auch bezüglich der Amortisationsgesetze beim Alten; dann bleiben die alten Amortisationsgesetze bestehen, nur muß die pragmatische Summe von 5000 M. beachtet werden. Aber im Uebrigen bleibt die Rechtszerrissenheit auf diesem Gebiet bestehen. Im Uebrigen fallen die Religiosen nach wie vor unter die Amortisationsgesetze, ebenso die Seminarien, die Domkapitel, die bischöflichen mensae, die Englischen Fräulein! Also, meine Herren, einen Gefallen thun Sie denen, für die Sie sich jetzt so lebhaft in's Zeug legen, ganz gewiß nicht, wenn Sie das Ausführungsgesetz zu Fall bringen.

Ich will damit schließen, daß ich im Namen meiner sämmtlichen politischen Freunde wiederholt erkläre, daß wir nicht in der Lage sind, dem Reichsrathsbeschluß zuzustimmen, daß wir vielmehr auf dem Antrag beharren müssen, den wir gestellt haben, in welchem die Summe von 5000 M. der ursprünglichen Regierungsvorlage gegenüber wieder hergestellt ist.

S. 1013. Meine Herren! Wie die Sache dann weitergeht, weiß ‖ ich nicht; aber das weiß ich, daß wir auf dieser Seite des Hauses unsere Schuldigkeit gethan haben und die Verantwortung für die Folgen ablehnen, die sich ergeben müssen, wenn wegen Ihres Verhaltens die Ausführungsgesetze nicht zu Stande kämen. (Bravo! links.) (Widerspruch rechts.)

Vicepräsident: Herr Abgeordneter Lerno!

Lerno: Meine Herren! Zunächst darf ich mir eine thatsächliche Berichtigung erlauben in Bezug auf eine Ausführung, welche Herr Dr. Casselmann zu Beginn seiner Rede hinsichtlich meiner Person gemacht hat. Er hat behauptet, ich hätte in der ersten Sitzung des Justizausschusses, in der von den Amortisationsgesetzen die Rede war, für meine Person die Behauptung aufgestellt, daß die Amortisationsgesetze nicht mehr giltig seien, und ich hätte erst dann, als mir von der k. Staatsregierung oder von Seite seiner Parteigenossen die Belehrung zu Theil wurde, daß nur ein kleiner Theil der Kanonisten die Rechtsgiltigkeit der Amortisationsgesetze in Frage stelle, meine ursprüngliche Behauptung modifizirt. Das ist nicht richtig. Ich bitte den Herrn Dr. Casselmann, seine Informationen über die Vorgänge in unserem Ausschusse nicht etwa aus den Berichten der „Augsburger Abendzeitung", sondern aus unseren Kommissionsprotokollen zu nehmen, und dann wird er finden, daß das nicht darin steht, was er behauptet hat; vielmehr habe ich zu Beginn meiner Ausführungen nur die Thatsache angeführt, daß es noch eine Anzahl von Kanonisten und Juristen gebe, welche diese Behauptung aufstellten.

Im Uebrigen hat der Herr Dr. Casselmann wieder die Wahrheit des alten Sprichwortes dargelegt: „Es kann der Mensch halt nicht aus seiner Haut fahren." (Heiterkeit.) (Rufe rechts: Sehr richtig!)

Wenn so ein nationalliberaler Kulturkämpfer, wie der verehrte Herr Kollege Dr. Casselmann ist, an ein Thema wie das vorliegende herantritt, wo es sich um Interessen für und gegen die Kirche, besonders die katholische Kirche, handelt, dann geht es ohne das kulturkämpferische Pathos und ohne einige persönliche Nadelstiche nicht ab. (Sehr gut! rechts.) Allein, meine Herren, ich werde ihm in diesem Tone nicht folgen. Mir scheint die Situation, in welcher wir uns im Augenblick befinden, eine viel zu ernste, als daß man hier noch lange kulturkämpferische Redetourniere halten sollte. Wir haben in der ersten Lesung der vorliegenden Frage unsere Meinungen gegenseitig ausgetauscht und werden durch weitere Reden, auch wenn sie animoser Natur sind, uns von der gewonnenen Ueberzeugung nicht abbringen lassen. Es handelt sich um Prinzipien, von denen wir nicht abgehen können. Ich werde mich deßhalb bei meinen Ausführungen auf die streng objektive Rechtslage beschränken und in der Besprechung des Antrages, den die Herren von der liberalen Fraktion gestellt haben, sowie des Ausschußbeschlusses lediglich an die Thatsachen halten.

Was den Antrag der Herren Dr. Casselmann und Genossen, de dato 31. Mai 1899, betrifft, so glaube ich, über denselben nicht recht viele Worte machen zu müssen.

Daß das für uns unannehmbar ist, liegt wohl auf der Hand. Dieser Antrag geht sogar unter das herunter, was die Regierung bei den ersten Verhandlungen in dem Reichsrathskammerausschusse geboten hat. Dort hat die k. Staatsregierung bezüglich der Mobilien wenigstens eine pragmatische Summe von 8000 M. angeboten und nur bezüglich der Immobilien sich an die durch Reichsrecht neue geschaffene pragmatische Summe von 5000 M. gehalten. Die Herren von der linken Seite des Hauses gehen hier noch einen Schritt weiter zurück, indem sie auch bezüglich der Mobilien auf diese 5000 M. sich beschränken.

Wundern thut's mich eigentlich, daß die Herren doch eine Ausnahme bezüglich der Englischen Fräulein getroffen haben, aber dieses einzige Zuckerstück, das in dem ganzen Antrage ist, vermag uns diesen nicht zu versüßen. Wir werden selbstverständlich gegen denselben stimmen. S. 1013.

Und nun erlauben Sie mir nur einige Worte in Bezug auf den Antrag des Ausschusses.

Auch ich muß gleich dem Herrn Kollegen Dr. Casselmann auf die Thatsache hinweisen, wie die parlamentarischen Verhandlungen in dieser uns so wichtig scheinenden Frage der Amortisationsgesetze sich entwickelt haben. Aber im Gegensatz zu Herrn Dr. Casselmann, der mehr den Nachdruck auf die Beschlüsse der Ausschüsse gelegt hat, muß ich — und ich glaube mit Recht — das größere Gewicht darauf legen, daß der erste Plenarbeschluß unserer Kammer am 18. April heurigen Jahres dahin gegangen ist, daß die Amortisationsgesetze überhaupt aufzuheben seien. Was ein parlamentarischer Körper in pleno beschließt, das ist maßgebend für die weiteren Verhandlungen, nicht was im Ausschusse beschlossen wird. Dort sind nur vorbereitende Verhandlungen oder Unterhandlungen. Auf den Boden müssen wir uns stellen, was in beiden Plenarbeschlüssen bei uns und in der Kammer der Reichsräthe gemacht worden ist, und wir haben hier mit 75 gegen 68 Stimmen, also mit einer Mehrheit von 7 Stimmen, die völlige Aufhebung der Amortisationsgesetzgebung in Bayern beschlossen.

Ich hatte damals als Korreferent diesen Antrag gestellt und wir mußten diesen Antrag stellen, weil wir von jeher auf dem prinzipiellen Boden gestanden sind und noch jetzt stehen, daß die Amortisationsgesetze aufgehoben werden sollen, weil sie in unsere Zeit nicht mehr hereinpassen und eine ungerechtfertigte Beschränkung der Kirche und der einzelnen Religiosen sind.

Allein, meine Herren, weil es im Leben unendlich oft vorkommt, daß man einen prinzipiellen Standpunkt eben doch nicht völlig wahren kann und mit dessen Wahrung das praktische Leben schädigen würde, darum habe ich damals, am 17. April 1899, schon einen Eventualantrag gestellt und, von der gleichen Erwägung ausgehend, haben wir, nachdem die Reichsrathskammer unseren Plenarbeschluß vom 18. April nicht acceptirt, sondern uns einen anderen vorgelegt hat, in unserer Ausschußsitzung vom vergangenen Dienstag einen neuen Eventualantrag gestellt, der dann auch im Ausschusse angenommen worden ist.

Meine Herren! Ich betone wiederholt, dadurch, daß wir diesen Modifikationsantrag gestellt haben, haben wir unseren prinzipiellen Standpunkt, von dem aus wir die Amortisationsgesetze betrachten, durchaus nicht aufgegeben, nur der Noth gehorchend, folgend der Erwägung, daß das mit Rücksicht auf die Verhältnisse in der Reichsrathskammer nicht zu erreichen ist, haben wir diejenigen Konzessionen dargelegt in unserem Antrage, die nach unserer Auffassung unbedingt nothwendig sind, wenn wir uns auf Verhandlungen auf diesem Gebiete einlassen sollen.

Der Antrag, wie wir ihn damals im Ausschusse eingereicht haben und wie er dann am vergangenen Mittwoch vom Ausschusse angenommen worden ist, bewegt sich zum größten Theil auf dem Boden des Reichsrathskammerbeschlusses. Wir haben den Art. 4b, wie ihn die Reichsrathskammer uns vorgelegt hatte, in seinem Abs. 1 und 2 unverändert gelassen; bezüglich des Abs. 2 hatten wir ursprünglich einen Modifikationsantrag gestellt, den wir aber auf Grund einer Mittheilung Seitens eines Mitgliedes der Justizverwaltung im Ausschusse wieder zurückgezogen haben. Aber der Abs. 1 ist der gleiche, so wie ihn die Reichsrathskammer uns vorgelegt hatte. Derselbe bezieht sich — ich glaube, darauf hinweisen zu sollen, weil über das Verständniß dieses Reichsrathskammerbeschlusses oft manche verschiedene und nicht ganz richtige Meinungen in der Oeffentlichkeit bestehen — auf liberatorische Akte, Schenkungen und Zuwendungen von Todeswegen überhaupt und zwar auf Mobilien sowohl als auch auf Immobilien, während der Art. 4c lediglich von den Immobilien spricht und sagt, daß eine landesherrliche Genehmigung auch dann erforderlich ist, wenn es sich selbst um den sogenannten entgeltlichen Erwerb von Immobilien, deren Werth den Betrag von 10,000 M. übersteigt, handelt. S. 1014.

Also, ich glaube, wir sind in dieser Beziehung sehr weit gegangen, indem wir uns in diesem Punkte ganz auf den Beschluß der Reichsrathskammer gestellt haben; die anderen Beschlüsse haben wir so eingerichtet, daß durch dieselben die Haupteinwendungen, welche in der ersten Lesung hier im Hause gegen unseren damaligen Antrag vorgebracht worden sind, sowohl von Seiten der Regierung, als von Seiten der Herren von der linken Seite, vollständig berücksichtigt worden sind. Es waren das hauptsächlich drei Punkte: erstens einmal der Hinweis auf das bestehende Kronrecht, zweitens die Berücksichtigung des Verwandtenschutzes und drittens die Furcht vor einer bedenklichen Anhäufung von Vermögen in der todten Hand.

Den ersten Punkt, das Kronrecht, haben wir berücksichtigt, obschon ich auch heute wiederum darauf hinweisen möchte, was ich am 17. April hier gesagt habe von dieser Stelle aus, daß nach meiner Ansicht ein Kronrecht im eigentlichen Sinne überhaupt nicht vorliegt und daß dieses angebliche Kronrecht durch die Reichsgesetzgebung auch erheblich beschnitten wird. Aber unser Antrag berücksichtigt gleichwohl diese Auffassung und alle diejenigen,

S. 1014. welche der Meinung sind, daß es sich um ein Kronrecht handelt, können sich mit unserem Antrage einverstanden erklären.

Der zweite Punkt, das ist der Verwandtenschutz; in der Beziehung stehen wir auch auf dem Beschluß der Kammer der Reichsräthe. Es wird, wenn der Beschluß unseres Ausschusses heute auch vom Plenum angenommen und Gesetz werden sollte, der Schutz der Verwandten kein geringerer sein, und ebenso ist es mit der dritten Berücksichtigung, mit der etwa befürchteten allzu bedenklichen Anhäufung von Vermögen in der todten Hand. Auch hier stehen wir wieder ganz auf dem Boden des Reichsrathskammerbeschlusses.

Wir haben dann in Beziehung auf die persönliche und territoriale Giltigkeit der Amortisationsgesetze in unserem Antrage einige Ausnahmen vorgesehen. Wir hatten drei Kreise, nämlich die Englischen Fräulein, dann das Gebiet der Stadt Regensburg und die vormals fürstbischöflich Würzburg'schen Gebiete, ausgenommen.

Was die Englischen Fräulein betrifft, so hat in unseren letzten beiden Ausschußsitzungen die k. Staatsregierung, wenn ich ihre Stellung recht aufgefaßt habe, so ziemlich nachgegeben, wenigstens aus den Aeußerungen des Herrn Kultusministers konnte man entnehmen, daß die k. Staatsregierung diesem Punkte einen Widerstand oder irgend eine Schwierigkeit nicht weiter entgegensetzen will, und darum kann ich mich auch darauf beschränken, zu konstatiren, was ich schon ausführlich im Ausschusse gethan habe, daß die Englischen Fräulein seit dem Jahre 1794, also seit mehr als hundert Jahren, ausgesprochenermaßen — und zwar ist dies nicht blos durch Administrativ-Bescheide, sondern sogar noch in der neueren Zeit, im Jahre 1876, durch ein Urtheil des bayerischen obersten Gerichtshofes anerkannt worden — als von den Amortisationsgesetzen ausgenommen erachtet werden, oder, wenn ich so sagen will, daß sie sich des Privilegs erfreuen, nicht unter die Amortisationsgesetze zu fallen.

Der zweite Punkt, den wir in unserem Antrage ausgenommen haben, war das Gebiet der Stadt Regensburg. Hier hat zu meinem Bedauern der Herr Kultusminister weniger Entgegenkommen gezeigt, er hat nicht dieselbe Erklärung wie bezüglich der Englischen Fräulein abgegeben, und man hat uns entgegengehalten, daß man die Rechtseinheit verletzen würde.

Ich habe mir erlaubt, im Ausschusse darauf hinzuweisen, daß durch die Ausdehnung der bestehenden Amortisationsgesetze auf persönliche und lokale Kreise, die bisher diesen Gesetzen nicht unterstanden haben, eine Verletzung der Verfassung sowohl, als des Konkordates zu erblicken wäre. Ich muß das auch heute betonen, meine Herren; in der Verfassung ist jedem Staatsunterthanen die volle Freiheit, Vermögen zu erwerben, Vermögen zu besitzen und über sein Vermögen zu verfügen, garantirt, und wenn wir einzelne Personen und einzelne Korporationen oder gar einzelne Gebiete unter die Amortisationsgesetze stellen, die bekanntlich den Erwerb von einer gewissen Summe an unter Staatsaufsicht stellen und von der landesherrlichen Genehmigung abhängig machen, so würden wir gegen diese Bestimmung der Verfassung verstoßen.

Das Gleiche ist nach meiner Auffassung auch der Fall hinsichtlich des Konkordates. Ich habe im Ausschusse gesagt, im Konkordate stehen zwar die Amortisationsgesetze nicht darin, allein das Konkordat regelt die Beziehungen zwischen dem Staat und der katholischen Kirche in Bayern und, wenn auch von den Amortisationsgesetzen ausdrücklich und expressis verbis im Konkordate nicht gesprochen ist, so ist es doch ganz selbstverständlich, daß eine Ausdehnung der bestehenden Gesetze auf Kreise, welche bisher nicht darunter fallen, eine Verletzung des Konkordates um deswillen involviren würde, weil vorher nicht der andere Paciszent, der päpstliche Stuhl, gefragt worden ist. Denn, wenn ich sage, das Konkordat ist der Vertrag, in dem die Beziehungen zwischen Staat und Kirche geregelt sind, so darf nicht einseitig ein Kontrahent hergehen und auf einem Gebiete diese Bestimmungen in der Weise ändern, daß Korporationen, welche bisher von bestimmten Gesetzen nicht getroffen waren, nun auf einmal unter dieselben fallen sollen, und wenn der andere Paciszent gefragt worden wäre, so können wir uns recht vorstellen, wie die Antwort ausgefallen wäre, nämlich negativ.

Dann hat man uns entgegengehalten, ja, Ausnahmen von den Amortisationsgesetzen sind nicht möglich wegen der Rechtseinheit; was wäre denn das für eine Gesetzgebung, wenn wir jetzt, wo wir daran sind, auf allen Gebieten des bürgerlichen Rechtslebens ein einheitliches
S. 1015. Recht für Deutsch-‖land und speziell auch für Bayern zu schaffen, da nun wieder eine solche durchlöcherte Gesetzgebung machen würden. Meine Herren! Die Durchlöcherung dieser Gesetzgebung, wenn man den Ausdruck gebrauchen darf, den ich aber nicht für richtig halte, ist auch mit den Englischen Fräulein gegeben. Wenn Sie die Englischen Fräulein ausnehmen, warum sollen wir nicht auch ein Territorialgebiet ausnehmen? Wenn künftig Einer im Gesetze liest: Diese Bestimmung findet nicht Anwendung auf die Englischen Fräulein oder auf das Gebiet der Stadt Regensburg, und er frägt warum, so wird ihm die Antwort darauf nicht schwer fallen: Ja, die Englischen Fräulein haben sich seit mehr als 100 Jahren

des Privilegs erfreut, nicht unter diese Gesetze zu fallen, und in der ehemals freien Reichs- S. 1015.
stadt Regensburg haben Amortisationsgesetze überhaupt niemals gegolten, und als man im Jahre 1899 an die Revision dieser Gesetzgebung ging, hat sich der Gesetzgeber mit Recht gescheut, eine Ausdehnung zu machen. Meine Herren! Das ist so natürlich wie nur etwas. Daran wird kein objektiv denkender Mensch einen Anstoß nehmen; und die Rechtseinheit! Ja, meine Herren! Ich bin auch ein warmer Vertreter der Rechtseinheit und ich berufe mich auf die vielfachen Ausführungen, die ich in der nun zu Ende gehenden Legislaturperiode namentlich bei den Justizgesetzen zu Gunsten der Rechtseinheit gemacht habe, aber soweit geht meine Schwärmerei für die Rechtseinheit nicht, daß ich sage, der Rechtseinheit wegen müssen sich die Kreise, die bisher exemt gewesen sind, auch unter das Joch dieses Gesetzes beugen. Wohlerworbene Rechte, meine Herren, darf man nicht nehmen.

Ich will mir nur ein Beispiel erlauben: Die Herren Kollegen aus der Pfalz haben im Ausschusse erklärt, daß sie sich sehr viel gefallen lassen müssen in Bezug auf Rechtseinheit, daß sie manche Opfer gebracht haben; concedo, allein auf einen Punkt möchte ich doch gerade hinsichtlich der Pfalz hinweisen. Es war und es ist jetzt noch gesetzlich die Errichtung von Familienfideikommissen in der Pfalz nicht gestattet. Da haben nun die Herren Pfälzer im Ausschusse erklärt, bei uns ist die Volksstimmung derart, daß es sehr mißlich wäre, wenn die Gesetzgebung darnach gestaltet würde, daß bei uns in der Pfalz Familienfideikommisse errichtet werden könnten, man lasse sie doch draußen, und, meine Herren, diesem Wunsche bereitwilligst Rechnung tragend, haben wir die Bestimmung in das Ausführungsgesetz aufgenommen, daß auch künftighin in der Pfalz die Errichtung von Familienfideikommissen gesetzlich nicht gestattet ist. Also, meine Herren, hier haben Sie auch wieder eine Ausnahme, die selbstverständlich von jedem billig denkenden Menschen gerade so gern acceptirt wird, wie es, glaube ich sagen zu dürfen, bezüglich der von uns für Regensburg verlangten Ausnahme der Fall sein wird.

Als dritte Ausnahme hatten wir auch das ehemalige fürstbischöfliche Würzburgische Gebiet beantragt und zwar in Bezug auf die Mobilien, weil sich das Amortisationsrecht in diesem Gebiete nur auf die Immobilien erstreckt hatte. Der Herr Kultusminister hat entgegnet, daß die Annahme auch dieser Bestimmung eine außerordentlich große Rechtsverwirrung schaffen würde, weil das Würzburger Recht in Unterfranken sogar so zersplittert ist, daß es sich in einzelnen Ortschaften nur auf einzelne Hausnummern erstreckt und die Handhabung des Rechtes dadurch sehr erschwert und unklar würde, und es dadurch in der Praxis zu Unzukömmlichkeiten führen würde. Diesen Einwendungen folgend, haben wir wiederum eine Konzession gemacht und aus unserem ursprünglichen Antrage den Passus bezüglich Würzburgs herausgestrichen. Wir haben eben wieder der Rechtseinheit dieses Opfer gebracht. Anerkennen Sie das doch!

Dann handelt es sich um die Streichung des Art. 4c. Derselbe betrifft die Erwerbung von Immobiliarvermögen und bestimmt, daß hier, während der sogenannte entgeltliche Erwerb von Mobilien ganz frei sein soll, auch der entgeltliche Erwerb von Immobilien, also wenn es sich um Kauf oder Tausch handelt, dann der landesherrlichen Genehmigung bedarf, wenn es sich um Grundstücke im Werthe von über 10,000 M. handelt.

Ich will nicht wiederholen, was ich am 17. April hier in dieser Richtung ausgesprochen habe, sondern darf mich beschränken, darauf hinzuweisen, daß es ein allgemeines, selbstverständliches Recht ist, daß Jemand über sein Vermögen frei soll verfügen dürfen, und daß man das Recht Niemand, und wären es auch geistliche Korporationen, schmälern darf. Ich habe damals ausgeführt, daß nach unserer bayerischen und deutschen Verfassung Jedermann ohne Rücksicht auf seinen Leumund und seine sonstige persönliche Qualität Vermögen in's Ungemessene erwerben darf. Warum soll das nun bei den geistlichen Gesellschaften verboten sein, bei dem Erwerb von Immobilien und zwar nicht blos bei dem unentgeltlichen Erwerb, sondern sogar bei dem entgeltlichen Erwerb, wenn es sich darum handelt, daß sie um ihr eigenes gutes Geld sich Liegenschaften kaufen dürfen.

Bezüglich des unentgeltlichen Erwerbes fügen wir uns ja, wie ich schon gesagt habe, der Noth gehorchend, nicht dem eigenen Triebe, daß alle liberatorischen Akte in Bezug auf die Immobilien, soweit sie über 10,000 M. gehen, unter die landesherrliche Genehmigung fallen sollen; aber das Recht, das jeder Staatsbürger hat, daß er sich um sein eigenes Geld soll Immobilien kaufen dürfen, möchten wir auch für die geistlichen Gesellschaften retten, und ich glaube, das ist kein so unbescheidenes Verlangen.

Wenn man hier eine Ausnahme machen wollte, dann könnte man schließlich auch sagen: Wenn man den geistlichen Gesellschaften verbieten will, um ihr eigenes Geld Immobilien zu erwerben, wenn es sich um eine Kaufsumme über 10,000 M. handelt, ja, meine Herren, warum verbietet man ihnen dann nicht auch vice versa den Verkauf ihrer Liegenschaften. Wenn sie Immobilien haben und verkaufen sie, z. B. einen sehr großen Wald, der 12,000 M. werth ist oder noch mehr, da springt das Amortisationsgesetz nicht

S. 1015. ein. Für ihre Liegenschaften dürfen sie Geld einstecken, aber für ihr eigenes Geld, das sie besitzen, dürfen sie keine Liegenschaften erwerben. Ich verstehe das nicht, meine Herren!

Es ist mir von Seite des Herrn Kultusministers im Ausschusse entgegengehalten worden, daß ja gerade diese Erwägung zur Schaffung der Amortisationsgesetze am Beginne des vorigen Jahrhunderts geführt hat und daß die Aufsicht auf den Immobiliarbesitz Seitens der todten Hand von jeher zu den besonderen Punkten gehört hat, auf welche der Staat Rücksicht nehmen muß. Da möchte ich nur darauf hinweisen, daß ich am 17. April mich unter Anderem auch auf das Gutachten des Professors Meurer bezogen habe in dieser Richtung. Ich will es nur ganz kurz wiederholen. Derselbe ist der Anschauung, daß die Amortisationsgesetze, soweit sie ein Verbot des Erwerbes von Immobilien enthalten, nicht mehr gerechtfertigt sind, und sagt weiter: „Für dieses Verbot waren in erster Linie die agrarischen Verhältnisse einer altersgrauen Zeit bestimmend, die heute wie eine Legende
S. 1016 klingen. Hier, sagt er, darf unbedenklich || die Aufhebung ihr Werk beginnen." Dann sagt er weiter: „Damit haben die Amortisationsgesetze, soweit sie den Liegenschaftserwerb der Kirche verbieten, heute ihre Berechtigung verloren." Das ist ein Theoretiker, der sich mit dem Kapitel viel befaßt hat.

Also gerade bezüglich dieses letzten Punktes, glaube ich, handelt es sich um die Frage der Freiheit, um die Frage: Wollen wir den Mitgliedern religiöser Gesellschaften dieselbe Freiheit, deren sich der mindeste und letzte Staatsbürger bei uns in Bayern erfreut, nehmen oder gewähren? Ich habe es lebhaft bedauert, als der Herr Kollege Dr. Casselmann vorher erklärt hat, daß er im Namen der ganzen liberalen Fraktion spreche, wenn er diese seine Anträge begründe. Ich muß gestehen, ich war so naiv, daß ich bei Stellung unseres Antrages, namentlich bei der beantragten Streichung von Art. 4 c, noch einigermaßen auf die Herren vom freisinnigen Flügel der liberalen Partei gehofft habe. Denn wenn ein Herr von der freisinnigen Seite nicht einmal das konzediren will, daß religiöse Gesellschaften das gleiche Recht zum Erwerb von Immobilien mit ihrem eigenen Gelde wie jeder andere Staatsbürger haben sollen, dann allerdings müßte meine Meinung vom Freisinn sehr tief sinken. Herr Kollege Dr. Günther, der zu meiner Freude im Saale eben erscheint, hat am 17. oder 18. April gesagt, er sei hereingegangen in den Saal mit einer sehr zweifelhaften Meinung von der Geschichte. (Abgeordneter Dr. Günther: Jetzt ist sie mir klarer.) Hoffentlich. Er hat damals gesagt, man könne für die Sache oder gegen dieselbe stimmen, und uns dann apostrophirt: Nachdem Sie dokumentirt haben, daß Sie eine Machtfrage daraus machen, jetzt stimme ich dagegen. Nun, ich will diesen Gesinnungswechsel nicht qualifiziren, nur so viel will ich sagen: Herr Dr. Günther hat vielleicht die Güte, sich aus unseren Verhandlungen zu überzeugen, daß jetzt nach den großen Konzessionen, die wir gemacht haben, von einer Machtfrage durchaus nicht mehr die Rede ist, und darum schmeichle ich mich immer noch der Hoffnung, daß Herr Kollege Dr. Günther mit seinen Freunden für unseren Antrag stimmen wird.

Es handelt sich, wie gesagt, um geistliche Gesellschaften, zum Theil um solche, die sich eines hohen Ansehens in Bayern erfreuen. Ich habe vor mir eine Urkunde, die noch nicht so alt ist, nämlich die Stiftungsurkunde des Klosters Schäftlarn vom 17. März 1866. Schäftlarn, das Kloster in der schönen Lage an der Isar, das wir Alle kennen, hat König Ludwig I. wiederum errichtet, und die einleitenden Worte zu dieser Stiftungsurkunde sind so bedeutsam, daß ich mir erlaube, sie vorzutragen. Sie heißen:

> Wir, König Ludwig I. von Bayern ꝛc. ꝛc. urkunden und bestätigen wie folgt: Eingedenk des großen Nutzens, welchen der Orden des heiligen Benedikts seit Jahrhunderten der Kirche, dem Staate, der Wissenschaft und der Erziehung und Bildung gebracht, haben Wir uns entschlossen, das uralte Kloster Schäftlarn seiner ursprünglichen Bestimmung wieder zurückzugeben und als Benediktinerabtei aus Unseren Privatmitteln neu zu begründen.

Der König hat dann das Kloster fundirt mit Gebäuden, Gärten, Waldungen, Rechten ꝛc. und weiter einem Fundationskapital von 50,000 fl. in 4 prozentigen Pfandbriefen der Bayerischen Hypotheken- und Wechselbank aus seinem eigenen Vermögen und hat in Bezug auf dieses Fundationskapital in der Urkunde noch weiter bestimmt:

> Wir gestatten, daß für die Zukunft zur Verbesserung der vorhandenen oder zur Erwerbung neuer Besitzungen eine (weitere) Belastung des Grundvermögens mit Passiven stattfinde. Zu dem gleichen Zweck kann auch das oben bezeichnete Fundationskapital von 50,000 fl. verwendet werden.

Also König Ludwig I, Bayerns größter König, hat damit eine etwas andere Stellung eingenommen in Bezug auf die Amortisationsgesetze, denn hier in dieser Stiftungsurkunde für das Kloster Schäftlarn hat er direkt erlaubt, daß ohne irgend welche Grenze neue Besitzungen erworben werden und zum Erwerbe solcher neuer Besitzungen sogar das von ihm gestiftete Fundationskapital von 50,000 fl. angegriffen werde. Darum verstehe ich nicht, daß man heute einen solchen Standpunkt gegen unseren Antrag einnimmt.

Ich glaube, dargelegt zu haben, daß wir große Konzessionen gemacht haben mit unserem Antrage; Konzessionen müssen ja gemacht werden, um eine Verständigung zu erzielen. S. 1016.

Ich würde es im Einverständnisse mit Seiner Exzellenz dem Herrrn Justizminister für ein großes Unglück halten, wenn die Ausführungsgesetze nicht zu Stande kämen, und ich wünsche, daß dieser beklagenswerthe Fall nicht eintritt; deßhalb möchte ich auch die Herren von der linken Seite des Hauses bitten, uns gleichfalls entgegenzukommen und unserem Antrage zuzustimmen. (Lebhaftes Bravo rechts.)

Vicepräsident: Das Wort hat der Herr Abgeordnete Segitz.

Segitz: Meine Herren! Der Streit, der sich jetzt um die Amortisationsgesetze abspielt, ist ein neuer Beweis dafür, wie unerquicklich das Verhältniß zwischen Staat und Kirche gediehen ist. Der angeblich harmonische Friede zwischen Kirche und Staat geht bei jeder Gelegenheit in die Brüche, Staat und Kirche leben miteinander wie ein Paar unverträgliche Eheleute. Ich schöpfe daraus auf's Neue den Beweis, wie richtig der sozialdemokratische Standpunkt ist: Trennung der Kirche vom Staat. Herr Abgeordneter Dr. Daller selbst hat anerkannt, daß überall da, wo Staat und Kirche getrennt sind, sich die Kirche über solche kleinliche Plackereien, wie sie mit der Staatsaufsicht verbunden sind, nicht zu beklagen hat. Es ist ihm allerdings ganz richtig zugerufen worden, er möchte zwar die Unterstützung des Staates, die Staatsaufsicht aber nicht. So läßt sich die Sache freilich nicht machen.

Wir Sozialdemokraten stehen also nach wie vor auf dem Standpunkte, daß die Kirche vom Staate zu trennen sei. Die Kirche wird sich nicht schlecht stehen dabei, und daß auch der Staat nichts verlöre, wenn er die Millionen ersparen würde, die er alljährlich für kirchliche Bedürfnisse aufzuwenden hat, darüber wird nicht zu streiten sein. Ich wundere mich, daß die lieberale Partei sich nicht auf diesen Standpunkt zurückzieht, dieß wäre doch die einfachste Lösung der Frage.

Was die Sache selbst betrifft, so sind meine Freunde und ich der Meinung, daß die Amortisationsgesetze gänzlich zu beseitigen sind: „Gleichheit vor dem Gesetze ohne Ansehung der Person, des Standes und der Konfession!“ Das ist || unser Grundsatz und wir treffen S. 1017.
hier mit den Wünschen und Anträgen der Centrumspartei zusammen.

Daß die Amortisationsgesetze sich ausschließlich gegen die katholische Kirche richten, dürfte kaum zu bezweifeln sein, darüber herrscht wohl nur Eine Meinung. Dazu kommt noch, daß der einzige Grund, womit ernsthaft die Beibehaltung der Amortisationsgesetze motivirt werden könnte, nämlich der Schutz der armen Verwandten, schon zum großen Theil hinfällig geworden ist durch die Bestimmungen des Bürgerlichen Gesetzbuchs, wonach die pragmatische Summe bis zu 5000 ℳ. freigegeben werde. Nun hat die Kammer der Reichsräthe diese Summe sogar auf 10,000 ℳ. erhöht, da kann doch ernstlich von einem Schutze armer Verwandter nicht mehr die Rede sein. Aber, wie gesagt, wir sind für die gänzliche Beseitigung der Amortisationsgesetze und wir bedauern, daß die Centrumspartei bereits einen großen Schritt zurückgewichen ist.

Ich bin davon allerdings nicht überrascht, ich habe das schon vorausgesagt. Ich kann mir so ziemlich den Ausgang der ganzen Sache denken: Das Centrum will Regierungspartei sein, das Centrum wird sich deßhalb fügen; die tapferen Reden, die bei der ersten Lesung des Gesetzes von der rechten Seite im Hause gehalten wurden, habe ich schon als eine Rückzugskanone aufgefaßt und ich finde bestätigt, daß ich mich nicht getäuscht habe. Die Centrumspartei besteht nicht mehr auf der Beseitigung der Amortisationsgesetze, sie begnügt sich mit einer Einschränkung. Ich begreife deßhalb nicht, wie der Herr Abgeordnete Lerno sagen konnte, es handelt sich fur seine Partei um Prinzipienfragen, wovon sie nicht abgehen könnte. Die Centrumspartei ist schon sehr weit vom Prinzip abgewichen. Die Kammer der Reichsräthe hat, wie bemerkt, die Freisumme von 5000 ℳ. auf 10,000 ℳ. erhöht. Damit erklärt sich die Centrumspartei zufrieden, sie hat den prinzipiellen Boden verlassen und damit schon im Vornherein das Spiel verloren. Die Konzession, welche ihr von der Regierung gemacht wird, Erhöhung der pragmatischen Summe von 5000 ℳ. auf 10,000 ℳ., wird reichlich aufgehoben durch die Ausdehnung der Amortisationsgesetze auf Gebiete, die diesem Gesetze bisher nicht unterstanden: deren Ausdehnung auf die Stadt Regensburg und die vormalig fürstbischöflich Würzburgischen Gebiete. Die Rechte hat das wohl begriffen und durch Abänderungsanträge zum Beschlusse der Kammer der Reichsräthe die Ausdehnung der Amortisationsgesetze auf Regensburg und das vormalige fürstbischöflich Würzburgische Gebiet zu verhindern gesucht. Das Centrum hat schließlich eingesehen, daß, was einerseits von der Regierung gegeben wurde, aufgewogen wird durch die Erweiterung des Gebiets, auf welche die Gesetze Anwendung finden. In der ersten Sitzung, in welcher sich der Justizausschuß mit den neuen Anträgen zu befassen hatte, haben die Ausschußmitglieder der Centrumspartei auch sämmtlich an ihrem ursprünglichen Antrage: Beschränkung des Gebiets auf den bisherigen Geltungsbereich, festgehalten; allein schon in der zweiten Sitzung ist

S. 1017. man zurückgewichen; man hat das vormalige fürstbischöflich Würzburgische Gebiet freigegeben; man hat zugestanden, daß die Amortisationsgesetze auf dieses Territorium ausgedehnt werden. Die Regierung hat daraus die ganz richtige Konsequenz gezogen, indem sie sagt: wenn die Ausdehnung der Amortisationsgesetze auf das vormalige fürstbischöflich Würzburgische Gebiet gestattet wird, warum sollte sich die Stadt Regensburg dieser Wohlthat nicht erfreuen. Wenn man A sagt, muß man eben auch B sagen und schließlich das ganze Alphabet durchbuchstabiren. Das Centrum wird der Regierung so weit entgegenkommen, daß es die Ausdehnung der Amortisationsgesetze auf Regensburg in den Kauf nimmt. Als der Art. 4c im Justizausschusse abgelehnt wurde, hat die Regierung schlankweg erklärt, daß daran die Ausführungsgesetze zum Bürgerlichen Gesetzbuche scheitern. Trotz der Schaukelpolitik, die die Centrumspartei in dieser Frage eingehalten hat, muß sie jetzt Farbe bekennen. Fügt sich die Centrumspartei dem Joche der Regierung, so wird man, natürlich außerhalb des Hauses, sagen, die ganze Aktion für Beseitigung der Amortisationsgesetze war nichts Anderes als eine Komödie. Diesem Vorwurfe dürfen Sie, meine Herren vom Centrum, sich nicht aussetzen. Nach unserer Meinung gibt es nur zweierlei: entweder die katholische Kirche hat ein wesentliches Interesse an der Beseitigung der Amortisationsgesetze, dann darf die Centrumspartei bei ihrer Bedeutung in Bayern die Gelegenheit nicht versäumen, die Kirche von dieser „Fessel“ zu befreien, sie muß die gänzliche Beseitigung der Amortisationsgesetze verlangen. Oder aber, die Kirche hat nicht das Interesse an der Beseitigung der Amortisationsgesetze; dann, meine Herren, zu was diese ganze Aktion?

Ein Anderes kommt dazu. Wie die Sache jetzt steht, geht ihre Bedeutung weit über die Amortisationsgesetze hinaus, sie hat sich zu einer Machtfrage zwischen der Centrumspartei und der Regierung gestaltet. Die Regierung erklärt kurzer Hand: Wenn nicht der Aufrechterhaltung dieser Ausnahmsgesetze zugestimmt wird, dann werde sie an dieser Frage das Ausführungsgesetz zum Bürgerlichen Gesetzbuch scheitern lassen. Zugleich wird uns vom Regierungstische mit beweglichen Worten geschildert, welches Unglück es für das Land wäre, wenn das Ausführungsgesetz nicht zu Stande käme, und wir sind Alle davon überzeugt, daß, wenn das Ausführungsgesetz scheitern würde, der Vollzug des Bürgerlichen Gesetzbuchs in Bayern kaum in Kraft gesetzt werden könnte. Trotzdem aber beharrt die Regierung auf ihrem Standpunkte; sie will das Land dieser Kalamität aussetzen, wenn das Centrum, wie gesagt, nicht auch das neue Recht mit einem Ausnahmegesetz belasten will. Ich meine, das kann nur eine Regierung wagen, die sich von vorneherein der Schwächlichkeit, der Nachgiebigkeit des Gegners, mit dem sie es zu thun hat, bewußt ist.

Will die Centrumspartei ihr Ansehen im Lande nicht verlieren, so muß sie nach meiner Ueberzeugung unter allen Umständen an der gänzlichen Beseitigung der Amortisationsgesetze oder mindestens den Anträgen, die zur Abänderung der Beschlüsse der Kammer der Reichsräthe von der Centrumspartei gestellt sind, festhalten. Nach meiner Auffassung fällt jetzt der Centrumspartei eine doppelte Aufgabe zu, einmal das wirkliche oder vermeintliche Interesse der katholischen Kirche zu schützen, und dann, den Einfluß der Kammer auf die Regierung soviel wie möglich wahrzunehmen. Beides wird erreicht, wenn die Centrumspartei fest bleibt. Es ist ganz undenkbar, daß die Regierung an den Amortisationsgesetzen das Ausführungsgesetz zum Bürgerlichen Gesetzbuche scheitern läßt. Es liegt einzig und allein der Schwerpunkt auf Seite der Centrumspartei. Bleibt die Centrumspartei fest, so werden die Amortisationsgesetze fallen und wir werden trotzdem das Ausführungsgesetz zum Bürgerlichen Gesetzbuche erhalten. Fällt die Centrumspartei bei dieser Gelegenheit um und siegt die Regierung, so lastet die Schuld einzig und allein auf Seite des Centrums.

S. 1018. Darüber haben sich || die Herren der Rechten mit ihren Wählern abzufinden; wie diese darüber denken, das wird die Zukunft beweisen. An uns Sozialdemokraten hat die Centrumspartei in diesem Falle treue Bundesgenossen. (Heiterkeit.) Wir wollen hoffen, daß das Centrum fest bleibt; wir werden die Rechte nach jeder Richtung hin kräftig unterstützen. (Heiterkeit.)

Vicepräsident: Das Wort nehmen Seine Excellenz der Herr Staatsminister des Innern für Kirchen- und Schulangelegenheiten.

Der k. Staatsminister Dr **von Landmann:** Meine Herren! Die k. Staatsregierung kann sich mit dem von Ihrem Ausschusse mit Stimmenmehrheit gefaßten Beschlusse in Bezug auf die Amortisationsgesetze nicht einverstanden erklären und muß Sie bitten, diesem Beschlusse nicht beizutreten, abgesehen von einer kleinen Ausnahme, auf welche ich noch später zu sprechen kommen werde.

Die verschiedenen Redner, welche bisher sprachen, haben es für veranlaßt gehalten, ihren Ausführungen in Bezug auf den Ausschußantrag einen gewissen Rückblick über den bisherigen Verlauf dieser Angelegenheit voranzuschicken, und auch ich sehe mich veranlaßt, das Gleiche zu thun und zwar aus gutem Grunde.

Ich muß vor Allem den Standpunkt betonen, den die Staatsregierung in dieser Sache eingenommen hat, den Standpunkt der Defensive, in dem sie sich befindet. Die

Staatsregierung hat stets unentwegt und konsequent an dem Standpunkte festgehalten, daß es sich um die Vertheidigung eines staatlichen Hoheitsrechtes und zugleich eines landesherrlichen Rechtes handle, welches ohne zwingende Gründe nicht preiszugeben sei. Diesen Standpunkt habe ich ausdrücklich betont in der Ausschußsitzung vom 11. November vorigen Jahres und habe ihn eingehend erörtert in der Plenarsitzung vom 18. April heurigen Jahres. S. 1018.

Entsprechend diesem prinzipiellen Standpunkte der Staatsregierung hat dieselbe ursprünglich beantragt, daß die Amortisationsgesetze unverändert aufrecht zu erhalten seien, soweit sie nicht durch die Reichsgesetzgebung derogirt sind. Entsprechend diesem Grundsatze ist denn auch Art. 1 des Ausführungsgesetzes zum Bürgerlichen Gesetzbuche im Entwurfe gefaßt worden.

Denselben Standpunkt haben bekanntlich ursprünglich auch der Ausschuß dieses Hauses und der Justizausschuß der Kammer der Reichsräthe eingenommen. Allerdings wurde schon bei den Ausschußverhandlungen der Kammer der Abgeordneten der Einwand erhoben, daß die Amortisationsgesetze sehr vielgestaltig, zersplittert und zweifelhaft seien. Es wurde eine Kodifikation angeregt und von Seite der Staatsregierung wurde gegenüber diesem Wunsche ein prinzipielles Bedenken nicht erhoben.

Sodann kamen die Verhandlungen im Plenum dieses Hauses, welche dazu führten, daß die vollständige Beseitigung der Amortisationsgesetze von Ihnen beschlossen wurde. Unter den Gründen für die vollständige Aufhebung dieser Gesetze spielte ebenfalls eine Hauptrolle die Darstellung, daß die Amortisationsgesetze so buntscheckig, so vielgestaltig, so unklar seien. Insbesondere war es der Herr Abgeordnete Lerno, der diesen Gedanken in großer Ausführlichkeit darlegte und schilderte, welche Mißstände dieser Rechtszustand im Gefolge habe. Ich kann Ihnen nicht unverhohlen lassen, daß diese Ausführungen auch auf die Staatsregierung einen gewissen Eindruck gemacht haben, und die Staatsregierung hat sich deßhalb die Allerhöchste Ermächtigung erbeten, wegen der Kodifikation der Amortisationsgesetze, wegen Schaffung eines einheitlichen Rechts auch auf diesem Theilgebiete des bürgerlichen Rechtes das Weitere einzuleiten. Diese Allerhöchste Ermächtigung ist ertheilt worden und die Staatsregierung hat dementsprechend dem Ausschusse der Kammer der Reichsräthe einen Vorschlag bezüglich der Schaffung eines einheitlichen Amortisationsrechts unterbreitet in der Meinung, daß, wenn sie auf diesem Gebiete ein gewisses Entgegenkommen zeige, das der Sache förderlich sein würde. Bei Ausarbeitung dieser Vorschläge, welche der Kammer der Reichsräthe unterbreitet wurden, sind die altbayerischen Mandate, welche im größten Theile des Königreichs Geltung haben, zur Grundlage genommen worden. Es konnte aber natürlich nicht anders gehen, als daß hiedurch in anderen Gebietstheilen das bestehende Recht geändert wurde. Wenn man an Stelle eines vielgestaltigen Rechts in einem Lande ein einheitliches Recht setzen will, so ist das selbstverständlich nicht anders möglich als in der Weise, daß man das bestehende Lokalrecht theils mildert, theils verschärft. Die Konsequenz der Kodifikation war nun, daß im fürstbischöflich Würzburgischen Gebiete, wo bisher lediglich der Immobiliarerwerb beschränkt war, auch der Mobiliarerwerb unter die Amortisationsgesetzgebung einbezogen werden mußte und daß ferner das Gebiet der ehemals freien Reichsstadt Regensburg, in welchem bis jetzt überhaupt die Amortisationsgesetze nicht galten, in den Bereich dieser Gesetzgebung einbezogen wurde. Die Staatsregierung übersah aber hiebei nicht, daß durch die Herstellung eines einheitlichen Rechtes ihr Machtbereich eine gewisse Ausdehnung erfahren würde, und sie hielt es deßhalb für billig, dieser Ausdehnung des Rechtes auf gewisse Gebiete, wo dasselbe bisher nicht galt, auch Gegenkonzessionen gegenüberzustellen, und die Staatsregiernng hat, glaube ich, bei Bemessung dieser Gegenkonzessionen einen für die Kirche sehr wohlwollenden Maßstab angelegt. Es ist Seitens verschiedener Herren Redner schon dargethan worden, worin diese Gegenkonzessionen bestehen; ich glaube deßhalb, des Näheren nicht darauf zurückkommen zu sollen; insbesondere hat der Herr Referent in seinem Vortrage die Sache dargelegt. Ich wiederhole aber, daß die Gegenkonzessionen einerseits in einer bedeutenden Einschränkung des Personenkreises, für welchen das künftige Amortisationsrecht gelten soll, bestehen und andererseits in einer Erhöhung der pragmatischen Summe für den Mobiliarerwerb durch Schenkungen und Vermächtnisse von 5000 auf 8000 M. Diese Konzessionen waren, wie gesagt, wohl erwogen und auch nach unserer Ueberzeugung wohlwollend bemessen. Die Staatsregierung glaubte, nicht weiter gehen zu können.

Die Kammer der Reichsräthe hat nun, was die Schaffung des einheitlichen Rechtes betrifft, an den Vorschlägen der Regierung durchaus nichts auszusetzen gehabt. Die Kammer der Reichsräthe hat es als selbstverständlich betrachtet, daß, wenn man einmal ein einheitliches Recht macht, dasselbe auch überall gleichheitlich zu gelten hat. Von einer ferneren Ausnahme des fürstbischöflich Würz || burgischen Gebietes oder der Stadt S. 1019. Regensburg war in der Reichsrathskammer überhaupt gar nicht die Rede. Dagegen glaubte die Reichsrathskammer, in Bezug auf die pragmatische Summe noch weiter gehen zu sollen als die Staatsregierung, und hat, wie Ihnen dargelegt wurde, in den beiden in Betracht

S. 1019. kommenden Artikeln 4b und 4c die pragmatische Summe auf 10,000 M. hinaufgesetzt. Dieser Antrag wurde in der Kammer der Reichsräthe von Seite der Staatsregierung lebhaft und eingehend bekämpft, weil die Staatsregierung keinen genügenden Grund einsehen konnte, eine so weitgehende Beschränkung des landesherrlichen Rechtes eintreten zu lassen. Trotz unseres energischen Widerstandes ist aber dieser Antrag in der Kammer der Reichsräthe angenommen worden, was die Staatsregierung bedauert; allein immerhin hat man jetzt mit der Thatsache zu rechnen, daß die Kammer der Reichsräthe einmal diesen Beschluß gefaßt hat, und die Staatsregierung glaubte deßhalb, darauf verzichten zu sollen, auf ihre in der Kammer der Reichsräthe gestellten Anträge, soweit dieselben in den Ziffern abgeändert wurden, wieder zurückzukommen. Es ist nach unserer Ansicht sehr zweifelhaft, ob die Kammer der Reichsräthe ihren einmal gefaßten Beschluß wieder modifiziren würde. Daß wir aber mit dem Beschlusse der Kammer der Reichsräthe nicht einverstanden sind, daß wir gegen denselben große Bedenken haben, denselben für nicht genügend begründet erachten, das habe ich bereits deutlich genug gesagt.

Nun komme ich zu den Beschlüssen, welche von Ihrem Ausschusse gefaßt worden sind. Nicht zufrieden mit den Beschlüssen der Kammer der Reichsräthe hat die Majorität Ihres Ausschusses geglaubt, noch weiter gehen und der k. Staatsregierung noch weitere Konzessionen zumuthen zu sollen. Diese Konzessionen beziehen sich auf die Exemtion der Englischen Fräulein, dann auf die Exemtion des Gebietes der Stadt Regensburg und endlich auf die vollständige Freigabe des entgeltlichen Immobiliarerwerbs. Es sind das Dinge von verschiedener, nicht gleich schwerwiegender Bedeutung; aber zum Theil sind sie allerdings so schwerwiegend, daß, wenn daran festgehalten werden würde, das Ausführungsgesetz nicht zu Stande käme.

Zunächst habe ich zu sprechen von der Ausnahme der Englischen Fräulein. Das ist ein Punkt, auf welchen die k. Staatsregierung kein besonderes Gewicht legt. Es ist zu Gunsten der Englischen Fräulein mit Recht geltend gemacht worden, daß dieselben seit mehr als hundert Jahren im Allgemeinen als von den Amortisationsgesetzen befreit erachtet werden. Die k. Staatsregierung kann zwar nach Lage der Ministerialakten ein förmlich bestehendes Privilegium der Englischen Fräulein nicht anerkennen; sie wird indessen, wenn die Kammern beschließen sollten, die Englischen Fräulein auszunehmen, daran das Gesetz nicht scheitern lassen. Es wird nach dem dermaligen Stande der Sache anzuerkennen sein, daß die Englischen Fräulein geistliche Gesellschaften sind, und sie würden deßhalb, wenn sie nicht ausdrücklich ausgenommen würden, jetzt unter die Amortisationsgesetze fallen. Aber, wie gesagt, wenn Sie dieselben ausnehmen wollen, wozu ja auch die linke Seite dieses Hauses nach ihrem jetzt vorliegenden Antrage sich bereit erklärt hat, so wird die k. Staatsregierung dem bezüglichen Beschlusse einen Widerstand nicht entgegensetzen. Dabei ist allerdings vorausgesetzt, daß die Verfassung der Englischen Fräulein eine wesentliche Aenderung auch in Zukunft nicht erfahren wird.

Erheblich bedenklicher wäre die Sache mit der Ausnahme der Stadt Regensburg, welche in Ihrem Ausschusse gewünscht wurde. Ich muß mich gegen diese Ausnahme aussprechen, weil sie gegen das Prinzip der Rechtseinheit verstößt und weil sie auch verstößt gegen die wohlbemessene Abwägung des Kompromißvorschlages, den die k. Staatsregierung gemacht hat. Ich habe bereits auseinandergesetzt, daß wir mit Rücksicht auf die Einbeziehung gewisser Gebietstheile Gegenkonzessionen vorgeschlagen haben und daß dieß sehr erhebliche Gegenkonzessionen sind. Wenn Sie nun wollen, daß die Stadt Regensburg aus dem Geltungsbereiche der Amortisationsgesetze heraus bleibe, so wäre die Konsequenz, daß die k. Staatsregierung ihre angebotenen Konzessionen in Bezug auf die Befreiung der Domkapitel, der Seminarien u. s. w. wieder zurückzöge. Wir wollen unsererseits das nicht thun, müssen aber darauf bestehen, daß dagegen einheitliches Recht geschaffen werde und daß auch das Gebiet der Stadt Regensburg künftig unter die Amortisationsgesetze falle.

Nun hat der Herr Abgeordnete Lerno die Einbeziehung des Gebietes von Regensburg als gegen die Verfassung und gegen das Konkordat verstoßend bezeichnet und hat ausgeführt, daß wohlerworbene Rechte nicht beseitigt werden dürften. Eine Verfassungsbestimmung, welche gegen die Ausdehnung dieser civilrechtlichen Vorschriften auf das Gebiet der Stadt Regensburg spricht, vermag ich nicht zu finden; insbesondere kann ich eine solche Bestimmung nicht in dem § 8 des Tit. IV der Verfassungsurkunde erblicken, welchen der Herr Abgeordnete Lerno wohl im Auge hatte. Es heißt dort: „Der Staat gewährt jedem Einwohner Sicherheit seiner Person, seines Eigenthums und seiner Rechte.“ Diese Bestimmung kann doch wohl nicht dahin ausgelegt werden, daß jede Aenderung des bürgerlichen Rechts, durch welche die Dispositionsfähigkeit oder die Erwerbsfähigkeit der einzelnen Individuen in diesem oder jenen Theile des Landes etwas geändert wird, eine Verfassungsänderung wäre — und darauf läuft ja das Argument des Herrn Abgeordneten Lerno hinaus. Es handelt sich einfach darum, eine gewisse Bestimmung des bürgerlichen Rechts, welche bisher in Regensburg nicht galt, in diesem Gebiete einzuführen. Allerdings hat diese Bestimmung eine gewisse Einschränkung in Bezug auf die Erwerbsfähigkeit zur Folge; allein das ist noch keine Verfassungsänderung und keine Verletzung des Grundsatzes des Tit. IV § 8. Uebrigens müßte Herr Abgeordneter Lerno, wenn er konsequent wäre in Bezug auf diese seine Rechtsausführung, in seinem Antrage — er gestatte, daß ich den Antrag des Centrums als seinen Antrag bezeichne — nicht von dem Gebiete der Stadt Regensburg sprechen, sondern er müßte dann von den Klöstern der Stadt Regensburg sprechen. S. 1019.

Was sodann das Konkordat betrifft, so habe ich auch hierüber mich schon wiederholt geäußert; das Konkordat steht der Ausdehnung der Amortisationsgesetze auf das Gebiet der Stadt Regensburg nicht entgegen, im Gegentheil ergibt sich aus den Verhandlungen über das Konkordat, daß die Kurie in Bezug auf die Gestaltung der Amortisationsgesetze der bayerischen Regierung freie Hand lassen wollte. Das ist z. B. auch in dem Aufsatze von Meurer ausgeführt, woselbst sogar dargelegt ist, daß das Konkordat eine versteckte Amortisationsklausel enthalte. Es ist also nicht in Widerspruch mit dem Konkordat, wenn dieses Recht in Regensburg eingeführt wird, und es ist deßhalb auch zur Einführung dieses Rechts die Zustimmung des päpstlichen Stuhles nicht erforderlich.

Wenn endlich von Privilegien gesprochen wird, welche ohne Entschädigung genommen werden wollen, so kann ich || diesen Einwand auch nicht für zutreffend erachten; denn die S. 1020. Klöster in Regensburg können nicht behaupten, daß sie gewisse Privilegien in Bezug auf Befreiung von den Amortisationsgesetzen bekommen hätten. Es war einfach nur der Rechtszustand in Regensburg geltend, daß ein Amortisationsrecht überhaupt nicht bestand; förmliche Privilegien in Bezug auf Befreiung von solchen Gesetzen sind den Regensburger Klöstern nie ertheilt worden. Dazu kommt endlich, daß eine wirkliche Bedrückung und Belästigung aus der Einführung dieses Rechts für die Regensburger Klöster sich kaum ergeben wird. Es ist überhaupt eine irrige Darstellung, wenn man die Amortisationsgesetze immer als eine drückende Fessel, als eine große Last u. s. w. bezeichnet. Es handelt sich doch einfach um die Vorschrift, die landesherrliche Genehmigung für gewisse Rechtsgeschäfte einzuführen. Dazu kommt, daß die Regensburger Klöster, soweit sie von außerhalb der Stadt Regensburg etwas erwerben wollen, doch unter die Amortisationsgesetze fallen, und was sie in Regensburg selbst erwerben können, wird schon aus dem Grunde nicht erheblich sein, weil die Stadt Regensburg ein verhältnißmäßig kleines Gebiet mit konfessionell gemischter Bevölkerung ist.

Nun komme ich endlich zum dritten und schwerwiegendsten Punkte, dieß ist die von Ihnen beantragte Streichung des Art. 4c, wonach auch künftig der entgeltliche Erwerb von Immobilien der landesherrlichen Genehmigung bedürfen soll. Von diesem Antrage, den Art. 4c zu streichen und im Zusammenhang damit auch den Art. 4d entsprechend zu ändern, habe ich bereits im Ausschusse erklärt, daß die Annahme dieses Antrags den Gesetzentwurf zum Scheitern bringen würde. Die Staatsregierung steht insbesondere auch bezüglich dieses Antrags auf dem Standpunkt, daß es sich darum handelt, ein bestehendes landesherrliches Recht zu vertheidigen. Sie wollen dieses Recht aufheben, ohne daß sie dafür irgendwelche tristige Gründe vorbringen können. Es handelt sich um das Recht der Krone, den Immobiliarerwerb der geistlichen Gesellschaften einer gewissen Beaufsichtigung zu unterstellen, den Immobiliarerwerb derselben von der jeweiligen landesherrlichen Genehmigung abhängig zu machen. Die Sache liegt nicht so, daß der Immobiliarerwerb der Klöster verboten ist, sondern die Vorschrift geht lediglich dahin, daß der Immobiliarerwerb der geistlichen Gesellschaften der landesherrlichen Genehmigung bedarf. Dieses Recht der Krone, den Immobiliarerwerb von dem landesfürstlichen Konsens abhängig zu machen, besteht in Bayern seit fast 200 Jahren. Es ist im Jahre 1701 aus sehr tristigen Gründen auf Andrängen der Landstände eingeführt worden, und durchschlagende Gründe, dieses Recht der Krone vollständig zu beseitigen, sind nicht geltend gemacht worden.

Was vorgebracht wird als Grund für den Antrag der Centrumspartei, das ist lediglich eine theoretische Erwägung. Es ist die Erwägung, daß diese Beschränkung der Erwerbsfreiheit der geistlichen Gesellschaften gegen das Prinzip der individuellen Freiheit verstoße, daß es ein Ausnahmegesetz sei. Dabei wird vollständig übersehen, daß die geistlichen Gesellschaften keine Privatpersonen sind, daß die geistlichen Gesellschaften keine Aktiengesellschaften sind. — (Zurufe rechts: Leider!) Meine Herren! Der Vergleich mit den Aktiengesellschaften ist hier in diesem Hause gerade von Seite des Centrums gemacht worden. — (Zurufe links: Sehr richtig!) Es wird übersehen, daß die geistlichen Gesellschaften Korporationen des öffentlichen Rechts sind. Die Korporationen des öffentlichen Rechts stehen überall — ich habe das schon wiederholt ausgeführt — unter einer gewissen Staatsaufsicht, und in Bayern ist diese Staatsaufsicht über kirchliche Korporationen insbesondere durch § 75 der II. Verfassungsbeilage garantirt worden. Während wir nun im Allgemeinen über das Kirchenvermögen die staatliche Aufsicht, welche auf § 75 der II. Verfassungsbeilage beruht, in Form der Staatskuratel ausüben, besteht gegenüber den geistlichen Gesellschaften keine eigentliche Staatskuratel, sondern es gelten gegenüber den Klöstern ꝛc. die Amortisationsgesetze, und einen wesentlichen Theil der Amortisationsgesetze bilden eben gerade die

S. 1020. Bestimmungen über die Beaufsichtigung des Immobiliarerwerbs, auch des entgeltlichen Immobiliarerwerbs. Wenn Sie diese Bestimmungen streichen, so streichen Sie meines Erachtens die Hauptsache von den Amortisationsgesetzen weg. Ich erblicke hierin das Wesentlichere und das Wichtigere. Allerdings weiß ich, daß auf der linken Seite dieses Hauses zum Theil eine andere Auffassung herrscht, wonach als das Wesentlichere in den Amortisationsgesetzen der Verwandtenschutz betrachtet wird. Auch Professor Meurer steht auf diesem Standpunkt. Allein die k. Staatsregierung steht nicht auf diesem Standpunkt. Als das Wesentlichere und Wichtigere sieht die k. Staatsregierung gerade die Beaufsichtigung des Immobiliarerwerbs der todten Hand an und dieses Aufsichtsrecht in Bezug auf den Immobiliarerwerb kann nicht vollständig preisgegeben werden. Die k. Staatsregierung kann sich auf diesen Antrag um so weniger einlassen, als bereits durch reichsgesetzliche Bestimmung das betreffende Recht der Krone sehr erheblich eingeschränkt worden ist und als überdieß der Beschluß der Kammer der Reichsräthe noch einen weiteren Abstrich davon machte.

Ich möchte zur Begründung meiner Anschauung, daß wir es hier nicht mit einem Ausnahmegesetze zu thun haben, eine Aeußerung des Herrn Referenten der Kammer der Reichsräthe, des Herrn Oberstlandesgerichtspräsidenten von Schmitt verlesen. Derselbe sagte im besonderen Ausschusse der Kammer der Reichsräthe nach dem Protokoll vom 26. April Seite 4:

> Die Festhaltung dieses Prinzips bei den Klöstern 2c. 2c. empfiehlt sich gerade aus dem Vergleich derselben mit den übrigen Persönlichkeiten, die nach unserer Verfassungsurkunde ähnlichen Beschränkungen unterliegen und fernerhin unterliegen werden aus dem Gesichtspunkte der staatlichen Aufsicht und Kuratel. Es würde sich nicht rechtfertigen, ein kirchliches Glied wie die Klöster vollfrei zu lassen und die anderen kirchlichen Glieder, die Kirchengemeinden, die Kirchenstiftungen und Pfründestiftungen, unter Kuratel zu halten. Solange der Staat mit der Kirche verknüpft ist, muß dem Staat eine Anzahl von Rechten der Kirche gegenüber unzweifelhaft zustehen. Sie hat auch Vortheile von der Verbindung.

Dieses Citat erwähne ich auch insbesondere mit Rücksicht auf die Ausführungen des Herrn Abgeordneten Segitz, der davon gesprochen hat, daß die Gleichheit vor dem Gesetze hergestellt werden müsse. Die Amortisationsgesetze in ihrer Anwendung auf die Klöster verstoßen nicht gegen das Prinzip der Gleichheit vor dem Gesetze. Im Gegentheil, sie realisiren dieses Prinzip der gleichheitlichen Behandlung des kirchlichen Vermögens in Bezug auf die Staatsaufsicht.

Daß wirkliche Belästigungen und Nachtheile sich aus dieser Beaufsichtigung des Immobiliarerwerbs für die Klöster ergeben, kann die Staatsregierung nicht zugeben, wenn schon eine dahin gehende Aeußerung bei der ersten Verhandlung in diesem Hause gefallen
S. 1021. ist. Heute wurde allerdings dieser Einwand nicht mehr gemacht, wahrscheinlich || weil die Herren vom Centrum sich selbst überzeugt haben, daß derselbe nicht zutreffend ist.

Ich möchte aber doch auf diesen Punkt noch einmal zurückkommen. Es wurde damals von dem Herrn Abgeordneten Lerno behauptet, daß die Klöster geschädigt würden oder geschädigt werden könnten, wenn sie ein Grundstück nicht erwerben könnten wegen Ausstehens der erforderlichen vorherigen landesherrlichen Genehmigung. Zur Zeit, also nach den dermalen bestehenden Armortisationsgesetzen muß allerdings vor dem Erwerb des Immobile der landesherrliche Konsens eingeholt werden. Allein in Zukunft wird das anders sein. Es wird in Zukunft, nach Einführung des Bürgerl. Gesetzbuchs und insbesondere der neuen amortisationsgesetzlichen Vorschriften, wie sie jetzt formulirt sind, kein Bedenken bestehen, die notarielle Beurkundung des Kaufvertrags oder des sonstigen den Rechtsgrund der Erwerbung bildenden Vertrags sowie der Auflassungserklärungen schon vor der landesherrlichen Genehmigung vorzunehmen. Die Genehmigung muß aber erholt werden, bevor die Eintragung im Grundbuch erfolgt. Also wird jener Einwand für die Zukunft hinfällig sein.

Ich komme damit zum Schlusse und habe nur noch eine Bemerkung in Bezug auf Art. 4d zu machen. Nach dem Art. 4d in der Fassung des Ausschusses würden auch die ausländischen geistlichen Gesellschaften und anderen Korporationen gerade so behandelt werden und dieselbe Vergünstigung genießen, wie die inländischen, die bayerischen und die deutschen Klöster u. s. w. Es wäre das ein Rechtszustand, der sich in keiner Weise rechtfertigen ließe und gegen welchen die Staatsregierung sich absolut erklären muß.

Ich möchte Sie demnach bitten meine Herren — ich richte diese Bitte insbesondere an die Herren vom Centrum —, sich noch einmal Ihre Stellung zum Ausschußantrag überlegen zu wollen und wiederholt in Würdigung zu ziehen, ob Sie auf Ihrem Standpunkt beharren wollen, sollen oder können. Insbesondere könnte vielleicht gerade die Aufforderung des Herrn Abgeordneten Segitz, festzubleiben, eine Warnung für Sie sein. (Heiterkeit.)

Vicepräsident: Herr Abgeordneter Dr. Daller!

Dr. **Daller:** Meine Herren! Ich glaube aussprechen zu dürfen, daß wenigstens ich

für meine Person mein Votum ganz frei nach meiner Ueberzeugung abgebe. Ich habe mir S. 1021.
nicht eine Mahnung des Herrn Segitz zur Richtschnur zu nehmen und auch nicht von der Staatsregierung kann ich mir in dieser Beziehung irgendwie eine Mahnung geben lassen; sondern ich werde handeln nach meinen Grundsätzen und nach der Möglichkeit, für die Sache das zu Stande zu bringen, was unbedingt für die allgemeine Sache des Landes nothwendig ist.

Meine Herren! Ich habe zunächst meine persönliche Stellung noch kurz zu kennzeichnen. Ich darf wohl sagen, daß mit meiner Rede, welche ich am 18. April hier gehalten habe, in der Presse unter allen Verhältnissen grober Unfug getrieben worden ist. Wenn ich das von manchen Aeußerungen in der Kammer, wie sie heute gefallen sind, dieser meiner Rede gegenüber nicht sage, so sind es parlamentarische Gründe (Heiterkeit.) Ich muß doch ausdrücklich das kurze Gedächtniß der Gegner betonen. Meine Herren! Ich habe zunächst prinzipiell die Amortisationsgesetze beurtheilt und von dieser prinzipiellen Beurtheilung nehme ich kein Wort zurück. Ich habe auch, nachdem ich die Rede wiederholt durchgelesen habe, gefunden, daß darin keineswegs übertriebene Ausdrücke enthalten seien, und wenn mein Freund, Kollege Dr. Orterer, damals gesagt hat, es wäre vielleicht mancher Ausdruck nicht ganz salonfähig, so hat er nach seiner innigsten Ueberzeugung nur diejenigen Salons gemeint, wo man sich konventionell gegenseitig anlügt; (Heiterkeit) aber das Abgeordnetenhaus ist an und für sich kein Salon, und in solchen konventionellen heuchlerischen Salons bewege ich mich überhaupt nicht gerne.

Also, meine Herren, in dieser Beziehung ist meine damalige Stellung prinzipiell durchaus eine korrekte gewesen und ich muß auch heute noch sagen, daß ich damals gar nicht daran gedacht habe, für meine Partei zu sprechen. Ich halte diese Frage für eine reine Rechtsfrage, für eine Frage der Rechtsüberzeugung und daran anschließend auch des Gewissens. Aber, meine Herren, ich habe doch auch am Schlusse gesagt, daß ich nur dann gegen das ganze Gesetz stimmen würde, wenn überhaupt nicht irgendwie eine Verständigung zu Stande kommt.

Ich weiß sehr wohl, meine Herren, daß es ganz angenehm wäre im öffentlichen Leben, einfach ganz nach Prinzipien zu urtheilen, und insoferne war die Rede des Herrn Kollegen Segitz mir durchaus sympathisch. Wenn der Herr Kollege Segitz aber etwa auf meiner Seite stünde und der Verantwortung sich bewußt wäre, die man dem öffentlichen Wohle gegenüber hat, wenn man um jeden Preis starre Grundsätze durchführen will, während man nicht allein Herr ist, dann würde er auch die Sache ganz anders anschauen; die Herren von der sozialdemokratischen Partei thun sich leicht, sie stimmen gegen alle Gesetze, auch gegen diejenigen, die zu Gunsten der Arbeiter gegeben worden sind; sie thun es, weil sie sich sagen können, die Gesetze kommen doch zu Stande und das ist nicht das Vollkommenste, was da gegeben wird. Also bekommen wir die gute Sache und stehen doch bei unseren Freunden schön da. Das ist die Auffassung der Partei, und wenn ich heute, meine Herren, hier sonst gar nichts zu vertreten hätte, als nur die Amortisationsgesetze, oder damals am 18. April, so hätte ich am Schlusse nicht auf eine nothwendige Verständigung hingewiesen. Also insofern kann ich den Rath des Herrn Kollegen Segitz, wie wir die Sache machen sollen, nicht annehmen; wir haben dabei nach unserem Eide und unserem Gewissen alle Verhältnisse des Landes zu erwägen. Aber ich habe auch damals, meine Herren, betont, daß wir auf dem Wege eines Kompromisses nur gehen könnten unter ausdrücklicher Wahrung unserer Grundsätze und unter der Betonung, daß, sobald wir irgendwie die Möglichkeit haben, wir diese Amortisationsgesetze gänzlich entfernen.

Nun, meine Herren, in der Abgeordnetenkammer hatten wir ja die Möglichkeit, da haben wir sie und da würde uns auch gar nichts abbringen, auf unserem Standpunkt zu bleiben. Aber, meine Herren, was hat uns denn veranlaßt, im Ausschusse dennoch einen Kompromißantrag einzubringen? Das war ganz einfach die Haltung der Kammer der Reichsräthe und eventuell auch eben die Haltung der k. Staatsregierung. Meine Herren! Wenn eben die Kammer der Reichsräthe unserem Beschluß absolut nicht zustimmt, dann kommt überhaupt ein derartiges Gesetz nicht zu Stande und dann gelten einfach die alten Amortisationsgesetze weiter, weil es in Art. 86 und 87 des Einführungsgesetzes heißt: unberührt bleiben diese und diese Gesetze. Das ist nun ein Standpunkt der Noth. Meine Herren!
Das ist klar, und auf diesen Standpunkt der Noth haben || sich einzig und allein unsere S. 1022.
Freunde im Ausschusse mit ihrem Antrage gestellt.

Ueber die Amortisationsgesetze als solche noch grundsätzlich zu sprechen, das will ich nur mit ein paar Worten thun. Ich sage heute wieder, sie gehören nicht mehr in die Zeit. Im Jahre 1701, als die bayerischen Stände dieß verlangten, da war die Sache doch ganz etwas anders. Damals haben die Klöster einen weit reicheren Grundbesitz gehabt. Dieser Grundbesitz war steuerfrei, (sehr richtig! rechts) und darum sind die Anderen dann um so mehr belastet worden; aber heutzutage zahlt jedes Kloster seine Grundsteuer wie jeder Andere,

S. 1022. zahlt, insofern es nicht durch öffentliches Interesse freigegeben ist, also nicht dem Unterrichte oder der Wohlthätigkeit dient — und es gibt sonst fast keine Klöster mehr, die nicht entweder dem Unterrichte oder der Wohlthätigkeit dienen —, auch alle anderen Steuern, auch die Kapitalrentensteuer, wenn es solche Gelder hat, also es ist gar keine Ausnahme, gar keine Bevorzugung, und daher ist diese jetzige Darlegung im modernen Staat wirklich unhistorisch, und es thut mir dieß wahrhaft innerlich in der Seele weh — ich kann es nicht anders sagen —, daß man jetzt mit diesen Mandaten von 1701 und 1764 noch herankommt, aus Zeiten, die fast oder volle 200 Jahre hinter uns liegen, wo alle Verhältnisse in Bayern wenigstens noch ganz anders waren, wo in Altbayern damals noch nicht einmal Protestanten zugelassen wurden. Meine Herren! Jetzt ist das Alles anders und jetzt beruft sich noch, ich sage es mit wahrem Schmerze, auch die k. Staatsregierung darauf. (Sehr richtig! rechts.) Es ist das wirklich für mich eine Sache, die mich innerlich aufregt; ich kann sagen, daß ich während meiner fast dreißigjährigen Thätigkeit hier nach meinen besten Kräften das Wohl Aller, des Staates und die Rechte der Krone nach allen Richtungen hin vertreten habe. Der Herr Minister hat eben gesagt, die k. Staatsregierung befinde sich in der Defensive uns gegenüber. Ich kenne ja nicht die Verhandlungen, welche dem Reiche gegenüber stattgefunden haben, aber gehört habe ich nichts davon, daß sich damals die bayerische Staatsregierung, als eigentlich die Essenz der Amortisationsgesetze preisgegeben werden mußte, dem Reiche gegenüber so gewehrt hätte. Aber natürlich! Hier im Landtage handelt es sich um die bayerischen Unterthanen allein und noch dazu um Hunderttausende und Millionen von Katholiken, die so denken wie ich. Ich möchte der k. Staatsregierung sagen, daß gerade dieses Verhalten, unsere Ueberzeugung hier eigentlich zu beugen, nicht nur auf mich, sondern auf Hunderttausende, die wie ich denken, einen überaus schmerzlichen Eindruck macht und daß, meine Herren, wir uns sagen müssen, namentlich jetzt am Schlusse einer so langwierigen und schwierigen Thätigkeit, daß man auch auf uns das Wort des Evangeliums anzuwenden scheint: „Wenn Ihr auch Alles gethan habt, Ihr seid doch unnütze Knechte" Das sagt ein ehrlicher offener Mann, dem es um die Interessen des Staates, um die Erhaltung seiner Grundlagen zu thun ist, der gar kein anderweitiges Ziel verfolgt, als nur diese seine Ueberzeugung auszusprechen.

Dann, meine Herren, muß ich doch auch sagen, diese Gesetzgebung entbehrt des nothwendigen Charakters, welchen Gesetze haben müssen. Das Gesetz ist ja gar nicht einmal klar. Es geht auf die geistlichen Genossenschaften; aber als Seine Excellenz der Herr Kultusminister in der Kammer der Reichsräthe gefragt wurde, ob denn das auch auf die protestantischen Diakonissen gehe, da sagte er, ja, darüber könne er sich nicht aussprechen, das müßten einst die Richter entscheiden. (Heiterkeit rechts.) Ja, meine Herren, das ist aber ein Standpunkt, den ein Gesetzgeber nicht haben kann und nicht haben darf, (sehr richtig! rechts) und wir können diesen gesetzgeberischen Standpunkt nicht theilen. Denn das Gesetz ist eine Norm für den Richter, aber nicht der Richter eine Norm für das Gesetz. (Sehr richtig! rechts.) Das muß doch unter allen Umständen festgehalten werden, und ich weiß es auch, meine Herren, daß gerade diese Aeußerung des Herrn Staatsministers einen sehr bedenklichen Eindruck auch in solchen juristischen Kreisen gemacht hat, die nicht auf meinem Standpunkte stehen.

Die gegnerische Seite und die k. Staatsregierung sagt immer, das Gesetz ist kein Ausnahmegesetz. Aber es ist ja doch ein Ausnahmegesetz, es handelt sich ja in einem Gesetze nicht nur um den Empfänger, sondern auch um den Geber. Also ich darf, wenn ich das könnte oder wollte, über die pragmatische Summe nicht hinaufgehen, da bin ich auch in meinem Rechte beschränkt. Das Gesetz verbietet mir das, einem Anderen das zu schenken. Ja, meine Herren, und die Anderen dürfen es nicht empfangen. Da darf man sechsmal oder hundertmal sagen: „es ist kein Ausnahmegesetz"; aber Thatsache ist es: Allen Anderen ist es erlaubt, nur den katholischen Orden und geistlichen Gesellschaften ist es nicht erlaubt, anzunehmen, was man gibt.

Auch die Ansicht, daß sich die Amortisationsgesetze an die Stelle der Staatsaufsicht, der Staatskuratel stellen, ist nur zu einem geringen Theile zutreffend. Die Staatskuratel über das Kirchenvermögen, wie sie ausgesprochen ist in den §§ 44 und 75 der Verfassung, ist in fortwährender Wirksamkeit; ohne diese Staatskuratel kann von dem eingetragenen bekannten Kirchenvermögen nichts verbraucht werden, nichts hinweggegeben und verwendet werden, der Staat hat alle Tage die Aufsicht darüber. Aber, meine Herren, bei den Amortisationsgesetzen gibt es allerdings eine erste einmalige Genehmigung, aber dann ist die geistliche Gesellschaft frei und kann thun was sie will. Ich sage das nicht etwa, meine Herren, daß man meint, man müßte dieselben auch noch weiter beaufsichtigen, sondern ich sage nur, daß man in dieser Beziehung Gründe angibt, die an und für sich nicht zutreffend sind, denn in der That kann ja eine geistliche Gesellschaft z. B. schlecht wirthschaften, sie kann ihr Vermögen verlieren, oder der Vorstand derselben kann dieses oder jenes verschwenden; derartige Dinge haben wir schon erlebt; da ist die Staatskuratel auch nicht da und kann auch nicht

da sein, wenn man nicht einen Zwang ausüben würde, der ganz unerhört wäre; aber die S. 1022.
bloße erste Genehmigung ist kein wirklicher Ersatz; das wollte ich aussprechen, und insofern ist die Aeußerung Seiner Excellenz in diesem Punkte wahrhaftig nicht zutreffend.

Die Amortisationsgesetze sind auch von dem Standpunkt aus nicht mehr zeitgemäß, weil sie für dieses Ziel, welches die Motive der Reichsgesetzgebung im Auge haben, gar nicht nothwendig sind. Meine Herren! Die Motive der Reichsgesetzgebung sagen:

„um der Gefahr vorzubeugen, welche die übermäßige Anhäufung von Grundbesitz oder Kapitalien in der Hand juristischer Personen für das Gemeinwohl oder allzuweit getriebene, auf die Förderung besonderer öffentlicher Zwecke abzielende Freigebigkeit des Einzelnen für das Gedeihen und das Wohl des Einzelnen haben".

Meine Herren! Eine übermäßige Anhäufung von Besitz und Kapitalien in den bayerischen S. 1023.
Klöstern zu behaupten, das wird wohl Niemanden nach keiner Richtung hin einfallen. Meine Herren! Was haben wir denn? Unter den Männerklöstern die Benediktiner, welche allein einen Grundbesitz haben und welche ihr Geld, ihre Kräfte und ihre Mühe auf die Erziehung der Jugend verwenden. Ich habe schon das letzte Mal gesagt: Metten unterhält ganz frei ein Gymnasium, beim Augsburger Gymnasium muß der Staat etwas dazu zahlen, aber es ist doch viel wohlfeiler in Augsburg als bei einem andern Staatsgymnasium; auch in Scheyern und in Schäftlarn sind Unterrichtsanstalten. Ja, meine Herren, man kann doch wahrhaftig nicht sagen, daß diese Anstalten nicht durchaus gemeinnützig sind, nicht im Interesse des Staates sind und daß sie nicht öffentliche Zwecke nach allen Richtungen hin fördern; daß sie übermäßige Erwerbungen von Grund und Kapitalien machten, kann in keiner Weise nachgewiesen werden, und daher hat dieses Gesetz nach der Grundanschauung des Gesetzgebers für das Reichsgesetz für Bayern wahrhaftig keine Bedeutung.

Es ist das auch gegen alles natürliche Rechtsgefühl. Wenn sich z. B. heute 6 oder 7 Personen zusammenthun und wollen gemeinsam ohne Regel leben, nicht in einem Orden, sondern in einem gemeinsamen Hauswesen, und sagen: wir legen unser Vermögen zusammen, wir bringen es in die Gemeinschaft ein, nun ja, so wird es wahrscheinlich sein, daß der Eine eben vielleicht sechsmal so viel einlegt in die Lebensgemeinschaft als der Andere. Ist es nun nicht an und für sich ungerecht, wenn eine Person in eine Lebensgemeinschaft eintreten will und diese Lebensgemeinschaft sagt: Du bist bei uns für Dein ganzes Leben versorgt, für kranke und gesunde Tage, — wenn diese Person nicht einmal so viel mitbringen darf, daß sie ausreichend für ihr ganzes Leben als versorgt gelten kann. Das wird aber doch Niemand behaupten, daß eine Person mit 250 M. ungefähr oder mit 8000 M. Kapital wohnen, sich kleiden, nähren und pflegen könnte. Also das ist ein Standpunkt, welchen die Regierung gegen Einzelne einnimmt, der überaus schmerzlich ist und eigentlich der Gerechtigkeit entbehrt.

Dazu kommt, daß gerade in unseren Tagen die Klöster vielfach arme Personen aufnehmen. Ich habe das letzte Mal schon gesagt, daß, wenn der Einzelne etwas mehr bringt, das der Gemeinsamkeit zu gute kommt. Eigentlich ist es an und für sich ein Widerspruch, ein Nonsens, zu sagen, wie das der Herr Kollege Dr. Casselmann gesagt hat, auf den ich noch des Näheren kommen muß, die Sorge für die armen Verwandten mache solche Gesetze nothwendig. Ja, wie oft kommt es denn vor, daß Jemand arme Verwandte hat und er selbst reich ist, und wenn er es zu etwas gebracht hat, so hat er es nicht in den zwanziger oder dreißiger Jahren dazu gebracht, daß er reich geworden ist, sondern da hat er es dazu gebracht in höherem Alter, und da geht man nicht mehr in's Kloster, wenn man bestimmte Jahre erreicht hat, das geht nicht mehr. Was soll also das heißen: die Sorge für die armen Verwandten! Ich nehme einen anderen Fall, daß Einer wirklich in der Welt heraußen bleibt und er hat etwa einen Verwandten im Kloster und einen heraußen in der Welt. Wie man im Kloster lebt, nach welchen Regeln und Grundsätzen, weiß man im Allgemeinen; aber wenn nun der arme Verwandte draußen in der Welt ein Thunichtgut gewesen ist, wenn er nicht gearbeitet hat, wenn er das, was er sich hätte ersparen können, vergeudet hat, jetzt ist Schutz für diesen armen Verwandten nothwendig? Nein! Das geht eigentlich gegen die sittlichen Grundanschauungen, das geht gewissermaßen gegen die guten Sitten, daß man Einen zwingen will, einem Solchen etwas zu geben. Das sind Dinge, die allerdings beim Gesetze, wie es lautet, unschwer bei Seite gelassen werden können. Man kann verschiedene Straßen und Wege fahren, meine Herren, auch bei diesen Verhältnissen.

Ich muß nun, meine Herren, noch auf einzelne Punkte zu sprechen kommen. Es ist in der That richtig, daß es nach außen hin einen überaus trübseligen Eindruck macht, daß da gewissermaßen gehandelt und geschachert wird; darum haben wir auch den prinzipiellen Standpunkt eingenommen, aber nachdem man nun bei dem anderen gleichberechtigten Faktor den prinzipiellen Standpunkt abgelehnt hat, wie sollen wir es dann machen? Wenn die k. Staatsregierung einen großen freien Blick hätte, das sage ich ihr offen, dann würde sie hier die weitesten Schranken geben im Interesse der Unterthanen und des Landes, und ich sage sogar noch weiter, auch im höheren und im höchsten Interesse. Meine Herren! Um

S. 1023. was wird denn der bayerische Staat ärmer oder mächtiger oder reicher, wenn das Kultusministerium in Bezug auf die Amortisationsgesetze um 500 Einlaufsnummern mehr hat oder weniger? Das macht doch nichts aus. Wir wollen einen mächtigen angesehenen Staat, wir wollen unsere wirthschaftlichen, sittlichen, religiösen Interessen fördern, und nun macht man aus solchen kleinen Maßregeln eine Kabinetsfrage! Ich finde es unbegreiflich, wie die k. Staatsregierung sagen kann: Das Ausführungsgesetz fällt, wenn man da nicht nachgibt. Und dann, meine Herren, wenn man sich auf diesen Standpunkt der Verantwortlichkeit stellen will, dann sage ich: ich brauche die Ausführungsgesetze nicht so nothwendig wie die k. Staatsregierung und — da werde ich wohl Recht haben — jeder Einzelne von uns auch nicht. So kann man doch unmöglich auf Seite einer weitschauenden Staatsregierung mit den Interessen des Staates vorgehen, daß man sagt: Diese wichtigen Gesetze, an denen wir Alle gearbeitet haben, werden nicht durchgeführt werden. Auch sehe ich nicht ein, warum nicht, wenn die Amortisationsgesetze nicht in dieser Form zu Stande kämen, die anderen Ausführungsgesetze doch durchgeführt werden könnten.

Ich muß also sagen, ich kann es nur als einen unerhörten Druck auf uns auffassen. Man hat mir Erpressung vorgeworfen; in einer unritterlichen Weise hat die „Augsburger Abendzeitung“ behauptet, daß ich einen Erpressungsversuch mit meiner Rede verübt habe; ich habe keinen solchen gemacht, denn ich habe nur für meine Person geredet und ist in meinen Worten kein solcher enthalten. Wir vertreten und haben von Anfang an vertreten das Prinzip der Gerechtigkeit. Die Einleitungsworte zu unserer altehrwürdigen Verfassung haben auch die gleichen Worte: „Gleichheit der Gesetze“ und „Gleichheit vor dem Gesetze“, und es kann kein Mensch im Lande es glauben, wenn heute Herr Kollege Dr. Casselmann versucht hat, sogar zu deduziren, daß es ein Ausnahmegesetz wäre, wenn die Amortisationsgesetze heute aufgehoben werden würden. (Zustimmung und Heiterkeit.) So kann man plaidiren vor einem Schwurgericht bei verschiedenen Geschworenen. (Heiterkeit und Zustimmung rechts.) Wenn man um jeden Preis einen Verbrecher frei machen will, könnte man es auch so machen. Nach diesem Vorbilde scheint ein Advokat, wie ich jüngst gelesen habe, was mir aber sehr unjuristisch zu sein scheint, dem Verbrecher Bogner den Rath gegeben zu haben, er solle jetzt wieder Alles leugnen, was er zuvor eingestanden hat. Auf solche Wege, die hier Herr Abgeordneter Dr. Casselmann gegangen ist, auf solche juristische Wege, die ich als Wege der
S. 1024. Finsterniß und der Unklarheit betrachte, kann ich nicht folgen, das er ‖ kläre ich; es kann von ihm auch nicht ernstlich gemeint sein. Herr Collega Casselmann wird nachher heimgehen und lachend sagen: Denen habe ich wieder ein schönes Hälmchen mit meiner Beredsamkeit durchgezogen. Wir kennen uns ja, Herr Dr. Casselmann, wir kennen uns ja sehr gut, und ich weiß, wie wenig Herr Dr. Casselmann um ein Wort verlegen ist, wenn auch die Unterlage desselben nicht sehr fest ist, daß weiß ich wie Sie recht wohl.

Meine Herren! Was die Ausnahmegesetze für die Englischen Fräulein betrifft, so bleiben diese jetzt außer Spiel; ich vergönne es ihnen von Herzen.

Regensburg soll gehenkt werden; meine Herren, es geht ein Sprichwort durch das Volk, daß sich Einer einmal per compagnie hat henken lassen; also das ist seine Sache gewesen; aber mir zuzumuthen, daß ich ihn henke, meine Herren, das geht mir gegen das Gewissen. Jetzt sollen wir das bisher freie Regensburg um der Rechtsgleichheit willen henken, das heißt, die Klöster sollen den Amortisationsgesetzen unterworfen werden; daß man sich da auf's Aeußerste wehrt, das kann man mir nicht verargen. Semper pro libertate standum est — immer soll man für die Freiheit einstehen —, nur die Bureaukratie thut das nicht; die Bureaukratie hat freilich in älteren Zeiten gesagt: Alles, was nicht erlaubt ist, ist verboten; aber jetzt ist die Sache doch etwas anders. Jetzt ist Alles erlaubt, was nicht verboten ist; und das müssen wir doch auch festhalten. Die k. Staatsregierung macht uns doch wirklich eine schwere Zumuthung, wenn wir die ganz unschuldigen Klöster in Regensburg henken sollten, das heißt, wenn wir sie in die Fesseln der Amortisationsgesetze schlagen sollten. Der Herr Minister sagt, wir sind sehr wohlwollend; das gebe ich zu, ich weiß aber auch, meine Herren, der Herr Minister ist wie auch wir und Jeder von uns doch eine vorübergehende menschliche Erscheinung. (Heiterkeit.) Wenn er nicht mehr da ist und käme Einer, der weniger wohlwollend wäre, und würde sich der auf das Gesetz berufen, dann haben wir die Geschichte; überhaupt in solchen Rechtshändeln möchte ich mit Wohlwollen nichts zu thun haben; und wir wollen eine klare Stellungnahme gegenüber dem Gesetze. Recht soll Recht sein; und es bleibt auch dabei immer noch ein weiter Weg der Billigkeit in dieser Auffassung und Anwendung.

Meine Herren! So einfach, daß das gegen das Konkordat nicht wäre, steht mir die Sache nicht. Ich mache doch darauf aufmerksam, daß die ganze Stellung Roms bei Abschluß des Konkordats entschieden gegen die Amortisationsgesetze war. Ich mache aber auf einen anderen Umstand aufmerksam, daß der bayerische Unterhändler damals eine doppelte Rolle gespielt hat. Das ist nachgewiesen. Er ist geistlicher Herr gewesen, er ist dann Kardinal geworden; er hat in Rom anders geredet als in München, und wie er heim-

gekommen ist, hat er gesagt, er habe dieß nicht erreicht und Rom hat dagegen protestirt. S. 1024.
Ja, meine Herren, wenn ein geistlicher Herr nicht charaktervoll ist und Unrecht thut, so beschönige ich das gar nicht. Ich habe nichts dagegen, wenn das gezüchtigt wird, weil er nach seinem ganzen Stand und seiner Auffassung fest und charaktervoll bei der Wahrheit bleiben soll. Darum machen auch diese Dinge von dem Konkordat und der etwaigen Zustimmung Roms keinen Eindruck. Rom hat nicht zugestimmt, gewiß nicht; aber was will man machen. Tolerari potest, dazu ist Rom sehr häufig gezwungen, wie wir auch. Wenn mich sechs Kerle packen und fesseln mich, werde ich wahrscheinlich mit meinen physischen Kräften auch nicht Herr werden, also man muß es ertragen; und so ist es auch in vielen anderen Dingen im öffentlichen Leben, wo man über gewisse Dinge nicht hinweg kann.

Man muß sagen, daß es eigentlich eine ganz gewaltige Gesetzesauslegung nothwendig macht, wenn man die Art. 44 und 75 auf die Klöster hereinbezieht. Der Wortlaut ist darnach. Der Wortlaut des Art. 44 geht auf die als öffentliche Korporationen aufgenommenen Kirchen, meine Herren, nicht auf die Klöster, und der Art. 75 handelt über die Verwaltung des Kirchenvermögens Nun sind ja die Klöster an und für sich nicht ein wesentlicher Bestandtheil der katholischen Kirche. Die katholische Kirche sieht in den Orden die höchste Entfaltung des sittlichen Lebens und wünscht sie und fordert sie; aber die katholische Kirche muß gar oft längere Zeit in diesem oder jenem Lande bestehen, ohne daß Klöster da sind. Aber wo sich christlicher Geist entfaltet, da ruft er auch und bringt er auch Klöster hervor. Aber daß hier diese Art. 44 und 75 auch die Amortisationsgesetze vertheidigen wollen, das kann nur mit der allerkühnsten Auslegung behauptet werden. Ich gebe ja zu, daß die Klöster kirchliche Anstalten sind, aber die Worte: „kirchliches Vermögen“ und „als öffentliche Korporationen aufgenommene Kirchen“, das ist doch etwas Anderes und das darf der Richter auch hier nicht etwa zum Schlechteren auslegen: Odia sunt restringenda, favorabilia sunt amplificanda. Das sind von jeher gute Grundsätze tüchtiger Juristen und kirchlicher Exegeten gewesen. Aber, meine Herren, heutzutage muß man diese Dinge so hereinziehen, daß nur in künstlicher Weise eine wahrhaft abnormale Sache aufrecht erhalten werden kann.

Auch die Aeußerung Seiner Excellenz ist mir aufgefallen, die er in Beziehung der Englischen Fräulein gemacht hat. Sie würden frei sein, wenn nicht eine wesentliche Aenderung in ihrer Organisation vorkomme. Ja, meine Herren, wie die innere Regel des Klosters lauten soll, wie sie ihr Leben einrichten sollen, das kann ja doch absolut nicht von der Staatsregierung abhängen. Das hat aber für mich keinen weiteren Eindruck; für mich ist das nur ein Beleg dafür, daß eben bei uns das sogenannte jus circa sacra, daß dieses so weit verzweigte Fasern noch hat und noch so fortleben will, daß wahrhaftig die Staatsgewalt auch die Ausübung dieses Rechtes nicht nur gefährdet, sondern in ihrer wahren und segensreichen Wirksamkeit vollkommen beschränkt. Das ist, meine Herren, meine innigste Ueberzeugung von all' diesen Verhältnissen.

Nun hat der Herr Kollege Wagner von der großen Bedeutung der Konzessionen gesprochen, die da gemacht worden sind. Ja, ich bin so offen, zu sagen: Ich danke Ihnen recht schön für alle diese Konzessionen. Wir sind hier nicht in der Lage, daß wir gerade um Gnade bitten müssen (sehr richtig! rechts) und daß wir für jeden Bissen die Hand küssen müssen. In Bayern ist die katholische Kirche konkordats- und staatsmäßig anerkannt; die katholische Kirche in Bayern und ihre Einrichtungen sind viel älter als die Amortisationsgesetze, und da von so großen Konzessionen zu reden, das mißfällt mir. Wir leben nicht aus reiner Gnade, das ist unser gutes Recht. (Sehr richtig! rechts.) Wir haben das nämliche Recht wie alle anderen anerkannten Religionsgesellschaften, wir haben das Recht der freien Ueberzeugung und das Recht des freien Gewissens, und daß man uns immer noch Konzessionen vorzählt, als wie wenn ich Einem Wohlthaten gespendet habe und ihm dann sage, du mußt dich nun besser aufführen, weil ich dir so und so viel geschenkt habe, — meine Herren, das ist es, was mich || innerlich wirklich bewegt, ich kann das wirklich nicht er- S. 1025.
tragen. Aber es zeigt, meine Herren, daß die Grundanschauung, um mit Casselmann zu sprechen, „derer da drüben“ — Herr Kollege Casselmann hat einmal gesagt, „die da drüben“, also wird es auch mir wohl erlaubt sein, obwohl ich nach meiner sonstigen Gewohnheit und Höflichkeit gesagt haben würde, „der verehrten Herren da drüben“ — so ist.

Meine Herren! Was nun die einzelnen Fälle betrifft, so möchte ich meinen, daß es ganz selbstverständlich wäre, meine Herren, daß man den entgeltlichen Erwerb freiläßt; ja was ist denn für ein Unterschied, wenn ein Kloster sich um 5000 M., sagen wir, 8 Tagwerk Grund kauft, also das muß jetzt frei sein; wenn es sich aber 12 Tagwerk kauft und die Kosten 11,000 M. betragen, dann ist das nicht mehr frei, aber die Klöster haben doch in dieser Beziehung um 11,000 M. weniger Baargeld und haben etwas mehr an Grund und Boden. Meine Herren! Das kann die k. Staatsregierung jeder Zeit wissen, es werden nur der Rentbeamte, die Katasterverwaltung oder der Notar beauftragt, diesen Vertragsabschluß der k. Staatsregierung zur Kenntniß zu bringen; dann weiß die k. Staatsregierung recht gut, was das Kloster sich erworben hat und wie viel Geld das Kloster nun weniger hat.

S. 1025. **Da macht man aus dieser Sache des Art. 4c einen so großen Lärm, als ob wirklich die Existenz des bayerischen Staates dringend gefährdet wäre.**

Meine Herren! Ich schlage diesen Artikel nicht so hoch an, aber prinzipiell ist unser Standpunkt, den wir dazu einnehmen, gerechtfertigt. So viel ist mir klar, meine Herren, **daß das Wort der k. Staatsregierung, denn Seine Excellenz der Herr Kultusminister hat im Namen der Staatsregierung gesprochen, daß, wenn dieser Art. 4c fallen würde, dann alle Ausführungsgesetze nicht zu Stande kämen — ich weiß nicht, wie ich es bezeichnen soll —, jedenfalls ein so einseitiges ist und gewissermaßen für uns und unsere Ueberzeugung so bedrohend ist, daß man hier beinahe wahrhaftig von einer Erpressung sprechen kann.** (Rufe links: Oho!) **Ich wende das Wort des Herrn Justizministers an, der gesagt hat, wenn** Dr. **Daller wüßte, was für ein Unglück über das Land käme, wenn das Gesetz nicht durchginge, dann muß ich doch auch annehmen, daß die k. Staatsregierung selbst dieses weitgreifende Unglück, von dem ich damals schon gesagt habe, daß sie dasselbe besser kennen muß, wohl in Erwägung gezogen hat. Aber das darf ich sagen, daß im ganzen Land Niemand und auch von der liberalen Seite — und die Herren haben doch sich dahin ausgesprochen, sie werden für das Gesetz unter allen Verhältnissen stimmen — ein außerordentliches Unglück darin sehen würde, ob Art. 4c angenommen wird oder nicht.**

Meine Herren! Die Rechte der Landeshoheit — denn von eigentlichen Kronrechten kann man wahrhaft nicht sprechen, denn die Amortisationsgesetze sind ihrer Natur nach Gesetze zur Beschränkung des Erwerbs —, also die landeshoheitlichen Rechte können dadurch wahrhaft keinen Schaden erleiden und man muß derartige Anschauungen schon in ganz besonderer Weise aufbauschen, wenn man da von einer Benachtheiligung der Rechte der Landeshoheit irgendwie sprechen kann.

Machen wir, meine Herren, die Sache, wie wir immer wollen, die Centrumspartei hat von jeher seit 30 Jahren prinzipiell Recht und Gerechtigkeit nach allen Richtungen hin zu vertreten gesucht. (Widerspruch links) **prinzipiell, sage ich, ich möchte wissen, meine Herren, in welches Recht wir je eingegriffen haben.** Die Centrumspartei in Bayern und Deutschland **hat sich das größte Verdienst erworben, als es jene Standhaftigkeit im Kulturkampfe bewies. Daß nicht Despotismus das ganze deutsche Volk unter den Boden gebracht hat, das ist dem Widerstande der Centrumspartei zu verdanken. Wir haben nie die innere Ueberzeugung irgend eines Anderen, seien es Protestanten oder Juden oder immer wer gewesen, angegriffen; wir sind nie in ihren Bereich eingetreten, haben immer das gleiche Recht für Alle vertheidigt, meine Herren, und jetzt schaffen Sie da für uns ein solches Ausnahmegesetz, welches, man darf sagen, was man will, doch ein solches bleibt und welches uns kränkt und verletzt, und ich hoffe auch, daß in der Kammer der Reichsräthe dieser Appell noch irgendwie einen Widerhall finden werde.**

Meine Herren! Nur das ganz oberflächliche Betrachten der Dinge kann ein solches Urtheil, wie wir es gehört haben, mit sich bringen. Ich muß doch sagen, nachdem der Herr Kollege Dr. Casselmann die Aeußerung des Herrn Referenten der Kammer der Reichsräthe uns vorgetragen hat, daß ich mich gewundert habe, daß er nicht auch die Aeußerung Seiner Excellenz des Herrn Erzbischofs Dr. von Stein über den Referenten vorgebracht hat. Mit Erlaubniß des Herrn Präsidenten darf ich diese Worte noch anführen:

> Seine Excellenz der Herr Reichsrath Dr. von Schmitt haben in Ihrem Hohen Justizausschusse die hauptsächlichsten für die Amortisationsgesetze in's Feld geführten Gründe einer Kritik unterzogen und in schlagender Weise deren Unhaltbarkeit dargethan. Indem ich des Hohen Hauses Aufmerksamkeit auf diese scharfe juristische Exposition hinzulenken mir erlaube, vermag ich nicht das Gefühl lebhaften Bedauerns zu unterdrücken, daß nicht beliebt wurde, aus den von dem Herrn Reichsrathe gegebenen Prämissen die einfachen praktischen Folgerungen mit Rücksicht auf den nothleidenden Rechtsbestand der Amortisationsgesetze zu ziehen.

Meine Herren! Diesen Eindruck hat Jeder gehabt. Als ich den Bericht des Herrn Referenten der Kammer der Reichsräthe an den Ausschuß las, da habe ich mich gefreut, und als ich dann zum Schlusse kam und lesen mußte: das Alles ist ja ganz gewiß wahr, aber heutzutage läßt sich die Sache nicht machen, da ist mir — wie soll ich sagen — der Verstand etwas still gestanden, aber nun, ich habe darüber weiter nicht zu urtheilen; das ist nun einmal Thatsache und die Thatsache ist richtig, daß auch der Herr Referent der Kammer der Reichsräthe rein nur aus opportunistischen Gründen, nicht aus prinzipiellen, die Amortisationsgesetze aufrecht zu erhalten den Antrag gestellt hat. Prinzipiell hat er sie verworfen. So haben es auch alle bayerischen Bischöfe gethan, und auch unser Hochwürdigster Herr Erzbischof, der Herr Reichsrath Dr. von Stein, hat doch gewiß in ausgezeichneter und ruhiger Weise, wie er es gewohnt ist, die sachlichen Gründe für die Unhaltbarkeit angeführt; wenn er dabei dann doch sich für den Kompromiß erklärt hat, so hat er ausdrücklich beigefügt, daß es nicht seine Ueberzeugung sei, sondern daß er nur der Noth gehorchen müsse, weil etwas Anderes unter den gegenwärtigen Verhältnissen nicht zu erreichen sei. So stehen die Dinge.

Meine Herren! Ich muß jetzt schließen; ich muß aber wiederholt erklären, daß ich S. 1025.
prinzipiell die Amortisationsgesetze nicht im Interesse des Staates halte, daß sie nicht übereinstimmen mit den Grundsätzen der Freiheit und Gerechtigkeit und der Gleichheit vor dem Gesetze, daß sie auch die Freiheit, die berechtigte Freiheit der Kirche beeinträchtigen, und daß wir darum prinzipiell immer gegen dieselben sein werden. || Wenn wir den Kompromiß- S. 1026.
antrag, welchen unsere Freunde im Ausschusse gestellt haben, zustimmen, so thun wir das, weil eine absolute Unmöglichkeit gegenüber der Kammer der Reichsräthe, Anderes zu erreichen, vorliegt, und weil wir wahrhaftig die Interessen des Landes und die Nothwendigkeit der neuen Gesetze, ich glaube, in viel höherer Weise schätzen als die k. Staatsregierung und daher auch bereit sind, dafür Opfer zu bringen; da geben wir der k. Staatsregierung ein solches Beispiel. Ich beklage es darum von ganzem Herzen, daß eine solche Erklärung von Seite der k. Staatsregierung gegeben worden ist. Wenn wir eigentlich die nothwendige Konsequenz daraus ziehen wollten gegenüber diesen Dingen, so müßten wir sagen, wir treten zurück auf den alten Standpunkt des Beschlusses vom 18. April. Das werden wir aber nicht thun, weil, wenn wir einmal einen wohlüberlegten Schritt gethan haben im Interesse des Landes, so werden wir suchen, diese Interessen nach besten Kräften zu wahren, uns aber vorbehalten, jederzeit diese Gesetze als an und für sich Ausnahmegesetze, als in unseren Augen ungerechte Gesetze, zu betrachten und zu erklären und Alles aufzubieten, sie zu entfernen. (Lebhafter Beifall rechts.)

Vicepräsident: Das Wort nehmen Seine Excellenz der Herr Staatsminister des Königlichen Hauses und des Aeußern.

Der k. Staatsminister Dr. Freiherr **von Crailsheim:** Meine Herren! Ich möchte Sie bitten, bei der Prüfung der vorliegenden Frage und bei Ihrer Abstimmung sich nicht von theoretischen Prinzipien beherrschen zu lassen, sondern sich kühlen Sinnes auf den Boden der Thatsachen zu stellen. Es wird wohl nicht geleugnet werden können, daß die Amortisationsgesetze in ihrer bisherigen Handhabung zu irgend welchen berechtigten Beschwerden und Anständen nicht geführt haben. Sie haben nun überdieß durch das Bürgerl. Gesetzbuch eine weitere Einschränkung erfahren und die k. Staatsregierung glaubte es daher bei diesem Rechtszustande belassen zu können. Die Kammer der Abgeordneten hat aber in ihrer Majorität die Aufhebung der Amortisationsgesetze beschlossen und die k. Staatsregierung war, da nach den gemachten Erfahrungen ein berechtigter Grund hiezu nicht vorlag, wohl in ihrem Rechte, wenn sie sich diesem Antrage entgegenstellte.

Die k. Staatsregierung hat nun einen Kompromißvorschlag gemacht. Wir waren uns wohl bewußt, daß dieser Schritt nicht allseitig Billigung finden werde, der Herr Abgeordnete Dr. Casselmann hat ja auch dieser Anschauung Ausdruck gegeben. Man hat gesagt, wenn die Staatsregierung fest auf ihrem Standpunkt geblieben wäre und erklärt hätte, daß sie an dem bestehenden Rechtszustand nicht rütteln lasse, so würde sie damit durchgedrungen sein. Meine Herren! Ich will das ganz dahingestellt sein lassen. Aber wir lieben derartige Kraftproben nicht, wir suchen sie zu vermeiden, wo es nur irgend geht, da, sie mögen ausfallen, wie sie wollen, eine Verbitterung auf der einen oder der anderen Seite entsteht. Wir haben den Kompromißvorschlag gemacht, getreu unserem Grundsatze, die bestehenden Parteigegensätze nicht zu verschärfen, sondern zu mildern und thunlichst zu versöhnen. Wir haben dabei allerdings nicht verkannt, daß mit unserem Kompromißvorschlag ein gewisses Opfer für die Krone verbunden ist, wir haben aber das Maß dieses Opfers genau erwogen und glaubten, es vertreten zu können.

Wenn nun die Kammer der Reichsräthe über dasjenige, was die Staatsregierung vorgeschlagen hat, hinausgegangen ist, indem sie die Summe des freien Erwerbes der geistlichen Gesellschaften hinaufsetzte, so können wir das nur bedauern. Noch weiter zu gehen, wie es der Beschluß Ihres geehrten Ausschusses verlangt, sind wir aber nicht in der Lage.

Allerdings haben wir nichts dagegen einzuwenden, daß die Englischen Fräulein von den Amortisationsgesetzen ausgenommen werden.

Dagegen können wir uns durchaus nicht damit einverstanden erklären, daß bestimmte Territorien in Bayern, welche bis jetzt den Amortisationsgesetzen nicht unterworfen waren, auch ferner davon ausgenommen werden sollen. Wir wollten es ja bei dem ursprünglichen Rechtszustand belassen, und dann wären diese Territorien exempt geblieben. Wenn man aber einmal an eine Revision der bestehenden Amortisationsgesetze herantritt, so muß auch eine Rechtseinheit geschaffen werden, gerade so wie vom 1. Januar 1900 an für das gesammte bürgerliche Rechtsgebiet Rechtseinheit bestehen wird.

Noch viel bedenklicher und absolut unannehmbar ist aber der Beschluß Ihres geehrten Ausschusses, wonach der entgeltliche Erwerb von Grundeigenthum vollständig frei sein soll. Es würde dieß sowohl die inländischen als die ausländischen geistlichen Gesellschaften treffen; es würde dadurch dem bestehenden Hoheitsrechte ein wesentlicher Inhalt entzogen und die gesammte Handhabung der Amortisationsgesetze auf eine schwankende Basis gestellt werden.

S. 1026. Wenn zu befürchten wäre, daß durch unseren Vorschlag die wirklichen Interessen der Kirche leiden würden, so würden wir uns diesem Bedenken keineswegs verschließen. Wir sind weit davon entfernt, die segensreiche Thätigkeit der Kirche auf dem ihr eigenen Gebiete irgendwie beschränken zu wollen. Allein um eine Beschränkung der Thätigkeit der Kirche handelt es sich ja gar nicht, und jede Gefährdung der Interessen der Kirche ist ja schon dadurch ausgeschlossen, daß nicht die wechselnden Ministerien, wie Herr Dr. Daller gesagt hat, sondern daß die Krone selbst die Amortisationsgesetze handhabt, und unter der Krone Bayern hat sich die Kirche immer wohl befunden. So ist es jetzt und so wird es auch in Zukunft bleiben; dafür birgt die kirchenfreundliche Tradition im allerdurchlauchtigsten bayerischen Königshause.

Meine Herren! Ich bin durch mein Amt berufen, die diplomatischen Beziehungen zum heiligen Stuhl zu unterhalten. Ich habe meine Aufgabe stets dahin aufgefaßt, daß ich dahin zu trachten habe, diese Beziehungen zu möglichst guten und freundlichen zu gestalten, und es ist mir dieß, zeitweise unter schwierigen Verhältnissen, auch jederzeit gelungen. Der Herr Abgeordnete Segitz hat daher durchaus Unrecht, wenn er sagt, die gegenwärtige Diskussion beweise, daß das Verhältniß zwischen Kirche und Staat ein unerquickliches ist. Das ist vollständig unrichtig. Das Verhältniß zwischen Kirche und Staat und die Beziehungen der bayerischen Regierung zum heiligen Stuhl sind sehr gute und freundschaftliche. Die Kirche hat auch durchaus kein Bedürfniß, den sozialdemokratischen Grundsatz der Trennung der Kirche vom Staat verwirklicht zu sehen, und auch der Staat kann sich nach meinem Dafürhalten unmöglich der Pflege der religiösen Interessen gegenüber vollständig passiv verhalten.

Wenn ich nun gegen den Beschluß Ihres geehrten Ausschusses mich ausspreche, so befürchte ich durchaus nicht, daß die guten Beziehungen zwischen Kirche und Staat, zwischen der bayerischen Regierung und den geistlichen Autoritäten Schaden leiden. Ich bin überzeugt, daß die maßgebenden kirchlichen Kreise diejenigen Gründe, welche uns bestimmen, zu einer
S. 1027. allzuweit gehenden Beschränkung ‖ eines bestehenden Hoheitsrechtes die Hand nicht zu bieten, wohl zu würdigen wissen.

Ich empfehle Ihnen daher die Ablehnung der Ausschußbeschlüsse, abgesehen von dem Passus bezüglich der Englischen Fräulein.

Ich muß zu meinem Bedauern die Erklärung aufrecht erhalten, die der Herr Kultusminister abgegeben hat, nämlich daß ein Ausführungsgesetz, welches diejenigen Bestimmungen enthielte, die Ihr geehrter Ausschuß vorschlägt, der Krone von Seite der Ministerien zur Sanktion nicht empfohlen werden könnte. Dann wäre aber wegen einer verhältnißmäßig doch untergeordneten Frage, welche mit dem Bürgerlichen Gesetzbuche nicht im direkten Zusammenhange steht und welche sicherlich mehr eine theoretische als eine praktische Bedeutung hat, die angestrengte Arbeit der Ausschüsse und des Plenums der Kammern während einer Zeit von sieben Monaten umsonst gewesen. Der Herr Abgeordnete Segitz hat gesagt, es scheine ihm undenkbar, daß die Staatsregierung wegen dieser Frage das Gesetz scheitern lasse. Ja, meine Herren, ich möchte doch daran erinnern, wie sich denn eigentlich die Lage verhält. Wir sind vollständig bereit, den bestehenden Rechtszustand aufrecht zu erhalten. Man kommt aber an uns mit Forderungen heran, die wir nicht erfüllen zu können glauben und wir halten uns allerdings verpflichtet, das Gesetz lieber scheitern zu lassen, als uns eine allzuweit gehende Beschränkung eines Hoheitsrechtes aufzwingen zu lassen. Dagegen möchte ich aber doch glauben, daß die Centrumspartei, deren konservativen, staatstreuen und monarchischen Charakter ich stets durchaus anerkannt habe, Bedenken tragen wird, wegen dieser Frage das Gesetz scheitern zu lassen. Meine Herren! Sie werden sich dazu auch nicht durch sozialdemokratische Nadelstiche bestimmen lassen (Heiterkeit.)

Herr Abgeordneter Dr. Daller hat von Druck und von Erpressung gesprochen und diese Worte in dem Sinne angewendet, als ob die Staatsregierung Druck und Erpressung übe. Herr Dr. Daller wird mir verzeihen, wenn ich sage, daß das Verhältniß geradezu umgekehrt ist. (Heiterkeit links.) (Sehr richtig! links.) Eine Erpressung übt doch nur derjenige, welcher von einem Anderen etwas will. Wir wollen von Ihnen gar nichts. (Große Heiterkeit links.) Wir wollen nichts, als daß der bestehende Rechtszustand aufrecht erhalten bleibt. Sie wollen von uns Konzessionen. Wir sind bereit, Ihnen Konzessionen zu machen, aber nicht so weitgehende, als Sie verlangen. Herr Abgeordneter Dr. Daller wird daher bei näherer Ueberlegung zu der Ueberzeugung kommen, daß, wenn von Druck und Erpressung die Rede ist, dieselben nicht von uns ausgehen.

Meine Herren! Ich bitte Sie daher, die Ausschußbeschlüsse, abgesehen von dem Passus bezüglich der Englischen Fräulein, abzulehnen. Seien sie überzeugt, daß das gute Verhältniß zwischen Kirche und Staat nur gewinnen kann, wenn Verstimmungen hüben und drüben vermieden werden und wenn auch der Staat zu seinem Rechte kommt. (Lebhafter Beifall links.)

Vicepräsident: . . . . . Ich schließe die Sitzung.

(Schluß der Sitzung um 1 Uhr 10 Minuten.)

Fünfhundertzweite öffentliche Sitzung vom 3. Juni 1899.

(Stenogr. Berichte d. K. d. Abg. 1899, Bd. XIII, Nr. 502, Seite 1029 bis 1039.)

Die Sitzung wird um 9 Uhr 12 Minuten durch den Vicepräsidenten von Keller eröffnet. S. 1029.

Vicepräsident: Meine Herren! Ich eröffne die Sitzung .....

Wir treten in die Tagesordnung ein.

Erster Gegenstand derselben ist:

Mündlicher Bericht des besonderen (XVIII.) Ausschusses zur Berathung der durch die Einführung des Bürgerlichen Gesetzbuchs veranlaßten Gesetzentwürfe über die Rückäußerung der Kammer der Reichsräthe vom 19. Mai 1899 zu dem Entwurfe eines Ausführungsgesetzes zum || Bürgerlichen Gesetzbuche, sowie zu dem Entwurfe eines Gesetzes, die durch die Einführung des Bürgerlichen Gesetzbuchs veranlaßten Aenderungen der seit 1818 erlassenen Gesetze betreffend. S. 1030.

Fortsetzung der Berathung, hiezu Antrag der Herren Abgeordneten Dr. Casselmann und Genossen.

Es ist mir soeben übergeben worden ein weiterer Antrag, ein Eventualantrag, gestellt von den Herren Abgeordneten Dr. Daller und Dr. Orterer. Derselbe lautet:

Eventualantrag zum Ausschußantrage der Kammer der Abgeordneten vom 31. Mai bezüglich der Artikel 4b, c und d des Entwurfes eines Ausführungsgesetzes:

Die Kammer wolle für den Fall der Ablehnung des Ausschußantrages beschließen:

Es sei den Modifikationsbeschlüssen der Kammer der Reichsräthe in folgender Fassung zuzustimmen:

Artikel 4b: Abs. 1 und 2 unverändert.

Als Abs. 3 neu einzustellen:

„Diese Bestimmungen erstrecken sich nicht auf die geistlichen Gesellschaften der Englischen Fräulein."

Artikel 4c unverändert.

Artikel 4d unverändert.

Dr. Daller. Dr. Orterer.

Ich ertheile das Wort dem Herrn Abgeordneten Dr. Daller zur Begründung des Antrags.

Dr. **Daller:** Meine Herren! Angesichts der Erklärung der k. Staatsregierung, daß sie ein Gesetz mit dem vollen Inhalte des Ausschußantrags der Krone nicht zur Genehmigung vorlegen würde, anderseits Angesichts des dringenden Bedürfnisses für das Volk, daß diese Einführungsgesetze rechtzeitig vorbereitet werden und in's Leben treten können, haben wir geglaubt, und ich spreche im Namen aller meiner politischen Freunde, daß wir möglichst noch entgegenkommen sollen. Aber, meine Herren, das kann man uns unmöglich zumuthen, daß wir für den Antrag der linken Seite des Justizausschusses stimmen, und würde dieser Antrag im Plenum durchgehen, würde er eine Majorität finden, dann würden wir gegen das ganze Gesetz stimmen. Denn wir können es absolut nicht angehen lassen, daß auch noch unter die Anträge der Regierung in der Kammer der Reichsräthe heruntergegangen wird. Wir verlangen nur zu den Beschlüssen der Kammer der Reichsräthe noch hinzu, daß man auch die Englischen Fräulein ausnehme. Das ist gewiß das allerweiteste Entgegenkommen, das eine Partei, welche alle Interessen des Volkes im Auge hat und welcher wirklich die salus publica, das öffentliche Rechtsleben am Herzen liegt, damit beweist.

Mehr, meine Herren, brauche ich nicht zu sagen; es ist das unser äußerstes und letztes Entgegenkommen und wir müßten dann, da dieß vor der ganzen Welt als weites Entgegenkommen betrachtet werden muß, das uns trotz unserer Rücksicht auf die Bedürfnisse des Volkes wahrscheinlich vielfach zum Vorwurfe gemacht werden wird, die Verantwortung für das Nichtzustandekommen der Ausführungsgesetze der anderen Seite des Hauses zuschieben und wir können das dann in Wahrheit auch thun. (Beifall rechts.)

S. 1030. **Vicepräsident:** Das Wort nehmen Seine Excellenz der Herr Staatsminister des Königlichen Hauses und des Aeußern.

Der k. Staatsminister Dr. Freiherr **von Crailsheim:** Meine Herren! Ich bin sehr dankbar für das Entgegenkommen, das die Centrumspartei durch den Mund des Herrn Abgeordneten Dr. Daller gegenüber der Regierung bei der dermaligen Sachlage bewiesen hat; ich sehe daraus, daß ich mich in der That nicht getäuscht habe, wenn ich sagte, daß die Centrumspartei eine wahrhaft konservative Partei sei. Ich verkenne durchaus nicht, daß die Centrumspartei nach den abgegebenen Erklärungen ein Opfer bringt, indem sie so weit entgegenkommt. Ich nehme dieses Opfer mit Dankbarkeit im Namen der k Staatsregierung an und ich bin der Ansicht, daß es nunmehr Sache der liberalen Seite des Hauses ist, dieses Opfer zu würdigen und auch ihrerseits Entgegenkommen zu üben. Es handelt sich jetzt doch nur um die Summe, bis zu welcher der Erwerb von Seiten der geistlichen Genossenschaften frei sein soll. Ich glaube, die Höhe der Summe ist nicht von der großen Wichtigkeit, daß man deßwegen Gefahr laufen soll, das Ausführungsgesetz scheitern zu lassen.

Ich ersuche daher nunmehr die Herren auf der liberalen Seite, sich dem Antrage der Centrumspartei durch ihr Votum anzuschließen und dadurch die Sache zu einem befriedigenden Abschluß zu bringen. (Beifall rechts.)

Vicepräsident: Herr Abgeordneter Beckh!

Beckh: Meine Herren! Ich habe mich nur zum Worte gemeldet zu einer kurzen Erklärung. Vorher aber möchte ich dem Herrn Abgeordneten Segitz noch einige Worte widmen. Durch den Antrag der Herren Abgeordneten Dr. Daller und Genossen und die Erklärung Seiner Excellenz ist ja die Sachlage geändert. Aber die Bemerkung des Herrn Abgeordneten Segitz verdient doch noch berücksichtigt zu werden.

Der Herr Abgeordnete Segitz hat gestern von der Trennung von Staat und Kirche gesprochen und dabei die Herren vom Centrum aufgefordert, auf diesen Boden zu treten, weil in solchen Staaten, in welchen Staat und Kirche getrennt seien, die Kirche auch in vermögensrechtlicher Beziehung frei schaltet und waltet. Ich fühle mich durchaus nicht berufen, dem Centrum einen Rath zu geben, aber die Behauptung des Herrn Abgeordneten Segitz ist eben unrichtig. Ich verweise den Herrn Abgeordneten Segitz auf Nordamerika. Er wird mir zugeben, daß das ein Staat ist, in dem die Trennung von Staat und Kirche besteht; ein Kultusbudget in unserem Sinne gibt es dort nicht. Gleichwohl hat man dort zwar keine Amortisationsgesetze, aber erhebliche Erwerbsbeschränkungen für die religiösen Körperschaften. Ich entnehme der Schrift des Herrn Professor Meurer, daß nach einem Unionsgesetz vom 1. Juli 1862 in Amerika keine religiöse Körperschaft ein Realvermögen von mehr als 50,000 Dollars haben darf und daß jedes Plus dem Staate verfällt. Meine Herren! Das ist ein Vermögen von 200,000 M. Mehr dürfen die religiösen Körperschaften in Nordamerika nicht besitzen. Bei uns, meine Herren, haben die religiösen Körperschaften ja schon Millionen Vermögen. Sie sehen daraus, daß auch jene Staaten, in denen Staat und Kirche getrennt sind, es sich nicht nehmen lassen, in diese Verhältnisse einzugreifen. Die Herren vom Centrum werden daher wohl der Sirenenstimme des Herrn Abgeordneten Segitz nicht folgen.

Meine Freunde streben eine Trennung von Staat und Kirche überhaupt nicht an. Wenn es so weit kommen sollte, dann werden wir uns eben damit abzufinden haben; aber wir sind gerne bereit, jederzeit bessernde Hand anzulegen an die bestehenden Verhältnisse zwischen Staat und Kirche, und darum leugnen wir nicht, daß die bisherigen Amortisations-
S. 1031. gesetze etwas veraltet sind, daß sie einer Neuordnung bedürfen. || Wir hätten nur gerne gesehen, daß diese Neuordnung verschoben worden wäre auf eine spätere Zeit, bis wir daran gehen, eine neue Kirchengemeindeordnung einzuführen. Diese neue Kirchengemeindeordnung ist uns längst versprochen und an derselben wird sehr eifrig gearbeitet. Wir hätten dann Zeit gehabt zur Ueberlegung und wir hätten gewiß auch beschlossen, daß die Englischen Fräulein von den Amortisationsgesetzen befreit sein sollen und ebenso die evangelischen Diakonissinnen, da diese weder ein Orden, noch eine ordensähnliche Kongregation, noch eine geistliche Gesellschaft sind. Nachdem nun aber das hohe Haus beschlossen hat, daß bei Gelegenheit der Einführung des Bürgerlichen Gesetzbuchs die bestehenden Amortisationsgesetze einfach aufgehoben werden, so sind wir in die Nothwendigkeit versetzt, diese Neuordnung jetzt vorzunehmen.

Wir befinden uns aber dabei in einer Zwangslage und die Herren können es uns doch nicht übel nehmen, wenn wir von unserem Standpunkt aus darnach trachten, möglichst den bisherigen Zustand einstweilen aufrecht zu erhalten, wenn wir möglichst wenig von den Rechten des Staates und der Krone aufgeben wollen und möglichst wenig prinzipielle Zugeständnisse zu machen gewillt sind. Von diesem Standpunkt aus mußte zunächst der Antrag des Herrn Abgeordneten Dr. Casselmann meine Zustimmung finden. (Hört, hört!) Nachdem nun das Centrum die Hand geboten hat, daß die Kammer der Reichsräthe mit ihrer Ansicht vielleicht die Mehrheit finden würde, so stehe ich nicht an, mich dahin zu erklären, daß ich auch dafür zu haben sein werde, und ich glaube, meine Freunde auch. (Bravo! rechts.) S. 1031.

Ich kann dagegen unter allen Umständen für meine Person sagen, daß ich für eine Ausnahmsstellung der Stadt Regensburg nicht zu haben gewesen wäre. Die Herren wollen ja keine Ausnahmegesetze haben; darum glaube ich „gleiches Recht für Alle", und ein besonderes Privilegium für Regensburg würde in der heutigen Zeit sich am allerwenigsten schicken.

Ich schließe meine kurzen Erklärungen damit, daß ich sage: Ich würde zunächst für den Antrag „Dr. Casselmann" stimmen, bin aber bereit, noch einem weitergehenden Antrage zuzustimmen, wenn das Haus in seiner Mehrheit dafür zu haben ist.

Vicepräsident: Herr Abgeordneter Dr. Günther!

Dr. **Günther:** Es ist eine sehr komplizirte Stellung, in welche wir durch den Eventualantrag, welchen der Herr Abgeordnete Dr. Daller stellte, versetzt worden sind, sowie nicht minder durch die entgegenkommende Erklärung der k. Staatsregierung. Es kann natürlich von unserer Seite eine Kollektiverklärung unmöglich in dieser Zwangslage abgegeben werden, und was ich spreche, spreche ich natürlich auch nur für meine Person, da mir gar nicht die Möglichkeit gegeben war, zu meinen politischen Freunden in nähere Relation zu treten. Das Ganze kam so plötzlich, daß es nicht so einfach ist, sich darüber zu vergewissern; allein es war auch nur ein Eventualantrag, der vorlag. Wir wollen also erst die Sache abwarten, wie sie sich entwickelt, und dann werden wir schon noch zusehen können, welchen Einfluß die weitere Gestaltung der Sache auf unsere Stellungnahme ausübt. Aber ich für meine Person leugne nicht im Mindesten, daß ich nicht so ungemein rasch von einer Anschauung zur anderen übergehen kann, sondern, nachdem ich mich einmal für den Antrag „Casselmann" entschieden habe, habe ich auch die feste Absicht, für meine Person bei demselben zu beharren.

Meine Herren! Der Herr Abgeordnete Lerno allein ist es, welcher mich aus meiner Reserve, die ich sonst nicht aufgegeben hätte, herausgebracht hat. Ich habe die Sache, wie ich neulich darlegte, Anfangs sehr einfach aufgefaßt und Angesichts der Leichtigkeit, mit der man solche Bestimmungen, selbst ohne einen direkten Fehltritt zu begehen, umgehen kann, habe ich dieselbe für eine Batrachomyomachie, für einen Froschmäusekrieg gehalten und erst durch die Art und Weise, wie die Sache vom Centrum vertreten worden ist, habe ich die Ueberzeugung gewonnen, daß wir es hier mit einer entschieden reinen Centrumsfrage, mit einer Parteiangelegenheit des Centrums und seiner neuesten Verbündeten, der ihm platonisch zugethanenen Sozialdemokratie, zu thun haben, welche, das kann ich wohl sagen, in dieser Rolle als Scharf- und Schrittmacher des Centrums geradezu eine Delikatesse für einen parlamentarischen Feinschmecker dargestellt hat.

Der Herr Collega Lerno hat an meine Person in höchst liebenswürdiger, gentiler Weise appellirt derart, daß ich nicht umhin kann, mit einem klassischen Wort aus Wallenstein ihm zu antworten, wie Buttler sagt: „Spart Euch die Müh', mir die Verlegenheit, so schlecht die gute Meinung zu verdienen." Er hat mich in der That in dieser Beziehung überschätzt, wenn er meinte, durch neu vorgebrachte Gründe müßte ich in meiner Anschauung erschüttert worden sein. Das ist in gar keiner Weise geschehen. Ich halte daran fest, daß die Methode, nach der wir hier verhandeln, für mich gar keine angenehme ist. Und dieses Kompromißmachen, welches jetzt an der Tagesordnung ist, kann mir noch viel weniger Freude bereiten.

Ich kann gar nicht sagen, daß die Gründe, welche von Seite der Centrumsabgeordneten vorgeführt worden sind, mich davon überzeugt haben, daß hier ein Ausnahmegesetz vorliege, und wenn Herr Dr. Daller andeutete, man müsse mit wahrhaft diabolischer Advokatenberedsamkeit ausgestattet sein, um hier Schwarz in Weiß zu verwandeln, so muß ich sagen, ich bin kein Advokat, ich verstehe keine advokatorischen Künste, und in diesem Falle hatte der Herr Referent der Reichsrathskammer und der Herr Kultusminister entschieden Recht, daß, wenn überhaupt von einem Ausnahmegesetz geredet werden kann, dieses dann eintreten würde, wenn man den Klöstern eine Ausnahmestellung von der allgemeinen Regel zubilligen würde. Es unterliegt ja keinem Zweifel, wenn die Staatskuratel für solche Institutionen vorhanden ist, warum soll für die Klöster allein eine Ausnahme gemacht werden? Ich bin in keiner Weise klosterfeindlich, sondern erkenne das, was die Klöster für die Kultur geleistet haben, bereitwilligst an, aber man will sie auch in keiner Weise drücken, sondern ich habe die feste Ueberzeugung, daß sie sich unter dem System, wie es von der k. Staatsregierung eingeschlagen wurde, sehr bequem und leicht thun werden, und es ist ein Akt von strengster Prinzipienhaltung des Centrums, wenn es von einem Ausnahmegesetze reden will.

Ja, meine Herren, der Herr Kollege Dr. Daller hat von einem Anachronismus gesprochen; ich gebe das zu, ich gebe aber noch mehr zu, ich gebe bereitwillig zu, daß unser ganzes Verhältniß von Kirche und Staat ein Anachronismus ist. Und wenn

S. 1031. man die Verhandlungen nachliest, welche vor bald 100 Jahren von dem Herrn gepflogen worden sind, welchen Herr Dr. Daller nannte, aber nicht namentlich bezeichnete — Ehre, dem Ehre gebührt, wir wollen ihn nennen, Herr von Häffelin —, so muß man wirklich sagen: es ist staunenswerth, daß zwischen dem Abschluß des Konkordates und der Gegenwart noch nicht einmal 100 Jahre verflossen sind. Hier haben wir es mit einem wirklichen Anachronismus zu thun. Ich bin der festen Ueberzeugung und habe es schon bei Berathungen
S. 1032. des Kultusbudgets betont: ich halte dafür, daß nur dann Kirche || und Staat in ein gegenseitig richtiges Verhältniß kommen, wenn sie ihre Liaison, die gegenwärtig besteht, aufgegeben haben werden, denn dann wird die Kirche erst wirklich ihre segensreiche Aufgabe erfüllen können; das betone ich namentlich auch im Interesse der Kirche. Allein, meine Herren, ich bin zwar ein entschiedener Friedensfreund, verzichte aber doch darauf, die Pensionirung unseres gesammten Offizierskorps zu beantragen und es hat keinen Zweck, wenn ich mich heute über die Trennung von Staat und Kirche verbreite, denn ich erlebe es nicht und wahrscheinlich erlebt es auch unsere nächste Generation nicht. Wir wollen mit den Dingen hausen, wie sie liegen.

Meine Herren! Ich sage: Wenn einmal ein solches Verhältniß, wie gegenwärtig, zwischen Staat und Kirche obwaltet, hat der Staat zweifellos das Recht, ein gewisses Oberaufsichtsrecht auszuüben, und die Ausübung dieses Oberaufsichtsrechtes möchte ich ihm nicht erschweren; ich möchte in keiner Weise von dem Standpunkte abgehen, den ich ursprünglich gekennzeichnet habe.

Das Bedenken, dessen Herr Abgeordneter Beckh Erwähnung that, und welches gestern auch Herr Abgeordneter Segitz berührt hat, das Bedenken, wie die protestantische Kirche sich zu diesem Gesetze stellt, läßt sich sehr leicht erledigen; denn wir haben in der protestantischen Kirche nichts, was den Klöstern der katholischen Kirche irgendwie analog zu setzen wäre. Denn die Diakonissenvereinigungen, eine anerkannt im weitesten Sinne segensreich wirkende Organisation, unterscheiden sich thatsächlich und prinzipiell von den klösterlichen Vereinigungen dadurch, daß erstere auf jedes Gelübde verzichtet haben, daß jedes Mitglied ohne Weiteres seinen Rücktritt erkären kann, wenn es ihm geboten erscheint. Also auch dieses Bedenken hat auf meine Stellungnahme keine Einwirkung.

Ich resumire mich dahin: Ich kann nicht zugeben, daß ein so bedeutendes Novum in die Debatte hereingebracht worden ist, um von meinem früher gefaßten bestimmten Standpunkte abgehen zu müssen. Ich kann mir wohl denken, daß die k. Staatsregierung erfreut wäre, die ganze Sache sich in Wohlgefallen auflösen zu sehen, und auch mir persönlich wäre das am weitaus angenehmsten; aber, wie ich noch einmal sage, nachdem ich es im Eingange schon kurz hervorgehoben habe: es ist mir nicht möglich, in dieser Sache meine Ueberzeugung in solcher Weise nach verschiedenen Richtungen umzustellen, nachdem ich sie bereits bestimmt und meines Dafürhaltens richtig festgelegt hatte; und da nach meiner Ueberzeugung schlagende Argumente nicht vorgebracht worden sind, da es sich vielmehr um eine sehr praktische Frage handelt, die aber doch nur eigentlich eine ephemere Bedeutung besitzt, so werde ich an dem Antrage, wie er von Seite des Herrn Kollegen Dr. Casselmann gestellt worden ist, festhalten, und sehe keinen Grund ein — und das möchte ich Herrn Abgeordneten Lerno gegenüber noch einmal besonders betonen —, mich wegen meiner sonstigen politischen Anschauungen gerade in dieser Frage von meinen anderen politischen Freunden zu trennen.

Vicepräsident: Zur Geschäftsordnung Herr Abgeordneter Dr. Aub!

Dr. **Aub:** Meine Herren! Der Vertreter der Centrumspartei hat uns in letzter Minute mit einem neuen Antrag — möchte ich sagen — überrascht, wenigstens einen Theil von uns; dabei hat er einen Appell an die liberale Partei gerichtet, welcher eine erhöhte Bedeutung der Sache verleiht. Ich halte es für nothwendig und auf der anderen Seite für gerecht und billig, daß das Haus der liberalen Seite die Möglichkeit gibt, sich hierüber zu besprechen; und ich stelle deßhalb den Antrag zur Geschäftsordnung, Sie wollen eine kleine Unterbrechung der Plenarsitzung vornehmen, um uns diese Möglichkeit zu geben.

Vicepräsident: Zur Geschäftsordnung Herr Abgeordneter Lerno!

Lerno: Meine Herren! Ich finde das Verlangen des Herrn Kollegen Dr. Aub ganz selbstverständlich und ich werde für meine Person für diesen Antrag stimmen. Ich werde aber zugleich den Antrag stellen, daß mit Rücksicht auf die durch den heute Morgen eingebrachten Antrag veränderte Sachlage unserer Verhandlungen beziehungsweise die vorliegenden Anträge in den Justizausschuß zurückverwiesen werden, welcher dann zugleich während der Pause, die auf Grund des Antrags des Herrn Kollegen Dr. Aub gemacht wird, zu einer neuen Berathung zusammentritt.

Ich bitte, diesem Antrage zuzustimmen

Vicepräsident: Sie haben gehört, meine Herren, was die Herren Kollegen S. 1032.
Dr. Aub und Lerno gesagt haben. Es liegen nun viererlei Anträge vor zu Artikel 4a, 4c und 4d:

1. der Beschluß der Reichsrathskammer,
2. die Beschlüsse des Ausschusses,
3. die Anträge der Herren Abgeordneten Dr. Casselmann und Genossen und
4. der Eventualantrag der Herren Abgeordneten Dr. Daller und Dr. Orterer.

Es ist meiner Ansicht nach vollständig angezeigt, wenn die verschiedenen Parteien des Hauses sich über die Gestaltung und Unifizirung der Anträge in Einen Antrag schlüssig machen und wenn zu diesem Zwecke die Sitzung ausgesetzt wird.

Ich möchte daher vorschlagen, die Sitzung auf eine halbe Stunde zu unterbrechen.

Zu gleicher Zeit möchte ich den Antrag des Herrn Abgeordneten Lerno zur Abstimmung bringen, ob Sie damit einverstanden sind, daß die sämmtlichen Anträge an den Justiz-Gesetzgebungsausschuß zurückverwiesen werden, damit derselbe die Berathung vornehmen und eventuell mit einem neuen Antrag an uns kommen kann.

Herr Abgeordneter Dr. Heim zur Geschäftsordnung!

Dr. **Heim:** Wenn der Antrag an den Justizausschuß zurückverwiesen wird, so sehe ich absolut keine Nothwendigkeit ein, in dem Augenblicke eine förmliche Unterbrechung der Sitzung eintreten zu lassen. Ich glaube, es ließe sich ganz gut machen, wenn wir die heutige Tagesordnung erledigen und die Sitzung dann etwas früher ausmachen, aber nicht eine Unterbrechung der Sitzung eintreten lassen. (Widerspruch.)

Vicepräsident: Zur Geschäftsordnung Herr Abgeordneter Dr. Orterer!

Dr. **Orterer:** Ich möchte doch unmaßgeblichst bei der neuen Sachlage einer Unterbrechung der Sitzung das Wort reden. Aber diese Unterbrechung soll nicht zu lange dauern; um deswillen, weil nach der ganzen Lage, in der wir uns befinden, es absolut nothwendig erscheint, daß wir diese Materie heute noch erledigen. (Zustimmung.)

Ich möchte dem Wunsche nach Unterbrechung nicht widersprechen, ich finde ihn nicht
für unberechtigt; aber anderseits || bitte ich, diese Unterbrechung nicht zu lange dauern zu S. 1033.
lassen, sie gebe uns die Möglichkeit, die Debatte fortzusetzen und die Sache heute zum Abschluß zu bringen.

Das wäre meine unmaßgeblichste Meinung.

Vicepräsident: Herr Abgeordneter von Stobäus zur Geschäftsordnung!

von Stobäus: Die Herren vom Justizausschusse würde ich bitten, nach Verlauf einer Viertelstunde sich in unserem gewöhnlichen Zimmer einzufinden.

Vicepräsident: Sind die Herren damit einverstanden, daß die Sitzung auf eine halbe Stunde unterbrochen wird? (Zustimmung.)

Weiter sind die Herren damit einverstanden, daß die vorliegenden Anträge an den Justiz-Gesetzgebungsausschuß zurückverwiesen werden? (Zustimmung.)

Ich darf annehmen, daß die Herren, welche stehen, mit diesen Anträgen einverstanden sind. Die Sitzung wird unterbrochen.

(Unterbrechung der Sitzung um 9 Uhr 40 Minuten.)

Die Sitzung wird um 10 Uhr 17 Minuten wieder aufgenommen.*)

Vicepräsident: Meine Herren! Ich nehme die Sitzung wieder auf und ertheile zunächst das Wort dem Herrn Referenten, Abgeordneten Wagner zur Berichterstattung über die Beschlußfassung Ihres Justiz-Gesetzgebungsausschusses.

*) Ein Protokoll über die inmitten liegenden Verhandlungen des Just.-Gesetzg.-Aussch. ist nicht aufgenommen.

S. 1033. **Wagner** (Berichterstatter): Meine Herren! Der Justizausschuß ist, Ihrem vorhin gefaßten Beschlusse entsprechend, zu einer Sitzung zusammengetreten und hat sich geeinigt, dem hohen Hause an Stelle seines früheren Antrags folgenden Antrag zu unterbreiten:

Die Kammer wolle beschließen,

hinsichtlich der Beschlüsse der Reichsrathskammer folgende Bestimmungen zu treffen:

1. Die Nr. 1 des Reichsrathsbeschlusses sei anzunehmen; diese Nr. 1 lautet:

   Artikel 1 sei dahin abzuändern, daß die Worte „86 bis" gestrichen werden.

2. Die Nr. 2 habe folgende Fassung zu erhalten:

   Nach Artikel 4a sollen unter der Ueberschrift: „Beschränkungen des Erwerbes juristischer Personen" folgende Artikel eingestellt werden:

Artikel 4b.

Schenkungen oder Zuwendungen von Todeswegen an geistliche Gesellschaften bedürfen zu ihrer Wirksamkeit dem vollen Betrage nach der landesherrlichen Genehmigung, wenn sie Gegenstände im Werthe von mehr als zehntausend Mark betreffen.

Der Berechnung des Werthes wiederkehrender Leistungen wird ein Zinssatz von vier vom Hundert zu Grunde gelegt.

Artikel 4c.

Zum Erwerbe von Gegenständen des unbeweglichen Vermögens, deren Werth den Betrag von zehntausend Mark übersteigt, bedürfen geistliche Gesellschaften auch außer dem Falle des Artikel 4b der landesherrlichen Genehmigung.

Zum unbeweglichen Vermögen im Sinne dieser Vorschrift gehören auch Rechte an einem Grundstücke mit Ausnahme der Hypotheken, Grundschulden und Rentenschulden.

Artikel 4c 1.

Die Vorschriften der Artikel 4b, 4c erstrecken sich nicht auf die Englischen Fräulein in Bayern.

Artikel 4d.

Die Vorschriften der Artikel 4b, 4c finden auf ausländische juristische Personen, die religiöse oder wohlthätige Zwecke des Unterrichts oder der Erziehung verfolgen, mit der Maßgabe Anwendung, daß die Genehmigung bei einem den Betrag von fünftausend Mark übersteigenden Werthe, im Falle des Erwerbes des Eigenthums an einem Grundstück ohne Rücksicht auf den Werth erforderlich ist.

Meine Herren! Diese Beschlüsse sind also konform den Beschlüssen der Reichsrathskammer mit einer einzigen Ausnahme. Diese einzige Ausnahme betrifft den Artikel 4c 1. Dieser Artikel 4c 1 fällt im Wesentlichen zusammen mit den beiderseitigen Anträgen des Centrums und unserer Fraktion bezüglich der Englischen Fräulein. Er weicht von unserem Artikel 4d redaktionell ab, aber auch nach einer Richtung hin materiell. Die materielle Abweichung besteht darin, daß die Exemtion der Englischen Fräulein beschränkt wird auf die Englischen Fräulein in Bayern. Die k. Staatsregierung hat nämlich die Erklärung abgegeben, daß nur die Englischen Fräulein in Bayern bisher diese

Exemtion genossen haben; die k. Staatsregierung hat erklärt, daß die Eng- S. 1033.
lischen Fräulein kein eigentlicher Orden mit strenger Organisation sind, welcher einen gemeinschaftlichen Oberen hat, und es hat die Staatsregierung auch erklärt, daß sie die Verhältnisse der Englischen Fräulein außerhalb Bayerns überhaupt nicht kenne, so daß sie nicht in der Lage sei, ermessen zu können, ob sie zustimmen könne, daß auch die nicht bayerischen Englischen Fräulein von den Amortisationsgesetzen befreit sein sollen.

Ich habe weiters noch Folgendes hervorzuheben: Es decken sich diese Beschlüsse des Ausschusses vollständig mit den Anträgen der liberaben Fraktion, abgesehen von der letztberührten Ausnahme und abgesehen von dem einen Punkt, daß die Summe von 5000 auf 10,000 M. erhöht wurde. Meine Herren! Seitens des Vertreters der liberalen Partei ist im Ausschusse die Erklärung abgegeben worden, daß es für die liberale Partei ungemein schwer ist, von dem Standpunkt zurückzuweichen, daß man die Summe von 5000 M. nicht auf 10,000 M. erhöhen soll, und zwar weil nach unserer Anschauung der Hauptgrund für die Amortisationsgesetze der Verwandtenschutz ist und weil dadurch bewirkt ist, daß dieses Gesetz eine Wirkung bekomme, welche uns unerwünscht ist. Aber, meine Herren, es ist auch außer Zweifel, daß die Stellung, welche für die liberale Fraktion jetzt gegeben ist, die ist, daß, wenn Sie auf Ihrem Standpunkt beharren und wenn in Folge dessen das Gesetz nicht zu Stande käme, die Verantwortung für das Nichtzustandekommen des Gesetzes die liberale Fraktion treffen würde. Nun hat die liberale Fraktion schon von allem Anfange an erklärt, daß sie dem Ausführungsgesetz auch dann zustimmen würde, wenn die Amortisationsgesetze überhaupt fallen würden. Es ist das keine Bedingung für sie. Nachdem nunmehr wenigstens eine theilweise Aufrechterhaltung vorliegt, so gibt die liberale Fraktion dem Zwang, der auf sie
geübt wurde, im Interesse des ‖ großen Ganzen nach und geht auf das Offert S. 1034.
der Centrumsfraktion ein.

Meine Herren! In Folge dessen bin ich in der Lage, Ihnen Namens des Ausschusses die Annahme des neuerlichen Antrags zu empfehlen. Ich hoffe, daß die verehrten Herren, welche Anträge gestellt haben, diese Anträge zurückziehen, und ich hoffe und wünsche, daß nunmehr die Sache zu einem allerseits befriedigenden Abschlusse gelangt und daß anerkannt wird, daß die beiden Parteien sich bemüht haben, im Interesse des großen Ganzen von ihrem Standpunkte so viel abzugehen, als es nothwendig ist, um das Wohl des großen Ganzen zu fördern. (Beifall links.)

Vicepräsident: Das Wort nehmen Seine Excellenz der Herr Staatsminister des Königlichen Hauses und des Aeußern.

Der k. Staatsminister Dr. Freiherr **von Crailsheim:** Meine Herren! Es ist Namens der liberalen Partei eine Erklärung nicht abgegeben worden, wie sie im Plenum stimmen wird. Allein nachdem die sämmtlichen Mitglieder im der liberalen Partei im Ausschusse für den Ausschußantrag gestimmt haben, darf ich wohl annehmen, daß auch die große Mehrzahl der liberalen Mitglieder dieses hohen Hauses für den Antrag mit „Ja" stimmen. Ich bin daher in der angenehmen Lage und fühle mich verpflichtet, den Mitgliedern der liberalen Partei ebenso, wie ich es vorhin der Centrumspartei gegenüber gethan habe, den Dank der k. Staatsregierung dafür auszusprechen, daß sie die Hand dazu bieten, das Ausführungsgesetz und damit die übrigen Justizgesetze zu Stande zu bringen. Es liegt hier ein Kompromiß vor und unser politisches Leben setzt sich überhaupt zusammen aus Kompromissen. Solche Kompromisse sind namentlich unvermeidlich, wo, wie in dem gegenwärtigen Falle, in einer parlamentarischen Körperschaft eine bestimmte Majorität nicht vorhanden ist und insbesondere zu einer verfassungsmäßigen Mehrheit die Mitwirkung der zwei großen Parteien nothwendig ist.

Ich bin daher der Ansicht, daß durch dieses gegenseitige Entgegenkommen keine der beiden großen Parteien ihrer Stellung irgend etwas vergibt. Sie können sich mit dem Be-

S. 1034. wußtsein trösten, daß Sie das Scheitern eines wichtigen Gesetzes verhindert und dadurch das Wohl des Landes gefördert haben.

Vicepräsident: Herr Abgeordneter Dr. Casselmann!

Dr. **Casselmann:** Ich kann mich ja nach den heutigen Ausführungen des Herrn Dr. Daller sehr kurz fassen; ganz umhin kann ich aber trotz der Situation, in der wir uns befinden, doch nicht, auf einige persönliche Bemerkungen, die der verehrte Herr Collega Dr. Daller gestern gegen mich gemacht hat, heute zu erwidern.

Meine Herren! Das genirt mich ja schon lange nicht mehr, daß man mich von jener Seite einen Kulturkämpfer nennt. Es ist das Schlimmste noch nicht, was mir von der Seite gesagt worden ist. Bald bin ich ein Unitarier, bald 20 Jahre zu spät auf die Welt gekommen u. s. w. Das Eine tröstet mich, daß neulich ein verehrtes Mitglied mich eine Perle genannt hat. Das gleicht sich also gegenseitig wieder aus. (Heiterkeit.)

Aber, meine Herren, was der Herr Dr. Daller gestern hätte füglich unterlassen können, das ist das, daß er bei der von mir hervorgehobenen Thatsache, daß, wenn die Amortisationsgesetze aufgehoben würden, dieß geradezu zu Gunsten der Klöster eine Ausnahmebestimmung wäre, das damit hat aus der Welt schaffen wollen, daß er meinte, so spräche man vielleicht bei Geschworenen vor dem Schwurgerichte, und daß er dann noch weiter Bezug genommen hat auf einen Rechtsanwalt, der dem Raubmörder Bogner gegenüber erklärt habe, wenn er sein Geständniß nicht zurückziehe, dann könne er nichts machen. Nun geht mir zwar zunächst das Verständniß dafür ab, wie die Verhandlungen über die Amortisationsgesetze auch nur in einem losen Zusammenhang mit den Verhandlungen über den Raubmörder Bogner stehen. (Heiterkeit.) Allein es beweist mir doch dieses Argument des Herrn Dr. Daller, daß er in der Hervorhebung sachlicher Erwägungen meinen Ausführungen gegenüber sehr schwach gestellt ist; denn sonst hätte er um so weniger diese Bemerkung gegen mich machen können, als, wenn ich nicht annehmen muß, daß Herr Dr. Daller nur von Zeit zu Zeit Zeitungen liest, er nicht nur gelesen haben muß, daß der Raubmörder Bogner über den betreffenden Vertheidiger diese Bemerkung gemacht hat, sondern, daß er auch gelesen haben muß, daß der Vertheidiger in einer öffentlichen Zuschrift an die Presse dagegen sich verwahrt hat und zum Ausdruck gebracht hat, daß er dem Bogner das Mandat gekündigt habe. Es wäre also schon gut gewesen, wenn der Herr Dr. Daller auch nach dieser Richtung hin die Sachen so dargestellt hätte, wie sie sich in Wirklichkeit verhalten haben.

Aber, meine Herren, ich will, wie gesagt, in dem jetzigen Stadium auf diese Dinge nicht weiter eingehen, ich will mich darauf beschränken und will nur Folgendes zu dem Antrag bemerken, den ich mit den liberalen Mitgliedern des Ausschusses gestellt habe.

Meine Herren! Diesen Antrag haben wir in erster Linie gegenüber der Forderung des Centrums auf vollständige beziehungsweise theilweise Beseitigung der Amortisationsgesetze gestellt, um prinzipiell zum Ausdruck zu bringen, daß wir nun und nimmer darein willigen werden, daß die Amortisationsgesetze auch nur theilweise aufgehoben werden. Das Centrum hat zuletzt im Ausschusse erklärt, der Beschluß der Kammer der Reichsräthe sei unannehmbar, und wir waren deshalb wohlberechtigt, nachdem das Centrum nicht einmal mit dem Antrag „von Soden“ einverstanden war, uns auf die ursprüngliche Regierungsvorlage zurückzuziehen. Wir haben das gethan, obwohl wir uns sagen mußten, daß schon in diesem Zurückziehen auf die Regierungsvorlage im Zusammenhalt mit dem, was in der Reichsrathskammer Seitens der Staatsregierung weiter konzedirt worden ist, eine weitgehende Konzession an die Kirche Seitens des Staates liegt.

Nachdem nun aber der Herr Dr. Daller gegenüber der anerkennenswerth deutlichen Erklärung der Staatsregierung Namens seiner Fraktion erklärt hat, daß Sie auf diesem Standpunkt nicht mehr verharren wollten, so entsteht natürlich für uns die Frage, wie wir dieser veränderten Situation uns gegenüber verhalten sollen. Meine Herren! Ich erkläre hiermit ausdrücklich, und ich weiß nicht, ob diese Nachgiebigkeit insofern auf fruchtbaren Boden bei Ihnen fallen wird, daß bei dem Einen oder Andern die Ansicht über meine kulturpaukerischen Anlagen, wie in der „Augsburger Postzeitung“ heute Morgen steht, modifizirt wird, daß ich im Interesse des Friedens und im Interesse des Zustandekommens des Ausführungsgesetzes, wenn man so sagen darf, meinem Herzen einen Stoß geben will (Heiterkeit) und für die Amortisationsgesetze, so wie sie jetzt durch die Reichsrathskammer uns vorgeschlagen worden sind, stimmen werde. Meine Herren! Wenn Sie darüber sich
S. 1035. aufhalten, daß ich damit meinem Herzen einen Stoß gebe, so ist das || nicht recht von Ihnen. Erst gestern wurde mir gesagt, der Herr Dr. Casselmann, der hat gezeigt, daß man nicht aus der Haut fahren kann; heute muß der Betreffende einigermaßen seine Ansicht widerrufen, ich fahre hier zum Theil aus meiner Haut. (Große Heiterkeit.) Aber, meine Herren, ich habe zu lange im Gesetzgebungsausschusse mitgearbeitet an diesem Ausführungsgesetz, ich bin zu sehr in der Lage, beurtheilen zu können, zu welchen Verwirrungen im Lande es führen

würde, wenn dieses Ausführungsgesetz nicht zu Stande kommt, als daß ich mich der Würdigung dieser Umstände verschließen könnte. S. 1035.

Meine Herren! Wir haben ja bereits erklärt, selbst wenn der frühere Antrag des Ausschusses zum Beschlusse erhoben werden würde, selbst dann würden wir es nicht darauf ankommen lassen, gegen das Gesetz zu stimmen. Um so mehr sind wir dazu in der Lage jetzt, wo Sie den Rückzug angetreten, wo Sie prinzipiell anerkannt haben, daß das Kronrecht bestehen bleibt, welches in der Amortisationsidee verwirklicht ist, und daß Sie lediglich jetzt wegen der Summe, in der Sie übrigens auch von 12,000 auf 10,000 heruntergegangen sind, nachgeben. Es bleibt nach wie vor für die Stadt Regensburg, nachdem einmal ein einheitliches Recht geschaffen worden ist, bei diesem einheitlichen Recht. Ein Ausnahmezustand wird für die Stadt Regensburg nicht geschaffen.

Deßhalb, wie gesagt, bin ich in der Lage, zu erklären, daß ich diesen Antrag zurückziehe, und meine politischen Freunde zu bitten, dem jetzigen Beschlusse des Gesetzgebungsausschusses, der konform ist dem Beschlusse der Reichsrathskammer, zuzustimmen.

Vicepräsident: Herr Abgeordneter Dr. Daller zur Geschäftsordnung!

Dr. **Daller:** Meine Herren! Angesichts der Sachlage und Angesichts der dringenden Nothwendigkeit, im Interesse des Volkes die Ausführungsgesetze zu Stande zu bringen, haben wir den Eventualantrag gestellt. Nachdem nunmehr dieser Eventualantrag als Ausschußantrag uns vorliegt, nur mit der einzigen, mir durchaus begreiflichen und nicht beschwerlichen Beifügung: bei den Englischen Fräulein in „Bayern“, habe ich keinen Grund, unseren Eventualantrag weiter aufrecht zu erhalten; ich ziehe ihn zurück.

Angesichts der Wichtigkeit unserer Verhandlungen glaube ich verzichten zu können, auf die persönlichen Bemerkungen des Herrn Kollegen Dr. Casselmann des Weiteren einzugehen. Ich bin ihm im Großen und Ganzen für seine Ausführungen, die doch für uns sehr günstig lauten, dankbar.

Ich will nur zwei Thatsachen berichtigen. Der Herr Kollege Dr. Günther hat mir heute etwas in den Mund gelegt, was ich nicht gesagt habe. Ich habe nicht von einer diabolischen Beredtsamkeit gesprochen; das Wort habe ich nicht gebraucht. Ich begreife nicht, wie Herr Collega Dr. Günther mir das unterschieben kann, d. h. objektiv.

Dann zweitens, in der That habe ich diese Erklärung des Rechtsanwalts nicht gelesen. Wenn ich sie gestern schon gekannt hätte, hätte ich das selbstverständlich nicht gesagt. Denn ich will keinem Menschen Unrecht thun.

Im Uebrigen verzichte ich auf weitere Bemerkungen, da ich die Gründe für unser Vorgehen in meiner ersten kurzen Rede klar und deutlich auseinandergesetzt habe.

Vicepräsident: Herr Abgeordneter von Stobäus!

von Stobäus: Meine Herren! Ich habe mich lediglich zum Worte gemeldet, um auszuführen, daß das Gebiet der jetzigen Kreishauptstadt Regensburg keineswegs ganz mit dem Gebiete der ehemaligen Reichsstadt Regensburg zusammenfällt. Es wurden größere Theile inzwischen abgetrennt, anderseits ist ein großes bayerisches Dorf erst vor 80 Jahren dazugekommen. Bei der jetzigen Sachlage bin ich in der glücklichen Lage, auf weitere Ausführungen vollständig verzichten zu können.

Vicepräsident: Herr Abgeordneter Kraußold!

Kraußold: Meine Herren! Ich habe Namens einiger liberaler Freunde eine Erklärung abzugeben. Die Situation ist schon geschildert worden. Es ist ausgesprochen worden, wie schwer wir uns entschließen können, einen Standpunkt zu verlassen, den wir als den einzig richtigen erachten. Wir können auch heute noch keinen Augenblick einen Grund finden, warum wir von der ursprünglichen Gesetzesvorlage abweichen und den Standpunkt verlassen sollen, auf dem durch das Reichsgesetz meiner Auffassung nach die Sachlage festgelegt ist. Und wenn der Antrag des Herrn Kollegen Dr. Casselmann noch vorliegen würde, würden wir demselben unbedingt zustimmen im Anschluß an die Gründe, welche mein Freund und Kollege Dr. Günther bereits dargelegt hat. Die Situation selbst ist aber ganz verändert. Wir haben keinen Antrag „Dr. Casselmann“ mehr und wir sind nicht in der Lage, nunmehr unsererseits den Antrag wieder aufzunehmen, aus dem einfachen Grunde, weil wir einerseits doch uns sagen müssen, daß die Zeit so vorgerückt und eine Aussicht für denselben doch nicht gegeben ist. Aber an unserer Entscheidung, das muß ich ganz unverhohlen gestehen, hätte am wenigsten die Aeußerung des Herrn Staatsministers Freiherr von Crailsheim uns irre gemacht. Ich muß gestehen, der Eindruck, der mir dabei geworden ist — es mag ja sein, daß ich mich täusche —, war eigentlich der: Die Herren vom Centrum haben nachgegeben, sie waren brave Kinder; Sie, meine Herren Liberalen, machen Sie es auch so und geben Sie auch nach! Das war ungefähr der Eindruck. Auch die anderen Gründe haben mich nicht vollständig umgestimmt; aber auch wir haben von Anfang an den Standpunkt fest-

S. 1035. gehalten, an der Frage der Amortisationsgesetze, sie mag ausfallen, wie sie will — es ist ja ein Kronrecht und die Herren am grünen Tisch haben es zunächst zu wahren —, das ganze Gesetz nicht scheitern zu lassen. Diesen Standpunkt habe ich noch besonders betonen müssen und deßhalb nehmen wir auch den Antrag „Dr. Casselmann“ nicht wieder auf.

Vicepräsident: Herr Abgeordneter von Vollmar!

von Vollmar: Meine Herren! Was sich hier abspielt, ist wirklich ein Schauspiel für Götter und für die Wähler draußen, die sich ein Beispiel daran nehmen mögen, was den Deklamationen der beiden großen Parteien gegen einander in den wichtigsten Dingen in Wahrheit für einen Werth beizulegen ist! Zuerst redet man von der Unterdrückung und den Rechten der Kirche, fordert deren unbedingte Freiheit und nennt die gegen die Anträge des Centrums Sprechenden kirchenfeindliche Kulturkämpfer, während man auf der anderen Seite von den unveräußerlichen Rechten der Krone spricht. Man traktirt sich dabei gegenseitig mit den stärksten Worten, wie das noch gestern der Fall war, und von Seite des Centrums wird schließlich sogar gedroht, daß, wenn sein Antrag nicht Annahme finde, es gegen das ganze Gesetz stimmen werde. Und nach alledem kommt dann über Nacht das, was man sich im Volke gewöhnt hat, den „Kuhhandel“ zu nennen — (Glocke des Präsidenten)

S. 1036. **Vicepräsident:** Ich erachte diesen Ausdruck als nicht parlamentarisch.

von Vollmar: Ich habe ihn auch nicht als solchen bezeichnet, sondern nur gesagt, daß man ihn im Volke gebraucht. — (Glocke des Präsidenten.)

Vicepräsident: Ich ersuche, jedenfalls den Ausdruck nicht mehr zu wiederholen.

von Vollmar: Meine Herren! Ich könnte, wenn ich boshaft sein wollte, was ich ja nicht bin, (Heiterkeit) mir das Vergnügen machen, den eigenen ursprünglichen Antrag des Centrums wieder aufzunehmen, um Sie zu nöthigen, nunmehr offen gegen denselben zu stimmen. Indessen, da das Land auch ohnedieß die Sachlage begreifen wird, so sehe ich keine Veranlassung, die Geschäfte des Hauses weiter aufzuhalten. Und im Uebrigen kann es auch, nachdem die Centrumspartei, die sich stets als die berufene Vertreterin der Interessen und Rechte der Kirche aufspielt, dieselben in dieser Weise preisgibt, uns bösen Sozialdemokraten nicht zur Aufgabe gemacht werden, mehr als das Centrum selbst zu thun.

Die Stellung, welche wir Sozialdemokraten zu den Amortisationsgesetzen eingenommen haben, ist von Anfang an nicht eine solche der Nützlichkeit, sondern des Prinzips gewesen, indem wir auch in Bezug auf die Kirche für volle Freiheit und Rechtsgleichheit eintreten. Dieser prinzipielle Standpunkt verbietet uns aber, auf ein Kompromiß, wie Sie es soeben geschlossen haben, unsererseits einzugehen, und wir werden deßhalb dem vorliegenden Antrage nicht zustimmen. Da diese Sache jedoch im Rahmen des Ausführungsgesetzes eine nur untergeordnete Bedeutung einnimmt, werden wir schließlich gleichwohl dem Gesetze im Ganzen unsere Zustimmung geben.

Vicepräsident: Herr Abgeordneter Dr. Günther!

Dr. **Günther:** Der Herr Abgeordnete Dr. Daller hat vorhin auf mich exemplifizirt und ich muß ihm vollständig Recht geben, insoferne als es mir nicht eingefallen ist, ihm das Wort „diabolisch“ in den Mund zu legen; das ist auch nicht geschehen. Ich bin überzeugt, wenn er das Stenogramm nachliest, wenigstens wie ich zu sprechen beabsichtigte, wird er einsehen, daß ich das nicht gethan habe. Ich sagte lediglich, daß es so erschienen sei, als gehöre eine ganz besondere diabolische advokatorische Beredtsamkeit dazu, um derartige Deduktionen vorzunehmen, während Alles in Wirklichkeit sehr einfach gelagert sei. Ich nehme das allein auf meine Kappe, wie ich es auch vollständig auf meine Kappe nehme, daß ich mich bei diesem Durcheinander der Anschauungen der Stimmenabgabe enthalte.

Vicepräsident: Herr Abgeordneter Dr. Aub!

Dr. **Aub:** Der Herr Abgeordnete von Vollmar hat mit wünschenswerther Offenherzigkeit gesagt, was er sich gedacht hat und was auch selbstverständlich war. Denn die Gruppe der Herren Sozialdemokraten hat ja immer ihre Freude daran, wenn die größeren Parteien nicht denselben Standpunkt einnehmen. Doch hätte ich gewünscht, daß er sich nicht so weit entfernt hätte von seiner Absicht, boshaft zu bleiben, vielleicht hätte er uns dann mehr Angriffspunkte geboten, (Abgeordneter von Vollmar: aha!) (Heiterkeit) er hat sehr schlau gehandelt, daß er das nicht gethan hat, und ich meine, wir sollen Alle eine Lehre daraus ziehen, daß es bei größeren Dingen immer nützlich sein wird, ohne Aufgabe des Prinzips sich sehr bald zu verständigen, und insoferne hat er den nicht sozialdemokratischen Parteien eine beherzigenswerthe Auskunft ertheilt.

Was das Schauspiel für Götter anlangt, von welchem er gesprochen hat, so macht das vielleicht Eindruck außerhalb des Hauses; denn ich glaube nicht, daß die Partei, die die Wünsche der Sozialdemokraten vertritt, es weiter bringen wird als zur Freude an den

Dissidien zwischen den übrigen Parteien des Hauses. Das müssen wir uns gefallen lassen, das müssen wir hinnehmen; nur möchte ich meine Partei dagegen verwahren, daß man allgemein den ganzen Vorgang mit einem Handel verglichen hat. Das Wort „Handel" ist ja wohl parlamentarisch und es braucht nicht mit dem scharfen Ausdruck verknüpft zu werden, den ihm der Herr Abgeordnete von Vollmar gegeben hat. S. 1036.

Meine Herren! Die ganze Initiative zu der heutigen Situation hat in dankbarer Weise das Centrum übernommen; daran ist gar kein Zweifel, daß ihm das Verdienst gebührt, die heutige Situation geschaffen zu haben durch sein Nachgeben. Ich möchte nur sagen, was wir dabei zu thun haben, war nur die Erwägung, wie weit wir in dieser neuen Situation verpflichtet sind zum Wohl des ganzen Landes zu gehen. (Bravo!)

Vicepräsident: Herr Abgeordneter Dr. Casselmann!

Dr. **Casselmann:** Meine Herren! Ich möchte meinerseits dem Herrn von Vollmar die Antwort nicht schuldig bleiben, da ein großer Theil des Vorwurfs, den er erhoben hat, mich als Antragsteller trifft. (Abgeordneter von Vollmar: Sicher!) Der Herr von Vollmar hat gemeint, die beiden Parteien hätten hier einen „Kuhhandel" abgeschlossen; er hat diese Wendung gebraucht, weil er wohl keine Ahnung davon hat — so nehme ich an —, welche Verwirrung eintreten würde, wenn das Ausführungsgesetz nicht am 1. Januar 1900 zu Stande käme. Ich nehme ihm das nicht so übel, weil Herr von Vollmar durch seine anderweitige Beschäftigung offenbar wenig Gelegenheit gehabt hat, sich an der Berathung des Ausführungsgesetzes zu betheiligen. Wenn aber Herr von Vollmar weiß, welche kolossale Verwirrung eintreten würde, wenn am 1. Januar 1900 das Ausführungsgesetz nicht in Kraft träte, dann bleibt für mich nur die Annahme übrig, daß derselbe geradezu wünscht, daß diese Verwirrung eintritt. Das wäre nun auch nichts Neues. Das verträgt sich mit dem sozialdemokratischen Programm, welches darauf hinausgeht, Unzufriedenheit und Verwirrung zu schaffen, wo immer es nur geht, denn je größer auf irgend einem Gebiete des staatlichen Lebens diese Verwirrung ist, desto üppiger gedeiht der Weizen der Herren Sozialdemokraten.

Hierin liegt der Grund, warum Herr von Vollmar nicht so erbaut ist darüber, daß der Konflikt, der zweifellos entstanden wäre, wenn die Sache auf die Spitze getrieben worden wäre, vermieden wird.

Aber gerade die Ausführungen des Herrn von Vollmar beweisen uns, daß wir im Interesse des Landes und der Bevölkerung durch den Abschluß des Kompromisses den richtigen Weg eingeschlagen haben, und daß wir einen politischen Fehler gemacht hätten, wenn wir dem sozialdemokratischen Rezept gefolgt wären.

Vicepräsident: Herr Abgeordneter von Vollmar!

von Vollmar: Meine Herren! Der Herr Abgeordnete Dr. Casselmann hat gemeint, ich sei über die jetzige Situation nicht erbaut. Aber da irrt er sich sehr — hab' ich im Gegentheil doch meine Freude daran! Wenn er sodann einige Bemerkungen über die Sozialdemokratie und den angeblichen Kladderadatsch, den dieselbe herbeiführen wolle, gemacht hat, so will ich im gegenwärtigen Moment nicht weiter darauf eingehen, sondern beschränke mich darauf, dem Herrn Abgeordneten Dr. Casselmann zu sagen, daß er mit seinen Worten gezeigt hat, daß er die Sozialdemokratie offenbar noch weniger kennt, als ich das Ausführungsgesetz. (Heiterkeit.) S. 1037.

Vicepräsident: Zum Worte ist Niemand mehr gemeldet; ich schließe die Diskussion. Das Schlußwort hat der Herr Referent.

Wagner (Berichterstatter): Meine Herren! Wir haben gegen den Antrag des Justizausschusses nur einen einzigen Redner vernommen; das sind die gestrigen „treuen Bundesgenossen" des Centrums, wie sie sich selbst bezeichnet haben. Es ist bedauerlich, daß diese Bundesgenossenschaft nicht länger gedauert hat (Heiterkeit) und daß sie sich nicht heute noch fortsetzt. Sonst würden wir in der Amortisationsgesetzgebungsfrage zu unserer Freude zu einem einstimmigen Votum gelangen. Aber, meine Herren, ich kann dem Herrn Kollegen von Vollmar doch nicht ersparen, zu bemerken, daß das Prinzip, auf welches sich angeblich seine Partei stellte, dort doch nicht vollständig gewahrt worden ist. Gestern haben die Herren erklärt, sie werden für die Anträge der Centrumsfraktion stimmen. Ja, meine Herren, die Anträge der Centrumsfraktion von gestern waren auch ein Amortisationsgesetz, welches sich von dem prinzipiellen Standpunkt der Herren Sozialdemokraten entfernt. Wenn Sie nun gestern in der Lage waren, den Anträgen der Centrumspartei Ihre Zustimmung zu geben, so würde der Schritt bis zu den heutigen Anträgen ein allzu weiter nach meiner Meinung nicht sein. Wenn man dem Prinzip nach einer Richtung hin schon so viel vergeben hat, so kann man auch noch einen Schritt weiter gehen, und ich bitte die Herren von der äußersten Linken, daß sie sich mit uns in der Annahme der nunmehrigen Ausschußanträge vereinigen.

Ich empfehle Ihnen deßhalb die einstimmige Annahme dieser Anträge.

S. 1037. **Vicepräsident:** Meine Herren! Wir kommen nunmehr zur Abstimmung. An Stelle der verschiedenen Anträge ist nun ein einheitlicher Abänderungsvorschlag des Justiz-Gesetzgebungsausschusses getreten.

Wir stimmen zuerst ab über Nr. 1 der Beschlüsse der Kammer der Reichsräthe, welche lautet:

Artikel 1 sei dahin abzuändern, daß die Worte „86 bis" gestrichen werden.

Ihr Ausschuß beantragt, diesem Beschlusse der Kammer der Reichsräthe zuzustimmen.

Ich ersuche diejenigen Herren, welche zustimmen wollen, sich von den Sitzen zu erheben. (Geschieht.) Angenommen.

Nr. 2 der Beschlüsse der Kammer der Reichsräthe lautet:

Nach Artikel 4a sollen unter der Ueberschrift:

„Beschränkungen des Erwerbes juristischer Personen" folgende Artikel eingestellt werden:

Artikel 4b.

Schenkungen oder Zuwendungen von Todeswegen an geistliche Gesellschaften bedürfen zu ihrer Wirksamkeit dem vollen Betrage nach der landesherrlichen Genehmigung, wenn sie Gegenstände im Werthe von mehr als zehntausend Mark betreffen.

Der Berechnung des Werthes wiederkehrender Leistungen wird ein Zinssatz von vier vom Hundert zu Grunde gelegt.

Ihr Ausschuß beantragt, diesen Einleitungsworten, sowie dem Artikel 4b die Zustimmung zu ertheilen.

Ich ersuche diejenigen Herren, welche den Ausschußantrag annehmen wollen, sich von den Sitzen zu erheben. (Geschieht.) Angenommen.

Weiter hat die Kammer der Reichsräthe beschlossen, folgenden Artikel 4c einzustellen:

Artikel 4c.

Zum Erwerbe von Gegenständen des unbeweglichen Vermögens, deren Werth den Betrag von zehntausend Mark übersteigt, bedürfen geistliche Gesellschaften auch außer dem Falle des Artikel 4b der landesherrlichen Genehmigung.

Zum unbeweglichen Vermögen im Sinne dieser Vorschrift gehören auch Rechte an einem Grundstücke mit Ausnahme der Hypotheken, Grundschulden und Rentenschulden.

Ihr Ausschuß beantragt, diesem Beschlusse der Kammer der Reichsräthe zuzustimmen.

Ich ersuche diejenigen Herren, welche dieß thun wollen, sich von den Sitzen zu erheben. (Geschieht.) Angenommen.

Ihr Ausschuß beantragt, nach Artikel 4c einen neuen Artikel 4c1 einzusetzen mit folgendem Wortlaut:

Die Vorschriften in Artikel 4b, 4c erstrecken sich nicht auf die Englischen Fräulein in Bayern.

Ich ersuche diejenigen Herren, welche diesem Ausschußantrage zustimmen wollen, sich von den Sitzen zu erheben. (Geschieht.) Angenommen.

Die Kammer der Reichsräthe hat weiter beschlossen, einen neuen Artikel 4d einzusetzen, welcher lautet:

Artikel 4d. S. 1037.

Die Vorschriften der Artikel 4b, 4c finden auf ausländische juristische Personen, die religiöse oder wohlthätige Zwecke oder Zwecke des Unterrichts oder der Erziehung verfolgen, mit der Maßgabe Anwendung, daß die Genehmigung bei einem den Betrag von fünftausend Mark übersteigenden Werthe, im Falle des Erwerbes des Eigenthums an einem Grundstück ohne Rücksicht auf den Werth erforderlich ist.

Ihr Ausschuß beantragt, diesem Artikel 4d die Zustimmung zu ertheilen. S. 1038.

Ich ersuche diejenigen Herren, welche sich diesem Antrage anschließen wollen, sich von den Sitzen zu erheben. (Geschieht.) Angenommen.

Meine Herren! Bezüglich der Geschäftsbehandlung habe ich Folgendes zu bemerken:

Ich glaube, wir können analog dem Art. 22 der Geschäftsordnung über die Berathungen in der Kammer verfahren. Der Antrag des Justiz-Gesetzgebungsausschusses ist nicht gedruckt vertheilt worden; er sollte bei analoger Anwendung des Art. 22 besonders gedruckt und vertheilt und in einer der nächsten Sitzungen noch einmal darüber abgestimmt werden. Ich nehme an, daß Sie damit einverstanden sind, daß die heutige Berathung als erste und zweite Berathung in einer Sitzung zu gelten hat, wenn nicht fünfzehn Herren widersprechen.

Niemand widerspricht; Sie sind einverstanden; die Sache ist erledigt.

Nr. 3 der Beschlüsse der Kammer der Reichsräthe geht dahin: Artikel 14a sei zu streichen.

Herr Referent!

Wagner (Berichterstatter): Meine Herren! Art. 15a enthielt eine Ausnahmevorschrift in Bezug auf die Verjährung des Dienstbotenlohnes und zwar zu Gunsten lang gedienter Dienstboten. Die Reichsrathskammer hat diesen Art. 14a gestrichen.

Im Ausschusse wurde von dem Antragsteller diese Streichung als ein sozialpolitischer Fehler erklärt, zu gleicher Zeit aber erklärt, daß es nicht möglich sei, den früheren Antrag zu reproduziren; es könnte nur ein Modifikationsantrag gestellt werden. Das ist aber auch nicht möglich, weil schon die Fassung des früheren Antrags Schwierigkeiten verursacht hatte.

Zu meinem Bedauern muß ich daher empfehlen, diesem Beschlusse der Reichsrathskammer Ihre Zustimmung zu geben.

Vicepräsident: Zum Worte ist Niemand gemeldet; ich schließe die Diskussion.

Von keiner Seite ist eine Einwendung gegen die vom Ausschusse vorgeschlagene Streichung vorgebracht worden; ich konstatire die Streichung des Art. 14a.

Nr. 4 der Beschlüsse der Kammer der Reichsräthe lautet:

In den Artikel 44 sei zwischen Abs. 3 und Abs. 4 folgender neue Absatz einzustellen:

Für die Beglaubigung des Antrags und der Vollmacht ist auch die Gemeindebehörde des Wohnorts des Antragstellers oder des Vollmachtgebers zuständig.

Herr Referent!

Wagner (Berichterstatter): Meine Herren! Die Vorschrift, welche hier die Kammer der Reichsräthe einstellte, entspricht der bisherigen Uebung. Es hat auch die k. Staatsregierung schon in unserem Ausschusse im Anfange

S. 1038. der Berathungen erklärt, daß sie die Sache so behandeln werde, wie sie jetzt gesetzlich festgelegt ist. Angesichts der Fassung des Notariatsgesetzes erschien es aber nothwendig, eine ausdrückliche Bestimmung zu treffen; dieselbe liegt nur im Interesse des Publikums und ich empfehle Ihnen also die Zustimmung zum Beschlusse der Reichsrathskammer.

Vicepräsident: Zum Worte ist Niemand gemeldet, eine Erinnerung nicht vorgebracht; ich darf deßhalb konstatiren, daß die Einstellung des neuen Absatzes zwischen Abs. 3 und 4 genehmigt ist.

Nr. 5 der Beschlüsse der Kammer der Reichsräthe:

An die Stelle des Beschlusses der Kammer der Abgeordneten zu Artikel 122[31] Ziffer I Abs. 1 Satz 4 und Abs. 3 Satz 2 dieser Ziffer soll folgender neue Abs. 4 treten:

Auf das Verfahren finden die für Verwaltungsrechtssachen geltenden Vorschriften Anwendung. Vor Erlassung der Vorentscheidung ist auch im Falle des Abs. 2 Satz 1 der Beamte zu hören.

Herr Referent!

Wagner (Berichterstatter): Diese Aenderung hat nur eine redaktionelle Bedeutung.

Ich empfehle Ihnen die Zustimmung zum Reichsrathsbeschluß.

Vicepräsident: Zum Worte ist Niemand gemeldet, von keiner Seite Erinnerung gegen den Beschluß der Reichsrathskammer vorgebracht; derselbe ist genehmigt.

Nr. 6 der Beschlüsse der Kammer der Reichsräthe:

In den Artikel 122[41] soll zwischen Abs. 1 und Abs. 2 folgender neue Absatz eingestellt werden:

Das in der Pfalz geltende Civilgesetzbuch (Code civil) tritt außer Kraft.

Herr Referent!

Wagner (Berichterstatter): Meine Herren! Es ist bei dieser Gelegenheit im Ausschusse die Meinung ausgesprochen worden, daß der Code civil schon durch die Bestimmung in Art. 1 des Ausführungsgesetzes aufgehoben sei. Das wurde als irrig erklärt; denn der Code civil enthält außer civilrechtlichen Bestimmungen auch noch andere Bestimmungen des öffentlichen Rechts, und dann kommt in Betracht, daß der Art. 1 die großen Gesetzgebungswerke nicht generell aufhebt, sondern nur so weit, als nicht ausdrücklich durch Bezugnahme auf bestimmte Artikel des Einführungsgesetzes die Außerkraftsetzung verfügt ist. Es ist also eine ausdrückliche Feststellung, daß der Code civil außer Kraft tritt, durchaus nicht überflüssig, sondern im Interesse der Rechtspflege erwünscht.

Ich empfehle Ihnen auch die Zustimmung zu diesem Beschlusse der Reichsrathskammer.

Vicepräsident: Niemand ist zum Worte gemeldet, Einwendung gegen den Beschluß der Kammer der Reichsräthe nicht vorgebracht; ich konstatire, daß derselbe genehmigt ist.

Meine Herren! Wir haben nunmehr die einzelnen Modifikationsbeschlüsse der Kammer der Reichsräthe durchberathen.

Mit Rücksicht auf die durch unsere Beschlüsse an dem Gesetzentwurfe vorgenommenen Aenderungen müssen wir über das Ganze des Gesetzentwurfes nochmal namentlich abstimmen. . . . . .

Meine Herren! Das Resultat der Abstimmung ist folgendes: Abgestimmt haben 147 Herren, sämmtliche mit „Ja": der Gesetzentwurf ist somit einstimmig angenommen und ich bin in der Lage, zu konstatiren, daß auch dießmal bezüglich der Artikel 122^1, 122^5, 122^6, 122^{32} Ziff. VIII, 122^{37} Ziff. V und XI und Artikel 122^{40} die in Tit. X § 7 der Verfassungsurkunde vorgeschriebenen Formen eingehalten worden sind. S. 1039.

Ich werde unsere Beschlüsse der Kammer der Reichsräthe mittheilen......

(Schluß der Sitzung um 1 Uhr 11 Minuten.) S. 1054.

Beschluß der Kammer der Abgeordneten.

(Beilage Z^1 z. d. Verhandl. d. K. d. Abg. 1899.)

Die Kammer der Abgeordneten hat beschlossen,

den Modifikationsbeschlüssen der Kammer der Reichsräthe mit der Abänderung die Zustimmung zu ertheilen, daß Nr. 2 dieser Modifikationsbeschlüsse, wie folgt, zu lauten habe:

Nach **Artikel 4a** sollen unter der Ueberschrift: „Beschränkungen des Erwerbes juristischer Personen" folgende Artikel eingestellt werden:

Artikel 4b.

Schenkungen oder Zuwendungen von Todeswegen an geistliche Gesellschaften bedürfen zu ihrer Wirksamkeit dem vollen Betrage nach der landesherrlichen Genehmigung, wenn sie Gegenstände im Werthe von mehr als zehntausend Mark betreffen.

Der Berechnung des Werthes wiederkehrender Leistungen wird ein Zinssatz von vier vom Hundert zu Grunde gelegt.

Artikel 4c.

Zum Erwerbe von Gegenständen des unbeweglichen Vermögens, deren Werth den Betrag von zehntausend Mark übersteigt, bedürfen geistliche Gesellschaften auch außer dem Falle des Artikel 4b der landesherrlichen Genehmigung.

Zum unbeweglichen Vermögen im Sinne dieser Vorschrift gehören auch Rechte an einem Grundstücke mit Ausnahme der Hypotheken, Grundschulden und Rentenschulden.

Artikel $4c^1$.

Die Vorschriften in Artikel 4b, 4c erstrecken sich nicht auf die Englischen Fräulein in Bayern.

Artikel 4d.

Die Vorschriften der Artikel 4b, 4c finden auf ausländische juristische Personen, die religiöse oder wohlthätige Zwecke oder Zwecke des Unterrichts oder der Erziehung verfolgen, mit der Maßgabe Anwendung, daß die Genehmigung bei einem den Betrag von fünftausend Mark übersteigenden Werthe, im Falle des Erwerbes des Eigenthums an einem Grundstück ohne Rücksicht auf den Werth erforderlich ist.

München, den 3. Juni 1899.

Der Präsident: (gez.) Dr. **von Clemm.**

Der I. Schriftführer: (gez.) Wagner.

7.

Verhandlungen des Justizgesetzgebungsausschusses der Kammer der Reichsräthe.

XXIV. Protokoll

des besonderen Ausschusses der Kammer der Reichsräthe zur Berathung der durch die Einführung des Bürgerlichen Gesetzbuchs veranlaßten Gesetzentwürfe

über die

Beschlüsse der Kammer der Abgeordneten

1) **zu dem Entwurfe eines Ausführungsgesetzes zum Bürgerlichen Gesetzbuche** (Beilagen A und D).

2) . . . . . .

München, den 6. Juni 1899.

Gegenwärtig die Herren Reichsräthe: Graf Fugger von Glött, Ritter von Küffner, von Auer, Vorstand, Dr. Ritter von Bechmann, Referent, Dr. Ritter von Schmitt, Exzellenz, Referent, Freiherr von Soden-Fraunhofen, Sekretär, Ritter von Hessert. Ritter von Maffei. Der Herr I. Präsident Graf von Lerchenfeld-Köfering.

Von Seite des k. Staatsministeriums: Der k. Staatsminister der Finanzen, Dr. Freiherr von Riedel, Der k. Staatsminister der Justiz. Dr. Freiherr von Leonrod, Der k. Staatsminister des Innern für Kirchen- und Schulangelegenheiten, Dr. von Landmann, Der k. Senatspräsident Dr. Ritter von Jacubezky, Der k. Ministerialrath, Kronanwalt Ritter von Schubart, Der k. Ministerialrath Ritter von Pfaff, Der k. Ministerialrath Thelemann, Der k. Ministerialrath Reisenegger, Der k. Oberregierungsrath Henle, Der k. Oberregierungsrath Schneider.

Die Sitzung wird um 10 Uhr durch den Vorsitzenden, Herrn Reichsrath **von Auer**, eröffnet.

Vorsitzender: Wir haben noch über die Beschlüsse der Kammer der Abgeordneten zu berathen und zwar zuerst über die

Rückäußerung der Kammer der Abgeordneten zu dem Entwurfe eines Ausführungsgesetzes zum Bürgerlichen Gesetzbuch.

Reichsrath Dr. **von Schmitt** als Referent: Die Differenzen bezüglich dieses Gesetzes sind alle beglichen durch die neuesten Beschlüsse der unteren Kammer, mit Ausnahme einer einzigen. Diese besteht bezüglich der Amortisationsgesetze. Es soll zwischen Art. 4c und Art. 4d ein neuer Artikel als Art. 4c¹ eingefügt werden des Inhalts:

„Die Vorschriften in Artikel 4b, 4c erstrecken sich nicht auf die Englischen Fräulein in Bayern.“

Nachdem die übrigen zahlreichen Differenzen zwischen beiden Ausschüssen und beiden Kammern alle beglichen sind, und nachdem die übrig gebliebene Differenz inhaltlich nicht von der Bedeutung ist, daß man daran allein das Zustandekommen des Gesetzes scheitern lassen kann, erlaube ich mir Ausschußbeschluß dahin vorzuschlagen: es sei dem Plenum der Kammer der Reichsräthe die Zustimmung zu der von der Kammer der Abgeordneten beschlossenen Einfügung des vorerwähnten Art. 4c¹, betreffend die Englischen Fräulein in Bayern, zu empfehlen.

Vorsitzender: Die Diskussion ist eröffnet. Es ergreift niemand das Wort. Ich schließe die Diskussion und konstatiere, daß der Antrag des Herrn Referenten, wonach die Amortisationsgesetze auf die Englischen Fräulein nicht Anwendung finden sollen, vom Hohen Ausschusse angenommen ist.

Hienach ist das Ausführungsgesetz in allen seinen Theilen vom Hohen Ausschuß angenommen und werden die Gesetze, wenn, wie kaum zu bezweifeln ist, auch das Plenum zu diesem Antrag die Zustimmung ertheilt, von Seite der beiden Kammern als angenommen betrachtet werden können. . . .

(Schluß der Sitzung 10 Uhr 25 Minuten.)

---

8. Verhandlungen der Kammer der Reichsräthe.

Stenographisches Protokoll Nr. 62

der zweiundsechzigsten öffentlichen Plenarsitzung der Kammer der Reichsräthe.

(Verhandl. d. K. d. Reichsräthe 1899 Prot.=Bd. VIII S. 456 bis 460.)

München, den 6. Juni 1899, Mittags 12 Uhr.

Der erste Präsident: ...... || Wir treten nunmehr in die heutige Tagesordnung ein. S. 456.
Erster Gegenstand derselben ist:

Mündlicher Bericht des besonderen Ausschusses zur Berathung der durch die Einführung des Bürgerlichen Gesetzbuchs veranlaßten Gesetzentwürfe über die Rückäußerung der Kammer der Abgeordneten vom 3. Juli 1899 zum Entwurfe eines Ausführungsgesetzes zum Bürgerlichen Gesetzbuche.

Ich lade den Referenten, Herrn Reichsrath Dr. von Schmitt, ein, dem Hohen Hause über diesen einzigen Punkt, über welchen noch hinsichtlich dieses Gesetzes eine Meinungsverschiedenheit zwischen den beiden Kammern besteht, Vortrag zu erstatten.

Reichsrath Dr. **von Schmitt** als Referent: Meine Hohen Herren! S. 457.
Zu dem Gesetzentwurf, betreffend die Ausführung des Bürgerlichen Gesetzbuchs und zu dem Gesetzentwurf, die durch die Einführung des Bürgerlichen Gesetzbuchs veranlaßten Aenderungen der seit 1818 erlassenen Gesetze betreffend, hatte diese Hohe Kammer in ihrer Plenarsitzung vom 19. Mai 1899 gegenüber dem bezüglichen Beschlusse der Abgeordnetenkammer noch eine Mehrzahl von Aenderungen beschlossen. Die Kammer der Abgeordneten ist diesen Beschlüssen der Kammer der Reichsräthe in ihrer Plenarsitzung vom 3. Juni 1899 durchweg beigetreten mit einer einzigen Ausnahme. Diese betrifft die sogenannten Amortisationsgesetze. Beschlossen war von diesem Hohen Hause:

1. Artikel 1 des Entwurfes sei dahin abzuändern, daß die Worte „86 bis" gestrichen werden;
2. nach Artikel 4a sollen unter der Ueberschrift „Beschränkungen des Erwerbes juristischer Personen" folgende Artikel eingestellt werden:

Artikel 4b.

Schenkungen oder Zuwendungen von Todeswegen an geistliche Gesellschaften bedürfen zu ihrer Wirksamkeit dem vollen Betrage nach der landesherrlichen Genehmigung, wenn sie Gegenstände im Werthe von mehr als zehntausend Mark betreffen.

Der Berechnung des Werthes wiederkehrender Leistungen wird ein Zinssatz von vier vom Hundert zu Grunde gelegt.

Artikel 4c. S. 458.

Zum Erwerbe von Gegenständen des unbeweglichen Vermögens, deren Werth den Betrag von zehntausend Mark übersteigt, bedürfen geistliche Gesellschaften auch außer dem Falle des Artikel 4b der landesherrlichen Genehmigung.

Zum unbeweglichen Vermögen im Sinne dieser Vorschrift gehören auch Rechte an einem Grundstücke mit Ausnahme der Hypotheken, Grundschulden und Rentenschulden.

S. 458. Artikel 4d.

Die Vorschriften der Artikel 4b, 4c finden auf ausländische juristische Personen, die religiöse oder wohlthätige Zwecke oder Zwecke des Unterrichts oder der Erziehung verfolgen, mit der Maßgabe Anwendung, daß die Genehmigung bei einem den Betrag von fünftausend Mark übersteigenden Werthe, im Falle des Erwerbes des Eigenthums an einem Grundstück ohne Rücksicht auf den Werth, erforderlich ist.

Die Kammer der Abgeordneten hat diese Beschlüsse angenommen und nur zwischen den Artikel 4c und 4d einen neuen Artikel 4c[1] eingefügt, der folgenden Wortlaut hat:

Artikel 4c[1].

„Die Vorschriften in Artikel 4b, 4c erstrecken sich nicht auf die Englischen Fräulein in Bayern."

Ihr Gesetzgebungsausschuß hat nun erwogen, daß die neue Bestimmung
S. 459 in Artikel 4c[1] nur das thatsächlich geltende ‖ Recht aufrecht erhält, und daß hierdurch das System der Amortisationsgesetzgebung eine wesentliche Störung nicht erleidet; er hat ferner erwogen, daß mit Beseitigung dieser letzten und einzigen Differenz zwischen den Beschlüssen beider Kammern Gesammtbeschluß über das Einführungsgesetz zum Bürgerlichen Gesetzbuche erzielt, und so der Abschluß der Justizgesetzgebung herbeigeführt wird. Aus diesen Gründen ist Ihr Ausschuß dazu gelangt, dem Hohen Haus die Zustimmung zu Artikel 4c[1] und damit Zustimmung zu dem ganzen Gesetzentwurf, betreffend die Ausführung des Bürgerlichen Gesetzbuchs, in der Fassung der Kammer der Abgeordneten vorzuschlagen.

Ich habe die Ehre, Ihnen diesen Beschluß zur Annahme zu empfehlen.

Der **erste Präsident:** Ich eröffne die Diskussion über diesen Gegenstand; wenn nicht diskutiert werden will, so schließe ich die Diskussion und stelle die Frage an das Hohe Haus, ob es dem Antrage des Justizausschusses, dem neuerlichen Modifikationsbeschlusse der Kammer der Abgeordneten beizutreten, die Zustimmung ertheilen will.

Ich bitte diejenigen Hohen Herren, welche so beschließen wollen, sich von den Sitzen zu erheben. (Geschieht.) Angenommen.

Wir kommen nun zur Abstimmung über das ganze Gesetz, und ich ersuche diejenigen Hohen Herren, welche dem ganzen Gesetz in der nunmehr
S. 460. festgestellten Fassung die Zu‖stimmung ertheilen wollen, mit „Ja", diejenigen Hohen Herren, welche dieselbe versagen wollen, mit „Nein" zu antworten.

(Folgt namentliche Abstimmung.)

Der Gesetzentwurf ist einstimmig angenommen.

Ich konstatiere die Beschlußfähigkeit des Hauses nach den besonderen Vorschriften des Tit. X § 7 der Verfassungsurkunde. . . . .

S. 493. (Schluß der Sitzung um 1 Uhr 37 Minuten.)

Beschluß der Kammer der Reichsräthe.

(Beilage Z^n z. d. Verhandl. d. K. d. Abg. 1899.)

Die Kammer der Reichsräthe hat . . . . beschlossen,
dem Modifikationsbeschlusse der Kammer der Abgeordneten beizutreten.

München, den 6. Juni 1899.

Der I. Präsident: (gez.) Graf von Lerchenfeld.

Der I. Sekretär: (gez.) Graf von Drechsel.

9.

Gesammt-Beschluß.

(Beilage Zq z. d. Verhandl. d. K. d. Abg. 1899.)

Allerdurchlauchtigster, Großmächtigster König! Allergnädigster König und Herr!

Die alleruntertänigst treugehorsamsten Kammern der Reichsräthe und der Abgeordneten haben über die von der k. Staatsregierung unter'm 7. November 1898 vorgelegten

Entwürfe

I. eines Ausführungsgesetzes zum Bürgerlichen Gesetzbuche,

II. eines Gesetzes, die durch die Einführung des Bürgerlichen Gesetzbuchs veranlaßten Aenderungen der seit 1818 erlassenen Gesetze betreffend,

in ihren Plenarsitzungen vom 19. Mai und 6. Juni, beziehungsweise 17., 18., 19., 20., 21., 22., 24. April, dann 2. und 3. Juni ds. Js. Berathung gepflogen und beschlossen,

die beiden Gesetzentwürfe in Einen Gesetzentwurf zu vereinigen und dem vereinigten Gesetzentwurf in der aus der Anlage ersichtlichen Fassung die Zustimmung zu ertheilen.

In allertiefster Ehrfurcht Euerer Königlichen Majestät

München, den 6. Juni 1899.

alleruntertänigst treugehorsamste

Kammer der Reichsräthe:	**Kammer der Abgeordneten:**
Der I. Präsident: (gez.) Graf von Lerchenfeld.	Der Präsident: (gez.) Dr. von Clemm.
Der I. Sekretär: (gez.) Graf von Drechsel.	Der I. Schriftführer: (gez.) Wagner.

Anlage.

Entwurf eines Ausführungsgesetzes zum Bürgerlichen Gesetzbuche.

Im Namen Seiner Majestät des Königs.

Seine Königliche Hoheit Prinz Luitpold, des Königreichs Bayern Verweser, haben nach Vernehmung des Staatsraths mit Beirath und Zustimmung der Kammer der Reichsräthe und der Kammer der Abgeordneten und in Ansehung der Artikel 135, 139, 140, des Artikel 166 Ziff. IX, des Artikel 171 Ziff. V, XI und des Artikel 174 unter Beobachtung der in Tit. X § 7 der Verfassungsurkunde vorgeschriebenen Formen beschlossen und verordnen, was folgt:

(Es folgt nun der Gesetzestext, wie unter Nr. 10 wiedergegeben.)

10.

Ausführungsgesetz zum Bürgerlichen Gesetzbuche vom 9. Juni 1899.

(Beilage z. Ges.- u. Verordn.-Bl. 1899 Nr. 28 v. 12. Juni 1899 Seite 1 bis 82.*)

Im Namen Seiner Majestät des Königs. S. 1.

Luitpold,

von Gottes Gnaden Königlicher Prinz von Bayern,

Regent.

Wir haben nach Vernehmung des Staatsrathes mit Beirath und Zustimmung der Kammer der Reichsräthe und der Kammer der Abgeordneten und in Ansehung der Artikel 135, 139, 140, des Artikel 166 Ziff. IX, des Artikel 171 Ziff. V, XI und des Artikel 174 unter Beobachtung der in Tit. X § 7 der Verfassungsurkunde vorgeschriebenen Formen beschlossen und verordnen, was folgt:

---

* Ausgegeben am 1. Juli 1899.

S. 1. **Aufrechterhaltung älterer Vorschriften.**

Artikel 1.

Neben dem Bürgerlichen Gesetzbuche bleiben die Vorschriften des bürgerlichen Rechtes, welche aus der Zeit vor der Erlassung der Verfassungsurkunde vom 26. Mai 1818 stammen, nur insoweit in Geltung, als sie in den Artikeln 56 bis 59, 69, 74 bis 76, 78, 80, 89, 109, 111, 132, 133 des Einführungsgesetzes zum Bürgerlichen Gesetzbuch und im § 16 Nr. 1 des Einführungsgesetzes zur Civilprozeßordnung vorbehalten sind.

Soweit in den in Kraft bleibenden Gesetzen und in diesem Gesetz auf örtliche Verordnungen oder auf das Herkommen verwiesen ist, behalten die bestehenden Verordnungen und das Herkommen ihre Geltung.

S. 2. **Volljährigkeitserklärung.**

Artikel 2.

Für die Volljährigkeitserklärung ist das Staatsministerium der Justiz zuständig.

Namensänderungen.

Artikel 3.

Der Familienname kann, soweit nicht ein Anderes vorgeschrieben ist, nur mit Bewilligung des Königs geändert werden.

Zu einer Aenderung des Vornamens ist die Bewilligung der zuständigen Behörde erforderlich.

Die Ausführungsbestimmungen werden von den zuständigen Staatsministerien erlassen.

Vereine.

Artikel 4.

Für die Entziehung der Rechtsfähigkeit eines Vereins nach § 43 des Bürgerlichen Gesetzbuchs und für die Erhebung des Einspruchs gegen die Eintragung eines Vereins oder einer Aenderung der Satzung in das Vereinsregister nach § 61 Abs. 2 und § 71 Abs. 2 des Bürgerlichen Gesetzbuchs ist die Distriktspolizeibehörde, in München die Polizeidirektion, zuständig. Gegen den Beschluß auf Entziehung der Rechtsfähigkeit sowie gegen den Einspruch findet binnen einer Frist von zwei Wochen Beschwerde an die Regierung, Kammer des Innern, statt. Gegen die Entscheidung der Regierung ist weitere Beschwerde an den Verwaltungsgerichtshof zulässig. Für die Beschwerde an den Verwaltungsgerichtshof gelten die Vorschriften des Artikel 45 Abs. 2, 3 des Gesetzes vom 8. August 1878, betreffend die Errichtung eines Verwaltungsgerichtshofes und das Verfahren in Verwaltungsrechtssachen.

Stiftungen.

Artikel 5.

Erlischt eine Stiftung des bürgerlichen Rechtes, so fällt das Stiftungsvermögen in Ermangelung eines anderen Anfallberechtigten an den Fiskus. Die Vorschrift des Titel IV § 9 Abs. 4 der Verfassungsurkunde bleibt unberührt.

Artikel 6.

Für den Vollzug von Stiftungsbestimmungen und für die Aufsicht über die Stiftungen sind, unbeschadet der Zuständigkeit des Verwaltungsgerichtshofs, die Verwaltungsbehörden zuständig, sofern nicht die Stiftung ausschließlich privaten Zwecken dient.

Beschränkungen des Erwerbes juristischer Personen. S. 3

Artikel 7.

Schenkungen oder Zuwendungen von Todeswegen an geistliche Gesellschaften bedürfen zu ihrer Wirksamkeit dem vollen Betrage nach der landesherrlichen Genehmigung, wenn sie Gegenstände im Werthe von mehr als zehntausend Mark betreffen.

Der Berechnung des Werthes wiederkehrender Leistungen wird ein Zinssatz von vier vom Hundert zu Grunde gelegt.

Artikel 8.

Zum Erwerbe von Gegenständen des unbeweglichen Vermögens, deren Werth den Betrag von zehntausend Mark übersteigt, bedürfen geistliche Gesellschaften auch außer dem Falle des Artikel 7 der landesherrlichen Genehmigung.

Zum unbeweglichen Vermögen im Sinne dieser Vorschrift gehören auch Rechte an einem Grundstücke mit Ausnahme der Hypotheken, Grundschulden und Rentenschulden.

Artikel 9.

Die Vorschriften der Artikel 7, 8 erstrecken sich nicht auf die Englischen Fräulein in Bayern.

Artikel 10.

Die Vorschriften der Artikel 7, 8 finden auf ausländische juristische Personen, die religiöse oder wohlthätige Zwecke oder Zwecke des Unterrichts oder der Erziehung verfolgen, mit der Maßgabe Anwendung, daß die Genehmigung bei einem den Betrag von fünftausend Mark übersteigenden Werthe, im Falle des Erwerbes des Eigenthums an einem Grundstück ohne Rücksicht auf den Werth erforderlich ist.

Zahlungen aus öffentlichen Kassen.

Artikel 11.

Zahlungen aus öffentlichen Kassen sind, soweit nicht ein Anderes bestimmt ist, an der Kasse in Empfang zu nehmen, welche die Zahlung zu leisten hat.

Aufrechnung gegen Gehälter und Pensionen. Uebertragung von Wittwen- und Waisenbezügen.

Artikel 12.

Gegen die Ansprüche der Hof-, Staats- und Gemeindebeamten, öffentlichen Diener und Geistlichen auf Gehalt oder Pension können Ansprüche aus dem Amts- oder Dienstverhältnisse sowie die von dem Gehalt oder der Pension zu entrichtenden Steuern oder Umlagen unbeschränkt aufgerechnet werden.

Für die Ansprüche der Hinterbliebenen der im Abs. 1 bezeichneten Be- S. 4.
diensteten auf Wittwen- und Waisenbezüge gilt das Gleiche in Ansehung der von den Bezügen zu entrichtenden Steuern oder Umlagen. Die Wittwen- und Waisenbezüge können weder abgetreten noch verpfändet werden.

Auf die Bezüge der Angehörigen des Heeres und deren Wittwen und Waisen finden diese Vorschriften keine Anwendung.

Bierlieferungsvertrag.

Artikel 13.

Wird zwischen einem Brauer und einem Wirthe ein Vertrag über die Lieferung von Bier ohne Bestimmung der Menge des zu liefernden Bieres

S. 4. geschlossen, so gilt, soweit nicht ein Anderes vereinbart wird, als Gegenstand des Vertrags der gesammte Bedarf an Bier, der sich in dem Gewerbebetriebe des Wirthes während der Dauer des Vertragsverhältnisses ergibt. Der Wirth ist verpflichtet, den Bedarf ausschließlich von dem Brauer zu beziehen, der Brauer hat dem Wirthe die jeweils verlangten Mengen zu liefern. Ist die Dauer des Vertragsverhältnisses nicht bestimmt, so kann dieses von jedem Theile für den Schluß des Monats September jedes Jahres gekündigt werden.

Geht das Geschäft des einen oder des anderen Theiles durch Rechtsgeschäft unter Lebenden auf einen Dritten über, so hat der bisherige Inhaber dafür einzustehen, daß der neue Inhaber in den Vertrag eintritt.

Artikel 14.

Ist bei dem Bestehen eines Vertragsverhältnisses der im Artikel 13 Abs. 1 bezeichneten Art der Wirth Eigenthümer des Grundstücks, auf welchem er sein Geschäft betreibt, so kann der Brauer verlangen, daß ihm für den gestundeten oder rückständigen Kaufpreis des gelieferten Bieres eine Sicherungshypothek an dem Grundstücke bestellt wird.

Hat der Wirth noch andere Grundstücke, die mit dem seinem Geschäftsbetriebe dienenden Grundstücke gemeinschaftlich bewirthschaftet werden, so kann die Erstreckung der Sicherungshypothek auf diese Grundstücke verlangt werden, soweit sie erforderlich ist, damit der Betrag des Kaufpreises durch den Werth der Grundstücke doppelt gedeckt wird. Der Werth wird unter Abzug der Belastungen berechnet, die der Sicherungshypothek im Range vorgehen.

Gesinderecht.

Artikel 15.

Auf das Rechtsverhältniß zwischen der Dienstherrschaft und dem Dienstboten finden die allgemeinen Vorschriften des bürgerlichen Rechtes nur insoweit Anwendung, als sich nicht aus den Artikeln 16 bis 28 ein Anderes ergibt.

S. 5. Artikel 16.

Personen, die nicht im Besitze der bürgerlichen Ehrenrechte sind oder unter Polizeiaufsicht stehen, kann die Polizeibehörde das Halten von Dienstboten unter achtzehn Jahren untersagen.

Personen, die nach § 361 Nr. 6 des Strafgesetzbuchs polizeilicher Aufsicht unterstellt sind, dürfen Dienstboten unter einundzwanzig Jahren nicht halten.

Die Entlassung von Dienstboten, welche diesen Vorschriften zuwider gehalten werden, kann von der Polizeibehörde erzwungen werden.

Artikel 17.

Verdingt sich ein Dienstbote an mehrere Dienstherrschaften für dieselbe Zeit, so hat er bei derjenigen Dienstherrschaft auf deren Verlangen einzutreten, mit welcher er den Dienstvertrag zuerst geschlossen hat; den übrigen Dienstherrschaften ist er zum Schadensersatze verpflichtet.

Artikel 18.

Das Draufgeld wird im Zweifel nicht vom Lohne abgezogen und im Falle der Aufhebung des Dienstverhältnisses, wenn die Dienstherrschaft zum Schadensersatze verpflichtet ist, nicht auf den zu ersetzenden Betrag angerechnet.

Artikel 19.

Der Dienstbote ist der Dienstherrschaft zur Treue verpflichtet; er hat den Anordnungen der Dienstherrschaft oder ihres Vertreters in Ansehung der ihm nach dem Vertrag und der Sitte obliegenden Verrichtungen und der häuslichen Einrichtungen Folge zu leisten, der Dienstherrschaft und ihrem Vertreter Achtung zu erweisen und sich anständig zu führen. In Fällen der Noth hat er vorübergehend auch solche seinen Kräften und seiner Stellung entsprechende Dienste zu leisten, die nicht zu seinen im Vertrage bestimmten Obliegenheiten gehören. S. 5.

Artikel 20.

Ist der dem Dienstboten zu gewährende Lohn nach längeren Zeitabschnitten als Vierteljahren bemessen, so kann der Dienstbote nach dem Ablaufe von je drei Monaten der Dienstzeit die Zahlung der Hälfte des auf diesen Zeitraum treffenden Betrags verlangen.

Artikel 21.

Die Dienstherrschaft kann ihre Entschädigungsansprüche wegen einer auf Vorsatz oder grober Fahrlässigkeit beruhenden Verletzung der dem Dienstboten obliegenden Verpflichtungen gegen dessen Lohnforderung unbeschränkt aufrechnen.

Artikel 22. S. 6.

Das Dienstverhältniß eines landwirthschaftlichen Dienstboten ist im Zweifel als für ein Dienstjahr und, falls es im Laufe eines Dienstjahrs beginnt, als für die Zeit bis zum Schlusse dieses Dienstjahrs eingegangen anzusehen. Ist das Dienstverhältniß auf unbestimmte Zeit eingegangen, so ist die Kündigung nur für den Schluß eines Dienstjahrs und nur unter Einhaltung einer Kündigungsfrist von sechs Wochen zulässig. Das Dienstjahr beginnt am 1. Februar.

Bei anderen Dienstboten tritt an die Stelle der im § 621 Abs. 4 des Bürgerlichen Gesetzbuchs bestimmten Kündigungsfrist von sechs Wochen eine solche von einem Monate.

Artikel 23.

Das Dienstverhältniß kann von jedem Theile ohne Einhaltung einer Kündigungsfrist gekündigt werden, wenn ein wichtiger Grund vorliegt. Die Kündigung ist auch schon vor dem Antritte des Dienstes zulässig.

Artikel 24.

Als ein wichtiger Grund, der die Dienstherrschaft zur Kündigung ohne Einhaltung einer Kündigungsfrist berechtigt, ist es, sofern nicht besondere Umstände eine andere Beurtheilung rechtfertigen, namentlich anzusehen:

1. wenn der Dienstbote die Dienstherrschaft bei Eingehung des Dienstvertrags durch Vorzeigung eines falschen oder gefälschten Dienstzeugnisses oder Dienstbotenbuchs hintergangen oder über das Bestehen eines anderen, ihn gleichzeitig verpflichtenden Dienstverhältnisses in einen Irrthum versetzt hat;
2. wenn der Dienstbote sich eines Diebstahls, mehrmaliger Entwendung, einer Unterschlagung, eines Betrugs oder eines liederlichen Lebenswandels schuldig macht;
3. wenn der Dienstbote den Antritt des Dienstes ohne rechtfertigenden Grund verweigert oder in erheblichem Maße verzögert, wenn er den Dienst während einer den Umständen nach erheblichen Zeit unbefugt verläßt oder den ihm obliegenden Verpflichtungen nachzukommen beharrlich verweigert;

S. 6. 4. wenn der Dienstbote die ihm obliegenden Verpflichtungen beharrlich in grober Weise vernachlässigt, die ihm anvertrauten Personen oder Thiere schlecht behandelt oder durch Vernachlässigung gefährdet;
5. wenn der Dienstbote der Verwarnung ungeachtet mit Feuer und Licht unvorsichtig umgeht;
6. wenn der Dienstbote sich Thätlichkeiten oder grobe Beleidigungen gegen die Dienstherrschaft oder ihren Vertreter oder gegen die Familienangehörigen der Dienstherrschaft oder des Vertreters zu Schulden kommen läßt;

S. 7. 7. wenn der Dienstbote sich einer vorsätzlichen rechtswidrigen Sachbeschädigung zum Nachtheile der Dienstherrschaft, ihres Vertreters, ihrer Familienangehörigen oder des Nebengesindes schuldig macht;
8. wenn der Dienstbote Familienangehörige der Dienstherrschaft oder ihres Vertreters oder das Nebengesinde zu Handlungen verleitet oder zu verleiten versucht oder mit Familienangehörigen der Dienstherrschaft oder des Vertreters Handlungen begeht, die wider die Gesetze oder die guten Sitten verstoßen;
9. wenn der Dienstbote die Behausung zur Nachtzeit heimlich verläßt oder jemand zur Nachtzeit heimlich in die Behausung einläßt;
10. wenn der Dienstbote zu den ihm obliegenden Dienstleistungen unfähig ist oder an der Verrichtung der Dienste durch anhaltende Krankheit oder eine mehr als eine Woche dauernde Freiheitsstrafe oder eine die Zeit von vier Wochen übersteigende militärische Dienstleistung verhindert wird;
11. wenn der Dienstbote an einer ansteckenden oder abschreckenden Krankheit leidet;
12. wenn ein weiblicher Dienstbote sich verheirathet;
13. wenn ein unverheiratheter weiblicher Dienstbote sich im Zustande der Schwangerschaft befindet.

In den unter Ziff. 1 bis 9, 12 genannten Fällen ist die Kündigung wegen Thatsachen, die der Dienstherrschaft länger als eine Woche bekannt sind, nicht mehr zulässig.

Artikel 25.

Als ein wichtiger Grund, der den Dienstboten zur Kündigung ohne Einhaltung einer Kündigungsfrist berechtigt, ist es, sofern nicht besondere Umstände eine andere Beurtheilung rechtfertigen, namentlich anzusehen:

1. wenn die Dienstherrschaft die Aufnahme des Dienstboten verweigert oder den Dienstboten vor Beendigung des Dienstverhältnisses entläßt;
2. wenn der Dienstbote zu den ihm obliegenden Verrichtungen unfähig wird oder wenn sich ergibt, daß die Fortsetzung der Verrichtungen das Leben oder die Gesundheit des Dienstboten einer erheblichen Gefahr aussetzen würde, die ihm bei Eingehung des Dienstverhältnisses nicht bekannt war;
3. wenn die Dienstherrschaft oder ihr Vertreter sich Thätlichkeiten oder grobe Beleidigungen gegen den Dienstboten zu Schulden kommen läßt oder es verweigert, den Dienstboten gegen solche Handlungen eines Familienangehörigen der Dienstherrschaft oder des Vertreters, eines anderen Dienstboten oder eines Angestellten zu schützen;

4. wenn die Dienstherrschaft oder ihr Vertreter oder Familienangehörige der Dienstherrschaft oder des Vertreters dem Dienstboten Handlungen zumuthen, die wider die Gesetze oder die guten Sitten verstoßen; S. 8.
5. wenn die Dienstherrschaft den Lohn oder den gebührenden Unterhalt nicht gewährt oder den ihr nach § 618 des Bürgerlichen Gesetzbuchs obliegenden Verpflichtungen nachzukommen verweigert;
6. wenn der Dienstherrschaft das Halten des Dienstboten nach Artikel 16 verboten ist.

In den unter Ziff. 3 genannten Fällen ist die Kündigung wegen Thatsachen, die dem Dienstboten länger als eine Woche bekannt sind, nicht mehr zulässig.

Artikel 26.

Wird das Dienstverhältniß wegen vertragswidrigen Verhaltens des einen Theiles nach Artikel 23 gekündigt, so kann der andere Theil als Schadensersatz den Betrag der Hälfte des auf ein Vierteljahr treffenden Lohnes verlangen. Bei landwirthschaftlichen Dienstboten erhöht sich der Schadensersatz auf den Betrag des vierten Theiles des Jahreslohns, wenn die Kündigung von Seite der Dienstherrschaft in der Zeit vom 1. Juni bis zum 31. Oktober oder von Seite des Dienstboten in der Zeit vom 1. Oktober bis zum Schlusse des Monats Februar erfolgt.

Ist das Dienstverhältniß auf kürzere Zeit als ein Vierteljahr oder so eingegangen, daß es nach kürzeren Zeiträumen als von Vierteljahr zu Vierteljahr gekündigt werden kann, so ist als Schadensersatz im ersteren Falle der Betrag der Hälfte des für die Dienstzeit vereinbarten, im letzteren Falle der Betrag der Hälfte des auf den Zeitraum von einem Kündigungstermine zum anderen treffenden Lohnes zu leisten.

Der in den Abs. 1, 2 bestimmte Schadensersatz kann verlangt werden, ohne daß der Eintritt eines Schadens dargelegt wird. Durch die Geltendmachung des Anspruchs auf diesen Schadensersatz wird das Verlangen eines weiteren Schadensersatzes ausgeschlossen.

Diese Vorschriften finden auch in den Fällen des Artikel 16 Abs. 3, des Artikel 17 nnd des Artikel 25 Abs. 1 Ziff. 6 Anwendung.

Artikel 27.

Würde der Dienstbote durch den Antritt des Dienstes oder die Fortsetzung des Dienstverhältnisses verhindert, von der ihm gebotenen Gelegenheit zur Verheirathung oder zur Begründung eines eigenen Hausstandes Gebrauch zu machen, so ist er zur Kündigung berechtigt. Die Kündigung ist nach dem Antritte des Dienstes nur für den Schluß eines Kalendermonats zulässig; sie hat spätestens am fünfzehnten des Monats zu erfolgen.

Artikel 28.

Ist die Dienstherrschaft in Folge einer wesentlichen Veränderung der Umstände, insbesondere wegen Verlegung des Wohnsitzes oder wegen Veräußerung des Gutes, zu dessen ‖ Bewirthschaftung der Dienstbote aufge- S. 9.
nommen ist, dauernd verhindert, von der Dienstleistung Gebrauch zu machen, so kann sie ein auf längere Zeit eingegangenes Dienstverhältniß einem landwirthschaftlichen Dienstboten gegenüber nach Maßgabe des Artikel 22 Abs. 1 Satz 2, 3, einem anderen Dienstboten gegenüber unter Einhaltung einer einmonatigen Kündigungsfrist für den Schluß des Kalendervierteljahrs kündigen.

S. 9. Im Falle des Todes der Dienstherrschaft ist sowohl der Erbe als der Dienstbote zu der Kündigung nach Abs. 1 berechtigt.

Artikel 29.

Ertheilt die Dienstherrschaft einem Dienstboten, der gegen sie eine schwere Veruntreuung begangen hat, in Kenntniß dieser Thatsache das Zeugniß treuen Verhaltens, so ist sie für den Schaden verantwortlich, welcher der nachfolgenden Dienstherrschaft aus dem Vertrauen auf die Richtigkeit des Zeugnisses entsteht. Die Verantwortlichkeit erlischt mit dem Ablaufe von drei Jahren seit der Ertheilung der Zeugnisses, soweit sie nicht vorher gerichtlich geltend gemacht wird.

Artikel 30.

Wer einen Dienstboten verleitet, den Dienst ohne rechtfertigenden Grund nicht anzutreten oder vor der Beendigung des Dienstverhältnisses zu verlassen, ist der Dienstherrschaft für den daraus entstehenden Schaden verantwortlich; er haftet neben dem Dienstboten als Gesammtschuldner. Die Vorschriften des Artikel 26 finden Anwendung.

In gleicher Weise haftet derjenige, welcher wissentlich einen bereits verdungenen Dienstboten für die nämliche Zeit für sich dingt.

Artikel 31.

Ein zur Zeit des Inkrafttretens des Bürgerlichen Gesetzbuchs bestehendes Dienstverhältniß bestimmt sich, wenn nicht die Kündigung nach dem Inkrafttreten des Bürgerlichen Gesetzbuchs für den ersten Termin erfolgt, für den sie nach den bisherigen Gesetzen zulässig ist, von diesem Termin an nach den neuen Vorschriften.

Leibgedingsvertrag.

Artikel 32.

Steht mit der Ueberlassung eines Grundstücks ein Leibgedingsvertrag (Leibzuchts-, Altentheils- oder Auszugsvertrag) in Verbindung, so gelten für das sich aus dem Vertrag ergebende Schuldverhältniß, soweit nicht besondere Vereinbarungen getroffen sind, neben den Vorschriften des Bürgerlichen Gesetzbuchs über die Leibrente die besonderen Vorschriften der Artikel 33 bis 48.

S. 10. Artikel 33.

Die dem Berechtigten gebührenden Leistungen sind auf dem überlassenen Grundstücke zu bewirken. Ist dem Berechtigten auf dem Grundstück eine abgesonderte Wohnung zu gewähren, so hat die Leistung in der Wohnung zu erfolgen.

Artikel 34.

Hat der Verpflichtete dem Berechtigten Erzeugnisse von der Gattung derjenigen zu liefern, welche auf dem Grundstücke gewonnen werden, so kann der Berechtigte nur Erzeugnisse von der mittleren Art und Güte derjenigen verlangen, welche auf dem Grundstücke bei ordnungsmäßiger Bewirthschaftung gewonnen werden.

Artikel 35.

Hat der Verpflichtete dem Berechtigten Erzeugnisse des Feld- oder Wiesenbaus, des Obstbaus oder des Weinbaus als Jahresvorrath zu liefern, so hat die Lieferung zu der Zeit zu erfolgen, zu welcher die zu liefernden Erzeugnisse nach den Regeln einer ordnungsmäßigen Wirthschaft gewonnen und, soweit der Lieferung eine Bearbeitung voranzugehen hat, bearbeitet sind.

Artikel 36. S. 10.

Ist dem Berechtigten ein Theil des Grundstücks, insbesondere ein auf diesem befindliches Gebäude, zur Benutzung zu gewähren, so hat der Verpflichtete die auf diesen Theil des Grundstücks treffenden Lasten zu tragen.

Artikel 37.

Ist dem Berechtigten auf dem Grundstück eine abgesonderte Wohnung zu gewähren, so hat der Verpflichtete die Wohnung dem Berechtigten in einem zu dem vertragsmäßigen Gebrauche geeigneten Zustande zu überlassen und sie während der Dauer seiner Verpflichtung in diesem Zustande zu erhalten.

Wird das Gebäude durch Zufall zerstört, so hat der Verpflichtete die Wohnung wieder herzustellen. Hat der Zufall eine so wesentliche Verschlechterung der Vermögensverhältnisse des Verpflichteten zur Folge, daß diesem die Wiederherstellung nicht zugemuthet werden kann, so ist dem Berechtigten in solcher Weise Wohnung zu gewähren, wie es den Umständen nach der Billigkeit entspricht. Das Gleiche gilt, wenn das Gebäude wiederherzustellen ist, für die zur Wiederherstellung erforderliche Zeit.

Der Verpflichtete hat auf Verlangen des Berechtigten für das Gebäude Versicherung gegen Brandschaden zu nehmen.

Artikel 38. S. 11.

Ist dem Berechtigten eine abgesonderte Wohnung zu gewähren, so ist er befugt, seine Familie sowie die zur standesmäßigen Bedienung und zur Pflege erforderlichen Personen in die Wohnung aufzunehmen.

Hat der Verpflichtete dem Berechtigten die Mitbenutzung seiner Wohnung zu gestatten, so erstreckt sich die Befugniß des Berechtigten zur Aufnahme seiner Familie nicht auf Personen, die durch eine erst nach der Schließung des Leibgedingsvertrags eingegangene Ehe oder durch eine nach diesem Zeitpunkt erfolgte Ehelichkeitserklärung oder Annahme an Kindesstatt Familienangehörige geworden sind, und nicht auf Kinder, die aus dem Hausstande der Berechtigten ausgeschieden waren.

Artikel 39.

Ist die Verpflegung des Berechtigten ohne nähere Bestimmung vereinbart, so hat der Verpflichtete dem Berechtigten den gesammten Lebensbedarf in standesmäßiger und ortsüblicher Weise zu gewähren; die Kosten der ärztlichen Behandlung und der Heilmittel fallen jedoch dem Berechtigten zur Last.

Artikel 40.

Im Falle der Todes des Berechtigten hat der Verpflichtete die Kosten des standesmäßigen Beerdigung zu tragen, soweit die Bezahlung nicht von dem Erben zu erlangen ist.

Artikel 41.

Der Berechtigte kann, falls ihm ein auf dem Grundstücke befindliches Gebäude oder ein Theil eines solchen Gebäudes als Wohnung zum ausschließlichen Gebrauche zu gewähren ist, die Bestellung eines Wohnungsrechts, falls ihm ein Theil des Grundstücks zu sonstiger Benutzung zu gewähren ist, die Bestellung einer entsprechenden persönlichen Dienstbarkeit und, soweit andere wiederkehrende Leistungen zu entrichten sind, die Bestellung einer entsprechenden Reallast an dem Grundstücke verlangen. Die Rechte sind mit dem Range unmittelbar hinter den zur Zeit der Ueberlassung des Grundstücks bestehenden Belastungen zu bestellen.

S. 11.

Artikel 42.

Ist der Verpflichtete mit der Bewirkung einer ihm obliegenden Leistung im Rückstande, so steht dem Berechtigten nicht das Recht zu, wegen der Nichterfüllung oder des Verzugs nach § 325 Abs. 2 oder § 326 des Bürgerlichen Gesetzbuchs von dem Vertrage zurückzutreten oder nach § 527 des Bürgerlichen Gesetzbuchs die Herausgabe des Grundstücks zu fordern.

S. 12.

Artikel 43.

Ist der Berechtigte durch besondere Gründe genöthigt, das Grundstück dauernd zu verlassen, so hat der Verpflichtete ihm eine Geldrente zu leisten, welche dem Werthe der Befreiung von der Verpflichtung zur Gewährung der Wohnung und zu Dienstleistungen nach billigem Ermessen entspricht, und für andere Leistungen, die für den Berechtigten in Folge der Abwesenheit von dem Grundstück ohne Interesse sind, den Werth zu vergüten, den sie auf dem Grundstücke haben.

Artikel 44.

Veranlaßt der Berechtigte durch sein Verhalten eine solche Störung der persönlichen Beziehungen zu dem Verpflichteten, daß diesem nicht mehr zugemuthet werden kann, ihm das Wohnen auf dem Grundstücke zu gestatten, so kann der Verpflichtete ihm die Wohnung unter Gewährung einer angemessenen Räumungsfrist kündigen. Macht er von dieser Befugniß Gebrauch, so finden die Vorschriften des Artikel 43 Anwendung.

Artikel 45.

Veranlaßt der Verpflichtete durch sein Verhalten eine solche Störung der persönlichen Beziehungen zu dem Berechtigten, daß diesem nicht zugemuthet werden kann, die Wohnung auf dem Grundstücke zu behalten, so hat er dem Berechtigten, falls dieser die Wohnung auf dem Grundstück aufgibt, den für die Beschaffung einer anderen angemessenen Wohnung erforderlichen Aufwand zu ersetzen. In gleicher Weise hat er dem Berechtigten den Schaden zu ersetzen, der daraus entsteht, daß dieser andere ihm gebührende Leistungen nicht auf dem Grundstück in Empfang nehmen kann.

Artikel 46.

Wird das Grundstück veräußert, so stehen dem Berechtigten die im Artikel 45 bestimmten Rechte zu. Er verliert diese Rechte, wenn er nicht vor dem Ablaufe des Kalendervierteljahrs, in welchem er von dem Uebergange des Eigenthums Kenntniß erlangt, und des folgenden Vierteljahrs das Grundstück räumt. Sie stehen ihm nicht zu, wenn die Veräußerung mit Rücksicht auf ein künftiges Erbrecht an einen gesetzlichen Erben des Verpflichteten erfolgt.

Die nach den Artikeln 44, 45 sich aus einer Störung der persönlichen Beziehungen zwischen dem Berechtigten und dem Verpflichteten ergebenden Rechte treten im Falle der Veräußerung des Grundstücks ein, wenn die persönlichen Beziehungen zwischen dem Berechtigten und dem Erwerber von dem einen oder dem anderen in der dort angegebenen Weise gestört werden.

Artikel 47.

Ist ein Leibgeding für Ehegatten vereinbart, so kann, wenn der eine Ehegatte stirbt, der andere Ehegatte das volle Leibgeding mit Ausnahme der Leistungen verlangen, die unmittelbar für den besonderen Bedarf des verstorbenen Ehegatten bestimmt waren.

In anderen Fällen eines für mehrere Berechtigte vereinbarten Leibgedinges wird der Verpflichtete durch den Tod eines der Berechtigten zu dem Kopftheile des Verstorbenen von seiner Verpflichtung frei, soweit die geschuldeten Leistungen zum Zwecke des Gebrauchs oder Verbrauchs unter den Berechtigten getheilt werden mußten. S. 13.

Artikel 48.

Bei der Beendigung des Rechtsverhältnisses hat der Verpflichtete, wenn er dem Berechtigten die Benutzung eines Theiles des Grundstücks zu gewähren hatte, die Kosten, die der Berechtigte auf die noch nicht getrennten, jedoch nach den Regeln einer ordnungsmäßigen Wirthschaft vor dem Ende des Nutzungsjahrs zu trennenden Früchte verwendet hat, insoweit zu ersetzen, als sie einer ordnungsmäßigen Wirthschaft entsprechen und den Werth dieser Früchte nicht übersteigen. Hatte der Verpflichtete den Theil des Grundstücks für den Berechtigten zu bestellen, so bleiben die von ihm geleisteten Bestellungsarbeiten außer Ansatz.

Schuldverschreibungen des Staates und der übrigen juristischen Personen des öffentlichen Rechtes.

Artikel 49.

Wird eine auf den Inhaber ausgestellte Staatsschuldverschreibung auf den Namen des Gläubigers umgeschrieben, so ist die Staatskasse nur gegen Aushändigung der Schuldverschreibung zur Zahlung verpflichtet.

Artikel 50.

Zu der Stellung von Anträgen, welche eine Verfügung über die Schuldverschreibung enthalten, sowie zum Empfange der in der Schuldverschreibung versprochenen Zahlung sind nur der Gläubiger, auf dessen Namen die Schuldverschreibung umgeschrieben ist, seine gesetzlichen Vertreter und Bevollmächtigten, der Konkursverwalter und der Testamentsvollstrecker sowie diejenigen Personen berechtigt, welche die Schuldverschreibung von Todeswegen oder im Wege der Auseinandersetzung in Ansehung eines Nachlasses oder des Gesammtguts einer Gütergemeinschaft erworben haben.

Ist die Schuldverschreibung zum Zwecke der Zwangsvollstreckung gepfändet, so kann der Gläubiger, zu dessen Gunsten die Pfändung erfolgt ist, die Löschung der Umschreibung beantragen.

Eine Ehefrau wird zur Stellung von Anträgen und zum Empfange der Zahlung ohne Zustimmung des Ehemanns zugelassen.

In Ansehung der zu einem Familienfideikommiß oder einem Lehen gehörenden Schuldverschreibungen verbleibt es bei den bestehenden Vorschriften.

Artikel 51. S. 14.

Der Antragsteller muß sich im Besitze der Schuldverschreibung befinden.

Der Antrag muß öffentlich beurkundet oder öffentlich beglaubigt sein. Anträge einer öffentlichen Behörde bedürfen einer besonderen Beglaubigung nicht.

Für eine Vollmacht oder eine sonstige Vertretungs- oder Verwaltungsbefugniß ist derselbe Nachweis erforderlich wie bei der Bewilligung einer Eintragung in das Grundbuch. Zum Nachweise des Erwerbes von Todeswegen ist ein Zeugniß des Nachlaßgerichts erforderlich. Bei dem Erwerb im Wege der Auseinandersetzung genügt ein Zeugniß des zuständigen Gerichts oder Notars.

Für die Beglaubigung des Antrags und der Vollmacht ist auch die

S. 14. Gemeindebehörde des Wohnorts des Antragstellers oder des Vollmachtgebers zuständig.

Ist seit der Umschreibung eine Aenderung in der Person des Gläubigers (Verheirathung einer Frau, Aenderung des Namens, des Standes oder des Gewerbes, des Wohnorts) eingetreten, so kann verlangt werden, daß die Identität durch eine öffentliche Urkunde nachgewiesen wird.

Diese Vorschriften gelten auch für die Quittung über den Empfang der Zahlung.

Artikel 52.

Ist das Verfügungsrecht des Antragstellers oder des Empfängers der Zahlung in der im Artikel 51 bestimmten Weise nachgewiesen, so ist die Staatsschuldenverwaltung ohne weitere Prüfung zu der Annahme berechtigt, daß der Antragsteller oder der Empfänger der Zahlung über die Schuldverschreibung rechtswirksam verfügen kann.

Artikel 53.

Eine Uebertragung der Schuldverschreibung wird der Staatskasse gegenüber erst mit der Umschreibung wirksam.

Artikel 54.

Die Vorschriften der §§ 798 bis 803, 805 des Bürgerlichen Gesetzbuchs gelten auch für die auf den Namen des Gläubigers umgeschriebenen Schuldverschreibungen.

Auf das Aufgebotsverfahren zum Zwecke der Kraftloserkärung einer solchen Schuldverschreibung finden die Vorschriften der §§ 1010 bis 1014 der Civilprozeßordnung keine Anwendung.

Artikel 55.

Die Vorschriften der Artikel 49 bis 54 gelten auch für die Staatsschuldverschreibungen, deren Umschreibung auf den Namen des Gläubigers vor dem Inkrafttreten des Bürgerlichen Gesetzbuchs erfolgt ist. An dem Rechte aus einem vor diesem Zeitpunkt ausgestellten Erneuerungsscheine wird nichts geändert.

S. 15. Artikel 56.

Das Erlöschen und die Verjährung der Ansprüche aus einer Staatsschuldverschreibung oder einem Zinsscheine kommt dem Fonds zu statten, aus welchem die Zahlung zu leisten war.

Artikel 57.

Die Vorschriften der Artikel 49 bis 55 finden entsprechende Anwendung auf Schuldverschreibungen, die von einer dem bayerischen Staate angehörenden Körperschaft, Stiftung oder Anstalt des öffentlichen Rechtes ausgestellt sind.

Haftpflicht bei Benutzung öffentlicher Grundstücke oder Gewässer zu Anlagen oder Betrieben.

Artikel 58.

Werden öffentliche Straßen oder Plätze mit Genehmigung der zuständigen Behörde zu dem Betrieb einer Eisenbahn benutzt, so ist der Unternehmer auch für den Schaden verantwortlich, der bei dem Betrieb in Folge des öffentlichen Gebrauchs der Straßen oder Plätze an einer fremden Sache entsteht, sofern nicht der Unfall durch höhere Gewalt oder durch Verschulden des Inhabers der Sache verursacht ist.

Der Anspruch auf Schadensersatz verjährt in zwei Jahren von dem Unfall an.

Artikel 59. S. 15.

Wird die Benutzung eines dem öffentlichen Gebrauche dienenden Grundstücks oder eines öffentlichen Gewässers zu einer Anlage oder einem Betriebe gestattet, so kann bei der Ertheilung der Genehmigung von der zuständigen Behörde bestimmt werden, daß der Unternehmer für den Schaden, der bei dem öffentlichen Gebrauche des Grundstücks oder des Gewässers durch die Anlage oder den Betrieb verursacht wird, oder für gewisse Arten eines solchen Schadens verantwortlich ist.

Im Falle der Tödtung oder einer Verletzung des Körpers oder der Gesundheit eines Menschen finden die Vorschriften der §§ 842 bis 844 des Bürgerlichen Gesetzbuchs Anwendung.

Die Ersatzpflicht des Unternehmers erstreckt sich nicht auf einen Schaden, der durch höhere Gewalt oder durch Verschulden des Verletzten oder des Inhabers der beschädigten Sache verursacht ist.

Der Anspruch auf Schadensersatz verjährt in zwei Jahren von dem Unfall an. Im Falle einer Tödtung beginnt die Verjährung der im § 844 des Bürgerlichen Gesetzbuchs bestimmten Ansprüche mit dem Eintritte des Todes.

Haftung des Staates und der Kommunalverbände für Beamte. S. 16.

Artikel 60.

Verletzt ein Beamter des Staates, einer Gemeinde oder eines anderen Kommunalverbandes in Ausübung der ihm anvertrauten öffentlichen Gewalt vorsätzlich oder fahrlässig die ihm einem Dritten gegenüber obliegende Amtspflicht, so trifft dem Dritten gegenüber die im § 839 des Bürgerlichen Gesetzbuchs bestimmte Verantwortlichkeit an Stelle des Beamten den Staat oder den Verband, in dessen Dienste der Beamte steht. Bei den Amtsgeschäften der Gerichtsvollzieher gilt dies auch für die Verletzung der Pflichten gegenüber dem Auftraggeber.

Ausländern kann die Entschädigung, vorbehaltlich der Haftung des Beamten, verweigert werden, wenn nicht nachgewiesen ist, daß in dem Heimathstaate des Beschädigten eine der Vorschrift des Abs. 1 Satz 1 entsprechende Haftung Deutschen gegenüber wenigstens insoweit anerkannt wird, als der Ersatz des Schadens von dem Beamten nicht zu erlangen ist.

Die für einzelne Klassen von Beamten bestehenden besonderen Vorschriften bleiben unberührt.

Der Beamte hat dem Staate oder dem Verband, in dessen Dienste er steht, den Schaden zu ersetzen, der dem Staate oder dem Verband aus der Verletzung der Amtspflicht entsteht. Die Vorschriften des § 852 des Bürgerlichen Gesetzbuchs finden mit der Maßgabe Anwendung, daß die dreijährige Verjährungsfrist mit dem Zeitpunkte beginnt, in dem die Ersatzpflicht des Staates oder des Verbandes dem Beschädigten gegenüber anerkannt oder rechtskräftig festgestellt ist.

Artikel 61.

Ist ein Beamter des Staates, einer Gemeinde oder eines anderen Kommunalverbandes für einen Schaden der im Artikel 60 Abs. 1 bezeichneten Art deswegen nicht verantwortlich, weil er sich im Zustande der Bewußtlosigkeit oder in einem die freie Willensbestimmung ausschließenden Zustande krankhafter Störung der Geistesthätigkeit befunden hat, so kann der Beschädigte von dem Staate oder dem Verbande Schadensersatz verlangen.

Für den Schaden, der daraus entsteht, daß der Beamte bei einem

S. 16. Urtheil in einer Rechtssache die Amtspflicht verletzt, ist der Staat oder der Verband in dem Falle des Abs. 1 nicht verantwortlich.

Die Vorschriften des § 839 Abs. 1 Satz 2, Abs. 2 Satz 2, Abs. 3 des Bürgerlichen Gesetzbuchs und des Artikel 60 Abs. 1 Satz 2, Abs. 2, 3 finden entsprechende Anwendung.

Nachbarrecht.

Artikel 62.

Sind Fenster weniger als 0,60 m von der Grenze eines Nachbargrundstücks entfernt, das mit Gebäuden versehen ist oder als Hofraum oder Hausgarten dient, so müssen sie ‖ auf Verlangen des Eigenthümers dieses Grundstücks so eingerichtet werden, daß bis zur Höhe von 1,80 m über dem hinter ihnen befindlichen Boden weder das Oeffnen noch das Durchblicken möglich ist. Die Entfernung wird von dem Fuße der Wand, in der sich das Fenster befindet, unterhalb der zunächst an der Grenze befindlichen Außenkante der Fensteröffnung ab gemessen.

S. 17.

Den Fenstern stehen Lichtöffnungen jeder Art gleich.

Artikel 63.

Balkone, Erker, Gallerien und ähnliche Anlagen, die weniger als 0,60 m von der Grenze eines Nachbargrundstücks abstehen, das mit Gebäuden versehen ist oder als Hofraum oder Hausgarten dient, müssen auf der dem Nachbargrundstücke zugekehrten Seite auf Verlangen des Nachbars mit einem der Vorschrift des Artikel 62 entsprechenden Abschlusse versehen werden. Der Abstand wird bei vorspringenden Anlagen von dem zunächst an der Grenze befindlichen Vorsprung ab, bei anderen Anlagen nach Artikel 62 Abs. 1 Satz 2 gemessen.

Artikel 64.

Die Vorschriften der Artikel 62, 63 kommen auch gegenüber einem Grundstücke, das einer öffentlichen Eisenbahnanlage dient, zur Anwendung. Die Fenster und anderen Lichtöffnungen sowie der Abschluß der im Artikel 63 bezeichneten Anlagen dürfen jedoch so eingerichtet werden, daß sie das Durchblicken gestatten.

Artikel 65.

Für Fenster, andere Lichtöffnungen und Anlagen der im Artikel 63 bezeichneten Art, die sich an der Baulinie befinden, gelten die Vorschriften der Artikel 62 bis 64 nicht.

Artikel 66.

Für die zur Zeit des Inkrafttretens des Bürgerlichen Gesetzbuchs bestehenden Lichtöffnungen, Fenster, Balkone, Erker und ähnlichen Anlagen bleiben die bisherigen Vorschriften in Geltung, soweit sie eine geringere Beschränkung bestimmen als die Artikel 62 bis 65.

Artikel 67.

Hat der Eigenthümer eines Gebäudes vor dem Inkrafttreten des Bürgerlichen Gesetzbuchs nach den Vorschriften des Preußischen Landrechts durch Zeitablauf das Recht erlangt, daß zum Schutze seiner Fenster vor Verdunkelung mit Anlagen auf einem Nachbargrundstück ein bestimmter Abstand eingehalten werden muß, so gilt dieses Recht als Grunddienstbarkeit.

Das Gleiche gilt, wenn der Eigenthümer eines Gebäudes vor dem Inkrafttreten des Bürgerlichen Gesetzbuchs nach den Vorschriften des Pfälzischen

Rechtes durch Zeitablauf das Recht erlangt hat, Fenster, andere Lichtöffnungen S. 17.
oder Anlagen der im Artikel 63 bezeichneten Art zu halten, die den gesetzlichen Vorschriften nicht entsprechen.

Artikel 68. S. 18.

Werden zwei Grundstücke durch eine Mauer geschieden, zu deren Benutzung die Eigenthümer der Grundstücke gemeinschaftlich berechtigt sind, so kann der Eigenthümer des einen Grundstücks dem Eigenthümer des anderen Grundstücks nicht verbieten, die Mauer ihrer ganzen Dicke nach zu erhöhen, wenn ihm nachgewiesen wird, daß durch die Erhöhung die Mauer nicht gefährdet wird.

Der Eigenthümer des Grundstücks, von dem aus die Erhöhung erfolgt ist, kann dem Eigenthümer des anderen Grundstücks die Benutzung des Aufbaus verbieten, bis ihm für die Hälfte oder, wenn nur ein Theil des Aufbaus benutzt werden soll, für den entsprechenden Theil der Baukosten Ersatz geleistet wird. Ist der Bauwerth geringer als der Betrag der Baukosten, so bestimmt sich der zu ersetzende Betrag nach dem Bauwerthe. Die Ersatzleistung kann auch durch Hinterlegung oder durch Aufrechnung erfolgen. Solange das Verbietungsrecht besteht, hat der Berechtigte den Mehraufwand zu tragen, den die Unterhaltung der Mauer in Folge der Erhöhung verursacht.

Wird die Mauer zum Zwecke der Erhöhung verstärkt, so ist die Verstärkung auf dem Grundstück anzubringen, dessen Eigenthümer die Erhöhung unternimmt. Der nach Abs. 2 von dem Eigenthümer des anderen Grundstücks zu ersetzende Betrag erhöht sich um den entsprechenden Theil des Werthes der zu der Verstärkung verwendeten Grundfläche. Verlangt der Eigenthümer des Grundstücks, auf dem die Verstärkung angebracht worden ist, die Ersatzleistung, so ist er verpflichtet, dem Eigenthümer des anderen Grundstücks das Eigenthum an der zu der Mauer verwendeten Grundfläche seines Grundstücks soweit zu übertragen, daß die neue Grenzlinie durch die Mitte der verstärkten Mauer geht; die Vorschriften über den Kauf finden Anwendung.

Artikel 69.

Ist eine Mauer der im Artikel 68 Abs. 1 bezeichneten Art vor dem Inkrafttreten des Bürgerlichen Gesetzbuchs von dem Eigenthümer des einen Grundstücks erhöht worden, so finden, soweit nach den bisherigen Vorschriften für die Benutzung des Aufbaus seitens des Eigenthümers des anderen Grundstücks ein Theil der Kosten zu ersetzen oder eine sonstige Vergütung zu leisten ist, die Vorschriften des Artikel 68 Abs. 2, 3 Anwendung, es sei denn, daß die Vergütung schon vor dem Inkrafttreten des Bürgerlichen Gesetzbuchs fällig geworden ist.

Artikel 70.

Hat zur Zeit des Inkrafttretens des Bürgerlichen Gesetzbuchs der Eigenthümer eines Grundstücks auf Grund eines ihm nach den bisherigen Vorschriften gegenüber dem Eigenthümer eines Nachbargrundstücks zustehenden
Zwangsrechts eine Mauer, durch welche die || Grundstücke geschieden werden, S. 19.
zu gemeinschaftlicher Benutzung zu errichten begonnen, so bleiben diese Vorschriften für das Recht und die Pflicht zur Herstellung der Mauer maßgebend.

Ist eine Mauer, durch welche zwei Grundstücke geschieden werden, von dem Eigenthümer des einen Grundstücks auf Grund eines ihm nach den bisherigen Vorschriften gegenüber dem Eigenthümer des anderen Grundstücks zustehenden Zwangsrechts zu gemeinschaftlicher Benutzung hergestellt worden, so finden an Stelle der bisherigen Vorschriften, nach welchen im Falle der Benutzung der Mauer seitens des Eigenthümers des anderen Grundstücks ein

S. 19 Theil der Kosten zu ersetzen ist, die Vorschriften des Artikel 68 Abs. 2, 3 entsprechende Anwendung, es sei denn, daß der Ersatzanspruch schon vor dem Inkrafttreten des Bürgerlichen Gesetzbuchs fällig geworden ist.

Artikel 71.

Der Eigenthümer eines Grundstücks kann verlangen, daß auf einem Nachbargrundstücke nicht Bäume, Sträucher oder Hecken, Weinstöcke oder Hopfenstöcke in einer geringeren Entfernung als 0,50 m oder, falls sie über 2 m hoch sind, in einer geringeren Entfernung als 2 m von der Grenze seines Grundstücks gehalten werden.

Zu Gunsten eines Waldgrundstücks kann nur die Einhaltung eines Abstandes von 0,50 m verlangt werden. Das Gleiche gilt, wenn Wein oder Hopfen auf einem Grundstück angebaut wird, in dessen Lage dieser Anbau nach den örtlichen Verhältnissen üblich ist.

Artikel 72.

Gegenüber einem landwirthschaftlich benutzten Grundstücke, dessen wirthschaftliche Bestimmung durch Schmälerung des Sonnenlichts erheblich beeinträchtigt werden würde, ist mit Bäumen von mehr als 2 m Höhe ein Abstand von 4 m einzuhalten. Auf Stein- und Kernobstbäume findet diese Vorschrift keine Anwendung.

Die Einhaltung des im Abs. 1 bestimmten Abstandes kann nur verlangt werden, wenn das Grundstück die bezeichnete wirthschaftliche Bestimmung schon zu der Zeit gehabt hat, zu welcher die Bäume die Höhe von 2 m überschritten haben.

Artikel 73.

Der nach den Artikeln 71, 72 einzuhaltende Abstand wird von der Mitte des Stammes an der Stelle, wo dieser aus dem Boden hervortritt, bei Sträuchern und Hecken von der Mitte der zunächst an der Grenze befindlichen Triebe, bei Hopfenstöcken von der Hopfenstange oder dem Steigdraht ab gemessen.

Artikel 74.

Die Vorschriften der Artikel 71, 72 finden keine Anwendung auf Gewächse,
die sich hinter einer Mauer oder einer sonstigen dichten Einfriedigung befinden
S. 20 und diese nicht oder || nicht erheblich überragen. Sie gelten ferner nicht für
Bäume, die längs einer öffentlichen Straße oder auf einem öffentlichen Platze
gehalten werden, sowie für Pflanzungen, die zum Uferschutze, zum Schutze
von Abhängen oder Böschungen oder zum Schutze einer Eisenbahn dienen.

Die Vorschrift des Artikel 72 Abs. 1 gilt auch nicht für Bäume, die sich in einem Hofraum oder einem Hausgarten befinden.

Im Falle einer Aufforstung kann die Einhaltung des im Artikel 72 Abs. 1 bestimmten Abstandes nicht verlangt werden, wenn die Aufforstung nach der Lage des aufzuforstenden Grundstücks der wirthschaftlichen Zweckmäßigkeit entspricht.

Artikel 75.

Für die zur Zeit des Inkrafttretens des Bürgerlichen Gesetzbuchs vorhandenen Bäume, Sträucher und Hecken, Weinstöcke und Hopfenstöcke verbleibt es bei den bisherigen Vorschriften, soweit sie das Halten der Gewächse in einer geringeren als der nach den Artikeln 71 bis 74 einzuhaltenden Entfernung von der Grenze des Nachbargrundstücks gestatten.

Bei einem Grundstücke, das zur Zeit des Inkrafttretens des Bürgerlichen Gesetzbuchs mit Wald bestanden ist, gilt bis zur nächsten Verjüngung des

Waldes das Gleiche auch für neue Bäume und Sträucher. Im Falle der S. 20.
Verjüngung kann die Einhaltung eines mehr als 2 m betragenden Abstandes nicht verlangt werden. Die Verjüngung gilt im Falle des Plenterbetriebs am 1. Januar 1950 als eingetreten.

Artikel 76.

Soweit in den Landestheilen rechts des Rheins nach örtlichem Herkommen bei der Bestellung landwirthschaftlicher Grundstücke die Ueberschreitung der Grenze eines Nachbargrundstücks gestattet ist (Anwenderecht), bleibt diese Befugniß mit dem bisherigen Inhalte bestehen.

Artikel 77.

Die im Artikel 68 Abs. 2, im Artikel 69, im Artikel 70 Abs. 2 und im Artikel 76 bezeichneten nachbarrechtlichen Befugnisse erlöschen durch Verzicht des Berechtigten. Der Verzicht erfolgt durch Erklärung gegenüber dem Eigenthümer des Nachbargrundstücks. Die Erklärnng muß im Falle des Artikel 76 in öffentlich beglaubigter Form abgegeben werden.

Ist das Grundstück des Berechtigten mit dem Rechte eines Dritten belastet, so finden die Vorschriften des § 876 des Bürgerlichen Gesetzbuchs entsprechende Anwendung. Im Falle der Belastung mit einer Reallast, einer Hypothek, einer Grundschuld oder einer Rentenschuld ist der Verzicht auf das im Artikel 68 Abs. 2, im Artikel 69 und im Artikel 70 Abs. 2 bezeichnete Verbietungsrecht dem Dritten gegenüber wirksam, wenn er erfolgt, bevor das Grundstück zu Gunsten des Dritten in Beschlag genommen worden ist.

Artikel 78. S. 21.

Die sich aus den Vorschriften der Artikel 62 bis 66 und des Artikel 68 Abs. 1 ergebenden Ansprüche unterliegen nicht der Verjährung. Der Anspruch auf Beseitigung eines die Vorschriften der Artikel 71 bis 75 verletzenden Zustandes verjährt in fünf Jahren. Die Verjährung beginnt mit dem Ablaufe des Kalenderjahrs, in welchem die Verletzung erkennbar wird.

Werden Gewächse, in Ansehung deren der Anspruch verjährt ist, durch neue ersetzt, so ist die vollendete Verjährung ohne Einfluß auf das Recht des Eigenthümers des Nachbargrundstücks, in Ansehung der neuen Gewächse die Einhaltung des in den Artikeln 71 bis 74 und im Artikel 75 Abs. 2 vorgeschriebenen Abstandes zu verlangen.

Artikel 79.

Ein Anwenderecht erlischt mit dem Ablaufe von zehn Jahren nach der letzten Ausübung. Die für die Verjährung geltenden Vorschriften der §§ 202 bis 207, 209 bis 212, 216, 217, 219, 220 des Bürgerlichen Gesetzbuchs finden entsprechende Anwendung.

Artikel 80.

Die Vorschrift des § 26 der Gewerbeordnung findet auf Eisenbahn-, Dampfschiffahrts- und ähnliche Unternehmungen, welche dem öffentlichen Verkehre dienen, entsprechende Anwendung.

Form der Auflassung.

Artikel 81.

In Ansehung der in Bayern liegenden Grundstücke kann die Einigung der Parteien bei der Uebertragung des Eigenthums und der Bestellung eines Erbbaurechts außer vor dem Grundbuchamt auch vor einem bayerischen Notar erklärt werden.

Artikel 82.

Werden Grundstücke durch einen Notar versteigert, so bedarf es bei der Auflassung, sofern sie noch in dem Versteigerungstermine stattfindet, nicht der gleichzeitigen Anwesenheit beider Theile.

Uebertragung des Eigenthums, Begründung und Aufhebung von Dienstbarkeiten an buchungsfreien Grundstücken.

Artikel 83.

Zur Uebertragung des Eigenthums an einem Grundstücke, das im Grundbuche nicht eingetragen ist und nach den Vorschriften der Grundbuchordnung auch nach der Uebertragung nicht eingetragen zu werden braucht, ist
S. 22 die Einigung des Veräußerers und des Erwerbers || darüber, daß das Eigenthum übergehen soll, und die öffentliche Beurkundung der Erklärungen der beiden Theile erforderlich.

Die Uebertragung des Eigenthums kann nicht unter einer Bedingung oder einer Zeitbestimmung erfolgen.

Artikel 84.

Zur Begründung einer Dienstbarkeit an einem Grundstücke, das im Grundbuche nicht eingetragen ist und nach den Vorschriften der Grundbuchordnung nicht eingetragen zu werden braucht, ist die Einigung des Bestellers und des Erwerbers darüber, daß das Grundstück mit der Dienstbarkeit belastet werden soll, erforderlich. Die Erklärung des Bestellers muß in öffentlich beglaubigter Form abgegeben werden.

Zur Aufhebung einer Dienstbarkeit an einem Grundstücke der im Abs. 1 bezeichneten Art ist die Erklärung des Berechtigten gegenüber dem Eigenthümer erforderlich, daß er die Dienstbarkeit aufgebe; die Erklärung muß in öffentlich beglaubigter Form abgegeben werden. Die Vorschriften des § 876 des Bürgerlichen Gesetzbuchs finden entsprechende Anwendung.

Eine Dienstbarkeit an einem Grundstücke der im Abs. 1 bezeichneten Art erlischt mit dem Ablaufe von zehn Jahren nach der letzten Ausübung. Hat eine Ausübung nicht stattgefunden, so beginnt die zehnjährige Frist mit dem Zeitpunkte, von dem an die Ausübung zulässig war. Die für die Verjährung geltenden Vorschriften der §§ 202 bis 207, 209 bis 212, 216, 217, 219, 220 des Bürgerlichen Gesetzbuchs finden entsprechende Anwendung. Der Lauf der Erlöschungsfrist wird nicht dadurch gehemmt, daß die Dienstbarkeit nur zeitweise ausgeübt werden kann. Die Frist endigt jedoch in diesem Falle nicht, bevor die Zeit, zu welcher die Ausübung zulässig war, zum zweiten Male eingetreten und seit dem zweiten Eintritt ein Jahr verstrichen ist.

Ausschließung von Dienstbarkeiten und Reallasten.

Artikel 85.

Als Reallast kann außer dem Rechte auf Leistungen, die zu einer Leibrente, insbesondere zu einem Leibgedinge, gehören, nur das Recht auf die regelmäßig wiederkehrende Leistung von fest bestimmten Geldbeträgen oder fest bestimmten Mengen von Bodenerzeugnissen bestellt werden.

Bei der Bestellung einer Reallast solcher Art muß der Geldbetrag bestimmt werden, durch dessen Zahlung der Eigenthümer die Reallast ablösen kann.

Auf die Ablösung der Reallast finden die für die Ablösung einer Rentenschuld geltenden Vorschriften des § 1202 des Bürgerlichen Gesetzbuchs ent-

sprechende Anwendung. Haftet der Eigenthümer für die während der Dauer S. 22.
seines Eigenthums fällig werdenden Leistungen auch persönlich, so erstreckt sich im Falle der Kündigung die persönliche Haftung auf die Ablösungssumme.

Artikel 86. S. 23.

Forstberechtigungen, Jagdberechtigungen und Weiderechte können auch in der Pfalz nicht begründet werden.

Amtliche Ermittelung des Werthes von Grundstücken.

Artikel 87.

Der Eigenthümer eines Grundstücks kann den Werth des Grundstücks mit Rücksicht auf die Sicherheit von Hypotheken, Grundschulden oder Rentenschulden durch Sachverständige amtlich feststellen lassen. Für die Ernennung, Beeidigung und Vernehmung der Sachverständigen ist das Amtsgericht zuständig, in dessen Bezirke das Grundstück liegt. Die Vernehmung kann auch durch einen Notar erfolgen.

Die Staatsministerien der Justiz und des Innern können die Grundsätze bestimmen, nach denen der Werth der Grundstücke festzustellen ist, und das bei der Feststellung zu beobachtende Verfahren regeln.

Artikel 88.

Verletzt ein zur amtlichen Feststellung des Werthes von Grundstücken mit Rücksicht auf die Sicherheit von Hypotheken, Grundschulden oder Rentenschulden bestellter Schätzer vorsätzlich oder aus Fahrlässigkeit die ihm obliegende Berufspflicht, so hat er den daraus für einen Hypotheken-, Grundschuld- oder Rentenschuldgläubiger entstehenden Schaden dem Gläubiger zu ersetzen. Fällt dem Schätzer nur Fahrlässigkeit zur Last, so kann er nur dann in Anspruch genommen werden, wenn der Beschädigte nicht auf andere Weise Ersatz zu erlangen vermag.

Recht der Gemeinden und Stiftungen auf Sicherungshypothek gegenüber ihren Verwaltern.

Artikel 89.

Die Gemeinden und die anderen Kommunalverbände, die Stiftungen des öffentlichen Rechtes und die unter der Verwaltung einer öffentlichen Behörde stehenden Stiftungen sind berechtigt, zu verlangen, daß für die Forderungen, die aus der Verwaltung ihres Vermögens gegen den Verwalter entstehen, eine Sicherungshypothek an Grundstücken des Verwalters in das Grundbuch eingetragen wird. Die Eintragung der Hypothek ist für den Betrag zu erwirken, für welchen der Verwalter Sicherheit zu leisten hat, soweit nicht die Sicherheit anderweit geleistet wird.

Die Eintragung der Hypothek erfolgt auf Ersuchen der Behörde, welcher die Ausführung der über die Sicherheitsleistung getroffenen Bestimmung obliegt. Ergibt sich eine Haftung des Verwalters, so kann das Ersuchen auch von der für die Feststellung der Haftung zuständigen Behörde gestellt werden.

Die Eintragung der Hypothek an mehreren Grundstücken darf nur soweit S. 24
verlangt werden, daß der Werth der Grundstücke das Doppelte des zu sichernden Betrags erreicht: der Werth wird unter Abzug der Belastungen berechnet, welche der Hypothek im Range vorgehen.

S. 24. **Bekanntmachung des Verlustes von Inhaberpapieren.**

Artikel 90.

Die Distriktspolizeibehörden haben auf Antrag desjenigen, welchem ein Inhaberpapier gestohlen worden, verloren gegangen oder sonst abhanden gekommen ist, den Verlust im Reichsanzeiger bekannt zu machen, wenn der Verlust glaubhaft gemacht wird. Der Antragsteller hat die Kosten vorzuschießen.

Bei dem Verluste von Banknoten und anderen auf Sicht zahlbaren unverzinslichen Inhaberpapieren kann die Bekanntmachung nicht verlangt werden; für abhanden gekommene Zins-, Renten- oder Gewinnantheilscheine kann sie nur verlangt werden, wenn die Scheine später als in dem nächsten auf die Bekanntmachung folgenden Einlösungstermine fällig werden.

Lösungsanspruch der öffentlichen Pfandleihanstalten.

Artikel 91.

Oeffentlichen Pfandleihanstalten steht das Recht zu, Sachen, an denen sie nach den Vorschriften des § 935 Abs. 1 und der §§ 1207, 1208 des Bürgerlichen Gesetzbuchs ein Pfandrecht nicht oder nur im Range nach dem Rechte eines Dritten, mit welchem die Sache belastet ist, erwerben, dem Berechtigten nur gegen Bezahlung des auf die Sache gewährten Darlehens sammt Zinsen herauszugeben. Die Vorschriften des § 1003 des Bürgerlichen Gesetzbuchs finden entsprechende Anwendung.

Anlegung von Mündelgeld in Hypothekenforderungen.

Artikel 92.

Für die Anlegung von Mündelgeld ist eine Hypothek, eine Grundschuld oder eine Rentenschuld als sicher nur zu erachten, wenn sie innerhalb der ersten Hälfte des Werthes des Grundstücks zu stehen kommt.

Gemeindewaisenrath.

Artikel 93.

Für jede Gemeinde wird ein Gemeindewaisenrath bestellt.

In Städten mit mehr als 100,000 Einwohnern können mehrere Gemeindewaisenräthe, jeder für einen abgegrenzten Theil des Stadtbezirkes, gebildet werden.

S. 25. Artikel 94.

Der Gemeindewaisenrath besteht in Gemeinden mit städtischer Verfassung sowie in Gemeinden mit mehr als 5000 Einwohnern aus dem Bürgermeister, wo deren mehrere vorhanden sind, aus dem ersten, als Vorsitzenden und aus einer Anzahl gewählter Waisenräthe. Der Bürgermeister kann sich durch ein Mitglied des Magistrats oder der Gemeindeverwaltung vertreten lassen.

In den übrigen Gemeinden werden ein oder mehrere Waisenräthe aufgestellt. Bei der Aufstellung mehrerer Waisenräthe ist jedem ein örtlich abgegrenzter Bezirk zuzuweisen.

Artikel 95.

Die Zahl der Waisenräthe wird in Gemeinden mit städtischer Verfassung vom Magistrat unter Zustimmung der Gemeindebevollmächtigten, in anderen Gemeinden von der Gemeindeverwaltung festgesetzt. Das Gleiche gilt von der Bildung mehrerer Gemeindewaisenräthe nach Artikel 93 Abs. 2. Die Gemeindeverwaltung bestimmt in den Fällen des Artikel 94 Abs. 2 auch die Bezirke der einzelnen Waisenräthe.

Artikel 96. S. 25.

Die Waisenräthe werden in Gemeinden mit städtischer Verfassung von den in einen Wahlkörper vereinigten Magistratsmitgliedern und Gemeindebevollmächtigten, in den übrigen Gemeinden von der Gemeindeverwaltung gewählt.

Zur Wahl der Waisenräthe ist nach der Vollendung der ordentlichen Gemeindewahl und nach der Bildung des Armenpflegschaftsraths zu schreiten.

Wählbar ist, wer zum Mitgliede des Armenpflegschaftsraths gewählt werden kann.

Als gewählt ist zu erachten, wer bei der Wahl die meisten Stimmen erhalten hat. Die Wahl gilt für die Zeit bis zu der nächsten nach Abs. 2 stattfindenden Wahl.

Abgänge in dem Personalstande der Waisenräthe sind sofort durch Neuwahl zu ersetzen.

Die Gewählten werden durch den Bürgermeister auf Handgelübde verpflichtet.

Artikel 97.

Das Amt des Waisenraths ist ein unentgeltliches Gemeindeamt.

Artikel 98.

Der Gemeindewaisenrath ist befugt, Frauen, welche hiezu bereit sind, als Waisenpflegerinnen in widerruflicher Weise aufzustellen.

In den im Artikel 94 Abs. 2 bezeichneten Gemeinden erfolgt die Aufstellung auf den Vorschlag des Waisenraths durch den Bürgermeister.

Die Waisenpflegerinnen haben unter Leitung des Gemeindewaisenraths S. 26.
bei der Beaufsichtigung der im Kindesalter stehenden Mündel und bei der Ueberwachung weiblicher Mündel mitzuwirken.

Artikel 99.

Die Geschäftsführung des Gemeindewaisenraths, insbesondere der Verkehr mit dem Vormundschaftsgerichte, wird durch die Staatsministerien der Justiz und des Innern geregelt.

Es kann insbesondere angeordnet werden, daß die Waisenräthe eines Bezirkes zeitweise unter der Leitung des Vormundschaftsrichters zusammentreten, um von dem Zustande der Aufsicht über die Erziehung und körperliche Pflege der Mündel in dem Bezirke Kenntniß zu erlangen sowie allgemeine Fragen ihrer Amtsführung zu besprechen und Mängel abzustellen.

Anstaltsvormund.

Artikel 100.

Für eine unter staatlicher Verwaltung oder Aufsicht stehende Erziehungs- oder Verpflegungsanstalt kann durch Anordnung der zuständigen Staatsministerien bestimmt werden, daß der Vorstand der Anstalt die Rechte und Pflichten eines Vormundes für die zur Erziehung oder zur Verpflegung in die Anstalt aufgenommenen Minderjährigen hat.

Der Vorstand behält die Rechte und Pflichten des Vormundes auch nach der Beendigung der Erziehung oder der Verpflegung bis zur Volljährigkeit des Mündels.

Dem Vorstande stehen die nach § 1852 Abs. 2 des Bürgerlichen Gesetzbuchs zulässigen Befreiungen zu. Ein Gegenvormund ist nicht zu bestellen.

Der Vorstand hat die Aufnahme des Minderjährigen in die Anstalt dem Vormundschaftsgericht anzuzeigen.

S. 26. Die Befugniß des Vormundschaftsgerichts, einen anderen Vormund zu bestellen, bleibt unberührt. Auf Antrag des Vorstandes ist ein anderer Vormund zu bestellen.

Rechte der öffentlichen Wohlthätigkeitsanstalten in Ansehung des Nachlasses unterstützter oder verpflegter Personen.

Artikel 101.

Oeffentliche Wohlthätigkeitsanstalten können aus dem Nachlasse der von ihnen innerhalb der letzten zehn Jahre vor dem Tode unterstützten oder unentgeltlich verpflegten Personen Ersatz der für die Unterstützung oder die Verpflegung gemachten Aufwendungen für die ganze Dauer der Leistung verlangen, soweit nicht durch die Geltendmachung des Anspruchs der nothdürftige Unterhalt eines pflichttheilsberechtigten Angehörigen des Erblassers gefährdet werden würde.

S. 27. Der Ersatzanspruch kann nicht zum Nachtheile der Nachlaßgläubiger geltend gemacht werden. Verbindlichkeiten aus Pflichttheilsrechten, Vermächtnissen und Auflagen bleiben außer Betracht.

Artikel 102.

Durch die Satzungen einer öffentlichen Verpflegungsanstalt kann der Anstalt ein Recht auf die Sachen eingeräumt werden, welche von einer Person, die in der Anstalt bis zum Tode unentgeltlich verpflegt worden ist, zum Zwecke des Gebrauchs in der Anstalt eingebracht worden sind.

Das Eigenthum an den der Anstalt zufallenden Sachen geht mit dem Eintritte des Erbfalls auf die Anstalt über. Der Werth der Sachen wird auf den der Anstalt zustehenden Ersatzanspruch angerechnet.

Festsetzung des Ertragswerths.

Artikel 103.

Soweit in Fällen der Erbfolge oder der Aufhebung einer fortgesetzten Gütergemeinschaft der Ertragswerth eines Landguts festzusetzen ist, gilt als solcher, vorbehaltlich der Berücksichtigung besonderer Umstände, der fünfundzwanzigfache Betrag des jährlichen Reinertrags. Durch Königliche Verordnung kann eine andere Verhältnißzahl bestimmt werden.

Die Grundsätze, nach welchen der Reinertrag festzustellen ist, und die bei der Ermittelung des Ertragswerths zu berücksichtigenden besonderen Umstände werden von den Staatsministerien der Justiz und des Innern durch allgemeine Anordnung bestimmt.

Vermittelung der Auseinandersetzung in Ansehung eines Nachlasses oder eines Gesammtguts.

Artikel 104

Für die Vermittelung der Auseinandersetzung in Ansehung eines Nachlasses zwischen mehreren Erben oder in Ansehung des Gesammtguts einer aufgehobenen ehelichen oder fortgesetzten Gütergemeinschaft zwischen den Betheiligten sind neben den Amtsgerichten die Notare zuständig.

Der Antrag kann, sofern nicht die Betheiligten die Wahl eines anderen Notars vereinbaren, nur bei einem Notar gestellt werden, der im Bezirk oder am Sitze des für die Vermittelung zuständigen Gerichts aufgestellt ist.

Bei den nach den Vorschriften der Civilprozeßordnung erfolgenden Zu-

stellungen obliegen dem Notar auch die Verrichtungen des Gerichtsschreibers. S. 27.
Der Notar ist auch für die Festsetzung der einem Betheiligten zu erstattenden Kosten zuständig.

Mitwirkung der Gemeindebehörden bei der Sicherung eines Nachlasses. S. 28.

Artikel 105.

Die Anlegung von Siegeln zur Sicherung eines Nachlasses, der sich nicht in der Gemeinde befindet, in welcher das zuständige Amtsgericht seinen Sitz hat, kann dem Bürgermeister übertragen werden. In dringenden Fällen hat der Bürgermeister für die Sicherung des Nachlasses vorläufig durch Anlegung von Siegeln zu sorgen; die getroffene Maßregel ist sofort dem Amtsgericht anzuzeigen.

Dem Bürgermeister kann auch die Entsiegelung übertragen werden.

Sicherungsmaßregeln bei dem Tode eines Beamten.

Artikel 106.

Durch Königliche Verordnung können für den Fall des Todes eines Beamten des Staates, einer Kreisgemeinde, einer Distriktsgemeinde oder einer nicht unter gemeindlicher Verwaltung stehenden öffentlichen Stiftung Bestimmungen über die Sicherung der amtlichen Schriftstücke, Gelder und sonstigen Gegenstände, die der Verstorbene in Verwahrung gehabt hat, insbesondere über die Anlegung von Siegeln, getroffen werden.

Vollziehung einer Auflage von öffentlichem Interesse.

Artikel 107.

Bezweckt in den Fällen des § 525 Abs. 2 oder des § 2194 Satz 2 des Bürgerlichen Gesetzbuchs die Auflage die Förderung von Interessen, die zum Wirkungskreis einer Körperschaft, Stiftung oder Anstalt des öffentlichen Rechtes gehören, so ist deren Behörde zuständig, die Vollziehung der Auflage zu verlangen.

Eröffnung von Testamenten und Erbverträgen.

Artikel 108.

Befindet sich ein Testament oder ein Erbvertrag seit mehr als vierundfünfzig Jahren in amtlicher Verwahrung, so ist die Eröffnung vorzunehmen, sofern nicht bekannt ist, daß der Erblasser noch lebt. Die Vorschriften des § 2259 Abs. 2 und der §§ 2260 bis 2262 des Bürgerlichen Gesetzbuchs finden entsprechende Anwendung.

Oeffentliche Sparkassen.

Artikel 109.

Bei einer öffentlichen Sparkasse können Ehefrauen ohne Zustimmung des Ehemanns, Minderjährige und andere in der Geschäftsfähigkeit beschränkte Personen ohne Einwilligung des gesetzlichen Vertreters Spareinlagen machen.

Artikel 110. S. 29.

Ist eine öffentliche Sparkasse nach ihrer Satzung bei der Zahlung eines Guthabens an den Inhaber einer Sparurkunde (Sparbuch, Sparschein) nicht verpflichtet, die Berechtigung des Inhabers zu prüfen, so ist sie, sofern nicht in der Urkunde eine abweichende Bestimmung getroffen ist, ohne weitere Prüfung

S. 29. zu der Annahme berechtigt, daß der Inhaber das Guthaben rechtswirksam kündigen und einziehen kann.

Artikel 111.

Die Kraftloserklärung einer abhanden gekommenen oder vernichteten Sparurkunde einer öffentlichen Sparkasse kann auch bei dem Vorstande der Sparkasse beantragt werden.

Für das bei der Kraftloserklärung durch den Vorstand zu beobachtende Verfahren gelten die Vorschriften der Artikel 112 bis 120.

Artikel 112.

Der Antragsteller hat den Verlust der Urkunde und die Thatsachen, von welchen seine Berechtigung abhängt, glaubhaft zu machen. Ueber die Wahrheit seiner Angaben kann ihm eine Versicherung an Eidesstatt abgenommen werden.

Artikel 113.

Der Vorstand erläßt ein Aufgebot und ordnet, wenn die Urkunde abhanden gekommen ist, die Sperre des Guthabens an.

Artikel 114.

Das Aufgebot hat zu enthalten:

1. die Bezeichnung des Antragstellers und der Urkunde;
2. die Aufforderung an den Inhaber der Urkunde, binnen drei Monaten seine Rechte unter Vorlegung der Urkunde anzumelden, widrigenfalls die Urkunde für kraftlos erklärt werden würde.

Die Bezeichnung der Urkunde soll die Angabe enthalten, für wen die Urkunde bei der ersten Einzahlung ausgestellt worden ist.

Ist in der Satzung der Sparkasse vorgeschrieben, daß die Sparbücher zeitweise behufs Richtigstellung der Bücher oder zu anderem Zwecke eingefordert werden, so muß die Anmeldungsfrist so bestimmt werden, daß sie nicht vor dem nächsten Termine, für welchen die Bücher eingefordert werden, beginnt.

Artikel 115.

Das Aufgebot ist durch Aushang bei der Sparkasse und durch einmalige Einrückung eines Auszugs in das für die Bekanntmachungen der Sparkasse bestimmte Blatt zu veröffentlichen.

S. 30. Der Vorstand kann die einmalige Einrückung in noch ein anderes Blatt oder die einmalige Wiederholung der Einrückung in das im Abs. 1 bestimmte Blatt anordnen.

Artikel 116.

Meldet der Inhaber der Urkunde seine Rechte unter Vorlegung der Urkunde an, so hat der Vorstand den Antragsteller hievon zu benachrichtigen und ihm die Einsicht der Urkunde innerhalb einer zu bestimmenden Frist zu gestatten. Auf Antrag des Inhabers der Urkunde ist zu deren Vorlegung ein Termin zu bestimmen.

Die Sperre des Guthabens darf erst aufgehoben werden, nachdem dem Antragsteller die Einsicht nach Maßgabe des Abs. 1 gestattet worden ist.

Artikel 117.

Wird die Urkunde nicht vorgelegt, so ist sie durch Beschluß des Vorstandes für kraftlos zu erklären.

Vor der Erlassung des Beschlusses kann dem Antragsteller über die

Wahrheit einer von ihm aufgestellten Behauptung eine Versicherung an Eides- S. 30.
statt abgenommen werden.

Der Beschluß, durch den die Urkunde für kraftlos erklärt wird, ist durch Aushang bei der Sparkasse und durch einmalige Einrückung des wesentlichen Inhalts in das im Artikel 115 Abs. 1 bezeichnete Blatt zu veröffentlichen.

Artikel 118.

An Stelle der für kraftlos erklärten Urkunde erhält der Antragsteller eine neue Urkunde

Artikel 119.

Der Beschluß des Vorstandes, durch den die Urkunde für kraftlos erklärt wird, kann nur durch Klage nach Maßgabe der §§ 957, 958 der Civilprozeßordnung angefochten werden. Zuständig ist das Landgericht oder, falls der in der Urkunde angegebene Betrag nicht die Summe von dreihundert Mark übersteigt, das Amtsgericht, in dessen Bezirke die Sparkasse ihren Sitz hat.

Das auf die Anfechtungsklage ergangene Urtheil ist, soweit es die Kraftloserklärung aufhebt, nach dem Eintritte der Rechtskraft in der im Artikel 117 Abs. 3 für die Kraftloserklärung vorgeschriebenen Weise zu veröffentlichen.

Artikel 120.

Die Kraftloserklärung und das vorangehende Verfahren sind gebührenfrei. Die baaren Auslagen hat der Antragsteller zu tragen.

Für die Ausstellung der neuen Urkunde kann eine Gebühr bis zu fünfzig Pfennig erhoben werden.

Artikel 121. S. 31.

Die Vorschriften der Artikel 110 bis 120 finden auch auf die vor dem Inkrafttreten dieses Gesetzes ausgegebenen Sparurkunden Anwendung.

Ansprüche aus Rechtsverhältnissen des öffentlichen Rechtes und Grundgefällen.

Artikel 122.

Für Leistungen, die auf Grund eines Rechtsverhältnisses des öffentlichen Rechtes von einem Grundstücke zu entrichten sind, haftet das Grundstück. Die Haftung für fällige Leistungen erlischt mit dem Ablaufe von zwei Jahren nach dem Eintritte des Zeitpunkts, von dem an die Leistung gefordert werden kann, wenn nicht vorher die Beschlagnahme des Grundstücks erfolgt ist.

Artikel 123.

Die Staatskasse ist berechtigt, für ihre Ansprüche wegen fälliger öffentlicher Abgaben und Kosten eines Verfahrens die Eintragung einer Sicherungshypothek an den Grundstücken des Schuldners zu verlangen. Die Eintragung der Sicherungshypothek an mehreren Grundstücken darf nur soweit verlangt werden, daß der Werth der Grundstücke den zweifachen Betrag des zu sichernden Anspruchs erreicht; der Werth wird unter Abzug der Belastungen berechnet, welche der Sicherungshypothek im Range vorgehen.

Die Eintragung der Sicherungshypothek erfolgt auf das Ersuchen der Behörde, welcher die Beitreibung der Leistung obliegt.

Artikel 124.

Die aus Rechtsverhältnissen des öffentlichen Rechtes entstandenen Ansprüche des Staates, einer Gemeinde oder eines anderen Kommunalverbandes auf eine Geldzahlung erlöschen, soweit nicht ein Anderes vorgeschrieben ist, mit

S. 31. dem Ablaufe von drei Jahren, wenn die Thatsachen festgestellt sind, auf welchen der Anspruch beruht. Die Frist beginnt mit dem Schlusse des Kalenderjahrs, in welchem der Zeitpunkt eintritt, von dem an die Leistung auf Grund der festgestellten Thatsachen gefordert werden kann. Die Vorschriften über die Hemmung und die Unterbrechung der Verjährung finden entsprechende Anwendung.

Der Lauf der Frist wird auch durch die im Beitreibungsverfahren an den Pflichtigen gerichtete Aufforderung zur Zahlung unterbrochen.

Besteht für den Anspruch ein Pfandrecht oder eine Hypothek, so wird durch das Erlöschen des Anspruchs die Geltendmachung des Rechtes, Befriedigung aus dem verhafteten Gegenstande zu suchen, nicht gehindert.

S. 32.

Artikel 125.

Die aus Rechtsverhältnissen des öffentlichen Rechtes entstandenen Ansprüche gegen den Staat, eine Gemeinde oder einen anderen Kommunalverband auf eine Geldzahlung erlöschen, soweit nicht ein Anderes vorgeschrieben ist, mit dem Ablaufe von drei Jahren. Die Frist beginnt mit dem Schlusse des Kalenderjahrs, in welchem der Zeitpunkt eintritt, von dem an die Leistung gefordert werden kann. Die Vorschriften über die Hemmung und die Unterbrechung der Verjährung finden entsprechende Anwendung.

Das Erlöschen ist ausgeschlossen, wenn der Empfangsberechtigte sich vor dem Ablaufe der Frist bei der Kasse, welche die Zahlung zu leisten hat, zum Empfange meldet.

Diese Vorschriften gelten insbesondere auch für die Ansprüche auf Rückerstattung mit Unrecht erhobener Abgaben oder Kosten eines Verfahrens.

Artikel 126.

Die Vorschriften des Artikel 124 finden auf die Ansprüche der Kirchen, der Geistlichen und der sonstigen Kirchenbediensteten wegen der Gebühren für kirchliche Handlungen, auf die Ansprüche einer Genossenschaft des öffentlichen Rechtes auf Leistungen, die den Mitgliedern aus dem Genossenschaftsverband obliegen, sowie auf die Ansprüche auf Brückenzölle, Pflasterzölle und ähnliche Abgaben, die in Folge eines besonderen Rechtsverhältnisses an eine Privatperson zu entrichten sind, entsprechende Anwendung. An die Stelle der Feststellung der Thatsachen, auf welchen der Anspruch beruht, tritt die Fälligkeit des Anspruchs.

Auf die Ansprüche auf Rückerstattung mit Unrecht erhobener Leistungen der im Abs. 1 bezeichneten Art finden die Vorschriften des Artikel 125 Abs. 1 entsprechende Anwendung.

Artikel 127.

Die Vorschriften der Artikel 124 bis 126 gelten auch für noch nicht verjährte Ansprüche, die vor dem Inkrafttreten des Bürgerlichen Gesetzbuchs entstanden sind. Die Vorschriften des Artikel 169 des Einführungsgesetzes zum Bürgerlichen Gesetzbuche finden entsprechende Anwendung.

Artikel 128.

Die Grundgefälle des Staates und der Ablösungskasse sowie die an deren Stelle getretenen Lasten bedürfen zur Erhaltung der Wirksamkeit gegenüber dem öffentlichen Glauben des Grundbuchs nicht der Eintragung in das Grundbuch.

Die Vorschriften der Artikel 123, 124, 127 gelten auch für die wiederkehrenden Leistungen aus den im Abs. 1 bezeichneten Lasten.

Angelegenheiten der freiwilligen Gerichtsbarkeit. S. 33.

Artikel 129.

Die Vorschriften der §§ 2 bis 27, 29 bis 34 und des § 199 Abs. 2 des Gesetzes über die Angelegenheiten der freiwilligen Gerichtsbarkeit gelten, soweit nicht ein Anderes vorgeschrieben ist, auch für diejenigen Angelegenheiten der freiwilligen Gerichtsbarkeit, für welche die landesgesetzlichen Vorschriften maßgebend sind. Eine Anfechtung der Entscheidungen des Obersten Landesgerichts als Beschwerdegerichts findet nicht statt.

Artikel 130.

In den Angelegenheiten der freiwilligen Gerichtsbarkeit ist, soweit nicht ein Anderes vorgeschrieben ist, die Anwendung unmittelbaren Zwanges zum Vollzug einer Verfügung zulässig, durch welche die Herausgabe einer Sache oder der Person eines Kindes, Mündels oder Pflegebefohlenen oder eine Maßregel angeordnet wird, deren Ausführung die Anwendung unmittelbaren Zwanges erfordert.

Die Zwangsmaßregeln werden von dem Gericht erster Instanz angeordnet.

Wird die herauszugebende Person oder Sache nicht vorgefunden, so kann der zur Herausgabe Verpflichtete zur Leistung des Offenbarungseids angehalten werden. Die Vorschriften des § 883 Abs. 2, 3, des § 900 Abs. 1 und der §§ 901, 902, 904 bis 910, 912, 913 der Civilprozeßordnung finden entsprechende Anwendung.

Artikel 131.

In den Angelegenheiten der freiwilligen Gerichtsbarkeit, mit Einschluß der Grundbuchsachen, sind die Kosten, soweit nicht besondere Vorschriften bestehen, von demjenigen zu tragen, in dessen Angelegenheit die amtliche Verrichtung stattfindet. Die einem anderen Betheiligten entstandenen Kosten sind diesem zu erstatten, soweit die gemachten Aufwendungen zur zweckentsprechenden Erledigung der Angelegenheit nothwendig waren.

Die durch einen unbegründeten Antrag, eine unbegründete Beschwerde oder durch Verschulden eines Betheiligten vernrsachten Kosten, mit Einschluß der Aufwendungen eines anderen Betheiligten, soweit diese den Umständen nach nothwendig waren, fallen dem Betheiligten zur Last, der sie verursacht hat. Die Vorschriften des § 91 Abs. 1 Satz 2, des § 100 Abs. 1, 2 und des § 102 der Civilprozeßordnung finden entsprechende Anwendung.

Artikel 132.

Die Kosten des im Artikel 104 bezeichneten Verfahrens fallen, soweit sie durch das gemeinschaftliche Verfahren entstehen, bei der Auseinandersetzung in Ansehung eines Nachlasses dem Nachlasse, bei der Auseinandersetzung in Ansehung des Gesammtguts einer aufgehobenen ehelichen oder fortgesetzten Gütergemeinschaft dem Gesammtgute zur Last.

Artikel 133. S. 34.

Die Kosten, welche einem Betheiligten zu erstatten sind, werden auf Antrag durch das Gericht erster Instanz, in Vormundschaftssachen, falls ein Familienrath bestellt ist, durch den Vorsitzenden festgesetzt. Gegen die Verfügung, durch welche die Festsetzung erfolgt, findet die sofortige Beschwerde statt.

Aus der Verfügung, durch welche die zu erstattenden Kosten festgesetzt werden, findet die Zwangsvollstreckung nach den Vorschriften statt, welche für

S. 34. die Zwangsvollstreckung aus den in bürgerlichen Rechtsstreitigkeiten erlassenen Kostenfestsetzungsbeschlüssen gelten.

Einsicht des Grundsteuerkatasters, des Bergwerksverleihungsbuchs und der Fideikommißmatrikel.

Artikel 134.

Die Einsicht des Grundsteuerkatasters und des Verleihungsbuchs der Bergbehörde ist Jedem gestattet. Von den Eintragungen kann eine Abschrift gefordert werden; die Abschrift ist auf Verlangen zu beglaubigen. Von den zu dem Kataster oder den Büchern gehörigen Plänen und Messungsverzeichnissen können Auszüge gefordert werden; die Auszüge sind auf Verlangen zu beglaubigen.

Auf das Recht, von der Fideikommißmatrikel, den Urkunden, auf die in der Fideikommißmatrikel zur Ergänzung einer Eintragung Bezug genommen ist, und den noch nicht erledigten Eintragungsanträgen Einsicht zu nehmen und von den Eintragungen, den Urkunden und den Anträgen Abschrift zu fordern, finden die für das Grundbuch, die Urkunden, auf die im Grundbuche zur Ergänzung einer Eintragung Bezug genommen ist, und die noch nicht erledigten Anträge auf Eintragung in das Grundbuch geltenden Vorschriften entsprechende Anwendung.

Aenderungen der seit 1818 erlassenen Gesetze.

Artikel 135.

Die Verfassungsurkunde vom 26. Mai 1818 wird dahin geändert:

I. Titel V § 4 Abs. 2 Nr. 4 und § 5 werden aufgehoben.

II. In der VII. Beilage erhält

1. der § 14 Abs. 3 folgende Fassung:

Die Anfechtung der Entscheidungen richtet sich nach den für die Beschwerde in Angelegenheiten der freiwilligen Gerichtsbarkeit geltenden Vorschriften.

2. Der § 28 Satz 2 und der § 109 werden aufgehoben.

III. Die VIII. Beilage wird aufgehoben.

In der Pfalz können Familienfideikommisse auch in Zukunft nicht errichtet werden.

S. 35. Artikel 136.

Das Gesetz vom 15. August 1828, die allgemeine Grundsteuer betreffend, in der Fassung der Bekanntmachung vom 10. Juni 1881 wird dahin geändert:

I. Als § 71a werden folgende Vorschriften eingestellt:

Die Umschreibung eines Grundstücks auf einen neuen Besitzer setzt den Nachweis voraus, daß der neue Besitzer Eigenthümer des Grundstücks ist.

Die Umschreibung auf den neuen Besitzer erfolgt, wenn zu dem Erwerbe des Eigenthums die Eintragung in das Grundbuch erforderlich ist, auf Grund der Eintragung im Grundbuche. In den übrigen Fällen muß das Eigenthum des neuen Besitzers in der für die Eintragung in das Grundbuch vorgeschriebenen Weise nachgewiesen werden.

Zur Eintragung einer Aenderung in dem Bestand eines Grundstücks, abgesehen von der Vereinigung ganzer Grundstücke, insbesondere zur Eintragung einer Theilung, ist die Vorlage eines von der Messungsbehörde angefertigten Planes, in welchem die Aenderung ersichtlich gemacht ist und eines Auszugs aus dem Messungsverzeichniß erforderlich. S. 35.

II. Der § 72 erhält folgende Fassung:

Jede Aenderung, durch die nach § 71 eine Umschreibung veranlaßt wird, ist bei der Umschreibbehörde anzumelden.

Die Anmeldepflicht obliegt bei Aenderungen, zu denen die Eintragung in das Grundbuch erforderlich ist, den Grundbuchämtern, bei anderen Aenderungen den Behörden oder Notaren, von welchen eine die Aenderung betreffende Urkunde aufgenommen oder eine die Aenderung betreffende Entscheidung erlassen wird, im Falle einer neuen Messung der Messungsbehörde, in den übrigen Fällen den Parteien.

Die Art der Anmeldung wird durch Ministerialvorschrift bestimmt.

III. Der § 73 Abs. 1 erhält folgende Fassung:

Unterlassen die Parteien die ihnen nach § 72 Abs. 2 obliegende Anmeldung, so hat die Umschreibbehörde sie unter Festsetzung einer Frist von mindestens zwei Wochen und Androhung der im § 74 bestimmten Ordnungsstrafe zu der Anmeldung aufzufordern.

IV. Der § 81 erhält folgenden Abs. 3:

Ueberläßt der Eigenthümer das Grundstück einem Anderen ohne Uebertragung des Eigenthums zum Eigenbesitze, so bleibt er neben dem Besitzer für die Grundsteuer haftbar.

V. Der § 116 Abs. 2, 3 wird aufgehoben.

Artikel 137. S. 36.

In dem Gesetze vom 15. August 1828, die allgemeine Haussteuer betreffend, in der Fassung der Bekanntmachung vom 10. Juni 1881 wird der § 37 Abs. 2, 3 aufgehoben.

Artikel 138.

Das Forststrafgesetz für die Pfalz vom 28. Dezember 1831 in der Fassung der Bekanntmachung vom 2. Oktober 1879 und des Gesetzes vom 17. Juni 1896 wird dahin geändert:

I. Im Artikel 8 wird der Satz 2 durch folgenden Abs. 2 ersetzt:

Diese Verfügung ist jedoch in Betreff der Strafe auf Personen einer und derselben Familie (Art. 13 Abs. 1 Ziff. 1 bis 5) nicht anwendbar, welche gemeinschaftlich einen Forstfrevel nach Art. 19, 22 oder 23 begehen; diese werden solidarisch in die Strafe verurtheilt. In dem Urtheil oder den Strafbefehlen ist auszusprechen, gegen welchen oder welche Frevler die Umwandlung der Geldstrafe in Haftstrafe einzutreten hat, wenn erstere nicht beigetrieben werden kann. Geschieht die Umwandlung gleichzeitig gegen mehrere dieser Frevler, so darf dennoch die von den Einzelnen zu erstehende Haft zusammengerechnet die nach Art. 5 der Geldstrafe entsprechende Dauer nicht überschreiten.

II. Der Artikel 13 Abs. 1 erhält folgende Fassung:

Als civilverantwortlich sind außer dem Forstfrevler vorzuladen und als haftbar für Geldstrafe, Werth- und Schadensersatz, dann für die Kosten — vorbehaltlich des Rückgriffs, wo ein solcher statthat, — mitzuverurtheilen:

S. 36. 1) die Ehemänner wegen der Frevel ihrer bei ihnen wohnenden Ehefrauen;
2) die Väter und nach ihrem Tode die Mütter wegen der Frevel ihrer bei ihnen wohnenden und noch unverheiratheten Kinder (leibliche Kinder, Stief-, Adoptiv- und Pflegekinder);
3) die Vormünder und Pfleger sowie überhaupt diejenigen, welchen Minderjährige in Pflege gegeben sind, wegen der Frevel der bei ihnen wohnenden Pflegebefohlenen;
4) die Dienstherrschaften wegen der Frevel ihrer bei ihnen wohnenden Dienstboten;
5) die Lehrmeister und Gewerbsleute wegen der Frevel ihrer Zöglinge, Gesellen und Gehilfen solange diese Personen unter ihrer Aufsicht stehen;
6) die Geschäftsgeber wegen der Frevel ihrer Arbeiter und Geschäftsträger, wenn der Frevel in oder bei der Ausführung der aufgetragenen oder anvertrauten Verrichtungen geschah.

S. 37. III. Im Artikel 16 wird
1. der Eingang des Abs. 1 dahin geändert:
Die öffentliche Klage wegen Forstfrevels verjährt:
2. der Abs. 3 aufgehoben.

IV. Im Artikel 26 erhält der Abs. 4 folgenden Zusatz:
Hiebei finden die Bestimmungen des Art. 8 Abs. 2 Satz 2 und 3 gleichmäßige Anwendung.

V. Der Artikel 66 erhält folgende Fassung:
Die Vorladung des Angeklagten sowie der civilverantwortlichen Person muß enthalten:
1) Namen, Stand, Wohn- oder Aufenthaltsort des Vorzuladenden;
2) eine kurze Bezeichnung der Forstrügesache;
3) die beantragte Strafe und Entschädigung;
4) Tag und Stunde der Verhandlung;
5) den Hinweis darauf, daß gegen den Angeklagten und gegen die civilverantwortliche Person auch dann, wenn weder sie noch Bevollmächtigte erscheinen, zur Hauptverhandlung geschritten würde.

VI. Der Artikel 67 erhält folgende Fassung:
Die Zustellung der Vorladung hat wenigstens drei Tage vor der Sitzung zu geschehen.
In Fällen, in denen Gefahr auf Verzug ist, kann der Richter die Abkürzung der im Abs. 1 bestimmten Frist verfügen; von der Verfügung ist in der Vorladung Mittheilung zu machen.

VII. Der Artikel 91 erhält folgende Abs. 2, 3:
Für die durch den Gerichtsdiener erfolgenden Zustellungen in dem Verfahren vor den Amtsgerichten kann das Staatsministerium der Justiz anordnen, daß das Schriftstück offen übergeben wird, und eine abgekürzte Beurkundung in tabellarischer Form vorschreiben.
Das offen zu übergebende Schriftstück wird mit der Geschäftsnummer bezeichnet, unter der es in dem zur Beurkundung der Zustellung bestimmten Verzeichniß eingetragen ist. Der Tag der Zustellung ist auf dem Schriftstücke zu vermerken.

VIII. Der Artikel 68 wird aufgehoben.

Artikel 139. S. 37.

Das Gesetz vom 17. November 1837, die Zwangsabtretung von Grundeigenthum für öffentliche Zwecke betreffend, wird dahin geändert:

I. Im Artikel XV werden S. 38.

1. im Satz 2 die Worte: „durch Anschlagung an dem Gerichtssitze und in sämmtlichen betheiligten Gemeinden" ersetzt durch die Worte:
„durch Veröffentlichung in dem ihr zu amtlichen Kundmachungen dienenden Blatte und durch Anheftung in den betheiligten Gemeinden",
2. in der Ziff. 2 des Satz 3 die Worte: „für die Angerufenen" ersetzt durch die Worte:
„für die Abtretungspflichtigen",
3. als Ziff. 3 folgende Vorschrift beigefügt:
3. für die übrigen Betheiligten, in der Voraussetzung des Erschienenseins der Anrufenden, Ausschließung mit den etwaigen Einwendungen gegen die angesprochene Abtretung.
4. folgende Vorschriften als Abs. 2, 3 eingestellt:
Die schriftliche Mittheilung an die Betheiligten und die Antragsteller oder deren Vertreter ist durch die Gemeindebehörde oder durch die Post gegen Nachweis zuzustellen. Die Zustellung unterbleibt, wenn der Wohnort der zu ladenden Person nicht bekannt ist.
Soweit die im Artikel XI bezeichneten Betheiligten nicht im Grundbuch eingetragen sind, werden sie nur berücksichtigt, wenn sie Erben eines eingetragenen Berechtigten sind oder wenn ihre Rechte angemeldet und auf Verlangen der Distriktspolizeibehörde glaubhaft gemacht sind. Die Rechtswirksamkeit der Ladung ist bei den im Artikel XI bezeichneten Betheiligten von der Zustellung der schriftlichen Mittheilung nur abhängig, wenn der Betheiligte sich zur Theilnahme an dem Verfahren gemeldet und erforderlichen Falles sein Recht glaubhaft gemacht hat.

II. Der Eingang des Artikel XVI hat zu lauten:
Die Distriktspolizeibehörde hat, sobald die Ladung erfolgt ist, bezüglich der in Anspruch genommenen Gegenstände . . . .

III. Der Artikel XXII Ziff. 1 bis 4 wird aufgehoben.

Artikel 140.

Der Artikel 5 Abs. 2 Ziff. 1 des Gesetzes vom 4. Juni 1848, die Wahl der Landtags-Abgeordneten betreffend, in der Fassung der Bekanntmachung vom 22. März 1881 erhält folgende Fassung:

1) Personen, welche entmündigt oder nach § 1906 des Bürgerlichen Gesetzbuchs unter vorläufige Vormundschaft gestellt sind.

Artikel 141. S. 39.

Das Gesetz vom 4. Juni 1848 über die Aufhebung der standes- und gutsherrlichen Gerichtsbarkeit, dann die Aufhebung, Fixirung und Ablösung von Grundlasten wird dahin geändert:

I. Der Artikel 29 Abs. 2 Satz 1 erhält folgende Fassung:
Solche Bodenzinskapitalien haben denselben Rang wie die Grundrenten, an deren Stelle sie treten.

II. Der Artikel 30 Abs. 2 Satz 1 erhält folgende Fassung:
Solche Annuitäten haben den Rang der Gefälle, an deren Stelle sie getreten sind.

S. 39.

Artikel 142.

Die noch geltenden Vorschriften des Gesetzes vom 12. März 1850, die Verpflichtung zum Ersatze des bei Aufläufen diesseits des Rheins verursachten Schadens betreffend, werden auf die Pfalz erstreckt.

Die Schließung einer gütlichen Uebereinkunft mit dem Beschädigten nach Artikel 4 Abs. 1 und die Vertheilung der Umlage auf die Pflichtigen nach Artikel 10 Abs. 1 des Gesetzes vom 12. März 1850 erfolgt in der Pfalz durch den Gemeinderath.

Artikel 143.

Das Gesetz vom 30. März 1850, die Ausübung der Jagd betreffend, wird dahin geändert:

I. Als Artikel 1a werden folgende Vorschriften eingestellt:

Dem Jagdrecht unterliegen die wilden Säugethiere und Vögel, deren Fleisch, Pelzwerk oder Gefieder verwerthet zu werden pflegt oder die als Raubthiere diesem Wilde nachstellen. Die Thiergattungen, welche zu dem jagdbaren Wilde gehören, können durch Königliche Verordnung bestimmt werden.

Das ausschließliche Recht des Jagdberechtigten erstreckt sich auf die verendeten Thiere sowie auf die Eier des Federwildes.

II. Im Artikel 18 erhält die Ziff. 1 folgende Fassung:

1) den wegen Geisteskrankheit oder Geistesschwäche Entmündigten und den notorisch Geisteskranken.

III. Im Artikel 19 erhält die Ziff. 1 folgende Fassung:

1) den Minderjährigen, den wegen Verschwendung oder wegen Trunksucht Entmündigten und den nach § 1906 des Bürgerlichen Gesetzbuchs unter vorläufige Vormundschaft gestellten Personen.

Die in der Ziff. 1 enthaltenen Vorschriften gelten auch für die Pfalz.

S. 40.

Artikel 144.

Das Gesetz vom 15. Juni 1850, den Ersatz des Wildschadens betreffend, wird dahin geändert:

I. Der Artikel 1 erhält folgende Fassung:

Die Vorschriften des Bürgerlichen Gesetzbuchs über die Verpflichtung zum Ersatze des Wildschadens werden durch die folgenden Bestimmungen ergänzt.

II. Der Artikel 2 erhält folgende Fassung:

Die Ersatzpflicht erstreckt sich auf den Schaden, welcher durch jagdbare Säugethiere anderer als der im Bürgerlichen Gesetzbuche bezeichneten Gattungen angerichtet wird.

III. Der Artikel 3 Abs. 1, 2 erhält folgende Fassung:

Ist das Jagdrecht auf den zu einem Jagdbezirke vereinigten Grundstücken nach den gesetzlichen Vorschriften über die Ausübung der Jagd von der Gemeinde verpachtet oder wird es von der Gemeinde in Selbstverwaltung ausgeübt, so haftet dem Beschädigten an Stelle der Grundeigenthümer die Gemeinde.

Sind mehrere Gemeindebezirke zu einem Jagdbezirke vereinigt, so haften die Gemeinden als Gesammtschuldner.

IV. Der Artikel 5 erhält folgende Fassung:

Der vom Wilde in Baumschulen, in Obstgärten oder an einzeln stehenden jungen Bäumen verursachte Schaden wird nicht vergütet, wenn die Herstellung von Schutzvorrichtungen unterblieben ist, die unter gewöhnlichen Umständen zur Abwendung des Schadens ausreichen. S. 40.

V. Als Artikel 8a wird folgende Vorschrift eingestellt:

Der Beschädigte hat den Anspruch auf Ersatz des Wildschadens bei Verlust des Anspruchs binnen sechs Tagen, nachdem er von der Beschädigung Kenntniß erlangt hat, bei der Ortspolizeibehörde anzumelden, in deren Bezirke der Schaden entstanden ist. Zur Wahrung der Frist genügt die Absendung der Anmeldung. Die Ortspolizeibehörde soll die Anmeldung sofort dem Ersatzpflichtigen mittheilen.

VI. Die Artikel 4, 6 werden aufgehoben.

Die Artikel 1, 2, 5, 7 bis 8a des Gesetzes vom 15. Juni 1850 werden auf die Pfalz erstreckt.

Artikel 145.

Im Artikel 14 des Gesetzes vom 4. Mai 1851, das Einschreiten der bewaffneten Macht zur Erhaltung der gesetzlichen Ordnung betreffend, werden die Worte: „in dem Pfalzkreise die Bestimmungen des einschlägigen Gesetzes vom 10. Vend IV“ gestrichen.

Artikel 146. S. 41.

Das Forstgesetz vom 28. März 1852 in der Fassung der Bekanntmachung vom 4. Juli 1896 wird dahin geändert:

I. Der Artikel 154 erhält folgende Fassung:

Die Vorladung des Angeklagten sowie der civilverantwortlichen Person muß enthalten:

1. Namen, Stand, Wohn- oder Aufenthaltsort des Vorzuladenden;
2. eine kurze Bezeichnung der Forstrügesache;
3. die beantragte Strafe und Entschädigung;
4. Tag und Stunde der Verhandlung;
5. den Hinweis darauf, daß gegen den Angeklagten und gegen die civilverantwortliche Person auch dann, wenn weder sie noch Bevollmächtigte erscheinen, zur Hauptverhandlung geschritten würde.

II. Der Artikel 155 erhält folgende Fassung:

Die Zustellung der Vorladung hat wenigstens drei Tage vor der Sitzung zu geschehen.

In Fällen, in denen Gefahr auf Verzug ist, kann der Richter die Abkürzung der im Abs. 1 bestimmten Frist verfügen; von der Verfügung ist in der Vorladung Mittheilung zu machen.

III. Der Artikel 188 erhält folgende Abs. 2, 3:

Für die durch den Gerichtsdiener erfolgenden Zustellungen in dem Verfahren vor den Amtsgerichten kann das Staatsministerium der Justiz anordnen, daß das Schriftstück offen übergeben wird, und eine abgekürzte Beurkundung in tabellarischer Form vorschreiben.

Das offen zu übergebende Schriftstück wird mit der Geschäftsnummer bezeichnet, unter der es in dem zur Beurkundung der Zustellung bestimmten Verzeichniß eingetragen ist. Der Tag der Zustellung ist auf dem Schriftstücke zu vermerken.

IV. Der Artikel 156 wird aufgehoben.

Artikel 147.

Das Gesetz vom 28. Mai 1852 über die Benützung des Wassers wird dahin geändert:

S. 41. I. Der Artikel 21 erhält folgende Fassung:

Für Beschädigungen, die nicht eine nothwendige Folge der Benützung des Leinpfads sind, sondern durch Mißbrauch oder Nachlässigkeit der bei der Schiff- oder Floßfahrt beschäftigten Personen verursacht werden, sind die Urheber und ihre Dienstherrn nach den bestehenden Vorschriften verantwortlich.

S. 42. II. Der Artikel 37 erhält folgende Fassung:

Durch Begründung einer Dienstbarkeit können von den Bestimmungen der Artikel 34 und 35 abweichende Verhältnisse festgesetzt werden.

III. Im Artikel 39 Abs. 1 werden die Worte: „als Zubehör der Grundstücke" ersetzt durch die Worte:

„als zu den Grundstücken gehörig".

IV. Der Artikel 47 Abs. 1 erhält folgende Fassung:

Wo nicht durch Lokalverordnungen, Herkommen oder besondere Rechtsverhältnisse etwas Anderes festgesetzt ist, liegt jedem Ufereigenthümer die Pflicht ob, sein Ufer von allen Hindernissen des Wasserablaufs frei zu erhalten.

V. Der Eingang des Artikel 54 hat zu lauten:

Sofern nicht Lokalverordnungen, Herkommen oder besondere Rechtsverhältnisse eine Ausnahme begründen, ...

VI. Der Eingang des Artikel 59 Abs. 1 hat zu lauten:

Die durch Lokalverordnungen, Herkommen oder besondere Rechtsverhältnisse festgesetzte Vertheilung des Wassers . . . .

VII. Im Artikel 60 Abs. 1 und im Artikel 68 Abs. 1 werden die Worte: „Herkommen, besondere Rechtstitel oder Verjährung" ersetzt durch die Worte:

„Herkommen oder besondere Rechtsverhältnisse".

VIII. Der Artikel 103 wird aufgehoben.

Artikel 148.

In dem Gesetze vom 28. Mai 1852 über die Bewässerungs- und Entwässerungs-Unternehmungen zum Zwecke der Boden-Cultur erhält der Artikel 14 folgende Fassung:

Die Beitragsverbindlichkeit zu den Unterhaltungskosten ist öffentliche Last der betheiligten Grundstücke und erlischt nur mit dem vorschriftsmäßigen Ausscheiden des Grundstücks oder mit der Auflösung der Genossenschaft.

Artikel 149.

Der Artikel 29 des Gesetzes vom 28. Mai 1852 über den Uferschutz und den Schutz gegen Ueberschwemmungen wird aufgehoben.

Artikel 150.

Das Gesetz vom 28. Mai 1852 über die Ausübung und Ablösung des Weiderechtes auf fremdem Grund und Boden wird dahin geändert:

S. 43. I. Im Artikel 17 werden die Worte: „mit den in § 12 Ziffer 3 und 4 des Hypothekengesetzes und § 12 Ziffer 7 der Prioritätsordnung vom 1. Juni 1822 festgesetzten Vorzügen" ersetzt durch die Worte:

„mit dem Range des Weiderechts".

II. Im Artikel 18 werden die Worte: „welches gleichfalls die im Artikel 17 erwähnten Vorrechte des Hypothekengesetzes und der Prioritätsordnung genießt" ersetzt durch die Worte:

„welches gleichfalls den im Artikel 17 bestimmten Rang hat".

III. Im Artikel 42 werden die Worte: „mit den im Artikel 17 bestimmten Vorrechten“ ersetzt durch die Worte: S. 43.
„mit dem im Artikel 17 bestimmten Range“.

Artikel 151.

Der Artikel 8 Abs. 2 und der Artikel 9 Abs. 3 des Gesetzes vom 28. Mai 1852, die Sicherung, Fixirung und Ablösung der auf dem Zehentrechte lastenden kirchlichen Baupflicht betreffend, werden aufgehoben.

Artikel 152.

Das Gesetz vom 22. Februar 1855, die landwirthschaftlichen Erbgüter betreffend, wird dahin geändert:

I. Der Schluß des Artikel 4 Abs. 2 erhält folgende Fassung:

. . . . daß ihre Forderungen dergestalt, wie sie angezeigt sind, und für Forderungen, für die eine dingliche Haftung nicht besteht, Sicherungshypotheken auf das Erbgut eingetragen werden sollen.

II. Im Artikel 6 erhält

1. der Abs. 4 Satz 3 folgende Fassung:

Zur Gültigkeit solcher Rechtsgeschäfte ist die Bestätigung des zuständigen Gerichts (Art. 3) erforderlich.

2. An die Stelle der Abs. 6, 7 treten folgende Vorschriften:

Zu einer Belastung des Erbguts, zu der der Eigenthümer nach den Vorschriften dieses Gesetzes verpflichtet ist, ist die Zustimmung des Anerben nicht erforderlich.

Wegen anderer als derjenigen Verbindlichkeiten, die auf dem Erbgute haften oder den Eigenthümer nach den Vorschriften dieses Gesetzes treffen, findet die Zwangsvollstreckung in das Erbgut nur mittelst Zwangsverwaltung statt.

III. Im Artikel 8 werden die Worte: „vorbehaltlich der Bestimmungen des Hypothekengesetzes §§ 24—26“ ersetzt durch die Worte:

„vorbehaltlich der Vorschriften zu Gunsten derjenigen, welche Rechte von einem Nichtberechtigten herleiten,“.

IV. Der Artikel 10 Abs. 5 erhält folgende Fassung: S. 44.

Zur Gutsübergabe unter Lebenden ist die Bestätigung durch das nach Art. 3 zuständige Gericht erforderlich.

V. Im Artikel 27 erhält

1. der Eingang folgende Fassung:

Die Bestellung einer Sicherungshypothek an dem Erbgute können verlangen:

2. Die Ziff. 3 wird durch folgenden Abs. 2 ersetzt:

Die Personen, welche nach den Art. 20, 24 Alimente anzusprechen haben, können, falls ihnen ein zu dem Erbgute gehörendes Gebäude oder ein Theil eines solchen Gebäudes als Wohnung zum ausschließlichen Gebrauche zu gewähren ist, die Bestellung eines Wohnungsrechts, falls ihnen ein Theil des Erbguts zu sonstiger Benützung zu gewähren ist, die Bestellung einer entsprechenden persönlichen Dienstbarkeit und, soweit andere wiederkehrende Leistungen zu entrichten sind, die Bestellung einer entsprechenden Reallast an dem Erbgute verlangen.

VI. Die Artikel 2, 30, 33 werden aufgehoben.

S. 44. Artikel 153.

Das Gesetz vom 23. Februar 1868, die Ablösbarkeit der auf Grund und Boden haftenden oder mit einer Gewerbsrealität verbundenen Ehehafts-Verhältnisse betreffend, wird dahin geändert:

I. Im Artikel 11 Abs. 1 Satz 1 werden die Worte: „mit fünf vom Hundert" ersetzt durch die Worte:

„mit vier vom Hundert".

II. Der Artikel 12 Abs. 1 erhält folgende Fassung:

Für die Ablösungssumme haftet das Grundstück in gleicher Weise wie für ein Bodenzinskapital; die Ablösungssumme hat den Rang der Reichnisse, an deren Stelle sie tritt. Für die im Falle des Verzugs zu entrichtenden Zinsen gelten die Vorschriften über die aus einer Reallast zu entrichtenden wiederkehrenden Leistungen.

III. An die Stelle der Artikel 13, 14 tritt folgende Vorschrift:

Ist die Ehehaftsgerechtigkeit mit Rechten Dritter belastet, so ist die Beiziehung und die Zustimmung der Berechtigten zu der Ablösung nicht erforderlich.

An dem Anspruch auf die Ablösungssumme haben die Dritten, soweit ihre Rechte beeinträchtigt werden, dieselben Rechte, die ihnen im Falle des Erlöschens ihrer Rechte durch Zwangsversteigerung an dem Erlöse zustehen. Die Vorschriften des § 1128 des Bürger-
S. 45. lichen Gesetzbuchs finden entsprechende Anwendung; die || im § 1128 vorgeschriebene Benachrichtigung der Berechtigten erfolgt nach dem Vollzuge der im Artikel 2 vorgeschriebenen Protokollirung oder nach dem Abschlusse der in Gemäßheit der Artikel 3 bis 8 gepflogenen Ablösungsverhandlungen durch die Distriktsverwaltungsbehörde.

Erhebt ein Berechtigter innerhalb der im § 1128 bestimmten Frist Widerspruch gegen die Zahlung der Ablösungssumme an den Bezugsberechtigten, so kann dieser und jeder der Berechtigten die Eröffnung eines Vertheilungsverfahrens nach den für die Vertheilung des Erlöses im Falle der Zwangsversteigerung geltenden Vorschriften beantragen. Die Zahlung hat in diesem Falle an das für das Vertheilungsverfahren zuständige Gericht zu erfolgen.

Artikel 154.

Das Gesetz vom 16. April 1868 über Heimat, Verehelichung und Aufenthalt wird dahin geändert:

I. Der Artikel 1 Abs. 3 erhält folgende Fassung:

Den ehelichen Kindern werden die Kinder gleichgeachtet, welche nach dem bürgerlichen Rechte die rechtliche Stellung von ehelichen Kindern haben.

II. Im Artikel 4 erhält

1. der Abs. 2 folgende Fassung:

Einer geschiedenen Frau bleibt die Heimat, welche der Mann zur Zeit der Scheidung hatte. Die Aufhebung der ehelichen Gemeinschaft nach § 1575 des Bürgerlichen Gesetzbuchs wird der Scheidung gleichgeachtet.

2. der Abs. 3 folgende Fassung:

Ist die Ehe nichtig, so behält die Frau die Heimat, die der Mann zur Zeit der Nichtigkeitserklärung oder der Auflösung der

Ehe hat, wenn ihr die Nichtigkeit der Ehe bei der Eheschließung nicht bekannt war; die Vorschriften des § 1345 Abs. 2 und des § 1704 des Bürgerlichen Gesetzbuchs finden entsprechende Anwendung. S. 45.

III. Im Artikel 6 in der Fassung des Gesetzes vom 17. Juni 1896 wird

1. dem Abs. 3 folgender Satz beigefügt:

Die Vorschriften des Art. 1 Abs. 3 und des Art. 4 Abs. 2 Satz 2 finden Anwendung.

2. Die Abs. 5, 6 erhalten folgende Fassung:

Als selbständig sind nicht zu erachten:

1) entmündigte Personen;

2) Dienstboten und Gewerbsgehilfen, die in die häusliche Gemeinschaft des Dienstherrn aufgenommen sind, sowie Kinder, die dem elterlichen Hausstand angehören und von dem Familienhaupt unterhalten werden.

Steuern der Ehefrau, sofern nicht die eheliche Gemeinschaft nach § 1575 des Bürgerlichen Gesetzbuchs aufgehoben ist, und der minderjährigen im elterlichen Unterhalte stehenden Kinder sind dem Familienhaupte zuzurechnen. S. 46.

IV. Der Artikel 12 erhält folgende Fassung:

Für Verhandlungen über den Vollzug der Art. 6 bis 7a wird eine andere als die Gebühr, welche für die Urkunde über die Verleihung des Heimatrechts zu entrichten ist, nicht erhoben.

V. Im Artikel 13 Abs. 3, 5 treten an die Stelle der Worte: „die aus dieser Ehe hervorgegangenen Kinder" die Worte:

„die Kinder dieser Ehe sowie die durch die Ehe legitimirten Kinder".

VI. Der Artikel 17 Abs. 1 erhält folgende Fassung:

Der auf Grund der Art. 15, 16 einem Manne angewiesenen vorläufigen Heimat folgt auch seine Ehefrau, es sei denn, daß die eheliche Gemeinschaft nach § 1575 des Bürgerlichen Gesetzbuchs aufgehoben ist.

VII. Im Artikel 18 Abs. 2 werden die Worte: „der angewiesenen Heimatgemeinde" ersetzt durch die Worte:

„der vorläufigen Heimatgemeinde".

VIII. Im Artikel 24 Ziff. 2 werden die Worte: „angewiesene Heimat" ersetzt durch die Worte:

„vorläufige Heimat".

IX. Im Artikel 25 werden die Worte: „vorbehaltlich dessen, was das Gesetz über den obersten Verwaltungsgerichtshof bestimmen wird" ersetzt durch die Worte:

„unbeschadet dessen, was das Gesetz vom 8. August 1878, betreffend die Errichtung eines Verwaltungsgerichtshofes und das Verfahren in Verwaltungsrechtssachen, bestimmt".

X. Im Artikel 31 werden die Worte: „und nach dem örtlichen Herkommen" gestrichen.

XI. Im Artikel 33 in der Fassung des Gesetzes vom 17. März 1892 erhält

1. der Abs. 1 folgende Fassung:

Ein in den Landestheilen rechts des Rheins heimatberechtigter Mann darf eine Ehe erst eingehen, wenn durch ein von der zuständigen Behörde ausgestelltes Zeugniß festgestellt ist, daß der Eheschließung das im Art. 36 bestimmte Einspruchsrecht nicht entgegensteht.

S. 46. 2. Im Abs. 2 werden ersetzt im Satz 1 die Worte: „die aus der Ehe entsprossenen oder durch dieselbe legitimirten Kinder" durch die Worte:

„die Kinder dieser Ehe sowie die durch die Ehe legitimirten Kinder".

S. 47. und im Satz 3 die Worte: „mit ihren aus dieser Ehe entsprossenen oder durch dieselbe legitimirten Kindern" durch die Worte:

„mit den Kindern dieser Ehe sowie den durch die Ehe legitimirten Kindern".

3. Als Abs. 5 wird folgende Vorschrift beigefügt:

Das Zeugniß verliert seine Kraft, wenn die Ehe nicht binnen sechs Monaten nach der Ausstellung des Zeugnisses geschlossen wird.

XII. Im Artikel 36 erhalten

1. im Abs. 1 in der Fassung der Königlichen Deklaration vom 21. April 1884 die Ziff. 3, 7 folgende Fassung:

3) wenn der Mann oder die Braut zu einer Zuchthausstrafe oder wegen Verbrechens oder Vergehens gegen die Sittlichkeit oder wegen Raubes, Diebstahls, Unterschlagung, Betrugs, Hehlerei, Fälschung, Gaukelei zu einer Freiheitsstrafe von wenigstens vier Wochen verurtheilt worden ist und seit Abbüßung oder Nachlaß der Strafe drei Jahre noch nicht verflossen sind, sowie wenn der Mann oder die Braut innerhalb der unmittelbar vorhergehenden drei Jahre mindestens dreimal wegen Arbeitsscheue, Landstreicherei oder Bettels verurtheilt worden ist;

7) wenn und solange der Mann unter Vormundschaft steht oder das Entmündigungsverfahren gegen ihn eingeleitet oder über sein Vermögen das Konkursverfahren eröffnet ist.

2. Im Abs. 3 werden ersetzt die Worte: „eine angewiesene Heimat" durch die Worte:

„eine vorläufige Heimat"

und die Worte: „die angewiesene Heimatgemeinde" durch die Worte:

„die vorläufige Heimatgemeinde".

XIII. Im Artikel 37 Abs. 3 werden die Worte: „eine angewiesene Heimat" ersetzt durch die Worte:

„eine vorläufige Heimat".

XIV. Im Artikel 40 erhält

1. der Abs. 1 folgende Fassung:

Hinsichtlich der Beschwerden gegen Beschlüsse der Distriktsverwaltungsbehörde, durch welche das nach Art. 33 auszustellende Verehelichungszeugniß verweigert oder gegen einen auf Grund des Art. 36 erhobenen Einspruch ertheilt wird, bestimmt sich die Zuständigkeit und das Verfahren nach dem Gesetze vom 8. August 1878, betreffend die Errichtung eines Verwaltungsgerichtshofes und das Verfahren in Verwaltungsrechtssachen. Im Uebrigen können die

S. 48. Betheiligten || gegen die Beschlüsse der Distriktsverwaltungsbehörde innerhalb einer Nothfrist von 14 Tagen Beschwerde an die vorgesetzte Kreisregierung, Kammer des Innern, ergreifen, welche nach kollegialer Berathung in zweiter und letzter Instanz zu entscheiden hat.

2. Der Abs. 2 Ziff. 3 wird aufgehoben.

XV. Im Artikel 41 in der Fassung des Gesetzes vom 23. Februar 1872 werden ersetzt

1. im Abs. 1 die Worte: „bis zu fünfzig Thalern“ durch die Worte: S. 48.
„bis zu einhundertfünfzig Mark“,
2. im Abs. 3 die Worte: „wieder aufgelöst worden ist“ durch die Worte:
„für nichtig erklärt oder aufgelöst worden ist“.

XVI. Im Artikel 43 Abs. 1 in der Fassung des Gesetzes vom 23. Februar 1872 treten an die Stelle der Worte: „nach Maßgabe des Artikels 45 Ziff. 5, 6 und 9“ die Worte:
„nach Maßgabe des Artikel 45 Ziff. 5, 6“.

XVII. Im Artikel 44 treten
1. im Abs. 2 an die Stelle der Worte: „bis zu 10 fl.“ die Worte:
„bis zu achtzehn Mark“.
2. Im Abs. 3 wird das Wort: „taxfreie“ ersetzt durch das Wort:
„gebührenfreie“.

XVIII. Im Artikel 45 in der Fassung des Gesetzes vom 23. Februar 1872 werden ersetzt
1. in der Ziff. 5 die Worte: „wegen Diebstahls“ durch die Worte:
„wegen Raubes, Diebstahls“,
2. in der Ziff. 6 die Worte: „nach Artikel 149 Abs. I des Polizeistrafgesetzbuches“ durch die Worte:
„nach § 148 Abs. 1 Nr. 5 oder 7 oder § 149 Abs. 1 Nr. 1, 3 oder 5 der Gewerbeordnung“
und die Worte: „oder Artikel 10 des Gesetzes, den Vollzug der Einführung des Strafgesetzbuches für das Deutsche Reich in Bayern betreffend“, durch die Worte:
„oder § 153 der Gewerbeordnung“.

XIX. Im Artikel 51 ist statt „Art. 50 Abs. III“ zu setzen:
„Art. 50 Abs. 1“.

XX. Im Artikel 52 werden ersetzt
1. im Abs. 1 die Worte: „vorbehaltlich dessen, was das Gesetz über die Errichtung eines obersten Verwaltungsgerichtshofes bestimmen wird“ durch die Worte:
„unbeschadet dessen, was das Gesetz vom 8. August 1878, betreffend die Errichtung eines Verwaltungsgerichtshofes und das Verfahren in Verwaltungsrechtssachen, bestimmt“,
2. im Abs. 5 die Worte: „von der Tax- und Stempelpflicht befreit“ S. 49.
durch das Wort:
„gebührenfrei“.

XXI. Die noch bestehenden Ueberschriften vor einzelnen Artikeln werden gestrichen.

XXII. Die Artikel 20, 26, 32, 34, 35, 38 werden aufgehoben.

Die vor dem Inkrafttreten des Bürgerlichen Gesetzbuchs vereinkindschafteten Kinder stehen in Ansehung der Heimat den ehelichen Kindern gleich.

Für das der Eheschließung vorangehende Aufgebot verbleibt es bei den bisherigen Vorschriften, wenn die Bekanntmachung vor dem Inkrafttreten des Bürgerlichen Gesetzbuchs angeheftet worden ist.

Ein auf Grund civilrechtlicher Bestimmungen nach den bisherigen Vorschriften bei der Gemeindeverwaltung oder der Distriktsverwaltungsbehörde erhobener Einspruch gegen die Eheschließung ist dem Standesbeamten mitzutheilen.

S. 49. Artikel 155.

Das Gesetz vom 16. Mai 1868 über den Malzaufschlag in der Fassung der Bekanntmachung vom 10. Dezember 1889 wird dahin geändert:

I. Der Artikel 52 Abs. 3 erhält folgende Fassung:

Ist eine solche Mühle im Besitz einer politischen Gemeinde, so haftet die Gemeindekasse; ist sie im Besitz einer Genossenschaft, so haften die Genossenschaft und die Genossen für Strafe und Kosten nach den für Genossenschaftsverbindlichkeiten geltenden Vorschriften; in beiden Fällen bleibt der Rückgriff gegen denjenigen, welcher die Uebertretung veranlaßt hat, vorbehalten.

II. Der Artikel 60 Abs. 2 Satz 2 und der Artikel 61 Abs. 2 Satz 2 werden aufgehoben.

Artikel 156.

Das Gesetz vom 16. Mai 1868, die Vermarkung der Grundstücke betreffend, wird dahin geändert:

I. Der Eingang des Artikel 2 Abs. 1 hat zu lauten:

Zur Abmarkung zwischen Nachbargrundstücken kann von jedem betheiligten Grundeigenthümer . .

II. Der Artikel 5 erhält folgende Fassung:

Verständigen sich die betheiligten Grundeigenthümer, die bestehende Grenzlinie mittelst Austausches von Grund und Boden zu verändern, oder nehmen die Feldgeschworenen wahr, daß eine Verrückung der bisherigen Grenze beabsichtigt wird, so darf die Vermarkung erst erfolgen, wenn die Aenderungen im Bestande der Grundstücke und in den Eigenthumsverhältnissen in das Grundbuch eingetragen sind.

S. 50. III. Der Eingang des Artikel 7 hat zu lauten:

Streitigkeiten über den Anspruch auf Errichtung oder Wiederherstellung fester Grenzzeichen und über die Art der Vermarkung, insbesondere . . .

IV. Im Artikel 8 werden die Worte: „unter Darlegung des Bedürfnisses“ ersetzt durch die Worte:

„unter Darlegung der Beschaffenheit der Grenze“.

V. Die Artikel 1, 3, 4 werden aufgehoben.

Artikel 157.

Das Berggesetz vom 20. März 1869 wird dahin geändert:

I. Der Artikel 6 erhält folgenden Abs. 3:

Auf die jährlich zu leistende Entschädigung finden die Vorschriften des Art. 129a, auf den Ersatz des Minderwerths finden die Vorschriften des Art. 134 entsprechende Anwendung.

II. Als Artikel 36a werden folgende Vorschriften eingestellt:

Die Bergbehörde hat dem Grundbuchamt eine beglaubigte Abschrift der Verleihungsurkunde und eine beglaubigte Zeichnung des Planes (Art. 33) zur Eintragung des verliehenen Bergwerkseigenthums in das Grundbuch mitzutheilen.

In den Fällen des Art. 35 Abs. 2 hat die Bergbehörde das Grundbuchamt um die erforderlichen Eintragungen zu ersuchen. Soweit Hypotheken, Grundschulden oder Rentenschulden von der Aenderung oder Aufhebung der Verleihung betroffen werden, finden auf die Eintragung die Vorschriften der §§ 42 bis 44 der Grund-

buchordnung keine Anwendung. Das Grundbuchamt hat den Besitzer S. 50.
des Hypotheken-, Grundschuld- oder Rentenschuldbriefs zur Vorlegung anzuhalten, um nach den Vorschriften des § 62 Abs. 1, des § 69 und des § 70 Abs. 1 der Grundbuchordnung zu verfahren.

III. Der Artikel 40 erhält folgende Fassung:

Auf das Bergwerkseigenthum finden die sich auf Grundstücke beziehenden Vorschriften entsprechende Anwendung.

IV. Der Artikel 41 erhält folgende Fassung:

Für den Erwerb eines bestehenden Bergwerkseigenthums gelten dieselben Vorschriften wie für den Erwerb des Eigenthums an einem Grundstücke.

Auf die Ansprüche aus dem Bergwerkseigenthume finden die für die Ansprüche aus dem Eigenthume geltenden Vorschriften entsprechende Anwendung.

V. Der Artikel 50 erhält folgenden Abs. 2:

Auf die Entschädigungsforderung finden die Vorschriften des Art. 134 Abs. 1 entsprechende Anwendung.

VI. Der Artikel 55 erhält folgenden Zusatz: S. 51.

Die Vereinbarung muß öffentlich beurkundet oder öffentlich beglaubigt sein.

VII. Als Artikel 62a wird folgende Vorschrift eingestellt:

Ist die Bestätigung der Vereinigung mehrerer Bergwerke, der Theilung des Feldes eines Bergwerkes in selbständige Felder oder des Austausches von Feldestheilen erfolgt, so hat die Bergbehörde das Grundbuchamt unter Mittheilung einer beglaubigten Abschrift der Bestätigungsurkunde und beglaubigter Planzeichnungen um die Eintragungen zu ersuchen, welche durch die eingetretenen Rechtsänderungen veranlaßt werden.

Soweit Hypotheken, Grundschulden oder Rentenschulden von der Rechtsänderung betroffen werden, finden die Vorschriften des Art. 36a Abs. 2 Satz 2, 3 entsprechende Anwendung.

VIII. An die Stelle des Artikel 93 Abs. 5 treten folgende Vorschriften:

Ein abhanden gekommener oder vernichteter Kuxschein kann, wenn nicht das Gegentheil bestimmt ist, im Wege des Aufgebotsverfahrens für kraftlos erklärt werden.

Die Vorschriften der §§ 798, 800 des Bürgerlichen Gesetzbuchs finden auf Kuxscheine entsprechende Anwendung.

IX. Der Artikel 101 Abs. 3 hat zu lauten:

Gewerken, die nicht im Deutschen Reiche wohnen, haben zur Empfangnahme der Einladungen einen im Deutschen Reiche wohnenden Bevollmächtigten zu bestellen.

X. An die Stelle des Artikel 112 Satz 2, 3 tritt folgende Vorschrift:

Bestellt die Gewerkschaft einen Grubenvorstand, so kann die Zustellung an jedes Mitglied des Grubenvorstandes erfolgen.

XI. Im Artikel 117 wird das Wort: „Vollmachtsvertrag“ ersetzt durch das Wort: „Auftrag“.

XII. Als Artikel 129a wird folgende Vorschrift eingestellt:

Die im Art. 126 und im Art. 129 Abs. 1 bezeichneten Entschädigungsforderungen haften, wenn das benützte Grundstück oder das Grundstück, dessen jeweiligem Eigenthümer die Dienstbarkeit

S. 51. an dem benützten Grundstücke zusteht, mit Reallasten, Hypotheken, Grundschulden oder Rentenschulden belastet ist, für diese Rechte. Die Vorschriften des § 1123 Abs. 2 Satz 1 und der §§ 1124, 1125 des Bürgerlichen Gesetzbuchs finden mit der Maßgabe entsprechende Anwendung, daß Verfügungen über die Entschädigungsforderungen den Berechtigten gegenüber unwirksam sind, soweit die Fälligkeit erst später als drei Monate nach der Beschlagnahme eintritt.

S. 52. XIII. Der Artikel 134 erhält folgende Fassung:

Die von dem Grundeigenthümer nach der Vorschrift des Art. 127 Abs. 1 erworbenen Ansprüche auf Ersatz des Minderwerths haften, wenn das beschädigte Grundstück oder das Grundstück, dessen jeweiligem Eigenthümer die Dienstbarkeit an dem beschädigten Grundstücke zusteht, mit Reallasten, Hypotheken, Grundschulden oder Rentenschulden belastet ist, für diese Rechte nach Maßgabe der Vorschriften des § 1127 Abs. 2 und des § 1128 des Bürgerlichen Gesetzbuchs. Erhebt ein Berechtigter innerhalb der im § 1128 bestimmten Frist Widerspruch gegen die Zahlung der Entschädigung an den Eigenthümer, so kann der Eigenthümer und jeder Berechtigte die Eröffnung eines Vertheilungsverfahrens nach den für die Vertheilung des Erlöses im Falle der Zwangsversteigerung geltenden Vorschriften beantragen. Die Zahlung hat in diesem Falle an das für das Vertheilungsverfahren zuständige Gericht zu erfolgen.

Das Recht, die im Art. 127 Abs. 2 bezeichnete Sicherheitsleistung zu verlangen, steht auch den im Abs. 1 bezeichneten Berechtigten zu. Macht einer der Berechtigten von dieser Befugniß Gebrauch, so ist die Sicherheit in der Weise zu leisten, daß sie auch dem Berechtigten haftet.

XIV. Im Artikel 135 wird der Satz 2 durch folgenden Abs. 2 ersetzt:

Auf die in den Fällen des Art. 127 Abs. 3, des Art. 128, des Art. 129 Abs. 2 und des Art. 132 zu leistenden Entschädigungen finden, wenn das betroffene Grundstück oder das Grundstück, dessen jeweiligem Eigenthümer das betroffene Recht zusteht, mit Hypotheken, Grundschulden oder Rentenschulden oder mit anderen Rechten belastet ist, für welche eine besondere Entschädigung nicht gewährt wird, die für die Entschädigung im Falle der Zwangsenteignung geltenden Vorschriften Anwendung.

XV. Der Artikel 151 erhält folgenden Abs. 2:

Auf die Entschädigungsforderung finden im Falle der Beschädigung eines Grundstücks die Vorschriften des Art. 134 Abs. 1 entsprechende Anwendung; im Falle der Beschädigung von Zubehörstücken haftet die Entschädigungsforderung den im Art. 134 Abs. 1 bezeichneten Berechtigten nach Maßgabe der Vorschriften des § 1123 Abs. 2 Satz 1, des § 1124 Abs. 1, 3 und des § 1127 Abs. 2 des Bürgerlichen Gesetzbuchs.

XVI. Der Artikel 154 erhält folgende Fassung:

Ansprüche auf Ersatz eines durch den Bergbau verursachten Schadens (Art. 151, 152), welche sich nicht auf Vertrag gründen, verjähren nach den für Ersatzansprüche aus unerlaubten Handlungen geltenden Vorschriften.

XVII. Der Artikel 162 erhält folgenden Abs. 3: S. 53.

Die Vorschriften des Art. 36a Abs. 2 finden entsprechende Anwendung.

XVIII. Der Eingang des Artikel 227 erhält folgende Fassung:

Die Art. 85 bis 88, 91, 93, 95, 96, 98 und 99 finden .....

XIX. Der Artikel 228 Abs. 2 erhält folgende Fassung:

Die Kuxe behalten die Eigenschaft von Rechten, die den Grundstücken gleichstehen. Die Vorschrift des Art. 41 Abs. 1 findet entsprechende Anwendung.

XX. Im Artikel 229 Satz 2 werden die Worte: „Veräußerung von Kuxen und" gestrichen.

XXI. Der Artikel 232 erhält folgende Fassung:

In den Fällen der Art. 119, 121 müssen die Erklärungen des Gewerken und der Gläubiger öffentlich beurkundet oder öffentlich beglaubigt sein.

In dem Falle der Art. 119, 120 erfolgt der Verkauf des Antheils im Wege der Zwangsversteigerung unbeweglicher Sachen. Ein unverkäuflicher Antheil wird in den Fällen der Art. 120, 121 der Gewerkschaft im Grundbuche zugeschrieben.

XXII. Der Artikel 48 Abs. 3, der Artikel 94 Abs. 2 und der Artikel 115 Abs. 2 werden aufgehoben.

Artikel 158.

Das Gesetz vom 29. April 1869, die Gemeindeordnung für die Landestheile diesseits des Rheins betreffend, wird dahin geändert:

I. Im Artikel 11 erhalten die Abs. 2, 3 folgende Fassung:

Als selbständig sind nicht zu erachten:

1) Personen, welche entmündigt sind;
2) Dienstboten und Gewerbsgehilfen, die in die häusliche Gemeinschaft des Dienstherrn aufgenommen sind, sowie Kinder, die dem elterlichen Hausstand angehören und von dem Familienhaupt unterhalten werden.

Steuern der Ehefrau, sofern nicht die eheliche Gemeinschaft nach § 1575 des Bürgerlichen Gesetzbuchs aufgehoben ist, und der minderjährigen im elterlichen Unterhalte stehenden Kinder sind dem Familienhaupte zuzurechnen.

II. Der Artikel 13 Abs. 2 lit. f erhält folgende Fassung:

f) wenn das Entmündigungsverfahren gegen ihn eingeleitet ist;

III. Im Artikel 15 Abs. 5 werden die Worte: „minderjährige und andere unselbständige Personen" und im Artikel 47 Abs. 4 Satz 3 werden die Worte: „minderjährige und unter Kuratel stehende Personen" ersetzt durch die Worte:

„Minderjährige und Personen, die entmündigt oder nach § 1906 des Bürgerlichen Gesetzbuchs unter vorläufige Vormundschaft gestellt sind".

IV. Der Artikel 67 erhält folgende Fassung: S. 54.

Ist die Erfüllung des Stiftungszwecks unmöglich geworden oder gefährdet sie das Gemeinwohl, so finden auch bei Stiftungen des öffentlichen Rechtes die Vorschriften des § 87 des Bürgerlichen Gesetzbuchs Anwendung.

Zu der zu treffenden Verfügung ist in Gemeinden mit städtischer

S. 54. Verfassung die Zustimmung der Gemeindebevollmächtigten, in den übrigen Gemeinden die Zustimmung der Gemeinde- beziehungsweise Ortsversammlung erforderlich. Der Beschluß bedarf der Genehmigung der vorgesetzten Verwaltungsbehörde.

V. Der Artikel 156 Abs. 6 wird aufgehoben.

Artikel 159.

Das Gesetz vom 29. April 1869, die Gemeindeordnung für die Pfalz betreffend, wird dahin geändert:

I. Im Artikel 10 erhalten die Abs. 2, 3 folgende Fassung:

Als selbständig sind nicht zu erachten:

1) Personen, welche entmündigt sind;
2) Dienstboten und Gewerbsgehilfen, die in die häusliche Gemeinschaft des Dienstherrn aufgenommen sind, sowie Kinder, die dem elterlichen Hausstand angehören und von dem Familienhaupt unterhalten werden.

Steuern der Ehefrau, sofern nicht die eheliche Gemeinschaft nach § 1575 des Bürgerlichen Gesetzbuchs aufgehoben ist, und der minderjährigen im elterlichen Unterhalte stehenden Kinder sind dem Familienhaupte zuzurechnen.

II. Der Artikel 11 Abs. 2 lit. f erhält folgende Fassung:

f) wenn das Entmündigungsverfahren gegen ihn eingeleitet ist;

III. Im Artikel 37 Abs. 3 Satz 3 werden die Worte: „minderjährige und unter Kuratel stehende Personen“ ersetzt durch die Worte:

„Minderjährige und Personen, die entmündigt oder nach § 1906 des Bürgerlichen Gesetzbuchs unter vorläufige Vormundschaft gestellt sind“.

IV. Der Artikel 51 erhält folgende Fassung:

Ist die Erfüllung des Stiftungszwecks unmöglich geworden oder gefährdet sie das Gemeinwohl, so finden auch bei Stiftungen des öffentlichen Rechtes die Vorschriften des § 87 des Bürgerlichen Gesetzbuchs Anwendung.

Zu der zu treffenden Verfügung bedarf der Gemeinderath der Genehmigung der vorgesetzten Verwaltungsbehörde.

Artikel 160.

Das Gesetz vom 29. April 1869, die öffentliche Armen- und Krankenpflege betreffend, wird dahin geändert:

S. 55. I. Der Artikel 5 Abs. 2 erhält folgende Fassung:

Desgleichen haben diejenigen, welche einem Hilfsbedürftigen gegenüber nach den Vorschriften des Bürgerlichen Gesetzbuchs unterhaltspflichtig waren, Ersatz der in Folge der Nichterfüllung ihrer Verpflichtung für dessen Unterhalt gemachten Aufwendungen zu leisten.

II. Der Artikel 5a Abs. 1 in der Fassung des Gesetzes vom 3. Februar 1888 hat zu lauten:

Auf Antrag der Armenpflege können der Ehegatte und der frühere Ehegatte, die Eltern und Großeltern, die Kinder und Enkel eines Hilfsbedürftigen durch Beschluß der Distriktsverwaltungsbehörde angehalten werden, dem Hilfsbedürftigen nach Maßgabe ihrer gesetzlichen Unterhaltspflicht die erforderliche Unterstützung zu gewähren und Ersatz der in Folge der Nichterfüllung ihrer Verpflichtung für den Unterhalt gemachten Aufwendungen

zu leisten. Das Gleiche gilt in Ansehung eines unehelichen Kindes S. 55.
von dem Vater, sofern er seine Vaterschaft nach § 1718 des Bürgerlichen Gesetzbuchs anerkannt hat oder seine Unterhaltspflicht in einem vollstreckbaren Titel festgestellt ist.

III. Im Artikel 7 in der Fassung des Gesetzes vom 3. Februar 1888 werden

1. die Worte: „wenn nicht arme Notherben vorhanden sind oder der Unterstützte von einer Wohlthätigkeitsanstalt beerbt wird" ersetzt durch die Worte:

„wenn nicht arme Pflichttheilsberechtigte vorhanden sind".

2. Als Abs. 2 werden folgende Vorschriften beigefügt:

Der Ersatzanspruch kann nicht zum Nachtheile der Nachlaßgläubiger geltend gemacht werden; Verbindlichkeiten aus Pflichttheilsrechten, Vermächtnissen und Auflagen bleiben außer Betracht. Trifft er mit dem Ersatzanspruch einer öffentlichen Wohlthätigkeitsanstalt zusammen, von der der Verstorbene innerhalb der letzten zehn Jahre vor dem Tode unterstützt oder unentgeltlich verpflegt worden ist, so kann er auch nicht zum Nachtheile dieses Anspruchs geltend gemacht werden.

IV. Im Artikel 8 werden

1. im Abs. 1 die Worte: „tax- und stempelfrei zu behandeln" ersetzt durch das Wort:

„gebührenfrei".

2. Der Abs. 2 erhält folgende Fassung:

In bürgerlichen Rechtsstreitigkeiten steht den Armenpflegen in dem Verfahren vor den bayerischen Gerichten Gebührenfreiheit zu.

V. Im Artikel 11 Abs. 1 werden hinter den Worten: „im Dienste oder in einer ständigen Arbeit stehen" die Worte eingeschaltet:

„und nicht kraft Gesetzes oder statutarischer Bestimmung der Krankenversicherungspflicht unterliegen".

VI. Im Artikel 20 Abs. 1 in der Fassung des § 41 des Landtagsabschieds S. 56.
vom 15. April 1875 wird das Wort „Reichswährung" gestrichen.

VII. Im Artikel 23 Abs. 3 erhalten die Ziff. 1, 3 folgende Fassung:

1) Personen, die entmündigt oder nach § 1906 des Bürgerlichen Gesetzbuchs unter vorläufige Vormundschaft gestellt sind;

3) Personen, über deren Vermögen der Konkurs eröffnet ist.

VIII. Der Artikel 36 Abs. 4 erhält folgende Fassung:

Der Armenpflegschaftsrath ist berechtigt, die Entmündigung wegen Verschwendung oder wegen Trunksucht zu beantragen, wenn Grund zu der Besorgniß besteht, daß der zu Entmündigende der Armenkasse zur Last fallen werde.

IX. Im Artikel 43 Abs. 1 werden die Worte: „vorbehaltlich dessen, was das Gesetz über den obersten Verwaltungsgerichtshof bestimmen wird" ersetzt durch die Worte:

„unbeschadet dessen, was das Gesetz vom 8. August 1878, betreffend die Errichtung eines Verwaltungsgerichtshofes und das Verfahren in Verwaltungsrechtssachen, bestimmt".

X. Im Eingange des Artikel 44 tritt an die Stelle des Wortes: „Arrest„ das Wort: „Haft".

Artikel 161.

Das Gesetz vom 29. April 1869, die privatrechtliche Stellung der Er-

S. 56. werbs- und Wirthschaftsgesellschaften betreffend, wird für die noch bestehenden registrirten Gesellschaften dahin geändert:

I. An die Stelle des Artikel 38 Abs. 3 tritt folgende Vorschrift:

In jedem Falle kann die Gesellschaft einen Gesellschafter aus den im Gesellschaftsvertrage festgesetzten Gründen sowie wegen Verlustes der bürgerlichen Ehrenrechte ausschließen.

II. An die Stelle des Artikel 74 Abs. 1 tritt folgende Vorschrift:

Das Register für die registrirten Gesellschaften wird von den Gerichten geführt, denen die Führung des Handelsregisters obliegt.

III. Der Artikel 43 Abs. 2 wird aufgehoben.

Artikel 162.

Das Polizeistrafgesetzbuch vom 26. Dezember 1871 wird dahin geändert:

I. Der Artikel 81 Abs. 2 erhält folgenden Zusatz:

Die Ermächtigung ist, wenn es sich um eine Maßregel handelt, zu der eine Anordnung des Vormundschaftsgerichts erforderlich ist, von der Erlassung dieser Anordnung abhängig zu machen.

II. Im Artikel 122 Abs. 2 wird statt „113" gesetzt „113 Ziff. 2, 3".

S. 57. Artikel 163.

In dem Gesetze vom 28. April 1872, die Grundentlastung betreffend, erhält der Satz 2 des Artikel 17 Abs. 1 folgende Fassung:

Sie haben den gleichen Rang wie die Grundabgabe und die belasteten Grundstücke haften für sie in gleicher Weise wie für diese.

Artikel 164.

Das Gesetz vom 3. April 1875, die Brandversicherungsanstalt für Gebäude in den Landestheilen rechts des Rheins betreffend, wird dahin geändert:

I. Der Artikel 3 Abs. 1 erhält folgende Fassung:

Ausnahmsweise müssen der Anstalt einverleibt werden:
1) die sämmtlichen Gebäude des Staates;
2) die Gebäude der Gemeinden, der Kirchen, der Schul- und sonstigen Stiftungen;
3) die Gebäude der Pfarreien, Benefizien, ständigen Curatien, Pfarrvikariate und Expposituren.

II. Im Artikel 8 wird die Verweisung „(Art. 3 Ziff. 5)" gestrichen.

III. In den Artikel 10 wird zwischen Abs. 1 und Abs. 2 folgender neue Absatz eingefügt.

Die Versicherung kann auch von dem Nießbraucher zu Gunsten des Eigenthümers und für ein Gebäude, das im Eigenthume Mehrerer steht, von einem der Miteigenthümer zu Gunsten der sämmtlichen Eigenthümer genommen werden.

IV. Der Artikel 14 erhält folgende Fassung:

Bei den im Art. 3 Abs. 1 bezeichneten Gebäuden richtet sich der Mindestbetrag der Versicherung nach den jeweiligen besonderen Ministerialvorschriften, er darf jedoch nicht auf weniger als den halben Werth der verbrennbaren Theile bestimmt werden.

V. Der Artikel 15 Abs. 3 erhält folgende Fassung:

Die Minderung tritt mit dem nächstfolgenden Jahre in Wirksamkeit. Ist das Grundstück mit Hypotheken, Grundschulden oder Rentenschulden belastet, so ist der Nachweis erforderlich, daß die Gläubiger ihre Zustimmung in rechtsverbindlicher Weise erklärt haben.

VI. Der Artikel 39 Abs. 3 erhält folgende Fassung: S. 57.

Die Bewilligung zum Wiederaufbau des abgebrannten Gebäudes auf einem Grundstücke mit anderer Plannummer sowie die Bewilligung zu einer anderen Verwendung der Entschädigungsgelder setzt, wenn das Grundstück mit Reallasten, ‖ Hypotheken, Grund- S. 58. schulden, Rentenschulden oder mit einem Nießbrauche belastet ist, den Nachweis voraus, daß die Berechtigten ihre Zustimmung in rechtsverbindlicher Weise erklärt haben. Der Nachweis ist zu den Akten zu bringen. Bei Reallasten, Hypotheken, Grundschulden und Rentenschulden genügt der Nachweis, daß die Berechtigten innerhalb der im § 1128 Abs. 1 des Bürgerlichen Gesetzbuchs bestimmten Frist einen Widerspruch nicht erhoben haben; die Anzeige von dem Eintritte des Schadens kann durch die nach Abs. 2 zuständige Behörde erfolgen. Der Nachweis ist nicht erforderlich, wenn das zuständige Gericht festgestellt hat, daß die Bewilligung für die Berechtigten unschädlich ist.

VII. Der Artikel 43 Satz 1, 2 erhält folgende Fassung:

Der Anspruch auf Entschädigungsgelder kann, soweit diese zu einem bestimmten Zwecke, insbesondere nach Art. 38, 39 zum Wiederaufbau des Gebäudes, zu verwenden sind, vorbehaltlich der Bestimmung des Art. 41 Abs. 2, nicht abgetreten werden. Der Anspruch auf die zum Wiederaufbau zu verwendenden Entschädigungsgelder kann jedoch mit der Baustelle unter der Bedingung des Wiederaufbaus veräußert werden.

VIII. Der Artikel 46 erhält folgende Fassung:

Ist das beschädigte Gebäude eines der vorsätzlichen oder fahrlässigen Brandstiftung beschuldigten Versicherten mit Hypotheken, Grundschulden, Rentenschulden oder mit einem Nießbrauche belastet oder ist von den Miteigenthümern des Gebäudes einer beschuldigt, so wird zwar zum Besten der Berechtigten oder der anderen Miteigenthümer die Entschädigungssumme gegen dereinstigen Ersatz aus dem Vermögen des Schuldigen von der Anstalt vorgeschossen, jedoch zu keinem anderen Zwecke als zu dem der Wiederherstellung der beschädigten Gegenstände.

Die Versicherungskammer ist berechtigt, für die festgesetzte Entschädigungssumme eine Sicherungshypothek an den Grundstücken des Beschuldigten eintragen zu lassen.

Die Eintragung der Hypothek an mehreren Grundstücken des Beschuldigten darf nur soweit verlangt werden, daß der Werth der Grundstücke das Doppelte des zu sichernden Betrags erreicht; der Werth wird unter Abzug der Belastungen berechnet, welche der Hypothek im Range vorgehen.

IX. Der Artikel 71 erhält folgende Fassung:

Steht das versicherte Gebäude im Miteigenthume Mehrerer, so haften die Miteigenthümer, welche die Versicherung genommen haben, für die Beiträge als Gesammtschuldner.

Das Grundstück haftet im Ganzen, auch wenn nur einer der Miteigenthümer die Versicherung genommen hat. Das Gleiche gilt, wenn der Nießbraucher die Versicherung zu Gunsten des Eigenthümers genommen hat.

X. Der Artikel 75 erhält folgende Fassung: S. 59.

S. 59. Werden Brandversicherungsbeiträge von einem Stellvertreter (Art. 70, 73, 74) vorgeschossen, so geht der Anspruch der Anstalt auf diesen über.

XI. Im Artikel 77 Abs. 1 werden die Worte: „insbesondere auch die Einwilligung der sämmtlichen Hypothekgläubiger oder amtliche Bescheinigung der Hypothekfreiheit" gestrichen.

XII. Der Artikel 9 Abs. 2, der Artikel 32 Abs. 4 Satz 2, der Artikel 47 Abs. 2, der Artikel 72, der Artikel 78 Abs. 1 Ziff. 3 und der Artikel 88 Satz 2 werden aufgehoben.

Die Aufhebung des Artikel 3 Abs. 1 Ziff. 6 und des Artikel 32 Abs. 4 Satz 2 sowie die Aenderungen der Artikel 10, 15, 71 treten schon vor der Zeit, zu welcher das Grundbuch als angelegt anzusehen ist, in Kraft.

Artikel 165.

Das Gesetz vom 8. August 1878, betreffend die Errichtung eines Verwaltungsgerichtshofes und das Verfahren in Verwaltungsrechtssachen, wird dahin geändert:

I. An die Stelle des Artikel 7 Abs. 2 treten folgende Vorschriften:

Der Verwaltungsgerichtshof ist berufen, in den Fällen, in welchen der Staat, eine Gemeinde oder ein anderer Kommunalverband wegen des Schadens in Anspruch genommen werden soll, den ein Beamter in Ausübung der ihm anvertrauten öffentlichen Gewalt vorsätzlich oder fahrlässig einem Dritten zugefügt hat, die Vorentscheidung darüber zu treffen, ob der Beamte sich einer Ueberschreitung seiner Amtsbefugnisse oder der Unterlassung einer ihm obliegenden Amtshandlung schuldig gemacht hat. Das Gleiche gilt, wenn ein Beamter wegen des Schadens in Anspruch genommen werden soll, den er durch eine in Ausübung oder in Veranlassung der Ausübung der ihm anvertrauten öffentlichen Gewalt vorgenommene Handlung einem Dritten zugefügt hat. Soweit der Staat oder der Verband, in dessen Dienste der Beamte steht, einen Schaden zu ersetzen hat, für den der Beamte selbst nicht verantwortlich ist, hat der Verwaltungsgerichtshof die Vorentscheidung darüber zu treffen, ob der Beamte seine Amtsbefugnisse überschritten oder eine ihm obliegende Amtshandlung unterlassen hat. Bei Handlungen eines Beamten der streitigen oder der freiwilligen Gerichtsbarkeit ist die Vorentscheidung nicht erforderlich.

Die Vorentscheidung ist für das Gericht bindend.

Soll der Anspruch gegen den Staat oder den Verband wegen schuldhafter Verletzung der Amtspflicht erhoben werden, so wirkt die Vorentscheidung auch für das Verhältniß zwischen dem Staate oder dem Verband und dem Beamten.

S. 60. Auf das Verfahren finden die für Verwaltungsrechtssachen geltenden Vorschriften Anwendung. Vor Erlassung der Vorentscheidung ist auch im Falle des Abs. 2 Satz 1 der Beamte zu hören.

II. In den Artikel 10 wird folgende Vorschrift als Ziff. 3a eingestellt:

3a) Umwandlung des Zweckes oder Aufhebung einer Stiftung nach den Vorschriften des § 87 des Bürgerlichen Gesetzbuchs, wenn von dem Vorstande der Stiftung oder von einem zum Genuß oder zum Mitgenusse der Stiftung Berechtigten bestritten wird,

daß die Erfüllung des Stiftungszwecks unmöglich geworden sei S. 60.
oder das Gemeinwohl gefährde.

Artikel 166.

Das Gesetz vom 23. Februar 1879 zur Ausführung der Reichs-Civilprozeßordnung und Konkursordnung wird dahin geändert:

I. Im Artikel 3 werden die Worte: „unbeschadet der Vorschriften in den §§ 394 und 397 der Civilprozeßordnung" ersetzt durch die Worte:

„unbeschadet der Vorschriften der §§ 810, 811 des Bürgerlichen Gesetzbuchs".

II. Als Artikel 9a wird folgende Vorschrift eingestellt:

Ueber das Vermögen einer der im Art. 9 Abs. 2 bezeichneten juristischen Personen des öffentlichen Rechtes findet ein Konkurs nicht statt.

III. Im Artikel 10 erhält

1. der Abs. 1 folgende Fassung:

Die Ansprüche aus der Haftung des Staates oder der Gemeinden für den bei Zusammenrottungen verursachten Schaden sowie die Ansprüche des Fiskus gegen die betheiligten Gemeinden auf Ersatz der Kosten, die aus dem Einschreiten der bewaffneten Macht zur Erhaltung der inneren Sicherheit oder der gesetzlichen Ordnung entstehen, erlöschen mit dem Ablauf eines Jahres, wenn nicht vorher die Klage erhoben wird. Die einjährige Frist beginnt für die Ansprüche der ersteren Art mit der Beschädigung, für die Ansprüche der letzteren Art mit dem Zeitpunkt, in welchem die Verwendung der bewaffneten Macht ihre Ende erreicht.

2. der Abs. 3 Satz 1 folgende Fassung:

Hinsichtlich des Vollzugs der gegen die Beklagten ergehenden Urtheile verbleibt es bei den Bestimmungen der Gesetze vom 12. März 1850 und vom 4. Mai 1851.

IV. Im Artikel 20 Abs. 1 werden die Worte: „in den nicht zur ordentlichen streitigen Gerichtsbarkeit gehörenden Sachen" ersetzt durch die Worte:

„in den Angelegenheiten, für welche die Landesgesetze maßgebend sind".

V. Die Ueberschrift vor dem Artikel 45 hat zu lauten: S. 61.

„Zwangsenteignung."

VI. Im Artikel 46 Abs. 1 werden

1. im Satz 1 die Worte: „und unter den Betheiligten nur noch die Frage über die Art oder den Betrag der zu leistenden Entschädigung streitig" gestrichen.

2. An die Stelle des Satz 2 treten folgende Vorschriften:

Der Antrag hat die genaue Bezeichnung des abzutretenden Grundstücks sowie die Angabe des Abtretungspflichtigen und der sonstigen Betheiligten zu enthalten. Der Antrag soll soweit thunlich für die in demselben Verwaltungsbezirke belegenen Grundstücke gleichzeitig gestellt werden.

VII. In den Artikel 47 Abs. 2 wird zwischen Satz 1 und Satz 2 folgende Vorschrift eingestellt:

Auf die Ladung finden die Vorschriften des Art. XV Abs. 1

S. 61. Satz 2, Abs. 2, 3 des Gesetzes vom 17. November 1837 entsprechende Anwendung; schriftliche Mittheilung erfolgt nur an den Abtretungsberechtigten, die Abtretungspflichtigen und die sonstigen Betheiligten, die sich zur Theilnahme an dem Schätzungsverfahren bei der Distriktsverwaltungsbehörde gemeldet haben.

VIII. Der Abs. 2 des Artikel 50 erhält folgende Fassung:

Für die Klage ist das Gericht ausschließlich zuständig, in dessen Bezirke das abzutretende Grundstück liegt.

IX. Der Artikel 51 Satz 2 erhält folgende Fassung:

Ist der Abtretungsberechtigte der Staat, so kann an Stelle der Einweisung in den Besitz die sofortige Zwangsabtretung erwirkt werden; zu einer Sicherheitsleistung ist der Staat nicht verpflichtet.

X. Der Artikel 53 erhält folgende Fassung:

An der Entschädigungssumme stehen den Betheiligten, deren Rechte nach Art. XI des Gesetzes vom 17. November 1837 auf die Entschädigungssumme übergegangen sind, dieselben Rechte zu, die sie im Falle des Erlöschens ihrer Rechte durch Zwangsversteigerung an dem Erlöse haben würden. Der bisherige Eigenthümer und jeder Berechtigte kann die Eröffnung eines Vertheilungsverfahrens nach den für die Vertheilung des Erlöses im Falle der Zwangsversteigerung geltenden Vorschriften beantragen.

Das Gericht hat bei der Eröffnung des Verfahrens von Amtswegen das Grundbuchamt um die im § 19 Abs. 2 des Gesetzes über die Zwangsversteigerung und die Zwangsverwaltung bezeichneten Mittheilungen zu ersuchen.

Als Betheiligte im Sinne des § 9 Nr. 1 des Gesetzes über die Zwangsversteigerung und die Zwangsverwaltung gelten diejenigen,
S. 62. für welche zur Zeit || der Ertheilung der beglaubigten Abschrift des Grundbuchblatts ein Recht im Grundbuch eingetragen oder durch Eintragung gesichert ist; die in Folge der Zwangsabtretung erfolgten Rechtsänderungen bleiben außer Betracht. Als Beschlagnahme im Sinne des § 13 des angeführten Gesetzes ist die Zwangsabtretung, im Falle der Einweisung des Abtretungsberechtigten in den Besitz die Einweisung anzusehen.

XI. Der Artikel 55 erhält folgenden Zusatz:

Vor dieser kann auch die Auflassung erklärt werden.

XII. Als Artikel 55a wird unter der Ueberschrift: „Ablösung“ folgende Vorschrift eingestellt:

Bei der Ablösung eines Rechtes, das dem jeweiligen Eigenthümer eines Grundstücks zusteht, finden, wenn das Grundstück des Berechtigten mit Rechten Dritter belastet ist, auf die Ablösungssumme, soweit nicht besondere Vorschriften bestehen, die im Falle der Zwangsenteignung für die Entschädigung geltenden Vorschriften entsprechende Anwendung.

XIII. Als Artikel 68a wird unter der Ueberschrift: „Zwangsvollstreckung bei Fideikommissen, Lehen und landwirthschaftlichen Erbgütern gegen den Nachfolger“ folgende Vorschrift eingestellt:

Bei Familienfideikommissen, Lehen mit Einschluß der allodifizirten Lehen, Stammgütern und landwirthschaftlichen Erbgütern finden auf die Zwangsvollstreckung gegen den Rechtsnachfolger des

Schuldners die für die Zwangsvollstreckung gegen den Erben des S. 62.
Schuldners geltenden Vorschriften entsprechende Anwendung.

XIV. An die Stelle des Artikel 69 treten unter der Ueberschrift: „Aufgebotsverfahren" folgende Vorschriften:

Artikel 69.

Für das Aufgebotsverfahren zum Zwecke der Kraftloserklärung ist bei Schuldverschreibungen des bayerischen Staates das Amtsgericht, bei welchem die Staatsschuldentilgungsanstalt ihren allgemeinen Gerichtsstand hat, bei Schuldverschreibungen, die von einer dem bayerischen Staate angehörenden Körperschaft, Stiftung oder Anstalt des öffentlichen Rechtes ausgestellt sind, das Amtsgericht, bei welchem die Körperschaft, Stiftung oder Anstalt ihren allgemeinen Gerichtsstand hat, ausschließlich zuständig.

Artikel 69a.

Für das Aufgebotsverfahren zum Zwecke der Kraftloserklärung einer Urkunde der im § 808 des Bürgerlichen Gesetzbuchs bezeichneten Art, für welche Zins- oder Rentenscheine nicht ausgegeben sind, sowie eines Hypotheken-, Grundschuld- oder Rentenschuldbriefs gelten die nachfolgenden besonderen Bestimmungen.

Die öffentliche Bekanntmachung des Aufgebots und der Zahlungs- S. 63.
sperre erfolgt durch Anheftung an die Gerichtstafel und durch zweimalige Einrückung in das für die Bekanntmachungen des Gerichts bestimmte Blatt. Das Gericht kann anordnen, daß die Bekanntmachung noch in anderen Blättern erfolgen soll. Die Aufgebotsfrist muß mindestens drei Monate betragen. Sie beginnt mit der ersten Einrückung in das für die Bekanntmachungen des Gerichts bestimmte Blatt.

Die im § 1017 Abs. 2, 3 und im § 1022 Abs. 1 der Civilprozeßordnung vorgeschriebenen Bekanntmachungen erfolgen in dem für die Bekanntmachungen des Gerichts bestimmten Blatte.

Auf Versicherungspolizen sowie auf Grundschuld- und Rentenschuldbriefe, die auf den Inhaber ausgestellt sind, finden diese Vorschriften keine Anwendung.

Artikel 69b.

Die öffentliche Bekanntmachung der in den §§ 977, 982, 988, 1002 der Civilprozeßordnung bezeichneten Aufgebote erfolgt durch Anheftung an die Gerichtstafel und einmalige Einrückung in das für die Bekanntmachungen des Gerichts bestimmte Blatt. Die Aufgebotsfrist beginnt mit der Einrückung in dieses Blatt.

Wird die öffentliche Bekanntmachung des wesentlichen Inhalts des Ausschlußurtheils angeordnet, so erfolgt sie durch das im Abs. 1 bezeichnete Blatt.

XV. Der Artikel 88 wird unter der Ueberschrift: „Feststellung des Datums einer Privaturkunde" als Artikel 70a eingestellt.

XVI. Die Artikel 12 bis 19, 23 bis 33, 56 bis 67, 71 bis 77, 79 bis 87, 89 bis 121, 123 bis 126, 135, 140 bis 168, 171 bis 174, 176 bis 219, 222 bis 224 werden aufgehoben.

Die Vorschriften der Artikel 25 bis 33, 125, 171 bleiben jedoch in Kraft, bis das Grundbuch als angelegt anzusehen ist. Für

S. 63. das im § 82 des Hypothekengesetzes bestimmte Aufgebot verbleibt es in Ansehung des Verfahrens bei den bisherigen Vorschriften mit der Maßgabe, daß die Vorschriften des Artikel 69b entsprechende Anwendung finden und die Aufgebotsfrist mindestens sechs Wochen betragen muß. Bei einer vertragsmäßigen Versteigerung von Grundstücken nach Artikel 202 bleiben für das Verfahren die Vorschriften des Artikel 202 Abs. 1, 4 bis 7 maßgebend.

Die Artikel 127 bis 134, 136 bleiben in Ansehung der Hypotheken in Kraft, welche zu der Zeit bestehen, zu der das Grundbuch als angelegt anzusehen ist.

Der Artikel 169 bleibt für Rechtsverhältnisse, die sich nach den bisherigen Vorschriften bestimmen, in Kraft, sofern der Wohnsitz vor dem Inkrafttreten des Bürgerlichen Gesetzbuchs erwählt worden ist.

S. 64. Die Artikel 220, 221 bleiben für die nach den bisherigen Vorschriften errichteten Urkunden der in ihnen bezeichneten Art in Kraft

Die noch geltenden Vorschriften der Preußischen Allgemeinen Gerichtsordnung und der Pfälzischen Civilprozeßordnung werden aufgehoben. Die Vorschrift des § 128 Theil I Titel 10 der Preußischen Allgemeinen Gerichtsordnung bleibt jedoch für die vor dem 1. Januar 1876 erfolgten Eintragungen in die Kirchenbücher in Kraft.

Soweit nach dem Inkrafttreten des Bürgerlichen Gesetzbuchs das in Theil I Titel 51 §§ 100 bis 109 der Preußischen Allgemeinen Gerichtsordnung bestimmte Aufgebot stattfindet, verbleibt es in Ansehung des Verfahrens bei den bisherigen Vorschriften. Das Gleiche gilt für das Hypothekenreinigungsverfahren nach Pfälzischem Rechte.

Artikel 167.

Das Ausführungsgesetz vom 23. Februar 1879 zum Reichs-Gerichtsverfassungsgesetze wird dahin geändert:

I. Der Artikel 15 erhält folgende Fassung:

Die Amtsgerichte sind, soweit nicht andere Bestimmungen getroffen sind, für die Angelegenheiten zuständig, welche zur Zuständigkeit der Stadt- und Landgerichte gehört haben.

Die Amtsgerichte sind neben den Notaren zuständig für die Beurkundung von Vereinbarungen zwischen dem Vater eines unehelichen Kindes und diesem über den Unterhalt für die Zukunft oder über eine an Stelle des Unterhalts zu gewährende Abfindung sowie für die Beurkundung einer Vereinbarung zwischen dem Vater eines unehelichen Kindes und der Mutter über die der Mutter aus der Beiwohnung und der Entbindung entstandenen Ansprüche, sofern diese Vereinbarung mit der Vereinbarung über den Unterhalt des Kindes in derselben Urkunde verbunden wird. Die Amtsgerichte sind nicht zuständig für die Beurkundungen, die nach den Vorschriften der Reichsgesetze durch ein Gericht oder einen Notar zu bewirken sind, sowie für die öffentliche Beglaubigung einer Unterschrift oder eines Handzeichens.

Die Amtsgerichte sind als Nachlaßgerichte nicht zuständig zur Aufnahme des Inventars.

II. Als Artikel 15a wird folgende Vorschrift eingestellt:

Die Amtsgerichte können für bestimmte Arten von Gutachten, soweit nicht besondere Vorschriften maßgebend sind, Sachverständige öffentlich bestellen und im Allgemeinen beeidigen.

III. Dem Artikel 17 Abs. 2 wird folgende Vorschrift beigefügt: S. 65.

Ist die Dienstaufsicht zwischen mehreren Amtsrichtern getheilt, so bestimmt das Staatsministerium der Justiz denjenigen, welchem die Vertheilung der Geschäfte zusteht.

IV. Der Artikel 21 erhält folgende Fassung:

Die im Art. 20 Abs. 1 angeordnete Stellvertretung erstreckt sich nicht auf den Fall rechtlicher Verhinderung des Gerichts.

V. Der Artikel 22 erhält folgende Fassung:

Die Ausfertigungen in den nicht zur ordentlichen streitigen Gerichtsbarkeit gehörenden Angelegenheiten werden, soweit nicht besondere Vorschriften bestehen, von dem Amtsrichter unterschrieben.

VI. Der Artikel 29 erhält folgende Fassung:

Die in dem gegenwärtigen Gesetze den Landgerichten zugewiesenen, nicht zur ordentlichen streitigen Gerichtsbarkeit gehörenden Angelegenheiten werden von den Civilkammern erledigt.

VII. Im Artikel 30 erhält

1. der Abs. 1 folgende Fassung:

Die Vorschriften der §§ 61 bis 68, 77 des Reichs-Gerichtsverfassungsgesetzes gelten auch für die zur Zuständigkeit der Landgerichte gehörenden Angelegenheiten, für welche die Vorschriften der Landesgesetze maßgebend sind.

2. Im Abs. 3 werden die Worte: „in den Fällen des § 100 des Reichs-Gerichtsverfassungsgesetzes der Vorsitzende der Kammer für Handelssachen" gestrichen.

3. Der Abs. 4 erhält folgende Fassung:

Ausfertigungen in den Angelegenheiten der freiwilligen Gerichtsbarkeit werden von dem Gerichtsschreiber unterschrieben.

VIII. Im Artikel 36 Ziff. 2 werden die Worte: „nach den Vorschriften des gegenwärtigen Gesetzes" ersetzt durch die Worte:

„nach Art. 28".

IX. Im Artikel 37 werden die Worte: „mit Ausnahme der Behandlung der im Art. 41 bezeichneten Strafsachen" gestrichen.

X. Der Artikel 38 erhält folgende Fassung:

Die Vorschriften der §§ 121, 124 des Reichs-Gerichtsverfassungsgesetzes gelten auch für die zur Zuständigkeit der Oberlandesgerichte gehörenden Angelegenheiten, für welche die Vorschriften der Landesgesetze maßgebend sind.

Auf die Vertretung des Präsidenten finden die Vorschriften des Art. 32 entsprechende Anwendung.

XI. Der Artikel 39 erhält folgende Fassung: S. 66.

Die Vorschriften des Art. 30 Abs. 3, 5 finden bei den Oberlandesgerichten entsprechende Anwendung.

Ausfertigungen in Angelegenheiten der freiwilligen Gerichtsbarkeit, für die das Oberlandesgericht als oberes Gericht zuständig ist, werden von dem Gerichtsschreiber unterschrieben.

XII. An die Stelle des Artikel 42 Abs. 3 treten folgende Vorschriften:

Dem Obersten Landesgerichte wird ferner die Verhandlung und Entscheidung der zur Zuständigkeit der Oberlandesgerichte gehörenden Revisionen und Beschwerden in Strafsachen sowie, unbeschadet der Zuständigkeit des Reichsgerichts, die Entscheidung über das Rechts-

S. 66. mittel der weiteren Beschwerde in Grundbuchsachen und anderen Angelegenheiten der freiwilligen Gerichtsbarkeit zugewiesen.

Das Oberste Landesgericht ist, soweit nicht andere Bestimmungen getroffen sind, für die Angelegenheiten zuständig, welche zur Zuständigkeit des Obersten Gerichtshofs gehört haben.

XIII. Der Artikel 48 erhält folgende Fassung:

Die Civilsenate des Obersten Landesgerichts entscheiden in den Angelegenheiten, für welche die Vorschriften der Landesgesetze maßgebend sind, in der Besetzung von sieben Mitgliedern mit Einschluß des Vorsitzenden, über das Rechtsmittel der weiteren Beschwerde gegen Entscheidungen der Landgerichte als Beschwerdegerichte und über die Bestimmung des zuständigen Gerichts jedoch in der Besetzung von fünf Mitgliedern mit Einschluß des Vorsitzenden.

XIV. Der Artikel 51 Abs. 1 erhält folgende Fassung:

Bei dem Obersten Landesgerichte wird ein Generalstaatsanwalt, bei jedem Oberlandesgerichte wird ein Oberstaatsanwalt, bei jedem Landgerichte wird ein Erster Staatsanwalt aufgestellt.

XV. Der Artikel 52 Abs. 1 erhält folgende Fassung:

Der Generalstaatsanwalt, die Oberstaatsanwälte und die Staatsanwälte werden vom König ernannt.

XVI. Der Artikel 63 erhält folgende Fassung:

Die Gerichtsschreiber bei den Amtsgerichten sind zuständig, Siegelungen und Entsiegelungen sowie die Verrichtungen einer Urkundsperson gemäß § 123 der Konkursordnung vorzunehmen und Vermögensverzeichnisse aufzunehmen, die nach gesetzlicher Vorschrift dem Vormundschaftsgericht einzureichen sind. Sie sollen sich diesen Geschäften nur auf Anordnung des Richters unterziehen.

Den Gerichtsschreibern bei den Amtsgerichten kann von dem Nachlaßgerichte die Aufnahme des Inventars übertragen werden.

S. 67. Die Aufnahme eines Vermögensverzeichnisses nach Abs. 1 oder eines Inventars nach Abs. 2 soll nur angeordnet werden, wenn anzunehmen ist, daß der Werth des Vermögens oder des Nachlasses ohne Abzug der Schulden den Betrag von zweitausend Mark nicht oder nicht erheblich übersteigt.

XVII. Im Artikel 64 werden die Worte: „verpflichteten Schreiber" ersetzt durch das Wort:

„Gerichtsschreibereibediensteten".

XVIII. Im Artikel 65 werden die Worte: „sowie des Zustellungswesens in Sachen der nichtstreitigen Rechtspflege" gestrichen.

XIX. Im Artikel 69 erhält

1. die Ziff. 6 folgende Fassung:

   6) dem Generalstaatsanwalte hinsichtlich der Staatsanwaltschaft bei dem Obersten Landesgerichte, dem Oberstaatsanwalt und dem Ersten Staatsanwalte hinsichtlich der Staatsanwaltschaften ihres Bezirkes.

2. Zwischen Abs. 1 und Abs. 2 wird folgender neue Absatz eingefügt:

   Der Präsident des Oberlandesgerichts und des Landgerichts kann sich mit Genehmigung des Staatsministeriums der Justiz bei der Erledigung einzelner Aufsichtsgeschäfte, die sich auf ein untergebenes Gericht beziehen, durch einen richterlichen Beamten des Gerichts, dessen Vorstand er ist, vertreten lassen.

3. Der bisherige Abs. 2 erhält folgenden Zusatz: S. 67.

Wird der Präsident nach Abs. 2 durch einen richterlichen Beamten vertreten, der nicht Mitglied des Präsidiums ist, so nimmt dieser an der Beschlußfassung des Präsidiums mit berathender Stimme theil.

XX. Als Artikel 74a wird folgende Vorschrift eingestellt:

Die Aufsicht über die Amtsführung der Standesbeamten in der Pfalz gehört zu den Gegenständen der Justizverwaltung. Die erforderlichen Ausführungsbestimmungen erläßt das Staatsministerium der Justiz.

XXI. Der dreizehnte Titel erhält die Ueberschrift:

„Hinterlegungswesen".

XXII. Der Artikel 76 erhält folgende Fassung:

Für die in Angelegenheiten des bürgerlichen Rechtes oder nach den Vorschriften über das gerichtliche Verfahren erfolgenden Hinterlegungen werden bei den Amtsgerichten Hinterlegungsstellen errichtet. Für mehrere Amtsgerichtsbezirke kann eine Hinterlegungsstelle errichtet werden.

Die näheren Bestimmungen über die Hinterlegung werden durch Königliche Verordnung getroffen.

Die Staatsregierung kann die Besorgung des Hinterlegungswesens der Königlichen Bank übertragen und die hiefür erforderlichen Ausführungsvorschriften erlassen. S. 68.

Bei den amtsgerichtlichen Hinterlegungsstellen findet die Anlegung von Mündelgeld nach § 1808 des Bürgerlichen Gesetzbuchs nicht statt.

XXIII. Der Artikel 77 Abs. 1 erhält folgende Fassung:

Die Gerichte haben sich in den Angelegenheiten, für welche die Vorschriften der Landesgesetze maßgebend sind, Rechtshülfe zu leisten.

XXIV. Im Artikel 78 Abs. 1 und im Artikel 79 werden die Worte: „in den nicht zur ordentlichen streitigen Gerichtsbarkeit gehörenden Angelegenheiten" ersetzt durch die Worte:

„in den Angelegenheiten, für welche die Vorschriften der Landesgesetze maßgebend sind".

XXV. Der Artikel 28 Abs. 2, 3 und die Artikel 41, 46, 47 werden aufgehoben.

Artikel 168.

Das Gesetz vom 18. August 1899 zur Ausführung der Reichs-Strafprozeßordnung wird dahin geändert:

I. Im Artikel 107 werden die Worte: „Notare oder" gestrichen.

II. Die Artikel 14, 30, 31, 117 bis 121 werden aufgehoben.

Artikel 169.

Das Gesetz vom 18. August 1879 über die Erbschaftssteuer wird dahin geändert:

I. Im Artikel 1 Abs. 1 erhält

1. die lit. a folgende Fassung:

a) von Erbschaften, Vermächtnissen und Schenkungen auf den Todesfall, aus Auflagen auf Zuwendungen dieser Art, die dem Empfänger der Leistung einen Vermögensvortheil zu verschaffen bezwecken, sowie aus Pflichttheilsrechten;

S. 68. 2. die lit. b fällt weg.

II. Im Artikel 4 erhält

1. die Ziff. 1 folgende Fassung:

1) Als Verwandtschaft gilt auch die durch Annahme an Kindesstatt begründete Verwandtschaft sowie das Verhältniß zwischen einem unehelichen Kinde und dessen Abkömmlingen einerseits und dem Vater und dessen Verwandten andererseits, sofern die Vaterschaft erweislich anerkannt ist.

2. die Ziff. 2 folgenden Zusatz:

Die Aufhebung der ehelichen Gemeinschaft nach § 1575 des Bürgerlichen Gesetzbuchs steht der Scheidung gleich.

III. An die Stelle der Artikel 7, 8 treten folgende Vorschriften:

S. 69. Artikel 7.

Auf Grundstücke und denselben gleichstehende Rechte, welche sich außerhalb Bayerns befinden, erstreckt sich die Steuerpflicht nicht.

Innerhalb Bayerns befindliche Grundstücke und denselben gleichstehende Rechte unterliegen der Erbschaftssteuer ohne Unterschied, ob der Erblasser Bayer oder Nichtbayer war und ob er seinen Wohnsitz in Bayern hatte oder nicht.

Artikel 8.

Anderes als das im Art. 7 bezeichnete Vermögen unterliegt der Erbschaftssteuer, wenn der Erblasser zur Zeit seines Todes, im Falle der Todeserklärung bei dem Beginne der Verschollenheit, seinen Wohnsitz in Bayern hatte.

Soweit hienach außerhalb Bayerns befindliches Vermögen der Besteuerung unterliegt, wird auf die Erbschaftssteuer die in dem Staate, in welchem sich das Vermögen befindet, von diesem Vermögen zu entrichtende Erbschaftsabgabe angerechnet.

Hatte der Erblasser zur Zeit seines Todes, im Falle der Todeserklärung bei dem Beginne der Verschollenheit, keinen Wohnsitz, so unterliegt das bewegliche Vermögen der Erbschaftssteuer, soweit es zur Zeit des Todes des Erblassers, im Falle der Todeserklärung zur Zeit der Erlassung des die Todeserklärung aussprechenden Urtheils, sich in Bayern befindet.

Artikel 8a.

Für den Fall, daß der Erblasser seinen Wohnsitz in einem Staate gehabt hat, in dem die Erbschaftssteuer nach anderen als den im Art. 8 bestimmten Grundsätzen erhoben wird, oder Angehöriger eines solchen Staates gewesen ist, kann das Staatsministerium der Finanzen zum Zwecke der Ausgleichung und thunlichster Vermeidung einer Doppelbesteuerung anordnen, daß das bewegliche Vermögen

1) ohne Rücksicht auf den Wohnsitz des Erblassers der Erbschaftssteuer unterliegt, wenn der Erblasser bayerischer Staatsangehöriger gewesen ist;

2) ohne Rücksicht auf den Wohnsitz und die Staatsangehörigkeit des Erblassers der Erbschaftssteuer unterliegt, wenn das Vermögen sich in Bayern befindet.

IV. Im Artikel 11 werden die Worte: „oder die Einweisung in den Besitz des Vermögens eines Abwesenden (Art. 1b)" gestrichen.

V. Der Artikel 22 erhält folgende Fassung: S. 69.

Bei einer Nacherbfolge oder einem Nachvermächtnisse wird der Vorerbe oder der erste Vermächtnißnehmer als Nießbraucher und der Nacherbe oder der Nachvermächtnißnehmer als Erwerber der Substanz des an ihn herauszugebenden Vermögens behandelt. S. 70.

Ist jedoch die Einsetzung des Nacherben oder das Nachvermächtniß auf dasjenige beschränkt, was bei dem Eintritte des Falles der Nacherbfolge oder des Nachvermächtnisses übrig sein wird, so haben sowohl der Vorerbe oder der erste Vermächtnißnehmer von dem vollen Betrage des ihm angefallenen als der Nacherbe oder der Nachvermächtnißnehmer von dem vollen Betrage des an ihn herausgegebenen Vermögens nach ihrem Verhältnisse zum Erblasser die Erbschaftssteuer zu entrichten. Die von dem Vorerben oder dem Vorvermächtnißnehmer entrichtete Steuer wird für den Betrag, für welchen der Nacherbe oder der Nachvermächtnißnehmer steuerpflichtig ist, insoweit zurückvergütet, als sie den Betrag übersteigt, den der Vorerbe oder der Vorvermächtnißnehmer als Nießbraucher schulden würde.

VI. Im Artikel 23 erhält der Satz 1 folgende Fassung:

Haben Ehegatten gemeinschaftlich Verwandte des einen oder beider Ehegatten als Erben eingesetzt oder mit anderen Zuwendungen von Todeswegen bedacht, so wird angenommen, daß der Anfall von dem dem Bedachten am nächsten verwandten Ehegatten herrühre, soweit dessen Nachlaß reicht, sofern sich nicht aus den Umständen ergibt, daß die Zuwendung von dem anderen Ehegatten ausgegangen ist.

VII. Der Artikel 26 enthält folgende Fassung:

Testamentsvollstrecker, gesetzliche Vertreter und Bevollmächtigte der Erbinteressenten, Nachlaßpfleger sowie die Verwalter von Familienstiftungen haften persönlich für die Steuer, wenn sie vor deren Entrichtung oder Sicherstellung die Erbschaft, einzelne Erbtheile, Vermächtnisse, Schenkungen auf den Todesfall, Pflichttheile oder Bezüge aus Familienstiftungen ausantworten oder steuerpflichtige Auflagen erfüllen.

VIII. Im Artikel 28 Abs. 2 werden die Worte „oder auf Einweisung in den Besitz des Vermögens eines Abwesenden“ gestrichen.

IX. Im Artikel 30 werden ersetzt im Satz 1 die Worte: „letztwilliger Verfügungen“ durch die Worte:

„einer Verfügung von Todeswegen“

und im Satz 2 die Worte: „letztwillige Verfügungen“ durch die Worte:

„die Verfügungen von Todeswegen“.

X. Im Artikel 31 Abs. 1 wird statt „notarielles Inventar“ gesetzt „vorschriftsmäßig errichtetes Inventar“.

XI. Der Artikel 34 erhält folgende Fassung:

Für Personen, die unter elterlicher Gewalt, unter Vormundschaft oder unter Pflegschaft stehen, sowie für juristische Personen sind die in den Art. 29, 31 bis 33 aufgestellten Verpflichtungen von den gesetzlichen Vertretern zu erfüllen.

XII. Im Artikel 35 Abs. 1 wird das Wort „notariellen“ gestrichen. S. 71.

XIII. Als Artikel 44a wird der Abs. 4 des Artikel 46 eingestellt.

S. 71. XIV. Der Artikel 25 Abs. 3 Satz 2 und der Artikel 46 Abs. 1 bis 3 werden aufgehoben.

Soweit für einen nach dem Inkrafttreten des Bürgerlichen Gesetzbuchs eintretenden Anfall die Vorschriften des bisherigen bürgerlichen Rechtes maßgebend bleiben, gilt das Gleiche von den bisherigen Vorschriften des Gesetzes über die Erbschaftssteuer; die Vorschriften der Artikel 7 bis 8a der neuen Fassung gelten jedoch auch für solche Anfälle.

Artikel 170.

Das Gesetz vom 21. April 1884, die Landeskultur-Rentenanstalt betreffend, wird dahin geändert:

I. **Im Artikel 7 erhält der Satz 2 folgende Fassung:**

Grundbesitz, welcher schon mit Hypotheken, Grundschulden oder Rentenschulden belastet ist, kann überdieß nur dann als Sicherheit angenommen werden, wenn die Gläubiger der für das Darlehen und die Kulturrente zu bestellenden Hypothek im Range ausweichen.

II. **Der Artikel 8 erhält folgende Fassung:**

Die Sicherheit kann auch in der Weise geleistet werden, daß land- und forstwirthschaftlich benützbarer Grundbesitz mit der Kulturrente als ablösbarer Reallast belastet wird. Die Ablösungssumme muß innerhalb der ersten Werthshälfte zu stehen kommen. Ist der Grundbesitz schon mit Hypotheken, Grundschulden oder Rentenschulden belastet, so muß der Reallast der Vorrang eingeräumt werden.

Die Ablösung der Reallast kann binnen sechs Monaten von der Kommission gefordert werden

1) **in den Fällen des Artikel 5 Abs. II Ziff. 1 und 2,**
2) **wenn der Erwerber des belasteten Grundbesitzes die persönliche Haftung für rückständige Renten nicht übernimmt,**
3) **wenn ohne Einwilligung der Anstaltsverwaltung und ohne gerichtliche Feststellung die Unschädlichkeit von dem belasteten Grundbesitz ein Grundstück oder eine Theilfläche oder ein Realrecht abgetrennt worden ist.**

III. Der Artikel 9 Abs. 2 Ziff. 3 erhält folgende Fassung:

3) **Die ermittelten Theilrenten sind öffentliche Lasten der Grundstücke, auf die sie nach Ziff. 2 vertheilt worden sind.**

IV. Der Artikel 10 Abs. 2 Satz 3 erhält folgende Fassung:

Das Gesuch hat die Erklärung zu enthalten, ob die Sicherheit nach Artikel 7 oder nach Artikel 8 bestellt werden soll.

S. 72. V. Im Artikel 12 werden

1. die Eingangsworte durch folgende Vorschriften ersetzt:

Soll als Sicherheit für das Darlehen und die Kulturrente eine Hypothek oder eine Reallast an dem Grundstücke bestellt werden, zu dessen Verbesserung das Darlehen gewährt wird, so findet auf Antrag des Gesuchstellers eine gerichtliche Aufforderung der Hypotheken-, Grundschuld- und Rentenschuldgläubiger zur Erklärung darüber statt, ob sie dem Vorrange der zu bestellenden Hypothek oder Reallast widersprechen. Ist das Recht eines der Gläubiger mit dem Rechte eines Dritten belastet, so ist die gerichtliche Aufforderung auch an den Dritten zu richten.

Für die gerichtliche Aufforderrung gelten die nachfolgenden Bestimmungen:

2. Die Ziff. 2 erhält folgende Fassung: S. 72.
Nach Zusicherung des Darlehens läßt die Kommission ihren Bescheid und das Darlehensgesuch mit den Beilagen durch die Distriktsverwaltungsbehörde dem Amtsgerichte, bei welchem das Grundbuch für das Grundstück geführt wird, mittheilen und das Amtsgericht um Erlassung der Aufforderung an die Hypotheken-, Grundschuld- und Rentenschuldgläubiger und, sofern ein Recht, das zurücktreten soll, mit dem Rechte eines Dritten belastet ist, an den Dritten ersuchen.
3. Die Ziff. 3 lit. b, c, d erhält folgende Fassung:
b) die Bezeichnung der Hypotheken, Grundschulden und Rentenschulden, welche der als Sicherheit für das Darlehen und die Kulturrente zu bestellenden Hypothek oder Reallast im Range ausweichen sollen;
c) die Mittheilung, daß die Beschreibung des Unternehmens mit den Plänen und Kostenvoranschlägen und der Bescheid der Kommission auf der Gerichtsschreiberei eingesehen werden können;
d) die Eröffnung, daß die Zustimmung des Hypotheken-, Grundschuld- oder Rentenschuldgläubigers und, sofern dessen Recht mit dem Rechte eines Dritten belastet ist, auch die Zustimmung des Dritten zu der Rangausweichung angenommen werde, wenn nicht innerhalb eines Monats bei dem Amtsgerichte schriftlich oder zum Protokolle des Gerichtsschreibers Widerspruch erhoben wird.
4. An die Stelle der Ziff. 3 Abs. 2 Satz 2 treten folgende Vorschriften:
Die öffentliche Zustellung erfolgt durch Anheftung an die Gerichtstafel und einmalige Einrückung in das für die Bekanntmachungen des Amtsgerichts bestimmte Blatt. Das Amtsgericht kann anordnen, daß die Veröffentlichung noch in einem anderen Blatte erfolgen soll. Die Erklärungsfrist beginnt mit dem Ablaufe von zwei Wochen seit der Einrückung, im Falle mehrfacher Einrückung seit der letzten Einrückung.
5. Die Ziff. 3 erhält folgenden Abs. 3: S. 73.
Berechtigte, die nicht im Grundbuch eingetragen sind, werden nur berücksichtigt, wenn sie Erben eines eingetragenen Berechtigten sind oder wenn ihre Rechte angemeldet und auf Verlangen des Amtsgerichts glaubhaft gemacht sind.
6. Die Ziff. 4 erhält folgende Fassung:
Soweit innerhalb der Frist Widerspruch nicht erhoben ist, hat das Amtsgericht auszusprechen, daß die Rangausweichung als von den aufgeforderten Berechtigten bewilligt zu erachten ist. Die Berechtigten sind in dem Beschlusse zu bezeichnen.
7. Als Ziff. 6 wird folgende Vorschrift hinzugefügt:
In dem Falle der Ziff. 4 finden auf die Eintragung des Vorranges der als Sicherheit für das Darlehen und die Kulturrente bestellten Hypothek oder Reallast, soweit durch die Eintragung eine Hypothek, Grundschuld oder Rentenschnld betroffen wird, die Vorschriften der §§ 42 bis 44 der Grundbuchordnung keine Anwendung. Das Grundbuchamt hat den Besitzer des Hypotheken-, Grundschuld- oder Rentenschuldbriefs zur Vorlegung anzuhalten, um nach den Vorschriften des § 62 Abs. 1 und des § 70 Abs. 1 der Grundbuchordnung zu verfahren.

S. 73. VI. Im Artikel 13 Abs. 4 werden

1. die Worte: „und unterliegt nur der in dieses Grundstück stattfindenden Zwangsvollstreckung" gestrichen,
2. folgende Vorschrift beigefügt:

Ist das Grundstück zum Zwecke der Zwangsvollstreckung in Beschlag genommen, so ist die Anstalt zu der Auszahlung nicht verpflichtet.

VII. Der Artikel 18 erhält folgende Fassung:

Die Bewilligung zur Löschung der für die Landeskultur-Rentenanstalt eingetragenen Hypothek oder Reallast oder zur Umschreibung der Hypothek wird von der Anstaltsverwaltung durch schriftliche Erklärung ertheilt.

Hat die Hypothek den Vorrang vor den zur Zeit der Eintragung bestehenden Hypotheken, Grundschulden und Rentenschulden nach Artikel 12 Ziff. 4 erlangt, so kann diesen Rechten gegenüber der Vorrang, soweit sich die Hypothek mit dem Eigenthum an dem belasteten Grundstück in einer Person vereinigt, nicht geltend gemacht werden.

VIII. An die Stelle des Artikel 23 Abs. 1 Satz 2 treten folgende Vorschriften:

Für Schuldbekenntnisse und Bestellungen von Hypotheken und Reallasten, für Rangänderungen zu Gunsten der zu bestellenden Hypotheken oder Reallasten, mit Einschluß der Berichtigung der
S. 74. Hypotheken-, Grundschuld- und Renten || schuldbriefe, sowie für Eintragung und Löschung der Hypotheken und Reallasten und für die Umschreibung der Hypotheken auf den Eigenthümer des belasteten Grundstücks werden Gebühren zur Staatskasse nicht erhoben. Das Gleiche gilt für Erklärungen, welche die Aufhebung einer Hypothek, Grundschuld oder Rentenschuld zu Gunsten der zu bestellenden Hypothek oder Reallast betreffen.

IX. Der Artikel 22 wird aufgehoben.

Bis zu der Zeit, zu welcher das Grundbuch als angelegt anzusehen ist, bleibt die Geltung des Artikel 12 des Gesetzes vom 21. April 1884 auf die Landestheile rechts des Rheins beschränkt. Für die im Artikel 12 bestimmte gerichtliche Aufforderung tritt an die Stelle des Amtsgerichts, bei welchem das Grundbuch für das Grundstück geführt wird, das Amtsgericht, bei welchem das Hypothekenbuch für das Grundstück geführt wird; soweit es nach Artikel 12 Ziff. 3 Abs. 3 auf Eintragungen im Grundbuch ankommt, treten an deren Stelle die entsprechenden Eintragungen im Hypothekenbuche. Die Vorschrift des Artikel 18 Abs. 2 findet auf das nach § 84 des Hypothekengesetzes dem Schuldner zustehende Recht entsprechende Anwendung.

Artikel 171.

Das Gesetz vom 29. Mai 1886, die Flurbereinigung betreffend, wird dahin geändert:

I. Als Artikel 9a wird folgende Vorschrift eingestellt:

Zu den im Flurbereinigungsverfahren abzugebenden Erklärungen bedarf der Vater oder die Mutter als Inhaber der elterlichen Gewalt sowie ein Vormund oder Pfleger nicht der Genehmigung des Vormundschaftsgerichts oder des Familienraths, ein Nachlaßpfleger nicht der Genehmigung des Nachlaßgerichts, der gesetzliche Vertreter einer Körperschaft, Stiftung oder Anstalt des öffentlichen

Rechtes oder einer unter der Verwaltung einer öffentlichen Behörde S. 74.
stehenden Stiftung nicht der Genehmigung der vorgesetzten Behörde.

II. Der Artikel 10 Abs. 1 erhält folgende Fassung:

Sind die in die Unternehmung einbezogenen Grundstücke desselben Eigenthümers verschieden belastet, so sind die an ihre Stelle tretenden Grundstücke in Ermangelung einer anderweitigen Uebereinkunft, soweit es zur Wahrung der auf sie übergehenden Rechte erforderlich ist, nach den verschiedenen Belastungen auszuscheiden und im Steuerkatasterplane mit besonderen Nummern zu bezeichnen. Verfügungsbeschränkungen stehen den Belastungen gleich.

III. Der Artikel 13 erhält folgende Fassung:

Wird bei einer Flurbereinigung zum Zwecke der Ausgleichung eine Geldentschädigung nach Art. 6 Abs. 5 geleistet, so ist sie zunächst zur Ablösung der || Grundlasten zu verwenden, soweit diese S. 75.
wegen des Minderwerths der eingetauschten Grundstücke nicht auf diese übertragbar sind; auf den Rest finden, wenn die ausgetauschten Grundstücke mit Rechten Dritter belastet sind, die für die Haftung des Entschädigungsanspruchs und das Vertheilungsverfahren im Falle der Zwangsenteignung geltenden Vorschriften Anwendung.

Eine nach Art. 6 Abs. 6 zu leistende Geldentschädigung haftet für Reallasten, Hypotheken, Grundschulden und Rentenschulden, mit denen die ausgetauschten Grundstücke belastet sind, nach Maßgabe der Vorschriften des § 1123 Abs. 2 Satz 1 und des § 1124 Abs. 1, 3 des Bürgerlichen Gesetzbuchs.

IV. Der Artikel 16 Abs. 1 erhält folgende Fassung:

Die nach den Art. 20, 25, 32 ergehenden Ladungen und Mittheilungen sind, wenn Personen betheiligt sind, die unter Vormundschaft stehen oder für welche die Bestellung eines Pflegers oder eines Beistandes angeordnet ist, auch an das Vormundschaftsgericht, falls eine Nachlaßpflegschaft angeordnet ist, auch an das Nachlaßgericht, für Stiftungen auch an die Aufsichtsbehörde zu richten.

V. Der Artikel 18 Abs. 4 erhält folgenden Zusatz:

Bei Familienfideikommissen finden auch in solchen Fällen die Vorschriften des Art. 9 Anwendung.

VI. Der Artikel 20 Abs. 1 erhält folgende Fassung:

Ist eine Unternehmung als zur weiteren Instruirung geeignet erklärt, so sind die nach Maßgabe des hiebei festgesetzten Umfanges der Unternehmung betheiligten Grundeigenthümer beziehungsweise deren gesetzliche Vertreter durch die Distriktsverwaltungsbehörde zu einer Tagsfahrt mit der Eröffnung zu laden, daß

1) Einwendungen bezüglich der Voraussetzungen der Flurbereinigung (Art. 1 bis 5) bei Vermeidung des Ausschlusses entweder in der Tagsfahrt oder binnen vierzehn Tagen nach derselben bei der Distriktsverwaltungsbehörde vorgebracht werden müssen,
2) diejenigen betheiligten Grundeigenthümer, welche weder in Person erscheinen noch durch einen Bevollmächtigten vertreten sind, unbeschadet der nach Ziff. 1 zu erhebenden Einwendungen, als der Inangriffnahme der Flurbereinigung zustimmend erachtet werden und auch aller Einwendungen gegen die sonstigen Beschlüsse der Tagsfahrt verlustig gehen,
3) zur Stellvertretung eine von der Gemeindebehörde des Wohnorts beglaubigte Vollmacht genügt.

S. 75. VII. Im Artikel 21 erhält
1. der Eingang folgende Fassung:
S. 76. Bei der von der Distriktsverwaltungsbehörde abzuhaltenden Tagsfahrt ist zunächst die beabsichtigte Unternehmung unter Bekanntgabe des zu erwartenden Betrags der Kosten darzulegen sowie auf den im Art. 20 Abs. 1 Ziff. 1 erwähnten Rechtsnachtheil hinzuweisen und sodann Beschluß zu fassen.
2. Der Abs. 5 wird aufgehoben.

VIII. Als Artikel 21a wird folgende Vorschrift eingestellt:
Werden in der Tagsfahrt nach Art. 21 oder während der im Art. 20 Abs. 1 Ziff. 1 festgesetzten Frist von den Betheiligten Einwendungen bezüglich der Voraussetzungen der Flurbereinigung erhoben, so hat die Flurbereinigungs-Kommission zunächst darüber zu entscheiden.

Der Bescheid ist den betheiligten Grundeigenthümern in Ausfertigung zuzustellen.

Gegen den Bescheid ist die Beschwerde an den Verwaltungsgerichtshof zulässig. Die Vorschriften des Art. 35 Abs. 3 finden Anwendung.

IX. Als Artikel 23a wird folgende Vorschrift eingestellt:
Der Ausschuß oder der beauftragte Geometer hat als Geschäftsführer des Unternehmens die auf dieses bezüglichen gemeinschaftlichen Angelegenheiten der betheiligten Grundeigenthümer gerichtlich und außergerichtlich wahrzunehmen.

X. Im Artikel 25 erhält
1. der Abs. 1 folgende Fassung:
Dem Ausschusse beziehungsweise dem beauftragten Geometer kommt der Betrieb aller auf die Ausarbeitung des Projekts bezüglichen Angelegenheiten zu. Hierunter fällt insbesondere die Herstellung des Uebersichtsplans, aus welchem das neu anzulegende Wegenetz und die weiter nöthigen gemeinsamen Anlagen ersichtlich sind, die Aufstellung des Forderungsregisters, die Entgegennahme von Erinnerungen der drittberechtigten Personen, die Vornahme der Werthsermittlungen, der Betrieb der Vermessungen, die Entwerfung des Vertheilungsplans mit Anfertigung der Vorschläge über die Vertheilung der Grundsteuern und Grundlasten sowie der verschiedenen Belastungen im Falle des Art. 10 Abs. 1 und die Ausscheidung der Kosten.
2. der Abs. 4 folgenden Zusatz:
Die vierzehntägige Frist beginnt mit dem Eröffnungstermine, wenn der Betheiligte ungeachtet ordnungsmäßiger Ladung in dem Termine nicht erschienen ist. Die Ladung erfolgt nach Art. 20 Abs. 3 und, wenn der Wohnort des Betheiligten nicht bekannt ist, nach Art. 20 Abs. 2, 4.
3. der Eingang des Abs. 5 folgende Fassung:
Nach Beschluß der Flurbereinigungs-Kommission kann die Anerkennung . . . .

S. 77. XI. Als Artikel 25a werden folgende Vorschriften eingestellt:
Nach der Absteckung der neuen Fluréintheilung kann die Flurbereinigungs-Kommission die betheiligten Grundeigenthümer auf Antrag von mindestens drei Viertheilen derselben vorläufig in den

Besitz der Neuzutheilungen durch den Flurbereinigungs-Ausschuß S. 77.
beziehungsweise den beauftragten Geometer setzen, wenn aus einem längeren Aufschube der Ueberweisung den Antragstellern ein erheblicher Nachtheil erwachsen würde.

Soweit die Flureintheilung bei der endgiltigen Feststellung geändert wird, ist den widersprechenden Betheiligten der Schaden zu ersetzen, den sie dadurch erlitten haben, daß die Ueberweisung vor der endgiltigen Feststellung der Flureintheilung erfolgt ist. Der Schadensersatz gehört zu den Kosten des Unternehmens.

XII. Der Artikel 26 erhält folgende Fassung:

Die Hypotheken-, Grundschuld- und Rentenschuldgläubiger sowie die sonstigen nach Art. 8 Abs. 2 widerspruchsfähigen Personen sind auf Antrag des Ausschusses oder des beauftragten Geometers durch das Amtsgericht, bei welchem das Grundbuch für die auszutauschenden Grundstücke geführt wird, öffentlich aufzufordern, ihre Erinnerungen gegen die sich aus der bevorstehenden Flurbereinigung ergebenden Aenderungen des Gegenstandes ihrer Rechte innerhalb einer Frist von einem Monat entweder bei dem Flurbereinigungs-Ausschusse beziehungsweise dem beauftragten Geometer oder schriftlich oder zum Protokolle des Gerichtsschreibers bei dem Amtsgerichte geltend zu machen. Die Aufforderung hat die Mittheilung zu enthalten, daß der genaue Ausweis des gegenwärtig den Gegenstand ihrer Rechte bildenden und des bei Durchführung der Unternehmung an dessen Stelle tretenden Grundbesitzes, der Schätzung beider und der etwaigen Geldentschädigungen auf der Gerichtsschreiberei eingesehen werden kann. In der Aufforderung ist darauf hinzuweisen, daß ein Widerspruchsrecht nur insoweit besteht, als der Grundbesitz, auf welchen die Rechte übergehen sollen, nicht mindestens den gleichen Werth hat wie der gegenwärtig den Gegenstand der Rechte bildende Grundbesitz. Als Rechtsnachtheil ist anzudrohen, daß das Widerspruchsrecht verloren geht, wenn es nicht vor dem Ablaufe der Frist geltend gemacht wird.

Die Aufforderung geschieht durch Anheftung an die Gerichtstafel und durch einmalige Einrückung in das für die Bekanntmachungen des Amtsgerichts bestimmte Blatt. Das Amtsgericht kann anordnen, daß die Veröffentlichung noch in einem anderen Blatte erfolgen soll. Die Erinnerungsfrist beginnt mit dem Ablaufe von zwei Wochen seit der Einrückung, im Falle der Einrückung in ein zweites Blatt seit der letzten Einrückung.

Der im Abs. 1 erwähnte Ausweis ist von dem Flurbereinigungs- S. 78.
Ausschusse beziehungsweise von dem beauftragten Geometer zu liefern.

XIII. Der Artikel 27 erhält folgende Fassung:

Nach dem Ablaufe der im Art. 26 bestimmten Frist hat das Amtsgericht das Ergebniß der Aufforderung dem Flurbereinigungs-Ausschusse beziehungsweise dem beauftragten Geometer mitzutheilen.

XIV. Im Artikel 28 Abs. 1 Satz 1 werden nach den Worten: „die Werthsermittlung" eingeschaltet die Worte:

„und auf die Höhe der nach Art. 25a zu leistenden Entschädigung".

XV. Im Artikel 34 Abs. 2 werden die Worte: „dann die Hypothek-

S. 78. verhältnisse, Geldentschädigungen und Geldleistungen" ersetzt durch die Worte:

„die Ordnung der sich aus den Vorschriften der Art. 10, 12 ergebenden Belastungsverhältnisse, die Angabe der Geldentschädigungen und Geldleistungen".

XVI. In den Artikel 36 wird als Abs. 4 folgende Vorschrift aufgenommen:

Sind Geldentschädigungen festgesetzt, so erfolgt für den Grundbesitz, dessen Zuweisung mit den Entschädigungen zusammenhängt, die Ertheilung der vollziehbaren Auszüge und die Bezeichnung des Tages des Eigenthumsüberganges erst, wenn die von den Betheiligten zu leistenden Geldbeträge eingezahlt oder die Empfangsberechtigten befriedigt sind.

XVII. Der Artikel 37 erhält folgende Fassung:

Die Flurbereinigungs-Kommission hat das Grundbuchamt unter Mittheilung des Operats oder eines beglaubigten Auszugs aus diesem um die erforderlichen Eintragungen in das Grundbuch zu ersuchen. In dem Ersuchen ist der Tag des Eigenthumsüberganges anzugeben. Bei Eintragungen, von denen Hypotheken, Grundschulden oder Rentenschulden betroffen werden, finden die Vorschriften der §§ 42 bis 44 der Grundbuchordnung keine Anwendung. Das Grundbuchamt hat den Besitzer des Hypotheken-, Grundschuld- oder Rentenschuldbriefs zur Vorlegung anzuhalten, um nach den Vorschriften des § 62 Abs. 1 und des § 70 Abs. 1 der Grundbuchordnung zu verfahren.

Von den nach Art. 6 Abs. 5 festgesetzten Geldentschädigungen hat die Flurbereinigungs-Kommission dem Amtsgerichte, welches für das im Art. 13 bezeichnete Vertheilungsverfahren zuständig ist, Mittheilung zu machen.

XVIII. Im Artikel 39 Abs. 1 werden die Worte: „Operatsauszügen und Hypothekenbriefen" ersetzt durch die Worte:

„Operatsauszügen, Hypotheken-, Grundschuld- und Rentenschuldbriefen".

S. 79. XIX. Im Artikel 42 werden nach dem Worte: „Aussteckungspfähle" eingeschaltet die Worte:

„oder Sicherungssteine".

XX. Die Artikel 44 bis 50 werden aufgehoben.

Bis zu der Zeit, zu welcher das Grundbuch als angelegt anzusehen ist, tritt für die im Artikel 26 des Gesetzes vom 29. Mai 1886 bestimmte gerichtliche Aufforderung an die Stelle des Amtsgerichts, bei welchem das Grundbuch für die auszutauschenden Grundstücke geführt wird, in den Landestheilen rechts des Rheins das Amtsgericht, bei welchem das Hypothekenbuch für die Grundstücke geführt wird, in der Pfalz das Amtsgericht, in dessen Bezirke die Grundstücke belegen sind. Die Vorschriften des Artikel 37 Abs. 1 Satz 1 finden in den Landestheilen rechts des Rheins auf die Eintragungen in das Hypothekenbuch entsprechende Anwendung. In der Pfalz bleiben bis dahin an Stelle des Artikel 10 Abs. 1, 2 der Artikel 46 und an Stelle des Artikel 37 Abs. 1 der Artikel 49 in Geltung.

Artikel 172.

Der Artikel 4 des Gesetzes vom 5. Mai 1890, die Vereinigung der Brandversicherungsanstalt der Pfalz mit jener in den Landestheilen rechts des Rheins

sowie die Abänderung einiger Bestimmungen des Brandversicherungsgesetzes vom S. 79.
3. April 1875 und des Polizeistrafgesetzbuches vom 26. Dezember 1871 betreffend, wird aufgehoben.

Artikel 173.

In dem Gesetze vom 2. Februar 1898, die Fortsetzung der Grundentlastung betreffend, wird der Artikel 22 Abs. 1 Satz 2 aufgehoben.

Artikel 174.

Was in den in Kraft bleibenden landesgesetzlichen Vorschriften von dem Hypothekenbuch und dem Hypothekenamte bestimmt ist, findet auf das Grundbuch und das Grundbuchamt entsprechende Anwendung.

Die Vorschriften über Hypotheken finden entsprechende Anwendung auf Grundschulden und Rentenschulden.

Schlußbestimmungen.

Artikel 175.

Aufgehoben sind:

1. das Hypothekengesetz vom 1. Juni 1822;
2. das Gesetz vom 1. Juni 1822, die Einführung des Hypothekengesetzes und der Prioritätsordnung betreffend;
3. das Gesetz vom 11. September 1825, die Förmlichkeiten bei An- S. 80.
legung und Abnahme der gerichtlichen Siegel, dann bei denjenigen Vermögensabtheilungen und Veräußerungen, welche unter Mitwirkung des Richteramts geschehen müssen, betreffend;
4. das Gesetz vom 11. September 1825, die Aufhebung einiger Bestimmungen des Reglements für den Geschäftsgang der Justizämter im Fürstenthume Leiningen vom 31. August 1805 betreffend;
5. der § 30 Abs. 6 und die §§ 31 bis 34 des Finanzgesetzes vom 28. Dezember 1831;
6. das Gesetz vom 28. Dezember 1831, die Privatvereine zur Versicherung der Feldfrüchte gegen Wetter- und insbesondere Hagelschäden betreffend;
7. das Gesetz vom 28. Dezember 1831, einige civilrechtliche Gegenstände auf den Fall des Eindringens der asiatischen Cholera in Bayern betreffend;
8. die Ziff. 73 lit. a der Nummer III des Landtagsabschieds vom 29. Dezember 1831;
9. das Gesetz vom 23. Mai 1846, die Regulirung des Biersatzes und die Verhältnisse der Bräuer zu den Wirthen und dem Publikum betreffend;
10. das Gesetz vom 29. Juni 1851, die kaufmännischen Anweisungen betreffend;
11. das Gesetz vom 29. Juni 1851, die bürgerlichen Rechte der israelitischen Glaubensgenossen betreffend;
12. das Gesetz vom 22. Februar 1855, die Statutar- und Gewohnheitsrechte der K. Haupt- und Residenzstadt München betreffend;
13. das Gesetz vom 22. Februar 1855, die Aufhebung der lex Anastasiana und anderer bezüglich der Abtretung von Rechten vorgeschriebenen Beschränkungen betreffend;
14. das Gesetz vom 26. März 1859, die Verjährungsfristen betreffend;

S. 80. 15. das Gesetz vom 26. März 1859, die Gewährleistung bei Viehveräußerungen betreffend;

16. das Gesetz vom 29. September 1861, die Verjährung der Forderungen aus Staats-Schuldurkunden der Staatsschulden-Tilgungsanstalt betreffend;

17. der § 26 Ziff. 2 und der § 28 Ziff. 2 Abs. 2 des III. Abschnitts des Landtagsabschieds vom 10. November 1861;

18. das Gesetz vom 10. November 1861, die Einführung des allgemeinen deutschen Handelsgesetzbuchs betreffend;

19. das Gesetz vom 5. Dezember 1867, die Abänderung der gesetzlichen Bestimmungen über die Zinsen betreffend;

20. das Gesetz vom 2. Mai 1868 über die Schließung und Trennung der Ehen der keiner anerkannten Religionsgesellschaft angehörenden Personen;

S. 81. 21. das Gesetz vom 16. Mai 1868, Abänderung einiger Bestimmungen des in der Pfalz geltenden Civilgesetzbuchs über Privilegien und Hypotheken betreffend;

22. der § 60 des Landtagsabschieds vom 29. April 1869;

23. das Gesetz vom 29. April 1869, die privatrechtliche Stellung von Vereinen betreffend;

24. das Gesetz vom 14. Januar 1871, die Intercessionen betreffend;

25. der § 21 des Landtagsabschieds vom 18. Februar 1871;

26. das Gesetz vom 29. Dezember 1873, die Todeserklärung der in Folge des Krieges von 1870/71 vermißten Personen betreffend;

27. das Gesetz vom 27. Juli 1874, die Todeserklärung der in Folge des Krieges von 1866 vermißten Personen betreffend;

28. das Gesetz vom 28. Februar 1880, die Abänderung des Art. 9 des pfälzischen Notariatsgesetzes vom 25. Ventôse XI betreffend;

29. das Gesetz vom 20. März 1882, die Vollstreckungsbefehle in der Pfalz betreffend;

30. das Gesetz vom 29. Mai 1886, die Abänderung einiger Bestimmungen des Hypothekengesetzes betreffend;

31. das Gesetz vom 18. Dezember 1887, die der Pfändung nicht unterworfenen Sachen und Forderungen betreffend;

32. das Gesetz vom 26. April 1888, die Abänderung von Bestimmungen des in der Pfalz geltenden Hypotheken- und Vormundschaftsrechts betreffend;

33. das Gesetz vom 5. Mai 1890, die Form einiger Rechtsgeschäfte betreffend;

34. das Gesetz vom 18. März 1896, die Abänderung des Art. 19 des Notariatsgesetzes vom 10. November 1861 betreffend;

35. das Gesetz vom 18. März 1896, einige Bestimmungen über die Inhaberpapiere betreffend.

Das in der Pfalz geltende Civilgesetzbuch (Code civil) tritt außer Kraft.

Die im § 7 Ziff. I lit. e der Verordnung vom 31. Juli 1817, die Organisation der Generaladministration der Posten betreffend, enthaltene Fristbestimmung für die Beschreitung des Rechtswegs fällt weg.

Artikel 176.

Dieses Gesetz tritt gleichzeitig mit dem Bürgerlichen Gesetzbuch in Kraft.

Artikel 177. S. 81.

Die in diesem Gesetz abgeänderten und für aufgehoben erklärten Vorschriften des Liegenschaftsrechts bleiben, unbeschadet der Vorschriften des Artikel 67, insoweit in Kraft, als ihre Geltung im Artikel 189 des Einführungsgesetzes zum Bürgerlichen Gesetzbuche vorbehalten ist.

Artikel 178.

Die Wahl der Waisenräthe findet nach den Vorschriften des Artikel 96 zum ersten Male im Jahre 1899 statt.

Artikel 179. S. 82.

Die Staatsregierung wird ermächtigt, die Texte:

1. des Gesetzes über Heimat, Verehelichung und Aufenthalt vom 16. April 1868,
2. des Gesetzes, die öffentliche Armen- und Krankenpflege betreffend, vom 29. April 1869,
3. des ersten Abschnitts des Gesetzes zur Ausführung der Reichs-Civilprozeßordnung und Konkursordnung vom 23. Februar 1879,
4. des Gesetzes über die Erbschaftssteuer vom 18. August 1879,
5. des Gesetzes, die Flurbereinigung betreffend, vom 29. Mai 1886,

wie sie sich aus den Aenderungen ergeben, welche in
diesem Gesetze,
dem Gesetze vom 26. Dezember 1871 (G.-Bl. S. 81),
dem Gesetze vom 23. Februar 1872 (G.-Bl. S. 214),
dem Landtagsabschiede vom 15. April 1875 (G. u. V.-Bl. S. 345),
dem Gesetze vom 28. Februar 1884 (G.- u. V.-Bl. S. 75),
dem Gesetze vom 21. April 1884 (G. u. V.-Bl. S. 213),
dem Gesetze vom 3. Februar 1888 (G.- u. V.-Bl. S. 81),
dem Gesetze vom 17. März 1892 (G. u. V.-Bl. S. 51),
dem Gesetze vom 26. Mai 1892 (G. u. V.-Bl. S. 144),
dem Gesetze vom 17. Juni 1896 (G.- u. V.-Bl. S. 297)
vorgesehen sind, unter fortlaufender Nummernfolge der Artikel und bei den in einzelnen Artikeln enthaltenen Aufzählungen unter fortlaufender Reihenfolge der Ziffern oder Buchstaben sowie unter Berichtigung der Verweisungen, durch das Gesetz- und Verordnungs-Blatt bekannt zu machen.

Bei der Bekanntmachung des ersten Abschnitts des Gesetzes vom 23. Februar 1879 bleiben die Ueberschrift sowie die Vorschriften, die nur noch als Uebergangsbestimmungen gelten, weg.

Gegeben zu München, den 9. Juni 1899.

Luitpold,
Prinz von Bayern,
des Königreichs Bayern Verweser.

Dr. Frhr. v. Crailsheim. Dr. Frhr. v. Riedel. Frhr. v. Feilitzsch. Dr. Frhr. v. Leonrod. Frhr. v. Asch.
Dr. v. Landmann.

Auf Allerhöchsten Befehl:
Der Oberregierungsrath
im k. Staatsministerium des Innern:
Dr. Proebst.

11.

Bekanntmachung des Königlichen Staatsministeriums der Justiz, die Umschreibung der auf den Inhaber lautenden Staatsschuldverschreibungen auf den Namen des Berechtigten betr., vom 27. November 1899.

(Justizministerialblatt 1899 Nr. XV vom 8. Dezember 1899 Seite 455 bis 458.)

Die zum Vollzuge der Artikel 49 bis 55 des Ausführungsgesetzes zum Bürgerlichen S. 455.
Gesetzbuche von der K. Staats-Schuldentilgungs-Kommission erlassene Bekanntmachung vom 23. d. Mts. wird hiemit zur Kenntniß der Justizbehörden gebracht.

Bekanntmachung. S. 456.

Mit höchster Genehmigung des K. Staatsministeriums der Finanzen findet auch fernerhin die Umschreibung der auf den Inhaber lautenden bayerischen Staatsschuldverschreibungen auf den Namen bestimmter Berechtigter statt.

Dabei geben folgende Bestimmungen Maß:

1.

Die Umschreibung wird durch die mit der Führung der treffenden Schuldkataster betrauten K. Kassen bethätigt, somit

a) durch die K. Staats-Schuldentilgungs-Hauptkasse für die Schuldverschreibungen der allgemeinen bayerischen Staatsschuld,
b) durch die K. Eisenbahnbau-Dotations-Hauptkasse für die Schuldverschreibungen der bayerischen Eisenbahnschuld,
c) durch die K. Grundrenten-Ablösungskasse für die Schuldverschreibungen der bayerischen Grundrenten-Ablösungsschuld,
d) durch die K. Grundrenten-Ablösungskasse als Landeskultur-Rentenkasse für die bayerischen Landeskultur-Rentenscheine.

Einschreibungen auf den Schuldurkunden von anderer Seite entbehren jeglicher Rechtsgiltigkeit.

2.

Die Umschreibung kann nur auf den Namen von natürlichen oder juristischen Personen, dann von Fideikommissen und Lehen erfolgen.

3.

Die Namensumschreibung findet nur bezüglich der betreffenden Hauptschuldurkunden, nicht aber bezüglich der denselben beigegebenen Zinsscheine statt; letztere behalten daher die Eigenschaft von Schuldverschreibungen auf den Inhaber.

4.

Der Antrag auf Namensumschreibung ist bei der einschlägigen katasterführenden Kasse unter Vorlage der treffenden Inhaberschuldschreibung (ohne Zinsscheine) schriftlich einzureichen.

Dabei sind die Schuldgattung, der Zinsfuß, die Kataster‖nummer und der Kapitals- S. 457.
betrag der umzuschreibenden Staatsschuldverschreibung sowie die natürliche oder juristische Person, bzw. das Fideikommiß oder Lehen, auf dessen Namen die Umschreibung erfolgen soll, genau zu bezeichnen.

Bei Umschreibungen auf den Namen einer natürlichen Person ist insbesondere außer Vor- und Zunamen auch Stand und Wohnort anzugeben.

Bei Anträgen solcher juristischer Personen, denen nach den jeweils bestehenden Vorschriften die Anlage von Kapitalien nur mit Genehmigung oder Zustimmung der Kuratel- oder Aufsichtsbehörde gestattet ist, ist die Ertheilung der Genehmigung bezw. Zustimmung nachzuweisen.

Schuldverschreibungen verschiedener Schuldgattungen sind mit gesonderten Anträgen den treffenden katasterführenden Kassen zu übergeben.

Formulare für die Antragstellung werden bei den einschlägigen katasterführenden Kassen unentgeltlich abgegeben.

5.

Die vollzogene Namensumschreibung wird auf der Rückseite der Schuldurkunde in nachstehender Weise beurkundet:

„Umgeschrieben auf den Namen N. N. in N.“ oder
„Umgeschrieben auf die Distriktsgemeinde N.“

München, den . . .

Buchhaltung der K. . . . Kasse.

Siegel nebst Unterschrift des K. Oberbuchhalters und des mit der Katasterführung beauftragten K. Buchhalters.

6.

S. 457. **Bezüglich** der Stellung von Anträgen, welche eine Verfügung über auf den Namen **umgeschriebene** Staatsschuldverschreibungen (Umschreibung solcher auf den **Namen eines anderen Berechtigten, Löschung** einer Umschreibung) enthalten, sowie bezüglich der Empfang- **nahme der in der** umgeschriebenen Schuldurkunde versprochenen Zahlung geben die Be- **stimmungen** in Art. 49, 50 und 51 des bayerischen Ausführungsgesetzes zum **Bürgerlichen Gesetzbuche vom 9. Juni 1899** Maß.

Juristische Personen, welche nach den jeweils bestehenden Vorschriften zur Stellung
S. 458. **eines Antrags der bezeichneten** Art || nur mit Genehmigung bzw. Zustimmung der **Kuratel- oder Aufsichtsbehörde** befugt sind, bzw. zur Empfangnahme der zufolge Kündung oder **Verloosung von** Schuldverschreibungen zur Heimzahlung gelangenden Kapitalien besonderer **Ermächtigung der Kuratel-** oder Aufsichtsbehörde bedürfen, haben sich bei der Antragstellung **über die Ertheilung der** kuratelamtlichen bzw. aufsichtlichen Genehmigung, in so weit es sich **aber um die** Empfangnahme von zur Heimzahlung gelangenden Kapitalien handelt, über **die kuratelamtliche** bzw. aufsichtliche Ermächtigung auszuweisen.

7.

Für jede Namensumschreibung sowie für die Löschung einer solchen ist von dem Antragsteller eine Gebühr von 50 Pf. für jede Schuldverschreibung zu entrichten.

8.

Die Rücksendung der vorgelegten Schuldverschreibungen erfolgt unter Angabe des vollen Nennwerths; doch bleibt den Betheiligten freigestellt, die Rücksendung ohne oder mit geringerer Werthangabe auf ihre Gefahr ausdrücklich zu bestimmen.

Die Befreiung der Gemeinden, Stiftungen, Anstalten von der Portopflicht und von der in Ziffer 7 angeführten Gebühr richtet sich nach den hierüber bestehenden Bestimmungen.

9.

Vorstehende Bestimmungen treten mit dem 1. Januar 1900 in Kraft. Mit diesem Zeitpunkte verliert die Bekanntmachung vom 1. September 1860, die Eigenthumsvormerkungen und Vinkulirung von Staatsobligationen au porteur betreffend, (Regierungs-Blatt 1860 S. 769 ff.) ihre Wirksamkeit.

12.

a) Bekanntmachung der Königlichen Staatsministerien des Königlichen Hauses und des Aeußern, der Justiz, des Innern, des Innern für Kirchen- und Schulangelegenheiten, der Finanzen und des Königlichen Kriegsministeriums,

Ausführungsvorschriften zu den §§ 980, 981, 983 des Bürgerlichen Gesetzbuchs betreffend, vom 2. Dezember 1899.

(Gesetz- und Verordnungsblatt 1899 Nro. 57 vom 14. Dezember 1899, Seite 994, 995; Justizministerialblatt 1899 Nr. XIX vom 27. Dezember 1899 Seite 585, 586.)

S. 994. Auf Grund der §§ 982, 983 des Bürgerlichen Gesetzbuchs werden folgende Vorschriften über die in Fundsachen u. s. w. von Staats- und Gemeindebehörden, von Staats- und Gemeindeanstalten sowie von Verkehrsanstalten, die von einer Privatperson betrieben werden, zu erlassenden Bekanntmachungen getroffen:

§ 1.

Die nach den §§ 980, 981, 983 des Bürgerlichen Gesetzbuchs von Staats- oder Gemeindebehörden sowie von Staats- oder Gemeindeanstalten zu erlassenden Bekanntmachungen erfolgen durch Aushang an der Amtsstelle oder, wenn für Bekanntmachungen der bezeichneten Art eine andere Stelle bestimmt ist, durch Aushang an dieser Stelle.

Die Behörde oder die Anstalt kann weitere Bekanntmachungen insbesondere durch Einrückung in öffentliche Blätter veranlassen.

§ 2.

Die nach den §§ 980, 981 des Bürgerlichen Gesetzbuchs von einer Verkehrsanstalt, die von einer Privatperson betrieben wird, zu erlassenden Bekanntmachungen erfolgen durch

Aushang an der am Sitze der Anstalt befindlichen Geschäftsstelle oder an der hiefür besonders S. 585.
bestimmten Stelle. Die für die Genehmigung der Anstalt zuständige Behörde kann die Stelle bestimmen, an der der Aushang zu erfolgen hat.

Die Anstalt kann weitere Bekanntmachungen insbesondere durch Einrückung in öffentliche Blätter veranlassen.

§ 3.

Zwischen dem Tage, an dem nach § 1 oder nach § 2 der Aushang bewirkt wird, und dem Tage, an dem das ausgehängte Schriftstück abgenommen wird, soll ein Zeitraum von mindestens sechs Wochen liegen.

Auf die Giltigkeit der Bekanntmachung ist es ohne Einfluß, wenn das Schriftstück S. 586.
von dem Orte des Aushanges vorzeitig entfernt wird.

§ 4.

Die in der Bekanntmachung zu bestimmende Frist zur Anmeldung von Rechten muß mindestens sechs Wochen betragen.

Die Frist beginnt mit dem Aushange. Ist die Bekanntmachung außerdem durch Einrückung in öffentliche Blätter erfolgt, so beginnt die Frist mit der letzten Einrückung.

---

b) Bekanntmachung der Königlichen Staatsministerien der Justiz und des Innern, die Behandlung von Fundsachen betr., vom 14. Dezember 1899.

(Justizministerialblatt 1899 Nr. XIX vom 27. Dezember 1899 Seite 587 bis 590.)

Zur Ausführung der §§ 965 bis 977 des Bürgerlichen Gesetzbuchs wird Folgendes S. 587.
bestimmt.

§ 1.

Jede Ortspolizeibehörde hat die Anzeige eines Fundes sowie die Anzeige über die vom Finder nach § 966 des Bürgerlichen Gesetzbuchs beabsichtigte Versteigerung der gefundenen Sache entgegenzunehmen.

Bei der Entgegennahme der Anzeige des Fundes soll die Polizeibehörde die für die Ermittelung des Empfangsberechtigten erheblichen Umstände von Amtswegen feststellen. Jedenfalls ist — durch Aufnahme eines Protokolls oder in sonst geeigneter Weise — festzustellen:

1. der Tag der Anzeige,
2. die Zeit und der Ort des Fundes,
3. der Gegenstand des Fundes,
4. der Namen und Wohnort des Finders,
5. ob die Sache von dem Finder verwahrt wird oder bei der Polizeibehörde abgeliefert worden ist.

Soweit eine schriftliche Fundanzeige die vorstehenden Angaben nicht enthält, ist der Finder zur Ergänzung der Anzeige zu veranlassen.

§ 2.

Der Finder ist berechtigt, die gefundene Sache oder den Versteigerungserlös bei jeder Ortspolizeibehörde abzuliefern.

§ 3.

Die Ablieferung der gefundenen Sache oder des Versteigerungserlöses kann sowohl von der Ortspolizeibehörde des Fundorts als von der Ortspolizeibehörde, welcher der Fund angezeigt worden ist, verlangt werden. Die Ablieferung soll jedoch regelmäßig nur dann verlangt werden, wenn die Persönlichkeit oder das Verhalten des Finders oder die Be-
schaffen||heit der gefundenen Sache (z. B. leicht entzündbare oder giftige Sachen) die Auf- S. 588.
bewahrung durch die Polizeibehörde zweckmäßig erscheinen lassen.

§ 4.

Ueber die Anzeige des Fundes und die Ablieferung der Sache oder des Versteigerungserlöses hat die Polizeibehörde dem Finder auf Verlangen eine Bescheinigung auszustellen; in der Bescheinigung ist der Tag der Anzeige des Fundes anzugeben.

§ 5.

Ist der Verderb der abgelieferten Sache zu besorgen, oder deren Aufbewahrung mit unverhältnißmäßigen Kosten verbunden, so kann die Polizeibehörde die Sache versteigern lassen. Die Versteigerung kann durch einen Beamten der Polizeibehörde erfolgen.

S. 588. **Ueber offenbar werthlose Sachen sowie über Sachen, aus deren Versteigerung keinerlei Erlös zu erwarten ist, kann die Polizeibehörde in der ihr geeignet erscheinenden Weise verfügen.**

§ 6.

Die Erledigung der Fundangelegenheit liegt der Ortspolizeibehörde des Fundorts ob.

Ist die Anzeige des Fundes oder die Ablieferung der Sache oder des Versteigerungserlöses bei einer anderen Polizeibehörde erfolgt, so hat diese die Ortspolizeibehörde des Fundorts zu verständigen und ihr die Sache oder den Erlös zu übermitteln, sofern nicht vorher sich der Empfangsberechtigte meldet.

§ 7.

Die Ortspolizeibehörde des Fundorts soll sich die Ermittelung des Verlierers angelegen sein lassen.

Sie hat den Fund in einer den Umständen des Falles und dem Werthe der Sache entsprechenden Weise bekannt zu machen. Regelmäßig soll die Bekanntmachung durch Aushang an der für die öffentlichen Bekanntmachungen der Ortspolizeibehörde bestimmten Stelle erfolgen. Die Ortspolizeibehörde kann weitere Bekanntmachungen, insbesondere durch
S. 589. Einrücken || in öffentliche Blätter, veranlassen. Zwischen dem Tage, an dem der Aushang bewirkt, und dem Tage, an dem das ausgehängte Schriftstück wieder abgenommen wird, soll ein Zeitraum von mindestens sechs Wochen liegen.

§ 8.

Der Finder kann auf das Recht zum Erwerbe des Eigenthums verzichten. Der Verzicht kann jeder Ortspolizeibehörde gegenüber erklärt werden. Ist die Polizeibehörde, welcher gegenüber der Verzicht erklärt wird, nicht die des Fundorts, so hat sie der Ortspolizeibehörde des Fundorts Mitteilung zu machen.

§ 9.

Meldet sich innerhalb eines Jahres nach der Anzeige des Fundes ein Empfangsberechtigter, so hat ihn die Ortspolizeibehörde an den Finder wegen der diesem etwa zustehenden Ansprüche zu verweisen; sie darf ihm die Sache oder den Erlös nur mit Zustimmung des Finders herausgeben.

Hat sich innerhalb der einjährigen Frist ein Empfangsberechtigter nicht gemeldet, so hat die Ortspolizeibehörde den Finder, sofern er nicht auf das Recht zum Erwerbe des Eigentums verzichtet hat, zur Abholung der Sache oder des Erlöses innerhalb angemessener Frist aufzufordern. Verlangt der Finder die Herausgabe nicht vor dem Ablaufe der Frist, so ist die Sache oder der Erlös der Gemeinde des Fundorts zu überweisen.

Ist der Finder nach dem Ablaufe der einjährigen Frist nicht zu ermitteln, so ist nach Maßgabe der Ministerialbekanntmachung vom 2. Dezember 1899 (G.-u. VBl. S. 994)*) der Empfangsberechtigte in einer öffentlichen Bekanntmachung zur Wahrung seiner Rechte aufzufordern und die Sache sodann öffentlich zu versteigern. Sind drei Jahre seit dem Ablaufe der in der öffentlichen Bekanntmachung bestimmten Frist verstrichen, so fällt, wenn nicht der Empfangsberechtigte sein Recht vorher angemeldet hat, der Erlös an die Gemeinde (§ 983 mit §§ 979 bis 982 des Bürgerlichen Gesetzbuchs).

S. 590. § 10.

Die gefundene Sache ist nur gegen Erstattung der auf die Ermittelung des Empfangsberechtigten oder die Aufbewahrung der Sache der Polizeibehörde erwachsenen Kosten, der Versteigerungserlös ist nur unter Abzug dieser Kosten dem Empfangsberechtigten oder dem Finder herauszugeben. Hat der Finder die Sache oder den Erlös nicht an die Polizeibehörde abgeliefert, so haftet er der Polizeibehörde für die Kosten bis zur Höhe des Wertes der Sache oder des Erlöses. Zur Sicherung der Deckung der Kosten kann die Polizeibehörde, wenn ihr die Zahlungsfähigkeit des Finders zweifelhaft erscheint, die Ablieferung der Sache oder des Erlöses verlangen, sofern nicht der Finder einen angemessenen Kostenvorschuß leistet.

§ 11.

Die der Ortspolizeibehörde nach den §§ 1 bis 10 obliegenden Verrichtungen sind in München von der Polizeidirektion wahrzunehmen. Der Erlös fällt in München im Falle des § 9 Abs. 3 an den Staat.

§ 12.

Ist die Sache in einer von dem Gemeindeverband ausgeschlossenen Markung (Art. 3 der Gemeindeordnung für die Landestheile rechts des Rheins) gefunden worden, so sind die der Ortspolizeibehörde des Fundorts obliegenden Verrichtungen von der Distriktspolizei-

---

* JMBl. S. 585. Vergl. oben S. 432.

behörde wahrzunehmen. Die Sache oder der Erlös fällt im Falle des § 9 Abs. 2 an die Distriktsgemeinde, im Falle des § 9 Abs. 3 an den Staat. S. 590.

§ 13.

Die Verhandlungen der Ortspolizeibehörden in Fundsachen sind gebührenfrei.

13.

Königlich Allerhöchste Verordnung, Sicherungsmaßregeln beim Tode eines Beamten betreffend, vom 7. Dezember 1899.

(Gesetz- und Verordnungsblatt für das Königreich Bayern 1899 Nr. 58 vom 18. Dezember 1899 Seite 1013, 1014.)

Im Namen Seiner Majestät des Königs.

Luitpold,

von Gottes Gnaden Königlicher Prinz von Bayern,

Regent.

Wir finden Uns bewogen, auf Grund des Artikels 106 des Ausführungsgesetzes zum Bürgerlichen Gesetzbuche zu verordnen, was folgt: S. 1013.

§ 1.

Nach dem Tode eines Beamten des Staates, einer Kreisgemeinde, einer Distriktsgemeinde oder einer nicht unter gemeindlicher Verwaltung stehenden öffentlichen Stiftung, mit Ausnahme der Pfründe- und Kirchenstiftungen, hat — unbeschadet der Zuständigkeit des Nachlaßgerichts — die Behörde, welcher der Verstorbene angehört, oder die Aufsichtsbehörde für die Sicherung der amtlichen Schriftstücke, Gelder und sonstigen Sachen, die der Verstorbene in Verwahrung gehabt hat, Sorge zu tragen, soweit ein Bedürfniß besteht. Die Behörde kann insbesondere die Anlegung von Siegeln anordnen.

Für den Fall des Todes eines Unserer Minister behalten Wir Uns vor, Selbst das Erforderliche anzuordnen. S. 1014.

§ 2.

Die Behörde, welcher die im § 1 bezeichnete Fürsorge obliegt, kann um die Vornahme geeigneter Maßregeln auch das Nachlaßgericht ersuchen.

Hat ein Rentamtmann, Rentamtsverweser oder Steuereinnehmer zur Zeit seines Todes eine Kasse zu verwalten und befindet sich die vorgesetzte Dienstbehörde nicht an dem Sitze der Kasse, so hat das Nachlaßgericht zur Sicherung der im § 1 bezeichneten Sachen die geeigneten Maßregeln von Amtswegen vorzunehmen, sofern nicht die Behörde ersucht, hievon abzusehen. Das Nachlaßgericht hat der Behörde von den Maßregeln Mittheilung zu machen. Der Behörde liegt es ob, das Weitere zu veranlassen.

§ 3.

Werden bei der Ausführung einer Maßregel, die das Nachlaßgericht zur Sicherung eines Nachlasses auf Grund des § 1960 des Bürgerlichen Gesetzbuchs angeordnet hat, Sachen der im § 1 bezeichneten Art vorgefunden, so

S. 1014. hat das Gericht die Behörde, welcher der Verstorbene angehört, oder die Aufsichtsbehörde hievon zu benachrichtigen und ihr zugleich von den Sicherungsmaßregeln, die in Ansehung dieser Sachen vorgenommen worden sind, Mittheilung zu machen. Der Behörde liegt es ob, das Weitere zu veranlassen.

§ 4.

Diese Verordnung tritt am 1. Januar 1900 in Kraft.

München, den 7. Dezember 1899.

Luitpold,

Prinz von Bayern,

des Königreichs Bayern Verweser.

Dr. **Frhr. v. Crailsheim.** Dr. **Frhr. v. Riedel. Frhr. v. Feilitzsch.** Dr. **Frhr. v. Leonrod. Frhr. v. Asch.** Dr. **v. Landmann.**

Auf Allerhöchsten Befehl:
Der General-Sekretär:
Ministerialrath v. Thelemann.

14.

Bekanntmachung des Königlichen Staatsministeriums der Justiz, das Ausführungsgesetz vom 9. Juni 1899 zum Bürgerlichen Gesetzbuche, hier die Abänderung des Gesetzes vom 3. April 1875, die Brandversicherungsanstalt für Gebäude in den Landestheilen rechts des Rheins betr., vom 8. Dezember 1899.

(Justizministerialblatt 1899 Nr. XVIII vom 23. Dezember 1899 Seite 540, 541).

S. 540. Die Hypothekenämter werden hiemit darauf aufmerksam gemacht, daß sie infolge der Aenderungen, welche das Gesetz vom 3. April 1875, die Brandversicherungsanstalt für Gebäude in den Landesteilen rechts des Rheins betreffend, durch den Artikel 164 Nr. V, XI, XII des Ausführungsgesetzes vom 9. Juni 1899 zum Bürgerlichen Gesetzbuch er-
S. 541. fahren hat, vom Inkrafttreten dieses Gesetzes, d. i. vom 1. Januar 1900 an amtliche Mitteilungen über die auf Antrag oder von Amtswegen erfolgte Abminderung der Brandversicherungssummen sowie über den freiwilligen Austritt des Versicherten aus der Anstalt von der Versicherungskammer nicht mehr erhalten werden.

Den Versicherten werden von der Versicherungskammer jeweils Aufnahmsurkunden erteilt, welche alle erforderlichen Aufschlüsse über die Versicherung enthalten. Sind die Versicherten nicht im Besitze von Aufnahmsurkunden, so wird ihnen jederzeit auf ihr Ansuchen ein Auszug aus dem Grundbuche der Versicherungskammer erteilt. Diese Auszüge geben auf einfachste Weise Aufschluß über den neuesten Stand der Immobiliarversicherung des bestimmten Gebäudes.

Die Hypothekenämter werden sich darum wegen etwa nothwendiger Aufschlüsse über den Versicherungsstand eines Gebäudes künftig in der Regel nicht an die Versicherungskammer wenden, sondern sich von dem Versicherten die Aufnahmsurkunde oder den Auszug aus dem Grundbuche der Versicherungsanstalt vorlegen lassen.

Uebrigens wird es künftig in erster Linie den Beteiligten, dem Versicherten und den Hypothekengläubigern, welch' letztere über jeden Antrag auf Abminderung der Versicherungssumme oder auf Austritt aus der Anstalt gehört werden müssen, obliegen, durch entsprechende Anzeige der erfolgten Aenderungen im Versicherungsstande die Berichtigung des etwaigen Eintrags der Brandversicherungssumme im Hypothekenbuche bei dem Hypothekenamte zu erwirken.

15.

Königlich Allerhöchste Verordnung,
das gerichtliche Hinterlegungswesen betreffend, (Hinterlegungsordnung) vom 18. Dezember 1899.

(Gesetz- und Verordnungsblatt für das Königreich Bayern 1899 Nr. 60 vom 23. Dezember 1899 Seite 1033 bis 1046.)

Im Namen Seiner Majestät des Königs.

Luitpold,

von Gottes Gnaden Königlicher Prinz von Bayern,

Regent.

Wir finden Uns bewogen, auf Grund des Artikel 76 des Ausführungs- S. 1033.
gesetzes zum Gerichtsverfassungsgesetz in Betreff des gerichtlichen Hinterlegungswesens zu verordnen, was folgt:

I. Amtsgerichtliche Hinterlegungsstellen.

1. Allgemeine Bestimmungen.

§ 1.

Die Errichtung einer gemeinschaftlichen Hinterlegungsstelle für mehrere Amtsgerichtsbezirke steht dem Staatsministerium der Justiz zu.

§ 2. S. 1034.

Zur Aufbewahrung der hinterlegten Gelder, Werthpapiere und Kostbarkeiten sollen feuer- und einbruchsichere, mit doppeltem Verschlusse versehene Schränke verwendet werden. In anderen Behältern soll die Verwahrung nur erfolgen, wenn die Behälter in möglichst feuersicheren, an Thüren und Fenstern gegen Einbruch befestigten Räumen aufbewahrt werden und mit doppeltem Verschlusse versehen sind.

Schlüsselduplikate werden bei dem Rentamte verwahrt, in dessen Bezirke das Amtsgericht seinen Sitz hat.

Urkunden, die nicht Werthpapiere sind, werden nach Maßgabe der Registraturordnung verwahrt.

§ 3.

Die Hinterlegungsstelle wird mit einem Richter als erstem und einem Gerichtsschreiber als zweitem Hinterlegungsbeamten besetzt. Die Bestimmung der Hinterlegungsbeamten erfolgt, wenn das Gericht mit mehreren Richtern oder Gerichtsschreibern besetzt ist, für die Dauer eines Geschäftsjahrs, durch den Präsidenten des Landgerichts.

Die Verrichtungen der Hinterlegungsstelle obliegen, soweit nicht ein Anderes bestimmt ist, dem ersten Hinterlegungsbeamten.

Die Verwahrung von Urkunden, die nicht Werthpapiere sind, obliegt dem zweiten Hinterlegungsbeamten.

§ 4.

Ist das Gericht mit mehreren Richtern oder Gerichtsschreibern besetzt, so ist aus der Zahl der Richter für den ersten und aus der Zahl der Gerichtsschreiber für den zweiten Hinterlegungsbeamten ein Stellvertreter für die Dauer eines Geschäftsjahrs zu bestimmen. Die Bestimmung des Stellvertreters des ersten Hinterlegungsbeamten erfolgt durch den Präsidenten des Landgerichts, die des zweiten erfolgt durch den Vorstand des Amtsgerichts.

S. 1034. Ist ein Hinterlegungsbeamter verhindert oder seine Stelle erledigt, ohne daß ein Stellvertreter vorhanden ist, so erfolgt die Aufstellung des Stellvertreters durch den Präsidenten des Landgerichts.

§ 5.

Die Hinterlegungsbeamten dürfen bei Annahme- und Ausgabegeschäften nur gemeinschaftlich handeln. Die Kasse steht unter ihrem gemeinschaftlichen Verschlusse; keiner von ihnen darf auch nur vorübergehend seinen Schlüssel dem Anderen überlassen.

§ 6.

Mit Genehmigung des Präsidenten des Landgerichts können für den unmittelbaren Verkehr mit den Betheiligten gewisse Wochentage und Stunden
S. 1035. festgesetzt werden. Die ‖ Festsetzung ist durch das für die Bekanntmachungen des Amtsgerichts bestimmte Blatt zu veröffentlichen; ist die Hinterlegungsstelle für mehrere Amtsgerichtsbezirke errichtet, so ist die Festsetzung durch jedes der für die Bekanntmachungen der Amtsgerichte bestimmten Blätter zu veröffentlichen.

In dringenden Fällen müssen die erforderlichen Geschäfte während der gewöhnlichen Geschäftsstunden auch außerhalb der festgesetzten Zeit vorgenommen werden. Als dringende Fälle gelten insbesondere die im § 40 aufgezählten.

§ 7.

Geld soll nur in Zahlungsmitteln hinterlegt werden, welche bei den Staatskassen in Zahlung zu nehmen sind. Anderes als kassenmäßiges Geld soll jedoch angenommen werden, wenn es nach den Umständen des Falles als zweckmäßig erscheint. Es muß angenommen werden, wenn die Behörde, auf deren Anordnung oder Weisung die Hinterlegung beruht, dies anordnet oder der Hinterleger, welcher durch die Hinterlegung sich von einer Verbindlichkeit befreien will, seiner Erklärung (§ 13) nach die Verbindlichkeit durch Zahlung solchen Geldes erfüllen darf.

§ 8.

Jede Masse ist gesondert zu verwahren. Hinterlegtes, kassenmäßiges Geld ist, sofern es mindestens einhundert Mark beträgt und nach den Umständen des Falles anzunehmen ist, daß es mehr als drei Monate hinterlegt bleibt, bei der K. Bank in solcher Weise verzinslich anzulegen, daß es jederzeit zurückgezogen werden kann. Beträgt das hinterlegte Geld mehr als eintausend Mark, so kann die Anlage auch erfolgen, wenn die Hinterlegung voraussichtlich nur eine kürzere Zeit mindestens aber einen Monat dauert. Die Uebersendung und die Zurückziehung des Geldes erfolgt auf Kosten und Gefahr des Hinterlegers.

In keinem Falle darf hinterlegtes Geld mit anderweitigem Gelde vermischt oder zu anderen als den Zahlungen, zu deren Bewirkung es bestimmt ist, verwendet werden.

§ 9.

Die Hinterlegungsstelle ist nicht verpflichtet, die Auslosung oder Kündigung der Werthpapiere zu überwachen und für die Einziehung neuer Zins-, Renten- oder Gewinnantheilscheine oder der Beträge fälliger Zins-, Renten- oder Gewinnantheilscheine zu sorgen.

Bei der Hinterlegung von Werthpapieren, welche der Vater oder die Mutter, der Vormund, der Pfleger oder der Beistand auf Grund der §§ 1667, 1814, 1818 oder das Nachlaßgericht auf Grund des § 1960 des Bürgerlichen Gesetzbuchs bewirkt, hat die Hinterlegungsstelle, wenn sie wahrnimmt, daß eine Ausloosung oder Kündigung stattgefunden hat, die Einziehung neuer Zins-, Renten- oder Gewinnantheilscheine erforderlich ist oder || fällige Zins-, Renten- oder Gewinnantheilscheine nicht erhoben werden, hievon dem Vormundschaftsgericht oder dem Nachlaßgerichte Mittheilung zu machen. S. 1035. S. 1036.

§ 10.

Ueber die Beschwerde gegen eine Verfügung des ersten Hinterlegungsbeamten entscheidet das Präsidium des Landgerichts. Gegen dessen Entscheidung findet Beschwerde zum Staatsministerium der Justiz statt.

§ 11.

Die erforderlichen Bestimmungen über die Geschäftsführung, insbesondere die Buch- und Kasseführung und die Beaufsichtigung des gerichtlichen Hinterlegungswesens, werden von den Staatsministerien der Justiz und der Finanzen erlassen.

2. Verfahren bei der Hinterlegung.

§ 12.

Die Hinterlegung kann unmittelbar bei der Hinterlegungsstelle oder mittels Einsendung durch die Post erfolgen.

§ 13.

Bei der Hinterlegung ist eine schriftliche Erklärung (Hinterlegungserklärung) in zwei Exemplaren vorzulegen.

Die Erklärung muß enthalten:

1. Namen, Stand oder Gewerbe und Wohnort des Hinterlegers und seines etwaigen Vertreters;
2. die Bezeichnung der zu hinterlegenden Sache; bei Geld den Betrag und, wenn nicht kassenmäßiges Geld hinterlegt wird, die Angabe der Geldsorten; bei Werthpapieren die Angabe der Gattung, der Nummern und des Nennbetrags sowie der sonstigen Unterscheidungsmerkmale der einzelnen Stücke; wenn mit den Werthpapieren die dazu gehörenden Erneuerungsscheine, Zins-, Renten- oder Gewinnantheilscheine hinterlegt werden, auch die hierauf bezüglichen Angaben; bei Kostbarkeiten die Angabe der Gattung und des Stoffes und der etwaigen besonderen Eigenschaften und Merkmale sowie des Schätzungswerths;
3. die Angabe der Veranlassung zur Hinterlegung und, wenn die Hinterlegung in einer bei einer Behörde anhängigen Rechtssache erfolgt, die Bezeichnung der Sache und der Behörde;
4. soweit es thunlich ist, die Bezeichnung der Person, an welche die hinterlegte Sache herausgegeben werden soll, nach Namen, Stand oder Gewerbe und Wohnort.

§ 14.

Bei einer Hinterlegung zum Zwecke der Befriedigung eines Gläubigers

S. 1036. kann ein etwaiger Verzicht des Hinterlegers auf das Recht der Rücknahme in die Hinterlegungserklärung aufgenommen werden.

S. 1037. Macht der Hinterleger das Recht des Gläubigers zur Empfangnahme von der Bewirkung einer Gegenleistung abhängig, so ist dies unter der Bezeichnung der Gegenleistung in der Hinterlegungserklärung anzugeben.

§ 15.

In den Fällen der §§ 1171, 1269 des Bürgerlichen Gesetzbuchs ist der Hinterlegungserklärung der Nachweis beizufügen, daß das Aufgebotsverfahren eingeleitet ist.

§ 16.

Die Hinterlegung von Inhaberpapieren mit den dazu gehörenden Zins-, Renten- oder Gewinnantheilscheinen, von Orderpapieren, die mit Blankoindossament versehen sind, sowie von Kostbarkeiten durch den Vormund, Pfleger oder Beistand auf Grund der §§ 1814, 1818 des Bürgerlichen Gesetzbuchs geschieht auf Grund einer dem Vormunde, Pfleger oder Beistande von dem Vormundschaftsgericht ertheilten Weisung. Die Weisung ist in zwei Exemplaren vorzulegen. Sie muß den Vorschriften des § 13 Abs. 2 Nr. 1, 2 entsprechen und die Bezeichnung der Hinterlegungsstelle sowie der Vormundschaftssache enthalten.

Die Vorschriften des Abs. 1 finden auf die in Gemäßheit des § 1667 des Bürgerlichen Gesetzbuchs erfolgte Hinterlegung von Werthpapieren und Kostbarkeiten durch den Vater oder die Mutter entsprechende Anwendung.

§ 17.

Die Hinterlegungserklärung kann zum Protokolle des Gerichtsschreibers des Amtsgerichts, welches Hinterlegungsstelle ist, oder eines anderen Amtsgerichts abgegeben werden. Ist die Rechtssache, in welcher die Hinterlegung erfolgt, bei dem Landgericht oder einem Gerichte höherer Art anhängig, so kann die Erklärung auch zum Protokolle des Gerichtsschreibers des Gerichts erfolgen, bei dem die Sache anhängig ist.

§ 18.

Ist die Hinterlegungserklärung vollständig und die angegebene Veranlassung eine solche, für welche die Hinterlegung nach den Gesetzen zulässig ist, so darf die Annahme nicht abgelehnt werden.

Wird die Annahme abgelehnt, so sind die zum Zwecke der Hinterlegung eingegangenen Sachen dem Antragsteller auf seine Kosten und Gefahr zurückzusenden. Von der Ablehnung ist der Antragsteller unter Angabe des Grundes zu verständigen.

Die Ablehnung auf Grund der Unzulässigkeit einer Hinterlegung ist unstatthaft:

1. wenn der Hinterleger durch Entscheidung oder Anordnung eines Gerichts oder einer Staatsanwaltschaft zur Hinterlegung für berechtigt oder verpflichtet erklärt ist;
2. wenn ein Gericht oder eine Staatsanwaltschaft um Annahme der Sache ersucht.

S. 1038. § 19.

Auf dem einen Exemplare der Hinterlegungserklärung oder der Weisung des Vormundschaftsgerichts (§ 16) wird die Bescheinigung über die Hinter-

legung ertheilt. Das zweite Exemplar verbleibt bei der Hinterlegungsstelle. S. 1038.
Ist die Hinterlegungserklärung zum Protokolle des Gerichtsschreibers erfolgt, so verbleibt das Protokoll bei der Hinterlegungsstelle, die Bescheinigung wird auf einer Abschrift des Protokolls ertheilt.

Die Bescheinigung ist von beiden Hinterlegungsbeamten, bei der Hinterlegung von Urkunden, die nicht Werthpapiere sind, von dem zweiten Hinterlegungsbeamten zu unterzeichnen. Die Bescheinigung ist mit dem Gerichtssiegel zu versehen.

§ 20.

In den Fällen des § 16 wird dem Vormundschaftsgerichte von der Hinterlegungsstelle kurze Anzeige von der Hinterlegung gemacht.

§ 21.

Hinterlegte Kostbarkeiten kann die Hinterlegungsstelle durch einen Sachverständigen abschätzen oder behufs der Feststellung ihrer Beschaffenheit und ihres Zustandes besichtigen lassen. Der Bescheinigung über die Hinterlegung ist eine Abschrift des Gutachtens beizufügen und, daß dies geschehen, in der Bescheinigung zu vermerken.

Die Kosten der Abschätzung und Besichtigung hat der Hinterleger zu tragen. Vor ihrer Erstattung kann die Herausgabe nicht beansprucht werden.

§ 22.

Bei der Hinterlegung, welche ein Schuldner zum Zwecke der Befreiung von seiner Verbindlichkeit macht, hat die Hinterlegungsstelle auf Antrag des Schuldners in dessen Namen die im § 374 Abs. 2 des Bürgerlichen Gesetzbuchs vorgeschriebene Anzeige an den Gläubiger zu bewirken. Unterläßt der Schuldner in der Hinterlegungserklärung den Antrag, so hat ihn die Hinterlegungsstelle zu dem Nachweis aufzufordern, daß und wann der Gläubiger die Anzeige empfangen hat. Wird der Nachweis nicht vor dem Ablaufe von drei Monaten nach der Aufforderung geführt, so ist die Hinterlegungsstelle ermächtigt, die Anzeige im Namen und auf Kosten des Schuldners zu machen; die Aufforderung muß einen Hinweis auf diese Rechtsfolge enthalten.

3. Verfahren bei der Herausgabe.

§ 23.

Die Herausgabe erfolgt nur auf Antrag. Der Antrag ist schriftlich oder zum Protokolle des Gerichtsschreibers des Amtsgerichts, welches Hinterlegungsstelle ist, oder eines anderen Amtsgerichts zu stellen.

Die Hinterlegungsstelle kann verlangen, daß ihr die Erfüllung der Vor- S. 1039.
aussetzungen, von denen der Anspruch auf Herausgabe abhängt, durch öffentliche oder öffentlich beglaubigte Urkunden nachgewiesen wird.

§ 24.

Ist das Recht des Gläubigers zum Empfange der von dem Schuldner hinterlegten Sache von der Bewirkung einer Gegenleistung abhängig gemacht, so ist zum Nachweise der Empfangsberechtigung die Einwilligung des Schuldners erforderlich.

§ 25.

Der Nachweis des Erwerbes von Todeswegen ist durch einen Erbschein

S. 1039. zu führen; bei dem Erwerb im Wege der Auseinandersetzung genügt ein Zeugniß des zuständigen Gerichts oder Notars.

§ 26.

Die Herausgabe der in Gemäßheit des § 1667 oder der §§ 1814, 1818 des Bürgerlichen Gesetzbuchs von dem Vater oder der Mutter, dem Vormunde, dem Pfleger oder Beistande hinterlegten Werthpapiere und Kostbarkeiten erfolgt auf Weisung des Vormundschaftsgerichts. Zur Herausgabe der jeweils fälligen oder im Laufe des Jahres, in welchem die Herausgabe verlangt wird, oder des nächstfolgenden fällig werdenden Zins-, Renten- oder Gewinnantheilscheine ist die Weisung nur erforderlich, soweit dies in der Hinterlegungsweisung (§ 16) bemerkt ist.

§ 27.

Der Antrag auf Herausgabe darf, unbeschadet eines gerichtlichen Verbots, nicht abgelehnt werden:

1. wenn die Herausgabe durch Erklärung aller Betheiligten bewilligt oder die Empfangsberechtigung durch rechtskräftige Entscheidung festgestellt ist;
2. wenn die Herausgabe von dem Gericht oder der Staatsanwaltschaft angeordnet ist oder das Gericht oder die Staatsanwaltschaft um die Herausgabe ersucht.

§ 28.

Wird die Herausgabe abgelehnt, so ist der Antragsteller unter Angabe des Grundes hievon in Kenntniß zu setzen.

§ 29.

Die Empfangnahme geschieht in der Regel persönlich.

Ueber die Herausgabe ist ein Protokoll aufzunehmen. Das Protokoll soll eine Angabe darüber enthalten, ob die Hinterlegungsbeamten, bei der Herausgabe einer Urkunde, die kein Werthpapier ist, der zweite Hinterlegungsbeamte, den Empfänger kennen und, sofern dies nicht der Fall ist, in welcher Weise sie sich Gewißheit über die Persönlichkeit verschafft haben.

S. 1040. § 30.

Auf schriftlichen Antrag des Empfangsberechtigten wird die herauszugebende Sache ihm mit der Aufforderung, einen Empfangsschein einzusenden, durch die Post übersendet. Die Uebersendung geschieht auf Kosten und Gefahr des Empfangsberechtigten. Uebersteigt der Werth der herauszugebenden Sachen den Betrag von eintausend Mark oder soll die Uebersendung in das Ausland erfolgen, so muß die Unterschrift des Antragstellers öffentlich beglaubigt sein.

Der Postschein dient der Hinterlegungsstelle als Rechnungsbeleg.

§ 31.

Im Verkehre mit den Behörden erfolgt die Herausgabe auf schriftlichem Wege mittels Postsendung.

4. Verkauf von Kostbarkeiten von Amtswegen.

§ 32.

Ist über Kostbarkeiten innerhalb zehn Jahren vom Tage der Hinterlegung an eine Verfügung nicht getroffen worden, so kann die Hinterlegungsstelle den freihändigen Verkauf der Kostbarkeiten veranlassen. Der Verkauf von

Gold- oder Silbersachen darf nur zu einem Preise bewirkt werden, welcher den Gold- oder Silberwerth erreicht. Der Erlös, von welchem die Verkaufskosten zu kürzen sind, wird wie hinterlegtes Geld weiter verwaltet. S. 1040.

Der Hinterleger und die bei der Hinterlegung sonst betheiligten Personen sind von dem beabsichtigten Verkaufe mindestens drei Monate vorher mittels eingeschriebenen Briefes zu benachrichtigen.

Die Benachrichtigung darf unterbleiben, wenn sie unthunlich ist.

Diese Vorschriften finden auf Hinterlegungen, welche erfolgt sind

1. von dem Vater oder der Mutter, dem Vormunde, Pfleger oder Beistand auf Grund des § 1667 oder der §§ 1814, 1818 des Bürgerlichen Gesetzbuchs,
2. auf Anordnung der Fideikommißbehörde in Familienfideikommißsachen,

mit der Maßgabe Anwendung, daß der Verkauf nicht vor dem Ablaufe von fünf Jahren seit der Beendigung der elterlichen Gewalt oder der Vormundschaft oder Pflegschaft oder seitdem die Sache die Eigenschaft als Vermögensstück des Fideikommisses verloren hat, angeordnet werden darf.

5. Erlöschen des Anspruchs auf Herausgabe.

§ 33.

In den Fällen des § 382, des § 1171 Abs. 3 und des § 1269 Satz 3 des Bürgerlichen Gesetzbuchs erlischt der Anspruch auf Herausgabe mit dem Ablaufe von ein‖unddreißig Jahren, wenn nicht der Empfangsberechtigte sich vorher bei der Hinterlegungsstelle meldet. Die Frist beginnt im Falle des § 382 mit dem Ende des Monats, in dem der Gläubiger die Anzeige des Schuldners von der Hinterlegung erhalten hat, in den übrigen Fällen mit der Erlassung des Ausschlußurtheils. S. 1041.

Das Gericht hat das Ausschlußurtheil der Hinterlegungsstelle mitzutheilen.

§ 34.

In den Fällen des § 117 Abs. 2 und der §§ 120, 121, 124, 126 des Gesetzes über die Zwangsversteigerung und die Zwangsverwaltung erlischt der Anspruch auf Herausgabe mit dem Ablaufe von einunddreißig Jahren, wenn nicht der Empfangsberechtigte sich vorher bei der Hinterlegungsstelle meldet. Die Frist beginnt mit der Hinterlegung, in den Fällen der §§ 120, 121 mit dem Ende des Monats, in dem die Bedingung eingetreten ist, unter welcher die Hinterlegung erfolgt ist. Kann der Eintritt der Bedingung nicht ermittelt werden, so beginnt die Frist mit dem Ablaufe von 10 Jahren seit der Hinterlegung oder, wenn die Bedingung erst in einem späteren Zeitpunkt eintreten konnte, seit diesem Zeitpunkte.

§ 35.

In den übrigen Fällen erlischt der Anspruch auf Herausgabe mit dem Ablaufe von dreißig Jahren nach der Hinterlegung, wenn nicht der Empfangsberechtigte sich vorher bei der Hinterlegungsstelle meldet.

Bei Hinterlegungen, welche erfolgt sind

1. auf Grund des § 1667 oder der §§ 1814, 1818 des Bürgerlichen Gesetzbuchs von dem Vater oder der Mutter, dem Vormunde, Pfleger oder Beistande,
2. auf Ersuchen der Fideikommißbehörde in einer Familienfideikommißsache,

beginnt die Frist mit dem Ende des Monats, in welchem die elterliche Gewalt, die Vormundschaft oder Pflegschaft oder die Eigenschaft der Sache als Vermögensstück des Fideikommisses aufgehört hat.

S. 1041. § 36.

Hat in den Fällen des § 35 innerhalb der Frist ein Betheiligter die Fortdauer der Veranlassung zur Hinterlegung angezeigt und nachgewiesen, so beginnt die Frist mit dem Ende des Monats, in welchem der Betheiligte die Anzeige gemacht hat, von Neuem.

Im Falle der Anbringung eines Gesuchs um Herausgabe von Zins-, Renten- oder Gewinnantheilscheinen oder von Erneuerungsscheinen hinterlegter Werthpapiere sowie im Falle der Zurückweisung eines Gesuchs um Herausgabe hinterlegter Sachen findet die Vorschrift des Abs. 1 entsprechende Anwendung, wenn anzunehmen ist, daß zur Zeit der Anbringung des Gesuchs die Veranlassung zur Hinterlegung noch fortdauerte.

S. 1042. § 37.

Das Erlöschen des Anspruchs kommt dem Fiskus zu statten.

§ 38.

Hinterlegte Urkunden, die nicht Werthpapiere sind, können, wenn der Anspruch auf Herausgabe erloschen ist, auf Anordnung der Hinterlegungsstelle vernichtet werden.

§ 39.

Im Juni und im Dezember jedes Jahres hat die Hinterlegungsstelle ein Verzeichniß der Massen, bei welchen im Laufe des nächsten Jahres das Erlöschen des Anspruchs auf Herausgabe bevorsteht, durch Anheftung an die Gerichtstafel und durch einmalige Einrückung in das für die Bekanntmachungen des Amtsgerichts bestimmte Blatt öffentlich bekannt zu machen. In das im Juni bekannt zu machende Verzeichniß sind die Massen aufzunehmen, bei welchen der Anspruch in der ersten Hälfte des nächsten Kalenderjahrs, in das im Dezember bekannt zu machende Verzeichniß sind die Massen aufzunehmen, bei welchen der Anspruch in der zweiten Hälfte des nächsten Kalenderjahrs erlischt. In das Verzeichniß sind die im § 13 Abs. 2 Nr. 1, 2, 4 bezeichneten Angaben sowie der wesentliche Inhalt der im § 13 Abs. 2 Nr. 3 bezeichneten Angabe aufzunehmen. Das Verzeichniß soll vor dem Ablaufe von sechs Monaten seit der Anheftung von der Gerichtstafel nicht abgenommen werden. Die Einrückung in das Blatt darf unterbleiben, wenn die Kosten dem Bestande der Massen gegenüber, bei welchen das Erlöschen des Anspruchs auf Herausgabe bevorsteht, unverhältnißmäßig groß sind.

6. Vorläufige Verwahrung.

§ 40.

Die Amtsgerichte, für deren Bezirke ein anderes Amtsgericht als Hinterlegungsstelle bestimmt ist, haben Geld, Werthpapiere und Kostbarkeiten in vorläufige Verwahrung zu nehmen, wenn von der Hinterlegung abhängt:

1. die Zulassung eines Dritten zur einstweiligen Prozeßführung;
2. die Zulassung eines Ausländers zur Prozeßführung;
3. die Vollstreckbarkeit einer Entscheidung;
4. der Beginn, die Fortsetzung, die einstweilige Einstellung, die Einstellung, die Beschränkung oder die Abwendung einer Zwangsvollstreckung;
5. Die Aufhebung einer erfolgten Vollstreckungsmaßregel;
6. die Anordnung, die Vollziehung, die Abwendung der Vollziehung, die Bestätigung, Abänderung oder Aufhebung eines Arrestes, einer einstweiligen Verfügung oder einer sonstigen Sicherheitsmaßregel;

7. die Freilassung des Beschuldigten; S. 1043.
8. der Aufschub der Strafvollstreckung.

Mit der Annahme zur vorläufigen Verwahrung gilt die Hinterlegung als bewirkt.

§ 41.

Das Gesuch um Annahme zur vorläufigen Verwahrung ist bei dem Amtsgerichte schriftlich oder zum Protokolle des Gerichtsschreibers zu stellen. Dem Gesuche muß die Hinterlegungserklärung (§§ 13—15) in zwei Exemplaren beigefügt werden.

§ 42.

Die Annahme zur vorläufigen Verwahrung sowie die Herausgabe erfolgt nur auf Weisung des Amtsgerichts. Im Uebrigen finden die Vorschriften der §§ 12, 18, 19, 21 bis 31 entsprechende Anwendung.

§ 43.

Die vorläufige Verwahrung geschieht unter gemeinschaftlichem Verschluß eines Richters und eines Gerichtsschreibers des Amtsgerichts. Die Aufstellung des Richters und des Gerichtsschreibers erfolgt für die Dauer eines Geschäftsjahrs durch den Präsidenten des Landgerichts. Die Vorschriften der §§ 5, 7, des § 8 Abs. 1 und der §§ 10, 11 finden entsprechende Anwendung.

§ 44.

Das Amtsgericht kann die Hinterlegung der Sachen bei der Hinterlegungsstelle jederzeit bethätigen. Es hat sie zu bethätigen, wenn anzunehmen ist, daß die Herausgabe nicht binnen zwei Wochen erfolgen werde.

Der Sendung an die Hinterlegungsstelle sind eine beglaubigte Abschrift der amtsgerichtlichen Hinterlegungsweisung (Abs. 1) und das zurückbehaltene Exemplar der Hinterlegungserklärung beizufügen. Die Sendung geschieht auf Kosten und Gefahr des Hinterlegers.

Die Hinterlegungsstelle hat dem Hinterleger eine Bescheinigung über die Hinterlegung, dem Amtsgericht Abschrift dieser Bescheinigung mitzutheilen.

§ 45.

Die Amtsgerichte, für deren Bezirke ein anderes Amtsgericht als Hinterlegungsstelle bestimmt ist, können, wenn dies nach den Umständen für zweckmäßig erachtet wird, die auf Grund der §§ 1667, 1814, 1818, 1960 des Bürgerlichen Gesetzbuchs zu hinterlegenden Sachen nach den für die vorläufige Verwahrung geltenden Vorschriften übernehmen und die Hinterlegung selbst besorgen.

Sie können in solchen Fällen auch anordnen, daß die herauszugebenden Sachen an sie übersendet werden, und die Herausgabe selbst vornehmen.

Zu den in den Abs. 1, 2 bezeichneten Anordnungen ist das Vormund- S. 1044.
schaftsgericht, im Falle des § 1960 das Nachlaßgericht zuständig.

II. Besorgung des Hinterlegungswesens durch die K. Bank.

§ 46.

Die Uebertragung der Besorgung des Hinterlegungswesens an die K. Bank erfolgt durch Anordnung der Staatsministerien der Justiz und der Finanzen.

S. 1044. § 47.

Die K. Bank kann auch nicht kassenmäßiges Geld zur Hinterlegung annehmen. Sie ist jedoch berechtigt, es in kassenmäßiges umzusetzen, wenn die Umsetzung nach den Umständen des Falles zweckmäßig erscheint und die Behörde, auf deren Anordnung oder Weisung die Hinterlegung beruht, die Umsetzung nicht verboten hat. Die K. Bank haftet nur für den bei der Umsetzung als Reinerlös erzielten Betrag.

Hinterlegtes kassenmäßiges oder in kassenmäßiges umgesetztes Geld geht in das Eigenthum der K. Bank über, welche dem Empfangsberechtigten zur Zahlung des Kapitals und der Zinsen verpflichtet ist. Die Verzinsung wird nach dem Ablaufe von 5 Jahren seit der Hinterlegung eingestellt, wenn nicht ein Betheiligter die Fortdauer der Hinterlegung anzeigt und nachweist. Der Zinsfuß und der Beginn der Verzinsung, ferner die Fälle, in denen nicht erhobene Zinsen bezüglich der Verzinsung als neue Anlagen zu gelten haben, werden durch die Staatsministerien der Justiz und der Finanzen bestimmt.

Hinterlegte nicht kassenmäßige Gelder, Werthpapiere und Kostbarkeiten werden gesondert verwahrt.

§ 48.

Die für das Verfahren bei der Hinterlegung bezüglich der amtsgerichtlichen Hinterlegungsstellen geltenden Vorschriften der §§ 12 bis 16, 18 bis 22 finden Anwendung. Die Hinterlegungserklärung kann zum Protokolle des Gerichtsschreibers des Amtsgerichts, für dessen Bezirk die K. Bank Hinterlegungsstelle ist, oder eines anderen Amtsgerichts abgegeben werden; ist die Rechtssache, in welcher die Hinterlegung erfolgt, bei dem Landgericht oder einem Gerichte höherer Art anhängig, so kann die Erklärung auch zum Protokolle des Gerichtsschreibers des Gerichts erfolgen, bei welchem die Sache anhängig ist.

§ 49.

Die Herausgabe der hinterlegten Sachen findet nur auf Weisung des Amtsgerichts statt, für dessen Bezirk die K. Bank Hinterlegungsstelle ist. Die
S. 1045. Weisung hat den Namen || den Stand oder das Gewerbe und den Wohnort des Empfangsberechtigten sowie die herauszugebende Sache anzugeben.

Der Weisung bedarf es nicht:

1. wenn durch rechtskräftige Entscheidung die Berechtigung zur Empfangnahme festgestellt ist;
2. wenn die Herausgabe von dem Gericht oder der Staatsanwaltschaft angeordnet ist oder das Gericht oder die Staatsanwaltschaft um die Herausgabe ersucht.

§ 50.

Im Uebrigen finden die für das Verfahren bei der Herausgabe bezüglich der amtsgerichtlichen Hinterlegungsstellen geltenden Vorschriften der §§ 23 bis 28, des § 29 Abs. 1 und der §§ 30, 31 Anwendung. Für die Weisung des Amtsgerichts gelten die §§ 27, 28.

§ 51.

Der Antrag auf Herausgabe kann zum Protokolle des Gerichtsschreibers des Amtsgerichts, für dessen Bezirk die K. Bank Hinterlegungsstelle ist, oder eines anderen Amtsgerichts gestellt werden.

Der Antragsteller kann beantragen, daß das Amtsgericht die Weisung der K. Bank übersendet.

§ 52. S. 1045.

Die Vorschriften der §§ 32 bis 39 finden mit nachstehenden Abweichungen Anwendung.

Das Erlöschen des Anspruchs auf Herausgabe tritt, wenn das hinterlegte Geld von der K. Bank verzinst wird, nicht vor dem Ablaufe von fünf Jahren seit der Einstellung oder der letzten Einstellung der Verzinsung ein.

Der Anspruch auf Herausgabe erlischt zu Gunsten der K. Bank.

Das im § 39 vorgeschriebene Verzeichniß hat die K. Bank im Einvernehmen mit dem Amtsgerichte herzustellen, für dessen Bezirk sie Hinterlegungsstelle ist. Soweit zur Herstellung des Verzeichnisses Erhebungen erforderlich sind, hat sie das Amtsgericht vorzunehmen.

§ 53.

Die Vorschriften des § 9 gelten auch für die K. Bank.

Der Hinterleger kann jederzeit bei der K. Bank beantragen, daß die hinterlegte Sache nach den für die Verwaltung offener Depots jeweils geltenden Grundsätzen der K. Bank verwaltet wird.

Der Antrag kann in die Hinterlegungserklärung aufgenommen werden. Die Vorschriften über die Herausgabe werden durch die Uebernahme zur Verwaltung als offenes Depot nicht berührt.

§ 54. S. 1046.

Ueber die Art der Verwahrung, die Einrichtung der bei der K. Bank einzurichtenden Hinterlegungsbureaus, die Buch- und Kasseführung und die Aufsicht über die Hinterlegungsbureaus werden die erforderlichen Bestimmungen durch ein nach § 3 Abs. 2 der Verordnung vom 23. Dezember 1878, die Formation und den Wirkungskreis der K. Bayerischen Bank betreffend, zu erlassendes Reglement getroffen.

§ 55.

Ueber Beschwerden gegen die Geschäftsführung der K. Bank entscheidet das Staatsministerium der Finanzen.

Für Beschwerden gegen Verfügungen des Amtsgerichts (§ 49) gelten die Vorschriften des § 10.

III. Schluß- und Uebergangsbestimmungen.

§ 56.

Diese Verordnung tritt am 1. Januar 1900 in Kraft.

Mit dem gleichen Zeitpunkte werden die Verordnungen vom 8. Sept. 1879, die Behandlung des Depositenwesens bei den Gerichten in den Landestheilen rechts des Rheins betreffend, vom 25. September 1879, das gerichtliche Hinterlegungswesen im Regierungsbezirke der Pfalz betreffend, und vom 17. Oktober 1888, das gerichtliche Hinterlegungswesen in der Pfalz betreffend, aufgehoben.

§ 57.

Die Vorschriften dieser Verordnung finden auch auf frühere Hinterlegungen Anwendung.

München, den 18. Dezember 1899.

Luitpold,
Prinz von Bayern,
des Königreichs Bayern Verweser.

Dr. **Frhr. v. Riedel.** Dr. **Frhr. v. Leonrod.**

Auf Allerhöchsten Befehl:
Der General-Sekretär:
Ministerialrath v. Thelemann.

16.

Bekanntmachung der Königlichen Staatsministerien des Königlichen Hauses und des Aeußern, der Justiz und des Innern,

die von den Standesbeamten an die Amtsgerichte zu erstattenden Anzeigen von Geburten, Verehelichungen und Todesfällen betr., vom 18. Dezember 1899.

(Justizministerialblatt 1899 Nr. XIX vom 27. Dezember 1899 Seite 578, 579.)

In Ansehung der von den Standesbeamten an die Amtsgerichte zu erstattenden Anzeigen von Geburten, Verehelichungen und Todesfällen wird Folgendes angeordnet.

1. Der Standesbeamte hat dem Amtsgericht, in dessen Bezirk er seinen Amtssitz hat, anzuzeigen:
   a) die Geburt eines ehelichen Kindes nach dem Tode des Vaters;
   b) die Geburt eines unehelichen Kindes;
   c) die Auffindung eines Minderjährigen, dessen Familienstand nicht zu ermitteln ist;
   d) die Eintragung der Anerkennung eines unehelichen Kindes, wenn die Anerkennung vor dem Standesbeamten erfolgt;
   e) die Verheiratung einer Frau, die ein minderjähriges eheliches Kind hat;
   f) jeden Todesfall.

Zur Erstattung der unter b) und f) bezeichneten Anzeigen soll sich der Standesbeamte eines Formulars nach den anliegenden Mustern bedienen. Die übrigen Anzeigen können in Form eines Schreibens oder mittels Uebersendung eines beglaubigten Auszugs aus dem Register erstattet werden.

2. Durch die nach der Ziffer 1 erstattete Anzeige genügt der Standesbeamte der im § 48 des Reichsgesetzes über die Angelegenheiten der freiwilligen Gerichtsbarkeit bestimmten Anzeigepflicht.
3. Im Falle des Todes eines Ausländers hat der Standesbeamte auf Verlangen des Amtsgerichts diesem einen Auszug aus dem Sterberegister zu übersenden.

   Im Falle des Todes eines Brasilianers, Griechen, Italieners, Japaners, Russen, Serben oder Spaniers oder eines Bürgers der Vereinigten Staaten von Amerika ist der Auszug aus dem Sterberegister dem Amtsgericht auch ohne ausdrückliches Verlangen neben der Todesanzeige zu übersenden.
4. Diese Bestimmungen treten am 1. Januar 1900 in Kraft.

   Die Bekanntmachung des K. Staatsministeriums des Innern vom 13. April 1896, die Erstattung von Todesanzeigen an die Amtsgerichte der Landesteile rechts des Rheins betreffend (MABl. S. 112, JMBl. S. 160), wird aufgehoben.
5. Die noch vorhandenen Formulare zu Anzeigen, welche an die Amtsgerichte nach dem bisherigen Rechte zu erstatten waren, können aufgebraucht werden. Insbesondere können in den Landesteilen rechts des Rheins die nach dem bisherigen Rechte für die Ortspolizeibehörde bestimmten noch vorhandenen Formulare von den Standesbeamten aufgebraucht werden; der Standesbeamte hat sich zu diesem Zwecke mit der Ortspolizeibehörde ins Benehmen zu setzen.

17.

Bekanntmachung des K. Staatsministeriums der Justiz,

die Anlegung von Mündelgeld bei den öffentlichen Sparkassen betreffend, vom 21. Dezember 1899.

(Gesetz- und Verordnungsblatt 1899 Nr. 64 vom 30. Dezember 1899 Seite 1239.)

Auf Grund des § 1807 Abs. 1 Nr. 5 des Bürgerlichen Gesetzbuchs werden die bayerischen gemeindlichen und distriktiven Sparkassen sowie die ältere gräflich Castell'sche Creditkasse in Castell zur Anlegung von Mündelgeld für geeignet erklärt.

Wenn nach der Satzung einer Sparkasse Mündelgeld nicht mit der Bestimmung angelegt werden kann, daß zur Erhebung des Geldes die Genehmigung des Gegenvormundes oder des Vormundschaftsgerichts erforderlich ist, hat die Sparkasse die Satzung in der Weise zu ändern, daß das Geld mit der bezeichneten Bestimmung angelegt werden kann. Wird die Aenderung nicht bis zum 1. Juni 1900 vorgenommen, so wird die Zulassung der Anlegung von Mündelgeld widerrufen werden.

18.

Bekanntmachung der Königlichen Staatsministerien der Justiz und des Innern,

den Gemeindewaisenrat betr., vom 22. Dezember 1899.

(Justizministerialblatt 1899 Nr. XIX vom 27. Dezember 1899 Seite 553 bis 577.)

Zum Vollzuge der Vorschriften des Bürgerlichen Gesetzbuchs und des Ausführungsgesetzes zum Bürgerlichen Gesetzbuche über den Gemeindewaisenrat werden folgende Bestimmungen getroffen:

1. Bestellung des Gemeindewaisenrats.

§ 1.

Vor der Festsetzung der Zahl der Waisenräte soll sich die Gemeindebehörde mit dem Vormundschaftsgerichte benehmen. Die Festsetzung ist dem Vormundschaftsgericht anzuzeigen. S. 553.

Das Gleiche gilt von einer Änderung der Zahl der Waisenräte.

§ 2.

Die Vorschriften des § 1 finden auf die Bildung mehrerer Gemeindewaisenräte nach Artikel 93 Abs. 2 des Ausführungsgesetzes zum Bürgerlichen Gesetzbuche sowie in den Fällen des Artikel 94 Abs. 2 dieses Gesetzes auf die Bildung der Bezirke der einzelnen Waisenräte entsprechende Anwendung.

§ 3.

Die im Artikel 96 Abs. 6 des Ausführungsgesetzes zum Bürgerlichen Gesetzbuche bestimmte Verpflichtung des zum Waisenrate Gewählten ist nicht erforderlich, wenn der Gewählte gleichzeitig ein anderes öffentliches Amt, z. B. als Pfarrer, Magistratsrat oder Mitglied der Gemeindeverwaltung, bekleidet.

§ 4.

Die Waisenräte sind bei der Verpflichtung, die Waisenpflegerinnen sind bei der Bestellung auf die Wahrung des Amtsgeheimnisses (§ 20) hinzuweisen.

§ 5. S. 554.

Von der Wahl der Waisenräte hat die Gemeindebehörde dem Vormundschaftsgericht unter Angabe des Namens, des Standes oder Gewerbes und des Wohnorts, in größeren Orten auch der Wohnung, der Gewählten Kenntnis zu geben. Dabei ist zu bemerken, ob die Gewählten verpflichtet worden sind.

In gleicher Weise ist ein Abgang im Personalstande der Waisenräte sowie das Ergebnis der Ersatzwahl dem Vormundschaftsgericht anzuzeigen.

§ 6.

Das Vormundschaftsgericht hat ein Verzeichnis der Waisenräte zu führen. In dem Verzeichnisse sind die Bezirke der Waisenräte anzugeben.

§ 7.

Jeder Waisenrat erhält von dem Vormundschaftsgericht ein Exemplar der Anweisung zur Führung des Waisenratsamts*). Sind an einem Amtsgerichte mehrere Vor-

*) Die Anweisung ist auf Seite 452 ff. abgedruckt.

S. 554. **mundschaftsrichter aufgestellt, so trifft der Amtsgerichtsvorstand über die Aushändigung der Anweisung die erforderlichen Anordnungen.**

2. Geschäftsführung des Gemeindewaisenrats.

§ 8.

In Gemeinden mit städtischer Verfassung sowie in Gemeinden mit mehr als 5000 Einwohnern obliegt dem Vorsitzenden des Gemeindewaisenrats die Verteilung der Geschäfte unter die Waisenräte, die Beaufsichtigung der Geschäftsführung der Waisenräte, die Leitung der Verhandlung in den Sitzungen und die Sorge für die Ausführung der gefaßten Beschlüsse.

Die einzelnen Waisenräte haben die Geschäfte bezüglich der ihnen zugewiesenen Vormundschaften und Pflegschaften selbständig wahrzunehmen und innerhalb ihres Geschäftskreises mit den Vormündern, Gegenvormündern und Pflegern sowie mit dem Vormundschaftsgericht unmittelbar zu verkehren.

Im übrigen kann der Gemeindewaisenrat die Geschäftsführung durch eine Geschäftsordnung regeln.

S. 555. § 9.

In Gemeinden mit weniger als 5000 Einwohnern — in den Landesteilen rechts des Rheins, sofern die Gemeinden die Landgemeindeverfassung haben, — nimmt jeder Waisenrat in dem ihm zugewiesenen Bezirke die dem Gemeindewaisenrat obliegenden Verrichtungen selbständig wahr.

§ 10.

Die Waisenräte sollen mit den Mitgliedern des Armenpflegschaftsrats und den aufgestellten Bezirksarmenpflegern in stetem gegenseitigem Benehmen bleiben. Insbesondere sollen die Waisenräte dem Armenpflegschaftsrate Mitteilung machen, wenn sie davon Kenntnis erlangen, daß die Erziehung von Kindern, für welche aus der Armenkasse Unterstützung gewährt wird, von dem Vater, der Mutter, dem Vormund oder dem Pfleger vernachlässigt wird.

§ 11.

Auf Grund der Mitteilungen des Vormundschaftsgerichts über die Anordnung der Vormundschaft oder Pflegschaft und über die Person des Vormundes, Gegenvormundes oder Pflegers (§ 1851 Abs. 1 des Bürgerlichen Gesetzbuchs) sowie auf Grund der Mitteilungen anderer Gemeindewaisenräte über die Verlegung des Wohnsitzes in den Bezirk des Gemeindewaisenrats (§ 1851 Abs. 2 des Bürgerlichen Gesetzbuchs, § 13 dieser Bekanntmachung) ist eine Waisenliste nach dem anliegenden Muster zu führen.

In Gemeinden mit städtischer Verfassung sowie in Gemeinden mit mehr als 5000 Einwohnern wird die Liste alphabetisch geführt. Für die Führung der Liste sorgt der Vorsitzende des Gemeindewaisenrats. Der Vorsitzende übergibt jedem Waisenrate diejenigen Mitteilungen des Vormundschaftsgerichts oder anderer Gemeindewaisenräte, welche sich auf Mündel oder Pfleglinge beziehen, zu deren Beaufsichtigung der Waisenrat berufen ist. Der Waisenrat führt auf Grund der Mitteilungen ein Verzeichnis der von ihm zu beaufsichtigenden Mündel und Pfleglinge. Die Mitteilungen werden nach der alphabetischen Reihenfolge der Namen der Mündel und Pfleglinge aufbewahrt.

S. 556. In den übrigen Gemeinden führt jeder Waisenrat die Waisenliste nach der Zeitfolge der Mitteilungen des Vormundschaftsgerichts und der anderen Gemeindewaisenräte. Die Mitteilungen werden nach der alphabetischen Reihenfolge der Namen der Mündel und Pfleglinge aufbewahrt.

Der Umfang der Waisenliste ist so zu bemessen, daß sie für mehrere Jahre geführt werden kann. Die Waisenliste ist mit einem dauerhaften Einbande zu versehen oder in einen festen Umschlag einzuheften.

§ 12.

Auf Grund der Mitteilungen des Vormundschaftsgerichts über einen in der Person des Vormundes, des Gegenvormundes oder des Pflegers eingetretenen Wechsel (§ 1851 Abs. 1 des Bürgerlichen Gesetzbuchs) sind die Waisenliste und das nach § 11 Abs. 2 zu führende Verzeichnis richtig zu stellen.

§ 13.

Verlegt der Mündel oder Pflegling den Aufenthalt in den Bezirk eines anderen Gemeindewaisenrats oder wird die Vormundschaft oder Pflegschaft beendet, so ist der Eintrag in der Waisenliste durch Durchstreichen zu löschen.

Im Falle der Verlegung des Aufenthalts des Mündels oder Pfleglings ist in der S. 556.
Waisenliste anzugeben, an welchen Gemeindewaisenrat und an welchem Tage die Anzeige von der Verlegung des Aufenthalts abgesendet worden ist. Von der Verlegung des Aufenthalts hat der Gemeindewaisenrat auch dem Vormundschaftsgericht Anzeige zu machen.

Von der Beendigung der Vormundschaft oder Pflegschaft hat das Vormundschaftsgericht dem Gemeindewaisenrate Kenntnis zu geben.

§ 14.

Das Amt eines Waisenrats ist ein gemeindliches Ehrenamt.

Der Waisenrat erhält für seine Thätigkeit keine Vergütung. Die Kosten für das Schreibmaterial, insbesondere die Formulare, die baren Auslagen der Waisenräte und die Portoauslagen für portopflichtige Schreiben und Sendungen sind von der Gemende zu bestreiten. Nach Maßgabe des Bedürfnisses hat die Gemeinde ferner für die Besorgung des Schreibwerkes des || Gemeindewaisenrats, insbesondere für die Führung der Waisenliste, S. 557.
durch Aufstellung gemeindlicher Bediensteter zu sorgen.

§ 15.

Für die Aufforderung an den Gemeindewaisenrat, einen Vormund, Gegenvormund, Pfleger, Beistand oder ein Mitglied eines Familienrats vorzuschlagen (§ 1779 Abs. 1, § 1862 Abs. 1 des Bürgerlichen Gesetzbuchs),

für den Vorschlag des Gemeindewaisenrats (§ 1849 des Bürgerlichen Gesetzbuchs),

für die Mitteilung von der Anordnung der Vormundschaft oder Pflegschaft über einen sich im Bezirke des Gemeindewaisenrats aufhaltenden Mündel oder Pflegling (§ 1851 Abs. 1 des Bürgerlichen Gesetzbuchs),

für die Mitteilung von einem Wechsel in der Person des Vormundes, Gegenvormundes oder Pflegers (§ 1851 Abs. 1 des Bürgerlichen Gesetzbuchs),

für die Mitteilung von der Beendigung der Vormundschaft oder Pflegschaft (§ 13 Abs. 3 dieser Bekanntmachung) sowie

für die Mitteilung von der Verlegung des Aufenthalts des Mündels oder Pfleglings an den Gemeindewaisenrat des neuen Aufenthaltsorts (§ 1851 Abs. 2 des Bürgerlichen Gesetzbuchs)

und an das Vormundschaftsgericht

sollen die Formulare nach den anliegenden Mustern*) verwendet werden.

§ 16.

Die Waisenräte sollen zeitweise zusammentreten, um von dem Zustande der Aufsicht über die Erziehung und körperliche Pflege der Mündel in dem Bezirke Kenntnis zu erlangen sowie allgemeine Fragen ihrer Amtsführung zu besprechen und Mängel abzustellen.

§ 17.

In den unmittelbaren Städten, in der Pfalz in den Gemeinden, welche die Kreisregierung, Kammer des Innern, im Benehmen mit dem Präsidenten des Oberlandesgerichts be||zeichnet, werden die nach § 16 stattfindenden Versammlungen vom Vorsitzenden S. 558.
des Gemeindewaisenrats berufen und geleitet. Der Vormundschaftsrichter soll zu den Versammlungen eingeladen werden; auf sein Erfordern muß ihm jederzeit das Wort erteilt werden. Der Vormundschaftsrichter kann mit dem Vorsitzenden des Gemeindewaisenrats vereinbaren, daß die Versammlung im Gerichtsgebäude stattfindet.

§ 18.

Die übrigen Waisenräte des Amtsgerichtsbezirkes werden zu den nach § 16 stattfindenden Versammlungen durch den Vormundschaftsrichter berufen. Die Versammlungen finden unter der Leitung des Vormundschaftsrichters statt. Der Vormundschaftsrichter kann sämtliche Waisenräte oder nur die gewisser Bezirke zusammenberufen. Er kann sie auch an einen andern Ort als an den Sitz des Gerichts zusammenberufen. Insbesondere kann er, wenn er an einem außerhalb seines Amtssitzes gelegenen Orte aus Anlaß eines anderen Amtsgeschäfts sich befindet, die Waisenräte der Umgegend an diesem Orte versammeln.

Die Berufung soll alle zwei Jahre mindestens einmal und darf jährlich höchstens einmal stattfinden.

Der Vormundschaftsrichter hat bei Bestimmung von Zeit und Ort der Versammlung jede irgend vermeidbare Belästigung der Waisenräte zu vermeiden.

§ 19.

Über die Teilnahme der Waisenpflegerinnen an den nach § 16 stattfindenden Ver-

*) Die Formulare sind nicht aufgenommen.

S. 558. sammlungen entscheidet in den im § 17 bezeichneten Gemeinden der Gemeindewaisenrat, in den übrigen Gemeinden der die Versammlung leitende Richter.

§ 20.

Die Waisenräte sind verpflichtet, über alle vermöge ihres Amtes ihnen bekannt gewordenen Angelegenheiten, insbesondere über die Familien- und Vermögensverhältnisse der Mündel und Pfleglinge, Verschwiegenheit zu beobachten.

Diese Verpflichtung dauert auch noch nach der Beendigung des Amtes des Waisenrats fort (Art. 106, 111 des Ausführungsgesetzes zur Strafprozeßordnung vom 18. Aug. 1879).

Gleiches gilt von den Waisenpflegerinnen.

S. 559. § 21.

In die Waisenlisten sind auch die bei dem Inkrafttreten des Bürgerlichen Gesetzbuchs schon vorhandenen Mündel und Pfleglinge einzutragen.

Die ersten Waisenlisten sind von den Vormundschaftsgerichten anzulegen. Über die Art der Anlegung trifft, wenn das Amtsgericht mit mehreren Vormundschaftsrichtern besetzt ist, der Amtsgerichtsvorstand, vorbehaltlich des aufsichtlichen Eingreifens des Präsidenten des Landgerichts, die erforderlichen Anordnungen. Die Übersendung der Waisenlisten an die Gemeindewaisenräte soll bis zum 1. April 1900 erfolgen. Bis zu diesem Zeitpunkt unterbleiben die im § 1851 des Bürgerlichen Gesetzbuchs und im § 13 dieser Bekanntmachung bestimmten Mitteilungen des Vormundschaftsgerichts an die Gemeindewaisenräte.

München, den 22. Dezember 1899.

S. 571. Anweisung zur Führung des Waisenratsamts.

Die Vorschriften über den Gemeindewaisenrat sind in den §§ 1849 bis 1851, 1675 des Bürgerlichen Gesetzbuchs, dem § 49 des Gesetzes über die Angelegenheiten der freiwilligen Gerichtsbarkeit und den Artikeln 93 bis 99 des Ausführungsgesetzes zum Bürgerlichen Gesetzbuche enthalten. Vorschriften über die Geschäftsführung des Gemeindewaisenrats sind auch in der Bekanntmachung der Staatsministerien der Justiz und des Innern vom 22. Dezember 1899 getroffen.

Der wesentliche Inhalt dieser Vorschriften ist folgender:

I. Bedeutung und Bestellung des Gemeindewaisenrats.

Der Gemeindewaisenrat ist ein Hilfsorgan des Vormundschaftsgerichts für die Ausführung der dem Vormundschaftsgericht obliegenden Verrichtungen und zwar nicht nur im Verhältnisse zu demjenigen Vormundschaftsgerichte, zu dessen Bezirke die Gemeinde gehört, sondern zu allen Vormundschaftsgerichten, die für eine Thätigkeit in Ansehung der sich in der Gemeinde aufhaltenden Mündel zuständig sind.

Für jede Gemeinde muß ein Gemeindewaisenrat bestellt werden. Das einzelne Mitglied des Gemeindewaisenrats heißt Waisenrat.

In Gemeinden mit städtischer Verfassung sowie in Gemeinden mit mehr als 5000 Einwohnern ist der Gemeindewaisenrat ein Kollegium, das aus dem Bürgermeister oder dem von diesem zum Stellvertreter bestimmten Mitgliede des Magistrats oder der Gemeindeverwaltung, in der Pfalz des Gemeinderats, als Vorsitzenden und aus einer Anzahl gewählter Waisenräte besteht. In den übrigen Gemeinden werden ein oder mehrere Waisenräte aufgestellt.

S. 572. Das Amt des Waisenrats ist ein unentgeltliches gemeindliches Ehrenamt. Der Waisenrat erhält für seine Thätigkeit keine Vergütung. Seine baren Auslagen müssen ihm von der Gemeinde ersetzt werden. In streitigen Fällen entscheidet die der Gemeinde vorgesetzte Verwaltungsbehörde.

Zur Unterstützung der Waisenräte können Frauen, die hiezu bereit sind, als Waisenpflegerinnen aufgestellt werden. Die Aufstellung erfolgt in Gemeinden mit städtischer Verfassung sowie in Gemeinden mit mehr als 5000 Einwohnern durch den Gemeindewaisenrat, in den übrigen Gemeinden auf Vorschlag des Waisenrats durch den Bürgermeister. Die Waisenpflegerinnen haben unter der Leitung des Gemeindewaisenrats bei der Beaufsichtigung der im Kindesalter stehenden Mündel und bei der Überwachung weiblicher Mündel mitzuwirken.

II. Aufgabe des Gemeindewaisenrats.

Der Gemeindewaisenrat hat folgende Obliegenheiten:

1. Der Gemeindewaisenrat hat dem Vormundschaftsgerichte diejenigen Personen vorzuschlagen, welche sich im einzelnen Falle zum Vormunde, Gegenvormunde, Pfleger, Beistand oder Mitglied eines Familienrats*) eignen.

*) Einen **Vormund** erhält ein Minderjähriger, wenn er nicht unter elterlicher Gewalt steht oder

Zum Amte eines Vormundes sind in erster Linie gewisse Personen kraft Gesetzes berufen. Ist die Vormundschaft nicht einem durch das Gesetz Berufenen zu übertragen, so hat das Vormundschaftsgericht den Vormund auszuwählen. Zu diesem Zwecke fordert es den Gemeindewaisenrat auf, ihm eine geeignete Person vorzuschlagen. S. 573.

Bei dem Vorschlage soll der Gemeindewaisenrat eine Person berücksichtigen, die nach ihren persönlichen Verhältnissen und ihrer Vermögenslage sowie nach den sonstigen Umständen zur Führung der Vormundschaft geeignet ist. Auch ist auf das religiöse Bekenntnis des Mündels Rücksicht zu nehmen. Verwandte und Verschwägerte sind zunächst zu berücksichtigen.

Nicht vorgeschlagen werden darf, wer zur Übernahme der Vormundschaft unfähig oder untauglich ist.

Unfähig zur Übernahme der Vormundschaft ist, wer geschäftsunfähig (insbesondere also wer geisteskrank ist) oder wegen Geistesschwäche, Verschwendung oder Trunksucht entmündigt ist.

Untauglich ist:

a) wer minderjährig oder unter vorläufige Vormundschaft gestellt ist;
b) wer zur Besorgung seiner Vermögensangelegenheiten einen Pfleger erhalten hat;
c) wer in Konkurs geraten ist, während der Dauer des Konkurses;
d) wer der bürgerlichen Ehrenrechte für verlustig erklärt ist.

Die Übernahme der Vormundschaft kann insbesondere ablehnen:

a) eine Frau;
b) wer das 60. Lebensjahr vollendet hat;
c) wer mehr als 4 eheliche Kinder hat; ein von einem Andern an Kindesstatt angenommenes Kind wird nicht gerechnet;
d) wer durch Krankheit oder durch Gebrechen verhindert ist, die Vormundschaft ordnungsmäßig zu führen;
e) wer mehr als eine Vormundschaft oder Pflegschaft führt; die Vormundschaft oder Pflegschaft über mehrere Geschwister gilt nur als eine; die Führung von zwei Gegenvormundschaften steht der Führung einer Vormundschaft gleich. S. 574.

Der Gemeindewaisenrat wird zweckmäßigerweise eine Person, welche die Übernahme der Vormundschaft ablehnen kann, nur mit ihrer Zustimmung vorschlagen.

Eine Frau kann zum Vormunde vorgeschlagen werden. Da jedoch jede Frau die Übernahme einer Vormundschaft ablehnen und eine verheiratete Frau nur mit Zustimmung ihres Mannes zum Vormunde bestellt werden kann, wird eine Frau zweckmäßigerweise nur mit ihrer Zustimmung und, falls die Frau verheiratet ist, nur mit gleichzeitiger Zustimmung ihres Mannes vorgeschlagen.

Ähnlich liegt die Sache bezüglich des Vorschlags einer Person als Pfleger, Gegenvormund, Beistand oder Mitglied eines Familienrats. Bei dem Vorschlag als Mitglied eines Familienraths sollen nur Verwandte oder Verschwägerte des Mündels ausgewählt werden.

Es kommt vor, daß der Gemeindewaisenrat von dem Vormundschaftsgericht aufgefordert wird, sich darüber zu äußern, ob eine bestimmte Person sich zum Vormund eignet. Bei der Äußerung ist insbesondere auch darauf zu achten, ob nicht einer der vorbezeichneten Unfähigkeitsgründe vorliegt.

Müssen zum Zwecke des Vorschlags Erkundigungen eingezogen werden, so hat dies in unauffälliger Weise und so zu geschehen, daß derjenige, über den sie eingezogen werden, sich nicht verletzt fühlen kann.

2. Der Gemeindewaisenrat hat darüber zu wachen, daß die Vormünder der sich in seinem Bezirk aufhaltenden Mündel für die Person der Mündel, insbesondere für ihre Erziehung und ihre körperliche Pflege pflichtmäßig Sorge tragen. Er hat dem Vormundschaftsgerichte Mängel und Pflichtwidrigkeiten, die er in dieser Hinsicht wahrnimmt, anzuzeigen und auf Erfordern über das persönliche Ergehen und das Verhalten des Mündels Auskunft zu erteilen.

---

wenn seine Eltern nicht zur Vertretung in den seine Person und sein Vermögen betreffenden Angelegenheiten berechtigt sind; ein Vormund wird z. B. bestellt, wenn beide Eltern tot sind, wenn die Mutter nach dem Tode des Vaters wieder heiratet, wenn der Vater geisteskrank und die Mutter tot ist. Ein Volljähriger erhält einen Vormund, wenn er entmündigt ist. Dem Vormund obliegt die allgemeine Fürsorge. Im Gegensatze hiezu obliegt dem Pfleger die Fürsorge nur nach einer bestimmten Richtung, z. B. nur in Ansehung des Vermögens, wenn der Vater in Konkurs geraten ist. Der Gegenvormund dient zur Überwachung des Vormundes; ein Gegenvormund wird nur bestellt, wenn mit der Vormundschaft eine erhebliche Vermögensverwaltung verknüpft ist. Der Beistand dient zur Unterstützung und Überwachung der Mutter bei der Ausübung der elterlichen Gewalt; die Mutter erhält jedoch nicht stets einen Beistand, sondern nur, wenn das Vormundschaftsgericht dies anordnet. Der Familienrath hat die Rechte und Pflichten des Vormundschaftsgerichts. Vorsitzender ist der Vormundschaftsrichter. Ein Familienrat wird nur in bestimmten Fällen, z. B. auf Anordnung des Vaters des Mündels, durch das Vormundschaftsgericht eingesetzt.

S. 574. Die Verwaltung des Vermögens des Mündels durch den Vormund hat der Ge-
S. 575. meindewaisenrat nicht zu überwachen. Er hat ‖ nur, wenn er von einer Gefährdung des Vermögens des Mündels Kenntnis erhält, dem Vormundschaftsgericht Anzeige zu erstatten.

Um der Verpflichtung der Überwachung der Vormünder in Ansehung der Sorge für die Person der Mündel nachzukommen, ist der Gemeindewaisenrat berechtigt, die Mündel, welche sich in seinem Bezirk aufhalten, zu besuchen und von den Vormündern Aufschluß über die Erziehung und die körperliche Pflege der Mündel zu verlangen. Weigert sich der Vormund dem Gemeindewaisenrat Aufschluß zu geben, so kann sich der Gemeindewaisenrat an das Vormundschaftsgericht wenden, damit dieses gegen den Vormund einschreitet.

3. In Ansehung der unter elterlicher Gewalt stehenden Personen hat der Gemeindewaisenrat nur die Verpflichtung, Anzeige zu machen, wenn ein Fall zu seiner Kenntniß kommt, in welchem das Vormundschaftsgericht zum Einschreiten berufen ist. Ein solcher Fall liegt insbesondere dann vor, wenn das geistige oder leibliche Wohl des Kindes dadurch gefährdet wird, daß der Vater oder die Mutter das Recht der Sorge für die Person des Kindes mißbraucht, das Kind vernachlässigt oder sich eines ehrlosen oder unsittlichen Verhaltens schuldig macht.

Dagegen hat der Gemeindewaisenrat den Vater oder die Mutter bei der Ausübung der elterlichen Gewalt nicht zu überwachen.

4. Überdies hat der Gemeindewaisenrat dem Vormundschaftsgerichte von jedem Falle, in welchem ein Vormund, Gegenvormund oder Pfleger zu bestellen ist, Anzeige zu machen, wenn er von dem Falle Kenntnis erhält. Er muß also z. B. Anzeige machen, wenn erfährt, daß die Eltern eines Kindes gestorben sind und ein Vormund noch nicht bestellt ist oder daß die verwitwete Mutter eines Kindes geisteskrank ist.

III. Geschäftsführung des Gemeindewaisenrats.

Der Gemeindewaisenrat erhält von dem Vorhandensein eines Mündels oder Pfleglings regelmäßig dadurch Kenntnis, daß ihm das Vormundschaftsgericht von der Anordnung
S. 576. der Vormundschaft oder Pflegschaft über einen sich im Bezirke des ‖ Gemeindewaisenrats aufhaltenden Mündel oder Pflegling oder ein anderer Gemeindewaisenrat von der Verlegung des Aufenthalts des Mündels Mitteilung macht. Erlangt der Gemeindewaisenrat von einem Falle Kenntnis, in welchem ein Vormund, Gegenvormund oder Pfleger zu bestellen ist, während ihm das Vormundschaftsgericht von der Bestellung keine Mitteilung gemacht hat, so hat er, wie schon bemerkt, dem Vormundschaftsgericht Anzeige zu erstatten.

Auf Grund der Mitteilungen des Vormundschaftsgerichts und der anderen Gemeindewaisenräte hat der Gemeindewaisenrat die Waisenliste zu führen. Über die Führung sind die auf dem Titelblatte der Waisenliste abgedruckten Vorschriften zu vergleichen. Die Mitteilungen des Gerichts sind nach der alphabetischen Reihenfolge der Namen der Mündel und Pfleglinge aufzubewahren. Gleiches gilt von den Mittheilungen anderer Gemeindewaisenräte.

Verlegt der Mündel oder Pflegling seinen Aufenthalt in den Bezirk eines anderen Gemeindewaisenrats, so muß der Gemeindewaisenrat des bisherigen Aufenthaltsorts dem Gemeindewaisenrate des neuen Aufenthaltsorts sowie dem Vormundschaftsgerichte die Verlegung mitteilen.

In den Gemeinden mit weniger als 5000 Einwohnern — in den Landesteilen rechts des Rheins, sofern die Gemeinden die Landgemeindeverfassung haben — nimmt der einzelne Waisenrat die sämtlichen nach dem Vorstehenden dem Gemeindewaisenrat obliegenden Verrichtungen selbständig wahr. Er ist auch dann selbständig, wenn in der Gemeinde mehrere Waisenräte angestellt sind.

In den Gemeinden mit städtischer Verfassung sowie in den Gemeinden mit mehr als 5000 Einwohnern haben die einzelnen Waisenräte die Geschäfte bezüglich der ihnen vom Vorsitzenden des Gemeindewaisenrats zugewiesenen oder der ihnen nach der Geschäftsordnung zukommenden Vormundschaften und Pflegschaften gleichfalls selbständig wahrzunehmen und innerhalb ihres Geschäftskreises mit den Vormündern, Gegenvormündern und Pflegern sowie mit dem Vormundschaftsgericht unmittelbar zu verkehren. Im übrigen ob-
S. 577. liegt die Wahr‖nehmung der Geschäfte dem Vorsitzenden des Gemeindewaisenrats beziehungsweise wird durch die Geschäftsordnung des Gemeindewaisenrats die Wahrnehmung der Geschäfte geregelt. Insbesondere obliegt dem Vorsitzenden die Führung der Waisenliste. Der einzelne Waisenrath erhält die Mitteilungen des Vormundschaftsgerichts und anderer Gemeindewaisenräte und hat auf Grund derselben ein Verzeichnis der ihm zur Beaufsichtigung zugewiesenen Mündel und Pfleglinge zu führen.

Die Waisenräte sollen mit den Mitgliedern des Armenpflegschaftsrats und den aufgestellten Bezirksarmenpflegern in stetem wechselseitigen Benehmen bleiben. Insbesondere sollen die Waisenräte dem Armenpflegschaftsrate Mitteilung machen, wenn sie davon

Kenntnis erlangen, daß die Erziehung von Kindern, für die aus der Armenkasse Unterstützung gewährt wird, vernachlässigt wird.

Die Waisenräte eines Bezirkes sollen zeitweise zusammentreten, um von dem Zustande der Aufsicht über die Erziehung und körperliche Pflege der Mündel in dem Bezirke Kenntnis zu erlangen sowie allgemeine Fragen ihrer Amtsführung zu besprechen und Mängel abzustellen. Zeit und Ort des Zusammentritts bestimmt bei denjenigen Waisenräten, welche in unmittelbaren Städten, in der Pfalz in gewissen von der Kreisregierung bezeichneten Gemeinden gewählt sind, der Vorsitzende des Gemeindewaisenrats nach Maßgabe der Geschäftsordnung, bei den übrigen Waisenräten das Vormundschaftsgericht. Die Waisenräte sind verpflichtet, an den Versammlungen teilzunehmen.

Die Waisenräte sind verpflichtet, über alle vermöge ihres Amtes ihnen bekannt gewordenen Angelegenheiten, insbesondere über die Familien- und Vermögensverhältnisse der Mündel, Verschwiegenheit zu beobachten. Diese Verpflichtung dauert auch nach der Beendigung des Amtes des Waisenrats fort. Verletzung der Verpflichtung ist mit Strafe bedroht.

19.

Königlich Allerhöchste Verordnung

zur Ausführung des Bürgerlichen Gesetzbuchs und seiner Nebengesetze (Zuständigkeitsverordnung) vom 24. Dezember 1899.

(Gesetz- und Verordnungsblatt 1899 Nr. 64 vom 30. Dezember 1899 Seite 1229 bis 1235.)

Im Namen Seiner Majestät des Königs.

Luitpold,

von Gottes Gnaden Königlicher Prinz von Bayern,

Regent.

Wir finden Uns bewogen, zur Ausführung des Bürgerlichen Gesetzbuchs und seiner Nebengesetze zu verordnen, was folgt: S. 1229.

Namensänderungen.

§ 1.

Ueber Gesuche um die Bewilligung zur Aenderung des Familiennamens hat das Staatsministerium des Innern im Benehmen mit dem Staatsministerium der Justiz und, wenn es sich um einen adeligen Namen handelt, das Staatsministerium des Königlichen Hauses und des Aeußern im Benehmen mit den genannten Staatsministerien Uns zu berichten.

§ 2. S. 1230.

Die zu einer Aenderung des Vornamens erforderliche Bewilligung wird von der Distriktspolizeibehörde ertheilt, in deren Bezirke der Antragsteller seinen Wohnsitz oder in Ermangelung eines Wohnsitzes seinen Aufenthalt hat. Hat der Antragsteller in Bayern weder seinen Wohnsitz noch seinen Aufenthalt, so ist die Distriktspolizeibehörde der Heimatgemeinde des Antragstellers zuständig. In München ist die Polizeidirektion zuständig.

Die Distriktspolizeibehörde hat sich vor der Entscheidung über das Gesuch mit dem Staatsanwalte bei dem Landgerichte zu benehmen.

§ 3.

Die erforderlichen Ausführungsbestimmungen werden von den Staatsministerien der Justiz und des Innern gemeinschaftlich erlassen.

In Ansehung von adeligen Namen werden die erforderlichen Ausführungsbestimmungen vom Staatsministerium des Königlichen Hauses und des Aeußern erlassen.

S. 1230. **Vereine und Stiftungen.**

§ 4.

Die Verleihung der Rechtsfähigkeit an einen Verein, dessen Zweck auf einen wirthschaftlichen Geschäftsbetrieb gerichtet ist, behalten Wir Unserer Entschließung nach Vernehmung des Staatsministeriums des Innern vor.

Das Gleiche gilt von der Genehmigung einer Aenderung des Zweckes des Vereins. Die Genehmigung einer sonstigen Aenderung der Satzung steht dem Staatsministerium des Innern zu.

§ 5.

Die Ertheilung der zur Entstehung einer rechtsfähigen Stiftung erforderlichen Genehmigung behalten Wir Unserer Entschließung vor.

S. 1231. **Ermächtigung von Handelsmäklern zu Kaufgeschäften.**

§ 6.

Die öffentliche Ermächtigung, deren Handelsmäkler zu gewissen Verkäufen oder Käufen bedürfen, wird vom Staatsministerium des Innern im Benehmen mit dem Staatsministerium der Justiz ertheilt.

Die Ermächtigung wird erst wirksam, wenn der Handelsmäkler den Eid geleistet hat, daß er die ihm obliegenden Pflichten getreu erfüllen werde. Zur Abnahme des Eides ist das Amtsgericht zuständig, in dessen Bezirke der Handelsmäkler seine Geschäftsräume oder in Ermangelung solcher seine Wohnung hat.

Die Ermächtigung kann von dem Staatsministerium des Innern jederzeit zurückgenommen werden.

Gesinderecht.

§ 7.

Nach Artikel 16 des Ausführungsgesetzes zum Bürgerlichen Gesetzbuche das Halten von Dienstboten zu untersagen und die Entlassung von Dienstboten zu erzwingen, ist sowohl die Orts- als auch die Distriktspolizeibehörde zuständig. In München ist die Polizeidirektion zuständig.

Schuldverschreibungen auf den Inhaber.

§ 8.

Die nach dem Artikel 90 des Ausführungsgesetzes zum Bürgerlichen Gesetzbuche der Distriktspolizeibehörde obliegenden Verrichtungen hat in München die Polizeidirektion wahrzunehmen.

§ 9.

Die für Schuldverschreibungen auf den Inhaber nach § 795 des Bürgerlichen Gesetzbuchs erforderliche Genehmigung wird durch das Staatsministerium des Innern im Benehmen mit dem Staatsministerium der Justiz und dem Staatsministerium der Finanzen ertheilt.

Für Schuldverschreibungen, die von Verkehrsunternehmungen ausgestellt werden, erfolgt die Genehmigung durch das Staatsministerium des Königlichen Hauses und des Aeußern und das Staatsministerium des Innern im Benehmen mit dem Staatsministerium der Justiz und dem Staatsministerium der Finanzen. Für Schuldverschreibungen der pfälzischen Eisenbahnen wird die Genehmigung auf Grund Unserer Ermächtigung durch das Staatsministerium des Königlichen Hauses und des Aeußern und das Staatsministerium der Finanzen ertheilt.

§ 10. S. 1231.

Die Gläubiger, welche nach § 4 Abs. 2 des Gesetzes, betreffend die gemeinsamen Rechte der Besitzer von Schuldverschreibungen, vom 4. Dezember 1899 (Reichs-Gesetzblatt S. 691), bei dem Amtsgerichte den Antrag stellen, sie zur Berufung einer Versammlung der Gläubiger zu ermächtigen, und die Gläubiger, welche in einer Versammlung der Gläubiger ihr Stimmrecht ausüben wollen (§ 10 Abs. 2 des bezeichneten Gesetzes), können ihre Schuldverschreibungen außer bei der Reichsbank oder bei einem Notar auch bei der K. Bank hinterlegen.

Eintragung einer Hypothek für ein Darlehen einer Kreditanstalt.

§ 11.

Für die im § 1115 Abs. 2 des Bürgerlichen Gesetzbuchs vorgesehene öffentliche Bekanntmachung der Satzung einer Kreditanstalt ist das Staatsministerium des Innern zuständig. Die Bekanntmachung soll im Gesetz- und Verordnungs-Blatte veröffentlicht werden.

Befreiung von Ehehindernissen und vom Aufgebote. S. 1232.

§ 12.

Die Befreiung von der Vorschrift, daß eine Frau nicht vor der Vollendung des sechzehnten Lebensjahrs eine Ehe eingehen darf, sowie von dem Verbote der Eheschließung zwischen einem wegen Ehebruchs geschiedenen Ehegatten und demjenigen, mit welchem der geschiedene Ehegatte den Ehebruch begangen hat, behalten Wir Unserer Entschließung nach Vernehmung des Staatsministeriums der Justiz vor.

§ 13.

Die Befreiung von der Vorschrift, daß eine Frau erst zehn Monate nach der Auflösung oder Nichtigkeitserklärung ihrer früheren Ehe eine neue Ehe eingehen darf, wird von dem Staatsministerium der Justiz ertheilt.

§ 14.

Die Befreiung von dem vor der Eheschließung zu erlassenden Aufgebote wird in den Landestheilen rechts des Rheins von der Distriktsverwaltungsbehörde, in der Pfalz von dem Staatsanwalte bei dem Landgericht ertheilt, in dessen Bezirke der zur Anordnung des Aufgebots zuständige Standesbeamte seinen Amtssitz hat. In München wird die Befreiung vom Magistrat ertheilt.

Erklärungen über den Familiennamen.

§ 15.

Nimmt eine geschiedene Frau auf Grund des § 1577 Abs. 2 des Bürgerlichen Gesetzbuchs ihren Familiennamen oder, falls sie vor der Eingehung der geschiedenen Ehe verheiratet war, den Namen, den sie zur Zeit der Eingehung dieser Ehe hatte, wieder an, so ist zur Entgegennahme der hierauf gerichteten Erklärung die Distriktspolizeibehörde zuständig, in deren Bezirke die Frau ihren Wohnsitz oder in Ermangelung eines im deutschen Reiche gelegenen Wohnsitzes ihren Aufenthalt hat.

§ 16.

Untersagt der Mann auf Grund des § 1577 Abs. 3 des Bürgerlichen Gesetzbuchs der von ihm geschiedenen Frau die Führung seines Namens, so ist zur Entgegennahme der hierauf gerichteten Erklärung die Distriktspolizei-

S. 1232. behörde zuständig, in deren Bezirke der Mann seinen Wohnsitz oder in Ermangelung eines im deutschen Reiche gelegenen Wohnsitzes seinen Aufenthalt hat.

§ 17.

Ist nach § 1575 des Bürgerlichen Gesetzbuchs die eheliche Gemeinschaft aufgehoben, so finden die Vorschriften der §§ 15, 16 auf die Wiederannahme des früheren Namens und die Untersagung der Führung des Namens entsprechende Anwendung.

S. 1233. § 18.

Ertheilt der Ehemann der Mutter eines unehelichen Kindes dem Kinde mit Einwilligung der Mutter und des Kindes nach § 1706 Abs. 2 des Bürgerlichen Gesetzbuchs seinen Namen, so ist zur Entgegennahme der hierauf gerichteten Erklärung die Distriktspolizeibehörde zuständig, in deren Bezirke der Ehemann seinen Wohnsitz oder in Ermangelung eines im deutschen Reiche gelegenen Wohnsitzes seinen Aufenthalt hat.

§ 19.

Zur Entgegennahme der in den §§ 15 bis 18 bezeichneten Erklärungen ist in München die Polizeidirektion zuständig.

Ehelichkeitserklärung.

§ 20.

Die Ehelichkeitserklärung behalten Wir Unserer Entschließung nach Vernehmung des Staatsministeriums der Justiz vor.

Der Antrag auf Ehelichkeitserklärung ist bei dem Amtsgericht einzureichen, in dessen Bezirke der Vater seinen Wohnsitz oder in Ermangelung eines im deutschen Reiche gelegenen Wohnsitzes seinen Aufenthalt hat. Hat der Vater in Bayern seinen Wohnsitz oder Aufenthalt nicht, so ist der Antrag bei dem Amtsgericht einzureichen, in dessen Bezirke die Heimatgemeinde des Vaters gelegen ist.

Annahme an Kindesstatt.

§ 21.

Die Befreiung von dem für die Annahme an Kindesstatt erforderlichen Alter des Annehmenden behalten Wir Unserer Entschließung nach Vernehmung des Staatsministeriums der Justiz vor.

Das Gesuch um Bewilligung der Befreiung ist bei dem Amtsgericht anzubringen, das für die Bestätigung des Annahmevertrages zuständig ist. Ist hiezu ein bayerisches Gericht nicht zuständig, so ist das Gesuch bei dem Amtsgericht anzubringen, in dessen Bezirke die Heimatgemeinde des Annehmenden gelegen ist.

Anlegung von Mündelgeld bei Sparkassen.

§ 22.

Die Erklärung, daß eine öffentliche Sparkasse zur Anlegung von Mündelgeld geeignet ist, steht dem Staatsministerium der Justiz zu.

Das Staatsministerium der Justiz kann die Zulassung zur Anlegung von Mündelgeld jederzeit widerrufen.

S. 1234. **Anstaltsvormund.**

§ 23.

Die Anordnung, daß der Vorstand einer unter staatlicher Verwaltung oder Aufsicht stehenden Erziehungs- oder Verpflegungsanstalt die Rechte und

Pflichten eines Vormundes für die zur Erziehung oder Verpflegung in die S. 1234.
Anstalt aufgenommenen Minderjährigen hat, wird von dem Staatsministerium der Justiz und demjenigen Staatsministerium erlassen, unter dessen Aufsicht die Anstalt steht.

Vollziehung einer Auflage von öffentlichem Interesse.

§ 24.

Zuständig die im öffentlichen Interesse liegende Vollziehung einer Auflage zu verlangen (§ 525 Abs. 2, § 2194 Satz 2 des Bürgerlichen Gesetzbuchs), ist die Behörde, zu deren Wirkungskreise die Wahrung des Interesses gehört, sofern nicht nach Artikel 107 des Ausführungsgesetzes zum Bürgerlichen Gesetzbuche die Behörde einer Körperschaft, Stiftung oder Anstalt des öffentlichen Rechtes hiefür zuständig ist.

Ausführungsvorschriften zum Handelsgesetzbuche.

§ 25.

Für die Erlassung von Bestimmungen, durch welche die Grenze des Kleingewerbes nach Maßgabe des § 4 Abs. 3 des Handelsgesetzbuchs näher festgesetzt wird, sind die Staatsministerien der Justiz und des Innern gemeinschaftlich zuständig.

§ 26.

Die Vorschrift des § 25 gilt auch von der im § 30 Abs. 4 des Handelsgesetzbuchs vorgesehenen Bestimmung, daß benachbarte Orte oder Gemeinden als ein Ort oder als eine Gemeinde im Sinne der Vorschriften des § 30 des Handelsgesetzbuchs anzusehen sind.

§ 27.

Für die Ertheilung der im § 363 Abs. 2 des Handelsgesetzbuchs bezeichneten Ermächtigung zur Ausstellung von Lagerscheinen ist das Staatsministerium des Innern im Benehmen mit dem Staatsministerium der Justiz zuständig.

§ 28.

Zur Erlassung der Eisenbahnverkehrsordnung (§§ 453 ff. des Handelsgesetzbuchs) ist das Staatsministerium des Königlichen Hauses und des Aeußern zuständig.

Führung des Schiffsregisters. S. 1235.

§ 29.

Für die Uebertragung der Führung des Schiffsregisters für die Bezirke mehrerer Gerichte an eines von diesen (§ 120 des Gesetzes vom 15. Juni 1895, betreffend die privatrechtlichen Verhältnisse der Binnenschiffahrt) ist das Staatsministerium der Justiz zuständig.

§ 30.

Für die Bestimmung, daß auch Schiffe von einer geringeren als der im § 119 des Gesetzes vom 15. Juni 1895, betreffend die privatrechtlichen Ver-

S. 1235. hältnisse der Binnenschiffahrt, bestimmten Tragfähigkeit in das Schiffsregister eingetragen werden, ist das Staatsministerium der Justiz zuständig.

München, den 24. Dezember 1899.

Luitpold,
Prinz von Bayern,
des Königreichs Bayern Verweser.

Dr. **Frhr. v. Crailsheim.** Dr. **Frhr. v. Riedel. Frhr. v. Feilitzsch.** Dr. **Frhr. v. Leonrod. Frhr. v. Asch.** Dr. **v. Landmann.**

Auf Allerhöchsten Befehl:
Der General-Sekretär:
Ministerialrath v. Thelemann.

20.

Königlich Allerhöchste Verordnung,

die Erhebung von Hinterlegungsgebühren betr., vom 25. Dezember 1899.

(Gesetz- und Verordnungsblatt 1899 Nr. 64 vom 30. Dezember 1899 Seite 1235 bis 1239).

Im Namen Seiner Majestät des Königs.

Luitpold,

von Gottes Gnaden Königlicher Prinz von Bayern,

Regent.

Wir finden Uns bewogen, auf Grund des Art. 284 des Gesetzes über das Gebührenwesen in der Fassung der Bekanntmachung vom 11. November 1899 zu verordnen, was folgt:

S. 1235. § 1.

Für die Hinterlegung von Geld, Werthpapieren und Kostbarkeiten bei den amtsgerichtlichen Hinterlegungsstellen, den Notaren oder der K. Bank werden Hinterlegungsgebühren nach Maßgabe der folgenden Vorschriften erhoben:

S. 1236. I. **Hinterlegungen bei den amtsgerichtlichen Hinterlegungsstellen und der K. Bank.**

§ 2.

Für die Hinterlegung von Geld, Werthpapieren und Kostbarkeiten, welche von dem Vater oder der Mutter, dem Vormund, dem Pfleger oder dem Beistand auf Grund der §§ 1667, 1814, 1818 des Bürgerlichen Gesetzbuchs bewirkt werden, beträgt die Gebühr $^4/_{10}$ vom Tausend des hinterlegten Betrags oder Werthes.

Uebersteigt die Dauer der Verwahrung den Zeitraum eines Jahres, so wird für jedes weitere angefangene Jahr von der ersten Erlage an gerechnet die Hälfte der im Abs. 1 bestimmten Gebühr unter Zugrundelegung des jeweiligen Gesammtbetrags oder Werthes in Ansatz gebracht.

Erfolgt die Hinterlegung durch den Vater oder die Mutter, den Vormund, den Pfleger oder den Beistand für mehrere Kinder oder Mündel, so ist die Gebühr aus dem Vermögen jedes einzelnen Kindes oder Mündels besonders zu berechnen.

Der Mindestbetrag der Hinterlegungsgebühr ist 20 Pfennig.

Beträgt das Vermögen eines Kindes oder Mündels nicht über 1000 Mark, so kommt eine Hinterlegungsgebühr nicht zur Erhebung.

§ 3. S. 1236.

In den übrigen Fällen der Hinterlegung von Geld, Werthpapieren und Kostbarkeiten beträgt die Hinterlegungsgebühr eins vom Tausend des hinterlegten Betrags oder Werthes.

Uebersteigt die Dauer der Verwahrung den Zeitraum eines Jahres, so wird für jedes weitere angefangene Jahr von der ersten Erlage an gerechnet die Hälfte der im Abs. 1 bestimmten Gebühr unter Zugrundelegung des jeweiligen Gesammtbetrags oder Werthes in Ansatz gebracht.

Der Mindestbetrag der Hinterlegungsgebühr ist 1 Mark.

§ 4.

Macht der Hinterleger für den Fall, daß die K. Bank Hinterlegungsstelle ist, von dem Rechte nach § 53 Abs. 2 der Hinterlegungs-Ordnung Gebrauch, so wird in den Fällen des § 2 außer der an die K. Bank zu entrichtenden tarifmäßigen Gebühr für die Verwaltung der offenen Depots eine Hinterlegungsgebühr überhaupt nicht und in den Fällen des § 3 nur für das erste Verwaltungsjahr erhoben; als Gebühr wird der Unterschied zwischen der im § 3 bestimmten Gebühr und der Vergütung an die K. Bank erhoben.

§ 5.

Wird von der K. Bank als Hinterlegungsstelle

1. die Einziehung der Valuta für ausgelooste oder gekündigte Werthpapiere;
2. der Ankauf und Verkauf von Werthpapieren;
3. die Einziehung neuer Zins- und Dividendenscheine; S. 1237.
4. die Erhebung der Valuta für fällige Zins- und Dividendenscheine

vermittelt, so kann dieselbe neben der Hinterlegungsgebühr die übliche bankmäßige Provision und Vergütung der Spesen beanspruchen.

§ 6.

Bei den Amtsgerichten, für welche ein anderes Amtsgericht Hinterlegungsstelle ist, werden für die vorläufige Verwahrung die gleichen Gebühren erhoben wie für die Hinterlegung. Werden die übernommenen Sachen an die Hinterlegungsstelle abgegeben, so gilt die Zeit der vorläufigen Verwahrung als Hinterlegungszeit im Sinne der §§ 2, 3.

§ 7.

Für die Aufnahme von Hinterlegungserklärungen (§§ 17, 48 der Hinterlegungsordnung), von Gesuchen um Annahme zur vorläufigen Verwahrung (§ 41 das.) sowie von Anträgen auf Herausgabe (§§ 23, 42, 51 das.) durch den Gerichtsschreiber, ferner für die Beschlüsse des Amtsgerichts, durch welche die Annahme zur vorläufigen Verwahrung, die Herausgabe aus der vorläufigen Verwahrung oder die Hinterlegung angeordnet wird (§§ 42, 44 das.), sowie, wenn der K. Bank die Besorgung des Hinterlegungswesens übertragen ist, für die Herausgabe-Weisung des Amtsgerichts (§ 49 das.) werden Gebühren nicht erhoben.

II. Hinterlegungen bei den Notaren.

§ 8.

Für die aus Anlaß eines Amtsgeschäfts erfolgenden Hinterlegungen von Geld, Werthpapieren und Kostbarkeiten (Art. 4 des Notariatsgesetzes) beträgt

S. 1237. die Gebühr $^2/_{10}$ vom Tausend des jeweils hinterlegten Betrags oder Werthes für jedes angefangene Jahr der Hinterlegung, mindestens aber 20 Pfennig.

Für die Hinterlegung von Beträgen oder Werthen unter 20 Mark werden Gebühren nicht erhoben.

III. Allgemeine Bestimmungen.

§ 9.

Pfennigbeträge an Hinterlegungsgebühren, welche ohne Rest nicht durch zehn theilbar sind, werden auf den nächst höheren, durch zehn ohne Rest theilbaren Betrag aufgerundet.

§ 10.

Schuldner der Hinterlegungsgebühr ist der Hinterleger. Das Recht des Hinterlegers, von demjenigen, auf dessen Kosten nach dem Gesetze die Hinterlegung erfolgt, Ersatz zu fordern, bleibt unberührt.

S. 1238. § 11.

Die Hinterlegungsgebühr wird in Vormundschafts- und Fideikommißsachen nach Ablauf eines jeden Hinterlegungsjahres, spätestens aber bei Herausgabe der hinterlegten Gelder, Werthpapiere und Kostbarkeiten erhoben.

In den Fällen der §§ 3, 4 ist die Gebühr bei der Hinterlegung für ein Jahr im Voraus zu entrichten.

§ 12.

Die Hinterlegungsstelle sowie der Notar kann die Herausgabe der hinterlegten Sachen von der vorherigen Entrichtung der Hinterlegungsgebühr abhängig machen.

Die K. Bank ist berechtigt, vor der Aushändigung von Zins-, Renten- oder Gewinn-Antheilsscheinen die Bezahlung der im Zeitpunkte der Aushändigung fälligen Hinterlegungsgebühren zu verlangen.

Das Zurückbehaltungsrecht der Hinterlegungsstelle bleibt unberührt.

§ 13.

Für die Entscheidung von Streitfragen über die Pflicht zur Entrichtung der Hinterlegungsgebühr oder über deren Größe finden für den Fall, daß die Hinterlegungsgebühr bei einem Notare zum Anfalle gelangt ist, die Vorschriften der Art. 47 bis 50, im Uebrigen die Vorschriften des Art. 234 des Gesetzes über das Gebührenwesen in der Fassung der Bekanntmachung vom 11. November 1899 Anwendung.

§ 14.

Diese Verordnung tritt gleichzeitig mit der Hinterlegungsordnung in Kraft.

Mit dem gleichen Zeitpunkte werden die Kgl. Verordnungen vom 17. Dezember 1882, die Erhebung von Depositalgebühren betreffend, und v. 13. Juni 1892, die Erhebung von Depositalgebühren in Vormundschaften betreffend, aufgehoben.

§ 15.

Die Vorschriften dieser Verordnung finden auch auf diejenigen Massen, welche am 1. Januar 1900 schon hinterlegt sind, Anwendung. Für diese Massen beginnt am 1. Januar 1900 ein neues Verwaltungsjahr im Sinne der §§ 2, 3.

War die Masse im Jahre 1899 weniger als einen Monat hinterlegt, so wird eine Hinterlegungsgebühr nicht erhoben. Andernfalls wird für das Jahr 1899 die Hinterlegungsgebühr nach dem Verhältnisse der Zeitdauer der Hinterlegung erhoben; dabei werden nur volle Monate gerechnet. S. 1238.

Die am 1. Januar 1900 bei den Notaren hinterliegenden Gelder, Werthpapiere und Kostbarkeiten, welche unter den Art. 4 des Notariatsgesetzes fallen, gelten mit dem 1. Januar 1900 als im Sinne dieser Verordnung hinterlegt.

§ 16. S. 1239.

Die auf Grund des § 4 der Kgl. Verordnung vom 17. Dezember 1882 am 31. Dezember 1899 gestundeten Gebühren bleiben bis zur Rückgabe der hinterlegten Gelder und Werthpapiere gestundet.

Werden auf Grund der Art. 203, 210 des Einführungsgesetzes zum Bürgerlichen Gesetzbuche hinterlegte Gelder, Werthpapiere und Kostbarkeiten herausgegeben, so wird für die vom 1. Januar 1900 an dauernde Hinterlegung eine Hinterlegungsgebühr nicht erhoben.

§ 17.

Die erforderlichen Ausführungsbestimmungen werden von den Staatsministerien der Justiz und der Finanzen erlassen.

München, den 25. Dezember 1899.

Luitpold,
Prinz von Bayern,
des Königreichs Bayern Verweser.

Dr. **Frhr. v. Riedel.**

Auf Allerhöchsten Befehl:
Der General-Sekretär:
Ministerialrath v. Pausch.

---

21. S. 1241.

Bekanntmachung der K. Staatsministerien der Justiz, des Innern und der Finanzen,

Namensänderungen betreffend, vom 27. Dezember 1899.

(Gesetz- und Verordnungsblatt 1899 Nr. 64 vom 30. Dez. 1899 Seite 1241 bis 1247.)

Zum Vollzuge des Artikels 3 des Ausführungsgesetzes zum Bürgerlichen Gesetzbuche vom 9. Juni 1899 und der §§ 1 bis 3 und 15 bis 19 der Allerhöchsten Verordnung vom 24. Dezember 1899 zur Ausführung des Bürgerlichen Gesetzbuchs und seiner Nebengesetze (Zuständigkeitsverordnung) werden nachstehende Anordnungen getroffen:

I. Aenderung des Familiennamens.

A. Fälle, in welchen zur Aenderung des Familiennamens die Allerhöchste landesherrliche Genehmigung nicht erforderlich ist.

§ 1.

Nach Artikel 3 Abs. 1 des Ausführungsgesetzes zum Bürgerlichen Gesetzbuche kann der Familiennamen, soweit nicht ein Anderes vorgeschrieben ist, nur mit Bewilligung des Königs geändert werden.

S. 1241. Die anderen Vorschriften, auf welche hier Bezug genommen wird, finden sich im Bürgerlichen Gesetzbuch und beziehen sich

1. auf Fälle, in welchen die Aenderung des Familiennamens **kraft Gesetzes** eintritt,
2. auf Fälle, in welchen der Eintritt dieser Aenderung an die **Abgabe einer Erklärung gegenüber der zuständigen Behörde geknüpft ist.**

§ 2.

Kraft Gesetzes tritt die Aenderung des Familiennamens ein:

1. durch Verehelichung (B. G. B. § 1355),
2. durch Legitimation (B. G. B. § 1719 mit § 1616),
3. durch Ehelichkeitserklärung (B. G. B. § 1736 mit § 1616),
4. durch Annahme an Kindesstatt (B. G. B. § 1758),
5. durch Aufhebung der Annahme an Kindesstatt (B. G. B. § 1772),
6. wenn die eheliche Gemeinschaft nach der Aufhebung (B. G. B. § 1575) wiederhergestellt wird und die Frau nach der Aufhebung das Recht, den Namen des Mannes zu führen, verloren hatte (B. G. B. §§ 1577, 1587).

S. 1242. § 3.

Durch Erklärung gegenüber der zuständigen Behörde tritt eine Aenderung des Familiennamens in folgenden Fällen ein:

1. Die geschiedene Frau kann ihren Familiennamen wieder annehmen. War sie vor der Eingehung der geschiedenen Ehe verheirathet, so kann sie auch den Namen wieder annehmen, den sie zur Zeit der Eingehung dieser Ehe hatte, es sei denn, daß sie allein für schuldig erklärt ist. Die Wiederannahme des Namens erfolgt durch Erklärung gegenüber der zuständigen Behörde; die Erklärung ist in öffentlich beglaubigter Form abzugeben (B. G. B. § 1577 Abs. 2).

   Zur Entgegennahme der Erklärung ist die Distriktspolizeibehörde zuständig, in deren Bezirke die Frau ihren Wohnsitz oder in Ermangelung eines im Deutschen Reiche gelegenen Wohnsitzes ihren Aufenthalt hat (Zuständigkeitsverordnung § 15).
2. Ist die geschiedene Frau allein für schuldig erklärt, so kann der Mann ihr die Führung seines Namens untersagen. Die Untersagung erfolgt durch Erklärung gegenüber der zuständigen Behörde; die Erklärung ist in öffentlich beglaubigter Form abzugeben. Die Behörde soll der Frau die Erklärung mittheilen. Mit dem Verluste des Namens des Mannes erhält die Frau ihren Familiennamen wieder (B. G. B. § 1577 Abs. 3).

   Zur Entgegennahme der Erklärung ist die Distriktspolizeibehörde zuständig, in deren Bezirke der Mann seinen Wohnsitz oder in Ermangelung eines im Deutschen Reiche gelegenen Wohnsitzes seinen Aufenthalt hat (Zuständigkeitsverordnung § 16).
3. Die unter Ziffer 1 und 2 aufgeführten Vorschriften gelten in Ansehung des Namens der Frau auch wenn die eheliche Gemeinschaft nach § 1575 des Bürgerlichen Gesetzbuchs aufgehoben ist (B. G. B. § 1586, Zuständigkeitsverordnung § 17).
4. Der Ehemann der Mutter eines unehelichen Kindes kann durch Erklärung gegenüber der zuständigen Behörde dem Kinde mit Einwilligung des Kindes und der Mutter seinen Namen ertheilen; die

Erklärung des Ehemanns sowie die Einwilligungserklärungen des S. 1242.
Kindes und der Mutter sind in öffentlich beglaubigter Form abzugeben (G.B.G. § 1706 Abs. 2).

Zur Entgegennahme der Erklärung des Ehemanns ist die Distriktspolizeibehörde zuständig, in deren Bezirke der Ehemann seinen Wohnsitz oder in Ermangelung eines im Deutschen Reiche gelegenen Wohnsitzes seinen Aufenthalt hat (Zuständigkeitsverordnung § 18).

In München ist zur Entgegennahme der in den Ziffern 1 bis 4 bezeichneten Erklärungen die k. Polizeidirektion zuständig (Zuständigkeitsverordnung § 19).

§ 4.

Die im § 3 bezeichneten Erklärungen sind zum Protokolle der Distriktspolizeibehörde abzugeben oder schriftlich bei ihr einzureichen. Im letzteren
Falle muß die Unterschrift durch einen Notar beglaubigt sein. Wird die S. 1243.
Unterschrift außerhalb Bayerns beglaubigt, so bestimmt sich die Form der Beglaubigung nach den für den Ort der Beglaubigung geltenden Vorschriften.

Ist die Person, deren Namen durch eine der vorbezeichneten Erklärungen geändert wird, minderjährig oder bevormundet, so hat die Distriktspolizeibehörde dem Vormundschaftsgerichte Mittheilung zu machen.

B. Fälle, in welchen zur Aenderung des Familiennamens die Allerhöchste landesherrliche Genehmigung erforderlich ist.

§ 5.

Abgesehen von den vorstehend unter A. aufgeführten Fällen ist gemäß Artikel 3 Abs. 1 des Ausführungsgesetzes zum Bürgerlichen Gesetzbuche zur Aenderung des Familiennamens die Allerhöchste landesherrliche Bewilligung erforderlich.

Hinsichtlich dieser Namensänderungen ist Folgendes zu beachten:

§ 6.

Die Bestimmung in Artikel 3 Abs. 1 des Ausführungsgesetzes zum Bürgerlichen Gesetzbuche bezieht sich nur auf solche Personen, welche die bayerische Staatsangehörigkeit besitzen.

Als Aenderung des Familiennamens ist auch die Aenderung der Schreibweise sowie die Beifügung eines weiteren Namens oder eines weiteren Zusatzes anzusehen.

§ 7.

Gesuche um die Bewilligung zur Aenderung des Familiennamens sind bei der Distriktspolizeihörde, in deren Bezirke der Gesuchsteller seinen Wohnsitz oder in Ermangelung eines Wohnsitzes seinen Aufenthalt hat, schriftlich einzureichen oder zu Protokoll zu erklären. Hat der Gesuchsteller in Bayern weder seinen Wohnsitz noch seinen Aufenthalt, so ist die Distriktspolizeibehörde der Heimatgemeinde des Gesuchstellers zuständig. In München ist die k. Polizeidirektion zuständig.

§ 8.

Das Gesuch ist zu begründen.

Dem Gesuche sind beizulegen:

1. der Nachweis der bayerischen Staatsangehörigkeit,
2. ein beglaubigter Auszug aus dem Geburtsregister,

S. 1243. 3. wenn um die Aenderung des Familiennamens einer verheiratheten Person nachgesucht wird, ein beglaubigter Auszug aus dem Heirathsregister.

S. 1244. § 9.

Die Distriktspolizeibehörde hat über das Gesuch
1. die Heimatgemeinde,
2. diejenigen Personen zu vernehmen, von welchen sie annimmt, daß sie an der Aenderung ein Interesse haben.

Sie hat ferner behufs Würdigung der Gebührenfrage über die Vermögens-, Einkommens- und Erwerbsverhältnisse des Gesuchstellers die erforderlichen Erhebungen zu pflegen.

§ 10.

Soll der Namen eines Minderjährigen oder Bevormundeten geändert werden, so hat die Distriktspolizeibehörde nach Beendigung der Vernehmungen die Verhandlungen dem Vormundschaftsgerichte zur Aeußerung zu übersenden.

§ 11.

Nach der Beendigung des Verfahrens hat die Distriktspolizeibehörde die Verhandlungen der k. Regierung, Kammer des Innern, unter gutachtlicher Aeußerung über das Gesuch und über die Gebühr vorzulegen.

§ 12.

Die k. Regierung, Kammer des Innern, hat zunächst die Verhandlungen dem Oberstaatsanwalte bei dem Oberlandesgerichte zur Aeußerung mitzutheilen.

Dieser hat sich nach Anhörung des Amtsgerichts und des Staatsanwalts bei dem Landgericht über das Gesuch zu äußern.

Die k. Regierung hat sodann die Verhandlungen dem k. Staatsministerium des Innern unter gutachtlicher Aeußerung über das Gesuch und über die Gebühr vorzulegen.

§ 13.

Von der über das Gesuch getroffenen Entscheidung hat die Distriktspolizeibehörde den Gesuchsteller schriftlich zu verständigen.

Handelt es sich um die Aenderung des Namens einer minderjährigen oder bevormundeten Person, so hat die Distriktspolizeibehörde von der getroffenen Entscheidung dem Vormundschaftsgerichte Mittheilung zu machen.

II. Aenderung des Vornamens.

§ 14.

Nach Artikel 3 Abs. 2 des Ausführungsgesetzes zum Bürgerlichen Gesetzbuch ist zu einer Aenderung des Vornamens die Bewilligung der zuständigen Behörde erforderlich.

Diese Bestimmung bezieht sich nur auf solche Personen, welche die bayerische Staatsangehörigkeit besitzen.

S. 1245. § 15.

Die zu einer Aenderung des Vornamens erforderliche Bewilligung wird von der Distriktspolizeibehörde ertheilt, in deren Bezirke der Antragsteller

seinen Wohnsitz oder in Ermangelung eines Wohnsitzes seinen Aufenthalt hat. S. 1245.
Hat der Antragsteller in Bayern weder seinen Wohnsitz noch seinen Aufenthalt, so ist die Distriktspolizeibehörde der Heimatgemeinde des Antragstellers zuständig. In München ist die k. Polizeidirektion zuständig. (Zuständigkeitsverordnung § 2 Abs. 1).

§ 16.

Gesuche um die Bewilligung zur Aenderung des Vornamens sind bei der nach § 15 zuständigen Distriktspolizeibehörde schriftlich einzureichen oder zu Protokoll zu erklären.

Das Gesuch ist zu begründen.

Dem Gesuche sind beizulegen:

1. der Nachweis der bayerischen Staatsangehörigkeit.
2. ein beglaubigter Auszug aus dem Geburtsregister.

§ 17.

Die Distriktspolizeibehörde hat über das Gesuch

1. die Heimatgemeinde,
2. diejenigen Personen zu vernehmen, von welchen sie annimmt, daß sie an der Aenderung ein Interesse haben.

Sie hat ferner behufs Würdigung der Gebührenfrage über die Vermögens-, Einkommens- und Erwerbsverhältnisse des Gesuchstellers die erforderlichen Erhebungen zu pflegen.

§ 18.

Soll der Vornamen eines Minderjährigen oder Bevormundeten geändert werden, so hat die Distriktspolizeibehörde nach Beendigung der Vernehmungen die Verhandlungen dem Vormundschaftsgerichte zur Aeußerung zu übersenden.

§ 19.

Vor der Entscheidung hat die Distriktspolizeibehörde dem Staatsanwalte bei dem Landgerichte die Verhandlungen zur Aeußerung mitzutheilen (Zuständigkeitsverordnung § 2 Abs. 2).

Dieser hat sich nach Anhörung des Amtsgerichts über das Gesuch zu äußern.

§ 20.

Von der über das Gesuch getroffenen Entscheidung hat die Distriktspolizeibehörde den Gesuchsteller schriftlich zu verständigen.

Handelt es sich um die Aenderung des Vornamens einer minderjährigen oder bevormundeten Person, so hat die Distriktspolizeibehörde von der getroffenen Entscheidung dem Vormundschaftsgerichte Mittheilung zu machen.

III. Gebühren. S. 1246.

§ 21.

Für die Erklärung, daß die geschiedene Frau den Familiennamen wieder annimmt oder daß der Ehemann der geschiedenen Frau die Führung des Namens untersagt (B. G. B. § 1577), wird gemäß Artikel 221 des Gebührengesetzes eine Gebühr von 3 bis 50 Mark erhoben.

Das Gleiche gilt für die Erklärung des Mannes der Mutter eines unehelichen Kindes, daß er dem Kinde seinen Namen ertheile (B. G. B. § 1706).

S. 1246. § 22.

Für die Genehmigung der Aenderung eines Familiennamens, einschließlich des vorangegangenen Verfahrens, wird vorbehaltlich der Bestimmung des Artikel 242 des Gebührengesetzes (Bewilligung zur Aenderung adeliger Namen) gemäß Artikel 220 Abs. 1 Ziff. 1 des Gebührengesetzes eine Gebühr von 20 bis 200 Mark erhoben.

Diese Gebühr wird nach Artikel 220 Abs. 2 des Gebührengesetzes im Falle der Abweisung des Gesuchs nur zur Hälfte und, wenn dasselbe noch vor Erlaß der Entscheidung zurückgenommen wird, zu zwei Zehntheilen erhoben.

§ 23.

Für die Gebührenbewerthung der Verhandlungen über Gesuche um die Bewilligung zur Aenderung des Vornamens kommen die Vorschriften der Artikel 198 und ff. und die allgemeinen Bestimmungen des Gebührengesetzes zur Anwendung.

IV. Vermerke in den Standesregistern.

§ 24.

Die Distriktspolizeibehörde hat über jede Namensänderung, die nicht kraft Gesetzes eintritt, dem Standesbeamten, in dessen Register die Geburt der Person, deren Namen geändert ist, und bei Verheiratheten auch dem Standesbeamten, in dessen Register die Eheschließung beurkundet ist, Mittheilung zu machen.

Der Standesbeamte hat die Namensänderung am Rande der Geburtsurkunde und bei Verheiratheten auch am Rande der Heirathsurkunde zu vermerken, die Mittheilung der Distriktspolizeibehörde dem Sammelakt einzuverleiben und das alphabetische Verzeichniß zu vervollständigen. Der Vermerk
S. 1247. ist auch im Nebenregister einzutragen. Ist das Nebenregister schon an das Amtsgericht abgegeben, so hat der Standesbeamte über die Eintragung des Vermerkes dem Amtsgerichte zu berichten. In der Pfalz hat der Amtsrichter den Bericht dem Staatsanwalte bei dem Landgerichte vorzulegen.

V. Bekanntmachung der genehmigten Namensänderungen.

§ 25.

Die genehmigten Aenderungen von Familiennamen werden im Amtsblatte des k. Staatsministeriums des Innern und im Kreisamtsblatte, die genehmigten Aenderungen von Vornamen im Kreisamtsblatte bekanntgemacht.

VI. Uebergangsbestimmung.

§ 26.

Auf die am 1. Januar 1900 anhängigen Gesuche finden die neuen Vorschriften Anwendung.

München, den 27. Dezember 1899.

Dr. **Frhr. v. Riedel.** **Frhr. v. Feilitzsch.** Dr. **Frhr. v. Leonrod.**

22. S. 115.

Bekanntmachung des Königlichen Staatsministeriums der Justiz, den Vollzug des § 157 Abs. 4 der Civilprozeßordnung betr., vom 4. Januar 1900.

(Justizministerialblatt 1900 Nr. III vom 16. Januar 1900 Seite 115, 116.)

Das Staatsministerium der Justiz erläßt zum Vollzuge des § 157 Abs. 4 der Civilprozeßordnung im Einvernehmen mit dem K. Staatsministerium des Innern folgende Bestimmungen:

§ 1.

Die Anordnung, durch welche einer Person das mündliche Verhandeln vor Gericht gestattet wird, und die Zurücknahme einer solchen Anordnung erfolgt durch das Staatsministerium der Justiz.

§ 2.

Das Gesuch um die Gestattung des mündlichen Verhandelns vor einem Amtsgericht ist mit einem von dem Gesuchsteller selbst verfaßten und selbstgeschriebenen Lebenslaufe bei dem Vorstande des Amtsgerichts einzureichen.

§ 3.

Der Vorstand des Amtsgerichts hat die erforderlichen Erhebungen zu pflegen, insbesondere, wenn er nicht Prozeßrichter ist, den Prozeßrichter zu hören und der Distriktspolizeibehörde des Wohnorts des Gesuchstellers, in München der K. Polizeidirektion, Gelegenheit zur Äußerung zu geben. Sodann hat er dem Präsidenten des Landgerichts das Gesuch mit dem Ergebnisse der Erhebungen und mit einer gutachtlichen Äußerung darüber S. 116.
vorzulegen, ob es im Interesse der Personen, die bei dem Amtsgerichte Rechtsstreite zu führen haben, liegt, dem Gesuchsteller das mündliche Verhandeln vor Gericht zu gestatten, und ob gegen die Befähigung oder gegen die Zuverlässigkeit des Gesuchstellers Bedenken bestehen. Der Präsident des Landgerichts hat die Vorlage nach Anhörung des landgerichtlichen Präsidiums mit seiner eigenen gutachtlichen Äußerung dem Staatsministerium der Justiz auf dem Dienstwege einzusenden.

§ 4.

Das mündliche Verhandeln vor Gericht wird nur in widerruflicher Weise gestattet.

§ 5.

Werden Wahrnehmungen gemacht, die geeignet sind, Zweifel in die Befähigung oder in die Zuverlässigkeit dessen, dem das mündliche Verhandeln gestattet ist, zu erwecken, so hat der Vorstand des Amtsgerichts zu berichten.

§ 6.

Die Erlaubnis zum mündlichen Verhandeln vor Gericht erlischt mit der Rechtskraft des Bescheids, durch welchen die gewerbsmäßige Besorgung fremder Rechtsangelegenheiten auf grund des § 35 Abs. 3 der Gewerbeordnung untersagt wird.

---

23. S. 181.

Bekanntmachung des Königlichen Staatsministeriums der Justiz, das Vormundschaftswesen betr., vom 19. Januar 1900.

(Justizministerialblatt 1900 Nr. IV vom 20. Januar 1900 Seite 181 bis 295).

Zur Ausführung der gesetzlichen Vorschriften über das Vormundschaftswesen wird hiemit Folgendes verfügt.

I. Vormundschaft.

1. Anordnung der Vormundschaft.

§ 1.

Über einen Minderjährigen ist nach § 1773 des B.GB. eine Vormundschaft anzuordnen:

Als Abkürzungen sind gebraucht: B.GB. für Bürgerliches Gesetzbuch, A.G. für Ausführungsgesetz, E.G. für Einführungsgesetz, CPO. für Civilprozeßordnung, KO. für Konkursordnung, GFG für Gesetz über die Angelegenheiten der freiwilligen Gerichtsbarkeit, GVG. für Gerichtsverfassungsgesetz, N.G. für Notariatsgesetz.

S. 181. 1. wenn er nicht unter elterlicher Gewalt steht;
2. wenn er zwar unter elterlicher Gewalt steht, die Eltern aber weder in den die
S. 182. Person, noch in den das Vermögen betreffenden Angelegenheiten zur Vertretung des Minderjährigen berechtigt sind;
3. wenn sein Familienstand nicht zu ermitteln ist.

Der Minderjährige steht nicht unter elterlicher Gewalt (§§ 1679, 1680, 1684, 1686, 1697, 1707 des B.GB.):

a) wenn die Eltern tot oder für tot erklärt sind;
b) wenn während der Ehe der Vater oder nach Auflösung der Ehe sowohl der Vater als auch die Mutter die elterliche Gewalt verwirken;
c) wenn die Mutter, sofern die elterliche Gewalt ihr zusteht, sich wieder verheiratet;
d) wenn dem Inhaber der elterlichen Gewalt im Falle des § 1666 Abs. 2 des B.GB. auch die Nutznießung entzogen worden ist;
e) wenn der Minderjährige ein uneheliches Kind ist.

Den Eltern fehlt die Berechtigung zur Vertretung des Kindes sowohl in den die Person als auch in den das Vermögen betreffenden Angelegenheiten (§§ 1666, 1685 des B.GB.):

a) wenn die Gewalt des Vaters ruht und die Mutter tot oder die Ehe aufgelöst, die Gewalt aber der Mutter nicht übertragen ist;
b) wenn die Gewalt der Mutter ruht;
c) wenn im Falle des § 1666 Abs. 2 des B.GB. die Nutznießung nicht entzogen ist.

Kommt dem Inhaber der elterlichen Gewalt die Vertretung nur in den die Person oder nur in den das Vermögen betreffenden Angelegenheiten, sei es in allen oder in einzelnen (§ 1630 Abs. 2, §§ 1638, 1647, 1665, § 1666 Abs. 1, §§ 1670, 1761 des B.GB.) nicht zu, so ist ein Pfleger (§ 1909 des B.GB.) zu bestellen.

§ 2.

Über einen Volljährigen ist nach § 1896 des B.GB. eine Vormundschaft anzuordnen, wenn er entmündigt ist.

§ 3.

Das Vormundschaftsgericht erhält von allen Fällen, in welchen die Bestellung eines Vormundes in Frage kommen kann, durch die in den §§ 48 bis 50 des GFG. und den
S. 183. §§ 657, 660, 674, 683 der CPO. dem Standesbeamten, den Gemeindewaisenräten und den Gerichten auferlegte Anzeigepflicht Kenntnis. Der Standesbeamte erstattet seine Anzeige nicht an das Vormundschaftsgericht, sondern nach der Bekanntmachung vom 18. Dezember 1899 (JMBl. S. 578) an das Amtsgericht.

§ 4.

Sobald das Vormundschaftsgericht, sei es infolge einer Anzeige gemäß § 3, sei es auf andere Weise, Kenntnis von einem Falle erlangt, in welchem eine Vormundschaft anzuordnen ist, hat es sofort die Vormundschaft von Amtswegen anzuordnen (§ 1774 des B.GB.). Die Anordnung ist aktenmäßig zu machen, es genügt ein Vermerk in den Akten. Nur wenn eine vorläufige Vormundschaft angeordnet wird, bedarf es einer besonderen Verfügung, die, wenn die Entmündigung wegen Geistesschwäche, wegen Verschwendung oder wegen Trunksucht beantragt ist, dem zu Entmündigenden bekannt gemacht werden muß (§ 52 des GFG.).

§ 5.

Ist die Vormundschaft nicht einem nach § 1776 des B.GB. Berufenen zu übertragen, so hat das Vormundschaftsgericht den Gemeindewaisenrat aufzufordern, eine geeignete Person als Vormund vorzuschlagen (§§ 1779, 1849 des B.GB.). Die Angehörigen des Mündels können dem Vormundschaftsgericht eine Person als Vormund vorschlagen. Das Vormundschaftsgericht soll auch über eine solche Person vorher den Gemeindewaisenrat hören, der Anhörung bedarf es jedoch nicht, wenn ohne weiteres klar ist, daß der Vorgeschlagene geeignet ist. Die Befragung des Gemeindewaisenrats geschieht in beiden Fällen unter Benützung der in der Bekanntmachung vom 22. Dezember 1899 (JBBl. S. 553) vorgeschriebenen Formulare 1, 3. Dabei ist dem Gemeindewaisenrate gemäß § 1770 Abs. 2 des B.GB. auch die Religion des Mündels mitzuteilen.

Zur Ladung des als Vormund in Aussicht Genommenen soll das anliegende Formular I verwendet werden.

§ 6.

Der Vormund ist bei seiner Bestellung (§ 1789 des B.GB.) über seine Pflichten und seine Verantwortlichkeit, insbesondere über die Pflicht zur Einreichung eines Verzeichnisses des Vermögens des Mündels, zur Hinterlegung der Wertpapiere des Mündels und zur Rechnungslegung, zu belehren. Auch ist er darauf hinzuweisen, daß er dem Gemeindewaisenrat jeden Wechsel im Aufenthalte des Mündels anzuzeigen hat. S. 184.

Bei der Bestellung soll, soweit möglich, gleichzeitig bestimmt werden, wann der Vormund die nächste Rechnung zu legen hat.

Über die Bestellung ist ein Protokoll aufzunehmen. Das Protokoll soll eine Angabe über den Hergang der Bestellung und über die Erteilung der im Abs. 1 vorgeschriebenen Belehrung enthalten. Auch sind etwaige besondere Bestimmungen über die Beschränkung der Vertretungsbefugnis, die Verteilung der Führung der Vormundschaft unter mehrere Vormünder sowie der etwaige Vorbehalt der künftigen Entlassung des Vormundes in dem Protokoll anzugeben.

Auf dem Protokoll ist die Benachrichtigung des Gemeindewaisenrats (§ 1851 Abs. 1 des B.GB., § 15 der Bekanntmachung vom 22. Dezember 1899, JMBl. S. 557) zu vermerken.

Das anliegende Formular II gibt ein Muster für das über die Verpflichtung aufzunehmende Protokoll.

§ 7.

Die Bestallung soll dem Vormunde, wenn möglich, sogleich bei der Bestellung ausgehändigt werden. Die Aushändigung ist vom Vormunde zu bestätigen. Muß die Bestallung dem Vormunde überschickt werden, z. B. weil der Vormund von einem anderen Amtsgericht als dem Vormundschaftsgerichte verpflichtet wird (s. Formulare XI, XII), so ist Empfangsbescheinigung zu verlangen, wenn nicht der Weg der Behändigung unter Beurkundung gewählt wird.

Die Formulare zu den Bestallungen werden den Amtsgerichten aus Centralfonds geliefert. Sie sind nach dem anliegenden Muster III hergestellt und enthalten überdies eine Anleitung zur Führung des Amtes als Vormund.

§ 8.

Neben dem Vormunde kann nach § 1792 des B.GB. ein Gegenvormund bestellt werden.

Ein Gegenvormund soll bestellt werden, wenn mit der Vormundschaft eine Vermögensverwaltung verbunden ist, es sei denn, daß die Verwaltung nicht erheblich oder daß die S. 185. Vormundschaft von mehreren Vormündern gemeinschaftlich zu führen ist. Ob ein Gegenvormund zu bestellen ist, hängt vom Ermessen des Vormundschaftsgerichts ab. Zu beachten ist, daß nicht deshalb allein, weil das Vermögen des Mündels erheblich ist, ein Gegenvormund erforderlich ist, sondern daß es auf die Erheblichkeit der Vermögensverwaltung ankommt.

Für die Berufung und die Bestellung des Gegenvormundes gelten die gleichen Grundsätze wie für den Vormund (§§ 1776 bis 1791 des B.GB.).

Beabsichtigt das Vormundschaftsgericht von vorneherein einen Gegenvormund zu bestellen, so wird es zweckmäßig sein, die als Vormund und Gegenvormund in Aussicht genommenen Personen, wenn sie im Bezirke desselben Amtsgerichts sich aufhalten, behufs gleichzeitiger Verpflichtung auf denselben Termin vorzuladen.

Die Vorschriften der §§ 5 bis 7 gelten auch für den Gegenvormund. Die Formulare I und II können ohne weiteres auch für die Ladung und die Verpflichtung des Gegenvormundes verwendet werden. Die Formulare zu den Bestallungen der Gegenvormünder werden den Amtsgerichten gleichfalls aus Centralfonds geliefert; sie sind nach dem anliegenden Muster IV hergestellt und enthalten eine Anleitung zur Führung des Amtes als Gegenvormund.

§ 9.

Handelt es sich um ein uneheliches Kind, so soll das Vormundschaftsgericht, sofern nicht die Umstände des Falles ein Anderes mit sich bringen, zunächst die uneheliche Mutter mit der Aufforderung laden, das Miterscheinen des unehelichen Vaters sowie des Großvaters des Kindes, d. h. des Vaters der Mutter, soweit thunlich, zu veranlassen. Für die Ladung ist das Formular V zu verwenden.

Zum Vormund über das uneheliche Kind ist in erster Linie der mütterliche Großvater berufen (§ 1776 Abs. 1 Nr. 4 des B.GB.); vor dem Großvater darf die uneheliche Mutter zum Vormunde bestellt werden (§ 1778 Abs. 4 des B.GB.). Vor der Bestellung S. 186. der unehelichen Mutter ist stets der Gemeindewaisenrat zu hören.

Erscheinen im Termine die Mutter und der uneheliche Vater, so ist über die Ansprüche der Mutter (§ 847 Abs. 2, §§ 1300, 1715 des B.GB.) und des Kindes (§§ 1708 ff. des B.GB.) mit dem unehelichen Vater zu verhandeln und hierüber ein Protokoll aufzunehmen. Das anliegende Formular VI enthält ein Muster für das Protokoll.

S. 186. Erscheint der uneheliche Vater nicht, so ist zu Protokoll zu erheben, welche Ansprüche die Mutter und das Kind gegen den Vater geltend machen; hiezu kann das Formular VI a angewendet werden. Der uneheliche Vater ist über die Ansprüche zu vernehmen; zur Ladung dient das anliegende Formular VII. Formular VIII enthält ein Muster für das mit dem unehelichen Vater in diesem Falle aufzunehmende Protokoll.

Im Falle der Anerkennung der Vaterschaft ist zu veranlassen, daß ein Beteiligter, z. B. der Vormund oder die Mutter, beantragt, die Feststellung der Abstammung gemäß § 26 des Personenstandsgesetzes am Rande der über den Geburtsfall vorgenommenen Eintragung zu vermerken. Die Mitteilung an den Standesbeamten geschieht unter Verwendung des anliegenden Formulars IX.

Daß die Amtsgerichte zur Aufnahme der öffentlichen Urkunde, in welcher die Vaterschaft anerkannt wird (§§ 1718, 1720 des B.GB.), zuständig sind, ist im § 167 Abs. 2 des GFG. bestimmt. Nach Art. 15 Abs. 2 des A.G. zum GVG. in der Fassung des Art. 167 des A.G. zum B.GB. sind die Amtsgerichte — nicht nur das Vormundschaftsgericht — neben den Notaren auch zuständig für die Beurkundung von Vereinbarungen zwischen dem Vater eines unehelichen Kindes und diesem über den Unterhalt für die Zukunft oder über eine an Stelle des Unterhalts zu gewährende Abfindung, sowie für die Beurkundung einer Vereinbarung zwischen dem Vater eines unehelichen Kindes und der Mutter über die der Mutter aus der Beiwohnung und der Entbindung entstandenen Ansprüche, sofern diese Vereinbarung mit der Vereinbarung über den Unterhalt des Kindes in derselben Urkunde
S. 187. verbunden wird. Die Zwangsvollstreckung ist aus einer solchen Vereinbarung nur möglich, wenn der Schuldner sich in der Urkunde der sofortigen Zwangsvollstreckung unterwirft (§ 794 Abs. 1 Nr. 5 der CPO.). Das Gericht wird daher darauf hinzuwirken haben, daß der uneheliche Vater die Unterwerfungserklärung abgibt.

Zur Beurkundung der im vorstehenden Absatze bezeichneten Vereinbarungen genügt es, wenn zunächst der Antrag und sodann die Annahme des Antrags von einem Gerichte beurkundet wird (§ 128 des B.GB.). Die Erteilung einer vollstreckbaren Ausfertigung der Vereinbarung ist also z. B. möglich, wenn die Mutter und der Vormund vor dem Vormundschaftsgerichte, der Vater aber vor einem ersuchten Gerichte die Erklärungen abgegeben haben.

§ 10.

Im Falle der befreiten Vormundschaft soll die Bestallung die einzelnen Befreiungen (§§ 1852 bis 1854 des B.GB.) aufzählen.

In der Bestallung für den Vormund eines Volljährigen (§§ 1791, 1897 des B.GB.) sind, wenn der Vater oder die eheliche Mutter Vormund ist, die ihnen kraft Gesetzes nach den §§ 1903, 1904 zustehenden Befreiungen gleichfalls zu vermerken.

Über den Inhalt der Bestallung ist ein Vermerk zu den Akten zu machen.

§ 11.

Der Gemeindewaisenrat ist auch bei der Bestellung eines vorläufigen Vormundes (§ 1906 des B.GB.) um seinen Vorschlag zu ersuchen (§ 1907 des B.GB.). Sofern jedoch zu besorgen ist, daß durch den mit der Befragung des Gemeindewaisenrats verbundenen Aufschub die Interessen des Mündels gefährdet werden, darf die Befragung unterbleiben, wenn dem Vormundschaftsgericht eine geeignete Person auch ohne Anhörung des Gemeindewaisenrats zur Verfügung steht.

2. Fürsorge und Aufsicht des Vormundschaftsgerichts.

§ 12.

S. 188. Das Bürgerliche Gesetzbuch beruht auf dem Grundsatze der Selbständigkeit des Vormundes gegenüber dem Vormundschaftsgerichte. Dem Vormunde sind gewisse Schranken in der Führung der Vormundschaft gezogen (§§ 1794 bis 1832 des B.GB.) und seine Thätigkeit unterliegt der Aufsicht des Vormundschaftsgerichts (§§ 1837 bis 1846 des B.GB.). Das Vormundschaftsgericht ist aber, soweit nicht besondere Ausnahmen getroffen sind, vermöge seines Aufsichtsrechts nicht befugt, in Zweckmäßigkeitsfragen dem Vormund Anweisungen zu erteilen. Die Selbständigkeit des Vormundes schließt anderseits nicht aus, daß der Vormund sich an das Vormundschaftsgericht um Rat wendet. Es ist Pflicht des Vormundschaftsrichters, dem Vormunde stets an die Hand zu gehen und ihn nach bestem Wissen und Gewissen zu unterstützen.

§ 13.

Der Vormund hat nach Maßgabe des § 1802 des B.GB. das bei der Anordnung der Vormundschaft vorhandene oder dem Mündel später zufallende Vermögen zu verzeichnen und das Verzeichnis dem Vormundschaftsgericht einzureichen.

Der Vormund kann sich bei der Aufnahme des Verzeichnisses eines Notars oder S. 188.
eines anderen Sachverständigen, z. B. eines Rechtsanwalts, dessen Auswahl ihm überlassen ist, bedienen. Nach Art. 63 des A.G. zum GVG. in der Fassung des Art. 167 des A.G. zum B.GB. sind auch die Gerichtsschreiber bei den Amtsgerichten zuständig, das Verzeichnis aufzunehmen, sie dürfen sich jedoch der Aufnahme nur auf Anordnung des Richters unterziehen. Ist das eingereichte Verzeichnis ungenügend, so kann das Vormundschaftsgericht anordnen, daß das Verzeichnis durch einen Gerichtsschreiber oder Notar aufgenommen wird.

Dem Gerichtsschreiber soll die Aufnahme des Verzeichnisses nur übertragen werden, wenn anzunehmen ist, daß der Wert des Vermögens ohne Abzug der Schulden den Betrag von 2000 ℳ nicht oder nicht erheblich übersteigt. Den Auftrag zur Aufnahme des Verzeichnisses soll das Vormundschaftsgericht schriftlich erteilen. Das anliegende Formular X enthält ein Muster für den Auftrag. Es empfiehlt sich, die Aufnahme des Verzeichnisses bei Gerichten, welche nur mit einem Gerichtsschreiber besetzt sind, einem geeigneten stell- S. 189.
vertretenden Gerichtsschreiber und bei Gerichten, welche mit mehr als einem Gerichtsschreiber besetzt sind, dem nicht mit der Geschäftsleitung betrauten Gerichtsschreiber zu übertragen.

In einfachen Fällen ist es zweckmäßig, wenn der Vormundschaftsrichter mit dem Vormunde das vorhandene Vermögen zu Protokoll feststellt oder die Ergänzung des eingereichten Verzeichnisses durch protokollarische Verhandlung herbeiführt.

In allen Fällen hat das Vormundschaftsgericht, sofern zum Vermögen des Mündels unbewegliche Sachen gehören, die Vorlage eines Auszugs aus dem Hypotheken- oder Grundbuch, in der Pfalz bis zur Anlegung des Grundbuchs aus dem Grundsteuerkataster, sowie einen Brandversicherungsauszug zu verlangen.

§ 14.

Der Vormund hat nach § 1806 des B.GB. das zum Vermögen des Mündels gehörende Geld verzinslich anzulegen, soweit es nicht, um die laufenden und andere durch die Führung der Vormundschaft begründete Ausgaben zu bestreiten, bereit zu halten ist.

Ob und wie bereit zu haltende Gelder anzulegen sind, ist dem pflichtgemäßen (§ 1833 Abs. 1 des B.GB.) Ermessen des Vormunds überlassen.

§ 15.

Bereit zu haltendes Geld ist in der in den §§ 1807, 1808 des B.GB. bezeichneten Weise anzulegen. In dieser Weise anzulegen ist aber nur vorhandenes bares Geld. Bei Beginn der Vormundschaft schon vorhandene Wertpapiere oder Wertpapiere, welche der Mündel später, z. B. im Erbwege, erwirbt, dürfen nur dann in Anlagen nach § 1807 des B.GB. verwandelt werden, wenn die Verwandlung aus anderen Gründen, z. B. wegen einer Konvertierung oder Auslosung, notwendig ist.

Als Wertpapiere, in welchen nach § 1807 Abs. 1 Nr. 4 die Anlegung des Mündelgeldes gestattet ist, sind zur Zeit bestimmt die Schuldverschreibungen bayerischer Gemeinden mit Einschluß der Distrikts- und Kreisgemeinden, sowie die Pfandbriefe und Schuldbriefe für Gemeindedarlehen (Kommunalobligationen) der bayerischen Landwirtschaftsbank, die S. 190.
Pfandbriefe der bayerischen Hypotheken- und Wechselbank und der süddeutschen Bodenkreditbank, die Pfandbriefe und die Kommunal-Obligationen der Pfälzischen Hypothekenbank in Ludwigshafen a/Rh., dann die Pfandbriefe der bayerischen Vereinsbank, der bayerischen Handelsbank und der Vereinsbank in Nürnberg (Art. 32 des Übergangsgesetzes zum B.GB., Bekanntmachung vom 9. September 1899 JMBl. S. 383).

Als öffentliche bayerische Sparkassen, bei welchen nach § 1807 Abs. 1 Nr. 5 des B.GB. Mündelgeld angelegt werden darf, erscheinen sämtliche Sparkassen bayerischer Gemeinden oder Distrikte sowie die ältere gräfl. Castell'sche Kreditkasse in Castell (Bekanntmachung vom 21. Dezember 1899 JMBl. 1900 S. 113).

In Hypothekforderungen, in Grundschulden und in Rentenschulden darf Mündelgeld nur angelegt werden, wenn die Hypothek, Grundschuld oder Rentenschuld innerhalb der ersten Hälfte des Grundstückwerts zu stehen kommt (§ 1807 Abs. 1 Nr. 1, Abs. 2 des B.BG.; Art. 92 des A.G. zum B.GB.).

Von den Anstalten, bei welchen nach § 1808 des B.GB. Mündelgeld, wenn seine Anlage den Umständen nach nicht in der im § 1807 des B.GB. bezeichneten Weise erfolgen kann, angelegt werden darf, stehen in Bayern nur die Reichsbank und die K. bayer. Bank und deren Filialen zur Verfügung. Eine Privatbank ist in Bayern nicht für mündelsicher erklärt. Die Anlegung von Mündelgeld bei den amtsgerichtlichen Hinterlegungsstellen ist durch den Art. 76 Abs. 4 des A.G. zum GVG. in der Fassung des Art. 167 des A.G. zum B.GB. ausgeschlossen.

§ 16.

Erfolgt die Anlegung von Mündelgeld bei der Reichsbank oder bei der K. Bank (§ 1808 des B.GB.) oder bei einer öffentlichen Sparkasse, so muß sie mit der Bestimmung

S. 190. geschehen, daß zur Erhebung des Geldes die Genehmigung des Gegenvormundes oder des Vormundschaftsgerichts erforderlich ist (§ 1809, § 1813 Abs. 2 des B.GB.).

Das Erfordernis der Genehmigung des Gegenvormundes oder des Vormundschafts-
S. 191. gerichts ist, wenn die Anlegung bei einer Sparkasse erfolgt, auf dem Sparbuch oder dem Sparscheine selbst ersichtlich zu machen. Über die Art und Weise, in welcher der Vermerk zu machen und zu löschen ist, werden besondere Vorschriften getroffen werden. Bis dahin verbleibt es bei den bisherigen Vorschriften. Die Hinterlegung der Sparurkunden findet nur statt, wenn sie vom Vormundschaftsgericht aus besonderen Gründen angeordnet worden ist (§ 1818 des B.GB., s. unten § 18).

§ 17.

Die Auswahl unter den verschiedenen Arten der Anlegung des Mündelgeldes, welche nach den §§ 1807, 1808 des B.GB. dem Vormunde zur Verfügung stehen, ist dem Vormund überlassen. Der Vormund darf die Anlegung jedoch nach § 1810 des B.GB. nur mit Genehmigung des Gegenvormundes oder des Vormundschaftsgerichts bewirken; nur wenn die Vormundschaft von mehreren Vormündern gemeinschaftlich geführt wird, ist die Genehmigung nicht erforderlich.

§. 18.

Der Vormund muß nach § 1814 des B.GB. die zum Vermögen des Mündels gehörenden Inhaberpapiere nebst den Erneuerungsscheinen sowie die mit Blankoindossament versehenen Orderpapiere bei einer Hinterlegungsstelle oder bei der Reichsbank hinterlegen. Es ist gleichgiltig, ob es sich um mündelsichere Inhaberpapiere handelt oder nicht. Als Inhaberpapiere erscheinen auch auf den Inhaber gestellte Grundschuld- oder Rentenschuldbriefe. Nicht hinterlegt werden müssen die Zins-, Renten- oder Gewinnanteilscheine. Das Vormundschaftsgericht kann jedoch aus besonderen Gründen nach § 1818 des B.GB. anordnen, daß auch diese Scheine hinterlegt werden, und es muß ihre Hinterlegung anordnen, wenn der Vormund es beantragt. Dem Vormundschaftsrichter wird hiemit zur Pflicht gemacht, darauf hinzuwirken, daß die Zins-, Renten- und Gewinnanteilscheine hinterlegt werden.

Nach § 1818 des B.GB. kann das Vormundschaftsgericht aus besonderen Gründen, z. B. wenn der Vormund nicht in der Lage ist, für gehörige Aufbewahrung zu sorgen oder
S. 192. wenn die Zuverlässigkeit des Vormundes zweifelhaft ist, anordnen, daß auch andere Wertpapiere als die genannten, z. B. Hypothekenbriefe oder Sparurkunden, sowie Kostbarkeiten hinterlegt werden.

Die Herausgabe der hinterlegten Gegenstände erfolgt nur mit Genehmigung des Vormundschaftsgerichts. Zur Herausgabe der fälligen sowie der im Laufe des Jahres, in welchem die Herausgabe verlangt wird, oder des nächstfolgenden Jahres fällig werdenden Zins-, Renten- oder Gewinnanteilscheine ist jedoch nach § 26 Satz 2 der Hinterlegungsordnung vom 18. Dezember 1899 (JMBl. S. 1065) die Genehmigung des Vormundschaftsgerichts nur erforderlich, soweit dies von dem Vormundschaftsgerichte bei der Anordnung der Hinterlegung ausdrücklich bestimmt worden ist. Will also das Vormundschaftsgericht den Vormund in der Erhebung der Zins-, Renten- oder Gewinnanteilscheine weiter beschränken, so muß es dies der Hinterlegungsstelle gegenüber erklären.

Betreffs der Art und Weise, auf welche die Hinterlegung und die Herausgabe der hinterlegten Gegenstände zu bewirken ist, wird auf die §§ 16, 19, 26, 48, 50 der Hinterlegungsordnung verwiesen. Ist die K. Bank Hinterlegungsstelle, so kann das Vormundschaftsgericht die Hinterlegungsweisung nach § 2 Abs. 2 der Bekanntmachung vom 28. Dezember 1899, die Besorgung des gerichtlichen Hinterlegungswesens durch die K. Bank betr. (JMBl. S. 1116), in der Weise erteilen, daß der Vormund das bare Geld hinterlegt und die K. Bank angewiesen wird, es in mündelsicheren oder in bestimmten mündelsicheren Wertpapieren anzulegen. Ist die K. Bank Hinterlegungsstelle, so kann der Vormund nach § 53 Abs. 2 der Hinterlegungsordnung beantragen, daß die hinterlegten Wertpapiere nach den für die Verwaltung offener Depots geltenden Grundsätzen von der K. Bank verwaltet werden.

§ 19.

Die Verpflichtung zur Hinterlegung der Inhaberpapiere kann der Vormund nur dadurch abwenden, daß er die Papiere auf den Namen des Mündels umschreiben oder, wenn die Papiere vom Reiche oder einem Bundesstaat ausgestellt sind, in Buchforderungen umwandeln läßt (§ 1815 des B.GB.). Die Umschreibung auf den Namen sowie die Umwand-
S. 193. lung in Buchforderungen findet nur statt, wenn sie nach den Ausgabebedingungen oder den sonstigen für die Wertpapiere maßgebenden Vorschriften zulässig ist. Wegen der für bayerische Staatspapiere geltenden Bestimmungen wird auf die Bekanntmachung vom 27. November 1899 (JMBl. S. 455) verwiesen.

Wenn Buchforderungen gegen das Reich oder einen Bundesstaat zum Vermögen des Mündels gehören, hat der Vormund in die Schuldurkunde den Vermerk eintragen zu lassen, daß er über die Forderung nur mit Genehmigung des Vormundschaftsgerichts verfügen kann (§ 1816 des B.GB., vgl. Reichsgesetz vom 31. Mai 1891, das Reichsschuldbuch betr., Reichs-Gesetzbl. S. 321, § 23). S. 193.

§ 20.

Das Vormundschaftsgericht hat darüber zu wachen, daß der Vormund seine Verpflichtung in bezug auf die Hinterlegung erfüllt.

Die Vormundschaftsakten müssen ersehen lassen, in welcher Weise das Gericht der Überwachungspflicht genügt hat, insbesondere müssen die Akten ersehen lassen, welche Wertpapiere hinterlegt oder umgeschrieben sind.

§ 21.

Der Verpflichtung zur Rechnungslegung (§§ 1840 ff. des B.GB.) unterliegen alle Vormünder mit Ausnahme der befreiten; diese haben jedoch nach Maßgabe des § 1854 des B.GB. in bestimmten Zwischenräumen Übersichten über den Stand des Vermögens des Mündels einzureichen.

Die Rechnungslegung findet selbstverständlich nur statt, wenn dem Vormund eine Vermögensverwaltung obliegt. Trifft diese Voraussetzung zu, so bildet die jährliche Rechnungslegung die Regel. Bei einer Verwaltung von geringem Umfange kann das Vormundschaftsgericht, wenn die Rechnung für das erste Jahr gelegt ist, bestimmen, daß die Rechnungslegung für einen längeren, jedoch nicht mehr als dreijährigen Zeitabschnitt zu erfolgen hat. Erstreckt sich die Vormundschaft auf mehrere Mündel, so ist besondere Rechnungslegung für die einzelnen Mündel nicht erforderlich, solange das Vermögen ungeteilt ist.

Die Grundlage der Rechnung bildet das Vermögensverzeichnis, welches der Vormund nach der Anordnung der Vormundschaft und bei späterem Vermögensanfalle zu errichten hat. Hieran anschließend soll die Rechnung eine Zusammenstellung der Einnahmen und Ausgaben enthalten und über den Ab- und Zugang an Vermögen Auskunft geben. Die Belege über die Einnahmen und Ausgaben sind der Rechnung beizufügen. Im Falle des Betriebs eines Erwerbsgeschäfts mit kaufmännischer Buchführung wird in der Regel eine aus den Büchern gezogene Bilanz genügen; der Vormundschaftsrichter kann jedoch die Vorlage der Bücher, der sonstigen Belege und des Inventars verlangen. Kosten sollen in der Regel für die Rechnungslegung nicht erwachsen, doch ist nicht ausgeschlossen, daß, wenn der Vormund, sei es wegen des Umfanges der Vermögensverwaltung, sei es wegen Mangels an Gewandtheit in solchen Geschäften, fremde Hilfe hiefür in Anspruch nehmen muß, ihm die erwachsenden Auslagen erstattet werden. S. 194.

Die Rechnung ist vor der Einreichung dem Gegenvormunde vorzulegen. Der Gegenvormund hat sie zu prüfen und sich von dem Bestande des Mündelvermögens zu überzeugen. Er wird dabei seine Aufmerksamkeit insbesondere auf das Vorhandensein der Wertpapiere zu richten haben und sich vom Kassebestand überzeugen müssen. Der Gegenvormund muß auf der Rechnung vermerken, daß er sie geprüft und sich den Vermögensbestand habe nachweisen lassen, und gegebenen Falls dem Vormundschaftsrichter die Bemerkungen vorlegen, zu welchen die Prüfung ihm Anlaß gibt.

Dem Vormundschaftsrichter obliegt die Pflicht, die Rechnung nicht bloß rechnungsmäßig unter Vergleichung des nach dem Vermögensbestande hergestellten Einnahmesolls und der Belege zu prüfen, sondern auch eine sachliche Prüfung derselben vorzunehmen. Er hat deshalb die Vermögensverwaltung im einzelnen zu verfolgen, die Angemessenheit der Ausgaben in Betracht zu ziehen und sich von der Befolgung der dem Vormund obliegenden Pflichten zu überzeugen. Ergibt sich, daß die Rechnung einer Berichtigung oder Ergänzung bedarf, so hat er sie herbeizuführen.

§ 22. S. 195.

Das Rechnungsjahr sowie der Zeitpunkt der Einreichung der Rechnung wird vom Vormundschaftsgerichte sobald als thunlich bestimmt. Bezüglich der ersten Rechnung soll die Bestimmung, soweit möglich, bei der Bestellung des Vormundes (§ 6) oder mit der Übersendung der Bestallung geschehen. Für die späteren Rechnungen wird das Rechnungsjahr und der Zeitpunkt der Einreichung der Rechnung zweckmäßig bei der Verbescheidung der Rechnung festgesetzt. Diese Vorschriften finden auf die Einreichung der Vermögensübersichten durch den befreiten Vormund entsprechende Anwendung.

Anlage XI enthält ein Formular für die Übersendung der Bestallung an den Vormund und die Mitteilung über die Zeit der Rechnungslegung. Anlage XII enthält das entsprechende Formular für den befreiten Vormund. Die Anlagen XIII, XIV enthalten

S. 195. Formulare für die Erinnerung des Vormundes an die Rechnungslegung und des befreiten Vormundes an die Einreichung der Vermögensübersicht. Die Formulare XV, XVa sind für die Mitteilung des Rechnungsbescheids zu verwenden.

§ 23.

Das Vormundschaftsgericht hat darüber zu wachen, daß die Versicherung der Gebäulichkeiten des Mündels gegen Brandschaden nicht versäumt wird.

§ 24.

Ist für einen Rechtsstreit eines vermögenslosen Mündels ein Zeugnis zum Zwecke der Erlangung des Armenrechts auszustellen (§ 118 Abs. 2 Satz 2 der CPO.), so ist hiefür das anliegende Formular XVI zu verwenden.

§ 25.

Wegen der Durchführung der Anordnung, daß der Vormund Sicherheit zu leisten hat (§ 1844 des B.GB., § 54 des GFG.), wird für die Zeit bis zur Anlegung des Grundbuchs auf den Art. 56 des Übergangsgesetzes zum B.GB. und den Art. 6 des Gesetzes vom 1. Juli 1898, das Liegenschaftsrecht in der Pfalz betr., verwiesen.

§ 26.

S. 196. Die Aufsichtsthätigkeit des Vormundschaftsgerichts hat sich ‖ auch auf die Person des Mündels zu erstrecken. In Ansehung der Sorge für die Person hat sich der Vormundschaftsrichter darüber zu vergewissern, in welcher Weise für den Unterhalt und für die Erziehung des Mündels gesorgt ist. Mindestens gelegentlich der Rechnungslegung hat sich der Vormundschaftsrichter über die persönlichen Verhältnisse des Mündels Aufschluß erteilen zu lassen. Zur Aufschlußerteilung ist nicht nur der Vormund und der Gegenvormund (§ 1839 des B.GB.), sondern auch der Gemeindewaisenrat (§ 1850 Abs. 1 Satz 2 des B.GB.) verpflichtet. Auch steht nichts im Wege, daß in geeigneten Fällen die Polizeibehörde um Aufschlußerteilung ersucht wird. Wird, weil der Mündel kein Vermögen hat, eine Rechnung nicht gelegt, so muß sich der Richter in geeigneten Zwischenräumen, mindestens aber alle zwei Jahre, über das persönliche Ergehen und das Verhalten des Mündels erkundigen. Formular XVII bietet ein Muster für die Aufforderung an den Vormund zum Bericht über einen vermögenslosen Mündel.

3. Anstaltsvormund.

§ 27.

Der Anstaltsvormund (Art. 100 des A.G. zum B.GB.) hat die Aufnahme eines Minderjährigen in die Anstalt dem Vormundschaftsgericht anzuzeigen. Das Vormundschaftsgericht hat den bisherigen Vormund davon in Kenntnis zu setzen, daß sein Amt beendigt ist, und ihn, wenn er Vermögen des Mündels zu verwalten hatte, zur Rechenschaftsablage (§ 1890 des B.GB.) aufzufordern.

Der Anstaltsvormund behält die Rechte und Pflichten eines Vormundes auch nach der Beendigung der Erziehung oder der Verpflegung bis zur Volljährigkeit des Mündels. Sein Amt erlischt durch den Austritt des Mündels aus der Anstalt nicht. Von dem Austritte hat er dem Vormundschaftsgericht und dem Gemeindewaisenrat Anzeige zu machen. Dem Gemeindewaisenrate hat er auch jede Verlegung des Aufenthalts des Mündels mitzuteilen.

Dem Anstaltsvormunde stehen die im § 1852 Abs. 2 des B.GB. bezeichneten Be-
S. 197. freiungen zu. Im Übrigen hat das ‖ Vormundschaftsgericht auch über den Anstaltsvormund die Aufsicht zu führen und sich von Zeit zu Zeit über die Verhältnisse der Mündel Bericht erstatten zu lassen.

Das Vormundschaftsgericht kann jeder Zeit einen anderen Vormund bestellen. Auf Antrag des Anstaltsvormundes muß ein anderer Vormund bestellt werden. Die Bestellung eines anderen Vormundes kommt insbesondere dann in Betracht, wenn der Mündel nach dem Austritt aus der Anstalt sich an einem vom Sitze der Anstalt weit entfernten Orte aufhält und Zweckmäßigkeitsrücksichten für die Bestellung eines anderen Vormundes sprechen.

4. Beendigung der Vormundschaft.

§ 28.

Wenn der Vormund Vermögen des Mündels zu verwalten hatte, ist er nach der Beendigung seines Amtes aufzufordern, über die Verwaltung des Vermögens Rechenschaft abzulegen. Hiezu dient das Formular XVIII. Hatte der Vormund Vermögen des Mündels nicht zu verwalten, so wird er unter Verwendung des Formulars XIX zum Schlußbericht aufgefordert. S. 197.

§ 29.

Ist für den Mündel Vermögen verwaltet worden, so sind der Mündel, der Vormund und der Gegenvormund zur Abnahme der Schlußrechnung zu laden. Die Ladung unterbleibt, wenn der Mündel dem Vormundschaftsgericht angezeigt hat, daß der Vormund ihm Rechnung gelegt hat.

Vor der Anberaumung des Termins hat der Vormundschaftsrichter sich von der Vollständigkeit des Vormerkungsbogens und der Vermögensübersicht zu überzeugen und den Vormerkungsbogen oder die Vermögensübersicht gegebenen Falls zu ergänzen. Der Richter hat ferner die Schlußrechnung nach Maßgabe der Vorschriften im § 21 rechnungsmäßig und sachlich zu prüfen und gegebenen Falls ihre Berichtigung und Ergänzung herbeizuführen.

In der Ladung ist dem Mündel bekannt zu geben, daß es ihm frei stehe, vorher die S. 198. auf die Verwaltung seines Vermögens bezüglichen Verhandlungen und die Schlußrechnung auf der Gerichtsschreiberei einzusehen. Wurde diese Einsicht gepflogen, so ist es in geeigneter Weise aktenmäßig zu machen.

Zur Ladung sind die anliegenden Formulare XX, XXa zu verwenden.

§ 30.

Im Termine hat der Vormundschaftsrichter dem Mündel an der Hand der Akten, des Vormerkungsbogens und der Vermögensübersicht sowie der Schlußrechnung den Stand des Vermögens unter ausdrücklicher Erwähnung der Verhältnisse, die etwa eine Minderung des ursprünglichen Vermögens herbeigeführt haben, bekannt zu geben und die Herausgabe der für den Mündel hinterlegten Gegenstände zu verfügen sowie, wenn für den Mündel bei einer Sparkasse Geld hinterlegt ist, den Vermerk in der Sparurkunde zu löschen. Er hat ferner, soweit erforderlich, die Abnahme der Schlußrechnung unter den Beteiligten zu vermitteln.

Über die Verhandlung ist ein Protokoll aufzunehmen. Das Protokoll soll eine Angabe über die Bekanntgabe des Akteninhalts an den Mündel und, soweit die Rechnung als richtig anerkannt und der Vormund, der Gegenvormund sowie der Vormundschaftsrichter aus der Haftung entlassen werden, die Beurkundung der Erklärungen des Mündels zu enthalten. Formular XXI enthält ein Muster für dieses Protokoll.

§ 31.

Wenn die Abnahme der Schlußrechnung unter Vermittlung eines anderen Gerichts erfolgt, so hat dieses nach Maßgabe der Vorschriften der §§ 29, 30 zu verfahren.

Sind für den Mündel Gegenstände hinterlegt, so sind sie, soweit nicht die Umstände des einzelnen Falles ein Anderes mit sich bringen, der Hinterlegungsstelle des ersuchten Gerichts mit dem Ersuchen zu übersenden, sie dem Mündel herauszugeben. Das Ersuchen vertritt die Herausgabeweisung (§§ 26, 50 der Hinterlegungsordnung).

§ 32. S. 199.

Ist der Mündel vermögenslos, so wird ihm lediglich die Beendigung der Vormundschaft mitgeteilt. In die Mitteilung ist die Bemerkung aufzunehmen, daß es ihm freistehe, die Vormundschaftsakten auf der Gerichtsschreiberei des Amtsgerichts, in dessen Bezirk er wohnt, einzusehen. Für die Mitteilung kann das Formular XXII verwendet werden.

Hat der Mündel bei Beendigung der Vormundschaft kein Vermögen mehr, besaß er dagegen während der Vormundschaft Vermögen, so ist nach Maßgabe der Vorschriften der §§ 29 bis 31 zu verfahren.

§ 33.

Nach der Beendigung des Amtes des Vormundes oder Gegenvormundes ist dafür Sorge zu tragen, daß die Bestallung dem Vormundschaftsgerichte zurückgegeben wird (§ 1893 Abs. 2, § 1895 des B.GB.).

II. Pflegschaft.

§ 34.

Eine Pflegschaft wird, abgesehen von der Nachlaßpflegschaft (§§ 1960, 1975 des B.GB.), für welche an die Stelle des Vormundschaftsgerichts das Nachlaßgericht tritt (§ 1962 des B.GB.), angeordnet:

1. in den Fällen, in denen jemand, der unter elterlicher Gewalt oder unter Vormundschaft steht, für Angelegenheiten, welche der Gewalthaber oder der Vormund aus

S. 199. rechtlichen oder thatsächlichen Gründen nicht besorgen kann, der Fürsorge bedarf, sowie in den Fällen, in denen die Voraussetzungen für die Anordnung einer Vormundschaft vorliegen, ein Vormund aber noch nicht bestellt ist (§ 1909 des B.GB.);

2. in den in den §§ 1910 bis 1914 des B.GB. aufgezählten Fällen.

§ 35.

Auf die Pflegschaft finden die für die Vormundschaft geltenden Vorschriften der §§ 4
S. 200. bis 33 entsprechende Anwendung, soweit sich nicht aus den in den §§ 1915 bis 1917 des B.GB. enthaltenen Vorschriften ein Anderes ergibt.

§ 36.

Eine Bestallung ist dem Pfleger nur zu erteilen, wenn er nicht für einen vorübergehenden Zweck aufgestellt wird. Die Bestallung wird nach dem anliegenden Formular XXIII erteilt. Der Wirkungskreis des Pflegers ist in der Bestallung anzugeben, soweit er sich nicht aus der Bezeichnung der Pflegschaft von selbst ergibt.

§ 37.

Der Gemeindewaisenrat hat dem Vormundschaftsgericht eine zum Pfleger geeignete Person auch dann vorzuschlagen, wenn dem Pfleger die Sorge für die Person oder für persönliche Angelegenheiten des Pfleglings nicht zustehen soll. Das Vormundschaftsgericht braucht aber in solchen Fällen den Gemeindewaisenrat vorher nicht zu hören.

Von der Anordnung einer Pflegschaft ist dem Gemeindewaisenrat nur dann Mitteilung zu machen, wenn dem Pfleger die Sorge für die Person des Pfleglings zusteht. Eine Mitteilung von der Beendigung der Pflegschaft an den Gemeindewaisenrat (§ 13 Abs. 3 der Bekanntmachung vom 22. Dezember 1899 JMBl. S. 556) ist selbstverständlich nur erforderlich, wenn dem Gemeindewaisenrat die Bestellung angezeigt worden ist.

§ 38.

Das Vormundschaftsgericht soll die Pflegschaft auch in den Fällen, in welchen sie kraft Gesetzes endigt (§ 1918, § 1921 Abs. 3 des B.GB.), durch Beschluß aufheben.

§ 39.

Endigt eine nach § 1909 des B.GB. bestellte Pflegschaft, während der Pflegling noch unter elterlicher Gewalt steht, so wird das Kind nach der Erreichung der Volljährigkeit nicht davon verständigt, daß über ihn eine Pflegschaft anhängig gewesen war. Dies gilt insbesondere von dem Falle, daß eine Pflegschaft zum Zwecke der Auseinandersetzung zwischen dem überlebenden Ehegatten und den Kindern in Ansehung des Nachlasses des verstorbenen Ehegatten bestellt worden ist. Selbstverständlich steht dem volljährig gewordenen
S. 201. Kinde jederzeit frei, die Vormundschaftsakten einzusehen. Hat in solchen Fällen der Pfleger Vermögen zu verwalten gehabt, welches er dem Inhaber der elterlichen Gewalt nach der Beendigung der Pflegschaft herauszugeben hat, so ist über die von ihm nach § 1915 mit § 1890 des B.GB. zu stellende Schlußrechnung zwischen dem Gewaltinhaber und ihm nach Maßgabe des § 1892 des B.GB. zu verhandeln.

Von der Beendigung einer jeden anderen Pflegschaft, z. B. von der Beendigung der auf grund des § 1638 oder des § 1670 des B.GB. angeordneten Pflegschaft, wenn die Pflegschaft bis zur Volljährigkeit des Kindes gedauert hat, ist dem Pfleglinge nach Maßgabe der §§ 29 bis 32 dieser Bekanntmachung Kenntnis zu geben.

III. Beistandschaft.

§ 40.

Die Fälle, in welchen der Mutter ein Beistand bestellt werden kann, sind im § 1687 des B.GB. aufgezählt. Die Verfügung, durch welche der Beistand bestellt wird, muß den Grund, aus welchem die Bestellung erfolgt, angeben und, wenn die Bestellung nicht auf grund einer Anordnung des Vaters oder im Einverständnisse mit der Mutter erfolgt, die Thatsache kurz bezeichnen, auf welcher die Verfügung beruht. Die Verfügung ist der Mutter bekannt zu geben.

Die Vermögensverwaltung darf dem Beistande nur auf Antrag der Mutter übertragen werden (§ 1693 des B.GB.).

§ 41.

Auf die Berufung und Bestellung des Beistandes finden die §§ 5 bis 7 dieser Bekanntmachung entsprechende Anwendung.

Zur Aufforderung an den Gemeindewaisenrat um Vorschlag eines Beistandes (§§ 1694, 1849 des B.GB.) sollen die Formulare 2, 3 der Bekanntmachung vom 22. Dezember 1899 (J.MBl. S. 565) verwendet werden. Die Ladung des als Beistand in Aussicht Genommenen zur Verpflichtung (§§ 1694, 1789 des B.GB.) geschieht unter Benützung des Formulars XXIV. Zur Verpflichtung ist, wenn thunlich, gleichzeitig die Mutter zu laden. Hiezu dient das Formular XXV. Für das über die Verpflichtung des Beistandes aufgenommene Protokoll enthält das Formular XXVI ein Muster. S. 201. S. 202.

Der Beistand erhält eine Bestallung. Die Formulare hiezu werden den Amtsgerichten aus Centralfonds geliefert. Sie sind nach anliegendem Muster XXVII hergestellt und enthalten eine Anleitung zur Führung des Amtes als Beistand. Wenn der Wirkungskreis des Beistandes beschränkt oder dem Beistande die Vermögensverwaltung übertragen ist, ist dies in der Bestallung zu vermerken.

§ 42.

Der Gemeindewaisenrat ist zur Überwachung der Mutter bei der Ausübung der elterlichen Gewalt, auch wenn der Mutter ein Beistand bestellt worden ist, nicht berufen, sondern hat nur die Verpflichtung, Anzeige zu machen, wenn ein Fall zu seiner Kenntnis kommt, in welchem das Vormundschaftsgericht zum Einschreiten berufen ist (§ 1675 des B.GB.). Die Bestellung eines Beistandes wird deshalb dem Gemeindewaisenrate nicht mitgeteilt.

§ 43.

Für die Beaufsichtigung des Beistandes gelten nach § 1694 Abs. 1 des B.GB. die gleichen Vorschriften wie beim Gegenvormunde (§ 1837 des B.GB.).

Der Beistand hat dem Vormundschaftsgericht auf Verlangen jederzeit über die Führung der Beistandschaft und über die persönlichen Verhältnisse des Kindes Auskunft zu erteilen. Von Zeit zu Zeit soll der Vormundschaftsrichter über die persönlichen Verhältnisse des Kindes sich Bericht erstatten lassen.

§ 44.

Ist dem Beistande die Vermögensverwaltung übertragen, so hat er die rechtliche Stellung eines Pflegers (§ 1693 des B.GB.). Die Mutter muß ihm das Vermögen des Kindes, soweit er es zu verwalten hat, herausgeben. Die Wertpapiere des Kindes müssen nach Maßgabe der §§ 1814, 1818 des B.GB. hinterlegt werden. Der Beistand muß über seine Vermögensverwaltung Rechnung legen.

Ist dem Beistande die Vermögensverwaltung nicht übertragen, so ist die Mutter zur Hinterlegung der Wertpapiere des Kindes nur unter den Voraussetzungen des § 1667 des B.GB. verpflichtet. S. 203.

§ 45.

Wird die Beistandschaft beendigt, weil das Kind volljährig geworden ist, so ist das Kind von der Beendigung zu verständigen, sofern dem Beistande die Vermögensverwaltung übertragen war. Der Beistand hat in solchen Fällen Rechenschaft abzulegen (§ 1890 des B.GB.). Dem Kinde ist von dem Stande seines Vermögens nach Maßgabe der §§ 29 bis 31 Mitteilung zu machen.

§ 46.

Das Vormundschaftsgericht hat dafür zu sorgen, daß der Beistand nach der Beendigung seines Amtes die Bestallung dem Vormundschaftsgerichte zurückgibt.

IV. Sonstige Verrichtungen des Vormundschaftsgerichts.

§ 47.

Nach den §§ 1640, 1686 des B.GB. hat der überlebende Ehegatte das seiner Verwaltung unterliegende Vermögen des Kindes, welches beim Tode des anderen Ehegatten ist, oder dem Kinde später zufällt, zu verzeichnen und das Verzeichnis dem Vormundschaftsgericht einzureichen. Ist das Verzeichnis ungenügend, so kann das Vormundschaftsgericht anordnen, daß das Verzeichnis durch einen Notar oder (Art. 63 des A.G. zum GB.) durch einen Gerichtsschreiber des Amtsgerichts aufgenommen wird, wenn nicht der verstorbene Ehegatte durch letztwillige Verfügung die Aufnahme durch einen Notar oder Gerichtsschreiber verboten hat. Wegen der Aufnahme eines Verzeichnisses durch den Gerichtsschreiber gelten die Vorschriften des § 5.

Das Vormundschaftsgericht erhält durch die Todesanzeige des Standesbeamten (s. § 54 Abs. 1, 2 dieser Bekanntmachung) von jedem Falle Kenntnis, in welchem ein Ehegatte nach dem Tode des anderen Ehegatten das im Abs. 1 bezeichnete Verzeichnis einzureichen hat. S. 204.
Das Vormundschaftsgericht hat, wenn der überlebende Ehegatte nicht kurze Zeit nach dem

S. 204. Tode des anderen Ehegatten das Verzeichnis einreicht, den Ehegatten unter Verwendung des Formulars XXVIII zur Einreichung aufzufordern. Kommt der Ehegatte der Aufforderung nicht nach, so ist nach Maßgabe des § 1670 des B.GB. vorzugehen.

Ist Vermögen des Kindes nicht vorhanden, so ist dies von dem Ehegatten anzuzeigen.

Die im Abs. 1 bezeichnete Verpflichtung obliegt dem Ehegatten ohne Rücksicht auf den Güterstand, welcher in der Ehe bestanden hat. Es ist indessen zu beachten, daß der überlebende Ehegatte, wenn er mit den Kindern die allgemeine Gütergemeinschaft oder die Fahrnisgemeinschaft fortsetzt (§§ 1483, 1557 des B.GB.), das im § 1640 des B.GB. bestimmte Verzeichnis nur für dasjenige Vermögen des Kindes einzureichen hat, welches nicht in dem Anteile des verstorbenen Ehegatten am Gesamtgute, sondern z. B. in dem Erbteile des Kindes am Vorbehaltsgute des verstorbenen Ehegatten oder in der großelterlichen Erbschaft besteht. Zu beachten ist ferner, daß der § 1640 nicht etwa die Verpflichtung zur Auseinandersetzung begründet. Wenn also der Ehegatte und das Kind die Erben des verstorbenen Ehegatten sind und sonstiges Vermögen des Kindes als dessen Anteil an der ungeteilten Erbschaft (§ 2032 Abs. 1 des B.GB.) nicht vorhanden ist, läßt sich das Vermögen des Kindes nur in der Weise verzeichnen, daß die sämtlichen Ebschaftsgegenstände verzeichnet und die Höhe des Erbteils des Kindes angegeben werden. Welche Erbschaftsgegenstände dem Kinde gehören, ist Sache der späteren Auseinandersetzung unter den Erben; die Zeit der Auseinandersetzung ist, abgesehen von den Vorschriften des § 2042 Abs. 2 und der §§ 2043 bis 2045 des B.GB., der Vereinbarung der Erben überlassen. Selstverständlich bedarf es jedoch zur Vornahme der Auseinandersetzung zwischen dem Gewalthaber und dem Kinde der Aufstellnng eines Pflegers.

Der Wert der zum Vermögen des Kindes gehörenden Gegenstände braucht in dem
S. 205. Verzeichnisse nicht angegeben zu || werden; nur wenn die Haushaltsgegenstände, welche dem Kinde gehören, nicht einzeln aufgezählt werden, ist die Angabe des Gesamtwerts derselben erforderlich.

In einfachen Fällen ist es zweckmäßig, wenn der Vormundschaftsrichter die Aufnahme oder die Ergänzung des Verzeichnisses durch protokollarische Verhandlung mit den Beteiligten vornimmt. Dieses Verfahren empfiehlt sich insbesondere, wenn die Mutter der überlebende Teil ist, da auf diese Weise gleichzeitig die Frage der Bestellung eines Beistandes entschieden werden kann.

§ 48.

Für das Zeugnis des Vormundschaftsgerichts zum Zwecke der Wiederverheiratung eines überlebenden Ehegatten ist das anliegende Formular XXIX zu verwenden.

V. Allgemeine Bestimmungen.

§ 49.

Wegen der Bekanntmachnng der Verfügungen und anderer Mitteilungen des Vormundschaftsgerichts wird auf die §§ 2, 46 bis 53 der Bekanntmachung vom 16. Dezember 1899, die Ausführung der Zustellungen von Amtswegen betr. (JMBl. S. 475), verwiesen.

§ 50.

Werden in Vormundschaftssachen Anträge und Erklärungen der beteiligten Personen bei dem zuständigen Gericht abgegeben, so sollen sie in der Regel vom Richter selbst entgegengenommen werden. Der Richter kann sich einer Schreibkraft bedienen.

§ 51.

Wird von dem Vormundschaftsgericht ein Rechtsgeschäft beurkundet, z. B. die Vereinbarung zwischen dem unehelichen Kinde und dessen Vater über den Unterhalt für die Zukunft (§ 1714 des B.GB.), so gelten für die Beurkundung die Formvorschriften der §§ 168 bis 173 des GFG.

Die Vorschriften der § 174, 177 des GFG. sollen auch dann beobachtet werden, wenn das Protokoll keine rechtsgeschäftlichen Erklärungen enthält.

S. 206. § 52.

Die Ausfertigungen des Vormundschaftsgerichts, z. B. die Ausfertigungen von Bestallungen, von Wiederverehelichungszeugnissen, sind von dem Richter zu unterzeichnen (Art. 22 des A.G. zum GVG.). Sie sind mit dem Gerichtssiegel zu versehen.

Die Ausfertigungen derjenigen Protokolle, die eine rechtsgeschäftliche Erklärung enthalten, sind nach § 182 des GFG. von dem Gerichtsschreiber zu unterschreiben und mit dem Gerichtssiegel zu versehen. Insbesondere ist die vollstreckbare Ausfertigung der Vereinbarung zwischen dem unehelichen Vater und dem Kinde oder der Mutter über den Unterhalt des

Kindes und die Ansprüche der Mutter (s. § 9) von dem Gerichtsschreiber gemäß § 797 Abs. 6 der CPO. zu unterzeichnen und mit dem Gerichtssiegel zu versehen. S. 206.

§ 53.

Soweit das Vormundschaftsgericht eine öffentliche Bekanntmachung zu erlassen hat, finden die Vorschriften des § 104 der Bekanntmachung vom 31. Dezember 1899, das Nachlaßwesen betr. (JMBl. 1900 S. 35), entsprechend Anwendung.

VI. Formelle Geschäftsbehandlung.

§ 54.

Die Todesanzeigen der Standesbeamten werden bei dem Amtsgerichte zunächst dem Richter zugeteilt, welcher mit der Bearbeitung der Nachlaßsachen betraut ist. Dieser leitet die Anzeigen, wenn nach der Todesanzeige als Erben minderjährige oder bevormundete oder unter Pflegschaft stehende Personen beteiligt sind, an den Vormundschaftsrichter. Der Vormundschaftsrichter fertigt auf einem besonderen Blatte zu seinen Akten von der Todesanzeige eine Abschrift oder einen Auszug und gibt die Anzeige dem Nachlaßgerichte zurück (§ 106 der Bekanntmachung, das Nachlaßwesen betr., vom 31. Dezember 1899, JMBl. 1900 S. 36).

Wenn die Todesanzeige den Verstorbenen als verheiratet bezeichnet, in Bezug auf die Kinder jedoch keine Angabe oder die Angabe enthält, daß unbekannt ist, ob minderjährige Kinder || hinterlassen sind, ist die Todesanzeige gleichfalls dem Vormundschaftsrichter vorzulegen; dieser hat durch Einvernahme der Hinterbliebenen oder der Polizeibehörde zu erheben, ob minderjährige oder unter Vormundschaft oder Pflegschaft stehende Personen beteiligt sind. S. 207.

Die übrigen Anzeigen des Standesbeamten werden dem Vormundschaftsrichter unmittelbar vorgelegt.

Ist als Vormundschaftsgericht nicht das Gericht, an welches die Anzeige von dem Standesbeamten erstattet worden ist, sondern ein anderes zuständig, so übersendet der Vormundschaftsrichter von der Todesanzeige eine Abschrift oder einen Auszug, jede andere Anzeige aber in Urschrift an das zuständige Vormundschaftsgericht.

§ 55.

Der Vormundschaftsrichter hat sich ferner die Anzeigen der Standesbeamten über den Tod eines minderjährigen unehelichen Kindes oder eines ehelichen minderjährigen Kindes, dessen Eltern nach der Todesanzeige schon gestorben sind, vorlegen zu lassen und die durch die Beendigung der Vormundschaft veranlaßten Maßnahmen zu treffen. Wird die Vormundschaft nicht bei dem Amtsgericht, an welches die Todesanzeige erstattet worden ist, sondern bei einem anderen Amtsgerichte geführt, so ist diesem Nachricht zu geben.

§ 56.

Für jede Vormundschaft, Pflegschaft oder Beistandschaft sind bei ihrer Anordnung Akten (Vormundschaftsakten) mit einem Umschlag von blauer Farbe und entsprechender Aufschrift anzulegen.

Dies gilt auch, wenn mit der Vormundschaft, Pflegschaft oder Beistandschaft eine Vermögensverwaltung nicht verbunden ist oder wenn es sich nicht um eine dauernde, sondern nur um eine einzelne Pflegschaft handelt oder wenn der Beistand nicht für alle Angelegenheiten, sondern nur für einzelne oder nur für gewisse Gattungen von Angelegenheiten bestellt ist. Nur wenn der Rechtsgrund einer Pflegschaft eine Vormundschaft oder die elterliche Gewalt einer Mutter ist, welcher ein Beistand bestellt ist, werden besondere Akten nicht angelegt, vielmehr die || erwachsenden Aktenstücke den Akten über die Vormundschaft oder Beistandschaft einverleibt. Geht eine anhängige Pflegschaft oder Beistandschaft in eine Vormundschaft über oder umgekehrt, so sind nicht neue Akten anzulegen, sondern die bisherigen Akten unter entsprechender Änderung der Überschrift weiter zu verwenden. S. 208.

Für die Nachlaßpflegschaft tritt an die Stelle des Vormundschaftsgerichts das Nachlaßgericht (§ 1962 des B.GB.); für Nachlaßpflegschaften werden deshalb nicht Vormundschaftsakten angelegt, sondern sie werden in den Nachlaßakten behandelt. Vormundschaftsakten werden ferner nicht angelegt für die bei der Auseinandersetzung in Ansehung eines Nachlasses oder eines Gesamtguts (§§ 88, 99 des GFG.) angeordneten Abwesenheitspflegschaften.

§ 57.

Der Richter hat die Anlegung der Akten zu verfügen. Hiezu kann er sich des Formulars **XXX** bedienen.

S. 208. § 58.

Die Akten sollen ein Bild der gesammten auf die Vormundschaft, Pflegschaft oder Beistandschaft bezüglichen Thätigkeit des Richters liefern und haben deshalb alle Einläufe und Verhandlungen zu enthalten, welche von der Mitteilung der die Anordnung der Vormundschaft, Pflegschaft oder Beistandschaft veranlassenden Thatsache an bis zur Beendigung der Vormundschaft, Pflegschaft oder Beistandschaft erwachsen.

Die Aktenstücke sind in der Mitte unten mit fortlaufenden Nummern zu versehen.

§ 59.

Die Vormundschaftsakten werden in ein Verzeichnis (Vormundschaftsverzeichnis) eingetragen.

Das Verzeichnis wird nach dem anliegenden Formular XXXI geführt. Bei jedem Amtsgerichte wird nur ein Vormundschaftsverzeichnis geführt. Der Umfang des Verzeichnisses ist so zu bemessen, daß es für mehrere Jahre ausreicht. Bei größeren Amtsgerichten kann der Gerichtsvorstand anordnen, daß für jedes Geschäftsjahr ein eigenes
S. 209. Verzeichnis angelegt wird. Jedes Geschäftsjahr beginnt in der Spalte 1 mit einer ‖ neuen Nummer. Die Nummern laufen durch das ganze Geschäftsjahr hindurch.

Das Verzeichnis ist mit einem dauerhaften Einbande zu versehen oder in einen festen Umschlag einzuheften.

Die Führung des Verzeichnisses obliegt dem Gerichtsschreiber oder einem besonderen Registraturbeamten.

Zu dem Verzeichnis ist ein alphabetisches Namensverzeichnis nach dem anliegenden Formular XXXII zu führen.

§ 60.

Auf dem Umschlage der Vormundschaftsakten sind unten links das Geschäftsjahr, in welchem die Vormundschaft, Pflegschaft oder Beistandschaft angefallen ist, und die Nummer des Vormundschaftsverzeichnisses zu setzen. Die letztere bildet mit der Bezeichnung des Geschäftsjahrs das Aktenzeichen. Das Geschäftsjahr wird dabei nur mit den beiden letzten Ziffern der Jahreszahl angegeben. Das Aktenzeichen ist auf allen zu den Akten gehörenden Aktenstücken zu vermerken und in der Weise anzugeben, daß es der Abkürzung „V. V.“ beigefügt wird.

§ 61.

Die Akten über anhängige Vormundschaften, Pflegschaften und Beistandschaften sind in der Handregistratur des Richters oder in der Gerichtsschreiberei aufzubewahren. Der Vorstand des Gerichts kann über die Art der Aufbewahrung allgemeine Anordnungen treffen. Nach vollständiger Erledigung der Vormundschaft, Pflegschaft oder Beistandschaft hat der Richter die Weglegung der Akten zu verfügen. Die Weglegung ist in dem Vormundschaftsverzeichnisse zu vermerken. Die weggelegten Akten sind nach dem Jahre des Anfalls der Vormundschaft, Pflegschaft oder Beistandschaft und innerhalb desselben nach der Reihenfolge der Aktennummern geordnet aufzubewahren.

§ 62.

Allen Akten über eine Vormundschaft, Pflegschaft oder Beistandschaft ist als erstes Blatt ein Vormerkungsbogen nach dem anliegenden Formular XXXIII einzufügen.

In der Spalte 2 sind die Vornamen der Mündel, Pfleglinge oder Kinder nach dem
S. 210. Lebensalter unter kleinen ‖ lateinischen Buchstaben je auf einer besonderen Zeile anzugeben.

In der Spalte 5 ist der Grund der Vormundschaft über einen Volljährigen durch die Angabe des Grundes der Entmündigung zu bezeichnen, also z. B.: „Vormundschaft wegen Geisteskrankheit.“ Der Grund der Beistandschaft ist durch die Angabe derjenigen Nummer des § 1687 des B.GB., auf grund deren die Beistandschaft angeordnet worden ist, zu bezeichnen.

Pflegschaften nach § 1909 des B.GB. sind im Vormerkungsbogen nicht zu berücksichtigen.

Die vorläufige Vormundschaft ist in der Spalte 5 als solche zu bezeichnen; wird demnächst auf grund der Entmündigung ein Vormund bestellt, so ist der die Vormundschaft als vorläufig kennzeichnende Vermerk rot zu unterstreichen.

§ 63.

Ist mit einer Vormundschaft oder Pflegschaft eine Vermögensverwaltung verbunden oder dem Beistande die Vermögensverwaltung ganz oder teilweise übertragen, so ist den Vormundschaftsakten im unmittelbaren Anschluß an den Vormerkungsbogen eine Übersicht über den Stand des Vermögens nach dem anliegenden Formular XXXIV einzufügen.

Die Übersicht soll bezüglich der Wertpapiere des Mündels, Pfleglings oder Kindes nicht nur den bei Beginn der Vormundschaft, Pflegschaft oder Beistandschaft vorhandenen Stand, sondern auch die Veränderungen ersehen lassen. Die Wertpapiere sind daher nach der Reihenfolge des Erwerbes sämtlich aufzuführen. Wertpapiere derselben Gattung, welche zu gleicher Zeit in Zugang kommen und denselben Nennwert haben, können zusammen vorgetragen werden, der Nennbetrag muß jedoch für die einzelnen Stücke angegeben und die Nummern müssen, auch wenn sie aufeinanderfolgen, einzeln bezeichnet werden. Fallen Papiere durch Verlosung oder aus anderen Gründen weg, so ist in der Spalte „Bemerkungen" die Ziffer des Aktenblatts, auf welchem der Abgang vorgetragen ist, anzugeben und die Nummer des Papiers rot zu unterstreichen. S. 210.

Bezüglich der übrigen beweglichen Habe des Mündels, Pfleglings oder Kindes, sowie bezüglich des unbeweglichen Vermögens soll die Übersicht lediglich das Auffinden in den Akten erleichtern. Bezüglich dieser Gegenstände ist deshalb in der Übersicht nur anzugeben, auf welchem Aktenblatte sich die Gegenstände vorgetragen finden. S. 211.

Der Besitz einer Sparurkunde ist in der Übersicht besonders auszuweisen.

Sind bei der Pflegschaft oder Beistandschaft mehrere Geschwister beteiligt und haben sie ausgeschiedenes Vermögen, nicht blos Anteile am gemeinschaftlichen Vermögen, so ist, soweit dies im Interesse der Übersichtlichkeit erforderlich ist, für jedes der Geschwister eine besondere Vermögensübersicht anzulegen.

Die Angabe, ob das Vermögen des einzelnen Mündels, Pfleglings oder Kindes mehr als 1000 *M.* beträgt (Spalte 1), ist mit Rücksicht auf die Bestimmungen über die Sollstellung der Vormundschaftsgebühren (Art. 87 des Gebührengesetzes in der Fassung von 1899) und der Hinterlegungsgebühren (§ 2 Abs. 5 der Verordnung vom 25. Dezember 1899 JMBl. S. 1075) vorgeschrieben.

§ 64.

Eintretende Veränderungen, z. B. in dem Zeitraum, für welchen die Rechnung zu legen ist, in der Person des Vormundes oder Gegenvormundes, sind in dem Vormerkungsbogen und in der Vermögensübersicht nachzutragen. Der durch den neuen Eintrag erledigte Eintrag ist rot zu unterstreichen. Auch die Namen der Mündel, Pfleglinge oder Kinder, bezüglich deren die Vormundschaft, Pflegschaft oder Beistandschaft beendigt ist, sind, wenn mehrere Geschwister beteiligt sind, im Vormerkungsbogen rot zu unterstreichen.

§ 65.

Alle Termine, an welchen eine Verfügung zu treffen oder dem Richter eine Vorlage zu machen ist, z. B. die Vorlage eines Vermögensverzeichnisses (§ 1802 des B.GB.), die Einreichung der Rechnung (§ 1840 des B.GB.), die Erstattung von Berichten (§ 1839 des B.GB.), sind in besondere je nach dem Bedürfnis auf mehrere Jahre im voraus anzulegende Kalender (Terminskalender) einzutragen, damit der Richter den Termin nicht übersieht.

Der Terminskalender wird von dem Gerichtsschreiber oder einem besonderen Registraturbeamten geführt. Der Vorstand des Gerichts kann über die Führung allgemeine Anordnungen treffen. S. 212.

Der in Vormundschaftssachen zu führende Terminskalender kann mit dem in Nachlaßsachen zu führenden (§ 113 der Bekanntmachung vom 31. Dezember 1899 JMBl. 1900 S. 37) verbunden werden.

§ 66.

Die Beendigung der Vormundschaft und die Aufhebung der Pflegschaft über einen unter elterlicher Gewalt stehenden Pflegling wegen erreichter Volljährigkeit sowie die Beendigung der Beistandschaft nach der Volljährigkeit des Kindes sind nicht in dem Terminskalender vorzumerken. Um zu vermeiden, daß die Beendigung übersehen wird, ist ein Verzeichnis der wegen Minderjährigkeit Bevormundeten sowie der unter Beistandschaft Stehenden und der mit der Volljährigkeit des Pfleglings aufzuhebenden Pflegschaften (Volljährigkeitskalender) zu führen.

Für die Pfleglinge bedarf es natürlich eines Eintrags in den Kalender nur dann, wenn die Pflegschaft bis zur Volljährigkeit des Mündels dauert; ist z. B. ein Pfleger zu bestellen, weil der Vater in Konkurs geraten ist (§ 1647 des B.GB.), oder handelt es sich nur um eine Pflegschaft für eine einzelne Angelegenheit, z. B. um die Auseinandersetzung zwischen dem Vater und dem Kinde nach dem Tode der Mutter, so werden die Namen dieser Pfleglinge nicht im Kalender eingetragen.

Der Volljährigkeitskalender wird nach dem anliegenden Formular XXXV von dem Gerichtsschreiber oder einem besonderen Registraturbeamten geführt. Bei jedem Gerichte wird nur ein Kalender geführt, auch wenn das Gericht mit mehreren Vormundschaftsrichtern besetzt ist.

Der Eintrag in den Kalender erfolgt sofort mit der Anordnung der Anlegung der

S. 212. Akten in bezug auf sämtliche bei der Vormundschaft, Pflegschaft oder Beistandschaft beteiligte Minderjährige. Die Namen der Mündel, Pfleglinge und Kinder sind in dem Monat, in
S. 213. welchem die Mündel, Pfleglinge oder || Kinder volljährig werden, lediglich nach der Reihenfolge des Anfalls vorzutragen.

Wird die Vormundschaft, Pflegschaft oder Beistandschaft beendigt, so ist der Eintrag im Kalender durch Durchstreichen zu löschen.

§ 67.

Die Namen der volljährigen Mündel und der volljährigen Pfleglinge sind in ein besonderes Verzeichnis nach dem anliegenden Formular XXXVI nach der Zeit des Anfalls der Vormundschaft oder Pflegschaft einzutragen. Die Führung des Verzeichnisses obliegt dem Gerichtsschreiber oder einem besonderen Registraturbeamten. Das Verzeichnis ist stets auf dem Laufenden zu halten.

§ 68.

Bei der Anordnung einer Vormundschaft oder Pflegschaft sowie bei der Vornahme irgend einer Verrichtung in Ansehung eines unter elterlicher Gewalt stehenden Kindes hat sich der Vormundschaftsrichter darüber zu vergewissern, ob in Ansehung des Mündels, Pfleglings oder Kindes von einem deutschen Vormundschaftsgerichte schon eine vormundschaftliche Thätigkeit entfaltet worden ist. Von besonderer Wichtigkeit ist die Erhebung, ob und bei welchem Gerichte nach dem Tode des einen Elternteils von dem anderen Elternteil ein Verzeichnis des Vermögens des Kindes eingereicht worden ist.

Der Richter hat die bezüglichen Akten zu erholen und aus den Akten zu seinen Akten Vormerkung zu machen. Sind die Akten bei dem nämlichen Gerichte, welches nunmehr als Vormundschaftsgericht zuständig ist, angefallen, so sind sie den Vormundschaftsakten zu unterbinden oder einzuverleiben.

Auch wenn über den Nachlaß eines Elternteils des Mündels, Pfleglings oder Kindes Akten vorhanden sind, soll der Vormundschaftsrichter aus diesen Akten soweit erforderlich zu den Vormundschaftsakten Vormerkungen machen. Die Nachlaßakten dürfen aber, auch wenn sie dem Gerichte, welches nun als Vormundschaftsgericht zuständig ist, gehören, den Vormundschaftsakten nicht unterbunden oder einverleibt werden. Es ist ferner nicht gestattet,
S. 214 daß die Akten über den Nachlaß eines Elternteils des || Mündels, Pfleglings oder Kindes durch Änderung der Überschrift in Vormundschaftsakten verwandelt werden.

§ 69.

Ueber die Aktenbildung in denjenigen Fällen, in welchen die Thätigkeit des Vormundschaftsgerichts nicht in einer Vormundschaft, Pflegschaft oder Beistandschaft besteht, trifft die Bekanntmachung vom 28. Dezember 1899, das Register der Angelegenheiten für freiwillige Gerichtsbarkeit betr. (JMBl. 1900 S. 99), Vorsorge.

VII. Schluß- und Übergangsbestimmungen.

§ 70.

Diese Bekanntmachung tritt am 1. Januar 1900 in Kraft. Sie findet auch auf die in diesem Zeitpunkte schon anhängigen Vormundschaften und Pflegschaften nach Maßgabe der Art. 203, 210 des E.G. zum B.GB. Anwendung.

§ 71.

In den Landesteilen rechts des Rheins sind die bisherigen Registraturverzeichnisse als Vormundschaftsverzeichnisse im Sinne des § 59, ferner die bisherigen Verzeichnisse sämtlicher Pfleglinge erste und zweite Abteilung als Volljährigkeitskalender und Verzeichnis der volljährigen Mündel und Pfleglinge im Sinne der §§ 65 und 66 weiter zu führen; die Zahl der Pfleglinge braucht jedoch im Registraturverzeichnisse nicht mehr angegeben zu werden. Vorhandene Formulare sind aufzubrauchen.

In den am 1. Januar 1900 anhängigen Vormundschaften und Pflegschaften können die bisherigen Vormerkungsbogen beibehalten werden. Müssen die bisherigen Vormerkungsbogen wegen Unübersichtlichkeit oder aus einem anderen Grunde neu angelegt werden, so sind die neuen Formulare zu verwenden.

§ 72.

In der Pfalz können die bisherigen Vormundschaftsregister als Vormundschaftsverzeichnisse im Sinne des § 59 weiter geführt werden; die Spalten 4 bis 8 des Registers

sind jedoch nicht mehr auszufüllen, in der Spalte 2 ist die Angabe der || Geburtszeit weg- S. 215.
zulassen; in der Spalte 3 ist der Tag des Anfalls, in der Spalte 9 der Tag der Erledigung einzutragen. Vorhandene Formulare können aufgebraucht werden.

Für die anhängigen Vormundschaften über vermögenslose Mündel sind alsbald Vormundschaftsakten anzulegen. In den Akten über anhängige Vormundschaftssachen werden die bisherigen Übersichten nach und nach durch Vormerkungsbogen und Vermögensübersichten ersetzt.

§ 73.

Die Gerichte können auch sonstige Formulare in Vormundschaftssachen, die von den in dieser Bekanntmachung vorgeschriebenen nicht wesentlich abweichen, aufbrauchen.

§ 74.

Die sogenannten Kurrentverzeichnisse (Anlage III der Bekanntmachung vom 28. Juli 1864, JMBl. S. 185, Formular V der Bekanntmachung vom 15. Dezember 1888, JMBl. S. 261) werden nicht weiter geführt.

Vergleichende Paragraphenzusammenstellung.

Zu Abth. IV, V Bd. 1—3.

(I = Regierungsentwurf. Die links vom Striche stehenden Zahlen betreffen die Entwürfe Band I S. 7 ff., II S. 1 ff.; die rechts vom Striche stehenden Zahlen die Abänderungsanträge der Staatsregierung Band I S. 596 ff., II S. 362 ff.
II = Zusammenstellung des Entwurfes und der Beschlüsse des Justizgesetzgebungsausschusses der K. d. Abg. Band I S. 676 ff., II S. 390 ff.
III = Gegenüberstellung der vereinigten Entwürfe in der Fassung der Regierungsvorlagen und der Beschlüsse des Ausschusses der K. d. Abg. Band III S. 1 ff.
IV = Gesetz.
Die römischen Zahlen in der Höhe bedeuten Absatz, die römischen Zahlen auf der Linie sind im Texte selbst enthaltene Abtheilungsnummern.)

I	II	III	IV	I	II	III	IV
Entw. d. Ausf.-Ges.				Entw. d. Ausf.-Ges.			
1	1	1	1	11	11	11	17
— | $1a^{I}$	$1a^{I}$	$2a^{II}$	3^{I}	12	12	12	18
—	$1a^{II}$	$2a^{II}$	3^{II}	13	13	13	19
— | $1a^{II}$	$1a^{III}$	$2a^{III}$	3^{III}	14 Satz 1	14 Satz 1	14	20
2	2	2	2	14 Satz 2	14 Satz 2	—	—
3	3	3	4	—	14a	14a	—
4	4	4	5	15	15	15	21
—	—	4a	6	16	16	16	22
—	—	—	4b* | 7	17	17	17 Satz 1	23 Satz 1
—	—	—	4c* | 8	—	—	17 Satz 2	23 Satz 2
—	—	—	— $4c^{1}$* | 9	18^{I} Nr. 1—10	18^{I} Nr. 1—10	18^{I} Nr. 1—11	24^{I} Nr. 1—11
—	—	—	4d* | 10	—	—	18^{I} Nr. 11a	24^{I} Nr. 12
5	5	5	11	18^{I} Nr. 12	18^{I} Nr. 12	18^{I} Nr. 12	24^{I} Nr. 13
6	6	6	12	18^{II}	18^{II}	18^{II}	24^{II}
7^{I}	7^{I}	7^{I}	13^{I}	19	19	19	25
7^{II}	7^{II}	7^{II}	13^{II}	20	20	20	26
—	7^{III}	—	—	21	21	21	27
8	8	8	14	22	22	22	28
9	9	9	15	—	—	—	29
10^{I}	10^{I}	10^{I}	16^{I}	23	23	23	30
—	—	10^{II}	16^{II}	24	24	24	31
10^{II}	10^{II}	10^{III}	16^{III}	25	25	25	32

* S. Anträge der Staatsregierung Bd. III S. 277^{5} und Ausschußbeschlüsse S. 277^{30}, 359, 362.

I	II	III	IV	I	II	III	IV
Entw. d. Ausf.-Ges.				Entw. d. Ausf.-Ges.			
26	26	26	33	58	58	58	66
27	27	27	34	59	59^{I}	59^{I}	67^{I}
28	28	28	35	—	59^{II}	59^{II}	67^{II}
29	29	29	36	60	60	60	68
30	30	30	37	61	61	61	69
31	31	31	38	62	62	62	70
32	32 Satz 1	32 Satz 1	39 Satz 1	63	63	63	71
—	32 Satz 2	32 Satz 2	39 Satz 2	$64^{I, II}$	$64^{I, II}$	$64^{I, II}$	$72^{I, II}$
33	33	33	40	64^{III}	66^{III}	66^{III}	74^{III}
34	34	34	41	65	65	65	73
35	35	35	42	66	$66^{I, II}$	$66^{I, II}$	$74^{I, II}$
36	36	36	43	(64^{III})	66^{III}	66^{III}	74^{III}
37	37	37	44	67^{I}	67^{I}	67^{I}	75^{I}
38	38	38	45	67^{II}	67^{II}	67^{II} Satz 1, 2	75^{II} Satz 1, 2
39	39	39	46	—	—	67^{II} Satz 3	75^{II} Satz 3
40	40	40	47	68 Satz 1	68	68	76
41	41	41	48	68 Satz 2	—	—	—
42	42	42	49	69	69	69^{I} Satz 1, 2	77^{I} Satz 1, 2
43	43	43	50	—	—	69^{I} Satz 3	77^{I} Satz 3
44	44	44	51	—	—	69^{II}	77^{II}
45	45	45	52	70	70	70	78
46	46	46	53	71	71	71	79
47	47	47	54	72	72	72	80
48	48	48	55	73	73	73	81
49	49	49	56	74	74	74	82
50	50	50	57	75	75	75	83
51	51	51	58	76^{I}	76^{I}	76^{I} Satz 1	84^{I}
52	52	52	59	—	—	76^{I} Satz 2	—
53^{I}	53^{I}	53^{I} Satz 1	60^{I} Satz 1	$76^{II, III}$	$76^{II, III}$	$76^{II, III}$	$84^{II, III}$
—	53^{II}	53^{I} Satz 2	60^{I} Satz 2	77	77	77	85
53^{II}	53^{III}	53^{III}	60^{III}	— | 77a	77a	77a	86
53^{III}	53^{IV}	53^{II}	60^{II}	78	78	78	87
—		53^{IV}	60^{IV}	79	79	79	88
—	—	53a	61	80	80	80	89
54	54	54	62	— | 80a	80a	80a	90
55	55	55	63	81	81	81	91
56	56	56	64	82	82	82	92
57	57	57	65	83	83	83	93

I	II	III	IV
Entw. d. Ausf.-Ges.			
84	84	84	94
85	85	85	95
86^{I}	86^{I}	86^{I}	96^{I}
86^{II} Satz 1	86^{II}	86^{II}	96^{II}
86^{II} Satz 2	125a	125a	178
86^{III}	86^{III}	86^{III}	96^{III}
—	—	—	96^{IV}
$86^{IV, V}$	$86^{IV, V}$	$86^{IV, V}$	$96^{V, VI}$
87	87	87	97
88	88	88	98
89	89	89	99
90	90	90	100
91	91	91	103
92	90d	90a	101
93	90b	90b	102
94^{I}	94^{I}	94^{I}	104^{I}
— $94^{II, III}$	$94^{II, III}$	$94^{II, III}$	$104^{II, III}$
— 94a	94a	94a	105
95	95	95	106
96	96	96	107
—	—	96a	108
97	97	97	109
98	98	98	110
99	99	99	111
100	100	100	112
101	101	101	113
102	102	102	114
103^{I}	103^{I}	103^{I}	115^{I}
103^{II} Satz 1	103^{II}	103^{II}	115^{II}
103^{II} Satz 2	—	—	—
104	104	104	116
105	105	105	117
106	106	106	118
107^{I}	107^{I} Satz 1	107^{I} Satz 1	110^{I} Satz 1
—	107^{I} Satz 2	107^{I} Satz 2	110^{I} Satz 2
107^{II}	107^{II}	107^{II}	119^{II}
108	108	108	120
109	109	109	121

I	II	III	IV
Entw. d. Ausf.-Ges.			
110	110	110	122
111	111	111	123
112	112	112	124
113	113	113	125
— $113a^{I}$ Satz 1	$113a^{I}$	$113a^{I}$	126^{I}
— $113a^{I}$ Satz 2	—	—	—
— $113a^{II}$	$113a^{II}$	$113a^{II}$	126^{II}
— 113b	113b	113b	127
114	114	114	128
115	115	115	129
— 115a	115a	115a	130
— 115b	115b	115b	131
— 115c	115c	115c	132
— 115d	115d	115d	133
116	—	—	—
117	—	—	—
118	—	—	—
119	—	—	—
120	—	—	—
121	—	—	—
122	122	122	134
123	123	123	177
124	124	—	—
125	125	122^{42}	176
(86^{II} Satz 1)	125a	125a	178
Entw. d. Aend.-Ges.			
—	1, I	1, I	135, I
1, I, II	1, II, III	121^{1}, II, III	135, II, III
—	1^{II}	121^{1}, II	135^{II}
2	2	122^{2}	136
3	3	122^{3}	137
—	4, I	122^{4}, I	138, I
4, I	4, Ia	122^{4}, Ia	138, II
4, II	4, II	122^{4}, II	138, III
—	4, IIa	122^{4}, IIa	138, IV
4, III-VI	4, III-VI	122^{4}, III-VI	138, V-VIII

I	II	III	IV
Entw. d. Aend.-Ges.			
5	5	122^{5}	139
6	6	122^{6}	140
7	7	122^{7}	141
8	8	122^{8}	142
9	9	122^{9}	143
10^{I}, I-IV	10^{I}, I-IV	122^{10}, I-IV	144, I-IV
10^{I}, V Satz 1, 2	10^{I}, V Satz 1, 2	122^{10I} V Satz 1, 2	144^{I}, V Satz 1, 2
—	—	122^{10I} V Satz 2	144^{I}, V Satz 2
10^{I}, VI	10^{I}, VI	122^{10I} VI	144^{I}, VI
10^{II}	10^{II}	122^{10II}	144^{II}
11	43a	—	—
12	12	122^{11}	145
13	13	122^{12}	146
14	14	122^{13}	147
15	15	122^{14}	148
16	16	122^{15}	149
17	17	122^{16}	150
18	18	122^{17}	151
19	19	122^{18}	152
20	20	122^{19}	153
21^{I}, I-VI	21^{I}, I-VII	122^{20I}, I-VII	154^{I}, I-VII
—	21^{I}, VIIa	122^{20I}, VIIa	154^{I}, VIII
21^{I}, VIII-XXI	21^{I}, VIII-XXI	122^{20I}, VIII-XXI	154^{I}, IX-XXII
—	21^{II}	122^{20II}	154^{II}
—	—	122^{20III}	154^{III}
—	—	122^{20IV}	154^{IV}
22	22	122^{21}	155
23	23	122^{22}	156
24	24	122^{23}	157
25, I-IV	25, I-IV	122^{24} I-IV	158, I-IV
25, V	—	—	—
— | 25,VI	25, VI	25, VI	158, V
26	26	122^{25}	159

I	II	III	IV
Entw. d. Aend.-Ges.			
27, I-V	27, I-V	122^{26}, I-V	160, I-V
—	27, Va	122^{26}, Va	160, VI
27, VI-IX	27, VI-IX	122^{26}, VI-IX	160, VII-X
28	28	122^{27}	161
29	29	122^{28}	162
30	30	122^{29}	163
31	31	122^{30}	164
—	32, I	122^{31} I	165, I
32	32, II	122^{31} II	165, II
—	—	122^{32} I	166, I
33, I	33, I	122^{32} Ia	166, II
33, II bis Schluß	33, II bis Schluß	122^{32} II b. Schluß	166, III b. Schluß
34, I-XIX	34, I-XIX	122^{33} I-XIX	167, I-XIX
—	—	122^{33} XIXa	167, XX
34, XX-XXIV	34, XX-XXIV	122^{33} XX-XXIV	167, XXI-XXV
35	35	122^{34}	168
36	36	122^{35}	169
37	37	122^{36}	170
38	38	122^{37}	171
39	39	122^{38}	172
40	40	122^{39}	173
41	41	122^{40}	174
42	42	122^{41}	175^{I}
—	—	—	$175^{II, III}$
43	43	—	(176)
(11 A.G.)	43a	—	—
44	44	—	(177)
(123 A.G.)	(123 A.G.)	123	177
(86^{II} Satz 1 A.G.)	(125a A.G.)	125a	178
45	45	125b	179

Alphabetisches Sachregister.

(Die auf der Zeile stehenden Zahlen bezeichnen die Seiten, die in der Höhe befindlichen Zahlen die Paragraphen. r. = rechtsrheinisch. l. = linksrheinisch. 1. E. = Regierungsentwurf. 2. E. = erste Zusammenstellung der Ausschußbeschlüsse und des Regierungsentwurfes. 3. E. = zweite Zusammenstellung der Ausschlußbeschlüsse und des Regierungsentwurfes (betreffend die vereinigten Entwürfe). B. = Begründung des Regierungsentwurfes. ABA. = Verhandlungen des Ausschusses der K. d. Abg. ABR. = Verhandlungen des Ausschusses der K. d. Reichsräthe. PR. = Protokoll der Red.-Kommission des Aussch. der K. d. Abg. RR. = Protokoll der Red.-Kommission des Aussch. der K. d. Reichsräthe. RB. = Bericht des Reichsraths v. Schmitt. AA. = Abänderungsanträge d. Abg. ASt. = Abänderungsanträge der Staatsregierung PBA. = Plenarverhandlungen der K. der Abg. PBR. = Plenarverhandlungen der K. d. Reichsräthe. G. = Gesetz. V. = Verordnung. MB. = Ministerialbekanntmachung.)

A.

B.

C.

D.

E.

F.

G.

H.

M.

O.

P.

R.

S.

T.

U.

V.

W.

Z.

FSC
www.fsc.org
MIX
Papier | Fördert gute Waldnutzung
FSC® C083411

Kolibri 360 GmbH
Ferdinand-Jühlke-Straße 7
99095 Erfurt, Deutschland
produktsicherheit@kolibri360.de